金阳车辆段及综合基地

下麦西站地面站厅及上盖物业

将军山站（老湾塘站）

雅关站

贵阳北站剖视图

贵阳北站剖视图

蛮坡站（南垭路站）

清水江路站鸟瞰图

小河停车场

标准地下车站站厅

高架车站站台

诚信路站(林城西路站)艺术品

行政中心站(观山湖公园站)艺术品

延安路站（喷水池站）艺术品

出入口

低风亭

消防专用出入口

柱立式导向

地铁车辆行驶

穿越 中国隧道及地下工程建设项目技术总结丛书

GUIYANG CHENGSHI GUIDAO JIAOTONG
1 HAO XIAN JIANSHE ZONGJIE

贵阳城市轨道交通 1号线建设总结

（上册）

贵阳市城市轨道交通集团有限公司
中国中铁二院工程集团有限责任公司　主编

人民交通出版社股份有限公司
China Communications Press Co.,Ltd.

内 容 提 要

本书以贵阳市轨道交通1号线工程为背景,全面总结了1号线工程在规划、设计与施工、建设管理、运营筹划、资源开发等全过程中的具体做法与诸多科技创新成果,力求系统反映山地城市复杂地质和施工环境条件下,城市轨道交通建设的特点、难点与管理重点,建立一套完整有效、具有贵阳特色的轨道交通项目建设与运营筹备管理方法体系。

本书分七篇,第一篇介绍工程的总体概况,第二篇介绍建设单位的管理方法和模式,第三篇介绍监理单位对本工程的管理方法和要求,第四篇介绍土建工程的设计、施工和验收,第五篇介绍机电、装修及系统工程的设计、施工和验收,第六篇介绍运营管理体系建设过程及1号线初期运营效果,第七篇介绍物业资源的开发规划与实践经验。

本书可供城市轨道交通行业从事建设管理、勘察、设计、施工、监测、咨询、运营、资源开发的相关专业技术人员参考,也可作为高等院校、科研机构等专业人员的参考用书。

图书在版编目(CIP)数据

贵阳城市轨道交通1号线建设总结：上下册 / 贵阳市城市轨道交通集团有限公司,中国中铁二院工程集团有限责任公司主编. —北京：人民交通出版社股份有限公司,2019.9

ISBN 978-7-114-15679-3

Ⅰ.①贵… Ⅱ.①贵… ②中… Ⅲ.①城市铁路-轨道交通-铁路工程-贵阳 Ⅳ.①U239.5

中国版本图书馆CIP数据核字(2019)第138577号

书　　名	贵阳城市轨道交通1号线建设总结(上册)
著 作 者	贵阳市城市轨道交通集团有限公司 中国中铁二院工程集团有限责任公司
责任编辑	谢海龙
责任校对	赵媛媛
责任印制	张　凯
出版发行	人民交通出版社股份有限公司
地　　址	(100011)北京市朝阳区安定门外外馆斜街3号
网　　址	http://www.ccpress.com.cn
销售电话	(010)59757973
总 经 销	人民交通出版社股份有限公司发行部
经　　销	各地新华书店
印　　刷	北京市密东印刷有限公司
开　　本	787×1092　1/16
印　　张	64.75
字　　数	1385千
版　　次	2019年10月　第1版
印　　次	2019年10月　第1次印刷
书　　号	ISBN 978-7-114-15679-3
定　　价	300.00元(含上、下册)

(有印刷、装订质量问题的图书由本公司负责调换)

编审委员会

主　　任：李红卫　张乾国

副 主 任：姜筱筠　李　辉　李　焱　陈发达　周　昊　刘志宏　王　刚
　　　　　　张海波

委　　员：（排名不分先后）
　　　　　　王　祥　周　延　孙　乐　张桂芳　孙　洁　刘伯夫　朱　兰
　　　　　　杨　波　崔茂迪　刘　勇　林　峰　段　俊　刘启峰　胡晓伟
　　　　　　周明亮　石义军

审查人员：蒲晓蓉　陆强波　吴　华　吴海宝　莫伟平　唐孝全　王　辉
　　　　　　杨爱华　王金丽　耿　培　陈明华　陈　俊　曾　恒　王伦月
　　　　　　吴昌裔　王仕春　张喜正　向　红　倪安斌　李海博　陈永江
　　　　　　秦　岭　刘卫东　张　捷　谢　威　徐　鸿　江力红　赵　军
　　　　　　聂晓东　吕铁柱　刘腊腊　陈再谦　邓玉明　胡国臣　许金峰
　　　　　　孙卫兵　刘利成　唐海军　高智勇　陈　云　赵　冲　杨　东
　　　　　　韦　勇　张鹏帅　聂凯良　孙泽顺

参编人员：（排名不分先后）
　　　　　　黄　松　彭　放　刘成虎　刘彦博　汪　勇　沈　刚　彭旭东
　　　　　　柯友谊　尹文智　欧阳伊岚　毛亚飞　秦　洁　何建枝　曾　敬
　　　　　　王　刚　贾　池　袁国全　刘向远　雷　勇　周媛媛　万宗祥
　　　　　　陈再谦　马振兴　谢　意　杨　宇　陈　刚　昌　进　裴　伟
　　　　　　明　凌　王　爽　周火锋　石云强　袁　振　吴　昊　刘　剑
　　　　　　邵尧胜　何　磊　郭　麟　李森鹏　侯　林　任　科　潘　俊
　　　　　　巫　江　王　维　丁玉乔　张　伟　张　增　吴其全　王治海
　　　　　　曾之煜　刘　明　李绍富　扈梦迪　苏平安　严压波　唐　辉
　　　　　　邓　超　胡朝程　张君超　吴承熙　刘鸿旭　周　睿　蒋　鹏
　　　　　　吴　震　王　鑫　黄　灿　张　磊　金明宵　张梓民　张　铭
　　　　　　金　菁　齐陆露　时　晨　王　姝　石媛珺　曾钰铖　王晓晔
　　　　　　廖妍妍　吴桂龙　孙明强　向　阳　周文慧　田　胜　周　波
　　　　　　赖展超　赖黔阳　白　林　杨　豪　王　煊　杨清超　邰新春
　　　　　　马俊骋　李　远　闫　皓　朱　晟　张志林　易　峰　颜　杰

主编单位：

贵阳市城市轨道交通集团有限公司
中国中铁二院工程集团有限责任公司

参编单位：（排名不分先后）

中铁第五勘察设计院集团有限公司
广州中咨城轨工程咨询有限公司
中国电建集团贵阳勘测设计研究院有限公司
中国铁建股份有限公司
中铁十四局集团有限公司
中铁二十四局集团有限公司
中铁十二局集团有限公司
中铁十九局集团有限公司
中铁四局集团有限公司
中铁十一局集团有限公司
中铁电气化局集团有限公司
中铁五局集团有限公司
贵州三维工程建设监理咨询有限公司
交控科技股份有限公司
森特士兴集团股份有限公司
中车南京浦镇车辆有限公司
西安铁一院工程咨询监理有限责任公司
重庆赛迪工程咨询有限公司

序

　　自 2008 年 3 月贵阳市政府批复贵阳市轨道交通线网规划,至 2018 年 12 月 1 日贵阳轨道交通 1 号线全线开通初期运营,历时 10 年,在修建过程中,各参建单位共同努力、攻坚克难,高标准、高水平、高质量地建成了我国第一条喀斯特地质条件下山地城市轨道交通线路,为贵阳市城市轨道交通的发展作出了应有的贡献。

　　作为贵阳市第一条城市轨道交通线路,1 号线在勘测、设计、建设和运营过程中,始终坚持"以人为本"和"节能环保"的发展理念,并积极引进国内外城市轨道交通建设的新技术、新工艺、新材料、新模式,采用理论与实践相结合、技术与管理相结合、科研与施工相结合、自主开发与技术引进相结合的方式,为贵阳轨道交通 1 号线的建成和运营创造了有力的支撑和必要的保障。

　　纵观全局,贵阳市轨道交通 1 号线工程具有以下特点。

一、人性化服务水平高

　　在规划及设计阶段,为体现"以人为本"的理念,从线路平竖曲线参数的选取、车站设置的位置、车站的换乘方式、车站施工工法对交通的影响、轨道物业开发与车站的接驳、公共服务设施的人性化细节设计等方面,充分体现了人性化服务特点,如车站设置在路口,便捷的换乘方式,配套的轨道物业+商业开发,优化人行扶梯及无障碍电梯、公共厕所等,满足不同类型乘客的需求;同时,依托先进的屏蔽门系统、防灾报警和综合监控系统为乘客的出行安全、便捷提供保证。

二、节约能源效果好

　　充分借鉴国内外城市轨道交通节能降耗新技术,如采用"车辆再生制动及能量吸收方式""接触网上下行并联""提高变压器负载率""复合式屏蔽门制式"等,节能效果明显,降低运营成本效果好。

三、科技创新能力强

　　结合贵阳市山地城市和喀斯特地质的特点,开展"长大连续坡道安全控制关键技术""悬臂式掘进机施工工法""老城区核心区施工期间交通组织""岩溶区间隧道下穿建(构)筑物设计与施工关键技术"等相关课题和专题研究攻关,为贵阳在大范围的喀斯特岩溶地质条件下轨道交通工程施工寻找新思路、新方法。

四、车站布置灵活多样,适应性强

贵阳市地形起伏大,特别是针对老城区道路狭窄、建筑密集等独特的地理环境特征,1号线的车站设计因地制宜,充分利用地形特点,采用灵活多变、形式多样的车站布置,以适应山地城市的特点,发挥轨道交通的骨干带动作用。1号线全线共设车站25座,从空间形态上来说有高架站、地面站、地下一层站、地下二层站、地下三层站、地下五层站等;从站台形式上有岛式站台、侧式站台、分离岛式站台车站等;从车站施工工法上有明挖、暗挖及半明(挖)半暗(挖)等。车站设计的环境复杂性、形式变化多样性,在国内各大中城市已建成运营的轨道交通线路中实属罕见。

五、地质条件复杂,工程建设风险高

贵阳市属于典型的喀斯特地貌山地城市,1号线通过灰岩、白云岩等可溶岩类地层的长度占线路长度的74.6%,线路所经过岩溶地段,岩溶发育程度从弱、中等发育到强发育均有,岩溶形态以第四系黏土层覆盖下的溶沟、溶槽、石芽等形态出现,溶洞多被黏土充填,局部有空溶洞、岩溶管道等,施工时揭穿岩溶管道则易发生较大涌水、突泥,大量抽排地下水易产生地面塌陷,工程建设风险高。

六、周边环境复杂,工程建设实施难度大

由于贵阳市山地城市的地理环境,导致贵阳市道路狭窄、建筑物密集、管线繁多,1号线工程下穿各种既有建(构)筑物更为普遍。全线先后4次下穿铁路及站房、2次下穿高速公路、2次下穿南明河,多处下穿楼房、桥梁等既有建(构)筑物,穿越的管线更是不计其数,为工程的实施带来了极大的难度。

七、建设管理水平高

贵阳市城市轨道交通集团有限公司非常重视建设管理的制度化建设,先后制定了一系列管理制度,涵盖了建设管理、设计管理、设计咨询管理、监理(咨询)管理、施工管理、监造管理、运营管理、资源开发管理等方方面面的内容,对工程全过程进行严格的制度化管理,使1号线工程有序推进、建成运营。

八、资源开发成效好

贵阳市城市轨道交通集团有限公司非常重视轨道交通沿线的资源开发,为加强管理,成立了物业(资源)开发总部进行专职管理,对沿线土地资源开发、车站及车厢内的广告资源开发、通信商业开发、地下空间商业开发等进行有序的规划、设计和实施,形成了地产、广告、商贸等多项业务,产生了良好的效益。

《贵阳城市轨道交通1号线建设总结》共分七篇,全面反映了贵阳轨道交通1号线的规划与设计、施工与监理、建设与运营、土地利用与资源开发等全过程,充分反映了1号线的技术特点、工程难点、管理模式、技术创新、科技装备、自主开发等特色。本书客观地介绍了在1号线工程推进过程中严格的制度化管理、以人为本和节能环保的设计理念、自主创新的科技成果、科学规范的施工作业、网络化的资源开发特色等内容,内容翔实、技术含量高、理论与实践并重,为我国城市轨道交通工程建设和运营提供了宝贵的经验,可供城市轨道交通行业建设管理、勘察、设计、施工、监测、咨询、运营等相关专业技术人员参考,也可作为大专院校、科研机构等专业人员的参考用书。

贵阳市轨道交通1号线工程在取得成绩的同时,也存在一些不足,如个别车站规模偏小、建设速度相对较慢、市政配套设施滞后等,但瑕不掩瑜,相信这本凝聚所有参建者心血的《贵阳城市轨道交通1号线建设总结》能够成为广大参与城市轨道交通行业管理、设计、建设、运营等同仁的益友,能对贵阳市后续线路和国内其他城市的轨道交通工程建设有所裨益。

北京城建设计发展集团 顾问院长
中国国际工程咨询公司 专家委员
建设部轨道交通专家委员会 专家

前言

作为贵阳市第一条城市轨道交通线路,贵阳轨道交通1号线工程克服了诸多困难,形成了诸多科技创新成果,本书依托1号线工程实践,针对贵阳市特殊的喀斯特地貌、水文地质和典型的山地城市特征,全面梳理总结了贵阳轨道交通1号线在规划、设计与施工、建设管理、运营筹划等全过程中的技术创新、科技进步和经验教训,建立形成一套具有贵阳特色的轨道交通项目建设与运营筹备管理方法体系,可为后续线路的规划建设提供有益的参考。

本书共分七篇,包括工程概况、建设管理、建设监理、土建工程、车辆及机电设备、运营管理、物业资源开发,涵盖了建设管理模式、科技创新、新技术、新工艺、新材料、新工法、经验及教训等,凝聚了参建者的贡献和心血。

贵阳轨道交通1号线起于观山湖区西侧的窦官站,起点预留向百花湖延伸的条件,止于终点站场坝村站,终点预留向南延伸的条件,线路全长35.11km,共有25座车站、24个区间、1个车辆段、1个停车场、2座主变电所和1个运营控制中心(OCC)。贵阳轨道交通1号线连接贵阳观山湖区、老城中心区,是贵阳市第一条城市轨道交通线路,是联系和衔接城市主要功能区和区域的交通干线,对提高城市交通系统的服务水平、促进城市功能的发挥与完善,具有非常重要的意义。

贵阳轨道交通1号线工程于2008年开始规划、设计,2009年9月作为市政配套工程的试验段开工建设,2013年10月全线开工建设,2017年12月31日首通段开通初期运营,2018年12月1日全线开通初期运营。回顾过去,所有的艰辛、汗水、努力历历在目,最终在所有参建者的共同努力下,高质量、高标准的建成了1号线工程。

为全面总结贵阳轨道交通1号线建设过程的经验和教训,贵阳市城市轨道交通集团有限公司联合中国中铁二院工程集团有限责任公司作为主编单位,组织设计、勘察、施工、监理等十余家单位参编,总工程师陈发达牵头,100余人组成编写组,在大纲编写、收集资料、整理和写作等全过程中,经过反复讨论、修改和完善,经专家组咨询指导后完成终稿。

作为贵阳市轨道交通1号线工程的参建者,我们希望能把工程建设过程中的经验、教训、得失、收获等经历完整地记录下来,一是总结和提高,激励自己不断进步和前进;二是希望能对同行提供参考和借鉴,创造更多的精品工程。

承蒙我国著名地铁工程专家沈景炎在百忙之中审阅本书并为之作序,向所有付出辛勤工作,提供帮助的参建者、专家、学者表达敬意。

由于时间仓促、编者水平有限,难免会有错漏之处,望广大读者、同行、专家提出宝贵意见和批评指正,以便我们的技术水平和经验不断提高和完善,为城市轨道交通行业提供更好的服务。

编 者
2019 年 6 月

目录

上　册

第一篇　工程概况

第1章　概述 ... 003
　　1.1　工程范围及特点 ... 003
　　1.2　工程项目建设的意义及必要性 ... 005
　　1.3　工程筹划 ... 007
　　1.4　工程建设项目的立项审批 ... 008

第2章　规划与设计 ... 010
　　2.1　建设线路的选择原则及方案确定 ... 010
　　2.2　线站位设置 ... 012
　　2.3　工可阶段方案研究 ... 016
　　2.4　总体设计 ... 022
　　2.5　初步设计 ... 025
　　2.6　行车与运营组织 ... 029
　　2.7　环境保护 ... 035
　　2.8　劳动安全与卫生 ... 037
　　2.9　节能 ... 044

第二篇　建设管理

第1章　建设管理模式及组织架构 ... 049
　　1.1　城市轨道交通项目建设管理概述 ... 049

  1.2 贵阳城市轨道交通项目建设管理模式 049
  1.3 建设单位组织架构 051

第 2 章 工程前期准备 055

  2.1 征地拆迁 055
  2.2 交通疏解 055
  2.3 管线迁改 059

第 3 章 合同及招标管理 062

  3.1 合同管理范围及目标 062
  3.2 合同管理方法与措施 062
  3.3 合同变更管理 063
  3.4 投资控制管理 064
  3.5 工程招标管理 065
  3.6 合同和招标管理经验与总结 068

第 4 章 计划管理 069

  4.1 计划管理体系 069
  4.2 计划管理办法 069
  4.3 计划的编制与审批 070
  4.4 计划的执行与控制 072
  4.5 计划信息反馈 074
  4.6 计划的调整 074
  4.7 计划考核及奖罚 074
  4.8 计划管理的经验和总结 075

第 5 章 质量安全及工程保险管理 076

  5.1 工程质量安全管理体系 076
  5.2 工程质量安全管理制度及措施 077
  5.3 工程质量安全管理经验和总结 083
  5.4 工程保险 084

第 6 章 设计管理 087

  6.1 设计管理体系及组织架构 087
  6.2 设计管理主要内容及方法 087

6.3 设计咨询管理主要内容及方法 ································· 088

6.4 设计管理效果及经验教训 ······································ 089

第 7 章 土建工程管理 ··· 092

7.1 土建工程管理组织机构 ·· 092

7.2 土建工程现场管理的内容 ······································ 093

7.3 土建工程管理经验与总结 ······································ 097

第 8 章 机电工程管理 ··· 099

8.1 机电工程建设管理组织架构 ···································· 099

8.2 机电工程建设管理主要内容 ···································· 100

8.3 机电建设管理经验与总结 ······································ 108

第 9 章 科研和创新管理 ··· 112

9.1 科研与创新的意义 ·· 112

9.2 科研与创新的管理机构 ·· 112

9.3 科研与创新的管理流程及方法 ·································· 113

9.4 重大科研成果简介 ·· 116

9.5 经验与总结 ·· 118

第 10 章 工程档案管理 ·· 119

10.1 工程档案管理概况 ··· 119

10.2 工程档案参建单位各方职责 ··································· 120

10.3 工程档案管理方法及措施 ····································· 121

10.4 工程档案归档要求 ··· 123

10.5 工程档案整理原则与要求 ····································· 124

10.6 工程档案验收与移交 ··· 127

10.7 工程档案工作的成效和经验 ··································· 129

10.8 工程档案工作存在的问题 ····································· 130

第 11 章 轨道交通工程验收管理 ···································· 132

11.1 工程验收机构及职责 ··· 132

11.2 工程验收程序与组织关系 ····································· 133

11.3 政府专项验收 ··· 136

11.4 验收管理经验和总结 ··· 138

第三篇 建设监理

第 1 章 土建监理 ... 141
1.1 监理范围及组织机构 ... 141
1.2 土建工程的特点及监理工作重难点 ... 144
1.3 监理工作内容 ... 145
1.4 主要监理工作程序 ... 146
1.5 监理工作方法和措施 ... 151
1.6 经验与总结 ... 154

第 2 章 轨道监理 ... 158
2.1 监理范围及组织机构 ... 158
2.2 轨道工程的特点及监理工作重难点 ... 159
2.3 监理工作方法和措施 ... 161

第 3 章 第三方监测 ... 173
3.1 监测范围及组织机构 ... 173
3.2 第三方监测的特点及监测工作重难点 ... 176
3.3 第三方监测工作办法和措施 ... 179
3.4 主要监测成果简介 ... 181
3.5 存在问题及工作建议 ... 194

第 4 章 车辆及机电设备监理 ... 196
4.1 监理范围及组织机构 ... 196
4.2 机电设备特点及监理工作重难点 ... 198
4.3 监理工作方法和措施 ... 206
4.4 设备制造阶段的监理工作 ... 225
4.5 设备安装调试及验收阶段的监理工作 ... 225
4.6 设备系统及装修监理经验与总结 ... 232

第 5 章 设计监理 ... 234
5.1 设计监理的人员构架、工作范围及职责 ... 234
5.2 各阶段设计监理(咨询)的工作特点及审查重点 ... 235
5.3 各阶段设计监理(咨询)的工作方法和措施 ... 236

5.4 设计监理(咨询)主要成果简介 ································ 237

5.5 设计监理(咨询)经验总结与建议 ································ 243

第四篇 土建工程

第1章 工程勘察与测量 ································ 247
1.1 工程勘察 ································ 247
1.2 工程测量 ································ 278

第2章 线路与限界 ································ 287
2.1 线路设计 ································ 287
2.2 限界设计及检查 ································ 306

第3章 车站工程 ································ 316
3.1 车站建筑设计 ································ 316
3.2 车站结构设计与施工 ································ 356
3.3 车站装修设计与施工 ································ 389

第4章 区间工程 ································ 408
4.1 区间路基工程设计 ································ 408
4.2 区间路基工程施工及验收 ································ 418
4.3 区间桥梁工程设计 ································ 426
4.4 区间桥梁工程施工及验收(以窦官右线大桥和窦官四线岔桥为例) ································ 441
4.5 地下区间隧道工程设计 ································ 444
4.6 区间隧道工程施工及验收 ································ 483

第5章 车辆段与综合维修基地 ································ 493
5.1 金阳车辆段与综合基地设计 ································ 494
5.2 小河停车场设计 ································ 507
5.3 车辆基地设计、施工经验及教训 ································ 514

第6章 轨道工程 ································ 516
6.1 轨道工程设计 ································ 516

  6.2　设计主要亮点 ··· 518
  6.3　轨道工程施工经验及教训 ·· 520
  6.4　施工创新及优化 ·· 526

第 7 章　人防工程 529

  7.1　人防工程设计 ··· 529
  7.2　人防工程施工 ··· 533
  7.3　人防工程验收 ··· 534
  7.4　人防工程设计与施工经验及教训 ··· 534

第 8 章　防水工程 539

  8.1　防水原则 ··· 539
  8.2　防水标准 ··· 539
  8.3　车站防水施工及措施 ·· 540
  8.4　区间防水施工及措施 ·· 543
  8.5　混凝土结构自防水防腐的要求 ·· 546
  8.6　接缝防水措施 ··· 547
  8.7　防水附加层辅助措施 ·· 548
  8.8　排水措施 ··· 549
  8.9　材料选型原则 ··· 549
  8.10　防水施工经验总结及思考 ·· 550

第 9 章　土建工程技术创新与新技术应用 551

  9.1　"水压爆破"施工技术及工艺 ·· 551
  9.2　"悬臂式掘进机"冷挖施工技术及工艺 ·· 554

下　册

第五篇　车辆及机电设备

第 1 章　车辆 561

  1.1　概述 ··· 561
  1.2　贵阳地铁列车技术特点 ··· 561

  1.3 列车总体介绍 564
  1.4 主要部件和系统 568
  1.5 车辆调试及监造 574
  1.6 车辆设计制造经验 576

第 2 章 供电系统 577

  2.1 供电系统设计 577
  2.2 设备监造、安装、调试及验收 586
  2.3 体会与经验 596

第 3 章 信号系统 599

  3.1 信号系统设计 599
  3.2 系统设计总结 608
  3.3 工程实施总结 614
  3.4 主要工程体会和经验 619

第 4 章 通信系统 621

  4.1 通信系统设计 621
  4.2 专用通信 627
  4.3 公安通信 637
  4.4 民用通信 640
  4.5 设备安装及调试 641
  4.6 体会与经验 652

第 5 章 屏蔽门、安全门系统 655

  5.1 系统设计 655
  5.2 设备监造、安装、调试及验收 665
  5.3 体会与经验 671

第 6 章 自动扶梯、电梯 672

  6.1 自动扶梯、电梯设置原则 672
  6.2 主要设计原则 672
  6.3 设计规范、标准 674
  6.4 主要设计参数和技术要求 674
  6.5 运营模式 679

6.6 设备监造、安装、调试及验收 ································ 680
6.7 经验和教训 ·· 686

第 7 章 自动售检票系统 ·· 689
7.1 工程概况 ·· 689
7.2 主要实现功能 ·· 691
7.3 主要系统构成 ·· 691
7.4 工程实施与初设的技术差异 ·· 693
7.5 主要技术特点和创新 ·· 693
7.6 设备安装 ·· 695
7.7 系统调试 ·· 699
7.8 主要的体会和经验 ·· 704

第 8 章 通风及空调系统 ·· 706
8.1 通风和空调系统设计标准 ·· 706
8.2 通风和空调系统组成和功能 ·· 711

第 9 章 给排水及水消防系统 ·· 724
9.1 给排水及水消防系统设计 ·· 724
9.2 设备监造、安装、调试及验收 ···································· 730
9.3 经验与体会 ·· 733

第 10 章 气体自动灭火系统 ·· 734
10.1 气体灭火设计 ·· 734
10.2 设备监造、安装、调试及验收 ·································· 738
10.3 体会与经验 ·· 744

第 11 章 综合监控系统（含 FAS/BAS） ······························ 745
11.1 概况 ·· 745
11.2 主要实现功能 ·· 747
11.3 主要系统构成 ·· 750
11.4 工程实施与初步设计的差异 ······································ 753
11.5 设备安装 ·· 754
11.6 系统调试 ·· 761
11.7 主要工程体会和经验 ·· 763

第 12 章　门禁及安防系统 ... 765

　　12.1　概况 ... 765
　　12.2　主要实现功能 ... 766
　　12.3　主要系统构成 ... 766
　　12.4　工程实施与初设的技术差异 ... 769
　　12.5　主要技术特点及创新 ... 769
　　12.6　设备安装 ... 769
　　12.7　系统调试 ... 773
　　12.8　主要的工程体会和经验 ... 773

第 13 章　控制中心（OCC）及车站综合控制室（SCR）设备 ... 776

　　13.1　概况 ... 776
　　13.2　控制中心中央控制室工艺布置 ... 777
　　13.3　控制中心设备房工艺布置要求 ... 780

第 14 章　导向标志系统 ... 781

　　14.1　导向标志系统设计 ... 781
　　14.2　设备监造、安装、调试及验收 ... 785
　　14.3　体会与经验 ... 790

第 15 章　车辆段工艺设备设计 ... 791

　　15.1　概述 ... 791
　　15.2　车辆检修制度、修程及内容 ... 792
　　15.3　车辆运用和检修主要作业流程 ... 793
　　15.4　主要工作量及设计规模 ... 794
　　15.5　车辆段工艺设备设计 ... 796
　　15.6　体会与经验 ... 799

第 16 章　声屏障系统 ... 800

　　16.1　声屏障系统设计 ... 800
　　16.2　设备监造、安装、调试及验收 ... 810
　　16.3　体会与经验 ... 821

第 17 章　各主要设备系统重要接口关系 ... 822

　　17.1　车辆 ... 822

17.2 信号 ... 822
17.3 通信 ... 825
17.4 供电 ... 827
17.5 动力照明 ... 833
17.6 接触网 ... 835
17.7 电力监控 ... 837
17.8 杂散电流腐蚀防护与接地 ... 838

第18章 机电设备系统新技术应用 ... 841

18.1 车辆 ... 841
18.2 供电设备 ... 843
18.3 弱电设备系统 ... 851
18.4 常规机电设备系统 ... 853
18.5 给排水系统 ... 855
18.6 通风和空调系统 ... 855

第六篇 运营管理

第1章 运营管理策划 ... 861

1.1 运营管理模式研究 ... 861
1.2 组织架构设计 ... 863
1.3 运营岗位体系设计与定岗定编研究 ... 867
1.4 运营人员招聘策略 ... 870
1.5 本章小结 ... 872

第2章 运营筹备策划与实施 ... 873

2.1 运营筹备总体策划 ... 873
2.2 运营筹备各项主要工作目标及监控关键点 ... 874
2.3 运营筹备工作计划 ... 885
2.4 工程介入 ... 892
2.5 运营演练 ... 895
2.6 本章小结 ... 898

第 3 章　初期运营 ... 899

    3.1　车务管理 ... 899
    3.2　运务管理 ... 900
    3.3　站务管理 ... 902
    3.4　修务管理 ... 903
    3.5　票务管理 ... 910
    3.6　人力资源管理 ... 912
    3.7　物资管理 ... 913
    3.8　安全技术管理 ... 916
    3.9　综合管理 ... 921
    3.10　本章小结 ... 922

第 4 章　运营效果及评价 ... 923

    4.1　运营筹备细致到位 ... 923
    4.2　形成了特色的运营文化 ... 924
    4.3　安全管理不断强化 ... 925

第七篇　物业资源开发

第 1 章　管理及体系建设 ... 929

    1.1　组织架构 ... 929
    1.2　制度建设 ... 934

第 2 章　土地资源开发 ... 936

    2.1　轨道交通 1 号线沿线地区综合开发规划 ... 936
    2.2　土地一级开发 ... 938
    2.3　房地产开发 ... 940
    2.4　土地资源开发经验及总结 ... 942

第 3 章　广告资源开发经营 ... 944

    3.1　广告媒体设施形态 ... 944
    3.2　广告资源的经营 ... 945
    3.3　广告资源经营的管理 ... 945

  3.4 广告资源开发经营经验及总结 ················· **947**

第 4 章 通信资源开发经营 ························· **949**

  4.1 通信资源形态 ····························· **949**
  4.2 通信资源开发现状 ························· **949**
  4.3 通信资源开发经营经验及总结 ················· **952**

第 5 章 商业资源开发经营 ························· **953**

  5.1 商业资源开发形态 ························· **953**
  5.2 商业资源开发经营的特点 ··················· **955**
  5.3 经营模式 ································· **956**
  5.4 日常管理 ································· **957**
  5.5 商业资源开发经营经验及总结 ················· **959**

第 6 章 其他附属及衍生资源 ······················· **961**

  6.1 物资设备管理 ····························· **961**
  6.2 物业管理 ································· **963**

第 7 章 物业资源开发经验总结及思考 ··············· **965**

参考文献 ·· **967**

大事记 ··· **971**

第一篇　工程概况

贵阳轨道交通1号线工程从筹建到开通试运营,历时10年。在此过程中,各参建单位共同努力、攻坚克难,建设我国第一条喀斯特地质条件下山地城市轨道交通线路,以适应贵阳市政治、经济、社会发展的总体需求。本篇主要介绍了贵阳轨道交通1号线的总体概况、规划和设计。主要概括介绍了本工程的特点、规划的适应性、设计的主要思路和设计重难点。

第 1 章 概　　述

1.1　工程范围及特点

1.1.1　工程范围

贵阳轨道交通 1 号线工程线路起于观山湖区西侧的窦官站，起点预留向百花湖延伸的条件；出窦官站后线路由西向东下穿绕城高速公路，高架过将军山后转入地下；然后线路沿林城路东行，于林城路与诚信北路交叉口设诚信路站，与 2 号线十字换乘；过行政中心站、会展中心站后沿国道 210 南行至贵北大道，设大关站；出站后线路转至贵阳北站，与 S2 线换乘；然后线路沿小关水库西侧拐向北，至雅关村处跨过小关峡谷，设雅关站；出站后向南至蛮坡，经安云路设站，于北京路口设北京路站，与 3 号线换乘；后线路沿合群路南行至延安路口北侧，设延安路站，与 2 号线通道换乘；沿公园路南行，于中山路口设中山路站；过都司路后下穿南明河，跨瑞金南路设人民广场站后线路再次下穿南明河，到遵义路后线路敷设至贵阳火车站；线路经朝阳洞路，在望城坡设站后经珠江路、浦江路南行至清水江路交叉口，设清水江路站；上跨西南环线后到达 1 号线终点站场坝村站，终点预留向南延伸的条件。

贵阳轨道交通 1 号线线路全长 35.11km，起于观山湖区窦官，经云岩区和南明区，止于经开区场坝村，共有 25 座车站、24 个区间、1 个车辆段、1 个停车场、2 座主变电所和 1 个运营控制中心（OCC）。贵阳轨道交通 1 号线工程范围如图 1-1-1 所示，建设阶段与运营阶段车站站台对比见表 1-1-1。

建设阶段与运营阶段车站站名对比表　　　　　　表 1-1-1

建设阶段车站站名	运营阶段车站站名	建设阶段车站站名	运营阶段车站站名
窦官站	窦官站	安云路站	八鸽岩站
下麦西站	下麦西站	北京路站	北京路站
将军山站	老湾塘站	延安路站	喷水池站
云潭路站	阅山湖公园站	中山路站	中山西路站
诚信路站	林城西路站	人民广场站	河滨公园站
行政中心站	观山湖公园站	火车站站	贵阳火车站
会展中心站	国际生态会议中心站	沙冲路站	沙冲路站
朱家湾站	阳关站	望城坡站	望城坡站
大寨站	新寨站	新村站	珠江路站
大关站	白鹭湖站	长江路站	长江路站
贵阳北站	贵阳北站	清水江路站	清水江路站
雅关站	雅关站	场坝村站	小孟工业园站
蛮坡站	南垭路站		

第一篇 工程概况

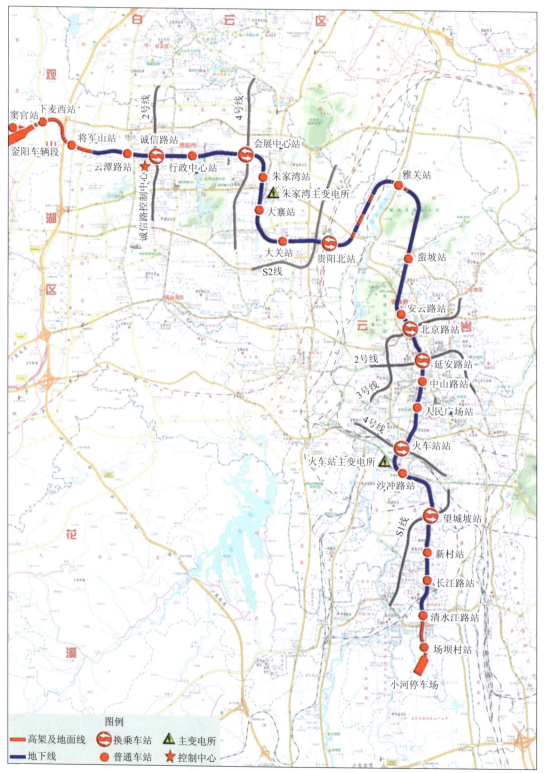

图 1-1-1 贵阳轨道交通 1 号线工程范围

1.1.2 工程特点

贵阳轨道交通1号线工程具有以下鲜明的特点：

(1)气候条件良好,环境天然优势强

贵阳市属亚热带季风润湿气候,冬无严寒,夏无酷暑,阳光充足,雨水充沛。空气不干燥,四季无风沙,多年平均气温15.3℃,最热月平均气温24.0℃,最冷月平均气温5.1℃,极端最高气温35.4℃。1号线工程从车站站型和设备选用上充分考虑了贵阳市的气候特点。

(2)地质条件复杂,工程建设风险高

贵阳市属于典型的喀斯特地貌城市,1号线工程通过灰岩、白云岩类地层的长度占线路总长的74.6%,岩溶发育程度从弱、中等发育到强发育,岩溶形态以第四系黏土层覆盖下的溶沟、溶槽、石芽等形态出现,溶洞多被黏土充填,局部有空溶洞、岩溶管道等,施工时揭穿岩溶管道则易发生较大涌水,大量抽排地下水易导致地面塌陷。

(3)地势高差大,工程建设适应自然条件严

贵阳市属于典型的山地城市,1号线工程在线路铺设以及车站布置选型过程中充分发挥自然地形的潜力,尊重自然,顺应自然,因地制宜,和谐统一。

(4)周边环境复杂,工程建设实施难度大

在贵阳市的特殊地形地貌、城市环境条件下,1号线工程下穿各种既有建(构)筑物较为普遍。全线隧道先后4次下穿铁路及火车站,2次下穿高速公路,2次下穿南明河,多处下穿楼房、桥梁等既有建(构)筑物。

(5)第一条城市轨道交通线路,工程建设标准高

作为贵州省贵阳市第一条轨道交通线路,1号线工程建设时间跨度长、方案变化多、技术标准高,同时贵阳市作为全国大数据中心,对1号线工程资源共享度要求高。

1.2 工程项目建设的意义及必要性

贵阳市社会经济的快速发展,交通基础设施的日益完善,城市区域地位的提升,将使贵阳的经济联系进一步转向以港澳和珠三角为核心的经济体之中。城市轨道交通作为重要的交通设施,联系和衔接城市主要功能区和区域交通枢纽,能够使区域交通与城市交通在枢纽内进行高效快速转换,提高城市交通系统的服务水平,促进城市功能的发挥与完善,对于提高城市竞争力具有十分重要的意义。

1.2.1 加快城镇化发展进程,构建综合客运系统

根据城市发展的一般规律,随着城市经济的高度发展,城市周边人口会向城市中心大量

聚集,城市人口规模增长迅速,导致高密度的经济活动和社会活动。贵阳受自然地理环境和社会经济水平的制约,城市各个片区分散发展,近年来部分片区现状已经逐渐呈现出连片发展的态势,片区之间的交通出行联系逐渐加强,迫切需要高效、便捷、舒适的出行服务。

城市轨道交通是引领城市发展、重塑城市空间形态、增强城市承载能力、实现城市可持续发展的重要支撑。贵阳市基于前瞻性和战略性研究,以轨道交通时代的新思维统筹城市交通、城市功能和城市发展,对于进一步优化城市空间结构,促进生产要素和人员有序流动,推动沿线综合开发和产业集聚,更好发挥城市轨道交通的走廊升值效应,进一步增强城市发展活力,具有十分重要的意义。

1.2.2 有效应对机动化的挑战,改善出行结构

贵阳城市用地十分紧张,交通资源也十分有限,但是,随着经济社会的发展,人们机动化出行需求和对出行服务水平的要求却在不断提高。据调查,贵阳市机动化出行发展速度十分迅猛。

2020年居民的机动化出行人次将占到全部方式的60%～80%。对未来城市机动化发展和整体交通运行趋势的预测发现,若以目前城市机动车增加的速度无限制地发展,且不考虑城市高水平公共交通系统的建设,则在不远的将来,老城的道路网络就会达到饱和,城市交通将面临全面瘫痪的窘境。因此,贵阳市不能走私人机动化无限制发展的道路,将长期面临以较少的交通资源应对日益增长的机动化出行需求的挑战。

轨道交通在运量、速度、运行方式等方面都优于私人交通和传统公交,利用单独路权、大容量的轨道交通,承担城市大量的客流输送任务,可以在不影响其他交通工具运行的情况下,增强公共交通综合竞争力,将大量中、长距离出行的客流从低效率交通方式上吸引过来,使城市客运交通结构向期望方向转变,以实现优先发展公共交通的战略目标,满足日益增长的交通需求。

1.2.3 适应山地城市特点和集约使用土地的客观要求

我国人多地少,当前又正处于工业化、城镇化快速发展时期,城市建设用地供需矛盾十分突出,节约集约用地是我国必须长期坚持的基本方针。为此,在2008年年初,《国务院关于促进节约集约用地的通知》(国发〔2008〕3号)要求全国各地方以节约集约用地的实际行动全面落实科学发展观,实现经济社会的可持续发展。

结合贵阳具体情况而言,节约集约用地既是贵阳山地城市自然环境的客观要求,同时也是城市土地利用发展的主要特征。贵州省是我国喀斯特地貌最为集中的地区之一,贵阳市城市中心区位于群山之中的盆地之内,全市地形起伏较大,地质条件相对复杂。贵阳市总面

积 8034 km^2，山地、丘陵占全市土地面积的 88%，而山间平坝区则仅占 11%。由于城区被百花山脉、黔灵山脉和南岳山脉分割，几乎无集中连片成形的平地，可建设用地较为"破碎"。受地形条件限制，城市空间布局呈组团式发展，未来贵阳城市土地利用将呈现出点轴式聚集的集中式发展趋势。

针对贵阳市沟多坡陡的自然特征、交通基础设施薄弱和组团式的布局特点，发展轨道交通是从根本上改善客运交通条件的最优选择。轨道交通可以充分利用地下空间资源，在贵阳地面交通资源十分匮乏的情况下，发展轨道交通将有效增加交通资源供给；轨道交通可以促进其沿线土地点轴式聚集发展和用地功能的整合，促进土地的集约化使用；轨道交通主要服务于中、长距离出行的乘客，特别适应贵阳市分散、分片、多中心、组团式的城市布局结构。

1.2.4　促进棚户区改造及廉租房建设

轨道交通建设可带动沿线土地开发和再升值，既为旧城改造、提升城市形象尽到重点建设项目的社会责任，也为轨道交通运营减亏做好前期方案研究，供政府决策提供强有力的依据，结合贵阳市老城区棚户区改造拟定线站位布设是需要重点考虑的问题。通过轨道交通的建设带动周边的棚户区改造，在适当的棚户区改造中开发廉租房，将惠及民生，并改善中低收入人群的住房条件。

综上所述，加快建设和发展轨道交通，实现城市规划，对贵阳市的经济发展意义重大。

1.3　工程筹划

1.3.1　原计划工期

贵阳轨道交通 1 号线初步设计经过政府部门审查，工程建设计划总工期 4 年零 6 个月，工程建设的里程碑工期如下：

2012 年 4 月完成全线初步设计；

2012 年 6 月完成招标设计，2012 年 9 月完成招标工作；

2012 年 7 月—2013 年 8 月完成全线施工设计；

2012 年全线车站土建工程全面动工；

2014 年 12 月车站土建工程和区间结构全部完工，实现"洞通"；

2014 年 10 月车辆段土建完工，2015 年车辆段装修完工；

2015 年 4 月完成全线整体道床及短轨铺设，实现"轨通"；

2015 年 11 月首列车到达；

2015 年 10 月向车辆段供电,为车辆调试提供条件;
2016 年 4 月全线供电;
2016 年 6 月车站设备安装及装修工程完工(含单系统调试);
2016 年 4 月底完成热滑;
2016 年 6 月 28 日全线基本建成;
2016 年 7 月—12 月进行系统联调;
2016 年 12 月 28 日开始试运行;
2017 年 3 月 28 日开始试运营。

1.3.2 工程实施中工期筹划的变更

在施工过程中,鉴于贵阳地区地质条件复杂,同时为了兼顾人民大道的改造工程,在设计过程中,对设计方案进行了优化比选,出现了一些重大的变化:在原工程范围之外,新增了 1 号线的西延线工程。工程筹划根据实际工程进度做了重大变更,全线通车日期调整为 2018 年 12 月。

1.4 工程建设项目的立项审批

1.4.1 工程可行性研究报告批复情况

2008 年 3 月,贵阳市政府批复了《贵阳市轨道交通线网规划》(筑府通〔2008〕10 号),该规划由 4 条线(1 号线、2 号线、3 号线和 4 号线)组成,线网总规模 139.3km,总投资约 1268.79 亿元。2010 年 9 月,国家发展和改革委员会(简称"国家发改委")批复了《贵阳城市轨道交通近期建设规划(2010—2020 年)》(发改基础〔2010〕2024 号),批准在 2010—2016 年建设 1 号线。按照贵阳市政府批复的线网规划和国家发改委批复的建设规划,1 号线全长 29.2km,途经观山湖区的金朱路、林城路、观山路、贵阳北站,穿过黔灵山脉,由蛮坡进入老城核心区的中华路、遵义路、贵阳火车站,最后经过小河经开区的珠江路,到达终点场坝村站。2010 年 11 月,中铁二院工程集团责任有限公司(以下简称"中铁二院")编制了 1 号线的《工程可行性研究报告》(以下简称《工可报告》),线路长 31.5km。2011 年 2 月 23 日,工可报告通过国家发改委委托广州中咨城轨工程咨询有限公司(以下简称"中咨公司")组织的专家评审。与之配套的环境评估、地震灾害评估、压覆矿评估、客流预测、土地预审、岩土工程勘察、水保、文物保护评估、安全预评价、节能评估 11 个支撑文件及附加的贵阳北站—蛮坡站长大坡度线路段运营安全评估,共 12 个申报附件,于 2011 年 4 月前分别完成专家评估及相关部门的审批。

2011年4月,按照贵阳市委市政府工作部署,要充分利用轨道交通建设的带动作用,支持旧城改造,完善核心区道路网络及配套的市政设施,将1号线老城核心区蛮坡站—人民广场站6.5km线路方案进行调整优化,线路走向由中华路改为公园路。调整后线路基本与原中华路线路方案平行,但线路西移200~300m,与线网上其他线路的换乘关系不变。

为完善轨道交通1号线工可手续,中铁二院重新编制了1号线工可报告(调整)以及配套的规划方案、土地运作、融资方案及保障措施等6个专题研究报告。贵州省发展和改革委员会(简称"省发改委")于2011年6月向国家发改委上报了1号线工程调整工程可行性研究报告的请示❶。2011年7月20日通过中咨公司组织的专家评审。2012年6月20日,中咨公司出具《关于贵阳市轨道交通1号线工程可行性研究报告的咨询评估报告》,报国家发改委基础产业司,基础产业司对线路改走公园路方案从技术层面给予了肯定。在2012年9月取得了贵州省住建厅对1号线改线后的选址意见,2013年1月取得了国家环保部对1号线改线后的环评批复后,国家发改委于2013年4月批复了《工可报告》(发改基础〔2013〕779号),线路全长33.6km,设车站23座(预留5座换乘),地下站18座,高架站5座。

1.4.2 初步设计批复情况

贵州省发改委于2013年9月批复了1号线初步设计,线路全长34.3km,其中地下线约29.0km,高架及地面线约5.3km。1号线设车站23座,地下19座,地面2座,高架2座,预留清水江路地下站。2015年12月22日,省发改委批复了1号线初步设计变更(增加一站一区间),增加位于金朱西路的窦官站和下麦西站—窦官站区间,右线长约745m,左线长约808.07m。至此,1号线线路全长35.11km,共设车站25座(包含窦官站与清水江路站),其中地下站20座,地面站2座,高架站3座。

---

❶ 注:当时轨道交通项目的工程可行性研究报告是由国家发改委审批,2013年5月后下放到省发改委审批。

第2章 规划与设计

2.1 建设线路的选择原则及方案确定

2.1.1 建设年限

轨道交通工程建设周期长,一条线路从设计、施工到运营需要5年左右的时间,一条线路建成后客流效益难以发挥,只有形成骨架网络,运营网络化,客流效果和社会效果才能显现。因此,近期建设规划应建设2条以上线路。结合合理的运营长度及贵阳实际情况,一条线路长度宜控制在20~30km,建设2条线路规模应在40~65km,近期建设项目建设年限确定为2010—2020年。

2.1.2 建设规模

通过对经济承受能力、建设速度、交通需求等的分析,确定近期建设年限为2010—2020年,建设规模50~65km,是合理的、可行的。

2.1.3 建设方案确定

1)骨架网络的确定

根据总体规划,主城区由老城区、观山湖区、小河片区、白云片区、三桥马王庙片区和二戈寨片区组成,其中老城区和观山湖区是市级服务中心,居住、服务业用地集中。现有以老城区为城市唯一中心的格局将向"以老城区+观山湖区共同构成完整的城市核心区+外围组团"的新格局演进,因此观山湖区(原为金阳新区)的发展将成为保证城市总体发展目标实现的关键。因此1号线、2号线、3号线组成了贵阳轨道交通网络的骨架结构,见图1-2-1。

2)首期建设项目的选择

总体规划对老城区的发展策略为通过规划控制引导人口向观山湖区和其他片区转移。要引导大量的人口向观山湖区转移,老城区与新区之间快捷、良好的交通条件是必不可缺的。轨道交通不仅具备缓解城市交通拥挤的功能,同时也具有引导城市重心向新区转移,促进新区发展的功能。因此,首期建设的轨道交通项目一定要进入观山湖区。

轨道交通1号线和2号线都连接老城区与观山湖区和发展主轴,均具有引导观山湖区建设,疏解老城压力的功能。轨道交通1号线和2号线一期工程七机路口至油榨街段均具有缓解老城交通拥挤,支持观山湖区建设,跨越黔灵山交通瓶颈功能。通过对支持城市功能方面比较、客流预测比较和测试结果看,1号线和2号线一期方案规模相当。1号线方案全日客运量高于2号线一期方案,但最大单向断面流量略低于1号线方案。从客流整体效果看,1号线方案略好。经综合比较,1号线在支持城市功能方面和客流效果方面均强于2号线,确定首期工程为1号线。

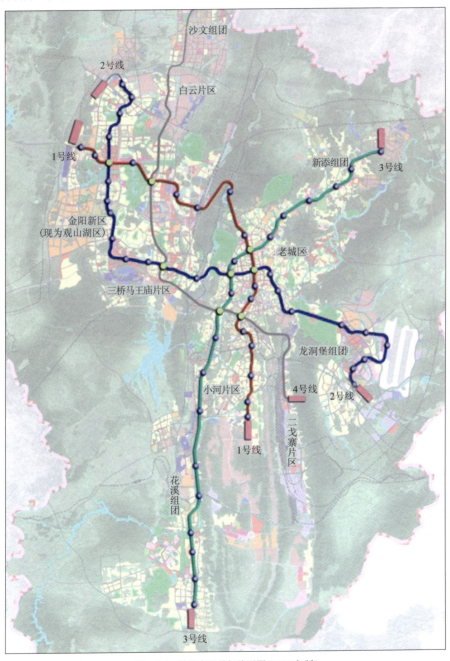

图 1-2-1　轨道交通骨架线网图(2008 年版)

2.2 线站位设置

2.2.1 建设规划线站位

1号线起点位于观山湖区的下麦西,经观山湖区,穿黔灵山脉,经扁井、喷水池,沿遵义路下穿南明河和贵阳火车站,上跨西南环线后到达本线终点场坝村站。1号线全长29.2km(2008年规划,后有变更),其中地下线长14.5km,占线路总长的49.7%;高架线长10.8km,占线路总长的37.1%;地面线长3.9 km,占线路总长的13.2%。全线共设19座车站,其中地下站9座,高架及地面站10座,平均站间距1.62km。1号线线路平面示意见图1-2-2。

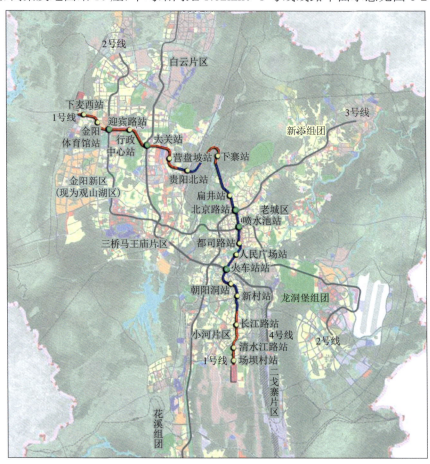

图1-2-2　1号线平面示意图(2008年版)

2.2.2 可行性研究阶段线站位

线路起于观山湖区西侧的下麦西,向东下穿绕城高速公路,后线路沿林城西路东行,高架过云潭路后转入地下，于林城路与金阳大道交叉口设金阳大道站（与 2 号线十字换乘）；过行政中心站、会展中心站后线路上跨小湾河，向南转向国道 210，设朱家湾站及大寨站；折向东在景观大道（规划）设大关站，出站后线路在高铁贵阳北站与国铁实现换乘；出贵阳北站后线路沿小关水库西侧拐向北，于小关水库北端跨过小关峡谷，并于雅关村处中部设雅关站后向南至蛮坡；经市北路南行，于北京路路口设北京路站，与 3 号线换乘；后线路于合群路南行至延安西路口与 2 号线换乘，继续南行至公园南路与中山西路口设中山路站后，于老一中桥西侧下穿南明河，在人民广场西侧设站后，沿遵义路敷设至贵阳火车站；线路下穿火车站站场，经朝阳洞路、望城坡至珠江路；线路沿珠江路南下，上跨西南环线后达到 1 号线终点站场坝村站。

　　1 号线线路全长 33.6km（可行性研究阶段），其中地下线 26.96km，占全线的 80.2%，高架及地面线 6.64km，占全线的 19.8%；平均站间距为 1.51km，最大站间距为 3.856km，最小站间距为 0.675km，共设车站 23 座，其中地下站 18 座，高架站 5 座，换乘车站 5 个（金阳大道站与 2 号线换乘、会展中心站与 4 号线换乘、北京路站与 3 号线换乘、延安路站与 2 号线换乘、火车站站与 4 号线换乘）；联络线 1 处（设于金阳大道站东北象限）。1 号线于下麦西设金阳车辆段及综合基地，场坝村站设小河停车场，在金阳大道站附近设控制中心 1 处，在朱家湾站及火车站站附近各设主变电所 1 处。见图 1-2-3。

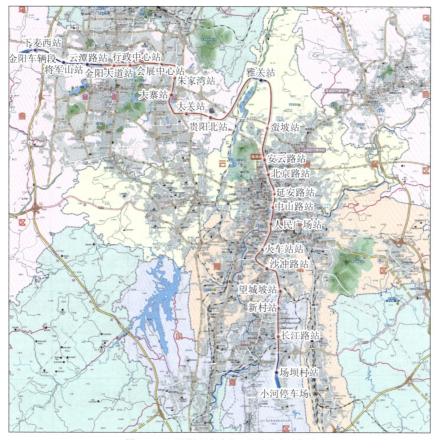

图 1-2-3　可行性研究阶段 1 号线线路示意图

第一篇　工程概况

1号线是贵阳轨道交通骨干线,根据客流预测结果,1号线初期、近期、远期全日客运量分别为32.15万人次/日、65.02万人次/日、91.17万人次/日,早高峰单向最高断面客流分别为1.625万人/h、2.517万人/h、3.208万人/h,为大运量城市轨道交通线路,采用地铁制式B型车,最高运行速度80km/h,初期、近期、远期均采用6辆编组,远期设计行车量为24对/h,设计输送能力为3.5万人次/h;系统规模按30对/h预留,最大输送能力可达4.38万人次/h。

2.2.3　工程建设线站位

1）工程概况

1号线（窦官站—场坝村站）线路全长35.196km,其中地下线长30.151 km,路基段长1.54km,高架线长3.505km,共设车站25座（20座地下站、2座地面站、3座高架站）。在第二版线网规划中,1号线设换乘车站7座（诚信路站与2号线换乘、会展中心站与4号线换乘、贵阳北站与S2号线换乘、北京路站与3号线换乘、延安路站与2号线换乘、火车站站与4号线换乘、望城坡站与S1号线换乘）,联络线1处（设于诚信路站西北象限）。1号线于下麦西站设金阳车辆段,场坝村站设小河停车场,在诚信路站附近设控制中心1处,在朱家湾站及火车站站附近各设主变电所1处。见图1-2-4,车站分布见表1-2-1。

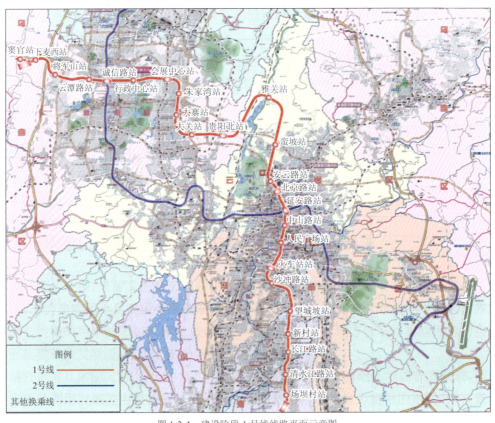

图1-2-4　建设阶段1号线线路平面示意图

第2章 规划与设计

建设阶段车站表　　　　　　　表 1-2-1

序号	车站名称	车站右线中心里程	右线站间距(m)	线间距(m)	车站形式
0	起点	YD2K12+575.000			
1	窦官站	YD2K12+635.000	60.000	4.6	侧式,高架
2	下麦西站	YD1K0+753.000	1118.000	13.5	岛式,地面
3	将军山站	YD1K2+313.282	1056.282	5	侧式,高架
4	云潭路站	YDK3+299.000	1848.961	5	侧式
5	诚信路站	YDK4+230.600	931.600	5	侧式,与2号线换乘
6	行政中心站	YDK5+630.000	1399.400	5	侧式
7	会展中心站	YDK7+355.000	1725.000	8.4	侧式,与4号线换乘
8	朱家湾站	YDK8+632.000	1277.000	13.5	岛式
9	大寨站	YDK9+735.000	1103.000	13.5	岛式
10	大关站	YDK11+326.900	1591.900	13.5	岛式
11	贵阳北站	YDK12+684.000	1352.235	18	岛式
12	雅关站	YDK16+550.600	3866.600	13.5	岛式,高架
13	蛮坡站	YDK19+352.500	2801.900	28	岛式
14	安云路站	YDK21+352.500	2000.000	13.5	岛式
15	北京路站	YDK21+953.820	601.320	19.5	岛式,与3号线换乘
16	延安路站	YDK22+895.674	941.854	18	岛式,与2号线换乘
17	中山路站	YDK23+804.100	908.426	14	岛式
18	人民广场站	YDK24+705.705	901.605	14	岛式
19	火车站站	YDK26+050.000	1346.926	16	岛式,与4号线换乘
20	沙冲路站	YDK27+156.000	1100.811	13.5	岛式
21	望城坡站	YDK29+196.000	2040.000	13.5	岛式
22	新村站	YDK30+370.500	1174.500	13.5	岛式
23	长江路站	YDK31+302.500	932.000	13.5	岛式
24	清水江路站	YDK32+530.000	1212.500	13.5	岛式
25	场坝村站	YDK33+606.000	1076.000	13.5	岛式,地面
26	终点	YDK33+831.00	210.000		

2）西延线

为满足百花新城建设的需要、满足人们日益增长的出行需求、充分利用轨道交通带动土地综合利用（TOD），1号线延伸至窦官站，对窦官站周边地块开发具有巨大的推动作用，根据规划，窦官站周边区域定位为百花生态新城的行政办公区，同时以轨道交通为依托，将城市中的商业、居住、旅店、展览、餐饮、文娱等城市生活空间的三项以上进行组合，并在各部分间建立一种相互依存、相互助益的能动关系，从而形成一个多功能、高效率的社区空间。

受贵州省发改委的委托，中国铁路总公司鉴定中心于2015年9月29日对1号线西延线初步设计进行审查，2015年12月22日贵州省发改委批复了西延线初步设计，文号"黔发改建设〔2015〕2053 号"。

2.2.4　工程建设阶段与可行性研究阶段线站位调整情况

（1）线路向西延伸一站一区间，在金阳车辆段旁、金朱西路路中设高架站窦官站。

（2）原来工可阶段考虑预留清水江路站，由于该区域旧城改造、工厂搬迁具备设置条件和客流支持，补充了清水江路站设计和建设。

（3）根据中国铁路总公司鉴定中心的审查意见，考虑跟环城铁路换乘便捷，将军山站站位西移靠近环城铁路车站。

2.3　工可阶段方案研究

2.3.1　可行性研究审查简述

受贵州省发改委委托，中国国际咨询公司于 2010 年 10 月 23—24 日组织专家组对中铁二院编制的《贵阳市轨道交通 1 号线工程可行性研究报告》（以下简称《可研报告》）进行了预评估。

2010 年 11 月底编制项目组根据评估意见对《可研报告》进行了修改，评估专家组于 2011 年 2 月 22—23 日对《可研报告》进行了正式审查。专家提出对 1 号线贵阳北站至北京路站区段线路长大连续坡道开展运营安全论证的要求。

中铁二院补充编写了《贵阳市轨道交通 1 号线工程长大连续坡道段方案及运营安全研究报告》（以下简称《专题报告》），中咨公司于 2011 年 3 月 20 日在北京市召开了预评估会，项目组落实专家意见，修改文件后，于 2011 年 4 月 8 日在北京进行了《专题报告》正式评审。

经过上述评审，鉴于贵阳北站至扁井站段环境条件复杂，在综合本段线路、车辆性能及相关系统的运营安全设计的情况下，同时兼顾雅关片区城市规划建设，推荐采用增加展线 2.2km、增设雅关站方案。

2.3.2　方案比选

在国家批准《贵阳市城市快速轨道交通建设规划》基础上，中铁二院组织设计人员对《可研报告》展开了更进一步的深化研究工作。随着研究工作的不断深入，根据城市总体规划以及新的区域控制性详细规划，结合近期旧城改造，合群路、公园路道路拓宽，沿线几大区域的高强度开发建设，以及沿线棚户区改造，贵阳市委市政府提出要对 1 号线扁井站至人民广场站局部走"市北路+中华路"与走"安云路+合群路+公园路"进行方案比选研究。

为此，贵阳市委市政府多次组织发改、规划、国土、建设、环保等部门召开专题会议研究，集思广益,审慎决策,提出了 1 号线线路局部调整的研究思路。市规划局强调公园路方案可以带动沿线城市重点建设板块的开发及改造,符合城市规划发展,市政府也重点指出 1 号线局部方案调整符合国务院关于加快改造棚户区、建设保障性住房、公租房、廉租房的要求,其目的就是为城市中低收入家庭提供量身定制的"安居房"民心工程,中央政府将更注重基本政策和制度建设,地方政府更多承担廉租房建设和公租房建设的责任,贵阳实施棚户区改造等多项措施加强市容整治,符合贵阳市以资源节约型和环境友好型社会的建设理念和近期城市建设重点的安排。伴随贵阳高铁、机场、轨道交通等基础设施建设以及"三创一办"活动的开展,"爽爽的贵阳""避暑之都"的城市品牌逐步形成,"宜居、宜业、宜游"的城市特色进一步彰显。

目前贵阳城市土地开发密度最高、强度最大的地区多集中在瑞金路、公园路、中华路、富水路、延安路等城市主要机动车通道的两侧,这些道路既是贵阳市中心城区最主要的交通干道,也是城市商业、办公等公共服务开发最密集的地区,道路功能的重叠以及密集的人流、车流既加重了道路的负荷与相互干扰,又使主要道路拥挤不堪。在控制城市机动化发展、特别是私人机动化发展速度的同时,政府也必须为不断增加的居民机动化出行的需求提供"出路"。政府下大力气拓宽核心区的道路,如公园路、富水路由 20m 拓宽到 40m,已列入贵阳市重点工程,但由于所需拆迁资金较大等问题,一直未能启动、实施。随着近几年地方财力的不断增长,基于棚户区改造和安居工程巨大的社会效益,贵阳市政府自 2008 年启动全市棚户区改造建设以来,在 2009 年、2010 年陆续开展了公园路两侧棚户区改造,不但成为贵阳市新的亮点,也成为棚户区改造的模板。

在此期间,鉴于可研阶段 1 号线推荐方案与批准的建设规划线路存在一定的变化,经多方面沟通,编制了线路沿线土地利用控制规划、调查拆迁规模、惠及人口及对社会、城市的贡献等,做了大量的补充研究工作。

公园路方案可以更好地支持公园路沿线两侧区域城市近期建设重点,契合贵阳市的城市发展方向,促进城市化进程,带动沿线土地集约和开发,提升城市品质,满足沿线日益增长的大规模居住、商业、客流出行需求,同时也能有效缓解中华路的交通压力,有效引导新增出行需求的流向,从根源上改善中心城区的交通拥堵问题。

2011 年,贵阳市政府提出方案比选,中铁二院于 2011 年 5 月出具《可研报告》(调整版),市委市政府、贵阳市城市轨道交通有限公司❶多次到北京向国家发改委汇报方案比选的必要性。2013 年 4 月 23 日,国家发改委批复《贵阳市轨道交通 1 号线工程可行性研究报告》(发改基础〔2013〕779 号)。

2.3.3 《可行性研究报告》编制原则

(1)《国务院办公厅关于加强城市快速轨道交通建设管理的通知》(国办发〔2003〕81 号)

---

❶ 注:已于 2019 年 2 月 12 日更名为贵阳市城市轨道交通集团有限公司。

提出:"城市轨道交通建设必须坚持经济、实用、安全的原则,严格控制工程建设标准。车站等设施装修要严格控制使用高档豪华材料。要通过提高规划、设计和施工水平,合理选择线路敷设方式、车站形式和换乘方式,采用科学的运营组织模式等措施,降低工程造价和运行费用"。因此,贵阳轨道交通1号线工程建设标准的拟定必须贯彻这一指导思想。

(2)以为贵阳人民建设"安全、可靠、经济、适用"轨道交通为指导思想,努力达到"投资省、效率高"的要求,建设适合中国国情(特别是西部)的城市轨道交通工程。

(3)以城市总体规划和快速轨道交通线网规划为依据,达到缓解城市交通的紧张状况,提高城市公共交通体系的运营服务水平,以改善投资环境,促进城市经济的发展。

(4)设计年限初期为2018年,近期为2025年,远期为2040年。本工程设计应满足各设计年度的设计客流量。实行统一规划、统一设计,根据客流量的增长,对于车辆、机电设备和土建工程,凡具备条件者均应采取分期建设、分期投资,并严格控制初期工程建设规模和投资。

2.3.4 《可研报告》的特点及创新点

贵阳地处云贵高原的东斜坡,是我国"喀斯特"地貌最为集中的省会城市,全市地形起伏较大,地质条件相对复杂。山地、丘陵占全市土地面积的88%。贵阳轨道交通1号线为南北向骨干线,线路起于观山湖区下麦村西侧、穿越山地、丘陵、峡谷、河道、盆地与铁路,终至小河区(现属花溪区)的场坝村,途经贵阳新兴开发区、传统商业中心区域、传统居住区及规划开发区域,线路全长约33.6km(规划),起、终点高差约220m。作为高原山区轨道交通项目,全线80%地段又位于可溶性岩层中,在国内尚属于首例,没有成熟的建设和运营经验,技术标准确定难度大,技术含量高,技术难题研究课题任务繁重。

在《可研报告》编制工作中,针对1号线"山地城市、高落差、岩溶发育"技术特点和难点,借鉴国内外类似线路的经验和教训,开展了一系列的技术考察调研、专题研究和技术创新。本次研究以建设"安全、可靠、经济、适用"的贵阳轨道交通为指导思想,以山地城市轨道交通综合技术研究为突破口,从环保节能技术应用、线网间的资源共享与运能匹配、质量安全风险控制等方面进行了分析、研究,本工程研究的成果具体体现在以下几个方面:

(1)长大连续坡道段方案及运营安全。

1号线从金阳到主城区落差220m,且主要集中在贵阳北站到安云路站区间,该区间直线距离3.7km,落差161m,自然坡度达54‰,超过了普通直线电机车辆的爬坡能力。中铁二院编写了《贵阳市轨道交通1号线工程长大连续坡道段方案及运营安全研究报告》,中咨公司于2011年3月20日和4月7日在北京市召开了评估会。专家组认为报告内容全面,数据翔实,方案比选较充分,工程技术方案总体可行,可以基本满足1号线工程安全运营要求,同时对报告提出了评审意见和建议。

(2) 喀斯特地貌地区轨道交通隧道工法选择。

贵阳市地处云贵高原，喀斯特地貌大量分布，在这样的城市修建城市轨道交通在国内尚属首次。喀斯特地质条件下城市轨道交通建设的地下工程修建，由于其特殊的地质条件，与其他兴建轨道交通的城市相比，有其独特性。采取何种工法，地下工程修建的主要工程问题的处理措施等都值得探讨。在贵阳轨道交通建设规划阶段，国家发改委、中咨公司和部分专家学者对在贵阳这种特殊地质条件下，修建城市轨道交通的风险性、经济性存在疑问，为此，中铁二院编写了《贵阳市城市轨道交通地下工程主要技术问题对策》，在北京由中咨公司支持，邀请部分专家进行了审查，打消了疑虑，达成了共识，贵阳修建轨道交通风险可控。

国内轨道交通线路局部位于岩溶发育区域的区段较多，有盾构、矿山法通过的案例，但贵阳轨道交通1号线有80%线路位于岩溶发育区域，并不多见，区间隧道工法选择更应该慎重。技术方案对几种施工方法的技术经济进行了综合比较：结合贵阳轨道交通工程地质情况和沿线地物现状，贵阳轨道交通1号线区间隧道的施工工法，硬岩地层掘进机（TBM）法不适用，盾构法施工在工期、投资、风险和精度上不可控，目前推荐采用实用性强的明挖法和矿山法。为了减少对地面交通的影响，在水文地质和工程地质条件许可的情况下，尽量采用矿山法施工，如果轨面埋深浅，无法采用矿山法施工时，采用明挖法施工。

(3) 重视环保节能技术的应用。

本次研究充分借鉴国内外地铁节能环保新技术，进一步对"车辆再生制动及能量吸收方式优选""接触网上下行并联""提高变压器负载率""复合屏蔽门制式"等一系列节能环保方案进行了研究，并要求在设计中应用或预留了今后的实施条件（如逆变回馈再生制动能量吸收装置）。

(4) 体现了线网的资源共享。

本工程车辆与车辆段、机电系统制式选择与网络构建，以及供电系统外电引入、运营管理模式、控制中心的分期建设等均体现了线网的资源共享。

(5) 强化了质量安全风险控制。

根据《城市轨道交通工程安全质量管理暂行办法》（建质〔2010〕5号）的精神，本次研究强化了安全质量风险控制，在充分研究地质条件、调查周边环境基础上，通过计算分析，对影响工程安全质量的风险因素进行了识别，提出了相应的控制措施。

针对贵阳轨道交通1号线全线位于喀斯特岩溶弱到中等发育地区，开展了工法研究和应对不良地质的对策研究，并编写了《盾构实用性研究》。

借鉴其他城市轨道交通建设及运营经验，从配线、车站建筑、疏散通道、疏散平台等线路、土建设施的布置，通风空调、综合监控、消防等机电设备系统的构成以及灾害情况的联动等方面落实减低和消除风险因素的各项措施。此外，针对城市轨道交通防恐的特点，配置了相应的安防设施（如X光机、防爆、防易燃易爆、防管制刀具等检测设备）。

(6) 在苛刻的站址环境条件下（如安云路站、北京路站、延安路站、中山路站、人民广场站等），为尽可能减少拆迁，增强工程建设可实施性，尽量优化车站内部及出入口布置，以满足车站运营功能及防灾要求。

（7）线站位设置与城市规划、建设紧密结合，符合城市规划、建设的要求。结合大量的前期研究工作，已将1号线沿线车辆段、车站、区间隧道用地纳入控制规划中严格控制，轨道交通沿线相关新建地块的规划、报建工作也纳入1号线控制范围。

（8）充分发挥1号线组团功能，充分体现以轨道交通为骨干、常规公交为主体、各种交通方式协调发展的一体化交通体系。

（9）车站设计因地制宜，灵活多样。本线的车站设计根据当地地形起伏大、道路狭窄、建筑密集等独特的地理环境特征，因地制宜，充分利用地形特点，使车站站型多样化、灵活多变，以突出山地城市轨道交通的特点。全线共设车站25座，从规模上有高架站、地面站、地下一层站、地下二层站、地下三层站、地下五层站等；从站台形式上有岛式站台、侧式站台、分离岛式站台车站等；从车站施工工法上有明挖、暗挖及半明（挖）半暗（挖）等多种形式。车站设计的环境之复杂、形式之多样，在国内各大中城市已建成运营的轨道交通线路中实属罕见。

2.3.5　专题研究

《可研报告》根据贵阳市的社会经济条件、《贵阳市城市总体规划（2010—2020年）》、《贵阳市城市轨道交通近期建设规划（2010—2020年）》，并结合本工程沿线环境状况，从项目建设的必要性、建设标准、建设规模、工程方案、系统配置、工程经济、融资模式、经济评价、社会评价、风险分析、环境影响评价等方面，对本工程实施的可行性从技术和经济的角度进行了全面、深入、系统的研究，并结合本线特点，开展了一系列新技术、新标准的创新研究。

研究充分体现"以人为本、服务至上"的理念，充分体现以轨道交通为骨干、常规公交为主体、各种交通方式协调发展的一体化交通体系；1号线的线路规划、技术标准等总体设计思路服从于贵阳市城市规划、社会和经济的发展情况、线路的定位及功能等条件，具有典型喀斯特地貌、高原山区轨道交通特点，从线站位布局、系统制式的选择、车辆选型与舒适度标准、行车组织和长大坡道安全运营等方面进行深入研究、论证；合理确定技术标准，通过考察调研、多项专题研究和专家咨询，编制确定了本线高原山区轨道交通技术标准。

作为国内首条具有典型喀斯特地貌、高原山区轨道交通线路，本工程克服了研究难度大、技术标准高和技术难题多的困难，研究成果具有突出的创新性、先进性和前瞻性，为政府部门的决策提供了客观、公正、准确的科学依据，在国内同类成果中处于领先水平。同时，随着我国城市规模的逐步扩大和城市空间结构从单中心向多中心或组团式的转变，我国高原山区城市轨道交通将不断发展，本线的成功实践将为我国城市轨道交通的发展提供经验借鉴，具有典型的示范作用。

在项目前期除严格按照当时国家要求的环评、客流、地震、地灾、节能、维稳等专题研究外,针对贵阳轨道交通1号线的车辆选型、地形地貌特点、长大连续坡道做了专题研究,并经过专家评审,作为1号线可行性研究报告报批的重要支撑文件,主要专题研究如下:

(1)《交通制式专题研究》由中铁二院于2009年3月15日编制完成,在北京中咨公司组织专家进行了评审,考虑到当时贵阳的地方财政收入、人口指标,推荐采用B型初期、近期、远期5辆编组的方案。

(2)《工程地质安全与对策专题报告》由中铁二院于2009年3月15日编制完成,在北京中咨公司组织专家进行了评审,贵阳市作为贵州省省会,是西南地区的重要中心城市。贵阳市地处云贵高原,喀斯特地貌大量分布,在这样的城市修建轨道交通在国内尚属首次。喀斯特地质条件下城市轨道交通建设的地下工程修建,由于其特殊的地质条件,与其他兴建轨道交通的城市相比,又有其独特性。

(3)《长大连续坡道段方案及运营安全研究报告》分别于2011年3月20日、2011年4月7日在北京召开了评估会,会议邀请了来自北京、天津、株洲等城市的5名专家组成了专家组。专家组认为专题报告内容全面,数据翔实,方案比选较充分,工程技术方案总体可行,可以基本满足1号线工程安全运营要求。专家组同时提出了评审意见和建议,报告编制项目组对专家意见进行了认真落实。

2.3.6 《可研报告》评审意见及执行情况

(1)可研专家评审意见:结合公园路沿线土地使用规划的调整,进一步核实沿线的人口及就业岗位分布情况,对客流预测结果进行校对,为方案比选提供可靠依据。

执行情况:客流预测单位根据中华路方案、公园路方案对于周边人口分布、就业和岗位、规模调整、车站的客流吸引范围进行了建模、核算。

结论:由两方案客流总体指标可以看出,公园路方案和中华路方案在客流方面影响不大。对全线客流来说,由于新版公园路方案增设了雅关站,客流本应增加,但由于公园路沿线客流较中华路沿线小,总的来看,公园路方案客流仍略低于中华路方案。

(2)可研专家评审意见:应进一步落实工程实施方案,核实工程投资,特别对两次下穿南明河的工程风险及对策应有可靠的措施保证。

执行情况:编写《下穿南明河工程措施及风险控制专题研究报告》,并于2011年8月4日,由轻轨建设指挥部邀请隧道设计、地勘专家,以及近年贵阳市实施市政道路隧道施工单位技术负责人对中铁二院编制的《贵阳市轨道交通1号线工程线路下穿南明河措施与风险研究报告》进行了专家评估。

结论:风险可控,方案可行。

(3)其他可研专家评审意见:规划调整、拆迁、安置、资金保障问题,分别由市政府相关职能部门组织有关单位进行了回复。

2.4 总体设计

2.4.1 总体设计原则

总体设计原则见《可研报告》编制原则,另补充如下:

(1)采用地铁 B 型车,初、近、远期均采用 6 辆编组,最高速度为 80km/h,定员 1460 人/列。

(2)行车组织:设双线线路,右侧行车;按独立运行进行行车组织设计。

(3)线路走向:线路走向和站点的设置以及线路敷设方式均应与城市总体规划相协调,符合本市轨道交通线网规划的要求,并结合线路沿线的自然、建设条件合理确定线站位。

(4)应以车辆外形轮廓尺寸为基础,依据轨道及道床的条件确定车辆限界和设备限界。通过设备(含电缆支架等)的合理布置,依据接触网的条件确定建筑限界,确保列车安全运行。

(5)车站规模:依据远期客流,以满足交通功能为目标,充分体现"以人为本"的设计理念,为乘客提供便捷的乘车条件;努力降低工程投资,在具备条件的场所应充分利用地下空间进行综合物业开发;充分考虑近期、远期线路的换乘客流需要,以换乘便捷、布局合理为目标,在满足换乘功能的前提下,合理选择换乘站形式,并有效控制换乘站初期规模。

(6)地下结构除应满足运营功能要求和建筑限界、施工工艺、防水及城市规划等方面的要求外,穿越河流干道时还需要采取防淹措施。结构抗震设计应以地震安全性评价为依据,采取相应构造处理措施,提高结构整体抗震能力。结构抗力能力还应满足人防部门的要求。结构类型和施工方法应根据工程地质、水文地质和周围的环境条件,通过技术经济比选确定。并应按相关规范的规定进行结构计算。

(7)轨道结构应坚固、稳定、耐久、维修方便,并能满足绝缘、减振、降噪、耐腐蚀的要求。

(8)轨道交通工程对环境的影响应符合相关规范和标准的要求。

(9)依据城市电网条件、贵阳市轨道交通线网规划和城市轨道交通供电系统要求,本工程采用集中供电方式,每座主变电所由城市电网引入两路独立可靠的 110kV 电源(交流)。

(10)根据贵阳市气候条件,地下车站采用复合屏蔽门系统,车站公共区设空调、车辆采用空调,以创造较舒适的候车、乘车环境。通风空调系统应满足车站和区间正常运营和列车堵塞、发生火灾时的要求,同时满足人防部门提出的防化要求。

(11)通信系统应为高可靠、易扩充、组网灵活和相对独立的专用综合数字通信网,应与公众通信网和公安应急通信等联网以及预留与贵阳市其他轨道交通线路通信系统互连互通的条件。

(12)信号采用列车自动控制系统(ATC),确保运行安全,提高行车效率,保持乘车的舒适度和服务水平。ATC 系统包含列车自动保护(ATP)、列车自动监控(ATS)、列车自动驾驶(ATO)以及计算机联锁(CBI)四个子系统。车辆段单独设置计算机联锁设备。

(13)防灾设计应执行"预防为主,防消结合"的原则。火灾事故按全线同一时间内发生一处考虑。

(14)控制中心是行车指挥、电力监控、车站设备与防灾监控中心,也是通信枢纽和信息交换处理中心。实现各系统的监控和调度指挥,协调完成安全、快速、舒适输送乘客的任务。

(15)给水水源采用城市自来水。废水、雨水及污水采用分类集中就近排放,污水经处理达标后方可排放。

(16)车辆段、停车场的布置,应在满足功能需求的基础上,力求工艺顺畅、布置合理紧凑、节约用地。

(17)车辆及机电设备按技术成熟先进、安全可靠、经济耐用、管理维修方便的原则进行选型,并应满足国家对轨道交通车辆和机电设备国产化的要求,还应逐步提高其国产化率。

2.4.2 主要技术标准

(1)线路

①正线数目:双线。

②最高行车速度:80km/h。

③线路平面最小曲线半径。区间正线:一般为 350m,困难地段为 300m;车站正线:一般直线,困难情况下 800m;辅助线:一般 200m,困难情况下 150m;车场线:150m。

④道岔宜靠近车站设置,但道岔基本轨端部至车站有效站台端部的距离不应小于 5m。

⑤设置交叉渡线两线平行线的线间距:9 号道岔不小于 4.6m。

⑥道岔应设在直线地段,道岔基本轨端部至曲线端部的距离(不含超高顺坡及轨距递减段)不宜小于 5m。

⑦区间正线最大纵坡为 30‰。

(2)轨道

①轨距:1435mm。

②钢轨:正线及辅助线均为 60kg/m。

③曲线轨道圆曲线最大超高值为 120mm,当设置的超高不能满足行车速度要求时,允许有不超过 61mm 欠超高。

④正线及辅助线:9 号道岔。

(3)行车组织

①列车编组:采用 B 型车,初、近期、远期 6 辆车编组(4 动 2 拖),载客量(定员)1460 人/列。

②初期、近期、远期高峰小时最大行车量分别为 12 对/h、20 对/h、26 对/h,系统规模按 30 对/h 预留。

（4）车辆

①外形尺寸：长为19000mm（车钩至车钩19520mm），宽2.8m，高3.8m（B型车）。

②接触网供电：直流（DC）1500V、可变电压（VVVF）。

③列车最高设计运行速度：80km/h。

④车辆最大轴重：≤14t。

（5）车站

①站台：车站站台计算长度为120m，地下车站采用屏蔽门系统，屏蔽门长度约为113.2m，并且在门两端外侧应留出一定的空间供列车驾驶员使用，宽度不小于1.5m。站台侧站台宽度，应以车站远期超高峰小时设计客流量为计算依据。

②公共区装修后地平面至结构顶板底面净高应根据车站的客流量、送排风方式、设备管线需求等因素综合考虑确定。

③站台至站厅、站厅至地面，根据《地铁设计规范》（GB 50157—2013）的规定，结合车站具体情况合理布置自动扶梯与人行楼梯。每个车站从站厅到站台应设置无障碍电梯，至少一个出入口（单层侧式站台车站应在每侧各一个出入口）设无障碍设施。

（6）结构与防水

①主体构件及内部构件的设计使用年限为100年。

②车站主体结构、出入口通道及机电设备集中部位防水等级为一级；车站的风道、风井、区间隧道及联络通道等附属的隧道结构防水等级为二级。

③结构按6度抗震设防烈度进行抗震设计。

（7）防灾

本工程应具有防火灾、水淹、风灾、地震、雷击和停车事故等灾害的设施。

①全线按同一时间内发生一次火灾考虑，换乘站及其相邻区间按同一时间仅发生一处火灾考虑。地下工程及出入口、通风井的耐火等级为一级。

②在控制中心内设本工程消防控制中心，内设专职值班员，负责本工程所有车站、区间、主变电站等建筑的防灾调度控制与指挥及救援事宜，并且具有与上一级防灾指挥中心的联网通信功能。

③车站及区间应配防灾救护设施、设置火灾报警及消防联动和防排烟联动控制系统，火灾报警系统的控制指令具有优先权。

④所有车站及重要的建筑物均设置人员紧急疏散导向系统，本工程运营设施均应满足疏散要求。

⑤地下工程及出入口、通风井的耐火等级为一级。消防设备用电按一级负荷设计。

⑥工程洪水频率按1/100的标准设计。穿越南明河段在进出河流两端的车站端头设置防淹门。

⑦结构按6度抗震设防烈度进行设计。

⑧地下线区段应满足人防部门的设防要求。

⑨供电线路、车辆段、停车场、控制中心设置防雷及防风设施。

(8) 车辆段与综合基地

①轨道交通1号线工程设金阳车辆段与综合基地1座,在场坝村设小河停车场1座。

②金阳车辆段与综合基地包括车辆段、维修中心、物资总库及培训中心。车辆段承担1号线、2号线、3号线、4号线车辆的大、架修,承担1号线车辆定修及以下修程任务和部分列车运用任务,承担1号线全线设备、设施的维修、材料设备供应和线网人员培训。

(9) 控制中心

①诚信路控制中心是轨道交通1号线、2号线的调度指挥控制中心。

②控制中心建筑、结构及建筑设备、中央控制室工艺等均由1号线工程实施,系统设备按线分期安装,并充分考虑资源共享。

2.5 初步设计

2.5.1 概述

1) 工程概况

初步设计工程范围为1号线全线,全长34.308km(规划),其中地下线29.022km,高架及地面线5.286km,共设车站24座,其中地下站20座,地面站2座,高架站2座。1号线于下麦西设金阳车辆段,场坝村设小河停车场,在诚信路站附近设控制中心1处,在朱家湾站及贵阳火车站附近各设主变电所1处。

2) 设计年度

初期:2019年;

近期:2026年;

远期:2041年。

3) 初步设计评审与批复

2012年11月15～17日,贵州省发改委、轨道公司等部门组织,邀请来自北京、上海、广州、深圳、天津、成都、贵阳等城市30位专家组成专家组1号线初步设计预评审。

受贵州省发改委的委托,中国铁路总公司工程设计鉴定中心于2013年6月17～21日在贵阳主持召开了初步设计咨询审查会,对中铁二院工程集团有限责任公司编制的《贵阳轨道交通1号线工程初步设计》进行了咨询审查。

2013年9月29日贵州省发改委(黔发改建设〔2013〕2706号)批复了1号线初步设计。

4) 西延线评审与批复

2015年9月29日,中国铁路总公司鉴定中心审查1号线西延线初步设计。贵州省发改委2015年12月22日批复了西延线初步设计(黔发改建设〔2015〕2053号)。1号线向西延伸一站一区间,线路长度达到35.196km,车站达到25座。

2.5.2 初步设计创新点

初步设计以建设"安全、可靠、经济、适用"的贵阳轨道交通为指导思想,从环保节能技术应用、线网间的资源共享与运能匹配、质量安全风险控制等方面进行了分析、研究,并反映在本次初步设计中。本工程的设计特点主要体现在:

1)重视环保节能技术的应用

本次初步设计充分借鉴国内外地铁节能环保新技术,进一步对"车辆再生制动及能量吸收方式优选""提高变压器负载率""复合屏蔽门制式"等一系列节能环保方案进行了研究,并在本次设计中应用或预留了今后的实施条件(如逆变回馈再生制动能量吸收装置)。

2)贯穿了建设为运营服务的理念

(1)体现了线网的资源共享

车辆与车辆段、机电系统制式选择与网络构建,以及供电系统外电引入、运营管理模式、控制中心的分期建设等均体现了线网的资源共享。

(2)注重运营的安全研究

贵阳市地处云贵高原,喀斯特地貌,地势起伏大,落差主要集中在贵阳北站—安云路站段,轨道交通1号线线路选线、纵剖面设计难度大于一般平原城市轨道交通设计。如何在线路设计、行车组织、系统配置等方面充分保障运营安全是贵阳轨道交通1号线规划、设计、建设管理和专家评审的重点关注。通过对线路技术条件、地质情况、轨道稳定性、供电可靠性、运营组织和车辆安全性等方面的综合分析研究,形成《贵阳轨道交通1号线工程长大连续坡道段方案及运营安全研究报告》,邀请了来自北京、上海、天津、广州等城市的轨道交通专家组成专家组,进行了专家评审,方案报告对后续的初步设计具有很好的指导意义,也对降低线路坡度,降低运营安全风险方面大有帮助。

2.5.3 初步设计专题研究

1)连续长大坡道整体道床及无缝线路稳定性研究

贵阳北站—人民广场站区段线路存在长大连续坡道地段,线路长度达到12km,该段线路敷设方式有地下、高架及地面,线路最大坡度为28‰,最小曲线半径为350m。当轨道位于长大连续坡道时,列车制动使其前方钢轨产生纵向压力,列车尾部产生拉力,这些将影响无缝线路的强度和稳定性。列车制动引起钢轨的不均匀爬行,积蓄了压力,使原有锁定轨温发生变化,也带来方向的不稳定,在长大坡道变坡点的凹形断面处,可能由于线路爬行而增加轴向力,降低轨道稳定性。对于整体道床,在大坡道上,由于列车和温度的联合作用,整体道床结构也可能发生一定的弹性变形,这些大量连续的压弯变形不仅影响列车运行的平稳性,而且累积压弯变形超限,同样威胁行车安全。运营以后,试图通过线路整修消除此类不平顺,不仅花费工时劳力,且很难奏效。

开展科研课题研究长大连续大坡道上整体道床及无缝线路稳定性即整体道床是否会整体失稳、整体道床基础上无缝线路压弯变形以及或道床板的爬行、横向及垂向位移量等的计算和控制,对提高本线运营的安全性,具有重要的现实意义。

根据对1号线长大连续坡道段的工程特点、难点和运营安全考量,贵阳市城市轨道交通有限公司联合设计单位中铁二院、科研院校西南交通大学、产品研发四川艾德瑞电气公司等单位向贵州省科学技术厅申报了"山地城市轨道交通长大连续坡道关键技术研究"课题,在2015年7月贵州省科学技术厅立项。

2)下穿铁路

轨道交通1号线工程4处下穿既有铁路,分别为贵阳北站—雅关站区间小关四号隧道下穿川黔线大寨三号明洞隧道、火车站站—沙冲路站下穿火车站售票厅及客运站场、沙冲路站—望城坡站下穿株六复线路基及路堑、长江路站—场坝村站区间下穿贵昆货车外绕线框架桥及路基。区间隧道下穿铁路地段对铁路有一定影响,设计中有针对性地进行工程措施设计,方案与铁路运营管理部门进行沟通协调,得到其认可。下穿铁路工程均在成都铁路局管辖范围,中铁二院开展了专项设计,并在成都铁路局进行了专家评审。

3)区间隧道下穿南明河

(1)工程概况

轨道交通1号线区间隧道两次下穿南明河。中山路站—人民广场站区间:线路出中山路站,沿公园南路向南,下穿都司路高架桥及南明河后,到达人民广场站;人民广场站—火车站站区间:线路出人民广场站后过河滨公园,下穿南明河后,转向遵义路后到达火车站站。其中中山路站—人民广场区间线路与南明河斜交,区间下穿南明河长度较大,长约260m,隧道结构最小埋深8.26m。人民广场站—火车站站区间线路与南明河正交,下穿长度较短,为60m,隧道结构最小埋深10.7m。隧道拟采用矿山法施工,隧道结构高7m、跨度6.5m。

(2)工程地质及水文状况

根据初勘资料,南明河段河底以下为中风化泥质白云岩,岩溶中等发育,岩石中节理裂隙及溶孔是地下水运移渗透的通道。南明河河底最低高程1046m,河水水位高程1048.90m,五十年一遇洪水位1053.00m,属季节性河流。根据地勘资料,揭示此区域属岩溶强发育区。

(3)区间下穿南明河段平纵关系

中山路站—人民广场站区间左线隧道位于南明河河底段长度260m,右线隧道位于南明河河底段长度220m,隧道拱顶距河底最小约为8.26m,如图1-2-5所示。

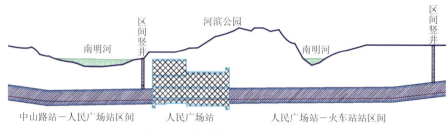

图 1-2-5　区间隧道下穿南明河纵断面图

(4) 下穿南明河主要工程方案及技术措施概况

① 施工技术措施。

a. 超前地质预报程序。

首先,在地质勘探调查的基础上,应用 TSP(Tunnel Seismic Prediction)预测预报系统进行长距离探测,实现长期超前地质预报;其后,根据 TSP 系统的预报结果,用超前深孔地质钻探进行前方围岩、地下水变化情况的中距离探测和验证,实现中期超前地质预报;然后,在中长期超前地质预报的基础上,应用地质雷达和红外线探测仪,进行短距离地质探测,实现短期地质预报;利用炮眼和超前支护中的超前小管棚,实现临近地质预报。可以弥补其他探测方式存在的盲区,提高超前预测预报的精确度。

b. 设超前钻孔探水。

由于本段岩层的主要特点是溶洞、溶隙等岩溶发育,加之河里水量丰富,如果隧道围岩与河水存在水力联系,在隧道开挖过程中易发生涌水。因此超前钻孔探水是必要的。根据超前探孔的水量可采取注浆堵水等必要措施。

c. 洞内超前围岩注浆预加固。

为避免岩溶突水,可采用洞内帷幕注浆、超前管棚注浆等方式,对前方围岩体进行注浆预加固,以减少围岩透水性和及时封堵岩溶管道,避免洞内突水风险。

下穿南明河段隧道结构采用全断面帷幕注浆的方式,预注浆的长度分别为 320m 和 120m,断面开挖采用台阶法开挖,注浆方式也分台阶法完成注浆。注浆范围为开挖洞径以外 3m。

d. 开挖支护措施。

根据地质资料,可综合考虑采用大拱脚台阶法等分部开挖方法,加以大管棚或者双层小导管等综合支护方式。支护紧跟开挖,采用加强型支护结构。采取控制爆破,严格控制开挖进尺,减少一次起爆药量,支护紧跟开挖,同时对支护结构进行适当加强。

e. 结构防水措施。

地下结构防水应遵循"以防为主、刚柔结合、多道防线、因地制宜、综合治理"的原则进行设计。确立钢筋混凝土结构自防水体系,即以结构自防水为根本,施工缝(包括后浇带)、变形缝、穿墙管、桩头等细部构造的防水为重点,并在结构迎水面设置柔性防水层加强防水。

f. 两端车站加设防淹门。

为防止在地铁运营期间,隧道涌水造成车站被淹,在两端车站的端部各设一道提升式防淹门。

②施工组织措施。

a. 施工期间,与河道管理部门协调,通过开启下流翻板坝、控制上游来水量,可降低河道水位,或过河段施工尽量安排在河水枯水季节施工。

b. 进行导流施工,保证开挖工作面顶部河道一定范围内无水。

c. 对隧道通过区段河底进行临时铺底,防止河水下渗。

d. 对隧道上方的地层进行地表加固。

e. 通过两端区间施工竖井组织进洞施工。

f. 施工竖井配套足够的排水措施和救援逃生措施,并制订相关风险预案,以控制施工风险。

g. 施工中应建立洞内外报警联系通信设备,以确保施工安全。

4)安全质量风险工程专册

2013年11月市轨道公司召开了专家评审会,对中铁二院编制的《质量安全风险工程专册》进行了审查。专家一致认为贵阳轨道交通1号线工程建设、运营均存在安全质量风险,通过科学合理管控,预防事故和险情,保障工程质量安全,措施到位,做好预案,总体风险可控。

5)消防性能设计评估报告

为便于换乘,地铁贵阳北站位于高铁贵阳北站站房下方,组成大型综合交通枢纽,消防设计存在一些现行规范不能完全覆盖和不能完全按照规范规定进行设计的问题,其主要体现在防火分区与分隔,疏散安全区的认定和疏散设计,烟气控制及其他消防系统设计等。

贵阳市城市轨道交通有限公司委托中国建筑科学研究院建筑防火研究所开展了《贵阳轨道交通1号线/疏解线贵阳北站车站工程特殊消防设计方案》,按照《建设工程消防监督管理规定》和《贵州省建设工程消防技术专家评审规程(暂行)》的规定,2014年5月12日贵州省消防总队组织专家评审会,形成了《贵阳轨道交通1号线北站项目特殊消防设计专家评审意见》。

在后续的施工图设计、建设过程中认真落实了本次评审意见,贵阳市消防支队在施工图消防审查、实体验收过程中检查了设计、建设落实评审意见的情况。

2.6 行车与运营组织

2.6.1 客流预测

1)客流预测规模

客流预测成果是行车组织的主要基础资料,各设计年度高峰小时断面客流量和全日断面客流量及分布特征是确定系统规模、列车运行交路、编制列车运行计划的基础。全线客流预测主要数据见表1-2-2。

1号线各设计年度客流预测主要数据汇总表　　表1-2-2

指标	初期（2019年）		近期（2026年）		远期（2041年）	
全日						
最大单向断面流量(万人次/日)	8.39		13.08		16.28	
客运量(万人次/日)	31.86		63.41		89.47	
负荷强度[万人次/(km·日)]	0.95		1.89		2.67	
平均运距(km)	10.82		9.28		8.48	
平均乘车时间(min)	21.64		18.56		16.96	
早晚高峰						
时段	早高峰	晚高峰	早高峰	晚高峰	早高峰	晚高峰
最大单向断面客流量(万人次/h)	1.61	1.38	2.54	2.22	3.18	2.76
客运量(万人次/日)	5.23	4.70	9.92	8.84	13.71	12.23
负荷强度[万人次/(km·日)]	0.16	0.14	0.30	0.26	0.41	0.36
平均运距(km)	10.94	10.92	9.38	9.34	8.63	8.61
平均乘车时间(min)	21.88	21.84	18.76	18.68	17.26	17.22

2）客流预测断面分析

1号线的客流断面分布特征总体上可以总结为以下几点：

(1) 初期，观山湖区处于发展阶段，客流重心位于老城区。

(2) 近期、远期，观山湖区发展成熟后，老城区及观山湖区均位于较高客流断面区域内。

(3) 由于贵阳北站为贵阳市规模最大的综合客运枢纽，与轨道交通1号线的换乘量很大，使得1号线各设计年度的最高断面均出现在贵阳北站附近。

(4) 客流方向有一定的不均衡性。早高峰从中心区进入观山湖区的客流要大于观山湖区进入中心区的客流，从小河片区进入中心区的客流要大于中心区进入小河片区的客流，而晚高峰则相反，潮汐客流较为明显。

2.6.2　车辆选型及编组

1）车辆选型

前期规划和设计阶段，针对钢轮钢轨B型车、钢轮钢轨直线电机系统、跨坐式单轨系统进行了综合技术经济比较，最终选择了最高速度为80km/h的地铁B型车。

2）列车编组方案

通过对列车编组方案运输能力、服务水平、车辆购置费、牵引制动性能（含正常运行、故障运行和故障救援三种情况）、新车设计制造的技术风险、各种编组方案对主要系统设计的影响的综合分析，推荐初期、近期、远期均采用6辆编组的地铁B型车。

2.6.3 行车组织

1）列车运行交路

1号线位于市民主要的出行分布轴上,从客流断面分布特征分析,1号线不宜设置小交路,各设计年度均采用单一交路运行,列车运行交路如图1-2-6所示。

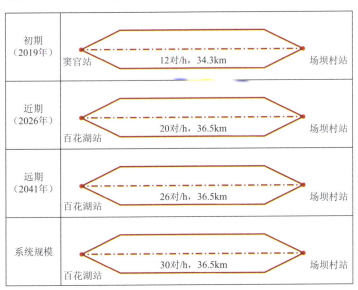

图1-2-6 列车运行交路示意图

2）旅行速度

1号线各设计年度列车旅行速度计算结果见表1-2-3。

列车旅行速度计算表　　　　表1-2-3

指标	范围	
	初期（窦官站—场坝村站）	近期、远期（百花湖站—场坝村站）
运营里程(km)	34.3	36.5
车站数量(座)	25	27
平均站间距(km)	1.43	1.40
运行图铺画旅行速度(km/h)	32	35
旅行时间(min)	64.3	62.6

注：考虑到实际运营情况与理论计算会有一定差异,以及考虑运行调整的需要,1号线初期平均旅行速度取值32km/h,近期、远期平均旅行速度取值35km/h。

3）设计输送能力

设计运输能力是以预测客流各年度高峰小时单方向最大断面客流量、列车编组辆数、车辆定员及行车最小间隔时间为依据进行设计。

根据推荐的列车编组方案,各设计年度输送能力见表1-2-4。

各年度列车设计输送能力表   表1-2-4

项　　目		设 计 年 度			
		初期 （2019年）	近期 （2026年）	远期 （2041年）	系统规模
运营范围及里程		窦官站—场坝村站，34.3km		百花湖站—场坝村站，36.5km	
列车编组（辆/列）		6			
列车定员（人/列）		1460			
单向最高客流断面 （万人次/h）		1.61	2.54	3.18	—
高峰小时行车量（对/h）		12	20	26	30
单向设计输送能力 （万人次/h）		1.75	2.92	3.80	4.38
输送能力富余（%）		8.11	13.01	16.23	27.40
最小行车间隔（min）		5.0	3.0	2.3	2.0
列车 配属	运用车（列）	27	44	57	66
	备用车（列）	3	4	4	0
	检修车（列）	4	6	8	9
	合计（列）	34	54	69	75

注：1. 系统最大设计能力为30对/h，最大设计输送能力可达到4.38万人次/h，系统最大设计输送能力较远期预测客流量有27.4%的富余。

2. 远期的行车量为26对/h，系统最大设计能力为30对/h，运能储备为15.4%。

3. 运用车计算的旅行速度取值分别是：初期32km/h，近期、远期及系统规模35km/h。

4）全日列车运行计划

全日列车运行计划安排见表1-2-5。

全日行车计划表（单位：对/h）   表1-2-5

时　　段	年　　度			
	初期 （2019年）	近期 （2026年）	远期 （2041年）	系统规模
5:00～6:00	6	8	10	10
6:00～7:00	8	10	12	12
7:00～8:00	12	20	26	30
8:00～9:00	12	20	26	30
9:00～10:00	10	12	15	20
10:00～11:00	10	12	15	15
11:00～12:00	10	12	15	15
12:00～13:00	10	12	15	15
13:00～14:00	10	12	15	15
14:00～15:00	10	12	15	15
15:00～16:00	10	12	15	15
16:00～17:00	10	12	15	20
17:00～18:00	12	20	26	30
18:00～19:00	12	20	26	30

续上表

时　段	年　度			系统规模
	初期 （2019年）	近期 （2026年）	远期 （2041年）	
19:00～20:00	8	10	12	20
20:00～21:00	8	10	12	12
21:00～22:00	8	10	10	10
22:00～23:00	6	8	10	10
合计（对/日）	172	232	290	324

5）全线车站辅助配线

1号线全线车站辅助配线如图1-2-7所示。

2.6.4 设计经验总结

1）客流预测风险问题

目前国内各大城市轨道交通开通初期运能普遍不足，特别是对轨道网络化运营后客流激增预见不足，北京、上海、广州均发生过新建线路因车辆配置不足运能受限影响市民出行，造成较大社会影响。因此，研究经济增长、公交换乘票价优惠、交通政策及出行方式结构的改变，对客流断面和客运量的敏感性分析是必要的。同时，考虑到1号线作为连接贵阳北站（西南地区重要铁路枢纽）、观山湖区和老城区的轨道交通线路，重大节假日期间必定有大量突发客流，应针对该客流特点做具体分析，并为后续的系统规模及行车组织设计提供依据。

2）山地城市车辆选型问题

针对贵阳轨道交通1号线线路坡度大、坡道长、连续长大坡道多的特点，主要从功能需求上（运能需求、出行时间需求、舒适性需求、安全可靠性需求、环境和线路适应性需求、景观需求等）、技术可行性上（可实施性、先进性等）、经济上（建设成本、车辆购置费、轨道系统、土建成本、运营成本）等方面，比较研究了不同编组、不同动拖比方案的车辆选型及编组方案，最终推荐采用了经济费效比适中的B型车6辆编组（4动2拖）方案。

3）列车运行交路设计与客流特征匹配问题

关于行车量的设计，应从不同时期运输的合理需求出发，换位思考，按照"以人为本、着眼发展"的方针合理确定本线的行车计划，为提高运输服务质量与运营效益创造良好条件。

4）旅行速度取值及列车配属问题

本线为贵阳市第一条轨道交通线路，开通运营后，乘客乘车习惯的培养、运营管理水平的提高，存在磨合期。为了给开通年的运营预留足够灵活性，在旅行速度取值和列车配属方面，需预留足够的设计余量。

5）全线车站配线设计功能性与经济性问题

配线设计应综合考虑运营功能需求、工程实施、工程造价及环境景观等方面，做到既满足运营需求，又能对工程实施难度及实施代价进行控制，且景观设计与周边环境协调友好。

第一篇 工程概况

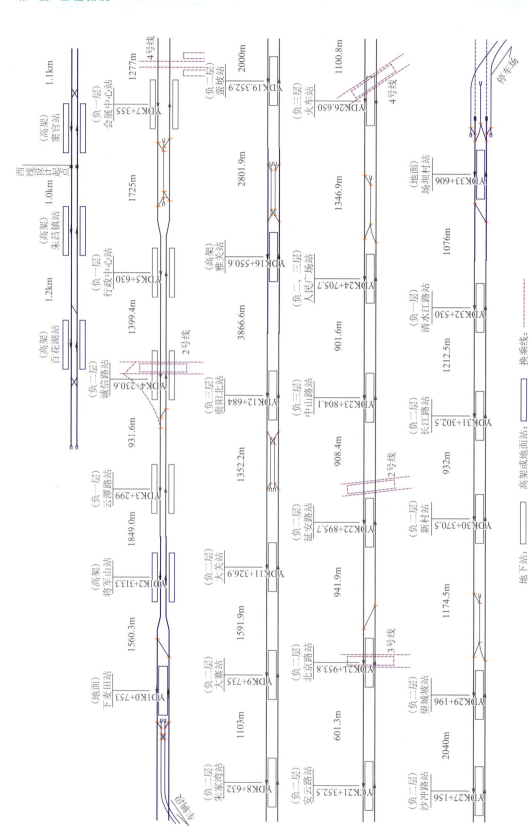

图 1-2-7 全线车站辅助配线示意图

此外，针对西部山地城市长大坡道的运营安全，结合本线贵阳北站—雅关站线路展线的需要，分别在贵阳北站和雅关站设置了双停车线。列车在进入长大坡道的上坡前和下坡前，需进行列检（贵阳北站和雅关站停站时间按 30s 控制），一旦发现有故障隐患，可立即进入停车线待避，避免长时间的停站，影响后续列车的运营。

6）初期定员问题

人员配备及职责定员设置本着精简机构、提高效率的原则，且考虑到本线为贵阳市第一条开通运营的轨道交通线路，初期为后续线路储备运营管理人才，定员配置略高。

2.7　环境保护

2.7.1　环境现状

1）声环境质量概况

本工程横穿贵阳市的南北向，途径观山湖区、云岩区、南明区、小河区 4 个行政区。由于线路大多沿城市道路敷设且沿线人口稠密、商业活动发达，因而道路交通噪声和社会生活噪声是沿线区域最突出的噪声源，此外，部分区域还兼受其他工程建筑施工等噪声影响。

2）振动环境质量概况

根据现场调查监测，沿线区域环境振动可满足《城市区域环境振动标准》(GB 10070—1988)中交通干线两侧、混合区、商业中心区或居民文教区标准要求，其环境振动主要来自道路交通振动和人群活动等产生的各种无规则振动，其中道路交通振动为其主要的振动源。

3）水环境质量概况

本工程以隧道形式下穿南明河，根据贵阳市环境监测中心提供的南明河中曹水厂段历年监测数据，南明河中曹水厂段水质较好，均满足《地表水环境质量标准》(GB 3838—2002) III 类标准要求。阿哈水库水质达到《地表水环境质量标准》(GB 3838—2002) III 类标准，符合国家饮用水源地水质考核要求。

2.7.2　工程对环境影响的分析

1）声环境影响分析

本工程运营期噪声污染源主要为高架区间列车运行噪声，其次为车站风亭的机械噪声，再次为车辆段内工业噪声。根据《贵阳轨道交通 1 号线工程（调整）环境影响报告书》中噪声预测结果，高架段敏感点初期昼间预测值为 67.6～76.4dB(A)、昼间超标 2.2～10.0dB(A)，较现状增加值为 4.8～23.0dB(A)；夜间预测值为 62.1～71.0dB(A)、夜间超标 7.4～16.0dB(A)，较现状增加值为 5.0～26.5dB(A)。

2）振动影响分析

轨道交通振动是由于列车运行时轮轨之间的相互撞击而产生的,然后经轨枕、道床后向线路两侧扩散传播,振动波是由横波、纵波、表面波等构成的复杂波动现象,影响因素复杂,传播形态变化不定,其影响只能以实验统计结果定义分析。根据国内建成轨道交通的实验结果表明:轨道交通环境振动的主要影响因素包括车辆条件、轮轨条件、轨道结构、隧道结构、隧道埋深、地质条件、地面建筑物类型、距离等。

本工程采用在敏感点设置轨道减振器、弹性短轨枕整体道床等减振措施,其减振动效果明显,使工程产生的振动影响满足相关标准要求。

3）大气环境影响分析

轨道交通大气环境影响主要有车场职工食堂燃气炉灶产生的油烟和风亭异味。本项目投入运营后,将减缓地面公交压力,有效地减少机动车尾气污染物的排放量,对周围大气环境质量产生有利影响。

4）水环境影响分析

轨道交通运营期水环境影响主要为车站生活污水和车场生产废水、生活污水。生活污水经化粪池、食堂污水经隔油池、公共浴室经毛发聚集井初步处理后排入市政污水管道系统。停车场及车辆段洗车废水经污水处理站处理达标后排入城市污水管网,进入污水处理厂。

5）固体废弃物影响分析

运营期固体废物主要为车站乘客垃圾,车场内生产人员生活垃圾和车辆维修生产垃圾,以及废旧蓄电池。生活垃圾由环卫部门统一收集处理,蓄电池由厂家回收更换。固体废物对外环境影响很小。

2.7.3 环境保护措施

1）施工期环保设计

(1) 合理安排工程施工时间,办理夜间施工许可证,工程弃土运输到指定的弃土受纳场;施工场地设置临时沉沙池,泥沙水、泥浆经沉淀后排入市政管网,有效控制了施工扬尘和噪声扰民。

(2) 设计提出了施工期减缓影响的噪声、扬尘、废水、固体废物的处理措施,同时预留环境后评价与监测费用,提出工程环境保护施工监理要求。

2）运营期环保设计

(1) 降噪措施

根据环境影响报告书及环保部批复,高架段两侧分布有敏感点的路段均采取声屏障措施。通过声屏障降噪措施的实施,全线各敏感点受轨道交通运营噪声影响能有效得到控制,满足噪声环境治理标准。

车站所有的排风亭设置有消声器,风机的进、出口部风管上设置管道式消声器或组装片式消声器。通风空调系统设置了空气过滤器和空气净化装置,风机、冷却塔等设备选用了低噪声类型。工程建成后,根据环保验收监测报告,各车站风亭噪声均达到设计要求,未对周边敏感点造成污染影响。

（2）减振措施

城市轨道交通运营中所产生的振动对沿线各区域环境带来一定影响,为了综合治理列车运行产生的振动及噪声,使其对环境的影响降低到最小,轨道方面主要采取了如下的治理措施:

①采用 60kg/m 重型钢轨无缝线路,整体道床采用减振性能良好的双层弹性分开式扣件,减缓轮轨作用对混凝土道床的直接冲击,提高减振降噪效果。

②根据城市轨道交通线路穿越不同环境区域的减振要求,分别采取减振扣件、钢弹簧浮置板等减振措施。

（3）污水处理

车辆段、停车场生产废水通过生产区污水处理站经格栅、沉淀、气浮、过滤及吸附等处理后,回用于生产车间洗车用水、检修用水等。车辆段、停车场生活污水通过生活区污水处理站经格栅、沉淀、气浮、过滤及吸附等处理后,用于生产车间洗车用水、检修用水等。

各车站生活污水接入城市污水管网,进入城市污水处理厂。

（4）固体废物处理

生活垃圾经集中收集后交由市环卫部门统一处理。车辆段内产生的固体废物（包括危险废物）按照国家相关规定要求进行处理。

（5）电磁辐射防护

工程运营后,主变电所产生的工频电场、磁场均远小于《500kV 超高压送变电工程电磁辐射环境影响评价技术规范》(HJ/T 24—1988)中工频电场 4kV/m,工频磁感应强度 0.1mT 的限值要求。

2.7.4 环境保护成果

贵阳轨道交通 1 号线认真落实了环评及其批复要求中的各项污染防治和生态保护措施,工程对环境的负面影响可以得到控制和缓解。

2.8 劳动安全与卫生

2.8.1 执行标准及一般要求

为贯彻安全卫生第一的原则,确保施工、运营期间人员的作业安全和提供符合国家有关法令、法规规定的生产环境。在工程设计中,应对施工、运营期的作业程序和环境作分析,并应对工程项目劳动安全卫生的防护措施,结合环境保护在设计中落实。劳动安全卫生按《工业企业设计卫生标准》(GBZ 1—2010)和《生产设备安全卫生设计总则》(GB 5083—1999)进行设计,其一般要求如下:

(1)劳动安全卫生设计,必须遵守国家现行的有关劳动安全卫生的法律、法令,贯彻执行国家劳动安全卫生的方针政策,并应符合工程所在地劳动部门的有关规定。

(2)劳动安全卫生设计,应从工程所在地的实际出发,坚持"安全第一,预防为主"的方针,确保工程符合国家规定的劳动安全卫生标准,保障劳动者在生产过程中的安全与健康。

(3)工程中的劳动安全卫生设施,必须符合国家规定的标准,必须与主体工程同时设计、同时施工、同时投入生产和使用。

(4)工程中引进的国外技术和设备,应符合我国规定或认可的劳动安全卫生标准,全部设计应符合我国有关规范和规定的要求。

(5)建筑与场地布置应考虑以下安全卫生情况:

①根据场地自然条件中的气象、地质、雷电、暴雨、洪水、地震等情况,预测主要职业危险、危害及防范措施。

②工程的周围环境条件及其对劳动安全卫生的影响和防范措施。

③易燃易爆及有毒物品仓库等的布局及其对劳动安全卫生的影响和防范措施。

④城市轨道交通运营的劳动安全和卫生条件。

⑤建筑物的安全距离、采光、通风、日晒等情况,有害气体与主要风向的关系。

⑥浴室、更衣室、休息室等辅助用房的设置情况。

(6)劳动安全卫生设计应与总体设计统一。各专业应积极采用符合劳动安全卫生标准的新技术、新工艺、新材料、新设备。

(7)凡属主要生产环节劳动安全卫生专项防范设施(如防水、防爆、防雷、防静电及防止误操作、自动控制系统和紧急停机、事故处理、防振、降噪、降温、保温等设施)、安全装置和安全附件、检测装备和设施、安全教育装备和设施等,均为劳动安全卫生设施,在设计中应单独标明,并列出投资概算。

2.8.2 劳动安全

1)通风

通风是各阶段劳动安全的重要环节。

(1)隧道内在施工期根据地质条件、施工方法和施工进度,选用合理的通风方式及通风设备。

(2)在城市轨道交通运营阶段地下线路中,设置环境控制系统;在地面车站,根据客流量和建筑规模,设置空调通风系统。

2）线路、路基、轨道和区间隧道

（1）确定线路位置时，尽量绕避建（构）筑物的桩基。保持隧道至少有 2m 覆土。地面线路应尽量绕避大型建筑物，或采取必要的加固措施，确保地面建筑物的安全。对靠近给排水管道、热力管道、煤气管道和电力、通信电缆等市政设施的施工地段，力求地铁隧道尽量绕避楼房桩基和大量拆迁管线，使线路纵断面有利于地面建筑物安全，同时应加强防护，避免或减少损坏。

（2）地面线与城市道路交叉时采用立体交叉和全封闭设计。

（3）正确、合理确定限界，按规定设置检修通道和护栏。

（4）轨道结构和道床应具有足够的强度、稳定性、耐久性、平顺性，养护维修量小，同时满足减振降噪标准的要求。尽量减少列车振动产生的噪声，在线路平、纵断面设计时，尽量绕避建筑群，尽量避免在房屋下方通过，并使地铁主体结构有一定的覆土厚度。在轨道设计中选用重型无缝长钢轨、弹性扣件、轨道减振器及浮置板式道床。在施工期选择低振动的施工方法及机械，对高噪声的机械设消声或隔声装置。

（5）区间隧道防水参照"结构防水"章节有关要求，按每昼夜渗水量不大于 $0.5L/m^2$ 设计。

（6）区间隧道设环状消防供水管道和消火栓接口。隧道内的外挂件（如各种电线电缆、水管、信号灯、标志灯、插座箱等）应可靠固定。道床和轨道上不得有可移动物，以免因被吸附或吹动影响行车安全。

（7）隧道的通风系统在设计时，应考虑活塞风阻力对风机启动和工作的影响，在风机选型时选择性能曲线高效区较宽的风机。排烟设备按 150℃工作 1h 设计，通风采用直联式传动方式。

（8）施工期间的安全：

①施工设备材料及机具的运输，要注意运输过程的安全，不散落，不危及人身安全。按规定程序和要求进行堆码、存放，不得侵入地铁限界。

②地铁隧道和车站施工，选定地点进行土石方的开挖和填埋，同时开挖后的断面按规定要求及时支挡防护。

③应遵守市政建设的规定，建立严格的操作规程和安全管理规定，实施屏蔽封闭施工，专业施工人员岗前培训后凭证上岗，以防非施工人员和车辆闯入，造成伤亡事故，施工区域要全封闭隔离施工，不得把道路交通和社会运行的区域与施工区域混在一起。

④必须有科学、合理的施工组织方案（含交通疏解方案），满足交通组织的需要，减少对市民生活和出行的影响，使施工对交通影响和周围环境的影响降低到最低程度。

⑤工程施工中选定的各种机械作业，均应按照有关规定、规程和标准采取安全防护措施，并加强机械设备（含车辆）维护和检修，杜绝设备因失检失修而失灵或带病运行；施工用电电压符合所用设备的实际要求，各类电气设备应有警示标志，以防设备过载或泄漏时因设备损坏、燃烧、漏电等导致人员伤亡事故发生。

⑥开挖产生的土石方，要随挖随运至指定地点存放，不得随意弃置乱放。采取"集中堆

放,绿网覆盖"或种植草皮等有效措施,减少泥土裸露时间和裸露面积,避免产生水土流失和扬尘污染环境。

⑦易燃、易爆品以及有毒有害物品的存放,应向有关部门申报,并按规定进行存放和保管,设专人管理,杜绝失控。

(9)运营期间的安全:

①轨道维修应按季度编列计划报维修车间和控制中心调度。紧急维修按规定申报,批准后方能进行。对轨道要定期探伤检查,确保行车安全。按规定的损伤标准进行换轨作业,换轨后在规定期限内按规定车速试运行。

②隧道内或地面夜间进行轨道维修时,应有充足的照明,其照度分别不低于3.0lx和20.0lx。

③严禁无合格上岗证的人员使用设备和驾驶车辆。

④易燃、易爆和有毒物品按规定申报和保管。

3)车站及控制中心

(1)车站的电梯、楼梯、通道、通风、照明、地面防滑及装修材料等应符合火灾事故时人员疏散及防护的要求。防火门、卷帘门、挡烟垂幕等设置满足放火防烟分区的要求。车站设有排烟风机、消火栓、气体灭火系统及灭火器等消防设施,并设有火灾自动报警系统。

(2)地下站出入口平台高出附近地面150~450mm,低于设防高程处,应有防淹措施。

(3)地下站采用屏蔽门,以便保证乘客安全。

(4)设备与管理用房各种装饰材料要求不燃、无毒、无异味、无放射性,有完善的防灾报警装置,以确保工作人员的人身安全。对选用的各种建筑材料,尤其是建筑装饰、装修材料可能产生的放射性及有毒有害气体外逸应采取控制措施,并在相关设计中落实。

(5)结构抗浮安全系数在不考虑侧壁摩阻力时不得小于1.05,结构防水应达到有关规范规定的标准。

(6)运营期间的安全:

①车站设备和管理用房要有足够的空间和防灾能力,设置疏散指示,照度、通风空调设备应分别符合正常运营和事故状态的要求。

②设备和管理用房区内设有两个不长于30m的通道,并在两个通道间设有一个联系通道,以利安全疏散。

③车站、控制中心失电应急电源采用免维护密封蓄电池。

④车站隧道、车站大小通风系统排烟设备按250℃工作1h设计。

4)车辆基地

(1)总平面布置应分区设置围墙和门卫,形成环行消防通道,两端分别设置出入口。基地场区的交通道路应按规范设置警示、限制等安全标志牌。

(2)主要生产厂房及生活办公用房设消火栓消防系统和灭火器。主要供配电用房、弱电综合设备房等设气体灭火系统。应急照明电源采用免维护密封蓄电池。

(3)运用库、通信信号和自动化综合楼及存放易燃物品的材料库设防灾报警系统。

(4)电器设备的金属外壳均应接地。停车库、静调库、洗车线的接触轨应分段。牵引变电所上网处设避雷器。设备设过电流、ΔI、di/dt、热过负荷、双边联跳、导引线纵联差动保护设施并设置轨电位限制装置。每座牵引变电所直流设备设一套框架漏电保护。电线电缆采用低烟、低卤、阻燃型、铠装电缆。

5)供电设备

(1)地下站的站厅、站台及重要设备管理用房应急照明、通信、信号、防灾报警装置、事故排烟风机、消防泵、废水泵、电动车辆等按一级负荷供电设计。

(2)配电设备及线路设安全保护,如短路和过负荷保护等,并考虑选择性、速动性和可靠性。

(3)地面配电设备设避雷设施,变电所设防止操作过电压的设施。

(4)变电所设置综合接地装置,接地电阻按不大于 0.5Ω 设计。

(5)直流供电设备和回流轨、屏蔽门/安全门等设备采用绝缘法安装,并在牵引变电所设置框架泄漏保护。

(6)整流变压器采用干式无载调压变压器,且在变压器室设置防护栅栏。

(7)35kV 开关柜选用 SF6 气体绝缘金属封闭开关柜(简称 GIS),采用真空断路器,DC1500V 开关采用直流快速断路器,配电变压器采用环氧树脂浇注的干式变压器。采用具有阻燃、低烟、低卤性能的电力电缆和酸性免维护蓄电池。

(8)沿接触轨架设区段设置安全标志牌。

(9)所有电气设备外壳均应进行安全接地,满足对运营、维护人员的工作安全要求。

(10)所有开关设备选用具有安全"五防"功能的产品,并在变电所内配置橡胶绝缘垫、绝缘靴、绝缘手套、绝缘棒等绝缘器具。

(11)电缆夹层、电缆廊道及穿越防火墙处应采取防火封堵措施。

(12)全线设贯通的架空地线与牵引变电所接地网相连,在故障状态下,将故障电流导入牵引变电所,使馈线开关及时跳闸,切断电源,从而避免人身伤亡事故。

(13)在车辆段接触网设分段和带接地刀闸的隔离开关,确保车辆维护人员不发生触电事故。

(14)在施工场地和道路,应设置足够的照明设施,防止发生事故,保证安全作业环境。在地下车站和区间隧道,均设置照明设备,以满足城市轨道交通运营、设备维修和灾害救护的需要。电缆夹层、电缆廊道及穿越防火墙处应采取防火封堵措施。

6)给排水及消防设备

(1)所有气体灭火剂应满足消防及环境保护的要求。

(2)地下站生活污水设泵房及时排除,以免产生甲烷、硫化氢等有害气体。

(3)每个车站由市政管网接入两路自来水管,互为备用。站厅、站台、隧道、地下人行通道等处设消防箱。在消防箱旁按要求设置灭火器。

(4)隧道洞口设雨水泵、区间及车站最低点设废水泵房。

7)通信信号设备

(1)列车采用自动控制系统,含列车自动子保护系统、列车自动驾驶子系统及列车自动监控子系统。

(2)车站通信系统设置有(无)线调度电话、广播系统、闭路电视系统。

(3)电缆采用低毒、低烟、阻燃型。

(4)所有设备外壳均接地。设备用房均采取防火、防暑、除湿措施。

8)防洪排涝及防灾救护

(1)地面线线路纵断面设计和车辆段的站坪高程,按1/100频率洪水位加0.5m安全高度设计。

(2)地面线和车辆段内,应设置排洪桥涵建筑物和沟渠。地面线过渡到地下线段设置防淹墙、截水沟和雨水提升泵站。

(3)区间隧道最低处设置排水泵站,以排除结构渗漏水和消防废水。

(4)位于水域下的区间隧道两端设防淹门。

(5)各车站出入口及风亭应采取防雨水倒灌措施,门洞下沿应高出室外地面150~450mm,同时设临时防水淹措施。

(6)在施工期应注意排除坍塌、落物、起吊、运输作业常见事故,特别应注意防止地下工程施工中缺氧、有害气体溢出、岩爆、火灾和暴雨积水等项灾害的发生。在施工场地上,应备有一定数量的急救设备和器材,以备一旦事故发生时使用。

(7)做好运营期的防灾救护,在本工程中设置先进的防灾报警系统,并应从阻燃性强、性能稳定、安全可靠和维护方便等因素认真做好车辆、通信、信号、供电等设备选型。车站设备用房布置,门的开向、疏散通道设备能力。土建工程结构及轨道维修、消防设施等项工程设计均符合安全防灾救护要求。

2.8.3 劳动卫生

1)施工环境卫生

(1)严格按照国家有关规定、规程规范和标准的要求,加强隧道施工通风、照明设施,确保隧道内空气质量和照明亮度符合国家有关环境卫生标准。严格控制扬尘量,配置符合质量标准要求的面具,有效对工作环境进行控制。

(2)地面污水、雨水严禁排入隧道内,并不准丢进任何垃圾。

(3)工程施工所产生的污水,应通过沉淀处理达标后,按照市政管道管理部门指定的排放方式,排入指定的污水系统。施工期间产生的废气,应满足环保部门规定的排放标准,严禁超标排放。

(4)区间隧道尽量采用盾构法、暗挖法等施工方法,减少大开挖所造成重复掘路、泥浆排放、扬尘。

（5）采用低噪声的施工机械，商品砂浆，金属构件、钢筋成型和木制品工厂化制作、现场拼装工艺，以此创造低噪、整洁的施工环境和减少施工现场临时设施。

（6）中心城区主要干道的渣土、构料、土方运输逐步实行封闭式运输管理，车辆驶出工地前要清洗、遮蔽，防止散落的建筑垃圾、泥土污染环境，满足"清洁运输"的要求。

（7）进入和撤出维修现场，应进行人员和机具清点，维修现场撤出前应清理。

2）地铁运营环境卫生

（1）环境系统按以下标准控制：

①采用屏蔽门系统。站厅 $t=30℃$，站台 $t=28℃$，站厅和站台的相对湿度 $45\%\sim70\%$。

②人员最小新风量。空调季节小新风运行时取下面三者中最大值：a. 每计算人员按 $12.6m^3/$人·h 计；b. 新风量不小于系统总送风量的 10%；c. 屏蔽门漏风量暂按 $6m^3/s$ 计算。非空调季节按每个计算人员 $30m^3/$人·h 计，且车站换气次数大于 5 次 $/h$。由风亭进风口进入车站的空气质量，应符合《环境空气质量标准》(GB 3095—96)二级标准的要求。

③噪声。车站内及设备房正常运行时 $\leqslant 70$ dB(A)，事故运行时 $\leqslant 80$dB(A)，工作室、休息室 $\leqslant 60$dB(A)，通风及空调机房 $\leqslant 90$dB(A)，车站站台噪声应符合《地下铁道车站站台噪声限值》(GB 14227—93)的要求。

（2）控制车站内广播音量。扬声器输出声压级与环境噪声声压级之比按 6dB(A)计，并使混响时间不大于 2s。

（3）按规划做好房前、屋后及道路的绿化。

（4）保持房屋间距，满足消防、通风及采光要求。

（5）对产生有害气体的工点进行局部或全部通排风，排放废气符合标准要求。对产生有害气体、粉尘等工作车间，采取强制通风时，排气口的位置应保持一定的高度，并注意外环境的扩散条件。

（6）生产房屋均设风扇，对通信、微机室等有特殊要求的房间设空调设施。

（7）车辆段生产废水和生活污水应达标排放。

（8）各车间均设更衣、休息室、洗手池，人员集中处设男女厕所及浴室。

（9）设备管理用房区内设有男、女更衣室及洗手间、茶水间、休息室，站厅与站台间设有工作人员、消防人员及运送钱票箱的专用电梯和楼梯，站厅、站台层设有保洁间及保洁工具室。

（10）车站公共区应配备专职人员进行清扫保洁，并定期进行消毒处理。在醒目处设有讲卫生提示，并设置垃圾箱，提供丢弃废物方便，保持环境的整洁和优美。

2.8.4 其他

根据中华人民共和国劳动部令第 10 号《建设项目（工程）劳动安全卫生预评价管理办法》的规定，本项目进行了劳动安全卫生预评价。

2.9 节　　能

2.9.1 能源节约的意义和必要性

当今世界经济快速发展，能源日趋紧张。我国是一个能源供应相对贫乏的国家，节能意识正在逐渐提高。如果能源短缺，将制约国民经济持续发展。虽然近几年我国能源开发与节约工作取得了重大进展，能源效率有所提高，但与发达国家相比，我国能源效率水平依然偏低。

轨道交通是公用事业中的用电大户，在工程规划、设计、建设、运营等各个环节中贯彻落实节能技术措施是非常必要的。贵阳轨道交通1号线开展了节能评估及审查工作，对于合理利用资源、提高能源利用效率，从源头上杜绝能源的浪费，以及促进产业结构和产业升级具有重要意义。

2.9.2 轨道交通能耗

在建项目能源消耗种类主要包括两个方面：轨道交通施工建设功能系统和轨道交通运营功能系统。

1）轨道交通施工建设能耗

轨道交通施工建设主要包括车站、区间隧道、高架桥梁工程、给排水工程、交通设施工程施工建设相关的机械化施工系统、给排水系统、通风空调系统和供电与照明系统等子系统。

主要能耗设备为工程施工机械（包括挖掘机械、装载机械、运输机械）、施工动力设备及轨道交通施工电力、照明和通信设备。

2）轨道交通运营能耗

轨道交通的电能从大的方面来说一般分为两个部分：运营车辆所消耗的牵引电能和动力、通风空调、照明设备所消耗的电能。

（1）运营车辆所消耗的牵引电能包括：正线列车运营消耗的电能、车辆段列车出/入库消耗的电能以及列车试车和试验所消耗的电能。

（2）动力、通风空调、照明设备所消耗的电能包括：为保证满足旅客列车安全可靠运营要求的设备系统、为旅客提供良好乘车环境的设备系统、保证车站正常运转的设备系统、车站的商业区动力照明设备以及运营部门办公所需要的动力照明设备。

2.9.3 节能措施及效果

1）线路

地下线路纵断面设计尽量采用高站位、低区间的形式，并尽量采用节能坡。当列车出站行驶在下坡段顺应列车加速度阶段,中部段列车可做惰行以节能,当列车进站前行驶在上坡段顺应列车减速制动阶段,充分利用位能转换能量,以降低每吨公里牵引用电量。根据车辆的技术条件,合理地选择平面曲线半径。

2)行车

(1)优化全日行车计划

在实际运营中需要根据各时段客流规模确定行车计划,在保证一定行车间隔服务水平的情况下,尽量减少列车开行对数,从根本上节约牵引能耗,提高运营效益。

(2)合理编制列车运行图

远期轨道交通1号线与线网其他线路换乘,在列车运行图编制中应注意与换乘线路的列车运行图相协调,避免换乘乘客在站台长时间停留,尽量减少通风空调系统能耗。

3)供电系统

(1)合理确定主变电所位置

根据贵阳市轨道交通线网规划,按照资源共享的思路,在满足各条线路供电需求的前提下,对主变电所的设置位置和数量进行优化,不仅可以实现主变电所的资源共享、合理利用城市的电力资源和土地资源,而且可以减少主变电所的运营能耗及输电线路的电能损耗,达到节能的目的。

(2)合理分配主变电所主变压器承担的用电负荷

每座主变电所设置两台110/35kV主变压器,正常运行时,两台变压器分列运行,共同承担其供电范围内的用电负荷。应合理分配两台主变压器所承担的用电负荷,尽可能使两台主变压器承担的负荷均匀,以降低主变压器损耗及供电网络的电能损耗。

(3)合理设置牵引、降压变电所位置

主变电所位置的确定原则能实现主变电所的资源共享、有利于合理利用城市的电力资源和土地资源,而且可以减少主变电所的运营能耗及输电线路的电能损耗,达到节能的目的,中压供电网络及牵引供电电压均较高,节能效果明显。相关设备的选取,符合相关设备节能的要求。

4)通信、信号等

从子系统间共享整合方案、与相关系统间共享整合方案、系统设备选型及配置等可以减少系统设备配置,减少用电及空调,减少设备房屋面积,控制建筑规模,减少运维人员及成本,可达到节能环保的目的。

5)车辆

贵阳轨道交通1号线车辆节能措施主要包括:减轻车辆自重、改进电力牵引系统、采用电力再生制动技术以及车载空调系统节能等。贵阳轨道交通1号线选用轻量化车体,使用VVVF牵引系统,采用再生制动控制技术和节能型空调是合理的。

6)车辆段、停车场

该项目已经考虑能源消费的影响,主要从以下几个方面进行了节约能源设计:

(1)车辆大、架修采用集中修程技术政策,减少维修设施。
(2)合理配置设备,选用节能高效产品。如车辆外皮洗刷采用循环用水。
(3)优化维修工艺流程,减少零部件运输距离,管线铺设长度最短、作业时间最短,生产房屋进行合并设置等。
(4)车辆段、停车场内管线采用综合布线,将各种管线短直布置。

7)机电

(1)通风空调

地下站隧道通风采用活塞通风系统,轨顶排风风机正常运行采用变频控制。

地下站公共区采用一次回风空调系统,空调机、回/排风机采用变频控制。地面站及高架站公共区采用自然通风系统。

空调通风设备选用高效、低能耗的设备,设备选型和台数要考虑因负荷变化进行调节的可能性。

(2)给排水及消防系统

给水系统尽量利用城市供水管网压力,能保证直供的生活、生产用水则采用管网直接供给,不能直接供给的采用变频泵供水。消防水直接在城市供水网抽取,充分利用管网的压力。合理控制水泵压力,水泵的压力选择以满足使用要求为标准。

生产用水、设备冷却用水尽可能做到循环使用,以达到节约利用水资源,减少对环境污染的目的。

采用节水型卫生设备。设备、管材及管道接口选用行之有效的新技术、新工艺、新材料和新设备,以提高供水的安全可靠性,减少漏损,降低能耗。

(3)低压配电照明

贵阳轨道交通1号线车站及车辆段基本选用新一代绿色光源发光二极管(LED),节能效果明显。

电能计量是能量平衡的重要手段,本设计根据不同负荷类型分单位、分车间乃至个别大容量设备设置了计量仪表,强化电能计控。

2.9.4 节能小结

通过以上分析,各专业对设计方案及设备选型过程中均按相关节能标准及规范进行设计及选型,所采用的方案均为目前国内轨道交通项目中得到广泛应用的节能方案。

第二篇　建设管理

贵阳轨道交通 1 号线工程的建设管理遵循了"小业主、大社会"的管理模式,通过设计监理、施工监理、建造监理等社会专业技术力量,对设计、施工(咨询)、验收等全过程进行有效管理,包括工程准备、设计管理、计划管理、合同管理、招投标管理、质量和安全管理等内容,体现了城市轨道交通建设管理的特点。

第1章　建设管理模式及组织架构

1.1　城市轨道交通项目建设管理概述

国内外对城市轨道交通项目工程建设管理划分方式标准不一,可以从所有权与经营权关系、业主与项目管理方关系、投融资模式等多种角度进行划分。我国各城市采用的建设管理模式从业主方投资建设管理的角度主要划分为指挥部模式、建设集团模式、建设公司+运营公司模式、项目公司模式四类。在我国较早兴建地铁的北京和上海等一线城市,以北京为例,2001年以前采用的都是"指挥部模式",此后才陆续采用了"建设运营二合一模式"和"项目公司模式"。上海与北京大同小异,在地铁项目建设初期,也采用的"指挥部模式"。此后,随着地铁建设的不断发展,逐渐形成了地铁网络,到了21世纪初,上海地铁全面实施了地铁投资、建设、运营、监管的"四分开"结构改革,从而使地铁工程建设管理模式变成了"建设运营二合一模式",在这种模式进行了几年后,上海市政府将运营公司并入申通公司,从而使地铁工程建设管理模式转变为"建设集团模式"。

总之,我国的地铁建设管理模式基本上都是从指挥部模式开始,随着地铁工程项目的增加,再逐渐向其他模式转变,并且逐步形成了以建设集团模式为主的管理模式。近几年,"项目公司模式"投资多元化的优势显现,该模式开始逐渐被采用。虽然目前还存在着一些问题,但是随着地铁建设市场的成熟和法律体系的完善,多元化投资的项目公司模式势必成为未来地铁建设管理模式的主流。

1.2　贵阳城市轨道交通项目建设管理模式

在《贵阳市城市总体规划(1996—2010年)》和远景发展构想中,贵阳市首次提出了建设快速轨道交通1号线的设想。1999年初就开始着手轨道交通的前期筹划工作,不过当时的工作重点主要停留在线网规划的方案研究阶段,并未对具体项目建设管理模式进行探讨。之后在2008年,《贵阳市轨道交通线网规划(2008年版)》正式获得贵阳市人民政府批复;2009年初,贵阳市政府开始组织编制第一轮轨道交通建设规划——《贵阳市城市轨道交通近期建设规划(2010—2020年)》;同年5月成立贵阳市城市轨道交通有限公司,全面负责贵阳市轨道交通项目的融资、投资、建设、运营管理和综合物业开发工作。

轨道交通项目涉及面广,系统复杂,单靠企业自身难以协调市直相关各部门,为加强统筹协调力度,贵阳市形成了市级层面由贵阳市城市轨道交通建设和运营工作领导指挥部统筹开展协调领导工作,项目具体涉及的手续办理、工程质量安全管理、运营组织等各项工作由贵阳市轨道交通有限公司具体负责的管理模式。

1.2.1 贵阳市级层面管理

轨道交通项目涉及单位多,需要市政府统筹协调发改、规划、住建、财政、国土、生态、审计、国资、交通、沿线区政府(管委)、两重征收指挥部等部门单位联动配合,才能完成项目建设期和运营期的各项任务。借鉴省外城市的管理经验,实行轨道交通建设与运营工作领导小组和小组领导下的指挥部管理机制。

2013年1月,市委市政府正式成立贵阳市城市轨道交通建设与运营工作领导小组及指挥部统筹轨道交通项目工作,市委市政府主要领导为组长,相关分管领导为副组长,市政府分管副秘书长及市直相关部门、各区县等共计47个主要部门为领导小组成员,负责决策重大事项。领导小组下设市城市轨道交通建设与运营工作指挥部,指挥长由负责建设的副市长担任,副指挥长包括联系各部门的副秘书长、市直相关部门的主要负责人及市轨道公司主要负责人担任,市法院、市检察院、市发改委等市直相关部门为指挥部成员。指挥部下设八大机构:办公室、前期手续工作组、融资工作组、项目建设工作组、技术保障工作组、运营工作组、维稳与法制宣传工作组和土地房屋征收工作组,分别具体负责指挥调度协调等相关工作。

随着轨道交通1号线在2013年10月土建工程全面开工,轨道交通项目建设缺乏纲领性指导的问题日益突出,结合前期已积累的工作经验和贵阳市实际情况,市政府于2015年4月21日发布《贵阳市城市轨道交通建设管理办法》(贵阳市人民政府令 第31号),该办法明确了市直各部门(单位)的工作职责,明确了轨道交通规划、用地管理、建设管理、应急管理、保护区域等各方面内容,有力支撑了轨道交通1号线的建设管理工作,为项目的顺利实施提供了有力保障。

1.2.2 项目建设管理模式

贵阳轨道交通1号线建设管理实行项目业主(法人)责任制,根据市委市政府有关工作安排,由贵阳市城市轨道交通有限公司作为项目业主,负责项目的投资、建设和运营管理。在建设过程中,轨道交通1号线通过管理咨询、设计总体总包、监理、施工总承包,采用公开招标制度,有效引进社会中优秀的管理咨询、设计、勘察、监理、设备制造、施工资源,实现轨道交通建设的安全、质量、进度目标。

贵阳市城市轨道交通有限公司是贵阳市委市政府于2009年5月批准成立的投融资和建设平台公司,注册资金9.515亿元。公司自成立伊始就确立了"轨道+物业"发展模式,并于2009年成立了贵阳市信捷城市轨道交通广告通信有限公司、贵阳市盟信城市轨道交通物资设备有限公司和贵阳地铁置业有限公司(该公司原名为贵阳市腾祥城市轨道交通房地产开发有限公司,于2016年8月更名为贵阳地铁置业有限公司),在承担贵阳市轨道交通投资、融资、建设及运营管理的基础上,开展轨道交通沿线土地一级开发和房地产开发、轨道交通建设和运营涉及的广告、通信、商业经营和轨道交通相关物资采购及资产经营等轨道物业开发。

随着1号线建设工作的顺利实施,线路项目逐步进入运营筹备阶段,公司为理顺管理架构、实现公司的可持续发展,先后成立了运营分公司、建设分公司和物业(资源)开发总部,以轨道项目为中心,逐步形成"轨道建设+轨道运营+综合物业经营"三足鼎立的一体化管理模式。

1.3 建设单位组织架构

一般而言,城市轨道交通的发展会经历筹建、初创、发展和成熟完善等几个阶段,阶段不同,轨道交通公司的主要任务亦有区别(图2-1-1)。根据各阶段主要任务的不同,市轨道公司将适时调整企业组织架构。

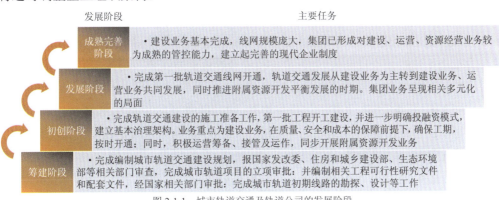

图 2-1-1 城市轨道交通及轨道公司的发展阶段

1.3.1 筹建阶段的组织架构

在项目筹建阶段,主要以项目申报为主。为此,2009年贵阳市城市轨道交通有限公司成立后,根据自身发展搭建了初步架构,见图2-1-2。

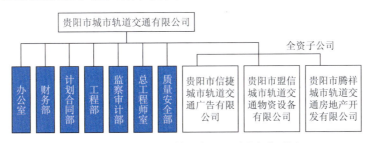

图 2-1-2 贵阳市城市轨道交通有限公司组织架构(筹建)

各部门具体分工如下。

（1）办公室：负责公司的行政、后勤、档案、企业文化、董事会、信息技术管理、党群、工会、人力资源管理等。

（2）财务部：负责地铁建设投融资、企业预算管理、资产管理和会计核算等。

（3）计划合同部：负责公司的招投标管理、合同管理、工程预结算等。

（4）工程部：负责前期征地拆迁、管线迁移；推进地铁工程建设、地铁设备采购及管理等。

（5）监察审计部：监督、保障和落实地铁建设各部门的廉洁性、合法性、合规性；负责企业内部控制与审计，配合协调外部审计等。

（6）总工程师室：负责地铁新线前期规划和建设工期规划，主持新线设计、建设、资源开发等重大技术问题的审查与管理等。

（7）质量安全部：负责地铁建设的质量管理和安全管理、负责地铁竣工验收交付等。

1.3.2 初创阶段的组织架构调整

2013年4月23日，国家发改委正式批复贵阳轨道交通1号线工程可行性研究报告，同年10月1号线土建大规模开工，公司的主要任务目标转变为在保障安全、质量和成本的前提下，快速有力推进1号线的项目建设、运营筹备及综合物业开发工作。为此，2013年贵阳市轨道公司对当时组织架构与1号线项目建设管理需求进行了细致分析，主要存在以下问题：

（1）2013年，征地拆迁、土建工作任务繁重，同时机电涉及专业多、投资大、技术难，轨道公司当时组织能力较为薄弱，以单一工程部设置的组织架构不能满足建设业务发展需要。

（2）2013年启动运营筹备，无相应组织承担运营筹备职责。

（3）建设业务、运营筹备业务应进一步根据核心业务组建设置下辖组织并明确职责。

（4）随着大规模建设和运营筹备业务的发展，亟须提升人员规划配置和招聘、培训等管理水平，需进一步突出人力资源管理的职能。

（5）公司未明确组织架构的归口管理部门。

（6）部分职能部门的相应职责需重新梳理，并明确职责。

轨道公司参考广州地铁集团有限公司、长沙市轨道交通集团有限公司等成熟的地铁项目建设管理和运营管理经验，研究提出组织架构调整方案，见图2-1-3。

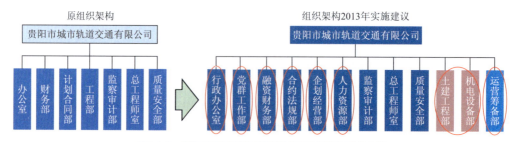

图2-1-3　贵阳市城市轨道交通有限公司组织架构调整方案

方案建议：①公司二级组织命名为"部"（行政办公室、总工程师室除外）；②公司三级组织命名为"室"或"项目部"（职能部门暂不设置三级组织）。

1.3.3 建设期间的组织架构

随着轨道1号线逐步进入运营筹备阶段，公司调整管理架构，实现可持续发展目标。自2015年8月，公司先后成立运营分公司、建设分公司、物业（资源）开发总部和战略发展部，最终形成"八部两室一总两分四子"的管理架构，其中"八部"为党群工作部、监察审计部、人力资源部、财务融资部、合约法规部、战略发展部、质量安全部、征收工作部；"两室"为行政办公室、总工程师办公室；"一总"为物业（资源）开发总部；"两分"为运营分公司、建设分公司；"四子"为地铁置业公司、盟信物资公司、信捷广告公司、物业管理公司。贵阳市城市轨道交通有限公司1号线建设期间的组织架构见图2-1-4。

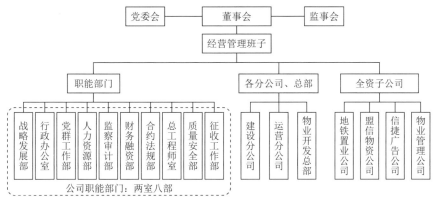

图2-1-4 贵阳市城市轨道交通有限公司组织架构

各部门具体分工如下：

（1）党群工作部主要负责公司党组织的党务、党建、工会、轨道交通建设的宣传等工作。

（2）监察审计部主要负责公司党风党纪、廉政建设的监察，以及对各项经济活动的内部审查工作。

（3）人力资源部主要负责公司人员招聘活动、制订员工培训计划、完善公司薪酬和激励与考核制度、管理员工档案与劳动社会保险等人力资源开发管理工作。

（4）财务融资部主要负责工程建设资金的筹措与管理，工程建设费用的结算和往来费用清算，编制工程竣工财务决算。

（5）合约法规部主要负责招标管理、合同管理和法律法规事务管理，组织完成项目招标、合同范本编制、工程结算报审、资金拨付等工作。

（6）战略发展部主要负责全面规范公司生产经营管理工作，开展公司"轨道+物业"战略发展规划、总体运作策划、中长期和年度生产经营计划以及目标制订、任务安排和考核等管理工作。

（7）质量安全部主要负责对轨道交通工程的质量、安全工作的监督检查，办理工程建设质量、安全报监等工作。

（8）征收工作部主要负责轨道交通建设中土地与房屋的征收与补偿工作。

（9）行政办公室主要负责公司的公文、资料等行政管理和日常事务，处理协调各职能部门以及对外部门的关系，促进公司各项工作的规范化管理。

（10）总工程师办公室为技术统筹管理部门，主要负责统筹公司轨道交通线网规划阶段至初步设计阶段工程项目的勘测、设计、设计咨询管理，制订相关技术标准，组织重大技术方案、用户需求书的审查，开展各项前期设计所需的专题报告编制、评审，办理前期相关手续，推动科研项目发展等工作。

（11）物业（资源）开发总部主要负责利用轨道交通主业项目建设及运营衍生的附属资源优势，统筹开展大物业开发经营，涵盖土地一二级开发、广告通信、物资设备、资产经营、物管服务、大数据和咨询服务等7大业务板块。

（12）建设分公司主要负责轨道交通项目的建设管理工作，统筹组织工程现场管理、质量安全管理、技术管理、施工期计量管理等工程建设方面的管理工作。

（13）运营分公司作为统筹轨道交通运营生产管理部门，主要负责贵阳市轨道交通的运营筹备、运营组织、乘客服务及地铁车辆、运营相关设备设施的维修保养等工作。

（14）地铁置业公司作为轨道公司下属全资子公司，主要经营土地一级开发、房地产开发、销售、出租。

（15）盟信物资作为轨道公司下属全资子公司，主要经营轨道交通甲控乙供保障管理、中介咨询、物资贸易、房屋租赁、汽车租赁、汽车服务等业务。

（16）信捷广告公司作为轨道公司下属全资子公司，主要负责贵阳轨道交通沿线及站点广告资源、民用通信资源开发经营工作，经营文明施工围挡及零星物品设计制作，企业文化产品开发，公司网站、新媒体运营维护，工程资料档案整理等业务。

（17）物业管理公司作为轨道公司下属控股子公司，主要负责贵阳地铁置业公司开发项目的物业管理工作，并承担贵阳轨道交通各线路场、段物业管理服务工作及站点保洁服务工作。

第 2 章　工程前期准备

2.1　征地拆迁

征地拆迁工作是工程施工的前提条件,为工程建设打下坚实基础,创造良好的工作环境,同时征地拆迁工作已是工程建设的难点。如何破解征收行为与被征收人间平衡点这一难题,是征地拆迁工作的重点。

为加强轨道交通项目土地和房屋征收工作管理,规范土地和房屋征收行为,有效推动土地和房屋征收工作的全面落实及实施,确保项目顺利建设,贵阳轨道交通1号线征收工作在市委市政府的统筹安排部署下,与各区(县)人民政府和市轨道公司配合,依照国家的法律、法规和政策,制订土地和房屋征收工作方案和征收流程,编制征收补偿方案和房屋征收补偿资金使用计划。

贵阳轨道交通征收的具体工作由各区(县)人民政府负责实施,与各区(县)人民政府签订《房屋征收委托协议》和《资金监管协议》,轨道公司做好土地和房屋征收协调、督促、配合等工作。1号线于2013年2月正式起动征收工作。经各区的共同努力,克服重重困难,于2016年5月份完成全部征收工作,为1号线建设打下坚实的基础,各区为轨道交通1号线项目建设创造了良好的施工条件,确保1号线项目建设顺利推进。

2.2　交通疏解

为缓解城市交通拥堵,促进城市的可持续发展,轨道交通车站和线路大部分处于城市人口密集区、交通繁忙地带。城市轨道交通这种重大项目施工引发的交通拥堵阵痛是在城市发展过程中不可避免的,且存在施工影响范围大、建设周期长的特点,因此必须高度重视轨道施工期间的交通组织和交通疏解工作。贵阳市作为典型的山地城市,受到山地城市地形的限制,交通问题比其他平原城市更为严重,相关的交通疏解方案研究及管理十分重要。

2.2.1　交通疏解工作涉及部门及其工作职责

(1)贵阳市交管部门:负责审核轨道交通施工期间总体疏解方案和具体段落实施性交通疏解方案,负责对社会公众发布和宣传道路交通组织变更情况,维持实施交通疏解路段的秩序。

(2)贵阳市城市轨道交通有限公司:负责组织轨道交通施工期间总体疏解方案编制,并报市交管部门审核。组织施工单位编制和实施具体段落实施性交通疏解方案。

(3)总体交通疏解方案编写相关单位:配合轨道公司研究轨道交通施工期间交通组织方式,编写总体疏解方案报交管部门审核。

(4)施工单位:负责编写和实施具体施工段落交通疏解方案。配合市交管部门维持标段的交通秩序。

2.2.2 交通疏解工作流程

(1)轨道交通实施前,由贵阳市城市轨道交通有限公司组织相关配合单位对全线涉及交通疏解段落的目前交通现状、交通疏解后对现状交通的影响等进行详细研究,经与市交管部门对接后,编制相关的交通疏解方案,由市交管部门组织评审后实施。

(2)具体标段或段落交通疏解实施前,由施工单位根据市交管部门审批后的总体交通疏解方案编制具体段落疏解方案,经市交管部门审批后实施。

(3)施工单位按照审批的具体段落疏解方案在现场按期实施。如因工期或其他原因需要延期或更改方案的,须提前上报市交管部门审批。

其工作流程见图 2-2-1。

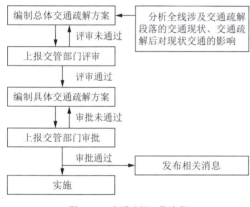

图 2-2-1 交通疏解工作流程

2.2.3 交通疏解采取的措施

(1)区域交通分流措施

贵阳老城区(一环内)作为轨道交通建设主要区域,其道路网络在没有轨道交通施工的情况下,交通运行状况已经不容乐观。为了使老城区的交通不因轨道交通施工而瘫痪,施工期间在贵阳市各组团(区)主要干道与二环路交汇处提前设置分流诱导标识牌,使组团与组团间过境交通尽量避免穿越老城区,以达到控制老城区交通总量的目的,见图 2-2-2。

(2)沿线交通分流措施

因轨道交通占用部分道路,使得轨道交通沿线道路中断,改变该道路的原交通组织方式,可有效缓解交通拥堵。以北京路站—延安路站区间为例(图 2-2-3)。

该区间主要有如下几条道路:南北向城基路、嘉禾路,东西向沙河街、永乐路、环城路、威清路—黔灵西路、龙泉巷、夏状元街。

第 2 章 工程前期准备

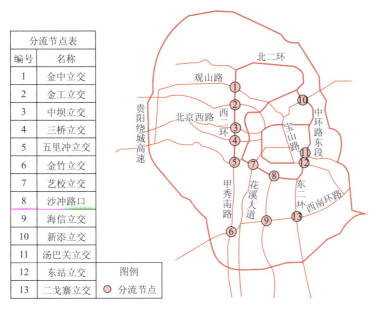

图 2-2-2 区域交通分流点位示意图

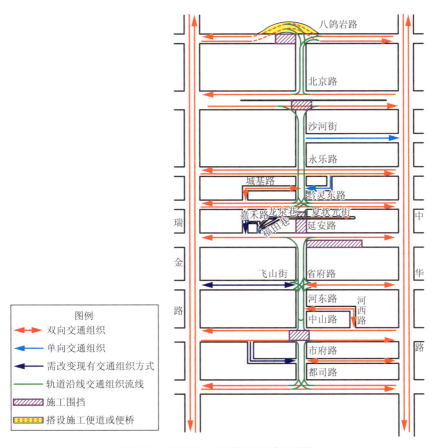

图 2-2-3 北京路站—延安路站区间交通疏导

对于北京路至黔灵西路路段，轨道交通施工期间，环城路以及黔灵西路沿线交通可通过永乐路、威清路—黔灵西路进行疏散。沙河街现状交通组织模式为单向交通，北京路二期施工期间，该条道路仅能与中华路实现单向联系。为了满足沙河街沿线众多单位的出行，在施工期间，该条道路单向交通组织模式变为双向通行。

对于黔灵西路—延安路路段，施工期间该路段交通组织较为困难。延安路站是轨道交通1号线、2号线换乘车站，施工范围较大，加之沿线的通道仅能通过龙泉巷与城基路进行联系，夏状元街基本无打通的条件，因此，该区段轨道施工期间，城基路、龙泉巷、嘉禾路成为沿线交通组织的主要通道。但现状是城基路交通组织模式为单向交通，与威清路及延安路节点处仅能实现右转向，不利于交通疏解，因此在某个施工阶段，城基路交通组织模式变为双向通行。

（3）公共交通调整

轨道交通施工期间，在某个节点或区间施工，不可避免会造成节点或道路交通中断，采取相应的交通疏解方案后，仍有部分路段及交叉口断交或交叉口某个方向的转向功能受限。另外，轨道交通站点或区间施工围挡处，道路通行能力严重下降，施工期间公交车辆停靠对路段通行能力影响更甚，因此，将受到影响的公共交通线路及站点调整到围挡范围以外一段距离，最大程度保证公共交通的畅通，见表2-2-1。

部分公交站点调整方案　　　　　　　　　　　　表2-2-1

站　点	受影响时期	调整方案
八鸽岩路口站	安云路站施工	调整至樱花巷附近
博物馆站（北京路北侧）	北京路站一、二期施工	适当往东调整
博物馆1站（北京路南侧）	北京路站一期施工	保留现有站台，往博物馆2站台停靠
喷水池站	延安路站施工	方案一：结合临时搭建行人钢便桥，调整至城基路—嘉禾路间； 方案二：设置临时公交站点，根据线路走向分别调整至喷水池交叉口北口、东口、南口 方案对比：方案一对交通影响较小，但与客流吸引点距离较远；方案二对需设置临时公交站牌，对交通有一定影响
洛解村站	望城坡站施工	将洛解村站单边站点调整至另一方向现有公交站点对面
珠江路站	新村施工	将珠江路一对临时公交站点调整至施工区域以北
中兴世家站	长江路—场坝村明挖区间施工	将中兴世家一对公交站点调整至施工区域以北

2.2.4　交通疏解的经验和总结

通过与市交管部门的充分对接，总体和具体段落交通疏解方案严密论证和严格实施，贵阳轨道交通1号线建设没有造成城区大面积的交通拥堵和不好的社会舆情，达到了预期目标，保证了轨道交通建设有序推进。根据1号线建设经验，在交通疏解方面有以下改进：

(1)优化部分车站设计方案,减少倒边和围挡次数

1号线延安路站采用盖挖法施工,由于车站盖板设计时采用临时盖板结构,致使交通疏解倒边施工完成后还要重新围挡,以对临时盖板进行拆除,造成了同一路段重复围挡的现象。为避免这种情况发生,后期施工的类似车站通过优化车站结构形式,将同类型的临时盖板变更为永久盖板,减少倒边和围挡次数,降低对交通的影响。

(2)加强施工单位管理,尽快"还路于民"

部分站点在结构施工完成后,施工单位未能根据现场实际情况和剩余工程量合理调整围挡范围,造成了交通资源不必要的浪费。市轨道公司在2017年底组织施工单位对1号线所有围挡情况进行了全方位梳理,同时与贵阳市交管部门保持动态联系,及时调整轨道交通围挡范围,尽快"还路于民",最大程度保证人民群众的权益。

2.3 管线迁改

贵阳轨道交通1号线综合管线迁改涉及强电、自来水、燃气、市政雨污、市政路灯、电信、移动、联通、广电、铁通、军缆、交通信号监控等种类,累计完成合同签订的有291个项目。

2.3.1 各单位职责分工

(1)贵阳市城市轨道交通有限公司

负责协调轨道交通工程各参建单位之间的关系,与管线权属单位建立全面有效的三级联络配合机制,即明确本单位管线安全防护工作的主管领导、部门负责人、各标段负责人。同时也要明确与之对应的管线权属单位的主管领导、部门、各标段负责人,并开展对接配合工作。负责监督轨道交通施工单位做好管线的摸排工作和管线迁改、保护方案的编制;负责组织向管线权属单位进行交底;建立轨道交通建设管线事故应急机制,制订应急预案,并组织培训和演练;遇有管线事故时应立即启动应急预案,及时处置,并按规定向有关部门备案。监督检查施工单位按照评审通过后的方案具体实施迁改和保护。

轨道交通建设工程完成后,需将临时改移的管线改回永久位置,会同权属单位进行验收,保障管线运行安全和功能完好。

(2)管线权属单位

权属单位应及时、全面地进行管线交底工作,确保施工单位准确、及时地掌握各管线走向、埋深及铺设年代等信息。参与场地及施工工法交底,掌握各管线沿线工点工法、重要区域及不良地质地段;施工进场前期,对所属管线进行检测排查,发现破损缺陷及时修复;施工过程中加强各管线的巡视和排查,明确专人做好日巡查报告记录,及时提醒施工单位做好各管线的保护工作;接到应急抢险事故报告后,应在规定或承诺的时间内到达现场立即开展抢

修、抢险工作,及时恢复各管线功能。

管线权属单位根据施工现场实际情况对迁改或保护方案予以确定和调整。

(3)设计单位

根据施工影响范围,现场既有管线设施走向、材质、埋深,结合施工实际需要,按照各权属单位行业规范,制订迁改设计方案;出具设计图纸后与权属单位、监理单位、施工单位、业主单位进行图纸方案的研究讨论;方案确定后,在施工过程中遇特殊情况须及时根据现场情况做出方案调整。

(4)施工单位

参与管线交底工作,掌握管线的材质、走向、埋深等基本情况,通过地勘报告、权属单位交底材料及物探等方式掌握管线影响的范围,不定期组织施工班组工人进行交底工作;向权属单位进行施工场地及施工工法交底,并做好应急物资储备,做好应急演练;结合现场情况编制好相关管线迁改或保护方案,经公司技术负责人审核签字,必要时组织相关专家评审论证;施工过程中严格按评审后方案、施工图纸及相关规范组织施工,同时加强管线巡视和监测工作,发现异常及时通知参建各方进行处置。

(5)监理单位

参与管线交底工作,督促施工单位做好各类施工交底工作;审查施工单位管线迁改及保护方案,并组织管线方案评审工作;监督检查施工单位是否按设计图纸、已审批的施工方案实施,加强施工过程中的旁站、巡查工作,收集整理过程数据及影像资料,检查施工单位应急物资储备和应急演练等相关工作。定期主持召开工地例会,并根据施工需要及时组织管线专题会议,解决施工过程中管线问题。

2.3.2 迁改工作流程

贵阳市城市轨道交通有限公司从市住建局城建档案馆调取相关管线资料,组织相关单位对权属单位进行交底,交底内容含轨道交通线路走向、施工影响的范围、周边建筑关系、隧道的埋深、施工工艺、工法、工期等。权属单位根据市轨道公司组织交底的内容,进一步现场排查核实施工影响范围内的各类管线,摸清走向、埋深、使用年限、管线材质、运行情况(破损、渗漏、泄露)、重要性及影响范围等。根据排查核实结果,权属单位对轨道公司及施工单位、监理单位进行交底。轨道公司组织参建单位进行详细勘察,通过人工排查、开挖探槽、各类仪器扫描等方式再进行核实,对发现破损、渗漏、泄漏等现象及时通知权属单位及时进行修复;同时根据权属单位交底及详细勘察结果,督促施工单位编制管线迁改、保护方案和应急预案及应急物资储备等。

监理单位组织管线迁改和保护方案的评审,施工单位根据评审通过后方案组织施工作业队实施。施工过程中遇到的问题按照各参建单位职责解决落实。

2.3.3 管线迁改工作经验与总结

(1)改变合同签订模式,加快迁改进度

贵阳轨道交通1号线管线迁改采用市轨道公司与产权单位签订迁改合同的模式,迁改工作涉及资金拨付流程烦琐,另外,由于迁改施工单位人员配置不到位,现场迁改进度缓慢。下一步市轨道公司将改进工作流程方式,由土建施工单位与产权单位签订迁改合同,土建施工单位能够对现场迁改工作人员数量、资金拨付等进行控制,一定程度上能够加快迁改进度。

(2)加强土建工程与机电工程等专业对接,避免重复迁改

轨道交通管线迁改工作从土建工程实施前就已经开始。在施工现场,由于机电工程部分方案滞后于土建工程方案,土建工程实施时迁改的管线到后期与机电工程有可能发生冲突,部分管线不得不二次迁改。所以在设计单位在前期方案确定方面,各专业一定要尽量保持同步,避免重复迁改。

第 3 章　合同及招标管理

在轨道交通 1 号线建设中,贵阳市城市轨道交通有限公司合同管理人员深入施工现场了解合同执行情况,重点掌握现场工程重难点部位施工情况、地下水及溶洞等项目签证情况等,及时收集整理施工过程资料,同时吸收其他轨道交通建设经验,通过不断总结经验,现已基本形成了符合贵阳地区轨道交通建设的合同管理体系,为后续贵阳市轨道交通建设的合同管理奠定了基础,为更好建设高效、便捷、绿色的贵阳轨道交通提供合同保障。

3.1　合同管理范围及目标

城市轨道交通是一个庞大的系统工程,合同体系接口界面复杂,涉及专业多,期限长,金额跨度大(单项合同金额从几十万到几十亿不等),合同执行过程中不确定因素多,使得城市轨道交通工程在建设过程中的合同管理难度非常大。

合同管理的范围涵盖项目的决策阶段、设计阶段、招标阶段、施工阶段和竣工决算阶段等各个阶段,内容涉及前期拆迁、设计、土建、机电、设备、车辆、监理、咨询、运营等各个专业。

贵阳市城市轨道交通合同管理的任务是全过程、全方位地对各类合同进行分解落实,自合同开始启动至合同执行完成,通过合同管理,规范参建各方的行为规则,约束各方严格按照合同约定的权责执行,将建设总目标分解为建设参与者具体的合同目标,通过实现每个单项合同目标,进而实现贵阳城市轨道交通建设安全、质量、进度、成本、廉洁五个统一的目标。

3.2　合同管理方法与措施

(1)根据《合同法》等法律法规及各级政府部门的规章制度,贵阳市城市轨道交通有限公司制订了合同管理办法,明确了各有关部门、机构的职责和工作流程,为合同管理工作指明了工作方向,同时该办法与公司变更管理办法、计量支付管理办法和履约考核等管理办法相互统一,形成公司完整的合同管理体系,从合同起草开始,合同计量支付、施工图工程量清单更新、项目变更、合同变更制、合同履约、竣工结算等全方位进行规范化、流程化管理。贵阳市城市轨道交通有限公司合同管理职责分工如下。

①合约法规部:是合同归口管理部门,主要负责合同文本编制、组织合同评审、合同商务谈判、合同评审、合同签订、合同台账建立、合同归档、合同支付审核及合同专用章管理等。

②业务实施部门:负责合同技术条款(安全、质量、进度及环境保护等)的编制、组织技

术谈判、参与商务谈判、合同计量支付审核、组织合同履约考评等。

③财务融资部：负责审查价款支付、履约担保等条款，并参与合同商务谈判；审核合同支付凭证及合同付款。

④监察审计部：监督合同项目的招标、谈判及合同订立及履行过程中各方行为。

（2）贵阳市城市轨道交通有限公司合同签订流程见图 2-3-1。

（3）贵阳市城市轨道交通有限公司从合同起草至合同签订共需完成 1 次征求意见和 2 次评审。一是编制合同初稿由合约法规部征求相关部门/单位/领导意见，根据相关部门/单位/领导意见修正合同文本；二是组织公司内部评审完善合同文本，随招标文件同步发布，完成招标；三是根据投标文件及投标人的优惠承诺（如有）完善合同内容，开展合同评审工作，调整合同文本并完成合同签订。

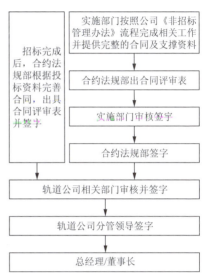

图 2-3-1　合同签订流程图

（4）在合同管理过程中，对于不同专业采用相应的合同示范文本，并根据贵阳城市轨道交通特点进行编制，同时在建设过程中，根据已签订的合同执行情况，不断优化合同条款，明确承发包双方的权利和义务、进度计划、工程质量、变更、价格调整、计量支付、竣工验收、缺陷责任和保修责任、不可抗力、违约、索赔和争议的解决和其他相关约定等，最大限度地将各参建方的权利、义务和责任纳入到合同管理的范围中，尽可能避免出现争议性条款及合同漏洞，给后续合同实施带来阻碍；同时从后期合同执行角度全面综合考虑，尤其是针对贵阳地区喀斯特地貌环境下的施工，合同条款设置综合考虑了地下水丰富、溶洞多、雨季地表水补给快等情形。

（5）根据不同阶段采用适当的合同管理措施。合同确立阶段进行技术谈判，明确项目的各项技术要求；合同实施阶段严格把控施工图工程量清单更新，变更文件归档过程；合同实施完毕及时结算及归档。

3.3　合同变更管理

（1）在轨道交通工程建设过程中突出事前控制，强化事中控制，完善事后控制。事前控制即尽量减少设计变更，当设计变更发生后，由设计单位根据变更管理办法完善相关流程后，再出具施工设计图纸，避免先实施完后补变更程序的情况。

（2）工程变更的费用和变更方案是联系在一起的，因此变更除说明变更处理方案的同时，必须编制相应的变更价款计算书，使轨道公司决策时对造价心中有数，避免造价失控。

（3）工程在建设过程中，加强现场签证管理，工程技术人员与工程造价人员相互配合，根据签证规定时效性要求，实施完成后及时签字，且签证达到量化要求、内容与实际相符，控制签证的范围。

（4）在项目实施过程中，造价管理人员深入现场掌握项目实际情况，收集可能会引起合同价格调整的各类资料，核对工程变更和现场签证的准确性、完整性和完成的时间地点。

（5）合约法规部根据最终变更资料完善合同变更。

3.4　投资控制管理

在投资控制方面一般采用委托造价咨询单位协助管理的方式，并制订造价咨询单位管理办法，从制度上规范造价咨询单位的工作行为。

1）设计阶段投资控制

设计阶段的投资控制是轨道交通工程控制工程造价、降低价格风险的关键与重点。尽管设计阶段在整个建设工程全过程费用中占比不大，但对工程造价的影响却占相当大的比重，设计质量直接影响建设费用和建设工期，直接决定人力、物力、财力的投入。

在设计阶段主要通过设计合同和设计相关规范及办法对设计单位进行管理和考核，从招标阶段至项目竣工验收的全过程对设计质量跟踪把控，尽可能在满足设计规范的前提下做到经济、合理。

2）招标阶段造价管理程序

招标阶段造价管理的核心是招标控制价确定和招标工程量清单编制，其他城市轨道交通一般以政府相关部门（审计或财政等）审定的价格作为招标控制价，而贵阳市轨道交通招标控制价是由贵阳市轨道交通有限公司组织造价咨询单位编制并自行组织审核，由造价咨询单位出具控制价报告后报造价管理站备案。贵阳市轨道交通有限公司招标控制价及招标清单按以下程序确定。

（1）选择并委托专业的造价咨询单位（编制单位）编制招标控制价。

（2）编制单位根据要求编制招标清单及控制价。

（3）招标清单及控制价编制完成后合约法规部征求相关子（分）公司/部门的意见，同时要求互审的咨询单位审核并出具审核意见。

（4）编制单位根据相关子（分）公司/部门/互审单位意见调整招标清单及控制价。

（5）合约法规部组织会议，编制单位、公司相关子（分）公司/部门、互审单位、设计单位参会，对招标清单及控制价进行逐项评审。

（6）编制单位根据会议要求重新调整招标清单及控制价，并出具控制价报告、投标报价说明等资料。

（7）编制单位根据造价管理站的要求，将招标清单、控制价及其他招标资料报备，并出具最终的造价资料归档。

（8）贵阳市城市轨道交通有限公司启动招标工作，发布招标公告，编制单位协助完成招标过程中有关招标清单的答疑和清标等工作，招标完成后根据投标资料（含报价）开展合同签订程序。

在招标控制价及工程量清单编制过程中，要求造价咨询单位严格执行清单规范和贵州省相关定额及取费文件标准，且必须详细核算设计图纸中的工程量，确保不漏算。工程量清单尽可能完整、清晰，对于后期难以确定数量的内容，充分利用工程量清单综合性的优势，在项目特征描述中加以描述；投标人在投标时应在综合单价中进行综合报价，以利于计量阶段的管理及控制；对补充的清单项目，全面描述清单项目的项目特征及工作内容，避免出现漏项漏工序的现象；同时详细描述补充清单项目的工程量计算规则，便于合同价的支付和计算。

在项目开标后，贵阳市轨道交通有限公司组织造价咨询单位开展清标工作，清查投标文件对招标文件的响应性和符合性，重点审查由于施工工艺的不同、施工组织方案和措施的不同，引起清单项目单价的显著差别。对工程量清单报价，主要看是否存在漏报、缺项、擅自修改招标工程量清单以及价格组成的不合理情况等。发现问题及时让投标人进行澄清，通过澄清使得各投标单位的报价进一步明确，以免中标后对报价的组成内容产生歧义，引起不必要的争议，并且防止承包商通过低价中高程价结算的情形。

3）施工阶段及结算阶段投资控制

贵阳市轨道交通项目施工阶段及结算阶段主要从以下几个方面控制建设投资。

（1）在施工单位收到施工图后及时核对施工图工程数量，查找施工图与已标价工程量清单的差异，根据合同约定及时完成新增项目单价确定（如有），并完成已标价工程量清单的更新，更新后的工程量清单将作为期中计量支付的控制依据。

（2）加强控制工程变更，一般的工程变更都必须建立由施工单位提出申请，监理工程师审核，经业主批准后才可以实施的程序。

（3）加强现场签证管理，工程技术人员必须与工程造价人员相互配合，做到签证必须达到量化要求，内容必须与实际相符，且不能超过属签证的范围。

（4）施工单位申报的竣工结算，由监理单位、造价咨询单位、建设/运营分公司、轨道公司相关部门审核后，经互审的咨询单位审核结算资料并出具审核报告，合约法规部根据审核报告重点抽查结算中新增部分内容（含变更、签证及合同约定调整部门），审核无误后报分管领导、总经理审批，最后报相关部门审定。

3.5 工程招标管理

贵阳市城市轨道交通有限公司招标工作严格依照《招标投标法》《招标投标法实施条例》等法律、法规的规定开展。轨道交通1号线的招标工作始于2009年，2018年基本完成项目建设涉及的招标工作,招标工作接受政府行业管理部门、监督部门和公司纪委、监察审计部的全程监督。

3.5.1 招标管理机构和规章制度的建立

贵阳市城市轨道交通有限公司建立了健全的招标管理组织机构和规章制度,招标管理组织机构由招标领导小组、办公室、专职部门、项目实施部门和监督部门组成。招标实施方案,包括招标范围、标段划分、投标人的资格条件,以及与招标有关的其他重要事项等,由招标领导小组审定。制订了工程建设项目招标管理办法等招标制度,明确了各有关部门、机构的职责和工作流程,为招标工作顺利开展奠定了坚实基础。

(1)贵阳市城市轨道交通有限公司公开招标工作职责划分:

①招标领导小组:审定招标实施方案(包括招标范围、标段划分、投标人的资质和业绩条件);根据非招标管理办法审批规定限额以下项目的采购方式;决定与招标有关的其他重要事项等。

②办公室:组织召开招标和合同管理有关会议;按相关规定确定具体项目的招标代理机构并协调相关工作;管理评标专家库并按规定组建评标委员会(或资格预审委员会)等;按相关法律法规要求,落实招标工作的具体事宜。

③合约法规部:贯彻和落实国家、省、市有关招投标的法律法规,汇总公司年度或季度招标工作计划;负责招标代理机构日常管理,审核招标代理编制的招标文件商务部分,汇总招标文件其他,根据需要组织招标文件评审;负责造价咨询单位的管理,组织编制招标控制价及招标工程量清单,组织相关部门评审并报市造价站备案;负责组织招标答疑和补遗;组织招标代理机构办理招标备案、发标、答疑和补遗、开标、评标及中标通知书的发放;负责督促招标代理机构及时整理和归档招投标资料;配合处理招标过程中出现的投诉。

④项目实施部门:编制本部门年度和季度招标计划,负责本部门招标项目的市场调研;编制招标需求书(技术要求)及招标数量清单,编制合同条款中技术条款;提出招标项目人员及机械设备配置最低要求;参与合同、招标清单及控制价评审,负责技术部分的答疑、补遗;配合处理招标过程中出现的投诉问题。

⑤总工办:除执行项目实施部门职责外,根据职责审定其他实施部门提出的需求书(技术要求)。

⑥财务融资部职责:办理招标所需的银行资金证明;负责收取和退还投标保证金(如有);负责收取、保管和退还履约保证金(或履约保函),审核招标相关资料的财务条款;

⑦监察审计部:参与招标文件评审,对招标过程进行监督,并协助处理招标过程中出现的投诉。

(2)贵阳市城市轨道交通有限公司公开招标工作流程:

①根据招标项目的要求,编制并向市造价站报备工程量清单和最高投标限价。

②编制招标文件和资格预审文件,公司内部组织审查、定稿。
③向招投标管理部门提交资金证明等有关资料,办理项目招标备案。
④发布招标公告,交易中心组织投标报名。
⑤向政府有关部门报审招标文件和资格预审文件,办理文件备案。
⑥根据投标报名情况,按规定组织资格预审,发出投标邀请书。
⑦发出招标文件(含规定须发出的工程量清单)及图纸等有关资料。
⑧交易中心收取投标保证金。
⑨组织答疑和补遗。
⑩开标、评标。
⑪中标公示,发出中标通知书。
⑫配合交易中心和投标单位办理投标保证金退还手续。

3.5.2　招标范围

招标范围涵盖勘察设计、施工、监理、设备及系统安装、设备及材料采购,以及与工程建设有关的技术服务和咨询等。

3.5.3　标段划分

(1)施工标段划分
①土建施工标段结合工法、工程量,一般按2~3个车站(包括区间)作为1个标段进行划分。
②整体道床及铺轨单独招标,划分为两个标段。
③机电安装施工按3~4个站(包括区间)作为1个标段,或按系统进行划分。
(2)设备采购标段的划分
按照设备类型,或单机、系统集成进行合同标段划分。
(3)施工监理标段的划分
按照2~3个站(包括区间)作为1个标段(包括对装修工程的监理工作),或按系统进行划分。其余招标项目,按照合法合规,有利于工程实施的原则划分合同标段。

3.5.4　招标方式和招标组织形式

采取公开招标方式招标,部分项目经审批、核准部门批准后采取邀请招标。所有招标项目均按规定委托招标代理机构组织招标。

3.5.5　履行招标备案，按规定发布招标公告

招标之前，严格按程序提交有关资料，办理项目招标备案。招标公告（含资格预审公告）经行业管理监督部门审定后，在规定的媒介上同步发布。

3.5.6　招标文件

招标文件（含资格预审文件）依照《招标投标法》《招标投标法实施条例》《贵州省招投标条例》等法律法规的规定，参照行业主管部门制订的有关范本，结合招标项目的特点和要求编制，并报有关部门审核、备案，按规定经行业管理部门审核、备案后发出。

3.5.7　遵循公平、公正的原则，在相关部门的全程监督下进行开标和评标

贵阳市城市轨道交通项目开标之前，按规定发函，邀请有关部门到现场监督开标和评标。在行业主管部门、市直相关部门和招标人纪委的全程监督下开标。

根据《招标投标法》《招标投标法实施条例》等法规的规定，结合按照行业主管部门的批复文件等组建评标委员会。评标委员会在有关部门监督下于公共资源交易中心遵循公平、公正的原则评标。

评标工作完成后，根据评标委员会提交的评标报告，在规定的时间内对中标候选人进行公示。公示期结束且公示无异议后，向中标人发出经行业主管部门备案的中标通知书。

采取资格预审的项目，根据资格预审委员会提交的资格审查报告并报市住建局招标投标管理处备案后，按规定向通过资格审查的单位发出投标邀请书。

3.6　合同和招标管理经验与总结

合同和招标管理是项目管理重要的环节之一，工程建设的每一个环节都是围绕工程招标和合同约定来开展工作。鉴于轨道交通建设涉及专业多、建设周期长、合同参与单位多等特点，贵阳市轨道交通有限公司在工程招标中坚持公平、公正的原则，严格按照《招标投标法》《招标投标法实施条例》等法规要求，开展相关招标工作。合同条款的设置是既满足建设单位项目管理的目标要求，又符合各参与单位责权利需求；既严谨准确，又简明易懂；既满足指导各方履行权责利的要求，也满足合同计量支付、结算和质保的要求。贵阳市城市轨道交通有限公司通过轨道交通1号线的建设，不断积累经验，完善合同和工程招标的管理体系，最终形成更为完善的贵阳市轨道交通合同和工程招标管理体系，建立健全了相关管理制度，为贵阳市轨道交通建设实现安全、质量、进度、成本、廉洁五个统一的目标奠定了基础。

第4章 计划管理

4.1 计划管理体系

贵阳市轨道交通工程建设实行建设单位、监理单位和承包商三级计划管理体系。

(1)轨道公司土建、机电工程管理部门是施工计划管理的主管部门,督促承包商执行工程计划。土建、机电工程管理部门负责审核各类工程计划,协调解决计划管理中的问题,通报计划完成情况;土建、机电工程管理部门监督落实及考核各类计划的执行情况。

(2)土建、机电工程施工监理单位中,项目总监是监理施工计划管理责任人,对项目施工计划合理性负责。监理单位配备具有一定的计划管理知识和能力的专职计划管理人员,其主要职责是参与编制、收集、审核、报送承包商编制的各类计划,对于承包商编制的不符合要求、不切合实际或不满足总工期策划的施工计划,专职计划管理人员有权要求承包商进行修改、完善,合格后经总监理工程师签署意见并上报备案。

(3)土建、机电工程等施工单位是工程施工计划的具体执行单位。项目经理是施工计划实施责任人,对项目的实施计划负责。施工单位配备具有一定计划管理知识和能力的专职计划管理人员。其主要职责是编制并报送各类计划、进度完成情况、未完成情况分析以及应给相应的监理单位采取的措施和对策等。

4.2 计划管理办法

为实现项目策划目标的实施性安排施工计划,内容包括未来一定时期内确定的工程投资和形象进度目标,以及实现形象目标所采取的措施。它是指导生产,实现进度控制的依据,是参与项目建设人员的行动指南。制订、完善和执行计划是参建各方的重要任务之一。

4.2.1 工程计划的分类

(1)总体计划
承包商根据总工期策划、承包合同、设计文件等并结合现场实际编制的总体施工计划,总体计划应分解到年度计划。

(2)年度计划
根据总体计划分解至年度计划,指导年度工程计划的实施,确保总体计划目标实现。

(3)季度计划
是为了实现年度目标,根据年度计划结合工程实际进展情况编制的季度施工计划。

(4)月度计划

为了实现月度目标,根据季度计划结合工程实际进展情况编制的月度计划。

(5)其他进度计划

根据特殊要求而制订的施工计划,以满足特殊情况下工程施工计划任务。

4.2.2 施工计划指标

1)产值指标

产值指标是以货币表示的工作量指标,包括实际完成的轨道交通工程以及实际发生的其他费用。

(1)工程总产值

工程总产值的计算基于计量支付,由贵阳市城市轨道交通有限公司(下简称"市轨道公司")财务管理部门最后核定产值(不含工程预付款和质量保证金等)。

(2)当月完成产值

施工单位当月完成的形象进度工程量(工作量)。

(3)年度累计产值

当月的承包商已完成的形象进度工程量(工作量)加上月已计价的本年工程总值。

(4)开累产值

当月的承包商已完成的形象进度工程量(工作量)加上月已计价的开工以来的工程总值。

2)产量指标

产量指标主要是实物工程量,根据设计文件、工程量清单、合同规定及相关计量规则等的计量办法计算。

3)进度指标

工程进度指标即产值、产量完成量占合同总量的百分比(%)指标。

4)形象指标

形象指标是度量工程实物形象进度的指标,因工法不同而异,其中土建工程延长米是指按线路正线方向进行折算的指标。

4.3 计划的编制与审批

4.3.1 编制原则

(1)坚持原则,确保重点

项目工期的确定要符合项目工艺规律和科学技术规律的要求,在保证重点项目的前提下,相应安排一些一般建设项目,便于组织均衡生产,使准备项目、施工项目、收尾项目、建成项目之间有一个较为合理的比例,保证工作的连续性和均衡性。

(2)下服从上,综合平衡

"下服从上"即下一层次计划必须满足上一层次计划的安排和要求,综合平衡把需要与可能结合起来,根据上一层计划的安排和要求与项目的实际情况,统筹兼顾、全面安排,做到施工任务与劳动力、机械设备、物资、资金的平衡。

(3)积极可靠,留有余地

所谓积极就是要尊重规律,在客观条件允许的条件下充分发挥主观能动性,挖掘各种潜力,发挥各种技术措施的作用,使计划指标具备先进性;所谓可靠就是要从实际出发,充分考虑计划的可行性,不能满打满算,使计划留有余地。工序之间和各承包商之间的干扰,各种不利因素的干扰,在计划中应予充分考虑,并采取相应对策。

(4)服从安排,做好衔接

参建单位必须服从贵阳市轨道交通有限公司的统一安排,服从各专业之间的协调,做好前期与土建、土建与机电各工序之间的衔接。

4.3.2　计划编报审批程序

总体、年、季、月计划等由施工单位编制,监理单位全程参与,总监理工程师签署意见后上报备案。计划的批复可以以标段为单位,也可以以单位工程为单位。

4.3.3　工程计划管理相关时限

(1)编制计划时段

编制1月份计划的起止时间为1月1日至1月25日,12月份计划的起止时间为11月26日至12月31日,其余各月份计划的起止时间均为上月的26日至本月的25日。

(2)上报时限

月度计划为每月25日上报;季度计划为每季末月25日上报;年度计划为12月25日上报;总体计划在进场边界条件基本稳定后15天内上报;调整计划根据监理工程师及轨道公司相关指令上报。

(3)审批时限

根据计划上报时限,总监理工程师在3日内完成审核后上报备案。

4.3.4　内容及格式

(1)格式

各类计划一律以 Microsoft Windows 的办公软件编制,使用统一版本格式,按照规定流程递交。

（2）内容

计划包括工程产值、工程量和工程项目形象进度、开工日期、材料、设备、人工、需图计划及已到图纸的状况等，还应有编制依据和前提、主要工作内容、完成计划应确保的投入和采取的各类保证措施（对已滞后的工期计划进行原因分析，制订切实可行的补救措施）等，梳理存在的问题并提出合理的建议。

施工单位应根据设计图纸、工程量清单和现场实际情况等编制施工计划，内容包括但不限于编制的前提、各类措施、开工和竣工时间（根据工程进度以及工序逻辑关系编制每项工程行为的起止时间）、每项工程行为相对应地完成工作量、物资供应计划、需图计划、资金计划、横道图、形象进度示意图及工程进展照片。

工程横道图是采用 Project 软件按照"分部工程→工点（车站或区间）→合同标段"分级编制，是该项目从开始到完工的横道图，对于已经完成的项目写实际完成时间，未完成的项目写计划完成时间。承包商编制前需将项目日历设置成全年每天都是工作日历，注意各施工工序之间的关系，设置作业之间的紧前、紧后作业链接关系。

4.4　计划的执行与控制

4.4.1　计划执行

计划执行包括下达计划和按审批计划组织实施活动两个过程。

（1）编制和下达生产作业计划

施工单位根据监理审批下达的工程计划，应及时编制和下达可实施性生产作业计划，将任务进一步细化，具体分配到各作业队、班组以至每个工地和个人，排出日进度或单循环作业时间，规定旬、周、日工作任务，并按日历顺序安排生产进度。生产作业计划是总体、年、季、月计划的落脚点。生产作业计划由承包商自行编制和下达，并抄送监理。

（2）按计划组织实施

施工单位严格按照监理单位审批的施工计划及细化后的生产作业计划组织实施，过程中监理单位及现场代表督促、检查，及时解决影响计划执行的有关问题，保证工程建设按照计划目标有序推进。

4.4.2　计划控制及管理

（1）贵阳市轨道交通施工单位在编制总体、年、季及月计划时，要充分考虑各类施工计划应与工程总工期策划以及承包合同工期要求相一致，计划目标层层分解、互相衔接，组成一个严密的计划实施保证体系。

（2）贵阳市轨道交通监理单位应严格检查施工单位项目经理部是否将工程计划分解后的作业计划正确下达到施工班组，并在工程计划实施前监督完成计划交底工作，确保所有的参建人员按作业计划时间完成规定的任务。

（3）严格检查、掌握现状。以计划为依据进行严格检查，获取计划执行情况的各种信息：如已经完成的工作、正在进行的工作、还未开始的工作、正在进行的工作完成时间、工作完成计划的百分比以及施工现场"人、材、机"和施工条件的状况等。计划检查应包含计划执行前对各项准备工作情况所进行的检查。

监理每天均应对计划执行情况进行检查监督、统计并及时与市轨道公司的现场代表沟通。

（4）认真分析、找出偏差。计划执行过程中根据现场实际情况实施动态管理，通过检查找出完成情况与计划的偏差，并查明产生偏差的原因。

（5）实施控制、纠正偏差。实施控制就是实施调度，即采取措施预防，改进与解决偏差，保证计划的顺利实施。实施调度可采用口头和书面通知、会议纪要或执行合同等形式。实施控制的主要任务由以下4部分组成。

①对施工单位保证体系的控制：项目部领导班子、管理力量和机制应符合合同及工程的要求。

②对"人、材、机"生产三大要素的控制：组织是否合理？投入是否满足需要？

③对技术方案及施工方法、施工工艺的控制：应符合经审批的技术标准的要求，建立正常的工作秩序。

④对施工条件及施工现场的控制：应建立良好的施工环境。

4.4.3　会议制度

为保证各类计划的落实，计划管理中设有监理、施工例会，计划进度会等。

（1）监理、施工例会

①监理、施工例会原则上每周召开一次。

②检查计划执行情况，尤其是检查关键路线上的关键工序以及配合其他工种专业的工序完成计划的情况，针对滞后工点及其原因，采取资源调配，工序调整，加强管理等措施，促进滞后工点赶上计划进度的要求。由监理单位出具会议纪要。

（2）计划进度会（不定期会议）

根据工程实施情况，由市轨道公司主持召开计划进度会议，协调各方关系，梳理计划滞后原因、查找存在的问题并提出整改措施和时限，确保计划顺利实施。根据涉及的内容组织相关单位参加会议。

4.5　计划信息反馈

计划信息反馈是计划制订、执行和控制的依据和手段,也是组织、联系各相关部门的纽带。

(1)施工单位上报月度计划完成情况是计划执行信息反馈的主要途径。

(2)监理单位每月对施工单位上报的进度数据进行整理,按照投资完成、资金支付、形象进度以及工程实物量等项目进行统计分析,提出书面合理化建议。

(3)市轨道公司对相关单位工程进展完成情况在生产例会上进行通报,并报中标单位。

(4)业主现场代表根据审批的施工计划,不定期地跟踪检查施工实际进度情况,必要时组织召开进度计划会议。

(5)根据进度计划完成情况,业主现场代表定期或不定期向上级主管领导汇报工程进展情况。

(6)工程部门原则上每月组织召开一次生产调度例会,掌握关键工期目标完成情况,总结评价阶段性工程进展情况和存在的问题,协调各方关系,布置下阶段工程任务。

(7)工程部门在市轨道公司组织召开的生产例会上将进度计划完成情况及存在的问题通报相关部门,由市轨道公司协调解决存在的问题,确保进度计划顺利实施。

4.6　计划的调整

(1)为确保计划的严肃性,计划一旦确定,原则上不作调整。若因主客观原因造成滞后的,应积极采取赶工措施,弥补损失工期。确实由于客观原因导致关键工期目标不能实现,经市轨道公司组织研究批准后方可调整。

(2)涉及各专业之间接口的关键工期目标,施工单位应尽一切力量确保实现,一旦关键工期滞后,要尽快采取补救措施,确保目标按计划实现。

4.7　计划考核及奖罚

(1)工程计划进度考核的目的是增强参建单位对工程计划管理和执行的认识,加强工程计划管理的力度。施工单位的进度计划管理纳入《贵阳市城市轨道有限公司城市轨道交通工程考核管理办法》和《贵阳市城市轨道交通建设工程质量安全奖惩办法(试行)》。

(2)对进度计划管理较好的单位在轨道公司组织召开的生产例会上进行通报表扬,年度内推荐参与先进单位和个人评选,在诚信评价中给予加分;对于完成情况较差的单位予以通报批评,连续两次或累计三次未完成季度计划进度的单位,市轨道公司约谈中标单位主要领导。另外根据合同管理的规定,市轨道公司保留索赔的权利。

4.8 计划管理的经验和总结

贵阳轨道交通1号线为贵阳市第一条轨道交通建设线路,工程建设具有征地拆迁难、管线迁改难、交通疏解难等特点。工程计划的制订要因地制宜,结合项目实际情况,不同的车站、不同的区间因外部条件不同、地质条件不同,制订的计划也要体现差异性。

(1)加强与市直管理部门沟通,为轨道交通施工创造良好条件。1号线自2010年开工以来,在市委市政府的领导下,市轨道公司加强与市住建局、市征收工作指挥部、市环保部门、市交管部门等职能部门的沟通,得到了相关部门的大力支持,使得土地和房屋征收、管线迁改和交通疏解等工作能够如期完成,为轨道交通按计划完成建设提供条件。

(2)加强对设计单位、勘察单位、监理单位等参建单位的计划管理,确保建设各环节按计划开展工作,充分调动积极性,为工程建设顺利推动提供强有力的服务。

(3)督促施工单位优化施工组织方案,加大对"人、材、机"的投入,采取平行作业、交叉作业、倒边作业、24h昼夜轮流作业、错时组织等措施,见缝插针地开展施工,充分考虑各工序特点,采取高效的流水作业。

(4)每天召开施工协调会,及时解决施工中的问题,不让问题过夜。将目标计划进行分解,确定工期任务目标,制订日计划、周计划、月计划。用日计划的完成来保障周计划、月计划的完成,最终才能确保季度计划、年度计划以及总体目标计划的实现;加大对进度的考核力度,各级管理人员各负其责,确保政令畅通。

(5)充分利用现有科学技术手段,采用地震散射剖面法(SSP法)、弹性波反射法(TSP法)、瑞雷波法、地震映像法、跨孔CT法、超前地质钻探及雷达扫描等多种手段进一步查明不良地段的地质情况,优化复杂地质条件下施工工艺,结合现场实际优化设计方案。

(6)加强轨道交通资金筹措,建设过程中强化计量支付管理,提高施工单位积极性;开展以节点达标为主要内容的劳动竞赛活动,调动参建单位想方设法解决工程建设中存在的问题,实现目标工期节点。

第5章　质量安全及工程保险管理

5.1　工程质量安全管理体系

贵阳市轨道交通工程建设项目的安全生产管理工作实行政府安全行政监察、轨道公司监管、监理单位监督、施工单位负责、群众新闻舆论监督五级管理模式,管理重心在于监理单位及施工单位。

(1)政府安全行政监察是指政府安全生产综合管理部门及建设行政主管部门行使行政监察职权,对城市轨道交通工程建设进行监督、检查、协调。

(2)贵阳市城市轨道交通有限公司(下简称"市轨道公司")作为建设单位,授权建设分公司和运营分公司对安全生产进行管理、布置、检查、落实。

(3)监理单位监督是指监理部对各自监理的工程项目进行安全生产监督和检查,对安全生产负监理责任。

(4)施工企业负责本标段安全生产的具体工作,对本标段的安全生产负直接责任。

(5)群众新闻舆论监督是指单位应广泛深入开展宣传教育工作,增强全体职工的安全意识、提高安全素质和安全生产的自觉性。通过新闻媒体和工会等组织,采取多种有效形式,积极开展生动活泼的安全生产宣传教育工作,提倡和鼓励广大人民群众对安全生产工作进行监督。

市轨道公司质量安全管理委员会(简称"安委会")由董事长、总经理、副总经理、党委副书记、工会主席、总会计师、总工程师、副总工程师、各部门及下属公司负责人组成,见图2-5-1。

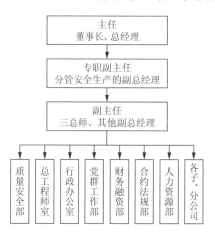

图2-5-1　市轨道公司安委会组织架构

安委会职责为:

(1)贯彻落实国家、省、市有关质量安全的方针、政策、法律、法规等。

(2)研究制订公司质量安全生产管理目标,分析、部署、监督、检查公司质量安全生产工作。

(3)定期听取质量安全生产工作汇报,研究决策公司质量安全生产重大事项。

(4)组织建立并健全公司的安全生产责任,细化分解到各部门、分(子)公司,并对落实情况进行考核。

(5)公司级综合应急预案、应急演练的审查指导工作。

(6)处理日常生产及建设中发生的质量安全生产事故,根据调查处理权限,对由轨道公司组织调查处理的质量安全事故,按照"四不放过"的原则做出处理决定;对在质量安全及相关方面有重大责任的单位、部门及个人做出处罚、处分决定,并约谈事故(事件)责任单位、部门负责人。

（7）对在质量安全生产管理方面有突出贡献的单位、部门和个人做出表彰奖励决定。

（8）召开公司安全生产会议。如遇有质量安全生产重大问题或发生重大事故，及时启动应急预案，召开紧急会议分析研究，提出应急处置的决策，解决质量安全重大问题或处理重大事故。

5.2 工程质量安全管理制度及措施

5.2.1 质量安全管理制度

为保证城市轨道交通建设工程参建各方责任主体贯彻执行有关城市轨道交通工程的法律法规、标准规范，特别是贯彻落实《安全生产法》《建设工程安全生产条例》《城市轨道交通工程质量安全检查指南（试行）》《国务院关于进一步加强贯彻企业安全生产工作的通知》《城市轨道交通工程安全质量管理暂行办法》等重要文件。按照有关法律法规、标准规范的要求，并结合建设过程中及时总结的经验做法，把质量安全工作纳入制度化管理之中。自启动贵阳市轨道交通工程建设以来，轨道公司陆续制订了《安全生产管理办法》《工程质量管理办法》《安全风险管理办法》《工程质量检测管理办法》《地表地质雷达探测管理办法》等 29 项质量安全管理类规章制度，以及指导安全生产检查的《施工安全知识要点》和普及应急知识的《应急知识管理手册》，并于 2014 年 9 月汇编成册（图 2-5-2）。同时，根据建设过程中现场实际总结经验以及住建部等多方专家提出的意见，公司分别于 2015 年、2017 年对《质量安全隐患排查管理办法》《建设工程质量安全奖惩管理办法》《建设工程质量验收细则》等进行了修订，并根据现场实际需求新增了如《安全质量风险信息平台管理办法》《建设工程脚手架管理办法》等 8 项管理制度，使其更具针对性和可操作性。各项制度体系的逐步建立、完善，为贵阳市轨道交通建设提供了强有力的制度保障。

a）

b）

图 2-5-2　轨道交通质量安全相关管理制度

在城市轨道交通工程质量安全标准化工作开展方面,轨道公司在《城市轨道交通工程现场质量安全检查指南》以及《城市轨道交通工程现场质量安全标准化手册(试行)》框架基础上,结合贵阳市轨道交通建设工程施工现场质量、安全、文明施工等工作,起草了《贵阳市城市轨道交通工程现场质量安全标准化手册(试行)》,内容包含《质量安全管理通则》《实体质量控制措施》《安全文明施工标准化图集》《新技术应用》等四个分册。

5.2.2 安全管理措施

1)风险管控

2014年10月,轨道公司通过公开招标引进安全风险咨询服务机构,建立风险信息监控平台,运用信息化管理手段,实现建设过程中安全风险的全员参与、全过程管理。平台的主要功能有风险源梳理、预警管理、日常风险管控、视频监控、门禁管理等。在省、市住建管理部门的指导下,经过几年的摸索,在风险管控方面,初步建立了符合贵阳轨道交通工程建设的全过程安全风险管理体系,逐步完善各阶段各参建单位的风险管控职责,保障安全风险管理工作的有序运行。

根据《城市轨道交通地下工程建设风险管理规范》(GB 50652—2011)的要求,在初步设计及施工准备阶段开展静态安全风险评估:一是消除不可接受的重大风险,二是对可接受的重大风险开展专项施工设计,三是对一般风险制订切实有效的管控措施。

在风险管控的主要阶段,也就是施工阶段,特别是针对风险较大的土建施工阶段,公司通过公开招投标,引进具有丰富安全风险管控经验的安全风险咨询、第三方监测、设计咨询、管理咨询等单位共同管控风险。同时建立了安全质量风险信息管理平台,以信息共享、信息沟通、信息分析为基础,充分利用大数据和云端技术优势,对轨道交通工程施工阶段安全质量风险进行"全方位、全过程、全员参与"的有效管控。重点开展了6个方面的工作:

(1)开展每日动态安全评估,通过收集、汇总和分析参建各方工程资料、信息及监测数据,以此为基础开展每日动态安全评估,各工点安全状态和重大风险源一目了然,并及时给予现场相关风险咨询建议。

(2)开展风险巡检工作,以管理平台的评估数据为基础,结合工点自身风险及周边环境重大风险源情况,定期开展日常风险巡检、专家巡检和监测专项巡检等工作,确保风险可控,隐患排查到位。

(3)开展现场视频监控,督促整改,利用平台对施工现场实施视频监控,及时发现质量安全和文明施工问题,及时督促现场整改。

(4)及时发布综合预警和推送预警信息,通过对监测数据分析,对存在异常且经现场核实存在较大风险和隐患的,及时通过平台和手机短信发布综合预警,督促各方按预警流程处置,直至隐患消除,实施消警,见图2-5-3;另外,针对贵阳汛期雨季较长的特点,及时通过信息平台向参建各方推送天气预警信息。

(5)开展"挂牌督办",对施工现场存在的较大质量安全隐患,分级、分层在信息平台上实施"挂牌督办",直至隐患消除。

(6)针对贵阳轨道工程的深大基坑、区间隧道、山岭隧道、特殊的岩溶地质问题、工艺工法等所存在的质量安全风险,我们高度重视超前地质预报工作和地表雷达扫描工作,针对超前地质预报和地表雷达扫描制订了专门的管理办法,并在施工过程中通过平台持续跟踪和落实。

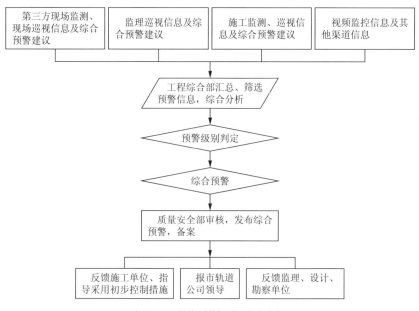

图 2-5-3 综合预警报送及发布流程

2)专项勘察、专项设计、专项施工方案

针对特殊地质和特殊周边环境等情况,轨道公司组织勘察单位开展了多次专项勘察,如:1号线行政中心站—会展中心站区间隐伏溶洞(YDK7+070~YDK7+140)专项勘察,1号线朱家湾站—大寨站区间暗挖隧道下穿阳关立交桥段(YDK9+089~YDK9+120)专项勘察,1号线雅关站—蛮坡站区间隧道 ZDK19+200 大型岩溶专项勘察,1号线延安路站水文地质专项勘察等。

对于全线高风险点,市轨道公司组织设计单位开展了多项专项设计,如:下穿下将区间等初步设计阶段风险工程专项设计,以及下穿环城高速公路等施工图设计阶段专项设计。

市轨道公司督促施工单位严格执行《危险性较大分部分项工程管理办法》(建质〔2009〕87号),加强对危险性较大的分部分项工程安全管理,明确安全专项施工方案编制内容,规范专家论证程序,确保安全专项施工方案有效实施。

3)监测实施情况

1号线土建施工,在施工单位按相关规范和合同要求开展监测工作的基础上,市轨道公司引入了4家第三方监测单位,对监控量测工作进行了加强。并通过安全质量风险信息管理平台的使用,更加高效、准确、便捷地对监控量测进行管理。

(1)所有的监测数据通过客户端上传至安全质量风险信息管理平台,在第一时间对上传的监测数据进行汇总并分析判断,对超出预设控制值的数据第一时间发出"数据异常短信通知",让参建各方及时了解异常数据。

(2)将现场测点与设计图绑定后录入信息平台,能直观地展示测点的具体位置和数据信息,便于查看分析。

(3)信息平台能自动记录数据上传时间,能查看上传数据的完整性,可通过该记录对相关单位进行考核,规范其相关工作。

(4)所有的监测数据都储存在服务器中,便于保存、查阅和调用,为本地区后续的类似工程积累宝贵经验和提供重要的科学资料。

4)现场检查

施工现场监督管理方面,建设单位在督促施工单位、监理单位定期开展隐患排查的基础上,坚持定期或不定期开展一次安全生产大检查,结合专项检查、日常巡查及临时抽查,按照"四不两直"的原则,通过"拉网式、地毯式"的方式对在建项目进行全面覆盖、不留死角的检查。所有查出问题均建立隐患台账实施动态管理,登记隐患部位、责任人、整改时限及整改结果,及时跟踪复查,直至整改完成销号,确保施工现场质量安全状态平稳可控。

5)考核工作

为充分调动施工、监理单位的积极性,奖优罚劣,公司对施工、监理单位采取月度、季度、年度考核模式,全面对施工现场、内业资料、质量控制、安全生产以及文明施工进行检查,严格执行奖惩措施,对于排名末位、整改不力、屡教不改的单位,给予罚款、通报批评、约谈等处罚。

6)问题曝光

为进一步加大管理力度,轨道公司还将上一个阶段检查所发现的问题和隐患,制作成《镜头对准隐患》《警示教育》等专题幻灯片,在召开施工例会时进行现场播放,在汇报施工进展和协调处理问题前,对工程质量、安全问题进行曝光,分析安全形势,举一反三,引以为戒。

7)安全教育

市轨道公司始终重视安全教育工作,对新进员工均进行了岗前安全知识培训和考核,并积极组织质量安全相关管理人员赴广州、西安等城市地铁公司,针对城市轨道建设中的先进管理经验和成熟管理模式进行学习。此外,在经常性组织质量安全管理人员、参建单位负责人进行新《安全生产法》宣贯教育的同时,邀请水文地质与环境地质学家,应急管理等专家,针对贵阳的特殊地质条件,对在不同的岩溶发育、地下水特性、断层分布等特殊地质区域如何开展轨道交通工程建设、地下工程施工安全风险防控、工程安全管理、工程应急管理等培训及讲座。

在工程一线安全教育方面,由于施工单位一线工人素质参差不齐,安全意识淡薄。因此,轨道公司以让工人听得懂、学得会和能掌握为重点,以安全教育真正落到实处为目标,积极总结前阶段工作经验,认真梳理安全教育方面存在的问题,制订了三级安全教育统一标准,要求施工、监理单位严格落实,并开展专项检查,对工作不积极、覆盖不全面的予以重罚,确保三级安全教育取得实效;二是督促全线所有参建人员随身携带岗位安全卡,卡上登记人员基本信息,并摘录危险因素、事故应急措施以及对应工种的岗位操作要点,使每个员工特别是施工一线工作人员把规范个人行为、注重安全生产变为自觉行动,为增强安全监管队伍专业技术能力夯实了基础。

5.2.3 文明施工管理措施

(1)为保证施工现场管理标准化、规范化及长效化,确保文明施工、环境保护处于良性受控状态,使施工现场按现代化施工的要求保持良好的施工环境和施工秩序,提高施工现文明施工水平,改善从业人员的生产和生活环境,市轨道公司按国家有关法律、法规要求编制了《贵阳市城市轨道交通工程文明施工管理办法》,对场地规划、清洗设施、防尘降噪等做了标准化要求。

(2)在开工之初,施工单位根据现场实际编制文明施工方案,经监理审批后报市轨道公司土建工程部、质量安全部进行审核,对临建设施、围挡、洗车池等进行规范化设计。2015年6月,市轨道公司依据国家、省、市相关法律法规,结合各项文明施工管理规定,编制了《贵阳市城市轨道交通工程安全文明施工标准化图集》(本图集于2017年8月进行了修编),采用图文结合的形式,对场地规划、清洗设施、施工用电、安全防护、标示标牌、防尘降噪等做了标准化要求,旨在通过大力推行施工现场管理标准化、规范化和长效化,使工地按现代化施工的要求保持良好的环境和秩序,提高施工现场安全管理、文明施工水平。

(3)为避免造成水土流失、破坏土壤结构、降低植被质量、影响流域对径流的调蓄能力,市轨道公司依法招标和委托了水土保持监理对轨道交通1号线水土保持建设过程进行全程监督管理,有效地控制了水土保持设施的工程质量,并对建设过程所造成的水土流失影响进行了监测,同时还委托了水土保持验收技术评估单位对轨道交通1号线水土保持设施的投资完成情况、质量、效果等进行综合评估,防止水土流失、泥沙增多降低河流质量,影响水生物活动,还可以避免泥沙作为污染物的载体,增加污染的浓度与防治的难度。

(4)为将贵阳轨道交通1号线打造成绿色生态景观线路,市轨道公司结合贵阳市政府的相关绿化要求,在1号线土建工程完工前,重新对1号线隧道洞口、边坡绿化进行了优化设计,对沿线所有工程防护绿化进行提升,因地制宜种植灌木、乔木类树种,以及种植花草、爬山虎等绿化景观。

5.2.4 质量管理措施

(1)市轨道公司在1号线建设初期,为建立一个统一的平面控制系统,保障贵阳市城市轨道交通各条线路的勘测、设计、施工等工作的顺利进行,独立创建了满足贵阳市轨道交通建设精度要求的精密控制网。

(2)施工过程中,市轨道公司为强化施工过程质量控制管理,采取分阶段抓好各项质量节点控制的方式,做到:一是鉴于轨道交通工程是贵阳首次建设的专业性和综合性较强的大型市政工程项目,为避免施工、监理单位由于使用表格不统一而带来的管理过程和验收资料混乱,编制了《贵阳市城市轨道交通工程管理用表(土建部分)》,并于2017年重新进行修编;二是对工程所需的主要材料(混凝土、防水材料)均采用"甲控乙供"的模式,实施统筹管控;三是制订《建设工程质量管理办法》《建设工程施工质量验收实施细则》,实现了检验批和中间验收标准化,从而提高工程整体质量与水平。

(3)为切实保证贵阳市轨道交通工程质量,加强建设过程管理,规范作业人员的质量意识和行为,市轨道公司严格执行《贵阳市城市轨道交通工程首件工程验收管理办法(土建部分)》,对在建工程围护结构或基础工程的第一根桩施工、基坑开挖后的第一段基底验槽、暗挖隧道的初期支护、二次衬砌(含防水)、仰拱等进行内外业严格检验,做到以首件标准统一施工过程中的操作规范和原则,验收流程见图2-5-4。

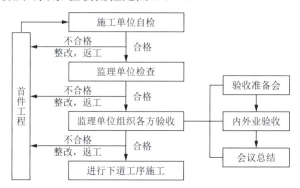

图2-5-4　首件工程验收流程图

(4)施工单位进场后,市轨道公司按照住建部颁发的《城市轨道交通工程安全质量管理暂行办法》(建质〔2010〕5号)相关要求,及时组织勘察、设计单位向施工、监理单位进行勘察、设计文件交底。施工过程中,由监理督促施工单位严格按照施工图和规范要求开展施工;同时,轨道公司定期组织勘察、设计单位开展技术巡检,有效杜绝了施工单位不按图施工带来的安全质量隐患。

(5)引进第三方检测机构,开展质量专项检查,对用于工程的材料及实体工程质量实施抽样检测,指导、监督施工单位规范检测管理,确保工程质量受控。

(6)为有效消除施工现场各类质量通病,确保城市轨道交通工程优质建设,市轨道公司制订了《建设工程质量管理办法》《质量安全隐患排查管理办法》,要求各监理、施工单位在施工过程进行控制管理、定期开展隐患排查和整改,严格加强质量管理,对工程质量缺陷、质量隐患问题建立台账、制订整改措施,并认真整改。在施工单位自查自纠、监理单位定期巡查的基础上,市轨道公司坚持每月开展一次质量检查活动,并根据有关规定结合专项检查、日常巡查及临时抽查,确保施工质量可控。

(7)市轨道公司于每年9月份定期开展"质量月"活动,以夯实质量技术基础,加强全面质量管理,实施全面质量监管为目的,结合自身实际,制订活动方案、细化责任分工,并严格落实,以"质量月"活动为载体,加强质量舆论宣传,引导和动员各参建单位使其增强质量意识。通过开展"质量月"活动,以月促年,进一步落实了工程建设主体的质量责任,强化工程质量监管,增强工程质量技术创新能力促进贵阳轨道交通工程质量总体水平不断提高。

(8)为加强工程的质量管理与验收,确保工程结构及机电系统安全及使用,满足耐久性能和节能环保等功能的实现,统一验收过程,市轨道公司制订了《建设工程质量验收管理办法》《建设工程质量验收细则》。对轨道交通从检验批、分项、分部、单位工程各验收单元进行了详细划分,严格规定了验收组织程序及验收人员资格。

(9)对验收过程中存在的质量缺陷,市轨道公司及时组织各参建主体单位开展质量缺陷专题整治会议,由设计单位出具整改方案,并经参会各方通过后,严格按要求进行缺陷修复。缺陷修复后由各参建方现场检查验收,并由施工单位组织专家进行论证,确保工程质量满足强条规定后,再次进行验收,直至验收合格。

5.3 工程质量安全管理经验和总结

贵阳市轨道交通工程建设是特点鲜明的城市综合性基础设施项目,建设工期紧,参建单位多,地处岩溶发育和富水地质区,周边环境复杂,技术要求高,造成了贵阳轨道交通工程建设和安全管理难,同时在建设过程中缺乏专业的管理人员和成熟的管理经验,只能在仿效和摸索中开展质量安全管理工作。在贵阳市相关质量安全监督管理部门的依法监管及指导下,通过勘察、设计、监(检)测、监理、施工等参建单位的共同努力配合下,贵阳轨道交通1号线建设过程中质量安全管理工作效果显著,总体形势一直处于平稳可控状态。

在建设过程中运用各种措施手段确保施工安全,由于地下水丰富,地质条件复杂,旧城管网老旧等情况,施工中仍多次出现洞内涌水、涌泥、冒顶及地表塌陷等事件,虽未造成人员伤亡,但导致管线受损及地面交通拥堵或中断,造成不良社会影响。针对此类情况,市轨道公司采取了一系列的有效措施:

1)规划管理、强化地质探测工作

贵阳轨道交通1号线在实施过程中积极探索,总结经验,制订了《贵阳市城市轨道交通工程超前地质预报管理办法(试行)》和《贵阳市城市轨道交通工程地表地质雷达探测管理办法(试行)》等多项措施。一方面从洞内分析着手,在既有地质资料的基础上,通过地质调查、物探、钻探等综合手段,对隧道开挖面前方的工程地质与水文地质条件及不良地质体进行探测、分析及预报,进一步查清隐伏的重大不良地质问题,及时掌握和反馈地质条件信息,并提出技术措施和建议。预防各类突发性地质灾害,减少地质灾害发生的概率和危害程度,有效规避工程建设风险。另一方面从地表着手,将地表地质雷达探测工作严格分为施工前探测、施工过程中探测、完工后探测三部分。对基坑围护结构周边外5m范围、车站基坑围护结构周边外5m范围、暗挖区间、联络通道和车站附属工程断面开挖宽度加两侧各5m范围内每月进行探测,特殊地段提高扫描频次。

2) 探索应用新检测技术

在个别地段采用瑞雷波检测新技术应用,该检测技术较地质雷达对于地层的变化、断裂带、含水带、破碎带等的识别能力高,受外界干扰程度小,且其分析报告直观,易于接受和理解。

3) 可视化实时信息联动

地下工程的风险很大,施工过程中有效控制信息的获取十分重要。由于现场监测工作的表现形式比较枯燥,加之获取信息不够直观,为便于更好、更及时地了解施工监测数据信息、预警等情况,在个别标段采用综合监测信息平台作为信息交互增强补充手段。综合监测信息平台用BIM+互联网的理念,通过云的方式,解决基坑风险中的信息沟通问题,并在解决问题的过程中,积累大数据,为后续的工程安全提供实践与理论基础。

5.4 工程保险

5.4.1 工程保险的范围及特点

1) 物质损失(工程本体)

保险人负责赔偿在工程项目所在工地和中华人民共和国境内其他地方,属于被保险人或其负有责任的永久性工程、临时工程、辅助工程和与此有关的设备和材料等(包括场地外堆放和任何形式的运输),包括在保险期限终止前由工程所有人签发完工验收证书或验收合格或实际占有或使用或接收的部分,因自然灾害及意外事故导致的损失,包括因此而产生的施救费用、清理费用及其他费用项目。

在工程保险的保险范围内,不包括施工单位用于施工的施工机械和机具,施工单位参与施工的工人也不属于本保险保障范围。

2) 第三者责任

保险人负责赔偿因发生与保险工程(包括在保险期限终止前由工程所有人签发完工验收证书或验收合格或实际占有或使用或接收的部分)直接相关的包括但不限于施工引起工地内及邻近区域的第三者人身伤亡、疾病或财产损失,被保险人依法对第三者人身伤亡、疾病或财产损失应承担的赔偿责任,包括经保险人事先书面同意而支付的法律费用及其他费用。

3) 雇主责任险

保险公司在工程险基础上,额外赠送了保障市轨道公司员工的雇主责任险。其主要责任范围是:保险期间内,被保险人的工作人员在中华人民共和国境内因下列情形导致伤残或死亡,依照中华人民共和国法律(不含香港、澳门特别行政区和台湾地区法规,下同)应由被保险人承担的经济赔偿责任,保险人按照本保险合同约定负责赔偿:

(1)在工作时间和工作场所内,因工作原因受到事故伤害的。

(2)工作时间前后在工作场所内,从事与工作有关的预备性或者收尾性工作受到事故伤害的。

(3)在工作时间和工作场所内,因履行工作职责受到暴力等意外伤害的。

(4)被诊断、鉴定为职业病。

(5)因工外出期间,由于工作原因受到伤害或者发生事故下落不明的。

(6)在上下班途中,受到机动车事故伤害的。

(7)在工作时间和工作岗位,突发疾病死亡或者在 48h 之内经抢救无效死亡的。

(8)在抢险救灾等维护国家利益、公共利益活动中受到伤害的。

(9)被保险职员原在军队服役,因战、因公负伤致残,已取得革命伤残军人证,到被保险人处工作后旧伤复发的。

(10)法律、行政法规规定应当认定为工伤的其他情形。

5.4.2 投保风险评估及保险公司的确定

投保的风险评估一般由前期确定的经纪公司负责编写,经纪公司通过从轨道公司收集到的工程可行性研究报告、环境评估等工程性资料,编写风险评估报告。通过客观评述本条线路的工程建设风险、周边环境风险等,让投标的各家保险公司能够较为准确地测算承保费率,理智报价。风险评估报告是在保险招标的同时发给各家参与投标的保险公司。

保险公司通过公开招标的形式确定。

为了确保轨道交通工程保险对轨道交通工程起到充足的保障作用,特别是在施工时发生意外事故或因施工原因引起的第三者责任事故时,不因事故原因而影响或滞后工程建设,在充分了解当前我国轨道交通保险市场的情况后,确定了对工程保险进行公开招标的形式。

5.4.3 工程保险的承保方式

轨道交通投保标的比较大,如发生巨灾损失,一家保险公司较难承担,因此一般是采取一家保险公司牵头,首席承保较大份额,5~7家保险公司分别承担较小份额的共保形式承保。贵阳轨道交通 1 号线工程保险分为两个标的,贵阳轨道交通 1 号线工程保险 1 标段[金阳车辆段—北京路站(不含北京路站)]和贵阳轨道交通 1 号线工程保险 2 标段(北京路站—小河停车场)。

5.4.4 工程保险承保效果

(1)截至目前,1号线保险1标段共接到报案12起,已结案件5起,销案处理6起,未结案件1起。已理赔2起三责房屋开裂事故。1起自然灾害暴雨损失赔偿、1起工程隧道涌水事故赔偿、1起机电设备盗窃案件赔偿。

(2)截至目前,1号线保险2标段共接报案12起,已结案件5起,销案处理4起,未结案件3起。已理赔1起自然灾害暴雨三个标段、3起因施工造成第三者损失事故赔款、1起意外事故造成工程损失事故赔款。

工程保险承保极大程度上弥补了1号线工程建设的各种损失。

第 6 章 设 计 管 理

为对设计文件质量、进度、变更等进行有效管理，贵阳轨道交通 1 号线建立了完善的设计管理体系及组织架构，采取了设计考核、设计例会制度、技术巡检、工程变更管理等手段，分别制订了《勘测、设计及咨询管理办法》《工程设计变更管理办法》以及《施工图设计变更实施细则》等相关管理办法，切实地加强了对贵阳市城市轨道交通工程设计工作的监督管理，督促设计单位按照建设单位的要求完成相关设计任务。

6.1 设计管理体系及组织架构

设计管理实行分级管理制度。可行性研究、总体设计、初步设计阶段轨道公司总工办是设计、设计咨询工作的归口管理职能部门；招标设计、施工图设计、施工配合、竣工验收阶段公司建设分公司技术前期部是设计、设计咨询工作的归口管理职能部门。建分土建工程部、机电工程部现场配合时协助管理。

总工办/技术前期部负责设计工作的总体管理，设计咨询单位根据合同约定负责对设计工作进行管理，总体总包单位根据合同约定负责对工点（系统）设计工作进行管理，并服从设计咨询单位监督，勘测、设计组织管理详见图 2-6-1。

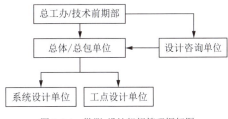

图 2-6-1 勘测、设计组织管理框架图

6.2 设计管理主要内容及方法

在 1 号线的建设过程中，市轨道公司按照《勘测、设计及咨询管理办法》在设计管理方面主要采取了设计考核、设计例会制度、技术巡检、工程变更管理、设计咨询检查等方法。

6.2.1 设计考核

由市轨道公司分管领导牵头负责，总工办（招标设计以前）或建设分公司技术前期部（招标设计及以后）组织对设计单位工作进行考评，咨询单位参与勘测、设计单位的考核，总体/总包单位参与工点（系统）设计单位的考核。包括对管理、人员、进度、质量、施工配合等全方位进行考核。按照季度考核、年度考核，年度考核在结合季度考核结果进行综合考评。

轨道公司根据考核情况,对表现优秀的单位及个人,给予一定奖励,对工作不力的单位通过口头警告、通报批评、收取违约金、要求更换人员、约谈法人,直至解除合同等方式进行处理。

6.2.2 设计例会及月报

设计例会主要有设计单位内部例会、总体/总包组织的月例会、业主组织的月例会等。设计例会按照工程进度需求安排设计任务统筹考虑,定期组织设计人员对设计进度、质量等进行梳理,采用动态跟踪的形式进行相应的调整,以满足工程实施要求,并对前期设计存在的问题进行通报及处理。

6.2.3 工程变更管理

在贵阳市轨道交通工程建设过程中,凡对经过政府审定的贵阳市轨道交通工程初步设计文件、招标设计文件、有效施工图进行变更,均属于贵阳市轨道交通工程变更,严格按照《工程设计变更管理办法》和《施工图设计变更实施细则》相关规定执行。

贵阳市轨道交通工程变更分为方案变更与设计变更。方案变更是指初步设计审批后至有效施工图下发之前发生的变更,包括招标文件与初步设计的变化、有效施工图与招标文件的变化。设计变更是指针对有效施工图、已完成招标的技术规格书所提出的改变。

市轨道公司在工程实施工程中加强工程变更管理,严格工程变更审批手续,明确工程变更的分类、程序及费用处理,加强建设项目全过程投资控制,保障工程施工质量、安全、进度。

市轨道公司相关部门、各参建单位必须建立项目各阶段的工程变更台账。市轨道公司总工办或建设分公司技术部牵头组织召开建设项目工程变更管控会议,分析研究项目工程变更总体状况,必要时采取相应措施加强投资控制。

6.3 设计咨询管理主要内容及方法

轨道交通1号线设计咨询主要是负责设计单位成果文件的审核、技术方案的研究审核,同时配合业主监督管理设计单位。充分发挥设计咨询单位的作用对设计管理同样起到关键作用。设计咨询管理主要从以下四方面进行。

6.3.1 月报制度

设计咨询单位每月要将本月完成工作的内容以纸质版报告的形式提交业主,其内容主要包含:咨询工作的概述和简报、文件审查记录、下月工作计划以及存在的问题和建议,其中存在的问题和建议不仅仅只是文件审查方面的,还要求咨询单位从1号线全线建设方面出发,提出有参考价值的建议。

6.3.2 例会制度

轨道交通 1 号线设计咨询单位例会主要体现在两个方面,一是咨询单位内部例会制度,二是设计例会。

(1)咨询单位内部例会每周一次,总结前期工作情况,提出本周工作计划和要求,同时咨询单位中各专业之间也沟通交流。

(2)设计例会召开时,咨询单位必须参加并准备汇报材料,在会上不只要针对设计咨询本身的工作进行汇报,同时还要针对设计单位工作中出现的问题进行说明,要求设计单位进行相应的整改。

6.3.3 设计咨询考核

轨道交通 1 号线设计咨询考核和设计考核同步进行,同样由市轨道公司分管领导牵头负责,市轨道公司总工办(招标设计以前)或建设分公司技术前期部(招标设计及以后)组织对设计单位工作进行考评。

设计咨询考核包括对管理、人员、进度、质量、施工配合等全方位进行考核。按照季度考核、年度考核,年度考核在结合季度考核结果进行综合考评。市轨道公司根据考核情况,对表现优秀的单位及个人,给予一定奖励,对工作不力的单位通过口头警告、通报批评、收取违约金、要求更换人员、约谈法人、解除合同等方式进行处理。

6.3.4 进度要求

设计咨询审查是施工图纸出图的关键环节,在 1 号线施工过程中设计工期非常紧张,为满足现场施工需求,市轨道公司对图纸设计周期做了具体要求,其中设计咨询审查时间也做了要求,一般图纸在 3～5 天内完成审查并出具咨询审查意见,结构或工艺复杂的图纸在 7 天内必须完成审查并出具咨询审查意见。

6.4 设计管理效果及经验教训

6.4.1 设计管理效果

在贵阳轨道交通 1 号线实施过程中,设计管理起到了关键作用,其最终效果体现在以下几个方面:

（1）轨道交通1号线按照既定的节点工期目标推进,设计单位及时提供设计图纸、配合现场施工、处理现场存在的技术问题,为1号线按时开通提供了基础条件。

（2）在工程实施工程中,解决了很多疑难杂症,如雅关站—蛮坡站区间、行政中心站—会展中心站区间大量岩溶涌水处理、延安路站岩溶处理、达亨大厦房屋处理、三鑫大厦桩基托换、下穿既有铁路和建（构）筑物、下穿南明河等,为工程的安全顺利推进提供了必要的支持。

（3）充分考虑全线物业开发,深化了车站物业开发设计方案,如会展中心站、北京路站、中山路站、火车站等,为后期物业开发提供了便利条件,保证了地铁运营后轨道公司的物业收益。

（4）在轨道交通1号线中充分体现了"以人为本""服务人民"的理念,在车站中设置卫生间、母婴室,车站兼顾过街通道功能等。

（5）在1号线建设过程中应用新技术、新工艺,如雅关站—蛮坡站区间采用喷膜防水工艺、延安路站采用瑞雷波探测等。

6.4.2 经验教训

轨道交通1号线实施过程中,设计管理方面在取得较大成果的同时也存在一定的问题,设计管理中要吸取1号线的经验教训,避免在后续线路实施过程中出现同样的问题。

1）出图进度问题。

在轨道交通1号线实施过程中,出现部分图纸提供不及时的问题。主要体现在设计边界条件复杂、人员力量不足、施工图设计和审图时间不匹配等原因,部分图纸进度滞后。

针对出图进度滞后,采取了以下处理措施,加快施工设计出图进度：

（1）加强设计人员管理,定期清点设计工作人员,对现场设计人员进行考核。设计项目负责人离开贵阳需向轨道公司请假。

（2）积极协调市直各部门及相关单位,稳定周边条件。加快设计方案的审查工作,减少审查程序,以最快的时间明确设计方案。

（3）协调施工图审查机构,加快图纸审查速度及设计文件盖章速度。

（4）督促勘察、设计咨询等单位,做好设计服务工作,使其同步介入设计过程中。

2）设计中"差、错、漏、碰"问题

轨道交通1号线出现"差、错、漏、碰"现象,对工程推进产生了一定的影响。针对这些问题,采取相应的处理措施：

（1）加强设计单位设计质量管理,设计单位严格遵循设计文件审查流程。完成内部审查和外部审查程序。

（2）总体/总包单位负责确定全线的技术标准、设计原则、系统功能要求和设计工作的原则、程序等要求,明确项目的功能、投资、接口协调、时间等目标,负责督促设计人员按要求执行。

（3）总体单位和设计咨询单位通过例会制度和日常检查加强设计质量的过程控制，严格阶段性的设计审查，保证每一阶段、不同时段设计工作的质量。

（4）加强设计单位内部各系统专业间沟通协调。做好接口设计和会签工作。

3）设计管理措施

在 1 号线实施过程中不断摸索出图进度、人员管理、设计质量等方面的管理模式，改变设计管理方法，提出了切实可行的设计管理措施，为后期其他线路设计管理提供了有效的借鉴经验。

（1）抓设计首先从人员抓起，对于人员不符合要求的应替换人员并使其资质资历不得低于投标文件要求。

（2）要求主要设计人员必须在贵阳市驻点办公，集中办公等。

（3）对设计单位考核和设计单位内部考核。

（4）现场施工配合人员，必须要有充足的现场处置经验和设计资历，有能力处理现场突发的问题，同时该设计配合人员必须常驻现场，能及时解决问题。

（5）总体/总包单位牵头研究解决技术问题、安排具体设计任务并督促设计人员按期完成。

（6）严格执行方案变更和设计变更管理，尤其方案变更，加强监督管理，不能随意进行方案变更，必须按照相关管理办法执行。

第 7 章　土建工程管理

7.1　土建工程管理组织机构

土建工程管理涉及合同管理、计划管理、安全质量管理、施工管理等方方面面,其中合同管理、计划管理、安全质量管理详见本书相关章节,本章侧重介绍土建工程的施工管理。

贵阳市城市轨道交通有限公司建设分公司主要负责轨道交通项目的建设管理工作,统筹组织工程现场管理、质量安全管理、技术管理等工程建设方面的管理工作。建设分公司土建工程部、质量安全部、技术前期部、造价成本部是土建工程管理的主要负责部门,负责施工单位、监理单位、环境监理、安全咨询、质量检测、测量检测、第三方监测、造价咨询等参建单位之间的组织协调和监督管理。

建设分公司土建工程部是土建工程现场管理总牵头部门,负责土建工程现场统筹管理。为了便于与贵阳市各职能部门、各区职能部门工作联系,结合轨道交通土建工程线长点多面广的特点,土建工程现场管理实行分区管理。每个区设置一个现场代表小组,全面履行"四控(进度、质量、安全、投资控制),两管(合同、信息管理),一协调(全面组织对内对外协调)"的职责。贵阳轨道交通 1 号线土建工程现场施工管理组织架构见图 2-7-1。

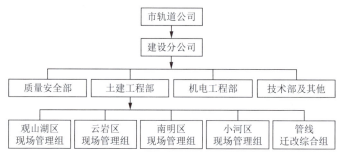

图 2-7-1　土建工程现场施工管理架构图

土建工程管理职责及分工：

(1)土建工程部管理职责

①全面负责在建线路土建工程,包括车辆段、停车场、车站、区间线路主体结构及附属工程、主变电所(土建部分)、人防、防淹门等的项目管理。

②组织制订和完善有关土建工程项目管理的各项规章制度,对其执行情况进行监督、检查、控制和考核。

③负责施工阶段土建工程建设现场的技术管理工作。

④负责处理轨道交通项目土建工程与机电设备系统等专业的施工接口问题。

⑤负责协调处理施工阶段土建工程项目与周边环境的关系。

⑥对施工、监理、第三方监测等单位进行归口管理。

⑦根据工程总体策划及单位工程计划,按计划推进、落实及协调处理影响进度的问题,负责实施过程中的计划调度、预警工作。

(2)技术前期部管理职责

①制订工程建设技术管理程序和制度,并监督和检查执行。

②参与可研、总体设计文件、初步设计文件编制、审查工作,负责项目、规划(工程规划许可)、建管、施工许可、消防(施工图报审)和人防等前期手续办理。

③配合总公司做好勘察、测量、设计、设计咨询项目招标文件编制及招标工作。

④负责审定新线工程Ⅲ、Ⅳ类设计变更管理,协助总公司审定Ⅰ、Ⅱ类设计变更。

⑤牵头组织编制项目总体进度计划(工程筹划)及单位工程工期计划统计、分析、调整及监督执行。

⑥负责招标设计阶段、施工图设计阶段及施工配合阶段设计管理工作。

⑦参与公司应急抢险及安全、质量事故调查处理工作。

⑧配合开展项目竣工验收、新线开通评估等工作。

(3)造价成本部管理职责

①负责工程预结算及计量计价管理。根据工程进度和合同履行情况,审核土建工程部、机电工程部提交的工程款拨付申请并报总公司合约法规部。负责结算资料编制并组织造价咨询单位审核后报总公司合约法规部。

②负责对工程实施阶段造价咨询机构的管理。

③负责考核参建单位履约情况,建立潜在投标人资信情况数据库。

(4)其他主要参建单位管理职责

①土建施工单位是轨道交通工程土建施工的责任主体,对工程的进度、投资、质量、安全及文明施工负主要责任。

②土建监理单位依据有关建设工程的法律、法规、相关的技术标准、相关合同文件、设计文件,对土建工程施工阶段实施控制、管理和协调工作。

③质量检测单位根据检测合同履行与建设项目有关的检测服务,并按照国家现行的标准、规范、规程以及技术要求开展检测工作,及时向相关部门反馈检测数据。

④测量检测单位负责统一测量作业标准,维护地面控制网(GPS网、精密导线网、Ⅱ等水准网)的完好和稳定,及时对施工单位的施工控制测量及重要部位的施工放样进行检测和质量评定。

7.2 土建工程现场管理的内容

土建工程现场管理从项目实施准备阶段开始至验收移交结束。管理的范围为在建线路土建工程,包括车辆段、停车场、车站、区间线路主体结构及附属工程、主变电所(土建部分)。管理内容主要涉及开工前的各项准备工作,施工过程中的现场质量、安全、进度、文明施工管理工作,施工过程中协调施工单位、监理单位之间以及内外部环境的关系,工程的中间交验、竣工验收和土建项目移交等工作。

7.2.1　工程前期准备阶段

(1)协助土地与房屋征收工作

轨道交通土地与房屋征收工作由总公司征收工作部牵头完成,建设分公司土建部主要配合征收工作部提供土地和房屋征收时序、征收工作过程中出现技术问题的解释以及跟踪重点项目征收完成情况,及时与建设公司技术部等部门进行工作联系。加快项目前期工作进度,及时移交施工场地并开展项目建设工作。

(2)前期交通疏解工作配合

轨道交通项目前期总体交通疏解方案由总公司总工办负责制订及报审,建设分公司在前期及时跟进,根据现场调查情况,提出经济合理、现场便于实施的合理化建议。建设分公司根据审批完成的项目总体交通疏解方案组织实施具体各段落的交通疏解工作。

(3)开工前的各项现场和技术工作管理

由建设分公司土建工程部组织施工单位和监理单位做好开工前的各项准备工作,重点做好地面附着物移交、施工场地移交、测量交桩、临时用水用电接入、接口协调等开工准备等工作。组织施工单位对邻近建(构)筑物和市政设施现状进行详细调查和记录,形成完整的调查报告。

建设分公司土建工程部参加开工前的各项技术准备工作,协助技术前期部组织设计、监理、施工单位进行施工图设计交底和图纸会审工作。

7.2.2　工程实施阶段

1)交通疏解

交通疏解详细流程、办法和措施等详见本篇第2章。交通疏解现场管理方面的重点为:

(1)将交管部门审批的总体交通疏解方案进行实地摸底,结合实际情况与监理单位、施工单位商讨具体段落交通疏解方案,确保方案到现场能够落地实施。

(2)加强与交管部门对接,做到方案审批、实施的及时性。

(3)做好周边单位、社区、小区等单位宣传和沟通工作,避免引起社会舆论影响。

2)管线迁改

管线迁改详细流程、办法和措施等详见本篇第2章。现场管理方面的重点为:

(1)权属单位到现场交底要准确,为下一步迁改方案和路由做好详细准备。

(2)过程中要留下详细的影像资料。

3）质量、安全、文明施工管理

土建工程部负责在建线路质量、安全、文明施工直接监管,质量安全部进行综合监管。现场代表小组对所管标段（项目）进行质量、安全和文明施工管理,督促监理单位、施工单位做好土建工程的质量、安全和文明施工管理工作,同时采用不定期对现场进行巡查的方式检查监理单位、施工单位的管控工作,对现场存在的问题及时纠偏。

4）进度管理

土建工程的进度管理主要为以下两个方面：

（1）组织施工单位、监理单位制订合理可行施工计划,督促实施。

（2）认真分析导致进度滞后的技术、管理或外部环境因素的原因,采取针对性的措施解决问题。

5）投资控制管理

（1）根据合同条款和《计量支付管理办法》,严格审核施工单位质量验收合格工程的计量支付。

（2）根据《现场签证管理办法》,确保现场签证的数量和费用的准确性,严格控制工程投资。

6）协调管理

土建工程线长点多,牵涉面广,其管理很大部分集中于现场的协调管理,具体为：

（1）内部协调方面

①现场代表小组之间要加强沟通,便于解决各管段的共性问题。

②积极与建设分公司、总公司各部门沟通,及时解决工程推进过程中的技术、造价、资金等方面的问题。

③及时向公司领导汇报相关工作,争取在更高层面上解决问题。

（2）外部协调方面

①加大与市直各部门、各区、单位的协调力度,为施工单位创造良好外部环境。例如：交管部门、城管部门、混凝土供应商,涉及交叉施工作业的政府平台公司、企业等。

②维持好与项目周边社区、居民的关系。由于轨道交通施工大部分均在人员密集居住地进行,不可避免地会对周边社区、居民造成不便的影响。所以在平时就要做好解释工作,争取他们的工作支持,尽量避免阻工、上访的事件发生。

③要充分了解施工单位内部各作业队、班组的思想动向,除督促施工单位做好相关工作以外,要为其出谋划策,保证施工队伍的稳定性。

7）土建工程材料管理

为有效控制建设成本、节约国有建设资金、保证项目质量、确保工期,贵阳市城市轨道交通有限公司经多方考察,吸收其他城市轨道建设的成功经验,初步拟定在商用混凝土、防水材料（防水卷材、防水涂料及防水板）的供货方式上采用"甲控乙供"的模式。轨道交通根据工程招标文件的规定进行商品混凝土及防水材料（防水卷材、防水涂料及防水板)供应商的准入,供应商的选择采取公开招标、邀请招标、公开询价、邀请询价、竞争性谈判等方式。

由于近几年贵阳地区商品混凝土搅拌站(以下简称搅拌站)数量增长较快,造成部分搅拌站管理水平达不到规定要求,加上恶性竞争带来的不利影响,混凝土质量参差不齐。轨道交通工程关系民生大计,完全任由其无序竞争,势必造成无法预料的不良后果。因此,对供应轨道交通工程的搅拌站资质条件必须采取现场检查、综合评审等有力措施严加删选,只有通过评审,被确定合格供方资格的搅拌站才能向轨道交通工程供应混凝土。

根据贵阳轨道交通1号线土建施工招标文件中约定:"工程采用的商品混凝土、防水卷材、防水涂料及防水板作为甲控乙供材料,由专业公司按程序确定供货商并实施统一管理",贵阳市盟信城市轨道交通物资设备有限公司受贵阳轨道交通1号线施工单位委托作为甲控乙供商品混凝土、防水材料(防水卷材、防水涂料及防水板)的专业管理公司,为其提供市场信息收集、市场调研,供应商的报名条件、资质要求等技术需求服务,配合开展甲控乙供材料的招标工作,核对甲控乙供材料供货商及轨道公司计量计价、资金结算的资料。对甲控乙供材料进行供应保障服务并实施统一管理等服务,具体如下:

(1)甲控乙供材料专业管理公司为施工单位提供甲控乙供材料市场信息、市场调研,以及供应商的报名条件、资质要求等技术服务,协调提供甲控乙供材料的技术规格。

(2)甲控乙供材料专业管理公司督促供应商根据施工单位要求提供甲控乙供材料。

(3)甲控乙供材料专业管理公司及时跟踪、协调处理相关各方的争议和纠纷,保障工程的顺利进行

(4)甲控乙供材料专业管理公司核对施工单位与甲控乙供材料之间的计量计价及资金结算等资料。

(5)甲控乙供材料专业管理公司督促施工单位按与供应商的合同进行材料款的支付。

8)合同管理

土建工程合同管理主要体现在合同条款在现场的执行上。主要管理内容为:检查参建单位的合同履约情况,是否按照合同条款履行义务;审核土建工程现场符合性,尽量避免参建单位的工期延期和费用索赔。

9)信息管理

(1)及时向参建单位传达公司及部门相关文件及会议精神,组织监理、施工等参建单位集中传达和学习重要文件及会议精神,并汇报贯彻落实情况;如实反映工程中存在的各种问题,施工现场不能解决的问题,及时以电话和书面形式逐级反映,做到信息快速的上传下达。

(2)定期上报项目的土地和房屋征收及管线迁改进度情况,施工现场人员、设备、工程进展等情况。

(3)对于施工现场的突发情况按照市轨道公司相关管理办法及时、准确层层上报。

7.3 土建工程管理经验与总结

7.3.1 设置合理的现场代表管理模式，明确管理责任

土建工程管理实行分区现场代表负责制。从土建工程管理架构来看，各个区现场代表小组业务范围相对独立，同时工作总体又归口于土建工程部，这种管理模式能够清晰划清现场管理责任，又能及时解决管理过程中出现的共性问题，做到了既独立又统一。管线迁改组则根据其业务类型划分为燃气、自来水、强弱电等，配合各个区的现场代表小组的工作，及时解决现场存在问题，推动土建工程建设。

7.3.2 实行现场工作会议制度，快速推进项目建设

（1）由监理标段总监代表或总监授权的专业监理工程师组织项目部班子成员、各主要职能部门每日召开碰头会，必要时业主代表、总监参加。检查当日进度是否满足周计划要求，分析未完成施工计划原因，安排次日施工计划；检查各施工工序风险点控制情况并提出相关工作要求，明确监理部、项目部交接班人员及工作安排，明确次日安全质量控制要点。重点掌握并监控现场安全隐患及风险点；协商施工现场需要解决的其他问题，为监理例会和专题专项会议提供基础资料。

（2）各标段总监或总监代表组织项目部班子成员、各主要职能部门，总监代表、专业监理工程师，设计单位配合施工人员、第三方监测工程师，各标段业主现场代表每周固定时间召开一次监理例会（必要时邀请第三方测量单位、咨询等相关单位的人员参加）。监理部形成会议纪要下发各参会单位，同时上报土建工程部。会议主要解决上周问题落实情况、下一步采取何种措施，检查分析工程项目施工质量、安全、文明施工状况，针对存在的质量、安全、文明施工问题提出要求和改进措施，分析周计划完成情况、对未完成计划原因进行总结分析并采取具体落实措施，对下周施工计划进行具体安排，提出需要参会各方需要解决的问题。

（3）由土建工程部主管领导、业主代表或总监根据需要不定期召开专题会议。针对工程建设中需要协调的某一项或几项（专业）问题进行讨论，统一认识、提出解决问题的办法并形成意见、建议以及决定等。专题会议上暂时无法形成统一意见的议题或事项，由土建工程部提请市轨道公司领导协调解决。

7.3.3 实行土建工程考核制度，提高建设管理水平

土建工程考核主要针对施工单位和监理单位进行。对施工单位考核周期分为月度、季度和年度考核，对监理单位考核周期为季度和年度。市轨道公司编制了《城市轨道交通工程

考核管理办法》和《城市轨道交通工程考核管理细则》,针对施工单位和监理单位的履职情况和管理行为进行全方位、全过程的综合考核。根据考核结果对其进行综合排名,排名结果通报至集团公司。通过土建工程考核,能够督促施工单位和监理单位履行合同,有效提高建设管理水平。

7.3.4 加强施工总承包单位的管理,履行主体管理职责

1号线后通段采用施工总承包模式,到项目建设中后期,其管理力度不强、管理措施不够,不能对所属施工单位有效管理,特别是在项目竣工验收方面,各单位推进迟缓。应加强总包单位管理,利用总承包单位在管理层级中的主体作用和管理资源,要求总承包单位切实履行管理职责,不能只停留在以会议落实会议的层面,否则管理效果不佳。

7.3.5 支持监理单位管理工作,充分发挥监理作用

贵阳市轨道交通土建工程现场管理实行现场代表制。1号线现场监理单位工作过多依托于现场代表,不能有效发挥现场监理作用。下一步不仅要加强监理单位的管理,引进高素质的监理人员,同时对监理单位的工作需强有力的支持,充分发挥其在现场管理、监督的作用,做到"小业主、大社会"。

7.3.6 重视结构工程防水施工效果,保证运营安全

鉴于贵阳地区岩溶发育、地下水丰富等特点,一是要严格要求施工单位保质保量完成初期支护完成后围岩注浆工作,确保二次衬砌施作前初期支护表面达到无渗水、无湿渍要求;二是加强混凝土供应商管理工作,确保关键结构混凝土浇筑时混凝土供应能够满足现场要求,尽量避免施工冷缝出现,保证衬砌结构的防水作用。

7.3.7 加强接口工作管理,避免不必要返工现象

1号线后通段机电工程进场后,发现设计图纸中各专业图纸不对应,接口不清晰,造成土建施工单位和机电施工单位工作不能对应的现象,严重影响土建工程移交和机电工程施工。出现此类问题:一是设计单位各专业对接不充分,二是施工单位技术人员未能充分理解设计意图,三是监理报验检查不细致。为避免以后再出现类似现象,在以后的管理工作中,要求总体设计单位充分发挥其沟通、协调作用,加强各专业的对接,避免出现设计质量问题。同时,施工单位技术人员加强学习,认真领会图纸意图,监理单位验收时把握好重点,对重点部位和已经发生过接口遗漏、错误的地方认真检查,土建业主代表和机电业主代表作好抽查。

第8章 机电工程管理

8.1 机电工程建设管理组织架构

机电工程建设管理业务贯穿于市轨道公司各部门、分（子）公司。市轨道公司总工办是公司机电设备系统技术总牵头部门，负责统筹线网各线路机电设备技术标准、审核重要方案、审查重大设计变更，参与机电设备全过程技术管理，技术上统筹协调各条线路之间的联系，以及建设运营间接口；建设分公司机电工程部是机电建设现场实施总牵头部门，负责技术标准相对成熟、与土建关系密切的常规机电设备（供电、轨道、主变电所、风、水、电、电梯、扶梯、屏蔽门/安全门、钢结构、声屏障、装饰装修等）技术管理和现场管理，对现场实施"地盘"管理，统筹协调工程建设现场接口。1号线机电工程项目管理中，各模块的人员相互配合，建立管理责任A/B角，形成了有效的工作管理机制；运营分公司前置参与机电设备工程管理，负责与运营使用密切相关的行车系统，车辆（含牵引）、车辆段及停车场工艺设备、通信、信号、综合监控、AFC、ACC等的技术管理和现场专业配合，并服从建设分公司现场管理，见图2-8-1。机电项目管理职能划分充分考虑了机电设备各专业的差异，以及机电设备涉及的各部门在各阶段工作重点的不同，既实现总公司层面的技术统筹、也解决了项目操作过程中的具体问题，还在提高建设实施阶段管理效率的同时降低建设、运营移交工作难度。

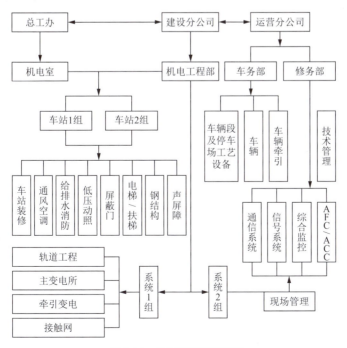

图2-8-1 机电工程管理框架图

贵阳轨道交通1号线机电工程管理中各部门职责如下：

（1）总工办下设机电室，主要负责工程初步设计及之前的前期工作，并在招标阶段负责组织审定各机电设备技术参数规格。

（2）运营分公司下设车务部，其牵头负责车辆、车辆牵引系统及车辆段、停车场工艺设备，另下设了修务部，负责通信、信号、综合监控、自动售检票系统及清分系统等弱电系统的技术管理及进场施工前的各类前期工作；

（3）建设分公司下设机电工程部，其中设置了车站1组及车站2组，主要负责车站装修以及车站及区间风、水、电、屏蔽门、电梯、扶梯、钢结构及声屏障等机电设备安装管理工作；设置系统1组，主要负责关于轨道、牵引变电、接触网、主变电所及疏散平台等机电系统设备的建设管理工作；设置系统2组，主要负责通信、信号、综合监控、自动售检票系统及清分系统的现场管理工作。机电工程部作为机电工程现场实施管理的部门，主要职责有：

①配合总工办完成初步设计及之前机电设备技术管理工作。

②负责初步设计之后的常规机电设备（供电、轨道、主变电所、风、水、电、电梯、扶梯、屏蔽门/安全门、钢结构、声屏障、装饰装修等）选型、采购工作。包括配合合约法规部制订招标方案及招标计划，根据合约法规部制订的招标方案及计划编制、审查用户需求书，由总工办审定后提交合约法规部组织招标。

③负责初步设计之后的常规机电设备的设计管理工作，包括图纸审查、技术交底及现场技术处理，以及常规机电设备Ⅲ、Ⅳ类设计变更管理工作。

④负责常规机电设备招标完成后的合同技术谈判、设计联络、生产制造、出厂验收等技术管理工作。

⑤负责常规机电设备招标完成后的现场实施工作。包括设备安装、单机（或系统）调试等。

⑥负责运营分公司实施技术管理的行车系统设备［车辆（含牵引）、车辆段及停车场工艺设备、通信、信号、综合监控、自动售检票系统（AFC）、轨道交通清分系统（ACC）等］的现场管理工作；配合运营分公司完成行车系统的系统调试（含动车调试）及机电设备综合联调工作。

⑦配合总工办完成机电设备科研项目的立项、鉴定以及申报工作，以及机电设备新技术、新材料、新工艺与新设备等四新技术的推广应用工作。

8.2　机电工程建设管理主要内容

机电工程项目共涉及50余个标段合同，其中监理及咨询，涵盖甲供设备监造、轨道工程监理、车站装修及设备安装监理、强弱电系统监理、车辆段/停车场施工监理及人防工程监理等；设备材料采购集成，涵盖车辆、车辆段工艺设备、通信设备、信号设备、综合监控设备、自动售检票设备、自动电扶梯、风机风阀、多联机、消声器、声屏障等多种机电设备采购、集成；系统及机电设备安装总承包，涵盖主变电所、供电系统、轨道工程、车站装修及机电安装、车辆段、停车场及钢结构等。机电工程建设管理依照合同进行,各标段合同设对应的业主代表负责执行。1号线机电工程建设管理主要内容有前期协调管理、属地管理、轨行区管理、设备材料管理、接口管理、设备单机调试管理、系统综合联调管理、"三权"移交管理等,以下分别从各管理环节的主要内容、方法、步骤或经验分享等进行阐述。

8.2.1 前期协调管理

1)合同谈判

机电工程项目合同谈判工作组设商务组和技术组。商务组牵头部门为总公司合约法规部,主要对合同中商务、价格、支付、财税和保险、侵权与保密、合同变更、中止、终止等相关商务条款进行谈判,同时负责项目谈判的对外组织协调联络工作。技术组牵头部门为建设分公司,主要对合同中相关技术内容负责,主要对合同中技术条款、设备参数、售后服务、工程实施等相关内容进行谈判。

2)设计联络

机电设备设计联络由建设分公司组织召开,设计单位技术负责,咨询单位、监理单位、承包单位(总承包、集成、供货、施工等)等相关单位共同参与,开展项目实施及产品深化设计的多方确认过程。设计联络工作主要是对设备功能确认、系统方案优化与深化,完成设备生产及试验技术文件、图纸及接口要求。还应明施工设计相关的设备参数,确定设备生产、供货、安装、调试、验收的内容及计划等。设计联络的主要工作在设备投产和安装图设计开始前完成。

(1)第一次设计联络工作内容包括:设计单位向承包单位交底,供货合同技术条款的进一步澄清及深化,相关供货商的接口协议和接口计划,设备功能的确认等。本阶段设计联络的成果应使供货商具备全面进行产品设计的条件。

(2)第二次设计联络工作内容包括:确认相关供货商的接口文件、确认技术规范书,确认产品制造设计文件(图纸)、确认开展安装图设计所需的技术资料、确认样机制造、设备及材料出厂验收、设备材料供货计划、审核典型区域的设备安装图纸等。本阶段设计联络的成果应使供货商具备开始生产的条件,使设计单位具备开展施工图设计的条件。

(3)第三次设计联络工作内容包括:确认出厂验收大纲,确认调试大纲,确认培训计划及内容,确认安装督导计划等。本阶段设计联络应基本完成设计联络总体计划规定的各项工作,并达到设备出厂验收、安装、调试等项目实施条件。

3)场地移交

机电工程进场时,为了避免在场地移交过程中因移交标准不同等而产生的各种纠纷,影响后续工程施工,须组织土建及机电施工单位进行场地移交,场地移交工作的好坏直接影响后续工程施工质量。场地移交时车站实体及区间、铺轨基地、车辆段下部工程需满足设计要求和合同要求达到移交标准,且根据工程需要可对车站实体及区间、铺轨基地、车辆段下部工程进行边施工边验收边移交的工作。场地移交工作一般由轨道公司建设分公司质量安全部负责人主持,原则上由土建工程部组织的土建参建单位向机电工程部组织的各参建单位进行交接。

移交前移交双方对需要进行移交的内容进行预验,土建承包单位将孔洞、预埋件、施工场地等相关资料交给即将进场的轨道、车站、车辆段施工单位。轨道、车站、车辆段施工单位在两周内按照移交检查表的要求组织检查并将结果反馈给土建承包单位,土建承包单位根据反馈的检查情况对需要进行整改的在移交前整改完毕。

原则上车站实体及区间、铺轨基地、车辆段是按一次性完全移交完成的。车站实体及区间、铺轨基地、车辆段下部工程全部完成施工和验收,工完场清。但如确实因工期安排的需要,也可实行分期移交,但必须满足移交标准。由组长主持移交工作,移交管理的土建工程部组织移交双方的施工承包单位、总监及接收管理的机电工程部参加,土建承包单位向即将进场的轨道、车站、车辆段承包单位、总监如实介绍该工程完成情况和现状,土建施工监理单位应做好会议纪要并发文分送有关各方备案。同时由组长主持移交车站实体及区间的相关文件、资料和图片等。

8.2.2　属地管理

建设阶段属地划分以车站、主所、段场为单位。每个车站、主所、段场为一个独立的属地管理范围。跟随土建单位的移交,属地管理权一并由土建单位移交至车站、主所、段场主体机电工程施工单位,并由其行使属地管理权,统筹协调属地范围内的交叉施工管理。轨道交通1号线设备系统安装过程中的属地管理工作重难点如下。

(1)属地范围有限而施工专业繁多,交叉施工密集,现场安全防护、文明施工是属地管理的重中之重。为确保属地范围内的施工安全、高效地进行,一方面要求各专业与属地权属单位签署安全文明施工协议,另外要求属地权属单位加大现场施工巡查力度,确保各专业施工做到文明、有序。

(2)属地范围内各专业成品、半成品众多。为确保成品、半成品不被交叉施工破坏,一是要求属地权属单位做好属地范围内的功能区划分,暂未用于实体的成品、半成品码放整齐,并设置围护;二是要求各单位对已用于工程实体的成品采取防护、保护措施,三是要求属地权属单位加大属地巡视力度,过程中纠正不当的施工行为。

(3)属地范围内各专业施工接口众多,为确保各专业间的有序衔接,避免接口错误而造成返工。一是加强前期对接工作,提前梳理接口;二是加强过程监管、沟通工作,确保上道工序完成并确认接口后,再开始下道工序施工。

8.2.3　轨行区管理

轨行区调度管理重点如下:

(1)建设阶段轨行区的形成是跟随土建单位移交作业面的进展而变化的。土建移交一般为分段移交,且该阶段车站工程施工尚未结束,所形成的轨行区无法实现全封闭管理,结合土建进度及现场情况,在土建移交轨行区时,要求已移交地段与未移交地段分界处采取临时封闭措施,确保轨行区的管理可控。

(2)随着工程建设的进展,轨行区施工交叉作业频繁,行车作业密度大,存在较大的交叉施工安全隐患。对此,轨行区联合调度办公室根据各单位提报的计划,精心组织、合理安排、统筹兼顾,同时加大轨行区安全巡检力度,落实现场安全防护措施,确保轨行区交叉施工作业平稳、高效、安全进行。

(3)轨行区环网电缆、接触网带电后,轨行区联合调度办公室统筹轨道工程施工单位调度室及供电系统"临管"调度办公室,综合考虑各种安全风险,并要求施工单位制订安全防范方案,确保轨行区施工安全。

(4)轨行区属线性性质,沿线进出轨行区的站点较多,根据各专业的施工进展与需要,进出的站点无法固定,为确保进出轨行区作业人员可控,轨行区联合调度办公室统筹轨道工程施工单位调度室与属地管理单位相互协作,互通有无,保证轨行区管理与属地管理的协调统一。

8.2.4 设备材料管理

施工材料具体划分为甲供设备(含材料)、甲控乙供材料、乙供材料三种。

1)甲供设备

甲供设备是为把控重要设备的质量而由贵阳市城市轨道有限公司自行招标采购,且专门为其配备监造单位,对甲供设备进行管控。

(1)为保证甲供设备满足贵阳轨道交通1号线的建设需求,对甲供设备进行样机验收确认性能满足设计需求。

(2)甲供设备批量生产完成后对甲供设备进行出厂验收,核实质量是否达到出厂要求。

(3)甲供设备到达现场后由施工单位进行开箱检查,检查数量、规格、出厂证明、合格证书、随机文件等。确认甲供设备在运输过程中无损坏。

通过以上3点可以做到对甲供设备的控制。

2)甲控乙供材料

甲控乙供材料指市场上质量参差不齐,价格变化幅度大,须严格控制。而由市轨道公司在部分材料中选定几个品牌,由施工单位在选定品牌中进行选购的材料。

(1)要求施工单位按照合同的规定首先进行材料选样报审,样品质量和质量证明文件符合招标文件的规定并经业主同意时才允许采购。

(2)进场时施工单位须按照规范要求进行复验,监理单位对其进行见证取样送检。所有检测检验结果均合格,符合规范规定和招标文件的相关技术要求,方能使用。

3)乙供材料

乙供材料指在合同中明确材料相关技术要求,未明确材料品牌厂家,由施工单位自行采购的材料。

（1）要求施工单位按照合同的规定首先进行材料选样报审,样品质量和质量证明文件符合招标文件的规定并经业主同意时才允许采购。

（2）材料进场后要求施工单位首先进行自检,合格后报监理单位进行验收,专业监理工程师按照相关合同及规范要求验收合格后予以签认,才允许使用。

8.2.5 接口管理

在设备系统安装过程中,各专业项目之间需要进行相互协调、密切配合,以保证满足地铁的各项设计要求,充分发挥地铁的全部功能。各专业之间的协调和匹配问题称为技术接口问题。地铁工程的接口按照管辖范围可分为内部和外部两部分,内部接口指由地铁建设单位管辖内的专业及单位之间的各类接口;外部接口指地铁建设单位与其他单位的接口。

1）土建单位与机电单位的接口

以属地管理单位作为牵头方,由土建施工阶段的属地管理单位向机电安装阶段的属地管理单位进行移交,同时在移交时做好移交表格,对土建施工缺陷影响机电设备安装的遗留问题做好记录,并限期整改。

2）车站机电设备安装之间的接口

以车站机电设备安装单位统筹车站设备安装。由车站设备监造和车站施工监理组织风水电设备供货单位向机电设备安装单位进行安装交底,并保存交底资料。

3）车站装修的接口

由施工监理组织,电扶梯、屏蔽门等车站大型设备施工单位对车站装修单位进行相关施工接口交底,并保存交底资料。

在施工期间,装修收口是一个涉及面广、细致复杂的工作,需由车站施工监理单位定期组织车站各施工单位召开属地例会,对装修接口问题进行具体分析。

4）外部接口

机电工程建设涉及与市政、交通、自来水、煤气、公安、通信、供电等接口,轨道公司建立了与这些政府相关部门的有效沟通机制,在外部协调方面较为畅通。

8.2.6 设备单机调试管理

车站设备单机调试工作,是在设备安装、接线、通电完成后进行的,可以检验设备是否达到设计标准及合同规定的各项性能指标,是验证车站设备单体功能的关键工作,确定设备的最佳性能,为城市轨道交通的顺利开通和安全运行奠定坚实的基础。

为确保车站各类设备调试顺利开展,成立了车站设备单机调试组织机构,负责筹备、组织、协调、管理、实施单机调试过程中的各项工作。单机调试工作由监造单位牵头,建设分公司机电工程部配合,对设计、施工、监理、供货等参调单位进行管理。单机调试现场实施时,监造单位负责人牵头组织供货单位、施工单位进行操作。单机调试管理工作主要分为以下几点:

(1)编制、审查单机调试方案及计划,组织相关单位实施单机调试各项工作,协调各参调人员参与单机调试,配置调试资源。

(2)定期组织召开单机调试工作例会,按需召开临时会议,及时协调解决单调中发现的各种问题。

(3)制订单机调试相关管理办法及细则,根据相关办法对所管理的单调参与单位进行考核。

(4)采取单机调试项目的日调度和管理,有序有效的利用监理单位及监造单位监督检查单机调试质量。

(5)收集、更新单机调试的相关报表数据,跟踪各设备单机调试进度,按期提报相关报表和周报。

8.2.7 系统综合联调管理

综合联调是城市轨道交通工程建设阶段向运营阶段有序过度的关键环节,是实现城市轨道交通建设目标的重要措施,可以检验各系统是否达到设计标准以及合同规定的各项性能指标,确定全系统的最佳匹配,为城市轨道交通的顺利开通和良好运营奠定坚实的基础。综合联调由两部分工作组成,第一部分为系统综合联调,第二部分为正线动车调试。

1)系统综合联调

系统综合联调由联调服务商牵头,建设公司配合管理,设计单位、施工单位、设备供应单位、监理单位共同成立的综合联调组织机构。各单位参加综合联调的相关会议,实施各调试项目。联调服务商负责在综合联调领导组的领导下主导综合联调的各项工作,主导综合联调的具体实施,对综合联调工作进行统一指挥和管理,负责相关协调及跟进工作,参加各联调项目执行组组织的准备会及总结会等。

(1)方案培训

在联调实施前,联调调度指挥组组织综合联调方案的培训工作,培训的主要内容包括:综合联调的总体要求,包括方案编制、项目启动、现场实施、过程记录、资料整理、总结评估等流程的要求,各实施项目的调试内容、实施步骤、人员分工、安全事项等。

(2)项目启动

在联调项目实施前两天,各单位向综合联调项目小组汇报前提条件,监理单位核实,若基本具备联调条件,按计划进行,对不具备条线的系统做好记录并制订补测计划。若不具备联调条件,专业组向综合联调调度指挥组汇报,调整计划。在联调项目开始前,综合联调项目小组组织各参与单位召开项目启动会,落实调试的启动时间、具体安排、人员配备、工器具准备等。

启动会议完成后,经联调调度指挥组确认,由联调调度指挥组发布各项目启动令。

(3)调试现场组织

①各调试单位按时到场签到,执行组长组织全体调试参与人员召开调试前准备会,明确调试内容、做好分工安排、重申安全注意事项、约定指令传达要求。

②汇报设备状态。各小组人员抵达岗位,向执行组长(或现场负责人)汇报设备状态是否可以启动联调。

③发布调试开始指令。收到各小组人员各相关设备满足调试条件的汇报后,执行组长发布开始联调的指令。

④设备调试。根据实施方案规定的调试内容与步骤,执行组长(或现场负责人)指挥各岗位人员开展调试工作,各岗位人员按照执行组长的指令操作设备、汇报设备状态。

⑤过程及结果记录。执行组长或其指定人员按调试步骤逐步填写调试记录表,记录调试过程与结果。

⑥每日调试结束后,执行组长组织各参与单位代表召开调试小结会。一是梳理本日调试过程中的主要问题:确定责任单位、整改措施与时限,填写调试评估表,各方签字确认。二是明确次日具体调试内容。

(4)调试记录

为有效地跟踪调试质量、把控调试进度、评估调试成果,在调试过程中及每天调试结束后,需要填写各类调试记录表格,主要有调试记录表、综合联调评估表、问题汇总表等。

2)正线动车调试

动车调试工作是在1号线土建、设备、装修施工过程中,在具备了电客车上线运行的基本条件后,组织电客车上线运行,检验限界、轨道、接触网、调试电客车及与电客车有关或需要运行电客车调试的信号、通信、供电、安全门等设备系统,检验和调试在线路上进行。

在此期间,因1号线为贵阳市的第一条线,市轨道公司根据动车调试需要,专门设了一个动车调试服务标段,具体动车调试服务工作由该动调服务商负责。1号线动车调试期间,建立了一套完善的车辆调试管理体系,将车辆调试区域封闭管理,将封闭范围内各种施工、调试纳入管理系统,统一调度指挥,保证车辆调试安全、有序开展,统一协调组织边调试边施工工作,降低剩余施工及调试的相互影响。

(1)建立车辆调试组织管理体系

市轨道公司根据需求对动调服务商进行招标,负责全线车辆动车调试进行管理。中标的动调服务商项目经理部内,下设车场调度岗、行车调度岗、供电调度岗、计划调度岗、安保调度岗,组成车辆调试指挥中心。综合分配时间和空间资源,为车辆调试提供安全、可靠、高效的试验环境。

(2)车辆调试调度管理

①车辆调试指挥中心设置总调度长岗位,负责协调5个调度岗工作。

②车场调度负责车辆调试期间的作业(登车作业、登顶作业、接触网断送电、静调柜断送电等)审批、车辆段及停车场进路办理、调度指挥,安排车辆转轨、试车线调试等。

③行车调度负责车辆调试期间正线的进路办理、调度指挥及施工组织,安排车辆正线调试。

④电力调度负责主变电所电力调度、行车调度等与正线牵引供电系统电力调度之间的工作衔接,确保正线车辆调试期间供电系统正常停送电。

⑤计划调度负责服务期间统筹安排封闭范围内的调试和施工。

⑥安保调度负责安排线路封闭;按照计划调度的安排,对封闭区车辆调试、施工进行管理。

⑦随车调度员车辆调试期间与指挥中心行车调度保持联系,随车调度须满足车辆调试具体工作需要。

8.2.8 验交管理

轨道交通工程验收是对建设过程、建设成果的全面考核与检验,是验证工程实体投入使用的关键环节。为加强对验收工作的管理,保障轨道交通"三权"移交工作的顺利开展,实现建设、运营"三权"移交接管工作平稳有序,验交委全面负责贵阳轨道交通1号线工程的验收移交工作。根据建筑工程国家相关验收管理办法及要求,验交委牵头制订了《贵阳市城市轨道交通有限公司建设工程首件工程验收管理办法》《贵阳市城市轨道交通有限公司建设工程质量验收管理办法》《贵阳市城市轨道交通有限公司建设工程质量验收细则》《贵阳市城市轨道交通有限公司"三权"移交管理办法》《贵阳轨道交通1号线工程"三权"接管工作实施方案》等管理办法,全面指导贵阳轨道交通1号线工程验收移交工作。

1)设备系统首件工程验收

为切实保证工程质量,加强建设过程管理,规范作业人员的质量意识和行为,从源头上确保工程量目标的实现,验交委根据各单位工程分部工程划分情况制订了首件工程验收清单,并明确了首件工程验收的质量要求。相关内容详见本篇"第11章 轨道交通工程验收管理"。

2)"三权"移交管理

"三权"移交是指建设阶段调度指挥权、设备使用权、属地管理权移交至运营单位管理的过程,"三权"移交的平稳有序开展是确保轨道线路安全、有序开通运营的关键。为保证"三权"移交工作的顺利开展,贵阳市城市轨道交通有限公司建设分公司根据公司"三权"移交管理办法制订了《贵阳轨道交通1号线工程"三权"接管工作实施方案》,明确并细化"三权"移交阶段各单位的分工与职责。

(1)"三权"移交交接制度

①会议制度。

验交委根据实际交接情况不定期召开工作会,听取移交和接管工作执行情况,协调解决存在的问题。各专业交接组根据具体情况自行召开交接工作例会,制订交接计划、方案,对交接进展情况进行汇报、总结、分析,并向验交委反馈。

②文件管理制度。

交接双方应确保有关交接文件、资料的真实、完整、准确、有效,做好交接签收手续并存档。交接过程中形成的方案计划、决策文件、会议纪要、备忘录等文件由交接双方妥善保管并及时报送验交委。

(2)"三权"移交内容

"三权"内容主要包括工程实体、设备设施、工程档案、备品备件、属地管理权、调度指挥权、设备使用权等。

结合《贵阳轨道交通 1 号线工程"三权"接管工作实施方案》,验交委完成了贵阳轨道交通 1 号线工程金阳车辆段、小河停车场、控制中心、朱家湾主变电所、火车站主变电所、轨行区、全线全部车站及附属设施的"三权"移交工作,顺利实现了建设阶段调度指挥权、设备使用权、属地管理权向运营单位的平稳过渡。

8.3 机电建设管理经验与总结

2015 年,朱家湾主变电所进场施工,1 号线机电工程建设宣告开场,经过近三年的努力,1 号线终于如期开通。现将机电工程建设管理过程中的有关经验分享如下。

8.3.1 进行合理的机电标段策划,减少后期建设管理难度

机电工程专业多,各种设计接口、施工接口均比较复杂,对后期建设管理影响较大,在工程招标前期,应重视标段策划工作。有些机电设备系统通常在选定设备后才能进行系统的设计工作(如信号系统),从设计方面来说,及早完成设备的招标工作有助于推动施工图设计工作的开展。有些机电设备系统招标周期长,如车辆(含牵引)、信号、车辆段工艺等国际招标的设备,需经过国家发改委、商务部等部门的审批,流程环节不可控因素较多,设备招标存在周期长、不可控因素多、风险较大的特点,从招标方面来说,及早开展标段策划有利于设备的招标工作。总结轨道交通 1 号线机电工程建设管理经验,进行机电标段策划应注意以下几个方面的工作。

(1)通盘考虑,全面策划,保证标段划分和招标策划的全面性、可执行性和相对稳定性。

(2)充分考虑市轨道公司管理构架、对招投标工作的要求以及公司的管理资源,以达到"行为规范下高效"的目的。

(3)尽可能体现"部分项目推行集成总包、形成规模、提高效率、压缩管理层级、减少管理接口及全线技术标准尽可能统一"的基本原则。

（4）应充分考虑轨道交通建设的现状以及潜在投标人的资源,保证能够满足法规规定,提高开评标效率,完成工期目标要求。

（5）所有地铁设备材料的采购及安装(包含在车站设备和装修合同并由承包商购买的设备材料除外),均应包含在招标策划中,统一计划,分步实施;未包含的设备、材料和安装要明确该为"乙供"或是"甲控乙供",提前筹划。

（6）尽量将设备标段有目的合并,减少分批、分散采购给招标工作增加的工作量,减少对工程实施带来的影响。有条件的设备或系统尽量采用集成的方式。

（7）要综合考虑国内生产厂家的生产能力、产品类型,保证有足够的投标人参与投标,并保证中标人有能力按时依合同规定生产并供货。

（8）对于车辆、信号等标段,以及潜在投标人数量可能不足需要国家审批的标段,招标时间安排要充分,为各项审批留有足够的时间,并对招标过程中可能发生的情况有预见性安排。

（9）对于一些社会生产厂家繁多、产品质量良莠不齐、产品档次差别悬殊、难以控制质量的设备纳入采购标段,以控制产品的供货途径。

（10）对于通信、信号专业的投标人需有专业安装施工资质要求的设备,其采购和安装建议合为一个标段,以便于公司管理。接触网工程主要是安装标,投标人要求有施工资质。

8.3.2　建立齐全、完整的机电管理制度,让后期建设管理工作有据可循

轨道交通1号线是贵阳市乃至贵州省的第一条城市轨道交通线路,机电建设管理经验欠缺。在成立机电业务管理部门时,机电业务部门编制了对业主代表、监理单位、供货商、施工单位及设计单位的管理及对应的管理办法,制订了一套完备的管理制度体系,有效地推动了整个机电工程项目管理工作。这些制度包括《车站实体、区间、铺轨基地、车辆段移交管理办法》《工期计划管理办法》《参建单位主要管理人员请销假制度》《供电系统"临管"阶段电力调度管理办法》《机电安装、装修阶段属地管理办法》《建设阶段轨行区管理办法》《供电系统送电管理办法》《设计联络管理办法》《机电设备系统出厂验收管理办法》《机电设备系统设备到货验收管理办法》等共计50余项管理办法。依托于这些管理办法,各业主代表在制度下行使管理权力,履行管理义务,让整个机电工程建设管理杂而不乱,有据可循。

8.3.3　严格执行奖惩措施,对参建单位进行履约考核

对施工单位、供货商、监理单位以及设计单位的管理是机电工程建设管理的主要工作,在1号线的机电建设管理中,各参建单位尤其是施工单位的施工管理水平参差不齐,必须依托有效的奖惩考核措施,对参建单位进行履约考核,通过考核、奖惩的方法,规范了贵阳轨道

交通工程建设管理,同时可以更好地督促工程项目施工单位、监理单位认真履行合同,加强对工程项目安全、质量、进度和文明施工管理等工作的监督,稳步提升贵阳轨道交通的建设管理水平。1号线机电单位陆续进场后,通常由建设分公司牵头,总公司质量安全部、总工办、行政办公室、合约法规部、建设分公司机电工程部、质量安全部、造价成本部等部门派人参与,共同组成轨道公司联合考核小组。考核以每个施工标段和每个监理标段为评价单位,考核分月度考核、季度考核和年度考核。对施工单位采用月度考核、季度考核和年度考核相结合的办法进行;对监理单位采取季度考核和年度考核相结合方式。

月度考核结果在市轨道公司组织召开的月度生产例会中进行通报;季度考核结果在轨道公司组织召开的季度生产例会上进行通报,并将考核结果通报参建单位;月、季度考核结果以《贵阳市城市轨道交通建设工程质量安全奖惩办法》作为奖惩依据;月度考核排名连续两次或累计三次末位以及季度考核排名末位的单位,市轨道公司约谈该单位法人。

8.3.4　建立各种例会制度,有效推进机电工程进度

1号线机电建设管理工作中,绝大多数施工管理问题均通过会议形式得以解决。市轨道公司分管副总经理或总经理每月召开建设生产例会。总公司质量安全部、总工办、行政办公室、合约法规部、建设分公司、运营分公司及各参建单位主要负责人参会,协调解决建设分公司层面难以协调处理的重大问题;建设分公司每周召开1号线建设工作推进会,各部门、各参建单位负责人参会,协调解决机电工程部层面难以处理的接口问题;机电工程部每周召开部门例会,协调解决业主代表层面难以处理的现场问题;业主代表每周参加监理例会,协调解决监理单位现场难以协调的问题。此外,根据问题性质,由不同的业务部门不定期召开各类专题会议。通过这些例会,使得整个机电工程建设汇报渠道畅通,有效推进1号线机电工程建设进度。

8.3.5　建立业主代表定期现场巡查机制,要求业主代表工作留痕

机电工程各标段负责人(现场代表)在1号线的现场巡检过程中,除按照规定在监理例会上明确有关事项外,还执行了"整改通知单"制度,即要求各标段负责人对所发现的问题及时填写"整改通知单"。现场发现问题后立即填写具体问题及整改需求、时限,施工或监理标段相关负责人员签收。施工、监理单位在收到现场代表的整改通知单后,按照整改通知书要求进行整改,并在规定时间内向现场代表提交"整改回复单"对问题进行销项。要求现场代表留存"整改通知单"及"整改回复单",作为业主代表的重要工程档案,届时根据需要交部门存档。通过这样的管理方式,一是让现场代表做到工作留痕;二是督促参建单位及时完成现场问题;三是督促现场代表尽职尽责,共同推进机电建设工程进度。

8.3.6　适当介入土建施工管理，跟踪预留孔洞及预埋件落实情况

机电工程进场前，机电业主代表应组织轨道公司相关部门及相关参建单位对土建施工进度进行跟踪，牢牢掌握土建预留孔洞及预埋件的设计方案以及现场落实情况。否则，有些土建参建单位人员只关注土建主体结构，往往对机电预留孔洞及预埋件不够重视，最终造成漏开、错开孔洞，漏埋、错埋预埋件，这样对机电工程建设后期影响巨大，有的甚至不可挽回。例如车站扶梯预埋吊环漏做，后期将无法进行扶梯吊装，重新植筋非常麻烦；变电设备预留孔洞未留或错留，后期再次凿孔极其困难；桥梁接触网预留基础位置错误，很可能导致接触网无法安装，重新植筋浇筑基础将破坏桥梁结构，且影响设备安装稳定性。

8.3.7　重视成品保护工作，加大污染惩治力度

机电工程建设过程中，各个专业交叉施工较多，常常容易出现成品被损坏的问题。作为机电工程建设管理方，应出台成品保护的专项管理办法，并要求各家施工单位严格落实，最大限度杜绝或减少成品污染、破坏问题。例如接触网安装完成后，土建在进行隧道遗留问题整治时要对下方的接触网进行保护后方可施工，否则将造成设备污染、损伤，最后还没开通就更换设备，造成不必要的投资浪费。

8.3.8　关注渗漏水及积水问题，防止次生灾害

多数机电设备工程在进场施工初期，土建工程尚有部分遗留问题未整改完毕，渗漏水问题处理更是一个长期的过程。机电工程管理人员应要求土建工程管理人员督促参建单位建立渗漏水台账，必须在确保渗漏问题得以彻底解决后方可开展机电施工，否则后期返工将造成不可估量的经济损失。例如在渗水严重区段，若渗水问题未彻底处理完便开展道床浇筑及铺轨工作，后期将可能造成道床板下方水压过大从而将道床板往上顶裂、轨道参数变化大会造成不能行车的后果，后期返工整治起来将浪费大量的人力、物力、财力，同时制约建设工期。因此，无论业主、施工单位、监理单位及设计单位均要重视土建中各种渗漏水及积水问题，防止因渗漏水带来的次生灾害发生。

第 9 章 科研和创新管理

9.1 科研与创新的意义

在规划、建设、运营过程中遇到各种困难险阻,参建各方需不断摸索、论证,克服各种疑难杂症,解决工程实际难题,推动行业技术进步,同时培育中青年技术人才,为轨道建设储备高新人才,开展相关科研课题研究和技术创新意义重大。

9.2 科研与创新的管理机构

贵阳市城市轨道交通有限公司科研工作按照统一领导、统筹协调、分级负责的原则进行管理,制订科研项目管理办法,科研管理组织机构见图 2-9-1。

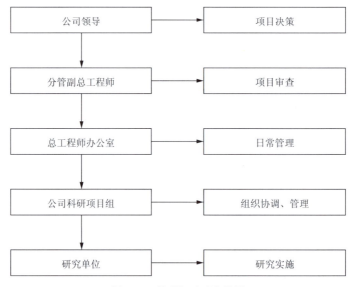

图 2-9-1 科研管理组织机构图

(1)公司领导统筹管理市轨道公司的科研工作,负责审定公司科研年度计划,审批科研年度预算,签批项目立项和验收意见。

(2)副总工程师负责其主管范围内科研项目的审查工作,对公司年度科研计划、年度科研预算、科研项目立项与验收等工作提出审查意见。

(3)总工办是公司科研归口和考核管理部门,负责科研的日常管理工作,主要职责如下:
①编制公司年度科研计划和年度科研预算。

②组织科研课题立项。
③会同合约法规部完成科研课题的招标、合同签订等工作。
④负责课题执行情况的监督、考核、评审工作,协调解决课题执行中出现的重大问题。
⑤建立科研课题经费台账,协助财务融资部管理科研经费。
⑥组织科研课题的验收、科研成果的鉴定申请及奖项申报。
⑦组织审定课题的保密级别,协助档案室开展科研课题归档资料的立卷审查。
⑧负责组织科研成果和"新技术、新材料、新工艺与新设备"的推广应用。

(4)贵阳市城市轨道交通有限公司科研项目组是公司参与科研项目研究的组员,主要由公司领导、各部门、物业(资源)开发总部、分(子)公司中与课题相关的人员组成,并设项目组长一名。其主要职责如下:

①项目组组长统筹,组织研究单位按照合同约定开展研究工作。
②项目组员可作为研究人员参与研究单位开展的相关研究工作。
③项目组在科研课题实施中为研究单位协调各种外部因素。
④项目组负责对科研项目的研究内容、进度、质量等方面进行日常监督和管理工作,并接受总工办对项目的监督、检查、考核。

(5)研究单位是科研项目的承担单位,负责科研项目的研究工作,是科研项目具体实施单位,其主要职责如下:

①按项目合同规定合理支配使用科研经费。
②负责项目的研究实施,严格按照合同约定完成项目的各项目标任务,并及时报告项目执行中出现的重大事项。
③报告项目进展情况,向总工办及时提交"项目半年执行情况报告书"和"项目年度执行情况报告书"。
④接受总工办对项目执行情况的监督、检查、考核。
⑤负责按需提交项目评审、验收和鉴定所需的有关材料,并确保所提供资料的真实性、准确性和完整性。
⑥按照合同约定对项目执行过程中产生的研究成果及知识产权采取相应保护措施。
⑦配合完成贵阳市轨道交通有限公司成果管理、奖项申报工作。
⑧配合贵阳市轨道交通有限公司行办档案管理室完成科研项目归档工作。

9.3　科研与创新的管理流程及方法

科研项目管理包括项目立项、项目实施、项目验收、项目推广应用、成果知识产权、归档等全过程的管理,同时对科研项目经费使用、进度、成果质量进行绩效考核。科研项目立项来源主要有定向申报、公开征集、日常申报三种形式。

9.3.1 项目立项

1）立项的范围

（1）轨道交通建设、运营、物业资源开发中的基础理论创新、经验总结等研究。

（2）轨道交通建设中重点、难点等关键技术的研究；轨道交通建设安全风险控制技术、管理体系研究；城市轨道交通运营管理体系研究；节约能源、环境保护治理技术的研究；物业资源开发模式创新、新经济方向、大数据产业以及经营管理体系等研究。

（3）项目实践中新设备、新技术、新工艺、新材料等创新性领域的研究；其他方面的应用研究等。

2）项目的来源

项目的来源分为定向申报、公开征集、日常申报。

（1）定向申报是指贵阳市轨道交通有限公司总工办根据上级下达的科研指令或贵阳市轨道交通有限公司发展规划、新线建设及运营中的重大问题与关键需求，通过调研、专家研讨、座谈会等方式，提出研究课题项目，并委托相关单位组织起草《贵阳市城市轨道交通有限公司科研项目建议书》（以下简称《项目建议书》）。

（2）公开征集是指贵阳市轨道交通有限公司总工办通过定期发布科研项目征集通知等方式，公开征集社会申报科研项目。贵阳市轨道交通有限公司各部门、物业（资源）开发总部、分（子）公司、各单位可根据建设、运营需求编写提交《项目建议书》以及其他相关材料，经汇总后报公司总工办。

（3）日常申报是指各部门、物业（资源）开发总部、分（子）公司、各单位根据轨道交通建设、运营、物业资源开发的需要，提出科研需求，编制《项目建议书》以及其他相关材料，明确项目研究建议，经汇总后报贵阳市城市轨道交通有限公司总工办。

3）项目立项流程

（1）贵阳市城市轨道交通有限公司总工办根据上级下达的科研指令或贵阳市城市轨道交通有限公司发展规划、新线建设及运营中的重大问题与关键需求，发布科研项目的征集通知；公司各部门、参建各单位以及社会科研机构申报项目建议书，总工办组织申报项目的初步筛选，必要时组织专家咨询。

（2）经贵阳市城市轨道交通有限公司总工办筛选后的科研项目，报分管副总工程师审查，提出审查意见，通过审查后报主管领导审定。

（3）由贵阳市城市轨道交通有限公司主管领导审定后的科研项目报公司党政联席会通过后组织实施。

科研项目立项流程见图2-9-2。

第9章 科研和创新管理

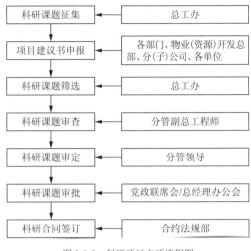

图 2-9-2 科研项目立项流程图

9.3.2 实施管理

项目的实施管理主要按照开题论证、中间成果审查、最终成果验收三阶段实施管理,过程中主要管理措施有:

(1)在合同年内采用提交"项目半年执行情况报告书"和"项目年度执行情况报告书"进行进度、质量控制。

(2)项目取得重大突破进展、遭遇不可抗力因素或者发生其他可能影响《科研项目合同》按期完成的重大事件,研究单位应当及时向贵阳市城市轨道交通有限公司总工办提交报告,经总工办确定处理意见后执行。

(3)出现下列情况之一时,经贵阳市城市轨道交通有限公司党政联席会/总经理办公会批准,项目予以调整或撤销:

①已出现与研究项目基本相同的产品或技术,并且易于获得该产品或技术,项目已没有继续研究的必要。

②项目的研究条件(人员、资金、试验条件等)发生重大变化,难以满足项目继续开展的需要。

③结合设计、施工开展的项目,所依托工程终止或设计变更,项目已没有继续开展的条件。

④组织管理不力或其他原因使项目无法正常进行或预期目标不能实现的。

9.3.3 项目验收、成果应用

科研项目研究成果验收一般需通过中间成果审查和最终成果验收两个阶段。由市轨道公司出资研究经费不超过50万元且科研项目技术路线较为简单的科研项目,可直接进行最终成果验收。项目验收由总工办组织,验收通过后,下达"贵阳市城市轨道交通有限公司科研项目完成确认书",其中项目验收需提供文件如下:

(1)项目建议书、开题报告、中间报告、研究报告、工作报告、试验报告。

(2)项目合同书。

(3)设计与工艺图表,质量标准。

(4)国内外同类技术的背景材料和对比分析报告。

(5)国家认定机构出具的检测分析报告。

(6)用户使用报告。

(7)经济效益、社会效益分析报告及证明材料。

(8)查新检索报告。

(9)图片、照片、录像等资料。

(10)完成单位及完成人名单。

项目所产生的成果(包括中间成果)及其形成的知识产权原则上归贵阳市轨道交通有限公司所有,轨道公司有自主决定实施、许可他人实施、转让、作价入股等的权利,研究单位对研究成果及其形成的知识产权的归属及利益分享由合同各方在订立合同时约定。当转让项目研究成果知识产权时,成果完成人享有同等条件下优先受让权。

9.4 重大科研成果简介

针对贵阳轨道交通1号线的特点和难点,开展相关课题和专题研究攻关,为贵阳喀斯特岩溶地质地下水与溶洞等恶劣条件下轨道交通工程施工寻找新思路、新方法,为成功解决国内轨道交通施工的类似问题提出新途径,确保贵阳轨道交通各条线路建设的有序推进。

1)科学研究,克服长大连续坡道关键技术

贵阳轨道交通1号线从观山湖区到主城区落差220m,其中贵阳北站到安云路站区间,该区间直线距离3.7km,落差161m,自然坡度达54‰,展线后长度7.6km,最大纵坡28‰,导致该段线路长度、高落差,形成连续长大坡道特点。开展"山地城市轨道交通长大连续坡道安全运营""山地城市轨道交通长大连续坡道轨道稳定性"研究,保障运营安全,同时因地制宜,开展"山地城市轨道交通长大连续坡道再生制动能量吸收技术""山地城市轨道交通长大连续坡道上下行接触网并联"的研究,既能大量节省运营电费,又能保证供电的高可靠性。通过对长大连续坡道关键技术一系列课题的研究,向贵州省科技厅成功申报"山地城市轨道交通长大连续坡道关键技术研究",组织设计单位、高校、施工单位进行系统性科学研究,为1号线乃至贵阳其他线路长大坡道提供有力的技术支撑。

2)开拓创新,改进创新施工工艺、工法

贵阳市地质条件复杂,岩溶极其发育,1号线中心城区段沿线建(构)筑物密集、地下管线繁多,大部分区间隧道不能采用爆破法开挖,而采用传统的冷开方式效率较低,工期无法保证,为提高工效,确保施工安全,市轨道公司组织参建各方反复研究,并经过专家论证后,并开展"岩质地层城市轨道交通隧道悬臂掘进机适应性及施工关键技术"科研课题研究,将煤矿行业常采用悬臂式隧道掘进机第一次引入城市轨道交通行业。对悬臂式掘进机在贵阳轨道交通1号线中适应性、截割、装载、自行走及喷雾除尘的联合机组设备配置进行深入研究,在1号线的部分标段采用悬臂掘进机施工,减少了施工对侧穿高层建筑,下穿市政道路、河流、桥梁、铁路、火车站等的影响。该工艺较其他冷开方式掘进速度更快,机械化程度更高,对周边环境影响更小,同时,提高了紧急事故应变能力和安全生产可靠度。

轨道交通1号线还采用了咬合桩全回转套管成孔设备、成孔检测仪以及瑞雷波检测技术、桩基托换、建筑信息模型(BIM)+互联网等一系列的新工艺新技术的应用,有效应对了贵阳特殊的建设环境。

3)因地制宜,探索岩溶勘察新手段、新思路

贵阳作为典型的喀斯特地貌山地城市,地形起伏大,溶丘、洼地、槽谷等多样地貌构成全市地理的显著特征,轨道交通线路所经区域多处于岩溶发育或强发育地段;多溶洞,多断层,岩面起伏大,区域地下水丰富等极为复杂的工程地质条件,造成轨道交通工程地质勘察难度较大。轨道交通线路多穿越老城区,线路周边建构筑物密集,地面交通繁忙,地下管线错综复杂,诸多不确定地质因素的影响,使得勘察工作非常困难。目前国内现行的勘察规范在针对岩溶地区城市轨道交通工程勘察方面尚没有具体明确的勘察技术指导标准。

针对轨道交通工程勘察工作任务重,当前勘察手段还不能完全有效探明地质情况的现状,面对岩溶发育、地下水丰富、区域地质变化大的复杂情况,我们通过采取综合勘察手段外,探索了一些新手段、新思路,来保障勘察成果的准确性:

首先通过施工期间采用动态地表探测,探明轨道交通沿线管控区内隐伏性岩溶、既有及次生土洞等不良地质现象,查明地下水赋存、径流、水量状况,查清管控区内自来水、雨水、污水管网破损渗漏等情况,做到提前发现安全隐患并及时处置。

其次启动《贵州城市轨道交通岩土工程勘察规范》的编制,贵州地区属于典型喀斯特地质地貌,岩溶场地广布,地质条件特殊,但为增强对轨道交通工程勘察工作的指导作用,规范贵州城市轨道交通工程勘察作业,为完善贵州勘察设计行业技术标准体系打下基础。

4)形成的主要科技成果

贵阳轨道交通1号线是贵州省第一条城市轨道交通线路,由于其独特的地形地貌、工程地质及水文地质条件和复杂的周边环境,相关单位共开展多个课题研究和专题研究,共开展15个课题研究,形成4个工法,出版专著1本,编写规程1本,申请8个发明专利(已授权2个),申请9个实用新型专利(已授权4个),获得2个软件著作权。

9.5 经验与总结

在贵阳轨道交通 1 号线科研项目启动以来,虽然科研项目在有序推进,但在实际的科研管理过程中,仍然存在很多不足,随着新形势下科技兴企战略的实施,提升企业的核心技术,有效解决工程实际问题,应高度重视科研工作的发展,做好科研的管理工作。目前在科研项目的实施过程中,主要存在的问题如下:

(1)贵阳市城市轨道交通有限公司员工参与科研的积极性不高,群众基础薄弱,这对公司能否高效开展科研项目影响较大。

(2)科研管理中相关激励机制不完善。

针对科研管理过程存在的相关问题,贵阳市轨道交通有限公司对科研项目管理办法进行修订,将原科研项目的主办部门改为公司科研项目组,由原来的批办填鸭式改为主动参与式,促使参与科研项目的人员更加积极主动;同时增加相应的考核制度,建立有效地激励机制,既可以充分调动科研人员和管理人员的积极性,又可以促进科研的成果突破。

第 10 章　工程档案管理

10.1　工程档案管理概况

轨道交通作为缓解贵阳城市交通压力首选建设项目,得到贵阳市委市政府的高度重视,项目投入年年增加,规模逐步扩大,因而产生了大量的项目建设档案。这些档案是维护轨道交通正常运行的宝贵信息资源。贵阳市城市轨道交通有限公司高度重视在项目管理过程中前期准备、施工、监理、竣工验收等各项文件资料的形成、积累、归档工作,全程参与轨道交通工程档案工作的监督、检查和各阶段的指导。严格执行档案工作集中统一管理机制,将档案工作纳入轨道交通建设管理程序,切实把轨道交通工程档案工作作为对人民负责、对历史负责的大事来抓。实现了轨道交通建设过程全记录、档案工作全覆盖、全监控和档案管理责任全追溯的档案工作管理模式。

10.1.1　档案管理工作组织保障

(1)成立了由市轨道公司党委书记、董事长、总经理为组长,党委委员、副总经理为常务副组长、班子成员和相关部门负责人组成的轨道交通工程档案管理工作领导小组,统筹管理轨道交通工程档案工作。

(2)建立健全轨道交通工程档案工作人员网络体系,见图2-10-1。建立了覆盖各参建单位的项目档案工作网络,公司行政办公室下设档案室,配备专职档案管理人员,负责全线项目档案的监督、检查、指导;各部门、分(子)公司均有兼职档案工作人员,负责收集本部门产生的项目档案,并配合公司档案室开展项目档案的监管;各参建单位项目部设有专职资料管理人员,负责日常工程资料的收集、整理、移交工作。

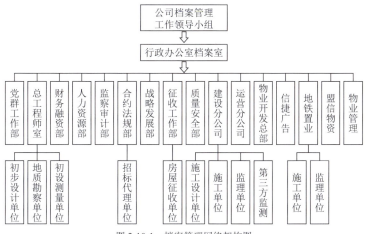

图 2-10-1　档案管理网络架构图

（3）为确保档案资料与实体工程同步验收，公司专门成立了工程档案管理考核小组，制订档案考核管理办法，由公司档案室牵头，相关部门配合，根据工程进度，每季度对项目参建单位工程资料收集管理情况进行考核，确保了项目档案的完整、准确。

10.1.2　工程档案的主要内容

轨道交通工程档案是指轨道交通工程新建、扩建、改建和技术改造项目在立项、审批、招投标、勘测、设计、施工、监理、监测、检测及竣工验收全过程中形成的文字、图表、声像等不同形式的历史记录。

1）工程准备阶段

轨道交通工程开工以前在立项、审批、招投标、勘测、设计及工程准备过程中形成的文件材料。

2）工程实施阶段

轨道交通工程施工（监理）准备、施工（监理）过程管理、第三方监（检）测量、第三方测量管理以及分部（子分部）、单位（子单位）工程质量验收过程中形成的文件材料。

3）工程竣工验收阶段

轨道交通工程系统联调及试运行验收、试运营、各专项验收和项目竣工验收等过程形成的文件材料。

10.2　工程档案参建单位各方职责

轨道交通工程档案按照"谁产生、谁立卷、谁归档"的原则，确定档案收集、立卷、归档职责。

（1）建设单位负责监督、检查、指导、培训轨道交通工程各类文件材料收集、整理、归档以及全文数字化工作；负责轨道交通分部工程资料、单位（子单位）工程档案验收工作以及提请档案行政管理部门开展轨道交通建设项目专项验收；负责组织接收、保管、利用轨道交通工程档案。

（2）勘测、设计单位负责按国家或行业有关规范和标准收集、整理和移交轨道交通工程勘察、测绘、设计文件；设计单位有关设计变更文件必须注明变更所涉及的图纸编号，并按规定提供设计变更文件原件，所有文件签章齐全，符合建设单位相关标准。

（3）施工单位负责按国家或行业有关规范和标准，形成齐全完整、真实准确的施工文件和声像资料，并按标准要求对施工文件和声像资料进行收集、整理和归档移交。

（4）监理单位负责对项目施工、设备供货及安装工程文件的形成、收集、整理、组卷进行监督、检查，审核、签署竣工文件；分部工程、单位（子单位）工程验收前，要对竣工档案的真实性、完整性、准确性进行检查、评价,对所存在的问题提出整改意见,并向建设单位工程竣工档案专业验收组报告;按规定进行工程监理文件的收集、整理和归档移交。

(5)委托单位[管线改迁、招标代理、征地拆迁、第三方监(检)测、第三方测量等]负责按建设单位标准要求,完成委托项目资料的收集、整理和归档移交;对所归档资料的真实、完整、准确、有效负责。

(6)甲供设备供货商负责收集、整理立卷设备设计联络、索赔文件及合同范围内设备厂家图纸、操作手册、合格证、光盘、保修卡、产品质量说明等资料;若设备供货商一并负责设备安装,除供货资料组卷满足本条件外,还需对安装施工过程中的归档文件进行组卷整理;乙供设备供货商资料由安装商负责组卷整理。

10.3 工程档案管理方法及措施

10.3.1 细化档案管理标准

建立"五级"轨道工程档案管理标准规范。一级标准是国家、行业、贵州省、贵阳市相关档案管理规范性文件;二级标准是结合贵阳轨道工程工作实际,推陈出新,与贵阳市档案局、贵阳市国资委、贵阳市住建局联合,编制了贵阳市轨道交通工程档案管理行业标准;三级标准是轨道公司对行业标准中涉及的工程各类档案分别编制具体实施细则,明确归档要求;四级标准是在细则实施过程中,对工程档案管理容易出错的环节编制作业指南,并附以图片样例、操作录像进行具体解说;五级标准是根据参建单位要求,对档案管理过程中的难点,如收集、立卷整理等,按照专业不同编制相对应的标准模板。"五级"标准涵盖了工程资料从参建单位管理、收集、组卷、整理、信息化、验收、移交到建设单位清点接收、库房管理、借阅利用等管理全过程,实现了轨道交通建设过程全记录、档案工作全覆盖、全监控和档案管理责任全追溯。同时,统一了上级档案管理部门轨道工程档案检查、验收和接收标准,真正形成上下一盘棋的管理模式。

10.3.2 强化档案业务培训

为提高轨道交通工程各参建单位档案管理技能,市轨道公司采取"一竿子插到底"的形式,将业务培训工作贯穿始终,务求取得实效。一是进场前"贯标",根据项目施工单位进场情况,及时组织施工单位项目负责人、各部门资料管理人员进行工程资料收集管理技术交底,对工程档案二、三级管理标准进行解读,使其详细了解档案工作的具体要求。二是专职资料员岗前培训,要求所有参建单位专职资料员须经岗前业务培训方能开展工作,确保各专职人员熟悉标准,对照作业,并出台参建单位专职资料管理人员备案制度,相对固定人员队伍,保障工作的系统性和延续性。同时,积极与贵阳市档案局对接,定期组织备案人员进行资料收集管理知识培训,不断提高业务技能水平。三是加强日常工作指导,轨道公司建立档案工作交流机制,通过微信、QQ等平台,与参建单位资料专员24h互动,及时解答业务问题,对工作中突出的普遍问题,集中研讨;对个别单位的具体难点,送学上门,共同解决。四是竣工档案整理技术交底,根据各单位工程验收情况,对具体档案整理人员进行培训,重点对组卷、编目和电子数据要求进行讲解举例、实操演示,确保竣工档案按时、完整、规范移交。

10.3.3　实行考核严查机制

每季度采取现场检查、现场反馈、现场整改指导的方式,对各参建单位工程资料收集管理进行考核,将考核结果评分通报,同时跟踪抽查各参建单位整改情况,并形成共性问题记录资料,共业务交流。

为确保各参建单位资料收集质量达标,市轨道公司结合项目管理实际情况,将工程资料收集审查作为工程竣工验收"前置"环节和申请竣工验收的必要条件,在单位(子单位)工程预验收时,邀请市档案局、市城建档案馆的领导及专家组成收集审查组,逐一开展竣工资料收集审查,并出具"竣工资料收集审查表"。审查合格,方能申请竣工验收。

10.3.4　全面推进信息化建设

按照"高一格、快一步、深一层"的总体思路,全面推进档案管理信息化建设,覆盖了工程档案从收集、整理、数据移交、档案借阅、库房管理等各重要环节。一是开发工程资料收集系统。在资料收集软件中统一2000余张各类工程用表,规范各专业工程管理、技术、验收、原材/设备进场、试验、测量、监测等文件收集内容,明确工程分部分项划分、分项工程工序用表要求,实际项目资料收集全过程的标准化作业。二是开发档案系统离线客户端功能。针对不同档案类型和各专业用户离线使用需求,基于综合档案管理系统,分离出适用于各类型档案的独立客户终端功能,用于不同类型档案离线整理、编目、全文扫描和数据挂接,并以离线客户端进行数据移交,确保各参建单位电子档案数据与综合档案管理系统数据库标准统一、匹配。三是实现档案系统内外网分离交互管理,出于对档案数据安全和高效利用的考虑,轨道公司将档案系统分设为内外网,内网实现原文挂接和原文借阅管理,全物理隔离;外网与公司办公自动化(OA)系统衔接,供员工在OA系统中实现档案借阅申请审批。四是库房软硬件设施集成管理,配备档案库房智能密集架、智能温控设备与综合档案管理系统、多联机空调系统集成,数据大屏显示,实现足不出室且时时监控库房安全。

10.4　工程档案归档要求

10.4.1　纸质文件归档质量要求

（1）归档文件的内容及其深度符合国家现行有关工程勘测、设计、监理、施工等方面技术标准的规定。

（2）归档文件为原件,真实、准确、完整,与轨道交通工程实际相符合。

（3）归档文件字迹清楚,图样清晰,图表整洁,盖章规范,图章完整清晰,负有责任的各方签署手续完备(签名、盖章);分部工程、单位(子单位)工程验收记录表必须加盖单位法人公章。

（4）归档文件中文字书写符合国家用字规范,采用国家颁布实施的简化汉字,图表的绘制符合国家制图标准的规定。

（5）归档文件中文字材料幅面尺寸宜为 A4 幅面(297mm×210mm)。图纸宜采用国家标准图幅。

（6）竣工文件材料使用的纸张、照片、光盘等记录材料和载体材料必须质量优良,耐久性强。

（7）归档的各类施工用表以及档案案卷封面、卷内文件目录、备考表、背签、移交目录等内容须采用激光打印,签字为手签,不能代签。

（8）凡为易褪色材料(如复写纸、热敏纸、传真件等)形成,并需要永久保存的文件,要附一份电脑扫描文件的激光打印机打印件。

（9）对破损的文件、图纸进行托裱,使用无粮糨糊,不得使用胶带纸粘贴。

（10）工程文件采用能够长期保存耐久性强的书写材料,如碳素墨水、蓝黑墨水,不得使用易褪色的书写材料,如圆珠笔、铅笔、红色墨水、纯蓝墨水、复写纸等。

（11）归档文件不得任意涂改、伪造、随意抽撤或损坏丢失,对弄虚作假的由有关部门按照《档案法》第五章的规定,依法追究单位和个人的相应责任。

（12）竣工图由施工单位负责编制,完整、准确、清晰、规范、修改到位,真实反映项目竣工验收时的实际情况;监理单位全程参与并做好审核工作;竣工图内容与施工图设计、变更、洽商、材料变更、施工及质检记录相符合。

（13）竣工图章盖章印泥统一使用不褪色、快干红色印泥,并注意图纸印泥干透后折叠。

（14）机电系统安装工程的厂家图纸不必加盖竣工图章,图册封面加盖施工单位公章;厂家包安装的,须将对应的施工图加盖竣工图章。

10.4.2　归档文件字体、页边距、签名要求

（1）归档文件字体、字号要求(表 2-10-1)。

归档文件字体、字号要求　　　　　　　　表 2-10-1

类　　别	土建工程用表	建筑与系统工程用表
标题	宋体加黑小二	宋体加黑三号
表头	宋体小四	宋体小四
内容	宋体小四	宋体小四

（2）表格页边距要求：纵向左边距、横向上边距必须保证 2.5cm 的装订线，其他三边尽量满足要求。

（3）签名需由本人签名，不可代签。签名字迹必须工整、清晰，不可艺术化。

10.5　工程档案整理原则与要求

10.5.1　组卷原则

（1）遵循轨道交通工程文件的自然形成规律，保持卷内文件材料的有机联系，并符合专业的特点，便于保管和利用。

（2）单位（子单位）工程，根据管理文件、技术文件、单位（子单位）验收文件、施工文件、竣工图分别进行立卷。

（3）工程文件分为前期管理文件、监理文件、施工文件、竣工图、竣工验收文件 5 部分分别进行立卷。

（4）文字材料整理原则：正本在前，附件在后；原件在前，复制件在后；复文在前，来文在后。

（5）工程前期管理文件，按照立项、征地拆迁、工程规划、测量、设计、招投标、合同等分类立卷，每一个类型根据资料的多少组成一卷或多卷，管线改迁文件一个项目组一卷或多卷，征收协议档案按照区、镇、村多户组一卷。

（6）设计文件按照综合管理、初步设计、施工图设计分别组卷。初步设计按照站点顺序组多卷，施工图设计按照专业和站点排序组卷。

（7）地质勘测报告按照初勘、详勘、补勘及站点顺序单独组卷。

（8）监理文件可按施工标段和专业，根据监理管理、施工监理、竣工验收监理分别组卷，每个类别根据文件多少组一卷或多卷。

（9）施工文件按照单位（子单位）工程，以原材/设备进场验收、试验报告、测量、监测、分项验收、分部验收的顺序排列组卷。每个文件类别根据资料的多少又可以组成一卷或多卷。

（10）竣工图按单位工程组卷，单位工程内按专业分别组卷。

（11）卷内文件按照相同类型集中，按日期顺序排列，组成的案卷要求美观、整齐，组卷厚度不超过 30mm。

10.5.2　卷内文件页号编制规定

（1）以案卷为单位，在有书写内容的页面上采用阿拉伯数字从"1"开始连续编写页号，无文字页面不编页号。

（2）页号编制位置：正面页号编在右下角，反面页号编在左下角，使用 2B 铅笔编写。图纸页号编在折叠后图面的右下角。

（3）成套图纸或印刷成册且连续编有页号的文件材料，且自成一卷时，可不重新编写页号。

（4）案卷封面、卷内目录、卷内备考表不编写页号。

10.5.3　目录编制要求

1）案卷目录

（1）档号：由市轨道公司档案室提供，并在其具体指导下编制。

（2）案卷题名：由标段工程名称＋单位（子单位）工程名称＋专业（或分部）工程名称＋案卷内容组成。题名拟制简明扼要，准确地概括和揭示卷内文件材料的内容和形式特征。如同一内容材料较多，形成多卷的，可用第几卷／总卷数分数表示。如 1/2、2/2，不能出现同样的案卷题名。外文题名译成中文。

（3）总页数：填写卷内文件总页数。

（4）起止日期：填写卷内全部文件材料形成的起止年月。

（5）保管期限：全部为"永久"。

2）卷内文件目录

（1）序号：以一份文件为单位，用阿拉伯数字从 1 依次填写。

（2）文件题名：填写文件材料标题的全称（表格名称）或图标上的图纸名称，工程综合管理文件卷内目录题由标段简称＋文件名称，车站或区间工程文件卷内目录由标段简称＋车站或区间名称＋文件名称组成。

（3）文件编号：填写工程文件原有的文号或图号，合同填写合同编号，检测／试验报告填写报告编号，没有则不填写。

（4）责任者：填写文件的直接形成单位和个人。有多个责任者时，选择两个主要责任者，其余用"等"代替，合同填写双方单位名称，竣工图填写施工和监理单位名称。

（5）日期：填写文件材料的形成日期，竣工图按竣工图章上的编制日期。日期统一表达为 8 位数，如 2007 年 1 月 8 日，标注为"20070108"。

（6）页次：填写文件在卷内所排的起始页号，最后一份文件填写起止页号，如"12-20"。

10.5.4 案卷装帧要求

（1）成册文件多册组一卷，可不装订，每册首页填盖"档号章"；图文混装卷，文字材料装订，图纸可不装订，按 A4 幅面的规格折叠，图标外露，空白处填盖档号章，放在文件后面。

（2）成册的设备厂家资料，要去除铁夹、铁钉、塑料等不符合归档要求的材料，根据文件厚度，一册或多册为一卷，三孔一线装订；硬纸皮包装的根据厚度一册或多册为一卷，无须装订，每册封面填盖"档号章"。

（3）成册 A3 幅面图纸，对折后厚度小于 30mm 可不拆卷，对折后大于 30mm，根据内容拆卷。

（4）大于 A3 幅面的成册图纸，拆卷，每张按 A4 幅面（210mm×297mm）规格折叠，图面朝里，图标外露。

（5）文件装订左侧线装，横排文件装订字头朝左，装订时剔除金属物。

（6）采用案卷封面 + 卷内目录 + 归档文件 + 备考表的顺序装订，装订孔为三孔，距左侧 1.5～2cm，中间孔位于页面中心位置，上下孔距中间孔 8cm。

（7）档案装具要求。

①档案盒采用无酸纸制作，易于存放，档案盒规格为 30mm。

②案卷卷皮、卷内备考表、盒脊采用 150g 牛皮纸制作。

③移交给市轨道公司的档案统一使用带有市轨道公司 Logo 标识的档案装具。

10.5.5 全文数据要求

（1）纸质文件扫描分辨率标准为 300DPI，24 位彩色扫描，JPG 格式保存；图纸扫描采用 150DPI，JPG 或 TIF 格式保存。

（2）根据纸张质地、底色、厚薄程度等因素，设置最佳的扫描明暗度、对比度，保证扫描图像字迹清晰可读。

（3）扫描的页面内容基本居中显示，图像完整，包括文件上的收文章、页码、有关标记等，都必须纳入扫描图像范围。

（4）扫描过程中，不得出现多扫、漏扫现象。文件尽量展开，不要揉褶，保证扫描影像清楚、美观、不歪斜。

（5）经过校对的图像，运用相关软件进行版面分析和光学字符识别（OCR），并转换为双层 PDF 格式，图像在上，文字在下，OCR 识别文字正确率要求达到 95% 以上。图纸不需进行识别，可直接转换为单层 PDF 格式。

（6）每一卷档案以件为单位合成多个双层 PDF 文件，文件名与档号相同。

（7）PDF 数据需导入轨道公司档案管理系统离线客户端，与目录数据链接，链接正确率要求达到 100%。

10.5.6　工程声像档案归档要求

1）归档内容

（1）轨道工程拆迁前地形、地貌、施工中文物保护形成的声像材料。

（2）轨道工程招标、合同签订、开工仪式、竣工仪式、通车仪式、重大庆典活动形成的声像材料。

（3）项目施工、施工工艺、隐蔽工程、完成工况、竣工验收以及监理工作形成的声像材料。

（4）工程图纸会审、技术交底、培训、测量、监测、应急演练、领导视察形成的声像材料。

（5）轨道工程质量问题、重大工程事故、工程抢险形成的声像材料。

（6）工程重要实验、试验、调试、测试形成的声像材料。

（7）设备开箱检验、大型设备吊装运输形成的声像材料。

2）归档数量及要求

（1）归档的声像档案为原版、原件，内容要真实，主题明确、画面清晰，录像画面稳定。

（2）数码照片图像分辨率不小于 3000DPI×2000DPI，视频文件格式要求 MPEG2 或 WMV 格式，音频文件格式要求为 WAV 或 MP3 格式。

（3）土建工程和建筑设备安装工程每个工点不少于 100 张数码照片，系统工程每个标段不少于 100 张数码照片；土建监理和建筑设备安装监理每个工点不少于 30 张数码照片，强弱电和设备监造监理每个专业不少于 30 张数码照片。

（4）工程声像文件在收集过程中需建立台账。台账中对每张照片（每段录像）内容具体描述，要明确工程名称、部位及具体施工内容。

（5）按照轨道公司统一格式要求制作纸质照片册。土建工程和建筑设备安装工程每个工点精选 40 张、监理精选 10 张数码照片印制纸质照片册，系统工程每个标段精选 40 张、监理精选 10 张数码照片印制纸质照片册。

（6）工程录像拍摄覆盖工程施工全过程，拍摄每段录像时长 1~2min；工程专题录像片每个标段结构完整，片长一般为 15~30min，解说词长度不少于 3000 字。

（7）录像片解说词写作按照归档要求内容全面、条理清晰、详略得当，解说词内容与视频内容一一对应。

10.6　工程档案验收与移交

10.6.1　工程档案验收

贵阳市轨道交通工程档案验收分为分部工程档案验收、单位（子单位）工程档案预验收、单位工程竣工档案整理验收、试运营前档案专项验收、项目竣工验收前档案专项验收。

1）分部工程档案验收

分部验收由监理单位组织，资料验收组由市轨道公司档案室、建设分公司、监理单位、施工单位相关人员组成，主要核查分项、分部工程质量验收记录表、检验批、施工记录及分项报验表、材料进场报验及相关质量证明文件、检测/试验报告及见证记录、自评、评估报告中所附表格中各项数据统计项目是否齐全，数量是否与资料一致、档案的齐全完整、耐久有效等质量。

2）单位（子单位）竣工档案预验收

单位（子单位）工程预验收由监理单位组织，资料验收组由贵阳市档案局、贵阳市城市建设档案馆、市轨道公司档案室、建设分公司、运营分公司、监理单位、施工单位相关人员组成，要求现场检查管理文件、技术文件、材料进场、试验报告、分项报验、分部验收、单位（子单位）验收文件、监理等文件收集具有完整性、系统性和规范性的特点，填写"竣工资料收集审查表""监理资料收集审查表"。

3）单位工程档案整理验收

单位工程档案整理验收由市轨道公司档案室组织，验收组由贵阳市档案局、市轨道公司档案室、建设分公司、运营分公司、监理单位、施工单位相关人员组成，对档案立卷、整理、全文数据质量进行检查，提出整改意见。单位工程档案整理验收通过后，填写"竣工档案验收意见书"。

4）试运营前档案专项验收

贵阳市档案局组织召开试运营前档案专项验收会，邀请相关单位档案专家，按照《贵阳市城市轨道交通工程项目试运营前档案专项验收细则（试行）》进行档案验收评分，验收评定合格后，出具"贵阳市轨道交通工程项目档案验收意见书"，并报省档案局审核备案。

5）项目竣工档案专项验收

轨道交通工程项目竣工验收前，按照国家（省、市）档案局有关规定和验收流程，开展项目竣工档案专项验收。

10.6.2　工程档案移交

（1）工程竣工验收通过后三个月内，施工单位、监理单位、设备供货商必须按合同要求，以单位工程为基本移交单元向轨道公司、贵阳市城市建设档案馆和轨道交通运营分公司移交符合规定的工程竣工档案。

（2）市轨道公司内部产生的工程档案包括工程招投标、合同、工程结算等文件，由主管部门按专业汇总整理之后向市轨道公司档案室移交。

（3）立项、征地拆迁（含管线改迁）、用地、报建、勘察、测绘、设计等前期档案按线和专业汇总移交，不接受零散移交。

（4）竣工档案分为A套、B套、C套。A套移交市轨道公司，B套移交贵阳市城市建设档案馆,C 套移交轨道交通运营分公司。原件排列优先级:市轨道公司、贵阳市城市建设档案馆、轨道交通运营分公司。特殊情况只有一份原件时,装入 A 套,确实只有复印件时,复印件上注明原件存放处,并加盖存放单位公章,公章要压盖字样。对不移交竣工档案的施工单位不进行档案相关工程结算。

(5)轨道交通工程全线竣工验收后,建设单位需向贵阳市档案馆移交一套完整准确的电子档案。

(6)移交工程档案时,需先移交已导入档案管理系统离线客户端的电子档案,电子档案抽检无误后,再移交纸质档案,并按规定办理交接手续,填写移交清册一式三份,交接双方须签字、盖章。

(7)相关合同款项支付前,必须完成项目档案的移交,"归档确认书"是项目档案完整归档移交的依据。未移交或移交不齐全的施工单位,不得支付合同相关款项。

10.7 工程档案工作的成效和经验

10.7.1 工程档案管理工作成效

(1)率先通过档案专项验收。档案专项验收是轨道交通工程试运营前评审 13 项专项验收的关键环节。2017 年 9 月 15 日,贵阳轨道交通 1 号线(观山湖段)率先通过档案专项验收,见图 2-10-2,为 13 项专项验收之首,为轨道交通 1 号线(观山湖段)通车试运营奠定了坚实的工作基础。

(2)率先在全省实现企业档案库房管理智能化。市轨道公司档案室智能化管理,以软件和配套硬件为着力点,数据时时监控,保障了库房日常安全;恒温排水功能,解决了贵阳气候潮湿隐患;档案智能定位,提高了档案实体借阅效率。市轨道公司档案室智能化、信息化管理现已成为贵州省内各事业单位竞相学习的典范,见图 2-10-3,仅 2018 年,已接待近 10 家单位的参观和学习。

图 2-10-2　1 号线观山湖段工程档案专项验收会

图 2-10-3　档案室智能化管理

（3）率先在全省开展全国首批企业数字档案室创建工作。轨道公司档案室列为贵州省"全国示范数字档案室"示范单位，目前公司数字化档案室基础设施完备，应用系统主要功能满足业务需要，电子文件归档有序，档案业务扎实有效，档案资源开发利用效果明显，安全保障措施完备有效。

10.7.2　工程档案管理工作经验

1）注重日常工程资料考核检查

轨道公司档案室每个季度对各参建单位工程资料的收集管理工作进行考核检查，考核组由档案室和项目管理相关部门人员组成，按照综合管理文件、原材/设备进场及试验报告、测量与监测文件、分部分项验收文件、监理及工程声像文件等类型分别安排专人按照归档组卷清单逐项全面检查，对于考核不合格的单位进行全线通报批评和违约处理，从而确保工程各类资料收集的齐全完整、系统规范。

2）工程档案移交纳入合同结算

市轨道公司档案室积极与合同主管部门对接，在工程招标文件中增加轨道工程档案管理要求，工程施工合同中增加档案移交相应款项。施工单位在拨付对应款项时，必须提供轨道公司档案室出具的"归档确认书"。对于前期合同中未明确档案管理要求的，则须在政府审计部门审计完成后拨付至合同结算金额95%以前，提供工程档案"归档确认书"，确保工程档案按时、完整移交。

3）创新验收模式

创新验收模式，将验收工作前置。单位（子单位）工程预验收时，同步开展资料收集审查，资料组由市档案局相关业务人员任组长，市城建档案馆、建设单位、运营分公司相关人员为组员，对各套竣工资料收集的齐全完整、系统规范进行审查。竣工资料收集审查不合格，施工单位不得申请后续工程竣工验收；单位工程竣工验收后三个月内，各施工单位需完成竣工档案整理工作，由轨道公司档案室组织，邀请市档案局、市轨道公司项目主管部门相关人员参加，对单位工程竣工档案整理进行验收。两个环节验收的严格把控，能够确保轨道交通项目档案工作顺利通过档案行政管理部门试运营前档案专项验收和全线竣工验收前档案国家级验收。

10.8　工程档案工作存在的问题

（1）档案意识薄弱，对项目档案管理工作认识不足。

在项目建设过程中还有部分施工单位存在"重建设、轻档案"的思想，没有认识到项目档案是轨道交通工程项目建设规划和管理的重要依据，特别是在施工阶段，抢工期、赶进度，忽视了档案工作,待到工程要竣工验收时,才纳入议事日程。这种"秋后算账"的管理方式,致使项目档案的成套性、准确性、真实性得不到保证,从而影响到日后档案的提供利用。

(2)参建单位档案管理人员更换频繁,不及时向市轨道公司档案室备案。

许多单位没有将工程文件的收集、归档纳入到有关人员的职责范围,档案移交手续不完备,需归档的档案分散在工程管理部门或技术人员手中,工程竣工档案时常因工期长、人员流动等原因导致资料流散、收集不齐全、不规范。

(3)施工单位档案管理制度不健全。

在建设过程中,部分单位没有建立各个环节文件管理制度,部分材料分散在相关工程技术人员手上,工程竣工后各岗位人员撤离,没有及时移交工程资料,增加了资料收集的工作难度。工程质量监督不力,没有按工程进度的每个环节检查施工文件进度,致使施工文件材料不全,资料收集零乱、整理不规范。

第 11 章　轨道交通工程验收管理

11.1　工程验收机构及职责

为贯彻"百年大计,质量第一"的工程质量方针,落实贵阳市委、市政府关于轨道交通工程建设的相关要求,积极有序推进贵阳市轨道交通工程验收工作,达到工程质量一次验收合格率100%的质量管理总目标,本着"领导重视、分工明确、协同推进、高效务实"的原则,结合市轨道公司实际,成立了"贵阳市城市轨道交通有限公司轨道交通工程竣工验收交接工作委员会"(简称"验交委"),验交委下设办公室和专项验收组,代表公司组织单位工程、项目工程质量验收工作。

工程验收机构组成由市轨道公司验交办组织勘察、设计、监理、施工等单位相关人员形成验收工作小组,验收组组长一般由公司副总经理、总工程师担任,下设三个专业检查组(实测组、观感组、资料组),各专业检查组组长由部门负责人担任。

1)验交办工作职责

(1)贯彻执行验交委的有关要求,负责验交委的日常工作;主抓各专项验收的具体推进落实工作,负责验收计划梳理以及对外、对上级的联络协调工作。

(2)负责与贵阳市交通委员会对接,开展城市轨道交通工程相关验收工作。

(3)负责组织制订公司城市轨道交通工程验收、交接管理程序、办法、制度。

(4)负责督查验收工作进度,统筹协调验收工作中存在的问题。

(5)负责组织项目工程验收、试运营基本条件评审及竣工验收相关会议。

(6)负责督促各专项工作小组编制专项验收工作实施方案并及时组织审查后报公司验交委审批。

2)各验收组工作职责

(1)实测组:现场实测实量土建工程主要是对照施工图对预留孔洞、梁、柱、墙等的尺寸、轴线位置、高程、平整度等进行实际量测,必要时利用仪器进行钢筋间距及保护层厚度、混凝土强度等方面的检测;装饰装修工程采用现场抽查,必要时采用仪器实测实量;机电安装工程采用专用仪器、仪表对设备的主要运行参数进行抽查。

(2)观感组:工程观感质量的检查应按照单位工程观感质量检查记录表中的内容确定检查的数量和检查项目,并逐项逐点进行检验评定,确定每一检查点的登记;所有检查点检查完毕后,统计评定项目等级,并如实填写相关检查、评定表格。

(3)资料组:工程资料检查主要对质量控制资料、安全和功能检验资料核查及主要功能抽查记录、检验批、分项、分部等验收资料的检查审阅,并对存在的问题提出整改意见,工程资料有严重缺陷的,不得通过验收。

11.2　工程验收程序与组织关系

为加强贵阳轨道交通工程的质量管理与验收,确保工程结构及机电系统安全及使用,满足耐久性能和节能环保等功能的实现,根据《建设工程质量管理条例》(国务院令279号)、《房屋建筑和市政基础设施工程竣工验收备案管理办法》(建设部令2009年第2号)、《城市轨道交通建设工程验收管理暂行办法》(建质〔2014〕42号)等国家现行法律法规、规范及贵阳市的有关规定,结合贵阳轨道交通工程实际情况,轨道公司制订了《贵阳市城市轨道交通有限公司建设工程质量验收管理办法》《贵阳市城市轨道交通有限公司建设工程质量验收细则》等制度,并在实施过程中不断进行修编。

贵阳市轨道交通工程施工质量验收工作主要分为检验批、分项、分部、单位(子单位)、项目验收等。

11.2.1　检验批及分项工程验收

检验批及分项工程由监理单位工程师组织施工单位项目相关专业质量(技术)负责人进行验收。在班组自检合格的基础上,由施工单位项目相关专业质量(技术)负责人进行自评,监理单位对施工单位核定的质量等级进行审查认可。

11.2.2　分部(子分部)工程验收

分部工程由监理单位组织建设单位、设计单位、施工单位等单位项目负责人进行验收,并邀请质量监督机构进行工程验收监督;必要时召集第三方单位(检测、测量、监测)参加,勘察单位参加围护结构与地基与基础、主体结构分部工程的验收。验收会议由监理单位总监理工程师主持,分部工程验收流程见图2-11-1。

11.2.3　单位工程验收

(1)单位(子单位)工程完工后,施工单位应自行组织有关部门人员进行检查评定。

(2)监理单位(总监组织)要对单位(子单位)工程质量进行预验收,并督促施工单位及时整改完毕。

(3)建设单位收到施工单位的工程验收申请后,应由建设单位组织施工、勘察、设计、监理、第三方(检测、测量、监测)等单位项目负责人进行单位(子单位)工程验收,并邀请质量监督机构进行工程验收监督。验收会议由建设单位主持。

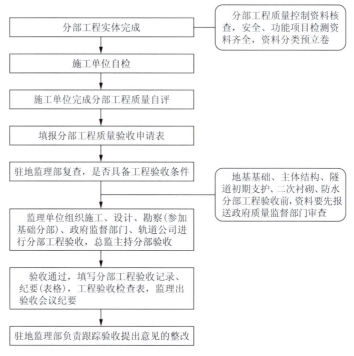

图 2-11-1 分部工程验收流程图

（4）单位工程质量验收合格后，建设单位将工程验收有关文件，报建设行政管理部门备案。

单位工程预验收流程见图 2-11-2，验收工作流程见图 2-11-3。

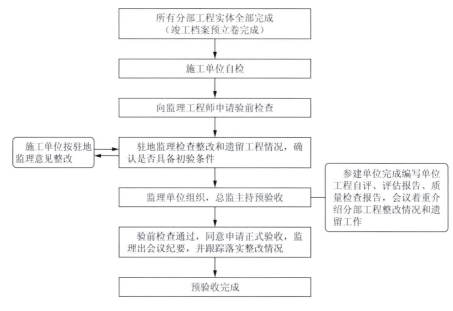

图 2-11-2 单位工程预验收流程

第 11 章　轨道交通工程验收管理

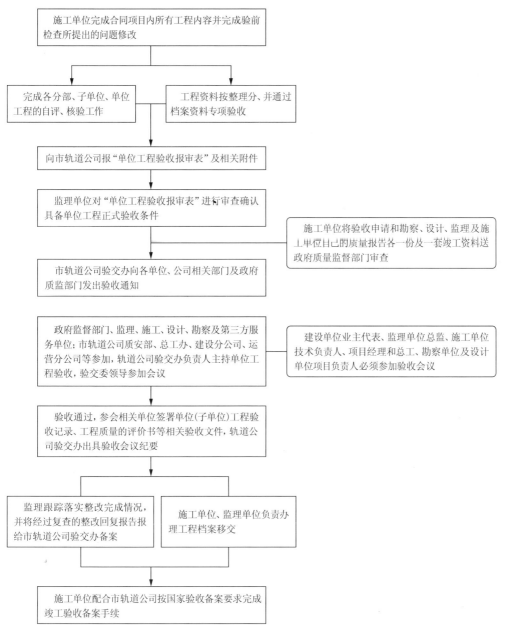

图 2-11-3　单位工程验收工作流程

11.2.4　项目工程验收

项目工程验收工作由建设单位组织,参建单位代表、负责专项验收的城市政府有关部门代表参加,共同组成验收组。验收组对内业资料、工程实体质量、相关专项验收情况、系统设备联调联试情况等进行审查验收。工程验收组织关系见表 2-11-1。

工程验收组织关系表　　　　　　　　表 2-11-1

验收层次	主持人	组织单位	参加单位及部门	工作备注
检验批验收	专业监理工程师	监理单位	施工单位、监理单位	验收通过后，双方及时签署相关资料。存在问题必须整改复查
分项工程验收	总监理工程师	监理单位	施工单位、监理单位	
分部工程验收	总监理工程师	监理单位	施工单位、监理单位、设计单位、市轨道公司建设分公司参加，运营分公司及档案管理部门，勘察单位及第三方服务单位必要时参加，邀请质量监督机构参加	验收通过后，监理单位出会议纪要，跟踪检查整改问题
单位(子单位)工程验收	验交委	建设单位	市轨道公司（质量安全部、总工办、建设分公司、运营分公司、档案管理部门）、施工单位、监理单位、设计单位、勘察单位（土建）、第三方服务单位参加，邀请质量监督机构参加	单位（子单位）工程预验收由监理单位组织并主持，不需邀请质量监督机构参加，由监理单位出会议纪要并落实问题的整改。正式验收由建设单位出具会议纪要，监理单位落实整改，建设单位复查；正式验收后由建设单位按照相关要求报行业主管部门备案
项目工程验收	验交委	建设单位	政府有关部门代表、市轨道公司（质量安全部、总工办、建设分公司、运营分公司、档案管理部门）、参建单位代表［施工单位、监理单位，设计单位、勘察单位（土建）、第三方服务单位］参加，邀请质量监督机构参加	验收通过后，建设单位出会议纪要，建设单位跟踪检查整改问题，参建单位配合

11.3　政府专项验收

专项验收是指为保证城市轨道交通建设工程质量和运行安全，依据相关法律法规在轨道交通项目试运营前由政府有关部门负责的工程质量、行车及服务设备、人防、消防、环保设施、卫生、工程档案、特种设备、防雷装置、安全设施等专项验收。具体实施方案有以下几点。

11.3.1　成立相应验收工作组织机构，明确工作职责

（1）在贵阳市轨道交通建设与运营工作指挥部下增设由市城乡规划建设管理领导小组。是以办公室主任、市政府副秘书长为组长，市政府相关业务管理部门分管负责人及轨道公司总经理为副组长的城市轨道交通运营验收专项工作组。运营验收专项工作组负责贵阳市轨道交通工程相关验收工作的指挥和协调工作，督促相关主管部门成立专项验收工作小组，按有关程序将相关资料呈报市政府批准试运营，及时组织协调办理项目竣工验收。

（2）运营验收专项工作组下设办公室在市交委验收办公室（下简称"验收办"）负责运营验收专项工作组的日常工作，汇总各专项验收工作小组的意见提交运营验收专项工作组审定，同时，做好各项验收工作的协调、检查、督办等工作。

(3)市轨道公司应成立专门机构,配备专(兼)职人员,积极报请相关主管部门完善项目建设手续,组织协调各参建单位积极配合验收工作,收集整理各类工程建设资料,对资料的真实性、完整性负责,并督促落实整改验收中发现的问题。

11.3.2 编制专项验收工作实施方案

(1)专项验收工作小组应按照工程项目试运营计划及相关工作的实际进展情况,及时制订"××专项验收工作实施方案"并报验收办备案。

(2)轨道公司应根据各专项验收工作小组制订的"××专项验收工作实施方案",及时收集、整理相关资料,满足验收条件后,向对应专项验收工作小组提交验收申请,专项验收工作小组在收到申请后10个工作日内启动验收工作。

11.3.3 开展专项验收工作

各专项验收工作小组根据专项验收工作实施方案及时组织开展专项验收工作,具体职责和要求如下。

(1)市建设主管部门负责工程质量和行车及服务设备验收工作。出具相应工程质量监督意见,待全部单位(子单位)工程完成并通过验收后出具项目总体验收监督意见。

(2)市人防主管部门负责人防验收工作。按照人民防空工程建设管理的有关规定主动参与指导人防验收,并出具人防专项验收意见书。

(3)市公安消防主管部门负责消防验收工作。按照消防管理的有关规定进行消防验收,符合国家消防技术管理规范要求后出具建设工程消防验收合格意见书或同意投入试运营的意见。

(4)市环保主管部门负责指导市轨道公司在试运营前向省环保厅递交线路环保"三同时"执行情况的报告,提交试运营备案材料,开展环保验收有关工作并出具相关意见。

(5)市卫生主管部门负责卫生防疫验收工作。对市轨道公司提交的卫生学评价报告进行审查和现场抽查,出具相关的意见。

(6)市安全监管部门一是负责指导市轨道交通公司开展项目安全生产条件和设施进行综合分析、安全设施设计审查和竣工验收工作;二是督促市轨道交通公司落实职业卫生"三同时"工作,完成职业病防护设施设计、职业病危害控制效果评价与防护设施竣工验收,并出具相关意见。

(7)市档案主管部门负责工程档案验收工作。按照国家相关规定进行档案验收,验收评定合格后,出具建设工程档案验收合格意见书,并报省档案主管部门审核备案。

(8)市建设主管部门负责防雷装置验收工作。按照防雷管理的有关规定进行防雷验收,出具相关验收意见。

（9）市质量技术监督主管部门负责对拟投入运营的特种设备进行监察验收，出具相关意见。

（10）市物价行政主管部门负责对市轨道交通公司编制的票价方案进行审查批复。

11.4 验收管理经验和总结

11.4.1 过程验收管理

轨道交通1号线建设前期，主要存在施工单位过程验收管理未规范化，工序报验标准不高、执行不实，为此市轨道公司一是会同市住建局研究推出了《贵阳市城市快速轨道交通项目工程管理用表》和《贵阳市城市快速轨道交通项目工程资料管理规程》，规范了整个贵阳市轨道交通建设工程施工管理，使表格和相关资料统一、便于归档；二是严格执行首件工程验收管理，以首件工程为样板示范，引领后续同类工序标准化施工，保证该工序的各个部分均达到样板要求，切实提高工程项目的施工工艺水平和技术质量管理水平，为安全施工、生产合格产品提供了最基本的保障；三是制订了《建设工程质量验收管理办法》《建设工程质量验收细则》，对轨道交通工程从检验批、分项、分部、单位工程各验收单元进行了详细划分，严格规定了验收组织程序及验收人员资格，统一验收过程，确保了工程结构及机电系统安全及使用，满足耐久性能和节能环保等功能的实现。

11.4.2 项目验收管理

《城市轨道交通建设工程验收管理暂行办法》（建质〔2014〕42号）中对于项目工程验收前置条件进行了规定，但实际工作中很难完全按照42号文落实，主要是在轨行区各专业完成具备行车条件的同时附属工程、装修工程等仍然在施工过程中，对试运行有影响的相关专项验收无法完成，在试运行之前无法完成所有的设备系统联合调试工作等原因。市轨道公司经多方考察学习，多次组织相关单位交流研究，最终确定轨道交通1号线项目工程验收程序和内容，即工程实体要求影响行车安全的轨行区所有专业的施工及验收全部完成，对不影响行车安全的，如附属工程、装修工程、自动售检票系统工程等采取缓验处理，与涉及专项验收相关政府职能部门做好沟通协调，在开展项目工程验收时对专项验收的开展情况暂不作要求，不要求所有设备系统完成联合调试，重点是轨行区设备系统初步完成联合调试。缓验工程由建设单位拟定缓验工程清单（经设计单位、运营单位出具意见，主要以不影响试运行工作开展为前提），报轨道交通建设指挥部批准后，报质量监督站备案。

第三篇　建设监理

　　贵阳轨道交通 1 号线工程建设采用了建设工程监理制度,包括设计监理(咨询)、土建监理、机电及设备监理、轨道监理、第三方监测等,为工程建设的顺利开展发挥了重要的作用。本篇主要介绍了各建设监理对本工程建设进行的一系列管理、监理工作,包括工程和监理的重难点、监理方法及措施、监理成果、经验与总结等,可作为同行参考。

第 1 章 土建监理

1.1 监理范围及组织机构

1.1.1 监理范围

贵阳轨道交通 1 号线土建监理共分 13 个标段,主要负责各标段的土建工程施工监理。

1.1.2 组织机构

项目监理组织机构(列举监理 8 标)采取分标段直线管理形式,总监全面负责,分标段配置总监代表、各专业监理工程师及监理员。

(1)组织架构图如图 3-1-1 所示。

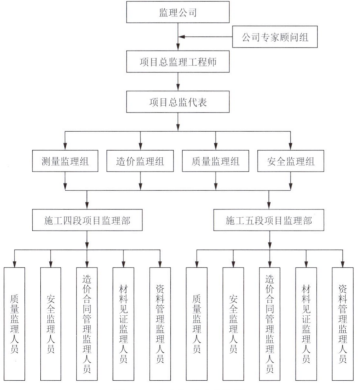

图 3-1-1 土建监理组织框架图

(2)主要人员职责见表 3-1-1。

主要人员职责　　　　　　　　表 3-1-1

序号	监理人员	岗 位 职 责	备注
1	总监理工程师	①确定项目监理机构人员及其岗位职责。 ②组织编制监理规划,审批监理实施细则。 ③根据工程进展及监理工作情况调配监理人员,检查监理人员工作。 ④组织召开监理例会。 ⑤组织审核分包单位资格。 ⑥组织审查施工组织设计、(专项)施工方案。 ⑦审查开复工报审表,签发工程开工令、暂停令和复工令。 ⑧组织检查施工单位现场质量、安全生产管理体系的建立及运行情况。 ⑨组织审核施工单位的付款申请,签发工程款支付证书,组织审核竣工结算。 ⑩组织审查和处理工程变更。 ⑪调解建设单位与施工单位的合同争议,处理工程索赔。 ⑫组织验收分部工程,组织审查单位工程质量检验资料。 ⑬审查施工单位的竣工申请,组织工程竣工预验收,组织编写工程质量评估报告,参与工程竣工验收。 ⑭参与或配合工程质量安全事故的调查和处理。 ⑮组织编写监理月报、监理工作总结,组织整理监理文件资料	
2	总监代表	①协助总监做好监理部的监理工作,负责监理部的日常工作。 ②执行总监指令和交办的任务,编制监理组的监理实施细则、监理工作计划,报总监审批。 ③组织监理组土建监理工程师对辖区内工程质量进行监督、检查,发现一般质量问题督促承包商提出整改意见及时进行处理,发现重大质量问题要及时向总监报告;参加所辖合同段重大工程质量事故分析会和事故调查,负责向总监提交事故调查报告。 ④审查承包商的施工组织设计,施工技术方案,施工进度计划,现场安全技术措施及文明施工措施,提出审核意见报总监审核。 ⑤审核的施工设计图,向总监提交书面审核报告;协助总监审查工程变更;参加各种监理例会,负责编写会议纪要,报总监及业主审核后分发与会各方。 ⑥掌握工程的质量、进度和投资的实际控制情况,审查工程计量报监理部审核,组织合同段内分项工程质量验收工作,参加分部与单位工程质量验收。 ⑦编写监理组的监理月报、季报、年报,及时汇总监理部,定期向总监汇报工作情况。 ⑧领导和督促监理组全体人员的工作,检查全组监理工程师及监理员的服务质量,定期检查监理组各监理工程师的监理日志的填写情况,负责组织监理组监理资料的收集与汇总工作,按总监要求移交监理部	
3	专业监理工程师	①参与编制监理规划,负责编制监理实施细则。 ②审查施工单位提交的涉及本专业的报审文件,并向总监理工程师报告。 ③参与审核分包单位资格。 ④指导、检查监理员工作,定期向总监理工程师报告本专业监理工作实施情况。 ⑤检查进场的工程材料、构配件、设备的质量。 ⑥验收检验批、隐蔽工程、分项工程,参与验收分部工程。 ⑦处置发现的质量问题和安全事故隐患。 ⑧进行工程计量。 ⑨参与工程变更的审查和处理。 ⑩组织编写监理日志,参与编写监理月报。 ⑪收集、汇总、参与整理监理文件资料。 ⑫参与工程竣工预验收和竣工验收	

第1章 土建监理

续上表

序号	监理人员	岗位职责	备注
4	监理员	①检查施工单位投入工程的人力、主要设备的使用及运行状况。 ②进行见证取样。 ③复核工程计量有关数据。 ④检查工序施工结果。 ⑤发现施工作业中的问题,及时指出并向专业监理工程师报告	
5	安全	①在项目总监理工程师、专业监理工程师领导下,负责施工现场的安全监理具体工作,并承担安全监理责任。 ②检查承包单位施工机械、安全设施的使用、运行状况,并做好检查记录。 ③检查施工单位安全措施费用投入情况,并做好检查记录。 ④按设计图纸和有关法律法规、工程建设强制性标准对承包单位的施工生产进行检查和记录。 ⑤担任旁站工作,发现安全隐患及时要求承包单位整改,情况严重的,向专业监理工程师报告。 ⑥每日例行检查,发现现场人员违章操作、指挥。应要求其改正并做好记录,若问题未得到及时解决,应向专业监理工程师及项目总监工程师汇报监理情况	
6	质量	①熟悉监理合同、施工合同文件内容,掌握施工图纸、施工操作规范和质量验收标准内容及要求,以及有关法规和条例内容。 ②参与由总监组织的设计图纸和施工组织设计的审查,并提出意见供总监参考;督促承包商按设计图纸和施工组织设计进行施工;参加监理实施细则的编写工作。 ③审查重点部位施工技术方案和承包商拟采用的新技术、新工艺并提出审核意见交总监;督促承包商按审批同意后的技术措施和工艺进行施工;检查承包商质保体系;督促施工进度计划的制订和落实。 ④复核承包商施工放样和预埋件、预留孔设置放样工作,做到在工序进行中的检查和监督。在承包商自检合格的基础上检查验收并签署质量检验单和隐蔽工程验收单,批准下道工序施工。 ⑤提出质量问题整改通知单,处理承包商施工中发生的一般质量事故,参与重大质量、安全事故的调查,并提供发生事故的有关情况,参与处理方案的讨论,监督承包商按"批准方案"进行,并向总监汇报事故处理的情况和意见。 ⑥审查承包商提交的工程计量申报表和项目月支付申请表,提供确实数据供总监审核签认。 ⑦施工中发现问题及时向总监代表汇报或做出由总监授权下的紧急处理。 ⑧参与承包商申请索赔和延期的理由情况调查,审查索赔和延期申请单,交总监审核签认。 ⑨编写监理工作记录,及时向总监代表汇报工作情况,按时参加工地会议。 ⑩检查现场材料、成品、半成品、构件、设备质量情况和质量保证资料,通知试验监理工程师进行质量抽检或试验。 ⑪根据现场工程进展情况,及时通知试验、测量监理工程师进行工程试验和测量复核工作	
7	造价管理	①熟悉合同文件,特别要熟悉有关监理工程师在计量与支付方面的职责权限条款。 ②根据合同条款及业主有关计量与支付管理规定,制订项目监理机构的工程计量与支付程序,报总监审批。 ③审核承包商的工程预算和工程变更概算书,分阶段控制工程造价。 ④认真做好工程计量工作,审查承包商申报的已完工程量是否经现场监理工程师的质量认证,未经现场监理工程师确认合格的工程不予计量;然后与承包商在现场核对申报的工程数量。 ⑤做好计价工作,对总监签认的承包商的工程计量单、申报单、合格工程量以及业主认可的工程变更和索赔进行汇总,根据合同文件要求进行计算,确认支付数额,进行工程造价的控制,经总监签署后提交业主。 ⑥整理汇总各项计划统计、计量、支付资料,以便查询和作为竣工资料归档	

续上表

序号	监理人员	岗位职责	备注
8	材料见证	①根据国家、地方规范、规程和设计的有关要求,督促承包商进行原材料、半成品的质量验收。 ②按规范的要求对现场采购材料、成品、半成品质量进行验收,并按一定频率或要求做好抽检测试工作,发现问题及时向总监汇报,并提出处理意见。 ③对承包商外加工构件的材料进行检查认可。 ④按工程验收规范要求对承包商自检合格的分项工程,进行工程试验和测试。 ⑤检查承包商试验室的管理制度和操作程序,对该试验室的设备、仪器及上岗人员资质进行检查认可,监督承包商按标准进行各项试验工作。 ⑥汇总各项试验和测试成果,整理成册,以便随时查询。 ⑦参加工地例会,定期向总监汇报工作情况	
9	档案资料管理	①负责对工程建设各方相互往来的一切书面资料进行妥善保管。 ②对技术资料,各种文件、报告的收发应逐件办理签发登记手续,签收的资料应及时转交相关专业监理工程师或总监,以便确认资料的完整性、准确性和有效性。 ③对各专业监理工程师确认返回的文件资料,按统一的编目系统进行分类整理归类。 ④负责文件资料的借阅,办理借阅手续。 ⑤负责现场办公用品的保管和领用。 ⑥收发文工作按文件资料签认流程图进行	

注:总监理工程师不得将下列工作委托给总监理工程师代表:
①组织编制监理规划,审批监理实施细则。
②根据工程进展及监理工作情况调配监理人员。
③组织审查施工组织设计、(专项)施工方案。
④签发工程开工令、暂停令和复工令。
⑤签发工程款支付证书,组织审核竣工结算。
⑥调解建设单位与施工单位的合同争议,处理工程索赔。
⑦审查施工单位的竣工申请,组织工程竣工预验收,组织编写工程质量评估报告,参与工程竣工验收。
⑧参与或配合工程质量安全事故的调查和处理。

1.2 土建工程的特点及监理工作重难点

1.2.1 土建工程特点

1号线共计25个站24个区间,体量大,工期紧,且贯穿贵阳市观山湖区和老城区核心区域,工程地质、水文地质及周边环境条件极其复杂。在此,列举1号线第四、五工作段(监理8标)土建工作特点简要阐述如下:

(1)标段工程规模大,综合程度高

标段包括五站五区间。集车站明挖、盖挖、暗挖、隧道矿山法、悬臂掘进机掘进等工法于一体,规模大、综合性强、施工条件复杂、施工工序多,节点工期压力大。

（2）标段交通组织及环境复杂

本标段大部分位于贵阳市主城区，下穿或横跨多条主干道，人流、车流、周边建筑物密集，交通疏解、施工组织困难；管线众多，场地狭窄，管线迁改困难；周边建筑物紧邻，基础形式多样性，施工风险高。

（3）工程地质、水文地质复杂多变

标段地质条件复杂，岩溶发育、高富水；区间隧道不良地质较多，浅埋段易发生地层沉降；场区贯穿多条断层带，水文地质复杂，水处理困难，风险评估困难。

（4）多专业站区一体化综合施工

地铁是一个系统工程，由于市政工程的特点及工期要求，各专业各工序交叉作业，接口多；土建与机电标分离，协调工作多。

（5）结构的耐久性及地下工程的严格防水标准要求高

场区地下水位高且丰富，地下工程结构的耐久性及防水要求是质量控制的重中之重。

1.2.2 监理工作重难点

监理单位分别编制了安全监理、测量、文明施工、管线迁改与保护、危险性较大的分部分项工程等监理实施细则，细则中详细列举了监理工作的主要重难点，并根据工程进展情况实时补充完善。

在此，列举第四、五工作段监理工作重难点如下：

（1）前期工程监理：交通疏解、管线迁改、拆除工程。

（2）暗挖区间监理：钻爆掘进、悬臂掘进机掘进、不良地质条件、下穿建筑物（三鑫大厦、2008小区等）、下穿贯城河、侧穿建筑物（都市铭园等）、下穿市政道路。

（3）车站监理：深基坑、不良地质条件、复杂的周边环境、大拱背暗挖。

（4）接口管理与协调监理。

（5）安全文明施工管理。

（6）轨行区的管理与协调。

（7）对轨道工程关键里程碑工期的理解与进度计划的协调。

（8）测量的管理：包括施工测量及监控量测。

1.3 监理工作内容

（1）完成监理合同约定的质量、进度、造价、安全目标等。

（2）监督施工单位完成施工合同约定的工作内容。

（3）监督施工单位完成设计图中施工的工作内容。

1.4 主要监理工作程序

（1）工程开工报告审核工作程序见图3-1-2。

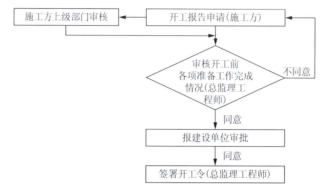

图3-1-2　工程开工报告审核工作程序

（2）施工组织设计（施工方案）审核工作程序见图3-1-3。

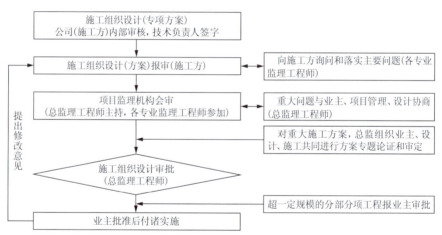

图3-1-3　施工组织设计（施工方案）审核工作程序

（3）施工图纸会审工作程序见图3-1-4。

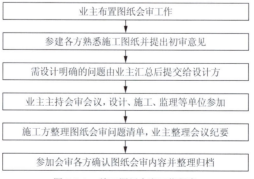

图3-1-4　施工图纸会审工作程序

（4）测量复核工作程序见图 3-1-5。

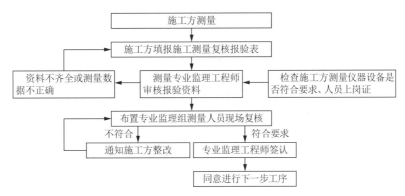

图 3-1-5　测量复核工作程序

（5）分包单位资格审核工作程序见图 3-1-6。

（6）工程材料、构配件、设备供应商审核工作程序见图 3-1-7。

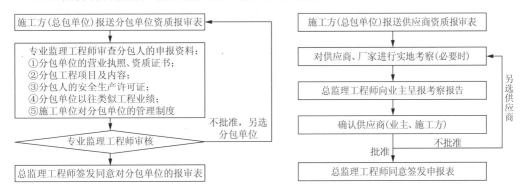

图 3-1-6　分包单位资格审核工作程序　　　图 3-1-7　工程材料、构配件、设备供应商审核工作程序

（7）工程材料、构配件、设备报审工作程序见图 3-1-8。

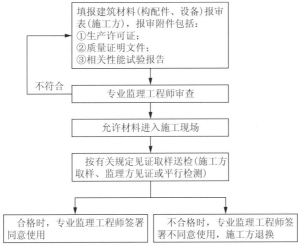

图 3-1-8　工程材料、构配件、设备报审工作程序

（8）检验批工程质量验收工作程序见图3-1-9。

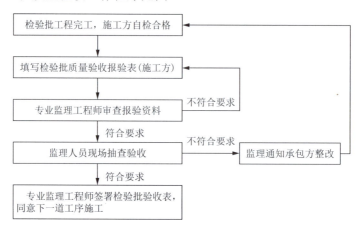

图3-1-9　检验批工程质量验收工作程序

（9）甲供、甲指乙供、乙供材料/设备采购及验收工作程序见图3-1-10。

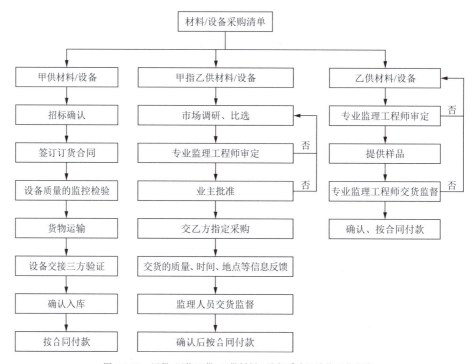

图3-1-10　甲供、甲指乙供、乙供材料/设备采购及验收工作程序

（10）分项（子分项）工程质量验收工作程序见图3-1-11。

（11）分部（子分部）工程质量验收工作程序见图3-1-12。

（12）隐蔽工程验收工作程序见图3-1-13。

（13）工程变更工作程序见图3-1-14。

（14）施工工期控制工作程序见图3-1-15。

第1章 土建监理

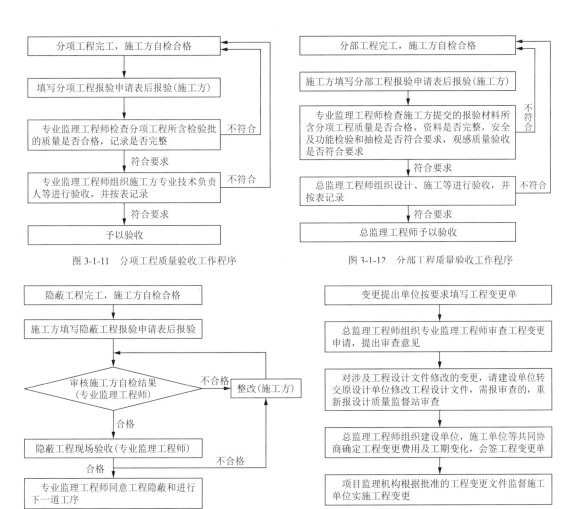

图 3-1-11 分项工程质量验收工作程序

图 3-1-12 分部工程质量验收工作程序

图 3-1-13 隐蔽工程验收工作程序

图 3-1-14 工程变更工作程序

图 3-1-15 施工工期控制工作程序

（15）工程质量事故处理方案审核工作程序见图3-1-16。

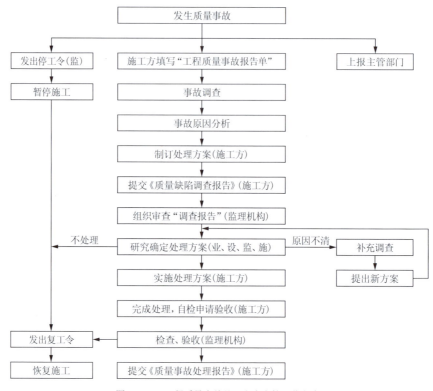

图3-1-16　工程质量事故处理方案审核工作程序

（16）单位（子单位）工程验收程序见图3-1-17。

（17）造价审核工作程序见图3-1-18。

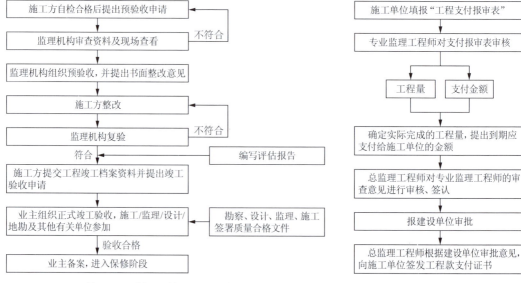

图3-1-17　单位（子单位）工程验收程序　　　　图3-1-18　造价审核工作程序

1.5 监理工作方法和措施

1.5.1 工作方法

根据项目工程特点及工程重难点,抓好事前、事中、事后对工程的控制,加强已批准的施工组织设计或专项施工方案的执行力,过程中采取巡视、平行检验、旁站、见证取样、量测、验收、通知单、停工令、报告等方法及措施实施管控。

(1)现场记录:完整记录每日施工现场的人员、设备和材料、天气、施工环境以及施工中出现的各种情况。

(2)发布文件:采取通知、指示、批复、签认等文件形式进行施工全过程的控制和管理。

(3)旁站监理:对工程项目的重要部位和关键工序的施工,实施连续性的全过程检查、监督与管理。

(4)巡视检验:对所监理的工程项目进行的定期和不定期的检查、监督和管理。

(5)跟踪检测:在施工单位试样检测前,对其检测人员、设备以及拟定检测程序和方法进行审核;在施工单位对试样进行检测时,实施全过程的监督,确定其程序方法的有效性以及检测结果的可信性,并对该结果确认。

(6)平行检测:在施工单位对试样进行检测的同时,独立抽样进行检测,核验施工单位的检测结果。

(7)见证取样:根据拟定的见证取样计划按相关规定进行取样、送检。

(8)协调:对参加工程建设各方之间的关系以及工程过程中出现的问题和争议进行的调解。

1.5.2 三控、两管、一协调、一履行

根据合同约定及有关规范、文件规定,结合工程实际,具体工作如下:
(1)工程质量控制(表 3-1-2)

工程质量控制   表 3-1-2

1.1 开工前需审查施工单位现场的质量管理组织机构管理制度及专职管理人员和特种作业人员的资格	1.1.1 投标对应检查; 1.1.2 一般要求配备:项目经理、技术负责人、施工员、质检员、材料员、安全员、预算员; 1.1.3 要求施工单位对项目机构及相关人员进行报审,监理人员审查相关证件原件及复印件
1.2 审查施工组织设计和专项方案	1.2.1 对照规范及设计文件审查施工组织和专项方案; 1.2.2 对照住建部37号令、31号文要求审查专项方案,结合设计施工图,确定超一定规模的分项工程统计表,要求施工单位组织专家论证; 1.2.3 由施工单位组织进行专家论证; 1.2.4 要求施工单位按专家论证意见对专项方案进行修改或作方案补充

续上表

1.3 复核施工单位报送的测量成果	1.3.1 要求施工单位将测量成果填表报验; 1.3.2 复核测量成果
1.4 检查施工单位试验室	1.4.1 查试验室人员资质及试验范围; 1.4.2 查法定计量部门对试验设备出具的计量检定证明; 1.4.3 试验室管理制度: ①试验人员工作纪律②人员考核及培训制度③资料管理制度④原始记录管理制度⑤试验检测报告管理制度⑥样品管理制度⑦仪器及设备管理制度⑧安全环保管理制度⑨外委试验管理制度⑩对比试验能力考核管理制度⑪施工现场(搅拌站)试验管理制度⑫检查评比制度⑬工作会议制度⑭报表制度⑮查试验人员资格证书⑯作业人员上岗证
1.5 材料检查报验,要求施工单位填表	1.5.1 检查材料合格证; 1.5.2 检查质量检验报告(性能检测报告); 1.5.3 检查施工单位的质量抽验报告; 1.5.4 根据相关文件规定做见证取样送检、试验; 1.5.5 要求施工单位填写 B.0.6 表并报验
1.6 编写旁站监理计划	1.6.1 根据监理规范和相关文件编制旁站监理计划,明确旁站人员及时间; 1.6.2 进行旁站并作好旁站记录
1.7 审查施工单位定期提交影响工程质量的计量设备的检查和检定报告	
1.8 现场质量巡视	1.8.1 是否按设计图施工; 1.8.2 是否按施工组织设计或专项方案施工; 1.8.3 施工现场管理人员(施工员、质检员)是否到位; 1.8.4 特种作业人员是否持上岗证
1.9 做好平行检验	
1.10 对检验批、分项工程、分部工程及单位工程作验收	1.10.1 检验批验收程序; 1.10.2 分项工程报验程序; 1.10.3 分部工程报验程序; 1.10.4 单位工程报验程序
1.11 发现问题下发监理通知单(必要时)	1.11.1 写明事由,准确表述问题部位,应写清楚高程及轴线; 1.11.2 提出整改依据(规范或文件); 1.11.3 明确整改完成时限

(2)工程造价控制(表 3-1-3)

工程造价控制　　　　　　　　　　　　表 3-1-3

2.1	熟悉定额
2.2	熟悉造价信息(必要时,组织各方参加的调查组对材料、半成品、设备价格进行现场调查)
2.3	熟悉合同目标

(3)工程进度控制(表 3-1-4)

工程进度控制　　　　　　　　　　　　表 3-1-4

3.1 熟悉进度控制方法	3.1.1 横道图; 3.1.2 网络图; 3.1.3 会计算网络图指标
3.2	制订各个节点目标
3.3	定期检查目标完成情况
3.4	制订工程流程、措施及方法

第1章 土建监理

(4) 安全生产管理工作（表 3-1-5）

安全生产管理工作　　　　　　　　　　表 3-1-5

4.1	熟悉项目安全监理目标
4.2	熟悉安全生产法、安全生产管理条例
4.3	根据住建部 37 号令、31 号文要求编制本项目危险性较大分部分项工程及超过一定规模危险性较大分部分项工程一览表（87 号文于 2018 年 6 月 1 日起废止）
4.4	制订监理工作流程、措施及方法
4.5	编制安全监理实施细则
4.6	审查施工单位报送的安全专项施工方案
4.7	巡视检查安全生产及专项方案实施情况，发现各类安全事故隐患，应书面通知施工单位并督促其整改
4.8	情况严重的，应及时下达工程暂停令，要求施工单位停工整改并同时报告建设单位
4.9	施工单位拒不整改或不停工的，及时向工程所在地建设行政主管部门报告

(5) 合同与信息管理（表 3-1-6）

合同与信息管理　　　　　　　　　　表 3-1-6

5.1	整理各种合同上架或整齐放置于书柜之中并便于查阅	
5.2	所有监理资料按规范进行编码整理上架	
5.3	每日编写监理日志，由专业监理工程师汇总各监理人员日记编写	5.3.1 监理日志； 5.3.2 安全监理日志； 5.3.3 每位监理人员自行记录自身工作监理日记
5.4	每月编写监理月报，总监签字报业主和公司	5.4.1 本月工程实施情况； 5.4.2 本月监理工作情况； 5.4.3 本月施工中存在的问题及处理情况； 5.4.4 下月监理工作重点
5.5	工程结束编制监理工作总结，报公司审批后送建设单位	5.5.1 工程概况； 5.5.2 项目监理机构； 5.5.3 建设工程监理合同履行情况； 5.5.4 监理工作成效； 5.5.5 监理工作中发现的问题及其处理情况； 5.5.6 说明和建议

(6) 组织协调工作（表 3-1-7）

组织协调工作　　　　　　　　　　表 3-1-7

6.1	监理例会协调
6.2	专题会议协调
6.3	联系函协调

1.6 经验与总结

1.6.1 监理工作

（1）项目班子的组建：由于轨道工程的复杂性、高风险性、多专业性等，配备足量对应的监理人员是监理工作质量的重要保证。监理人员需加强彼此间交流、沟通，加强团队意识，并根据项目工程专业特点加强自身业务知识学习和对外交流学习，认真汲取相关经验教训。

（2）加强设计文件及有关规范、文件的熟悉程度和交底工作，帮助施工单位少犯错误或少走弯路，以利于树立监理威信，使得监理工作能够更好地开展。

（3）会同和督促施工单位做好施工调查工作，做到有的放矢。如第五工作段 1 号线延安路站 2 号风亭施工，邻近龙泉大厦地下结构与其结构冲突未提前发现，影响节点工期目标的实现；管线多次被破坏或迁改不合理等；对邻近建筑物未能较好调查取证，出现达亨、龙泉大厦、扯皮、投诉等不利影响。

（4）加强过程控制、强化验收程序。

（5）加强测量工作，多检查、勤动手。

（6）加强轨道公司制订的各项管理办法的学习和执行力。

（7）加强资料收集、汇总及整理工作。

1.6.2 工程建设

（1）交通疏解、管线迁改：设计阶段拟定主要交通疏解、管线迁改（含恢复）方案，提前做好与交管、产权单位及相关政府部门的对接，以利于后续工作合理、有序开展。如第五工作段地处市中心，管线迁改工作多而复杂，严重影响了施工现场相关工作的正常开展，也造成了工程费用的增加，恢复工作无据可依。

（2）老城区混凝土、渣土运输对工程质量及进度影响较大。

（3）邻近建筑物调查取证困难。建议轨道公司明确工作程序报政府形成文件，有据可依。

（4）对周边环境及管线的调查不彻底，多走弯路或造成一定损失。

（5）车站。

①围护结构施工：

a. 施工放样适当放宽 5~20cm，并配备围护桩成孔检测仪，防止围护结构侵占主体结构尺寸，同时对于了解地下地质情况也能起到参考作用，见图 3-1-19。

b. 咬合桩成孔：对于土层、杂填土、砂砾石、软岩、岩溶发育等易跨孔或成孔困难地层，建议采用全套管（全回转设备）成孔工艺。其余地质地层建议采取旋挖钻（配备一定钢护筒）

成孔工艺,其优点表现为功效高、场地要求及成本相对较低;经实践,咬合桩使用超缓填芯混凝土难以保证相邻桩"软咬合"时间要求,采用常规混凝土"硬咬合"能够满足咬合桩止水及安全功能要求,且能大幅提高现场工效,见图3-1-20。

a)现场图　　　　　　　　　　　　b)参数

图3-1-19　围护施工放样图

a)现场图(一)　　　　　　　　　　　b)现场图(二)

图3-1-20　咬合桩现场施工图

c.防水施工:防水基层质量控制直接影响防水铺设质量,如围护结构侧壁喷混凝土现场施工均较随意,平整度控制较差;加强施工缝界面处理管理。

②抗拔桩施工:设计阶段应考虑其施工顺序。建议从地表开始实施,避免给后期施工带来不利影响,如成孔难易性、地下水的影响、工期影响、安全隐患等,见图3-1-21。

③预留预埋:加强图纸复核,尽量搞清楚其具体作用,同时土建图纸会审时需请机电专业相关人员参加,设计交底须详细;加强施工过程中定位控制及复检管理。

a）水磨钻掘进　　　　　　　　　　　　b）地下水的影响

图 3-1-21　抗拔桩现场施工图

（6）区间隧道。

①设计单位适当加大竖井尺寸。

②合理选择竖井提升设施。如延中区间竖井提升设施选用不合理，主要体现为：提升架高度不足；采用非标产品，不利于相关手续的办理；提升设备功率不足，设备故障频发，提升效率较低。

③对于较长隧道，建议设计阶段考虑必要联络通道，避免工序间能够较好衔接，提高施工效率及计量工作的合理合法。

（7）监控量测。

加强监测点的规范性、有效性、及时性及保护管理，确保监测工作及时、真实反馈现场实际情况，准确指导施工。

（8）特殊地段处理。

延安路站基底涌水处理：主要通过基底全断面注浆及坑内、坑外帷幕注浆封堵处理，其注浆参数、注浆材料、工艺等通过试验段确定，过程中通过现场实际动态调整。应注意以下 5 点。

①建立注浆拌和站，确保注浆料供应满足现场需求。

②钻孔机具的选择：根据止水方案的动态调整，即采取全断面与局部方式结合，全断面注浆分部分序帷幕注浆，直接封堵与分层截水堵源方式结合等方式，选定钻孔机具。

钻孔时一般选择潜孔钻机和无气压地质钻机进行注浆钻孔作业，同时配齐其他小型钻孔设备，保证注浆钻孔作业工序能快速、有效地进行；钻孔按照"由外到内、由下到上、间隔跳孔"的原则进行，最大限度避免各孔串浆现象的发生。当岩层破碎处于强岩溶区域地下水管路联通性能好时，一般选用无气压地质钻机进行钻孔，避免对地下岩溶管道的二次疏通，造成由于钻孔设备选择不当而致使涌水增大，增加止水工作的难度。当岩层整体性能好，且裂隙不发育时可选用潜孔钻机进行注浆孔钻孔，能够提高钻孔进度。由于设备自身特点钻孔时有风压的存在，对周边较差地层扰动较大，2 号线延安路站多根中央临时立柱不同程度受到影响。

③浆液材料的选择：由于普通双浆液初凝时间长，动水处理时浆液易被水稀释、冲走，造成原材料大量浪费。

不同水文地质条件下浆液材料的选用:针对动水流速不是太大时,采用双浆液或在双浆液中掺拌锯木屑、海带碎块,依托其膨胀效果,缩短堵水时间;针对动水流速大的岩溶管道水,可投掷绿豆、钢珠、铁矿砂、钢纤维削弱动水流速,也可调整双浆液配比或在双浆液内掺拌特种化学材料(稠度好、胶凝快),水性环氧(胶凝强度高、速度快),低碱硫铝酸盐水泥(早强性能好),膨润土(稠度大)等特殊材料综合处理。

④注浆方式的选择:当探明地下水具备统一水力联系,且动水较大时采用群孔注浆,即在同一时间灌注多孔,这样一方面可以提高注浆效率,另一方面更能保证注浆堵水效果。一般情况下,先灌注水力联系较差的钻孔,同时观测其余钻孔的水压传递情况,之后选择水力联系较好、涌水量较大的多个钻孔进行集中灌注,注浆时观测邻近各孔的压力表,对于压力传递较弱的钻孔,可适当打开阀门放水,进行诱导注浆,以便最大程度消除含水盲区。最后再对剩余钻孔,进行群孔注浆,直至达到注浆结束标准。

⑤注浆工艺的实施:先行施工一半设计钻孔,并且隔孔施工,待第一序次群孔注浆结束后才施工剩下的钻孔。施工过程中岩层破碎渗水,不利于钻孔关水,这些问题在技术上可以解决,开孔深一点注浆,止浆"岩帽"厚度自然就放大了,钻孔关水就安全了,或者第一孔见水就注浆,其余孔不注,同样可以起到加固岩体作用,只要钻孔能关住水,在一定范围内钻孔施工结束了,关放水试验结束后就可以群孔注浆,注浆终压一般为2~3倍水压(水压值现场测定,延安路站水压测定值为0.1~1.2MPa),但当岩体较完整或岩溶裂隙中有较多填充物时,宜采用高压注浆(6倍水压以上)对其进行压密挤实,充填细微裂隙或加固处理,若岩溶裂隙发育、岩体破碎(如风化带),则应采用低压、浓浆定量间歇注浆方法,以防浆液扩散过远,造成浪费。

先序注浆孔浆液扩散范围会影响后序注浆孔浆液扩散范围,后序注浆孔浆液扩散使得地下水在先期浆液固化边界形成压力梯度增高带,导致浆液更容易向压力小的地方扩散流动,注浆设计时相邻两个注浆孔之间浆液扩散半径交圈实质是一种理想状态,单排布孔注浆很难形成完整帷幕,多排孔注浆更易容形成完整帷幕。多排注浆效果大于单排注浆效果。多排孔注浆时,应先外围,后内围孔。双排或多排圈形布孔,更有利于帷幕的形成,注浆顺序必须是先外圈后内圈。

延安路站地下岩溶管道涌水见图3-1-22。

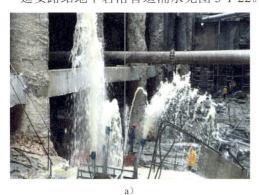
a)

b)

图3-1-22　延安路站地下岩溶管道涌水

第2章 轨道监理

2.1 监理范围及组织机构

2.1.1 监理范围

(1)本工程分2个施工标段:铺轨工程Ⅰ标段和铺轨工程Ⅱ标段。

(2)铺轨工程Ⅰ标段施工范围:金阳车辆段、下麦西车站至安蛮区间DK20+300的正线、辅助线及出入段线、试车线、金阳车辆段的铺轨工程、轨排井封堵及站台板、轨顶风道施工监理服务。

(3)铺轨工程Ⅱ标段施工范围:安蛮区间DK20+300至场坝村站、小河停车场站的正线、辅助线、联络线、出入段线、渡线、存车线、试车线、小河停车场的铺轨工程、轨排井封堵。

(4)铺轨工程Ⅰ标段和铺轨工程Ⅱ标段主要工程内容包括:前期准备及辅助设施工程、各类道床铺设、道岔铺设、无缝线路铺设、轨道附属工程施工等;以及验收、缺陷责任期修复、保修期保修等。

(5)其他永久工程包括(但不限于):土建、机电、人防等专业在道床内的注浆管、过轨管线、预埋件和预留孔洞工程,以及设备安装配合、装修配合等相关专业的配合工作。

(6)轨道工程与机电系统设备、土建工程及其他相关工程的接口协调监理。

(7)临时工程(包括但不限于):

①大临设施(含铺轨基地);

②场内施工用水及临时排水措施;

③场内施工用电;

④隧道内临时照明和动力用电;

⑤工程影响范围内的管线保护;

⑥临时便道及交通组织(含交通设施);

⑦工程范围内各种原因引起破坏(如管线迁改、施工车辆超载、不文明施工)后恢复的工作;

⑧工程施工影响范围内的道路及市政设施的养护、维修、保洁工作;

⑨临时工程的施工、安装及拆除等。

(8)施工设备:为完成本工程所有永久工程和临时工程需要的一切设备,均由承包人自行解决。承包人须具有钢轨焊轨设备,并按照投标承诺的品牌设备型号、规格等配备。

2.1.2 组织机构

机构设置:本项目采用直线职能式"项目监理组织机构",两级设置,设监理部和铺轨施工Ⅰ标段、Ⅱ标段监理分部。监理部设安全、测量、试验、合同及计量管理、文员等职能部门，结合岗位分工，配合总监理工程师，并按照总监理工程师安排，协助监理分部做好各自专业监理工作。

需求计划（每个标段）为：总监理工程师1人，总监理工程师代表2人，轨道专业监理工程师8人；计量专业监理工程师1人；测量专业监理工程师2人；试验专业监理工程师2人；土建工程师2人；焊轨工程师2人；安全专业监理3人；资料员1人，其他监理员8人。按照施工进度有计划的安排人员进场，并根据施工进展情况和不同施工阶段对人员进行调配，按照既有分工又有合作的动态管理模式适时调整，加强有针对性的控制力度，人员具体安排按照施工准备、前期—高峰—收尾，根据专业需求，实时调整需求，确保监理人员投入满足工程监理工作顺利开展。轨道监理组织机构见图3-2-1。

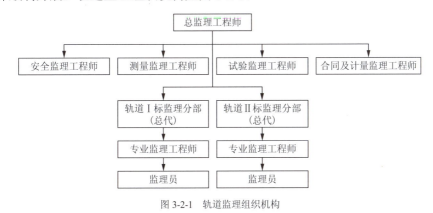

图 3-2-1 轨道监理组织机构

2.2 轨道工程的特点及监理工作重难点

2.2.1 轨道工程特点

（1）工作面不连续，危险源因素多。

受隧道施工进度的影响，隧道整体道床施工时须按其移交时间来确定施工，施工段将呈间断跳跃式施工。可导致的事故分为：触电、火灾、爆炸、中毒、车辆伤害、起重伤害、倾覆、机械伤害、辐射、灼伤、物体打击。

（2）标段内多单位施工，接口多、轨行区安全管理难度大。

铺轨工程接口工程较多，施工期间的多单位、多作业面同时施工，施工干扰大。因此施工前充分考虑施工接口的部位及内容，制订可能引起接口部位安全问题的预防措施，及时向各单位提交本合同工程需其他专业或合同工程提供接口的内容，统一协调。施工现场工作面之间、人员、设备、材料需统一协调安排，合理组织，实行有序施工，才能保证施工人员安全，防止安全事故的发生。

(3)对测量工作提出了高精度、零差错的要求。
(4)高架区间整体道床与隧道内整体道床施工差异较大。

2.2.2 监理工作重难点

1)工程测量是监理工作的重点

轨道采用整体道床及无缝线路,施工要求精度高,需要测量工作全过程地为各工序施作提供准确的参照信息,是确保工程质量的关键。而测量成果是保证道床、轨道几何尺寸和线路平顺的基本依据,出现任何差错都会导致返工,造成不必要的损失甚至导致重大的质量事故,因此工程测量应作为监理工作关注的重点内容之一。

2)轨道精调质量控制是监理工作的重点

轨道的平顺性对列车速度及乘坐舒适性影响巨大,而轨道调整工作质量的好坏,是影响轨道平顺的最直接因素,由于受施工误差、测量误差、桥梁徐变及轨道部件制造误差等因素的影响,铺轨完成后的轨道线形不可避免会存在一些直接影响行车安全性和舒适度的偏差,此时就需要对超过轨道几何允许偏差的点位进行检查和修正,该工作精度要求高,费时烦琐,意义重大。所以,应作为监理关注的重点之一。

3)钢轨焊接质量控制是监理工作的重点

良好的轨道平顺度是确保列车行驶安全和舒适的基本保证,而线路的平顺度与钢轨焊接质量是密切相关的,具有关研究表明,将钢轨焊接的平直度提高一倍,相当于无缝线路的安全等级提高一级,因此,基于钢轨焊接质量对噪声、列车行车安全的巨大影响,对工艺标准,施工环境的高要求,对钢轨焊接的质量控制应作为监理工作的重点和难点。

4)无缝线路锁定及应力放散质量控制是监理工作的重点

无缝线路锁定对轨温敏感,观测标准要求高,施工时较难控制,因此应作为监理工作关注的重点之一。

另外,本工程正线在隧道内铺设无缝线路时,洞内温差小,铺设时无须温度应力放散,但在高架区间、停车场、库外线等露天工作面时,受外界气温影响,涉及轨道应力放散,监理工作中应予以重点关注。

5)道岔及(交叉)渡线的安装调试质量控制是监理工作的重点和难点

道岔组装调试施工难度大,周期长,根据既有轨道工程施工经验,每组单开道岔和交叉渡线施工周期均较长,前者多为7~15天,后者多达一个月以上,因为此项工作对进度及质量影响大,所以道岔的安装调试是监理工作的重点及难点。

6)整体道床施工是监理工作的重点

整体道床质量监控项目多,隐蔽工程多,影响轨道工程的质量因素也多,一旦出现问题,势必对后续工序施工、轨道结构的维修、安全、使用寿命造成极大影响,所以,整体道床的施工应为监理工作的重点。

7）各种接口关系的协调处理是监理工作的重点及难点

轨道施工与其他工程如土建附属工程及堵漏、车站装修及设备安装、牵引供电、通信、信号等，同时或交叉施工；道床内预埋管线、道岔转辙器的施工，车站与区间接合部人防门的施工等工作要与供电、通信、信号、车站安装、人防、排水等专业接口的协调；致使本工程协调工作复杂，施工组织难度大。所以，各种接口关系的协调处理是监理工作的重点及难点。

8）轨行区施工安全管控是监理工作的重中之重

轨道交通机电各参建单位均在轨行区施工有较大工作量，轨道施工、车站装修及设备安装、牵引供电、通信、信号等，加之土建附属工程及堵漏，同时或交叉施工，各参加单位运输材料、设备运输车辆较多，车辆隶属不同产权单位，协调工作量较大，管理难度较大；要求在轨行区施工单位必须服从轨道施工属地管理单位管控，各参加单位必须认真履行市轨道公司《轨行区管理办法》《轨行区安全考核奖罚管理办法》，轨行区属地管理单位《轨行区管理制度》《轨行区施工请消点管理办法》，以确保轨行区施工安全有序可控。

9）安全文明施工是监理工作的重点

线路贯穿于城市繁华地段，环境因素敏感，受关注程度高，一旦发生安全、环保事故，社会影响极大，因此安全文明施工应时刻作为监理工作关注的重点内容之一。

处置解决监理工程重点及难点的方法，一般可归为四类：

一是组织措施，即对监理机构和承包商都要按合同承诺，建立组织机构，配齐有关人员和设施设备，建立规章制度，明确岗位责任，制订考核办法，形成管理体系（行政、技术、质量、安全等），制订工作方案（监理方案、施工准备、施工组织设计、技术方案、进度计划、工、料、机安排等），实现工程建设有序可控。

二是经济措施，即用经济杠杆控制承包商的工程进度和工程质量。

三是合同措施，即用合同条件规范承包商的施工行为，并纳入法制化的轨道，保证工程进度和质量。

四是技术措施，即针对工程存在的重、难点问题，用技术手段去处理解决，这是四种措施的核心。

2.3 监理工作方法和措施

2.3.1 工程质量控制的工作方法

（1）制订质量控制程序和控制图：以事前控制（预防）为主，工程开工前，对施工全过程进行分析，制订相应的质量控制程序，制作关键施工过程控制图，在图上标明控制点及相应的责任人员，并按事先确定的要求实施控制，确保施工质量达到设计要求和合同约定。

（2）以市轨道公司首件验收管理办法为依据，坚持以"样板"领路，规范过程中的操作及验收标准,规范施工、监理人员的质量意识和作业行为,力争做到施工作业规范化、验收标准化,提高工程整体施作质量和验收水平。

(3)巡视、抽查、指令文件:按监理规划的要求对施工过程进行检查,及时纠正违规操作,消除质量隐患,跟踪质量问题,验证纠正效果。现场隐蔽工程验收见图 3-2-2。

a)　　　　　　　　　　　　b)

图 3-2-2　现场隐蔽工程验收

(4)测量、试验:采用必要的测量、试验、监理抽查工作手段,以验证施工质量见图 3-2-3。

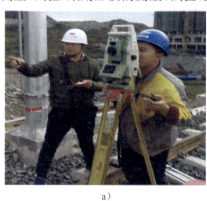

a)　　　　　　　　　　　　b)

图 3-2-3　测量监理现场复核及数据采集

(5)旁站检查:对工程的关键工序和重点部位施工过程进行旁站监理(图 3-2-4)。

图 3-2-4　现场混凝土浇筑旁站检查

(6) 见证取样、平行检测：严格执行现场见证取样送检和平行检测制度见图 3-2-5。

a)　　　　　　　　　　　　　　　　b)

图 3-2-5　钢筋原材见证取样及混凝土抗压试块见证检测

2.3.2　工程质量控制的工作措施

1）技术措施

(1) 监督施工单位严格执行施工承包合同，严格按施工规范、设计图纸要求进行施工，对工程关键部位、主要环节的施工，按有关的施工规范和质量检测规定，进行检验签证，以控制工程质量，并依据质量检验评定标准对施工质量做出评价。

(2) 严格执行《材料报验制度》和《见证取样送样制度》。严把材料进场关，对用于工程的主要材料、构件，100% 按规定进行材料见证取样，检查数量必须满足相关工程质量验收标准的要求，原材料和半成品抽检率不得低于施工单位自检数的 20%，钢轨焊接头质量抽检率为 20%，对钢筋、试块等由监理按规定"见证取样送样"，如发现有疑问时，及时向业主报告，经业主同意后进行复验；发现不合格者，责成承包单位将材料退出工地，防止不合格的材料或构件等用于工程。

(3) 严格执行隐蔽工程检查制度。隐蔽工程检查签证率 100%。对隐蔽工程检查中出现的各种问题，按规定下达监理指令，及时监督施工单位认真处理，主体工程邀请设计单位参加检查签证。

(4) 监督施工单位对检验测试的仪器仪表及设备按《计量法》规定进行校核，保证度量资料的准确。

(5) 对施工测量、放样等进行平行复测。对发现的问题，做出监理记录，并书面通知施工单位及时纠正。

(6) 对工程的施工检查保证不漏检，重点部位和技术复杂的部分除旁站监理外，总监或总代增加巡检次数。

(7) 对已完工程的质量、数量进行检验核实，由总监签署"验工计价表"后报建设单位并按规定进行验工计价。对不符合质量标准的工程,未经返工处理前不予验工。

2)组织措施

(1)建立质量控制目标体系,明确现场监理组织机构中质量控制人员及其职责分工。

(2)建立工程质量报告制度及质量信息沟通网络。

(3)建立协调会议制度。

(4)建立图纸审查、工程变更和设计变更管理制度。

3)经济措施

(1)督促施工单位严格执行《工程承发包合同》中有关质量方面的要求。

(2)严格按施工规范及有关验评标准进行质量检查和验收,不合格的工程坚决返工,未达标前拒绝计量。

(3)对变更设计进行严格审查,做技术、经济方面的比选。

(4)制订对监理人员责任与经济挂钩的考核办法。

2.3.3 进度控制监理工作方法

1)事前控制

(1)编制项目实施总进度计划。

项目实施总进度计划应满足项目总进度目标的要求,是审核施工单位提交的铺轨施工进度计划的依据,也是确定和审核施工进度与设计进度、材料设备供应进度、资金资源计划是否协调的依据。

(2)审核施工单位提交的施工进度计划。

主要审核是否符合总进度控制目标的要求,审核施工进度计划与施工方案的协调性和合理性等,审核施工单位总体施工计划和阶段性详细进度计划的协调性、合理性。

(3)审核施工单位提交的施工方案。

主要审核其技术组织措施在合理安排时间,能够保证进度方面的可行性、合理性。依据承包合同和施工单位的投标承诺,审核施工单位的上场人员、设备及工程分包情况,针对存在的问题,提出修改意见,并报建设单位。

(4)审核施工单位提交的施工总平面图。主要审核施工总平面图与施工方案、施工进度计划的协调性和合理性;督促材料、设备与机具按计划供应。

2)事中控制

进度的事中控制,一方面是进行进度检查、动态控制和调整,另一方面,及时进行工程计量,为向施工单位支付进度款提供进度方面的依据。其工作内容有:

(1)建立有反映工程进度的监理日志。

(2)利用形象进度表逐日如实记载每日形象部位及完成的实物工程量,显示工序进行日期和完成情况,随时掌握计划进度与实际进度是否动态平衡。同时,如实记载影响工程进度的内因、外因、人为和自然的各种因素,尤其是暴雨、大风、现场停水、现场停电等应注明起止时间(小时、分)。

(3)检查工程进度。

(4)审核施工单位每月提交的工程进度报告。审核的要点是:计划进度与实际进度的差异;形象进度、实物工程量与工作量指标完成情况的一致性;按合同要求,及时进行工程计量验收;有关进度、计量方面的签证(进度、计量方面的签证是支付工程进度款、计算索赔、延长进度的重要依据)。

(5)工程进度的动态管理。

3)事后控制

(1)工程实际进度滞后计划进度,在分析原因的基础上采取如下补救办法。

(2)如缩短工艺时间、减少技术间歇期、实行平行流水立体交叉作业等。

(3)如增加作业队数、增加工作人数、增加工作班次等。

(4)如实行包干奖金、提高计件单价、提高奖金水平等。

(5)如改善外部配合条件、改善劳动条件、实施强有力调度等。

(6)调整相应的施工计划,并使材料设备、资金供应计划等在新的条件下达到新的协调和平衡。

(7)督促施工单位整理内业资料和竣工资料。

(8)组织施工过程中工程各阶段验收和竣工初步验收,编写竣工验收报告。

综上所述,进度控制的监理工作方法主要是规划、控制和协调。

2.3.4　进度控制措施

1)组织措施

(1)监理内部的进度控制为总监、总代、专监,明确任务和职责,建立信息收集、反馈系统。

(2)进行项目目标的分解(按项目实施各阶段、单位或分部工程,按建设年度等),使目标具体化,并分别落实到每个监理人员身上。

(3)建立进度协调组织(建设单位、施工单位、监理等的组织体系)和进度协调工作制度,通过协调解决影响进度的因素。

(4)在项目实施过程中,检查和调整有关组织关系,使其适应进度控制工作的要求。

2)技术措施

(1)审批施工单位在开工前提交的实施性施工组织设计、总体施工进度计划、阶段性详细进度计划和变更计划并报建设单位;审批施工单位所拟定的各项加快工程进度的措施。

(2)审查施工单位根据总体施工进度计划编制的年、季度计划并上报建设单位,审批施工单位的月计划,并严格对施工进度监督、检查和控制。

(3)向建设单位和施工单位推荐先进、科学、合理、经济的技术方法和手段,以加快工程的进展。

(4)督促施工单位严格按施工合同规定的进度和建设单位下达的年、季月度施工计划组织施工,每月向建设单位报告施工计划完成情况和存在的主要问题,对施工单位主观原因造成的进度滞后有权向施工单位提出处理意见并报建设单位;签认施工单位呈报建设单位的工程进度报表。

(5)建立工程进度管理台账,核对工程形象进度,按月、季、年向建设单位报告。

(6)在对施工组织设计或进度计划进行调整时,提出主导意见并报建设单位。

(7)采用网络计划技术进行施工进度控制。

(8)使用计算机辅助监理工作,及时根据计划值与实际值之间的比较,进行分析与研究,当实际进度与计划进度发生差异时,在分析原因的基础上,督促施工单位采取纠偏措施。

3)合同措施

(1)利用合同文件所赋予的权利,督促施工单位按期完成工程项目。

(2)利用合同文件规定可采取的各种手段和措施,督促施工单位加快铺轨工程施工进度,改善劳动条件。

(3)实施强有力的调度,按合同要求及时协调有关各方的进度,改善外部配合条件,以确保工程的形象进度要求。

4)经济措施

(1)按合同规定的期限给施工单位进行项目的检验、计量和签发工程款支付证书。

(2)督促建设单位按时支付;制订奖罚措施,建议建设单位对提前完成计划者予以奖励;对延误工程计划者按有关规定进行处理。

(3)实行包干奖励,提高奖金数额,对所采取的技术措施给予相应的经济补偿。

2.3.5 安全控制方法和措施

1)旁站监理

对应急预案演练、高架段吊装。

2)巡查、测量

建立工地周、月专项检查制度,主要侧重于重大风险源的专项检查;施工过程中,监理日常安全监控工作以巡查为主,检查监督承包单位对施工用电(临时用电)、消防设施配备情况、临边防护、起重吊装、特种设备使用、架体刚度、强度、汽车式起重机、施工用电和漏电开关、配电箱综合接地等进行检查,对不符合要求者,责令承包单位停止使用并及时处理。

3)试验

要求承包单位对其使用的安全防护用具及机械设备提供出厂"三证",必要时要求承包单位进行安全性能检测。

4)指令文件

(1)安全监理人员对承包单位施工安全中存在的问题,通过发出监理通知等书面监理指令,责令承包单位限期内予以改正。

(2)如遇较大安全隐患紧急情况,安全监理人员报项目总监理工程师同意后由项目总监下达工程暂停令。

(3)如因时间紧迫,监理工程师来不及做出正式的书面指令,可用口头下达指令给承包单位,但随后应及时补充书面文件对口头指令予以确认。

5)使用支付手段和合同手段

(1)承包单位在施工中即使工程质量满足规范的要求,但安全管理混乱,发生或存在上述条款中问题时,监理工程师在形象进度工程款签发时,有权停止签发承包单位部分或全部工程款。情节严重的,监理单位有权建议建设单位解除施工承包合同。对分包监理单位有权指令总包单位解除分包合同。

(2)定期及不定期召开安全专项例会

(3)安全监理人员利用每周安全专项例会对本周安全工作进行总结,对现场安全管理、安全隐患提出工作要求,明确下周安全卡控点及对下周安全工作进行部署,对现场安全存在的问题限期施工单位进行整改。对重大安全隐患召开安全专项会议,要求施工单位进行案例分析,落实安全管理职责,明确责任人,制订纠改措施,对履职能力差的管理人员做调整工作岗位或进行处罚的决定。

6)安全监理措施

(1)监理开工前建立以岗位责任制为中心的安全责任制,制度明确,责任到人,实行安全管理人人有责,全员参与安全目标的管理。

(2)总监是安全监理的第一责任人,对整个监理工作过程的安全负责。

(3)总监代表对主管段落范围内的安全生产管理负责,组织落实安全监理细则的制度、措施,指导专监开展安全监理工作,对主管段落范围内施工过程中的安全行为负责。

(4)安全监理工程师负责组织安全监理细则、制度的编制,组织对监理人员进行安全业务知识培训,定期组织现场安全专项监理检查,核查施工现场对已审批的专项安全施工方案、安全监理细则的制度、措施的落实,提出指导意见及整改要求,并对整个项目施工过程的安全生产管理负责。

(5)各专业监理工程师以监理工作依据为标准,指导监理员开展安全监理工作,依据经审批的专项安全施工方案、安全监理细则的制度、措施,对分管范围的工地安全生产管理负责。

(6)专监严格审核审批承包单位上报的安全施工组织设计及安全专项方案,对方案可行性、可操作性、可实施性进行分析,并提出审核及修改意见。

(7)监理部按照自己的职责范围做好建筑工程安全生产管理与监督,按照国家、省、市及轨道集团有限责任公司发布的有关规定,制订安全监理计划,并针对本项目的安全生产特点,制订切实可行的安全监理措施。

(8)依据监理安全检查制度,对每个安全项目按规定每日检查监督至少一次,重点对安全风险点和承包单位的安全体系重点监督控制。按规定和职责参与各种安全事故的调查、分析及处理过程,并及时总结经验教训,为安全生产提供及时有效的技术咨询和管理。

(9)监理人员必须熟练掌握监理安全监控工作依据,对现场安全隐患进行有序可控。

7)监理对外安全生产管理措施

(1)检查承包单位安全管理人员是否到位,组织机构是否健全,能否有效运转。

(2)检查核实施工组织设计、施工方案和安全措施、施工技术及安全交底的落实,交底必须有交底人和接受交底人的签字;安全管理人员对施工过程中督促、检查是否到位,并督促检查承包单位严格执行。

(3)检查现场管理、施工人员,必要的劳动保护用品配备是否到位。

(4)组织施工单位定期进行重大风险源梳理,明确安全卡控点,明确现场安全责任人、监管人,进行定期或不定期的安全专项检查,重点检查承包单位安全保证体系的正常运转和标准化、规范化作业。

(5)对投入的施工设备和施工设施进行安全检查,不符合安全规定的限期整改完善。

(6)施工过程中,检查核实《建筑施工安全检查标准》(JGJ 59—2011)的落实情况,发现安全隐患时,应要求施工单位在限期内整改完毕。

(7)检查特殊工种作业人员是否持证上岗,严格执行各种安全操作规程,确保施工安全。

(8)工程开工前以及施工过程中,检查承包单位对现场施工人员进行安全教育的情况,要求承包单位做到教育有记录、有考核,考核合格后,方可上岗。

(9)检查督促施工单位组织应急预案的演练。

(10)检查核实承包单位对职工的防火教育,制订措施和管理制度,杜绝火灾事故的发生。

(11)安全监理工程师定期组织现场安全管理人员对施工单位办公区、生活区进行安全专项检查,发现问题及时要求限期整改。

2.3.6　监理的主要工作内容

1)准备阶段

(1)检查、核验施工单位的放样和测量数据。实行施工图会审和核对制度,总监组织各专业监理工程师认真审查设计图纸,对图纸中存在的问题或需加以澄清的,通过协调及时解决,并留存书面记录。

(2)审查施工单位提交的施工组织设计(方案),主要对施工技术措施、施工方案、施工进度计划进行审查;提出审查意见,确保符合国家现行规程、规范和合同要求。

(3)对工程项目进行工序分解排列,明确质量控制点,明确重、难点和关键工序。

(4)工程项目开工前,总监理工程师应审查施工单位现场项目管理机构的技术资质、人员配备情况以及质量管理体系、技术管理体系和质量保证体系。应审核以下内容：质量管理、技术管理、安全管理和质量保证的组织机构；质量管理、技术管理制度；专职管理人员和特种作业人员的资格、上岗证，并签署审查意见。

（5）分包工程开工前，专业监理工程师应审查施工单位报送的分包单位资格报审表和分包单位有关资料，对劳务分包单位资格审核应包括以下内容：分包单位的营业执照、企业资质等级证书、特殊行业施工许可证；分包单位的业绩；拟分包工程的内容和范围；专职管理人员和特种作业人员的资格证、上岗证。

（6）验收均需通过试验监理工程师检查、认可，确保不合格的材料一律不得用于工程施工。

（7）当施工单位采用新材料、新工艺、新技术、新设备时，监理工程师应要求施工单位报送相应的施工工艺措施和证明材料，并组织专家进行专题论证，经审定后予以签认并报业主批准后，可进入施工现场进行施工。对重要的施工机械设备应由施工单位提交机械性能报告，经监理工程师审批同意后才能使用。

（8）工程项目开工前，参加交接桩，对施工单位报送的控制测量成果及保护措施进行检查，主要检查内容：施工单位专职测量人员的岗位证书及测量设备检定证书；复核控制桩的校核成果、控制桩的保护措施以及平面控制网、高程控制网和临时水准点的测量成果。检查放线测量，监理工程师事先要求承包商提出现场测量资料，由测量专业监理工程师对测量放线审查和复检。

（9）专业监理工程师审查施工单位报送的工程开工报审表及相关资料，主要包括下列内容：施工许可证已获政府主管部门批准；征地拆迁工作能满足工程进度的需要；施工组织设计已获总监理工程师和业主的批准；施工单位现场管理人员已到位，机具、施工人员已进场，主要工程材料已落实并经试验合格；进场道路及水、电、通信等已满足开工要求。具备上述开工条件时，由总监理工程师签发，并报业主。

（10）监理参加业主组织召开第一次工地例会见图 3-2-6，会议主要内容：建设单位、施工单位和监理单位分别介绍各自驻现场的组织机构、人员及其分工；建设单位根据委托监理合同宣布对总监理工程师的授权；建设单位介绍工程开工准备情况；施工单位介绍施工准备情况；建设单位和总监理工程师对施工准备情况提出意见和要求；总监理工程师介绍监理规划的主要内容；研究确定各方在施工过程中参加工地例会的主要人员，召开工地例会周期、地点及主要议题。

图 3-2-6　监理例会

2）施工阶段

（1）检查施工单位的施工工艺是否符合技术规范的规定，是否按开工前审核批准的施工组长设计(方案)组织施工。

(2)检查施工中所使用的原材料、混合料是否符合经批准的原材料的质量标准和混合料的配合比要求。

(3)每道工序完工后进行严格的质量验收,合格后才能允许进行下道工序(图 3-2-7)。

a)

b)

图 3-2-7　现场隐蔽工程验收

(4)对施工中产生的各种缺陷或质量事故进行调查、处理,达到合同要求后才准许承包商继续施工。

(5)对施工单位在施工过程中报送的施工测量放线结果进行复验和确认,并按业主有关测量管理规定执行。

(6)工程出现质量事故时,总监理工程师组织相关单位召开质量听证分析会,结合现场调查的结果,提出调查报告和处理建议并报业主审批同意后处理。

(7)需要返工处理或加固补强的质量事故,总监责令施工单位报送质量事故调查报告和经设计单位等相关单位认可的处理方案,监理部对质量事故的处理过程和结果进行跟踪检查和验收,将完整的质量事故处理记录整理归档。

(8)要求施工单位按时上报真实可靠监控量测资料,并随时进行检查。

(9)监理工程师必须按贵州省、贵阳市有关地方规定以及市轨道公司对安全文明施工生产的要求,对整个施工过程的安全文明施工进行检查督促,对发现的施工安全隐患、施工扰民问题要求施工单位进行彻底整改。

(10)在工程中发现问题,及时向施工单位发出监理通知,并要求施工单位回复对监理通知内容要求事项的落实情况。

3)交工及缺陷责任期阶段

(1)交工验收与交工证书的签发

在收到承包商的交工申请报告后,监理工程师应对此报告进行严格审查,并写出书面审查报告,对交工工程进行检验,并做出评价,检查承包商对申请交工工程的现场清理情况以及交工资料的完成情况。会同业主确认以上各项检查符合合同要求后,监理工程师立即签发交工证书。

（2）编制竣工文件

在工程交工验收前，监理工程师应依据有关竣工验收管理规定以及有关法律、法规、工程建设强制性标准、设计文件及施工合同对施工单位报送的竣工资料进行审查，及时掌握和处理施工单位竣工文件编制过程中出现的问题。

（3）缺陷责任期

①交工证书的签发，表示该部分工程进入缺陷责任期，在缺陷责任期内，要求施工单位要完成在移交证书中指明的当时尚未完毕的工程。

②完成在移交证书中指明的已完工程中存在的某些缺陷的修补。

③进行修补或重建因施工单位原因出现的工程缺陷。

④完成不合格需重建、修补缺陷工程，直到验收合格。

⑤对工程质量缺陷原因会同有关部门进行调查分析并确定责任。

⑥在缺陷责任期满后，监理工程师对施工单位在缺陷责任期所完工程检查合格后予以签认。

2.3.7 经验和总结

1）场地移交管理的建议

（1）场地移交工作是土建与机电单位、机电与机电单位之间的场地管理权利转换的重要控制工作，在场地移交时，受制于土建工程进度影像。土建与机电、机电与机电单位之间的场地移交工作，走形式，不受程序管控，为以后机电单位管理留下了管理漏洞。

（2）场地移交工作必须是在前一施工单位完成移交场地的验收工作后，有轨道公司安质部主持召开的移交工作会，并督促后期遗留问题的整改；1号线场地移交方与接收方移交工作管理工作存在较大漏洞，移交方不能及时解决遗留问题（如渗水、垃圾清理），遗留问题的整改工作成为接收方的协调工作，致使轨道工程施工留下很多质量隐患和后期管理协调问题。

（3）场地移交工作管控是市轨道公司安全质量部、建设分公司的管理职责，是轨道交通工程的重点工作，其他单位不可能胜任此项工作，也不能担任此项工作，为此，市轨道公司要制订场地移交后的问题整改督促制度。

2）施工电源接入协调的建议

（1）轨道、机电施工的电源接入问题，市轨道公司应土建与机电施工全盘考虑，避免重复投资，土建单位必须预留机电单位电源接入问题，解决后期轨道、机电施工的电源接入的难点与困难，减少后期机电施工的协调困难，同时减少工程投资。

（2）机电单位施工电源接入主要是从土建单位变压器接入，机电单位电源接入工作受制于土建单位，工作难度很大，无形中增大机电单位协调、管理与施工的难度，增大了工程投资。

3）轨行区管理的建议

（1）轨行区管理工作是轨道交通工程的重点与难点，轨行区管理的主体责任方应是轨道施工单位，责权利要对等，考核奖罚制度是关键，管理制度落实到位，日常管理辅之，机电部作为管理单位应以协助轨道单位管理及考核为主，不参与轨行区的日常管理工作。

（2）贵阳轨道1号线轨行区管控工作难度较大，主要问题是考核制度难以落实，轨行区管控制度形同虚设，违章成本形同为零，轨道施工单位管理工作无法落实。

（3）轨行区属地管理形同虚设，各方参建人员随意进入轨行区施工屡禁不绝，根本原因在于属地管理工作不能落实。

4）属地化管理建议

（1）真正落实属地化管理制度，属地化管理单位要有管理权限，管理的"责、权、利"要落实，要赋予管理权限，不能只对其讲责任，而没有权和利的管理权。属地化管理范围的安全、文明施工问题是考核成绩的依据，轨道公司可根据管理成效对属地化管理单位予以考核奖罚。

（2）对进入属地施工的其他施工单位，可要求进入单位向属地化管理单位缴纳安全、文明施工、质量保证金，对违反属地化管理制度的单位，可扣罚保证金。

（3）进入属地施工的其他单位，必须办理落实场地交接程序，属地交接单位的监理、施工四方共同签字确认，明确责任，要求进入属地施工单位的施工过程中必须做到工完料清，否则，属地化管理单位可对其进行扣罚保证金，避免后期属地垃圾成堆，无人认领，机电部费心费力组织参建单位清理，增大机电部管理难度及其他单位的施工成本。

第3章　第三方监测

3.1　监测范围及组织机构

3.1.1　监测范围

土建施工阶段的监测工作。

1）监测对象范围

（1）明挖基坑支护结构（明挖车站主体结构、附属结构、临时施工竖井、区间风井及风机房等）。
（2）矿山法暗挖隧道初期支护结构。
（3）明挖车站周边及暗挖隧道区间上方、周边岩土体、道路地表。
（4）明挖车站周边及暗挖隧道区间周边、上方雨水、污水、上水、燃气、通信等地下管线。
（5）与车站、区间紧接的建（构）筑物、道路、桥梁、既有轨道交通、既有铁路等。

2）监测项目范围

（1）明挖基坑支护结构监测
①必测项目：坡顶水平及竖向位移、桩（墙）顶水平及竖向位移、桩（墙）体深层水平位移、支撑轴力、锚索（杆）拉力、立柱结构水平及竖向位移。
②选测项目：桩身结构应力、立柱结构应力、顶板应力、土钉拉力、土体深层水平位移、土体分层竖向位移、基坑隆起、桩（墙）侧向土压力。
（2）暗挖隧道初期支护结构监测
①必测项目：初期支护拱顶沉降、初期支护水平收敛。
②选测项目：隧道拱脚竖向位移、初期支护结构应力。
（3）周边岩土体监测
包括地表沉降、地下水位等。
（4）周边环境监测
①建（构）筑物：沉降、水平位移、倾斜及裂缝监测；爆破振速。
②地下管线：竖向、水平位移及差异沉降。
③道路、公路：路基沉降；挡墙沉降及倾斜。
④桥梁墩台沉降、差异沉降、倾斜及裂缝监测。
⑤既有轨道交通结构竖向位移、水平位移；隧道结构变形缝差异沉降监测；轨道静态几何形位；隧道结构裂缝监测。
⑥既有铁路：路基竖向位移、轨道静态几何形位。

3)监测工点范围

1号线起点(YD2K12+575.000)至终点(YDK33+831.00)各车站及区间工程、车辆段及出入段线、综合基地、朱家湾主变电所(含区间到朱家湾主变电所的电缆隧道)、区间到专用通信系统(OCC)电缆隧道、小河停车场及出入段线、火车站主变电所(含区间到火车站主变电所电缆隧道)。

4)监测实施主体范围

监测实施主体主要分为施工监测和第三方监测单位,其中,施工监测为各土建施工标段自行实施,第三方监测单位为轨道公司委托具备相应资质的监测单位通过公开招标形式确定。本工程各工点共划分为4个第三方监测标段。

3.1.2 监测组织机构及职责

1)组织形式

市轨道公司监测管理实行三层管理模式,即公司层、管理层和实施层。

公司层由市轨道公司领导(总经理、分管副总经理、总工程师等)、建设分公司、安全质量部、总工程师办公室、合同管理部、档案管理室等公司相关职能部门组成,全面负责市轨道公司所辖全网土建施工过程中的监测管理工作。

管理层主要为市轨道公司建设分公司技术部、质量安全部、土建工程部及其他相关职能部门组成,全面负责全网土建施工过程中的监测管理工作。

实施层为建分公司土建工程部现场业主代表与轨道公司签订合同、参与工程建设任务的各相关单位,包括勘察、设计、监理、施工等建设主体责任单位,以及第三方监测、第三方探察和风险咨询单位等协助公司开展监测管理工作的第三方单位,负责按照国家、贵阳市和行业法律法规、技术标准规范、合同文件等开展相应的监测管理工作。

2)实施层各方主要工作职责

(1)现场业主代表主要工作职责

①负责对第三方监测单位日常监测工作的管理。

②根据现场监测、巡视异常、预警信息发现的现场重大安全风险或不安全状态,组织各参建方对现场检查、复核和确认。

③当接到综合预警通知后,及时通知并组织施工、监理、第三方监测、勘察、设计、风险咨询单位等单位、部门召开警情分析会,并督促各方落实会议决议。当风险得到控制后,及时组织各方召开警情消警会议。

(2)风险咨询单位主要工作职责

①通过信息平台真实反映和管理工程施工进展、施工工况、安全状态、监测数据等。

②督促施工、监理、第三方监测等单位及时上传监测数据和相关文档资料。汇总并分析每日的监测数据,结合当日工况、视频监控、各方反馈等,实施每日安全评估,对风险较大的

工点进行重点跟踪监督。

③当出现巡视预警、监测预警时及时赶赴施工现场参加调查、核实和原因分析,综合各方意见后,向质量安全部提出综合预警建议。

④及时参加黄、橙、红三色警情分析会和橙、红色警情消警会,参与警情原因的分析及处理方案制订,跟踪落实警情分析会决议和处置措施。

⑤统计施工资料、监测数据上传以及各参建单位相关整改、处置回复的情况(误传、未传、上传不及时等),协助质量安全部考核参建各方土建施工阶段的安全风险管理及信息平台工作情况。

(3)勘察设计单位主要工作职责

①设计单位负责编制施工监测图设计文件。

②负责本标段勘察设计安全风险监测技术交底。

③参加现场各类监测预警、巡视预警及综合预警并提出处置措施、建议和技术支持;参加消警分析会议。

④设计单位负责编制本标段内工程监控量测控制指标。

(4)监理单位主要工作职责

①督促并复核施工单位上传相关监测类资料。

②负责审核施工单位的监测方案。

③督促施工单位保护好监测点,发现测点破坏及时通知施工单位整改恢复,做好记录并将有关信息向监控中心反馈。

④参加警情分析会和警情消警会。督促施工单位落实警情分析会决议和处置措施。

(5)第三方监测单位主要工作职责

①由项目负责人负责信息平台日常管理工作,及时查看并安排相关人员通过信息平台对建设单位(含监控中心)提出的问题和要求进行落实、整改回复。

②及时真实上传相关文档资料(监测方案、监测周、月报、当日监测数据等)。

③及时上传真实有效的所有监测点(包括加密点)监测数据,并对施工方监测数据进行复核。

④积极配合监理单位审核施工单位监测方案和监测点验收、取初始值工作。

⑤定期对监测点进行巡查,发现安全隐患或不安全状态以及测点破坏及时通知施工、监理单位和业主代表、监控中心。

⑥按规定或轨道公司土建工程部的通知参加黄、橙、红三色警情分析会和橙、红警情消警会。参与警情原因的分析,配合做出先期处置,严格落实相关会议确定的处理方案。在预警未消警闭合前,每周、月对预警事件安全状况进行描述(数据变化情况、结构总体安全状态等),写入监测周、月报。

⑦完成建设单位和监控中心通过信息平台布置的其他工作。

（6）施工单位主要工作职责

及时真实上传施工监测周、月报、施工监测方案、监测点验收记录、每日监测数据等文档资料和监测数据。

按规定布设、保护监测点，认真开展监测工作，不得弄虚作假。监测数据异常时须跟踪监测，采取加密监测点、增加监测频率的等方式，并及时通知业主代表、监理单位、第三方监测单位和监控中心。

按规定或市轨道公司土建工程部的通知参加黄、橙、红三色警情分析会和橙、红警情消警会，严格落实警情分析会决议和处置措施。在预警未消警闭合前，按规定将每日处置情况写入施工日报。按照消警流程进行消警。

3）组织机构

监测组织机构见图 3-3-1。

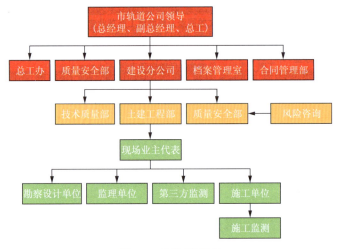

图 3-3-1　监测组织机构

3.2　第三方监测的特点及监测工作重难点

3.2.1　第三方监测的特点

第三方监测作为建设单位直接委托的监测实施单位，具有"客观、独立、公正"的特点。第三方监测单位在监测目的、监测内容、实施主体、实施程序等方面均不同于施工监测，有其自身的特点：

1）监测目的

（1）为建设单位风险监控预警、险情处置、事故分析以及竣工后评估提供服务；

（2）为监理单位核实及验证施工监测数据提供服务；

(3)为客观公正处理建设单位与工程周边环境产权或管理单位的争议提供基础数据。

2）监测内容

第三方监测一般是对整条城市轨道交通线路或多个施工标段进行监测,其监测重点是主体结构、重要的周边环境和工程支护结构的关键部位,监测项目和监测频次较施工监测少,可采用施工监测工作量的1/3～2/3作为第三方监测的工作量。

3）实施主体

施工监测由施工单位自行实施。第三方监测由建设单位委托具有资质的监测单位实施。

4）实施程序

第三方监测是在施工图设计的基础上,专门编制第三方监测方案,并经建设单位组织专家论证后实施。监测数据报建设单位、监理单位、设计单位。发现异常时,及时通知施工单位。

3.2.2 第三方监测的重难点

1）轨道交通土建工程监测工作重点

(1)现场安全监测的重点

工程自身安全监测:明挖工程变断面、阴阳角等受力复杂部位以及涉及周边存在重要建(构)筑物部位的桩顶位移、桩体变形、支撑轴力和锚杆(索)拉力的监测。

道路及地表监测:涉及重要地下管线、桥梁、建(构)筑物、道路环境风险工程的区间和车站所对应的道路及地表沉降监测,暗挖工程的开口部位、变断面、挑高段、拐弯段、大断面、特殊地质地段等部位所对应的道路及地表沉降监测。

地下管线监测:矿山法下穿或近距离旁穿($1/2H$范围内,H表示结构底埋深)、明挖基坑临近($1/2H$范围内)的上水管、污水管、燃气管、热力管和雨水管等监测。

建(构)筑物监测:矿山法下穿或近距离旁穿($1/2H$范围内)的建(构)筑物,明挖基坑工程临近($1/2H$范围内)的建构筑物的沉降、倾斜监测及爆破振速。

桥梁监测:矿山法下穿(桥桩位于地铁工程上方)或近距离旁穿(桥桩位于地铁工程侧面,有1/3以上桩长位于破裂面范围或水平净距小于3m)的桥梁墩柱(台)沉降、倾斜及相邻墩柱(台)差异沉降监测。

对于以上现场安全监测的重点部位、重点对象在制订监测实施方案时,测点布设加密,测试频率加大。

(2)现场安全巡视的重点

工程自身安全巡视:明挖工程变断面施工、阴阳角等受力复杂部位支撑体系状况、旁临重要环境风险工程的基坑开挖施工、大跨度深基坑的支撑体系施作等的巡视;矿山法施工的开口段、变断面段、挑高段、拐弯段、重要环境风险工程下方对应区段、特殊地质地段等部位的施工缺陷或及时性巡视。

道路及地表巡视:暗挖工程的开口段、变断面、挑高段、拐弯段、特殊地质地段等地段的地表状况巡视;重要环境风险工程的区间和车站所对应的地表状况巡视。

地下管线巡视:矿山法下穿或近距离旁穿（1/2H 范围内）工程的上水管、燃气管和热力管等管线所对应的地表、检查井状况巡视。

建（构）筑物巡视:矿山法下穿或近距离旁穿（1/2H 范围内）的建（构）筑物、明挖基坑工程临近（1/2H 范围内）的建构筑物,特别是浅埋基础、年限较长的建构筑物附近地面、基础的巡视。

桥梁巡视:矿山法下穿或近距离旁穿桥梁的墩柱及附近地表状况巡视。

2）现场监测工作重难点及应对措施

（1）浅埋暗挖段大断面施工

望城坡站—新村站区间单洞双线段隧道断面采用台阶法施工,为大断面开挖施工,且隧道轨面最小埋深仅为 12.5m,同时隧道拱部大部分位于填土层内,土体自稳性较差,施工开挖扰动可能会发生围岩变形过大、掌子面垮塌及地表下沉过大甚至坍塌等风险;

应对措施:对于区间洞内隧道加密布点间距 5m 为 1 组,对应地表监测断面加密 5m 为 1 组;施工过程中加强隧道洞内监测,密切关注数据变化情况,同时加强道路路面现场安全巡视工作,发下异常情况及时进行处理。

（2）区间隧道下穿回填土层段

本工程新村站—长江路站区间隧道拱顶处于回填土层区域,回填土层结构差,极其松散,隧道开挖施工过程中对上方土体扰动作用较大,施工过程中极易发生地表沉降过大（最大可能达到 150mm）情况,同时易造成管线破裂、地下水渗漏甚至隧道冒顶等风险;

应对措施:过程中应加强地表沉降、地下管线监测工作,同时施工方应采取调整施工参数、严格控制开挖进尺、禁止爆破作业、减少施工扰动、及时封闭初期支护结构等措施严格控制地表沉降和隧道初期支护结构变形。

（3）沿线周边环境复杂,施工风险大

本工程长江路站—清水江路站区间下穿居民房屋片区较多,房屋多为 6 层以下多层砖混结构,基础为条形基础,建筑年代久远,房屋质量差。隧道开挖作业将会对上方岩土体产生较大的扰动,进而会对房屋建筑产生较大影响,可能导致发生房屋开裂、倾斜过大、不均匀沉降等风险。

隧道区间穿越老城区,市政管网密集,埋深质量差,许多管线材质多为铸铁,受道路施工质量及埋深时间影响,可能存在管线渗漏、破坏等情况,管线渗漏水甚至和隧道上方岩体裂隙形成贯通通道,对隧道施工影响较大,存在较大风险。

应对措施:在满足第三方监测点布设要求情况下对建（构）筑物测点进行加密布设并统一编号,和施工方同点同测,并注意房屋开裂情况巡视,及时反馈监测信息指导轨道交通施工;加强爆破振速监测,保证每栋房屋基础均布设监测点,与施工方做好协调沟通工作,在爆破作业时提前进入现场,过程中及时通过监测数据反馈施工,以及时调整爆破施工参数,控制药量,将炮损影响降低到可控范围之内。

加强管线沉降测点的埋深质量,做好周边管线调查,对管线接头处均布设测点,并和施工方同点同测。

(4) 下穿既有铁路段

线路在火车站站—沙冲路站区间下穿贵阳火车站站房及铁路股道、在沙冲路站—望坡城站区间下穿南关铁路路基及铁路股道、在长江路站—清水江路站区间下穿南西铁路路基及铁路股道。施工过程中控制不当，易发生桥墩沉降过大、路基沉降过大甚至造成铁路轨道变形，危及铁路安全使用。为保证铁路路基的安全和正常交通运营，在其施工期间，必须对铁路路基及其构筑物进行实时监控和常规监测相结合的方法进行监测，以便及时掌握区间隧道施工过程中铁路路基轨道的沉降情况，为判断路基轨道是否安全和能够正常使用提供依据。

应对措施：根据招标文件及合同要求、专项设计要求及铁路管理部门要求，制订专项监测实施方案，对铁路路基沉降、轨道沉降、轨道横向差异沉降、轨距变化开展专项监测。

应当提前与铁路管理部门进行必要的沟通协调，根据铁路有关沉降、结构和运营安全的要求确定监测控制值并开展监控量测工作，监测数据必须及时反映给业主、设计、监理、施工方等，及时分析，确保施工安全；下穿铁路的监测工作宜首选自动化监测。

3.3 第三方监测工作办法和措施

为合理控制轨道交通工程建设安全风险，确保结构和环境安全，规范和加强工程监测工作，市轨道公司在轨道交通建设过程中，除要求各单位严格按照国家、行业、地方相关现行法律、法规和标准、规范和施工设计图纸开展各项监测相关工作外，也出台一系列加强监测工作的管理办法，并制订多项监测管理措施贯穿于轨道交通建设各项工作中。

3.3.1 第三方监测工作管理办法

(1) 贵阳市轨道交通安全质量风险信息平台管理办法

主要内容：明确各方风险管理（包括监测工作）工作职责，监测资料及监测数据上传要求，预警的分类、分级、响应流程及消警流程等。

(2) 贵阳市城市轨道交通有限公司监控量测管理办法

①明确施工方监测、第三方监测单位及各参加单位工作职责。

②明确明（盖）挖基坑、矿山法施工隧道、高架车站及高架区间、工程周边环境等监测项目。

③明确施工方监测、第三方监测工作内容及工作流程。

(3) 贵阳市轨道交通监测点标准化管理手册

①规范监测控制网布设形式、布设要求及保护要求。

②规范明（盖）挖基坑支护结构、矿山法隧道初期支护结构、工程周边岩土体、道路地表

及工程周边环境各项监测点布设形式、布设要求及测点保护要求。

3.3.2 第三方监测工作管理措施

(1) 第三方监测技术交底

设计单位依据相关规范、规程,结合工程现场情况,编制监测设计图纸,在工程开工前,对施工、监理、第三方监测单位进行监测交底。

(2) 第三方监测月度巡检

在监理方组织下,施工方监测和第三方监测单位参加,每月 25 日前完成对所辖标段各工点现场监测点布设及时性、保护情况、布设质量、破坏后恢复情况等进行全面检查并形成检查报告,同时督促施工方在规定时间内整改落实。

(3) 第三方监测点验收

施工方负责监测点布设和保护,监理方组织第三方监测单位对现场各项监测点布设质量验收并填写测点验收记录。

(4) 监控平台

每日监测数据、监测日报按时上传监控平台,数据异常时实现实时推送。

监测方案、监测周报、监测月报、监测年报等各项资料按要求上传监控平台。

通过监控平台对参建各方使用平台情况进行月度考核。

通过监控平台实现监测综合预警,并实时跟踪各方持续响应情况直至消警。

(5) 监理例会

要求第三方监测单位定期参加现场监理周、月度例会,通报施工现场监测问题、阶段性监测数据变化情况和预警情况等并会同监理方督促施工方整个落实。

(6) 监理方对比监测数据

监理方对比分析施工监测和第三方监测数据及巡视信息。对同一监测点或监测项目,当施工监测与第三方监测数据出现较大差异时,及时组织有关人员进行分析并组织复测。发现异常时,及时向建设、施工单位及第三方监测单位反馈,并督促采取应对措施。

(7) 施工方履约考核

将施工监测工作纳入施工方季度、年度履约考核,并根据施工监测实施情况实行评分考核和奖惩管理。

(8) 档案考核及归档

加强监测资料归档管理,明确现场各项监测资料归档的形式和内容;由市轨道公司档案管理室对施工方监测、第三方监测单位各项监测资料归档情况进行季度考核并实行奖惩管理。对各项监测资料要求

(9) 市轨道公司安全质量检查

参加市轨道公司现场安全质量检查工作,对现场存在的监测问题提出整改建议和措

施,并督促施工方整改。

(10)安全紧急生产会议

参加市轨道公司各类安全紧急生产会议和落实会议精神,并根据相关要求加强现场监测工作管理。

3.4 主要监测成果简介

3.4.1 长江路站明挖基坑回填块石区域监测成果分析

1)地质概况

本场地地层主要分为第四系覆盖层及基岩层。第四系覆盖层主要为混凝土路面层(0.3～0.5m)、块石层(0.5～5.5m)、可塑粉质黏土(3.2～3.4m);基岩层主要为中风化泥岩,节理较发育,具遇水软化、失水崩解特性,岩体较破碎,厚度3.4～22.2m,岩体基本质量级别为Ⅴ级。上覆回填块石层粒径20～80cm,局部甚至大于1m,组分均匀性极差,在场地内深度和分布不均、均匀性差、结构松散,主要是由于场地内既有建筑物和既有道路的修建而回填。

2)工程概况

该明挖基坑为贵阳轨道交通1号线工程的一个中间站,车站长197.85m,标准段宽度为19.4m,基坑深度为15.63～16.53m。车站采用明挖顺作法施工,车站施工开挖后地表距车站结构底板底面为17～19m。

3)围护结构设计

车站基坑采用人工挖孔桩加内支撑支护,挖孔桩插入度为基坑底以下3m。

沿车站纵向采用$\phi 1200@2400$挖孔桩加三道内支撑,支撑采用$\phi 609$钢管,壁厚$t=14$mm。第一道支撑支撑水平间距6m,第二道与第三道支撑支撑水平间距为3m。第一道与第二道支撑竖向间距为5.01～6.30m,第二道与第三道支撑竖向间距为6.0m,第三道支撑与基坑底竖向间距为4.1～4.7m。

4)监测设计

基坑开挖期间,主要对车站周边地表(建筑物距离车站较远,监测数据变化较小,本文不作分析)及基坑围护结构变形状态进行监测。主要监测项目分为:地表沉降、桩顶水平位移、桩顶竖向位移、桩体水平位移、支撑轴力。

监测布点:除车站大小里程端头外,基坑标准段共布设4个监测断面,测点间距按40m布设。各监测断面测点布设情况见图3-3-2。

5)监测实施

车站基坑自2014年6月份开始开挖至2015年2月份完成共计9个月,各监测项目按照1次/3天频率开展监测。各监测项目控制值见表3-3-1。

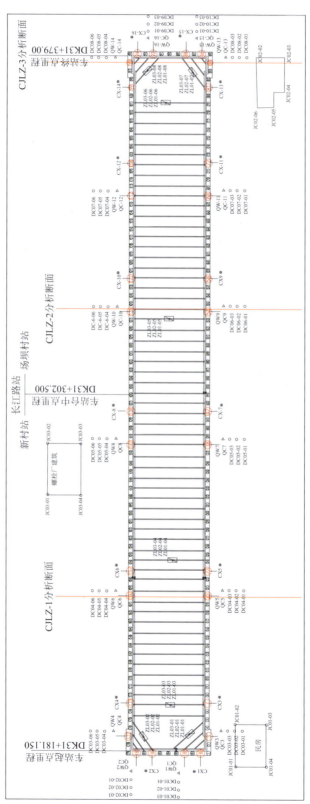

图 3-3-2 长江路站监测点布置平面示意图

监测项目控制值(单位:mm)　　　　表 3-3-1

监测项目	监测控制值		监测预警值	
	累计值	速率	累计值	速率
地表沉降	+10/-30	±3	±25.5	±2.55
桩顶水平位移	±30	±3	±25.5	±2.55
桩顶竖向位移	±30	±3	±25.5	±2.55
桩体水平位移	30	±3	±25.5	±2.55
支撑轴力	ZL01-04:1303kN, ZL02-04:697kN, ZL03-04:185kN; ZL01-05:995kN, ZL02-05:46kN, ZL03-05:170kN			

6)监测数据成果

(1)地表主测断面监测数据分析,见图 3-3-3、图 3-3-4。

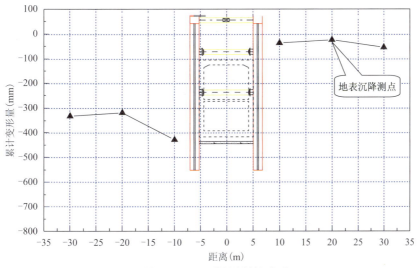

图 3-3-3　DC06 监测分析断面沉降

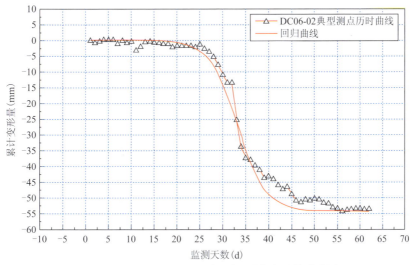

图 3-3-4　测点 DC06-02 测点沉降历时曲线及回归曲线图

从图 3-3-3 和图 3-3-4 中可以看出：

①车站周边地表沉降监测数据变形规律符合基坑开挖对周边影响变形规律；同时受场地回填土埋深较大影响，基坑开挖过程中对周边岩土体影响较大，上述所选三个断面测点均发生监测预警情况。

②车站左右线两侧呈现明显沉降规律，在小里程端头，左线一侧沉降规律明显，对应右线一侧沉降规律不明显，这与地质条件及测点布设及时性有关；在车站大里程端，右线一侧沉降规律明显，左线一侧沉降相对偏小，这与场地地质条件有关。

从图 3-3-5 中可以看出测点变形量主要发生在基坑开挖阶段，且集中在开挖第 2 层土体阶段，开挖完成后的沉降量主要集中在拆撑阶段。

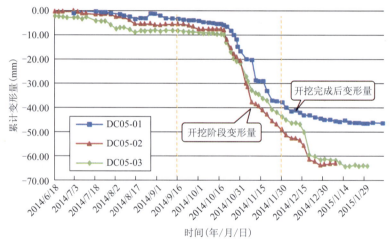

图 3-3-5　典型测点沉降历时曲线图

（2）桩体变形监测数据分析，见图 3-3-6、图 3-3-7。

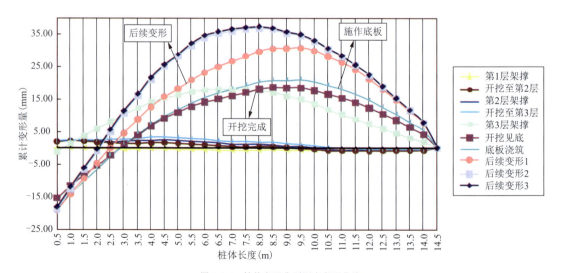

图 3-3-6　桩体变形典型测点变形曲线

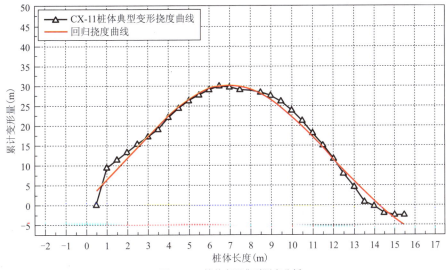

图 3-3-7 桩体变形典型测点分析

从图 3-3-6 和图 3-3-7 可以看出：

①桩体变形呈两端小中间大的区间,在基坑第 2 层开挖阶段变形最大,这与场地周边回填土层埋深厚度对应,分析桩体变形受开挖及地质条件影响较大。

②在基坑开挖完成并浇筑底板后,后续变形仍占较大比例,桩体变形仍主要发生在基坑第 2 层开挖位置,分析与地质条件及拆撑有关,同时桩顶部变形较小,仅在拆撑阶段有少量变形,结构完成后基本稳定。

③本工程中部分围护桩顶以下区域水平位移较大,可知冠梁的横向支撑力不足。在以后的类似工作中,可以加强桩体上部 1/3 桩体部位的横向支撑,同时需要加强冠梁部分的横向支撑,保证桩体位移变化最小,保证基坑稳定,施工安全进行。

（3）桩顶水平位移监测数据分析,见图 3-3-8。

图 3-3-8 桩顶水平位移典型测点历时变形规律

从图 3-3-8 可看出桩顶变形主要集中在基坑开挖阶段,完成开挖后受拆撑影响有少量变形,结构施作后变形趋于稳定。

（4）桩顶竖向位移监测数据分析，见图 3-3-9。

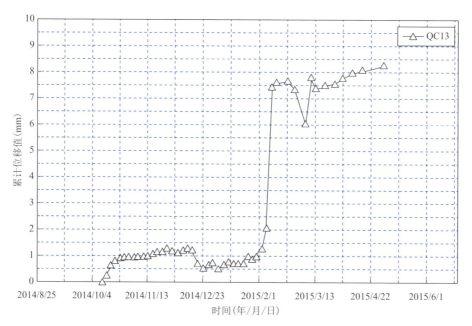

图 3-3-9　桩顶竖向位移测点历时曲线

通过图 3-3-9 中数据统计可以看出，桩顶竖向位移测点总体呈现上升规律，这说明桩体受到的抬升力大于桩体受到的负摩阻力，桩体受到岩土压力作用向上。在施工过程中，要注意桩体竖向变形情况，如果竖向变形较大，很可能发生基底隆起现象。

（5）支撑轴力监测数据分析，见图 3-3-10。

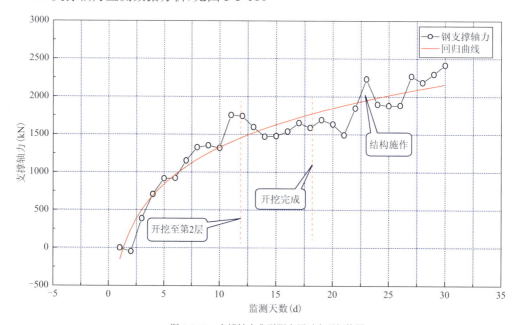

图 3-3-10　支撑轴力典型测点历时变形规律图

从图 3-3-10 可看出在开挖第 1 层及第 2 层土体时，第 1 道支撑轴力变化明显，开挖第 3 层土体时变形不大，基本稳定，在拆除下层第 2 及第 3 道支撑及施作主体结构时，轴力变化波动较大。

（6）各监测项目监测数据统计分析，见表 3-3-2～表 3-3-6。

沉降监测数据分析（单位：mm） 表 3-3-2

监测断面	开挖前	开挖至第 1 层	开挖至第 2 层	开挖见底	后期沉降	累计沉降量	工后占总变形量比（%）
DC04 断面（右线）	0.00	−22.80	−0.51	−0.67	−19.00	−42.98	44
DC05 断面（右线）	−7.88	−11.41	−14.71	−6.59	−23.28	−63.87	36
DC06 断面（右线）	−0.76	−4.53	−8.17	−20.32	−19.60	−53.38	37
DC07 断面（右线）	−0.85	−8.99	−11.42	−4.13	−4.71	−30.10	16
DC04 断面（左线）	0.00	−2.36	−0.37	−0.25	0.39	2.59	—
DC05 断面（左线）	−0.87	0.02	−0.09	−0.15	0.20	−0.89	—
DC06 断面（左线）	−0.44	−4.21	−1.13	−8.49	−4.80	−19.07	—
DC07 断面（左线）	−3.09	−45.14	−4.41	−2.68	−6.35	−61.67	10

桩顶水平监测数据分析（单位：mm） 表 3-3-3

监测断面	开挖阶段变形量	工后变形量	累计变形量	工后占总变形量之比（%）
QW05（右线）	36.58	6.27	42.85	15
QW07（右线）	26.89	1.03	27.92	4
QW09（右线）	24.77	1.33	26.1	5
QW11（右线）	0.98	−23.17	−22.19	104
QW06（左线）	8.43	7.29	15.72	46
QW08（左线）	3.95	8.45	12.4	68
QW10（左线）	5.11	15.27	20.38	75
QW12（左线）	58.23	33.78	92.01	37

桩顶沉降监测数据分析（单位：mm） 表 3-3-4

监测断面	累计变形量	监测断面	累计变形量	右线与左线变形量之差
QC05（右线）	5.54	QC06（左线）	−0.88	6.42
QC07（右线）	3.54	QC08（左线）	2.78	0.76
QC09（右线）	9.75	QC10（左线）	3.15	6.6
QC11（右线）	7.24	QC12（左线）	6.27	0.97

桩体水平位移监测数据分析（单位：mm） 表 3-3-5

监测点号	最大变形位置（m）	最大变形	开挖完成后变形	后续变形占比（%）	变形较大阶段	变形值	所占比（%）
CX05	7.0	87.83	22.5	26	开挖第 1 层阶段	32.92	37
CX07	6.0	58.65	20.62	35	开挖第 2 层阶段	18.5	32
CX09	8.0	37.32	19.21	51	开挖第 2 层阶段	16.6	44
CX11	10.0	29	9.23	32	开挖第 2 层阶段	−22.3	−77
CX12	7.5	73.6	11.19	15	开挖第 1 层阶段	33.44	45
CX06	5.5	23.79	10.56	44	开挖第 1 层阶段	9.41	40

支撑轴力监测数据对比（单位：kN） 表3-3-6

测点位置	测点编号	轴力值	设计轴力	差值
第1层	ZL01-04	1766	1303	463
	ZL01-05	2475	995	1480
第2层	ZL02-04	665	697	32
	ZL02-05	709	460	249
第3层	ZL03-04	453	185	268
	ZL03-05	264	170	94

3.4.2 新村站—长江路站区间浅埋暗挖隧道区间地表监测成果分析

1）地质概况

暗挖隧道区间地质主要为第四系覆盖层：主要为混凝土、块石层、粉质黏土。基岩层：场地内下伏基岩为中风化泥岩，节理较发育，具遇水软化性质，失水崩解特性，岩芯较破碎，呈块状、短柱状，偶见柱状。

2）工程概况

暗挖区间隧道为双洞单线结构，右隧设计起讫里程：YDK30+449～YDK31+179.45，长730.45m；左隧设计起讫里程：ZDK30+449～ZDK31+179.45（其中ZDK30+940.412～ZDK30+940.00，长链0.412m），长730.862m，区间左右线间距约为13.5m，隧道埋深9～11m。区间采用机械加人工开挖，施工工法为大拱脚台阶法。

3）支护结构设计

隧道采用复合式衬砌结构，主要支护参数如下：

（1）超前支护：$\phi 42$注浆小导管，壁厚4.0mm，$L=3.5$m，环向间距0.35m，纵向间距1.8m，外插角5°～7°，前后排环向错开布置。

（2）初期支护喷混凝土：26cm厚C25早强混凝土。

（3）系统锚杆：拱部采用$\phi 25$中空注浆锚杆，$L=3.0$m；边墙采用$\phi 22$砂浆锚杆，$L=3.0$m；锚杆间距：1.0m×1.0m（环×纵），梅花形布置。

（4）钢筋网：$\phi 6$钢筋，构成20cm×20cm网格，全环单层设置；钢筋网应与锚杆尾端连接牢固。

（5）钢架：I18型钢架全环设置，间距0.6m。

（6）二次衬砌：45cm厚C35防水钢筋混凝土，其抗渗等级P8；仰拱填充：C20混凝土。

4）监测设计

地表沉降及隧道洞内监测点按照10m间距布设，按50m布设地表监测主测断面。

5）监测实施

监测频率按照1d/次，各监测项目控制值见表3-3-7。

监测项目控制值（单位：mm） 表 3-3-7

监测项目	监测控制值		监测预警值	
	累计值	速率	累计值	速率
地表沉降	+10/-30	±3	±25.5	±2.55
隧道初期支护拱顶沉降	±30	±3	±25.5	±2.55
隧道初期支护水平收敛	±20	±3	±17.0	±2.55

6）监测数据成果

（1）地表沉降规律分析

监测数据变化与所处地质环境密切相关，浅埋暗挖隧道在地质条件较好区域沉降变形较小，在回填土层及地质条件较差部分地表沉降较大。新村站—长江路站区间累计布设地表沉降监测点222个，地表测点累计变形量统计和地表测点累计变形量分布区间统计见图 3-3-11、图 3-3-12。

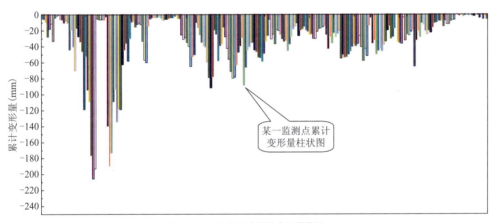

图 3-3-11 地表测点累计变形量统计

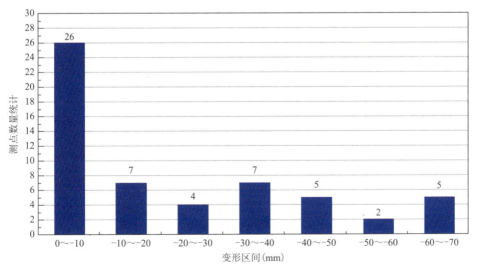

图 3-3-12 地表测点变形量分布区间统计

通过对新村站—长江路站区间地表沉降进行持续监测,约41.89%的监测点变形超过控制值,且地表沉降量小于10mm的测点数占比26%;10～20mm的测点数占比7%;20～30mm的测点数占比4%;30～40mm的测点数占比7%;40～50mm的测点数占比5%;50～60mm的测点数占比2%;60～70mm的测点数占比5%。

(2)地表典型测点沉降规律

地表测点累计变形量历时曲线见图3-3-13、图3-3-14,对地表典型测点累计变形量历时曲线进行分析研究,认为地表沉降随着隧道掌子面的推进一般呈现出三个变形阶段。第一阶段为稳定及微小变形阶段;第二阶段为急剧变形阶段;第三阶段为趋于稳定阶段。

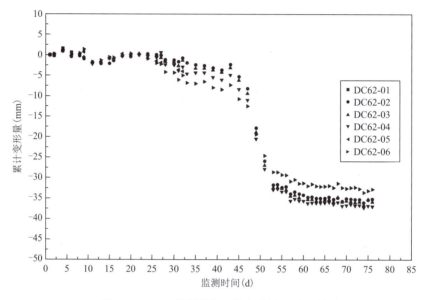

图3-3-13 DC62监测断面地表测点累计变形量历时曲线

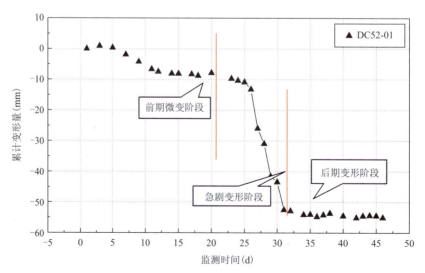

图3-3-14 地表测点DC52-01累计变形量历时曲线

①稳定及微小变形阶段：当掌子面开挖到距测点1～2倍隧道埋深时，地表及发生一定沉降变形，变形量约为总变形量的5%～10%，原因是掌子面的开挖导致的隧道前方及上方岩土体应力调整及地下水的流失而引起的轻微变形。

②变形急剧增大阶段：随着开挖面的推进，掌子面前后各1倍开挖深度范围内，地表沉降速率急剧变大，变形量急剧增大，该阶段的变形量约占总变形量的60%～80%。原因主要是隧道的开挖对掌子面斜45°锥形范围内岩土体扰动强烈，应力重新调整。此阶段为施工过程中的主要沉降阶段。

③趋于稳定变形阶段：当掌子面向前推进到超过测点3倍开挖深度时，扰动减弱，变形速率减小，地表测点累计变形量历时曲线逐渐收敛。此阶段的变形量占总变形量的10%～15%，岩土体逐渐趋于稳定状态。

（3）地表典型测点沉降规律回归分析

地表沉降测点历时曲线经历三个变形阶段，曲线图形类似，因此可构造函数，通过构造函数对实测曲线进行拟合，通过拟合曲线对岩土体稳定性进行预测和评价。地表典型测点沉降曲线与修正的Logistic函数所给出的地表沉降曲线吻合较好。其中修正Logistic函数公式为：

$$y = A_2 + \frac{A_1 - A_2}{1+(x/x_0)^p} \tag{3-3-1}$$

式中：y——累计变形量；

x——监测天数。

DC62监测断面地表测点累计变形量回归分析曲线和地表测点DC21-8累计变形量回归分析曲线见图3-3-15、图3-3-16。

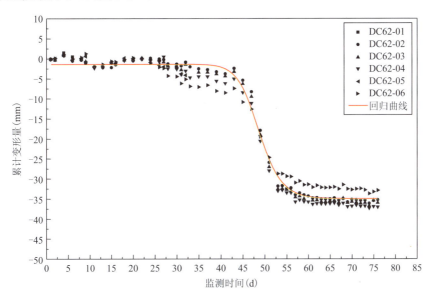

图3-3-15　DC62监测断面地表测点累计变形量回归分析曲线

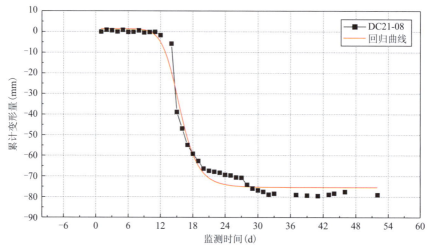

图 3-3-16 地表测点 DC21-8 累计变形量回归分析曲线图

选取修正 Logistic 函数对测点变形曲线进行拟合分析，拟合结果如下：

$$y = -34.99722 + \frac{33.63408}{1+(x/48.65083)^{19.3108}} \tag{3-3-2}$$

$$y = -75.67605 + \frac{76.7915}{1+(x/15.62259)^{9.28371}} \tag{3-3-3}$$

通过对拟合结果进行分析，DC62 监测断面地表测点累计变形量拟合优度系数 R-square=0.98639；地表测点 DC21-8 累计变形量拟合优度系数 R-square=0.98605。模型拟合的精确度较高。因此，可以采用该公式对类似地质条件下地表沉降进行预测分析及稳定性评价。

（4）横向地表沉降规律

选取新村站—长江路站区间典型横断面监测数据进行分析，选取新村站—长江路站区间横断面地表沉降曲线与隧道走向示意图及横断面地表沉降历时曲线见图 3-3-17、图 3-3-18。

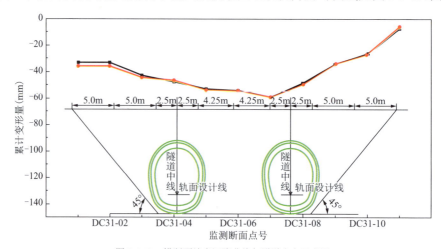

图 3-3-17 横断面地表沉降曲线与隧道走向示意图

通过对新村站—长江路站区间地表横向监测断面进行研究,横向监测呈现出"U"形沉降规律,双洞隧道中间区域受开挖扰动最大,沉降最大,两侧沉降最小,主要沉降范围在隧道边线斜上方45°范围内。

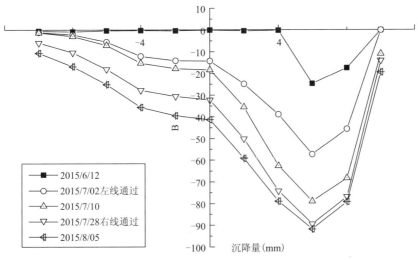

图 3-3-18　横断面地表沉降历时曲线

通过对图 3-3-17、图 3-3-18 进行分析研究,该处地表沉降累计约 95mm,隧道左线通过时沉降约 58mm,完成总沉降量的 61.05%;右线通过时完成沉降量的 38.95%。原因是左线通过时,地表沉降是由施工开挖和地下水流失引起;右线通过时的沉降量主要受到施工开挖影响,地下水对地表沉降影响较小。

（5）结论

通过对贵阳轨道交通 1 号线新村站—长江路站区间浅埋暗挖法施工地表沉降规律进行分析研究,同时结合实际监测数据进行拟合分析,可以得出以下几点结论:

①浅埋暗挖法施工地表沉降经历三个阶段,第一是稳定及微小变形阶段,第二是变形急剧增大阶段,第三是趋于稳定变形阶段。

②稳定及微小变形阶段主要是由于工作面的开挖导致的前方地层应力场发生变化及地下水的流失而引起的轻微变形;变形急剧增大阶段主要是由于隧道的开挖而造成边界条件发生改变,对覆盖土体产生扰动,引起应力场的重分布卸荷引起;趋于稳定变形阶段扰动减弱,地层趋于稳定状态。

③采用修正的 Logistic 函数对地表沉降测点历时曲线进行拟合分析,模型拟合的精确度较高。因此,可以采用式（3-3-1）对类似地质条件下地表沉降进行预测分析。

④通过对图 3-3-18 进行分析研究,该处地表沉降累计约 95mm,隧道左线通过时沉降约 58mm,完成沉降量的 61.05%;右线通过时完成沉降量的 38.95%。原因是左线通过时,地表沉降是由开挖和地下水流失引起的;右线通过时的沉降量主要收到开挖影响,地下水对地表沉降影响较小。

3.5 存在问题及工作建议

3.5.1 存在问题

在土建施工过程中,现场监测工作中存在以下问题:

(1)施工监测技术力量薄弱

施工方配备的监测队伍人员数量偏少,人员技术水平偏低。部分标段施工监测人员既从事监测又参与现场测量工作,存在兼职情况,导致现场监测布点不及时、监测频次不满足要求、监测数据缺乏有效性和及时性等现象屡有发生,难以保证现场监测工作的质量。

(2)施工方领导层对监测工作重视程度不够

施工方领导层未认识到监测工作在土建施工中的指导作用,现场主要凭借施工管理经验及相关安全保障措施为主,对现场施工监测人员、仪器设备等投入不足。施工过程中未真正建立或落实相关监测管理制度,未对现场作业班组就监测点保护工作做好交底。

(3)施工监测和第三方监测工作未有效结合和发挥各自的作用

现场实际工作中,针对监测工作方面,各参建单位过于依赖第三方监测单位的监测数据,导致其实际监测工作量偏重,且与施工方监测工作内容重复较多,因而在一定程度上未充分发挥其在工程支护结构关键部位、工程重要周边环境等方面安全风险控制的作用;施工方监测未有效发挥其在土建施工过程中指导自身信息化施工和安全、质量、进度控制服务的作用,造成了监测资源的浪费。

3.5.2 工作建议

针对1号线土建施工过程中监测工作存在问题结合相关工作经验,提出以下工作建议:

1)管理方面

(1)加强施工监测管理

督促施工单位建立监测工作管理制度和相应的奖惩制度,在市轨道公司日常管理工作和现场检查中严查施工方现场监测管理制度的落实情况及相应的考核奖惩记录,并作为季度、年度施工方履约考核的扣分项之一。

(2)建立施工监测委外制度

建议公司建立相关制度,督促施工方委托具有专业资质的第三方单位独立开展施工监测工作。

(3)将监测点验收工作作为开工条件验收内容之一

为保证现场监测点按照监测设计图纸和监测实施方案及时布设,在区间隧道、明挖基坑等工程开挖前的开工条件验收工作中,需提前完成现场监测点布设及验收工作,并将测点验收作为条件验收资料之一,尤其在车站附属结构开工条件验收中更要强化监测点验收工作内容。

(4)加强对浅埋区间隧道道路地表及周边环境的降频监测工作和巡视工作

贵阳地区岩溶发育、地质条件复杂,地铁区间隧道又多穿越城市老城区主干道路。受当地地质条件、贵阳雨季施工、市政道路修建质量及管线埋设等综合影响,在隧道土建施工完成之前,仍有可能发生道路塌陷、管线渗漏及破坏等险情,因此需持续做好降频监测工作和现场安全巡视工作,及时发现风险隐患并采取应对措施。同时该项工作也能及时发现施工方现场注浆加固工作对周边道路地表及建(构)筑物的影响程度,为后续可能产生的与相关产权单位的纠纷或争议提供基础数据。

(5)充分发挥第三方监测在土建施工过程中的作用

建议公司在后续招标工作中,调整第三方监测单位的监测工作量,以施工监测工作量的1/3作为参考标准:即第三方监测频率按照 1 次/3d,第三方监测点数量涵盖全部施工监测测点。这样既有利于发挥第三方监测单位核查施工监测数据的作用,又保证其将更多精力投入到对工程关键部位和重要周边风险环境的监测工作中。

2)技术方面

(1)开展地表沉降及建(构)筑物沉降监测控制值的研究工作

结合贵阳当地地质条件,开展相关地表沉降和建(构)筑物沉降监测数据的搜集和积累,建立数据库,并开展相关控制值的研究,确立贵阳市轨道交通土建施工过程中地表沉降及建(构)筑物沉降监测控制值。

(2)开展暗挖车站及矿山法隧道围岩位移、围岩压力及初期支护结构应力监测工作

受现场施工条件及施工环境影响,暗挖车站及区间隧道洞内拱顶沉降及水平收敛监测点布设的及时性和布设质量难以保证,监测点破坏情况屡屡发生,不利于监测数据采集的及时性和连续性。另外,不同于土质隧道,贵阳轨道交通土建施工地质条件多为白云岩、灰岩等岩层,岩体在达到极限破坏之前所产生的位移量极为有限,通过现场监测数据难以准确判断,因此做好围岩位移、围岩压力及初期支护结构的应力监测工作尤为重要。建议针对暗挖车站以 20~40m、矿山法隧道以 40~60m 为间距布设围岩位移、围岩压力及初期支护结构应力监测断面。

第4章 车辆及机电设备监理

4.1 监理范围及组织机构

4.1.1 监理范围

贵阳轨道交通1号线机电设备监理项目包含车站装修和设备安装监理项目、强、弱电系统工程监理项目以及车站设备监造项目。监理范围包括与之相对应的施工合同范围内所有工程施工的施工准备期、施工期、调试及试运行期、验收及竣工结算期、缺陷责任期内的质量、进度、费用控制,安全生产监督管理、合同、信息等方面的协调管理、风险管理、现场安全文明管理、安装施工组织协调全过程监理服务及工程竣工结算审核及协调等相关工作。

(1)车站装修和设备安装监理项目包含车站及相应区间的动力照明、通风空调、给排水及消防系统、车站装饰装修(站厅、站层、出入口及周边场平绿化、通道的装饰工程、高架车站的景观绿化工程、风亭、冷却塔、电缆通道、甲供设备/材料、广告灯箱等)。气体灭火系统、扶梯、电梯、屏蔽门、人防设备的安装、调试的监理工作(施工阶段、保修阶段)。

(2)强、弱电系统工程监理项目包含供电系统(含变电所、环网电缆、接触网、杂散电流及供电车间,不含主变电所及其相关的外部电源和进线工程,不含动力照明工程)、通信系统、信号系统、综合监控系统(含主控、火灾自动报警系统、环境与设备监控系统、安防及门禁、电力监控系统等)、AFC系统、ACC系统的监理工作。

(3)车站设备监造项目包含贵阳轨道交通1号线范围内由业主直接采购的通风空调系统设备、动力照明系统设备、给排水及消防系统设备、气体灭火系统设备、人防设备、屏蔽门和安全门设备、防淹门设备、电梯和扶梯设备等的监造服务工作。

4.1.2 组织机构

(1)车站装修和设备安装监理组织结构,见图3-4-1。
(2)强、弱电系统工程监理项目监理组织机构,见图3-4-2。
(3)车站设备监造项目监理组织机构,见图3-4-3。

第4章 车辆及机电设备监理

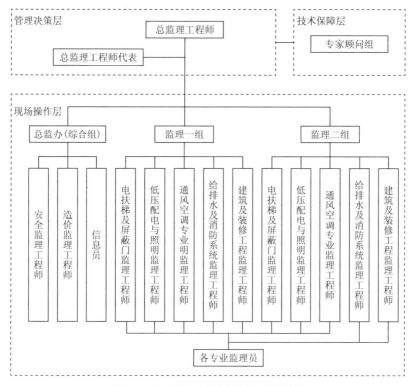

图 3-4-1 车站装修和设备安装监理组织结构

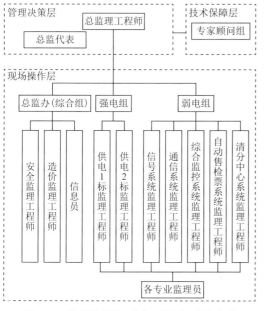

图 3-4-2 强、弱电系统工程监理项目监理组织机构

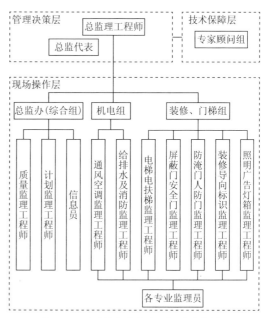

图 3-4-3 车站设备监造项目监理组织机构

4.2 机电设备特点及监理工作重难点

4.2.1 机电设备特点

(1)轨道交通工程受社会各界的高度关注

轨道交通工程是贵州省、贵阳市的重点工程,也是民生公益性工程,轨道交通提升了城市形象缓解城市交通拥堵惠及于民,这就决定了本工程会受政府各部门和社会各界的高度关注,同时,地铁车站机电安装及装修工程是大型公共建筑,是城市建设的窗口,是贵阳城市建设者风貌的一个缩影。因此,社会各界和市民会极度关注施工过程中的一举一动,如施工进度、安装质量、安全生产和文明施工等方面,就要求施工单位展示企业综合管理能力,展示企业文化和施工理念。

(2)轨道交通工程参建单位多,作业面狭小,时间紧,质量要求高

轨道交通工程是一个系统工程,参建的系统单位很多,要在几千平方米的设备区完成管线的配置和设备安装,施工总体计划安排必须紧凑和严密。由于试营运时间已确定,地铁施工的关门工期在机电安装单位,绝不可拖延。因此在有限的作业空间上,要合理地分配作业面,通过大平行、小流水,见缝插针的施工方式,让参建单位有序地施工,这样才能确保工期。

由于施工单位技术水准参差不齐,其质量也会有差异,要符合各自专业的技术规范,预留检修通道,又要达到总体高质量的设计要求,这就要求有整体全盘的工艺理念,让管线和设备在整体感观上能达到横平竖直,整洁美观,设备功能要满足设计要求,能经济、安全地运行。

(3)各设备安装单位预留孔洞多,紧密配合及时性强

车站主体结构一般为地下二层,线缆有从轨行区进出车站,有从站厅层穿过中板到站台层,有从站厅穿过人防门到出入口或风亭,因此,在机电安装单位进场前,需根据图纸,在现场核对风、水、电各专业的孔洞是否预留了,并邀请强电(供电)和弱电(通信、信号等)单位同时核对孔洞,如没预留一并提交土建单位配合整改。

机电安装单位在做墙体的砌筑施工时,强电(供电)单位要提供设备运输通道和后砌墙位置的图纸,弱电(通信、信号、AFC、BAS、FAS、气体灭火、综合监控、电梯等)单位必须与机电安装单位对照图纸,核对墙体孔洞预留的位置,地下线槽预埋的高程和走向等,施工单位间的紧密配合,就能避免在完成的墙体上二次开孔,使各自专业能保质保量地完成任务。

(4)轨道交通工程对材料要求严格,材料量大且供货时间短

地铁车站工程具有专门的设计规范,受地下环境和安全要求的影响,对地铁车站和隧道内所使用的材料及设备质量要求非常严格,其技术参数较高,采购难度较大,要求施工单位非常熟悉轨道交通工程所使用的材料设备,才少走弯路,确保工期。

轨道交通工程具有专门的管理模式,对关键设备及材料大部分采用甲供的模式,供应商一般要供应地铁一条线的材料和设备,因此,到货时间会滞后,从而会影响施工进度,这就要求施工单位与系统集成商、材料和设备供应商、建设单位业主代表等密切配合,确保材料和设备的进场满足施工进度的要求。

(5)轨道交通施工环境复杂,要创造条件,确保人身和设备的安全

轨道交通工程一般处在市区繁华地段,地面车辆和行人很多,其施工作业面在地下负一层和负二层,环境潮湿、密闭不通风、站内高处作业多、交叉施工多。

材料和设备进场,要服从贵阳市交通管制大货车白天不能进城的规定,只能安排在晚上交通管制规定的时候。站内施工人员多,空气流通不畅,焊接施工作业面多,对空气污染较严重,因此安装风机,加强通风。车站及区间隧道空间小,系统专业施工交叉多,各专业施工时产生的噪声大,废气多,应采取有效减少或控制噪声源,确保通风和排烟良好,减少对施工人员身体健康产生的危害。

(6)机电安装承包商的各专业与系统的接口多

动力与照明系统与通信、信号、综合监控、自动售检票(AFC)、电扶梯、屏蔽门、门禁、火灾自动报警(FAS)、应急电源(EPS)、设备监控(BAS)、通风空调、自动灭火、供电、建筑防火卷帘、人防、导向等系统设备间有接口,还与公共区装修有接口。

通风空调系统与土建、公共区装修、多联机(VRV)、火灾自动报警(FAS)、设备监控(BAS)、自动灭火有接口,节能控制系统和通信系统、设备监控(BAS)有接口。

给排水及消防系统与土建、公共区装修、高压细水雾、设备监控(BAS)、火灾自动报警(FAS)、市政有接口。

(7)防火封堵工程量大,部分区域难处理

由于车站内穿墙的风管、水管和桥架的部位极多,有的甚至穿过中板和防火分区,且尺寸大小不一,高度不尽相同,因此在管道的套管上必须进行防火封堵,防止火灾情况下串烟和误报事故点。

电缆及电缆桥架穿越楼板孔洞、穿墙孔;高低压配电柜及控制柜底部电缆开孔;电缆穿管孔;电缆竖井、电缆沟阻火墙、电缆隧道阻火墙等部位电缆敷设后的防火封堵以及通风管道穿墙孔、穿楼板孔;水管穿墙孔、楼板孔;聚氯乙烯(PVC)排水管穿楼板孔等建筑贯穿孔洞的防火封堵,工程量大。

(8)管线密集的地方凸显综合支吊架作用大

站厅和站台公共区、设备区走道等部位,其各个专业的管线很多,拥挤在一起,如果各自为政,就会出现千奇多样的支吊架,有限的空间不能伸张,浪费了空间资源,设备区走道按"风上、电中、水下、小管让大管、有压让无压"的原则分布,加工和安装综合支吊架,这样安装后的管线感观整洁。

(9)对外部关系协调要求特别高

在环境相当复杂、地面可占用的面积小、进出地铁站不易的条件下,对运输车辆管理和

控制非常严格,对材料设备的进场和吊装非常不利。为此,在施工前,必须对其临设和施工作业安排进行周密布置和安排。给排水市政接驳施工协调难度较大,前期排污证等相关证件的办理及后期施工中道路、绿化带的破除,恢复,需处理好与相关政府部门的沟通协调。地铁施工对城市交通、生活影响较大,在政府各职能部门和社会的严密监督下,外部关系协调要求非常高。

(10)土建主体结构单位的移交时间,会影响进度计划的制订

由于土建结构单位施工进度的原因,造成车站主体和附属结构的多次移交,多个单位进场交叉施工等,这不利于机电安装单位工作面的完全开展,所制订总体施工进度计划造成一定的偏差,对人员、材料、机械器具等进场造成影响,结果是施工进度延后,成本增加。施工边界条件较为复杂。

(11)轨行区作业有特定施工和技术要求

轨行区的施工面窄,交叉作业的专业多,材料运输量大。进入轨行区作业时,要严格执行轨行区作业的安全管理办法,实行"请点"和"消点"制度,申请作业时间。在轨行区的作业安全是重中之重,要有专职安全人员查隐患、定措施、抓整改、克服麻痹松懈、情绪和侥幸心理,杜绝事故发生。对进入轨行区的施工的人员必须做好安全技术交底,签字并进行考试,合格后才能上岗,严格遵守地盘管理办法,不能随意进入或占用轨行区。

(12)设备单体调试工作量大,站级或线级联调配合要求高

地铁车站工程的机电安装内风、水、电、装修接口多,特别是电气与通风空调专业的单体阀(风阀和水阀)点对点的调试很多,设备单体调试工作量相当大,因此,在调试中要不厌其烦,只有把设备单体调试工作做好,才能为站级或线级联调打下坚实的基础。

(13)成品和半成品的保护

由于参建单位施工进度不一致,施工面基本上是交叉和立体作业,这样成品和半成品的保护工作就显得尤为突出,稍不注意就会对其他系统的成品和半成品造成污染,为此,要合理地统筹安排施工工序,分配作业面,做好各自成品和半成品的保护,以及系统商的成品和半成品保护。

(14)安全必须动态管理

刚进场时,把临边孔洞的防护做好了,开始施工,随着工作面的展开和扩大,装修专业的砌体和管线的安装向前推进,在施工中,就存在安全防护护栏阻碍施工的进行,需要拆除才能进行施工,因此 专职安全员就要在现场旁站,监控消除临边孔洞周边的不安全因素,待工序完成后,马上恢复安全防护栏。

(15)文明施工要求高

城市建设和市民出行的要求,对在建工程的文明施工要求非常严格。地铁站一般位于交通要道、道路上人来车往,可以说是工地与城市和市民有亲密的关系,施工现场必须解决好环境污染、噪声、现场整洁及市容保护等问题的措施,确保文明施工。地铁工程在安全与文明施工上只能作标兵,绝对不能做落后者。

4.2.2 监理工作重难点

1) 施工前期准备监理工作重点

结合本项目建设的内容和特点,在施工准备阶段,项目监理单位应重点做好以下几个方面的工作。

(1) 认真做好项目监理组织、技术、资源准备和保障工作。

(2) 充分与业主和其他专业监理单位沟通,明确各自的职责、工作分工、工作接口。

(3) 根据项目设计进度(主要是机电设备安装及装修工程深化设计进度),认真组织好施工图阶段的价值工程和可施工性审核,为项目顺利实施创造前提保障。

(4) 提前组织项目需用的交付期长、需进口报关商检的设备、材料。建议结合项目进度,在项目开工后应做好统筹安排。

(5) 建立健全项目管理和监理沟通机制和工作流程。

(6) 审查承包商主要设备、材料的采购方案、设备制造加工方案。

(7) 审查承包商的设备安装施工计划,建立健全进度监督系统。

(8) 审查承包商项目施工组织设计及相应的质量控制保证体系。

(9) 建立施工方案送审和施工设备材料认可流程。

(10) 及时建立成本控制和变更令流程。

(11) 审查承包商施工场地出入口和库存、物流、安全方案。

(12) 建立项目管理和监理报告规定,确定现场会议频率。

2) 设计联络监理工作重点

施工图设计是建筑物、设备、管线等工程对象的尺寸、布置、选用材料、构造、相互关系、施工及安装质量要求的详细图纸和说明,是指导施工的直接依据,从而也是设计联络阶段监理质量控制的一个重点。下面就各专业的设计联络监理重点工作进行论述。

(1) 低压配电系统设计联络监理工作重点

①审查系统的设置是否满足有关规范及业主的要求。

②系统用电负荷等级及电源可靠性,受电电压、配电电压、用电保护。

③正常、故障工况下系统电流计算,短路电流、电压计算。

④系统连锁要求。

⑤设备电缆选型要求。

⑥系统扩建预留考虑。

⑦应急、疏散照明设备及其电源。

⑧防雷接地的审查。

⑨设备的布置合理性审查。

⑩与各专业设计接口的审查。

⑪与相关专业协调的审查。

⑫设备的位置、高程及有关尺寸的审查。
⑬防雷接地及安装预留预埋有关要求的审查。
⑭施工可操作性审查。
⑮设计深度及其他注意事项的审查。
⑯设备与材料数量及工程量是否满足工程的要求。

（2）通风与空调系统设计联络监理工作重点
①审查初步设计配置的空调系统布局和选型是否合理、经济、先进适用。
②审查空调系统是否适用。
③审查初步设计的设备技术指标是否符合国家有关规范和标准，是否满足业主要求。
④协助业主组织专家对初步设计评审。
⑤提出优化改进意见。
⑥空调设备的布置合理性审查。
⑦空调设备与各专业设计接口的审查。
⑧空调设备与相关专业协调的审查。
⑨设备的位置、高程及有关尺寸的审查。
⑩安装预留预埋有关要求的审查。
⑪施工可操作性审查。
⑫设计深度及其他注意事项的审查。
⑬设备与材料数量及工程量是否满足工程的要求。

（3）给排水系统设计联络监理工作重点
①工程设计范围，内容是否符合设计合同委托要求。
②设计过程中，工程设计项目采用的相关设计规范、标准、技术资料是否正确无误，重点审查建筑设计防火规范、给排水设计规范是否为有效版本，设计采用规范条款的正确性。主要设计技术参数计算正确，选用的主要设备计算正确，给水、排水系统能力满足规范及工艺专业要求。选用设备合理，参数完整，能满足设备招标技术要求。
③国家及贵州省、贵阳市政府各部门（住建、规划、发改、环保、消防）对初步设计审批通过的文件、意见。
④工程相关给水、消防给水外部接点水量、水压符合要求，排水系统排出口接点高程能排入原外部系统。
⑤审查设计文件各级负责人是否签字齐全。
⑥施工图设计引用国家设计规范是否正确，给排水、消防专业设计参数计算正确，设备选型合理、技术参数、材料选择符合施工图要求。
⑦设计图纸设备平面布置合理，是否满足工艺专业要求。
⑧给排水、消防系统设计符合相关专业设计规范要求。
⑨建筑物、管线平面尺寸、行列线、轴线等控制尺寸满足施工要求，无错误，立面上管线

高程与其他专业有无碰撞。

⑩给水、排水管道与外部交接点无误,排水接点能排入原有排水系统,排水水质符合初步设计有关要求。

⑪初步设计时专家审查意见的采纳、执行情况。

⑫设备与材料数量及工程量是否满足工程的要求。

⑬施工图设计文件、各级技术负责人签字齐全。

(4) 电梯与扶梯设计联络监理工作重点

①审查所采用的规范。

②审查所确定的原则。

③主要技术指标及设计深度的审查。

④与各专业设计接口的审查。

⑤接地的审查。

⑥设备、材料的选型是否满足要求。

⑦设备、材料的数量及工程量的审查。

⑧电梯与扶梯设备的布置合理性审查。

⑨电梯扶梯与相关专业协调的审查。

⑩设备的位置、高程及有关尺寸的审查。

⑪预留预埋及电梯井道设计条件及要求的审查。

⑫施工可操作性审查。

⑬设备与材料数量及工程量是否满足工程的要求。

⑭其他注意事项的审查。

(5) 屏蔽门设计联络监理工作重点

①审查所采用的规范。

②审查所确定的原则。

③主要技术指标及设计深度的审查。

④与各专业设计接口的审查。

⑤系统接地的审查。

⑥设备、材料的选型是否满足要求。

⑦设备、材料的数量及工程量的审查。

⑧屏蔽门设备的布置合理性审查。

⑨屏蔽门与相关专业协调的审查。

⑩设备的位置、高程及有关尺寸的审查。

⑪预留预埋及隧道设计条件及要求的审查。

⑫施工可操作性审查。

⑬设备与材料数量及工程量是否满足工程的要求。

⑭其他注意事项的审查。

(6)装修工程设计联络监理工作重点

①审查所采用的规范。

②审查所确定的原则。

③主要技术指标及设计深度的审查。

④与各专业设计接口的审查。

⑤系统接地的审查。

⑥装修材料的选型是否满足要求。

⑦设备、材料的数量及工程量的审查。

⑧装修与车站设备的布置合理性审查。

⑨装修与相关专业协调的审查。

⑩设备的位置、高程、综合平顶布置图及有关尺寸的审查。

⑪预留预埋及设计条件及要求的审查。

⑫施工可操作性审查。

⑬其他注意事项的审查。

3)安装阶段监理工作的重点

(1)设计质量的好坏不仅决定了设备实用性、经济性的高低,对整个项目施工进度、安全等都会有非常重要的影响,因此设计联络监理将是本项目质量控制的重点。

(2)地铁各专业系统设备及常规设备之间的管线错综复杂,经常多个专业同时施工。因此合理安排本阶段的施工顺序非常重要,监理工程师应及时深入现场进行协调与建筑及土建专业接口、与主变电所、牵引、降压变电所内的动力、照明配电工程的接口、与通信专业接口、与信号专业接口、与综合监控专业接口、与给排水专业的接口、与通风空调专业的接口、与自动售检票专业的接口、与屏蔽门专业的接口等。

(3)对材料、设备及设备零部件(含设备制造过程)的质量控制是本工程质量控制的重点。

(4)设备安装完成后的各项单机调试、联动试车、验收测试工作。

(5)车站机电设备安装及装修工程各专业质量控制要点及方法。(表3-4-1)

车站机电设备安装及装修工程各专业质量控制要点及方法　　　　表3-4-1

工程项目	工程内容	质量控制要点	控制方法和手段
车站机电设备安装及装修工程	低压配电与照明系统	进场电线、开关、照明器具及其他原材料检查、管路敷设、配线、室内照明、开关、插座、配电器、电扇等设备的安装、与其他专业的接口安装检查	测量、试件、审查试验报告、旁站、检查、检查审核资料、测量、观察
	通风空调系统	土建工程验收、进场原材料检查、管道坡度及接头、管阀连接位置及接头、水压试验、水表、保温材料、与其他专业的接口安装检查	测量、检查试件、审查试验报告、旁站
	给排水及消防系统(含气灭系统)	土建工程验收、进场原材料检查、管道坡度及接头、管阀连接位置及接头、水压试验、水表、灭火栓、卫生洁具、器件、与其他专业的接口安装检查	检查出厂合格证明等、观察、测量、见证水压试验、验收

续上表

工程项目	工程内容	质量控制要点	控制方法和手段
车站机电设备安装及装修工程	房屋建筑及装修工程	抹灰厚度、平整度、垂直度、地坪楼面厚度、平整度粘贴材料、瓷砖及石材平整度、有无空鼓	砂浆配合比试验、旁站、测量、现场检查、检查厂家资料并抽检
	电梯/扶梯工程	设备进场验收、土建交接检验、驱动 主机紧急操作装置动作、导轨安装位置、门系统层门地坎与轿厢地坎之间的水平距离、限速器动作速度整定、接地、上、下极限开关设置、能力试验、联动试验、与其他专业的接口安装检查	检查厂家资料、检查、观察、测量、试验、旁站
	屏蔽门工程	进场设备检验、门体、管路敷设、配线、控制设备等的安装,与其他专业的接口安装检查、有关试验	检查厂家质量合格等文件、观察、抽查、测量
钢结构工程	钢结构、声屏障	钢结构焊接质量及工艺;声屏障支承面、地脚螺栓位置、座浆垫板、地脚螺栓尺寸等检查	测量、试件、审查试验报告、旁站、检查、检查审核资料、测量、观察

4) 投资控制重难点

(1) 进度造成的投资增加

在保证工程质量的前提下,为了确保进度往往需要采取赶工措施,而造成相应的投资增加。为此,加强对承包合同的管理,加强设计监理和施工图设计审查,从优化的角度审查施工方案可大幅减少这类情况的出现。

(2) 设计造成的投资增加

由于设计考虑不周造成的设计变更、设计过于保守是引起不合理投资增加的重要原因之一。

(3) 设备、材料供应造成的投资增加

在工期紧的情况下,常会出现设备、材料供应不能满足工程进度需求的情况,因此产生以材料替换、应急采购的情况,特别是以价格较高的设备替代价格较低设备(同档次或不同档次),以价格较高的材料替代价格较低的材料。

(4) 索赔造成的投资增加

本项目工程量大、工期紧、承包单位多、现场交叉作业多,致使容易发生因索赔造成投资增加的情况。

5) 进度控制重难点

机电安装施工工程量较大,系统较多,要保证在要求的工期内完成。须高度重视以下影响工期的因素并采取相应的控制措施:

(1) 设备材料供货进度的影响

本项目采用大量的设备和材料且部分为国外进口设备,品种规格多、数量大,同时也涉及招标采购、设备制造、进口报关商检等重要环节,如组织不当和供货延期,势必影响项目实施进度,应予以重点关注。

(2) 设备及大宗材料供应进度的影响

车站机电设备安装涉及大量系统设备的采购供应以及大宗材料的采购供应和制作场地

安排等因素,对关键线路影响至关重要。如组织不当,势必影响后续工序特别是车站机电设备的安装及调试的进度,进而影响到项目进度总体目标的全面实现。

(3)交叉作业多、进度计划关键节点多

受总进度目标的制约,项目实施过程中将有多个关键节点同时开展的局面,造成工作面冲突、施工通道利用、成品保护存在时间和空间矛盾。

要避免这类问题出现,必须制订统一的施工平面布置图,而后优化区域界面划分,分区严格控制,协调指挥,将各区域的相互影响减少到最低程度。

(4)调试时间集中

调试阶段突破进度计划的可能性较大。应合理安排调试阶段网络计划,尽量避免调试工作峰值叠加的状况。

6)协调管理重难点

与其他专业的接口协调及施工配合措施合理落实是机电安装系统及装修工程监理重点和难点之一。如果协调不好不但严重影响施工质量和工期,造成浪费,而且还会影响其他专业功能和机电设备功能的实现。

4.3 监理工作方法和措施

4.3.1 质量控制的方法

车站机电设备安装及装修工程的基本工作内容包括:材料/设备到货验收、设备基础及土建基础检验、设备管线预留、预埋、支架、桥架安装、设备拆卸、清洗、润滑、设备定位、就位、联结、装配、设备调平、调直、设备运动部分的手动、点动;装修基层、基体检验、防水施工、隔墙砌筑、顶棚装饰、墙面装饰、地面装饰等。

设备调试的基本工作内容包括:对设备的关键尺寸进行各种检查和测量,对单台设备和成套设备进行运动(速度、行程、终点限制等)试验、空载和有载试验、超载试验;对预定的设备运行状态(分组、同步、连锁等)及其程序进行调整,验证设备系统的联动程序并进行调整,进行单个设备或成套设备的试运行等。

机电设备安装、调试及装修工程施工过程的质量监理工作,就是要在上述工作内容中找出关键点,按照需要分别进行巡回检查、旁站监督、跟踪检测、抽查复验或报验审核、验收等方式,对重点部位、关键工序和工艺、隐蔽工程以及事故隐患等进行监督,以达到预定的质量目标。

(1)质量分级控制。为了切实执行工程建设"质量第一"的主导思想,在监理实施过程中应结合项目的内容和特点,对监理范围内的施工监理项目按系统划分至工序作为控制点,并将控制点划分成不同等级进行控制。

(2)重点是做好工序质量控制,确定出施工中的质量控制点;做到事先有交底、事中有检查、事后有验收和记录。

(3)质量控制应以事前控制(预防)为主。

(4)按监理规划、监理细则的要求对施工过程进行检查,及时纠正违规操作,消除质量隐患,跟踪质量问题,验证纠正效果。

(5)通过见证、检验、旁站、巡视、检测、成品检验、中间验收和整体验收等手段全面监督、检查和严格控制工程质量。

(6)采用必要的目测检查(看、摸、敲、照)、量测检查(靠、吊、量、套)和试验检查等手段,以验证施工质量。

(7)对施工现场实行平行式监理,即监理对施工现场的检测、检查必须在施工单位进行自检时同步进行。

(8)对施工现场实行旁站式监理,即只要施工现场在施工,监理单位就必须坚守现场监督施工单位的施工,尤其是对业主在审批监理规划时明确的工程的重要部位、重要工序施工过程,必须实行旁站式监理。

(9)有权建议撤换承包单位不称职的人员及不合格分包单位。

(10)严格工序检查、严格设备材料报验,搞好检验批/分项/分部工程验收工作。

4.3.2　质量控制的措施

工程质量是工程监理的核心,牢固树立"质量第一"的方针,监理工程师坚持"严格监理、热情服务、预防为主、实事求是"的原则和宗旨,通过"预防为主、动态管理、跟踪监控、严格验收"的方法,协调处理好质量、进度、投资、安全四个互相制约的目标。

施工阶段质量控制的任务,就是要通过建立有效的质量监督工作体系来确保工程质量达到预定的标准和等级要求。工作的重点应放在各工序开工前的质量控制。

质量控制的措施,概括为"一条原则、二个重点、三个阶段、四个手段、五个坚持"。

"一条原则"是监理工程师应严格监督承包单位按合同、技术标准、施工质量验收规范、设计图纸要求组织施工和验收以达到施工合同约定的质量目标,这是监理工作质量控制的根本原则,必须贯穿于项目监理过程的始终。

"二个重点"是严格控制重点的分部分项工程和重点关键部位的施工质量。

"三个阶段"是施工准备阶段、施工阶段和成品验收阶段。施工准备阶段重点对施工单位投入的人、机、料、施工组织设计和施工方案、各级质保体系以及进场原材料、构配件和设备进行审查;施工过程重点控制其是否严格按设计和施工质量验收规范组织施工,是否严格执行工序检查和隐蔽验收制度;成品验收阶段重点控制验收和验评。

"四个措施"是采取检查(包括旁站、巡视、量测、平行检验)、试验、中间验收和整体验收、指令性文件等手段全面监督、检查和严格控制工程质量。

①对施工实行全过程监理,即对施工单位施工过程中的每一道工序、每一个环节都必须经监理人员检查确认后,方能进行下一道工序、下一个环节的施工。

②对施工现场实行旁站式监理,即对甲方在审批监理规划时明确的工程重要部位、重要工序施工,必须实行旁站监理。

"五个坚持"是坚持严格按基建程序办事;坚持标准和规范(特别是强制性标准);坚持进场设备材料报验制度;坚持工序检查报验制度;坚持"严格监理、热情服务、监帮结合"的工作方针。

4.3.3 施工准备阶段的质量控制监理方法及措施

1)图纸会审和设计交底的内容及监理措施

(1)图纸会审工作的内容和监理措施

①图纸会审工作的内容。

a. 与承包合同规定的工作范围及内容一致的施工图文件、与合同工程有接口关系的相关设计图纸和技术资料是否齐全。如分期出图,图纸供应是否满足需要。

b. 施工图文件合法性核查:施工图纸是否经设计单位正式签署,是否按规定经有关部门审核批准。

c. 地下构筑物、障碍物、管线是否探明并标注清楚。

d. 图纸中有无遗漏、差错或相互矛盾之处。图纸的表示方法是否清楚和符合标准(如:预埋件、预留孔洞的表示是否清楚)等。

e. 所需材料的来源有无保证,能否替代;新材料、新技术的采用有无问题。

f. 所提出的施工工艺、方法是否合理,是否切合实际,是否存在不便于施工之处,能否保证质量要求。

g. 施工图或说明书中所涉及的接口关系、相关责任是否明确。

h. 施工图或说明书中所涉及的各种标准、图册、规范等,承包商是否具备。

②图纸会审监理工作措施。

a. 从建设单位按要求的数量领取施工图设计文件,以工作联系单的形式向施工单位发出领取施工图设计文件的通知并要求施工单位作好施工图设计文件的会审准备工作。

b. 施工单位领取工图设计文件后应做好文件领取登记记录。

c. 监理工程师熟悉施工图设计文件,领会设计意图;熟悉施工内容、特点,根据各施工段的特点对施工图进行有重点的核查;对施工图设计文件有疑问的地方、发现的问题,其中的错误做好记录;熟悉施工的施工工艺要求,施工要点、难点、容易发生的问题以及施工应注意的相关事项;熟悉施工图所涉及的接口关系;掌握施工图设计文件对施工工程及关键工程部位的质量要求。

d. 要求各施工单位提交在施工图设计文件审核中发现的问题;熟悉设计对施工工艺要

求,施工要点、难点、施工应注意的相关事项,提交相应施工方案和施工措施。

e. 组织施工单位到现场对照施工图熟悉施工周边环境、施工地段,结合实际审核施工图是否与实际相符、是否存在问题、施工是否具有可操作性;准备相应施工方案和施工措施,为图纸会审做准备。

f. 组织图纸会审工作,对图纸会审中发现的不解之处、疑点、存在的问题、错误之处进行归纳,对图纸会审纪要进行会签。

(2)设计交底工作的内容和监理措施

①设计交底工作的内容。

施工图设计文件总体介绍,设计的意图说明,特殊的工艺要求,相关专业在施工中的难点、疑点、接口关系和容易发生的问题说明,对各施工单位、相关接口单位、监理单位、建设单位等对设计图纸疑问的解释等。

②监理在设计交底中应做的工作。

将图纸会审工作中整理的会审问题在设计交底前一周提交设计单位;通知施工单位参加设计交底会;参加设计交底会;会签设计交底会议纪要;根据职责范围,协调并监督施工单位完成设计交底会议纪要要求施工单位完成的工作。

2)对施工组织设计和技术方案的审查

监理审查施工组织设计及技术方案的流程

①在工程项目开工前在约定的时间内,承包单位必须完成施工组织设计的编制及内部自身批准工作,填写"施工组织设计(方案)报审表"报送项目监理机构。

②总监理工程师在约定的时间内,组织专业监理工程师审查,提出意见后,由总监理工程师审核签认。需要承包单位修改时,由总监理工程师签发书面意见,退回承包单位修改后再报审,总监理工程师重新审查。

③审定的施工组织设计由项目监理机构报送建设单位。

④承包单位应按审定的施工组织设计文件组织施工。如需对其内容作较大的变更,应在实施前将变更内容书面报送项目监理机构审核。

⑤规模大、工艺复杂的工程、群体工程或分期出图的工程,经建设单位批准可分阶段报审施工组织设计;技术复杂或采用新技术的分项、分部工程,承包单位还应编制该分项、分部工程的施工技术方案,报项目监理机构审查。

3)对现场条件及技术准备工作的检查

设备安装施工前,还需要对以下方面进行检查和协调。

(1)设备安装场地与条件的检查及协调

业主(或土建承包单位)应按要求向机电设备安装及装修单位移交设备安装场地,提供机电设备安装及装修施工用水、电、通信等安装条件;协助设备安装单位对设备安装场地和条件包括设备房是否有漏水、渗水,设备房屋顶、地面、墙面、预留基础、预留孔洞、预埋件等是否满足设备进场、装修条件和设计要求;场地是否有积水、赃物,预埋的线管、线槽是否畅通,至设备的出线管口位置是否满足设计要求,设备安装面的水平度是否满足设计要求。对设备安装工程中基准线或定位尺寸按安装施工图的要求进行测量和检查。督促设备安装单位对上述条件进行认真检查,发现与设计不符,应及时提出,并与土建承包商协商处理,如果能满足设备进场条件要求,则对安装现场移交进行签认并办理相关手续。

(2)对设备安装单位设施平面布局及施工方案、计划进行检查

①督促设备安装单位按要求尽快完成临时建筑和设施的建设,包括监理办公及生活设施等,检查安装单位的设备、机具、仪器仪表用房,材料仓库,检查其是否满足相应的用房条件和仓储条件,布局是否合理。

②督促设备安装单位对施工场地内的用水、用电、安全与卫生和场地内的施工协调负起全部的管理责任,建立现场设备安装用水、用电安全管理制度和卫生管理制度,特别要督促设备安装单位完善安全文明施工的有关条款。

③根据现场实际情况进一步审查设备安装单位提交的施工方案、设备运输方案及材料采购计划等是否合理、安全、具有可操作性;检查设备安装单位对各级安装施工人员进行有关安装工艺质量及安全等方面的上岗培训情况,检查关键工种和关键岗位的相关人员的培训证、上岗证及资质证书。

④检查设备安装单位准备进场的安装机具的种类、数量及功能是否满足施工要求,检查设备安装单位施工机具、设备、实验检验仪器仪表的维护与保养状况,维护与保养工作必须保证设备处于完好无损。

⑤审查设备搬运方案,设备在搬运和安装时是否采取防震、防潮、防止框架变形和漆面受损,轨道运输时设备是否绑扎牢固、安放平稳,是否超限界等安全措施,必要时可将装置性设备和易损元件拆下单独包装运输。当产品有特殊要求时,还应符合产品设计文件的规定。

(3)审核设备安装单位编制的总进度计划

应全面、详细、准确、清楚的描述工程实施过程。按照工程进度计划编排材料、设备的使用计划,包括要求甲供设备的到货计划。工程施工进度计划分析、对策、编制说明等,要充分考虑相关接口对工期的影响。

(4)材料采购计划

根据材料采购计划,依据相关质量要求,考察已购关键材料制造厂家的资质情况及技术装备水平,了解设备、材料的质量,以保证设备、材料及构配件的质量,满足要求后予以签认;对新材料的应用,应事先对技术鉴定及有关试验和实际应用报告进行审查确认并经有关单位批准,然后才同意使用。

(5)对采购的材料进行检验

对设备安装所需的已采购的材料、配件按设计及监理单位审批的要求进行检查,量大关键的材料应采取见证取样送检,对材料见证取样报送具有相应资质、经国家或地方计量、实验主管部门认证的质检部门进行检验。

4）对承包单位现场管理体系的审核

（1）现场管理体系经承包单位上级技术管理部门审核同意后方可报审。

（2）现场质量、安全保证体系和技术管理体系要贯彻"横向到边、纵向到底"原则。

（3）承包单位现场管理体系审核。

质量、安全认证证书的收集审查；质量、安全、技术组织机构的设置；管理制度的建立；相关措施的制订及管理人员的配备；特别要注意管理人员、特种作业人员数量应符合工程进度计划安排的要求，并进行动态管理等。

5）对设备分包商的资格审核

对设备安装分包商进行资质核查的内容：

①监理工程师应核查设备安装分包商是否具有按承包合同规定完成分包工程任务的能力，重点应核查设备安装分包商特殊行业许可证、工程经验与业绩、技术实力、施工人员的技术素质、特殊作业人员的资格证以及分包商的财务资本状况等；其次核查分包商质量管理的基础工作、工程管理和质量控制的真实情况包括质量意识、质量管理情况、项目管理组织机构、人员结构、职责分工情况，以及设备安装分包商现场项目经理部的质量管理体系实施情况和项目经理的资质、质量管理水平、工作能力以及特殊专业工种、关键施工工艺等应用方面操作者的素质与能力。

②了解设备安装分包单位贯彻 ISO9000 质量体系认证标准、设备安装单位质量管理体系建立和通过认证的情况。

③了解设备安装分包单位领导班子的质量意识及质量管理机构落实、质量管理权限实施的情况等。

4.3.4 施工阶段的质量控制监理方法及措施

1）对进场原材料、构配件及设备的质量控制

（1）施工准备阶段的质量监控措施

①对安装施工单位委托检测实验室的设备功能、人员、资质、操作方法、资料管理等项工作进行有效的监督、检查和管理。

②在材料、构配件及设备订货前，订货单位应提供生产厂家的产品合格证、质量保证书、备案登记证及性能测试报告、试验报告，必要时监理人员还将对生产厂家、生产设备、生产工艺进行现场调查了解，由订货单位提供样品进行试验，以确定材料采购与否。

（2）施工阶段的质量监控措施

①凡在施工过程中进场的材料、构配件及设备运入现场后，均应按有关规定做验收、检验，不合格者不得用于本工程，并由施工单位在规定的时间内清除出场。

②各分项工程的施工，严格按照有关施工技术规范中的试验检测规定进行。

③旁站监督检验：严把质量关，由现场监理员对承包人的自检试验项目进行旁站监督，

本工程通常包括车站装修及关键设备的安装、设备的单机调试、联动试车等内容。

④审查试验资料:每一工序或分项工程完成之后,承包人必须按监理单位的要求将该分项工程的所有试验、检测资料报监理工程师,经监理工程师审查后与检测站的抽样检验结果相比较,合格后签字认可,并上报总监理工程师审批。

⑤设备开箱检查。

设备开箱验收主要是检查设备的外观质量,初步了解设备的完善程度,零部件、备件、设备安装专用工具、随机技术文件是否齐全等,以便安装单位按设备要求进行安装,见图3-4-4、图3-4-5。

图3-4-4　供电设备到场开箱检查

图3-4-5　机电设备到场开箱检查

设备安装单位和设备安装阶段的监理工程师应参加设备开箱验收。设备开箱移交是设备供货商与设备安装单位关于设备的管理界面的移交,移交后设备安装单位对设备负有管理的责任。

⑥设备二次搬运。

由于地铁设备安装位置的特殊性以及大中型成套设备的量重体大,其设备一般安装在地下(如站台层、站厅层、地铁隧道区间等),因此大多数设备在进行安装时均存在设备的二次搬运工作,见图3-4-6。

图3-4-6　大型设备进场二次倒运

根据地铁设备的质量、体积大小、运输要求等实际情况,二次搬运工作一般分为二种,一种是设备供货商将所需设备按合同或安装要求运到指定车站地面吊装孔的位置,由安装单位进行二次搬运,用起重机将设备由地面通过吊装孔吊到站厅层,若要运到站台层,则需要用搬运工具(如叉车等)、吊装工具(如电葫芦等)将设备从站厅层至站台层的吊装孔吊到站台层;另一种为设备供货商将所需设备按合同或安装要求运到指定地点,由地铁运输工具(如平板车等)运到需要安装的车站(站台)或区间,然后用搬运工具运到设备房或其他安装地点。

由于地铁设备安装地点的特殊性,设备安装时,二次搬运工作特别重要,设备二次搬运的质量是设备安装质量的重要保证。要做好设备二次搬运工作,设备安装单位在施工组织设计中要特别重视设备二次搬运方案的设计,了解设备的外形包装尺寸、质量、运输要求,现场检查二次搬运通道是否畅通、量测设备的二次搬运通道的尺寸是否满足设备外形尺寸的要求,搬运工具是否可靠、并能满足设备搬运的要求,方案要安全、合理。监理工程师应做好如下工作。

a. 在审核安装承包商的施工组织设计时应重点审核其设备二次运输工作方案,审核其安全性、合理性及可操作性。

b. 审核搬运机具性能、使用范围、工作效率、可靠性、工作质量、数量是否满足搬运的要求。

c. 做好与设备监理或设备供货商、土建承包商的协调和接口工作,协助安装单位确定并落实设备包装箱的外形尺寸、质量、起吊要求、运输要求、仓储要求以及设备二次运输工作方案,大型成套设备应采取轨道运输。

d. 协助安装商确定并落实吊装孔尺寸大小、以便确定二次搬运的运输方案,是通过地铁车辆运输还是通过吊装孔进行二次运输;当采用吊装孔搬运时,应着重检查起重机的吊装质量是否满足要求、起重机司机是否有上岗证、吊装现场是否采取相应的安全防护措施;当采取轨道运输时,应着重检查设备是否安放平稳,高度、宽度是否超限等;必须满足设备对运输的相应要求。

e. 要做好与土建承包商的协调和相关接口工作,协助安装单位确定并落实至设备房的运输通道是否畅通、通道尺寸是否满足设备运输的要求。

f. 如果设备到货后不需要立即开箱检查,则应协助安装商按设备仓储要求落实设备仓储用地,其次应办理设备带包装箱的移交手续。

(3)进场原材料、构配件、设备的报验

①工程进场原材料、构配件、设备报验的范围。

凡属设计用于本工程的原材料、构配件、设备均应进行进场的合格验证及复检,凡验证不合格的原材料、构配件、设备均应在验证后不迟于 2 天内清出施工现场。

②进场原材料、构配件、设备报验的具体实施。

a. 原材料、构配件、设备采购计划的报验。

施工单位在正式开工前的 15 天内,根据车站机电设备安装及装修工程施工组织设计的安排,向现场监理工程师报送材料、构配件、设备采购计划,按设计文件中材料、构配件、设备的名称、规格、型号和数量安排计划。

要做到月计划,同时应附上合格供应商的名单及其相应的评价资料,标明拟选定的合格供应商,如有自采的地材,则应附上地材产地、产量及其质量的试验资料。

现场监理收到采购计划后,应认真核对其名称、品种、规格、型号、材质是否与设计相符,计划用量是否与施工组织设计的安排相一致;审阅其对合格供应商的评价是否合理,其所选定的合格供应商是否具有质量保证和按时供货能力。

如采购计划经审核不符合要求,则指出问题退回施工单位并要求重新修订,如认为符合要求,则签署审核意见后,上报总监理工程师审批。

总监理工程师接到材料、构配件、设备采购计划书后,经核审无误后应予批准,如审核后认为采购计划尚难满足工程质量或数量要求,应批复修改意见,由现场监理工程师通知施工单位。

b. 原材料、构配件、设备的进场报验。

施工单位应认真组织对供应商的进货检验,落实专职检验人员,认真核对出厂材质的出厂合格证和质量检验单以及名称、规格、型号、数量、质量等,同时还应注意运输过程中是否有保证质量的防护措施,产品质量有无因运输不当发生变质。

进货时,还应详细记录台账、进行必要的标识及记录,对按规定应作复试的原材料,进货后应抓紧安排由具有取样资格的取样员取样复试,如发现不合格,及早安排退货,复试后,整理好资料,为工程材料的合格进场及发放提供依据。

施工单位每月25日前应将下月施工进场材料、构配件、设备报验单呈报驻地监理。报验计划应按旬做出安排,标出进场的材料、构配件、设备名称品种、规格、型号、数量、进货厂商和质量证明文件,以便现场监理做出安排。

在进场的2天内告知具体进场时间,约定验证地点及配合人员,如已进货仓储,则到仓储点验证,如由采购直接送达工地,则可约定在进货时共同验证,以节约时间。验证时,必须检验出厂质量证明书,核对产品是否为原计划采购厂商,出厂产品是否检验合格,要检验外观质量、外形尺寸及规格,对要求复试的工程材料,要详细验证复试的数据以及复试是否符合要求,对直接送货现场的材料:如钢材、水泥、油漆、涂料等,监理人员对原材料的质量、各项控制指标都应进行平行或复核性检验;对现场材料质量的抽检频率,一般为承包人自检频率的30%,以确保工程质量,经验证所有质量指标合格后,才允许投入使用。

原辅材料、外购外协件的验证过程中如有试验要求的,相应检验人员应联系施工单位测试中心及时安排试验,测试人员将试验结果如实填写试验报告通知检验人员,检验人员结合测试结果对产品批进行质量判定。

对产品中的某些特殊要求施工单位无法测量和确定的,供方应提供证据,如质量证明文件和检测报告,必要时,施工单位及时实地考证其真实性或委托权威机构测试检验。对涉及安全性能和使用功能的产品,供方还应提供质量风险承诺。

2)对不合格原材料、构配件及设备的监控措施

严格进场原材料、构配件和设备报验制度,对已运进现场经检验合格的材料、构配件,施工单位必须单独存放,并以明显标识其检验状态为待检状态;对于经检验不合格的原材料、构配件,监理单位应及时报告业主并及时指令施工承包单位限时清出现场。

3)对现场配制材料、构配件质量控制

按相关规定要求作好见证试验复检工作,确保所用原材料质量合格。

(1)认真审查承包单位现场配置材料的配合比和其他技术工艺参数,混凝土的配合比应

由有资质的试验室出具的试配报告或按设计要求的比例配置。

(2)严格对现场配置过程采用旁站方式进行监理,配置材料所用的设备、原材料、外加剂、加料比例、拌制时间、材料计量等内容进行监督检查,确保现场配制材料的质量符合设计和相关标准要求。

(3)现场旁站监理工作应按规定作好旁站监理记录。

(4)现场构件制作质量监控要点。

①结合项目的内容和特点,对一些技术难度较高、比较复杂的特殊构件的制作,应要求承包单位编制专项制作方案。

②监理工程师应组织对承包单位所报的专项方案进行审查,并提出审查意见。

③督促承包单位按经审查认定的专项方案实施制作。

对制作过程实施旁站监理,构件制作过程中需留置试件的,应按规定进行见证取样送检。

(5)对构件制作过程中重要隐蔽部位和重要工序按相关规定进行检查验收,并办理隐检记录,对不符合质量要求的责令整改。

(6)按设计和规范要求需进行试验的构件,应严格按要求的比例和数量进行抽检试验,并对试验报告进行审查,合格后才能将构件用于工程实体。

4)设备安装的监理

(1)编制在施工过程中的监理规划或计划。

(2)熟悉合同文件,了解工作现场。

(3)主持召开第一次工地会议。

(4)掌握工程的有关资料、技术参数,审查施工图,组织施工图技术交底,对存在的问题向设计单位提出书面建议和意见。总监理工程师应对设计交底会议纪要进行签认。

(5)协调各设备系统在施工中的接口界面关系和责任划分,与土建和其他设备系统的监理密切配合,统一协调处理施工中出现的各类技术问题。

(6)负责审查承包商的施工组织设计、施工进度计划、施工质量保证体系、施工方案、调试方案、重大技术措施、安全管理措施、文明施工措施以及进场施工人员素质、机具等,对存在的问题提出修改意见,直到达到项目管理要求,并报送业主。

(7)负责审查技术规程、验收标准;提出供电系统子单位工程、分部工程、分项工程、检验批的划分方案,对施工工序、工艺、试验检测条件等进行审核确认,检查承包商的安装质量和进度保证措施的落实情况。

(8)负责组织并主持召开监理例会、工程例会及有关专题会议,做好会议记录和会议纪要,参加业主的调度会,汇报监理工作情况和工作计划。根据业主要求报送施工监理报表、报告、会议纪要等。

(9)负责检查施工承包商提供的设备、构配件、材料等是否达到国家质量标准和满足设计要求及合同约定,其材质证明、产品合格证、各种认证、各种检验报告是否齐全、合格等。

（10）施工安装前对进场的设备、部件和材料，按采购合同检验、检查是否符合设备的设计标准、规范和质量的要求，不符合要求的不得安装。

（11）负责供电系统设备安装与土建工程的接口管理与技术协调，并与土建监理密切配合，统一协调处理施工中出现的各类问题，参与供电系统设备预埋、预留及接地工程的监理工作。

（12）对施工现场实行跟踪监理，施工过程按有关规定和工程需要实行旁站监理（图3-4-7），并填写相关记录表格。对隐蔽工程及时验收并签字确认，不得因监理原因影响下道工序施工。

（13）对施工全过程的各个工序、采用工艺等进行审核确认，落实承包人经审核的质保措施；

（14）对施工中出现的质量缺陷和重大质量隐患，下达整改、暂停令，并报业主同意；提出处理意见，并监督检查整改结果。参与工程事故的调查、取证和责任认定；负责质量事故处理有关资料的整理归档。

a）AFC线缆回路测试检查

b）门禁终端锁具安装检查

c）通信系统光缆成端质量检查

d）信号系统AP光缆接续关键工序旁站检查

图3-4-7　监理对现场设备进行检查

5）旁站监理的程序和方法

（1）监理站制订旁站监理方案，明确旁站监理的范围、内容、程序和旁站监理人员的职责等。旁站监理方案送建设单位和施工单位各一份。

(2)施工单位根据监理站制订的旁站监理方案,在需要实施旁站监理的关键部位、关键工序进行施工前 24h,应当书面通知监理站。监理站应当及时安排旁站监理人员按照旁站监理实施方案实施旁站监理。

(3)旁站监理人员应当认真履行职责,对需要实施旁站监理的关键部位、关键工序在施工现场跟班监督,及时发现和处理旁站监理过程中出现的质量问题,如实准确地做好旁站监理记录(图 3-4-8)。凡旁站监理人员和施工单位质检人员未在旁站监理记录上签字的,不得进行下一道施工。

(4)旁站监理人员实施旁站监理时,发现施工单位有违反工程建设强制性标准行为的,有权责令施工单位立即整改;发现其施工过程已经或者可能危及工程质量的,应当及时向监理工程师或者总监理工程师报告,由总监理工程师下达局部暂停施工指令或者采取其他应急措施。

a)阀门打压监理旁站

b)消防水管打压旁站

c)环网电缆耐压试验监理旁站

图 3-4-8 对现场设备检验进行监理旁站

6）竣工验收阶段的质量控制监理方法及措施

（1）机电设备安装工程初步验收监理工作内容

①编写车站机电安装及装修工程验收采用的规程（确定检验批、分项、分部、子单位、单位工程质量验收采用标准等）和验收工作方案。

②在收到承包商的初步验收申请报告后，监理工程师应对此报告进行严格审查，并写出书面审查报告，负责组织车站机电设备安装及装修的初步验收，并做出评价，检查承包商对申请初步验收工程的现场清理情况以及初步验收资料的完成情况。会同业主确认以上各项检查符合合同要求后，监理工程师应立即签发初步验收证书。

③系统调试任务完成后，负责组织机电设备安装及装修工程的初步验收；对存在问题应督促承包商整改，整改合格后签署供电系统的初步验收报验单，完成系统质量评估报告。

（2）试运行的监理

①协助业主组织、协调各设备系统参建单位做好试运行工作。

②制订车站机电设备安装及装修试运行准备计划及实施方案，提出试运行组织与管理策划方案。

③督促车站机电设备安装及装修参建单位做好试运行准备工作，确保车站机电设备安装及装修具备试运行条件。

④协助业主组织试运行，督促和检查试运营记录，与项目（系统）设计要求进行比较；出现设备故障和问题时协助分析原因和责任，敦促有关各方处理。

⑤检查车站机电设备安装及装修各项功能和参数是否达到设计要求并做好记录。

⑥协调解决车站机电设备安装及装修试运行过程中出现的问题，负责分析设备故障原因及责任并督促处理解决，确保车站机电设备安装及装修安全可靠投入运营。

⑦审查试运行期间车站机电设备安装及装修的演练方案，协助业主进行现场演练。

⑧审查灾害、事故等各种情况下车站机电设备安装及装修的应急预案。

（3）竣工验收的监理

业主确认系统顺利通过3个月的试运行考核，并且所存在的问题已整改完毕后，承包商向业主申请工程竣工验收。监理工程师应配合业主和相关各部门组织工程竣工验收（图3-4-9）：构成单位工程的各分部工程应该合格，并且有关的资料文件应完整以外，还须进行以下三方面的检查。

①涉及安全和使用功能的分部工程应进行检验资料的复查。不仅要全面检查其完整性（不得有漏检缺项），而且对分部工程验收时补充进行的见证抽样检验报告也要复核。这种强化验收的手段体现了监理对安全和主要使用功能的重视。

②对主要使用功能还须进行抽查。使用功能的检查是对建筑工程和设备安装工程最终质量的综合检验，也是用户最关心的内容。因此，在分项、分部工程监理验收合格的基础上，竣工验收时再作全面检查。抽查项目是在检查资料文件的基础上由参加验收的各方人员商定，并用计量、计数的抽样方法确定检查部位。检查要求按有关专业工程施工质量验收标准

的要求进行。

③由参加验收的各方人员共同进行观感质量检查。观感质量验收,往往难以定量,只能以观察、触摸或简单量测的方式进行,并由个人的主观印象判断,检查结果并不给出"合格"或"不合格"的结论,而是综合给出质量评价,最终确定是否通过验收。

a)供电系统验收

b)装修及机电验收

图 3-4-9　监理对设备系统进行验收

依据有关法律、法规、工程建设标准、设计文件及合同等,审查承包商报送的竣工资料。负责准备车站机电设备安装及装修工程竣工验收的监理资料。协助业主做好车站机电设备安装及装修竣工验收准备工作,编写车站机电设备安装及装修竣工验收方案。组织车站机电设备安装及装修竣工验收工作。

4.3.5　保修期的质量控制监理方法及措施

结合地铁设备工程的特点,缺陷期应合理安排监理工作重点。

(1)定期关注地铁系统设备运营状态,如出现重大问题,应通知设计、承包商进行分析研究处理。

(2)对设备质量问题和质量缺陷进行调查。

(3)在质量缺陷期间内,地铁公司运营部门发现设备使用功能出现问题,是由于施工质量而影响使用,可以用口头或书面通知设备安装承包商的有关缺陷期部门,说明情况,要求派人前往检查修理。设备安装承包商必须尽快地派人检查,并会同建设单位共同做出鉴定,提出修理方案,尽快地组织人力、物力进行修理。如属于设备质量问题,监理工程师应通知供货商及时到达现场进行维修或更换。发生涉及安全或者严重影响使用功能的紧急抢修事故,施工单位或供货商接到缺陷期通知后,应当立即到达现场抢修。

(4)在质量缺陷期内,如承包商不能按合同规定履行缺陷期职责,地铁公司可以委托其他承包商对缺陷进行修复。监理工程师应对所发生的费用进行计量、审核,并从承包商的质量保证金中扣除该部分费用。

4.3.6 工期目标控制方法

工期目标控制的方法主要是规划、控制和协调，概括起来主要是：确定项目总进度目标和分解进度目标；在项目进展的全过程中，采用动态控制方法，进行实际进度和计划进度比较，发现偏差，及时采取措施纠正；及时协调各参建单位之间的进度关系。贵阳轨道交通1号线车站装修和设备安装监理标的范围包括车站及区间的低压配电与动力照明、通风空调系统、给排水/消防系统、电梯及扶梯、屏蔽门和安全门、声屏障的安装调试及站厅、站层、出入口、通道的装饰装修工程等，既有平行施工，又有交叉施工，因此监理进度控制拟分别采用横道图法、S曲线法、网络计划图法及三者结合等方法予以实施。

（1）事前控制措施

①落实项目监理机构中进度控制的专职人员，具体控制任务和管理职责分工。

②总监理工程师应依据施工合同有关条款、施工图纸、经过批准的施工组织设计进度以及业主有关地铁工期总体策划要求制订进度控制方案，组织监理工程师对进度目标进行风险分析，制订防范性对策并上报业主。

③根据合同规定的期限，认真审查总承包单位编制的项目实施总进度计划，审核承包商制订的计划是否合理，是否适应工程项目和实际情况，是否满足业主提出的施工进度要求（总进度目标要求），审核施工进度计划与施工方案的协调性和合理性，避免不切合实际的施工计划，用科学的施工计划指导施工，监理工程师审批的重点是承包商实施计划的能力以及施工时间安排的合理性，最后报业主批准。

④建立进度控制协调工作制度，包括协调会议举行的时间，协调会议的参加人员等。

⑤对影响进度目标实现的干扰和风险因素进行分析，制订相应的措施进行纠正。

⑥审核施工单位提交的施工方案，使设备、人力、施工方法等能保证进度计划的实现；审核承包商提交的施工进度计划。

⑦协助制订切块的单项工程工期及关键节点进度，通过总工期的分解切块，保证总工期目标的实现。由于工程节点、关键工序常常关系到整个工程项目施工总工期的长短，因此在施工进度计划的编制过程中监理工程师要求承包商单独编制对工程节点关键工序进度计划。

⑧协助业主完善外部手续，按期完成现场障碍物的拆除和落实现场临时供水、供电和施工道路，及时向施工单位提供现场和创造必要的施工条件。

⑨提醒业主单位按时提供设计施工图纸等设计文件。

⑩协助业主做好保证资金供应的工作，及时按合同规定向施工单位支付工程进度款。

（2）事中控制措施

①建立反映工程进度状况的监理日志，监理人员要随时收集和记录影响工程进度的有关资料和事项，逐日如实记载每日完成的实物工程量。同时，如实记载影响工程进度的内因、外因、人为和自然的各种因素。暴雨、大风、现场停水、现场停电等应注明起止时间（小

时、分钟)。随时掌握承包商工程施工过程中存在的问题,以便及时协调和解决影响进度的各种矛盾和不利因素。

②委派经过专业培训的能熟练掌握和操作 P3E/C 项目管理软件的专业监理人员对施工承包人的进度计划与资源计划进行审核和监控,并按要求定期将计划执行情况报业主,以保证业主掌握的施工进度的准确和一致。

③审核总承包单位每周或每月、每季度的工程进度报告,重点审核计划进度与实际进度的偏差以及形象进度与实物工程量完成情况的一致性。

④按合同要求,及时进行现场合格质量工程的计量验收工作。

⑤认真处理有关进度、计量方面的签证。

⑥对工程进度实施动态管理,工程开工后,监理工程师应建立单项工程的月、旬进度报表及进度控制图表,以便对分项施工的工程月、旬进度进行控制。当实际进度与计划进度发生差异时,应分析产生的原因,向承包商发出工程进度缓慢信号,要求承包商采取措施加快进度,并提出进度调整的措施和方案,相应调整施工进度计划及设计、材料、资金等进度计划;必要时调整工期目标。

⑦及时为工程进度款的支付签署进度、计量方面的认证意见,对进度控制采取经济奖惩措施。

⑧认真组织现场协调会,及时协调总承包单位不能解决的内外问题、总图管理问题、现场重大事宜等涉及进度管理控制方面的问题。

⑨及时收集掌握设计、材料的供应状态以及由总承包单位提交的有关进度报表资料,加强现场跟踪检查,定期向业主报告有关工程进度的情况。

(3)事后控制措施

当实际进度与计划进度发生差异时,在分析原因的基础上采取以下措施:

①制订保证总工期不突破的对策措施。

a. 技术措施:如采用新技术、新工艺,缩短工艺时间、减少技术间歇期,实行平行流水立体交叉作业等。

b. 组织措施:如增加作业队数、增加工作人数、采用高效机械施工等。

c. 经济措施:如实行经济包干、经济奖惩、提高单价等措施。

d. 其他措施:如改善外部配合条件、改善劳动条件、实施强有力调度等措施。

②制订总工期突破后的补救措施。

③调整相应的施工计划、材料设备、资金供应计划等,在新的施工条件下组织新的协调平衡。

④当工程确需延期时,总监理工程师应当按照合同约定审核延期报告;要求投资建设单位据此调整进度计划和资源配置,采取有效措施督促投资建设单位按时完工。

4.3.7 投资控制的办法

1)投资的事前控制办法

(1)熟悉合同文件,特别是熟悉有关监理工程师在计量与支付方面的职责权限条款。

(2)在项目监理机构内落实投资控制人员、任务分工和职能分工,并设置专人认真负责配合业主做好对设备材料认真核价控制工作。

(3)协助业主编制本项目投资控制工作目标、计划和详细的投资控制工作流程图,协助业主编制资金使用计划。

(4)协助业主签订有利的合同。

(5)熟悉承包合同、设计图纸、设计要求、标底标书,分析合同价构成因素,明确工程投资最易突破的部分和环节,明确投资控制的重点。

(6)依据施工合同有关条款、施工图对工程项目造价目标进行风险分析,预测工程风险及可能发生索赔的诱因,制订防范性对策。

(7)协助业主按合同条件如期向承包单位提供施工场地或作业条件等。

(8)用技术经济的观点,从优化的角度,评定完善施工组织设计和施工方案。

2)投资的事中控制办法

(1)工程实施中主动搞好业主、设计、材料、土建及其他外部协调配合,及时答复承包单位提出的问题及配合要求,避免索赔发生。

(2)对设计变更进行技术经济比较,严格控制设计变更。

(3)对施工过程进行全面的监督和管理,尽力保证工程的质量达到设计和规范的要求,减少因返工带来的经济损失,以达到提高投资效益的总体目标。

(4)严格执行承包合同中所确定的合同价、单价和约定的工程款支付办法。

(5)严格工程价款计量支付程序,在报验资料不全、与合同文件约定不符、未经质量签认合格或违约的情况下,坚持不予审核和计量;严格经费签证,对涉及停窝工、用工、使用机械签证、抽水台班、材料代用、材料调价等投资应谨慎处理并报业主批准。

(6)在施工过程中及时进行投资跟踪控制,定期地进行投资实际支出值与计划目标值的比较;发现偏差,认真分析产生偏差的原因,及时采取纠偏措施。

(7)对工程施工过程中的费用支出作好预测,经常或定期向业主提交项目投资控制及其存在问题的报告。

(8)在工程施工过程中,对所有已完成的工程项目进行计量、记录,以便检查承包商提交的月度、季度结算单;审批承包商的计量支付申请,证明工作完成或部分完成。

(9)加强合同管理,随时检查合同执行情况,妥善处理合同问题,减少业主额外投资的发生。

(10)做好工程施工记录,保存各种文件图纸,特别是注有实际施工变更情况的图纸,注意积累素材,为正确处理可能发生的索赔提供依据,参与处理索赔事宜。

(11)资金的支付签证严格按有关合同条款要求进行。

3)投资的事后控制办法

在本工程中,当实际进度计划滞后时,将在分析原因的基础上,提出改进的措施建议,力争保证总工期不突破,涉及总工期变更或费用增加时,应与业主协商进度计划的变更或费用补偿问题,进度计划调整后,调整相应的施工、材料、设备和资金供应计划,组织新的平衡和协调。

(1)审核承包单位提交的工程结算书。

(2)公正处理承包单位提出的索赔。

4)工程经济签证和工程索赔的控制办法

监理应经常及时地收集、整理有关的施工和监理资料,为可以公正、合理地处理工程经济签证和索赔提供证据。

5)投资控制的组织办法

完善职责分工及有关制度,落实责任。

(1)在总结类似工程监理的基础上组织强有力的监理班子,包括施工、材料选用、设备选型方面的监理工程师,有足够的力量编制合理可行的进度计划控制网络,各分部工程指定专门的进度控制员负责各方面的进度落实。

(2)做好业主的参谋,及时提醒业主开展工作。

(3)核查承建单位管理班子的构成,确保足够的施工管理力量,落实进度保证体系。

(4)定期和不定期地召开有关协调会,协调各方面的进度。

(5)妥善处理和核批承建单位的工期索赔。

(6)协助总承包单位对施工场地实行严格的平面管理。

(7)定期向业主汇报进度情况,及拟采取的措施和建议。

6)投资控制的经济办法

及时地进行计划施工费用与实际施工费用的比较和分析。协助业主及时落实资金,及时审核签认工程款支付凭证。严格实行设计和施工进度目标奖罚制。核查承包商是否按合约要求,向银行及保险公司办理了履约保险担保。审核资金使用计划,确定、分解投资控制目标。审核施工图预算,进行工程计量,审查其他有关费用。

7)投资控制的技术办法

审核施工组织设计和各种方案,建议业主方合理的支出投资。要求施工单位按合理的工期组织施工,避免不必要的赶工费。

(1)结合施工组织设计审查设计方案,并对方案进行优化,使其更有利于加快施工进度。

(2)协助建设单位提前做好三通一平等进场前的准备工作。

(3)提前确定测量放线方案,预先建立施工平面控制网和高程控制网。

及时落实材料、设备使用情况,特别是进口材料和设备的运输、报关、验收等,并将可能出现的困难提前排除。

(4)制订形象进度计划,将实际进度与其对比,进行动态管理,及时进行调整,对新技术、新方案提前落实、参观学习。

(5)分施工段作业,监理积极配合,分段验收,全天候监理。

制订出特殊条件下的施工安全技术措施,比如:抗雨施工、夜间施工及其他赶工措施;

(6)检查工程进度,落实周计划、月计划、季计划。

(7)及时组织验收。

(8)对设计变更进行技术经济比较,严格控制设计变更。

(9)继续寻求通过设计挖潜节约费用的可能性。

(10)审核承包商的施工组织设计,对主要的施工方案进行技术经济分析。

(11)对施工进度计划的审查要点:

①工期:进度计划必须符合规定工期,力求达到使成本最低或收益最高的最佳工期。

②资源的均衡性:进度计划中的资源均衡性主查指劳动力消耗的均衡性。

a. 动力耗用的均衡性可以用劳动力不均衡系数 K 来评价:

K= 最高峰的工人数 / 平均工人人数(劳动力不均衡系数 K 越接近 1,说明劳动力的安排是最理想。在组织流水作业的情况下,可得到较好的 K 值。除了总劳动力耗用要均衡以外,对各专业工种工人的均衡性更应重视)。

b. 主要机械的使用率。

c. 辅助指标:单位建筑安装工程的机械化程度;预制装配程度;每立方米或平方米建筑物的劳动消耗量(工日);主要工种工程每一个工人的平均日产量或日产值;其他指标(如模板、脚手架的周转率及使用新技术等)。

8)投资控制的合同办法

建议业主方按合同条款支付工程费,防止过早、过量的支付。要求各方全面履行合同的约定,要减少造成不必要的施工方提出索赔的条件和机会,要正确处理索赔等。

(1)制订合同条款时,要有明确的保证进度条款。

(2)检查各方履行合同的情况,当不按合同规定工期完成任务时,按合同条款及时给予处罚。

(3)对经过实践检验没有能力完成任务的施工单位班组,从管理人员直到承建单位,建议及时更换。

(4)按合同条款处理工期索赔。

(5)建立文件档案系统

(6)做好工程记录。

(7)保存各种文件图纸,特别是注有实际施工变更情况的图纸,为处理可能发生的索赔提供依据。

(8)向总承包商发出书面函件,提请他们必须按合约要求,将有关的原始发票,材料进场记录,拆除工作的实际耗用人工数等资料及时送达,以便索赔、结算等事务的及时处理。参与处理索赔事宜,参与合同修改、补充工作,着重考虑对投资控制的影响。

4.4 设备制造阶段的监理工作

设备制造阶段是实现设备质量的重要阶段，也是质量控制的重要阶段，依据设计阶段确定的设计方案逐步实现质量和制造目标是这一阶段的主要工作，对关键试验过程进行现场见证和关键工艺过程进行控制是这一阶段的主要控制方法。

（1）审查主要标准和规范、设备设计文件、重要工艺方案与重要工艺评定。

（2）监督被监造单位制订并审核质量检验计划采购计划和生产计划。

（3）对人员资格进行审查，尤其是特种专业人员资格。

（4）适时检查加工设备和工装能力及状态、检测设备和装置的有效性和适用性。

（5）审查分包人的资质和能力。

（6）审查主要原材料、外购件和外协件的质量证明文件和复检报告，核查实物外观质量。

（7）核查有特殊要求的原材料及消耗材料的存放和发放，核查入库和发放记录。

（8）按确定的见证方式，对重要过程、主要制造工序、关键零部件加工和设备装配进行见证。

（9）抽查检验和试验人员资格；检查检测仪器的能力范围及校准状态。

（10）采用适当方式见证被监造单位的检验和试验过程（包括中间检查和验收、出厂最终检查和试验等），核查检验工器具的有效性；见证设备的中间验收、设备的出厂检验和试验；见证检验和试验原始记录和（或）放行记录。

（11）检查不合格控制，验证不合格处置结果和纠正措施。

4.5 设备安装调试及验收阶段的监理工作

4.5.1 设备安装阶段监理工作

1）对进场原材料、构配件及设备的质量控制

（1）施工准备阶段的质量监控措施

①对安装施工单位委托检测实验室的设备功能、人员、资质、操作方法、资料管理等项工作进行有效的监督、检查和管理。

②对材料、设备的采购应遵循以下原则：

在材料、构配件及设备订货前，订货单位应提供生产厂家的产品合格证、质量保证书、备案登记证及性能测试报告、试验报告，必要时监理人员还将对生产厂家、生产设备、生产工艺进行现场调查了解，由订货单位提供样品进行试验，以确定材料采购与否。

凡在施工过程中进场的材料、构配件及设备运入现场后，均应按有关规定验收、检验，不

合格者不得用于本工程,并由施工单位在规定的时间内清除出场。

(2)施工阶段的质量监控措施

①各分项工程的施工,严格按照有关施工技术规范中的试验检测规定进行。

②旁站监督检验:严把质量关,由现场监理员对承包人的自检试验项目进行旁站监督(图3-4-10),本工程通常包括车站装修及关键设备的安装、设备的单机调试、联动试车等内容。

③审查试验资料:每一工序或分项工程完成之后,承包人必须按监理单位的要求将该分项工程的所有试验、检测资料报监理工程师,经监理工程师审查后与检测站的抽样检验结果相比较,合格后签字认可,并上报总监理工程师审批。

a)墙体砌筑检查　　　　　　　　　　　b)干挂石材检查

图3-4-10　监理对现场安装质量进行检查

2)设备安装的监理

(1)编制在施工过程中的监理规划或计划。

(2)熟悉合同文件,了解工作现场。

(3)主持召开第一次工地会议。

(4)掌握工程的有关资料、技术参数,审查施工图,组织施工图技术交底,对存在的问题向设计单位提出书面建议和意见。总监理工程师应对设计交底会议纪要进行签认。

(5)协调各设备系统在施工中的接口界面关系和责任划分,与土建和其他设备系统的监理密切配合,统一协调处理施工中出现的各类技术问题。

(6)负责审查承包商的施工组织设计、施工进度计划、施工质量保证体系、施工方案、调试方案、重大技术措施、安全管理措施、文明施工措施以及进场施工人员素质、机具等,对存在的问题提出修改意见,直到达到项目管理要求,并报送业主。

(7)负责审查技术规程、验收标准;提出供电系统子单位工程、分部工程、分项工程、检验批的划分方案,对施工工序、工艺、试验检测条件等进行审核确认,检查承包商的安装质量和进度保证措施的落实情况(图 3-4-11)。

a)风机安装检查　　　　　　　　　b)水泵安装检查

图 3-4-11　监理对现场设备安装质量进行检查

(8)负责组织并主持召开监理例会、工程例会及有关专题会议,做好会议记录和会议纪要,参加业主的调度会,汇报监理工作情况和工作计划。根据业主要求报送施工监理报表、报告、会议纪要等。

(9)负责检查施工承包商提供的设备、构配件、材料等是否达到国家质量标准和满足设计要求及合同约定,其材质证明、产品合格证、各种认证、各种检验报告是否齐全、合格等。

(10)施工安装前对进场的设备、部件和材料,按采购合同检验、检查是否符合设备的设计标准、规范和质量的要求,不符合要求的不得安装。

(11)负责供电系统设备安装与土建工程的接口管理与技术协调,并与土建监理密切配合,统一协调处理施工中出现的各类问题,参与供电系统设备预埋、预留及接地工程的监理工作。

(12)对施工现场实行跟踪监理,施工过程按有关规定和工程需要实行旁站监理,并填写相关记录表格。对隐蔽工程及时验收并签字确认,不得因监理原因影响下道工序施工。

(13)对施工全过程的各个工序、采用工艺等进行审核确认,落实承包人经审核的质保措施;

(14)对施工中出现的质量缺陷和重大质量隐患,下达整改、暂停令,并报业主同意;提出处理意见,并监督检查整改结果。参与工程事故的调查、取证和责任认定,负责质量事故处理有关资料的整理归档。

4.5.2　调试阶段的监理工作

地铁各类设备的系统调试是各系统设备综合联调的基础,现场调试过程监理工作至关重要,是调试质量控制和进度控制的关键性工作。

单系统调试的质量好坏影响设备接口试验和系统联调、甚至综合联调的质量和进度。

接口调试是系统联调和综合联调的前提条件,各系统的接口调试包括内部接口调试和外部接口调试,只有系统相关接口通信正常,传输数据正确,系统联调才能够顺利进行;只有各设备系统联调完成,并各项功能基本运行正常才能提交设备综合联调,监理作为系统设备调试"四控两管一协调"的主体,在系统调试监理各项工作中必须抓好事前控制、事中控制、事后控制,采取各种有效的监理方法和工作措施,以确保良好的设备调试成果。

1) 机电设备调试监理工作内容

(1) 负责审查供电系统承包商提交的各设备系统调试大纲,对调试和初步验收过程中存在问题督促承包商进行整改,签署竣工报验单,向业主提交工程质量评估报告。

(2) 督促、检查项目参建单位的调试准备,审查有关单位(设计、供货、安装单位)编写的调试大纲,全过程监督、检查、协调各子系统调试工作,组织整个供电系统的系统联调。

(3) 在设备单机调试时,监理工程师不但要督促承包商完成本设备的功能调试,还要验证本设备给其他设备提供的接口满足要求。通过现场抽查测试,检验设备关键功能工序测试,和设备单项功能试验,判断和评估检验和试验结果,确定是否可进行下一工序功能试验。

(4) 加强接口调试的管理工作,制订详细的接口调试内容及调试计划,承包商按规定进行调试,每完成一项,在调试内容上确认一项。了解和熟悉各系统之间的技术接口,掌握各系统通信协议内容,熟悉各接口联调内容,在接口双方出现歧义时能给出指导性意见。

(5) 对重要设备的安装调试要旁站监督并逐项检查测试结果是否符合合同中规定的技术指标,对检测记录要逐项核实。

(6) 完成设备调试阶段的监理总结报告和监理资料整理归档。

(7) 汇编车站机电设备操作规程及安全规程,编制岗位设置及职责、人员培训计划、运行管理、设备管理和维修管理等制度。

(8) 调试阶段监理工作应严格按《建设工程监理规范》(GB/T 50319—2013)要求执行。

2) 机电设备调试监理工作措施

(1) 组织措施

地铁设备系统调试由于参与调试的单位多,系统的技术接口多,组织与协调管理是监理的重要工作内容。监理单位应派出数量足够、专业齐全、具有丰富专业知识和协调组织能力的监理工程师负责设备调试阶段的监理,更重要的是组织参与调试的各单位技术人员进行系统调试,解决调试过程中存在的技术问题,以便进行有效的调试质量控制和进度控制。

(2) 技术措施

监理人员运用监理技术和所掌握的技术信息,对调试过程中存在的技术问题提供技术支持,召开专题技术协调会进行技术分析,解决调试问题上存在的技术问题,保证设备系统调试过程的质量、费用、进度满足地铁设备整体工程的需要。

(3) 经济措施

监理人员运用经济措施进行设备系统调试过程的管理,是调试质量控制和进度控制的有效辅助方法。对不满足合同要求的承包商、供货商,按合同规定进行处罚,对于优于合同要求的给予奖励。

(4)合同措施

按设备承包合同的相关条款,以及合同技术规格要求进行调试质量控制、进度控制、费用控制,采用相应的合同措施,对不满足合同技术和功能要求的设备要求承包商进行整改和优化,促使承包商提供满足合同要求的优质、保量、及时的服务。

3)机电设备调试监理工作方法

(1)旁站

旁站是对调试过程质量控制点或关键工序调试采取现场旁站的监理方法,如现场旁站各类设备上电测试、系统接地测试、通电运转等,组织设备安全检查,并记录测试过程。

(2)巡检

监理人员在对于设备调试过程应采取定期或不定期进行现场巡检,及时发现问题和解决调试存在的问题。如现场巡检各类设备的各类试验,包括机械调校、设备静态测试、动态试验、设备空载和有载试验等。

(3)抽查

监理人员对调试承包商的调试记录、测试记录等采用定期或不定期抽查的方式,及时掌握调试质量情况。

(4)测试

对于设备调试重要过程及其调试结果,监理人员应组织和参与各系统设备的重要性能参数测量和设备调试各种工序、单项功能的测试并记录结果,以相关国家规范和行业标准为依据,判断测试结果的正确性。对测试问题改进过程进行跟踪,对关键参数或重要环节监理要亲自进行测试,以保证测试数据的正确。

4)联调故障及事故处理

监理人员进行系统联调故障和事故处理的主要工作如下:

(1)监理人员现场检查和了解联调故障和事故出现情况,分析问题出现的原因,督促相关供货商提交问题分析和解决方案报告。

(2)审评承包商提交的联调故障和事故问题分析和解决方案报告。

(3)组织业主、系统集成商、接口相关供货商、安装承包商、设计单位以及其他相关单位召开专题协调会进行问题分析,督促承包商提交联调试验的修改和优化方案。

(4)评审相关承包商提交的联调试验的修改和优化方案。

(5)组织专题方案讨论会,确定可行的联调试验的修改和优化方案。

(6)督促和检查相关承包商按照确定的联调试验的修改和优化方案进行现场重新联调和测试,保证联调方案的贯彻与实施(图3-4-12)。

(7)编写并提交联调试验的方案修改和重新测试报告,以及重新调整和测试后对整个设备系统调试质量影响评估报告。

(8)因系统等原因造成联调不能正常进行时,确认并责成系统承包商限期完成整改;并跟踪整改过程。

(9)对联调期间所发生的一般故障,在整改完成后应进行确认,当确实符合测试条件时再进行测试。

a)环控柜调试　　　　　　　　　　b)消防水系统调试

图 3-4-12　监理对设备进行现场调试

4.5.3　验收阶段的监理工作

1)分部/分项工程质量验收

(1)监督安装单位严格按国家有关技术规范、标准和设计文件施工。

(2)专业监理工程师对承包方报送的施工预(检)、工序交接检查、隐蔽工程验收资料等进行审核,并在现场进行检查合格后予以签认。

(3)专业监理工程师对承包单位报送的分项工程质量验评资料进行审核,符合要求后予以签认。

(4)项目总监组织专业监理人员对承包单位报送的分部工程质量验评资料进行审核,符合要求后予以签认。

(5)督促安装施工单位严格按合同规定整理施工技术档案资料,审核竣工图及其他技术文件资料。

2)单位工程验收

(1)初步验收的监理

设备安装工程完成后,并先后完成了单系统的调试工作及相关系统的联合调试工作,合同内的工作内容已全部完成或基本完成,竣工资料、竣工图纸已完成,备品备件已交接完毕,由承包商申请竣工初步验收。竣工初步验收工作由监理负责组织。

(2)机电设备安装工程竣工初步验收须具备的条件

①承包商须完成或基本完成合同规定的工作内容。未完成的工程部分应是工程的非主

体部分,并在约定的时间内完成。

②机电设备安装工程已通过单机调试、单系统调试及与相关系统的联调工作。

③由安装承包商提交的备品备件、专用工具、测试仪器已按合同规定提交完毕。

④由安装承包商提交的技术文件、乙购设备的使用说明书及图纸等技术资料已按合同规定提交完毕。

⑤竣工资料、竣工图纸已准备完毕或基本准备完毕。

(3)机电设备安装工程竣工初步验收监理工作内容

①编写车站机电安装及装修工程验收采用的规程(确定检验批、分项、分部、子单位、单位工程质量验收采用标准等)和验收工作方案。

②在收到承包商的初步验收申请报告后,监理工程师应对此报告进行严格审查,并写出书面审查报告,负责组织车站机电设备安装及装修的初步验收,开做出评价,检查承包商对申请初步验收工程的现场清理情况以及初步验收资料的完成情况。会同业主确认以上各项检查符合合同要求后,监理工程师应立即签发初步验收证书。

③系统调试任务完成后,负责组织机电设备安装及装修工程的初步验收;对存在问题应督促承包商整改,整改合格后签署供电系统的初步验收报验单,完成系统质量评估报告。

(4)机电设备安装工程竣工初步验收

①验收组织机构。

设备安装工程竣工初步验收由验收领导小组负责,领导小组组长由总监理工程师担任,领导小组成员包括地铁公司各有关部门负责人、设计单位负责人、供货商负责人、主任监理工程师等。下设设备实体验收小组、设备功能验收小组和竣工资料验收小组,各小组组长由监理工程师担任,成员包括参加验收的相关人员。

②验收。

设备安装工程竣工初步验收分为三个步骤:竣工初步验收会议召开、验收和验收总结会。

(5)验收整改

承包商应根据竣工初步验收会议纪要要求完成整改工作,报请监理复验(必要时应请相关部门共同复验)。

①对未完工程应确定完成时间。

②对属于安装承包商责任的整改问题应在规定的时间内整改完毕。

③对属于设备供货商责任的整改问题,监理工程师应要求设备供货商在规定的时间内完成整改,并配合安装承包商的设备调试。

④对属于设计单位责任的整改问题,由设计单位进行设计优化,由安装承包商负责施工,增加的费用按设计变更处理。

⑤对属于其他承包商影响,无法进行施工或调试的部分,监理工程师负责协调,待条件具备后,由安装承包商负责完成未完工作。

⑥对属于技术难题,无法在短时间内完成,应要求责任单位在规定的时间内完成。经监理及相关单位确认整改问题整改完毕,验收合格,由总监理工程师签署"机电设备安装工程初步验收合格证书"。通过初步验收合格的系统设备即可进入地铁系统设备综合联调。

(6)试运行的监理

①协助业主组织、协调各设备系统参建单位做好试运行工作。

②制订车站机电设备安装及装修试运行准备计划及实施方案,提出试运行组织与管理策划方案。

③督促车站机电设备安装及装修参建单位做好试运行准备工作,确保车站机电设备安装及装修具备试运行条件。

④协助业主组织试运行,督促和检查试运营记录,与项目(系统)设计要求进行比较;出现设备故障和问题时协助分析原因和责任,敦促有关各方处理。

⑤检查车站机电设备安装及装修各项功能和参数是否达到设计要求并做好记录。

⑥协调解决车站机电设备安装及装修试运行过程中出现的问题,负责分析设备故障原因及责任并督促处理解决,确保车站机电设备安装及装修安全可靠投入运营。

⑦审查试运行期间车站机电设备安装及装修的演练方案,协助业主进行现场演练。

⑧审查灾害、事故等各种情况下车站机电设备安装及装修的应急预案。

(7)竣工验收的监理

①业主确认系统顺利通过3个月的试运行考核,并且所存在的问题已整改完毕后,承包商向业主申请工程竣工验收。

②监理工程师应配合业主和相关各部门组织工程竣工验收:

a. 依据有关法律、法规、工程建设标准、设计文件及合同等,审查承包商报送的竣工资料。

b. 负责准备车站机电设备安装及装修工程竣工验收的监理资料。

c. 协助业主做好车站机电设备安装及装修竣工验收准备工作,编写车站机电设备安装及装修竣工验收方案。

d. 组织车站机电设备安装及装修竣工验收工作。

4.6 设备系统及装修监理经验与总结

轨道交通工程是贵州省、贵阳市的重点工程,也是民生公益性工程,轨道交通提升了城市形象缓解城市交通拥堵惠及于民,这就决定了本工程会受政府各部门和社会各界的高度关注,同时,地铁车站机电安装及装修工程是大型公共建筑,是城市建设的窗口,是贵阳城市建设者风貌的一个缩影。因此,社会各界和市民会极度关注施工过程中的一举一动,如施工进度、安装质量、安全生产和文明施工等方面,就要求施工单位展示企业综合管理能力,展示企业文化和施工理念。

地铁机电设备安装工程属地下作业，周围工作场地窄小，通风差、环境湿度大，亮度差，一般为岛式站台结构复杂，工作面广。处于市内繁华路段，交通、场地对施工极为不便，协调工作量多。各设备安装单位预留孔洞多，需紧密配合。各施工作业面施工交叉进行，并且互相制约，时间较长，材料运输难度较大。机电设备安装工程与主体结构、牵引供电、通信、通号、接触网、自动售检票、扶梯、屏蔽门、公共区装修等系统和专业都有接口，存在接口的衔接和交叉施工的问题。

监理协调的工作量大。首先应做好内部协调工作，即协调好机电承包商与各装修专业的关系，在保证工期要求的前提下合理安排各专业进场时间。严格执行站厅风管制作先行，地面石材及相关专业及时跟进的原则，使各专业施工有序展开。同时也要协调好与通信、通号等其他参建单位的关系，把关键设备房移交作为进度控制的重点。机电设备安装、调试及装修工程施工过程的质量监理工作，就是要在上述工作内容中找出关键点，按照需要分别进行巡回检查、旁站监督、跟踪检测、抽查复验或报验审核、验收等方式，对重点部位、关键工序和工艺、隐蔽工程以及事故隐患等进行监督，以达到预定的质量目标。

在监理实施过程中应结合项目的内容和特点，对监理范围内的施工监理项目按系统划分至工序作为控制点，并将控制点划分成不同等级进行控制。监理单位做好工序质量控制，确定出施工中的质量控制点；做到事先有交底、事中有检查、事后有验收和记录。施工质量控制应以事前控制（预防）为主。按监理规划、监理细则的要求对施工过程进行检查，及时纠正违规操作，消除质量隐患，跟踪质量问题，验证纠正效果。通过见证、检验、旁站、巡视、检测、成品检验、中间验收和整体验收等手段全面监督、检查和严格控制工程质量。采用必要的目测检查（看、摸、敲、照）、量测检查（靠、吊、量、套）和试验检查等手段，以验证施工质量。对施工现场实行平行式监理，即监理对施工现场的检测、检查必须在施工单位进行自检时同步进行。对施工现场实行旁站式监理，即只要施工现场在施工，监理单位就必须坚守现场监督施工单位的施工，尤其是对业主在审批监理规划时明确的工程的重要部位、重要工序施工过程，必须实行旁站式监理。有权建议撤换承包单位不称职的人员及不合格分包单位。严格工序检查、严格设备材料报验，搞好检验批／分项／分部工程验收工作。

第 5 章 设计监理

5.1 设计监理的人员构架、工作范围及职责

设计咨询是轨道交通工程建设管理中业主的助手,承担设计"三控"(质量、进度、投资)"二管"(合同、信息管理)"一协调"(与各单位的关系)及其他任务,并监督控制工程建设目标的实现。

具体服务目标为:对设计单位提交的设计文件及图纸、业主提出的技术问题进行全面咨询和审查,优化并完善工程设计,确保项目的设计满足规范的要求,保证本工程发挥正常运营功能,以达到质量、工期、投资的最优组合,使之达到国内先进水平;咨询服务过程中力求使招标人最大限度地得到保障和受益,承担最小限度的风险。本设计咨询项目人员构架见图 3-5-1。

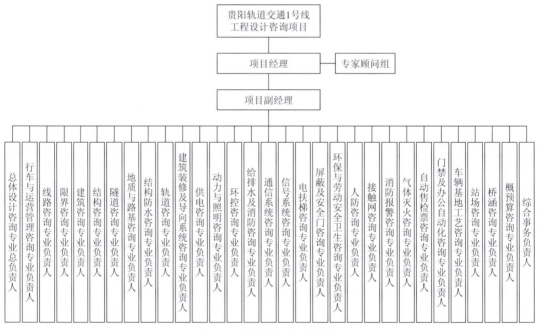

图 3-5-1 设计咨询项目人员构架

设计监理(咨询)范围包括全线(含车辆段、停车场、综合基地、控制中心)设计监理(咨询),具体如下:

(1)贵阳轨道交通 1 号线工程全线(含车辆段、停车场、综合基地、控制中心等)各阶段设计所涉及的土建、人防、机电设备、系统、线路、行车、限界、工程筹划、劳动卫生、线路调坡和调线、配合车辆选型等所有专业的设计监理(咨询)。

(2)设计监理(咨询)工作
①总体设计监理(咨询)、初步设计监理(咨询)(含概算审核,协助招标人组织初步设计审查)。
②施工图设计监理(咨询)(含预算审核、组织和负责施工图预审查、协助招标人通过政府部门的设计审查)。
③招标咨询。
④设计总体和总包管理咨询。
⑤工程建设所需的专题研究及相关的设计监理(咨询)服务。
⑥协助招标人对主要设备进行选择等并肩负各设计阶段对设计单位的管理、协调工作等。
⑦主要设备监造协助。

设计监理(咨询)单位的工作贯穿本项目的设计、施工及设备采购、联调、竣工验收各阶段,直至贵阳轨道交通1号线工程通过国家验收并投入运营,完成合同规定的设计监理(咨询)工作且工程设计费用结算经国家相关部门审计完毕后结束。

5.2 各阶段设计监理(咨询)的工作特点及审查重点

根据《城市轨道交通工程项目建设标准》(建标104—2008)规定"城市轨道交通工程项目设计,应依次做好总体设计、初步设计和施工图设计工作"。在实践中,往往根据相应的工程实际操作流程,在初步设计与施工图设计中间增加招标设计工作,以满足建设单位的工程招标的需要。各个设计阶段针对工程实际需要有着不同的工作特点及审查重点,设计咨询工作的开展主要是根据轨道交通工程建设期间各设计阶段的特点,采取有针对性的措施,保证咨询工作的落实。

1) 总体设计阶段设计咨询的工作特点及审查重点

总体设计阶段以制订技术标准、稳定工程规模和设计边界条件、完成系统纵向功能配置为工作重点,确定总体设计实施方案和设计实施目标,主要是对项目进行定功能、定标准、定选址、定规模、定系统、定限额。

总体设计咨询的主要工作是对总体设计文件进行咨询审查,重点审查整个工程建设的重大技术方案、设计标准及重大技术方案专题研究报告。

针对该阶段咨询工作的重点、难点,采取以下主要对策和措施:
(1)采用集中审查的方式,组织设计咨询人员集中对总体设计文件进行审查。
(2)采取各个专业分头审查与集中讨论结合,关注总体设计阶段的一致性、整体性与协调性。
(3)重点审查设计方案与上阶段工作的衔接,核实咨询审查意见的落实。
(4)多重咨询人员把关,严格执行质量控制程序,提高咨询意见的技术水平。
(5)提升本工程设计咨询及其管理的水平,积极引入各地先进的咨询理念和管理方法。

2）初步设计阶段的设计咨询的工作特点及审查重点

初步设计是项目的宏观设计，该阶段以技术标准的落实、技术接口的协调、工程方案设计、系统构成与功能配置、工程筹划、主要工程数量、概算为质量控制点。初步设计应对设计方案的选择和确定、主要设备材料的选型、土地征用、基本建设投资控制。

初步设计的重点、难点工作是提出初步设计预审报告和进一步优化设计的意见，并督促落实；对有需要进行招标的文件和图纸进行审查，使之满足招标的要求。

针对该阶段咨询工作的重点、难点，采取以下主要对策和措施：

（1）采用集中审查的方式，组织设计咨询人员集中对初步设计文件进行审查。

（2）各个专业分头审查与集中讨论结合，关注设计的一致性、整体性与协调性。

（3）多重咨询人员把关，严格执行质量控制程序，提高咨询意见的技术水平。

（4）提升设计咨询及其管理的水平，不断引入及筛选各地先进、合理可行的咨询理念和管理方法。

3）施工图设计及施工配合阶段的设计咨询的工作特点及审查重点

施工图设计阶段以对工程设计进一步优化、技术接口落实与确认、设备招投标为工作重点，控制施工图文件的总体性、完整性、正确性，以方便施工和安装、缩短工期、节省投资费用。

施工图设计及施工配合咨询审查的重点和难点工作是对施工图设计的总体性、技术接口的实施性进行把握，参加技术交底与图纸会审、设计变更与重大方案的研讨，对设计变更的确认审查。

针对该阶段咨询工作的重点、难点，采取以下主要对策和措施：

（1）设计咨询将采用及时审查的方式，对随时送到的施工设计文件，组织相应的设计咨询人员及时分别审查。

（2）采取相关专业汇审的辅助方式，做好施工设计阶段的设计文件接口管理的审查工作。

（3）多重咨询人员把关，严格执行质量控制程序，提高咨询意见的技术水平。

（4）派出与工程相关专业的设计咨询人员常驻现场，充分了解现场，随时审查施工中提出的变更设计，提出合理的意见。

（5）为了提升本工程设计咨询及其管理的水平，结合当地实际情况不断地消化及修正已引入的先进的咨询理念和管理方法。

5.3　各阶段设计监理（咨询）的工作方法和措施

设计监理中所执行的工作方法和措施作用是通过对整个项目执行过程做出有效的管理，以有效控制设计项目的安全可靠、质量优良、成本效益及已充分协调并满足各方面要求。具体即为把握好"三控两管一协调"的监督管理工作。秉承"让业主获得最大的利益、承担最小的风险"的服务理念,"统筹兼顾、配合协调、资源共享、总体最优"的决策理念,"安全第一、质量优先"的图纸审查理念,"科学管理、数据说话"的管理理念,对整个项目执行过程做出有效的管理以达到安全可靠、质量优良、成本效益的要求,充分协调并满足各方面的设计要求,保证整个项目的顺利开展;具体工作方法和措施如下:

1)系统保障
(1)土建风险管理。
(2)机电系统风险管理。

2)设计咨询进度、质量、投资监控
(1)设计进度监控。
(2)设计质量监控。
(3)投资监控。
(4)设计协调。
(5)会议及记录。
(6)考核。

3)设计咨询工期计划要求
(1)总体目标及编制原则。
(2)进度计划。

5.4 设计监理(咨询)主要成果简介

贵阳轨道交通1号线工程设计监理(咨询)服务,主要有以下工作成果:

5.4.1 总体设计阶段咨询成果清单

1)咨询管理文件
(1)设计咨询工作规划及实施细则。
(2)总体设计咨询及审查进度计划。
(3)总体设计计划进度控制制度。
(4)总体设计咨询及审查质量保证计划。
(5)总体设计质量控制制度。
(6)工程投资控制制度。
(7)总体设计设计概算审查制度。
(8)总体设计设计资料、成果资料督察和审查制度。
(9)总体设计设计方案、技术接口、系统功能审查、确认管理制度。

（10）设计单位行为管理及巡检制度。

（11）设计咨询会议制度。

（12）建设目标建议报告。

（13）总体设计建议报告。

（14）总体设计咨询工作计划报告。

（15）总体设计咨询月度工作计划。

（16）咨询月报。

（17）咨询巡检报告。

（18）阶段考核报告（对总体总包）。

（19）咨询审查报告。

2）基础资料类

（1）总体设计质量控制指标咨询审查报告。

（2）总体设计进度计划咨询审查报告。

（3）投资控制咨询审查报告。

（4）"地下管线、基础与建筑构筑物调查报告"咨询审查报告。

（5）总体设计阶段规划、公交、防洪、环保、气象、消防等资料咨询审查报告。

3）技术类

（1）工程可行性研究报告审查意见落实咨询审查报告。

（2）技术要求、主要设计原则审查报告。

（3）专业接口、设计周边条件咨询审查报告。

（4）总体线路、车站、系统功能的方案咨询审查报告。

（5）系统制式选择、车辆选型、主要技术参数与车辆限界咨询审查报告。

（6）行车组织与运营管理的设计原则、行车组织方案咨询审查报告。

（7）车辆段、指挥中心（OCC）选址功能定位及设计原则咨询审查报告。

（8）系统设计方案咨询审查报告。

（9）投资目标分解审查报告。

（10）国产化方案咨询审查报告。

（11）工程筹划咨询审查报告。

（12）总体设计咨询审查总报告。

4）预备类

（1）设计总体总包管理文件咨询审查报告。

（2）初步设计"文件组成和内容"咨询审查报告。

（3）初步设计"文件编制统一规定"咨询审查报告。

（4）初步设计总体技术要求咨询审查报告。

（5）初步设计"概预算编制原则"咨询审查报告。

(6)初步设计"接口处理原则"咨询审查报告。

5.4.2 初步设计阶段咨询成果清单

1)咨询管理文件

(1)设计咨询工作规划及实施细则。
(2)初步设计咨询及审查进度计划。
(3)初步设计计划进度控制制度。
(4)初步设计咨询及审查质量保证计划。
(5)初步设计质量控制制度。
(6)工程投资控制制度。
(7)初步设计设计概算审查制度。
(8)初步设计资料、成果资料督察和审查制度。
(9)初步设计方案、技术接口、系统功能审查、确认管理制度。
(10)设计单位行为管理及巡检制度。
(11)设计咨询会议制度。
(12)咨询报告。
①初步设计目标咨询报告。
②投资控制咨询审查报告。
③初步设计建议报告。
④初步设计咨询工作计划报告。
⑤初步设计咨询月度工作计划报告。
⑥咨询月报。
⑦咨询巡检报告。
⑧阶段考核报告。
⑨咨询审查报告。
⑩初步设计进度计划咨询审查报告。

2)基础资料类

"地下管线、基础与建筑构筑物调查补充报告"咨询审查报告初步设计阶段规划、公交、防洪、环保、气象、消防等资料咨询审查报告。

3)技术类

(1)总体设计审查意见落实情况咨询审查报告。
(2)各站客流设计咨询审查报告。
(3)线路方案设计咨询审查报告。
(4)行车组织与运营方案设计咨询审查报告。

（5）车站方案、区间工法咨询审查报告。
（6）征地拆迁、管线拆迁和交通疏解咨询审查报告。
（7）系统设计方案咨询审查报告。
（8）消防、人防、节能、环保、白蚁防治等专篇咨询审查报告。
（9）通用、参考图咨询审查报告。
（10）专业接口咨询审查报告。
（11）各专业图纸文件咨询审查意报告。
（12）概算编制原则及概算咨询审查报告。
（13）规划报建类文件咨询审查报告。
（14）初步设计咨询审查总报告。

4）预备类
（1）招标设计标段划分咨询审查报告。
（2）招标设计"文件组成和内容"咨询审查报告。
（3）招标设计"文件编制统一规定"咨询审查报告。
（4）招标设计总体要求咨询审查报告。
（5）招标设计"工程量清单统一编制要求"咨询审查报告。

5.4.3　招标咨询及招标设计阶段咨询成果清单

1）咨询管理文件
（1）咨询工作规划及实施细则。
（2）招标设计咨询及审查进度计划。
（3）招标设计计划进度控制制度。
（4）招标设计咨询及审查质量保证计划。
（5）招标设计质量控制制度。
（6）工程投资控制制度。
（7）招标设计概算审查制度。
（8）招标设计资料、成果资料督察和审查制度。
（9）招标设计方案、技术接口、系统功能审查、确认管理制度。
（10）设计单位行为管理及巡检制度。
（11）设计咨询会议制度。
（12）咨询报告。
①招标设计目标咨询报告。
②投资控制咨询审查报告。
③招标设计建议报告。

④招标设计咨询工作计划报告。
⑤招标设计咨询月度工作计划。
⑥咨询月报。
⑦咨询巡检报告。
⑧阶段考核报告。
⑨咨询审查报告项目。
⑩招标设计进度计划咨询审查报告。

2）基础资料类

(1)"地下管线、基础与建筑构筑物调查补充报告"咨询审查报告。
(2)招标设计规划、公交、防洪、环保、气象、消防等资料咨询审查报告。

3）技术类

(1)初步设计审查意见落实情况咨询审查报告。
(2)各通用、参考图咨询审查报告。
(3)各工点土建招标设计图纸审查报告。
(4)工程量清单咨询审查意见。
(5)工程预算咨询审查报告。
(6)土建施工接口清单及接口要求审查报告。
(7)车辆、设备招标用户需求书咨询审查报告。
(8)车辆、设备招标清单、选型咨询审查报告。
(9)规划报建类文件咨询审查报告。
(10)招标设计咨询审查总报告(含招标设计咨询确认函,确保满足施工招标要求)。

4）预备类

①施工图设计"文件组成和内容"咨询审查报告。
②施工图设计"文件编制统一规定"咨询审查报告。
③施工图设计文件总体要求咨询审查报告。
④施工图设计"预算编制原则""工程量清单统一编制要求"咨询审查报告。
⑤施工图设计"接口处理原则"咨询审查报告。
⑥施工图设计变更管理办法咨询审查报告。

5.4.4　施工图设计审查及施工配合阶段咨询成果清单

1）咨询管理文件

(1)咨询工作规划及实施细则。
(2)施工图设计咨询及审查进度计划。
(3)施工图设计计划进度控制制度。

(4)施工图设计咨询及审查质量保证计划。
(5)施工图设计质量控制制度。
(6)工程投资控制制度。
(7)施工图设计概算审查制度。
(8)施工图设计资料、成果资料督察和审查制度。
(9)施工图设计方案、技术接口、系统功能审查、确认管理制度。
(10)设计单位行为管理及巡检制度。
(11)设计咨询会议制度。
(12)咨询报告。
①咨询月报。
②施工图设计咨询工作计划报告。
③施工设计图纸审查细则咨询报告。
④施工设计接口咨询建议报告。
⑤施工图设计咨询月度工作计划。
⑥阶段考核报告。
⑦咨询巡检报告。
⑧施工图设计变更管理办法咨询审查报告。
⑨咨询审查报告。
⑩施工图设计质量控制指标咨询审查报告。

2)基础资料类
(1)"地下管线、基础与建筑构筑物调查补充报告"咨询审查报告。
(2)施工图设计阶段规划、公交、防洪、环保、气象、消防等资料咨询审查报告。

3)技术类
(1)设计联络咨询审查报告。
(2)施工图设计原则咨询审查报告。
(3)施工图设计通用参考图咨询审查报告。
(4)规划报建类文件咨询审查报告。
(5)施工图基坑咨询审查报告。
(6)桩基托换咨询审查方案。
(7)各专业接口咨询审查报告。
(8)系统设备功能及接口文件咨询审查报告。
(9)预埋件、预留孔洞清单咨询审查意见报告。
(10)土建、机电安装、装修施工界面清单、接口要求咨询意见报告。
(11)施工图图纸审查意见报告。
(12)工程量、材料清单及要求咨询审查意见报告。

（13）施工组织设计原则及工期要求咨询审查报告。
（14）施工图预算咨询审查报告。
（15）施工设计咨询审查总报告。
（16）施工图预审查报告。

5.5　设计监理（咨询）经验总结与建议

1）设计咨询在工程设计各阶段中经验总结

由于各阶段的设计要求与深度不同，设计的重点、难点也不同，因而在轨道交通设计咨询和审图工作中，应根据不同的设计阶段，有各阶段设计咨询和审图工作的内容和重点，并采取有针对性的措施，保证设计咨询审查工作的落实。

总体设计阶段：总体设计阶段以制订技术标准、稳定工程规模和设计边界条件、完成系统纵向功能配置为工作重点。总体设计正式评审以前，应提出正式评审需要的咨询意见，作为评审的基础资料，供政府、专家组和业主决策之用。

初步设计阶段：初设阶段以技术标准的落实、技术接口的协调、工程方案设计、系统构成与功能配置、工程筹划、主要工程数量、概算为设计质量控制点。初步设计正式评审前亦需提出咨询审查意见，作为正式评审的基础资料，供政府、专家组和业主决策之用。

招标设计阶段：招标设计阶段以设计界面划分、工程数量的控制、开项清单完整为工作重点。咨询的主要工作是审查招标设计文件是否执行了初步设计审查意见，设计深度、用户需求书是否满足业主招标要求。

施工设计阶段：施工图设计阶段以对工程设计进一步优化，技术接口落实与确认、设备招投标为工作重点，控制施工图文件的总体性、完整性、正确性，以方便施工和安装、缩短工期、节省投资费用。土建施工图阶段后，重点是对用户需求书、设备建议书的咨询审查。在此阶段，审图的主要工作是以审查施工图设计的安全性、协调性、可靠性和经济性，为业主把好设计的最后关口为目的。同时，亦应督导各设计单位如期交付各相关工点的施工图设计文件，以保证工程施工的正常进行。同时依照相关法规、规范及政府有关部门批准文件进行施工图预审，以确保施工图符合国家规定并满足政府主管部门审批的要求。

配合施工阶段：配合施工阶段以认真组织对技术交底、设计变更的咨询审查为工作重点。在此阶段，咨询工作的主要目的是审查施工过程中的变更设计，为业主进一步把好质量关和工程投资关。

2）设计咨询在工程实施过程中有关经验总结

鉴于本工程在实施过程中的体会与总结，城市轨道交通工程设计需要统筹重点解决以下方面问题：建立总图概念、统一网线点面、落实外部条件、稳定边界条件、明确功能定位、确定工程规模、理顺纵向系统、明确横向接口、统一技术标准、分割工程单元、筹划合理工期、控制投资总额。

(1) 建立总图概念、统一网线点面

建立全线的专业系统和接口思维，做好内部和外部的接口管理；深入主要专业，管好线、站等总图设计。

(2) 落实外部条件、稳定边界条件

积极与规划、交通及有关的政府部门协调，应特别关注与规划协调，通过充分沟通，深刻领会规划意图，确保线、站位稳定，落实总体规划外部条件、稳定边界条件。适应设计周期短的特点，提前与交通、市政部门进行方案配合，及早稳定交通疏解、管线迁改的方案。稳定各站的规划和接口，做到统一规划、接口协调。

(3) 明确功能定位、确定工程规模

尊重城市总体规划、服从城市轨道交通网络规划，根据周边建设条件，密切配合城市开发，全方位开展技术研究，深入进行方案比选，配合现场调查，进一步落实工程方案的可实现性和可比性，明确功能定位。

树立工程规模控制的总体思路，在满足需求的前提下，进行全方位方案比较，明确用房种类、数量和面积分配，实现规模控制的目的。

(4) 理顺纵向系统、明确横向接口

以线网规划为纲，整合系统功能、理顺线网总体规划与单条线路规划关系及定位。

稳定线路平、纵、横空间位置，根据地形、交通、地质和水文条件，明确线路敷设和车站布置。以各车站为工点，以运营功能为前提、整合各车站总图，落实内部布局和内部接口。

(5) 统一技术标准

在每个设计阶段开始时制订详细的技术标准，包括"设计总体技术要求""各界面设计技术接口""设计文件组成与深度""文件编制统一规定"等，以指导各专业、各单位开展设计工作，确保设计成果的总体性、正确性、统一性和完整性为目的。

(6) 筹划合理工期、控制投资总额

编制合理的综合进度计划、审查各工点系统分项进度计划，并检查、督促执行；编制阶段性工作计划与要求，并督导落实；实现设计进度的合理性、计划性与阶段性；

制订限额设计标准，控制工程投资额度；通过总体与系统审查、技术标准的统一把握，确保对分项工程设计经济合理性的控制；监督与落实设计变更执行情况。

(7) 注重技术接口协调统一

首先，工程外部接口，工程设计的外部接口主要有：规划、国土、铁路、航空、市政、住建、财政、园林、环保、城管、交通、消防、人防、安全监督管理、供电、供水、电信等，协调好外部接口是稳定总体方案的基础。

其次，工程内部接口，工程的内部接口不仅涉及与已建设运营的轨道交通车站之间的接口，以及与规划线路车站之间的接口，还涉及与本线内部的各专业系统间的各种接口，通过协调使整个工程设计形成一个完整统一的系统工程。

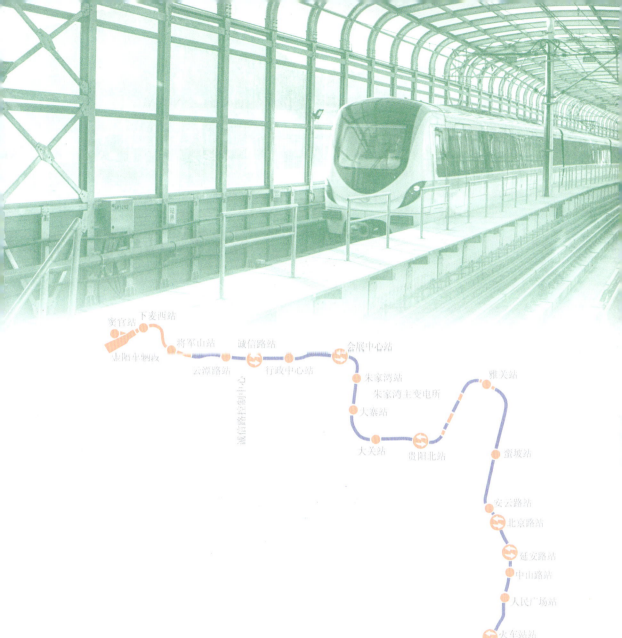

第四篇　土建工程

贵阳轨道交通1号线工程连接观山湖区和老城区，沿线地形高差大、岩溶发育、道路狭窄、管线繁多、周边建(构)筑密集，土建工程实施难度大、风险高，跨孔CT成像技术、CPⅢ轨道控制测量、水压爆破、冷开工艺、全断面深孔注浆、大拱盖工法等新工艺、新技术的应用为工程顺利开展提供了有力的支持。

第1章 工程勘察与测量

1.1 工程勘察

1.1.1 城市地理自然条件

1) 地形地貌

贵阳市地处贵州省中部偏北,东经 106°27′~107°03′,北纬 26°11′~27°5′之间,位于低纬度高海拔的云贵高原山区中部,云贵高原的东斜坡上,位于贵州第二阶梯面及南北两大斜坡带顶端,属全国东部向西部高原过渡地带。东与龙里、瓮安县接壤,南靠惠水、长顺县,西接平坝、织金县,北邻黔西、金沙、遵义县。地形、走势大致呈东西向延展,地势起伏较大、南北高、中部低,北、西、南三面略向东倾斜呈簸箕状。

贵州省是我国"喀斯特"地貌最为集中的地区之一,贵阳地处黔中典型岩溶山区,山高坡陡(贵阳盆地周围山地坡度多在 15°以上),属高原中山丘陵地貌,岩溶地貌占总面积的 71.8%。城市老城区位于群山环抱的盆地之内,全市地形起伏较大,山地丘陵奇特的喀斯特地貌大量分布,既有高原山地和丘陵,又有盆地和河谷、台地,海拔最高约 1762m,最低约 506m,市区中心海拔约 1071m。低纬度、高海拔、地形多样是贵阳地理的显著特征。

2) 气象特征

据《贵州省建筑气象标准》(黔 DB J22-01-89)可知,工程区所在的贵阳城区属北亚热带,属冬春半干燥夏季湿润型季风气候,冬季受北部寒潮影响较弱。夏季受东南海洋季风气候影响显著,具有四季温和、雨量丰富、热量充足、日照率低、风力较弱及逆温天多的特点。冬无严寒,夏无酷暑,四季分明,年平均温度 15.3℃,最冷月 1 月平均 4.9℃,最热月 7 月平均 24.0℃,极端最高 39.5℃,极端最低 -7.8℃,年平均降水量 1174.7mm,集中于下半年;年平均风速 2.2m/s,全年以东北风为主,夏季盛行南风,冬季盛行北风,8 级以上的风日数 8d,静风频率为 38%,30 年一遇大风为 21.9m/s,年平均大风(≥8 级)日数为 11.6d。年平均相对湿度 77%,年日照数为 1420.0h,全年积雪深最大达 8cm,年无霜期 261d;全年平均雾日数 9.1d。近年来受全球变暖影响,雨量减少,大雨集中在每年六、七月份。据 1960—1983 年统计资料,年降雨量最大值为 1435.2mm(1967 年),最小为 718.6mm(1981 年),最大日降雨量最大为 113.5mm(1970 年),最小为 40.4mm(1975 年)。年平均温度 15.3℃,最热月(7 月)平均温度 24℃,最冷月(1 月)平均温度 4.6℃,历史上最低温度为 -9.5℃,极端高温 39.5℃。年平均气压 8935mPa。冬季气压较高,夏季气压较低。主要灾害有倒春寒、秋雨低温、冰雹、暴雨、大风和酸雨,历史上凝冻也是灾害之一。

3）地震安全性

以贵阳为中心，在 30km 半径范围内，历史上无中、强地震记录，其地震效应属工程区外围地震带波及。中更新世以来，工程区新构造运动总体表现为大面积间歇性抬升，断块间差异运动不明显，工程区断裂无活动表现，地震活动也不频繁，工程区为相对稳定的构造单元。

工程区设计地震基本加速度为 0.05g，相应地震基本烈度 6 度，抗震设防烈度为 6 度，地震动反应谱特征周期为 0.35s。

在轨道交通范围内，各车站、区间隧道、桥梁等，地基持力层绝大部分为基岩，场地土为中软土至中硬土，建筑场地类别为 Ⅱ 类。

基岩稳定，工程沿线绝大部分地段属对抗震有利地段；局部地段地形较陡，如小关河谷属对抗震不利地段，但无法避开，须采取有效抗震措施；其他地段为抗震一般地段。

场地内未发现液化土层，软土地基主要为溪沟附近的淤泥质土。

1.1.2 工程与水文地质

1）工程地质

（1）地层岩性

线路沿线出露的地层有第四系（Q）、侏罗系下沙溪庙组（J_2x）、自流井群（$J_{1-2}zl$），三叠系二桥组（T_3e）、三桥组（T_3sq）、改茶组（T_2gc）、垄头组（T_2lt）、杨柳井组（T_2yl）、松子坎组（T_2sz）、安顺组（T_1a）、大冶组（T_1d）、沙堡湾组（T_1s），二叠系长兴组、大隆组（P_3c+d）、龙潭组（P_3lt）详见表 4-1-1，受断层、褶皱等构造及风化作用的影响，场地基岩破碎，节理、裂隙发育。

场区地层层序表　　　　　　　　　　　　表 4-1-1

第四系			松散沉积层：黏土、亚黏土、亚砂土及沙砾等	Q^s
侏罗系	中统	下沙溪庙组	紫红色夹灰绿色、灰黄色中厚层至块状粗粒长石英砂岩，夹多层杂色泥岩。砂岩具大型斜层理，底面多冲刷印模。底部含砾长石、石英砂岩及含砾泥岩。河湖相沉积。厚＜470m	J_2x
		自流井群	五段 c：鲜红色泥岩	J_2zl^{5c}
			五段 b：杂色钙质泥岩夹灰岩透镜体	J_2zl^{5b}
			五段 a：紫红色泥岩	J_2zl^{5a}
	下统		四段：灰黄、灰绿色厚层石英砂岩、钙质粉砂岩、岩屑砂岩与紫红色泥岩、页岩组合。河湖相沉积。厚 50～70m	J_1zl^4
			三段 b：紫红色钙质泥岩	J_1zl^{3b}
			三段 a：灰色中厚层含燧石团块灰岩	J_1zl^{3a}
			二段：紫红色钙质泥岩，厚 80～152m	J_1zl^2
			一段：炭质页岩、泥岩、页岩及石英砂岩组合，湖滨相沉积，厚 26～37m	J_1zl^1
三叠系	上统	二桥组	二段：灰、灰黄色厚层至块状层岩屑砂岩、石英砂岩夹泥页岩。内陆湖相沉积	T_3e^2
			一段：炭质页岩，内陆湖相沉积	T_3e^1
		三桥组	二段：薄至厚层钙质石英砂岩、粉砂岩、页岩及砂泥灰岩，三桥至圣泉水一带保存尚好外，其往北、往南厚度剧减，乃至尖灭。厚 0～50m。主要为滨海相沉积	T_3sq^2
			一段：薄至中厚层钙质砂岩、粉砂岩、页岩夹少量炭质页岩及厚层泥晶灰岩，厚 44～73m	T_3sq^1

续上表

第四系		松散沉积层:黏土、亚黏土、亚砂土及沙砾等	Q^s
三叠系	中统	改茶组	二段:浅红、肉红色中厚层层纹状白云岩、灰岩,夹溶塌角砾岩,顶部时有1m左右介壳灰岩,厚50~70m。半局限台地相沉积	T_2gc^2
			一段:杂色页岩夹薄层砂岩、砂屑白云岩及溶塌角砾岩,为区内标志之一,厚30~36m	T_2gc^1
		垄头组	三段:灰、浅灰色中~厚层细晶白云岩夹泥晶; 浅灰色中厚层至块状亮晶藻灰岩及藻白云岩; 白云岩及藻白云岩,厚247~331m。局限台地相沉积	T_2yl^3
		杨柳井组	二段:杂色泥晶白云岩及白云质页岩,厚50~70m	T_2yl^2
			一段:灰、灰黄、微红色中厚层中晶白云岩夹泥晶白云岩,厚90~133m	T_2yl^1
		松子坎组	三段:浅灰、灰白色厚层亮晶灰岩,厚54~68m。在李家庄—贵州电厂—贵阳东部一线以南逐渐相变,为二段岩性替代。主要为局限台地相沉积	T_2sz^3
			二段:浅灰、灰黄色中厚层亮晶灰岩、泥晶白云岩及泥页岩,厚150~160m	T_2sz^2
			一段:浅灰至深灰色中厚层中~粗粒白云岩、泥晶白云岩夹溶塌角砾岩。底部为厚约3m的玻屑凝灰岩(绿豆岩),是划分中下三叠统的标志层,厚160~180m	T_2sz^1
	下统	安顺组	三段:灰、浅灰色厚至块状细~中晶白云岩,时夹溶塌角砾岩	T_1a^3
			二段:紫红色、肉红、灰黄色薄至中厚层泥晶白云岩、微晶白云岩及溶塌角砾岩。为区内标志层之一。野鸭塘一带夹2~3层石膏(单层厚1.2~3.6m),含膏盐岩系厚30~75m。局限台地相沉积	T_1a^2
			一段:灰、浅灰色厚至块状细~中晶白云岩,时夹溶塌角砾岩	T_1a^1
		大冶组	二段:浅灰色中厚层亮晶灰岩,时夹厚层鲕粒灰岩及少量薄层灰岩、竹叶状灰岩,厚30~110m。陆棚—开阔台地相沉积	T_1d^2
			一段:浅灰色微至薄层泥晶灰岩为主,夹竹叶状灰岩及少量页岩、砾屑灰岩及鲕粒灰岩,厚134~190m	T_1d^1
		沙堡湾组	黄绿色页岩夹泥岩为主,上部夹浅灰色扁豆状至薄层状泥灰岩。东部花果园以北约4km地带夹油页岩2~6层(单层厚0.05~0.5m)。陆棚相沉积	T_1s
二叠系	上统	大隆组	深灰色薄层硅质岩夹蒙脱石黏土岩3~6层。中厚层灰~深灰色灰岩、黑色硅质岩夹灰绿色、灰黑色薄~中厚层泥岩。浅海盆地相沉积。厚2~6m	P_3d
		长兴组	深灰、灰色中厚层燧石灰岩,浅海台地相沉积,厚20~45m	P_3c
		龙潭组	三段:页岩、砂岩与燧石灰岩夹0~3层薄煤层(单层厚0.2~0.69m),厚50~65m	页岩、灰岩及少量硅质岩,厚70~145m	P_3lt^3
			备注:受断层切割影响,龙潭组二段、一段地层缺失,未出现在本区域	
	下统	茅口组	二段:深灰色中厚层燧石灰岩,薄层硅质岩及泥页岩,50~90m	P_1m^2
			一段:浅灰色中厚层至块状亮晶灰岩、细晶白云岩及白云质灰岩,50~150m	P_1m^1

(2)地质构造

线路在区域上位于扬子准地台黔北台隆遵义断拱之贵阳复杂构造变形区。其构造格局形成于燕山期,先期在近东西向主压应力及自东而西单向主压应力作用下,形成于近南北向,东翼倒转西翼平缓的卷曲状褶皱——贵阳向斜、小关向斜,并伴生于近南北向压扭性断裂和近东西向张性断裂,以及与其相配套的北东向和北西向扭性断裂。

①主要褶皱构造。

贵阳向斜:长轴呈北—南向延伸,向斜轴部为侏罗系自流井群地层。两翼地层为三叠系二桥组、三桥组、垄头组、改茶组、杨柳井组、松子坎组、安顺组及大冶组地层。线路

YDK17～YDK31+400自北向南纵向穿过贵阳向斜北端,走向与长轴方向近一致,并在向斜轴部及轴部附近通过。

小关向斜:长轴约呈北—南向延伸,线路自西向东纵向垂直穿过,向斜轴部为杨柳井组地层,地层产状西陡东缓不对称,东翼部分地层倒转,倒转地层总体倾向东,倾角37°～70°。线路YDK13～YDK17自西向东纵向垂直穿过小关向斜,其轴部位于线路里程YDK14+100附近。

②主要断裂构造。

仁和场逆断层(F1):逆断层,走向为N10°E,倾东,长大于10km,断层倾角50°～80°,断距300～400m,东盘出露茅口组及龙潭组,西盘出露沙堡湾组～安顺组,在里程桩号YDK0+850穿越轨道交通线路。

水口寺逆断层(F2):逆断层,近南北向延伸,倾东,长5km,断层倾角60°～70°,水平断距100～200m,在里程桩号YDK1+700穿越轨道交通线。

下麦西逆断层(F3):位于二铺背斜西翼,逆断层,走向为N10°E,倾东,长13km,断层线微曲,断层倾角变化较大,20°～90°,断距100～200m,宽10～20m,东、西盘均出露大冶组和安顺组地层,在里程桩号YDK2+500附近穿越轨道交通线。

观山湖正断层(F4):场区于K6+285桩号发育观山湖断层,沿观山湖水库发育,正断层,近南北向延伸,倾东,倾角70°～80°,长10～12km,水平断距100～150m,宽10～15m,两侧均为安顺组地层,在里程桩号YDK6+900附近穿越轨道交通线。

新桥街逆断层(F5):逆断层,与长坡岭断层相近,走向为N10°E,倾东,长12～15km,从白鹭湖经过,断层倾角由南至北逐渐变陡,长坡岭附近为35°～40°,马王庙50°～70°,白鹭湖60°,水平断距小于100mm,东盘出露地层为杨柳井组～安顺组,西盘出露杨柳井组及松子坎组,在里程桩号YDK11+100附近穿越轨道交通线。

长坡岭逆断层(F6):逆断层,近南北向延伸,倾东,长8～10km,距场地东侧约0.3km,断层倾角30°～35°,水平断距300～400m,在里程桩号YDK11+900附近穿越轨道交通线。

偏坡寨断层(F7):逆断层,位于黔灵湖向斜东翼,走向NE10°,长>10km,断层线较直,南与六神关断层复合,断层面倾向南东,倾角45°～65°,东盘上升,地层断距可达1000m,两盘地层均为三叠系及侏罗系,在里程桩号YDK15+200附近穿越轨道交通线。

六神关断层带(F8):逆冲断层,走向为N40°～55°E,倾南东,长约40km,从小关沟谷东侧穿越场区,断层倾角50°～70°,断层断距达数百米以上,该断层在场区发育次级叠瓦状逆断层,次级叠瓦逆断层倾角30°～40°,断层北西侧(下盘)出露地层为侏罗系自流井群地层,南东盘(上盘)出露三叠系杨柳井组及松子坎组,在里程桩号YDK16+600附近穿越轨道交通线。

F9:正断层,穿越贵阳盆地,呈N45°～55°E穿越场区,倾向南东,倾角45°,延伸长度约2km,与中曹司向斜轴线呈55°交角,断层带两盘出露地层为三叠系大冶组、安顺组、松子坎组地层,在里程桩号YDK22+400附近穿越轨道交通线。

F10：正断层，呈 N10°～20°E 穿越贵阳盆地，倾向北西，倾角 50°，延伸长度约 5km，北部湮灭于六神关断层，与中曹司向斜轴线呈 20°交角，断层带两盘出露地层为三叠系大冶组、安顺组、松子坎组地层，在里程桩号 YDK26+300 附近穿越轨道交通线。

F11：正断层，穿越贵阳盆地，位于轨道交通线以东，呈 N40°E，倾向北西，倾角 65°，延伸长度约 2km，向南与 F10 相交并湮灭，断层带两盘出露地层为三叠系大冶组、安顺组、松子坎组地层。

总体说来，通过路线的断层较多，有 F1～F11 断层。断层延伸方向除 F11 断层外，其余断层均与路线呈相交关系。

受场区内断层活动影响，场地内岩体节理裂隙较发育，以隐节理为主。对岩体完整性及其工程性能影响较大。

（3）各主要岩层、土层物理力学性质

表 4-1-2、表 4-1-3 所列为主要土层、岩层物理力学性质指标。

土层物理力学指标　　　　　　　　　　　　　　　　　　　表 4-1-2

土层类别	承载力标准值（kPa）	重度（kN/m³）	内摩擦角（°）	黏聚力（kPa）	压缩模量（MPa）	基底摩擦系数
硬塑红黏土	180	18.0	11	35	9.0	0.3
可塑黏土	160	16.8	8	30	6.0	0.25
软塑红黏土	110	16.2	6	25	4.0	0.2
杂填土（密实）	80	—	18	0	—	—
淤泥质土	30	—	—	—	—	—

主要岩体物理力学指标　　　　　　　　　　　　　　　　　表 4-1-3

地层代号	岩土名称	天然（饱和）密度（kN/m³）	饱和（天然）抗压强度（MPa）	承载力特征值（MPa）	抗剪断强度		基床系数（MPa/m）	
					φ'（°）	c'（MPa）		
Jzl	中风化灰岩	26.7	65.61(47.52)	5.0	41	0.21	500	400
	中风化砂岩	24.4	40.18(39.62)	4.2	45	0.19	500	400
	中风化泥岩	24.3	（7）	0.9	25	0.11	200	220
Tsq	中风化砂岩	24.6	（30）	4.0	45	0.22	200	220
Tgc	中风化泥岩	24.1	（7）	1.5	25	0.11	200	200
	中风化白云岩	26.4	68.94(60.42)	5.0	39	0.5	200	200
Tyl	强风化白云岩	25.5	12	0.6	25	0.15	180	200
	中风化白云岩	26.3	62.53(51.84)	4.8	39	0.5	200	200
Tsz	强风化泥质白云岩	24.5	6	0.5	20	0.08	150	200
	中风化泥质白云岩	24.8(25.3)	41.17(33.29)	3.6	37	0.25	400	400
	强风化泥质灰岩	26.0	10	0.7	25	0.12	220	250
	中风化泥质灰岩	26.2(26.5)	39.21(36.06)	3.9	37	0.27	420	420

续上表

地层代号	岩土名称	天然（饱和）密度（kN/m³）	饱和（天然）抗压强度（MPa）	承载力特征值（MPa）	抗剪断强度 φ'（°）	抗剪断强度 c'（MPa）	基床系数（MPa/m）	
Ta	强风化白云岩	26.2	12	0.8	30	0.15	250	300
	中风化白云岩	26.8	30	3.0	38	0.45	500	600
	强风化泥质白云岩	24.5	6	0.5	20	0.08	150	200
	中风化泥质白云岩	25.5	25	2.0	32	0.25	300	380
Td	强风化灰岩	26.5	30	1.5	30	0.25	300	350
	中风化灰岩	27.0	50	3.5	42	0.70	600	700
	强风化泥晶灰岩夹竹叶状灰岩	26.0	8	0.8	20	0.12	200	250
	中风化泥晶灰岩夹竹叶状灰岩	26.7	25	2.5	35	0.40	400	500
Ts	强风化页岩夹泥岩	25.0	4	0.4	18	0.05	100	120
	中风化页岩夹泥岩	25.5	10	1.0	20	0.15	200	240
Pd	强风化硅质岩夹蒙脱石黏土岩	25.0	8	0.5	15	0.06	140	160
	中风化硅质岩夹蒙脱石黏土岩	25.5	15	1.2	25	0.15	280	300
Pc	强风化燧石灰岩	26.5	35	1.5	30	0.20	250	300
	中风化燧石灰岩	27.0	55	4.0	45	0.60	500	600
Plt	强风化泥页岩、砂岩与燧石灰岩夹煤层	25.5	—	0.6	18	0.04	140	160
	中风化泥页岩、砂岩与燧石灰岩夹煤层	26.0	—	1.2	23	0.08	280	300
Pm	强风化灰岩、白云岩、白云质灰岩夹泥页岩	26.5	35	1.5	25	0.20	250	300
	中风化灰岩、白云岩夹泥页岩	27.0	65	4.0	45	0.80	500	600

（4）不良地质作用与特殊性岩土

线路沿线不良地质作用主要有岩溶、滑坡及崩塌堆积体、地面塌陷，特殊性岩土主要有人工填土、红黏土和软土。

①不良地质作用。

a. 岩溶。

岩溶发育特征：场地范围为可溶岩分布地段，岩溶形态主要以岩溶洼地、落水洞、岩溶管道、地下暗河、溶洞、溶沟（槽）、石芽等为主，溶沟溶槽主要发育于基岩面以下1.0～6.0m深度范围内，造成基岩面凹凸起伏不平，基岩面附近岩溶、溶蚀裂隙发育，溶蚀裂隙与溶洞主要沿层面发育；场地竖向溶蚀与侧向溶蚀作用的现象交织共存，溶沟溶槽常与侧壁岩体中的溶洞和溶隙共存，在溶蚀沟槽的旁侧出现悬臂状岩体；场地浅部洞隙数量多，但规模均小，深部洞隙数量虽不多，但溶隙规模相对较大；场地中的岩溶现象除溶洞和裂隙以外，还有针状和蜂窝状溶孔，由于溶孔的发育，导致地下水连通及岩体整体强度降低。

岩溶发育程度:线路范围内揭露基岩大部为石灰岩、泥质石灰岩、白云岩、泥质白云岩等可溶性岩石,岩溶发育。在勘察钻孔中为遇见岩溶洞隙,经线路两侧1km范围内的地面调查,地下岩溶发育形态主要为隐伏型溶蚀洞隙,以岩体内发育溶洞(隙),软塑黏土充填,少量空洞无充填。溶洞发育以垂向发育为较显著特征,顺岩层产状发育亦为岩溶发育的一个特征。综合分析可知溶岩分布区约占线路全长75%,岩溶形态主要为溶洞、溶沟(槽)、串珠状发育为主,少数为半充填或无充填溶洞。现场岩溶图片如图4-1-1~图4-1-4所示。

图4-1-1 大关站基坑开挖揭露溶洞照片

图4-1-2 大关站—贵阳北站区间隧道掌子面开挖揭露溶洞照片

图4-1-3 雅关站—蛮坡站区间右线隧道YDK19+200里程掌子面揭露溶洞照片

图4-1-4 北京路站—延安路站区间右线隧道YDK22+577里程掌子面揭露溶洞照片

b. 滑坡。

滑坡主要分布在隧道进出口开挖边坡等部位,此外,边坡表层普遍存在一层厚度一般3~8m的覆盖层边坡,该层边坡稳定性一般较差,如图4-1-5、图4-1-6所示。

c. 崩塌堆积体及松散堆积体。

在贵阳北站—雅关站的隧道受崩塌堆积体(BT-1)、人工素填土堆积体(RGT-1)等影响,隧道施工将诱发人工素填土堆积体和崩塌堆积体产生滑动等地质灾害,该人工素填土堆积体和崩塌堆积体必须采取合理的治理措施后才能进行工程建设。

素填土堆积体为1958年修建川黔铁路时开挖的土石方堆积于冲沟内,于1976年发生过一次滑移,堆积体滑移最远距离至雅关河附近,根据初勘钻孔钻探情况,素填土厚度为15.8~21m。

图 4-1-5　云潭路站—诚信路站明挖区间覆盖层边坡失稳照片　　图 4-1-6　云潭路站—诚信路站明挖区间覆盖层边坡失稳照片

崩塌堆积体：位于拟建隧道里程 ZDK15+710～ZDK15+780 区域隧道浅埋段左侧的崩塌堆积体，土体结构松散，厚 2～15m，如图 4-1-7 所示。

a)

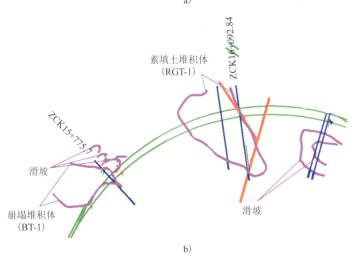

b)

图 4-1-7　贵阳北站—雅关站区间崩塌堆积体及松散堆积体平面位置示意图

d. 地面塌陷。

根据 1 号线施工期间工地临近出现和发现的地表塌陷与沉降情况，归纳和总结相关问

题,分析其原因主要为以下几点:

发生塌陷及沉降区域工程地质情况复杂,多为岩溶发育区,岩体中存在较大溶洞(岩溶管道),尤其是竖向溶蚀裂隙较发育,土体中存在土洞。

发生塌陷及沉降区域水文地质条件复杂,地下水较丰富,地下水水位较高,水量较大。

发生塌陷及沉降区域存在地表水体渗漏情况(尤其是自来水、雨污水),水流较大,长期流水的冲刷,带走土体,疏通岩溶管道和溶蚀裂隙,连通土洞和岩体中的溶洞。

发生塌陷及沉降区域存在人类工程活动,尤其是开挖隧道和基坑,形成临空面,使得上部土体没有支撑;揭露岩溶水后因洞内抽排改变地下水的径流情况,加速岩溶管道疏通和土体流失,如图4-1-8、图4-1-9所示。

图4-1-8 诚信路站—行政中心站区间暗挖隧道遇溶洞、溶槽引起地表塌陷

图4-1-9 将军山站孔桩施工遇溶洞引起地表沉陷

②特殊性岩土。

a. 人工填土。

线路范围内的人工填土主要为混凝土、块石层,主要是由于场地内既有建筑物和既有道路的修建而回填的,人工填土在场地内深度和分布不均、均匀性差、结构松散、强度不均,局部杂填土对围护结构施工有较为不利的影响。

b. 红黏土。

线路范围内红黏土广泛分布,按塑性状态不同划分为:坚硬、硬塑、可塑、软塑、流塑,其厚度受下伏基岩起伏控制有一定差异,水位线以下多呈可塑、软塑,局部区段因地下水发育在基覆界线附近呈流塑状。

红黏土的特殊性主要表现为:粒度组成的高分散性;天然含水率、饱和度、塑性界限和天然孔隙比很高,却具有较高的力学强度和较低的压缩性;在竖向剖面上具有"上硬下软"的特性;红黏土与下伏基岩呈不整合接触,是突变关系;在胀缩性能上以收缩为主,天然状态下膨胀量很小、收缩性很高;由于土中裂隙的存在,使土体与土块的力学参数尤其是抗剪强度指标相差很大。对车站主体及附属工程基坑边坡稳定性有一定影响。

c. 软土。

线路局部穿越小溪沟、鱼塘、岩溶洼地等,分布少量的淤泥质软土。主要分布在起点段

（车辆段）、大寨站基坑西侧、延安路站基坑西侧达亨大厦附近和沙冲路站至望城坡站区间隧道明挖段（原八一水库附近），以及沿线低洼沟谷地段，如图4-1-10、图4-1-11所示。

图4-1-10　大关站开挖揭露淤泥质土照片

图4-1-11　大关站开挖揭露淤泥质土照片

软土的特性主要表现为：触变性，软土地基受到振动荷载后，易产生侧向滑动、沉降或基础下土体挤出等现象；流变性，在长期荷载作用下，除产生排水固结引起的变形外，还会发生缓慢而长期的剪切变形；高压缩性，软土地基上的建筑物沉降量大；低强度，承载力很低，边坡稳定性极差；低透水性，含水率很高，但透水性差，特别是垂直透水性更差，对地基排水固结不利，沉降延续时间长；不均匀性，作为建筑地基易产生不均匀沉降。

2）水文地质

（1）地表水

工程区地处猫跳河与南明河的分水岭地带，起点～YDK6+550为猫跳河流域，其余为南明河流域；猫跳河流域地表水体主要有百花湖、南门河、十二滩水库、观山湖等，局部分布一些小溪和水塘，汇水基准面均为百花湖；南明河纵贯全城，上游为花溪河，主要支流有小湾河；黔灵湖—小关水库支流；阿哈水库—金华湖支流；小黄河支流；南明河汇入乌江，属长江水系。

线路起点—将军山站附近穿越两处大的岩溶洼地，地表水田内分布0.2～0.5m深度的积水，洼地内发育一近于东西向的小水沟，沟内常年有水；行政中心站附近线路以南为观山湖，观山湖为一近于南北向条带状湖泊，湖面面积约25万m^2，水深1～10m，距离轨道交通线最近距离约15m；线路于YDK5+500桩号附近下穿近于南北流向的小湾河，小湾河流量0.05～$2m^3/s$；线路在中心城区两次下穿贯城河和南明河，由于隧道下穿贯城河和南明河；存在的问题主要是岩、土体的渗水问题和隧道顶板岩体的稳定性问题，重点处理岩体的渗水问题。

（2）地下水

①地下水类型及特征。

根据场区地层岩性组合及地下水的埋藏条件，结合区域水文地质资料，将场区内地下水类型分为碳酸盐岩岩溶水、基岩裂隙水和第四系松散含水层孔隙水。

a. 碳酸盐岩岩溶水。

含水层为三叠系改茶组(Tgc)、杨柳井组(Tyl)、松子坎组(Tsz)、安顺组(Ta)和大冶组(Td)以及二叠系茅口组(Pm)地层中的灰岩、白云岩,主要为大气降雨通过岩溶漏斗、溶蚀裂隙渗入补给,属潜水,多以岩溶裂隙、管道形式赋存运移,向南明河及地势低洼地带径流排泄。富水性中~强,地下水埋藏浅,一般小于50m,线路沿线路地势较低的沟谷地段埋深为1~10m,临近河谷地段与河水位相近略高于河水位。

b. 基岩裂隙水。

赋存于碎屑岩组的风化、构造裂隙中,以强风化层的风化裂隙为相对主要的贮存空间。含水层侏罗系中、下统自流井组(Jzl)、三叠系上统二桥组(Te)、三桥组(Tsq)、三叠系中统改茶组(Tgc)的泥岩、砂岩、粉砂质黏土岩、泥页岩等,属潜水。主要来源于大气降雨补给,水量小,季节性特征明显,径流范围小,就近排泄于附近的沟谷中。

c. 第四系松散含水层孔隙水。

含水层分布于沟谷底部和贵阳向斜盆地近轴部的地势低平地段的第四系人工填土、残坡积、冲洪积堆积层,水位、水量具明显的季节性特征,丰枯季差异大。多为季节性含水,干旱季节一般不含水,总体富水性弱。一般埋深3~6m,局部临河地段埋深1~2m,富水性中~弱。

②地下水补给、径流、排泄。

大气降水为本区地下水的主要补给来源,分直接渗入和地表散流入渗两种方式,通过岩溶管道、基岩裂隙等通道最终排泄到工程区内最低排泄基准面。

补给量除与地形地貌和降水强度、降水延续时间有关外,尚与地层岩性有直接关系,碳酸盐岩多以岩溶裂隙、管道形式赋存运移,碳酸盐岩岩组分布广,厚度大,质坚、性脆,在构造应力作用下易产生脆性变形,各类构造结构面发育,为地下水提供了埋藏空间和运移途径;碎屑岩层之间各地下水系一般无水力联系,各地下水系之间以断层、相对隔水层及构造裂隙为补给边界,但在受到断裂切割或相对隔水层变薄甚至缺失地段则有沟通的可能。

③地下水位。

区内地下水位总体埋深较浅,据钻孔揭露基岩内地下水埋深一般3~10m,局部见地表出露。

④地下水的承压性。

受相对水平分布的隔水岩、土层控制,沿线局部地段地下水具低承压性;如延安路站附近,因隔水地层分布一般不连续,因此,承压水水头一般较低,以10m以内为主。

⑤地表水、地下水腐蚀性。

勘察期间在沿线取地表水和地下水进行水质简分析试验;由水质分析成果表明,场区地下水属碳酸盐钙质水([C]CaⅡ型)、碳酸盐钠质水([C]NaⅠ型)、碳酸盐钙质水([C]CaⅠ型),一般对混凝土具微腐蚀性,对混凝土中的钢筋具微腐蚀性。

1.1.3 勘探方法

1)岩土工程难题

(1)岩溶

线路经过碳酸盐岩区,岩溶中至强发育,场区内地下水丰富,对城市轨道交通线地基基础稳定性影响较大。

(2)断裂构造

线路沿线多次穿越断层带,有断层分布的区段是隧道围岩最不稳定的区段之一,断层及其破碎带又是岩溶地区岩溶管道水、地下暗河等岩溶水最主要的发育场所,查明断层带对轨道交通建设的影响是比较重要的问题之一。

(3)隧道、基坑与孔桩涌水问题

由于贵阳市是喀斯特地貌,地下水类型较多,分布复杂,尤其是岩溶水主要以岩溶管道赋存和运移,规律性差,地下水情况极其复杂。在隧道、基坑与孔桩施工过程中出现突水涌水情况,危害很严重,施工难度极大,会严重制约工期,影响工程建设和施工安全问题。

(4)隧道进出口边坡及基坑边坡的稳定问题

基坑开挖后,大部分基坑无放坡条件,存在直立开挖带来的工程地质问题,主要表现为上部土层边坡及基坑开挖切脚后的顺向边坡稳定问题。

(5)软土地基的稳定问题

线路局部穿越小溪沟、鱼塘、岩溶洼地等,分布少量软塑~流塑状的红黏土及淤泥质土。这些软土不适宜直接作为轨道交通线建基面,需对其进行挖除换填处理或采用深基础作跨越处理;软土边坡稳定性极差,需采取适当的支护方式进行处理。

(6)浅埋隧洞的围岩稳定问题

部分隧道浅埋,隧道拱顶覆土厚度相对较大,岩体厚度较小,岩体承受能力和自稳能力差,开挖后易引起地表塌陷,带来较大的社会影响。

(7)建(构)筑物基础及地下管线复杂

既有建(构)筑物基础资料搜集困难,贵阳市老城区大部分建筑物修建年代久远,资料保存缺失,大部分基础资料难以找到;管线探测难度大,线路经过道路时,由于地下管网、电缆较多,其平面及空间位置错综复杂,探测难度大。

2)综合勘探

根据场区基本地质条件及存在的主要工程地质问题,采用综合勘察手段,发挥综合勘察的优势,解决了工程地质和水文地质问题,提供准确岩土层的物理力学参数,为设计提供依据。

贵阳轨道交通1号线勘察工作以钻探为主,辅以资料搜集、地表工程地质调查与测绘、测量放线、开挖探坑、室内试验(岩样、土样、水样)、现场原位试验(圆锥动力触探、标准贯入试验、现场直剪)、工程物探(高密度电法、地质地震映像法、跨孔CT成像测试、电阻率测试、地温测试、岩体声波测试、剪切波测试、地下管网探测)、水文试验(抽水试验、压水试验、注水试验、水位观测)、工程地质类比等方法,结合周边已建工程的施工经验,综合分析研究场地工程地质条件。查明场区基本地质条件,为设计提供依据,并对存在的主要工程地质问题提出处理建议。

(1)资料搜集和工程地质类比

区域气象、水文、地质及文物资料;本项目地质灾害评估及工程可行性研究阶段等前期规划、设计及勘察资料;沿线重要既有建(构)筑物勘察和竣工资料;地下管线资料。

(2)地表工程地质调查与测绘

研究地貌的基本特征,划分地貌基本成因类型和成因形态类型,分析其与基底岩性和新构造运动的关系;调查可液化土层及特殊性岩土(如人工填土、风化岩等)的工程地质特征;调查地下水类型、基本特征、补给来源和排泄条件,以及地下水动态变化与地表水联系;调查线路及临近已发生或者可能发生的地面塌陷的范围、原因及其发展趋势;调查线路及其周边建(构)筑物对工程建设的影响,并对场地稳定性做出评价;根据地震动参数区划资料,调查历史地震活动情况,划分对工程建设抗震地段;调查、了解沿线各种管线(网)、地下建筑调查的分布及埋藏(深)情况。

(3)探坑

由于线路主要穿过金阳新区及老城区,经过几条主干道路和穿越小区,钻孔主要位于人行道、车行道、居民小区等场所,车流量很大,人口活动较多,为保证周围行人的安全和勘察工作的顺利进行以及保护环境,采用全封闭围挡勘察,围挡长7.5~9.0m、宽3m、高2m,个别因场地限制略有调整,并在围挡上贴有反光膜、导向带、安全施工标志、文明施工标志和危险提示标志以保证勘察工作的安全开展。此外,由于场区地下管网复杂,埋置情况不清,主要管线有自来水、燃气、通信线缆、国防光缆、雨污水管、强电等,为了保护地下管网和保证钻探工作安全实施,特此在每个钻孔实施钻探工作之前进行人工挖探工作,查明钻孔位置及其附近是否有管网,待相关部门和技术人员确认无误后才开始钻探工作。

(4)钻探

勘查过程中通过钻探查明工程场区的岩土体结构与构造特征、岩土分层界线、风化带厚度、岩溶发育特征等,并取岩样、土样和水样作室内试验。钻探土层采用无水冲击取芯钻进,岩层采用清水金刚石回转取芯钻进工艺进行,素(杂)填土及坡积含碎石黏土、碎石层、岩体破碎带、岩溶发育带等岩土体不良结构地段,易发生塌孔,全部采用跟管钻进工艺施工,为保证岩芯采取率,本次勘察大量采用泥浆护壁、跟管钻进及金刚石钻头取芯钻进工艺。

(5)取样和室内试验

为准确评价线路岩、土、水物理力学与化学指标,根据规范要求从钻孔岩芯中按不同岩性单元和土体分别采取。

(6)现场原位测试

勘查现场原位测试项目主要包含圆锥动力触探、标准贯入试验、现场直剪试验。

①圆锥动力触探试验。

适用于人工填土层、碎石类土、基岩强风化带、岩石破碎带,在钻孔中兼做。主要用于判定相应土层的密实度等特征。

②标准贯入试验。

适用于黏性土、残积土、全风化岩,在钻孔中兼做,主要用于判定黏土层的承载力等。

③现场直剪试验。

现场直剪试验主要针对填土和岩层层面指标的确定。

(7)工程物探

贵阳轨道交通1号线采用的物探手段为高密度电法、地质地震映像法、跨孔CT成像测试、电阻率测试、地温测试、岩体声波测试、剪切波测试、地下管网探测等。

①高密度电法。

高密度电法主要采用普通高密度电法,主要用于查明岩土分界线,地质异常区域(如断层破碎带、岩溶发育区),主要针对山岭隧道。

②地质地震映像法。

地震映像法具有高效、经济、抗干扰能力强等特点,采用地震映像法,主要用于探明场地覆盖层、基岩分界线和岩溶发育情况,主要针对老城区岩溶发育区域。

在详勘阶段为查明岩溶发育情况,在重点地段采用了地质地震映像法,具体工点里程为北京路站至延安路站区间(YDK22+576~YDK22+695段)、延安路站(ZDK22+810~ZDK23+035段、YDK22+765~YDK23+046段)、延安路站至中山路站区间隧道(ZDK23+505~ZDK23+705段、YDK23+505~YDK23+706段)、中山路站至人民广场站区间隧道(ZDK23+878~ZDK24+105段、YDK23+850~YDK24+156段)、人民广场站至火车站站区间隧道(ZDK25+167~ZDK25+227段)。

测线布置原则:车站,在车站两侧分别布置地质地震映像探测剖线;区间隧道,测线主要布置在隧道上方。

仪器设备:采用美国Geometrics公司生产的Strata View NZⅡ浅层地震仪记录和西安地质仪器厂生产的SQJ17-100Hz检波器。StrataVisorTM NZⅡ数字化信号增强型浅层地震仪,有24道地震信道,每道的数据采集部分由24位A/D转换器构成,动态范围144dB,通频带宽(1.75~20kHz),实时数字滤波,采样间隔从20μs~16ms可选,采样点数从128~32768可选,整机由内置计算机控制。

现场开工前进行的振幅、相位一致性试验记录如图4-1-12所示,振幅误差为0.01%、相位一致性误差≤20.0μs。该仪器性能满足地震映像法的测试要求。

现场试验及工作参数的确定:偏移距是根据长排列实验有效波(地层反射波)与干扰波(面波、声波等)分离时的偏移距来确定,本次地震映像法选取5m偏移距。采样参数选为采样间隔0.05ms,记录长度512ms,带通预波20~300Hz,锤击震源,测点距0.5m和1.0m。

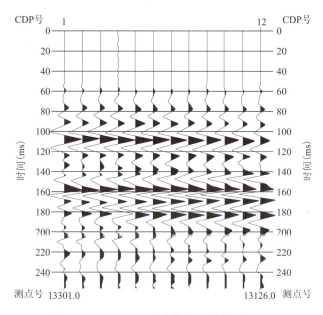

图 4-1-12　SQJ-100Hz 纵波检波器一致性试验记录

野外数据采集：现场采集时，根据施工单位提供的里程桩号，陆上用皮尺量距布置激发点及检波点，定位误差一般小于 0.05m。检波器安装在地上，并逐个检查，确定检波器安装状态良好才开始激发接收。采集记录时，开启仪器的噪声监测功能，确保环境噪声较小时才激发接收。现场发现不合格记录马上重测，以保证合格率为 100%，测试时现场填写工作班报。每天野外施工结束后，即检查当日的记录，如发现不合适的记录，第二天施工时重新测试，直至合格为止。

以下以延安路站为例，地质地震映像法测线主要沿车站外轮廓左右两侧布置，探查车站范围内的岩溶发育情况和各种岩土层分界面，如图 4-1-13、图 4-1-14 所示。

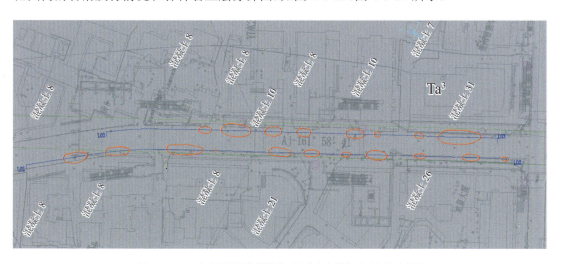

图 4-1-13　延安路站物探推断异常平面分布和钻孔平面布置对应图

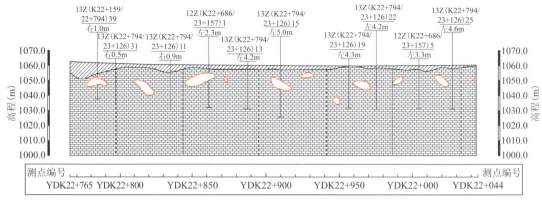

图 4-1-14 YDK22+765～YDK23+046 段地震映像综合地质解释剖面图

根据物探手段地震映像法探测结果，推断拟建场地岩面起伏较大，基岩面附近岩溶、岩蚀裂隙发育，岩溶主要为软塑红黏土充填的溶洞。推断拟建场地勘察深度范围内岩溶主要分布在 1028.5～1042.2m，推断岩溶发育厚度为溶蚀基准面为 1033.40m。推断拟建场地岩溶大部分发育在拟建车站结构底板高程以上。

地震映像综合地质解释剖面图中空白的位置为物探探测异常区域。

③跨孔 CT 成像测试。

跨孔 CT 成像测试主要用于精确查明隐伏岩溶的发育情况，1 号线勘察过程中主要用于南明河段。根据物探理论，在均匀介质条件下，跨孔 CT 法反演的岩土层波速等于岩土层真波速。在不均匀介质条件下，跨孔 CT 法反演的岩土层波速受平均效应的影响，约等于岩土层真波速。跨孔 CT 法根据波速差异解释溶洞及界面的存在情况及边界。

针对拟建区间隧道下穿南明河段岩溶的发育情况，为查明场地内部分钻孔之间溶洞的位置、规模、埋深、连通性和裂隙发育范围，初步勘察阶段在该区段进行了岩溶探查工作，在位于南明河的钻孔中进行了跨孔弹性波 CT 测试工作。

将所有跨孔弹性波 CT 资料进行对比、分析，结合场地地质资料进行综合解释，可将下穿南明河段场地内地质情况归纳为三个区，见表 4-1-4。根据表 4-1-4 波速分区标准对各跨孔弹性波 CT 剖面进行了地质解释，解释成果如图 4-1-15 和图 4-1-16 所示。

波速分区表　　　　　　　　　　　　　表 4-1-4

物探分区	跨孔弹性波 CT 波速（m/s）	钻探揭露的地质特征
完整基岩	≥3500	钻探中岩芯完整，呈长柱状、短柱状，无溶洞
裂隙发育区	2000～3500	钻探中岩芯呈短柱状或碎块状，或见裂隙发育现象，主要位于泥质较高的岩层中
溶蚀发育区	2000～3000	钻探中见局部溶蚀现象，主要存在于含泥质相对较低的岩层中

将跨孔弹性波 CT 测试与钻探对比分析可知：钻探揭露的溶洞或土层，跨孔弹性波 CT

的波速约在 1500～2000m/s 之间；钻探揭露的裂隙发育区段,跨孔弹性波 CT 的波速在 2000～3500m/s 之间。但由于两者之间的勘探精度和范围不同,两者之间有差异。钻探揭露的小溶洞和裂隙,如孔旁基岩较完整,则跨孔弹性波 CT 的波速较高；钻探揭露为完整基岩的地方,由于孔旁存在较大的溶洞或破碎,跨孔弹性波 CT 的波速可能表现为低速；而钻探揭露为串珠状溶洞,跨孔弹性波 CT 的波速可能表现为一个较大的低速区。

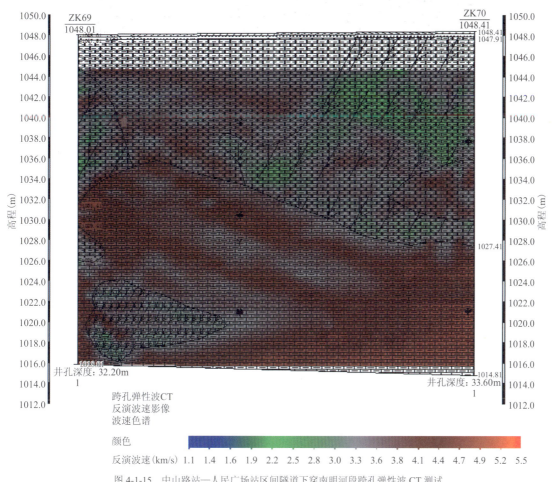

图 4-1-15 中山路站—人民广场站区间隧道下穿南明河段跨孔弹性波 CT 测试
L01 测线反演波速影像及综合地质解释剖面图

从勘察方法原理上分析,钻孔揭露的是一个点自上而下的岩土分层情况及其岩土特征。在钻孔口径范围,其勘探精度较高,但不知道孔旁的地质情况。跨孔弹性波 CT 是用层析成像的方法对地震数据进行处理,重建地质体内速度分布图像,其勘探精度较钻探低,但反映的是激发孔至接收孔（平面距离）与测试段（深度）所圈定的范围内的整体地质信息及其特征。

本次跨孔弹性波 CT 测试工作,基本查清了测线经过范围内溶蚀等不良地质现象的分布和发育特征,较好地反映了本次勘察范围内的实际地质情况。通过对跨孔弹性波 CT 测试数据的解析和反演波速影像,结合钻探资料,得出以下结论:下穿南明河段测线经过范围内未见明显的岩溶发育,岩体中未见明显的岩溶发育连通管道,局部存在溶蚀裂隙发育;在推断的溶蚀裂隙发育区域,岩体相对较为破碎。

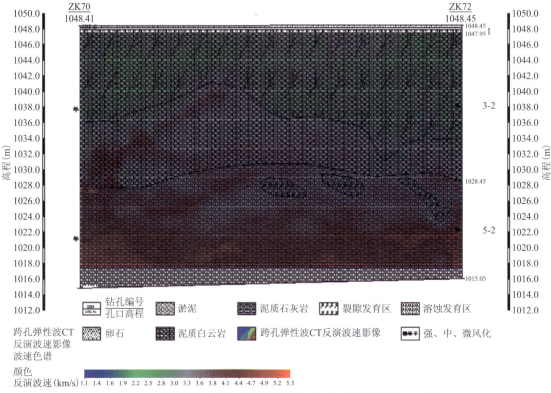

图 4-1-16 中山路站—人民广场站区间隧道下穿南明河段跨孔弹性波 CT 测试 L02 测线反演波速影像及综合地质解释剖面图

④电阻率测试。

采用电阻率测井,用以划定岩层的界面、确定地层电阻率。不同岩层或同一岩层由于成分和结构等因素的不同,而具有不同的视电阻率。通过接地电极将直流电供入地下,建立稳定的人工电场,在地表观测某点垂直方向或某剖面的水平方向的变化率,从而了解岩层的分布或地质构造特点。

⑤地温测试。

地温测试主要了解地层温度变化情况。

⑥岩体声波测试(单孔法、纵波波速测试)。

配合岩土工程钻探采用 RSM-SY5 型超声波仪作单孔纵波速测试,利用岩体的超声波纵波速度来区分岩性、风化层厚度,确定裂隙、溶洞及破碎带的位置、厚度和辅助确定岩体完整性,用以补充和完善岩土工程勘察的内容,在岩溶发育可能性大的地段和破碎带重点进行测试,测点间距 0.2m。

⑦剪切波测试。

为进行场地土类型和场地类别划分,给建筑结构设计提供依据,须对覆盖层进行剪切波测试。测试方法选用单孔法,利用施工完成钻孔,将起振板置于井口1.5~2.0m处,且起振板与井口及该板中心连线垂直,通过垂向捶击获取纵波记录,沿起振板长轴正、反两个方向捶击获取两条横波记录,测试点距1.0m。

⑧地下管网探测。

地下管网探测对象包括埋设于地下的自来水、雨污水、燃气、电力、通信、热力、工业管道等市政和公用管网及铁路、民航、军用等其他专用管网;各类架空管网,包括电力、通信等。查明线路沿线已存在的地下管网(电力、电信、给水、排水、煤气等),能保证的控制深度为5m。

(8)水文试验

水文试验主要有抽水试验、压水试验、注水试验、水位观测。场区各工点主要采用抽水试验了解地下水动态的基本特征和地下水埋藏的基本条件及估算各含水层的渗透性参数。

(9)既有桥梁桩基基础埋深的探测

本线路雅关站—蛮坡站区间隧道YDK19+200~YDK19+240下穿贵阳市中心环北线(观山东路)蛮坡大桥,由于桥墩距离隧道平面距离较近,相互之间影响较大。但由于时间久远,无法搜集到施工资料,不能准确确定桩基埋置情况。为查明桩基埋置情况采用钻孔+磁测井法的探测方法,如图4-1-17、图4-1-18所示。

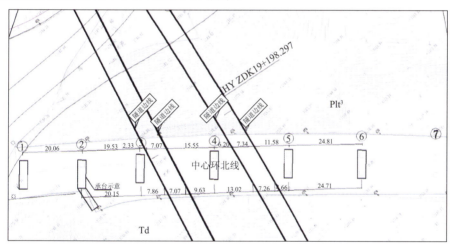

图4-1-17 雅关站—蛮坡站区间隧道与中心环北线(观山东路)蛮坡大桥平面位置关系图

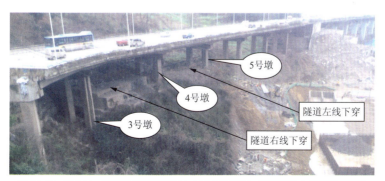

图4-1-18 雅关站—蛮坡站区间隧道与中心环北线(观山东路)蛮坡大桥现场环境图

①工程概况。

雅关站—蛮坡站区间隧道YDK19+200～YDK19+240下穿贵阳市中心环北线(观山东路)蛮坡大桥,该段地面高程约为1164.00m左右,隧道拱顶高程约为1117.33m,隧道拱顶距地面约46.67m。贵阳市中心环北线蛮坡大桥于2002年修建完成,该桥全长190m,桥面宽21m,共有9个墩(台)。根据现收集资料上显示,基础为1.5m桩径的桩基础。根据以往建筑经验,桩基为钢筋混凝土灌注桩,持力层为中风化基岩。经后期收集到的相关资料(设计施工图)判断,3号墩为扩大独立基础,基底高程为1153.0m。

②测试原理。

主要通过测试钢筋笼的长度确定桩基的长度,钢筋笼的长度主要通过在桩基旁边的钻孔内采用磁测井的方法确定(图4-1-19)。钢筋笼属于铁磁性体,具有强磁性,与其邻近的混凝土及岩土层磁性差异明显,导致桩中及桩周形成强磁异常。因此,通过测量沿桩长方向磁异常垂直分量的变化规律,可以确定钢筋笼的顶、底端位置,进而确定其长度。

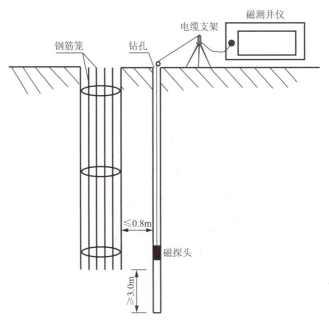

图4-1-19 磁测井法检测现场装置图(桩旁侧孔检测)

③仪器设备。

检测仪器采用武汉岩海公司生产的RS-RBMT磁法测试仪。测量的物理参数为磁场垂直分量Z。仪器设备符合如下要求:使用深度编码器自动记录深度,深度分辨率≤1cm;测量范围-2000～+2000mG;具有实时显示磁场垂直分量-深度曲线和磁场垂直分量垂向梯度-深度曲线功能。

④现场检测。

检测五根桩,其编号分别为Ⅰ、Ⅱ、Ⅲ、Ⅵ、Ⅷ;各根桩旁分别布置一个检测孔,其编号分别为 ZK1、ZK2、ZK3、ZK6、ZK8（图 4-1-20）。检测孔作为检测通道，钻孔中心线平行于桩身轴线。检测步骤如下所述：现场安装调试好检测的仪器设备；将探头放入测试孔中，采用 10cm 的采样间距从下往上或从上往下进行磁场垂直分量测量，实时记录和显示磁场垂直分量—深度曲线和磁场垂直分量垂向梯度—深度曲线；现场对测试结果进行初步判断分析，当发现钢筋笼长度与设计施工长度不符时，进行复测，进一步确定钢筋笼底端位置。现场探测照片如图 4-1-21、图 4-1-22 所示。

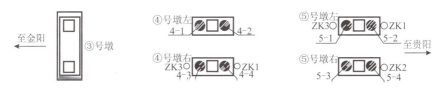

说明：ZK1、ZK2、ZK3、ZK6、ZK8 为辅助钻孔；🌀 4-3 为桩基编号；□ 桥柱。

图 4-1-20　中心环北线（观山东路）蛮坡大桥桥墩（灌注桩）和探测钻孔平面布置示意图

图 4-1-21　现场探测照片（一）

图 4-1-22　现场探测照片（二）

⑤检测数据分析。

灌注桩钢筋笼底端位置和钢筋笼长度可按如下方法判定。根据磁场垂直分-深度（Z-h 或 $\triangle Z$-h）曲线，取下部磁异常曲线拐点及其垂向梯度极值点确定钢筋笼底端位置，并据此确定灌注桩钢筋笼长度。例如，图 4-1-23 蛮坡大桥基础桥墩Ⅷ号桩侧旁 ZK8 号孔所测磁场垂直分量曲线，对应钢筋笼地段有强磁异常反映。该孔所测 Z_0 = 285mG（28500nT），以背景场 Z_0 为起算基准（该地区岩性：表层为素填土、黏土，下部为中风化泥灰岩），正异常强度达 60mG（6000nT），负异常强度达 -50mG（-5000nT）。根据正、负异常之间曲线拐点及其垂向梯度极值点确定钢筋笼底端位置，深度为 8.40m。从该位置至地面孔口距离即为灌注桩钢筋笼长度，为 8.40m。同理解释判定其他桥墩基础灌注桩钢筋笼长度。

⑥探测成果。

根据相关资料和物探成果以及相关规范要求推断 3、4、5 号墩（台）基底高程见表 4-1-5。

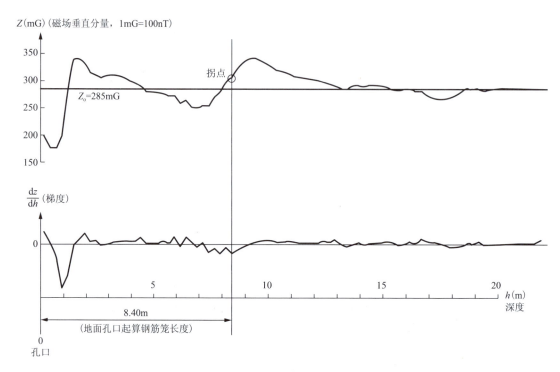

图 4-1-23　蛮坡大桥Ⅷ号桩 ZK8 号孔磁异常曲线剖面图

蛮坡大桥 3、4、5 号墩（台）基底高程（单位：m）　　　　表 4-1-5

墩 号	桩 号		地面高程	钢筋笼长度	钢筋笼底高程	桩基底高程	备 注
3 号			1161.173			1153.0	设计资料
4 号	右墩	4-4	1164.603	8.0	1156.603	1156.603	物探成果
		4-3		8.4	1156.203	1156.203	
	左墩	4-2	1165.774			1051.596	类比
		4-1				1051.596	
5 号	右墩	5-4	1162.917	9.0	1153.917	1153.917	物探成果
		5-3				1150.417	类比
	左墩	5-2	1163.000	8.4	1154.600	1154.600	物探成果
		5-1		8.6	1154.400	1154.400	

⑦影响分析。

由于该桥梁不仅上跨区间隧道，而且距离蛮坡站车站距离也较近，其相互间的具体分析如图 4-1-24、图 4-1-25 所示。

（10）岩溶涌水综合探测法

2014 年 8 月 18 日凌晨，贵阳轨道交通 1 号线雅关站—蛮坡站区间隧道左线 ZDK19+200

部位爆破施工产生大量涌水,为查明涌水原因、涌水量及岩溶发育的特征等,采用地表水文地质调查、物探[音频大地电磁测深法(EH4)、高密度电法、浅层地震折射法]、岩溶地表调查和洞室测量、钻探、水质分析、施工竖井内抽水观测和地表水文观测等多种手段综合运用对本工程建设范围进行勘察。

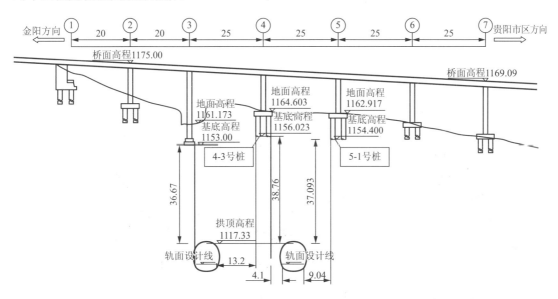

图 4-1-24 雅关站—蛮坡站区间隧道与桥桩基础相对关系及影响分析图(探测后实际关系)(尺寸单位:m)

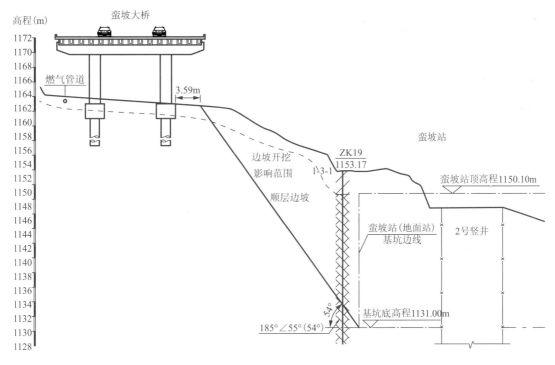

图 4-1-25 蛮坡站与桥桩基础相对关系及影响分析图(探测后实际关系)

①表水文地质调查。

隧道施工出现涌水情况后,立即成立了雅关站—蛮坡站隧道工程区水文地质调查工作组,派有关专业工程技术人员,于2014年8月底至2014年9月中旬对该隧道工程进行了1:10000水文地质调查。收集了雅蛮区间隧道区域范围内水文地质资料及隧道工程设计方案,使用提供的1:2000隧道工程平面图、1:10000地形图,地质界线采用原1:50000图件放大并在现场确认、修改,对含水层及隔水层的分布、断层及其展布,井泉、地下河、出水点、溪沟等位置及其特征进行现场详细调查、踏勘,共采集地质点、水文地质点20余个,调查面积约10km^2。如图4-1-26所示。

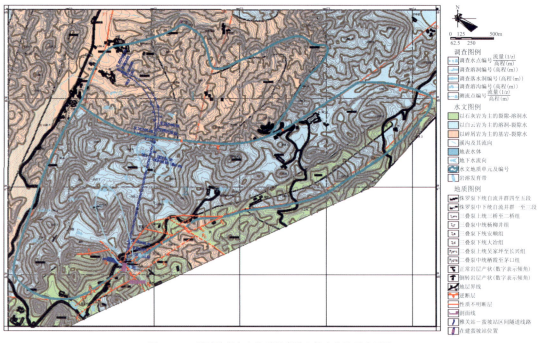

图4-1-26 通过地表水文地质调查做出的水文地质分区图

根据隧道工程区含水岩组的特征,将区内划分为两个独立的水文地质单元:雅关分散排泄系统和龙滩口岩溶大泉系统。

②物探。

首先,选用浅层地震法和大地电磁法(EH4)对场地地下岩溶及地下水赋存情况进行勘探,浅层地震法能有效判断隧道拱顶围岩级别、地下岩溶分布以及断层构造带岩体完整性;大地电磁法在有效测试深度范围内越深效果越佳,能有效探出地下水赋存情况及地下岩溶分布。沿隧道线路掌子面向小里程方向铺设三条纵向物探线,物探剖线穿过F1断层,查明该段地质异常点。其次,采用电法(高密度)进一步查明针对浅层地震法或大地电磁法所测得地质异常点,提高勘探精度。沿地质异常点垂直线路进行铺设物探线,具体条数及位置根据现场物探结果进行铺设。

a. 音频大地电磁测深法解译结果分析。

图 4-1-27 为 WT01 测线音频大地电磁测深反演电阻率断面图,以其为例进行解释推断。

三叠系大冶组石灰岩,局部夹泥,其电阻率在 150～2000Ω·m 覆盖层电阻率在 20～500Ω·m,根据电性特征,大致可以分为两层,上层为覆盖层,下层为灰岩。

DK19+135～DK19+216 里程,在 1158～1059.5m 高程段存在一低阻闭合圈,电阻率在 10～60Ω·m,推断为岩溶发育。

DK19+143～DK19+160 里程,存在一条向下延伸的带状低阻异常,推断为断裂,根据前期资料,为 F1 断裂。

b. 高密度电法解译结果分析。

图 4-1-28 为 WT01 测线高密度电法视电阻率等值线断面图,以其为例进行解释推断。

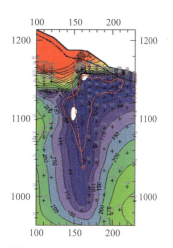

图 4-1-27 WT01 测线音频大地电磁测深反演电阻率断面图(单位:Ω·m)

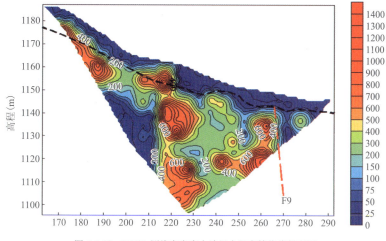

图 4-1-28 WT01 测线高密度电法视电阻率等值线断面图

三叠系大冶组石灰岩,局部夹泥,其视电阻率在 100～1000Ω·m、覆盖层视电阻率在 20～100Ω·m,根据电性特征,大致可以分为两层,上层为覆盖层,下层为灰岩。

DK19+190～DK19+215 里程段,在 1135～1150m 高程段存在舌状低阻异常、闭合低阻异常,视电阻率在 30～80Ω·m,推断为岩溶发育。

DK19+266 里程,存在一条带状低阻异常,推断为断裂,根据前期资料为断裂。

c. 浅层地震折射法解译结果分析。

图 4-1-29 为 WT04 测线地震折射时距曲线图,以其为例进行解释推断。

沿测线为低山丘陵地貌,植被发育。覆盖层弹性波速度 650～1000m/s,深度 2.7～16.5m,基岩弹性波速度 2900～5600m/s。

根据提供的地质资料,下伏基岩为三叠系大冶组(T1d)石灰岩,局部夹泥。从基岩弹性波速度来看,35～70段基岩弹性波速度为2900m/s,推断为断层的反映。

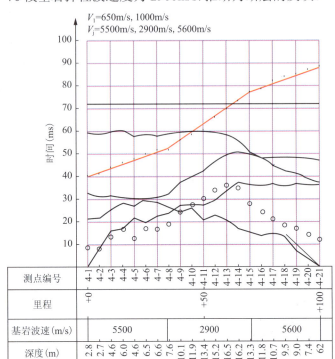

图 4-1-29　WT04 测线地震折射时距曲线图

③岩溶地表调查和洞室测量。

据工程地质调绘、钻探及相关资料表明,区内可溶岩分布地段岩溶形态主要以洼地、落水洞、溶洞、溶沟(槽)、石芽为主,地表线岩溶率为17%～22%,岩体内主要为溶孔、垂直溶洞(隙)、悬臂岩体等,溶洞被黏土呈无充填或全充填状态。在勘察钻孔中为遇见岩溶洞隙,地下岩溶发育形态主要为隐伏型溶蚀洞隙,以岩体内发育溶洞(隙),软塑黏土充填,少量空洞无充填。溶洞发育以垂向发育为较显著特征,顺岩层产状发育亦为岩溶发育的一个特征。

通过实地调查,在龙滩口岩溶大泉系统内发现较大规模溶洞两个,落水洞两个,较大规模溶沟一条,岩溶洼地若干处。

在工作区分水岭山巅(隧道里程YDK18+000正上方),发育若干岩溶洼地,洼地多呈椭圆形,延伸方向与区内主控裂隙走向大致相同。

综上所述,推测工作区有两处岩溶强发育带,分别穿过隧道里程YDK18+000一带及蛮坡站一带。

根据贵阳轨道交通1号线雅关站—蛮坡站区间隧道左线掌子面ZDK19+200及龙滩口揭露的岩溶发育情况,采用全站仪、导线法测量,结合相关资料收集调阅,查明ZDK19+200及YDK19+230掌子面范围内岩溶发育情况,具体如下:

通过资料搜集及调查访问,中心环北线蛮坡大桥及贵阳市1.5环勘察期间揭露岩溶强发育,特别是雅关站—蛮坡站区间隧道 ZDK19+160~ZDK19+210 段以及军事俱乐部范围(见岩溶天窗),地下水仓很有可能存在。具体位置为雅关站—蛮坡站区间隧道 ZDK19+130~ZDK19+230 范围内,岩溶发育特征为:钻探揭露岩溶垂高最大为 30.4m,洞内无充填,洞顶高程为 1142.71m,洞底高程为 1112.31m,该溶洞位于中心环北线蛮坡大桥 3 号桥墩右线,钻孔编号为 23B;通过其他钻孔揭露岩溶主要分布在 1136.25~1142.02m 范围内,个别钻孔在岩层表层揭露岩溶裂隙。

对隧道左线 ZDK19+200 处揭露溶洞测量:通过采用地质罗盘和红外线测距仪对 ZDK19+200 掌子面揭露的溶洞进行实地测量,能见范围内溶洞高度约 12.5m,最宽处约 4m,长约 16.0m,溶洞呈东西向延伸,走向为 253°,局部为 45°,隧道内出水点高程约 1117.00m。通过量测,溶洞由东向隧道右线延伸,并连通泉点,可见范围长约 10.4m,溶洞上部较宽呈椭圆形,下部呈 V 形逐渐收拢,溶洞局部范围内排水基准面以下被黏土、灰岩块碎石及水充满,排水基准面以上溶洞内充填物已随着涌水涌入隧道内沉积,沉积厚度 0.8~1.2m,宽度约 6.8m,长度约 65m,沉积物主要为流塑状黏土和石灰岩块、碎石。

对隧道右线,麻冲大沟起点位置龙潭口揭露溶洞测量:采用全站仪结合地质罗盘及红外测距仪进行测量,能见范围内溶洞长约 35m,高 1~10m,洞口高程 1144.50m。溶洞由西向东延伸,呈折线形延伸,西段走向约 45°,东段轴向约 90°;溶洞进口段见污水、淤泥汇集,厚度为 0.5~1.0m,见部分污水向溶洞内排泄。洞内可听见流水声。

④钻探。

在地表调查和物探的基础上开展钻探工作,钻孔揭露溶洞情况如图 4-1-30、图 4-1-31 所示。

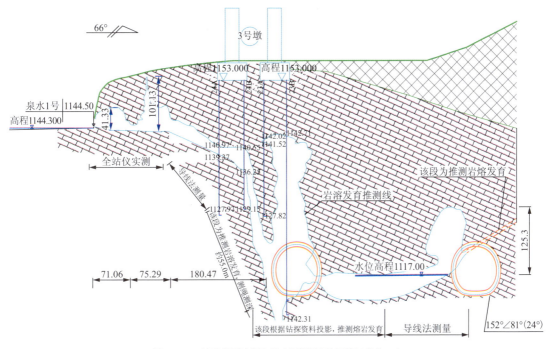

图 4-1-30　钻孔揭露溶洞与洞内探测溶洞剖面图(单位:m)

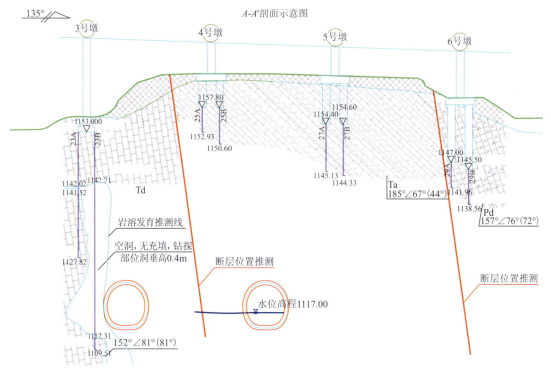

图 4-1-31　钻孔揭露溶洞与洞内探测溶洞剖面图(单位：m)

⑤水质分析。

为了查明竖井涌水的来源,通过对附近泉点、地表水及竖井水分别取样进行水质简易分析,从数据对比判断,竖井涌水的来源为地下水和地表水的混合,因此其总硬度和水化学类型均有所变化,竖井水硬度大于地表水,小于地下水。

⑥施工竖井内抽水观测和地表水文观测。

蛮坡站位于龙滩口下降泉 S11 的南东侧,施工竖井位于泉口 147°方向,距离泉口 68m。施工竖井井底高程为 1113.3m,泉口高程为 1144.5m,竖井与泉口高差为 31.2m。2014 年 8 月 18 日,竖井开始出现涌水,随即组织专业技术人员对蛮坡站附近开展了详细的调查工作,并对涌水成因进行分析,同时开展施工竖井内抽水观测和地表水文观测,情况表见 4-1-6。

抽水记录及降雨量统计表　　表 4-1-6

日期		竖井降水速率(m/h)	竖井横断面积(m^2)	设备抽水速率(m^3/h)	降雨量(mm)			涌水量预估(m^3/h)	备注
起	止				贵阳市	小关	雅关		
2014年8月17日	2014年8月18日	0		0	107.3	41.5	84.3	15000~30000	延续
2014年8月18日	2014年8月22日	1.2		500				400	
2014年8月22日	2014年8月23日	1.1		1200	30.2	16.6	64.1	1000	
2014年8月23日	2014年8月31日	1.3	87	500				400	
2014年9月01日	2014年9月04日	0		200				200	
2014年9月04日	2014年9月05日	-0.6		200	21.2	21.2	8.4	300	
2014年9月05日	2014年9月08日	0.5		200				150	

通过以上多种勘探手段综合分析,在勘察过程中取得了很好的效果,得出以下结论:

该隧道工程是以大气降水为主要补给源,根据含水介质的不同可分为非岩溶岩类隧道(里程YDK16+878~YDK17+300)和岩溶岩类隧道(里程YDK17+830~YDK19+249)两个区段,分别位于雅关分散排泄系统和龙滩口岩溶大泉排泄系统两个水文单元内。

在非岩溶岩类隧道区段,富水性弱,汇水面积2.5km^2,预测隧道通过时正常涌水量为668.8~1003.2 m^3/d;在岩溶岩类隧道区段,富水性强,汇水面积5.2km^2,预测隧道通过时正常涌水量为:9054.6~13581.91m^3/d。

在岩溶岩类隧道区段,有两处岩溶强发育带,分别穿过隧道里程YDK17+850~YDK18+190、里程YDK18+950~YDK19+249及蛮坡站,推测隧道洞身通过时,可能出现突然涌水,是后期挖掘作业中应特别注意预防的部位。

通过音频大地电磁测深法、高密度电法、浅层地震折射法的探测,结合地质调查成果和前期勘察资料,共推断了16处岩溶发育部位、3条断裂、2条岩性分界线,基本查明勘察范围内岩溶分布范围、形态和发育规律、成因及其发育趋势,基本完成了设计任务。

勘察区岩溶强发育,溶洞规模大小不一,空间分布形态极不规则。根据资料综合分析,推断岩溶发育顶板高程在1188.5~1106.5m之间,平均顶板高程约1152.1m;底板高程在1171.5~1059.5之间,平均底板高程约1121.1m;推断岩溶发育高度在11~98.5m之间。根据岩溶平面分布特点,圈定了勘察范围内的岩溶发育区。本次物探发现的最大岩溶异常位于WT01测线里程YDK19+135~YDK19+216范围,宽度约为81m,高度约为98.5m,根据本次物探推测的岩溶发育的平面和立面特征,推测本区域的岩溶之间具有较强的连通性,也与工区内的泉点连通。

本次圈定的物探异常区定义为存在大小不一溶洞和溶蚀裂隙的岩溶管道群,属岩溶发育密集的区域。

根据前期区域地质资料及现场调查,穿过场地内的断裂有3条,分别为F1、F3和F9,其中F3为黔灵山断层。推测F1走向为北东,倾向南东,视倾角在68°~82°之间;F3断层走向北东,推断视倾角约为80°;F9断层走向北西,推断视倾角约为84°。

根据前期区域地质资料及现场调查,推测场地内有两条岩性分界线,大体呈北东走向,向南东方向倾。

1.1.4 主要岩土工程问题及应对措施

1)岩溶

岩溶是贵阳轨道交通建设的重要工程地质问题,施工过程中将存在不可预见的地下隐伏岩溶形态发育,当岩溶顶板以上完整基岩厚度较小时,岩溶对工程的影响较大,如若不采取相应的措施,施工开挖时易产生坍塌、突水、突泥,针对岩溶问题,应结合溶洞大小、发育位置、充填情况,采取以下措施:

(1)当溶洞位于隧道拱部时,应清除溶洞内的填充物,并及时进行锚喷支护,在隧道初期支护封闭后,浇筑护拱,混凝土回填密实。

(2)当溶洞位于隧道边墙、拱腰部位时,应首先清除溶洞内充填物,采取浆砌片石或混凝土回填。

(3)当溶洞位于隧道结构底板之下时,在隧道底板施工前,应清除填充物,自下而上以干砌片石、混凝土回填,当溶洞发育深度较大,可采用注浆小导管进行注浆加固处理。

隧道施工时,应在结构面前方采取超前地质预报工作(弹性波反射法、电磁波反射法、超前水平钻),基底开挖到设计高程后,应采用物探手段(高密度电法、地震波法等)对基底以下地下隐伏岩溶发育进行探测,查清基底以下岩溶发育形态;局部基础持力层范围内存在深溶槽,溶槽多为软塑可塑红黏土充填,建议采用梁板跨越的人工地基处理方案。若需采用桩基对软弱地基进行穿越且无钻孔控制时,应逐桩补充勘探工作,查明桩基应力范围内岩体完整性及岩溶发育情况。

车站附属结构采用明挖法施工时,基坑开挖到设计高程后针对地下隐伏岩溶建议进行物探探测,根据探测结果视需要对基底以下的隐伏岩溶采取回填、注浆等处理措施。

2)涌水

场区地下水位埋深相对较小,大部分车站基坑底部及隧道底板均位于地下水位以下,基坑及隧道开挖过程中,会出现涌水,建议采取井点降水或积水坑等方法进行降水;穿越地下暗河、地表水体及导水带时,应视情况采取堵、排或堵排相结合的处理方式。

雨季施工期应加强基坑变形观测次数,发现基坑变形达到警戒值,应立即上报;应备好应急物资;基坑淹水要做到立即排水。

对于场区地下水位较高,水量丰富的区段,基坑降排水应连续、平稳地进行,切忌猛抽骤停。基坑施工前,应制订专项降排水方案。

由于场区水文地质条件复杂,岩溶水具"突发性、无规律性",主体暗挖法施工期间应采用合理有效的抽排水措施,尽量保证隧道掌子面开挖面干燥,地下水应以"堵、排"相结合,以堵为主,必要时在掌子面设置超前排水钻孔。

3)地基稳定

基础大部分位于中风化岩上,其强度较高,可作为轨道基础的持力层,局部地基遇溶洞时采用开挖置换或跨越方式对地基进行处理,若采用桩基对岩溶地基进行处理,在无钻孔控制的情况下,应逐桩补充勘探工作,查明桩基应力范围内岩体完整性及岩溶发育情况。对基坑底板处的软塑状红黏土建议做换填或采用桩基处理。

车站主体结构底板基本位于中风化岩之中,其稳定性好,承载力高,作为持力层能满足上部结构的荷载要求,可采用天然基础方案。

局部基础结构底板位于回填层、硬~软塑状红黏土层之中,建议进行换填处理,采用人工基础。

4）隧道围岩稳定性问题及处理措施

（1）隧道围岩稳定性

地铁隧道拱顶多位于强风化基岩或土层覆盖层内，有些甚至全断面位于土层覆盖层内，隧道围岩稳定性差，一旦隧道围岩失稳坍塌，可能导致路面沉降、塌陷、房屋开裂、地下管线破损等问题，影响较大。

隧道开挖常能使围岩的性状发生很大变化，促使围岩力学状态发生变化的因素，除了卸荷回弹及应力重分布之外，还有场区地下水的重分布。

（2）隧道围岩失稳的主要处理措施

隧道围岩失稳的主要处理措施包括加强初期支护及监测工作。施工过程中应加强超前地质预报、变形监测与检测工作，加强工程施工风险的管控、预测及预报工作，尽可能降低施工风险。

5）边坡稳定问题及处理措施

（1）基坑边坡主要问题

主要有：红黏土边坡、填土边坡、基岩顺层及不利结构面组合边坡；地下水对边坡的稳定性影响。

红黏土由于遇水软化、孔隙比较高，受水影响力学性质变化较大，往往呈上硬下软的分布特征，岩土交界面往往为软塑～流塑状。基坑边坡开挖后须分层及时支护，同时注意排水，贵州地区广布红黏土，红黏土基坑边坡支护不当，易引发圆弧滑动等边坡失稳问题。

岩质边坡主要破坏模式为顺层面滑动、楔形体滑动及倾倒破坏。顺层面滑动破坏易发生在不连续面的主节理沿相同方向发育的岩石。楔形破坏是沿两个不连续面发生的岩块的滑动破坏形式。倾倒破坏的发生条件是劈裂面与节理面的倾斜方向相反或节理面的主向与劈裂面的主向基本相同。

（2）建议处理措施

由于场区地质条件、环境条件的复杂性，以及变形控制的严格性，明挖基坑边坡一般采取"围护桩＋内支撑"的支护体系，实施效果较好。

6）对周边环境的影响

（1）周围建筑环境

线路两侧建筑物密集，原有建筑物基础距地下开挖工程边线较近，应注意基坑开挖后，地基原始应力的改变，引起原建筑地基的变形和破坏。

（2）隧道抽排水对周围建筑场地影响

隧道开挖后，因基底高程位于地下水位以下，地下水的抽排工作改变了周围地下水文地质环境，周围地下水位下降后孔隙水压力消失，有效应力增加，造成周围土体固结沉降现象，应做好场地周围建筑监测变形工作。

1.1.5 勘察工作的经验总结及思考

（1）前期勘察过程应重视已有资料的搜集、分析,地质资料、管线资料及沿线已有建筑物资料等。

（2）在岩溶强发育区采用多种手段尽量探测岩溶发育情况,可采用地质调绘、物探和钻探相结合以及多种物探手段相互验证的方式。

（3）勘察过程中工程地质调查非常有必要,以宏观控制基本地质条件,分析可能存在的主要岩土工程地质问题。

（4）因勘察期间对环境风险的认识和把控不够,导致了外业钻探时对城市地下管网的破坏;以后在城市勘察时,应采取挖探结合物探的方式先查明孔位下方的管线分布情况,挖探深度应不小于 3m。

（5）加强施工地质配合服务工作。

（6）加强与设计单位、建设单位的沟通联系,减少不必要的工作浪费。

1.2 工程测量

1.2.1 贵阳轨道交通 1 号线控制网测量

由于贵阳市城市坐标系采用1954年北京坐标系参考椭球,中央子午线为108°,投影高程面为1175m。在开展贵阳市城市轨道交通控制网测量过程中,发现贵阳市城市坐标系边长投影变形值较大,经贵阳市规划局测绘院确认,贵阳市城市坐标系确实存在较大的投影变形,每公里的变形值在20cm左右(缩放系数为1.0002085),不能满足《城市轨道交通工程测量》(GB/T 50308—2008)和勘测设计及施工要求。中国中铁二院工程集团有限责任公司(以下简称"中铁二院")测绘院对贵阳市轨道交通工程坐标系统进行了研究分析,并结合其他城市轨道交通工程实践经验,认为需要对贵阳市轨道交通工程坐标系统进行优化调整。贵阳市属于山区城市,整个城市高程变化差异大,给工程独立坐标系的选取增加了难度。为减小高差和投影方式导致的边长变形对工程建设施工的影响,通常是在国家坐标系椭球基本参数的基础上,运用变动中央子午线和抵偿投影面的方法来建立工程独立坐标系。

投影长度变形由两部分组成:

椭球面上的边长经过某种投影方式投影到相应平面上会引起长度变形,称为相应投影方式的投影变形。针对高斯投影,可按照公式(4-1-1)近似计算高斯投影引起的投影变形值 ΔS。

$$\Delta S = \frac{Y_m^2}{2R_m^2} \quad (4\text{-}1\text{-}1)$$

式中：Y_m——测距边两端点横坐标的平均值(m)；

R_m——测距边终点的平均曲率半径(m)。

从上式可看出，高斯投影引起的投影变形是与该边距中央子午线的距离呈非线性变化的。高斯投影引起的投影变形变化趋势如图 4-1-32 所示。

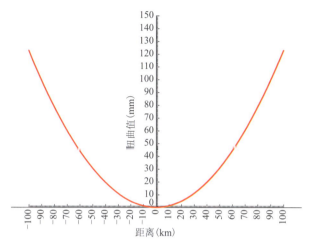

图 4-1-32　高斯投影变形示意图

实测边长平均高程面的水平距离沿法线方向投影到相应椭球面上会引起长度变形，称为高程归化变形，可按照公式（4-1-2）近似计算高程归化变形值 ΔD。

$$\Delta D = \frac{H_p - H_m}{R_a} \qquad (4\text{-}1\text{-}2)$$

式中：H_p——现有坐标系统投影面高程(m)；

H_m——测距边两端点的平均高程(m)；

R_a——参考椭球体在测距边方向法截弧的曲率半径(m)。

高程归化变形是随投影面高度呈线性变化的，投影面高度引起的长度变形对角度没有影响。变化趋势如图 4-1-33 所示。

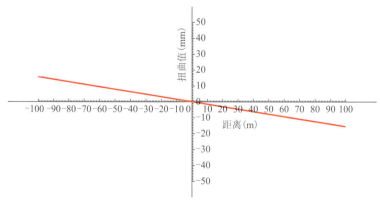

图 4-1-33　高程归化变形变化趋势图

投影方式引起的投影变形与高程归化变形之和,为投影长度变形 Δl,按照公式(4-1-3)计算。

$$\Delta l = \frac{Y_m^2}{2R_m^2} + \frac{H_p - H_m}{R_a} \qquad (4\text{-}1\text{-}3)$$

若测区距所设定坐标系统的中央子午线较远或测区平均高程较大时,会导致变形较大,不能满足测量和工程放样的需要。需要建立合适的工程独立坐标系,使变形控制在一个微小的范围内。

《城市轨道交通工程测量》(GB 50308—2008)规定投影长度变形小于 25mm/km。如果投影长度变形超过规定要求,可根据工程实际建立工程独立坐标系来减小投影长度变形。最终优化调整后的贵阳市轨道交通工程独立坐标系为:采用 CGCS2000 国家大地坐标,中央子午线为 107°,投影面正常高为 1069m,高程异常 −29m,即投影面大地高为 1040m。轨道面上边长投影变形值控制在 2.5cm/km 以内。

控制网测量主要包含以下 5 个方面内容:

1)GPS 框架网测量

因贵阳市平面控制点密度及精度无法满足贵阳市轨道交通网建设的要求。因此,在贵阳轨道交通 1 号线 GPS 控制网测量前首先建立了贵阳市轨道交通 GPS 框架网,目的是为贵阳市城市轨道交通线网建立一个统一的平面控制系统,保障贵阳市城市轨道交通各条线路勘测、设计、施工、维护、检测等顺利进行。

(1)框架网点位布设

全球定位系统(GPS)框架网控制点布设于轨道交通规划线起终点及市区交叉点附近,点位布设时充分考虑线网情况,整个 GPS 框架网由 10 个 GPS 点构成,并联测了 4 个贵阳市二等 GPS 控制点[南岳山(NYS)、黔灵山(QLS)、狮子山(SZS)和马家湾(MJW)]。全网采用边连接形式构网,由多个重叠大地四边形和中点多边形组成。

(2)观测

采用 10 台 GPS 双频接收机(Trimble5700、R7、R8,标称精度 ±5mm+1ppm)按相对静态定位模式进行测量,观测时段大于 4 个,每个时段大于 300min。观测时段分布昼夜均匀,夜间观测时段数不少于 1 个。每个观测时段不跨越北京时间早 8 点(世界协调时 0 点)。

(3)基线处理及精度评价

采用国际 GPS 服务(IGS)发布的最终精密星历,结合对应的 IGS 全球跟踪站(BJFS、WUHN、KUNM、SHAO、LHAZ 和 TWTF)观测数据,使用 Gamit/Globk10.32 软件对贵阳市轨道交通框架网观测数据进行处理,得到基线向量解算结果(Q 文件)。GPS 观测值加入了对流层延迟修正,对流层延迟修正模型中的气象元素采用标准气象元素。贵阳市轨道交通 GPS 框架网在两套坐标系统下平差计算的精度均满足《城市轨道交通工程测量规范》(GB 50308—2008)中 GPS 测量的要求,成果质量优良,计算所得的框架网成果可以作为相应坐标系下各条轨道交通线路 GPS 控制网的起算数据。

2）1号线GPS控制网测量

（1）GPS控制点布设

GPS控制点沿贵阳轨道交通1号线呈带状布设，整个GPS控制网由45个点构成，并联测了5个框架网点作为GPS控制网的起算点。全网采用边连接形式构网，由多个重叠大地四边形和中点多边形组成。控制点埋设如图4-1-34所示。

（2）观测

采用8台GPS双频接收机（Trimble5700、R7、R8，标称精度±5mm+1ppm）按相对静态定位模式进行测量，每条边观测2个以上时段、每个时段≥60min，数据采样间隔为10s，卫星高度角≥15°，PDOP值≤6。框架网GPS观测如图4-1-35所示。

图4-1-34 框架网控制点埋设

图4-1-35 框架网控制点GPS观测

（3）数据处理及精度评价

基线处理按静态相对定位模式，采用LGO6.0商用软件进行基线解算，网平差及坐标转换主要采用中铁二院与西南交通大学共同研制的ESGPS software软件包进行计算。贵阳轨道交通1号线GPS平面控制网测量满足《城市轨道交通工程测量规范》（GB 50308—2008）的精度指标要求，成果质量优良。GPS控制网提供了贵阳市城市坐标系和贵阳市轨道交通工程独立坐标系两套坐标成果，从而保障贵阳轨道交通1号线勘测、设计、施工、维护、检测等工作的顺利进行。

3）精密导线测量

精密导线沿贵阳轨道交通1号线布设，根据沿线地形敷设成附合导线、多边形闭合导线和多个结点的导线网，附合于GPS控制网上。全线共布设精密导线点129个，其中在车辆段布设精密导线点12个。为保证贵阳轨道交通1号线各区间与车站线路相连的统一性和连贯性，精密导线增加了与GPS控制点的联测条件，所有精密导线点及联测的GPS点构成一个整网，按导线网严密平差的方法进行整体平差计算。现场测量如图4-1-36所示。

图4-1-36 精密导线自动测量

4) 地面高程控制测量

(1) 一等水准测量,沿贵阳市规划轨道交通线路布设,4km 左右一个,起闭于贵阳市二等水准点,按《城市轨道交通工程测量规范》(GB 50308—2008)中一等水准要求进行测量。

图 4-1-37 地面高程控制测量

(2) 二等水准点沿贵阳轨道交通 1 号线布设,每隔 800m 左右布设一个水准点,联测沿线的一等水准点,按水准网严密平差的方法进行整体平差计算。整网严密平差后,每千米高差偶然中误差 M_Δ 为 0.496mm,最弱点的高程中误差为 3.03mm (BM131)。水准测量各项精度指标达到《城市轨道交通工程测量规范》(GB 50308—2008)二等水准测量的精度要求,满足贵阳轨道交通 1 号线设计和施工测量的需要。地面高程测量如图 4-1-37 所示。

5) 交叉线路平面和高程控制网联测

贵阳轨道交通 1 号线在下麦西站附近与贵阳环城铁路交叉,在贵阳北站与贵广铁路交叉,在行政中心站和会展中心站附近与先期开工段接头。因此分别对上述 3 处的平面和高程控制网进行了联测。

(1) 与贵阳环城铁路和贵广铁路交叉处联测

由于贵阳环城铁路和贵广铁路的平面控制测量均采用 WGS84 椭球参数,中央子午线为 107°,投影高程面为 1075m;而贵阳市轨道交通工程独立坐标系采用 2000 椭球参数,中央子午线为 107°,投影高程面为 1040m。因此,在交叉联测时,分别计算出线路交叉处两套坐标系工程独立坐标成果。

(2) 与先期开工段联测

先期开工段施工时使用的平面控制点成果为贵阳市城市坐标系成果,在贵阳轨道交通 1 号线整网平差计算时,除计算了一套贵阳市城市坐标系成果外,还计算了一套贵阳市轨道交通工程独立坐标系成果。利用贵阳市城市坐标系下平差计算联测点的成果和施工时使用的成果,计算出该坐标系下先期开工段各控制点的坐标差。

(3) 交叉线路高程控制网联测

按照城市轨道交通工程二等水准的精度进行施测。各交叉线路高程网的观测方法、技术控制指标均与贵阳轨道交通 1 号线高程控制网测量一致。高程网平差计算也采用与贵阳轨道交通 1 号线高程控制网平差计算使用相同的计算软件及精度控制指标。

1.2.2 地形图测量

(1) 图根控制测量

采用 GPS RTK 测量,在测区现场通过点校正的方法获取坐标转换参数。基准站设置

GPS 控制点或精密导线点,基准站选择在测区相对较高的位置,正确设置基准站坐标、数据单位、尺度因子、投影参数和接收机天线高等参数。流动站作业开始前或重新架设基准站后,均进行了至少一个同等级或高等级已知点的检核,平面坐标较差不大于 7cm。

(2) 野外数据采集

采用全站仪全野外数字化测量,野外数据采集时除定向点外,至少有一个已知方向点进行检查,测站结束时均进行归零检查,归零差均不超过 1'。野外数据采集用掌上计算机(PDA)电子平板系统记录测点的观测数据,并生成相应的数据文件和图形,现场对照地物、地貌进行简易的实时编辑处理。

(3) 内业数据处理

采用南方公司的 CASS 数字化成图系统,将野外采集的数据进行编辑、文字符号注记等内业处理。各种地物、独立地物、地貌要素的表示均按相关规定进行。

(4) 检查验收

质量检查工作实行"两级检查,一级验收"的测绘产品检查制度。平面中误差 $m_s=\pm21$mm,高程中误差 $m_h=\pm28$mm,地形测量成果可靠,质量优良,符合规范要求。

1.2.3 勘测

(1) 线路初定测

包括线路放样及线路纵横断面测量等,采用 GPS RTK 测量及全站仪测量,将线路控制桩和加密桩等测设于实地。

(2) 车辆段及停车场测量

包括基线测量、出入段线测量、纵横断面测量等,采用 GPS RTK 测量及全站仪测量。

(3) 专项调查及测绘

线路两侧各 50m 范围内房屋(层次、材料类别等)、过街隧道、立交桥等建(构)筑物及主要附属设施、被交叉道路、通信线、电力线、电缆线、自来水管、污(雨)水管、天然气管等管网布设及埋深、沿线各种拆迁调查等内容,以及控制性线路地物点测量,地下建筑物调查与测绘,跨越线路的建筑物测量,水域地形测量,水文测量,桥涵测量,供电测量,环评测量等。

1.2.4 经验总结

1) 框架网的建立

(1) 既有贵阳市城建坐标系存在的问题

按《城市轨道交通工程测量规范》(GB 50308—2008)中平面坐标系统选择要求,贵阳轨道交通 1 号线平面坐标系采用贵阳城建坐标系统。但是通过计算发现,采用贵阳城建坐标系平面控制点约束计算的 GPS 控制点导线概略坐标,进行两化改正后的导线平距与实测导线的平距相差较大(两化改正后的平距每公里比实测平距长 21cm 左右)。这样会导致实际施工的位置与设计线路不符,并且整个设计线路的长度及附属设施都将成比例缩小。施工放样过程中如果不对实测的距离进行改正将会导致放样点与设计点位置不符,从而导致错误施工。

(2)轨道交通控制网坐标系的要求

轨道交通工程平面系统投影面高程应与城市现有坐标系统投影面高程一致,若城市轨道交通工程线路轨道的平均高程与城市投影面高程的高差影响每千米大于 5mm 时,应采用其线路轨道平均高程作为投影面高程。当城市原有控制网不能满足城市轨道交通建设需要时,宜建立一个覆盖全部线路的整体控制网。

(3)措施

最终采用 2000 国家大地坐标系,中央子午线为 107°,投影面正常高为 1069m,高程异常 −29m,即投影面大地高为 1040m。轨道面上边长投影变形值控制在 2.5cm/km 以内。保障了贵阳市城市轨道交通各规划线路勘测、设计、施工、维护、检测等各阶段工作的顺利进行。

2)轨道基础控制网的建立

贵阳轨道交通 1 号线全线采用了 CPⅢ轨道控制网技术,相比传统的铺轨基标测量方式,CPⅢ轨道控制网具有以下优点:

(1)采用了更合理的分级布设方式,具有整体性。

(2)采用点对布设,点位布设与隧道两侧壁上,利于保存。

(3)具有极高的相邻点之间的相对精度,对提高轨道的平顺性起到重要作用。

(4)各阶段控制基准统一,避免了多个测量环节导致测量误差的积累。

(5)一网多用,用于调线调坡、施工放样、轨道铺设、轨道精调、运营维护、变形监测等各个阶段。

(6)结合轨道几何状态测量仪,解决了传统铺轨方法中的诸多问题,轨道的初始平顺性大大提高。

(7)轨道整体技术质量水平提高,使得维修工作量减少,运营维护阶段的维修费用降低。

相比传统的铺轨基标测量方式,轨道交通 CPⅢ测量的难点如下:

(1)轨道交通线路曲线半径小,使得 CPⅢ点对之间的距离为 30~60m,当半径小于 700m 时,采用 30m 的间距。

(2)轨道交通隧道净空断面小,每次设站能观测到的点对数为 4 对,多余观测条件相比高速铁路减少了 1/3,因此精度有所降低。

(3)由于每个车站的控制点是由联系测量所得,车站内的控制点边长较短,导致控制点的精度相比高速铁路的 CPⅡ来讲要低一些,这样会导致轨道交通 CPⅢ控制网的约束平差精度降低。

（4）由于轨道交通的区间有长有短，在长区间时，CPⅢ的附合距离较长，轨道交通 CPⅢ 控制网的精度也有所影响。

最终，通过测量人员及技术人员的努力，克服重重困难，高质量地完成了贵阳轨道交通 1 号线 CPⅢ 控制网的测量及计算，提供了可靠的成果资料，确保了 1 号线铺轨的顺利进行，铺轨质量达到了国内先进水平。

1.2.5 新技术的运用

（1）测量工作中，大量使用最先进的测量仪器设备，包括测量机器人（图 4-1-38）、数字水准仪（图 4-1-39）、GNSS 接收机（图 4-1-40）、三维激光扫描仪（图 4-1-41）、无人机（图 4-1-42）、轨道几何状态测量检测仪（4-1-43）等。其中测量机器人、数字水准仪、GNSS 接收机等用于平面高程控制网的建立与复测、施工控制网的建立与复测、施工放样、指导施工作业及检校、变形监测、贯通测量、调线调坡测量、CPⅢ 测量及铺轨测量等。三维激光扫描仪用于隧道限界净空测量、变形监测及三维模型建立等。无人机用于局部大比例尺地形图测量、填挖方测量及三维实景模型建立等。轨道状态几何测量检测仪用于轨道铺设、平顺性检测、轨道精调及轨道检修维护等。

图 4-1-38　测量机器人

图 4-1-39　数字水准仪

图 4-1-40　GNSS 接收机

图 4-1-41　三维激光扫描仪

图 4-1-42　无人机

图 4-1-43　轨道几何状态测量检测仪

（2）框架网采用了美国麻省理工学院的 Gamit/Globk10.32 软件进行长基线解算，使用 IGS 发布的最终精密星历，加入了对流层延迟修正，对流层延迟修正模型中的气象元素采用标准气象元素，获得了高精度的框架网控制点成果。为贵阳市轨道交通全网规划及实施提供了可靠的控制基础，避免了多条线路之间的衔接误差。

（3）自由设站 CPⅢ 轨道控制测量技术的运用，获得了可靠的 CPⅢ 控制网，结合轨道几何状态仪铺设的轨道，初始平顺性大大提高，达到了国内先进水平。营运后的轨道维护工作量减少，还具有减振、降噪，减少轮轨磨损，提高乘车的舒适性及行车的安全性。

（4）地面三维激光扫描仪用于隧道扫描，获得隧道点云数据，为净空、限界、调线调坡等提供了最真实直观的基础数据。隧道三维激光扫描点云如图 4-1-44 所示。

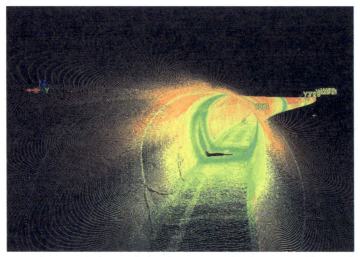
图 4-1-44　隧道三维激光扫描点云数据

第 2 章 线路与限界

2.1 线路设计

2.1.1 主要设计原则

城市轨道交通线路设计是一项系统工程,必须贯彻"先网络、后单线,先总体、后分项,先运营、后建设,先建筑、后结构,先机电、后土建"的总体设计理念;同时应贯彻以人为本、系统优化、线位合理、方便运营、可持续发展的设计理念。综合考虑各方面因素对线路设计的要求,运用系统工程、价值工程理论进行全方位、多层次线路方案技术、经济比较,以求线路设计达到安全、舒适、快速、规划、环保、节能、投资及效益的最佳匹配。本项目设计遵循以下设计原则:

(1)线路基本走向应符合贵阳市城市总体规划、贵阳市轨道交通线网规划和建设规划的要求,合理选择线路路径,使轨道交通充分发挥其交通骨干作用。

(2)根据本工程沿线的城市规划、城市道路、地形、地貌、工程地质及水文地质条件、地面与地下建(构)筑物和地面交通状况等情况,合理进行线路总体布置,选择线路位置及敷设方式,并与沿线既有现状和将来规划相协调,尽量减少拆迁工程量及施工过程中对城市交通的干扰。

(3)线路平面设计时应考虑方便土建设计及施工,车站分布应考虑沿线既有、规划的主要客流集散点和各类交通枢纽,并应与城市综合交通规划网络相协调,以利于吸引客流、方便乘客、降低工程投资、提高运营效益。

(4)地下线的线路纵断面设计,有条件时应尽可能设计成"高站位、低区间"的节能坡形式。

(5)高架线的线路纵断面设计,在排水满足要求的情况下可采用平坡。

(6)辅助线的分布及形式应满足列车合理运行及折返能力的需求。

(7)在有长途汽车、公交、铁路、城市轨道交通线路等客流集散点换乘的站点应充分考虑与其换乘接驳关系。

2.1.2 线路方案研究

在贵阳轨道交通 1 号线各阶段设计过程中,通过对全线平纵断面进行全面的梳理,全线的重难点段线路方案分析比较如下。

1)小关展线方案比选
(1)周围环境
贵阳市观山湖区到老城区地形落差 220m 左右,贵阳轨道交通 1 号线从观山湖区到老城区落差主要集中在贵阳北站到安云路区间,两站平面直线距离约3km,竖向落差达161m,自然坡度达54‰,远远超出了B型车的爬坡能力。根据规划情况,本段线路范围的雅关村附近有大片待开发地块,规划性质大部分为居住用地,有少量的商业金融用地及文化娱乐用地,鹿冲关附近有多个大型居民小区,周围地块规划多为居住用地。

(2)方案简述

针对贵阳北站—蛮坡站区间地势高差较大的特点,在可研阶段进行了《贵阳轨道交通1号线工程长大连续坡道段方案及运营安全研究报告》专题研究,分别研究了28‰及34‰两种坡度展线方案,其中28‰展线方案又分别研究了雅关设站方案和不设站两个方案,详见图4-2-1,三个方案比选研究如下:

①方案一:28‰展线方案。

线路出贵阳北站后跨小关峡谷,并上跨既有川黔铁路后以$R=400m$半径进入蛮坡,在蛮坡以$R=350m$的半径展线后于鹿冲关路下方设蛮坡站,而后进入安云路站。

②方案二:34‰展线方案。

线路出贵阳北站后跨小关峡谷,并上跨既有川黔铁路后以$R=400m$半径进入蛮坡,在蛮坡以$R=400m$的半径展线后于鹿冲关路下方设蛮坡站,而后进入安云路站。

图4-2-1 小关展线站位比选示意图

③方案三:28‰展线雅关设站方案。

线路出贵阳北站后折向北,于雅关村附近下穿川黔铁路后以低桥位跨过小关峡谷(桥高20m)后设雅关站,而后线路向南经蛮坡后进入安云路站。

(3)方案比选及结论(表4-2-1)

贵阳北站—安云路站区间各种坡度方案比较表　　表4-2-1

比较项目		方案一 28‰展线方案	方案二 34‰展线方案	方案三 28‰展线雅关设站方案
线路	线路长度(m)	6150	5450	7680
	其中展线长度(m)	1650	950	3270
	线路条件	展线较短,纵坡较大	展线短,纵坡大	展线较长,但纵坡较缓,增设车站1座
	车站个数(个)	1	1	2
土建投资	投资(万元)(以34‰为基础)	+9280	—	+31780
	运营维护	坡度小,维护工作量小;运营费用相对较小	维护工作量较大;运营费用相对较大	坡度小,维护工作量小;运营费用相对较小

续上表

比较项目	方案一 28‰展线方案	方案二 34‰展线方案	方案三 28‰展线雅关设站方案
工程实施难度	最长隧道 2.9km,小关大桥墩高 80m。工程实施难度较大	最长隧道 2.5km,小关大桥墩高 76m。工程实施难度较大	最长隧道 1.06km,小关大桥墩高 30m,工程难度小,可实施性相对较好
客流吸引及对周边地块的带动作用			增设雅关站,对雅关片区的开发起到积极推动作用,方便了雅关村附近居民的出行,客流吸引较好

(4) 推荐意见

综上所述,3个方案各有优缺点,方案一采用 28‰纵坡,坡度相对较小,但增加了线路长度,且导致高桥隧道长度增加,工程实施难度较大;方案二采用 34‰纵坡,线路条件较恶劣,且后期运营及维护费用高,工作量大;方案三设置雅关站,对雅关片区开发具有较强的带动作用,客流吸引较好,且该方案无高桥长隧,工程难度较小,但线路长度增加 2.2km,工程投资增加较大。

同时,在前期方案研究阶段,完成了《贵阳轨道交通1号线工程长大连续坡道段方案及运营安全研究报告》专题研究,推荐采用 28‰展线雅关设站方案。本专题研究经过专家审查,形成了《贵阳轨道交通1号线工程长大连续坡道段方案及运营安全研究报告》专家组评估意见。专家组一致认为"推荐方案在增加较小投资的情况下,在降低运营安全风险方面已有较大改善,且在满足城市发展的需求和促进本线客流的尽早形成更为有利,推荐方案合理、可行"。

结合轨道交通的建设、后期运营、客流吸引及周边地块经济的带动作用等综合因素,推荐方案三,即 28‰展线雅关设站方案。

2) 八鸽岩路至火车站站段线路方案研究

(1) 周围环境

中华路道路宽 40m,道路弯多且半径较小;公园路宽 20m(规划宽 40m)。

在中华路与遵义路的交叉路口周围分布有喜来登酒店(40层)、贵阳市规划局(9层)等建筑,在公园路北路沿线低矮建筑较多,棚户区分布密集,中山路口等地段的高层建筑物较多,如图 4-2-2 所示。

a) 省国际会议中心

b) 合群路

图 4-2-2

c) 合群路口　　　　　　　　　　　　　　d) 公园路口

图 4-2-2　沿线现状实景图

（2）方案简述

在建设规划中，该段线路方案为线路出扁井后经市北路、中华路、遵义路至火车站站。建设规划获国家发改委批复后，上报了第一版《工程项目可行性研究报告》（以下简称《工可报告》），市政府及各职能部门对于轨道交通 1 号线中段线路沿公园路或沿中华路走行两个路径存在分歧。

规划的公园路两侧为人口稠密的棚户区，道路狭窄，但当时并没有列入市政府棚户区的改造计划。该片区棚户区改造需要投入巨大的资金，如轨道交通不结合片区开发，而单独建设，将会导致轨道交通建设增加大量的拆迁资金，且对轨道交通的实施极为不利。故此，在综合考虑当时的城市经济发展水平和城市重点建设的大背景下，为缓解城市化进程带来的交通压力，应对金融危机扩大内需，加快贵阳市中心公共设施的建设步伐，轨道交通 1 号线第一版工程项目可行性研究文件延续了建设规划的推荐方案——走中华路方案。

随着研究工作的不断深入，根据城市总体规划以及新的区域控制性详细规划的调整，结合近期公园路沿线几大区域的高强度开发建设，以及公园路沿线棚户区改造，借助国家宏观经济政策支持的契机，贵阳市政府提出了对 1 号线八鸽岩路至火车站站局部走公园路与中华路进行了方案比选研究。

由于公园路方案沿线棚户区较为密集，需改造的范围较大，人口稠密（总拆迁量为 1055.7 万 m^2，棚改涉及拆迁居民及单位 84880 户，人口 26.6 万人），区域内房屋破旧，通风、采光、绿化条件较差，基础设施落后，建筑布局杂乱，车辆通行、停放十分困难。区域内危房数量较大，各种安全隐患较多，造成了众多的社会和民生问题。

因此，结合贵阳市老城区棚户区改造拟定线站位布设是需要重点考虑的问题。1 号线工程项目可行性研究（修改版）重点研究了公园路和中华路两个方案。见图 4-2-3 八鸽岩路至火车站段线路方案示意图。

①公园路方案。

线路出蛮坡站后经省政府西侧至安云路站，出站后南行至北京路站与 3 号线换乘，沿环城北路、合群路南行至公园路路口设延安路站，经公园路南行至中山路站，从老一中桥西侧下穿南明河后向西,于河滨公园门口设站,出站后下穿河滨公园、南明河接遵义路至火车站。

本段线路全长 3.75km,共设 4 座车站。

图 4-2-3　八鸽岩路至火车站(不含)段线路方案示意图

②中华路方案(建设规划方案)。

线路经市北路南行至北京路站与 3 号线换乘,经中华路南行至喷水池设站与 2 号线换乘,出站后线路继续南行至大十字设站后于朝阳桥东侧下穿南明河,经人民广场设人民广场站后进入遵义路。

本段线路全长 3.94km,共设 4 座车站。

(3)方案比选及结论

方案比选及结论详见表 4-2-2。

八鸽岩路至火车站段线路方案技术比较表　　　表 4-2-2

项　目	公园路方案	中华路方案
线路长度(km)	6.50	6.55
线路条件	线路较短,线形较好	线路较短,线形一般
土建工程投资(万元)	153516	158694
拆迁工程量(万 m²)	59.9	3.0
涉及的棚户区改造范围	棚户区改造涉及的建筑面积 1055.7 万 m²,人口 84880 户、26.6 万人	对旧城改造、棚户区改造及公租房建设无带动作用

续上表

项　目	公园路方案	中华路方案
社会效益	促进城市化进程,能够提升城市品位,改善人民生活质量,社会效益极好	对旧城改造无带动作用,社会效益一般
优缺点	线路顺直,工程实施可带动公园路沿线的棚户区改造及公租房建设,社会效益明显	工程拆迁量较小,工程实施难度较小

（4）推荐意见

综上所述,公园路方案,线路较顺直,土建工程投资较小,且以轨道交通为导向的土地综合开发模式可使土地的高强度、节约化开发成为现实,进而优化城市空间结构和城市用地布局,促进城市化进程,能够提升城市品位,推进地区的土地开发和经济发展,改善了人民的生活质量,是一个利民惠民的大好事,社会效益好。中华路方案虽然工程拆迁量小,实施难度小,但线路平面受市政道路条件限制,弯道较多,且对旧城改造及相应的棚户区改造与公租房建设无带动作用。

结合贵阳市相关部门意见,经现场调研,并与贵阳市国土、规划、云岩区政府部门协调沟通,从轨道交通建设带动城市发展的原则考虑,推荐公园路方案。

3）线路走向

经过以上研究,基本确定了贵阳轨道交通 1 号线线路走向,如图 4-2-4 所示。

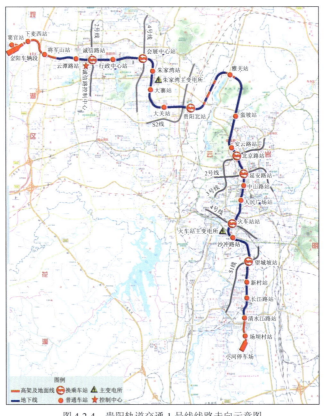

图 4-2-4　贵阳轨道交通 1 号线线路走向示意图

2.1.3 车站分布

贵阳轨道交通 1 号线全线共 25 座车站,其中 3 座高架,2 座地面站,20 座地下站,车站分布情况见表 4-2-3。

车站分布表 表 4-2-3

序号	车站名称	车站右线中心里程	右线站间距(m)	线间距(m)	车站形式
0	起点	YD2K12+575.000			
1	窦官站	YD2K12+630.430	60.000	5	侧式,高架
2	下麦西站	YD1K0+753.000	1122.570	13.5	岛式,地面
3	将军山站	YD1K2+313.282	1056.282	5	侧式,高架
4	云潭路站	YDK3+299.000	1848.961	5	侧式
5	诚信路站	YDK4+230.600	931.600	5	侧式,与 2 号线换乘
6	行政中心站	YDK5+630.000	1399.400	5	侧式
7	会展中心站	YDK7+355.000	1725.000	8.4	侧式,与 4 号线换乘
8	朱家湾站	YDK8+632.000	1277.000	13.5	岛式
9	大寨站	YDK9+735.000	1103.000	13.5	岛式
10	大关站	YDK11+326.900	1591.900	13.5	岛式
11	贵阳北站	YDK12+684.000	1352.235	18	岛式
12	雅关站	YDK16+550.600	3866.600	13.5	岛式,高架
13	蛮坡站	YDK19+352.500	2801.900	28	岛式
14	安云路站	YDK21+352.500	2000.000	13.5	岛式
15	北京路站	YDK21+953.820	601.320	19.5	岛式,与 3 号线换乘
16	延安路站	YDK22+895.674	941.854	18	岛式,与 2 号线换乘
17	中山路站	YDK23+804.100	908.426	14	岛式
18	人民广场站	YDK24+705.705	901.605	14	岛式
19	火车站	YDK26+050.000	1346.926	16	岛式,与 4 号线换乘
20	沙冲路站	YDK27+156.000	1100.811	13.5	岛式
21	望城坡站	YDK29+196.000	2040.000	13.5	岛式
22	新村站	YDK30+370.500	1174.500	13.5	岛式
23	长江路站	YDK31+302.500	932.000	13.5	岛式
24	清水江路站	YDK32+530.000	1212.500	13.5	岛式
25	场坝村站	YDK33+606.000	1076.000	13.5	岛式,地面
26	终点	YDK33+831.00	210.000		

2.1.4 线路平面、纵断面设计

1)线路平面设计

(1)线路平面设计概述

根据沿线城市规划、城市交通及道路状况、地形、工程地质及水文地质条件、控制性建

（构）筑物及周围环境等情况，并结合车站及区间等附属设施的设置条件，工程实施条件及协调难易度等进行线路平面设计。

线路平面特征如下：线路右线总偏角约92°（右偏），右线线路全长35.207km；左线线路全长35.270km。

右线共设曲线59个，曲线长度为15.678km，占线路长度的44.53%，最小曲线半径为350m，右线曲线分类统计见表4-2-4。

平面曲线分类统计表（右线） 表4-2-4

半径（m）	个 数	长度（m）	占曲线百分比（%）
350	9	3469.192	22.10
355	1	464.693	3.00
399.6	1	741.007	4.70
400	1	200.942	1.30
450	11	3560.999	22.70
500	2	1054.599	6.70
595	1	836.101	5.30
600	4	968.2	6.20
600.5	1	302.63	1.90
601	1	284.114	1.80
650	1	187.806	1.20
690	1	192.193	1.20
700	2	347.702	2.20
800	7	1325.12	8.50
804	1	440.118	2.80
1000	1	161.142	1.00
1200	3	299.477	1.90
1500	3	291.097	1.90
2000	4	303.01	1.90
2350	2	121.487	0.80
3000	2	126.82	0.80
合计	59	15678.449	100.00

左线共设曲线64个，曲线长度为16.034km，占线路长度的45.46%，最小曲线半径为350m，左线曲线分类统计见表4-2-5。

平面曲线分类统计表（左线） 表4-2-5

半径（m）	个 数	长度（m）	占曲线百分比（%）
350	8	2538.481	15.80
355	2	1336.313	8.30
379.5	1	707.004	4.40
400	1	219.124	1.40

续上表

半径(m)	个 数	长度(m)	占曲线百分比(%)
445	1	636.691	4.00
450	10	2928.511	18.30
490	1	867.348	5.40
500	2	935.581	5.80
550	1	134.437	0.80
593	1	299.724	1.90
595	1	219.918	1.40
600	3	708.932	4.40
605	1	285.539	1.80
620	1	188.782	1.20
650	1	187.806	1.20
700	2	368.732	2.30
795	1	190.926	1.20
800	3	779.402	4.90
805	1	316.179	2.00
1000	7	968.852	6.00
1200	4	365.603	2.30
1500	2	225.358	1.40
2000	6	404.818	2.50
2500	2	139.107	0.90
3000	1	81.297	0.50
合计	64	16034.466	100.00

从以上统计可以看出，$R \geqslant 450m$ 的曲线占全线曲线长度约70%，小半径曲线多集中在车站端部，整体线形条件一般。

（2）线路平面分段设计简述

① 1号线起点—云潭路站。

本段线路从金阳车辆段北端的窦官站引出，向东沿金朱西路敷设，穿过金阳车辆段综合配套地块，上跨金阳车辆段出入段线和金湖路地面层，之后到达下麦西站，自下麦西站引出后向东南高架至绕城高速公路附近，为绕开环城高速公路桥台，线路出下麦西站后即以 $R=350m$ 半径转向南下穿高速公路及规划的环城铁路。

本区间线路平面的主要控制点为环城高速公路，为保证施工期间高速公路的行车安全，线路下穿位置避开高速公路的桥台，改为路堑段通过。

线路出将军山站由高架过渡至地下线，现状林城西路路中有宽10m的中央绿化带，本段高架线路及过渡段一直沿中央绿化带敷设，沿线工程条件良好。

本段线路最小曲线半径 $R=350m$（4处）。

②云潭路站—贵阳北站。

该段线路主要沿林城路、210国道及贵北大道（贵北大道规划路名为：景观大道）敷设，由于绿色未来至会展中心站范围土建工程已实施完毕，预留明挖接口，线路出会展中心站后由林城东路转入210国道敷设，该段线路穿过美的地块，根据规划部门多次协调，美的地块内规划的高层建筑物全部退出轨道交通保护红线范围，轨道交通线路采用 $R=350m$ 半径通过，尽量减少对地块的切割，如图4-2-5所示。

线路于里程YDK7+600处设置一中间风井。区间最小曲线半径 $R=350m$（1处）。

本段共设8座车站，全部为地下车站，除诚信路站、行政中心站及会展中心站为侧式站台车站外，其余车站全部为岛式站台车站。

③贵阳北站—雅关站。

线路出贵阳北站后沿小关水库西侧拐向北，于小关水库北端跨过小关峡谷后设雅关站，出站后向南敷设至蛮坡立交西南侧，设蛮坡站。由于小关大桥引桥的孔跨较小，线路在贵阳北站后线间距由18m渐变为5m，使用最小的隧道断面形式下穿小关大桥。同时线路在进入雅关站之前以30°交角下穿川黔铁路，如图4-2-6所示。

区间最小曲线半径 $R=450m$。

图4-2-5 线路穿越美的地块平面走向示意图

图4-2-6 贵阳北站—雅关站平面示意图

④雅关站—安云路站。

该段线路全部穿行在小关水库东侧的大山中，受地形控制，线路埋深较大，蛮坡站及安云路站埋深均超过35m。线路出雅关站后以线间距13.5m的双线单洞小断面隧道下穿鹿冲关森林公园，由于受观山东路高架桥的基础及孔跨制约，线路在进入蛮坡站前左右线拉开，线间距渐变为28m。隧道结构与高架桥基础结构净距为2.16m,如图4-2-7所示。

线路于里程YDK17+225处设置一中间风井。本区间全线最小半径为$R=350m$(1处)。

⑤安云路站—中山路站。

本段落线路沿人民大道(人民大道由原安云路、环城北路、合群路及公园路等路段组成)南北向敷设。由于本段线路结合贵阳市人民大道沿线旧城改造同步建设,公园路道路规划红线内的建筑物将全部拆除,所以本段线路线形较好,如图4-2-8所示。

本区间全线最小半径为$R=450m$。

图4-2-7 区间隧道与观山东路高架桥平面关系示意图

图4-2-8 安云路站—中山路站平面示意图

⑥中山路站—火车站站。

线路出中山路站后于老一中桥西侧下穿南明河,在河滨公园门口设人民广场站后再次下穿南明河,沿遵义路敷设至贵阳火车站,火车站站位于贵阳火车站站前广场西侧,为1号线、4号线换乘站。

本区间线路平面的主要控制点为南明河,线路在都司路与人民广场站之间第一次下穿南明河,如图4-2-9所示。

线路在出人民广场站后采用了一处$R=450m$的"S"形曲线再次下穿南明河并避开国际经济贸易中心后进入遵义路,如图4-2-10所示。

之后线路沿遵义路敷设至火车站站。本区间全线最小半径为$R=450m$。

⑦火车站站—望城坡站。

该段线路出火车站站后,为绕避火车站南侧的在建高楼,线路以$R=350m$半径沿玉厂路进入朝阳洞路,前行至沙冲路口站,出站后继续沿朝阳洞路前行,经望城坡下穿既有铁路后设望城坡站。

由于线路沿朝阳洞路敷设的段落上方规划有朝阳洞路高架桥(现状为中环路高架桥),本段线路平面受高架桥桥墩的影响较大。为绕避高架桥桥墩,右线采用曲线半径分别为

R=400m 和 R=350m 的曲线半径,左线采用的曲线半径分别为 R=450m 和 R=350m。线形较差,但区间隧道均避开了地下控制性构筑物,如图 4-2-11 所示。

线路于里程 YDK27+788 处设置一中间风井。本区间全线最小半径为 R=350m。

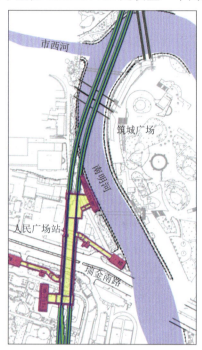 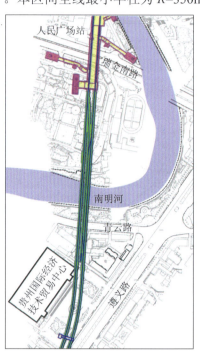

图 4-2-9　中山路站(不含)—火车站站(不含)　　图 4-2-10　人民广场站—火车站站区间下穿
　　　　　区间下穿南明河平面示意图　　　　　　　　　　　　南明河平面示意图

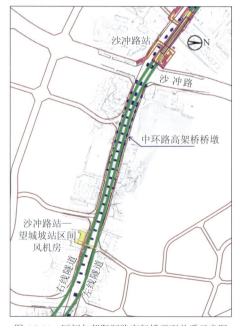

图 4-2-11　区间与朝阳洞路高架桥平面关系示意图

⑧望城坡站—场坝村站。

本段线路沿珠江路、浦江路敷设。沿线主要控制点为货车外绕线铁路框架涵洞,线路加大埋深采用矿山法隧道下穿通过。

本区间线形较好,最小半径为 R=450m。

2)线路纵断面设计

(1)线路纵断面设计概况

根据沿线城市规划、城市交通及道路状况、地形、工程地质及水文地质条件、控制性建(构)筑物及周围环境等因素,并结合区间相关附属设施的设置和结构施工工法,进行线路纵断面设计。纵断面分类统计见表 4-2-6、表 4-2-7。

线路坡度分类统计表(右线) 表 4-2-6

坡度(绝对值)范围(‰)	坡段数(个)	坡段长度(m)	占全长百分比(%)
0≤i<10	41	18037	51.23
10≤i<20	15	4725	13.42
20≤i<25	9	3133	8.90
25≤i≤28	24	9312	26.45

线路坡度分类统计表(左线) 表 4-2-7

坡度(绝对值)范围(‰)	坡段数(个)	坡段长度(m)	占全长百分比(%)
0≤i<10	41	18229	51.69
10≤i<20	15	5062	14.35
20≤i<25	8	2805	7.95
25≤i≤28	24	9174	26.01

从以上统计可以看出:坡度小于25‰的坡段长度占全线的70%以上,线路纵坡整体条件较好。

(2)线路纵断面设计分段简述

①窦官站—云潭路站。

主要控制点:金阳车辆段出入段、绕城高速公路、环城铁路及宾阳大道。

由于受诸多条件的限制,经过对施工风险和工程投资综合分析后,区间纵断面在窦官站—下麦西站区间和将军山站两端分别采用28‰的最大限坡进行纵断面设计,以满足两端控制点的净空要求。

本区间最大纵断面为28‰,设于下麦西站—将军山站区间。

②云潭路站—贵阳北站。

本段区间地势起伏不大,纵断面坡度设计较自由。结合林城路道路情况及210国道改造工程,云潭路至行政中心站段及会展中心至大寨站区间采用明挖法施工,其余地段采用矿山法施工。

本区间最大纵断面为28‰,设于会展中心站—朱家湾站区间和朱家湾站—大寨站区间。

③贵阳北站—安云路站。

线路出贵阳北站之后沿既有川黔铁路北行至雅关西侧下穿川黔铁路后,向东跨过小关峡谷,于雅关片区中部设站,折向南于蛮坡设站后进入主城区,在八鸽岩路与安云路交叉口设安云路站,如图 4-2-12 所示。

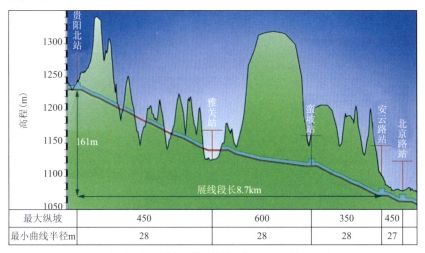

图 4-2-12　贵阳北站—蛮坡站展线段纵断面设计示意图

本区间最大纵断面为 28‰,设于贵阳北站—雅关站区间。

④安云路站—火车站站。

本段线路控制性建(构)筑物较多。根据地质条件并结合区间施工工法和地下建(构)筑物的基础埋深进行纵断面设计,线路坡度均较大。

本段线路在安云路站—中山路站范围结合贵阳市公园路沿线旧城改造等同步建设,公园路道路规划红线内的低矮建筑物将全部拆除,本段线路纵断面设计较自由。

线路在中山路站—火车站区间控制的建(构)筑物分别有:下穿都司路高架桥、下穿南明河、下穿解放路高架桥等 3 处。

a. 线路下穿都司路高架桥。

区间隧道为双洞单线隧道,线间距为 14.5m,其中都司路高架桥桩基位于地铁的两个隧道之间,桥墩距离区间隧道开挖轮廓最近距离 2.6m,图 4-2-13 为区间隧道与都司路高架桥基础交叉断面设计图。

b. 区间线路下穿南明河。

线路在都司路至遵义路段下穿南明河,穿越最大长度为左线 260m,隧道结构洞顶覆土为 7.8~10.8m,如图 4-2-14 所示。

c. 区间下穿解放路高架桥。

线路出人民广场站后下穿南明河进入遵义路,后沿遵义路南行下穿解放路高架桥,解放路高架桥在该处为 50m 孔跨连续梁桥,线路从 50m 孔跨中间穿过,线路左线隧道结构边缘距离高架桥桥墩基础净距为 6.65m。高架桥桩长 12.1m,基础埋深较浅,断面示意如图 4-2-15 所示。

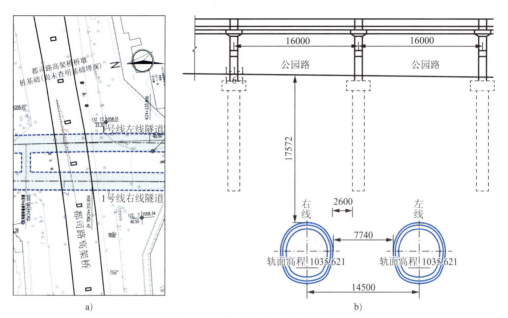

图 4-2-13 区间隧道与都司路高架桥基础交叉断面设计图（尺寸单位：mm）

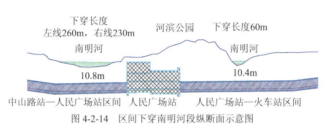

图 4-2-14 区间下穿南明河段纵断面示意图

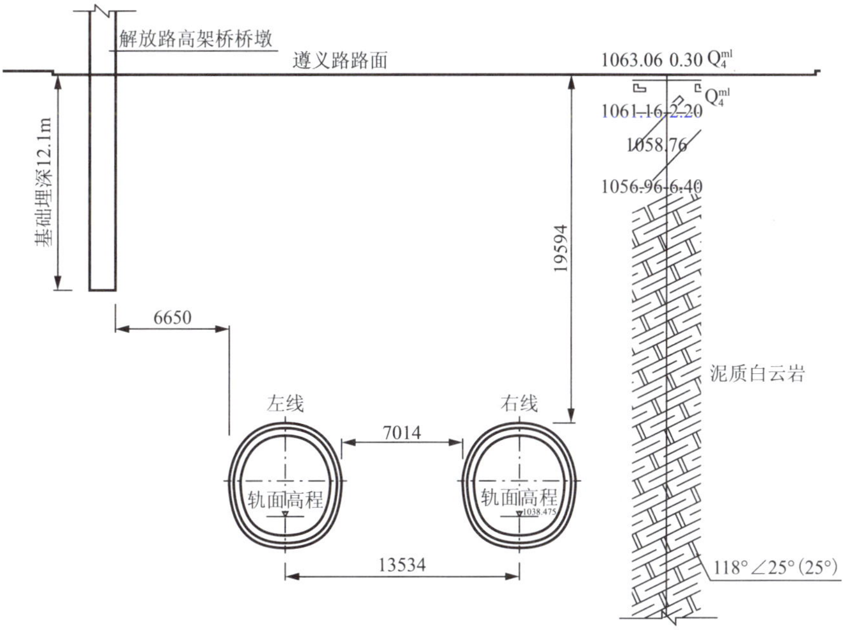

图 4-2-15 区间下穿解放路高架桥纵断面示意图（尺寸单位：mm）

本区间最大纵断面为27.1‰,设于蛮坡站—安云路站区间。

⑤火车站站—场坝村站。

线路出火车站后下穿贵阳火车站站房,沿朝阳洞路方向敷设,经望城坡设站后进入小河区,上跨西南环线后进入终点站场坝村站。

主要控制点:贵阳老火车站站房基础及上跨西南环线的孔跨净空要求。

a. 线路下穿贵阳老火车站站房。

线路出火车站站后下穿贵阳老火车站售票大厅及中铁快运行包房,由于售票厅基础桩基埋深较大,为保证轨道交通隧道施工期间火车站建筑物的安全,本次纵断面设计尽量加大区间隧道轨面埋深,并采取相应的结构保护措施。如图4-2-16～图4-2-18所示。

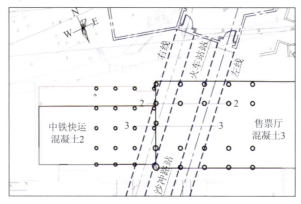

图4-2-16　区间下穿贵阳老火车站平面示意图

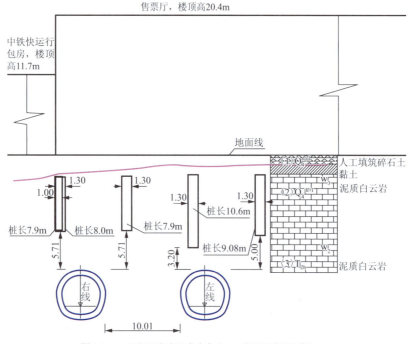

图4-2-17　区间下穿贵阳老火车站2-2断面示意图(单位:m)

通过采用超前支护及控制开挖进尺等措施，线路左右线隧道顺利通过了火车站站房区域。

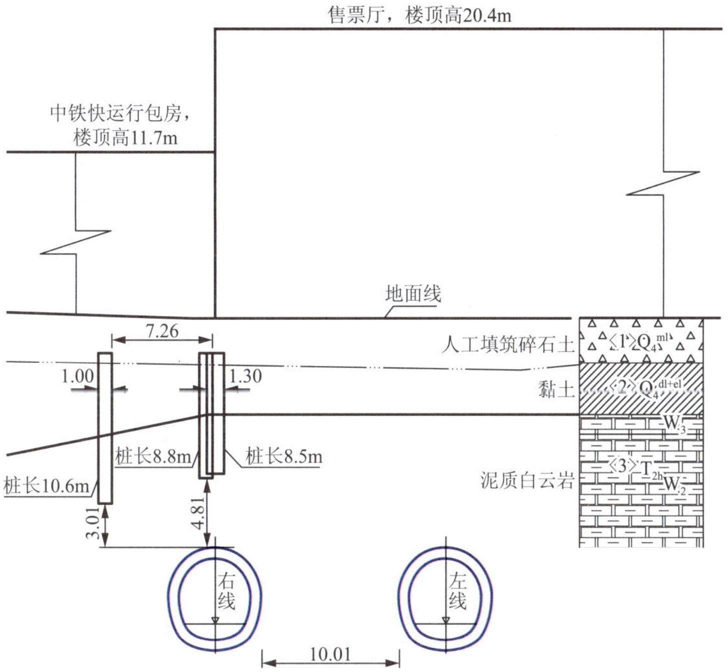

图 4-2-18 区间下穿贵阳老火车站 3-3 断面示意图（单位：m）

b. 区间上跨西南环线。

线路出长江路站后沿浦江路南行，过清水江路后由地下转为高架线敷设，采取 40m 梁上跨西南环线后进入 1 号线终点站场坝村站，其中上跨西南环线处桥下净空不小于 5.5m。

本区间最大纵断面坡度为 28‰，设于清水江路站—场坝村站区间。

2.1.5 线路调线调坡设计

1）调线调坡设计起因和方法

在城市轨道交通工程的建设过程中，由于测量、施工误差，结构沉降、变形等因素，完工后的区间隧道、桥梁或多或少将偏离原设计位置，部分偏离较大的地方难以满足限界要求，为避免返工或整改引起的工程量和投资的增加，只能通过调整线路平、纵断面等方式，使设计满足工程现状，消除施工误差，满足限界要求。因此，调线调坡是工程土建完工后，轨道铺设前的一道重要工序。

调线调坡设计对线路的调整主要包括线路平面、纵断面调整、曲线超高或设备的调整，其方法主要有：

（1）调整平面曲线半径及缓和曲线长度

地下线隧道施工在曲线地段更易出现误差，因此对曲线段线路的调整较为重要，一般通过调整半径和缓和曲线的长度:半径越大或缓和曲线长度越大,曲线越远离交点;半径越小或缓和曲线长度越小,曲线越靠近交点。

(2)调整纵断面坡长或坡率

为保证轨道结构高度及轨上净空的要求,对高程上出现误差的区间需对纵断面进行调整,将长坡段调整为数个短坡段,并适当调整各坡段的坡率,使得线路与完工的区间隧道吻合,达到消除施工误差的目的。

(3)调整超高

通过调整曲线超高可以调整曲线地段的限界加宽值,在一定程度上可以消除施工误差而避免调整线路平面,但需注意规范对最大欠、过超高的要求。

(4)调整设备

线路调整影响区段较长,在侵限地段较短的区间,也可采用设备调整的方式消除侵限,一般包括调整电缆支架的长度、通信漏缆的安装高度等,但需注意与相关设备专业协调,保证设备的顺利安装。

2)调线调坡设计

在1号线调线调坡设计中,共计完成了全线约35.11km线路的贯通测量、限界检核及调线调坡工作。根据测量资料及限界检核结果,对将军山站—云潭路站、行政中心站—会展中心站、延安路站—中山路站、中山路站—人民广场站、人民广场站—火车站站及火车站站—沙冲路站六个区间的平面线位进行了调整;对将军山站—云潭路站、行政中心站—会展中心站、会展中心站—朱家湾站、朱家湾站—大寨站、大寨站—大关站、延安路站—中山路站、中山路站—人民广场站、人民广场站—火车站站、火车站站—沙冲路站及沙冲路站—望城坡站十个区间的纵断面进行了调整,保证了轨道的顺利铺设。

2.1.6 设计经验与总结

1)设计经验

(1)加强规划控制

在1号线规划设计阶段,规划部门对1号线沿线进行了控制性的详细规划,主要从车站周边用地现状及规划、土地开发强度、交通接驳条件等多方面进行了远期的控制和预留。例如贵阳北站就与高铁贵阳北站进行了统筹规划,同步建设,这样不仅降低了工程建设成本,还使整个贵阳北站车站功能整体布局上更为合理,此外北京路站预留的高架桥桩基、沙冲路站至望城坡站区间线路走向与中环路高架桩基布设进行整体统筹规划,均为后续人民大道建设和中环路顺利通车创造了必要条件,而这些都是加强规划控制的有效成果。当然整个1号线建设过程中也存在不足之处,例如清水江路站—场坝村站区间规划有市政道路,由于市政道路设计方案不确定,轨道交通与市政道路工程互相干扰地段未能同步建设,造成1号线建设过程中给市政道路预留的通道工程考虑不够全面,增加了后续实施工程的工程投资。

因此，在轨道交通建设过程中需要加强规划控制。

（2）首次将国铁选线"展线"理念引入城市轨道交通选线

贵阳市地处云贵高原，地势起伏大，1号线从观山湖区到主城区落差220m，且主要集中在贵阳北站到扁井区间，该区间直线距离3.7km，落差161m，自然坡度达54‰，超过了普通直线电机车辆的爬坡能力，因此线路在该段区域的走向及敷设形式选择，难度大于一般平原城市轨道交通设计，在可研和初步设计阶段，结合线路沿线规划和地形条件，通过引入国铁选线"展线"理念，1号线在跨越小关峡谷片区展线沿小关水库北侧敷设，并在雅关片区增设雅关站，不仅解决了地形高差问题，通过设置雅关站，还带动了雅关片区土地开发，同时完成了"山地城市轨道交通长大连续坡道关键技术研究"，对国内其他山地城市轨道交通建设具有显著的借鉴作用。

2）设计总结

（1）详细研究线路起终点方案，做好预留工程设计

1号线在施工图设计阶段，线路起终点车站分别为下麦西站西端和场坝村站南端，为了给后续延伸工程预留施工条件，线路起终点均做了预留延伸工程。在1号线开工建设期间，由于窦官附近地块规划调整，城市建设发展迅速，根据窦官附近客流出行需求，在窦官附近增设了窦官站，将1号线起点向西延伸了一站一区间，延伸的窦官一站一区间充分利用了原先设计预留工程，因此，轨道交通建设过程中在建线路应结合线路在线网中的规划规模，综合考虑预留工程的实施。

（2）尽量减少竖缓重合地段

目前的国内城市轨道交通工程大多采用整体道床，由于城市轨道交通线路多穿行于城市建成区，车站间距较小，沿线控制性因素较多，车站和区间坡度又需满足多种要求，因此在线路平纵断面设计时很难避免竖缓重合问题。贵阳市城市道路大多路窄弯急，城区建（构）筑物分布密集，道路地下管线纵横交错，这种情况在老城区尤其显著。1号线在满足城市轨道交通线路设计本身的基础上，为了适应道路线形，绕避建（构）筑物和地下管线，线路拉坡定线自由度较低，竖缓重合的现象较为明显。目前1号线正线区间均采用整体道床，现在的施工工艺可以满足设计的要求，但大量的竖缓重合地段不利于列车的运行，导致轨道工程采用了大量的护轮轨，增加了工程的投资，对轨道的运营养护维修也不利。

在以后的城市轨道交通工程中，需进一步优化线路平、纵断面设计，尽量减少竖缓重合地段。

（3）加强基础资料收集

1号线从规划到具体设计阶段就一直持续开展沿线控制性建（构）筑物的资料收集工作，随着基础资料的进一步核实，设计的深入，发现部分建（构）筑物与线路冲突，线路进行了反复调整，严重影响了工程建设的顺利推进。同时在1号线建设过程中，老城区很多建于20世纪50～90年代的建（构）筑物和管线设计资料残缺不全，难以收集，增加了建设过程中的施工风险和管线迁改工程，进而导致工程投资增加。

(4)加强地质勘探工作

贵阳市属喀斯特地形山区城市,地下岩溶发育,地下水丰富,地下溶洞发育情况和地下水位对地铁施工影响极大,在后续线路建设过程中,应加强地质勘探工作,这虽然会增加一定的投资,但可以更加准确地掌握线路沿线岩溶发育和地下水分布情况,在线路拉坡定线设计过程中尽可能地绕避不良地质,降低地铁工程施工风险,保证城市轨道交通工程的顺利实施。

(5)做好沿线测量控制点保护工作

1号线在建设过程中,由于市政建设和房屋征收等外部环境条件发生变化,沿线部分测量控制点被破坏,导致部分区间隧道施工过程中发生偏差,虽然通过调线调坡得以挽回,但影响了工程进度,同时降低了线路平纵技术指标。因此,施工过程中应加强控制点保护。

2.2 限界设计及检查

2.2.1 概述

限界是为保障地铁安全运行,限制车辆断面尺寸、限制沿线设备安装尺寸及确定建筑结构有效净空尺寸的总称。根据不同的功能要求,限界分为车辆限界、设备限界和建筑限界。在我国限界发展过程中,对限界的认识由"最大包络线"限界概念到"控制包络线"限界概念的转变,在贵阳1号线的建设、设计过程中,也将该理念践行,尤其在保障车站站台系统、站台门设计等方面起到较好的作用。

本工程采用B2型车,初期、近期、远期为6辆编组,DC1500V架空接触网授电,设计速度为80km/h。土建结构形式有高架桥梁、路基、明挖地下结构、暗挖结构等。

2.2.2 限界制订的主要原则

(1)限界制订是以车辆轮廓线和车辆性能参数为基础依据的。本工程的车辆轮廓线采用中车南京浦镇车辆有限公司提供的《贵阳市轨道交通1号线车辆动态包络线计算报告》有关数据,与国内其他B型车有所差异,采用B_2型车(鼓形车),车体最大宽度为2876mm,车体高度为3834mm。

(2)车辆限界用以控制车辆制造,以及制订站台和站台门的定位尺寸。车辆限界按车辆厂提供的车辆轮廓线及设计参数,结合本工程实际进行计算;其中区间直线地段车辆限界采用90km/h进行限界设计(车辆构造速度);车站车辆限界采用60km/h进行限界设计(过站速度55km/h,允许瞬间超速5km/h)。

(3)设备限界是限制设备安装的控制线。

直线地段设备限界,是车辆在非正常运行状态下(一系或二系悬挂故障状态)及其他未计及因素形成的动态包络线。曲线地段设备限界,根据曲线半径、行车速度、轨道超高、轨道参数变化以及车辆参数变化等计算出加宽量,在直线地段设备限界的基础上进行加宽。

(4)设备限界和建筑限界之间的空间,用来安装各种管线及设备。各类设备布置应考虑其设备、管线的制造、安装误差,各种管线和设备均不得侵入设备限界(有效站台长度和站台门按车辆限界控制),以确保行车安全。

(5)综合考虑各种设备和管线的安装位置,互不干扰,确定后不应随意改动,必须调整时,需各相关专业协商、确认,达成一致意见后,方可进行调整。

(6)各种管线由区间进入车站时,需由车站建筑、结构专业统筹考虑合适的安装位置,以免与站内各种结构、设备及管线发生干扰。

(7)设备限界与建(构)筑物之间的安全间隙还应满足接触网与轨旁设备之间电气安全距离的要求。

(8)双线并行线路,两线之间无设备及墙、柱、广告灯箱等,两设备限界之间最小线间距不应小于100mm;两线之间有设备及隔墙时,应根据所处地段的线路、轨道、设备及管线具体情况计算确定最小线间距。

(9)按照消防疏散要求在正线区间行车方向左侧设置疏散平台。

2.2.3　限界制订执行主要技术标准

(1)为满足城市轨道交通主体结构工程设计使用年限100年的需要,建筑限界与设备限界之间的最小间距不宜小于200mm,困难条件下不应小于100mm。

(2)建筑限界分为区间矩形隧道建筑限界、区间马蹄形隧道建筑限界、高架桥梁限界、车站建筑限界、道岔区建筑限界以及其他特殊地段建筑限界。

(3)区间直线地段矩形隧道建筑限界按直线地段设备限界进行设计;曲线地段根据计算,另行加宽。

(4)区间马蹄形隧道建筑限界按全线暗挖法施工地段的最小平面曲线半径进行设计。直线段和曲线段采用相同断面尺寸。

(5)车站建筑限界:站台限界和站台门限界按照车辆限界制订,站台对面侧墙范围,按设备限界制订。

(6)道岔区建筑限界应在直线地段的建筑限界的基础上,根据不同类型的道岔和车辆技术参数,分别按欠超高和曲线轨道参数计算合成后进行加宽。

(7)站端设有道岔的车站与矿山法隧道相接时,道岔岔心与矿山法隧道起点距离,应符合9号道岔不宜小于18m,困难条件下采用13m的规定。

(8)区间马蹄形和直、曲线段建筑限界断面一致,曲线地段按照相对于线路中心线向曲线内侧移动隧道中心线的方法来解决轨道超高造成的内外侧不均匀位移量。

2.2.4 制订限界的主要技术参数

1)计算车辆主要参数

计算车辆长度:19000mm;

车辆宽度:2876mm;

车辆高度(车顶距轨面):3834mm;

车辆地板面高度:1100mm;

底板高处车宽:2800mm;

转向架中心距:12600mm;

转向架固定轴距:2300mm;

车门类型:塞拉门。

2)线路

(1)平面曲线最小半径:正线为 350m;辅助线为 150m。

(2)竖曲线最小半径:2000m。

3)轨道

(1)轨道结构高度:不同地段的轨道结构高度见相关资料。

(2)轨道最大超高值:120mm。

(3)超高设置方法:地下线曲线超高采用半超高,即内轨降低半个超高值,外轨抬高半个超高值;地面线曲线超高采用全超高,即外轨抬高一个超高值。部分地面线地下线过渡段,地下段采用与地面线一致的全超高设置方式。

(4)钢轨及道岔:正线、辅助线、试车线采用 60kg/m 钢轨和 60kg/m 钢轨 9 号道岔;车场线采用 50kg/m 钢轨和 50kg/m 钢轨 7 号道岔。

4)供电方式

授流方式:架空接触网 DC1500V。

5)疏散平台

(1)疏散平台设置在正线区间行车方向左侧,平台在人防隔断门和道岔区处断开,出入段线不设疏散平台。

(2)疏散平台边缘和设备限界之间的间隙不小于 50mm。

(3)疏散平台顶面距离轨顶面高度 9000mm(直、曲线同);平台宽度不小于 700mm,困难情况下不小于 550mm。

(4)紧急情况下以纵向疏散平台作为疏散途径,联络通道地坪与疏散平台平齐。

(5)疏散平台施工应在轨道施工完成后进行。

6)线间距

(1)当两线路间无墙、柱、广告灯箱以及其他设备时,两线路中心线水平间距应按两设备限界之间的安全间隙不小于 100mm 计算。

(2)当两线间有柱、无管线设备时,线间距=(1800mm×2)+中柱厚+100mm(施工误差)。

(3)地下线直线地段矩形隧道(不设疏散平台),两线间有墙及管线设备时,线间距=(2000mm×2)+中墙厚+100mm(施工误差)。

(4)地下线直线地段矩形隧道(设疏散平台),线间距=(2300mm×2)+中墙厚+100mm(施工误差)。

(5)两线间设配线时,其线间距一般为4200~5000mm。

2.2.5 各种设备及管线安装位置和布置原则

1)设备和管线的布置原则

(1)轨道区内安装的设备和管线(含支架)与设备限界应保持不小于50mm的安全间隙。

(2)正线区间按照设置紧急疏散平台原则设计,非正线区间不设置紧急疏散平台。

(3)设备和管线布置遵循左强右弱的原则,即强电设备和管线一般布置在行车方向的左侧,而弱电设备和管线一般布置在行车方向的右侧。正线区间,电源箱设置在行车方向右侧;非正线区间,电源箱设置在行车方向左侧。

(4)强、弱电设备必须布置在同侧时,其间隔距离应符合强、弱电干扰距离的规定。

2)设备及管线的安装位置

(1)正线区间隧道内,疏散平台、供电电缆、照明灯具等布置在行车方向左侧的墙壁上;电源箱、弱电电缆、通信及信号设备箱、信号机、消防设备、排水管等布置在行车方向右侧的墙壁上。

(2)停车线、折返线、联络线、出入段线区间隧道内,供电电缆、照明灯具、电源箱、消防设备、排水管等布置在行车方向左侧的墙壁上;弱电电缆、通信及信号设备箱、信号机等布置在行车方向右侧的墙壁上。

(3)岛式站台车站内,广告灯箱、弱电电缆、信号机布置在行车方向右侧,即站台对侧;强电电缆布置在站台板下的结构墙上。

(4)侧式站台车站内,广告灯箱宜布置在两线之间,信号机布置在站台侧,弱电电缆宜布置在站台内电缆通道中,强电电缆宜布置在站台板下的结构墙上。

(5)疏散平台上方应保持不小于2000mm的疏散空间。

(6)轨道区隔断门建筑限界宽度,其门框内边缘至设备限界应有不小于100mm安全间隙;隔断门建筑限界高度宜与区间矩形隧道高度相同。

2.2.6 建筑限界

1)建筑限界制订方法

根据B2型车、接触网授电、正线线路最小曲线半径$R=350$m、设置纵向疏散平台等边界条件,在设备限界基础上,综合考虑各类设备安装位置及疏散平台设置空间要求后最终确定。为满足城市轨道交通主体结构工程设计使用年限100年的需要,建筑限界与设备限界之间的最小间距不宜小于200mm,困难条件下不应小于100mm。

2）矩形隧道建筑限界

（1）区间直线地段单洞单线矩形隧道,轨顶面至结构顶板底净空高度4500mm;对于正线区间（设置疏散平台）,线路中心线至行车方向左侧边墙距离为2300mm,至行车方向右侧边墙距离为2100mm;对于非正线区间（不设置疏散平台）,线路中心线至行车方向左侧边墙距离为2000mm,至行车方向右侧边墙距离为2100mm。

（2）区间曲线地段单洞单线矩形隧道,应在区间直线地段矩形隧道建筑限界基础上,根据不同曲线半径、轨道超高和行车速度计算后,分别进行加宽。

（3）区间直线地段单洞双线矩形隧道,根据线间距设置办法,并结合单洞单线建筑限界,确定建筑限界。

（4）区间曲线地段单洞双线矩形隧道,在直线地段单洞双线矩形隧道建筑限界基础上,计算曲线加宽确定其建筑限界。曲线段,中隔墙的位置宜保证不变化,通过调整疏散平台宽度来满足曲线内侧的限界加宽。

3）马蹄形隧道建筑限界

（1）区间直线地段单洞单线马蹄形隧道,根据本线马蹄形隧道段水平曲线最小曲线半径$R=350m$的特点,单线马蹄形隧道建筑限界,拱顶由半径$R=2500mm$的半圆构成,拱腰半径为5100mm,轨顶至隧道水平中心线的距离为2000mm。

（2）区间直线地段单洞双线马蹄形隧道建筑限界,应根据单洞单线马蹄形隧道建筑限界,结合线间距进行拟定。

（3）区间曲线地段单洞单线马蹄形隧道、单洞双线马蹄形隧道,均与直线段采用相同断面形式。

4）直线地段车站建筑限界

（1）直线地段车站矩形隧道岛式站台建筑限界

车站边墙侧需要布置通信信号机、弱电电缆以及广告牌等,侧墙至线路中心线距离为2100mm,站台板边缘至线路中心线距离为1500mm,轨顶风道下底面距轨面限界高度为4500mm,站台装修完成面距轨顶面垂直高度为1050mm。站台门到线路中心线的距离为1570mm。

（2）直线地段车站马蹄形隧道岛式站台建筑限界

马蹄形隧道二次衬砌内边缘至线路中心线距离为变量,但最小值应不小于2100mm,站台边缘至线路中心线限界距离为1500mm,轨顶风道下底面距轨面高度为4500mm,站台装修完成面距轨顶面垂直高度为1050mm。站台门距线路中心线的距离为1570mm。

（3）直线地段车站矩形隧道侧式站台建筑限界

车站两线间需布置结构柱、通信信号机以及广告牌等,柱边缘至线路中心线距离为

2100mm,站台板边缘至线路中心线距离为1500mm,轨顶风道下底面距轨面限界高度为4500mm,站台装修完成面距轨顶面垂直高度为1050mm。站台门到线路中心线的距离为1570mm。需要注意的是,侧式站台中,三轨布置于站台对侧,故车站结构底纵梁上翻时,应保证梁边与线路中心线距离不小于1900mm,以满足三轨安装布置需要。

(4)车站站台计算长度外建筑限界

车站站台计算长度外的站台板边缘与线路中心线距离1700mm;栏杆边缘与线路中心线距离1750mm;车站设备用房区墙、柱至线路中心线距离,当墙、柱上无管线时,采用1800mm;当墙、柱上有管线时,采用2000mm(支架宽度不得大于350mm)。

(5)车站站台板的施工必须保证以下误差要求

直线地段站台计算长度范围内站台板边缘至线路中心线水平距离1500_0^{+10}mm,装修完成后的站台面距离轨面1050_{-5}^{+5}mm。站台边缘与车辆轮廓线之间的间隙应控制在100_0^{+5}mm,站台门与车辆轮廓线(未开门)之间的净距离130_{-5}^{+15}mm,站台门顶箱与车辆限界之间应保持不小于25mm的安全间隙。

5)道岔区建筑限界

(1)本工程采用了7号道岔、9号直尖轨道岔,道岔区建筑限界应在直线地段的建筑限界的基础上,根据不同类型的道岔和车辆技术参数,分别按欠超高和曲线轨道参数计算合成后进行加宽。

(2)道岔转辙机安装空间,水平宽度至线路中心线距离不小于2800mm;距轨面高度不小于2000mm;轨面下500mm。单渡线区域的道岔转辙机,宜布置在两线之间;交叉渡线区域的道岔转辙机,其中一组宜布置在两线之间,另一组宜布置在线路外侧。

2.2.7 限界检查及其他相关问题

(1)因本工程桥、隧过渡频繁,为保持线路的平顺,并考虑到高架桥梁段工程量不大,考虑到桥梁宽度一致性,高架桥线间距采用与相邻区间隧道相同的线间距,即5m。

(2)暗挖隧道建筑限界断面,并非合理结构轮廓线,结构专业在此基础上结合地质条件和其他因素合理设计。大跨度马蹄形隧道因断面尺寸繁多,为确保不发生侵限事件,大断面隧道的内轮廓包络了单线马蹄形隧道轮廓。

(3)限界设计中建筑限界尺寸不包含施工误差、测量误差、结构沉降、位移变形等因素。土建专业结构尺寸设计时,应综合考虑结构受力、结构沉降、施工误差等因素拟定车站、隧道等结构尺寸。

(4)限界检查时要注意根据地下、地面选择对应的设备限界确定限界检查车外轮廓。区间可根据最小曲线半径的设备限界进行初次限界检查,当发现侵限点后再根据所在点的曲线参数、轨道参数再次核查限界。

(5)清水江路站—场坝村站区间高架段限界检查时发现侵限,经核实现场弱电缆槽高于轨

第四篇 土建工程

图 4-2-19 清水江路站—场坝村站区间高架段侵限处理

面高程,经现场实地量测场坝村双线大桥曲线内侧的弱电电缆槽的盖板高度超出内侧轨面的高度(图 4-2-19)。按照设计图,弱电电缆槽设计高度为 500mm(该高度从桥面结构顶开始算起)。高架区间轨道结构高度为 520mm,曲线地段按照外轨抬高一个全超高的方式设置,换言之,本段曲线地段内轨结构高度 520mm,外轨结构高度为 640mm。不会出现弱电电缆槽高于内轨面高程的情况。最终由施工单位对电缆槽进行现场处理。

2.2.8 附图

本章附图如图 4-2-20～图 4-2-25 所示。

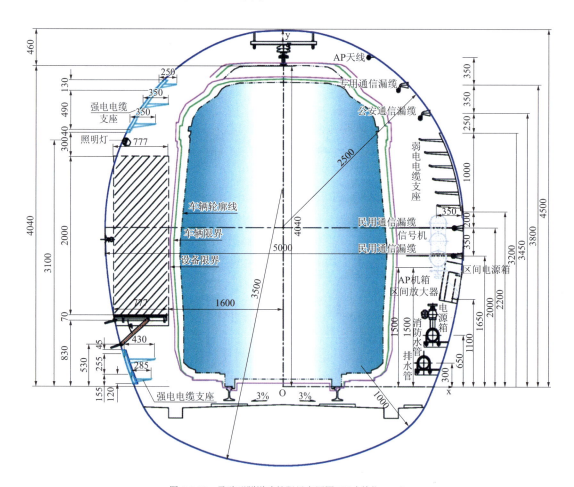

图 4-2-20 马蹄形隧道建筑限界布置图(尺寸单位:mm)

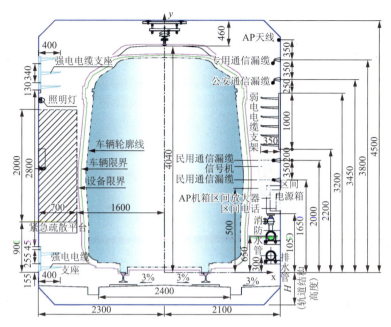

图 4-2-21　矩形隧道建筑限界布置图（尺寸单位：mm）

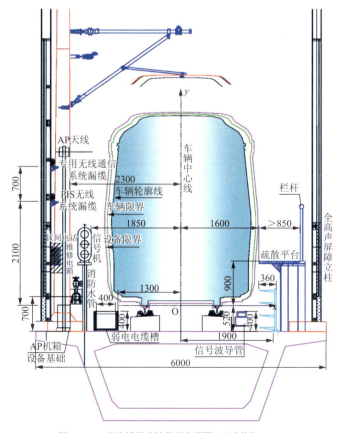

图 4-2-22　单线桥梁建筑限界布置图（尺寸单位：mm）

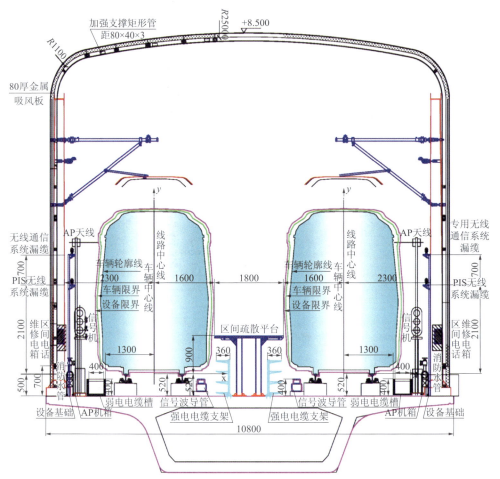

图 4-2-23 双线桥梁建筑限界布置图（尺寸单位：mm）

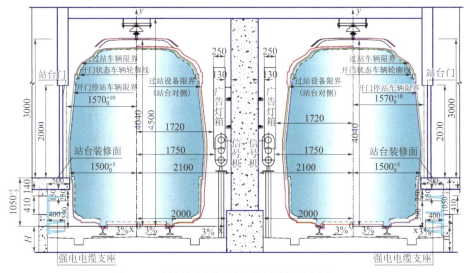

图 4-2-24 侧式地下车站建筑限界布置图（尺寸单位：mm）

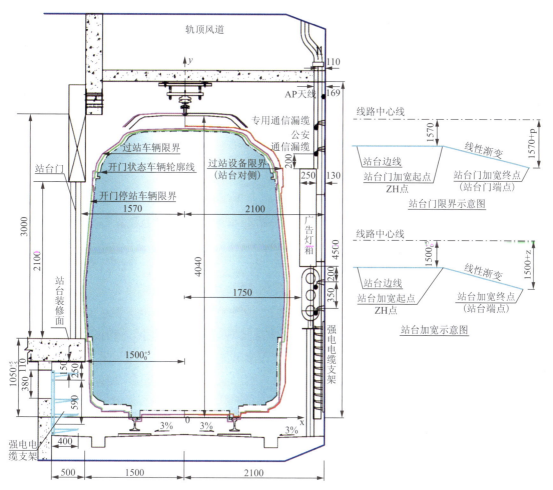

图 4-2-25　岛式地下车站建筑限界布置图（尺寸单位：mm）

第 3 章　车站工程

3.1　车站建筑设计

3.1.1　工程概况

贵阳轨道交通 1 号线共设车站 25 座（20 座地下站、2 座地面站、3 座高架站），其中换乘车站 6 座（诚信路站与 2 号线换乘、会展中心站与 4 号线换乘、北京路站与 3 号线换乘、延安路站与 2 号线换乘、火车站站与 4 号线换乘）。

贵阳轨道交通 1 号线于下麦西站设金阳车辆段，场坝村设小河停车场，在诚信路站附近设控制中心 1 处，在朱家湾及贵阳火车站附近各设主变电所 1 处。

车站建筑设计遵循：能最大限度地吸引客流，流线顺畅，方便乘客换乘其他交通工具；根据贵阳山地城市特色，在站位选址时，根据城市总体规划要求，选在拆迁和占道少及施工期间对地面交通干扰小；能充分利用地上、地下有限空间进行物业开发的原则。

车站装修设计贯彻了适用、经济、美观、简洁的总原则，满足了安全、便捷、舒适的要求，体现了地方特色和时代感。

站点的物业开发或与物业开发的衔接和地下空间的综合利用，是比较成功的。下麦西站的车站上盖物业开发已经完成；会展中心站、中山路站、北京路站、火车站站内的物业开发空间已随车站主体工程同时完工；清水江路站与大型物业实现了"无缝衔接"等。

3.1.2　设计原则及主要技术标准

1）设计原则

（1）认真贯彻贵阳市轨道交通建设"安全、可靠、经济、适用"的指导思想，节约能源，努力达到"投资省、效率高"的要求，注重环境保护，建设适合中国国情、贵阳市市情的轨道交通工程。

（2）轨道交通车站设计，应符合城市总体规划、交通规划及轨道交通线网规划的要求，按照安全、适用、技术先进、经济合理的原则，妥善处理与城市交通、地面建筑、地面与地下管线、地下构筑物之间的关系，满足城市景观及环境保护的要求，并应尽量减少房屋拆迁、管线迁移和施工时对地面建筑物、地面交通及市民的影响，努力做到方便市民，节省工程投资。

（3）车站设计规模，按远期设计客流量控制，并根据车站所处位置的重要性及该地区远期发展规划等因素综合考虑确定。

(4)车站设计应保证乘客使用安全、方便,并具有良好的内部和外部环境条件,为乘客提供安全、适宜的乘车环境。

(5)车站设计应充分考虑与交通枢纽及公交站点的衔接,实现轨道交通和公交一体化。

(6)车站设计应合理组织各种客流,减少相互交叉干扰,保证乘客方便进站、迅速出站,车站的站厅、站台、出入口、通道、楼梯、自动扶梯和售检票机等各部位的通过能力应相互匹配。

(7)地下车站顶板上覆土厚度,应按城市规划部门、市政园林部门和市政管线部门的要求进行具体协调,合理确定。

(8)车站的规模、人行楼梯及自动扶梯的设计除应满足上、下乘客的需要外,还应满足站台层的事故疏散时间不大于6min。

(9)车站设计应与周边物业开发结合考虑,凡与车站合建或连通的物业开发区、过街通道等公共设施的防火措施,应满足车站的要求;发生灾情时,应保证系统的相对独立性和可靠性。

(10)车站设计应符合有关规范、规定,满足客流、行车组织与运营管理、设备的要求。

(11)车站应设无障碍设施、公共卫生间。

(12)地下车站应兼顾防空功能的需要,设计时应考虑平战结合,在适当部位预留连通口,待后期连通附近的人防工事。

(13)地面车站应满足地面建筑有关设计规范要求。

2)主要技术标准

(1)站厅层

①公共区装修后地坪面至结构顶板底面净高应根据车站的客流量、送排风方式、设备管线需求等因素计算确定,一般情况下应≥4700mm。

②公共区地坪装修层厚度:150mm。

③公共区装修后净高:≥3000mm(要求所有管线包括管外的保护层、保温层等的外底高程应在地面装修面3.2m以上)。

④上部悬挂物距地坪装修面净高:≥2400mm。

⑤车站控制室与站厅之间设C类甲级防火玻璃窗。

⑥各类管理和设备用房净空应符合其使用功能和各专业工艺要求。

(2)站台层

①一般情况下,站台层公共区装修后地坪面至站厅层装修后地坪面高度为5100mm。

②公共区装修后净高:≥3000mm(要求所有管线包括管外的保护层、保温层等的外底高程应在地面装修面3.2m以上)。

③地坪装修层厚度:100mm。

④站台装修面至轨顶面高度(包括高架站):1050mm。

⑤轨面至结构底板(不含曲线和减振因素):580mm(地下站,含土建施工误差)。

⑥直线段站台边缘到线路中心线:1500mm。
⑦直线段站台计算长度外边缘到线路中心线:1750mm。
⑧线路中心线到侧墙净距:2150mm。
⑨上部悬挂物距地坪装修面净高:≥2400mm。
⑩无柱岛式站台宽度:≥8000mm。
⑪有柱岛式站台宽度:≥10500mm。
⑫岛式站台的侧站台:≥2500mm。
⑬侧式站台(纵向范围内设梯)的侧站台宽度:≥2500mm。
⑭侧式站台(垂直于侧站台开通道口)的侧站台宽度:≥3500mm。
⑮变电所及各类管理设备用房净空应符合其使用功能和工艺要求。

3)车站主要设施

(1)自动扶梯

①自动扶梯的设置应按远期超高峰小时设计客流量确定,每台自动扶梯的汇集客流量应尽可能相等;车站出入口提升高度超过6m时,应设上行自动扶梯,超过12m时上、下行均应设置自动扶梯;站厅与站台间应设上行自动扶梯,高差超过6m时,上、下行均应设自动扶梯;重要车站标准可适当提高;一般车站道路两侧出入口均应设至少一台上行自动扶梯。

②自动扶梯的倾斜角应采用30°,有效净宽为1m,运输速度采用0.65m/s,上、下水平梯级分别为4块、3块,并且上下平台应有足够的空间容纳人流,其深度从扶梯扶手带端部算起不应小于2.5m;自动扶梯选型采用公共交通型重载扶梯。

③自动扶梯穿过楼板处,沿扶梯洞口除乘客出入方向外,其他方向应设高度不小于1200mm的通透栏杆或透明栏板,洞口边缘或柱子边缘与自动扶梯扶手带中心的净距小于500mm时,应设防碰撞安全标志;当自动扶梯靠墙布置时,扶手带中心至墙装饰面的距离应不小于400mm。

④车站土建设计应满足自动扶梯吊装路线、安装空间和维修人员的工作条件要求;自动扶梯倾斜部分桁架至地坑底部之间的距离,不管何种布置方式均不得小于500mm。

⑤自动扶梯下部基坑内不得积水,应优先考虑自流排水,无法做到时下部基坑外设集水坑,集水坑与扶梯下部基坑应分开,两者只用排水管相连;集水坑设计最高水位高程应低于自动扶梯坑底高程100mm,集水坑设排水设施,露天扶梯下端应有油水分离器,雨水经油水分离后才能排入集水井;露天出入口扶梯上部基坑边缘必须设截水沟,截留雨天在出入口的飘雨,防止大量飘雨流入扶梯上部基坑。

⑥自动扶梯的踏步面到顶部的建筑物完成面底面的竖直净空高度均不小于2300mm。

⑦车站站内的自动扶梯在紧急状态下可作为事故疏散使用,采用一级负荷供电。

⑧自动扶梯由楼宇自动化系统(BAS)实行监控。

⑨自动扶梯与楼梯并列设置时站厅至站台自动扶梯提升高度较大时应考虑车站结构坡

度的影响。

⑩主要布置要求（一般情况下的参考值）。

a. 两台相对布置的自动扶梯工作点之间净距：≥16000mm。

b. 与步行楼梯相对应时扶梯工作点与楼梯第一级踏步的净距：≥12000mm。

c. 自动扶梯工作点至前方任何障碍物净距：≥8000mm。

d. 当要分段设置时,两扶梯扶手带端部之间距离：＞5000mm。

e. 自动扶梯踏步面至上部任何障碍物的最小高度：≥2300mm。

f. 自动扶梯出入口深度（从扶梯扶手带端部算起）：≥2500mm。

g. 自动扶梯穿过楼面（或平台）时,其扶手中心线至开孔边缘的净距以及自动扶梯靠墙布置时其扶手中心线至墙面装修面的最小距离：≥400mm。

（2）电梯

①每个车站设置无机房电梯,供老弱病残乘客、携带大件行李乘客进出站及车站工作人员运营管理使用。

②布置于城市道路路中或道路交叉口路中的车站,依据车站客流特征,在道路两侧或对角设置的车站出入口应各设1台进出站电梯,电梯的上下出入口设置应以方便使用和管理为原则。

③车站站厅至站台的电梯设置在付费区内,当设置确有困难时,也可设于车站客流量较小端的公共区与设备管理区之间。一般情况下,岛式站台每站设一台,侧式站台每站设两台。

④电梯下端底坑按不渗水设计施工,底坑不装排水装置,底坑和井道宜预埋钢板安装,不宜使用膨胀螺栓,以防渗水。

⑤电梯门应尽量避免正对站台门。

⑥电梯应满足无障碍设计的要求。

（3）楼梯

①车站出入口至站厅和每个付费区内均应设有楼梯,以便在自动扶梯检修时仍能保证站内乘客的疏散。

②当车站设备管理区分为上下层时,应有一部上下联系及火灾时作为消防及疏散的封闭式楼梯,楼梯净宽不小于1100mm,供工作人员和消防人员使用。

③车站公共区内的步行楼梯与自动扶梯并列时,楼梯踏步起点及楼梯倾角应结合提升高度和布置情况研究后综合确定。

④公共区楼梯倾斜角度宜为26°34′,踏步高宽宜采用150mm×300mm。

⑤主要设计标准（一般情况下的参考值）。

a. 车站内公共区楼梯每个梯段的踏步级数（n）：3～18级。

踏步高：乘客使用150～170mm；工作人员使用150～180mm。

踏步宽：乘客使用280～320mm；工作人员使用250～300mm。

b. 楼梯休息平台宽：1200～1500mm。

c. 楼梯宽度（指装修后净宽）：

单向客流楼梯净宽：≥1800mm；

双向客流楼梯净宽：≥2400mm；

与上下行扶梯并列设置的楼梯：≥1200mm；

消防专用楼梯宽度：≥900mm。

d. 楼梯口部栏杆高：1200mm。

e. 楼梯梯段栏杆高：900mm。

f. 当楼梯净宽大于3000mm时，应在楼梯中线上设一道扶手栏杆。

g. 竣工后楼梯台阶面至上部障碍物的最小高度：≥2400mm。

(4) 检票机

①检票机是付费区与非付费区的分界线，宜垂直人流方向布置，并且应避免设在进出站人流交叉的地方，并要有足够的空间来保证检票机前客流集散。

②进、出站检票机一般应分别集中布置，进站检票机，应设在售票处至候车站台的人流流线上；出站检票机，应设在站台至出站通道的人流流线上；进、出站闸机一字布置时应设置适当数量的双向闸机。

③检票机的数量除应满足远期高峰小时设计客流的需要外（按近期设计客流需求设置，预留远期设计客流需求数量的设置位置），还应与楼梯、自动扶梯的通过能力相匹配。

④主要设计标准（一般情况下的参考值）：

a. 出站检票机正对梯口时，距楼梯第一级踏步及自动扶梯扶手带端部的净距：≥8000mm。

b. 进站检票机正对梯口时，距楼梯第一级踏步及自动扶梯扶手带端部的净距：≥5000mm。

c. 检票机距售票机净距：≥5000mm。

d. 检票机前的通道宽度：≥4000mm。

e. 检票机距车站出入口（无售票机）之间净距宜：≥5000mm。

f. 相对应的检票机其净距宜：≥8000mm。

(5) 售票机（处）

①售票机（处）设在客流交叉少且干扰小的地方，售票机（处）前应留有足够的空间，满足乘客查询、排队购票及工作人员使用。

②售票机的数量，应按能满足远期或客流控制期超高峰小时客流量的需要。

③售票机一般沿进站客流方向纵向排列，每个车站不少于两处。

④售票机（处）距出入通道口和进站检票口的距离不小于5000mm。

⑤票务处应设在付费区与非付费区的分隔带上，以处理补票、故障票分析及出售储值票（或IC卡）等。

⑥站厅付费区与非付费区的分隔带上在每端设1个1000mm宽的员工通道，同时兼做特殊通道和紧急情况下的疏散通道，该通道靠近票务处。

4）车站管理及设备用房的设置

（1）车站管理用房

车站管理用房应相对集中布置，其开向公共区的门窗洞口应考虑墙面、柱面的装修厚度，主要管理用房及通道如邻结构外墙则应沿结构外墙设置轻质离壁墙。房屋布置具体要求参见表4-3-1，并应符合下列要求：

①车站控制室。

车站控制室宜设在车站站厅层客流量大的一端。采用"多站厅"形式布置的车站，车站控制室宜位于客流量相对较大的站厅内。车站控制室地面宜较站厅地面高，面对站厅一侧宜设大面积的防火玻璃窗，便于对售票处、检票处、楼梯和自动扶梯等部位的监视，以提供必要的监视度。

②站长室。

站长室应毗邻车站控制室设置。

③票务处。

票务处邻近进、出站检票口（机）布置，以方便处理补票、故障票分析和票务纠纷等事宜。

④会议室。

每个车站宜设一个会议室，并靠近车站控制室布置。

⑤公安值班室。

每个车站应设一处公安值班室，其位置宜与非付费区相邻。

⑥男女更衣室。

在设有车站控制室的一端，宜设男女更衣室各一间。

⑦卫生间。

所有地下车站内均设置供车站工作人员使用的卫生间和供乘客使用的公共卫生间。工作人员卫生间按单人单间式设置，男、女均可使用；公共卫生间男、女分设，残障人士卫生间独立设置。高架车站站内不设公共卫生间。

具体要求见表4-3-1。

⑧通道。

a. 设备管理用房的通道宽度，应根据工作人员、设备及管线布置等因素综合考虑，主要通道净宽不宜小于1500mm，次要通道净宽不宜小于1200mm。通道长度及设置方式应满足防火要求。通道内的设备应嵌入墙体内，以确保通道的有效宽度。

b. 设备管理区内通道双面布置房间门时，通道宽度不应小于1500mm；单面布置房间门时，通道宽度不应小于1200mm；此外，通道宽度尚应满足设备运输的需要。

c. 设备管理区房间门打开后占用走道宽度不得大于走道宽度的1/2，否则应设内凹门斗，确保走道的疏散宽度。

⑨主要设计标准（一般情况下的参考值）。

除了应满足《地铁设计规范》（GB 50157—2013）的规定和有关设备与运营管理的技术

要求外,管理用房区内的通道装修后净高不应小于2400mm。

车站管理用房要素表　　　　　　表 4-3-1

房间名称	面积（m²）	装修后地面高程（m）	门类	门洞尺寸（宽×高）mm	备注
车站控制室	45	找平层上抹光后做450mm高架空地板	甲级防火防烟门	1200×2100	宜设于站厅层客流量较大一端,无关管线不得穿越
站长室	12	与车站控制室平	甲级防火门	900×2100	要求与车站控制室相邻
站务室	10	0.0	普通钢板门	900×2100	宜靠近站长室
公安值班室	20	0.0	甲级防火门	1000×2100	与车站站厅公共区联系方便;换乘站合设
公安设备室	20	找平层上抹光后做450mm高架空地板	甲级防火防烟门	1200×2400	宜靠近公安值班室
会议室	20	0.0	普通钢板门	1200×2100	靠近车控室设置
车站备品库	15	0.0	甲级防火门	1000×2100	宜设在站厅层
男女更衣室	12×2	0.0	普通钢板门	900×2100	靠近站务室
工作人员卫生间	1.5m×1.8m/间	-0.02	普通钢板门	900×2100	站厅层管理用房较多的一端,内设盥洗台。一般站设2间,换乘站设3间。
公共卫生间（含无障碍卫生间）	40（其中4为无障碍无障碍卫生间）	-0.02	普通钢板门		站台层,乘客能不出屏蔽门端门便能到达;含残疾人专用卫生间,女厕位设3个,男厕位设2个,小便器设2个;换乘车站各增加1个。男女分设盥洗室。
茶水间	6	-0.02	普通钢板门	900×2100	宜设于站厅层（车控室一端）
清扫工具及垃圾间	2×8	-0.02	普通钢板门	900×2100	每层设一间
银行	15	0.0	甲级防火防盗门		设在站厅层非付费区
票务处	7.8（2.35m×3.3m）				设在站厅付费区与非付费区分界处如果设置1个票务亭时,面积不小于10m²,室内设防静电地板
乘务员休息室	10	0.0	普通钢板门	900×2100	起终点站及交路折返站设置

(2)车站设备用房

车站设备用房开向公共区的门、窗洞口应考虑墙面、柱面的装修厚度,弱电设备用房和走廊如邻结构外墙，则应沿结构外墙设置轻质离壁墙。车站设备用房设计应符合下列要求，房屋布置具体要求参见表4-3-2。

车站设备用房要素表　　　　　　　　表4-3-2

房间名称		面积（m²）	装修后地面高程（m）	门类	门洞尺寸（宽×高,mm）	备注
民用通信设备用房	电信设备室	15	0.45（找平层上抹光后做450mm高架空地板）	甲级防火门	1200×2400	靠近通信设备室设置
	移动通信设备室	30	0.00	甲级防火门	1200×2400	
通信设备室（含电源室）		65	0.30（找平层上抹光后做300mm高架空地板）	甲级防火防烟门	1500×2400	靠近车控室
信号设备室		40/60/80	0.30（找平层上抹光后做300mm高架空地板）	甲级防火防烟门	1500×2400	靠近车控室
信号值班室		15	0.00	甲级防火防烟门	900×2100	靠近信号设备
信号电缆引入间		6(2m×3m)	0.00	甲级防火防烟门	900×2100	靠近信号设备
AFC票务管理室		20	0.00	甲级防火防盗门	1200×2100	设于站厅层（车控室一端）
AFC设备及维修室		20	0.30（找平层上抹光后做300mm高架空地板）	甲级防火防烟门	1200×2100	设备区与维修区间隔处设置防火玻璃隔断
污水泵房		10	0.00	普通钢板门	900×2100	设于站台层（与盥洗间上下对应）
废水泵房		20	0.00	普通钢板门	900×2100	设在车站最低点（高架站不设）
气瓶间		20×2	0.00	甲级防火门	1000×2100	靠近被保护房间
通风空调机房		200×2	装修层厚度80mm	甲级防火门	1800×2700	靠送、排风道设置
隧道风机房		200×2	装修层厚度80mm	甲级防火密闭门	1200×2700	靠隧道风道、排风道设置
环控电控室		50~80	0.00	甲级防火防烟门	1500×2700	与通风空调机房相邻布置
35kV开关柜室		50	0.00	甲级防火防烟门	1000×2100	尽量设在站台层，可与直流开关柜室合建为高压开关柜室
0.4kV开关柜室		105~160	0.00	甲级防火防烟门	1500×2700	尽量设在站台层
控制室		20~30	0.00	甲级防火防烟门	1200×2700	尽量设在站台层
整流变压器室		30×2	0.00	甲级防火防烟门	1000×2100	尽量设在站台层
直流开关柜室		70	0.00	甲级防火防烟门	1800×2700	尽量设在站台层，可与35kV开关柜室合建为高压开关柜室
上网隔离开关柜室		20	0.00	甲级防火防烟门	1800×2700	尽量设在站台层

续上表

房间名称	面积（m²）	装修后地面高程（m）	门类	门洞尺寸（宽×高，mm）	备注
检修备品间	12~16	0.00	甲级防火防烟门	1000×2100	尽量设在站台层
跟随式变电所	125	0.00	甲级防火防烟门	1500×2700	适用于换乘站
低压配电室	70	0.00	甲级防火防烟门	900×2100	无跟随变电所的车站设置（可与通风空调电控室合建）
蓄电池室	22	0.00	甲级防火防烟门	1500×2700	设于无变电所的一端，另一端与变电所控制室合建
照明配电室	9×4	0.00	甲级防火防烟门	900×2100	每层每端各设一间
电缆井	5	0.00	甲级防火防烟门	900×2100	按需设置
综合监控设备室	25	0.30（找平层上抹光后做300mm高架空地板）	甲级防火防烟门	1200×2100	设在站厅层靠近车控室、通信设备室
屏蔽门（安全门）控制室	20	0.00	甲级防火门	1000×2100	靠近车控室设置，高架车站不应设于站台层
工务用房	10/15	0.0	甲级防火门	1200×2400	有叉站设，尽量设于站台层

① 车站设备用房，应满足各系统专业的工艺要求，并参照有关规范及车站的特点进行布置。

② 所有电气设备用房必须保持干燥，除采用适当的通风系统外，建筑设计中应采用有效的排水、防潮、防鼠措施，与水有关用房不宜设于电气设备室上部楼层。

③ 任何供水管、消防管、排水管不应穿过电气设备室。

④ 所有进出车站结构的管线，应集中在一个或几个共用沟（或廊）内，有条件时，充分利用各种设备进出口或风井、风道设置各种管线。

⑤ 主要设计标准（一般情况下的参考值）。

a. 除了应满足《地铁设计规范》（GB 50157—2013）的规定和有关设备与运营管理的技术要求外，一般情况下装修后净高不小于2500mm。

b. 一般情况下地坪面装修层厚为100mm。

c. 设备用房区内的通道净宽为1200~1800mm。

说明：设备用房面积一般参考表4-3-2设计，根据设备实际布置情况作适当调整，但必须满足工艺要求；通风机房、牵引降压混合变电所、降压变电所用房面积由设计方案具体落实。地面车站设置在主体外的首层设备与管理用房的地面应按照民用建筑设计相关规范要求采取防潮措施。

3.1.3 车站建筑设计方案

1)车站功能布局及分析

(1)车站功能组成

①车站功能。

a.地铁车站是供乘客进、出站和换乘的公共交通建筑,是地铁工程中对外开放的重要窗口。一般情况下车站由售检票区、站台、人行通道、地面出入口、管理及设备用房、风道、地面风亭等组成。按功能划分,可分为一般车站和换乘车站;按站台类型划分,可分为岛式站台、侧式站台和混合式站台;按设置的位置可分为地下、地面和高架车站。

b.售检票区或站台层公共区是为乘客提供集散、售检票所必需的空间,而设备及管理区是为改善站内环境、进行运营管理和为乘客服务设置的配套空间。

c.站台层是为乘客提供候车、下车和列车停靠的空间。

d.人行通道、地面出入口是乘客进、出站所需的空间,也是车站的重要组成部分。

e.车站风道、风亭是改善车站内环境条件必不可少的构筑物之一。

②车站的组成。

根据地铁车站的功能要求,一般情况下车站由售检票区(站厅)、站台、管理及设备用房、人行通道、地面出入口、风道、地面风亭、疏散及导向标志等组成,高架车站在有条件的情况下,应尽可能考虑将车站的设备与管理用房与地面建筑合建,以减少土建规模,控制投资。

a.通道和出入口。人行通道、地面出入口是乘客进出站所需的空间,也是车站的重要组成部分,其设置应最大限度地吸引客流、方便乘客的出入及与其他公共交通系统的换乘,并满足城市规划的要求。各车站出入口数量和宽度应根据车站的规模和客流量来考虑,并结合周围环境来布置。当条件许可时,车站出入口应考虑与周边建筑物合建。

b.站厅。站厅公共区是乘客集散和售、检票的场所,应合理组织人流,避免相互干扰;设备管理区是布置车站服务设施以及相应管理用房的区域,其布置应满足各系统设备的功能要求。

c.站台。站台是列车停靠、乘客等候、上下车的场所,站台宽度主要由车站远期高峰小时的客流量、楼扶梯宽度、结构布置等确定,并且应满足规范要求的最小站台宽度要求,站台计算长度根据远期列车6辆编组长度确定,经计算车站站台计算长度为120m。站台形式有岛式站台、侧式站台。

d.楼梯、扶梯和电梯。楼梯、扶梯是联系地面至站厅、站厅至站台的设施,其数量、宽度和设置位置应满足远期预测客流进、出站及紧急疏散的需求。

e.疏散及导向标志。疏散及导向标志是指示人流流向及辅助组织人流,并在灾害情况下指明疏散方向的设施,应布置合理,与车站内部环境协调,一旦发生灾害能引导乘客尽快疏散。

f.管理及设备用房。设备及管理用房是满足地铁运营及各系统设备工艺要求的用房,应尽可能结合物业布置,控制地下车站的规模。

g. 风井、风亭。由于地下区间隧道和车站环控需要,在车站两端设置风井、风亭,风井、风亭应结合地面环境合理设置;当条件允许时,风亭应考虑与周边建筑物合建;当风亭单独设置时,应保证与周围建筑的防火距离不小于 5m。

(2)车站公共区布置标准化分析

车站公共区分站厅层和站台层。站厅层公共区分为付费区和非付费区,是乘客进出车站的集散厅。站台层公共区是乘客等候上车和下车后首先到达的区域,属于付费区。

①站厅层公共区。

车站站厅层中部为付费区,两端为非付费区,两非付费区之间设走道连通。付费区内一般设置三处连通站厅站台的楼扶梯(图 4-3-1)。一组上下行扶梯位于车站客流较大一端,一组上行扶梯和楼梯位于车站客流较小一端,在付费区中部设置一部透明无障碍电梯和一部"L"形楼梯。重点站和换乘站楼扶梯数量适当加设。

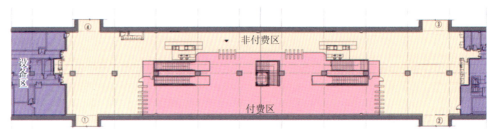

图 4-3-1　站厅层公共区标准布置

站厅付费区和非付费区之间设置进、出站检票闸机,系统设计能力满足远期超高峰小时客流量的要求,车站终端设备数量按近期超高峰小时客流量确定,车站建筑预留远期设备位置及安装条件。在靠近站内无障碍电梯出口处配备宽通道检票机,满足残疾人、婴儿车和大件行李等的乘车需要。

②站台层公共区。

车站站台采用站台门系统,将站台候车区与车辆轨行区隔开,保证乘客安全并提高候车空间的舒适度。高架站站台为半开敞空间,不设置空调。

有效站台长 120m,站台宽度以远期或客流控制期高峰小时设计客流量计算确定,岛式站台的最小宽度不得小于 10.5m。公共区三组楼扶梯布置均匀,自动扶梯下工作点至站台端部(或站台中心)距离约 28m,保证从列车每节车厢下车的乘客均能方便快速地通过楼扶梯上到站厅层出站,如图 4-3-2、图 4-3-3 所示。

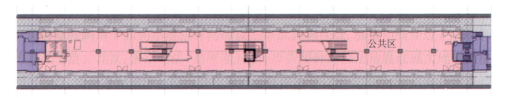

图 4-3-2　站台层公共区标准布置

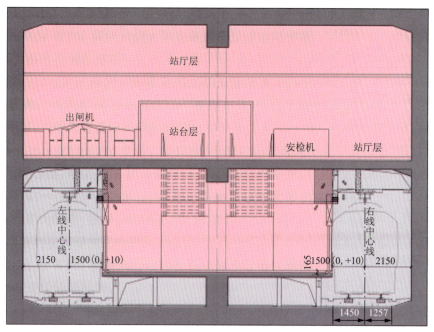

图 4-3-3　标准横剖面布置(尺寸单位:mm)

2)换乘站方案研究

(1)换乘关系

贵阳轨道交通 1 号线与 2 号线、3 号线、4 号线、S2 号线有换乘关系。全线 25 个车站中有 6 个为换乘站,分别为:诚信路站(预留与 2 号线换乘)、会展中心站(与 4 号线换乘)、贵阳北站(与 S2 号线换乘)、北京路站(与 3 号线换乘)、延安路站(与 2 号线换乘)、火车站站(与 4 号线换乘),占全线车站总数 1/5。

(2)换乘方式

轨道交通车站的换乘方式大体可以分为站台与站台之间换乘、站厅与站厅之间换乘、通道换乘、组合换乘四大类。

$$
\text{站台与站台之间的换乘} \begin{cases} \text{垂直换乘:分为"十"形、"T"形、"L"形} \begin{cases} \text{岛—岛换乘} \\ \text{岛—侧换乘} \\ \text{侧—侧换乘} \end{cases} \\ \text{平行换乘} \begin{cases} \text{同层平行换乘} \\ \text{不同层上、下平行垂直换乘} \end{cases} \end{cases}
$$

$$
\text{站厅与站厅之间的换乘:分为"十"形、"T"形、"L"形} \begin{cases} \text{岛—岛换乘} \\ \text{岛—侧换乘} \\ \text{侧—侧换乘} \end{cases}
$$

通过通道的付费区换乘。

组合换乘方式:站台与站台之间的换乘辅以站厅的换乘。

①站台换乘方式。

a. 垂直换乘。即在两条线路交叉处,将两线车站重叠部分的结构做成整体的节点,并采用楼梯、扶梯将两座车站站台直接连通,乘客通过楼梯、扶梯进行换乘,换乘高差一般为6~7m,需组织好上、下竖向的客流,避免进出站客流与换乘客流的交叉干扰。这种换乘方式的换乘节点要求同步设计,同步施工,预留线路车站的站台宽度、限界净空及线路位置受到制约,在规道交通线网规划中当两条线路相交汇时对预留线要有一定的研究设计深度,以避免预留工程的不合理性及投资浪费。

该换乘方式根据平面组合的形式可分为"十"字形、"T"形、"L"形三类。其中"十"字形换乘方式:适用于两条线的车站位于"十"字形路口,且路口有条件明挖、交通情况不受限制的车站;"T"形换乘方式:适用于两条线车站位于"T"形路口,且路口有条件明挖或者"十"字形路口中,其中的一条线所位于的路面交通情况很难协调,出入口、风亭设置很困难的情况,以及其他不能形成"十"字形换乘的情况;"L"形换乘方式:适用于换乘量比较小,站位受环境限制较多的情况。

该换乘方式根据不同的站台形式可分为:岛—岛、岛—侧、侧—侧三种换乘方式。其中:岛—岛换乘方式适用于换乘客流量比较小的车站;岛—侧换乘方式适用于换乘客流量比较大的车站;侧~侧换乘方式适用于换乘客流量大的车站。但是侧式站台车站如果设于地下三层,其两侧区间在地质条件不好的情况下需明挖施工,对道路交通影响较大,同时侧式站台车站乘客需在站厅选择乘车方式,容易给乘客带来混乱(图4-3-4)。

b. 平行换乘。同层、同站台平行换乘:适用于两条线路平行交织的情况。

不同站台层上、下垂直换乘:适用于两条线路上、下平行交织的情况。

平行换乘方式对乘客最为便利,但是由于车站需要同步实施,对线网规划的要求比较高,需在前期工作中明确各条线路的走向,以构成车站平行换乘的条件(图4-3-5)。

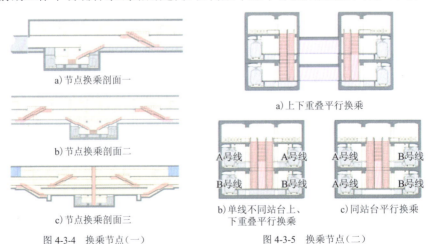

图4-3-4 换乘节点(一)
a) 节点换乘剖面一
b) 节点换乘剖面二
c) 节点换乘剖面三

图4-3-5 换乘节点(二)
a) 上下重叠平行换乘
b) 单线不同站台上、下重叠平行换乘
c) 同站台平行换乘

②站厅换乘方式。

按不同平面位置的交叉形式分为"十"字形、"T"形、"L"形。两条线共用站厅,或站厅相互连通形成统一的换乘大厅。乘客下车后,无论出站还是换乘,都必须经过站厅,再根据导向标志出站或进入另一个站台继续乘车。由于下车客流到站厅分流,减少了站台上人流交织,乘客在站台的滞留时间减少,可避免站台因行车延误造成的拥挤,同时又可减少楼梯等升降设备的总数量,增加站台有效使用面积,有利于控制站台宽度规模。站厅换乘方式与前两种方式相比,乘客换乘线路必须先上(或下),再下(或上),换乘总高度落差大。条件许可时站台与站厅之间采用自动扶梯连接,以改善换乘条件。

③通道换乘方式。

适用于两线之间有一条线站位不明确、两线分期实施年限不定的情况;或者两线位于的"十"字路口个别方向出入口、风亭设置困难等情况。通道换乘是两条线路交叉处,车站结构完全脱开,用通道将两座车站连接起来,供乘客换乘的方式。通道换乘方式布置较为灵活,对线路及车站站位有较大的适应性,预留工程少、甚至可以不预留,车站初期规模投资省,容许预留线路位置将来有一定调整的余地。通道宽度按换乘客流量计算确定。换乘条件的好坏主要取决于换乘通道的长度及设置位置,因此应有效控制好换乘通道的长度,一般不宜超过100m,这种换乘方式最有利于两条线工程分期实施,预留工程少,后期线路位置调整的灵活性较大,但换乘走行距离较长。

④组合式换乘方式。

在换乘方式的实际应用中,往往采用两种或两种以上换乘方式组合,以达到完善换乘条件、方便乘客使用、降低工程造价的目的。例如:同站台换乘方式辅以站厅或通道换乘方式,使所有的换乘方向都能换乘(同站台换乘解决好主要换乘方向的乘客换乘,其余换乘方向的客流通过站厅进行换乘);楼梯换乘方式在岛式站台中,辅以站厅换乘、通道换乘方式,可以减少预留工程量等。上述组合式换乘方式,从使用功能上考虑,不但要有足够的换乘通过能力,还要具有一定的灵活性。

3)特色车站介绍

贵阳轨道交通1号线全长35.1km,共设站25座,根据贵阳轨道交通1号线线路敷设条件及贵阳市地理地貌特征,各个车站站位所处自然环境条件千差万别,也使得贵阳轨道交通1号线车站的形式丰富多样,在国内也属罕见。以下对本线比较有特色的几个车站作简要描述。

(1)下麦西站

下麦西站为线侧下式地面一层车站,车站位于金朱西路与绕城高速公路交汇口西南侧的地块内,呈现东西方向布置。车站西临贵阳市下麦西村,站址周边地面建筑为民用房屋,周边无控制性管线,如图4-3-6所示。

车站站厅和站台分开设置,北侧靠金朱西路西段为站厅和物业开发综合楼,南侧靠山为站台部分,站台高于站厅6m,站厅和站台距离10.15m,站厅和站台通过地下行人通道相连接。

有效站台长120m,宽10.5m,采用门式钢结构形式,钢构外包总长122.2m,宽21.5m(含外挑部分长度),站台完成面到钢柱顶部高为 5.52m,站台两端设有司机休息室和乘务员休息室,站台两侧仅砌筑 1.2m 高砖墙,其余为自然通风。站台部分的建筑面积 2256.00 m²,设计范围内人行通道建筑面积为 402.60 m²。

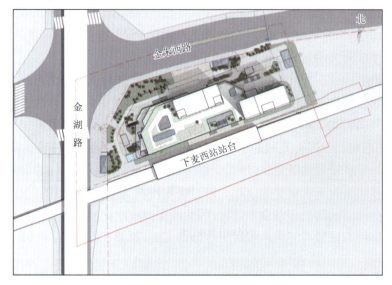

图 4-3-6 下麦西站总平面示意图

站厅层上部的物业开发空间与车站大厅公共区上下重叠,土建结构上连为一体,是真正意义的"车站上盖开发"(图 4-3-7),是城市轨道交通与地块商业开发完美结合的典型案例。

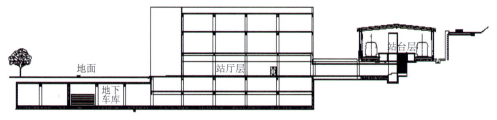

图 4-3-7 车站剖面示意图

(2)将军山(老湾塘)站

将军山站为 1 号线中间站,车站位于站前路与林城西路十字东北角,沿林城西路呈东西向布置。站址西侧为规划大铁站。站址周边远期规划以交通用地为主,其余目前为空地,如图 4-3-8 所示。

本站为地面车站,地面层为站厅,地面二层为站台,下穿大铁高架桥,因此车站高度受到轨道高程限制。车站为牵引降压混合变电所车站。车站为标准地上两层 3.5m 宽,侧式车标准段宽 25.3m,车站总建筑面积 8689.88m²。

车站造型与规划地块性质相融合,造型现代简约,地面厅呈现水滴造型,屋顶则表现为瀑布飞奔而落,泛起地面厅的效果。

图 4-3-8　将军山站总平面示意图（单位：m）

（3）诚信路站

诚信路站为 1 号线、2 号线换乘站，2 号线部分与 1 号线同期建设完成。车站位于林城西路与诚信路十字交叉路口处，1 号线沿林城西路呈东西向布置，2 号线沿诚信路呈南北向布置，如图 4-3-9 所示。

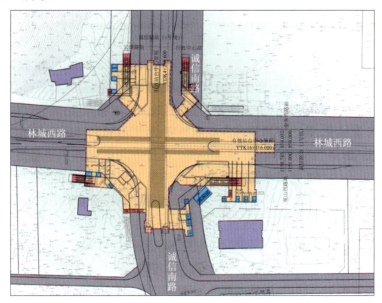

图 4-3-9　诚信路站总平面示意图

站址路口东北象限有绿地美乐城购物中心；东南象限有贵州省建设设计院、建勘大厦；西南象限尚未开发；西北象限为盘江酒店。站址周边现状开发相对成熟，城市界面较为完整。站址周边远期规划以商业、办公用地为主。

车站于路口西北象限设置 1 号线、2 号线联络线，车站 1 号线部分为牵引降压混合变电所车站。

车站为"十"字侧—岛换乘车站。1号线为侧式站台,柱外站台宽度4.0m。车站共地下3层,地下1层为1号线、3号线共用站厅层;地下2层为1号线站台层;地下3层为3号线站台层。1号线、2号线通过设于其站台之间的楼扶梯实现站台换乘。

1号线车站长166.75m,标准段宽29.60m,车站总建筑面积29827.8m^2。

(4) 行政中心站

行政中心站为1号线中间车站,车站位于贵阳市市级行政中心外侧林城西路下方,线路沿林城西路呈东西向布置。站址北侧为贵阳市委、市政府、西南美食广场、金华园小区;站址南侧为观山湖公园。站址周边现状开发相对成熟,城市界面较为完整,自然环境突出。站址周边远期规划以行政办公、绿地为主,如图4-3-10所示。

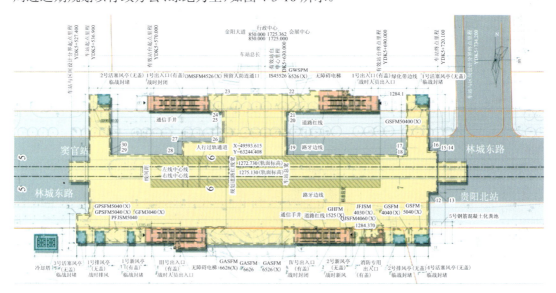

图4-3-10 行政中心站总平面示意图(单位:m)

车站为地下一层侧式站台车站,侧站台宽度4m。车站共1层,-1层为站厅、站台同层;底板下部设置人行、线缆、通风过轨廊道。车站总长183.20m,标准段宽77.25m,车站总建筑面积12003m^2。车站为降压所车站。

车站南临观山湖公园,自然景观条件十分优越。车站设计利用南侧坡地地形高差,地下创造站厅公共区面向公园开敞条件把湖光山色引入地铁车站、把快捷的地铁引入公园;地面利用车站顶板筑台远望,形成城市景观阳台。用青山秀水、快捷交通展示"多彩贵州""爽爽贵阳""生态地铁"最靓丽的都市生态名片。

(5) 会展中心站

会展中心站为1号线、4号线换乘站,4号线为远期线路,1号线建设为其预留换乘节点实施条件。车站位于林城东路与长岭北路十字交叉路口处,1号线沿林城东路呈东西向布置,4号线沿长岭北路呈南北向布置。站址路口东北象限贵州金融城;东南象限为美的林城时代大型居住区及配套；西南象限为贵州国际生态会议中心板块；西北象限亦为贵州金融城。站址周边现状开发相对成熟，城市界面较为完整。站址周边远期规划以商业、会展用地为主，如图4-3-11所示。

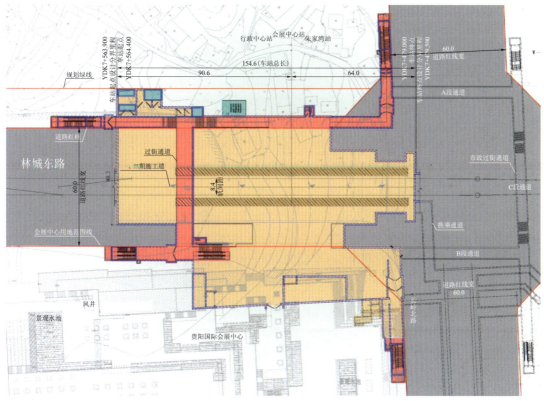

图4-3-11　会展中心站总平面示意图（单位：m）

车站为地下一层侧式站台车站，侧站台宽度4m。车站共1层，-1层为站厅、站台同层；底板下部设置人行、线缆、通风过轨廊道。车站总长154.60m，标准段宽67.00m，车站总建筑面积14913m²。车站设牵引降压混合变电所。

车站设计于车站小里程端利用山地城市道路高差于顶板上设置市政地下过街通道。车站南临国际生态会议中心景观广场，设计利用高差台地关系、结合车站开挖建设地下物业接驳会展中心地下室、下沉式广场，做好车站、地下物业、周边地块一体化衔接。

（6）贵阳北站

贵阳北站为1号线、S2线换乘站，车站主体位于高铁贵阳北站站房下部。车站的土建工程与高铁站，站外东、西广场及S2线车站的土建工程同期设计、同期建设，形成贵阳北站综合交通枢纽。如图4-3-12所示。

枢纽东侧靠黔灵山，西侧景观轴线贵北大道规划正在落地，站址周边现状开发尚未成熟，城市界面待完整。站址周边远期规划以商业、交通设施用地为主。

车站于1号线小里程端设置双停车线，设牵引降压混合变电所。

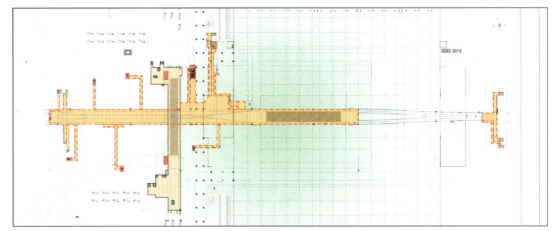

图 4-3-12 贵阳北站总平面示意图

1号线线路沿北站西侧景观轴线贵北大道进入枢纽，呈东西走向，S2线线路沿黑石头方向路进入枢纽，呈南北走向，两线于贵阳北站西广场下呈"十"字相交，位于高铁站房下的1号线车站与位于西广场下的S2线车站通过5.5m净宽的联系通道实现站厅通道换乘。

1号线车站为地下两层岛式站台车站，站台宽度15m。车站共地下2层，其中地下1层为站厅层，地下2层为站台层。车站顶板上为高铁贵阳北站的地下东西联络通道，也是高铁站房的乘客出站层，高铁乘客可通过设在本层内的2个地铁出入口及1台无障碍电梯直达站厅层，方便了高铁乘客与地铁的换乘。车站总长290m，标准段宽23.90m，车站总建筑面积17911m²。

车站设计与高铁站、东西广场、东西广场联络通道一体化设计，同步建设，有效组织高铁车站、地铁车站、地下物业、市内公交、出租车、社会车辆、周边地块，做好一体化衔接。

（7）雅关站

雅关站为1号线中间站，车站位于盐沙路高架起坡点以东，垂直盐沙路呈东西向布置。站址西侧为盐沙路。站址周边远期规划以商业用地为主，其余目前为空地，如图4-3-13所示。

本站为地上高架三层车站，地面层为设备及架空层，地上二层为站厅层，地上三层为站台层，车站线路自西侧上跨盐沙公路，至东侧下穿大铁铁路桥，车站设在盐沙路的东侧的农田地块内，站前广场地面高程低于盐沙路约1.5m。

车站为10.5m宽岛式站台，标准段宽28.5m，总建筑面积10649.5m²。

车站站台雨棚采用钢结构金属屋面系统，造型与规划及周边环境相融合，利用木结构色彩及竖向线条，营造出树木的自然韵律，与周围的自然山貌融为一体。车站地面层局部架空，可充分与周边规划用地协调，远期可利用开发。

（8）蛮坡站

蛮坡站为1号线中间车站，车站位于1.5环南垭路、观山东路下侧谷地，规划麻冲路旁。站址周边有1.5环BRT快速公交、兰馨苑小区、麻冲社区。站址周边远期规划以居住用地为主。车站设牵引降压混合变电所。如图 4-3-14 所示。

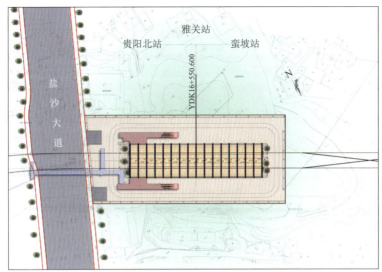

图 4-3-13　雅关站总平面示意图

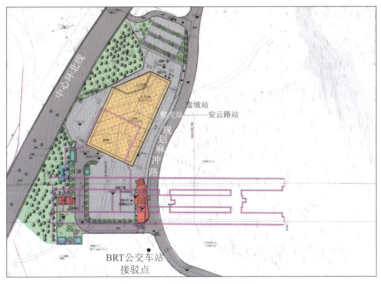

图 4-3-14　蛮坡站总平面示意图

本站线路埋深较深约 34m（至谷地自然地面）。车站形成独特的分离式地下暗挖站台、地下一层转换站厅、地面站厅的布置格局。车站共 3 层，1 层为站厅及设备区，-1 层为站厅转换层及设备区，-2 层为站台层。车站地下部分总长 165m，标准段宽 34.90m，车站总建筑面积 12755.8m²。

（9）安云路站

安云路站为 1 号线中间站，车站位于八鸽岩路与规划人民路立体交叉以北，沿规划公园路呈南北向布置。站址路口东北象限有红盾公寓；西北象限有黔灵山；西南有旧城改造项目。站址周边现状开发较为成熟的住宅区,城市界面较为完整。站址周边远期规划以居住用地为主。如图 4-3-15 所示。

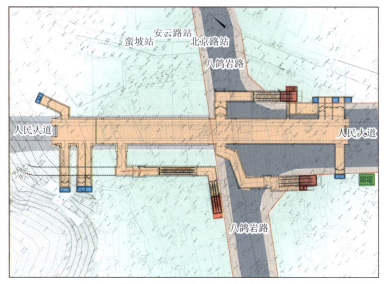

图 4-3-15　安云路站总平面示意图

车站是区间穿黔灵山后设的第一个站,小里程端线路埋深约 30m,过八鸽岩路后地面坡度变化较大,大里程端线路埋深约为 15m,因此该站采用半明半暗工法。车站东北侧为 20 层红盾公寓,车站风亭布置考虑满足相关环评要求。车站设降压所。

车站为地下两层 10.5m 岛式车站。车站共 2 层,-1 层为站厅层;-2 层为站台层。车站长 218.81m,标准段宽 20.26 m /19.3m(明挖段/暗挖段),车站总建筑面积 12820m²。

(10)北京路站

北京路站为 1 号线、3 号线换乘站,3 号线为远期线路,1 号线建设为其预留换乘节点实施条件。车站位于安云路与北京路十字交叉路口处,1 号线沿安云路呈南北向布置,3 号线沿北京路呈东西向布置。站址路口东北象限有贵州饭店、贵州省人民大会堂;东南象限有贵州省图书馆;西南象限有贵州省博物馆;西北象限有银海元隆购物中心及配套住宅小区、贵山大酒店等。站址周边现状开发较为成熟,城市界面较为完整。站址周边远期规划以商业、文化用地为主。如图 4-3-16 所示。

车站大里程端设单停车线、车站设牵引降压混合变电所。

1 号线与 3 号线车站呈"十"字形岛—岛换乘车站,1 号线为 3 号线预留换乘节点,1 号线站台宽 16.5m,预留节点宽度 25.2m。车站共 3 层,-1 层为 1 号线、3 号线共用站厅层;-2 层为 1 号线站台层;-3 层为 3 号线站台层。在 -2 层 1 号线站台与 -3 层 2 号线站台间设换乘转换夹层。1 号线车站长 302m,标准段宽 25.4m,车站总建筑面积 20746m²。

车站在 1 号线大里程端 -1 层利用停车线上方因城市轨道交通建设自然形成的地下空间预留地铁物业空间,面积约 2400m²。

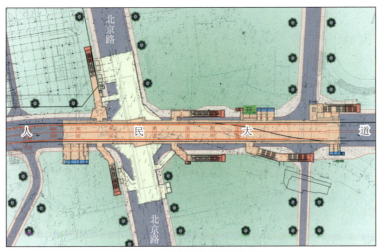

图 4-3-16 北京路站总平面示意图

(11) 延安路站

延安路站为1号线、2号线换乘站,2号线部分与1号线同期建设完成。车站位于合群路与延安路十字交叉路口处,1号线沿合群路呈南北向布置,2号线沿延安路呈东西向布置。车站周围多为商厦、酒店、办公楼、学校以及住宅楼等。东北方向多为高层建筑,有景天城、龙泉大厦、达亨大厦、振华科技大厦、国艺大厦、铭都酒店、华城大酒店;东南方向分布着虹祥民族大厦、新闻出版大楼、龙港大厦、民贸大厦、华联大酒店、百货贸易大楼等高层建筑,其余为中高层的居民楼;西南方向有贵州世贸广场、金龙大酒店等高层建筑及云岩区少年宫,其余多为高层住宅;西北方向有龙泉大厦、达亨大厦等高层建筑及嘉城苑中高层居民楼。站址周边现状开发相对成熟,城市界面较为完整,该区域为贵阳市区最为核心商圈所在地。站址周边远期规划以商业用地为主。如图 4-3-17 所示。

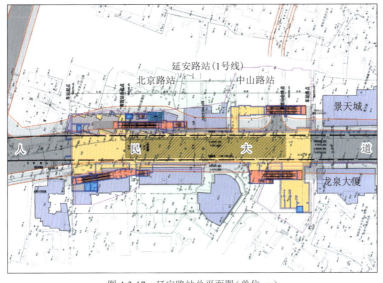

图 4-3-17 延安路站总平面图(单位:m)

1号线车站设牵引降压混合变电所。

因周边环境条件控制,车站最终实现站厅层付费区内的通道换乘车站。1号线车站共2层,-1层为1号线、2号线共用站厅层;-2层为1号线站台层。

1号线车站长190m,站台宽15m,标准段宽23.90m,车站总建筑面积15748m²(1号线部分)。

(12)中山路站

中山路站位于贵阳市人民大道(原公园南路)与中山西路十字路口地下,沿人民大道呈南北向布置。公园南路现状双向4车道,道路宽度14.5m。中山西路现状双向4车道,道路宽15m,站址周边现状高层建筑物密集。中山路站设置为地下1层预留物业开发层、地下2层为站厅层、地下3层为站台层的3层车站。车站为11m宽单柱岛式站台,车站总长186.85m,标准段宽19.9m,总建筑面积22301m²。如图4-3-18所示。

图 4-3-18 车站总平面图

受站后区间下穿南明河的影响,中山路站轨面埋深22m。经过对线路站位、埋深、站位周边用地进行充分调查踏勘,考虑从地铁车站规模、车站使用功能、地下空间资源有效利用的角度出发,中山路站采用地下3层车站形式:-1层预留物业开发层、-2层为站厅层、-3层为站台层。

本站地处商业金融氛围较浓厚的老城区,且周边规划有地下商场,加之车站周边地面建筑及设施十分密集,可用于再开发的土地资源较少,因此充分利用地下空间十分必要,结合地铁车站考虑地下空间的综合开发,有利于地铁及商业运营价值的彼此激发,如图4-3-19～图4-3-21所示。

第3章 车站工程

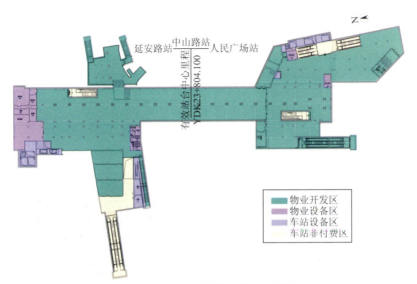

图4-3-19 地下一层平面示意图（物业层）

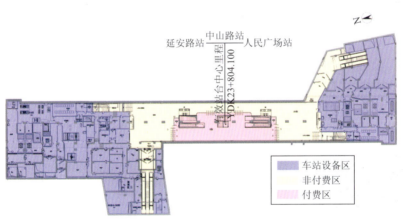

图4-3-20 地下二层平面示意图（站厅层）

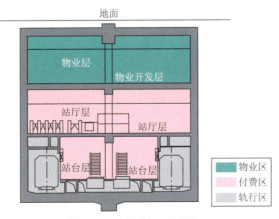

图4-3-21 车站横剖面示意图

结合周边的地下开发情况，本站地下一层预留物业空间，面积约 9563.9m^2。车站位于市中心，与周边商业如恒峰步行街等毗邻，地下商业开发价值较大，且与周边规划地下商业联系紧密，为有效利用及节约土地资源，提高土地利用率，中山路站地下 1 层开发空间整合了原中都地下商场以及法院街农贸市场，综合考虑资源的开发利用，并与规划的恒峰二期项目无缝连接，实现了对周边地下空间的有效利用及资源整合利用地铁的交通便利性，可最大化吸引区域客流，促进商业氛围，带动区域经济的发展，同时提升了城市综合服务品质（图 4-3-22～图 4-3-24）。

图 4-3-22　物业与恒峰二期项目接驳

图 4-3-23　原中都地下商场

本站位于建筑密集区，地面设施的设置力求与周边环境结合。东南象限出入口、风亭位于公园南路和市府路交叉口处一个孤岛地块内。如果出入口风亭设置为常规形式，势必会影响周边道路的行车视线，造成一定安全隐患。经多方案研究比选，最终引入了下沉广场的理念，将有盖出入口和高风亭设于下沉广场内（图 4-3-25）。

图 4-3-24　综合开发后地下商业

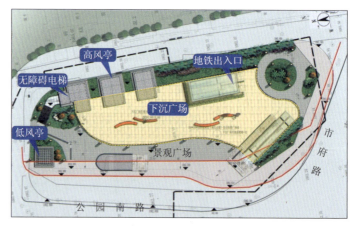

图 4-3-25　下沉广场平面示意图

下沉广场深约 4.9m，市民可通过下沉广场直达地铁和地下物业区域。地块整体设计为景观广场，可供市民游憩，有效提高了使用舒适度和周边居民的生活品质，同时也减少了对周边道路的视线遮挡（图 4-3-26）。

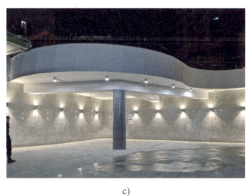

图 4-3-26 建成后下沉广场

物业开发层有效利用了原中都地下商场的空间和出入口,对原农贸市场进行综合改造,有效整合空间,避免了资源浪费。

中山路站地下二层为站厅层,为使车站与物业紧密联系,站厅层至物业层设置了两个上下连通口;且车站两个出入口均采用两级提升的形式,在中间平台处与物业层同层平接,方便进出站客流与物业层开发空间之间客流流线的相互转换,实现地铁与物业资源的统筹利用和相互促进的双赢(图 4-3-27、图 4-3-28)。

图 4-3-27 站厅至物业连通口　　　　图 4-3-28 车站出入口至物业连通

随着城市发展,地面建筑日益密集,地下空间的利用越来越得到重视,因此地下车站的设计应充分分析周边环境,考虑地下空间的综合利用,整合既有地下空间,提高经济效益和社会效益。中山路站1号风亭组由于受地块及周边环境限制,冷却塔设置于风亭顶部,导致地面建筑高度较大,对城市景观存在一定影响。因此,设计过程中应最大限度地降低出入口、风亭对周边环境的影响,达到美化环境,力求与周边景观协调,提高城市景观品质。

在本站设计过程中,部分物业出入口由于疏散要求较高以及周边控制因素的制约,仅设置了步梯,随着城市品质的提升,相应的公共服务标准也应提高,为城市发展提供有力支撑。

(13)人民广场站

人民广场站位于贵阳市南明河畔、瑞金南路与雪涯路交汇处,横跨瑞金南路南北向布置。车站西北侧地块现状为省教育学院及临街1~2层商铺,该地块规划为贵州文化广场用地;东北侧临南明河,河对岸为筑城广场。瑞金南路南侧为河滨公园、金钻豪庭酒店及贵阳实验中学,如图4-3-29所示。

图4-3-29 站位及站址环境示意图

人民广场站两端区间均下穿南明河,受其影响车站轨面埋深较大,约为24.5m,车站考虑地下三层站。车站站位于瑞金南路与雪涯路交汇处,横跨瑞金南路分别位于南北两侧地块内。为降低对道路交通的影响,车站设为明挖三层加暗挖两层、单柱11m岛式。地下1层为设备层,地下2层为站厅层,地下3层为站台层。车站总长169.50m,明挖标准段宽19.9m,暗挖标准段宽21.60m,总建筑面积12506m^2。车站两端区间均采用矿山法施工,如图4-3-30、图4-3-31所示。

车站位于原省教育学院用地范围内为明挖三层,穿瑞金南路时转为暗挖二层并进入河滨公园。车站主要设备管理用房位于北端明挖三层内。车站小端位于南端暗挖段、河滨公园游乐场内,有效避免对周边道路和行人的影响。

人民广场站北端位于规划文化广场范围内,贵阳市文化广场的战略定位以贵州原生态文化为核心和主题,以高科技元素和体验式文化产业链为手段,打造贵州的文化名片和窗口,形成国内领先的原生态文化主题中心。规划有文化SOHO、文化产业用房、文化演艺中心、文化酒店等,容积率约为12.7,临车站最近的为文化演艺建筑。车站设计尽量减少了对规划地块的侵入以及1号风亭等对其的噪声影响,但预留出入口接口通向文化广场,未来可与文化广场一体化设计。

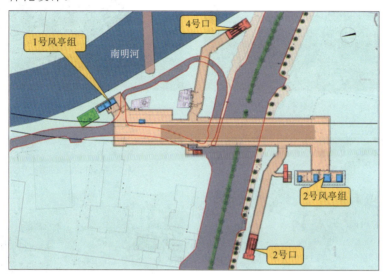

图 4-3-30　总平面布置示意图

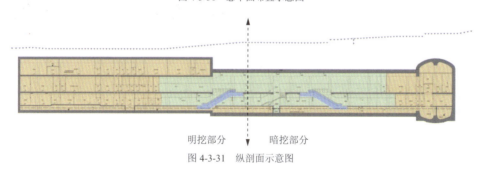

图 4-3-31　纵剖面示意图

车站位于文化广场范围内的出地面建筑物造型现阶段按照本线车站装修统一性考虑,远期由贵州文化广场项目结合文化广场设计的主题统一进行外观处理,贴合文化广场设计主题,做到车站出地面建筑物与城市周边环境的融合,突出车站与所处环境的景观协调性。

车站北端隔南明河与筑城广场相邻,筑城广场为兼具政治活动、文化、休闲、商业、历史纪念等功能为一体的综合性广场,其地下为大型沃尔玛超市。4号出入口位于瑞金南路道路红线旁,乘客从4号口出站后距离公交站点约20m,同时可便捷的到达河边观光路、南明河筑城广场桥。

车站设计充分利用地下、地上空间,并与周边地下过街通道、未来周边场地规划相结合,妥善处理好了与地面建筑、地下构筑物之间的关系,同时加强与文化广场、筑城广场、南明河观光路、瑞金南路的联系。如图4-3-32～图4-3-35所示。

图 4-3-32　车站无障碍电梯和 1 号风亭组
（文化广场场地内）

图 4-3-33　车站 4 号出入口

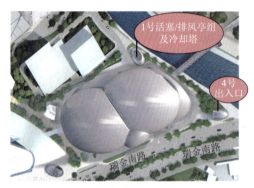

图 4-3-34　文化广场演艺中心俯视图效果图

图 4-3-35　演艺中心效果图（筑城广场视角）

（14）火车站站

火车站站为 1 号线、4 号线换乘站，4 号线为远期线路，1 号线建设时在车站大里程端预留换乘节点实施条件。

车站位于贵阳火车站站前广场下侧，1 号线沿遵义路呈南北向布置，4 号线沿达高路呈东西向布置。周边多为酒店、办公楼、客运站以及铁路附属用房等。四周高层建筑有水钢大厦和通达饭店，站址周边现状开发相对成熟，城市界面较为完整。站址周边远期规划以商业用地为主。

车站埋深受控于 1 号线线路下穿贵阳火车站站房基础，埋深较深。最终车站呈现"L"形节点岛—岛换乘车站，1 号线为 4 号线预留换乘节点，1 号线站台宽 13m，预留节点宽度 22.2m。车站共 4 层，-1 层为设备层及部分预留物业空间；-2 层为 1、3 号线共用站厅层；-3 层为 1 号线站台层；-4 层为 4 号线站台层。1 号线车站长 166m，标准段宽 21.9m，车站总建筑面积 21436m^2。如图 4-3-36、图 4-3-37 所示。

（15）清水江路站

清水江路站为 1 号线中间车站，车站位于清水江路与浦江路南延线路口下方，线路沿浦江路呈南北向布置。站址路口北侧为中兴世家小区；站址南侧原为中航工业厂区，随着轨道交通的接入已调整为商业、居住地块。如图 4-3-38 所示。

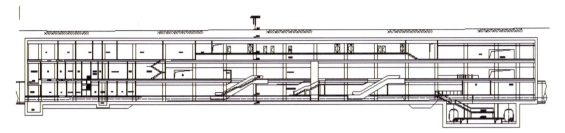

图 4-3-36　车站纵剖面示意图

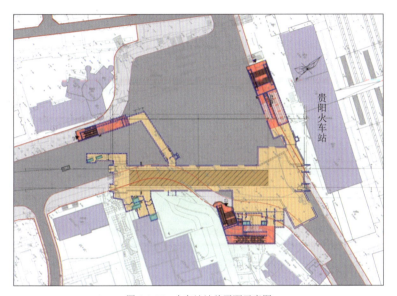

图 4-3-37　火车站站总平面示意图

图 4-3-38　清水江路站总平面示意图

车站为降压所车站。车站设计结合线路埋深、前后区间关系、周边地块开发最终呈现为地下一层岛式站台，地面高架站厅车站，站台宽度 10.5m。车站共 3 层，-1 层为站台层和设备层,底板下部设置人行、线缆、通风过轨廊道;1 层为进出站及市政道路空间;高架 2 层为站厅层,站厅层公共区在满足消防要求及轨道交通安全运营条件下预留与两侧地铁物业接驳条件。车站总长 147m(地下部分),标准段宽 36.3m,车站总建筑面积 13335m²。

本站为地铁物业上盖车站,物业结合地铁征地范围建设,同步设计、同期实施做好了车站与物业的一体化。随着清水江路站的设置,为了提高土地利用效率,按照交通引导土地开发利用模式(TOD 模式)进行强度较高的开发成为必然选择。轨道交通车站的接入将带动站址周边规划落地、更新(道路的形成、地块的更新);周边大块建设条件优越的中航工业用地亦将随此更新,土地利用价值将极大提升,原有清水江站周边居民出行的便捷性也将极大改善。如图 4-3-39～图 4-3-41 所示。

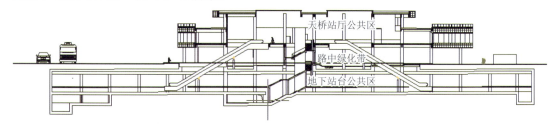

图 4-3-39　清水江路站剖面示意图

图 4-3-40　清水江路站鸟瞰图

图 4-3-41　建设中的车站上盖物业

3)车站形式

全线共设 25 座车站,根据站址周边环境及地理条件,分别有地下一层侧式站台、地下 1 层岛式站台、地下 2 层岛式站台、地下 3 层岛式站台、地面 1 层岛式站台、深埋分离岛式站台、高架 2 层侧式站台、高架 3 层侧式站台、高架 3 层岛式站台车站等多种形式。在 1 条地铁线中车站类型之丰富、多样,实属国内罕见。在车站设计中,综合贵阳特有的喀斯特地貌特征以及线路条件、周边环境、城市规划和施工条件等因素,因地制宜,科学确定车站形式,精细化设计,在车站规模控制上取得比较满意的结果。

4)车站站台形式及宽度

车站站台形式及宽度见表 4-3-3。

车　站　表　　　　　　　　　　　　　表 4-3-3

序号	车站名称	车站右线中心里程	右线站间距(m)	线间距(m)	车站形式	站台宽度(m)	备注
0	起点	YD2K12+575.000	60.000				
1	窦官站	YD2K12+635.000	1118.000	4.6	侧式,高架	3×2	
2	下麦西站	YD1K0+753.000	1056.282	13.5	岛式,地面	10.5	
3	将军山站	YD1K2+313.282	1848.961	5	侧式,高架	3×2	
4	云潭路站	YDK3+299.000	931.600	5	侧式	3.5×2	
5	诚信路站	YDK4+230.600	1399.400	5	侧式,与 2 号线换乘	4×2	
6	行政中心站	YDK5+630.000	1725.000	5	侧式	3.5×2	
7	会展中心站	YDK7+355.000	1277.000	8.4	侧式,与 4 号线换乘	3.5×2	
8	朱家湾站	YDK8+632.000	1103.000	13.5	岛式	10.5	
9	大寨站	YDK9+735.000	1591.900	13.5	岛式	10.5	
10	大关站	YDK11+326.900	1352.235	13.5	岛式	10.5	
11	贵阳北站	YDK12+684.000	3866.600	18	岛式	15	
12	雅关站	YDK16+550.600	2801.900	13.5	岛式,高架	10.5	
13	蛮坡站	YDK19+352.500	2000.000	28	岛式	3.5	
14	安云路站	YDK21+352.500	601.320	13.5	岛式	11	
15	北京路站	YDK21+953.820	941.854	19.5	岛式,与 3 号线换乘	16.5	
16	延安路站	YDK22+895.674	908.426	18	岛式,与 2 号线换乘	15	
17	中山路站	YDK23+804.100	901.605	14	岛式	11	
18	人民广场站	YDK24+705.705	1346.926	14	岛式	11	
19	火车站站	YDK26+050.000	1100.811	16	岛式,与 4 号线换乘	13	
20	沙冲路站	YDK27+156.000	2040.000	13.5	岛式	10.5	
21	望城坡站	YDK29+196.000	1174.500	13.5	岛式	10.5	
22	新村站	YDK30+370.500	932.000	13.5	岛式	10.5	
23	长江路站	YDK31+302.500	1212.500	13.5	岛式	10.5	
24	清水江路站	YDK32+530.000	1076.000	13.5	岛式	10.5	
25	场坝村站	YDK33+606.000	210.000	13.5	岛式,地面	10.5	
26	终点	YDK33+831.00					

5）站内乘客服务设施设计

（1）栏杆、扶手。

采用不锈钢栏杆玻璃栏板的形式，主要在出入口楼梯、站内付费区与非付费区分界、站内楼梯处设置。

（2）客服中心、监票亭、自动售票机、进/出站闸机。

（3）座椅。

在不影响客流候车空间的前提下，在站台适当位置设置不锈钢座椅，便于乘客候车休息。

（4）垃圾箱。

在站厅及站台局部靠柱子或墙面处放置活动不锈钢垃圾箱。

6）出入口设计标准及外部环境协调

车站出入口及风亭为车站出地面的主要构筑物,对城市景观有较大的影响,设计应考虑风亭及出入口与周边环境的协调,使之成为城市景观的一部分。对于贵阳轨道交通 1 号线的特殊性,建议出入口及风亭按老城区及新城区两部分进行考虑。

（1）老城区

指城市建筑密集区,此部分道路两侧空地较少,风亭出入口的设置较为困难。

出入口沿道路红线设置,样式统一采用轻制钢结构加玻璃为外墙,减少体量带来的厚重感。如周边有新建或改建项目,应尽量与其合建,增加城市的统一性。

风亭尽量放置绿地设置,可结合建筑广场做小品处理。如周边有新建或改建项目,应结合建筑统一考虑。

（2）新城区

指城市建筑非密集区及改造区,此部分道路规划绿地较多,出入口风亭设置较为有利。

出入口沿道路红线设置,样式可采用多种活泼的形式表现,但应与周边城市景观相协调。

7）车站无障碍设计

无障碍设施主要包括:无障碍垂直电梯、盲人导向带、无障碍坡道、AFC 闸机宽通道、咨询及标志、无障碍卫生间及其他细节设计等。

无障碍设计是轨道交通设计中的重要组成部分。1 号线所有车站均考虑有无障碍设计,以体现"对每一个人的关怀",使所有的行动不便人士在站内通行和设施使用上没有任何不方便和障碍。

8）车站与物业开发的结合及综合利用

城市轨道交通物业开发主要是以轨道交通站点为中心来组织区内的各项用地,进行土地集约化开发,优化城市空间和土地利用布局。以轨道交通建设为契机,改善城市环境已经成为众多城市的共识。

贵阳轨道交通 1 号线根据城市远期规划、车站特征及站址环境,实现了多样的物业开发模式,主要有站内物业开发、站点周边地下空间开发、车站上盖物业开发、周边地块物业开发几大类。

（1）站内物业开发

①商业经营网点的开发。

主要利用车站公共区富裕面积,在不影响车站运营管理前提下,建设适量的商铺或布置自动售货机,方便乘客购买日常小商品。1 号线几乎所有车站均设置了数量不等的自动售货机,部分根据车站条件在公共区布置了小商铺。

②广告资源开发。

在不影响车站运营管理的前提下,1 号线车站公共区墙面都登挂有适量的广告,满足市民对多类信息的需求。通过连锁的方式出租。

③带配线车站的物业开发。

1号线北京路站利用停车线上层约 2400m² 的富裕面积作为物业开发空间,并有通道与车站公共区连通,可作为周边配套进行商业开发。

(2)站点周边地下空间开发

随着城市建设速度的加快,空置土地已成为稀缺资源,因此城市地下空间作为城市资源之一,它的开发利用对节约城市资源、改善城市环境、增强城市功能等有着重要作用。

位于林城东路地下的会展中心站,南侧与贵阳市国际生态会议展览中心相邻,在地铁建设时将车站与会议中心地块之间绿化广场的地下空间进行商业开发,在未改变地面环境的情况下,既增强了该区域的商业功能,也给予了乘客方便的购物条件。

(3)上盖物业开发

轨道交通站点上盖物业的开发成本较低,产权明晰,建设相对简单,在实际操作中较为容易实现,同时,轨道交通站点使上盖物业具有极佳的可达性,交通极为便利。

下麦西站为 1 号线起点站,位于市区边沿,靠近车辆段,为一座路侧设置的地面一层站厅车站,在二层以上进行了物业开发,物业形态涉及大型商业、公寓、办公等(图 4-3-42)。

图 4-3-42 下麦西站地面站厅及上盖物业实景照片

9)高架车站的景观设计

1 号线共设 3 座高架站,其站台雨棚均采用了钢结构雨棚。鉴于钢结构的材料及做法不同对结构受力体系影响较大,同时对投资差异变化也较大,这是初步设计阶段需要落实的重点。站台屋盖如果采取钢结构形式,结构设计需要在下部混凝土结构设计前完成结构建模和初步计算,其原因在于,钢结构与混凝土交接节点,可设计为刚接或铰接两种形式。不同的地脚结构形式,传递到混凝土结构上的荷载类型不同,必须预先确定,以便下部混凝土设计时予以考虑。

(1)站台钢结构设计的荷载确定

站台结构设计中,需综合考虑各配套工程可能作用于主体结构的荷载。其中包括:标识牌吊架荷载、预留广告牌荷载、站台门等可能作用于主体结构的荷载。

(2)车站建筑外形研究

在 1 号线中有三座高架车站,对于其建筑造型设计是采取统一外观、还是各具特色,是设计总体组关注的重点,对此也进行了多方面的研究、比选,详见表 4-3-4。

高架车站建筑外观设计分析　　　　　　表 4-3-4

分析内容	造型各异	造型统一
景观效果	根据车站所处环境,灵活设计不同外观效果,突出其标识性	不利于与站台所在的周边区域统一景观效果
周边影响	如果需要,可对部分重要站点采取特别设计,扩大对周边区域的视觉影响	统一的外观设计,影响站台成为当地的地标建筑

续上表

分析内容	造型各异	造型统一
运营维护	后期运营需考虑不同站台建筑的功能划分,增加管理难度。使用的建筑材料类型增加,维修成本加大	统一的建筑设计、有利于线路运营管理,减少维修成本
乘客使用	增强乘客对轨道交通站点的辨识度	乘客容易适应各个站点,便于人流输送,增加乘客的舒适度,但需多处表明站台名称

鉴于1号线每个高架站所处的环境地理条件差异较大,采用"一站一景"的设计思路,符合各站点的实际情况。如图4-3-43～图4-3-45所示。

a)

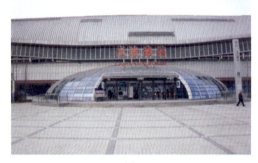
b)

图4-3-43 将军山(老湾塘)站实景照片

a)

b)

图4-3-44 雅关站实景照片

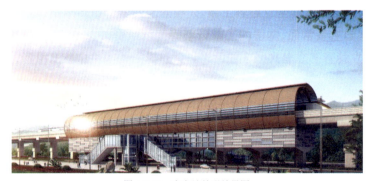

图4-3-45 窦官站外观效果图

3.1.4 车站出入口及风亭建筑设计

车站出入口及风亭为车站出地面的主要构筑物,对城市规划、景观及城市环境有较大的影响,设计时需考虑风亭及出入口与周边环境的协调。

1)出入口建筑设计

(1)出入口设计原则

①车站出入口位置,原则上设于道路红线以外或城市广场的醒目位置,以利于吸引客流。在每个地面出入口前均考虑布置不小于 40m² 的"小广场"作为客流集散空间。有条件时,出入口尽可能地直接连接已建的(或待建的)建筑物地下室、过街道、商场、人行天桥及其他大型公共建筑。

②车站出入口的总宽度主要按远期或客流控制期的通过能力核算确定,满足正常运营及紧急情况下的疏散需求;同时还考虑了地面过街客流的因素,与站址环境。

③车站出入口平台高程,均高于附近规划地面高程,由于缺乏贵阳市城市防洪相关资料,同时考虑车站周边地形坡度大、自然排水较好的有利条件,车站出入口防淹平台距地面高度按不小于 450mm 控制,出入口防淹平台长度不小于 3m。并在口部设置了安装防淹挡板的防淹措施。

(2)出入口设计规模

全线共设 70 个地面出入口,土建净宽分别有 4.5m、5.0m、6.0m、7.0m、8.5m 五类,宽度小于 6.0m 的出入口共 23 个,8.5 m 宽出入口 1 个(贵阳北站),其余以 6.0m 宽为主,满足轨道交通运营需求。

2)风亭建筑设计

1 号线的地面风亭建筑形式主要分为高风亭和低风亭两类,高风亭主要设置在人流较密集、绿地较稀少的市区中心,风口开口高度距地面不小于 2m(图 4-3-46)。

设置于绿地中的低风亭高度不小于 1m,且风亭周边的绿化宽度不应小于 3m。风亭的开口位置距周边居住建筑物的门窗距离均不小于 15m,活塞风口、排风口与进风口之间的距离不小于 10m,排风口之间、活塞风口之间及排风口与活塞风口之间距离不小于 5m。

图 4-3-46 已建成车站高风亭现场照片

3)车站出入口无障碍设计

无障碍设计是轨道交通设计中体现人性化交通的重要组成部分,无障碍设施主要包括:无障碍垂直电梯、盲人导向带、无障碍坡道、AFC 闸机宽通道、咨询及标志、无障碍卫生间及其他细节设计等。

车站无障碍设计的基本原则是"对每一个人的关怀",使所有的人在走道通行和设施使用上没有任何不方便和障碍。

(1) 无障碍垂直电梯

车站在站内及至少一个出入口处设置无障碍垂直电梯,对于位于城市主干道及商业繁华地带的车站,考虑到市政过街及商业客流,可在结合出入口适当增设电梯。站内无障碍电梯一般设于付费区中部,连接站厅及站台,形式一般为通明玻璃井道,主要供残疾人、视力有障碍者、老人、病人及孕妇使用,也可作为观光电梯供一般乘客使用。侧式站台在每个站台均设有一部无障碍电梯。出入口处无障碍电梯一般采用混凝土井道,电梯前设有等候空间,地面部分设置不锈钢及玻璃材质的候梯前室,同时根据规范要求设置无障碍坡道。

(2) 盲人导向带

盲人导向带一般设置在无障碍电梯和出入口通道附近区域,结合城市人行道的盲人导向系统引导盲人及视力障碍乘客进、出轨道交通车站。盲道的选用应该有一定的可控性,合理布局,同地面地饰进行综合设计,同环境装饰色调协调。

(3) 无障碍坡道

残疾人轮椅通行的候车厅出入口及人行通道处需设置无障碍坡道,其坡度不得超过规范要求的1:12,坡道应采取防滑措施。栏杆和扶手设计应满足无障碍设计规范要求。

(4) 无障碍卫生间

车站在站台层设置男、女都可使用的,容许轮椅进入的无障碍卫生间,内部按照无障碍设施的要求设置相关设备,同时应安装有支持扶手、栏杆等支持物。

3.1.5 山地环境条件下的车站设计

贵阳市位于贵州省中部偏北,地处云贵高原的东斜坡上,地形、地貌走势大致呈东西向延展,地势起伏较大,南北高,中部低,奇特的喀斯特地貌大量分布,既有高原山地和丘陵,又有盆地和河谷、台地,自然条件较为复杂。如此的条件对轨道交通线路选择带来了一定困难,往往会出现线路无法避让的特殊困难地段,而对设于这类环境中的轨道交通车站,在设计过程中如何化解因此而生的一些难题、困惑、矛盾,对设计者来说是一个考验。以蛮坡站为例,对山地条件下轨道交通车站的建筑设计作一个初步归纳和总结。

图 4-3-47 项目初期蛮坡站站位与周边环境状况

1) 车站环境及建设条件

蛮坡站位于云岩区南垭路与中心环北线高架桥交叉口东南象限的一处山谷最低处。站位周边三面环山,谷底凹凸不平,起伏较大(图4-3-47),并有121m的麻冲大沟斜穿站位,顺谷底排向东南方向,场地条件极其苛刻,具典型的喀斯特地貌特征。

车站中心处自然地面距西北象限的南垭路

路面高差约 40m,与中心环北线高架桥面高差约 28m。线路斜穿中心环北线高架桥基础后至站位处的线间距为 28m,车站中心处轨面距自然地面高差约 34m。如图 4-3-48、图 4-3-49 所示。

图 4-3-48　站位示意及中心环北线高架桥

图 4-3-49　南垭路现场照片

2）车站设计需解决的问题

（1）车站线路埋深较大,站位环境条件恶劣、空间局促,车站设计应布局合理,乘降流线顺畅,在满足功能的前提下,尽量节省工程投资。

（2）车站设于三面环山的低洼地带,通达性较差,需充分考虑车站对周边地块客流的吸引。

（3）车站建筑风格在充分尊重地域性特色的基础上,增强轨道交通车站的标识性。

3）解决方案

根据线路条件及站址环境较"隐蔽"的特点,车站设置成暗挖分离岛式站台、地面设站厅的方案。从站台层至站厅层通过地下一层的转换层分两段提升,即站台的出站乘客通过顺站台布置的 2 组楼扶梯提升 21m 至转换层,再由该转换层的楼扶梯提升约 8m 到达地面站厅层出站。如图 4-3-50～图 4-3-54 所示。

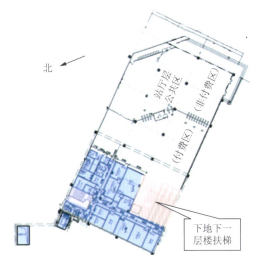

图 4-3-50　地面站厅层平面示意图

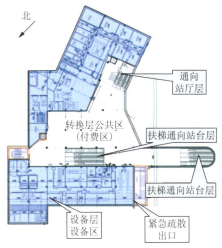

图 4-3-51　地下一层转换层平面示意图

基于设计对地面环境条件及客流分析,将地面站厅平面设计成矩形,并与线路方向呈65°夹角布置,车站主入口朝向分散客流较多的麻冲关方向。

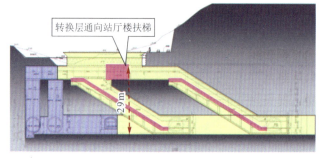

图 4-3-52　车站纵剖面图

图 4-3-53　车站剖视图

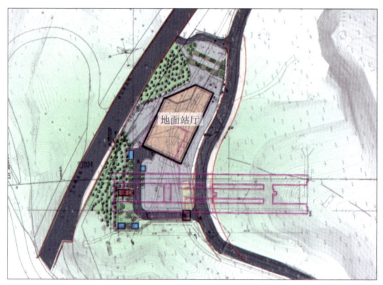

图 4-3-54　蛮坡站场地布置方案

地面设站厅的设计思路主要依据以下几方面考虑:

①地面设站厅形式相较于地下工程具有节省投资,工程进度快的优势,并且可根据地形地貌条件灵活布置,有利于乘客集散。

②由于线路埋深大,地面环境局促,站台至地面无法布置直跑楼扶梯,中间需转换,地面设站厅的方式为楼扶梯的灵活布置提供了条件。

③相较于普通地下站,地面设站厅的建筑体量较大,通过美化其外观立面造型,突出轨道交通的标识性;同时,结合站前广场、道路、坡道、梯步、绿化等车站附属设施的修建,改造"谷底"的站址景观,给乘客提供一个优美的乘车环境,力求最大程度吸引客流。

关于地面站厅的建筑形象设计,设计者根据周边环境,秉着尊重、简练、精致的创作理念,吸取地方元素,以山地为依托,取山地为造型依据,由象征梯田意向、第五立面形态立意构成造型,并通过现代手法进行演绎,既有融合也有创新,构思巧妙、形象独特(图 4-3-55、图 4-3-56)。

图 4-3-55　车站外观照片（车站主入口）

图 4-3-56　车站屋顶绿化

3.1.6　车站建筑设计经验与教训

（1）车站出入口平台设计高程的确定是依据初步设计阶段的地形图等相关基础资料，结合车站的设计高程通过计算提升高度后确定的。本线规定所有车站的地面出入口平台与地面的高差不小于 450mm，由于从初步设计至项目开始实施之间的过程时间较长，而在此时间段内因市政建设的快速发展致使站址范围内的道路高程、地形地貌等都发生了变化，在工程实施阶段，这些变化信息未及时反馈设计，未及时进行设计变更，导致某些出入口的地面平台与既有市政道路之间的高差太小，几乎在一个平面，难以满足车站出入口防洪的需求。后期虽然采取措施进行了补救，但造成了不必要的材料浪费和返工。

（2）本线共有 3 个高架站、2 个地面站，站台位于高架桥上或地面，站台雨棚均采用金属屋面系统。在设计中，设计者重点关注车站的建筑造型、色彩、所用材料等方面，却忽略了雨棚屋面排水管的细节处理。虽然最终经过设计与业主及施工方的协调配合解决了屋面排水问题，但结果却使车站的外观效果无法完全实现设计意图。

（3）城市总体规划与城市轨道交通建设工程不同步，使轨道交通站点与城市公共交通"无缝衔接"的设计目标难以实现，轨道交通车站的大客流集散功能难以充分发挥。

以蛮坡站为例，在初步设计阶段，由于欠缺车站周边相关规划资料，设计仅根据站址周边环境状况对乘降轨道交通的客源及进出流线进行了分析：由于站点设置于三面环山较"偏僻"的洼地，车站主要客流应来自于东南方向的麻冲村居民及中心环北线高架桥东侧居住小区；而车站正北方向的天誉城小区、东北方向的国安局宿舍区及其邻近的居民区距车站距离远超 500m，通达性差，且各小区均有数量较多的城市公交车停靠站点，因此判断仅可能有少量人员采用轨道交通方式出行。根据以上分析，在设计总体布局中，车站地面站厅的出入口设在东南方向，以吸引主要来自麻冲关居民区及中心环北线高架桥东侧居住片区的客流。

后期，贵阳市综合交通规划进行了调整，在站点周边增设立体道路系统、快速公交系统（BRT）站点、常规公交车站、社会停车场等，并希望轨道交通车站能够与城市公共交通站点实现较好的接驳换乘关系。蛮坡站实际上已被定位为贵阳城市公共交通体系中的一个主要换乘节点,因此车站的实际客流状况与初期的判断已有较大偏差,车站的性质已发生改变。而蛮坡站工程建设已近尾声,车站总体布局、流线组织、建设规模等设计的基本要素已无法调整。

为配合城市综合交通规划的建设,完善车站与其他公交系统的接驳换乘功能,方便市民,经多次现场踏勘、多方案研究,在车站周边设置含人行步道、自动扶梯、无障碍坡道等的人行设施,衔接BRT站点及各主要居民区,最大程度实现"便捷、顺畅"的换乘目标。

3.2 车站结构设计与施工

3.2.1 车站结构设计原则

1)设计原则

(1)地下结构设计遵照"以人为本"、"结构为功能服务"的原则,满足环境保护、抗震、人防、防水、防火、防腐蚀及施工等对结构的要求,同时做到安全、可靠、技术先进、经济合理。

(2)地下结构应就其施工和正常使用阶段,进行结构强度的计算,以及相应进行刚度和稳定性计算。对于混凝土结构,必须进行抗裂验算或裂缝宽度验算。当计入地震荷载或其他偶然荷载作用时,不需验算结构的裂缝宽度。

(3)车站结构的净空尺寸除满足建筑限界要求外,尚应考虑施工误差、测量误差、结构变形、沉陷等因素予以确定;可根据地质条件、埋设深度、荷载、结构形式、施工工序等条件参照类似工程的实测值加以确定。

(4)地下结构设计应以地质勘察资料为依据。暗挖结构的围岩分级宜根据《铁路隧道设计规范》(TB 1003—2016)确定。

(5)结构设计应减少施工中和建成后对环境造成的不利影响,并应考虑城市规划引起周围环境的改变(包括未来地铁线的实施)对地铁结构的作用。

(6)地下结构施工方法应根据结构所在地段的工程地质及水文地质条件、周边环境、场地条件、施工难度、工期和土建造价等多种因素经综合比较后确定。

(7)换乘车站分期修建时,近期车站设计应统筹考虑两站施工方法协调、结构连接、预留接口及措施等,尽量做到远期施工简便、综合工程投资节省,将远期车站的施工风险和对既有地铁正常运营影响减到最小。

(8)地下结构设计应根据施工方法、结构或构件类型、使用条件及荷载特性等,选用与其特点相近的结构设计规范和设计方法。

(9)地下结构设计宜采用信息化设计法,为此须建立严格的监控量测措施。监控量测的目的、内容和技术要求,应根据施工方法、结构形式、周围环境等综合分析确定。

(10)结构防水设计中遵循"以防为主、刚柔结合、多道防线、因地制宜、综合治理"以及"防水与结构设计并重和统一考虑"的原则。

(11)采用直流电力牵引和走行轨回流的地铁结构,应根据《地铁杂散电流腐蚀防护技术规程》(CJJ 49—1992)采取防止杂散电流腐蚀的措施。钢结构及钢连接件应进行防腐处理。

2)设计标准

(1)地下结构根据环境类别,按设计使用年限为100年的要求进行耐久性设计。

(2)城市轨道交通结构中永久构件在按荷载效应基本组合进行使用阶段的承载能力计算时,取 $\gamma_0=1.1$,进行施工阶段的承载能力计算时,取 $\gamma_0=1.0$,在按荷载效应的偶然组合进行承载能力计算时,取 $\gamma_0=1.0$。

(3)贵阳市为6度抗震设防区,设计基本地震加速度值为0.05g。抗震设防烈度按6度进行抗震设计;地下铁道主体结构的抗震设防类别为乙类,其结构抗震等级按三级采取构造措施,以提高结构和接头处的整体抗震能力。

(4)地下结构的环境作用等级按《混凝土结构设计规范》(GB 50010—2010)确定;露天或迎土面混凝土构件的环境类别为二b类,背土面为二a类,内部混凝土构件的环境类别为一类。

(5)钢筋混凝土构件(不含临时构件)正截面的裂缝控制等级一般为三级,即允许出现裂缝。在荷载作用下配筋混凝土构件的表面裂缝计算宽度限值:结构内部混凝土构件(柱、楼板、楼板梁、站台板、楼梯、轨顶风道等)不大于0.3mm,主体结构迎土面构件(板、墙、衬砌等)的迎土面不大于0.2mm,背土面不大于0.3mm。当保护层设计厚度超过30mm时,可取30mm计算裂缝最大宽度。

(6)地下水位下的地下结构设计按最不利情况进行抗浮稳定性验算。在不计地层与结构侧壁摩阻力时,抗浮安全系数 $K_f \geq 1.05$;当计及地层与结构侧壁摩阻力时,抗浮安全系数 $K_f \geq 1.15$。

(7)地下结构须具有战时防护功能并做好平战转换功能。在规定的设防部位,结构设计按防常六级、核六级人防荷载进行结构核算,并设置相应的防护设施。地下车站与既有通道连通时,应保证设防标准不降低。

(8)地下结构主要构件的耐火等级为一级。

(9)在车站结构与出入口通道等附属建筑的结合部应设置变形缝,但不允许两部分之间产生影响结构正常使用的差异沉降。

3)设计荷载及组合

结构设计应根据结构类型,按《地铁设计规范》(GB 50157—2013)及表4-3-5所列荷载,对结构整体或构件可能出现的荷载进行最不利组合,确定组合系数并进行计算。确定荷载的数值时,应考虑施工和使用过程中发生的变化。

(1)荷载分类,见表4-3-5。

荷载分类表   表 4-3-5

荷载类型		荷载名称	荷载取值
永久荷载		结构自重	按实际重量
		覆土重	土重度按 18～20kN/m³
		结构上部和破坏棱体范围的设施及建筑物压力	按实际重量
		侧水、土压力	黏土层采用水土合算，其余采用水土分算，施工阶段按主动侧土压力计算，使用阶段按静止侧土压力计算
		水浮力	抗浮水位根据地勘提供计算
		混凝土收缩及徐变影响	
		设备重量	设备区荷载按 8kPa 计，当设备荷载大于 8kPa 时按实际荷载计
		地基下沉影响力	
可变荷载	基本可变荷载	地面车辆荷载及其动力作用	20kPa 均匀活载
		地面车辆荷载引起的侧向土压力	20ζkPa（ζ 为静止侧压力系数）
		人群荷载	公共区人群荷载按 4kPa 计
		地铁车辆荷载及其动力作用	列车荷载按列车满载条件确定
	其他可变荷载	温度变化影响	
		施工荷载	一般施工荷载按 5kPa 计，其余按相关规定执行
偶然荷载		地震荷载	地震荷载按 6 度地震基本烈度考虑
		人防荷载	人防按常＊级、核＊级人防抗力考虑

（2）荷载组合。

荷载组合根据《建筑结构荷载规范》(GB 50009—2012)的规定及可能出现的最不利情况确定，见表 4-3-6。

荷载组合表   表 4-3-6

荷载种类 组合	永久荷载	可变荷载	人防荷载	地震荷载
1（基本）	1.35	1.4×0.7	0	0
2（标准）	1.0	1.0	0	0
3（准永久）	1.0	0.4～0.6	0	0
4（人防）	1.2	0	1.0	0
5（地震）	1.0×1.2	0.5×1.2	0	1.3

4）工程材料

车站主体及附属结构使用的工程材料如下：

（1）围护结构工程材料

①混凝土等级及受力主筋保护层厚度。

钻孔灌注桩：C35 防水混凝土，抗渗等级 P8（抗浮需要），保护层厚度迎土侧 70mm。

桩顶冠梁（兼做抗浮压顶梁）混凝土：C35 防水混凝土，抗渗等级 P8（抗浮需要），保护层厚度 50mm。

钢筋混凝土支撑：C35，保护层厚度 30mm。

临时立柱桩:C30 混凝土,保护层厚度 70mm。

②钢筋等级。

一般采用 HRB400、HPB300 级钢筋,钢结构构件(如支撑、型钢等)一般采用 Q235-B 钢。

③其他。

钢管内支撑:直径 609mm,Q235 钢管,$t=16mm$。

腰梁:采用双拼 45c 工字钢,Q235 钢。

(2)主体结构工程材料

①混凝土。

顶板、顶纵梁:C35、P8 防水混凝土。

中板、中纵梁:C35 混凝土。

底板、底纵梁:C35、P8 或 P10 防水混凝土。

侧墙:C35、P10 防水混凝土。

立柱:C50 混凝土(顶底板节点处分别为 C50,P8;C50,P10)。

垫层:C20 素混凝土。

②钢材。

钢筋:本工程一般采用 HRB400 及 HPB300 级钢筋,所有主体结构纵向受力钢筋均应满足现行国家规范,其抗拉强度实测值与屈服强度实测值的比值不应小于 1.25;钢筋的屈服强度实测值与屈服强度标准值的比值不应大于 1.3,且钢筋在最大拉力下的总伸长率实测值不应小于 9%,且材质应分别符合现行国家标准。

预埋钢板:Q235-B 钢,钢材的屈服强度实测值与抗拉强度实测值的比值不应大于 0.85;钢材应具有明显的屈服台阶,且伸长率不应小于 20%;钢材应具有良好的焊接性和合格的冲击韧性。

钢筋如采用接驳器时,接驳器必须是经有关主管部门批准认可的合格产品,并符合有关技术规程的规定,经现场试验合格后方可使用。选用时须注意结合预埋处的接头百分率进行。

③焊条:用电弧焊焊接 Q235 级钢板和 HPB300 级钢筋时采用 E43 型焊条,焊接 HRB400 级钢筋时采用 E55 型焊条。焊接熔敷金属的化学成分和力学性能应满足《非合金钢及细晶粒钢焊条》(GB/T 5117—1995)和《热强钢焊条》(GB/T 5118—1995)的规定。

④钢筋混凝土净保护层厚度,见表 4-3-7。

钢筋混凝土保护层厚度 表 4-3-7

构件类别	具体构件	最外层钢筋最小保护层厚度(mm)	受力钢筋最小保护层厚度(mm)
板、墙等面形构件	明挖结构中板、中墙、楼梯、站台板	21	30
	侧墙、顶板、底板、	28	迎土面 50
		35	背土面 40

续上表

构件类别	具体构件	最外层钢筋最小保护层厚度（mm）	受力钢筋最小保护层厚度（mm）
梁、柱等条形构件	中梁	28	—
	中柱	28	—
	顶梁、底梁、边梁、壁柱	35	迎土面 50 背土面 40
		49	

5）耐久性设计

环境类别按《混凝土结构设计规范》（GB 50010—2002）确定，考虑主体结构设计使用年限为 100 年，工程环境处于一般环境，混凝土结构的耐久性设计可从以下几方面进行控制。

（1）混凝土材料

耐久性混凝土配合比主要参数（最低强度等级、最大水胶比、最小水泥用量、最小胶凝材料用量等）参照表 4-3-8 确定。

耐久性混凝土主要参数　　　　　　　表 4-3-8

最低强度等级	最大水胶比	胶凝材料最小用量（kg/m³）
C30	0.45	320
C35	0.45	320
C45	0.40	340
C50	0.36	360

（2）结构构造

①结构构件的外形应有利于通风和排水，避免水汽在混凝土表面的积聚，便于施工时混凝土的捣固和养护，减少荷载作用下或发生变形时的应力集中。

②结构的构造应有利于减少结构因变形而引起的约束应力，并仔细规划施工缝、变形缝的间距、位置和构造。结构的施工缝应尽量避开可能遭受最不利局部侵蚀环境的部位（如水位变动区和靠近地表的干湿交替区）。

（3）施工要求

①耐久混凝土的施工应结合工程和环境特点，对施工全过程和各个施工环节提出质量控制与质量保证措施，并制订相应的施工技术条例。

②确保混凝土保护层的设计厚度。保护层垫块可用细石混凝土制作，其抗侵蚀能力和强度应高于构件本体混凝土，水胶比不大于 0.4。

③泵送混凝土入泵时的坍落度宜在 120～160mm，总坍落度损失不大于 40mm，入模温度以温差控制，混凝土的表面温度与大气温度的差值不得大于 20℃。混凝土的表面温度与中心温度的差值不得大于 25℃。混凝土降温速率应低于 3℃/d。养护时间不少于 14d。

④根据现浇混凝土使用的胶凝材料的类型、水胶比及气象条件等确定潮湿养护时间。

⑤混凝土浇筑后应仔细抹面压平,抹面时严禁洒水,并应防止过度操作。
⑥应进行现场混凝土的耐久性质量检测。

3.2.2 车站结构形式及工法

贵阳轨道交通 1 号线车站结构形式及施工方法见表 4-3-9。

贵阳轨道交通 1 号线车站结构形式及施工方法一览　　表 4-3-9

序号	车站名称	车站形式	主体结构形式	围护结构形式	施工方法
1	窦官站	侧式、高架	框架结构（高架）	桩基础	地面现浇
2	下麦西站	岛式、地面	框架结构（地面）	扩大基础	地面现浇
3	将军山站	侧式、高架	框架结构（高架）	桩基础	地面现浇
4	云潭路站	侧式	单层多跨框架结构	土钉墙	明挖顺筑
5	诚信路站	侧式与 2 号线换乘	双层双跨（节点三层）矩形框架结构	围护桩	明挖顺筑
6	行政中心站	侧式与 4 号线换乘	单层多跨矩形框架结构	土钉墙	明挖顺筑
7	会展中心站	侧式	单层多跨矩形框架结构	土钉墙	明挖顺筑
8	朱家湾站	岛式	双层双跨矩形框架结构	土钉墙	明挖顺筑
9	大寨站	岛式	双层双跨矩形框架结构	围护桩+土钉墙	明挖顺筑
10	大关站	岛式	双层双跨矩形框架结构	土钉墙	明挖顺筑
11	贵阳北站	岛式与 S2 线换乘	两层三跨矩形框架结构	土钉墙	明挖顺筑
12	雅关站	岛式、高架	框架结构（高架）	桩基础	地面现浇
13	蛮坡站	岛式	单层多跨框架结构+马蹄形结构	围护桩+喷锚构筑	明、暗结合
14	安云路站	岛式	双层双跨框架结构+马蹄形结构	围护桩+喷锚构筑	明、暗结合
15	北京路站	岛式与 3 号线换乘	两层三跨（节点四层）矩形框架结构	围护桩	明挖顺筑
16	延安路站	岛式与 2 号线换乘	两层三跨（节点三层）矩形框架结构	围护桩	明挖顺筑
17	中山路站	岛式	三层双跨矩形框架结构	围护桩	明挖顺筑
18	人民广场站	岛式	三层双跨矩形框架结构+马蹄形结构	围护桩+喷锚构筑	明、暗结合
19	火车站站	岛式与 4 号线换乘	三层三跨（节点四层）矩形框架结构	围护桩	明挖顺筑
20	沙冲路站	岛式	双层双跨矩形框架结构	围护桩	明挖顺筑
21	望城坡站	岛式与 S1 线换乘	双层双跨矩形框架结构	围护桩	明挖顺筑

续上表

序号	车站名称	车站形式	主体结构形式	围护结构形式	施工方法
22	新村站	岛式	双层双跨矩形框架结构	围护桩	明挖顺筑
23	长江路站	岛式	双层双跨矩形框架结构	围护桩	明挖顺筑
24	清水江路站	岛式	单层双跨矩形框架结构	土钉墙	明挖顺筑
25	场坝村站	岛式、地面	框架结构（地面）	扩大基础	地面现浇

3.2.3 车站结构设计

1）明挖法车站结构设计

贵阳轨道交通1号线工程大多数车站交通可以疏解、管线可以迁改、线路条件和地形条件均可采用明挖顺筑法施工。

（1）围护结构设计

目前国内基坑工程已有大量的实践经验，基坑支护技术取得了较大的发展，结合贵阳地区的特点主要有土钉墙、围护桩等多种结构形式可供选择。

①土钉墙支护。

根据车站所处的环境、工程地质、水文地质及水文资料条件以及基坑深度，建筑结构安全等级为二级；经技术经济综合比较、计算分析和工程类比，围护结构为土钉墙支护。

车站基坑采用土钉墙支护，基坑开挖采用三级或两级放坡；坡面挂网HPB300，$\phi 10@150$ mm×150mm；土钉采用外径$\phi 42$、壁厚$t=3.5$mm 的钢花管，设置出浆孔注浆，土钉孔采用钻孔成孔方式，孔径110mm；喷射混凝土强度等级C20，厚150mm。

②围护桩支护。

根据车站所处的环境、工程地质、水文地质及水文资料条件以及基坑深度，建筑基坑安全等级为一级；经技术经济综合比较、计算分析和工程类比，围护结构为桩加内支撑/锚索的支护。

车站主体基坑的围护结构主要采用$\phi 1200@2400$的钻孔灌注桩加内支撑或预应力锚索的方案，围护桩间挂网HPB300，$\phi 8@150$mm×150mm，喷射混凝土强度等级C20，厚150mm，桩插入深度为2.5/3.5m。

内支撑方案：基坑内第一道支撑采用800mm×1000mm 的钢筋混凝土支撑，支撑间距平均为8m，第二、三、四、五道支撑采用Q235 钢的$\phi 609$mm、壁厚$t=16$mm 的钢管支撑。钢支撑水平间距一般按4m 考虑，可作适当调整，不得大于4.5m。

锚索方案：锚索选用1×7 标准型钢绞线，公称直径15.2mm，其标准强度为1860MPa。

(2)主体结构设计

根据车站所处的环境、工程地质、水文地质及水文资料条件、站址道路条件和规划以及周边环境,贵阳轨道交通1号线明挖法车站主体结构形式主要有地下一层侧式站台和地下二、三层岛式站台。

(3)附属结构设计

车站主要出入口及风亭围护结构支护与车站主体围护结构形式基本一致。

(4)工程重点、难点分析及设计方案

①土钉墙支护结构体系的优化。

鉴于贵阳地区其他基坑工程的土钉墙设计以及施工过程中出现的问题,由于施工单位在施工土钉墙钻孔的过程中,成孔质量难以保证(设计孔径110mm,现场往往采用将$\phi 42$钢花管直接打入),再加上钢花管上注浆孔往往容易堵塞,注浆工艺达不到要求,故土钉抗拔力很难到达设计要求,因此在车站围护结构设计中考虑,尽量结合施工场地的布置,放坡适当加大坡率,设计坡率为1:0.5,适当优化钢花管长度,从基坑自稳性上解决问题。结合现场施工,选择的围护结构方案较为合理,基坑稳定性大大提高,基坑未发现有局部坍塌、失稳的现象。

②土钉墙支护的车站主体与附属之间的回填处理方案。

由于车站主体结构采用放坡开挖,车站附属结构由于施工场地问题不能同期施工,车站主体基坑又比附属基坑更深,故在设计文件中要求在车站主体结构与附属结构相接处的基坑开挖范围内的回填必须采用级配的砂石掺5%水泥回填,以避免出现可能的差异沉降影响到使用功能,回填后的地基持力层的承载力特征值不应小于180kPa。

③针对不良地质的处理方案。

沿线车站范围内不良地质主要有岩溶、红黏土、顺层及滑坡等。

a. 岩溶和地下水分布及处理方案。

对于基底溶洞,基坑开挖到距基底300mm时,应对基底以下5m深度范围内进行详细探测,探明底板下的溶洞分布情况、溶洞大小(如直径、深度、洞顶至基坑底距离)及填充情况等。当发现溶洞时,厚跨比(溶洞顶板厚度/结构宽度与溶洞宽度较小值)<0.5或溶洞顶板岩石较破碎的应对溶洞进行处理。处理方式有:对于较小的溶洞,高度不超过3m的,可采用级配碎石加7%水泥、灌注C15混凝土或片石混凝土等方式换填;对于较大的溶洞或溶洞群,采用增设基础进行跨越的方式。

边坡遇溶洞时,可采用回填片石或浆砌片石的方式封堵,坡面网喷加强。

围护桩施工钻孔遇溶洞时,若桩身遇溶洞较小时可提钻后采用抛填片石或灌注C15素混凝土填充,再进行钻孔。如溶洞较大,应采用钢护筒跟进的方式施工,并对桩后的溶洞进行填充,保证桩背的密实;同时保证桩底下有不小于1.5倍桩直径(桩承受竖向荷载时不小于3.0倍)的完整围岩。

抗拔桩及钢便桥下围护桩遇溶洞时,桩端基岩安全厚度为3倍桩径且不小于5.0m;但溶洞水平尺寸较大时,应进行强度验算。

针对岩溶地下水特别发育的车站,例如延安路站:经计算一般情况下,1号线及2号线延安路站基坑施工过程中每天涌入基坑的水量为7320.5m³。特殊情况下(基坑开挖揭露岩溶管道),每天涌入基坑的水量为16452.7m³。根据车站水文地质情况,组织了多次专家审查,车站围护桩采用套管咬合桩的方案,并且对车站基底采取全基坑注浆止水的措施。

b. 红黏土处理措施。

在设计过程中,计算红黏土层的基坑安全稳定性时,严格按照《贵州建筑岩土工程技术规范》(DB 22/46—2004)以及《贵州建筑地基基础设计规范》(DB 22/45—2004)中关于红黏土计算的$c、\varphi$取值参数进行系数调整,以满足规范的相关要求。同时在设计说明中要求基坑开挖及支护结构施工应沿纵向间隔分段施工,纵向分段按一般土层和岩层分段长度在10～20m之间,红黏土层分段长度在6～10m之间。

c. 顺层处理方案。

在车站顺层一侧基坑计算及设计过程中,充分考虑了顺层对车站基坑的影响,根据计算结果适当加密了围护桩的布置以及围护桩的配筋(围护桩由非顺向层的间距2.4m调整为2m,围护桩的配筋比非顺向层增加了约25%)。

2)部分暗挖法车站结构设计(安云路站)

蛮坡站、安云路站和人民广场站由于线路条件、地形条件以及交通疏解和管线迁改等因素采用明挖和暗挖结合的施工工法。

选取具有代表性的安云路站作为案例:

(1)地质特征及周边环境

安云路站地处溶蚀中低山及贵阳溶蚀盆地北侧、黔灵山溶蚀残丘东面和贵阳溶蚀盆地核心地段,贵阳向斜北部扬起端近轴部,属于贵阳构造盆地中心区,位于贵阳市主城区范围。由于受现代化城市建设进程影响,现状地面呈北高南低之势,地面高程为1082.50～1126.09m,相对高差约为43.59m,拟建场区范围内民用建筑物较密集,人口活动频繁,地下管网线分布复杂,工程环境条件复杂。车站范围内为〈9-17-2〉安顺组一段中风化白云岩,中风化白云岩饱和单轴抗压强度标准值为27.09MPa。

(2)开挖方案

根据地质条件,结合车站的周边环境以及社会影响,安云路站埋深高差较大,对于埋深较浅段,采用明挖法施工,对于埋深较大段采用暗挖法施工,车站考虑采用非爆破开挖的方式对车站暗挖段进行开挖。

安云路站暗挖段结构形式及断面根据工程地质条件,结合受力情况,采用大拱脚+直墙的形式,采用超前小导管、锚喷+工字钢拱架初期支护、加强初期支护、二次衬砌等支护措施。

(3)初期支护设计

隧道围岩级别为Ⅳ级,隧道设计按安全、经济、合理的原则,在遵循《地铁设计规范》(GB 50157—2013)和《铁路隧道设计规范》(TB 10003—2005)的同时,以工程类比法和结构计算进行设计,设计结果经大型通用有限元程序分析验算,确保经济可靠。车站主体隧道按新奥法原理组织施工,信息法设计,初期支护施工时应在拱墙范围内预埋 $\phi42$ 钢花管作注浆管,壁厚 3.5mm,长 0.8m。注浆管间距 1.0m×1.0m,梅花形布置,当初期支护闭合成环一定长度后,即对初次衬砌背后压注水泥浆。开挖后地下水出露较多地段、初期衬砌及回填注浆后仍有渗漏水地段以及围岩破碎地段应视具体情况向衬砌背后更深层围岩进行注浆。

(4)二次衬砌结构设计

车站主体结构尺寸的拟定须满足主体结构的受力、变形以及建筑净空及限界的要求。本站防水采用全包防水模式,加强初期支护,二次衬砌采用 C35 防水混凝土,抗渗等级为 P10,施工时采用模筑现浇,商品混凝土的输送采用机械泵送。

(5)施工方法设计

车站主体隧道采用矿山法施工,拱部按双侧壁导坑法进行开挖,下部采用台阶分部法开挖。车站设有 1 处斜井施工通道,能满足出渣及进料等施工要求。斜井施工通道接车站底板高程,须进行抬高并反挑等工序转换,方可进行拱部双侧壁导坑的开挖。在施工车站主体与风道及出入口等的交叉口前,应先钻设超前小导管加强支护,在施作加强初期支护前,需对风道、通道暗挖段设超前支护。

加强初期支护施作达到一定强度后,在其安全掩护下,拆除拱部内部分隔墙等临时支护,并以台阶法开挖支护下部。防水层和二次衬砌采用从下至上顺筑法施工,拱部二次衬砌采用模板台车模筑混凝土。

(6)工程重点、难点分析及设计方案

①车站结构断面形式的优化。

根据车站埋深及上方市政规划道路安云路的影响,同时对车站埋深及车站内轮廓进行优化,降低隧道结构,把隧道拱部圆形弧优化成扁平结构(图 4-3-57),从内部结构加强考虑设置纵梁及中柱。确保隧道结构安全的同时可保证上方市政道路的可实施性。

②对车站施工工法的选择。

本车站标准段侧墙开挖宽度约 20.26m,拱部最大开挖宽度达 23.7m,开挖面积达 354m²,开挖断面大,地面沉降难以控制,施工风险极大,因此,可靠的施工工法可减小施工风险,确保施工安全。根据断面特点,该一站考虑采用拱部双侧壁倒坑法加临时支撑施工,同时施工车站大拱盖,在车站大拱盖的保护下,车站下部采用台阶法进行分部施工,具体分部施工工法如图 4-3-58 所示。

③斜井及风道与车站连接设计。

a. 斜井进入车站的挑高设计。

由于本站为缩短施工工期,采用斜井施工进入车站站厅层,进入车站时需对斜井挑高开挖形成车站拱部轮廓,挑高施工风险较大。本次设计在充分考虑了上述风险因素,利用斜井与车站相连接的 5m 作为挑高过渡段,来对车站轮廓进行外包的做法,可确保施工安全,如图 4-3-59 所示。

第四篇 土建工程

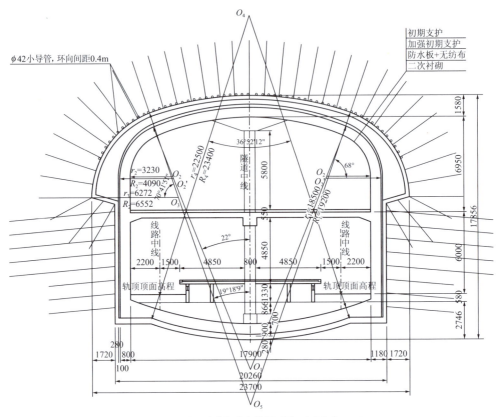

图 4-3-57 车站暗挖标准段横断面图（尺寸单位：mm）

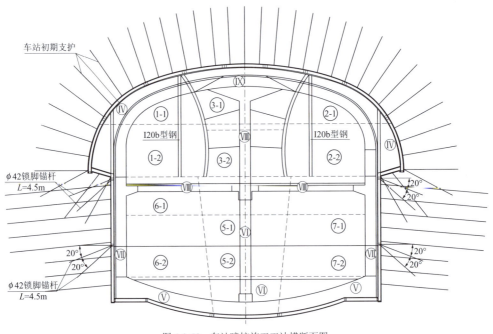

图 4-3-58 车站暗挖施工工法横断面图

第3章 车站工程

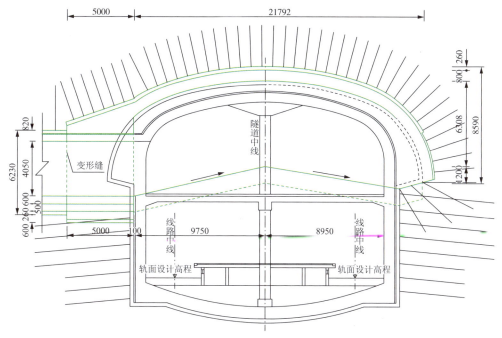

图 4-3-59 斜井进入车站设计断面图（尺寸单位：mm）

b. 各附属通道与车站的连接设计。

附属结构与主体结构连接处节点为设计难点，要求在主体结构施工时预留出附属结构施工通道，因此在设计考虑连接处主体结构进行加高设计，采用矩形结构预留出相应的通道，同时主体结构改变大拱盖形式，直接落底，确保安全，如图 4-3-60 所示。

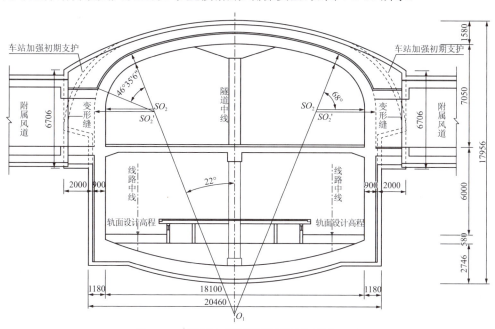

图 4-3-60 附属进入车站设计断面图（尺寸单位：mm）

④针对不良地质的处理方案。

车站场地为可溶岩分布区,受构造影响,岩溶地貌较为发育,据工程地质调绘、钻探及相关资料表明,本次勘察的拟建场站区调查范围内可溶岩分布地段岩溶形态主要以溶洞、溶沟(槽)、石芽为主,岩体内主要为溶孔、垂直溶洞(隙)等,溶洞被黏土呈全充填状态。经钻探揭露,本次勘察共施钻31个孔,遇溶洞钻孔2个,利用初勘施钻5个孔,遇溶洞钻孔2个,合计遇溶率为11.1%,岩溶发育程度为中等发育。钻探揭露岩溶洞(隙)垂高为0.6~1.9m,软塑红黏土充填。

为保证隧道施工安全、优化设计、实现信息化施工,施工期间施工单位应加强施工地质工作,并对暗挖段实施全隧超前地质预测预报,将其纳入正常施工工序进行管理。通过地质调查、水平探孔超前探测等超前地质预测预报方法,核实和预测掌子面前方的地质条件,以便及时调整工程措施,确保施工及结构安全。

同时在设计时针对溶洞所处不同位置、溶洞大小、溶洞充填情况及不同岩溶形式制订了相应的预处理措施,可以在施工时确保安全。

(7)设计经验与总结

①采用矿山法施工车站,施工期间加强超前地质预测预报工作,及时反馈预报结果,着重于对不良地质进行预处理,根据预报成果采取针对性的措施,确保施工安全。

②大跨暗挖车站隧道可采用大拱盖法施工,在大拱盖的支护作用下,分台阶对下部土体进行开挖,为避免隧道纵向地层软硬不均,可于大拱盖拱脚位置设置暗梁,确保结构安全。

③大断面暗挖法车站,一般二次衬砌边墙与拱部分开浇筑,为加快工期、减少运营期隧道衬砌渗漏水情况,可以根据设计结构定制模板台车,对二次衬砌拱部及边墙进行整体浇筑。

④暗挖隧道设置辅助坑道斜井时,斜井与车站尽量正交且交于车站站厅层,从上往下施工车站,减小施工风险。

3)地面、高架车站结构设计(雅关站)

贵阳市属于典型的山地城市,贵阳轨道交通1号线工程窦官站、下麦西站、将军山站、雅关站、场坝村站站型充分发挥自然地形的潜力因地制宜地采用了地面站或高架站的形式。

选取具有代表性的雅关站作为案例:

(1)工程概况

雅关站为贵阳轨道交通1号线的中间高架车站,西承贵阳北站东接蛮坡站。雅关站为"桥-建"分离高架车站,岛式站台,车站总共三层,其中地上两层及站台层采用钢筋混凝土框架结构,第三层及站台上盖采用钢结构体系;车站采用桩基承台基础,基桩为摩擦桩。车站有效站台中心里程为YDK16+550.600,起讫里程为YDK16+490.200~YDK16+611.000;车站长120.8m,宽28.9m,左右线距为13.50m,有效站台长120m,总高度小于24m。地面设计高程为1126.352m,轨面高程为1139.652m。

本站采用桥-建分离的结构体系,车站公共区纵向轴网按15m跨布设,设备区纵向轴网按10m跨布设,桥墩均采用箱梁30m跨布设,各层楼板为其布设孔洞。车站南北两侧设置2个出入口楼梯。

(2)车站结构设计

①车站主体结构基础设计。

根据车站所处的环境、工程地质、水文地质及水文资料条件以及上部荷载,地基基础设计等级为甲级。

本工程基础采用钻孔灌注桩基础,其承力形式为摩擦桩,基桩持力层从上到下依次为:卵石层〈1-6-3〉,强风化泥岩〈3-04-3〉,中风化泥岩〈3-04-2〉,基桩主要持力层为中风化泥岩〈3-04-2〉,本工程基桩插入持力层最小深度如下:ZH1为18m、ZH2为23m、ZH3为16m、ZH4为11m。

单桩竖向极限承载力标准值应通过单桩静载荷试验确定,且必须满足设计标准中所要求的最小值(6000~10000kN)。

桩基施工开挖至基础底设计高程后,采用地质钻孔、钎探等方式继续下探5m,确认其下无溶洞、裂隙不发育时方能施工基础部分。若出现填充物较差的大溶洞时,采用钢套筒下底处理(套筒厚10mm)。

②车站主体结构设计。

高架车站结构形式应满足轨道交通车站的建筑功能和使用要求,做到安全可靠、技术先进、经济合理。并具有良好的整体性、可延性和满足耐久性的要求。

高架结构作为城市建筑物,其建筑形式应充分考虑城市景观要求。其结构应尽可能减少振动、噪声对周边环境的影响。

结构设计应满足防火、防水、防雷等要求。结构净空尺寸满足建筑限界、设备安装、使用以及施工工艺的要求,并考虑施工误差、结构变形及沉降的影响。其值可根据地质条件、荷载、结构类型、施工工序等条件并参照类似工程的实测值加以确定。做到安全可靠、技术先进、经济合理。

车站主体结构设计使用年限为100年;结构安全等级为一级;高架站耐火等级不应低于二级;建筑抗震设防类别为乙类;建筑抗震设防烈度为6度(0.05g),建筑场地土类别为Ⅱ类,设计地震分组为第一组;本站框架抗震等级为三级;地面以上钢筋混凝土结构构件裂缝宽度限值为0.3mm,地面以下电缆夹层底板、侧墙迎土面、消防水池及泵房底板、侧墙裂缝宽度限值为0.2mm;车站主体结构中露天混凝土构件,按《混凝土结构耐久性设计规范》(GB/T 50476—2008)环境类别中的属一般环境条件中Ⅰ-B级,对于车站其他结构内部构件,按干燥环境考虑,环境作用等级按Ⅰ-A级。

③车站主体钢结构设计。

雅关站主体车站钢结构为原型钢框架结构,主体设计使用年限为100年,抗震设防烈度为6度,抗震设防类别为乙类,设计基本地震加速度为0.05g,设计地震分组为第一组。

主刚架要求采用Q235B、Q345B的钢材、其质量应符合《低合金高强度结构钢》

（GB/T 1591—2008）的规定。支撑、连接板板等次构件用 Q235B 的钢材，其质量应符合《碳素结构钢》（GB/T 700—2006）的规定并满足 Q345（f_y=345N/mm）、Q235（f_y=235N/mm）的要求。

车站屋面外板采用不小于 1.0mm 厚直立锁边铝镁锰板，单片板有效覆盖宽度不大于 400mm，铝合金牌号为 3004，PVDF 氟。面涂层厚度≥25μm、背面≥5μm。屋面板横向不允许搭接，应整板铺设；保温隔热材料采用 100mm 厚室内侧带单层铝箔贴面超细玻璃丝棉，重度 16kg/m³，导热系数不大于 0.037 W/m·K·A，应达到不燃性 A 级标准环保材料。并满足以下指标：吸湿性在 49℃，相对湿度 90% 时，不大于其重量的 3%。湿气渗透率最大 0.013g/24h·m²·mmHg。玻璃采用 6+1.14（PVB）+6 夹胶钢化玻璃，玻璃应符合现行国家标准的有关规定，满足功能及美观要求。

④车站附属结构设计。

车站共设置 2 个天桥出入口，附属结构地基基础设计等级为丙级，附属结构工程采用人工挖孔灌注桩基础，其承力形式为摩擦桩，基桩持力层从上到下依次为：卵石层〈1-6-3〉，强风化泥岩〈3-04-3〉，中风化泥岩〈3-04-2〉，基桩桩端主要持力层为中风化泥岩〈3-04-2〉。

（3）工程重点、难点分析及设计方案

①车站所处位置对环境的影响。

a. 雅关站周边环境。

雅关河沿车站东端及南侧流过，线位处河宽 10m 左右，沟深 1.8m 左右，水深 0.2m 左右，河底淤积沙石为主，河床弯曲，常年流水，典型的 U 形河槽。雅关河在下游穿越盐沙路处设有一内径（宽×高）8m×2.7m 钢筋混凝土箱涵。由于车站 A 号出入口天桥位于现状雅关河内，需要将雅关河改迁至车站附属结构外。

b. 改迁方案。

根据地质条件，结合车站的周边环境以及水文影响，将既有浆砌片石 U 形河槽改造为钢筋混凝土箱涵，河流改造长度约 270m，改造起点位于线站位平面影响范围内上游距离车站约 70m 处，改造终点与既有盐沙路既有箱涵顺接。

②本站下部主体结构为钢筋混凝土框架结构，上部为钢框架结构。设计过程中存在不同专业协同设计，而且钢结构施工图相对下部施工图进度相对滞后，在结构设计过程中如何充分考虑与上、下部组合结构联动是本工程设计的重难点。在设计方案中采用不同的计算软件进行三维整体建模分析计算，较好地模拟了车站结构实际工作状态，为车站在使用阶段展现出良好的工作性能提供充分的证据。

3.2.4　车站施工与验收

选取具有代表性的大寨站作为案例。

大寨站车站长 212m，标准段宽度为 19.4m，基坑深度 10~25.4m，为地下两层岛式车站，两层两跨结构，共设 4 个出入口和 4 个风亭，车站北端接矿山法区间，南端接明挖区间。

其中北端长 115m，深度 16～25.4m，主体及附属结构基坑采用围护桩支护；南端长 97m，为放坡方式开挖，深度 10～16m，基坑最宽 38.8m，最窄 30.6m，采用土钉墙支护。

1）车站施工

（1）围护桩施工

车站围护桩采用旋挖钻进行机械成孔施工，钻孔桩采用隔桩施工，相邻桩混凝土达到 70% 的设计强度后，方可进行下一循环成孔施工。具体的施工流程如图 4-3-61 所示。

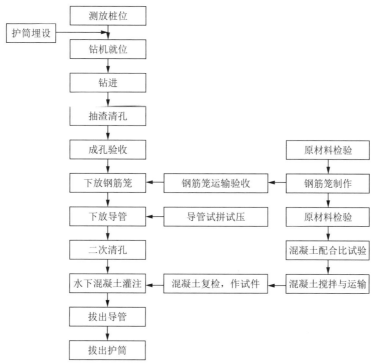

图 4-3-61　围护桩施工工艺流程

（2）冠梁施工

冠梁施工的主要流程如图 4-3-62 所示。

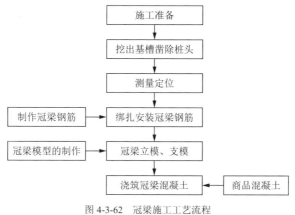

图 4-3-62　冠梁施工工艺流程

①模板制安。

模板采用组合钢模板,用斜撑和横撑、U形卡按设计位置、形状、尺寸支设。模内干净、无杂物,拼缝严密不漏浆,支撑稳定、牢固。

②钢筋制安。

将挖孔桩顶部凿毛至设计高程,用高压风清洗后采用 YJ-302 环氧混凝土界面处理剂涂刷,然后绑扎钢筋。钢筋的搭接长度及接头形式均按相应规范要求进行加工。

③混凝土浇筑及预埋件安装。

混凝土采用早强型商品混凝土,分层浇筑,每段施工缝留斜槎,下次施工前要清洗干净并涂刷 YJ-302 环氧界面处理剂。预埋 PVC 套管的位置在振捣时要调整固定准确,抹面时要再进行检查。施工缝处的混凝土要加强振捣,以增强其防水抗渗性能。

④养护。

混凝土浇筑完毕即采取养护,12h 以内覆盖并浇水,喷淋洒水养护不小于 7d,以确保混凝土表面保持湿润为宜,拆模时间视环境温度而定。拆模后外露面迅速进行养生。

(3)钢支撑及围檩施工

基坑开挖至支撑设计高程以下 0.8m 时停止开挖,开始安装钢围檩。钢围檩安装前,应按设计高程进行定位,防止位置偏差过大,影响基坑的稳定及安全。钢围檩安装完毕后,在钢围檩和桩之间的空隙,采用 C30 细石混凝土填充密实,确保围护桩与钢围檩连接稳固。在灌注桩上用膨胀螺栓固定角钢,用花篮螺栓将钢围檩与角钢连接在一起。

钢支撑安装前应充分做好前期准备工作,包括:根据基坑内宽、活动式固定端长度确定每支钢支撑的节段搭配;钢支撑进场后应对其进行认真表面检查,防止有变形过大、焊缝开裂等质量问题的管被投入使用,造成安全隐患。

钢支撑拼装在现场进行,按所需的各种长度管节逐节对孔、穿螺栓连接,确保每根螺栓都能收紧、固定。吊装前再次检查各节点的连接状况。

钢支撑开挖时实行掏槽开挖,随挖随架支撑,在支撑位置挖出来之后,迅速安装支撑。

钢支撑吊装主要采用门式起重机进行吊装。钢支撑吊装时保持平稳,在门式起重机吊钩下方增加铁扁担,钢支撑经门式起重机转移到相应安装部位后,缓慢地将钢支撑安放在围檩的托盘上。

钢支撑安装后,在土方开挖和结构施工时,做好监测工作,根据监测结果,发现异常及时采取补救措施。

(4)钢支撑拆除

①钢支撑拆除步骤。

最下层钢支撑等到车站底板结构施工完毕且混凝土达到强度后进行拆除,边墙和顶板施工完毕且混凝达到强度后拆除,以此向上,待顶板施工完毕后逐步拆除上一道钢支撑。

②支撑拆除方法。

钢支撑拆除应随车站结构施工进程分段分层拆除。用门式或汽车式起重机将钢支撑托起,在活动端设 2 台 200t 千斤顶,施加轴力至钢楔块松动,取出钢楔块,逐级卸载至取完钢楔,最后将支撑吊出基坑。

(5)挂网喷射混凝土施工

围护桩桩间土采用挂网喷射 150mm 厚的 C20 混凝土进行保护,挂网喷射混凝土必须在基坑开挖完成后进行施工。为减少回弹及粉尘,创造良好的施工条件,桩间挂网喷射混凝土采用湿喷工艺。工艺流程如图 4-3-63 所示。质量检验标准见表 4-3-10。

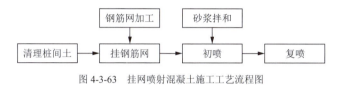

图 4-3-63 挂网喷射混凝土施工工艺流程图

质量检验标准表(单位:mm) 表 4-3-10

工 序	项 目	允许偏差	检查方法
焊接钢筋网片	网片宽度	±10	钢尺量
	网片长度	±10	钢尺量
	网片两对角线之差	10	拉线、钢尺量
喷射混凝土施工	强度	平均强度≥设计强度	数理统计
	厚度	-10,+20	钢尺量
	表面平整度	±10	2m 靠尺

2)基坑开挖施工

(1)开挖方法及顺序

当基坑开挖前的准备工作已经就绪,围护结构已经达到设计强度,并且经检验合格,基坑防排水工作准备就绪,基坑才可正式按照施工设计开挖。

基坑在开挖过程中掌握好"分层、分步、对称、平衡、限时"五个要点,遵循"竖向分层、纵向分区分段、先支后挖"的施工原则。基坑开挖方法采用门式起重机配合挖掘机分台阶接力式后退连续开挖。分段开挖,由浅到深逐层开挖,一段挖完后再从浅层开挖下一段,这样可以从根本上解决施工过程中基坑的纵坡稳定问题,基坑纵坡比根据施工位置不同保持在 1:2～1:3。

(2)基坑开挖施工方法及技术措施

①土方开挖到各层钢管支撑底部时,及时施作钢管支撑。

②基坑开挖过程中严禁超挖,基坑纵向放坡不得大于安全坡度,对暴露时间较长或可能受暴雨冲刷的纵坡采用钢丝网水泥喷浆等坡面保护措施,严防纵向滑坡。

③基坑开挖到最底层后,按 5～6m 分段,挖掘机开挖至高程立即进行基底检查,在地基加固完成后迅速完成封底垫层施工。

④机械开挖的同时辅以人工配合,特别是基底以上 30cm 的土层采用人工开挖,以减少超挖,开挖至基底后迅速加固。

⑤加强基坑稳定的观察和监控量测工作，以便发现施工安全隐患，并通过监测反馈及时调整开挖程序。

⑥做好基坑降、排水措施：为保证基坑开挖面不浸水，要在坡顶外设置截水沟或挡水堤，防止地表水冲刷坡面和基坑外排水回流渗入坑内，在基坑内及时设置排水沟和集水井，防止基坑内积水；在基坑开挖前，在基坑外侧设置排泄水沟，用于排除地面明水，防止地面明水流入基坑内。

（3）放坡开挖施工方法

①一般土质基坑放坡开挖。

基坑开挖采用推土机配合挖掘机装车，自卸汽车运输进行。开挖前首先做好基坑顶天沟，再自上而下按设计坡度分层开挖，分段流水作业。施工中做好临时排水设施，保持排水畅通和边坡稳定。

施工时根据测设边桩位置，采用机械开挖，并留 0.2～0.3m 的保护层以利于人工修坡。施工时边坡逐层控制，每 10m 插杆挂线人工修刷。边坡上若有坑穴，采用挖台阶浆砌片石嵌补。

基底保留 10～20cm 厚不开挖，表面做成向两侧的 1% 排水坡，表面以下地层不得扰动和泥化。

②石质基坑放坡开挖。

由于基坑的岩层属于软弱风化岩层，采用机械凿除或松动爆破施工。

开挖准备：打通进入作业面的通道，长基坑需要分段开挖作业时，应打通进入每一个作业面的纵横向通道。挖除的土方需要利用时，在正式开挖前应做好清表工作，剥离不适用表土，并清除树根等杂物。

基坑开挖前，必须做好堑顶临时截（排）水沟；有条件时应采用临时截（排）水工程与永久截（排）水工程相结合。

石质基坑采用爆破开挖时，通过测定附近建（构）筑物爆破振速控制装药量，合理优化爆破参数，如图 4-3-64 所示。

（4）分台阶开挖及挖装运

①强风化岩层尽量用斗容量较大的大功率液压挖掘机挖装，重型自卸汽车运输。

②分层开挖的层厚应不大于挖掘机或装载机的最大工作高度。

图 4-3-64　周边建（构）筑物爆破振速监测

③槽宽度应满足开挖机械最小工作面要求，开挖临空面须根据安全坡度角进行放坡。

④分区、分层、分段开挖时应预留施工机械走行坡道，如图 4-3-65 所示。

（5）基坑放坡开挖断面控制

挖方断面坡脚边线按欠挖宽度进行控制（图 4-3-66），欠挖控制线范围以内土体用机械开挖,欠挖控制线与边坡成形控制线之间的土体留待刷坡处理。

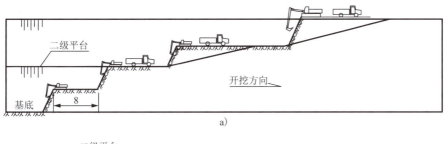

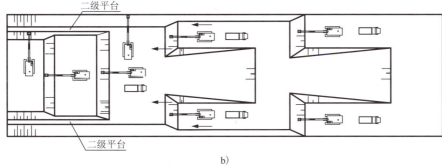

图 4-3-65 基坑分层、分段开挖示意图

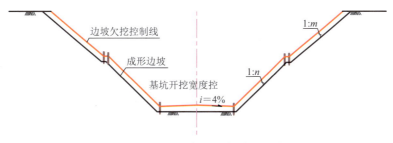

图 4-3-66 挖方断面控制图

为保证断面几何尺寸准确无误,直线段间距 20m 设边桩,曲线段间距 10m 设边桩。每隔 20~50m 用标杆和红色施工绳做成标准几何断面。

(6)综合接地网施工

接地网由水平接地体、垂直接地体构成并经接地引出线引出,接地网在车站底板垫层下的埋设深度不小于 0.5m,车站整个接地网一般设置垂直接地体和强弱电系统接地引出线。

基坑开挖至基底高程后,及时按图示位置人工挖沟槽,施作水平接地体,完毕后尽快施作底板垫层,并预留垂直接地体孔洞、预留接地引出线孔洞,垫层达到强度后再施作垂直接地体、接地引出线。每一部分做完后,实测其接地电阻,记录每次测量的数据。接地网全部施工完成后,应整体实测接地电阻、接触电位差及跨步电位差。

①水平接地网施工。

水平接地网采用 50mm×5mm 铜排,接地引出线及与其相连的水平接地体为 50mm×5mm 铜排。水平接地网的连接采用焊接,焊接方式采用搭接焊,要求焊接牢固无虚焊,其搭接长度为宽度的2倍(且不小于3个棱边焊接)。交叉处均应可靠焊接,弯曲要求满足:接地铜排立弯(宽度方向弯曲),内半径大于1.5倍宽度;接地铜排平弯(厚度方向弯曲),内半径大于2倍厚度。

②垂直接地体施工。

垂直接地体采用铜管,铜排与铜管焊接,除应在其接触部位两侧进行焊接外,将铜排加工成弧形卡子与铜管焊接。铜管对接采用外套铜管两端焊接形式。

③地引出线施工。

图4-3-67 综合接地引出线防水处理

接地引出线和强、弱电系统接地引出线要求引出车站底板上缘0.5m,在结构底板混凝土中部加焊300mm×350mm×5mm铜板作为止水板。引出线应由站台板外沿下隔墙(及通风道隔墙)内测引出底板大于0.5m,并设法妥善保护,严防断裂。接地引上线引出时,应与底板外防水的施工密切配合,以确保底板外防水层的敷设和应用,该处的防水措施参照相应防水细部如图4-3-67所示。

④降阻剂施放。

水平接地体:沟槽断面选用上宽600mm、下宽400mm、深600mm的梯形,仅在接地网周边水平接地体施放降阻剂,此时在起沟底部再挖0.12m×0.12m的同向降阻剂小槽,将接地即放入槽内并按设计焊接,搭接部分不得小于规程要求。为保证金属接地极处于浆料中,用小石块对不同部位支撑,使其离沟底约50mm,以便于浆液包裹金属,将拌好的浆料灌入放置金属的沟槽内,尽量均匀包裹,待初凝后细土回填,逐层洒水夯实。如果水平接地体敷设处岩层的土壤电阻率大于$100\Omega \cdot m$,应采取换土措施,换土深度应达到水平接地体下0.2m,土壤为电阻率小于$50\Omega \cdot m$的黏土。

⑤施工注意事项。

在焊接铜排和铜管前,清除表面氧化层,确保焊接部位牢固;接地引出线一定要露出底板上缘不小于0.5m,并明显标示,妥善保护;水平接地体施作完成后,回填土严禁用建筑垃圾,可采用黏土或低土壤电阻率的粉末状强风化岩。

3)车站主体结构施工

(1)施工分段

根据施工场地特点,为方便施工组织管理,满足施工进度及质量要求,配合土石方开挖及保证工程安全,主体结构进行分段施工。为解决混凝土干缩问题,可由基底顺作隔段跳仓进行主体结构施工,相邻施工段时间相隔控制在一个月左右。

分段原则:

①施工缝应该设于受剪力较小且便于施工的部位,一般设于两中间柱跨距的1/3~

1/4 处。

②避开在主体与附属结构连接部位设施工缝。

③各施工缝根据受力原则不能位于主体结构拐角处,不能位于桩、柱中间。

(2) 施工顺序

车站主体结构按顺作法由基底向上分层进行结构施工,其流程如图 4-3-68 所示。

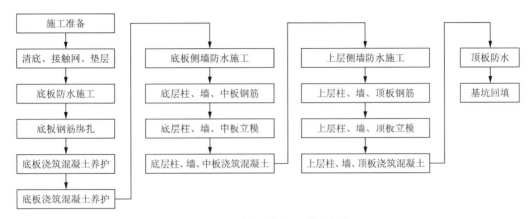

图 4-3-68 主体结构施工工艺流程图

(3) 垫层施工方法及技术措施

车站基底经检查处理合格后,进行接地网装置施工,接地网施工完成验收合格后应及时进行垫层施工,及时浇筑垫层混凝土。为保证施工期间的抗浮稳定和基坑稳定,以及垫层混凝土质量和垫层防水层施工,垫层底采用盲沟分段排水。垫层施工方法及技术措施为:

①在坑内垫层下开凿排水盲沟,周边设集水井,抽干基底积水。排水后浇筑垫层混凝土。

②垫层混凝土采用 C20 商品混凝土,浇筑时,先按盲沟的位置分区平行浇筑,然后在盲沟处合拢封闭。垫层混凝土采用平板捣固器捣固,人工抹平。

③垫层混凝土施工完后保证其表面平顺、干净、干燥,局部不平整处采用防水砂浆找平,防水砂浆为掺入膨胀剂的砂浆,抹面时按宽 3.0m 分幅放线分格施工。砂浆终凝前进行"提浆、压实、抹光",保证防水砂浆面光洁平整,以利于防水层施工。

④垫层混凝土应沿线路方向灌注,布灰应均匀。

⑤垫层混凝土终凝后应及时养护,垫层混凝土养护时间不得少于 7d。

(4) 结构板施工方法及技术措施

各层板施工工艺及施工方法基本一致,主要包括钢筋工程、模板及支架工程、混凝土工程。

①钢筋工程。

a. 由钢筋加工厂运至施工现场的每批钢筋应附出厂合格证和试验报告单,并按规定必须进行材质试验和焊接工艺试验,保证钢筋为合格产品。

b. 钢筋在施工现场钢筋加工场加工制作成型后由桁吊运至施工工作面现场绑扎安装。

c. 纵横向主筋在钢筋加工场加工。

d. 钢筋现场绑扎前应清点数量、类别、型号、直径,锈蚀严重的钢筋应除锈,弯曲变形钢筋应校正;清理结构内杂物,调直施工缝处钢筋;检查结构位置、高程和模板支立情况,测放钢筋位置后方可进行绑扎。

e. 钢筋绑扎时,钢筋保护层厚度严格按照设计要求进行。

f. 钢筋绑扎搭接长度应满足设计要求,绑扎点应符合以下规定:

钢筋搭接时,中间和两端共绑扎三处,并必须单独绑扎后,再和交叉钢筋绑扎;主筋和分布筋,除变形缝处钢筋骨架全部绑扎外,其余可交叉绑扎;主筋之间或双向受力钢筋交叉点应全部绑扎;单肢箍筋和双肢箍筋拐角处与主筋交叉点应全部绑扎,双肢箍筋平直部分与主筋交叉点可交叉绑扎。

g. 箍筋位置应准确并垂直主筋,双肢箍筋弯钩叠合处,应沿受力方向错开设置,单肢箍筋可按行列式或交错式排列。

h. 钢筋接头宜设置在受力较小处,同一构件内的接头宜相互错开,接头末端至钢筋弯起点的距离不小于钢筋直径的 10 倍。同一连接区段内,受力钢筋的接头面积百分率应符合设计及规范要求,对于中、顶板施工受力钢筋不宜大于 25%。

i. 钢筋施工时,应对预埋件的安装位置、稳固程度作认真检查,以确保其准确无误。

② 模板及支架工程。

本站侧墙、中板和顶板、柱梁结构施工均采用扣件式钢管支架支模灌注混凝土。其施工方法与技术措施如下:

a. 车站中间立柱及侧墙采用定型钢模,中、顶板模板采用 1.0m×1.0m 及 0.3m×1.0m 的组合钢模,板、墙腋角处采用特制异形钢模,用可调式支撑体系调节模板的大面平整度及垂直度,保证结构的正确位置和外观质量。

b. 模型及支撑体系均需进行强度及变形检算,根据检算结果预留适当的变形量,保证具有足够的强度、刚度和稳定性。

c. 模板表面光洁平整、接缝严密,遇水不变形、不漏浆,以保证混凝土表面质量。

d. 挡头模板采用木模,根据施工缝、变形缝所采用的止水材料进行设置,并注意保证其稳定、牢固、可靠、不变形、不漏浆。

e. 采用高级 C 系列脱模剂,不使用油性脱模剂,保证建筑装修与结构混凝土的黏结力。

f. 结构中、顶板应先支立支架后铺设模板,并预留沉落量。

g. 侧墙结构应根据放线位置分层支立模板,模板在钢筋绑扎完成后支立。

h. 立柱模板采用拉杆螺栓固定,两端应加垫块,模板拆除后其孔应用膨胀水泥砂浆封堵严密。

i. 预埋件和预留孔按放线坐标,精确测设在模板上,并采用钢筋固定等办法将预埋件和孔洞模板加固牢靠,确保位置准确,浇筑混凝土时不走位、不变形、不遗漏。

j. 模板和支撑件均采用汽车式起重机起吊运输。

k. 模板使用时尽量做到标准化、系列化、装拆方便,周转次数多,尽量做到节约木材。

l. 在施工中、顶板和站台板时,模板必须在顶板强度达到设计规定的强度时,方可拆除扣件。模板拆除时应将模板清洁干净。

m. 在分段主体结构施工过程中,顶板混凝土未达到设计强度之前,以下各层脚手架不得拆除。在相邻施工段的先施工段悬挑部分的各层脚手架,应在后浇段的顶板混凝土达到设计强度后才能拆除。

③混凝土工程。

a. 车站施工混凝土采用商品混凝土,顶板混凝土采用结构防水混凝土,防水等级为P8。商品混凝土具备抗渗、耐蚀、微膨胀、缓凝、早强、高流态的特点以适应结构灌注工艺需要和确保中、顶板混凝土质量。

b. 商品混凝土用混凝土运输车运送至灌注地点,用混凝土输送泵输送至灌注面。

c. 混凝土灌注前应对模板、钢筋、预埋件、端头止水带等进行检查,清除模内杂物,隐检合格后,方可灌注混凝土。

d. 中、顶板混凝土应连续水平、分层、分幅、分台阶由侧墙分别向结构中间方向进行灌注,幅宽1.0~2.0m。混凝土灌至设计高程初凝前,应用表面振捣器振捣一遍后抹面。

e. 中、顶板结构变形缝处止水带的下侧混凝土应振实,将止水带压紧后方可继续灌注混凝土。

f. 混凝土灌注过程中应随时观测模板、支架、钢筋、预埋件和预留孔洞等情况,发现问题及时处理。

g. 结构顶板防水混凝土施工缝处采用二次捣固工艺施工。

h. 每节段中、顶板施工缝在混凝土浇筑前必须对前一节段接头处凿毛及清洗干净,安装止水条,并在浇筑前浇筑一层同标号的水泥砂浆,不能在浇筑前浇筑同等级水泥砂浆的施工缝,如横向施工缝,都采用涂抹YJ-302混凝土界面处理剂处理,以提高混凝土接缝处的黏接力。

i. 当混凝土灌注落差≥2m时,使用串筒将混凝土输送至结构浇筑部位。

j. 混凝土灌注时,为控制混凝土的入模温度,尽可能安排在夜间灌注混凝土,夏季施工时应采取有效的措施,控制入模温度在30℃以内。

k. 中、顶板混凝土终凝后应及时养护,养护采用覆盖养护,养护时间不得少于14d。

l. 中、顶板混凝土灌注后终凝前进行"提浆、压实、抹光"等工作,消除混凝土凝固初期产生的收缩裂纹,又保证结构防水层黏结牢固。

(5)侧墙施工方法及技术措施

侧墙施工主要包括钢筋工程、模板工程以及混凝土工程。由于混凝土一次性浇筑高度较大,因此在混凝土浇筑时,必须控制好模板是否变形、移位。

①由于边墙施工高度高,混凝土灌注量大,因此混凝土灌注过程中特别注意模板是否变形、移位,对模板的支撑特别加强,模板施工必须进行稳定性及强度检算。

②边墙结构施工应根据放线位置分层支立模板。

③侧墙钢筋必须自下而上绑扎,必要时应适当增设固定点或加设支撑。

④边墙立筋与底、中、顶板水平主筋交叉点必须绑扎焊接牢固,必要时加设支撑。

⑤边墙处施工缝止水带必须固定牢固,内外侧混凝土应均匀,水平灌注,保持止水带位置正确、平直、无卷曲现象。

⑥在灌注现场制作混凝土抗压、抗渗试件,试件的留置数量满足设计和规范要求。

⑦混凝土终凝后,立即进行混凝土养护,边墙采用洒水养护,洒水次数应能保持混凝土处于湿润状态,混凝土养护时间不得少于14d。

(6)预留孔洞及预埋件施工技术措施

预留孔洞及预埋件的位置准确程度直接关系到车站结构的使用功能和结构工程的整体质量,预留孔洞、预埋件位置的控制技术贯穿于施工的全过程,采取的施工技术措施如下:

①认真阅读土建结构及相关的设备安装、建筑装修图样,全面了解各类预留孔和预埋件的位置、数量、规格及其功能,绘制详细的预埋件、预留孔的布置图样,防止施工过程中出现错漏。

②预留孔洞、预埋件应根据施工放样精确固定在模板上,并采用钢筋固定,确保安放预留洞及预埋件的模型不发生位移及变形,同时,对预留孔洞的模型自身的变形也要有效地控制。

③拆除模型后应立即对预留孔洞及预埋件位置进行复测,确保位置准确,否则立即进行必要的修复。

④对已成型的孔洞应进行覆盖或围蔽,防止人、物坠落。

(7)车站基坑回填

①施工方法。

采用自卸车将外借土方运到施工现场,人工配合平地机进行摊铺,层厚不大于30cm,用1~3t打夯机进行夯实,密实度达到设计要求。离顶板大于50cm厚可采用10~15t自卸汽车上土,推土机配合平地机摊铺平整,压路机进行碾压,碾压过程中尽量避免使用强振,密实度不小于95%,做好一层经检验达到要求后,方可进行下一层填筑。

②施工要点。

a. 填土做到"横向到边,边角到位",严格控制"三度"(即压实度、厚度、平整度)。

b. 土方填筑遵循"填三压二"(即每层虚填厚度不超过30cm,压实后厚度不超过20cm)。

4)质量及安全保证措施

(1)车站施工质量保障措施

①围护桩质量保证措施。

a. 严格围护桩测量定位工作,定位标志明确,定位后及时进行技术交底,保证桩位准确。

b. 控制好围护桩成孔时的泥浆相对密度,确保桩身周边孔壁不坍塌,保证桩身上下尺寸均匀。

c. 围护桩孔口土层容易塌孔,所以围护桩开孔时,埋设好钢护筒,慢速均匀钻进,确保桩头周边孔壁不坍塌。

d. 围护桩成孔终孔前,慢速换浆;并在灌注前采用导管进行二次换浆,确保桩底沉淀量在允许误差内。

e. 围护桩钢筋笼采取工地分节焊接,分节入孔,确保入孔垂直居中不脱焊。

f. 垂直导管严格接头防水圈安装,采用黄油黏附,套接牢固居中安放,确保混凝土灌注期间,导管不漏水。

② 基坑钢支撑质量保证措施。

a. 选用优质钢材保证钢支撑的制作质量,各项误差控制在允许误差内。

b. 现场破损的钢支撑及时维修恢复。

c. 保证钢支撑的接头质量,上足螺栓,做到连接牢固,并保证接头顺直。

d. 钢支撑施加预应力时,要保证达到足够的内力,千斤顶与油压表定期标定,确保数值准确。支撑锁定牢固,避免内力损失。

③ 基坑锚索质量保证措施。

a. 严格控制预应力锚索、锚头的制造质量,选用优秀厂家作为供应商,严格材料进场时的质量检验。

b. 严格锚索开口定位,定位标志明确,保证各锚索间距均匀。

c. 钻机开孔前,调整好钻杆倾斜度,确保锚索的入土角度。

d. 钻机慢速均匀钻进,确保索孔顺直不塌孔。现场配足技术人员,每孔都要检查钻孔长度,确保锚索长度。

e. 穿索时严格保持锚索顺直,防止损坏孔道,锚索绑扎要牢固,施工中不能松散。

f. 锚索注浆时,严格水泥浆的配合比,确保水泥浆的强度和必要的流动度。压浆时慢速均匀,确保孔内空气排出。

g. 严格控制注浆量,确保锚固段长度符合设计要求。

④ 防水质量保证措施。

a. 严格控制防水板、止水带等防水材料的制造质量,选用优秀厂家作为供应商,严格材料进场时的质量检验。

b. 施工缝处止水带安装采用钢筋固定,确保埋入位置准确,混凝土浇筑施工时不产生较大的变形移位。

c. 铺设底板下防水卷材前,消除坑底的尖锐物体,操作人员不得穿着硬底鞋,统一着装软底鞋。

d. 铺设防水板之前,严格检查基坑墙壁,保证墙壁光滑,避免有尖锐物体刺破防水板。

e. 防水板搭接时,要保证搭接长度,并采用热塑焊接牢固。铺设防水板时,挂点布置均匀,系挂牢固。

f. 提高混凝土结构的防渗能力,一是通过提高混凝土配制质量和改善混凝土浇筑质量,以致密的混凝土形成挡水的基本屏障;二是通过科学的施工工艺和严格的管理措施,确保各结构防水薄弱部位的防水能力,截断地下水沿该部位的通路;三是采取提高混凝土抗渗能力,防止结构开裂产生渗水通道而引起结构漏水,以提高混凝土抗渗能力。

g. 控制混凝土水灰比,采用"双掺技术",加入适量的优质粉煤灰及聚羧酸防水外加剂。

h. 后浇带混凝土中掺入适量的混凝土微膨胀剂,补偿混凝土的收缩,减少混凝土的收缩裂缝。

⑤车站主体结构质量保证措施。

a. 车站主体结构施工前,选用优质模板,保证模板的刚度、平整度、光洁度,确实保证混凝土表面的美观。

b. 认真进行模板安装,保证安装牢固,认真进行混凝土配合比的选配,在施工中密切与供应商的联系,确保每次混凝土供应级别的正确。

c. 混凝土施工时,投入足够的振捣设备,加强振捣,确保混凝土密实,保证混凝土强度。

d. 加强现场的交通组织,确保混凝土运输畅通,保证混凝土的和易性,便于混凝土在模板内流动和振捣,不发生阻塞。

e. 降低混凝土的入模温度,炎热季节施工尽量安排在气温较低的时段进行混凝土浇筑,同时可用降低砂、石及拌和水温度的方法来控制混凝土的入模温度。

f. 混凝土运输过程中不断地加以搅拌,确保进入施工现场的混凝土本身的质量和流动度。

g. 混凝土浇筑施工严格按照顺序进行,分层浇筑,振捣密实。严格按操作规程要求,控制捣固范围及时间,避免因漏捣而引起蜂窝麻面或因振捣时间过长、过短所引起的翻砂和捣固不密实等不良现象的发生。

h. 分层浇筑混凝土的间隙时间应控制在允许范围内,间隙时间超出允许范围时,按施工缝有关要求进行处理。

i. 加强混凝土的养生,采取洒水、覆盖的措施,保证混凝土强度在养护期内的快速增长。

j. 认真按照图样尺寸要求,进行钢筋下料,确保钢筋规格、品种、尺寸的正确。

k. 严格钢筋焊接工序的控制,操作人员要持证上岗,采取正确的焊接方法,采用优质的焊接材料,确保钢筋接头质量。

l. 钢筋加工成半成品后,要按类别、直径、使用部位挂好标志牌,并分类堆放整齐,使用提升设备吊运时,小心轻放避免弯曲。

m. 钢筋搭接处,在中心和两端用铁丝绑扎牢。钢筋的搭接长度严格按设计要求施工。

(2)车站施工安全保证措施。

①支架施工安全保证措施。

a. 按照《危险性较大的分部分项工程安全管理办法》(建质〔2009〕87号)要求编制安全专项施工方案进行专家论证,论证通过后方可实施。

b. 严格按照方案、交底搭设满堂架,严格履行检查验收程序。

c. 严格按照方案、规范设置剪刀撑,与之相交的钢管必须按规范要求连接牢固。

d. 支架底部必须设置扫地杆,纵横向满铺,与相交立杆全部扣件连接。

e. 架体上的施工荷载不许超过设计值,材料设备堆放整齐,均匀摆放。

②防坠物打击安全保证措施。

a. 人员进入施工现场必须按规定佩戴安全帽。应在规定的安全通道内出入和上下,不得在非规定通道位置站立或行走。

b. 支架、模板支撑加固施工时,上下作业面错开,严禁在一个垂直断面多人同时施工。

c. 作业过程一般常用工具必须放在工具袋内,物料传递不准往下或向上乱抛材料和工具等物件。所有物料应堆放平稳,不得放在临边和通道,不可妨碍通行。

d. 吊运一切物料都必须由持有司索工上岗证人员进行绑码,散料应用吊篮装好后才能起吊。

e. 拆除或拆卸作业要在设置警戒区域、有人监护的条件下进行。

f. 高处拆除作业时,对拆卸下的物料要及时清理和运走,不得在走道上任意乱放或向下丢弃。

③防高空坠落安全保证措施。

a. 进入施工现场的人员必须戴安全帽。一是安全帽必须符合国家标准;二是要正确佩戴,尤其是要系好帽带,防止脱落,使其在高处坠落或物体打击时起到保护作用。

b. 高处作业人员必须系好安全带。

c. 凡在 2m 以上高处作业,必须系好合格的安全带,有的高处作业点设有挂安全带的条件时,施工负责人应为工人设置挂安全带的安全拉绳、安全栏杆等,并确保高挂低用。

d. 从事高处作业的人员要进行体检,不适于高处作业的疾病有高血压、心脏病、贫血病、癫痫病等;高处作业人员应衣着灵便,穿着防滑鞋。

e. 当有 6 级强风及以上风、浓雾、雨或雪天气时停止脚手架搭设与拆除作业。

④临时用电安全保证措施。

a. 临时用电工程的安装、维护、拆除工作必须由持证电工操作,操作时配备相应的劳防用品。

b. 建立现场用电安全管理技术档案,建立安全用电检查制度。

c. 电缆离地 2.2m 以上,电缆穿越建(构)筑物、易受机械损伤的场所及引出地面从 2m 高度至地下 0.2m 处须加防护套管;电缆沿架体布置时,须搭设支架(支架上固定绝缘子,严禁使用金属裸线作绑线);电缆穿越道路时采用地下电缆或桥架,地下电缆预埋钢套管,覆盖钢筋混凝土保护层,并做好标记。

d. 采用接零保护,保护零线应单独敷设,每个电箱做好接零保护。

e. 做好外线的安全防护,动力、照明线路分路设置。

f. 分配电箱与开关箱的距离<30m,设置在干燥、通风、易于维修处,露天电箱应设固定防雨棚。

g. 每台电器设备应有各自专用的开关箱,必须一机一闸,采用两级漏电保护。分配电箱与开关箱中的漏电保护器的额定漏电动作电流和额定动作时间应作合理配合,使之具有分级分段保护的功能。

h. 手动开关只许用于直接控制照明电路和容量不大于 5.5kW 的动力电器。

i. 选购的电动建筑机械、手持电动工具和用电安全装置应符合相应的国家标准、专业标准和安全技术规程,有产品合格证和使用说明书。建立和执行专人专机负责制。

⑤起重吊装作业安全保障措施。

a. 起重工必须经专门安全技术培训,考试合格持证上岗,持有特种作业操作证。

b. 起重工应健康,两眼视力均不得低于 1.0,无色盲、听力障碍、高血压、心脏病、癫痫病、眩晕、突发性昏厥及其他影响起重吊装作业的疾病与生理缺陷。

c. 严禁酒后作业,吊装区域无闲散人员,障碍已排除。

d. 作业人员必须听从统一指挥,协调一致。

e. 起重设备要求性能可靠,经过特种设备检测,并出具合格证书,且到当地安监部门进行特种设备备案。

f. 起重设备进场必须进行验收,合格后方可作业,对特种机械司机,及指挥人员上岗证件,进行检查核对,对钢丝绳,吊环进行严格检查,发现问题要求及时更换,确保施工安全。

凡有下列情况之一的钢丝绳不得继续使用:

一个节距的断丝数量超过总丝数的 10%;出现拧钮死结、死弯、压扁、股松明显、波浪形、钢丝外飞、绳芯挤出以及断股等现象;钢丝绳直径减少 7%~10%;钢丝绳表面钢丝磨损或腐蚀程度达表面钢丝直径的 40% 以上,或钢丝绳被腐蚀后,表面麻痕清晰可见,整根钢丝绳明显变硬;使用新购置的吊索具前应检查其合格证,并试吊,确认安全。

⑥消防安全保障措施。

a. 建立经理部、作业队、班组三级防火责任制,明确各级防火职责。

b. 在现场配备合适的消防器材、设施,做好日常维修保养和按期检测工作,消防通道要保持畅通。

c. 与当地消防、救援及医疗机构建立可靠的联络渠道,以便得到及时救助。

d. 对员工进行灭火能力培训和教育。

5)工程施工风险应急处理措施

基坑施工过程中出现以下情况:基坑监测点超警戒值;围护结构或支撑结构突变;坑底出现流沙;突降大雨或暴雨;周边建筑物沉降超报警值或倾斜、开裂等,此时立即启动应急预案,现场管理人员马上上报应急领导小组,领导小组上报主管部门的同时,组织通信小组记录整理紧急情况及时向各个职能小组传递;技术支持组现场指导抢险措施,并向外部救援机构提供准确、实时的现场信息;抢险抢修组立即实施预案措施,转移受害者,防止二次伤害;医疗救治组第一时间抢救伤员,并协助外部救援机构护理、转移受害人员;后勤保障组保证应急、救援物资设备以最快时间到达事故现场。

(1)基坑围护结构变形较大

①围护结构桩遇溶洞或溶蚀发育段发生塌孔时,采用低标号混凝土进行回填至溶洞顶

或塌孔范围顶部,重新钻孔,保证围护结构桩质量。

②根据实际条件采用临时增加钢支撑的方式,控制基坑变形。

③严格执行"竖向分层、纵向分段、先支后挖"的挖土原则,减小开挖土体后暴露的临空面。

④设置严密的信息化监测系统,掌握开挖过程中各类参数的变化情况,并及时反馈指导施工。

(2)坑底出现流沙

①停止开挖基坑。

②回填土石方压住流沙。

③分析原因,制订进一步对策。

④采取坑内降水补救措施,将板桩紧贴围护墙体插入坑底,增大围护墙入土深度。

(3)基坑纵向边坡失稳

①清除坡顶堆载,禁止工程车辆和工程机械在坡顶作业。

②采取坑内降水的补救措施。

③修复塌方或滑坡的边坡前,先在坡脚外做临时性支护,跳槽开挖基坑,施作重力式挡土墙。

(4)支撑体系失稳

①如果是支撑细长比过大,可设置中间立柱和联系杆来稳定支撑。

②如果是支撑不水平,则拆除支撑重新安装。

③如果是支撑轴力过大而引起,立即停止基坑开挖,上报有关部门,根据实际情况确定处理方案。

(5)基坑支护结构局部崩塌

①立即停止施工,尽快向基坑内支护结构局部崩塌区回填大量黄沙、土石方,防止支护结构崩塌范围的扩大。

②对支护结构局部崩塌区坑外采取补桩、注浆等措施保护地下管线和建(构)筑物的安全。

③分析基坑支护结构局部崩塌原因,制订进一步对策。

(6)基坑周边建筑物超警戒值沉降、出现裂缝或倾斜

①立即组织项目人员对建筑物内人员进行有秩序疏散、安置,做好劝导安抚思想工作。

②同时停止基坑施工,向有关主管部门上报具体情况,请相关专家现场确定处理方案。

(7)防洪防汛

①进入雨期施工时,随时关注天气讯息,提前做好防洪防汛准备。

②进入雨期施工时,应对基坑四周的临时排水沟进行统一的疏通,确保水流顺畅,对于低处抽排水处设置备用抽水机,确保暴雨时能及时将水排出。

③暴雨降临时,安排专职人员进行值班,确保水泵数量足够,能让雨水顺利排出。

(8)基坑坍塌

①第一时间确定现场处置救援方案,调动资源设备在检查无二次坍塌危险后立即投入

到现场抢险中,并联系外部救援机构前来救援、救护,做好现场保护,防止事故扩大及尽量减小社会负面影响。

②设置警戒范围,对附近民众进行劝导疏散。

③现场 24h 轮班,观测基坑实时状况,防止二次伤害。

④整理事故报告,上报相关主管部门。

6)工程验收

(1)模板工程验收

现浇混凝土结构模板安装的允许偏差及检验方法见表 4-3-11。

现浇混凝土结构模板安装的允许偏差及检验方法(单位:mm)　　表 4-3-11

项 目		允许偏差	检验方法
轴线位置		5	尺量
底模上表面高程		±5	水准仪或拉线、尺量
模板内部尺寸	基础	±10	尺量
	柱、墙、梁	±5	尺量
	楼梯相邻踏步高差	±5	尺量
垂直度	柱、墙层高≤6m	8	经纬仪或吊线、尺量
	柱、墙层高>6m	10	经纬仪或吊线、尺量
相邻两块模板表面高差		2	尺量
表面平整度		5	2m 靠尺和塞尺量测

本工程在分段主体结构施工过程中,顶板混凝土未达到设计强度前,以下各层脚手架不得拆除。在相临施工段的先施工段悬挑部分的各层脚手架,应在后浇段的顶板达到设计强度后才能拆除。

(2)钢筋工程验收

①钢筋进场时,必须按国家现行标准取试件做屈服强度、抗拉强度、伸长率、弯曲性能和重量偏差检验,检验结果应符合相应标准的规定。

检验数量:同一厂家、同一类型、同一钢筋来源的成型钢筋,不超过 30t 为一批计,每批中每种钢筋牌号、规格均应至少抽取 1 个钢筋试件,总数不应少于 3 个。

检验方法:检查质量证明文件和抽样检验报告。

②钢筋的加工应符合设计要求。

a. 钢筋弯折的弯弧内直径应符合下列规定:

光圆钢筋不应小于钢筋直径的 2.5 倍;HPB300、HRB400 带肋钢筋不应小于钢筋直径的 4 倍;箍筋弯折处尚不应小于纵向受力钢筋的直径。

b. 纵向受力钢筋弯折后平直段长度应符合设计要求;光圆钢筋末端制作 180°弯钩时,弯钩的平直段长度不应小于钢筋直径的 3 倍。

c. 箍筋、拉筋的末端应按设计要求作弯钩。箍筋弯钩的弯折角度不应小于 135°,梁、柱复合箍筋中的单肢箍筋两侧弯钩的弯折角度不应小于 135°,弯折后平直段长度不应小于箍筋直径的 10 倍。

检查数量:按每工作班同一类型钢筋、同一加工设备抽查不应少于3件。

检查方法:尺量。

d. 盘圆钢筋调直后应进行力学性能和质量偏差检验,其强度应符合国家现行有关标准的规定,其断后伸长率、质量偏差应符合表4-3-12的规定。检验质量偏差时,试件切口应平滑并与长度方向垂直,其长度不应小于500mm,长度和质量的测量精度分部不应低于1mm和1g,采用无延伸功能的机械调直的钢筋,可不进行质量偏差检验。

钢筋断后伸长率、质量偏差表　　　　表4-3-12

钢筋牌号	断后伸长率A（%）	质量偏差(%)	
		直径6~12mm	直径14~16mm
HPB300	≥21	≥-10	—
HRB335、HRBF335	≥16	≥-8	≥-6
HRB400、HRBF400	≥15	≥-8	≥-6
RRB400	≥13	≥-8	≥-6
HRB500、HRBF500	≥14	≥-8	≥-6

③钢筋的连接方式应符合设计要求。

钢筋机械连接接头、焊接接头的力学性能、弯曲性能应符合国家现行相关标准的规定,接头试件应从工程实体中截取。按现行《钢筋机械连接技术规程》(JGJ 107)和《钢筋焊接及验收规程》(JGJ 18)的规定进行检验。

④钢筋安装时,受力钢筋的牌号、数量、规格必须符合设计要求。受力钢筋的安装位置、锚固方式应符合设计要求。钢筋的安装偏差及检验方法应符合表4-3-13的规定。

梁类构件上部受力钢筋保护层厚度的合格点率应达到90%以上,且不得有超过表4-3-13中数值1.5倍的偏差。

钢筋网安装位置的允许偏差和检验方法　　　　表4-3-13

项　目		允许偏差(mm)	检验方法
绑扎钢筋网	长、宽	±10	尺量
	网眼尺寸	±20	尺量连续三档,取最大偏差值
绑扎钢筋骨架	长	±10	尺量
	宽、高	±5	尺量
钢筋安装位置的允许偏差和检验方法			
纵向受力钢筋	锚固长度	-20	尺量
	间距	±10	尺量两端、中间各一点,取最大偏差值
	排距	±5	
纵向受力钢筋、箍筋的混凝土保护层厚度	基础	±10	尺量
	柱、梁	±5	尺量
	板、墙、壳	±3	尺量
绑扎箍筋、横向钢筋间距		±20	尺量连续三档,取最大偏差值
钢筋弯起点位置		20	尺量,沿纵、横两个方向量测,并取其中偏差的较大值
预埋件	中心线位置	5	尺量
	水平高差	+3,0	塞尺量测

(3) 混凝土工程验收

现浇混凝土结构的位置、尺寸偏差及检验方法应符合表 4-3-14 的规定。

现浇混凝土结构的位置、尺寸偏差及检验方法　　　表 4-3-14

项　目			允许偏差（mm）	检验方法
轴线位置	整体基础		15	经纬仪及尺量
	独立基础		10	经纬仪及尺量
	柱、墙、梁		8	尺量
垂直度	柱、墙、层高	≤6mm	10	经纬仪或吊线、尺量
		>6mm	12	经纬仪或吊线、尺量
	全高(H)≤300mm		$H/30000+20$	经纬仪、尺量
	全高(H)>300mm		$H/10000$ 且≤80	经纬仪、尺量
高程	层高		±10	水准仪或拉线、尺量
	全高		±30	水准仪或拉线、尺量
截面尺寸	基础		+15，-10	尺量
	柱、梁、板、墙		+10，-5	尺量
	楼梯相邻踏步高差		±6	尺量
电梯井洞	中心位置		10	尺量
	长、宽尺寸		+25，0	尺量
表面平整度			8	2m 靠尺和塞尺量测
预埋中心位置	预埋板		10	尺量
	预埋螺栓		5	尺量
	预埋管		5	尺量
	其他		10	尺量
预留洞、孔中心线位置			15	尺量

7）车站施工经验总结及思考

（1）大寨站车站明挖基坑变形控制保护等级为二级，为临时边坡支护，基坑使用年限约为两年。车站基坑岩性主要分为三层。第一层主要为淤泥质土或杂填土层：淤泥质土为深褐色、褐黑色软～流塑状土层，饱水，有腥臭味；杂填土层为砖块、混凝土块、碎块石夹黏土组成，结构松散～稍密。该层主要分布于大寨站第一级边坡。第二层为残积层：红黄、黄色黏土夹少量碎块石，多呈软塑状。该层主要分布于大寨站第二级边坡。第三层主要为风化岩，分布于大寨站第三级边坡。车站设计放坡率为 1:0.5，距基坑外侧 3～5m 为农田及房屋。基坑设计为放坡开挖土钉喷锚支护，二三级边坡，如图 4-3-69 所示。贵阳每年从 5 月到 8 月为雨季，其中 6 月到 7 月间有持续暴雨天气，雨量大、时间长，施工区域周边排水设施多不畅，积水较严重。大寨站车站建设期间于 2014 年 7 月遇连续暴雨，基坑边坡出现沉降、位移监测预警，基坑周边 15m 范围外有农田及村民自建房屋，暂时无影响。考虑到雨季持续性，经参建各方至现场探勘，发现失稳段落一级边坡为原鱼塘所在，覆盖层淤泥质杂填土较厚，滑移面位于二三级边坡的交界处，是土岩的分界面，受水浸泡已软化，也是本次处理重点。决定对一级边坡采取放坡卸载再重新喷锚支护，原坡度 1:0.5 边坡卸载后调整为坡度 1:1；二级边坡采用重力式挡土墙跳槽开挖浇筑成型，嵌入岩层 1m 深，墙身设置泄水孔。处理完成后至车站结构完成,基坑边坡保持稳定状态。

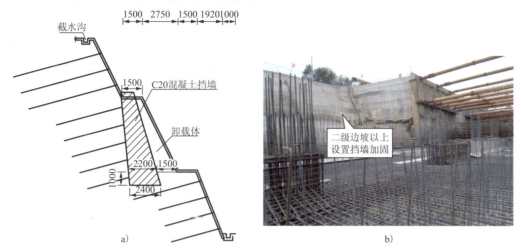

图 4-3-69 重力式挡墙支护图(尺寸单位:mm)

（2）由于车站内部包括轨顶风道、轨底风道、站台板等内部结构涉及专业较多,其施工设计图往往滞后于车站主体结构,所以施工主体结构时需要注意预留内部结构混凝土二次浇筑的输送通道。比如轨顶风道结构孔洞未定型前,其下挂墙、板厚度、位置设计基本稳定,可根据其下挂墙结构位置在车站主体结构中板施工时在墙身范围内预留≥200mm 孔径浇筑孔,以便之后墙体二次浇筑混凝土输送,如图 4-3-70 所示。

图 4-3-70 轨顶风道后浇结构施工

3.3 车站装修设计与施工

车站装修主题:贵之彩——筑城兴荣绘古城,林国陈律谱彩章(形象篇)。是贵州省轨道交通的"纪元线",链接贵阳重要的商贸中心与行政区域,是未来城市发展的助推器。

3.3.1 设计原则及设计方案

1）公共区装修设计原则及方案

车站是供乘客快速通过的交通空间,设计应以提供方便、舒适、洁净、宽敞、高效为目的,以适用、经济、美观、简洁、明快为原则,提供一个安全、方便及舒适的乘车环境,并能体现贵阳轨道交通 1 号线的时代感和绿色环保的特色并突出装修主题。

（1）公共区装修原则

①完善轨道交通整体形象，保证线路特征明显，识别性强。

②以标准化方式进行设计，满足快速建设、维护简单的需求。

③提取地域文化元素，以点缀的手法表现地域文化。

（2）公共区装修设计方案介绍

设计原则：标准站主要界面以黑白灰关系为底色，突出文化元素、造型特征，以细节点亮空间。

造型柱式设计诉求整体性，结合成熟的材料工艺，从而达到简洁明快的效果。柱面正三角代表民族大团结，象征稳定繁荣；倒三角代表历史与现代的交融，象征务实开拓；中间的贯通代表着时间，整体形成一个沙漏的形式，象征着岁月与历史的沉淀和对未来美好的昭示。天花标准设计采用虚实结合，呈现灰度空间，分格对应天花上末端设备位置进行排布。墙、地面模数化设计，以满足施工功能为主。

①共性元素。

a. 线路色应用。色带是本线与其他线路区分的重要标识，如图4-3-71所示。

b. 柱式设计。诉求整体性，用包容的设计隐喻民族大融合，结合成熟的材料工艺，从而达到简洁明快的效果，如图4-3-72所示。

图4-3-71　1号线色带标识

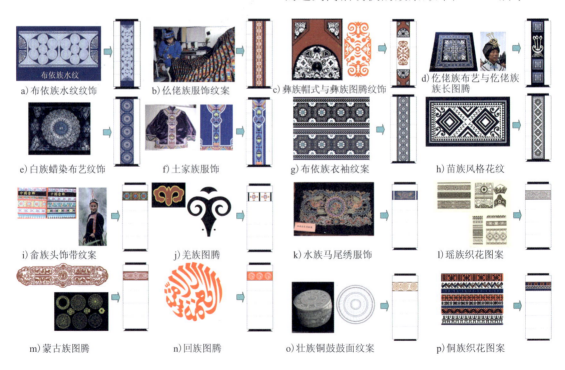

图4-3-72　1号线装饰提取的民族元素

从具象的文样提取演变为柱饰面上下三角线联通造型,既做到了标准化设计,又隐喻民族融合,体现团结向上,和谐发展的意义。如图 4-3-73 所示。

c. 标准天花设计。天花形式源自对贵州少数民族的服饰及传统纺织机械的形式提取,展示贵州民族特色的主基调,如图 4-3-74 所示。

d. 墙地面模数化设计,如图 4-3-75 所示。

图 4-3-73 1 号线车站柱子装修效果图

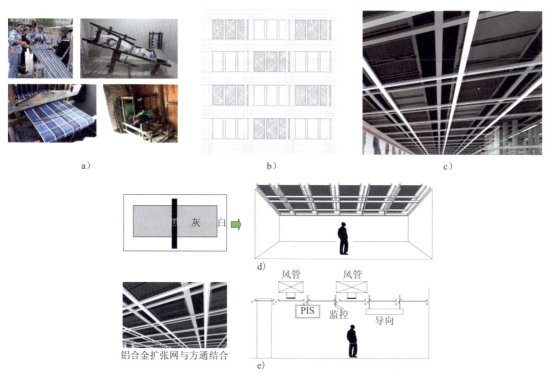

图 4-3-74 1 号线车站天花装饰

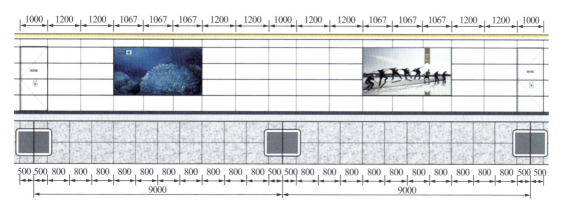

图 4-3-75 1 号线车站地面装饰(尺寸单位:mm)

e. 标准通道设计,如图 4-3-76、图 4-3-77 所示。

图 4-3-76　1 号线通道效果图　　　　　图 4-3-77　1 号线通道照片

②艺术化展示(仅示意,具体艺术墙由专业的艺术家团队创作并实施)。

通过故事性题材、民俗民风、传统文化、自然农舍、文艺作品、地域建筑风格沿用等,使空间变得生动、装饰效果明显、具有一定的文化特征。

在人流集中的墙面做点缀,展示贵州省和贵阳市人文、历史、自然等特色。

贵阳轨道交通 1 号线在诚信路站、行政中心站、延安路站设置艺术墙。如图 4-3-78～图 4-3-84 所示。

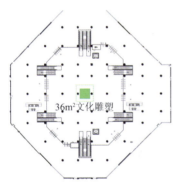

图 4-3-78　诚信路站平面图　　　　　图 4-3-79　诚信路站艺术品

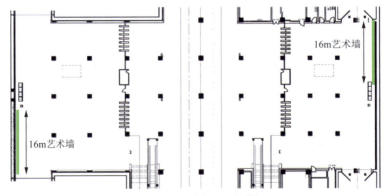

图 4-3-80　行政中心站平面图

图 4-3-81　行政中心站艺术品（一）

图 4-3-82　行政中心站艺术品（二）

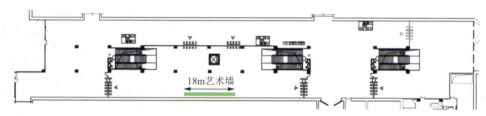
图 4-3-83　延安路站平面图

图 4-3-84　延安路站艺术品

③车站方案。

a. 标准地下站，见图 4-3-85～图 4-3-88。

图 4-3-85　地下车站站厅效果图

图 4-3-86　地下车站站厅照片

图 4-3-87　地下车站站台效果图　　　　　　图 4-3-88　地下车站站台照片

b. 标准高架站，如图 4-3-89、图 4-3-90 所示。

图 4-3-89　高架车站站厅效果图　　　　　　图 4-3-90　高架车站站厅照片

c. 特殊地下站设计：安云路站站厅效果，如图 4-3-91、图 4-3-92 所示。

图 4-3-91　安云路站站厅效果图　　　　　　图 4-3-92　安云路站站厅照片

d. 重点站设计：北京路站，如图 4-3-93～图 4-3-96 所示。

图 4-3-93　北京路站站厅效果图　　　　　　图 4-3-94　北京路站站厅照片

图 4-3-95　北京路站站台效果图　　　　　　图 4-3-96　北京路站站台照片

e. 诚信路站。空间特点是八角环形空间。运用线性天花跟随空间进行变化,加强空间围合感与凝聚力。站厅中部设置大数据雕塑点睛,表现了贵阳轨道与时代同步高速发展的美好夙愿。如图 4-3-97、图 4-3-98 所示。

图 4-3-97　诚信路站站厅效果图　　　　　　图 4-3-98　诚信路站站厅照片

f. 行政中心站。行政中心站根据地下一层侧式站台的特点,一边连接市政府,一边连接观山湖公园,很好的衬托出贵阳生态城市的特点。另在两侧站厅分别设置贵阳传统文化艺术墙,赋予了地铁空间文化气息,增添空间层次,丰富了车站空间效果,如图 4-3-99、图 4-3-100 所示。

图 4-3-99　行政中心站效果图　　　　　　图 4-3-100　诚信路站照片

g. 车站装修主要材料应用。材料选用原则:防火 A 级不燃材料、耐久耐旧、易于维护保养、经济实用。

地面:国产花岗石,如图 4-3-101 所示。

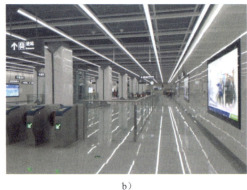

　　　　a)　　　　　　　　　　　　　　　b)

图 4-3-101　地面花岗石材质及其效果照片

柱子：搪瓷钢板，如图 4-3-102 所示。
墙面：陶瓷板，如图 4-3-103 所示。

图 4-3-102　柱子搪瓷钢板材质及其效果照片　　图 4-3-103　墙面陶瓷板材质及其效果照片

图 4-3-104　吊顶铝合金材质及其效果照片

天花：铝合金吊顶系统。

公共区（站厅、站台、通道、出入口）天花以上的结构板底面应喷涂黑色乳胶漆。除消防水管、气体灭火管等有特殊要求的管线外，天花以上管线应喷涂黑色乳胶漆。天花上所有吊杆及配件均需涂黑。墙面、柱子装修面以上的露空部位应刷黑色乳胶漆。轨行区有效站台外扩延 5m 范围的墙，顶面均涂黑色乳胶漆。如图 4-3-104 所示。

2）设备区装修设计原则及方案

装修设计所选用的装修材料需美观、经济、耐用，并应具有防火（不燃）、无毒、无异味、防滑、防静电吸尘、放射性指标满足国家环保要求、吸声、防潮、耐腐蚀、防霉，具有足够强度、硬度、吸水性小,便于施工、维修、维护和清洗的性能。地面材料选用防滑、耐磨、耐腐蚀性材料。吊顶材料应方便各种管线、灯具等设备的安装和检修。站台层轨行区喷黑。

3)地面附属建筑设计原则及方案

(1)出入口

①色彩:按照贵阳市轨道交通线网一线一色的整体设计风格,结合贵阳轨道交通LOGO,绿色生态主题,色带是本线与其他线路区分的重要标识。

②造型:出入口"G"字造型含义:a. 贵(Gui)阳市,b. 轨(Gui)道交通,c. 绿色生态(Green)。

③用材:天面:铝镁锰合金压型板直立锁边暗扣式屋面;立面:钢化夹胶玻璃;顶面:铝板吊顶(灰色 RAL7035);花池:红花继木密植;花池面层:深灰色花岗石;主体钢结构:钢矩管;方钢。

④特点:造型大方、识别性强、虚实结合,耐久实用。如图4-3-105 所示。

(2)消防出入口

①特点:成本低,造型简洁,融于城市周边环境。

②用材:主体钢结构:钢梁、钢柱;面层:钢化夹胶防火玻璃;花池:红花继木密植;花池面层:刷灰色真石漆(仿花岗石涂料),如图4-3-106所示。

图 4-3-105　1 号线出入口照片图

(3)无障碍电梯

①特点:成本低,融于城市周边环境。

②用材:灰色真石漆(仿花岗石涂料)、线路色铝合金成品百叶;花池:高红花继木密植。

③挑檐:钢矩管、钢化夹胶玻璃,如图4-3-107 所示。

图 4-3-106　1 号线消防出入口照片图

图 4-3-107　1 号线无障碍电梯照片图

(4)风亭

①特点:成本低,融于城市周边环境,周边采用绿植装饰美化。

②用材:灰色真石漆(仿花岗石涂料);花池:红花继木密植。

见图4-3-108。

a）低风亭

b）高风亭

图4-3-108　1号线风亭照片图

图4-3-109　1号线冷却塔照片图

（5）冷却塔（图4-3-109）

①特点：成本低，造型简洁，融于城市周边环境。

②用材：主体钢结构：工字钢立柱、横梁；百叶：钢制百叶现场焊接；表面氟碳喷涂灰色RAL7035；花池：红花继木密植；花池面层：刷灰色真石漆（仿花岗石涂料）。

4）装修材料选择

（1）天花功能要求

①具有识别性和标志性，外形美观。

②采购成本低，性价比高。

③标准化，模数化设计，方便工厂大批量快速生产。

④质量轻，与车站其他部位的接口较少，安装及维护简便快捷。方便送风口、灯具、喇叭、导向指示牌等设备的定位及安装。

⑤材料供应较为普及，备品率低。

（2）地面功能要求

①坚硬耐磨，表面平滑。

②有一定防滑处理。

③标准化，模数化设计，具有兼顾全线车站的通用性，方便工厂大批量快速生产。

④材料供应应较为普及，备品率低。

（3）墙、柱面功能要求

①具有一定硬度及韧性，耐磨，抗冲击不变形。

②表面平整，容易保洁。

③标准化,模数化设计,具有兼顾全线车站的通用性,方便工厂大批量快速生产。
④质量较轻,构造合理,安装维护简便快捷,与设备接口易处理。
⑤材料供应较为普及,备品率低。

3.3.2 主要技术特点及创新

1)公共区装修标准化设计利于生产、施工及运营维护

为确保合理的施工工期,公共区装修天、地、墙、栏杆等内容标准化的设计有利于工厂快速生产,也有利于施工承包商大面积快速施工,更有利于日后运营公司的备品备件及维护。

2)车站装修个性及艺术设计

贵阳轨道交通1号线装修提取贵州特色文化元素,主要从历史文化、地形地貌、民族文化、建筑特色等方面进行挖掘,表达各站特色。艺术设计生根于历史文化土壤,创意创新紧跟时代发展,如图4-3-110所示。

图4-3-110 贵州特色地域文化

图 4-3-111　高架车站装修与设备管线集成

3）高架站装修与设备系统的集成设计

高架站站台层桁架为装修、灯具、通信、信号、导向标识等的集成体,两条通长吊挂式桁架,有效避免了高架站站台层众多立杆的设置,如图 4-3-111 所示。

3.3.3　装修设计经验及思考

对 1 号线车站装修设计形成的过程和成果进行回顾思考、分析总结,可以总结出一些经验,对后续工作开展具有积极的指导意义。

1 号线车站装修设计结合轨道交通便捷、高效、发展的特性,设计风格呈现出简洁、现代、时尚的特点,符合目前国内轨道交通建设大发展的整体趋势。另外装修设计较好的结合了风水电等其他系统专业的设备设施,实现功能的同时打造出属于贵阳轨道交通特色的空间效果。方案设计完成后,又继续深化落实,认真执行。从方案设计、施工图设计、配合施工等各个环节,加强设计把关,确保了施工完成后的最终效果达到较为满意的方案还原度。另外,由于全线装修为统一风格,站与站之间的识别性上不够明显,特别重要的站点个性不够凸出。在装修设计与文化结合上,呈现出的深度不够,装修与艺术的结合较为生硬。在装修设计及施工的局部处理上,存在一些缺陷,比如造型柱面局部漏出管线、排队栏杆端部须增加弯头扶手等细节上仍然有着较大优化的空间。

1 号线车站装修设计确定了贵阳轨道交通的风格气质,奠定了基调。总结 1 号线车站概念方案设计的经验,将会对后续线路的设计工作产生积极而深远的影响。通过 1 号线装修设计的回顾总结,制订了标准,对后续工作提出了更高的要求。设计要深入进行元素挖掘提炼,丰富表现形式,雕琢设计细节,通过不断总结提高,力求在每一条线的设计工作中都能达到"精心设计,不留遗憾,不辱使命"。

3.3.4　车站装修施工及工程验收

从施工单位进场施工组织到材料下单、全面施工、质量监督、再到各级检查、竣工验收。每个阶段积极主动推进工作,每个环节都严格要求,认真对待。

1）施工

施工精雕细琢、精益求精,全过程注重安全、质量、成品保护。

(1)材料封样仔细甄选,控制效果,如图 4-3-112 所示。

(2)石材铺贴。

①施工流程:清扫基层地面→水泥砂浆找平→定高程、弹线→选料、试排→刷保护液→砂浆结合层→铺贴→嵌缝→清洁,如图 4-3-113 所示。

a)　　　　　　　　　　　　b)

图 4-3-112　材料封样照片

a)　　　　　　　　　　　　b)

c)

图 4-3-113　石材铺装施工流程

②操作工艺。

a. 基层处理：在铺砌花岗石板之前将混凝土垫层清扫干净（包括试排用的干砂及花岗石块），然后洒水湿润，扫一遍素水泥浆。

b. 弹线：在地面弹出互相垂直的控制十字线，再弹出铺贴伸缩缝分隔线 10.4m×10m，用以检查和控制石材板块的位置以及石材纵、横向对缝，十字线可以弹在混凝土垫层上，并引至远端。

c. 试排:在两个相互垂直的方向,铺两条干砂,其宽度大于板块,厚度不小于 3cm。根据图样要求把石材板块排好,以便检查板块之间的缝隙,核对板块与板块的相对位置。

d. 铺砂浆:根据水平线,定出地面找平层厚度,拉十字线,铺找平层水泥砂浆,找平层一般采用 1:3 的干硬性水泥砂浆,干硬程度以手捏成团不松散为宜。砂浆从起铺边缘处摊铺,铺好后刮大杠、拍实,用抹子找平,其厚度适当高出根据水平线定的找平层厚度 3～4mm。

e. 铺贴:按照试拼编号,依次铺贴。在铺好的干硬性水泥砂浆上先试铺合适后,翻开花岗石板,在水泥砂浆上浇一层水灰比 0.5 的素水泥浆,然后正式镶铺。安放时四角同时往下落,用橡皮锤或木槌轻击木垫板(不得用木槌直接敲击花岗石板),根据水平线用水平尺找平,铺完第一块向两侧和后退方向顺序镶铺,如发现空隙应将花岗石板掀起用砂浆补实再行安装。花岗石板块之间,接缝要严,不留缝隙。铺贴时根据设计图样留置伸缩缝,伸缩缝为 5mm 宽,深度为从花岗石表面至楼板面。

f. 铺贴完成 24h 后,经检查花岗石板块表面无断裂、空鼓后,用稀水泥(颜色与石板块调和)刷缝填饱满。并随即用干布擦净至无残灰、污迹为止,铺好花岗石板两天内禁止行人和堆放物品。

(3)天花转换层

①施工流程:测量放线→打孔埋胀栓→安装角钢吊杆→焊接转换层钢架→涂刷防锈漆→验收,如图 4-3-114 所示。

a)　　　　　　　　　　　　b)

图 4-3-114　天花转换层施工流程照片

②施工方法及措施。

a. 测量放线:清理现场,复测轴线、高程线控制线,根据吊顶转换层深化图样,在顶板上弹线定位,吊点间距为 1200mm×1200mm。

b. 打孔埋胀栓:根据定位使用电钻打孔,清孔后将胀栓砸入孔中。

c. 安装角钢吊杆:将已开孔的 40mm×40mm×4mm 角钢(长度 150mm)与角钢一端焊接(角钢长度根据吊顶高度确定),此端与顶板内胀栓连接拧紧。

d. 焊接转换层钢架:根据图 4-3-115 将角钢焊接形成装换层,转换层角钢末端因屏蔽门上方空间狭窄,用φ8丝杆顶面固定。转换层水平网架由40mm角钢组成,间距1200mm×1200mm。

(4)砌筑施工

①施工流程:墙体位置放线→植筋→绑扎构造柱钢筋→铺砂浆→摆砌块、砌筑墙体→绑扎圈梁钢筋→封侧膜→浇筑构造柱、圈梁混凝土→管道洞口预留→摆砌块、砌筑墙体,如图4-3-115。

a)　　　　　　　　　　　　　　　　b)

图4-3-115　砌筑施工流程照片

②施工工艺:

a. 墙体位置放线:根据施工设计图样墙体位置及土建轴线和移交资料,放出墙体的位置线及墙体的支模控制线,经验收合格后方可进行砌筑。

b. 植筋:根据图样上构造柱位置,进行构造柱上下钻孔植筋,植筋深度10d。应保证钻孔深度,且钻孔完成后应清理干净孔洞,方可打胶、植筋。植筋后经现场拉拔实验符合相关规范要求后,方可大量使用。

c. 绑扎构造柱钢筋:纵筋采用φ14钢筋,箍筋采用φ10钢筋,箍筋间距150mm,加密区为底板及顶板间距500mm处,加密区位置箍筋间距100mm。

d. 墙体砌筑:砌筑前,按墙段实量尺寸和砌块规格尺寸进行排列摆块,不足整块的可锯截成需要尺寸,但不得小于砌块长度的1/3。最下一层如灰缝厚大于20mm时,应用细石混凝土找平铺砌,采取满铺刮浆法砌筑,铺浆长度不得超过750mm,上下皮错缝砌筑,构造柱转角处相互咬砌搭接,墙体砌筑时需留设马牙槎,马牙槎应先退后进,混凝土实心砖采用五进五出,加气混凝土砌块采用一进一出,马牙槎留置宽度为60mm,实心砖采用十字式(梅花式)砌筑法砌筑,加气混凝土砌块采用顺砌法砌筑。

e. 砌体结构施工时,在墙的转角及交接处应设置皮数杆,皮数杆间距不大于15m。

f. 蒸压加气混凝土砌块砌筑时,墙底部应砌3皮的实心砖。

g. 所有砌块不得混砌,一般情况下混凝土实心砖不需要加水湿润,如遇天气干燥宜在砌筑前对其喷水湿润,蒸压加气混凝土砌块应在砌筑当天浇水湿润,相对含水率为40%~50%。

h. 卫生间墙体从楼地面四周除门洞外均做同墙厚的300mm高C30混凝土带,以满足埋管及防水的需要。

i. 墙体每砌筑到600mm高,设置拉结筋,与构造柱连接,预埋2φ6钢筋,两端伸入墙内1000mm,末端设置60mm长弯钩,与结构柱或结构墙连接,采用钻孔植筋的方式固定(植筋要求参照构造柱植筋要求)。

j. 墙砌筑砂浆灰缝要求竖缝、水平缝为8～12mm,灰缝应横平竖直,砂浆饱满。

k. 绑扎圈梁钢筋:圈梁宽度与墙同厚,厚度为200mm,圈梁纵筋为4根φ12钢筋,箍筋为φ10钢筋,箍筋间距200mm,圈梁在转折出需加设φ12转折筋,转折筋布置要求见附图。同时圈梁与土建结构柱连接处也需植筋连接。

l. 构造柱、圈梁混凝土浇筑:构造柱、圈梁都采用C30混凝土浇筑,钢筋保护层厚度为25mm,浇筑混凝土时,边浇筑边用振捣器搅振,振捣必须密实。

m. 墙体砌筑到接近上层梁、板底部时,停止砌筑,待7d后,采用混凝土实心砖斜砌挤紧,砖的倾斜度约为60°,砂浆必须饱满密实。

n. 在墙体砌筑前,应对其他专业管线需穿过墙体的孔洞做好定位。孔洞尺寸小于300mm的用3根φ10钢筋搭接代替过梁,当洞口尺寸大于300mm时,需设置钢筋混凝土过梁。

(5)乳胶漆施工

①施工流程:基层处理→填补缝隙、贴绷带,墙面基层滚刷界面剂,局部刮腻子→水泥石灰膏砂浆打底扫毛→水泥石灰膏砂浆找平→刮耐水抗裂腻子、打磨、找平→刷封底漆→复补腻子→刷面漆两道。

②施工工艺:

a. 基层处理:将基层表面的浮土、砂浆等杂物铲掉,清理干净。

b. 表面清扫后,用粉刷石膏将墙面麻面、蜂窝、洞眼、残缺处填补好。原有墙面的阴阳角进行找平处理,待干透后,先用铲刀将多余腻子铲平,再用1号砂纸打磨平整。石膏板面拼缝一般用纸面胶带贴缝。钉头面刷防锈漆,并用石膏腻子抹平。阴角用腻子嵌满贴上接缝带。对有特殊要求的缝隙、接缝按设计指定的方法处理,所有墙面进行界面剂滚刷。

c. 水泥石灰膏砂浆打底、扫毛:用1:0.5:3水泥石灰膏砂浆抹刷9mm厚底层、扫毛。

d. 水泥石灰膏砂浆找平:用1:0.5:2.5水泥石灰膏砂浆抹刷5mm厚找平层。

e. 刮耐水抗裂腻子、打磨、找平:刮腻子两遍,第一遍抹刷2mm后厚耐水抗裂腻子,待干燥后用砂纸打磨,将浮腻子及斑迹磨光,再将墙面清扫干净。第二遍腻子要刮的尽量薄,将墙面刮平、刮光。干燥后用细砂纸磨平、磨光,不得遗漏或将腻子磨穿。

f. 刷封底漆:刷封底漆一道,用于封闭、隔离、防潮、防霉。

阴角处不得有残余涂料,阳角处不得裹棱。如墙一次涂刷不能从上到下时,应多层次上下同时作业,互相配合协作,避免接槎、刷涂重叠现象。独立面每遍应用同一批涂料,并一次完成。

g. 复补腻子:第一遍涂料干透后,应普遍检查一遍,如有缺陷应局部复补涂料腻子一遍,并用牛角刮抹,以免损伤涂料漆膜。

h. 刷乳胶漆面漆:刷、辊乳胶漆面漆一道,墙面的刷涂顺序是先上后下,先左后右,待干后再刷面漆一道,由于乳胶漆干燥较快,涂刷时应从一头开始,逐渐刷向另一头。涂刷要上下顺刷,互相衔接,后一排紧接前一排,大面积施工时应几人配合一次完成,避免出现干燥后再接搓。

(6) 墙面钢骨架

①施工流程:弹线放样→墙面预埋板安装→竖向槽钢焊接安装→横龙骨钻挂件孔→焊接横向角钢龙骨→横向角钢龙骨钻挂件孔→焊接点刷漆,如图4-3-116所示。

a)

b)

图4-3-116 墙面钢骨架施工流程照片

②施工工艺:

a. 熟悉图样,了解现场施工部位及要求,机具准备、材料准备等。

b. 根据图样要求将分割线弹在墙面,将横向龙骨和竖向龙骨位置弹于墙面上,竖向龙骨63号热浸锌槽钢左右间距1200mm,横向龙骨50号热浸锌角钢上下间距600mm,横向间距20000mm断开一次,并将广告灯箱、消火栓等孔洞位置确定于墙面。

c. 龙骨位置确定后,根据竖向龙骨位置将埋板位置确定于墙面,一根竖向龙骨上有三块埋板,埋板上下间距根据节点详图确定。

d. 墙面龙骨位置线经检查合格后,可进行下步钢龙骨基础施工。

e. 按照设计图样要求,做龙骨基础应采用200mm×200mm×8mm厚的钢板和M12×120mm不锈钢膨胀螺栓固定在墙面,每行埋板位置必须保证一致,若有特殊情况可上下调节≤5cm不能左右调节。

f. M12×120mm不锈钢膨胀螺栓在施工中应注意防止断裂及弯曲,且深度不足导致达不到受力要求;在螺母处必须使用弹垫片和大圆垫片(外径37mm)。膨胀螺栓深度必须保证≥100mm,且施工完成后螺母处螺栓须冒出1cm左右。

g. 埋板与槽钢之间用热浸锌夹耳与M12×120mm不锈钢螺栓连接,夹耳与槽钢凹口处需增加一块 63mm×100mm×6mm 热浸锌封堵钢板并与槽钢满焊（达到3级焊缝），焊接后将焊缝处理平滑干净，刷红丹防锈漆。M12×120mm 不锈钢螺栓在连接槽钢后，需在两侧均增加一个大圆垫（外径37mm）。

h. 槽钢安装经检查合格后，进行50热浸锌角钢横龙骨焊接施工。按照已放出的横向龙骨定位线，焊接50热浸锌角钢与槽钢接触位置保证满焊（达到3级焊缝），并将焊缝位置处理平滑干净后刷防锈漆。

i. 后砌墙墙面采用不锈钢穿墙螺栓 M12×310mm，地面须增设埋板使主龙骨落地。

2）工程验收

按有关规范及设计要求严格把关、一丝不苟，见图 4-3-117。

a）构造柱的钢筋间距进行检查

b）构造柱植筋及箍筋间距等验收检查

c）构造柱钢筋绑扎验收合格

d）预制过梁验收检查

e）墙体砌筑完成平整度检查

f）墙体抹灰完成平整度检查

图 4-3-117

g）墙面砌筑灰缝饱满度验收检查　　　　　　h）钢筋绑扎验收检查

图 4-3-117　装修工程验收检查照片

3）装修施工经验

贵阳轨道交通 1 号线装饰装修有一套严格的质量控制管理体系，管理得当，质量可控。整体获得了比较好的效果。这其中有优点也有缺点值得总结和反思。

（1）优点：

①装饰装修完成外观效果与设计思路匹配。

②施工与设计单位交流配合紧密，有效避免了因理解不一致等现象产生的不必要返工。

③墙面骨架采用机械连接方式，灵活多变，便于拆卸，便于运营维护保养。

④天花吊顶装饰装修，各站点地形条件结构不同，结构净空高度不同，吊顶完成面与顶部结构面间距超过 1500mm 使用转换层。转换层施工完成后再进行吊顶面层施工，转换层可以有效提高吊顶的稳定性和整体性，对外观成品进行控制。

（2）缺点：

①土建结构偏差造成楼梯止灰带过宽。

②结构墙：墙面渗水，墙面渗水对已装饰完成的配黑刮白等有严重影响（如轨行区墙面深色乳胶漆喷黑，墙体渗水后会明显破坏其完成面等）。

③结构地面：地面渗水，地面装饰面层花岗岩石材虽然已做防水处理，但长期被水浸泡对石材色差会有一定影响，石材缝成长期成黑色表示下部基层潮湿。

第4章 区间工程

贵阳轨道交通区间工程形式主要有路基、桥梁、隧道(暗挖、明挖)工程,以隧道工程为主。由于贵阳地区为典型喀斯特地貌山地城市,地形起伏大,地区岩溶发育。轨道交通线路多行进在土石分界附近,岩溶峰谷交错,地层上软下硬,地下水丰富,地质条件突变大。线路起点观山湖区段属台地,海拔较高,较市区老城区高约220m,老城区段房屋密集,道路狭窄,管线复杂,隧道沿市政道路下敷设,部分地段穿行于房屋之间。由于历史原因,贵阳市老城区建有建(构)筑物特别是20世纪建设的建筑物基础资料收集困难,存在大量基础资料收集不到、缺失的情况。以岩溶为代表,贵阳的不良地质与其他城市不同,不可控因素多,施工风险高,为区间工程的设计与施工带来了诸多挑战。

4.1 区间路基工程设计

贵阳轨道交通1号线为南北向骨干线,线路起于观山湖区西侧的窦官村,途经云岩区及南明区后,止于小河区的1号线终点小河停车场。全线共计14段区间路基,合计长度1.499km,区间路基段均采用传统的填挖处理方式。

4.1.1 一般设计原则

1)主要技术标准

设计使用年限:主体结构工程,设计使用年限为100年;附属结构60年。
设计荷载:设计竖向活载为B型车,车辆满载荷载轴重140kN。
铁路等级:城市客运。
正线数目:双线。
最高行车速度:80km/h。
最小曲线半径:一般350m。
限制坡度:30‰,困难段35‰。
轨道类型:无砟轨道。
机车类型:中B2型。
牵引种类:电力。
闭塞方式:自动闭塞。

2)路基面宽度

区间路基面宽度见表4-4-1。

区间路基面宽度（单位：m）　　　　　表 4-4-1

线　别	土质路基		石质路基	线 间 距
	路堤	路堑	岩石路堑	
双线无砟轨道	7.7+L	7.7+L	7.7+L	L

注：表中铁路路基面宽度包括电缆槽宽度，路堑地段路基面宽度不包含侧沟沟壁厚度，曲线地段路基面不加宽。

3）路基面形状

区间正线无砟轨道地段路基面形状为梯形，轨道混凝土支撑层基础下为水平面，混凝土支撑基础边缘外向两侧设 4% 的横向排水坡（路基面设 0.05m 防水沥青混合料，排水坡度 4%）。路基基床底层顶面及基床下路基面自中心向两侧设 4% 的横向排水坡，详见双线无砟轨道路基标准断面设计图（图 4-4-1～图 4-4-4）。

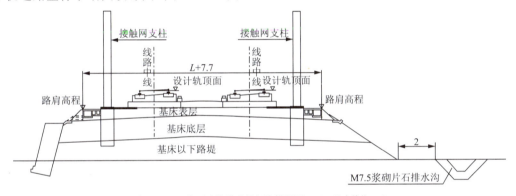

图 4-4-1　双线无砟轨道路基标准横断面（一）（尺寸单位：m）

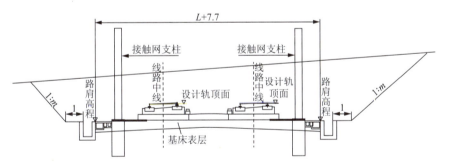

图 4-4-2　双线无砟轨道路基标准横断面（二）（尺寸单位：m）

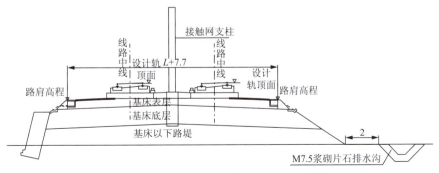

图 4-4-3　双线无砟轨道路基标准横断面（三）（尺寸单位：m）

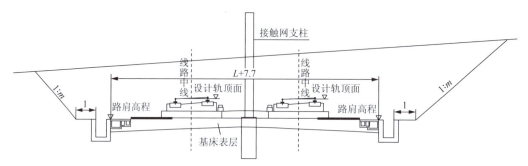

图 4-4-4 双线无砟轨道路基标准横断面(四)(尺寸单位:m)

4)路基基床结构

路基基床分为表层和底层,正线路基基床表层厚度为 0.4m,底层厚度为 1.1m。

5)填料设计

(1)基床表层及过渡段

路基基床表层采用级配碎石填筑,级配碎石应满足《客运专线基床表层级配碎石暂行技术条件》规定,过渡段采用级配碎石掺水泥填筑。级配碎石全部采用厂制集中拌和生产。

填料应满足《铁路路基设计规范》(TB 10001—2005)表 5.2.2 中的 A 组填料要求,粒径不大于 15cm。

级配碎石全部采用厂制集中生产,其主要技术要求如下:

①材料粒径、级配及品质应符合现行《铁路碎石道床底碴》(TB/T 2897—1998)的有关规定。

②基床表层级配碎石与下部填土之间应满足 $D_{15} < 4d_{85}$ 的要求。当不能满足时,基床表层应采用颗粒级配不同的双层结构,或在基床底层表面铺设土工合成材料。

③基床表层厚度及压实标准应满足规范设计要求。

(2)基床底层

路堤基床底层均采用 A、B 组填料;不大于 20cm 或摊铺厚度的 2/3;A、B 组填料应满足《铁路路基设计规范》(TB 10001—2005)表 5.2.2 中的 A、B 组填料要求。当填筑硬质岩及不易风化软质岩的碎、块石时,应进行二次破碎级配良好后分层填筑、分层压实,不得倾填。

(3)路堤本体

路堤基床以下填料采用 A、B 组填料和 C 组块石、碎石、砾石类填料,并应满足:

①基床以下部分,优先利用路堑、隧道挖方中的合格填料,其余部分采用价购或远运合格填料。

②路堤填料应级配良好,不大于 20cm 或摊铺厚度的 2/3,路堤填筑应分层填筑,分层压实,不得倾填。

③路堤压实方法及施工工艺要求应按照相关标准执行。

6)路基各部位压实标准

路基各部位压实标准见表 4-4-2、表 4-4-3。

基床土的压实标准　　　　　　　　　　　　　表 4-4-2

层位	压实指标＼填料类别	砂石土及细砾土	碎石类及粗砾土	级配碎石
表层	压实系数 K	—	—	≥0.97
	地基系数 K_{30}(MPa/m)	—	—	≥190
	动态变形模量 E_{vd}(MPa)	—	—	≥55
底层	压实系数 K	≥0.95	≥0.95	—
	地基系数 K_{30}(MPa/m)	≥130	≥150	—
	动态变形模量 E_{vd}(MPa)	≥40	≥40	—

注：1. 基床表层可采用 K_{30} 或 E_{v2}。当采用 E_{v2} 时，其控制标准为 E_{v2}≥120MPa 且 E_{v2}/E_{v1}≤2.3。
　　2. 基床底层可采用 K_{30} 或 E_{v2}。当采用 E_{v2} 时，其控制标准为 E_{v2}≥80MPa 且 E_{v2}/E_{v1}≤2.5。

基床以下路堤填料及压实标准　　　　　　　　表 4-4-3

压实标准	砂石土及细砾土	碎石类及粗砾土
压实系数 K	≥0.92	≥0.92
地基系数 K_{30}(MPa/m)	≥110	≥130

注：可采用 K_{30} 或 E_{v2}。当采用 E_{v2} 时，其控制标准为 E_{v2}≥45MPa 且 E_{v2}/E_{v1}≤2.6。

7）过渡段

路堤与桥台连接处、路堑与隧道、路堤与硬质岩路堑连接处等地段应设置过渡段，过渡段类型、设置位置及设置方式如图 4-4-5～图 4-4-7 所示。

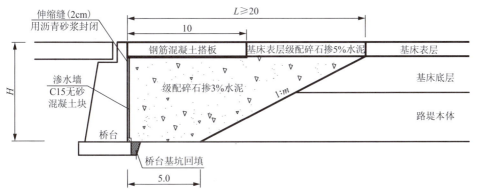

图 4-4-5　桥台与路堤过渡段设置方式（尺寸单位：m）

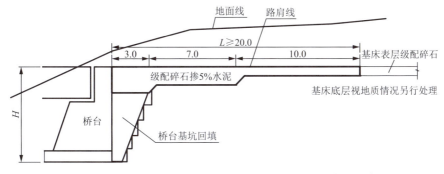

图 4-4-6　土质、软质岩及强风化硬质岩挖方桥台台尾过渡段设置方式（尺寸单位：m）

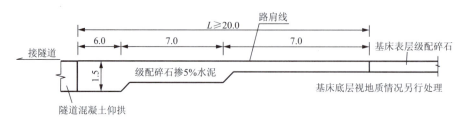

图 4-4-7　隧道（U 型槽）与土质、软质岩及强风化硬质岩路堑过渡段设置方式（尺寸单位：m）

8）基底处理

（1）对路堤基底必须清除植物根系，当松土厚度小于 0.3m 时应碾压密实，当松土厚度大于 0.3m 时，应进行翻挖并分层回填压实，其密实度应达到相应部位的压实标准，以满足路堤基底密实的验收标准。

（2）对水田、雨季滞水或地下水位高（地下水位距地表≤0.5m）的低洼谷地路堤地段，清除表层种植土，换填渗水性填料或水稳性好的填料，换填厚度高出地面 0.5m。

（3）路堤基底处于倾斜地段（包括路堑与路堤衔接处、路基横断面及桥路过渡段纵向及横向较陡处等），当地面横坡为 1:10～1:2.5 时，路堤基底挖台阶，台阶高度不小于 0.6m，台阶宽度不小于 2.0m，台阶底设 2%～4% 向外倾斜的坡度；当地面横坡等于或陡于 1:2.5 的地段时按陡坡路堤进行处理。原地面尽量整平，以保证路基纵横断面的沉降均匀。

（4）当地基存在黏土、软土、松软土或液化土层等，不能满足路基稳定、沉降要求时，应对地基进行加固处理。

9）边坡加固防护

需要设置路基加固防护的地段，宜根据地形、地质情况、水文地质条件结合技术经济比选后，针对边坡上方不稳定的潜在落石，采取清方、支挡、锚固等措施。

10）路基排水

路基排水设施应据汇水面积、周边地形、地质情况、地下水情况和气候等条件，结合水土保持、农田水利及地方排灌系统进行设计。

11）支挡工程

支挡工程包括挡土墙、锚固桩等，路基支挡设置应根据地形、地质情况结合占地、拆迁等进行个别设计。

12）工后沉降控制标准

工后沉降控制见表 4-4-4。

沉降控制（单位：mm）　　　　表 4-4-4

轨道类型	工后沉降		过渡段差异沉降
	一般地段	桥隧路过渡段	
无砟轨道	15	15	5

注：差异沉降为路基与桥台、隧道（U 形槽）沉降差值。

13) 沉降变形评估及边坡稳定性监测

(1) 沉降变形观测与评估。

①在路基铺轨前,应对路基变形作系统评估。路基填筑完成或者施加预压荷载后沉降变形观测时间应该满足评估要求,一般不小于6个月。沉降评估所得的工后沉降值应满足有关规范要求的工后沉降控制值,否则应继续观测或者采取必要的控制沉降措施。

②沉降观测断面一般间距不超过50m,地势平坦、地基条件均匀、高度小于8m的路堤及路堑间距可放宽至100m,过渡段及地基条件复杂的地段应适当加密。

③沉降变形观测是施工期间指导施工、动态设计和铺轨前沉降评估的重要依据,作为路基铺轨评估及交验的必备资料。

(2) 为加强边坡整体工程的安全、稳定性,对个别路基设计工点进行施工期、施工运营过渡期边坡变形监测和预警,其监测结果一并纳入竣工文件。

14) 混凝土结构耐久性设计

水质复查:施工单位应对段内地表水、地下水及施工用水水质进行取样复查。若地表水、地下水经复查后结果与设计相符时,按各工点设计图施工;若地表水、地下水经复查后结果与设计不相符时,应及时通知有关单位进行再次复查。

在地下水、地表水具有侵蚀性地段,根据混凝土结构的使用年限、环境类别及等级,按照《铁路混凝土结构耐久性设计规范》(TB 10005—2010)的要求,控制混凝土的最低强度等级、最大水胶比和最小胶凝材料用量来达到混凝土结构耐久性要求。

4.1.2 接口设计

(1) 路基施工根据各站后专业的设计要求预留各种穿过铁路的管线、线路。

(2) 施工前核实管线位置,根据管线布置情况,分段布线后一起施工,避免出现二次开挖。

(3) 设置贯通地线及横向连接线位置、过轨管道位置、引至场坪管道位置均需要设置标示,防止接触网支柱基础等施工损坏已经埋设的管线。

(4) 路基电缆槽及其他预埋管、线、综合接地按照相关专业设计图要求、施工工序进行施工。接触网立柱基础详见接触网专业设计图。声屏障立柱基础详见环境工程专业设计图。

(5) 路基两侧设置通信、信号电缆槽。

路基电缆槽设置于路肩上,待基床表层填料铺设压实后,采用整体切割方法施工电缆槽、护肩。电缆槽开挖后及时安装电缆槽回填密实,以免积水,影响路基稳定。

(6) 整体式声屏障基础应与路基填筑同步施工。设置声屏障地段的各种管线施工,应在声屏障基础浇筑施工时进行敷设,声屏障地段结构详见环境工程专业设计图。声屏障应设置于路肩宽度范围以外。

(7) 路基基床表层级配碎石铺设压实后按接触网、环保专业的要求,采用干钻孔的方法施工接触网立柱等基础,钻孔完成后基础必须立即按站后相关专业技术要求进行基础周围空隙浇筑。

（8）接触网支座基础、声屏障基础施工不得损坏和危及路基工程的稳固和安全。

4.1.3 采取的主要辅助工程措施

（1）双线间基床表层与双线轨道板底座间的凹槽采用 20cm 厚级配碎石 +10cm 厚 C25 混凝土进行填补找平，如图 4-4-8 所示。

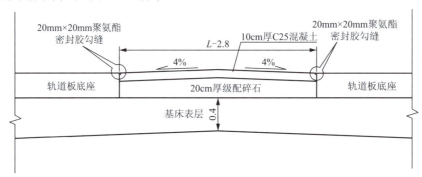

图 4-4-8　双线轨道板底座间凹槽找平示意图（尺寸单位：m）

（2）路堤与桥台过渡段靠桥台侧设置长 10m 的钢筋混凝土搭板，如图 4-4-9～图 4-4-11 所示。

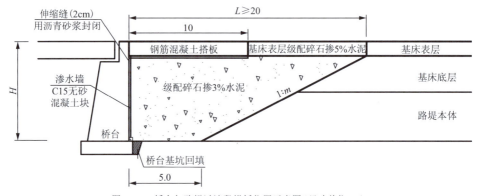

图 4-4-9　桥台与路堤过渡段搭板位置示意图（尺寸单位：m）

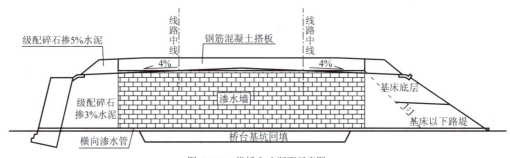

图 4-4-10　搭板Ⅰ-Ⅰ断面示意图

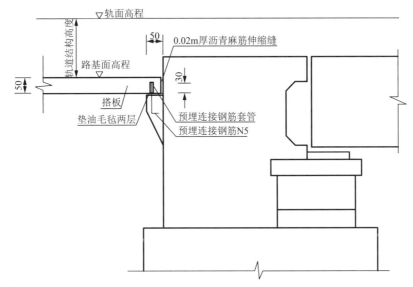

图 4-4-11　搭板与搭板位置关系示意图（尺寸单位：mm）

4.1.4　路基重点工程

以下麦西站边坡支护工程为例。

1）地质概况

下麦西站位于贵阳市观山湖区窦官村管辖范围内，该站为地面站，轨道线路顺金朱西路南侧敷设。站台区对应里程桩号为 YD1K0+693.000～YD1K0+813.000。

场区地处猫跳河与南明河分水岭地带，地貌类型主要为溶丘与洼地相接地貌。下麦西站所处区域及其南侧为溶蚀残丘，车站西侧和北侧为岩溶洼地，洼地几何形状似圆形，直径 2～3km，洼地内多分布旱地及水田。

（1）主要地层分述

①第四系覆盖层。

a. 杂填土层：为人工堆填（弃渣）、道路及房屋建筑垃圾堆填形成的砖块、块石、碎石、混凝土块及黏土组成，结构松散，场区零星分布，厚度为 1.0～3.0m 不等；

b. 耕植土层：为褐黑色、土黄色土层，结构松散，富含有机质及植物根系，多为农田、耕地表层土层，场区广泛分布，厚度一般小于 1m；

c. 残积层：红黄、黄色黏土夹少量碎块石，多呈硬塑及可塑状，局部地势低洼部位及基覆分界面部位呈软塑状，主要分布在洼地、溶槽及缓坡地带，该层厚度为 4～9m。

②基岩。

场区出露地层为：

a. 二叠系下统茅口组一至二段（P_1m^{1+2}）：以浅灰色中厚层至块状亮晶灰岩、白云质灰岩为主,厚度134～190m,主要分布于场区东侧(桩号YD1K0+900)范围内。

b. 二叠系上统龙潭组(P_2lt):以黑色及灰黄色薄至中厚层泥页岩、砂岩为主,时夹炭质页岩及少量煤层,厚度30～50m,主要分布于YD1K0+780～YD1K0+900桩号范围内。

c. 三叠系下统安顺组一段(T_1a^1/):为灰色、浅灰色厚层至块状细～中晶白云岩,时夹溶塌角砾岩,厚度100～204m。下麦西站(桩号YD1K0+780)以西约300m线路主要分布于该地层。

(2)水文地质

①地表水。

据地质测绘,场区西侧(桩号YD1K0+910附近)溶蚀残丘坡脚出露一断层泉,泉水流量为10～20L/s,常年有水,水面高程约为1224m。

场区北侧分布一小溪,流量为10～100L/s,溪水由东北向西南流动,排泄至场区洼地底部农田内,并最终通过径流排泄至百花湖中。

②地下水。

场区地下水类型主要有孔隙水及岩溶裂隙水两种类型,富水性较强。孔隙水主要赋存于第四系松散覆盖层内,主要接受大气降雨补给,局部为上层滞水。岩溶裂隙水含量较丰富,主要赋存于碳酸盐岩的风化裂隙内,主要接受大气降雨及上游地表及地下水补给。因场区及周边整体地势东南高、西北低,因此,地下水主要径流方向大致为南东(SE)至北西(NW)。

多次钻探结果显示,场区地下水埋深为地下1～15m,高程为1224～1235m,地下水位位于轨面高程以下。

2)原设计概况

(1)YD1K0+708～YD1K0+726,长18m,YD1K0+844.8～YD1K0+844.8右侧路堑坡脚设重力式路堑挡土墙,最大墙高5m,起点墙高4m,终点墙高5m。

(2)YD1K0+726～YD1K0+834,长108m,YD1K0+844.8～YD1K0+856.8,右侧路堑坡脚设路堑桩板墙,桩采用个别设计,30～32号桩,桩间距(中－中)为6.0m,桩截面1.5m×2.0m;33～48号桩,51～53号桩,桩间距(中－中)为6.0m,桩截面2.0m×3.0m;桩身采用C35钢筋混凝土灌注。桩间设挡土板,挡土板采用预制后后挂,强度为C35钢筋混凝土,桩板墙墙顶高程以下0～6m采用甲型板设计,其下采用乙型板设计,挡土板后满铺设置0.5m厚的袋装砂砾石反滤层。

(3)YD1K0+834～YD1K0+844.8,长14.8m,YD1K0+856.8～YD1K0+861.5,长4.7m,右侧路堑坡脚设路堑桩间挡土墙,桩采用个别设计,49号桩,桩截面2.0m×2.0m;54～55号桩,桩截面3.0m×2.0m;桩身采用C35钢筋混凝土灌注。桩间设挡土墙,采用C30混凝土灌注,最大墙高10m,起点墙高10m,终点墙高10m。

(4)由下往上,第一级边坡采用锚杆框架梁内植生袋植草护坡,锚杆长10m,锚杆采用ϕ32HRB400螺纹钢制作,锚杆下倾角20°,框架梁采用C30钢筋混凝土浇筑。第二级边坡采用人字形截水骨架内撒草籽间植灌木护坡。

3）变更设计

下麦西站回车场处路基边坡在施工边坡及开挖桩井过程中，边坡出现三条溶槽溶蚀带，施工51号桩锁口时边坡上方出现滑塌。2015年6月1日建设、设计、施工、咨询、地勘、监理单位进行现场核实，地勘单位对该段岩层边坡进行稳定评估，该处地质岩层位于软硬岩层交界处，且该处为溶槽溶蚀发育带，垮塌处为溶槽充填物。根据2015年6月1日会议纪要精神，对该处边坡工程措施进行调整，具体调整如下：

(1) 回车场处原设计51～53号桩桩顶高程调整为1274.545m，桩长调整为25m。

(2) 对50～54号桩间原有挡土墙调整为土钉墙，土钉间距1.2m，土钉长度为12m。

(3) YD1K0+837～YD1K0+896段边坡设置锚杆，坡面设置喷锚网+爬山虎护坡防护，YD1K0+865～YD1K0+907.7段坡脚增设72～87号抗滑桩，采用机械成孔圆桩，桩间设置土钉墙，桩与山体间采用C20混凝土回填封闭。

(4) 对桩顶边坡溶槽裂隙带危险土体进行清除后采用浆砌片石进行嵌补。

4）小结

贵州地区地质情况较为复杂，尽管地勘工作严格按照规范进行，但复杂的地质情况往往并不能在地勘资料中全数反映，很多情况只有在实际开挖出来以后才能较为明显地暴露出来，这就导致了设计情况与实际工程情况的偏差。因此，施工过程中应加强现场核对和地质状况调查工作，根据实际情况修改完善设计，做到既安全合理，又经济实用，达到最满意的施工效果。

4.1.5 设计经验及教训

1号线为贵阳市第一条轨道交通干线，尽管区间路基长度短，但区间路基的顺利实施为1号线全线贯通提供了重要保障。主要设计经验总结如下：

(1) 1号线区间路基多采用传统的填挖处理方式，对周边环境的影响较大，尤其是在市区内征地困难的情况下影响更甚；传统填挖路基对沿线地表植被破坏较大，后期恢复困难。在今后设计过程中应考虑采用新技术、新工艺，结合轻型支挡结构，兼顾城市周围景观绿化进行设计。

(2) 1号线区间正线轨道类型为无砟轨道，而无砟轨道对路基沉降变形，特别是不均匀沉降的要求很严格，无砟轨道路基工后沉降一般不应超过扣件允许的沉降调高量15mm。路基沉降包括施工期的沉降、铺轨前的沉降、铺轨期的沉降及运营服役期的工后沉降，其中对行车安全性和舒适性影响最大的是工后沉降。工后沉降主要由路基基床的累积变形、路基本体压密变形及地基沉降变形三者组成。1号线西延线及金阳车辆段路基均出现了部分不均匀沉降，造成了一定影响。传统的习惯是先修筑桥隧再进行路基段的施工，而路基工程的沉降需要一定时间，因此应将路基施工的时间提前，以满足工后沉降的要求；重视不同构筑物之间的过渡，加强路基填料和压实质量的控制，并做好沉降观测及评估工作是保证路基工后沉降满足要求的重要保证。

4.2　区间路基工程施工及验收

4.2.1　主要施工方法及技术措施

(1)路基地基处理

本项目路基地基处理包括一般基底处理和特殊地质基底处理,特殊地质基底处理包括垫层、换填土等。

特殊地质基底处理,按照地段不同采用垫层、换填土等合理的地基处理措施,施工时按不同的施工工艺进行施工。

①垫层施工。

填砂、填碎石垫层厚度严格按设计要求施工,所用填料含泥量不大于规范规定,用作排水固结的地基垫层其含泥量不大于规范规定,将其中植物杂质除尽。垫层填筑时,分层填筑压实,分层厚度、压实遍数通过现场试验确定。采用自卸汽车运输,后倾法卸料,推土机摊铺,平地机平整,压路机碾压。

②挖除换填施工。

软土、松软土地基挖除换填地段根据土质情况和换填深度,将设计范围内淤泥、软土及松软土层全部或分段清除,整平底部,再按照路堤相应部位规定的渗水填料、压实标准和填筑工艺进行回填。换填区域采用机械开挖时留30~50cm厚的人工清理层。

(2)基床底层及以下路基填筑施工路基填筑施工

路堤填筑施工按四区段、八流程组织施工。施工前先进行试验段施工,通过试验段施工总结出路基施工各项指标,卸料宽度、松铺厚度、最佳含水率、机械组合、碾压遍数等参数,根据试验段得出的各项指标对路基实行分层填筑。路堤填筑时,取土采用挖掘机挖装、自卸车运输,摊铺平整采用推土机粗平,平地机精平,压实采用振动压路机碾压密实。为保证路基施工质量达到规范要求,随路基的进展及时进行路基检测。检测内容为:基底处理、机械设备选择、填料质量、松铺厚度、碾压密实度等。路基填筑完成后,进行路基修整,顶面平整和路拱切削采用平地机进行,边坡采用人工进行。

(3)基床表层填筑施工

在基床表层施工前,进行线路中线、水平的测量,不满足规定者及时进行处理。确保基床基底平整、坚实并具有规定的路拱。若发现基床基底土过干,表面松散,适当洒水;如土过湿,采取挖开晾晒、换填中粗砂等措施进行处理。

(4)路堑开挖施工

①土质路堑开挖施工。

路堑开挖采用挖掘机自上而下、分层进行,纵向开挖坡度不小于4%,在每一开挖层路基两侧设临时排水沟,以便及时将路堑开挖中的渗水和雨水排出开挖面,保持路基面不被水浸泡；开挖过程中经常检查边坡位置，防止边坡部位超挖和欠挖；边坡部位预留厚度不小于 20cm 土层，采用人工配合机械进行边坡修整，并紧跟开挖进行；施工中及时测量，开挖至边坡平台时，预留不小于 20cm 保护土层待人工施作平台及其上截水沟时开挖，表面做成向外侧 4% 的排水坡。

边坡防护、边坡平台及其上截水沟的施工与开挖紧密衔接，开挖一段，防护一段。

②硬质岩石路堑开挖施工。

硬质岩路堑采用梯段松动控制爆破方法施工，靠近边坡和路基面预留光爆层，实施光面爆破。开挖深度大于 6.0m 时，采用潜孔钻机钻孔；开挖深度小于 6.0m 时，采用凿岩钻机钻孔，实施梯段松动控制爆破。采用大孔距、小排距梅花形布孔，导爆管毫秒雷管实施逐排微差挤压爆破，提高破碎效果，降低大块率，并降低爆破振动效应。为保证基底平整坚实，距堑底 2.0m 时，采用凿岩钻机钻孔进行浅眼松动控制爆破，严格控制钻孔深度和孔底高程，适当缩小孔距和排距，采用逐排微差挤压起爆方法。

③深挖路堑施工。

a. 施工前详细复查深挖路堑地段的工程地质资料，包括土石界限、岩层风化厚度及破碎程度，岩层的构造特征等。根据现场考察及设计要求，深路堑开挖和相应的边坡防护工程作为一个整体，编制详细的施工组织设计。

深路堑地段，开挖深度较深，需分别进行钻爆设计。边坡随开挖随防护，以防边坡顺层滑动，爆破引起的松动岩石及时清除；边坡突出的个别欠挖部分用风镐剥离，使其达到验收标准。清渣采取机械挖装运，人工配合。

b. 施工注意事项。

深路堑开挖与防护的时间步骤协调一致，使深路堑边坡及时进行防护，防止边坡塌方和滑坡等事故的发生。开挖中发现有较大地质变化时，停止施工，重新进行工程地质补充勘探工作，并根据新的地质资料修正施工方案，报监理工程师审批后实施。因深挖路堑工程量大、施工环境复杂，技术要求高，施工难度大，是控制工程进度的关键工程。进行开挖前，首先做好排水工作，在离坡顶开挖线 5m 外做好截水沟，拦截地面水。对于易滑坡、坍塌地段，及时做好防护措施。

在进行全断面开挖时，先将表面的土层开挖、清运后，再进行岩层爆破。石方及时清运，尽快开掘出一个工作平台，从上至下进行爆破。

路堑开挖严禁用大、中型爆破施工。在石方开挖接近边坡面时进行光面（预裂）爆破，在进行光面爆破时，自上而下进行，每爆破完成一级后，及时清理好反坡平台，必要时设置观测桩进行稳定观测，当有变形时，及时通知监理工程师进行加固处理，并根据设计图样的边坡防护要求，及时防护。

（5）路基防护与加固工程施工

本项目路基边坡加固防护形式主要有重力式挡墙、锚固桩、喷锚网＋爬山虎护坡、喷播植草、锚杆框架梁护坡、人字形截水骨架内灌草护坡等。

各种防护设施在地基和边坡稳定后施工。在设置路堤支挡工程、排水设施地段,先做好排水设施和支挡工程,有地下水露头时先做引排处理,再施作防护工程。防护施工前先将坡体表面浮土、石块清刷干净,填补坑凹部分,使坡面大体平整,施工时与土石坡面密贴结合,背后不留空隙,施工中加强现场监控。

路堑防护工程紧跟开挖施工,路基成型一段,防护一段;松软土路堤的边坡防护待路基沉降稳定后进行。

①浆砌石施工。

浆砌石采用人工挤浆法施工工艺。砂浆采用搅拌机计量拌制,人工先浆砌面石和角石,再浆砌腹石,浆砌时先铺底浆,之后安砌片石,大面向下,确保砂浆饱满、左右搭接、上下错缝,砌筑完成砂浆干硬后及时洒水养护,养护期不少于7d,以保证工程质量。

②骨架护坡施工。

施工前清刷坡面浮土,填补坑凹,使坡面大体平整。砌筑前按照设计要求在每条骨架的起讫点挂线放样,然后开挖骨架沟槽,沟槽尺寸根据骨架尺寸确定,施工时先砌筑骨架衔接处,再砌筑其他部位骨架,两骨架衔接处处于同一高度。骨架与路肩镶边连接,使路肩水通过骨架进入流水槽,骨架面与坡面密贴,骨架流水面与草皮表面平顺。

③锚杆框架梁施工。

确定孔位→钻机就位→调整角度→钻孔→清孔→安装锚杆→注浆→制作框架梁。

a. 测量放样。

绑扎框架梁钢筋前,应对坡比进行复核,凸出部分要人工整平,需要开槽的就人工开槽,以保证框架梁的外观线形。然后按框架竖梁、横梁尺寸及模板厚度精确挖出单根梁肋轮廓。

b. 钢筋绑扎。

绑扎钢筋时应按照坡面调整好外观线形。

在施工安置框架钢筋之前,先清除框架基底浮渣,保证基础密实,并在底部铺一层1:3水泥砂浆垫层。

在坡面上打短钢筋锚钉,准备好与混凝土保护层厚度一致的砂浆垫块。

绑扎钢筋:用砂浆垫块垫起钢筋,与坡面保持一定距离,并和短钢筋锚钉连接牢固。要注意钢筋绑好后框架梁的外观线形。

c. 立模板。

模板采用木模或钢模按设计尺寸进行拼装。模板线形在曲线段时每5 m放一控制点挂线施工,保证线形顺畅,符合施工要求。立模前首先检查钢筋骨架施工质量,并做好记录,然后立模板。模板表面刷脱模剂,模板接装要平整、严实、净空尺寸准确,符合设计要求并美观。用脚手架钢杆支撑固定模板,模板底部要与基础紧密接触,以防跑浆、胀模。检查立模质量,并做好原始质检记录。

d. 混凝土浇筑。

浇筑前应检查框架的截面尺寸,要严格检查钢筋数量及布置情况。框架主筋的保护层一定要满足设计要求。浇筑框架混凝土必须连续作业,边浇筑边振捣。浇筑过程中如有混凝土滑动迹象可采取速凝或早强混凝土或用盖模板压住。各框架梁应整片连续浇筑,形成整体。浇筑完成后,要将外露面收光,整平,达到美观效果。

e. 要做好框架梁混凝土养生,保证质量。

④播草籽、栽植灌木施工。

在春秋季适当季节,避免在暴雨季节、大风和高温条件下,按设计要求在骨架之间的坡面上播草籽、栽植灌木。

栽植灌木后及时进行回填和浇水,为确保灌木能够成活,栽植后的前一个月定期浇灌一次。

⑤喷播植草施工。

路基护坡施工成形后,对边坡坡面进行喷播植草。喷播植草在草种适宜生长的季节、坡面土体含水率适宜时进行。

首先选择合适的草种,多种草种混合,增加物种的多样性,增强抗杂草能力。根据选取的土壤肥力、肥料种类、土质特点、当地气候及水文等具体情况,选定喷播物料,通过试验分析确定配比,以改善路基边坡土壤的酸碱度和土壤肥力。

根据坡面特点,选取喷播植草方案。

把水、喷播物料和种子人工拌和均匀,并送至高压喷射机内,喷射机与边坡面成垂直,注意喷射厚度均匀,不留死角。喷播植草时自上而下进行,喷嘴垂直坡面并保持1m左右。

喷播完毕,采用黑色无纺布覆盖喷水养护,根据天气情况,采取高压喷雾器喷洒水养护。确保种子发芽所需水量及温度,幼苗长出后,定期浇水施肥,使其快速成坪,注意病虫害,有针对性地锄草施肥。喷水时注意控制喷头与坡面的距离和移动速度,保证坡面不形成径流,不冲走混合物料及草种。

⑥喷混植生施工。

按设计要求,将黏土、谷壳、锯末、水泥及复合肥按一定比例组成混合基材并搅拌均匀,用喷播机喷播在挂有底网的坡面上,然后再在其表面喷播植草。喷射种植混合基材时,从正面进行,凹凸部及死角补喷。喷射种植混合基材厚度为 $10\pm2cm$,金属网之上的种植混合基材保证 $3\sim6cm$。

⑦路基支挡结构工程施工。

本项目路基支挡结构工程主要采用混凝土挡土墙和锚固桩进行支挡。

a. 混凝土挡土墙施工。

基坑开挖:基坑开挖至设计高程后,立即进行基底承载力检查。

立模板:混凝土挡墙按挡墙几何尺寸支立模板,并用脚手架加固模板和搭设施工作业平台。

混凝土浇筑:检查模板几何尺寸及加固措施满足设计和规范要求后,分层浇筑混凝土。

养护:在挡土墙混凝土施工完成后,及时进行洒水养生,炎热季节覆盖塑料薄膜。

b. 锚固桩施工。

挖孔：挖孔时要注意安全。挖孔工人必须配有安全帽、安全绳，必要时搭设掩体。提取土渣的吊桶、吊钩、钢丝绳、卷扬机等机具，应经常检查。井口围护应高出地面20～30cm，防止土、石、杂物落入孔内伤人。挖孔工作暂停时，孔口必须罩盖并派专人守护。

孔内岩石须爆破时，应采用浅眼爆破法，严格控制炸药用量，并在炮眼附近加强支撑和护壁，防止震塌孔壁。当桩底进入倾斜岩层时，桩底应凿成水平状或台阶形。孔内经爆破后，应先通风排烟，经检查无毒气后，施工人员方可下井继续作业。

挖孔达到设计深度以后，应清除孔底松土、沉渣、杂物；如地质复杂，应用钢钎探明孔底以下地质情况，并报经监理工程师复查认可后方可灌注混凝土。

支撑及护壁：挖孔施工的孔壁支护类型，采用现浇混凝土护壁。护壁混凝土标号为C20级，厚10～15cm。

灌注混凝土：钢筋笼在现场加工，人工配合起重机就位。当自孔底及孔壁渗入大量的地下水，其上升速度较小（参考值≤6mm/min）时，可采用导管法空气中灌注混凝土，桩顶2m以下的混凝土可利用其自由附落捣实，在此线以上的混凝土用振捣器捣实。孔内混凝土宜一次连续灌注完毕。当自孔底及孔壁渗入大量的地下水，其上升速度较大（参考值＞6mm/min）时，采用导管水下灌注混凝土的方法。水下混凝土应连续灌注，且浇注停止时，所成混凝土顶面高程应高出设计混凝土顶面。

⑧路基排水工程施工。

路基防排水工程原则上按"挡护先行、路基完成一段、防护一段、验收一段"，在路基主体完工后及时完成路基的防护工程；取弃土场坚持先挡后弃，弃后及时平整绿化，防止水土流失。

路基排水系统统筹设置，排水系统按照纵向到底，横向到边，消能减冲，综合归槽，排水通畅的原则，排放到线路之外，避免出现水害。排水系统主要包括路堤坡脚排水沟、路堑盲沟、天沟、侧沟、路堤坡面排水槽、路基面集水井，过渡段吊沟等。排水设施施工前认真核对设计图样，绘出排水设施的详图，放线施工，并随时检查维护。排水设施施工时做到沟基稳固、沟形整齐、沟坡一致、沟底平顺、沟渠相连，不出现断沟和回流现象。排水沟沟底设在原土上，不设在未做处理的虚渣、弃土上。

⑨雨期路基施工。

雨期到来之前，做好排水设施，挖方路段事先疏通截水沟等排水系统。对已完工程加强防护，采取避雨与自身排水相结合的措施。

路基施工随挖、随运、随填、随压，保证排水畅通。填筑施工时，几个施工区段的工作面轮流作业，紧凑衔接，严禁全面铺开同一工序。已摊铺好的松土层在雨天来临前抓紧时间压实，来不及碾压封顶的，用塑料薄膜覆盖，防止雨水进入路基。淋雨路基进行晾晒，达到要求后再进行正常施工。保证施工一段，成形一段。

路基每一压实层面做成 2%～3% 的人字横坡以利排水,保证路基面不积水,在路基施工时两侧做出路肩和临时泄水槽,集中排水,避免雨水冲蚀边坡。

⑩路基相关工程施工。

a. 电缆槽施工。

电缆槽在路肩级配碎石施工完成后开槽施工,采用专门切割机画线切槽,安装电缆槽预制构件。电缆槽基础采用人工整平,小型冲击夯夯实,然后铺设透水卵石或碎石并压实后,再安装电缆槽。电缆槽与路基竖向接触面间的缝隙按设计采取防水材料填塞处理,电缆槽不得影响路基的稳定和防排水功能。

b. 过轨管道施工。

埋设于路基上的过轨管道与路基同步施工,根据各过轨管道设计的埋设高程,在路基填筑压实到高于管顶部高度后,人工在路基内挖一条与过轨管道尺寸相当的横沟,将管道铺设在沟内,用中粗砂回填管周并夯实。每根过轨管道均穿两根铁丝,并在管道两端留一定的余量,以备后续工序施工使用。预埋过轨管道两端用麻布包裹保护。

4.2.2 区间路基工程验收

(1)主体结构:施工中严格按照施工方案实施,对各分项工程过程及原材料等派专职技术人员严格检查、旁站,符合要求方进行下一工序施工。

(2)防水工程:对基面、防水层、止水带等的每一道工序进行认真检查与指导,严格按施工工艺细则进行操作验收制度。

(3)路基工程:从开挖、填筑、碾压、支挡、防护等每个工序进行认真检查与指导,严格按施工工艺细则进行操作验收制度。

4.2.3 施工现场照片

施工现场照片如图 4-4-12～图 4-4-29 所示。

图 4-4-12 路基填方施工图(一)

图 4-4-13 路基填方施工图(二)

图 4-4-14　地基处理 CFG（Cement Fly-ash Grave）桩施工

图 4-4-15　地基处理 CFG 桩上铺设土工格栅

图 4-4-16　坡面防护工程搭设脚手架

图 4-4-17　坡面锚杆框架梁绑扎钢筋骨架

图 4-4-18　坡面锚杆框架梁立模浇筑图（一）

图 4-4-19　坡面锚杆框架梁立模浇筑图（二）

图 4-4-20　路基 K30 检测图（一）

图 4-4-21　路基 K30 检测图（二）

图 4-4-22 墙背回填施工

图 4-4-23 墙背反滤层设置

图 4-4-24 抗滑桩桩井人工挖孔

图 4-4-25 抗滑桩桩前施工开挖

图 4-4-26 工程实景图(一)

图 4-4-27 工程实景图(二)

图 4-4-28 工程实景图(三)

图 4-4-29 工程实景图(四)

4.2.4 区间路基工程施工经验及教训

工程的质量管理主要抓工程的内部质量及外观质量两个方面：注重工程项目的内部质量，特别是抓住项目质量的控制关键点，对这些关键点控制上做到事前预防、事中、事后的质量把关，做到质量控制动态管理。注意项目施工的外观质量，外观质量在工程项目上也是相当重要的，特别是结构物施工完成后的整体线形、表面平整度、蜂窝麻面，若出现以上外观缺陷应及时进行整改。

4.3 区间桥梁工程设计

4.3.1 工程概述

贵阳轨道交通 1 号线工程区间高架总长 3096.63m（折合双线），分布于 6 个区间，详见贵阳轨道交通 1 号线区间高架分布表（表 4-4-5）。

贵阳轨道交通 1 号线区间高架分布表　　　　表 4-4-5

序号	区间范围	里程范围	高架区间长度（m）	区间高架地理区段划分
1	窦官站—下麦西站	YD2K12+690.43～YD1K0+414.45 YD1K0+507.94～YD1K0+692.34	908.42	Ⅰ段
2	下麦西站—将军山站	YD1K0+991.98～YD1K1+243.02 YD1K2+096.242～YD1K2+253.262	408.06	Ⅰ段
3	将军山站—云潭路站	YD1K2+373.302～YD1K2+795.56	494.04	Ⅰ段
4	贵阳北站—雅关站	YDK13+889.78～YDK13+988.82 YDK14+331.78～YDK14+669.82 YDK15+189.78～YDK15+377.82 YDK16+296.73～YDK16+490.6	818.99	Ⅱ段
5	雅关站—蛮坡站	YDK16+610.6～YDK16+785.66	175.06	Ⅱ段
6	长江路站—场坝村站	YDK32+956.98～YDK33+249.04	292.06	Ⅲ段
合计			3096.63	

4.3.2 结构设计

1）设计规范及规定

（1）《地铁设计规范》(GB 50157—2013)。

（2）《城市轨道交通技术规范》(GB 50490—2009)。

（3）《城市轨道交通引起建筑物振动与二次辐射噪声限值及其测量方法标准》(JGJ/T 170—2009)。

（4）《铁路桥涵设计规范》(TB 10002—2017)。

(5)《铁路工程建设标准局部修订条文汇编(2016年版)》。
(6)《铁路桥涵混凝土结构设计规范》(TB 10092—2017)。
(7)《铁路桥涵地基和基础设计规范》(TB 10093—2017)。
(8)《铁路混凝土结构耐久性设计规范》(TB 10005—2010)。
(9)《城市轨道交通结构抗震设计规范》(GB 50909—2014)。
(10)《铁路工程抗震设计规范(2009年版)》(GB 50111—2006)。
(11)《铁路桥梁钢结构设计规范》(TB 10091—2017)。
(12)《铁路工程水文勘测设计规范》(TB 10017—99)。

2)主要技术标准

(1)区间高架结构应满足耐久性要求。桥梁主体结构的设计使用年限应为100年。
(2)设计速度:最大设计时速80km/h。
(3)正线数目:双线;标准线间距:5.0m。
(4)最小曲线半径:350m。
(5)牵引种类:电力。
(6)设计洪水频率:

桥梁:1/100,技术复杂、修复困难或重要的大桥和特大桥检算洪水频率:1/300;涵洞:1/100。当观测或调查洪水频率小于上述设计洪水频率时,按《铁路桥涵设计规范》(TB 10002—2017)有关规定办理。

(7)全线正线设计标准按一次铺设无缝线路。桥上无缝线路设计按《铁路无缝线路设计规范》(TB 10015—2012)执行。

(8)设计竖向活载采用B型车,车辆满载荷载按轴重140kN,车辆轴距如图4-4-30所示。

图4-4-30 B型车竖向活载图示(尺寸单位:m)

3)桥下净空及建筑限界要求

(1)直曲线地段标准桥面采用等宽设计,具体如下:

单线:6.0m;

双线(线间距S=5.0m)(左右线之间设接触网支柱):10.0m;

双线(线间距S=5.0m)(左右线外侧设接触网支柱):10.8m。

(2)1号线建筑限界,按《地铁设计规范》(GB 50157—2013)及本线采用的车辆限界要求执行。区间高架建筑限界如图4-4-31所示。

(3)1号线跨越快速路、城市主干道净高不小于5.5m,跨越次干道不小于5.0m。跨越既有规划道路时,应结合现状、规划标准及与地方所签意向协议综合考虑办理。

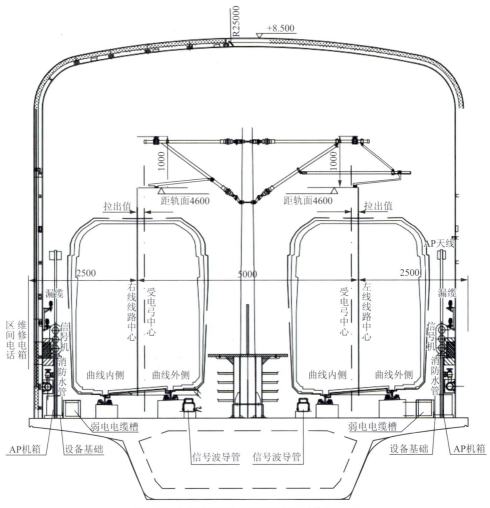

图 4-4-31　区间高架标准建筑限界图（尺寸单位：mm）

4）主要建筑材料

（1）桥梁墩台身、扩大基础、顶帽等宜采用钢筋混凝土；盖梁及轨道梁采用预应力混凝土。施工接缝应设接头钢筋。

（2）主体工程混凝土强度按表 4-4-6 执行。

区间高架主体结构混凝土强度表　　　　表 4-4-6

项　　目	最低强度等级
梁部	C50
盖梁（预应力混凝土结构）	C50
墩柱	C40
钢筋混凝土桥台	C40
钢筋混凝土承台	C35
桩基础	C35

(3)预应力钢绞线采用f_{pk}=1860MPa 的高强低松弛钢绞线,其技术条件应符合《预应力混凝土用钢绞线》(GB/T 5224—2014)。预应力粗钢筋应满足国家标准《预应力混凝土用螺纹钢筋》(GB/T 20065—2006)的规定。锚具应符合《预应力筋用锚具、夹具和连接器》(GB/T 14370—2015)规定的Ⅰ类高效率、高性能夹片式锚具,锚垫板采用配套锚垫板,张拉千斤顶采用配套千斤顶。预应力孔道优先选用塑料波纹管,真空压浆,灌浆料宜选用高性能无收缩防腐灌浆剂,其技术指标及施工工艺应满足《铁路后张法预应力混凝土梁管道压浆技术条件》(TB/T 3192—2008)的各项规定。

(4)钢筋技术性能应分别符合国家标准《钢筋混凝土用钢 第1部分:热轧光圆钢筋》(GB 1499.1—2008)、《钢筋混凝土用钢 第2部分:热轧带肋钢筋》(GB 1499.2—2007)的规定,桥梁钢筋还须满足《铁路桥涵混凝土结构设计规范》(TB 10092—2017)对碳含量的要求,即HRB400钢筋的化学成分C+Mn/6应不大于0.5%。焊接钢筋网应满足《钢筋混凝土用钢 第3部分:钢筋焊接网》(GB/T 1499.3—2010)的规定。

(5)桥梁支座:支座宜采用轻轨桥梁抗震盆式橡胶支座,采用钢套筒螺栓锚固形式。支座布置时应考虑顶梁更换空间需要并严格控制支座更换时的顶梁高度。

(6)桥梁伸缩缝采用无砟轨道桥梁专用伸缩缝。

(7)桥面保护层采用纤维混凝土,防水层采用高聚物改性沥青防水卷材。

(8)桥台锥坡铺砌采用M10浆砌片石。

4.3.3 区间高架桥设计

1)桥跨布置

(1)桥跨布设原则

①路桥分界高度:一般路基地段路桥分界高度宜控制在4.0m以下。

②桥跨布置时应根据两站间作为一个孔跨布置单元进行桥跨布置,区间桥跨应均匀布设,避免出现跨度差异较大,影响城市景观。桥梁孔跨布置结合地形地貌、河流水文、工程地质、跨越功能、经济性、工期、施工方法等条件考虑。

③桥跨布置时,优先采用30m跨,当采用其他较小跨度作为调整跨时,梁高宜采用与30m箱梁等高处理。

④本线道岔上桥的梁,均采用连续梁结构。

⑤对大跨度桥梁,应根据桥梁所在线位、桥高、跨越地物及地质情况等条件,选用连续梁或连续刚构结构。

⑥跨越公(道)路立交桥布置形式:跨越既有盐沙大道、西南环线及规划道路宾阳大道时,采用较大跨度的结构形式,跨越金朱西路时,采用门式刚架墩布设标准桥跨跨越;跨越规划道路金湖路,结合道路路幅情况采用非标准桥跨跨越;跨越规划道路中桐路时,采用框架桥形式跨越。

(2)区间桥跨布置

①起点—窦官站区间。

孔跨布置为:3×30m 双线简支梁。

②窦官站—下麦西站区间(共2段)。

第1段孔跨布置为:3×30m 双线连续梁+1×25m 双线简支梁+1×20m 双线简支梁+3×30m 双线简支梁+9×30m 单线简支梁+2×20m 单线简支梁+6×30m 单线简支梁(右线);3×30m 双线连续梁+1×25m 双线简支梁+1×20m 双线简支梁+3×30m 双线简支梁+12×30m 单线简支梁(左线);

第2段孔跨布置为:6×28.7m 四线连续梁。

③下麦西站—云潭路站(共2段)。

第1段孔跨布置为:8×30m 双线简支梁;

第2段孔跨布置为:5×30m 双线简支梁。

④将军山站—云潭路站(共2段)。

孔跨布置为:8×30m 双线简支梁+(30m+40m+30m)双线连续梁+5×30m 双线简支梁。

⑤贵阳北站—雅关站(共4段)。

第1段孔跨布置为:3×30m 双线简支梁;

第2段孔跨布置为:3×30m 双线简支梁+(40m+68m+40m)双线连续刚构+3×30m 双线简支梁;

第3段孔跨布置为:6×30m 双线简支梁;

第4段孔跨布置为:2×30m 单线简支梁+(34m+60m+34m)单线连续梁(左右线高架相同)。

⑥雅关站—蛮坡站。

孔跨布置为:1×20m 单线简支梁+4×30m 四线连续梁+1×30m 四线简支梁。

⑦清水江路站—场坝村站。

孔跨布置为:(30m+40m+30m)双线连续梁+2×30m 双线简支梁+4×30m 单线简支梁。

2)普通桥梁结构设计

(1)上部结构设计

根据轨道交通的特点,常用梁体截面有T形截面、箱形截面、槽形截面。T形梁梁重轻、吊装方便、造价经济、受力明确、工艺成熟,是常用的桥梁结构形式,目前时速200km及以下的铁路桥梁仍采用T形梁。但多片T形梁间需横向将横隔板及桥面联为整体甚至还要使用横向预应力,现场横向联结施工工作量较大、工序多、施工时间长,从桥下及两侧看不如箱梁简洁,景观性差,此外T形梁时代感不强,所以不应成为对景观要求高的轨道交通的选择。箱梁是闭合截面结构,其抗扭刚度大,整体受力性能好,动力稳定性好,外观简洁优美,是国内轨道交通广泛采用的高架结构形式。槽形梁属下承式梁,最大的优点是轨顶至梁底建筑高度相对较低,且两侧的主梁可起到隔声作用,但混凝土主要位于受拉区,经济性差,从侧面看梁体显庞大,影响视觉效果。

桥梁截面形式是高架结构设计的重要前提,箱梁是目前国内外城市轨道交通高架桥普遍采用的主要梁部结构形式。

由于箱梁截面抗弯、抗扭性能好,外观简洁、整体性强、刚度大、结构耐久性好,此外,箱梁还具有良好的动力性能,在列车走行时产生的振动及噪声均相对较小,有利于城市的环境保护。由于其刚度大,混凝土后期徐变上拱较小,尤其适用于无砟轨道的应用。根据不同需要,可采用单箱或多箱截面梁。

贵阳轨道交通1号线采用技术成熟的飞雁式双线单箱单室箱梁标准桥跨采用30m,桥面宽10m,梁高1.8m,梁体具有较好的整体受力性能,结构截面刚度较大,后期徐变易控制,整体受力性能好。

(2)下部结构及基础设计

区间下部标准墩柱采用花瓣式板式桥墩,墩柱上部设圆弧倒角曲线顺接,以达到与上部梁体的线条流畅一致,减少视觉错位感。墩四周设圆弧倒角,增加结构线条的柔和,适当消除混凝土构件的凝重感。中部设凹槽,增加桥墩正面的线条,提高桥墩雕塑感,改善桥梁的景观。根据墩高,一般采用纵向尺寸1.6~2.0m,横向尺寸2.6~3.5m,中部设置0.2m深凹槽,墩柱四周设置0.15m圆弧倒角。跨越城市道路及局部交叉位置部分采用门式刚架墩,刚架墩盖梁采用预应力混凝土,墩柱采用钢筋混凝土结构,为增加美感,于刚架墩身中部开槽,并利用圆弧倒角。

标准桥墩基础一般采用承台群桩基础,设计时通过对桩基础桩径及桩数的对比,综合考虑结构安全、工程投资、施工工期等因数,推荐设计为:一般地段采用4根桩,较高桥墩或大跨度桥梁主墩采用5~8根桩。根据地质情况,主要采用1.0m、1.25m、1.5m三种类型桩径的钻(挖)孔桩基础。

桩基设计时严格控制工后沉降数值,严格控制基础不均匀沉降,对同联连续梁位于软硬不均基础上时,设计时分别计算基础沉降量,保证相关结果满足规范要求。

3)特殊桥梁结构设计

(1)6×28.7m四线连续梁

①桥梁上部结构设计。

窦官站—下麦西站区间窦官四线道岔桥0~6号墩采用6×28.7m预应力混凝土四线连续梁,梁体采用全预应力、单箱单室斜腹板等高度箱梁。四线连续梁分两幅箱梁,左右幅对称,道岔区影响范围内两幅箱梁内设50cm后浇带,其余段均留50cm缝隙;每幅箱梁顶宽9.55m,底宽4.60m,外侧翼缘悬挑2.06m,悬挑端部高0.25m,根部高0.50m;内侧翼缘悬挑1.81m,悬挑端部高0.35m,根部高0.50m;内侧设置0.66mm×0.22m梗肋;箱梁底板设0.15mm×0.15m梗肋。

箱梁梁高1.8m;底板厚0.25m,在支点附近直线渐变至0.5m;腹板厚0.32m,在支点附近直线渐变至0.6m;顶板采用0.28m全桥等厚。

边支点箱梁顶设一道厚 1.2m 的端横梁;各中支点处箱梁各设一道厚 2.0m 的中横梁。各中横梁均设置进入洞以便施工和节省材料用量。

梁部腹板纵向钢束采用 15-ϕ15.2mm 高强度低松弛钢绞线,钢束管道采用外径 104mm、内径 90mm 的塑料波纹管成孔,M15-15 锚具锚固;顶、底板钢束采用 12-ϕ15.2mm 高强度低松弛钢绞线,钢束管道采用外径 98mm、内径 85mm 的塑料波纹管成孔,M15-12 锚具锚固,配套千斤顶张拉;钢绞线公称直径 15.2mm,极限抗拉强度 f_{pk}=1860MPa,其技术标准应符合《预应力混凝土用钢绞线》(GB/T 5224—2014)标准的要求。

②桥梁下部结构设计。

桥梁墩柱均采用花瓣式板式桥墩,墩柱上部设圆弧倒角曲线顺接,以达到与上部梁体的线条流畅一致,减少视觉错位感。墩四周设圆弧倒角,增加结构线条的柔和,适当消除混凝土构件的凝重感。中部设凹槽,增加桥墩正面的线条,提高桥墩雕塑感,改善桥梁的景观。

桥墩根部纵向尺寸 2.0m,横向尺寸 3.5m,中部设置 0.15m 深凹槽,墩柱四周设置 0.15m 圆弧倒角。2~4 号墩高 6.5m,1、5 号墩高 4.0m。

0 号桥台采用钢筋混凝土空心桥台,台高 7m;6 号桥台采用钢筋混凝土实体桥台,台高 4m。

各桥墩下设 5.8m×14.6m×2.5m 钢筋混凝土承台,承台下布置 8 根 ϕ1.25m 钻孔灌注桩,按端承桩设计;0 号桥台下设 10.6m×15.9m×2.5m 钢筋混凝土承台,承台下布置 12 根 ϕ1.25m 钻孔灌注桩,按端承桩设计;6 号桥台下设 6.6m×15.9m×2.5m 钢筋混凝土承台,承台下布置 8 根 ϕ1.25m 钻孔灌注桩,按端承桩设计。

(2)30m+40m+30m 双线连续梁

①桥梁上部结构设计。

将军山站—云潭路站区间 8~11 号墩采用 30m+40m+30m 预应力混凝土双线连续梁,梁体采用全预应力、单箱单室斜腹板等高度箱梁。箱梁顶宽 10.0m,底宽 4.60m,翼缘悬挑 2.16m,悬挑端部高 0.18m,根部高 0.50m;内侧设置 0.66m×0.22m 梗肋;箱梁底板设 0.15m×0.15m 梗肋。

箱梁梁高 2.0m;底板厚 0.25m,在支点附近直线渐变至 0.5m;腹板厚 0.32m,在支点附近直线渐变至 0.6m;顶板采用 0.28m 全桥等厚。

边支点箱梁顶设一道厚 1.2m 的端横梁;各中支点处箱梁各设一道厚 2.0m 的中横梁。各中横梁均设置进入洞以便施工和节省材料用量。

梁部腹板和顶板纵向钢束采用 15-ϕ15.2mm 高强度低松弛钢绞线,钢束管道采用外径 104mm、内径 90mm 的塑料波纹管成孔,M15-15mm 锚具锚固;底板纵向钢束采用 12-ϕ15.2mm 高强度低松弛钢绞线,钢束管道采用外径 98mm、内径 85mm 的塑料波纹管成孔,M15-12mm 锚具锚固,配套千斤顶张拉;钢绞线公称直径 15.2mm,极限抗拉强度 f_{pk}=1860MPa,其技术标准应符合《预应力混凝土用钢绞线》(GB/T 5224—2014)标准的要求。

②桥梁下部结构设计。

桥梁墩柱均采用花瓣式板式桥墩,墩柱上部设圆弧倒角曲线顺接,以达到与上部梁体的线条流畅桥一致,减少视觉错位感。墩四周设圆弧倒角,增加结构线条的柔和,适当消除混凝土构件的凝重感。中部设凹槽,增加桥墩正面的线条,提高桥墩雕塑感,改善桥梁的景观。

9、10号桥墩根部纵向尺寸2.2m,横向尺寸2.8m,中部设置0.15m深凹槽,墩柱四周设置0.15m圆弧倒角。9号墩高11m,10号墩高6.0m。8、11号桥墩根部纵向尺寸2.0m,横向尺寸2.6m,中部设置0.15m深凹槽,墩柱四周设置0.15m圆弧倒角。8号墩高7.5m,11号墩高6.0m。

9、10号桥墩下设6.1m×6.3m×2.5m钢筋混凝土承台,承台下布置4根ϕ1.5m钻孔灌注桩,按端承桩设计;8、11号桥墩下设5.8m×6.3m×2.0m钢筋混凝土承台,承台下布置4根ϕ1.25m钻孔灌注桩,按端承桩设计。

(3)40m+68m+40m双线连续刚构

①桥梁上部结构设计。

贵阳北站—雅关站区间小关2号双线大桥3~6号墩采用40m+68m+40m预应力混凝土变高度双线连续刚构,梁体采用全预应力、单箱单室直腹板变高度箱梁。箱梁顶宽10.0m,底宽5.50m,翼缘悬挑2.25m,箱梁悬臂为折线形,端部厚0.3m,根部厚0.65m,在距端部1.05m处厚度变为0.35m;内侧设置0.9m×0.3m梗肋;箱梁底板设0.4m×0.2m梗肋。

端支座处、边跨直线段及跨中处梁高为2.25m,中支点处梁高4.5m,梁高按2次抛物线变化。底板厚由跨中的0.41m按2次抛物线变化至中支点梁根部的0.697m,顶板厚度除支点处其余梁段等厚为0.35m。其中中支点处顶板厚度为0.55m,端支点处顶板厚度为0.6m。箱梁中跨及边跨端部腹板厚度0.4m,主墩墩顶加厚至0.65m,边墩支点加厚至0.75m。

边支点箱梁顶设一道厚1.2m的端横梁;各中支点处箱梁各设一道厚2.0m的中横梁。各中横梁均设置进入洞以便施工和节省材料用量。

全桥均采用9-ϕ15.2mm高强度低松弛钢绞线,分为顶板、底板和腹板三种钢束类型,均采用两端对称张拉方式。所有纵向钢束横向桥均不设平弯,采用M15-9型锚具锚固,配套千斤顶张拉;预应力管道采用塑料波纹管成孔,波纹管内径80mm,外径93mm。管道压浆采用真空压浆;钢绞线公称直径15.2mm,极限抗拉强度f_{pk}=1860MPa,其技术标准应符合《预应力混凝土用钢绞线》(GB/T 5224—2014)标准的要求。

②桥梁下部结构设计。

主桥主墩采用双肢实心薄壁墩,单肢截面为横向5.5m,纵桥向1m,4号主墩高28m,5号主墩高23m。

主桥边墩采用花瓣式板式桥墩,墩柱上部设圆弧倒角曲线顺接,以达到与上部梁体的线条流畅桥一致,减少视觉错位感。墩四周设圆弧倒角,增加结构线条的柔和,适当消除混凝土构件的凝重感。中部设凹槽,增加桥墩正面的线条,提高桥墩雕塑感,改善桥梁的景观。边墩根部纵向尺寸2.4m,横向尺寸4.6m,中部设置0.15m深凹槽,墩柱四周设置0.15m圆弧倒角。3号墩高22m,6号墩高16.0m。

4、5号桥墩下设9.7m×11.7m×3.0m钢筋混凝土承台,承台下布置8根ϕ1.5m钻孔灌注桩，按摩擦桩设计；3号桥墩下设8.5m×8.5m×2.5m钢筋混凝土承台，承台下布置5根ϕ1.25m钻孔灌注桩，按摩擦桩设计；6号桥墩下设5.8m×5.8m×2.5m钢筋混凝土承台，承台下布置4根ϕ1.25m钻孔灌注桩，按摩擦桩设计。

（4）34m+60m+34m单线连续梁

①桥梁上部结构设计。

贵阳北站—雅关站区间小关4号大桥2～5号墩采用34m+60m+34m预应力混凝土单线连续梁，梁体采用全预应力、单箱单室直腹板变高度箱梁。箱梁顶宽6.0m，底宽3.0m，翼缘悬挑1.5m，悬挑端部高0.2m，根部高0.4m；内侧设置0.45m×0.15m梗肋；箱梁底板设0.3m×0.15m梗肋。

端支座处及边跨直线段和跨中处梁高为2.0m，中支点处梁高3.8m，梁高按2次抛物线变化。底板厚由跨中的0.28m按2次抛物线变化至中支点梁根部的0.5m，顶板厚度全桥等厚为0.28m。箱梁跨中腹板厚度0.35m，支点腹板厚度0.5m。

边支点箱梁顶设一道厚1.0m的端横梁；各中支点处箱梁各设一道厚1.6m的中横梁。各中横梁均设置进入洞以便施工和节省材料用量。

梁部纵向通长钢束采用19-ϕ15.2mm高强度低松弛钢绞线，钢束管道采用外径114mm，内径100mm的塑料波纹管成孔，M15-19锚具锚固，配套千斤顶张拉；纵向短钢束采用12-ϕ15.2mm高强度低松弛钢绞线，钢束管道采用外径98mm，内径85mm的塑料波纹管成孔，M15-12锚具锚固，配套千斤顶张拉；钢绞线公称直径15.2mm，极限抗拉强度f_{pk}=1860MPa，其技术标准应符合《预应力混凝土用钢绞线》（GB/T 5224—2014）标准的要求。

②桥梁下部结构设计。

桥梁墩柱均采用花瓣式板式桥墩，墩柱上部设圆弧倒角曲线顺接，以达到与上部梁体的线条流畅桥一致，减少视觉错位感。墩四周设圆弧倒角，增加结构线条的柔和，适当消除混凝土构件的凝重感。中部设凹槽，增加桥墩正面的线条，提高桥墩雕塑感，改善桥梁的景观。

3、4号桥墩根部纵向尺寸1.8m，横向尺寸3.0m，中部设置0.15m深凹槽，墩柱四周设置0.15m圆弧倒角。3号墩高10.5m，4号墩高9.0m。2、5号桥墩根部纵向尺寸1.8m，横向尺寸3.0m，中部设置0.15m深凹槽，墩柱四周设置0.15m圆弧倒角。2号墩高12.5m，5号墩高13.0m。

3、4号桥墩下设5.8m×5.8m×2.5m钢筋混凝土承台，承台下布置4根ϕ1.25m钻孔灌注桩，按摩擦桩设计；2、5号桥墩下设5.8m×5.8m×2.0m钢筋混凝土承台，承台下布置4根ϕ1.00m钻孔灌注桩，按摩擦桩设计。

（5）4×30m四线连续梁

①桥梁上部结构设计。

雅关站—蛮坡站区间1～5号墩采用4×30m预应力混凝土四线连续梁，梁体采用全预应力、单箱单室斜腹板等高度箱梁。四线连续梁分两幅箱梁，左右幅对称，道岔区影响范围内两幅箱梁内设 10cm 纵缝,纵缝采用 T 形钢盖板封闭;每幅箱梁顶宽 9.8m,底宽 4.60m,外侧翼缘悬挑 2.06m,悬挑端部高 0.25m,根部高 0.5m;内侧翼缘悬挑 2.01m,悬挑端部高 0.35m,根部高 0.5m;内侧设置 0.66m×0.22m 梗肋;箱梁底板设 0.15m×0.15m 梗肋。

箱梁梁高 1.8m;底板厚 0.25m,在支点附近直线渐变至 0.5m;腹板厚 0.32m,在支点附近直线渐变至 0.6m;顶板采用 0.28m 全桥等厚。

边支点箱梁顶设一道厚 1.2m 的端横梁;各中支点处箱梁各设一道厚 2.0m 的中横梁。各中横梁均设置进入洞以便施工和节省材料用量。

梁部纵向钢束采用 12-ϕ15.2mm 高强度低松弛钢绞线,钢束管道采用外径 98mm,内径 85mm 的塑料波纹管成孔,M15-12 锚具锚固,配套千斤顶张拉;钢绞线公称直径 15.2mm,极限抗拉强度 f_{pk}=1860MPa,其技术标准应符合《预应力混凝土用钢绞线》(GB/T 5224—2014)标准的要求。

②桥梁下部结构设计。

桥梁墩柱均采用花瓣式板式桥墩,墩柱上部设圆弧倒角曲线顺接,以达到与上部梁体的线条流畅桥一致,减少视觉错位感。墩四周设圆弧倒角,增加结构线条的柔和,适当消除混凝土构件的凝重感。中部设凹槽,增加桥墩正面的线条,提高桥墩雕塑感,改善桥梁的景观。

桥墩根部纵向尺寸 2.0m,横向尺寸 3.5m,中部设置 0.15m 深凹槽,墩柱四周设置 0.15m 圆弧倒角。1 号墩高 13.5m,2 号墩高 11.0m,3 号墩高 10.5m,4 号墩高 9.5m,5 号墩高 7.0m。

1 号桥墩下设 5.8m×17.8m×2.5m 钢筋混凝土承台,承台下布置 10 根 ϕ1.25m 钻孔灌注桩,按摩擦桩设计,2~5 号桥墩下设 5.8m×14.6m×2.5m 钢筋混凝土承台,承台下布置 8 根 ϕ1.25m 钻孔灌注桩,按摩擦桩设计。

(6)30m+40m+30m 双线连续梁

①桥梁上部结构设计。

清水江站—场坝村站区间 0 号桥台~3 号墩采用 30m+40m+30m 预应力混凝土双线连续梁,梁体采用全预应力、单箱单室斜腹板等高度箱梁。箱梁顶宽 10.8m,底宽 4.6m,翼缘悬挑 2.56m,悬挑端部高 0.18m,根部高 0.5m;内侧设置 0.66m×0.22m 梗肋;箱梁底板设 0.15m×0.15m 梗肋。

箱梁梁高 2.0m;底板厚 0.25m,在支点附近直线渐变至 0.5m;腹板厚 0.32m,在支点附近直线渐变至 0.6m;顶板采用 0.28m 全桥等厚。

边支点箱梁顶设一道厚 1.2m 的端横梁;各中支点处箱梁各设一道厚 2.0m 的中横梁。各中横梁均设置进入洞以便施工和节省材料用量。

梁部腹板和顶板纵向钢束采用 15-ϕ15.2mm 高强度低松弛钢绞线,钢束管道采用外径 104mm,内径 90mm 的塑料波纹管成孔,M15-15 型锚具锚固,配套千斤顶张拉;底板纵向钢束采用 12-ϕ15.2mm 高强度低松弛钢绞线,钢束管道采用外径 98mm,内径 85mm 的塑料波纹管成孔,M15-12 锚具锚固,配套千斤顶张拉;钢绞线公称直径 15.2mm,极限抗拉强度 f_{pk}=1860MPa,其技术标准应符合《预应力混凝土用钢绞线》(GB/T 5224—2014)标准的要求。

②桥梁下部结构设计。

桥梁墩柱均采用花瓣式板式桥墩,墩柱上部设圆弧倒角曲线顺接,以达到与上部梁体的线条流畅桥一致,减少视觉错位感。墩四周设圆弧倒角,增加结构线条的柔和,适当消除混凝土构件的凝重感。中部设凹槽,增加桥墩正面的线条,提高桥墩雕塑感,改善桥梁的景观。

1、2 号桥墩根部纵向尺寸 2.0m,横向尺寸 3.5m,中部设置 0.15m 深凹槽,墩柱四周设置 0.15m 圆弧倒角。1 号墩高 7m,2 号墩高 12.0m。3 号桥墩根部纵向尺寸 1.6m,横向尺寸 3.0m,中部设置 0.15m 深凹槽,墩柱四周设置 0.15m 圆弧倒角。3 号墩高 10.0m。

0 号桥台采用空心桥台,桥台高 7m。

1、2 号桥墩下设 5.8m×5.8m×2.5m 钢筋混凝土承台,承台下布置 4 根 ϕ1.5m 钻孔灌注桩,按端承桩设计;3 各桥墩下设 5.8m×5.8m×2.0m 钢筋混凝土承台,承台下布置 4 根 ϕ1.25m 钻孔灌注桩,按端承桩设计。0 号桥台下设 6.1m×9.6m×2.0m 钢筋混凝土承台,承台下布置 6 根 ϕ1.25m 钻孔灌注桩,按端承桩设计。

4)桥面附属设施设计

(1)桥梁区间供电受流设施

高架区段区间供电受流采用接触网方式供电,按相关专业要求于桥面设置接触网支柱的预埋件。

(2)桥梁区间防杂散电流设施

①为保护桥梁结构钢筋不受杂散电流腐蚀,桥梁梁体结构钢筋与桥面间的保护层应尽量加厚,避免桥梁梁体结构钢筋露出桥梁表面。

②桥梁和桥墩间应设置绝缘支座,以实现电气隔离。

③使桥梁结构钢筋实现可靠的电气连续,具体要求为:

选择桥梁顶层结构钢筋作为杂散电流主收集网,被选作主收集网的结构钢筋应均匀分布,以增加杂散电流收集效果。每个桥梁结构段内的顶层横向钢筋和顶层纵向钢筋应电气连续,如有搭接,必须进行搭接焊;每个结构段内每隔 5m 用一根顶层横向钢筋与所有的顶层纵向钢筋焊接。焊接长度不小于 6 倍钢筋直径。

每个桥梁结构段两端(即靠近变形缝处),须将靠近变形缝的第一排横向结构钢筋与交叉的所有表层纵向结构钢筋焊接,并在桥梁两侧分别引出连接端子,连接端子采用 5mm×50mm 的铜排,在上面打 ϕ14 孔,用于电气连接(通过 95mm^2 截面的直流铜芯软电缆连接)及测量。焊接长度不小于 6 倍钢筋直径。

④在桥梁区段,利用桥墩结构钢筋作地网。桥墩内部结构钢筋应电气连续,如有搭接,应进行搭接焊,并在每个桥墩两侧顶面引出接地端子至桥梁轨道顶面高程以上 500mm,供高架区段防雷接地使用,每个接地端子的接地电阻≤10Ω。焊接长度不小于 6 倍钢筋直径。

⑤高架桥面内设有畅通的排水措施。

(3)桥梁区间检修、疏散设施

桥面检修可利用疏散平台作为通道,桥墩处一般不设置检查梯等外设检查附属设施,可采用带升降载人栏的移动检查车,利用轨道交通沿线的既有公路既有行进,并对梁体外观等相关项目实施检测。对出现问题需详细检测并维护处,可采用桥下挂篮实施。

(4)桥梁防、排水设施

区间高架桥面应采用高效防水卷材组成的防水层体系,采用纤维混凝土防水层作为保护层,防止桥面水侵蚀。伸缩缝处应做好防、排水处理,梁端纵向应设置挡水块,避免纵向流水通过伸缩缝渗流。应设滴水檐防止水从侧面淌入梁侧及板底面。桥面采用集中汇水并排入桥面上泄水管的方式,通过埋置在墩柱内的排水管直接排入城市排水系统中。排水口不得紧贴混凝土构件表面,排水管的出口应离开结构墩柱一定距离。

(5)桥梁区间照明设施

桥面不单独设置运营用照明设施,但应根据相关专业要求预留电源接线箱并根据业主要求预留景观照明及广告照明条件。

(6)桥梁区间隔声障设施

隔声障设于桥面两侧悬臂端,桥梁应为隔声障的安装预留连接装置,隔声障底部与桥面结构之间不应留有缝隙。梁缝处的隔声障结构应能适应梁的伸缩变化。疏散平台下应设置吸声设施。

(7)桥梁区间综合管线设施

通信、信号及电力等弱电电缆布设于两侧的混凝土电缆槽内,强电布设在疏散平台下电缆支架上,并设置综合接地设施。

5)主要施工方案及施工组织

(1)普通桥跨施工

桥梁孔跨布置、桥型选择与梁部施工方法有关,在贵阳轨道交通1号线高架桥设计中,先确定梁部施工方法后,再确定桥型。

梁部施工一般采用预制架设和支架现浇两种方式,其优缺点比较见表4-4-7。

梁部施工优缺点对比表　　　　表4-4-7

施工方法	方法概要	优　点	缺　点
支架现浇	支架或移动模架现场施工	①整体性好;②可多段同时施工;③不需要大型设备	①对城市环境、交通影响较大;②施工场地占地多;③施工周期较长
预制架设	工厂整孔预制、架桥机现场吊装架设	①对城市环境、交通影响较小;②施工场地占地少;③利于大规模生产,质量外观好;④上下部结构可同时施工;⑤节省大量模板	①工程施工前期投入较大;②高空作业多;③施工工序较多

通过比较,对于长大区间高架桥,整孔预制架设具有明显的优势:对城市环境、交通影响最小;施工场地占地少;利于大规模生产;质量、外观易保证;施工速度快于其他施工方法;节省模架;工程造价适中等。

采用预制梁工法,每片30m标准双线箱梁重450t,普通的架桥设备较难架设,若采用架桥机桥上运送,会因桥上施工荷载和构造要求造成下部结构尺寸的永久性增加,影响桥梁景观。而且曲线上预制梁会造成模板费用增加和施工工艺复杂,若采用曲梁直做,曲线桥梁采用折线布置方式布设,桥墩处扇形梁缝会影响该处的结构景观,而通过变梁长处理,将增加预制梁的施工复杂性,降低工厂预制标准化的效率。

根据贵阳轨道交通1号线具体情况,对预制架设和支架现浇两种工法进行了比较:

①预制工法。

优点:

a. 对标准梁能批量规模生产,施工质量能较好控制。

b. 施工时占用工点场地较少。

缺点:

a. 预制梁体较重,需要大型运架设备,运输时须进行交通管制。

b. 预制场地选择对场地大小和排污标准要求较高,增加成本。

c. 若采用架桥机桥上运架,则需要考虑运架荷载,导致结构尺寸加大,增加造价。

d. 曲线梁、变宽梁处理复杂,导致模板类型和数量增加,增加成本和施工工艺复杂,并影响批量生产效果,若曲梁直做,则影响梁体外观效果。

②支架现浇

优点:

a. 能完全适应线路的各种线形,外观景观效果较好。

b. 能更随意地选择开工点、开工面,可多点、面同时开工,有利于适应较紧张的工期。

c. 能充分利用既有道路的稳定路面作为支架基础的优势。

d. 技术成熟、施工简单、成本相对较低,只要严格控制模板质量和脱模技术,就能有效保证施工质量。

缺点:

a. 每孔梁施工周期较长,占用支架数量较大。

b. 施工时占用工点场地较大,影响道路通行能力。

c. 施工质量不易控制稳定,受影响因素较多。

结合以上分析并结合贵阳轨道交通1号线实际情况:除跨越西南环线处外,桥梁大多位于人员活动较少的地区;区间高架线路3186.63m[标准桥跨(L=30m)双线46孔,单线39孔],且具有曲线梁居多、穿插变宽梁等特殊结构的特点。综合考虑梁部选型对景观的影响、既有道路交通疏解、工程投资等方面的因素,推荐采用满堂支架现浇完成梁部施工。

下部采用钻(挖)孔桩施工,承台立模现浇,墩柱采用整体式模板一次浇筑成型。

(2)特殊桥跨施工

①贵阳北站—雅关站区间小关2号双线大桥40m+68m+40m预应力混凝土变高度连续刚构采用悬臂挂篮对称法浇筑施工,墩身采用现场立模浇筑施工。

②贵阳北站—雅关站区间小关4号双线大桥34m+60m+34m预应力混凝土变高度连续刚构采用满堂支架现浇法施工,墩身采用现场立模浇筑施工。

(3)区间施工组织

1号线区间高架绝大部分均采用现场浇筑法施工。施工时,在线路中线两侧各一定范围内封闭作为临时施工场地使用。窦官站—下麦西站区间高架部分沿金朱西路敷设,施工上部结构时,利用既有绿化带,并临时征用双向四车道,为上部结构满堂支架所用,其余地段利用剩余的双向两车道作为道路的施工期间通道;将军山站—云潭路站区间高架位于林城西路中央分隔带中,施工上部结构时,利用既有绿化带,并临时征用双向两车道,为上部结构满堂支架所用,其余地段利用剩余的双向四车道作为道路的施工期间通道。贵阳北站—雅关站区间小关4号大桥跨越盐沙大道,采用主跨60m的连续梁跨越盐沙大道高架部分及两侧辅道,梁部采用满堂支架施工,施工期间采用支架工字钢和钢管搭设临时门洞,满足盐沙大道临时双向两车道的通行要求;清水江路站—场坝村站区间跨越西南环线,采用主跨40m的连续梁跨越,施工期间采用支架工字钢和钢管搭设临时门洞,满足西南环线临时双向四车道通行要求,并在相应道路路口做好交通分流。

区间桥墩基础碰到的既有道路下管线,原则上按迁改处理。

6)主要施工注意事项

(1)梁体混凝土采用C50混凝土。混凝土施工时,应严格选择砂石骨料级配,控制水灰比,保证各项检验数据必须符合有关规范及技术要求,混凝土试件的各项指标应达到规范要求,并经监理工程师确认后方可用于梁体灌注。施工时应从选料、计量、搅拌、运输、灌注、捣固、养生等方面把好质量关,保持骨料洁净,振捣密实,并选择优良的脱模剂,做到混凝土内实外光。

(2)梁体灌注时,由于钢筋、管道密集,应特别注意混凝土灌注质量控制。施工前应制订严格、详细的施工工艺,划分责任区。加强振捣,不得出现空洞和漏捣,并注意养护,确保混凝土质量。在各节段分界的混凝土接触面,应凿毛洗净,以保证新旧混凝土的整体性。曲线上梁体浇筑时,应根据线路曲线线形进行模板的布置,保证梁体线形与线路线形的一致性。内外侧梁体长度也应考虑曲线的影响,保证伸缩缝位置的梁缝等宽布置。

(3)混凝土灌注中,应采取有效措施保证管道不被堵塞,注意管道接头处理,施工中不得碰坏或压扁管道,以及焊接时避免烧坏管道。混凝土灌注后应及时检查管道是否畅通,特别是管道密集处应特别注意。塑料波纹管应严格按厂家企业标准进行产品验收、检验,合格后方可用于梁部施工。施工时应严格按厂家工艺要求,保护好塑料波纹管。

(4)混凝土强度达到设计值的95%、弹性模量达到设计值的100%,且龄期不少于10d时方可张拉,张拉顺序为先腹板束,后底板束,左右及两端应对称张拉,其张拉控制应力及伸长量应力求左右、两端都对称平衡。梁体应采取预张拉措施,预张拉前应拆除端模、松开内模,在混凝土强度达到设计值的60%时,选取腹板束作为预张拉束对称进行张拉,预张拉应力为张拉控制应力的30%。张拉完成后尽快将同标号的微膨胀水泥砂浆压入管道,以形成整体。压浆前,应用压缩空气或高压水清除管道内杂质。管道压浆水灰比不大于0.4,不容许掺氯盐,可掺减水剂,其掺量由试验决定,为减少收缩掺入适量的膨胀剂。

(5)箱梁纵向预应力钢束管道定位钢筋网采用直径8mm,采用"井"字形骨架,直线段0.5m,曲线段应加密布设。横、竖向预应力钢束(筋)定位钢筋按相关设计图样布设。定位钢筋网应与梁体普通钢筋骨架焊接牢固,固定形成整体,确保纵向预应力束(筋)管道的精确和牢固定位。同时采取有效措施,确保预应力钢束管道在灌注混凝土时不发生变位。

曲线上梁体内预应力钢束定位时,应保证钢束距腹板边缘按图中指定的距离等值布设,并应满足梁体的曲线线形。内外侧腹板长度在曲线上不等时,应保证预应力钢束各控制点距梁端及顶、底板的距离不变,适当调整钢束在直线段的长度。

7)桥面管线及设备整合

在桥梁设计之前,结合地铁高架区间桥面设备要求,由限界专业综合桥梁结构形式及线路布置和桥面设备布置要求,对高架桥梁区间管线、设备和吸声屏障等进行整合的综合布置,特别是对高架区间疏散平台采用"疏散通道+电缆支架+吸隔声板"组合一体设计的方式,大大提高桥面空间有效利用率,减少桥面宽度,让桥梁结构体量和景观效果得到优化提升。

8)高架桥梁景观系统化设计

贵阳轨道交通1号线区间高架部分沿金朱西路、林城西路行进,与既有盐沙大道、西南环线及规划金湖路、宾阳大道立体交叉,为建立和谐的景观格局,对1号线区间高架进行系统的景观设计,人们在享受桥梁带来的便利的同时,也感受着桥梁的美。

梁部采用飞雁式斜腹板箱梁,外观简洁,轻盈的出挑感强化了桥梁的横向线条,在整体上降低了梁截面的厚重感。采用圆弧倒角处理连接翼板、腹板和箱梁底板,侧向流线感十足,减少了结构方正突楞的感觉,让建筑更流畅,提高了亲和力,赋予桥梁整体造型的一种动感效果。

下部采用花瓣式桥墩,上下采用流畅圆顺的线条连接。既能表现桥梁结构的力量美,又体现了城市高架的韵律性和流畅美。为了使桥梁上、下部结构协调一致,墩柱顶部顺应箱梁腹板的坡度,使上、下部结构线条连贯、流畅、舒展,结构显得挺拔、轻巧。正面中间设凹槽,弱化了墩体的体量感,立面上也富有变化。

桥梁排水系统设计时,将泄水管埋设在墩身内部,使得墩身线条简洁、流畅,如图4-4-32所示。

图4-4-32 贵阳轨道交通1号线区间高架实景

4.3.4 设计经验及总结

(1)贵阳轨道交通1号线高架桥梁排水系统设计时,为考虑景观效果,将桥梁泄水管设置在墩身内部,并引入城市排水系统。但由于轨道交通和城市排水管网建设工期不一致,致使部分泄水管堵塞而无法顺畅排水,导致后期于墩顶与梁底之间采用大量明管引水,从而影响景观。以后同类工程中,当排水管需要埋在墩身内部时,应提前和相关部门作良好沟通,在确保排水方式有效、可靠的基础上,尽量保证景观要求。

(2)贵阳轨道交通1号线高架桥梁施工完成后,出现了信号转辙机安装空间不够、环网电缆支架安装需重新打孔的情况。经分析,主要是由于部分专业互提给限界专业的资料滞后、不重视会签所造成。在今后的工作中,应重视桥梁上部结构的会签工作,因梁部预埋件较多,上部结构设计时应与各专业做好充分沟通,尽可能避免出现类似情况。

4.4 区间桥梁工程施工及验收
(以窦官右线大桥和窦官四线岔桥为例)

4.4.1 工程概况

贵阳轨道交通1号线工程起点—下麦西站区间线路全长753m,区间高架分为两段,窦官右线大桥和窦官四线岔桥。窦官右线大桥为单线桥梁,中心里程YD1K0+315.43,全长189.02m,孔跨样式为6×30m单线简支梁。窦官四线岔桥中心里程为YD1K0+602.14,全桥长184.40m,孔跨样式为四线6×28.7m连续梁。

4.4.2 施工组织措施

(1)科学组织施工,强化计划管理,明确阶段工期,运用网络计划技术,实施动态管理,及时调整各分项工程进度计划和生产要素,实现均衡高产,保证计划完成。

(2)建章立制,规范操作,实现工作、作业标准化。

(3)建立工程管理信息系统,全面收集质量、安全、进度、生产要素等各方面的信息,综合分析、判定施工运行状态,针对存在问题,采取有效措施,实现施工过程有序、可控。积极推行"四新"成果的应用,采用先进设备、先进技术,以科学的管理和技术手段加快施工进度。

(4)加强劳力、设备、材料等各项资源的合理调配与使用。设备定期维修保养,提高设备的完好率和利用率;材料及时充分供应,避免停工待料。定期召开施工调度例会,协调工作,超前布局谋划,强化监控落实,及时解决问题,避免耽搁延误。重点项目或工序采取垂直管理,减少中间环节,提高决策速度和工作效率。

4.4.3 主要施工方法及技术措施

桩基础根据实际地形地貌、地质条件以及孔内水位情况采用旋挖钻机,同时桩基灌注采用导管法水下灌注混凝土成桩,确保桩基成桩质量符合设计及规范要求。在遇到不明地质和煤矿采空区的情况下,采用施工前试桩或邀请第三方全程跟踪该区域工程桩钻孔进程情况,确保该地段桩基及结构物质量符合设计及规范要求。墩台身模板采用整体大块钢模,汽车式起重机起吊,人工配合安装,保证模板支设稳定可靠,拆装简便实用,确保外观质量符合相关要求。桥梁上部结构均为箱梁,采用满堂支架现浇法施工。混凝土采用商品混凝土,罐车运输,高墩泵送入模。

4.4.4 工程验收

区间高架工程验收按照轨道公司相关规定,对工程实体的子单位或分部进行逐一验收,按照地基与基础、下部结构、上部结构和桥面附属项分别进行,验收内容详见表4-4-8。

窦官四线道岔桥(子单位)或分部工程质量评定汇总　　　表4-4-8

序号	分部工程名称	分项分部工程名称	检验批批次	分项工程评定意见	分部工程评定意见	分部工程验收时间
1	地基与基础	钻孔桩钻孔	60	合格	合格	2016.08.11
		钻孔桩钢筋	60	合格		
		钻孔桩混凝土	60	合格		
		承台开挖及回填	7	合格		
		承台垫层	7	合格		
		承台混凝土	7	合格		
		承台钢筋	7	合格		
		承台模板及支架	7	合格		
2	下部结构	墩台钢筋	13	合格	合格	2016.08.11
		墩台模板及支架	13	合格		
		墩台混凝土	13	合格		
3	上部结构	支座	4	合格	合格	2016.08.11
		现浇预应力混凝土箱梁钢筋	4	合格		
		现浇预应力混凝土箱梁模板及支架	4	合格		
		现浇预应力混凝土箱梁混凝土	4	合格		
		现浇预应力混凝土箱梁预应力	4	合格		
4	桥面系	桥面防水	1	合格	合格	2016.11.11
		伸缩装置	1	合格		
		桥面铺装	1	合格		
		箱梁挡板钢筋	9	合格		
		箱梁挡板模板及支架	9	合格		
		箱梁挡板混凝土	9	合格		
		电缆槽钢筋	5	合格		
		电缆槽模板及支架	5	合格		
		电缆槽混凝土	5	合格		
5	附属工程	桥头搭板	1	合格	合格	2016.11.11

4.4.5 区间工程施工经验及教训

在实际施工中,工序的衔接非常重要,在同时开展多个作业面的同时,要统筹规划,合理安排施工时间,能减少工序衔接的时间,保证施工工期。

本区段下伏岩层主要为灰岩和白云岩,岩溶发育强烈。针对此类地质特点,桥梁施工过程中,采用了钻孔成桩,遇到较小溶洞时采用了黄泥夹片石处理,遇到较大溶洞或串珠式溶洞时,采用钢护筒下底处理,从而确保成桩的质量满足相应规范的要求。

4.4.6 施工过程重要施工环节和施工工序照片

施工过程中的重要施工环节和施工工序如图 4-4-33～图 4-4-38 所示。

图 4-4-33 桩基放置钢筋笼

图 4-4-34 涵洞模板加固

图 4-4-35 梁脚手架搭设

图 4-4-36 梁部泵车混凝土浇筑

图 4-4-37 桥墩承台钢筋绑扎

图 4-4-38 墩柱钢筋绑扎

4.5 地下区间隧道工程设计

4.5.1 工程概述

贵阳轨道交通1号工程地下区间隧道主要为暗挖马蹄形隧道和明挖矩形隧道,其中多为暗挖矿山法马蹄形隧道,明挖矩形隧道较少。由于线路从起点窦关站—会展中心站,多为侧式站台,矿山法隧道结构采用单洞双线马蹄形结构;其余后续段车站为岛式车站,区间主要为双洞单线马蹄形结构;贵阳北站—雅关站之间,线路穿越小关山体,桥隧间隔相连,隧道主要采用单洞双线马蹄形结构;单洞双线结构与双洞单线结构间,采用小净距隧道或喇叭口隧道进行过渡。明挖隧道主要采用放坡开挖或桩+内支撑围护结构开挖。

1号线暗挖隧道多处下穿既有构(建)筑物:全线隧道先后4次下穿铁路,并下穿贵阳火车站站,2次下穿高速公路,2次下穿南明河,多处下穿楼房、桥梁等既有建(构)筑物。区间隧道施工方法见表4-4-9。

轨道交通工程1号线工程地下区间隧道施工方法一览表　　　　　表 4-4-9

序号	区间名称	施工工法	起止里程	长度(m)	轨面埋深(m)	备 注
1	下麦西—将军山	暗挖隧道	YD1K1+327～YD1K1+845	518	0.7～48	下穿环城高速公路
2	将军山—云潭路	明挖隧道	YD1K2+850.000～YD1K3+095	245	0～9	
		暗挖隧道	YD1K3+095～YDK3+187.45	883.911	9～14	下穿市政道路
3	云潭路站—诚信路站	明挖隧道	YDK3+408.650～YDK4+158.05	749.4	8.5～15	
4	诚信路站—行政中心站	暗挖隧道	YDK4+327.7～YDK4+761	433.3	12～17	下穿市政道路、排污涵
		明挖隧道	YDK4+761～YDK5+527	766.4	8～12	
5	行政中心站—会展中心站	明挖隧道	YDK5+720.1～YDK5+950	216.9	9-11.6	下穿市政道路、双线+三线断面
		暗挖隧道	YDK5+950～YDK7+263.9	1314.4	11.6～40	
6	会展中心站—朱家湾站	明挖隧道	YDK7+419.000～YDK8+030	611	6～14	
		暗挖隧道	YDK8+030～YDK8+554.5	524.5	14～32.5	双洞单线+单洞双线
7	朱家湾站—大寨站	明挖隧道	YDK8+755～YDK9+000	245	8～11.7	
		暗挖隧道	YDK9+000～YDK9+599.3	599.3	11.7～22.8	下穿市政桥梁
8	大寨站—大关站	明挖隧道	YDK9+814.700～YDK10+000	185.3	9～13.3	
		暗挖隧道	YDK10+000～YDK10+196.37	1196.37	13.3～33.6	下穿高速公路
9	大关站—贵阳北站	暗挖隧道	YDK11+415～YDK12+265	850	12.5～33	下穿市政道路
		明挖隧道	DK12+265.000～YDK12+477.722	212.722	10～12.5	
10	贵阳北站—雅关站小关一号隧道	暗挖隧道	YDK12+～Y772.6DK13+835	1062.4	9～127	山岭隧道
	贵阳北站—雅关站小关二号隧道	暗挖隧道	YDK14+018～YDK14+308	290	8～37	山岭隧道

续上表

序号	区间名称	施工工法	起止里程	长度(m)	轨面埋深(m)	备注
10	贵阳北站—雅关站小关三号隧道	暗挖隧道	YDK14+679～YDK15+180	501	8～45	山岭隧道
	贵阳北站—雅关站小关四号隧道	暗挖隧道	YDK15+424～YDK16+295	871	7～63	下穿铁路
11	雅关站—蛮坡站	暗挖隧道	YDK16+878～YDK19+249.34	2371.34	13～210	山岭隧道
12	蛮坡站—安云路站	暗挖隧道	YDK19+415.3～YDK21+263.57	1848.27	29～158	山岭隧道
13	安云路站—北京路站	暗挖隧道	YDK21+483.37～YDK21+871.32	387.94	12～17	下穿楼房、市政道路
14	北京路站—延安路站	暗挖隧道	YDK22+176.72～YDK22+793.97	617.254	13～21	下穿楼房、市政道路
15	延安路站—中山路站	暗挖隧道	YDK23+078.242～YDK23+698	619.758	14.5～21.5	下穿楼房、市政道路
16	中山路站—人民广场站	暗挖隧道	YDK23+887.850～YDK24+607.055	719.205	13.5～20	下穿市政道路、南明河
17	人民广场站—火车站	暗挖隧道	YDK24+779.555～YDK25+973.800	1196.876	13.1～17.7	下穿市政道路、南明河
18	火车站站—沙冲路站	暗挖隧道	YDK26+143.2～YDK27+073.8	925.411	8.5～21	下穿火车站站房及站场
19	沙冲路站—望城坡站	暗挖隧道	YDK27+249.100～YDK28+875.838	1626.738	13.0～62	下穿铁路
		明挖隧道	YDK28+875.838～YDK29+117.150	241.312	8～12	
20	望城坡站—新村站	暗挖隧道	YDK29+374.1～YDK30+230.40	856.25	12～19.7	下穿市政排污沟
21	新村站—长江路站	暗挖隧道	YDK30+449～YDK31+179.45	730.45	9～15	下穿排污沟
22	长江路站—清水江路站	暗挖隧道	YDK31+380.7～YDK32+150	769.3	10～21	下穿民房、铁路
		明挖隧道	YDK32+150.000～YDK32+466.700	316.7	10～13	

4.5.2 结构设计

1)设计原则

(1)隧道结构设计应满足施工、运营、城市规划、人防、防水、防火(一级)、防迷流的要求。按使用年限100年的要求进行耐久性设计,并满足现行的《混凝土结构设计规范》(GB 50010—2010)和《地铁设计规范》(GB 50157—2013)的有关规定。

(2)根据区间隧道的工程地质和水文地质条件及城市总体规划要求,结合周围地面既有建筑物、环境条件、管线及道路交通状况,通过对技术、经济、使用功能等方面的综合比较,合理选择施工方法和结构。

(3)隧道的净空尺寸设计应在建筑限界的基础上再考虑适当的富余量,以满足施工误差、测量误差、不均匀沉降、结构变形的需要。矿山法区间隧道按通风要求,两线之间尽量加中隔墙以形成活塞风。

(4)隧道计算模式的确定,应符合结构的实际工作条件,并反映结构与周围地层的相互作用。

(5)隧道的设计与施工根据地形、地质与相邻建筑等关系,采取"新奥法"原理进行;施工中应采用控制爆破、下穿既有构建筑等爆破敏感地段采用悬臂掘进机等非爆破开挖,尽可能保护围岩,合理发挥围岩的自身承载力。施工中应通过现场监控量测信息,适时调整支护参数和施工方法。

(6)矿山法隧道采用复合式衬砌,初期支护与二次衬砌之间设附加防水层,二次衬砌采用防水混凝土浇筑。复合式衬砌设计参数主要通过工程类比,结合计算分析确定。

(7)结构计算简图应符合结构的实际工作条件,反映围岩对结构的约束作用。当受力过程中体系、荷载形式等有较大变化时,宜根据构件的施工顺序及受力条件,按结构的实际受载过程进行分析,考虑结构体系变形的连续性。结构设计时应按结构整体或单个构件可能出现的最不利荷载组合进行计算,并应考虑施工过程中荷载变化情况分阶段计算。

(8)软弱地层矿山法浅埋暗挖隧道在施工中应遵循"管超前、严注浆、短开挖、强支护、早封闭、勤量测、速反馈、快处理"的原则。

(9)结构计算采用荷载结构模式。使用阶段主体结构内衬墙与顶、底板形成一个拱形结构。主体结构采用全包防水。

2)设计标准

(1)隧道的主体结构工程设计使用年限为100年。

(2)主体结构及其相连的重要构件,其安全等级为一级,其他构件的安全等级为二级,支护结构的安全等级不低于二级。按可靠度理论设计时,设计基准期为50年,结构耐久性设计应符合结构设计使用年限为100年的要求。在进行承载能力计算时,其重要性系数分别取$\gamma_0 = 1.1$、1.0。

(3)隧道结构设计应选择相应的设计基本地震参数进行抗震验算,应根据设计烈度、场地条件、结构类型和埋深等因素选用能较好反映其临震工作状况的分析方法,并采取必要的构造措施,提高结构和接头处的整体抗震能力。非承重构件(装饰构件、管道安装等)也应采取抗震措施。

(4)结构按甲类人防工程、工程防核武器抗力级别X级、防常规武器抗力级别X级的人防荷载进行结构强度核算。

(5)隧道结构所处环境类别为一般环境,对于主体结构迎土面构件,一般环境条件下其环境作用等级按《混凝土结构耐久性设计规范》(GB/T 50476—2008)确定。对于结构内部构件,按干燥环境考虑,环境作用等级按Ⅰ-A级。

(6)隧道结构中主要构件的耐火等级为一级。

(7)钢筋混凝土结构的最大计算裂缝宽度允许值应根据结构类型、使用要求、所处环境和防水措施等因素确定。按荷载效应标准组合并考虑长期作用影响时,最大计算裂缝宽度允许值,可按表4-4-10中的数值进行控制。

最大计算裂缝宽度允许值（单位:mm）　　　表4-4-10

结构类型		允许值	附注
隧道结构	水中环境、土中缺氧环境	0.2	
	洞内干燥环境或洞内潮湿环境	0.2	环境相对湿度为45%～80%
	迎土面地表附近干湿交替环境	0.2	

注：当设计采用的最大裂缝宽度的计算式中保护层的实际厚度超过30mm时，可将保护层厚度的计算值取为30mm。

（8）结构计算简图应符合结构的实际工作条件，反映围岩对结构的约束作用。当受力过程中体系、荷载形式等有较大变化时，宜根据构件的施工顺序及受力条件，按结构的实际受载过程进行分析，考虑结构体系变形的连续性。结构设计时应按结构整体或单个构件可能出现的最不利荷载组合进行计算，并应考虑施工过程中荷载变化情况分阶段计算。

（9）在区间结构与车站的结合部应设置变形缝，但不允许两部分之间产生影响结构正常使用的差异沉降。

（10）防水设计遵循"以防为主、刚柔结合、多道设防、因地制宜、综合治理"的原则，满足《地铁设计规范》（GB 50157—2013）和《地下工程防水技术规范》（GB 50108—2008）的防水要求。

（11）主体结构设计按地震烈度6度进行抗震验算，抗震等级为三级。

（12）钢筋混凝土构件（不含临时构件）正截面的裂缝控制等级一般为三级，即允许出现裂缝。在荷载作用下配筋混凝土构件的表面裂缝计算宽度满足《地铁设计规范》（GB 50157—2013）。

（13）结构抗浮按最不利地下水位情况验算，其抗浮安全系数应不小于1.05，当计算不满足时，应采取抗浮措施。

（14）根据现行《地铁杂散电流腐蚀防护技术规程》（CJJ 49—1992）的要求，钢筋做可靠的电气焊接，并采取防止杂散电流腐蚀的措施；钢结构及钢连接件应进行防锈处理。

（15）荷载组合根据《建筑结构荷载规范》（GB 50009—2012）的规定及可能出现的最不利情况确定。

4.5.3　明挖区间设计

1）围护结构

明挖区间围护结构与明挖车站围护结构基本一致，主要采用土钉墙支护或围护桩加内支撑支护，如图4-4-39、图4-4-40所示。

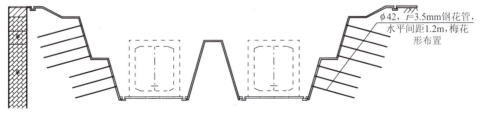

图4-4-39　围护结构横剖面图（土钉墙）

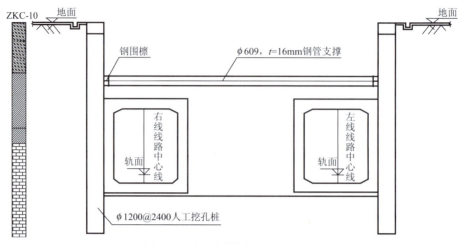

图 4-4-40 围护结构横剖面图（围护桩）

2）主体结构

明挖区间采用单线单洞或双线单洞的矩形框架结构。顶、底板与侧墙形成闭合框架，底、顶板设计为梁板体系，如图 4-4-41、图 4-4-42 所示。

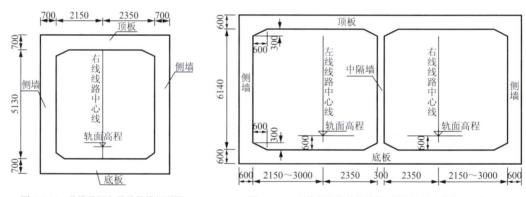

图 4-4-41 单线单洞主体结构横剖面图
（尺寸单位：mm）

图 4-4-42 双线单洞主体结构横剖面图（尺寸单位：mm）

4.5.4 暗挖区间设计

区间暗挖隧道采用马蹄形复合式衬砌断面（图 4-4-43）。根据车站站台形式，侧式站台车站前后隧道采用单洞双线结构，岛式站台车站前后采用双洞单线结构，单洞双线和双洞单线隧道之间采用喇叭口大断面过渡。区间附属结构主要为区间风井、泵房、联络通道。区间风井根据通风需求视情况设置，根据场地情况尽量选择在区间中部，一般采用倒挂井壁法施工或结合地下一层明挖法施工；区间泵房一般设置在区间中部，泵房宜结合联络通道设置，且设置泵房的联络通道应注意防火门设置与泵房管线不能冲突；区间联络通道设置除应满足《地铁设计规范》(GB 50157—2013)中相关疏散距离要求外，还应结合隧道长度、埋深、地质情况综合考虑,对于长隧道,宜适当减小联络通道的距离,一方面有利于消防疏散,另一方面便于施工。

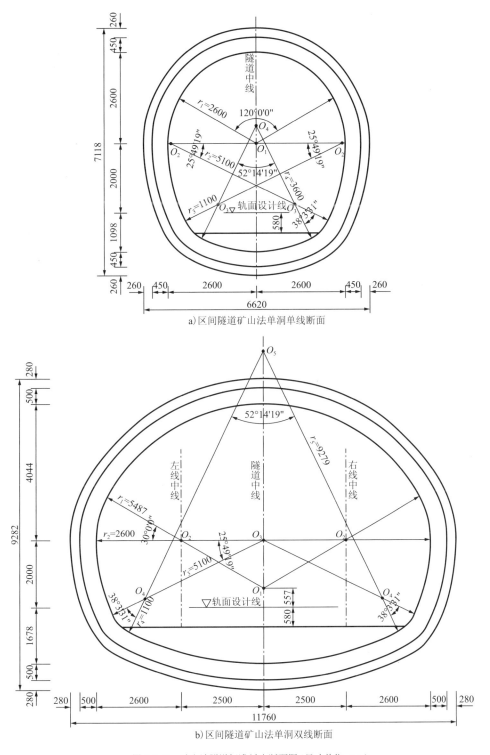

a) 区间隧道矿山法单洞单线断面

b) 区间隧道矿山法单洞双线断面

图 4-4-43 矿山法隧道标准衬砌断面图(尺寸单位:mm)

根据线间距和所衔接的车站形式,区间可分为单线断面、单洞双线断面、超小净距、喇叭口等。由于部分隧道较长,考虑通风因素,部分双洞单线隧道结构需要考虑轨顶通风。部分长大区间隧道需设置区间风机房通风,风机房竖井隧道横通道结构需要考虑设置通风。暗挖隧道衬砌由初期支护、防水层、二次衬砌构成复合式衬砌。初期支护由网喷及型钢钢架支护等构成,二次衬砌采用防水钢筋混凝土。

1)山岭隧道

1号线山岭隧道为贵阳北站—雅关站区间小关一~四号隧道、雅关站—蛮坡站区间隧道、蛮坡站—安云路站区间隧道。此段区间跨越小关峡谷,穿越山岭,埋深最大处达210m,周边环境相对简单,设计按山岭隧道考虑,按新奥法原理进行设计施工,结合规范及地质情况,支护措施按规范中较小参数进行选取;对于小关一~四号隧道,由于桥隧相连,隧道按"半包防水"进行考虑,限量排放地下水,衬砌结构按一般山岭隧道进行设计。但对于雅关站—蛮坡站—安云路站段,隧道无排水条件,采用"全包防水",隧道初期支护一般按规范中较小参数进行选取,考虑衬砌防水需求,二次衬砌结构按适当加强处理。经施工验证,针对山岭隧道设计参数相对于城市隧道的弱化,更符合实际情况需求,对控制投资也较明显,但对于全包防水的山岭隧道,二次衬砌可能会承受水头作用,故在设计时,衬砌厚度除了应满足水头高度要求外,还应适当考虑安全系数,以应对地质、地下水的复杂多变性,经施工验证,此理念也是符合实际需求的。

2)城市隧道

1号线下穿市区段隧道拱顶埋深较浅,在7~15m范围,隧道穿行于城市核心区,大量下穿市政道路、既有构筑物,且隧道拱顶多围岩岩土分级线附近,工程风险极大,按城市隧道进行设计,以应对复杂地质情况和城市复杂环境,确保安全。针对城市隧道设计,设计理念考虑对不良地质先探明、预处理,对下穿既有构筑物进行预加固,加强超前支护措施,初期支护按刚性支护进行设计并要求能承受上部全部荷载,同时结合地质情况,针对性的研究并采取恰当的开挖、支护方法与措施配套,从而确保安全;另外,对于隧道下穿风险较大既有建(构)筑物,应专项研究进行设计。通过1号线的施工验证表明,对于贵阳这种工程地质、水文地质复杂及城市环境复杂地区,浅埋暗挖隧道设计、施工遵循上述理念,是能取得成功的。

4.5.5 工法设计

1号线区间隧道断面根据断面大小主要分三种类型:双洞单线隧道(开挖面积约40m^2)、单洞双线隧道(开挖面积约90m^2)、单洞多线隧道(开挖面积约大于150m^2),根据断面类型、隧道周边环境情况、地质情况及隧道埋深等,综合考虑工法设计。

1)双洞单线隧道施工工法选择

1号线区间隧道双洞单线隧道,主要位于观水湖区朱家湾站—贵阳北站、雅关站—清水江路站。双洞单线结构形式开挖断面小,开挖面积约39m^2,采用台阶法施工,如图4-4-44所示。

第4章 区间工程

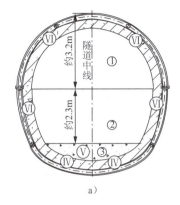

图 4-4-44 单线隧道台阶法工法图

经过施工验证,此类隧道采用以下工法取得了成功,既能满足工期要求、节省投资,也能便于施工、确保安全。后续类似情况进行推广:环境比相对单一时采用一般上下台阶法;一般下穿市政道路及隧道拱顶围岩位于土层时,采用上下台阶法+预留核心土,配合超前支护的预加固和预支护作用下及支护进尺控制,能有效控制沉降和变形;在环境复杂、上方荷载较大,地质条件较差,对沉降、变形要求极高的局部地段,采用大拱脚或内侧大拱脚台阶法施工(图4-4-45),配合加强超前支护、初期支护及进尺控制,能较好控制沉降和变形。

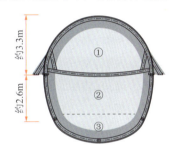

图 4-4-45 单线隧道大拱脚台阶法工法图

例如:雅关站—蛮坡站—安云路,隧道埋深较大,隧道位于中风化岩层,隧道主要穿越山体,采用上下台阶法;朱家湾站—大寨站—贵阳北站,隧道埋深较浅,地质条件上软下硬、岩溶发育,在加强超前支护的条件下,采用预留核心土台阶法施工;在望城坡站—新村站—长江路站段,地质条件较差。埋深较浅,隧道主要穿越填土及强风化泥岩,采用加临时横撑台阶法施工;在长江路站—清水江路站下穿阳光嘉园等建筑物地段,采用大拱脚台阶法施工;以上列举区间施工都取得了成功,较好的控制了沉降和变形,保障了施工安全和周边环境安全。

2)单洞双线隧道大断面隧道施工工法选择

从下麦西站—将军山站—云潭路站、诚信路站—行政中心站—会展中心站—朱家湾站、贵阳北站—雅关站段区间隧道主要以单洞双线断面或单洞三线等大断面隧道为主,隧道开挖面积 95~180m²,开挖面积较大。根据隧道地质情况、开挖面积及周边环境情况研究采用了双线隧道台阶法、中隔壁法(CD法)、交叉中隔壁法(CRD法)、交叉双侧壁导坑法等施工方法。

(1)双线隧道台阶法

对于地质条件较好,周边环境简单的双线隧道,一般采用台阶法施工。比较典型的贵阳北站—雅关站段区间,埋深较大,地质条件相对较好,隧道穿越山体,采用台阶法施工,双线隧道采用台阶法施工功效显著,施工进度快,能较大程度发挥机械化施工效率,对投资控制、施工进度均有利,在条件允许、能确保安全情况下,双线隧道首选台阶法施工如图4-4-46所示。

451

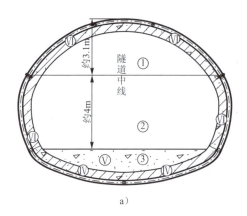 

图 4-4-46 双线隧道台阶法工法图

(2) 中隔壁法 (CD 法)

对于浅埋隧道,隧道拱顶位于岩土分界线附近,或隧道顶覆岩较薄,洞身位于岩层中,隧道下穿既有市政道路等情况下,一般按中隔壁法 (CD 法) 进行设计和施工 (图 4-4-47),以控制沉降,确保安全。1 号线采用中隔壁法 (CD 法) 的双线隧道主要有下麦西站—将军山站区间浅埋段、将军山站—云潭路站区间、诚信路站—行政中心站区间等。这些地段隧道拱顶埋深一般在 7~15m,拱顶覆盖层红黏土厚度一般在 5~10m,隧道拱顶多穿行于岩土分界附近,或覆盖岩层较薄,加之隧道地表为市政道路,隧道开挖后,红黏土层失水较容易引起地表沉降,危及行车安全及洞内施工安全,经施工验证,采用中隔壁法,能有效控制隧道拱顶沉降,从而对地表沉降控制起到了较好的效果,保证了隧道施工及市政道路行车安全。

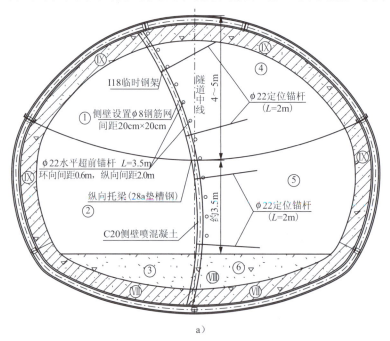 

图 4-4-47 中隔壁法 (CD 法) 施工工序横断面

（3）交叉中隔壁法（CRD法）

轨道交通区间隧道受两端车站埋深控制，一般埋置深度都较浅。一方面存在局部地段隧道洞身位于土层中，隧道开挖后拱顶及侧墙容易发生较大变形；另一方面隧道下穿重要既有建（构）筑物时，周边环境对变形控制要求较高，隧道开挖变形控制是需要重点注意和考虑的问题。采用中隔壁法施工对于控制隧道拱顶及边墙变形效果显著（图4-4-48），如下麦西站隧道下穿环城高速，将军山站—云潭路站区间下穿云潭北路，诚信路站—行政中心站、行政中心站—会展中心站区间下穿林城路等部分设计采用了交叉中隔壁法施工，对周边既有建（构）筑物变形控制、隧道拱顶沉降及净空收敛均起到了较好的控制作用，施工过程中也将部分原设计台阶法段落调整成了中隔壁法，确保了施工安全。而在工期控制方面，轨道交通区间隧道相对较短，工期控制一般在车站，结合1号线施工情况，不存在隧道影响整体工期的情况。因此，在城市环境敏感地段、地质条件较差时的浅埋大断面隧道设计，应结合地质条件和周边环境选择安全可靠的工法，对于轨道交通双线隧道，浅埋、地质条件差、下穿临近既有建（构）筑物时，宜考虑采用中隔壁法施工。

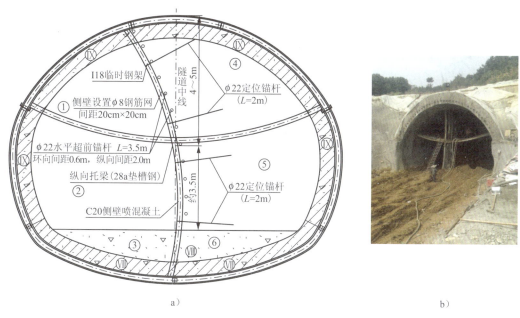

图4-4-48 交叉中隔壁法（CRD法）施工工序横断面

（4）交叉双侧壁导坑法

双侧壁导坑法施工在1号线中应用极少，仅在局部地段设计，如下麦西站—将军山站区间超浅埋段、行政中心站—会展中心站区间两端接车站大断面段浅埋段设计采用了双侧壁导坑法（图4-4-49）。双侧壁导坑法施工工序烦琐，施工功效较低。虽然双侧壁导坑法施工开挖将隧道断面分成多块，且多次扰动，且初期支护闭合成环的时间较长，但每个开挖一部即每个分块在开挖后都是立即单独闭合的，所以在施工过程中变形近似于不发展。有研究表明：双侧壁导坑法所引起的地表沉陷仅为短台阶法的1/2，双侧壁导坑法施工安全，但速度较慢,成本较高。根据详勘地质情况和周边环境进行综合判断,模拟分析,一般在采用他工法存较大安全问题、确实需要采用此工法时使用。

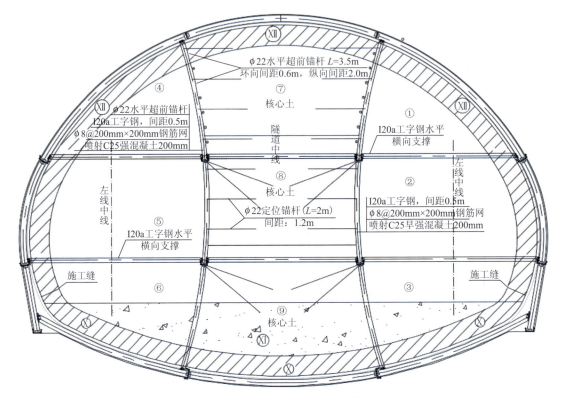

图 4-4-49 交叉双侧壁导坑法施工工序横断面

4.5.6 施工辅助坑道设计

1)辅助坑道的设计情况及理念

1号线区间暗挖隧道全部采用矿山法施工,不同于盾构施工轨道交通隧道,一般情况下,每个矿山法区间隧道都需要独立工作面,1号线辅助坑道设置情况为:城市密集区受场地限制,主要采用临时施工竖井;其中部分区间隧道设置了区间风井的,利用风井作为施工期间竖井进洞施工;对于郊区或具备设置斜井条件的区间隧道,首选斜井作为辅助坑道进洞施工;其余隧道结合车站及明挖区间进洞。

施工表明:城市密集区设置施工竖井能满足工期要求,且占地较少,能最大程度减小施工的干扰。一般情况下,城市密集区段区间隧道一般较短,设置一座施工竖井或结合车站端部施工一般都能满足工期需求,另外小断面隧道开挖面积小,仅 $40m^2$,施工出渣量小,采用竖井能满足施工出渣及进料。在郊区或者城区具备设置斜井条件的区间隧道,采用斜井施工能提高施工功效,施工便利。另外,对应长大区间隧道,要综合研究斜井、竖井设置,以满足工期要求。

2）竖井

竖井布置一方面要考虑施工方便及工期要求，另一方面要考虑对城市环境的影响，针对具体区间隧道进行竖井设置拟设场地梳理，综合考虑施工、环境影响确定竖井位置。根据竖井所处的环境条件、地质条件、断面大小及深度、施工使用要求进行支护设计，施工竖井采用喷锚及格栅钢架支护，井口一般位于土层，设置钢筋混凝土锁口，临时施工竖井尺寸一般为6m×8m，采用锚喷支护倒挂井壁施工。临时竖井设计应结合施工要求和场地环境情况进行，设计中要充分考虑到施工期间的结构受力特点和使用要求。施工中若需设置临时施工通道，设计中也须充分结合施工期间的结构受力特点进行。另外，对于需设置区间风井的隧道，施工辅助坑道在满足功能需求的条件下，尽量结合区间风井统一布置。

竖井位置根据现场条件进行选取，一般尽量设置于区间隧道中间，通过竖井向两端车站施工，竖井选取时，原则上不占用既有市政道路，如图 4-4-50 所示。

a)　　　　　　　　　　　　　　b)

图 4-4-50　竖井现场照片

3）斜井

由于工程所处地域限制，轨道交通区间隧道施工辅助坑道采用斜井的情况一般较少，但对应一些郊区地段、城郊结合地段或城市开阔地段，也存在斜井设置条件，因轨道交通区间隧道一般在 1km 左右，非条件限制必须设置斜井的情况下采用斜井，设置斜井首先要考虑对周边环境影响小，其次宜控制斜井长度，如斜井过长，从投资、施工进度的角度考虑都是不可取的，建议控制在 150m 以内，对于工期控制必须设置斜井的另当别论。

1 号线区间隧道拱布置了 4 座斜井，分别为行政中心站—会展中心站区间设置 2 座，为双车道斜井；诚信路站—行政中心站区间设置 1 座，为单车道斜井；上述 3 座斜井长度均在 150m 以内，且斜井设置对市政交通影响较小，隧道为单洞双线隧道，通过斜井设置蛮坡站—安云路站区间设置了 1 座，为双车道斜井；斜井均采用无轨运输。

斜井一般采用明槽段＋暗挖段结合的形式（图 4-4-51），明槽段根据地质、地形以及市政管网布置情况，放坡开挖，并采用锚、网、喷进行边坡防护；斜井暗挖段采用喷锚构筑法设

图 4-4-51 斜井现场照片

计,采用矿山法施工,洞口段及与正洞相交段增设二次衬砌以策安全,斜井与正洞相接段初期支护应进行加强设计。

井口位置的高程应高出百年洪水位至少 0.5m;考虑城市环境条件,斜井采用无轨运输;与隧道中线连接处的平面交角,在环境条件允许的前提下,应尽可能采用大角度;井身纵坡一般不大于 10%,且不宜变坡,井口和井底变坡点应设置竖曲线,竖曲线半径宜采用 12~20m;斜井必须设置宽度不小于 0.75m 的人行道,倾角大于 15°时应设置台阶。

4.5.7 隧道超前地质预报及监控量测

1)超前地质预报

贵阳地区岩溶发育,地层变化大,为保证隧道施工安全、优化设计、实现信息化施工,通过超前地质预测预报,核实和预测掌子面前方的地质条件,以便及时调整工程措施,确保施工及结构安全。结合贵阳地铁隧道工程地质、水文地质条件等特点,施工中预报的重点内容为:岩溶发育形态、规模、充填体物性、地下水情况、基底隐伏岩溶情况等。一般情况下超前地质预报方法主要有:弹性波探测(TSP)、红外探测法、地质雷达探测、超前水平钻孔探测。

(1)长距离超前预报:拟采用弹性波反射法对掌子面前方 30~100m 范围内的地质构造带的位置、规模、性质作较为详细的预报,预测岩体的完整性及岩溶和地下水的发育情况。每 100m 施作一次,当有异常情况时适当加密。

(2)中短距离超前预报:采用红外探测、地质雷达等物探手段对掌子面前方、拱顶及仰拱底部进行中短距离综合超前预报,红外探测、地质雷达 25m 一次,一次范围 30m,搭接长度不小于 5m。

(3)超前水平钻探:采用掌子面超前水平站孔对弹性波探测(TSP)和红外探测的预报结果进行验证,每个断面布设 3~5 个探测孔,一孔取岩芯,探测孔 25m 一个循环,单孔长度为 30m 左右,相邻探测孔之间的搭接长度为 5m;当有异常情况时,结合弹性波探测(TSP)和红外探测结果判释,必要时适当增加钻孔或加长钻孔。

(4)隧道仰拱施工前,对基底采用地质雷达进行探测,根据探测结果,对异常区采用有效方法进一步详探,发现基底存在空洞、溶洞、溶槽等时采用注浆、混凝土回填等措施综合处理。

对地质调查法、物探法、超前钻探法等预报手段所取得的资料进行综合分析与评判,相互印证,并结合掌子面揭示的地质条件、发展规律、趋势及前兆进行预测、判断,根据超前地质预测预报结果,相应优化调整工程措施,以确保施工安全及结构安全,确保工程顺利实施。

2）监控量测

地铁隧道施工监控量测主要为洞内监测和下穿及临近构筑物的监测,通过监测情况及时发现险情,进一步调整优化设计及施工方案,确保施工过程顺利进行。由于贵阳市区构筑物密集,地铁1号线下穿建(构)筑物、管网较多,通过实践过程总结了一套适合贵阳地铁隧道监测的经验。

隧道下穿构筑物地表沉降布测点应凿开地表层,将测点埋置于深层土体内,以反映出地表真实的沉降值。贵阳地区隧道沿途地下管网较多,施工时加强对管网的监测。监测布置见图4-4-52～图4-4-54,监测频率见表4-4-11,监测控制值见表4-4-12。

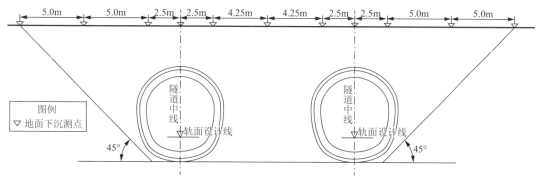

图4-4-52 地表沉降测点布置图

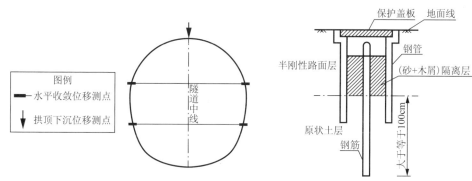

图4-4-53 衬砌断面洞内测点布置图　　图4-4-54 地表沉降测点设置的标准方法

隧道工程监测频率　　表4-4-11

监测部位	监测对象	开挖面至监测点或监测断面的距离	监测频率
开挖面前方	周围岩土体和周边环境	$2B<L\leqslant 5B$	1次/2d
		$L\leqslant 2B$	1次/d
开挖面后方	初期支护结构,周围土体和周边环境	$L\leqslant 1B$	1～2次/d
		$1B<L\leqslant 2B$	1次/d
		$2B<L\leqslant 5B$	1次/2d
		$L>5B$	1次/3～7d

注:1. B——隧道开挖宽度(m),L——开挖面至监测断面的水平距离(m)。
2. 当拆除临时支撑时应增大监测频率。
3. 监测数据趋于稳定后,监测频率宜为1次/15～30d。

对围岩位移量较大,位移值突然增大,位移速度突然加快等情况,量测频率应适当增加。洞内状态观测应对每个开挖面进行观察,一般应每循环观察一次。对于监测等级要求较高的,应根据地质条件和设备情况确定。

监测控制值表   表 4-4-12

监测对象及项目		累计值(mm)	变化速率(mm/d)	差异沉降(mm)
建(构)筑物沉降		20	2	$0.001\sim 0.002L$
管线	燃气管道	20	2	$0.3\%L_g$
	雨污水管	15	2	$0.25\%L_g$
	供水管	20	2	$0.25\%L_g$
路基沉降	城市主干道	20	2	—
隧道	拱顶沉降	15	2	—
	净空收敛	10	2	—
	地表沉降	30	3	—

注:L_g——管节长度;L——相邻基础的中心距离。
　　预警值按控制值的 80% 控制,当监测数据达到预警值时,应进行警情报送。

为避免震动影响,钻爆法施工首次爆破时,对所需监测的周边环境对象均应进行爆破振动速度监测,以后应根据第一次爆破监测结果并结合环境对象特点确定监测频率。重要建(构)筑物、桥梁等高风险环境对象每次爆破均应进行监测。隧道施工临近居民房屋时,采用爆破开挖的段落需严格控制爆破振速,爆破须满足《爆破安全规程》(GB 6722—2014),且建议振速不大于 0.5cm/s。加强施工过程中洞内及地表周边房屋位置的变形及质点振动速度的监测。当控制爆破仍不能保证房屋安全或对居民影响较大时,应及时提出,以便调整开挖方式,必要时采用非爆破施工。

4.5.8 主要辅助工程措施

隧道施工采取的主要辅助工程措施有:超前大管棚支护、地表注浆、隧道拱部明作、房屋基础置换、桩基托换等。合理的辅助工程措施配合隧道施工工法和工艺,确保隧道施工安全有序进行。

1)地表注浆

贵阳轨道交通 1 号线行政中心站—会展中心站区间进口段下穿林城东路填方路堤,林城东路修建时采用人工杂填块石土等材料,且覆土较深,一般达 8~10m,人工杂填块石土比较稀疏松动而具有高压缩性、土体不均匀,且承载力较低,容易有浸水失陷的危险性。为确保施工和上方道路安全,采取地表注浆、洞内加强、非爆破开挖等措施处理。

考虑对注浆量的控制,地表注浆顺序为从隧道结构最外侧开始逐步向中间区域注浆,周边采用低压、分阶段间歇性注浆,形成止浆墙后再进行正常注浆;注浆采用网格式布孔,先注大面积网格线,再在中心补孔注浆,最终形成设计注浆网格,如图 4-4-55 所示。

注浆孔布置:钻孔前要摸清市政道路下方管线位置,布孔要结合现场情况,避开管线位置,以免其遭到破坏,注浆孔一般按梅花形布置。

最终通过地表注浆辅助措施配合洞内施工措施安全的施工通过了填方路堤段。

a)

b)

图 4-4-55 地表注浆施工

2)拱部明作

1号线贵阳北站—雅关站区间小关三号隧道下穿高速公路交通涵处拱顶埋深 1～3m，由于地形为陡坡地段，采用明挖法施工会形成山体一侧高边坡，大量砍伐植被，经研究比对，采用拱部明作后、拱墙暗挖法施工，最大限度减少了对植被的破坏，确保了施工安全。通过此处的成功经验，今后在类似情况，隧道拱顶埋深很浅，且应为地形原因或其他因素影响，不宜采用明挖时，可考虑采用拱部明作、拱墙暗挖的方法进行施工，如图 4-4-56 所示。

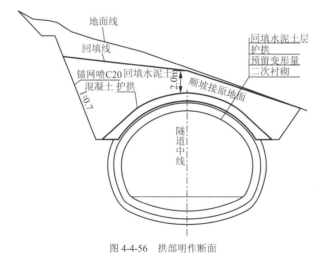

图 4-4-56 拱部明作断面

4.5.9 设计经验及总结

1)开挖方法的选择与运用总结

（1）控制爆破开挖

根据贵阳轨道交通 1 号线隧道工程的地质条件及结构断面，一般采用光面爆破、预裂爆破等控制爆破开挖。为了保证地面建筑物的安全，爆破振动速度控制指标按《爆破安全规程》(GB 6722—2014)中下限取值:"对一般砖结构民房、砖混结构房屋的爆破安全允许振动值按 2.0cm/s(爆破振动频率为 50~100Hz)"进行控制;对"框架结构的建筑物爆破安全振动允许标准按 3.0cm/s(爆破振动频率为 50~100 Hz)"进行控制。但是在贵阳地区,由于地层特点,覆盖层一般为红黏土,对于浅基础的一般房屋,房屋基底常有土层情况,而爆破施工振动容易引起红黏土沉降发生,尤其是在地下水丰富地段。相关爆破振速控制不好时,房屋容易发生变形、开裂,建议在规范规定的基础上,结合既有建(构)筑物情况及地质情况,严格控制标准,对应特别敏感地段,提出比规范中要求更加严格的标准。施工过程中还需根据实际地质情况及爆破效果不断地调整和修正钻爆参数,控制光爆效果,减少隧道超挖,杜绝隧道欠挖,尽量减少对围岩的扰动及对周边环境的影响。

(2)常规非爆破开挖

土层、软岩开挖:1 号线望城坡站—场坝村站段,隧道穿越填土层及泥岩(软岩),岩石强度在 20MPa 以内,且根据岩性特点,节理、层面发育,采用普通机械及人工开挖方式能够较容易得以实现,且能带来较好的经济、技术效果,不但减小了对周边城市环境的影响,而且还能节省爆破工序及爆破材料,能较好地控制超挖;若采用爆破施工,由于岩性原因,反而会形成较大的超挖,对投资控制不利。1 号线在小河地段隧道穿越填土层及泥岩(软岩)采用机械人工开挖的成功经验在类似条件具有借鉴和推广意义。

硬岩开挖:隧道受周边环境条件限制不允许爆破开挖,需采用冷挖(非爆破开挖)施工。隧道常规非爆破开挖主要采用人工配合机械开挖,使用小型挖掘机和破碎锤,人工开挖采用镐和风镐,膨胀剂裂解岩石,液压分离机劈裂岩石等。此类情况如遇硬岩地层,效率一般不高,只适宜局部特殊地段使用。

(3)人工配合机械开挖

人工配合机械开挖,使用小型挖掘机和破碎锤,人工开挖采用镐和风镐,尽量减少对周边岩层的扰动。常规非爆破人工或机械开挖施工灵活对围岩扰动小,适用于软岩地层和节理、层面发育地段,但由于开挖功效相对低,施工进度较慢,宜根据地质条件,结合隧道长度、工期要求进行选用。局部地段岩石硬度较大时,可采用膨胀剂和液压分离机劈裂岩石,再结合人工风镐或破碎机冷挖施工,如图 4-4-57 所示。

a)　　　　　　　　　　　　　b)

图 4-4-57　破碎头凿岩机开挖施工

(4)膨胀剂裂解岩石

采用红五环钻机在隧洞掌子面均匀布置间距为 0.4m（间距可调整），ϕ120 的钻孔，采用破碎机结合风镐进行隧洞开挖。根据围岩的特性调整孔间距，并结合使用膨胀剂进行冷挖施工，但由于隧洞炮孔呈水平布置，膨胀剂是液态形式，且膨胀时间长达 12～24h，冷挖效果不佳，不宜大量推广。

(5)液压分裂机劈裂岩石

隧洞采用上下台阶法冷挖，在上、下台阶冷挖过程中尽量开凿冷挖临空面，以利于劈裂岩石，如图 4-4-58 所示。

a) b)

图 4-4-58 液压分裂劈裂岩石

采用 7655 型钻机在隧洞开挖掌子面均匀布置间距为 0.15～0.2 的炮孔，炮孔深度 0.4～0.5m。在紧邻临空面的炮孔中采用美凯联牌 MKL-2B 型液压分裂机（最大分裂力 500t，工作压力 60MPa）插入炮孔中劈裂岩石。采用风钻、美凯联牌 MKL-2B 型液压分裂机结合风镐劈裂岩石，速度较快，通常的劈裂时间为 1min，且钻孔与劈裂可进行平行作业，无人员窝工，是一种成功的冷挖方法。

但由于钻孔数量较多，劈裂数量较多，耗费大量机械台班数量，经济效益较差，仅适用于局部地段。

(6)悬臂掘进机开挖

1 号线部分隧道下穿建(构)筑物较多，部分隧道段周边条件不允许爆破开挖，需采用冷挖(非爆破开挖)施工。施工采用普通冷挖机械每循环开挖支护施工长达 30～48h，且受岩石强度影响很大，根据既定工期要求，对于较长段落隧道采用冷挖施工的，普通冷挖方式很难按期完成任务。为保证总体工期目标，经多方考察，贵阳轨道交通 1 号线引进悬臂式掘进机进行隧道冷挖施工(图 4-4-59)，并获得了良好的效果，并在

图 4-4-59 掘进机掘进施工现场

2号线中得到了推广。

采用悬臂掘进机开挖时,除仰拱部分采用挖掘机开挖,整个隧道掘进过程实现全机械开挖。而且隧道施工中对围岩扰动小,对岩石强度适应能力强,开挖质量高,洞室开挖断面圆顺度高,便于喷混凝土支护,缩短工期,安全有保障。

2)岩溶地区隧道下穿河流总结

1号线多次下穿既有河流,有小湾河、贯城河、市西河、南明河等,根据下穿河流段隧道地质情况及埋深情况,采取针对性的措施,都取得了成功。尤其是下穿南明河段,隧道埋深较浅,河道存在与隧道贯通岩溶裂隙,施工风险极大,设计采用浅埋隧道帷幕注浆止水+洞内局部补注浆的措施,取得了成功,下面对下穿南明河的施工经验进行介绍:

(1)下穿南明河工程概况

贵阳轨道交通1号线中山路站—人民广场站、人民广场站—火车站站区间隧道两次暗挖下穿南明河。中山路站—人民广场站区间下穿南明河长度为260m,隧顶最小埋深8.26m,为双洞单线结构,线间距12m;人民广场站—火车站站区间线路与南明河正交,下穿长度为60m,隧顶最小埋深10.7m。左线含一停车线,此处下穿南明河有两个特点:一是浅埋条件下下穿河流,二是多断面下穿,左线为单洞双线大断面,右洞为单洞单线断面。

(2)下穿段工程地质及水文地质概况

根据详勘资料,南明河段河底以下为中风化泥质白云岩,岩溶中等发育,岩石中节理裂隙及溶孔是地下水运移渗透的通道。南明河河底最低高程1046m,河水水位高程1048.90m,50年一遇洪水位1053.00m,下穿段河床宽度37~58m,枯水期流量13m³/s,属季节性河流。

(3)隧道与南明河位置关系

隧道下穿南明河平、剖面图如图4-4-60、图4-4-61所示。

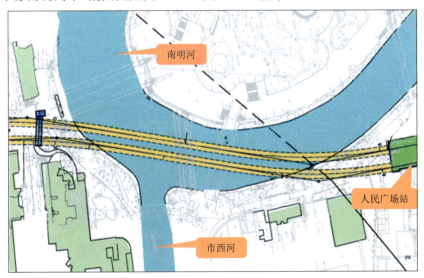

图4-4-60 区间隧道下穿南明河平面示意图

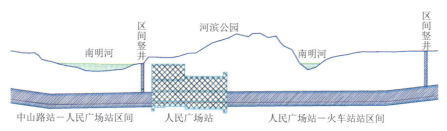

图 4-4-61 区间隧道下穿南明河纵断面

(4) 下穿风险分析

区间隧道在南明河下方主要穿越的地层为泥质白云岩,溶洞、溶隙等岩溶发育。中山路站—人民广场站区间双洞单线段隧顶距河床最小距离 8.26 m,人民广场站—火车站站区间下穿段左线停车线断面开挖宽度 11.4m,开挖高度 9.6m,开挖面积达 87m²,隧顶距河床最小距离 11 m。区间隧道通过该地段时,隧道开挖使地层受到扰动或揭露与河床联通的岩溶管道和裂隙,如果岩层超前加固及超前堵水不及时会造成突水、涌泥甚至塌方冒顶。

(5) 设计思路

考虑到区间隧道要下穿的南明河是贵阳市的景观河,且南明河承担者贵阳市的城市雨水的排泄功能,只能采用暗挖法进行下穿。综合下穿段埋深及地质情况,最终采用浅埋隧道帷幕注浆止水+洞内局部补注浆的措施,台阶法开挖,非爆破施工。由于本段岩层的主要特点是溶洞、溶隙等岩溶发育,加之河里水量丰富。如果隧道围岩与河水存在水力联系,在隧道开挖过程中极易发生涌水。开挖前采用超前地质预报和超前探水孔探明前方地质及富水情况。为避免岩溶突水,下穿南明河段隧道结构采用全断面帷幕注浆的方式,注浆范围为开挖洞径以外 4m(图 4-4-62),以减少围岩透水性和及时封堵岩溶管道,避免洞内突水风险。

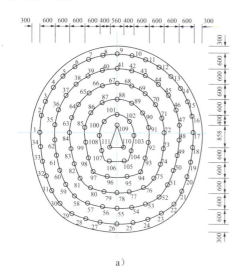

a)

b)

图 4-4-62 注浆孔布置及注浆(尺寸单位:mm)

(6) 结论及体会

动态调整注浆工艺，保证注浆质量和减少扫孔作业，增加作业时间和效率。根据地质条件及隧道埋深情况，采用前进式分段注浆工艺，并根据钻孔揭露的地质和出水情况灵活调整注浆工艺，如前方围岩完整且无水时，采用全孔一次性注浆方式进行。实时调整注浆顺序，检查重点区域注浆效果。注浆顺序原则是先注外圈孔，再注内圈孔；同圈孔间隔注浆，注完一孔，跳过一孔或多孔注浆；先注无水区，后注有水区。结合涌水水源点位置和水流方向，由有水孔到无水孔的顺序施工，通过后序孔检查前序孔的注浆效果。

岩溶地区超浅埋隧道全断面注浆加固围岩施工时，通过灵活的注浆工艺并实时调整注浆顺序的方法。帷幕注浆施工过程中，虽然河床发生过翻浆冒泥情况，但通过调整优化注浆参数，速调开挖前补充注浆等多重措施，最终确保了安全，顺利通过，积累了相关浅埋隧道帷幕注浆相关经验。

3) 隧道穿越上软下硬地层总结

(1) 上软下硬地层概况

贵阳地区为典型岩溶山地城市，由于地形变化大，贵阳轨道交通 1 号线线路埋深变化较大，加之岩土分界位置上下交错布置，部分隧道拱顶位于土石分界附近。上软下硬地层的特点就是隧道拱部和上台阶范围处于黏土层，地质软弱，下台阶和基底位于岩石层，岩质较硬，常富含水，地质软化对施工非常不利。

(2) 处理案例

诚信路站—行政中心站区间隧道位于贵阳市观山湖区，区间出诚信路站后沿林城西路下敷设。根据地质详勘报告及掌子面围岩情况，小里程隧道洞顶属于强溶蚀地带，处于基覆分界线，溶洞发育，拱顶土体含水率大，且较为松散，覆盖层为黄黏土，受边墙岩层爆破施工振动，掌子面前方拱顶黄黏土极易拥塌。黏土地层在遇水后变成流速状，使用超前注浆小导管效果差，不能有效控制拱顶坍塌，如图 4-4-63、图 4-4-64 所示。

图 4-4-63 洞内塌方照片

图 4-4-64 隧道塌方冒顶现场照片

为了确保施工安全，设计单位创新地提出了钢插板超前支护（图 4-4-65），同时对施工工法进行调整，采用台阶法施工，预留核心土，上台阶采用环形掏槽开挖，环向开挖一段及时支护一段。最终成功完成此段隧道施工，有效控制了地表沉降。

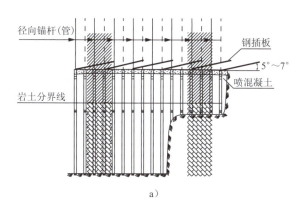

图 4-4-65 钢插板设计及施工

(3) 结论与体会

从 1 号线的施工情况来看,贵阳地区隧道穿越上软下硬地通过以下措施进行处理,效果良好。采用钢插板护顶:在施工过程中,钢插板有效地控制了黏土层遇水坍塌现象。在隧道穿越上软下硬地层,黏土层遇水软化超前注浆小导管无法控制拱部坍塌时,钢插板为一种有效的施工措施。

4) 岩溶处理经验总结

(1) 岩溶处理一般原则

根据 1 号线工程地质勘察资料及施工揭露情况,隧道主要穿越可溶岩地层,区域内岩溶较为发育,地表岩溶形态主要以溶孔、溶槽、溶裂为主,地下岩溶形态主要以溶洞、溶隙岩溶管道为主,地下水十分发育。隧道开挖过程中将不可预见的岩溶突水、突泥,以及隧底隐伏溶洞、溶槽,危及施工及运营安全。岩溶对本工程的影响主要为:降低隧道围岩等级,位于隧底时,基底承载力不足,暗挖工程揭露溶洞容易产生塌方,揭穿岩溶管道则易发生较大涌水、涌泥,同时由于隧道埋深较浅,岩溶问题容易引起地表塌陷或地表沉降过大问题,危及城市环境安全。

对于岩溶隧道,特别是地下水发育区间的岩溶隧道,采用加强超前地质预报,建立以长距离物探(地震波法)为宏观控制、以钻探法(超前钻孔探测、加深炮孔钻探)为主,其他物探方式为辅助(地质雷达、TSP 地震波反射法探测及跨孔 CT 法),红外线探测连续施测的综合预报管理体系。查明溶洞的分布范围、类型、规模、发育程度、填充物、地下水情况及岩层稳定程度等,及时有针对性地调整施工方案,按照堵排结合、因地制宜、综合治理的原则,分别以"堵填、注浆加固、跨越"等措施进行处理。

根据类似岩溶隧道的设计施工经验和相关规范手册,岩溶地段隧道施工需准备足够数量的排水设备。开挖时根据相应地质条件,选用台阶法、CD 法或 CRD 法、双侧壁导坑法。爆破开挖时,应多打眼、打浅眼,严格控制装药量。

(2) 岩溶及防坍塌处理经验

1 号线大部分区间隧道位于贵阳核心城区,岩溶处理原则上按预先查明处理后再开挖通过的思路进行，一般处理方式为填充，洞内下穿时加强超前地质预报，取孔验证处理效果，视情况进行补充填充、注浆等，同时将强下穿岩溶段的超前及初期支护，以保证市政设施及城市环境安全；对于贵阳北站—蛮坡站段山岭隧道，一般按揭露后根据具体情况进行处理。

对于岩溶发育地段隧道施工，根据具体情况采取相应处理措施。如果溶洞规模较大，内部充填泥沙，且地下水丰富，则采用全断面封闭注浆加固的方法；当隧道只有一侧遇到溶洞时，则先开挖该侧，待支护完成后再开挖另一侧；当隧道穿越堆积物时，如果堆积物较大，清理时会造成随清随塌的大型塌体，则采用超前强预支护注浆加固周围的堆积物；对已停止发育的、跨径较小、无水的溶洞，根据其与隧道相交的位置及其填充情况，采用混凝土、浆砌片石或干砌片石予以回填封闭，同时根据地质情况决定是否需要加深边墙基础。揭露溶洞段的区间隧道支护和二次衬砌根据情况适当加强。对于大型、复杂溶洞，专项研究处治措施。

（3）成功案例及创新总结

①基底溶洞处理。

行政中心站—会展中心站区间主体结构施工完成后，进行了 2 号斜井段预留的岩溶水管道封堵处理，在处治结束时 YDK7+100～YDK7+130 段隧道底板出现了渗漏水现象，随后紧接着进行隧道底板渗漏水治理，治理期间隧底有上抬现象且长治不愈。根据地勘对该段隧底进行补堪，补堪资料显示：YDK7+080～YDK7+130 隧底分布软～流塑状黏土充填型溶洞，其中：YDK7+080～YDK7+100 段底板以下 2～5m 范围内断续分布软～流塑状黏土；YDK7+100～YDK7+130 段底板以下 2～5m 范围内较为连续地分布有软黏土。溶洞主要分布于 YDK7+100～YDK7+130 段，其横向宽约 12m，超出隧道右边墙外约 1.2m，纵向长约 23m，深 3～4m。充填物为软塑黏土。其余段（YDK7+080～YDK7+100）为断续分布充填型小溶洞。溶洞分布平、纵面如图 4-4-66、图 4-4-67 所示。

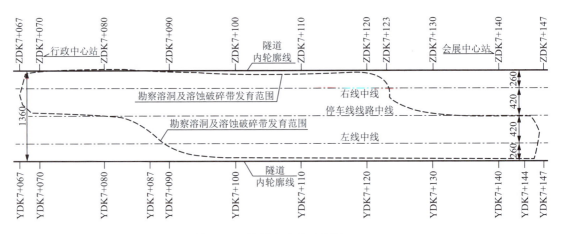

图 4-4-66　溶洞分布平面（尺寸单位：m）

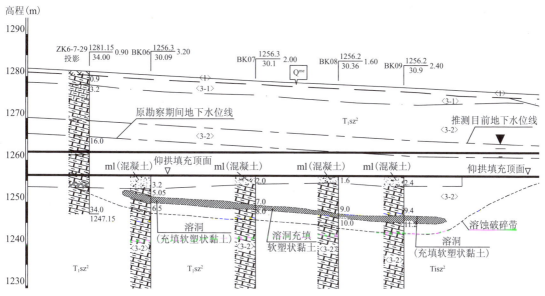

图 4-4-67 左线隧底溶洞分布图

处理方案：采用桩板结构进行处理，同时增设注浆钢花管对隧底进行注浆填充、堵水。

桩板结构施工成功完成后，各项指标合格，满足了溶洞处理效果和基底承载力的要求，同时，渗漏水问题也得到了彻底解决，为类似工程施工提供了借鉴经验。

对于类似可溶沿地区的隧道工程，一定要加强施工时隧道基底承载力检测（勘探）和鉴定工作，尽可能地避免后续处理难度和安全隐患。

②雅关站—蛮坡站区间创新处理突发大型岩溶涌水、岩溶管道水。

雅关站—蛮坡站区间雅关隧道全长 2.4km，分离式双洞单线隧道，两隧净距 19m，隧道采用全包防水模式。隧道从蛮坡站竖井进洞组织施工，左隧施工至距离蛮坡站端 50m 时，揭露一大型溶洞并发生涌水，发生突水时掌子面峰值涌水量达 700 m³/min，稳定透水量 300～400m³/h，涌水仅 16h 后便将整个竖井灌满，涌水量约 18000 m³。抽水过程中突降暴雨，补给水增多，竖井内水位竖井冠梁位置，再次淹没竖井，通过测算，暴雨时峰值补给量达 2500～3000 m³/h（图 4-4-68）。

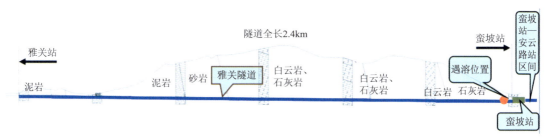

图 4-4-68 区间地质纵断面图

突水点上方有一泉眼（龙滩口上升泉），该泉眼距离突水点水平距离约 58m，常年流水，平常通过原有的麻冲大沟排泄,泉水溢出常年流量0.1～0.5L/s。掌子面揭露的溶洞与地表龙滩口S11上升泉相连,当隧道开挖揭露岩溶后,改变了地下水的径流和排泄通道,涌水后龙滩口S11泉口开始出现断流,涌水量包含原来S11下降泉的水量和含水层中地下水的静储量,因此隧道涌水初期4～5d内水量较大,后期涌水量趋于相对稳定的范围(图4-4-69)。

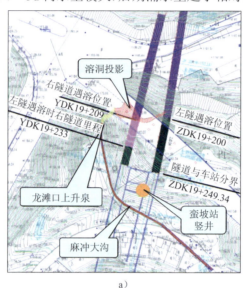

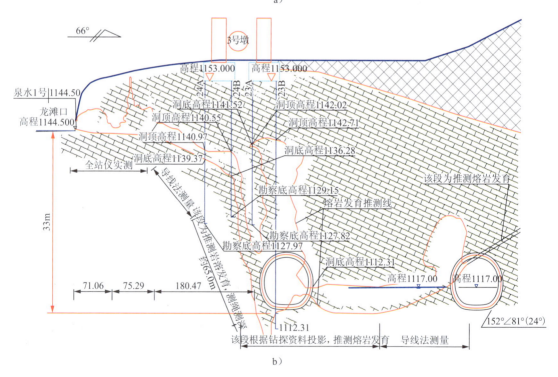

图4-4-69 溶洞平面位置关系图(单位:m)

隧道岩溶水以大气降水为主要补给源,汇水面积5.2km²,结合抽水观测,涌水主要为两个

来源：一是地下长期稳定流补给，雨季补给量为 0.7 万～1.2 万 m³/d；二是降雨直接下渗补给。抽排时发生强降雨，雨后涌水量增加约为 3 万 m³/d，推测后期出现强降雨时的涌水量增加约 9 万 m³/d。原地下水经岩溶管道由下至上从地表龙滩口排出，且附近未见有其他排水通道。

根据该溶洞涌水及补堪资料，可采用三种方案对溶洞及地下水进行处理。封排结合方案：洞外在龙滩口附近设置排水竖井，洞内设置横通道将水引入排水竖井，通过在溶洞前后段采用全封抗水压衬砌，使地下水从地表排出，接入麻冲大沟，基本不改变原地下水状况；封堵方案：对施工揭露的溶洞进行回填，对地下水采用注浆封堵，同时施作抗水压衬砌；引排方案：启动施工图中设计预案，设置泄水洞排水。

通过以上三个方案比选，最终选择封排结合方案（图 4-4-70～图 4-4-75）。

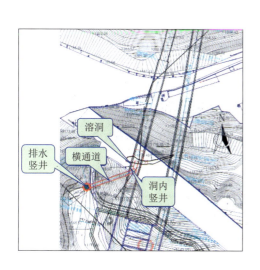

图 4-4-70　地下水治理平面

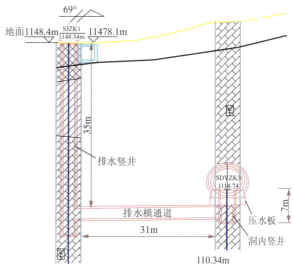

图 4-4-71　地下水治理剖面

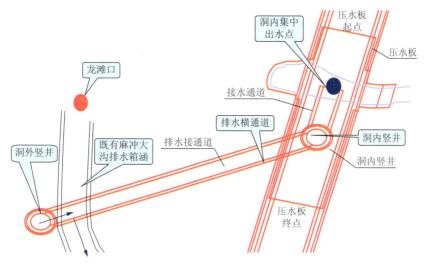

图 4-4-72　竖井+横通道平面

主要优点:此方案投资相对泄水洞方案较小,而且恢复原有水路,封排给合,隧道承受水压可控,可实施性相对较强。针对此处岩溶及地下水处理,创造性地提出了采用"双层抗水压衬砌、两层抗水压衬砌施工缝错开设置"的方法,确保了防水效果,保证了安全。

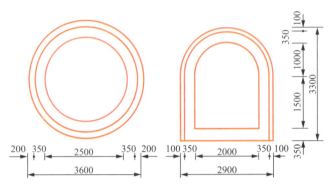

图 4-4-73　竖井+横通道剖面(尺寸单位:mm)

图 4-4-74　排水横通道施工

图 4-4-75　排水竖井施工

本岩溶及地下水综合治理,未改变原岩溶管道水路径,综合利用周边环境及地质条件,创新地采用排水竖井+横通道的封排结合方案,节省了工期、投资,未破坏环境,基本没有破坏原有水系,该方案荣获了国家知识产权局颁发的实用新型专利权,类似情况有借鉴意义。

5)隧道穿越市政道路下方管沟处理措施及案例

(1)全线管沟概况

贵阳轨道交通1号线隧道工程下穿老城区市政道路管网情况具有以下特点:市政道路拥挤,各种雨污水、煤气、电缆、电信等地下管线繁多;地下管线资料收集不齐全,部分管线无资料且产权单位都无法准确判断位置和方向;管线破旧老化严重,雨污水管存在严重的破损及渗漏。在隧道施工过程中,管线破损渗漏水汇集使地质变差,给施工带来较大的风险。隧道下穿市政管沟施工不当会引起管沟破损,燃气,雨污管断裂,地表塌陷、塌方、冒顶等现象进一步引发交通堵塞及人员伤亡事故,同时影响周边居民日常生活及出行。例如火车站站—沙冲路站、沙冲路站—望城坡站、望城坡站—新村站等区间隧道在市区大量下穿施工管沟。通过施工总结出了一套隧道下穿管沟的措施方案。

（2）下穿管沟处理措施

在施工过程中首先根据管线资料进行人工探查、管线扫描、机器人探查等不通探测方式，摸清管沟的结构破损情况以及其他情况，如图4-4-76、图4-4-77所示。

a)

b)

图4-4-76　人工检查市政道路管沟

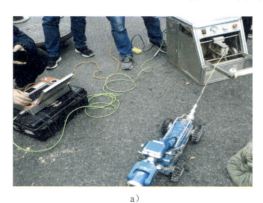
a)

b)

图4-4-77　机器人进入污水管探查

在尽量明确隧道上方管线的情况后，根据不同管线情况采取不同的方式进行加固或引流后再进行穿越。当管沟直径小，人员无法进入时，若埋深较浅，交通疏解允许的情况下，可提前开挖路面对破损管线进行修复（图4-4-78）。若管线埋深较大，或交通疏解影响不便于路面开挖处理时，可考虑在集水井进行堵截并用水泵抽排通过地面临时管道引导至下一个集水井。当管沟直径较大，人员可以进入时，可提前对破损管沟进行修复处理。

对隧道上部管线进行探查和加固后结合洞内施工措施再进行下穿。采取的主要措施有加强超前支护（小导管、中管棚、大管棚）、加强钢架支护，非爆破开挖，缩短施工进尺，尽早封闭初期支护成环，尽快施作二次衬砌等。施工前施

图4-4-78　朝阳洞路地表塌陷管线修复

工单位需做好施工组织方案及应急预案。隧道施工过程中应加强道路管沟和洞内的监测，发现异常及时查明原因并尽快处理。当管沟与隧道结构冲突且埋深较大时，若无法对管沟进行改造时可以考虑将隧道结构进行局部优化调整，避免结构冲突，创造下穿管沟的有利条件。

（3）成功案例

诚信路站—行政中心站区间隧道全长433.3m，正交下穿市政管沟（图4-4-79），下穿管沟影响段长度约为10m。管涵为矩形结构，内空净高2.8m，净宽2.6m，两侧侧墙为0.8m厚浆砌片石，顶、底板为0.3m厚混凝土，管涵基础两侧各有一根$\phi 0.6$m污水管。管涵结构已侵入隧道结构轮廓0.3m，由于之前设计阶段无该管沟资料，在施工图阶段发现该管沟距离已侵入隧道结构轮廓，但线路已无调整可能性。根据资料，该处管沟上方覆土层8m左右，隧道轨面埋深约18.5m，隧道顶部处于强风化灰岩地层，中部处于中风化灰岩地层。根据管沟资料及地质情况，经过分析研究创新地提出了改变结构形式，在满足限界空间的情况下，压低拱顶结构约1.1m，管底与隧顶净距0.9m的情况下用平拱形结构下穿管涵，为安全下穿管沟创造有利条件（图4-4-80）。

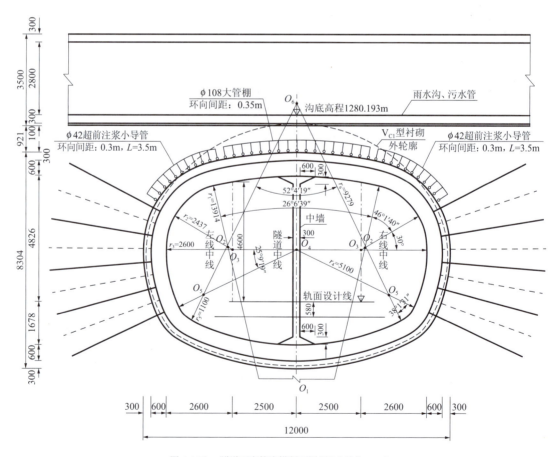

图4-4-79　隧道下穿管沟横剖面图（尺寸单位：mm）

6)隧道下穿铁路、房屋等既有构筑物处理措施及案例

(1)全线铁路、房屋等既有构筑物概况

贵阳轨道交通1号线区间隧道先后4处下穿既有铁路,分别为:①贵阳北站—雅关站区间小关四号隧道下穿川黔线大寨三号隧道明洞;②火车站站—沙冲路站区间下穿贵阳火车站售票厅、行包房及站场(图4-4-81、图4-4-82);③沙冲路站—望城坡站区间下穿南关铁路;④长江路站—清水江路站区间隧道下穿南西铁路。隧道下穿铁路施工风险主要有铁路道床发生整体或不均匀沉降,相邻股道发生不均匀沉降,引发铁路维护保养工作增加甚至铁路正常运营受影响。例如道床沉降过大铁路运行须降速通过并尽快维修养护,若相邻两股道沉降变形过大,高速运行列车通过时会引起列车脱轨等严重后果。所以施工时需采用合理的施工措施并加强地表道床的监控量测。

图4-4-80 下穿管沟段初期支护施工照片

图4-4-81 贵阳火车站站房

图4-4-82 贵阳火车站站场股道

全线下穿较多中低层居民片区、高层住宅、酒店及商铺等,主要有:①人民广场站—火车站站区间隧道下穿青云路南侧群楼,多为1~6层居民楼。②火车站站—沙冲路站区间隧道下穿玉田坝新一栋小区1号、2号、3号,桂花园小区2号、3号、4号及5号(图4-4-83),博泰小区3号、4号,茶花新村小区1号、2号,多为1~9层居民楼。③北京路站—延安路站区间隧道下穿三鑫大厦(七天连锁酒店),15+2F(二层地下室),底层为商铺(图4-4-84)。④延安路站—中山路站区间下穿2008小区,为10+1商住楼,基础为独立柱基,框架结构,其中裙楼为4层,2栋塔楼为7层,地下-2层为车库。隧道下穿构筑物若施工不当会有构筑物开裂、倾斜、沉降等施工风险,从而影响构筑物结构和居民生活财产安全。

(2)下穿铁路既有构筑物成功案例及总结

火车站站—沙冲路站区间隧道下穿贵阳火车站站房及站场案例:根据收集贵阳火车站站房竣工图(图4-4-85、图4-4-86)、人工挖孔桩施工记录及工程检查及后期改扩建后桩基施工记录等资料,查证距离隧道较近的站房(售票厅及行包房)桩基有21根,站房扩建部分桩基18根。根据资料桩基底部高程,部分桩基位于隧道拱顶正上方,距拱顶最小距离仅2.19m。

第四篇　土建工程

图 4-4-83　桂花园小区居民楼

图 4-4-84　三鑫大厦

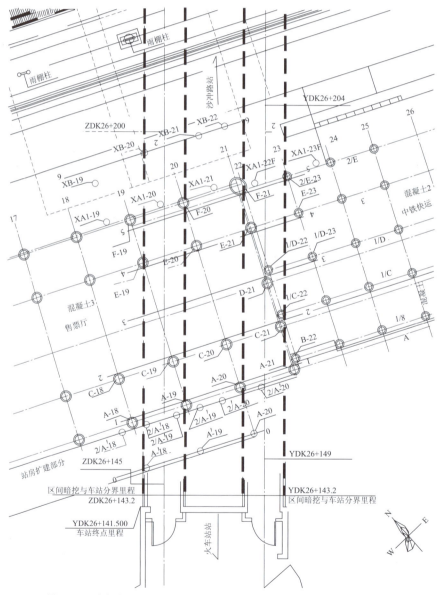

图 4-4-85　火车站站—沙冲路站区间隧道与火车站售票厅及行包房桩基位置平面图

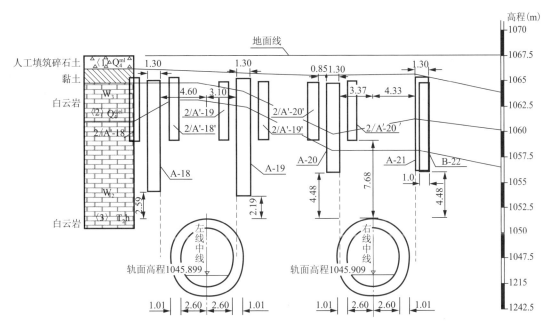

图 4-4-86 火车站站—沙冲路站区间隧道与火车站售票厅及行包房桩基位置剖面（尺寸单位：m）

根据收集贵阳火车站行包地道、站场股道及雨棚等资料，查证隧道拱顶距离站场股道约 20.2m，距离行包地道约 16.2m，距离站场雨棚桩基底部最小约 8.8m，如图 4-4-87、图 4-4-88 所示。

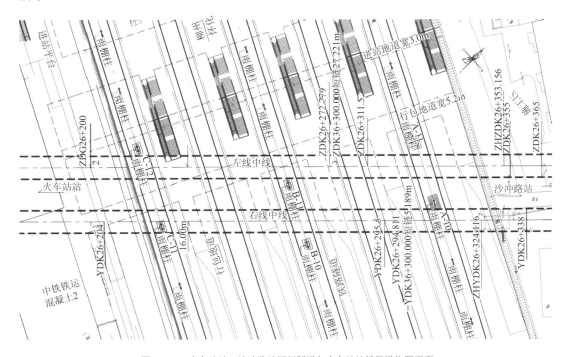

图 4-4-87 火车站站—沙冲路站区间隧道与火车站站场股道位置平面

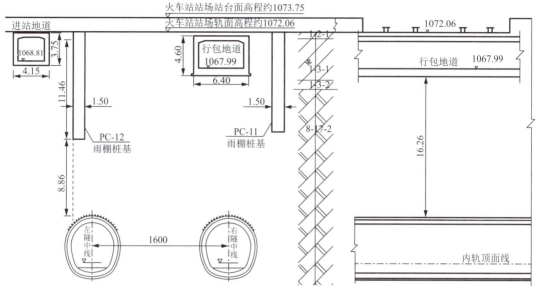

图 4-4-88 火车站站—沙冲路站区间隧道与火车站站场股道位置剖面图（尺寸单位：m）

隧道在下穿火车站站房及股道时采取了一整套支护措施与施工工法相配套的设计方式。首先在支护设计时对初期支护和二次衬砌都考虑独立全部承载的原则进行计算检算。加强初期支护的强度及刚度，在开挖后初期支护能迅速有效的承受全部荷载，最有效及时的控制在开挖后引起围岩应力释放，松弛变形。

由于火车站站房桩基荷载为点荷载投影，桩基底部加固十分重要。在隧道拱顶设置 $\phi159$ 超前注浆大管棚（站场段 $\phi76$ 中管棚），考虑将桩基底部基岩松散区加固并有效组合连接成整体。注浆大管棚主要作用有加固桩基底部围岩，增强桩基底部刚度提升承载能力，同时可以将桩底荷载均布分散到隧道拱顶，起到梁板的作用。由于下穿段岩溶发育，大管棚也可提前探知前方围岩，协同超前地质预报对前方岩溶裂隙及溶洞及时发现并处理，避免突发事件。在初期支护主要承担荷载的钢架方面选取了刚度大的 I28b 型钢钢架，间距 0.35m/榀（站场段 I20b 型钢钢架，间距 0.5m/榀）。由于型钢钢架冷挖需要对初期支护钢架形式及接头进行优化处理，为了增强初期支护强度，选取为 36cmC30（站场段 28cmC25）湿喷早强混凝土，配合双层钢筋网片，系统锚管等进行支护。为避免初期支护后有空隙或不密实现象，初期支护完成 1~2 环后，须立即对初期支护后进行补注浆。

支护结构的强度和刚度十分重要，同时有效、及时可靠的完成支护的施工方法也必不可少。为保障初期支护支护及时封闭成环，二次衬砌尽快施作，降低开挖风险及沉降风险，下穿段全部采用非爆破法开挖并创新的采取了"一步一回、全刚性支撑开挖法"。在开挖支护上台阶 5m 后封闭掌子面并停止开挖上台阶，进行下台阶开挖及支护，整个开挖过程中进尺为一榀钢架间距。初期支护完成 5m 后停止掌子面开挖，及时浇筑二次衬砌。

总结：隧道下穿铁路既有构筑物时应根据现场情况及地质等情况，若有必要可对铁路股道提前进行加固、固定处理，常用措施有扣轨、钢便梁等加固措施。隧道内部加强支护结构的强度和刚度，配合合理的施工工法，同时加强超前地质预报，加强洞内监测及隧道上部构筑物的监测，执行第三方监测并制订专项监测方案。施工过程中加强施工管理、协调和与铁路方面的沟通，取得铁路有关单位的配合和支持，建立联合管理小组，保障隧道下穿铁路设施过程可靠稳定和后期营运安全。

（3）下穿高层房屋等既有构筑物处理措施及案例

隧道下穿房屋等地表既有构筑物前需对构筑物基础资料进行收集，同时探明基础下部地质情况，根据综合分析确定合理的基础加固方案及洞内处理措施方案，待加固后再进行隧道下穿施工。根据1号线施工经验，总结隧道下穿构筑物洞外加固措施主要有以下方式：

①构筑物周边地表注浆。

当既有构筑物基础地质条件较差，土石空隙率较大、较松散，完整性较差，同时有场地实施地表注浆时可考虑在构筑物周边实施注浆加固以提高围岩完整性，增强承载力。

案例：延安路站—中山路站区间隧道在下穿公园2008小区地下车库范围内对隧道及周边进行地表注浆加固，以提高围岩完整性。具体注浆范围及参数如图4-4-89所示。

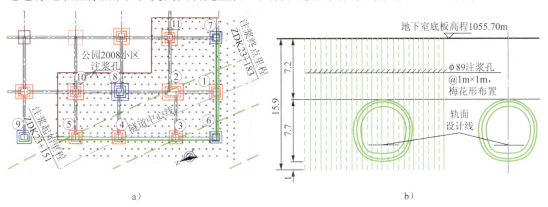

图4-4-89　地下室注浆平面及剖面（单位：m）

根据地质情况，注浆采用 ϕ76 钢花管，壁厚 4mm，水泥浆水灰比为 1:1～1:0.6，水泥标号为 PO 42.5，地下室注浆采用单液水泥浆，注浆终压 1.5～2.0MPa。注浆深度为小区地下室底板至隧道拱底以下 1.0m。注浆前在类似地质条件下的地层中进行注浆试验，初步掌握浆液充填率、注浆量、浆液配合比及凝结时间，浆液扩散半径，注浆终压等指标。钻进过程中遇涌水或卡钻，应停止钻进，进行注浆，扫孔后再行钻进。注浆过程中，若压力突然升高，应停止注浆，检查后，再进行注浆。

通过地表注浆加固，浆液填充了围岩松散空隙，有效的固结了松散体，提高了围岩完整性，为进一步下穿改善了构筑物基础条件。

②新增筏板基础及剪力墙。

当隧道下穿构筑物基础为桩基，且距离桩基础较近时，可考虑对基础受力进行转换。根据现场情况，综合考虑对原构筑物基础进行增加筏板和新增桩基等方式处理。当施工场地便利,地质条件较好,地基承载力满足时可考虑筏板基础及剪力墙。

案例:延安路站—中山路站区间隧道在下穿公园2008小区。隧道下穿段隧顶埋深14.4～14.9m,隧道位于中风化泥质白云岩内,地下水位于地下室底板附近,独立柱基全部位于中风化泥质白云岩层上,如图4-4-90所示。

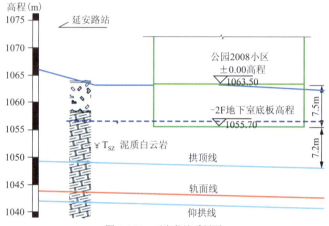

图4-4-90 下穿段地质剖面

柱基与隧道平面关系:有5根桩位于隧道洞顶正上方,两侧受影响较大的桩有3根(距隧道轮廓小于5m)。柱基底与隧道竖向关系:柱基底距隧道拱顶距离较近,为3～5.3m,如图4-4-91～图4-4-93所示。

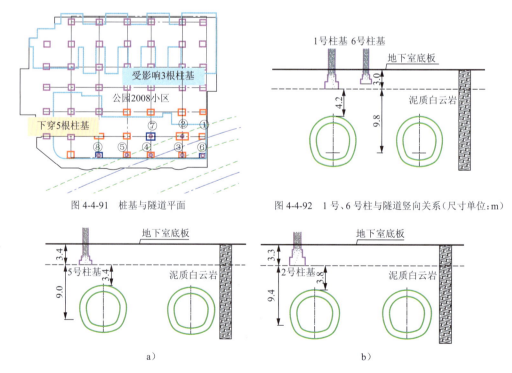

图4-4-91 桩基与隧道平面　　图4-4-92 1号、6号柱与隧道竖向关系(尺寸单位:m)

图4-4-93 2号、5号柱与隧道竖向关系(尺寸单位:m)

隧道下穿公园2008小区地下车库时在地下室底板下方设置一块厚度为1100mm的筏板，对下穿影响范围内的柱基进行整体托换。同时在筏板与立柱之间设置剪力墙，以增加筏板与柱之间的抗剪强度，如图4-4-94所示。

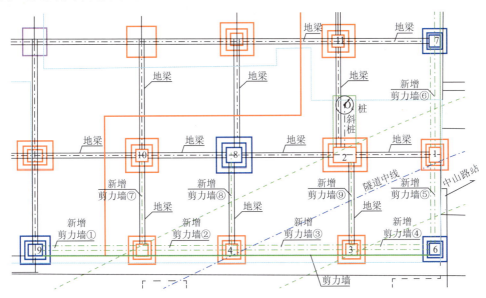

图4-4-94 筏板基础及剪力墙布置

③桩基托换。

当隧道下穿构筑物基础为桩基，且距离桩基础较近时，可考虑对基础桩基受力进行转换。根据场地或地质情况等综合方面条件考虑对原构筑物桩基础进行托换处理。

案例：北京路站—延安路站区间下穿三鑫大厦Ⅱ区，为15+2F（二层地下室），底层为商铺。三鑫大厦结构形式为框架-剪力墙结构（图4-4-95），基础为人工挖孔桩。Ⅱ区共有8根桩侵入隧道开挖轮廓线内，4根桩临近隧道边线，桩径为φ1.2m、φ1.5m两种。

图4-4-95 三鑫大厦基础与区间隧道平面位置

地下负二层底板与隧顶之间的距离为 7.4~7.8m，桩底高程均位于隧顶附近。该段地层自上而下依次为红黏土和三叠系下统安顺组二段中厚层状白云岩，隧顶基岩厚度为 5m，隧道洞身位于中风化白云岩中，见图 4-4-96、图 4-4-97。

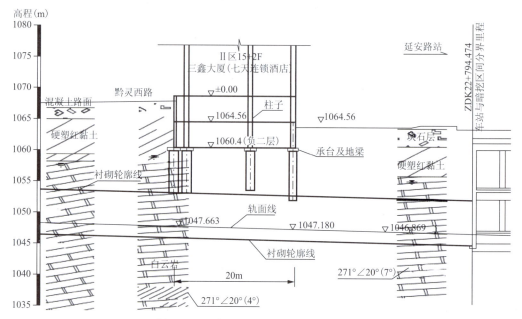

图 4-4-96　三鑫大厦桩基与区间隧道纵断面关系

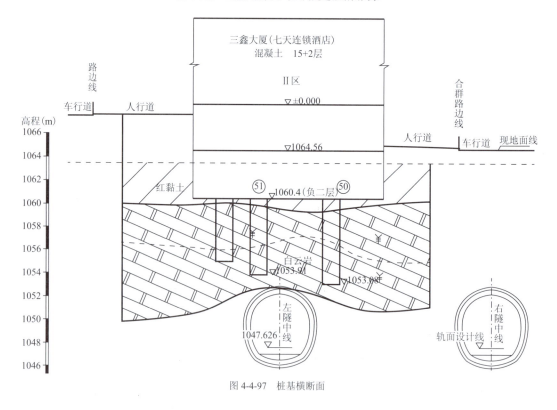

图 4-4-97　桩基横断面

根据隧道与桩基之间的空间位置关系,结合地质情况及三鑫大厦地下室负二层有利条件,选用主动托换方案对隧道下穿施工影响范围内的桩基(共12根)进行托换(图4-4-98)。沿着隧道开挖轮廓线外施作两排托换桩,在地下室负二层底板上施作预应力托换梁并与隧道两侧托换桩和被托换的立柱连接。形成新的受力转换体系,立柱的轴力通过托换梁传递到两侧托换桩,达到托换柱下桩基的目的。

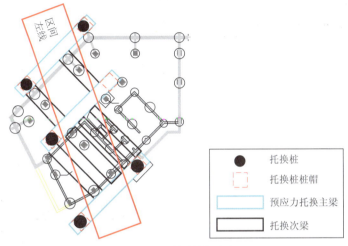

图4-4-98 桩基托换平面

根据该建筑的变形要求以及整体性能,设计托换采用预应力主梁与次梁托换方式。托换时将上部结构柱荷载通过节点传递至次梁上后,再由次梁传递到主梁上的力学转换方法来实现托换(图4-4-99)。在主梁的纵向上设置预应力钢绞线束,利用张拉预应力钢绞线束减小托换梁的受力变形(图4-4-100)。

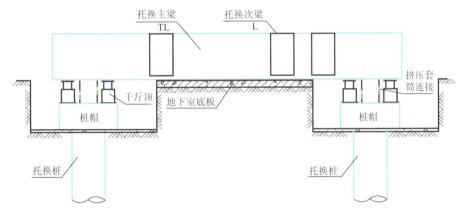

图4-4-99 托换原理示意图

桩基托换设计的重难点有:确定托换荷载的制约因素多;托换柱变形控制要求;大轴力作用下的托换大梁与节点抗滑移问题;托换大梁的预应力结构体系及徐变影响,托换结构与暗挖隧道结构受力变形的相互影响。

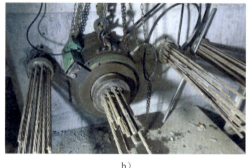

a)　　　　　　　　　　　　　　　　b)

图 4-4-100　托换梁钢筋绑扎及梁张拉

为了满足顶升要求，托换桩顶设置桩帽，桩帽顶与托换梁直接预留不少于 700mm 的顶升操作空间，桩帽与托换梁之间分别预留竖向接桩钢筋，顶升完成后，竖向钢筋焊接连接，见图 4-4-101、图 4-4-102。

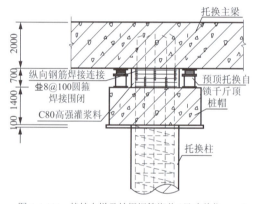

图 4-4-101　接桩大样及桩帽钢筋绑扎（尺寸单位：mm）　　　图 4-4-102　托换梁与托换柱节点设计

总结：隧道下穿高层房屋等既有构筑物时，应根据构筑物基础资料、现场情况及地质等情况，首先综合分析构筑物基础加固方案再考虑洞内处理措施，采取"先加固后下穿"的原则。洞外构筑物基础加固形式灵活多样，但受制因素较多，主要有地表注浆加固、新增筏板基础及剪力墙、桩基托换等形式。洞内支护结构强度及工法要求主要根据地质情况、周边环境、构筑物基础的荷载大小、相对位置关系、沉降变形要求、重要程度、社会影响等因素进行分类设计。洞内支护措施主要有帷幕注浆、大管棚、中管棚、小导管等超前注浆预加固地层的措施，配合型钢钢架及锚网喷组成初期支护。初期支护及时承受开挖后的应力松弛并控制沉降变形，完成初期支护后及时施作防水及二次衬砌，可进一步控制围岩松弛和沉降变形，确保构筑物和隧道结构安全。施工工法的主要原则是保障初期支护及时封闭成环，二次衬砌尽快施作，降低开挖风险及沉降风险。隧道内部加强支护结构的强度和刚度，配合合理的施工工法，同时加强超前地质预报，加强洞内监测及隧道上部构筑物的监测，执行第三方监测并制订专项监测方案。施工过程中加强施工管理及应急预案演练，保障隧道下穿高层房屋既有构筑物过程可靠稳定和后期运营安全。

4.6 区间隧道工程施工及验收

人民广场站—火车站站区间（朝火段）及火车站站—沙冲路站区间隧道在贵阳轨道交通1号线全线暗挖隧道施工中很具代表性，是重点施工工点。贵阳轨道交通1号线区间隧道工程施工及验收根据这两个区间的施工及验收情况进行代表性总结。

4.6.1 工程概况及边界条件

人民广场站—火车站站区间（朝火段）暗挖隧道线路从朝阳影剧院前沿遵义路走行，侧穿解放路高架桥桥桩，继续沿遵义路进入火车站站；轨面最小埋深约21m，最大埋深约为26m；全区间段采用喷锚构筑法施工，隧道开挖采用爆破开挖。

火车站站—沙冲路站区间暗挖隧道位于南明区，线路出火车站站后先后下穿火车站站售票厅（3层）、行包房（2层）、客运站台、铁路股道及行包地道，下穿居民区后进入朝阳洞路至沙冲路站；轨面最小埋深约16m，最大埋深约为29.3m；全区间段采用喷锚构筑法施工，隧道开挖全部采用冷挖法开挖。

4.6.2 交通疏解、管线迁改方案及施工组织措施

1）人民广场站—火车站站区间（朝火段）交通疏解、管线迁改方案及施工组织措施

人民广场站—火车站站区间（朝火段）利用2号竖井进行进洞施工，施工期间占用遵义路部分中央绿化带及左右幅各一条车行道，对既有交通条件影响不大，交通疏解维持原有条件不变。该区间地面开挖区域仅为2号竖井口部分，位于原中央绿化带，绿化迁改工作完成后，对开挖区域进行探挖结果显示，该区域内无其他管线，不影响后续施工。

2）火车站站—沙冲路站区间交通疏解、管线迁改方案及施工组织措施

人民广场站—火车站站区间利用区间竖井进行进洞施工，开挖区域位于永久占地范围内，对既有交通条件无影响，交通疏解维持原有条件不变。该区间地面开挖区域位于永久占地范围内，场内拆迁工作完成后，对开挖区域进行探挖结果显示，该区域内无其他管线，不影响后续施工。

4.6.3 主要施工方法及技术措施

1）爆破开挖施工方法及技术措施

人民广场站—火车站站区间（朝火段）隧道开挖采用"水压爆破"钻爆法分台阶进行洞

身开挖掘进施工,其施工流程如图 4-4-103 所示。

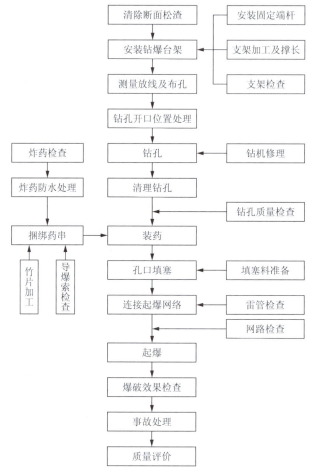

图 4-4-103　钻爆法施工工艺流程图

(1)布孔及钻孔

钻孔前按照爆破设计方案标注钻孔孔位,即将孔位准确地标记在开挖断面上。采用气腿式凿岩机钻孔,钻凿必须使用气腿支撑,其钻孔直径为 35～42mm;钻孔精度是确保爆破成功的关键,要求必须做到"对位准、方向正、角度精确"的三要点;钻孔深度允许误差为 ±2cm,开孔中心允许误差小于 3cm;炮孔钻好后必须吹净,并将孔口保护,以防止杂物堵塞炮孔;钻完孔后,对炮孔进行验收,是否符合设计要求,对不合格的要及时补钻。

(2)爆破振动控制

为了保证地面建筑物的安全,人民广场站—火车站站区间(朝火段)爆破振动控制指标:"对一般砖结构民房、砖混结构房屋的爆破安全允许振动值按 2.0cm/s(爆破振动频率为 50～100Hz)"进行控制;对"框架结构的建筑物爆破安全振动允许标准按 3.0cm/s(爆破振动频率为 50～100 Hz)"进行控制。

2)"冷挖法"开挖施工方法及技术措施

火车站站—沙冲路站区间隧道开挖采用"冷挖"法分台阶进行洞身开挖掘进施工。该区间主要采用了"破碎锤""悬臂式掘进机"两种冷挖设备进行开挖。

前期采用"破碎锤"冷挖施工,结果显示其功效相对较低,Ⅳ级围岩开挖支护施工 1.0m 循环进尺需约 2.0d 时间,难以满足工期要求;再加上"破碎锤"施工噪声极大,竖井口紧邻居民楼,周边居民时常因施工噪声阻工。后经多方调查研究决定,引进了徐工集团生产的"悬臂式掘进机"进行洞身开挖,开挖支护施工 1.0m 循环进尺仅需约 1.0d 时间,大大提高了施工功效及施工进度。

掘进机施工时,通过其自身的清运装置将切削下来的岩块输送到机身后侧,由挖掘机装至洞内渣土运输车后,运至竖井口,由门式起重机提升外运至场内临时弃渣池中,最后采用装载机装至渣土车上,运至场外弃渣场。

3)台阶法施工方法及技术措施

(1)台阶法施工工序

台阶法施工工序横断面如图 4-4-104 所示。

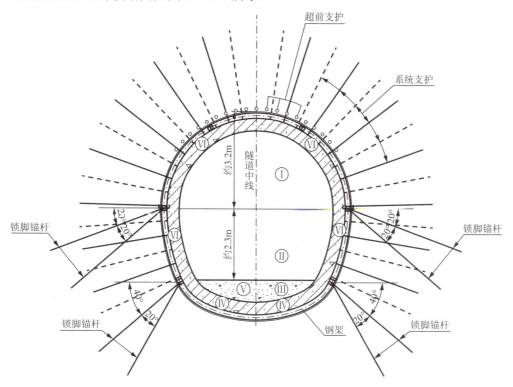

图 4-4-104 台阶法施工工序横断面

①开挖Ⅰ部;施作Ⅰ部台阶周边的初期支护,即初喷 4cm 厚混凝土,铺设钢筋网,架立钢架,并设锁脚锚杆(管);钻设系统锚杆体系后复喷混凝土至设计厚度,注浆钢花管应按要求注浆。

②开挖Ⅱ部;台阶周边部分初喷 4cm 厚混凝土;铺设钢筋网;接长钢架,并设锁脚锚杆(管);钻设系统锚杆后复喷混凝土至设计厚度。

③在滞后于Ⅱ部一段距离后,开挖Ⅲ部;施作初期支护,即周边部分初喷 4cm 厚混凝土,铺设钢筋网,接长钢架并使之封闭成环,复喷混凝土至设计厚度。

④根据监控量测结果分析,待初期支护收敛后,铺设仰拱防水层,灌注Ⅳ部仰拱与边墙基础。

⑤灌注仰拱填充Ⅴ部至设计高度。

⑥铺设拱墙防水层,利用衬砌模板台车一次性灌注Ⅵ部拱墙二次衬砌。

(2)施工监控量测

隧道施工期间开展监控量测,并将监控量测作为关键工序纳入现场施工组织。现场监控量测必测项目有洞本区间隧道内外观察及掌子面地质描述、拱顶下沉量测、周边位移收敛量测、地表下沉量测,周边居民房地面下沉、结构裂损量测。其他项目为选择项目,包括初期支护和二次衬砌内力、锚杆轴力、围岩与支护间的压力和围岩内部位移的量测等。

(3)超前地质预报

为保证隧道施工安全、优化设计、实现信息化施工,施工期间应加强施工地质工作,并实施全隧超前地质预测预报,将其纳入正常施工工序进行管理。结合本隧工程地质、水文地质条件,施工中预报的重点段落及内容:岩溶发育形态、规模、充填体物性、地下水情况。本工程超前地质预报方法主要有:HSP弹性波探测、红外探水探测、地质雷达探测、超前水平钻孔探测。

(4)岩溶处理

岩溶发育地段的隧道开挖与支护,应根据综合超前地质预报确定的岩溶形态及大小、填充情况与隧道的相对位置等具体情况综合研究,由各参建单位共同洽商研究决定处理方案。

(5)人员培训及交底

在暗挖施工前,由方案的编制人或技术负责人向现场管理人员、作业人员等进行书面的安全技术交底,并由交底人、被交底人履行签字手续。

4)下穿贵阳火车站站房及股道施工方法及技术措施

(1)下穿段工程概况

火车站站—沙冲路站区间隧道与火车站站房呈 70°夹角交叉,左、右线路下穿贵阳火车站站房售票厅和行包房、火车站客运站台及 10 条铁路股道,拱顶埋深为 16.4～22.5m。

根据收集贵阳火车站站房竣工图、人工挖孔桩施工记录和工程检查及后期改扩建后桩基施工记录等资料,查证距离隧道较近的站房桩基有 21 根,站房扩建部分桩基 18 根。根据资料桩基底部高程,部分桩基位于隧道拱顶正上方,距拱顶最小距离仅 2.42m。

(2)下穿段隧道施工工艺

下穿段站房及股道部分采用"一步一回头"台阶法开挖,严格控制开挖进尺,上台阶为一榀一支护,下台阶开挖进尺不能超过两榀,初期支护需及时封闭成环并尽早施作二次衬砌;隧道采用冷挖施工,严禁爆破开挖。

下穿站房段隧道采用大管棚进行超前支护：拱部180°范围采用一环φ159壁厚为10mm的大管棚注浆超前预支护，左右线各设一环，长度为55m，管棚内设置4φ18钢筋笼，以增强管棚抗弯能力。大管棚施作采用跟管钻进技术，以防止因管棚钻孔引起的围岩变形，要求管体填充率达97%以上并在施工后对管棚质量进行检测。

下穿股道段隧道采用中管棚进行超前支护：拱部120°范围采用φ76中管棚（长度8m、搭接长度3m）注浆超前支护，（壁厚4.5mm），其布置见图4-4-105。

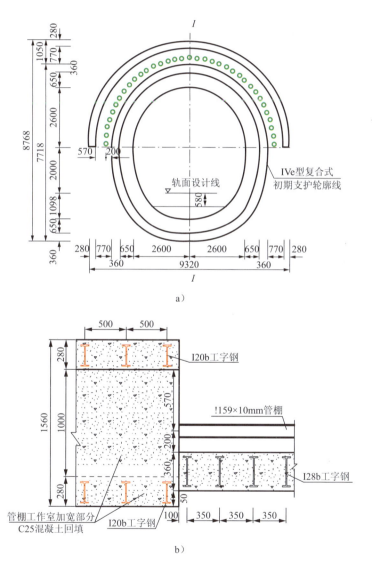

图4-4-105 大管棚正面布置图（尺寸单位：mm）

中管棚施工与大管棚施工工艺类似，对大管棚施工工艺进行介绍如下：大管棚导管规格为热轧无缝钢花管，外径159mm，壁厚10mm，L=55m，环向管距为35cm，管棚倾角外插0°~1°。管棚连接采用钢管连接，钢管外径180mm，壁厚10mm，长度400mm。大管棚施作采用跟管钻进技术,以防止因管棚钻孔引起的变形,如图 4-4-106、图 4-4-107 所示。

注浆材料为水泥浆或水泥砂浆,注浆压力初压为 0.5～1.0MPa,终压控制在 2 MPa。大管棚在注浆时,压力逐渐升高,当达到设计终压并稳定 10min,注浆量不小于设计注浆量 80%,进浆速度小于开始进浆速度的 1/4。

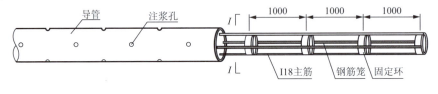

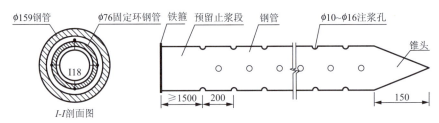

图 4-4-106 大管棚导管构造示意图(尺寸单位:mm)

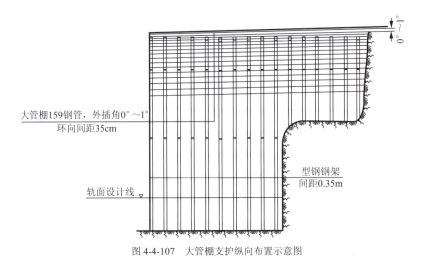

图 4-4-107 大管棚支护纵向布置示意图

大管棚安装在控制地表沉降时外插角宜小,加固岩体时适当加大。管棚导管安装偏差≤$0.006L$～$0.015L$(L 为导管长度)。

根据设计的大管棚位置,采用全站仪进行大管棚位置放样,特别要控制大管棚位置与隧道开挖线之间的距离,以免出现大管棚位置侵入隧道初期支护或衬砌混凝土的现象。

4.6.4 质量及安全保证措施

1)隧道施工质量保证措施

(1)由于本工程火车站站—沙冲路站区间线路曲线半径较小,为保证隧道开挖轮廓质量,避免欠挖或超挖过大,开挖前对掌子面开挖轮廓线进行测量放样,并采用自喷漆进行标记。

(2)隧道开挖后,根据设计及时施作初期支护。钢拱架要与岩面密贴,不密贴的部位采用浆砌片石或混凝土块镶死。喷射混凝土采用湿喷技术,做到喷射后的岩面平整、圆顺,无外露的钢筋头等可刺破、划破防水层的物件,并确保钢拱架的保护层厚度。

(3)防水层铺设采用无锚钉铺设技术,防水层搭接接头采用热焊焊接工艺,搭接宽度不小于10cm。焊接时做到焊缝严密,不存在漏焊、褶皱等缺陷。防水层铺设时根据铺设面实际情况预留一定的松弛量,防止浇筑二次衬砌混凝土时拉裂防水板搭接接头。

2)隧道施工安全保证措施

(1)冷挖施工时安排专人负责洞内设备协调指挥工作,提高洞内机械设备施工组织的平行流水性,避免机械作业组织混乱,避免乱停乱放、违规作业引起的安全事故。

(2)严格按照现行《爆破安全规程》(GB 6722—2014)操作;爆破必须专人负责,保证安全施工。

(3)严格按照设计计算装药量进行装药,装完药后,每孔必须堵塞,并要求保证堵塞质量,禁止与爆破无关的人员进入爆破作业境内。

4.6.5　工程施工风险应急处理措施

本工程主要施工风险为隧道坍塌、岩溶、地下涌水及站房倾斜、开裂、倒塌,铁路股道沉降等,相对应的应急处理措施如下:

1)隧道区间防坍塌、岩溶应急处理措施

(1)设置专职安全员,巡回检查洞内外的安全情况。

(2)发现安全隐患,及时通知洞内人员撤离至安全地带。

(3)如发生坍塌事故,则保护好现场,及时抢救受伤人员,安全员立即报告施工现场负责人,并拨打总调度电话以最快的速度组织抢险救援协调工作。

2)地下涌水应急处理措施

(1)采用超前水平钻、红外探水、超前地质预报每25m探测一次,每次探测长度不小于30m。施工中,针对探测的准确性进行对照,参照结果对探测的循环长度可做适时调整,但是不得大于30m。

(2)施工前对隧道线路上方周边原地面进行踏勘,查勘是否有裂隙或水流、水源等,并针对查勘结果对裂隙进行注浆封堵,对水流或水源进行引排,对于无法引排的,要在开挖支护过程中采用适当的封堵措施。

(3)施工中,要随时注意观察掌子面及周边围岩水量的变化,一旦发生变化及时通知施工人员撤离,并上报管理人员。

3)站房倾斜、开裂、倒塌、铁路股道沉降等事故应急处理措施

(1)施工前,在站房、股道周边布设监控量测点,并着手收集监控数据。

(2)施工中,要尽可能地降低施工扰动、振动,最大限度地避免影响站房、股道。

(3)施工中,储备注浆机、膨胀水泥等,在站房、股道沉降超标时,能够立即组织进行注浆施工,加固该处地基。

(4)如施工过程中站房段桩基沉降超过预警值须立即停止施工,封闭掌子面,对沉降部位架设临时横撑或临时立柱,通知各方进行现场勘查,由设计院出具体处理措施后及时进行处理。

4.6.6 区间工程验收

1)洞身开挖验收

(1)隧道开挖断面的中线、高程必须符合设计要求,采用全站仪、激光断面仪每循环检查一次。

(2)隧道不应欠挖。当围岩完整、石质坚硬时,方允许岩石个别凸出部分(每 $1m^2$ 不大于 $0.1m^2$)侵入衬砌,且侵限厚度小于 10cm。拱脚和拱脚以上 1m 内严禁欠挖。

(3)隧底开挖底部高程应符合设计要求。隧底范围岩石突出每平方米内不应大于 $0.1m^2$,侵入断面不大于 5cm。基底内无积水、浮渣。

2)拱架验收

钢架安装允许偏差应符合下列要求:

(1)钢架间距允许偏差为 ±100mm。

(2)钢架横向允许偏差为 ±50mm。

(3)高程偏差允许偏差为 ±50mm;垂直度允许偏差为 ±2°。

(4)钢架保护层厚度允许偏差为 -5mm。

3)喷射混凝土验收

喷射混凝土的厚度应符合下列要求:

(1)平均厚度大于设计厚度。

(2)检查点数的 60% 以上大于设计厚度。

(3)最小厚度不得小于设计厚度的 1/2,且不小于 3cm。

4)锚杆施工验收

锚杆安装的数量应现场逐根清点,符合设计要求,锚杆安装允许偏差应符合下列规定:

(1)锚杆孔的孔径应符合设计要求。

(2)锚杆孔距允许偏差为 ±150mm。

(3)锚杆孔深允许偏差为 ±50mm。

(4)锚杆应平直、无损伤,表面无裂纹、油污、颗粒状或片状锈蚀。

5)钢筋网施工验收

(1)钢筋网的网格尺寸应符合设计要求,网格尺寸允许偏差为 ±10mm。

(2)钢筋网宜在喷射第一层混凝土后铺挂。采用双层钢筋网时,第二层钢筋网应在第一层钢筋网被混凝土覆盖及混凝土终凝后进行铺设。

(3) 钢筋网搭接长度应为 1~2 个网格,允许偏差为 ±50mm。

6) 衬砌钢筋施工验收

钢筋接头应设置在承受应力较小处,并应分散布置。配置在"同一截面"(两焊接接头在钢筋直径的 35 倍范围且不小于 500mm 以内、两绑扎接头在 1.3 倍搭接长度范围且不小于 500mm 以内,均视为"同一截面")内受力钢筋接头的截面面积,占受力钢筋总截面面积的百分率,应符合以下要求:

(1) 焊接接头在受弯构件的受拉区不得大于 50%,轴心受拉构件不得大于 25%。
(2) 绑扎接头在构件的受拉区,不得大于 25%,在受压区不得大于 50%。
(3) 钢筋接头应避开钢筋弯曲处,距弯曲点的距离不得小于钢筋直径的 10 倍。
(4) 在同一根钢筋上应少设接头。"同一截面"内,同一根钢筋上不得超过一个接头。
(5) 钢筋要预留足够保护层,采用不低于结构混凝土强度等级的垫块对钢筋进行保护,垫块个数每平方米不少于 4 个,严禁钢筋在浇筑混凝土完成后外露。

7) 衬砌混凝土施工验收

(1) 本工程衬砌混凝土采用商用混凝土,其强度等级必须符合设计要求。采用同条件养护试件检测实体强度。混凝土试件应在混凝土的浇筑地点随机抽样制作。
(2) 隧道衬砌的厚度必须符合设计要求,每一灌注段检查一个断面,采用无损检测方法时,测线布置应符合铁道行业标准《铁路隧道衬砌质量无损检测规程》(TB 10223—2004)的规定。测量净空断面并与开挖轮廓比较,必要时可采用钻孔抽样或无损检测方法检查衬砌厚度,钻孔检查每个断面应从拱顶沿两侧不少于 5 点。
(3) 混凝土的运输、浇筑及间歇的全部时间不应超过混凝土的初凝时间。同一施工段的混凝土应连续浇筑,并应在底层混凝土初凝前将上一层混凝土浇筑完毕。
(4) 混凝土浇筑完毕后,应采取有限的养护措施。
(5) 混凝土拌合物的坍落度应符合设计配合比要求,每工作班检测坍落度不少于一次。

8) 防水施工验收

隧道防水应充分利用混凝土衬砌结构的自防水能力,本工程衬砌抗渗等级为 P10。防水板铺设前对基面进行检查,基面外露的锚杆头、钢筋头等尖硬物应割除;凹凸不平处应补喷、抹平;局部渗水处需先行处理。

(1) 施工缝与变形缝处理

施工缝、变形缝所用止水带等材料的品种、规格、性能等应符合设计要求。按设计要求检查全部材料的品种、规格,查看产品合格证、出厂检验报告,并按批进行有关性能试验。

采用塑料、橡胶、金属止水条时,应采取有效措施确保位置准确、固定牢靠。止水带接头连接符合设计要求,接缝平整、牢固,不得有裂口和脱胶现象。中埋式止水带应和变形缝中心线重合,止水带不得穿孔。混凝土浇筑前应校正止水带位置,保持其位置准确、平直。

(2) 防水板防水

① 防水板、土工布复合材料的材质、性能、规格必须符合设计要求,按批次进行检验。

②防水板必须按设计要求进行搭接,搭接应牢固,不得有渗漏。采用双焊缝间充气检查,抽查焊缝数量的 5%,并不得少于 3 条焊缝。

③防水板铺设范围及铺挂方式应符合设计要求。铺设时防水板应留有一定的余量,挂吊点设置的数量应合理。

④铺设防水板的基面应坚实、平整、圆顺,无漏水现象;阴阳角处应做成弧形。

⑤防水板焊缝无漏焊、假焊、焊焦、焊穿等现象。

⑥防水板的铺设应与基层固定牢固,不得有绷紧和破损现象。

⑦防水板的搭接宽度不应小于 10cm,允许偏差为 -10mm;焊缝宽度不应小于 1.5cm。

(3)涂料防水层防水

①涂料防水层所用的材料应符合设计要求,根据进场批次进行试验。

②涂料防水层施工时应按设计要求进行多遍涂刷,涂料防水层的平均厚度应符合设计要求,最小厚度不得小于设计厚度的 80%。

③涂料防水层的基层应牢固,基面应洁净、平整。基层阴阳角应做成弧形。

④涂料防水层应与基层粘接牢固,表面平整、涂刷均匀,不得有流淌、皱折、臌泡等缺陷。

9)区间工程施工经验及教训

(1)施工安全经验及教训

区间局部标段施工过程中出现过安全事故,事故充分暴露了施工过程中安全意识淡薄,安全管理体系不完善。要提高现场施工的安全性,使其不发生或少发生事故,其前提条件就是预先发现系统可能存在的危险因素,全面掌握其基本特点,明确其对系统安全性影响的程度,只有这样,才有可能抓住系统可能存在的主要危险源,采取有效的安全防护措施,提高系统的安全系数。预先是指:无论系统处于哪个阶段,都要每个阶段开始之前进行系统的事故预先危险性分析,发现并掌握系统的危险因素。作为现场的安全管理者,在工程开工之前,首先应策划施工过程中安全管理工作应怎样发展,怎样找出系统的危险因素并采取相应的防护措施,对以后的安全管理工作做到心中有数,掌握过去现在将来的危险源。

(2)施工质量经验及教训

施工过程中对锚杆数量及其长度,超前小导管数量及其长度,锁脚锚杆长度等均需要严格把控。在需要注浆的地方注浆饱满,需达到注浆效果。仰拱开挖深度是否满足要求需严格把控。土工布,防水板挂设不平顺,松弛度不均匀,止水带有没有安装且顺,导致隧道后期渗漏水比较严重,需要严加把控。

工程的质量管理主要抓工程的内部质量及外观质量两个方面:注重工程项目的内部质量,特别是抓住项目质量的控制关键点,对这些关键点控制上做到事前预防、事中、事后的质量把关,做到质量控制动态管理。注意项目施工的外观质量,外观质量在工程项目上也是相当重要的,特别是结构物施工完成后的整体线形、表面平整度、蜂窝麻面,出现以上外观缺陷应及时进行整改。

第 5 章 车辆段与综合维修基地

贵阳轨道交通 1 号线在起点窦官站附近设金阳车辆段，在终点场坝村站附近设小河停车场，如图 4-5-1 所示。考虑到金阳车辆段为线网内建设的第一个车辆段，将其建成一个功能完整的车辆大修/架修综合基地，这有利于减少由于线网建设的不确定性带来的运营风险，同时也可增加今后线网建设时序选择的灵活性。因此，金阳车辆段功能定位为贵阳轨道交通线网大修/架修基地，承担贵阳轨道交通 1 号线、2 号线、3 号线、4 号线的大架修任务。

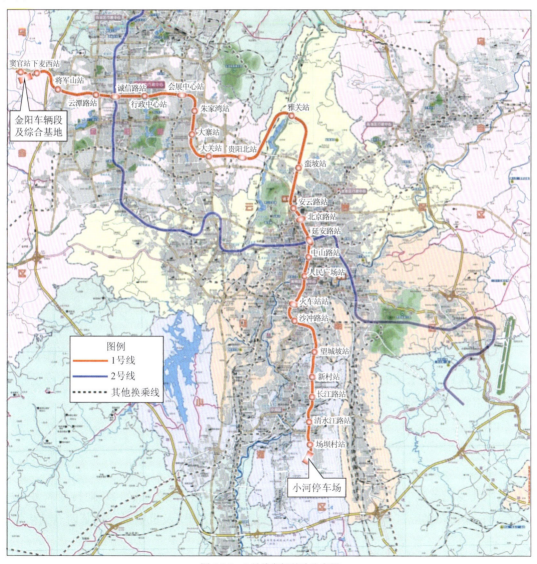

图 4-5-1 1 号线车辆基地分布图

5.1 金阳车辆段与综合基地设计

5.1.1 概况

金阳车辆段及综合基地段址位于绕城公路以西、北侧紧邻金朱西路地块,西南侧邻干河和石头村。段址东端靠近下麦西站附近地势较平坦,西端有几个高出东侧 40~60m 的小山丘,属云贵高原上的低山丘陵地貌,如图 4-5-2 所示。

图 4-5-2 金阳车辆段及综合基地段址示意图

金阳车辆段及综合基地主要负责:

1) 车辆段任务范围

(1) 承担 1 号线配属车辆段列车的停车、列检、清扫、洗刷和定期消毒等日常维护保养工作。

(2) 承担 1 号线车辆的定修、临修任务。

(3) 承担 1 号线、2 号线、3 号线、4 号线车辆的大修/架修任务。

(4) 承担 1 号线运营近期所有车辆的双周/三月检任务。

(5) 承担 1 号线配属车辆段列车的乘务工作。

(6) 承担 1 号线范围内列车运行中出现事故时的救援工作。

(7) 负责本段的行政、技术管理、材料供应和后勤管理等工作。

2) 综合维修中心功能及任务

(1) 承担 1 号线全线的轨道、桥梁、路基、隧道、车站建筑等建(构)筑物的检查、维修、保养工作。

(2) 承担 1 号线全线的供电系统、通信信号系统的运营管理、巡检、维修保养工作。

(3) 承担 1 号线全线的各种机电系统及设备,包括环控系统、给水排水系统、电梯及自动扶梯等设备的运营管理、巡检、维修保养工作。

(4) 承担 1 号线全线的各自动化系统(包括自动售检票系统、车站设备监控系统、防灾报警系统)及通用办公计算机系统的测试、维修保养工作。

3) 物资总库任务范围

承担 1 号线范围内运营所需的各种机电设备、备品备件、配件、钢轨、其他材料及劳保用品的采购、保管和供应工作。在本工程建设期间兼作建设物资及机电设备的临时仓储场地。

4) 培训中心

承担贵阳市轨道交通线网职工的技术教育和培训工作。

5.1.2 主要设计指标

金阳车辆段及综合基地征地面积 48.4hm² (含补充征地),围墙内占地面积 24.86hm²,建筑面积 113218.5m²。其主要技术经济指标见表 4-5-1。

金阳车辆段与综合基地经济技术指标表 表 4-5-1

序号	工程名称		工程数量		
			初期	近期	远期
1		编组辆数	6	6	6
2	配属车辆（全线）	运用车数（列/辆）	27/162	41/246	53/318
		备用及检修车数（列/辆）	7/36	10/60	10/60
		合计（列/辆）	34/204	51/306	63/378
3	设计规模	大修/架修（列位）		2	5
		定修（列位）		1	
		临修（列位）		1	
		三月检（列位）		4	
		双周检（列位）			
		停车（列位）		30	40
4		站场土石方 填/挖（m³）	1392802/1400831		
5	征地面积（hm²）	车辆段与综合基地用地	36.64（含预留用地）		
		出入段线用地	5		
		周边支挡、排水沟	6.76		
		合计	48.4		
6		新建房屋总建筑面积（m²）	113218.50		
7		拆迁房屋总建筑面积（m²）	20499		
8		容积率	0.36		
9		绿化率	17.7%（围墙）		

5.1.3 总平面布置

金阳车辆段及综合基地设 2 条出入段线(在下麦西站站后接轨),其总平面布置采用尽头式并列布置,段内房屋布置按功能分区,主要分为厂前区及生产区两块。

1）厂前区

厂前区设有车辆段综合楼(含车辆段的办公房屋与综合维修中心、跟随所)、食堂浴室、线网培训中心等房屋。厂前区与检修主厂房人员相对较多,紧邻金朱西路布置方便职工出行,有利于段址周边地块的规划、工艺流程顺畅。在综合楼和出入段线之间设有培训中心及实际操作演练场地。在厂前区东侧设置地铁公安派出所。车辆段内设有环行运输道路和消防道路,出入口设两处。主出入口设在车辆段的北端厂前区,接入金朱西路,次出入口设在车辆段南侧,接入规划道路。

2）生产区

生产区由运用库、检修主厂房、物资总库、调机工程车库/吹扫库、洗车机棚及控制室/不落轮镟库、轮对受电弓检测棚、压缩空气站、蓄电池间、材料棚、危险品存储间、试车间/污水处理站等组成。

运用库、检修主厂房采用尽头式布置于车辆段西端,成南北并列。调机工程车库及吹扫库设在检修主厂房前端。在检修主厂房与厂前区间靠近金朱西路侧设置物资总库、危险品储存间、材料棚、材料线及材料堆场等,便于材料装卸、堆放作业。试车线设在车辆段南侧,与运用库并列设置,试车线长度为1300m,可满足80km/h的试车要求。

镟轮线与洗车线平行布置,镟轮库、洗车机棚及控制室组合成1栋独立建筑,设置在咽喉区南侧。轮对踏面诊断设备布置在咽喉区前的入段线上(图4-5-3、图4-5-4)。

图4-5-3　金阳车辆段及综合基地效果图

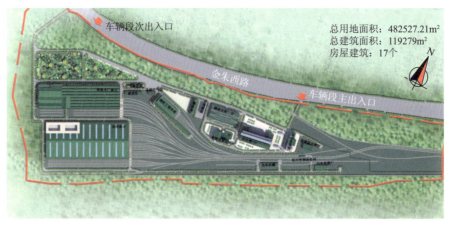

图4-5-4　金阳车辆段及综合基地平面图

5.1.4 主要运用、检修设施

金阳车辆段围绕地铁车辆的运用及检修进行设计,其主要运用、检修车间的设计叙述如下:

1)运用库

运用库为尽端式车库,库长264m,宽114m,由停车列检棚、双周/三月检库/静调库、运转综合楼等组成。

停车列检棚设置停车列检线15条,停车能力30列,长264m,宽81m,3联跨,每跨设5股道。前端1列位为列检列位,设置壁式检查坑,后端1列位为停车列位,设置为整体道床。

双周/三月检库/静调库库长156m,宽33m,设双周/三月检线4条,静调线1条。库内均设架空股道及低地面,并设双层作业平台。考虑到现场运用的实际情况,双周/三月检库/静调库靠墙两侧均设静调电源柜。

运转综合楼设置于双周检/三月检库尾部,二层,内廊式环形布置,一层设DCC、乘务员候乘及派班、检修工班、设备检修车间、通信信号测试车间等房屋;二层设计量、化验、仪器仪表间、检修及设备车间、工具材料等房屋。

2)检修主厂房

检修主厂房库长264m,宽75m,由大修/架修库、定修/临修库、车体间及辅助检修车间等组成。

大修/架修库库长156m,宽18m,设大修/架修线2条。库内设固定式架车机1台,可满足6辆编组作业架车要求。设10t吊钩桥式起重机2台,并设车辆静态称重装置等。

定修/临修库库长156m,宽18m,设定修线、临修线各1条,定修线设柱式检查坑及低地面,并设双层作业平台;临修线设壁式检查坑和移动式地下架车机1台。库内设10t吊钩桥式起重机和2t电动单梁起重机各1台。

车体间长78m,宽18m。车体间共设检修线2条,车体间设3t单梁起重机1台。

在车体间与大修/架修库之间设25m宽、36m长的移车台间。移车台间设移车台设备,供车体转线作业。移车台连接大修/架修库、定修/临修库及车体间。

在大修/架修库的尾部设置车体间(预留)、喷漆间(预留)、门窗检修间、金工间、配件检修间等。

在紧邻大修/架修库侧设两联跨联合厂房,轴线尺寸为长264m,宽39m(18m+21m),18m跨内厂房设空调机组检修间、空压机间、受电弓间、电机电器检修间、车钩缓冲器检修间、制动间、车间备品库等;21m跨内厂房设转向架轮轴间、电子检修间及班组用房等。

3)调机工程车库/吹扫库

调机工程车库/吹扫库合设于咽喉区北侧。

调机工程车库库长78m,宽27m,库内设4股道,其中1股道设长60m检查坑,用于调机及工程车检修作业,另 3 股道后端设长 25m 检查坑,用于调机停放及日常维护。库尾部为二层房屋,内设救援班组、调机整备班组及值班室等。

吹扫库库长 156m,宽 9m,设吹扫线 1 条,设柱式检查坑及低地面,并设双层作业平台,在吹扫库尾部设置吹扫器具间、班组间。

4）洗车机棚及控制室、镟轮库

洗车机棚及控制室、镟轮库合建为 1 栋独立建筑。

（1）洗车机棚及控制室

洗车机棚及控制室承担列车外皮洗刷作业。洗车机棚长 60m、宽 9m;控制室长 24m、宽 4.5m,其中一层为泵间,二层为控制室。洗车机棚及控制室配备洗车机 1 套。

（2）镟轮库

镟轮库承担列车镟轮作业。镟轮库长 60m,宽 12m,设镟轮线 1 条。在库内镟轮线上设不落轮镟床 1 台,公铁两用车 1 台用于车辆镟轮作业,库内设 2t 电动单梁起重机 1 台。

5）试车间

试车间承担列车检修后的动态调试工作、新车的调试及验收工作,以及超过规定休车时间的列车重新投入运营前的运行试验工作。试车间长 36.3m,宽 5.7m,靠近试车线,设有试车控制室、试车信号设备室等。

6）压缩空气站

压缩空气站设于调机工程车库西侧,长 12.5m、宽 12m,由值班室、机器间和储气罐棚组成。压缩空气站将压缩空气通过管道输送至各检修、运用车间。

7）蓄电池间

蓄电池间设于检修主厂房东侧,牵引降压变电所北侧,车间长 36m、宽 9m,由电源室、充电室、清洗室和存放室组成。

8）物资总库

物资总库设在厂前区,靠近车辆段主出入口。物资总库由立体仓储区、大部件存放区、空调库房,以及办公用房等组成。立体仓储区长 60m,宽 42m;在立体仓储区西侧设三层辅助用房,长 42m,宽 9.6m,其中一、二层设有空调库房和值班室,三层设物资总库办公房屋。最西侧设置大部件存放区,长 42m,宽 18m,设置 5t 电动单梁起重机 1 座。

9）综合维修中心

综合维修中心设置于综合楼外侧,贴综合楼布置。综合维修中心由工建车间、机电车间、供电车间、通号车间、自动化车间、备品备件库等组成,承担对 1 号线各系统和房屋建筑、轨道、隧道、桥涵、车站等建筑设施进行维护、保养和检修等。

5.1.5 站场

金阳车辆段出入段线（出入段线兼作折返线）在下麦西站西端接轨,与正线接轨处设置安全线,该接轨站为高架岛式车站,出段线下穿正线后进入车辆段。

车场线最小曲线半径150m,轨面高程1223.919m,车场线设计为平坡。

段内土石方可用作路基填料的按移挖做填处理,路基基床分为表层及底层,表层厚度为0.5m,底层厚度为1.5m,总厚度2.0m。基床表层材料采用0.5mA组填料,底层1.5mA、B组填料。路堤基床以下采用A、B、C填料,基底地层承载力需达到0.15MPa,对于承载力不满足要求的,进行挖除换填或者用CFG桩处理。基床选用填料及压实度按《铁路路基设计规范》(TB 10001—2016)第6.2、6.3条Ⅱ级铁路标准执行。

车辆段内道路主干道设计为7.0m宽沥青混凝土路面,次要道路设计为4.0m宽沥青混凝土路面。段内道路呈环状,满足消防要求。设计荷载:段内接重车道路采用公路-Ⅰ级,其余道路采用公路-Ⅱ级。

车辆段排水分雨水和污水,雨污分流。场前区及道路排水详见给水排水专业设计,站场咽喉区、股道区雨水汇集排放,主要通过纵向排水槽汇流往横向排水槽,汇入路基边沟,流往JK0+560处排洪涵,接入金珠西路雨水系统。

5.1.6 路基

1)软基处理

(1)软基承载力不满足要求,采用CFG桩进行加固。CFG桩桩间距有砟地段为2.0m,无砟地段为1.5m。成桩直径0.5m,采用正三角形布置,桩底置于土石分界面以下0.5m。要求处理后的复合地基,有砟地段地基承载力特征值不小于150kPa,无砟地段地基承载力特征值不小于180kPa。

(2)CFG桩施工完成后,铺设0.6m厚碎石垫层夹二层双向(80kN/m)土工格栅,夯实整平,碎石垫层应采用未风化的干净砾石或碎石,其最大粒径不得大于30mm,含泥量不得大于5%,且不含草根、垃圾等杂质,砂砾石垫层碾压满足地基系数K_{30}≥130MPa/m,孔隙率小于31%的要求。土工格栅为聚丙烯双向土工格栅,幅宽不小于5.0m,网孔直径80～120mm,纵、横向每米屈服抗拉强度≥80kN/m,对应纵、横向伸长率≤10%。

2)路基支挡

设计范围内路基支挡工程共计4段,工程措施主要包括衡重式路肩墙和桩基托梁衡重式路肩墙。

3)设计经验及教训

金阳车辆段采用了大量的CFG桩对基底软基础进行了加固处理,采用了大量的桩基托梁衡重式路肩挡土墙进行收坡处理,合计桩基226根,托梁113片。尽管得到了较好地处理效果,但投资相对较大,在今后的设计过程中应考虑采用新技术、新工艺,结合轻型支挡结构,在满足工程质量要求的前提下以降低工程投资。

5.1.7 桥涵

金阳车辆段南侧试车线布置桥梁 1 座,作为金阳车辆段南侧次出口道路的立交通道,桥梁中心里程 S1DK0+059.5,采用 1~30 m 简支梁布置。

桥梁上部结构采用单箱单室整孔箱梁,梁高 1.8m,梁顶宽 6.0m,底板宽 3.05m,顶板厚 0.25m,底板厚 0.25m,腹板厚 0.30m 并在端部加宽至 0.60m,梁端设 1.0m 厚端横梁;下部结构采用花瓣板式桥墩及空心桥台;桥梁基础采用承台式群桩基础,桩径 1.5m,钻孔成桩,桩基按照端承桩设计,以中风化灰岩 W2 层作为持力层。

金阳车辆段为灌溉需要于 JK0+300 设置 1-1.25m×1.8m 盖板涵,涵洞采用整体式基础,厚 0.75m,基底以下覆盖较厚的可塑状黏土,采用 CFG 桩处理地基,涵洞采用钢筋混凝土盖板,厚 0.22m,边墙采用素混凝土,涵洞全长 16.12m,标准涵节长 4.0m,出入口采用端墙挡护。

金阳车辆段为排洪需要于 JK0+560 设置 1-2.5m×3.0m 盖板涵,涵洞采用整体式基础,厚 1.25m,基底以下覆盖较厚的可塑状黏土,采用 CFG 桩处理地基,涵洞采用钢筋混凝土盖板,厚 0.50m,边墙采用素混凝土,涵洞全长 174.15m,标准涵节长 5.0m,入口采用八字翼墙,出口采用端墙挡护。

5.1.8 建筑结构

金阳车辆段与综合基地内共计 20 个建筑单体(含 2 个门卫),总建筑面积 113218.50m²,其中地上建筑面积 105765.50m²,地下建筑面积 7453.00m²。最大建筑层数 10F(综合楼),最大建筑高度 45.5m(综合楼)。

1)房屋建筑标准

(1)抗震设防烈度

抗震设防烈度为 6 度,地震分组为第一组,设计基本地震加速度为:0.05g。

(2)火灾危险性类别

①运用库:单层戊类厂房。

②运转综合楼:多层民用建筑(公共建筑)。

③综合楼:二类高层民用建筑(公共建筑)。

④物资总库:多层丙 2 类库房。

⑤蓄电池间:单层甲 6 类库房。

⑥危险品库:单层甲(1、2、5、6)类库房。

⑦检修主厂房:单层丁 1 类厂房。

⑧材料棚:单层戊类仓库。

⑨调机车库:单层丙 1 类厂房。

⑩牵引降压混合变电所：单层丙1类厂房。
⑪污水处理站：单层戊类厂房。
⑫洗车机棚及控制室/镟轮库：单层戊类厂房。
⑬试车间：单层戊类厂房。
⑭轮对踏面及受电弓检测棚：单层戊类厂房。

（3）建筑耐火等级及其他建筑级别

建筑耐火等级：蓄电池间、综合楼、杂品库耐火极限为一级，其余为二级。

（4）结构使用年限

车辆基地房屋建筑设计使用年限为50年。

2）金阳车辆段建筑结构形式（表4-5-2）

金阳车辆段建筑结构形式表　　　　　　　表4-5-2

建筑物	结构形式	屋面形式	基础形式
运用库	框排架+网架	金属屋面	独立基础、桩基础
运转综合楼	框架结构	钢筋混凝土屋面	独立基础、桩基础
物资总库	框架、框排架	金属屋面、钢筋混凝土屋面	桩基础
蓄电池间	框架结构	钢筋混凝土屋面	独立基础
危险品库	框架结构	钢筋混凝土屋面	桩基础
检修主厂房	框架、框排架+网架	金属屋面、钢筋混凝土屋面	独立基础、桩基础
材料棚	门式刚架	金属屋面	桩基础
调机工程车库	框架、框排架	金属屋面、钢筋混凝土屋面	独立基础、桩基础
压缩空气站	框架结构	钢筋混凝土屋面	独立基础
综合楼（含综合维修中心）	框架剪力墙结构	钢筋混凝土屋面	桩基础
乘务员公寓	框架结构	钢筋混凝土屋面	桩基础
公安派出所	框架结构	钢筋混凝土屋面	桩基础
牵引降压混合变电所	框架结构	钢筋混凝土屋面	桩基础
洗车机棚及控制室/镟轮库	框架结构	钢筋混凝土屋面	桩基础
污水处理站	框架结构	钢筋混凝土屋面	桩基础
试车间	框架结构	钢筋混凝土屋面	桩基础
轮对踏面及受电弓检测棚	框架结构	钢筋混凝土屋面	桩基础
门卫室1	框架结构	钢筋混凝土屋面	条形基础
门卫室2	框架结构	钢筋混凝土屋面	条形基础

5.1.9　通风和空调系统设计

通风空调系统设计在满足运营要求的前提下力求简洁及节能，按远期2040年运营条件进行设计，按国家现行防火设计规范设置防排烟系统。

车辆段的高大厂房区，尽量利用屋顶、侧墙开窗进行自然通风。在局部自然通风条件较差、人员多、作业量大的地点设机械通风。厂房区内空气环境条件满足《工业企业设计卫生标准》(GBZ 1—2016)和《采暖通风与空气调节设计规范》(GB 50019—2015)的要求。

工艺设备房实行全天候空调模式,空调有备用、除湿功能,室内设温、湿度计,并设置移动式除湿机,相对湿度控制在40%~60%。

工艺设备用房和办公管理用房的通风空调系统分开设置。

综合楼,食堂、浴室及公寓,培训中心,运转综合楼空调使用面积比较大,采用集中多联机空调系统;对空调规模较小,分散不集中的空调房间采用分体式空调。

5.1.10 给水排水及消防

车辆段给水及消防包括生产、生活和消防给水系统及气体灭火系统;排水系统包括生产污废水、生活污水和雨水三个系统;另有生产污废水处理系统和中水回用系统。

车辆段室外采用环状供水管网。该管网沿段内道路敷设,由两路市政管网直接供水。管道沿途接地上式消火栓,共用给水栓和各车间及附属建筑物的生产、生活用水管。

由于市政管网压力在0.25MPa左右,可以满足生产工艺和生活用水的压力要求,因此车间及附属建筑物的生产,生活用水从段内给水环网上直接开口接入。

车间及附属建筑物的生产、生活给水管道按枝状布置。

食堂、公寓内卫生间、一层公共浴室设有热水系统,每人每日的热水量为100L/人,热水系统采燃气热水机组系统集中供水,选用5台燃气热水器,选用型号为BTR-338燃气热水器,燃气热水机组系统安装在一层热水机房。热水回水系统采用干管及立管循环,循环泵设在一层热水机房内,循环泵的启停控制方式采用温控阀控制,当回水温度下降到50℃时水泵开启,当回水温度上升到出水温度60℃时停泵。

运营管理综合楼内属于运营管理办公部分的公共卫生间及套房内卫生间内供应热水,热水供应采用储热式电热水器,在各用水点设一台储热式电热水器。

车辆段按同一时间发生一次火灾考虑。设计的水消防系统包括:室内、室外消火栓系统、自动喷淋灭火系统。

室外消防给水采用低压式,消防用水流量按40L/s设计,火灾延续时间3h。消火栓沿道路设置,间距不超过120m,其出口水压不小于0.1MPa,直接从室外环网接管。段内有消防要求的建筑物均处于保护范围内。

综合楼地下室设消防水池,供车辆段段内所有单体使用,水池的有效容积为864m^3,包含室内消火栓系统和自动喷水灭火系统用水。就近设置消防泵房,泵房内设置一套消火栓系统泵组和一套自动喷水灭火系统泵组消防。初期的10min消防流量由设在综合楼屋顶上的消防水箱供给,水箱有效容积18m^3,并设置增压稳压设备。从综合楼地下室消防水泵出水管接两条供水管至各单体的消防环状管网。

段内排水采用分流制。段内粪便污水及卫生间冲洗水等生活污水应经化粪池处理后,就近排入城市污水系统。段内地下结构渗漏水、消防废水就近排入城市雨水系统。段内建筑雨水就近排入城市雨水系统。段内含油生产污水和洗车废水设置污水处理装置进行处理后，达到当地和国家现行的排放标准后排放。

生产生活用水采用变频，其控制上也能数字电视复用系统（PID）调节，键盘操作，数字显示，全自动运行无人值守，工作稳定可靠，无级调节。自动状态下，水泵电机均由变频器实现软启动，对电网和管网无冲击，大大延长水泵、电机、管道系统、电气控制系统的使用寿命。采用变频加压技术后，可节约用电 10% 和节水 15%。

5.1.11　动力照明工程

车辆段设置一座降压变电所，一座跟随变电所。降压变电所与牵引所合建为牵引降压混合变电所，单独设置于检修主厂房旁，主要负责车辆段运用库、检修主厂房及附近房屋的动力、照明设备供电。一座跟随变电所设置于综合楼内。跟随变电所负责为所在大楼内及附近单体的动力及照明负荷配电。本工程停车场设置一座降压变电所。降压变电所与牵引所合建为牵引降压混合变电所，负责停车场的动力、照明设备供电。

混合所及跟随所 0.4kV 母线均采用单母线分段的方式，正常运行时，母线分段断路器断开，两台配电变压器同时供电；当任一路进线电源失电，该路 0.4kV 进线断路器跳闸，同时自动切除三级负荷，母线分段断路器自动投入，由另一台变压器向两段母线所带的一、二级负荷供电；当该路电源恢复供电时，母线分段断路器自动跳闸，进线断路器合闸恢复两台变压器同时供电、两段母线分段运行。

5.1.12　施工情况

金阳车辆段与综合基地内建有房屋 19 座，分别为综合楼（含综合楼维修中心）、食堂浴室及公寓、培训中心、物资总库、材料棚、调机工程车库/吹扫库、危险品储存间、牵引降压混合变电所、蓄电池间、检修主厂房、运用库、洗车机棚及控制室/镟轮库、污水处理场、试车间、轮对检测设备间、压缩空气站、公安用房、门卫（2 座）。

本车辆段内房屋均为地面建筑，总平面布置紧凑，各单体功能分区明确，相对独立，综合楼为 10 层混凝土框架结构，设一层地下室；检修主厂房、运用库、物资总库及调机工程（含吹扫库）为大跨度网架屋盖结构体系，其余房屋为普通钢筋混凝土框架结构。

1）施工条件

贵阳轨道交通 1 号线金阳车辆段位于金朱西路南侧，场区总体地势西高东低，东侧地势较为平缓，地形坡度 0°～5°，场区西侧分布五个溶蚀残丘，地势起伏较大，地形坡度 30°～50°。场区地貌类型为溶丘、洼地与槽谷相间地貌，地面高程 1212～1269m，现有场地为中国铁建大桥工程局集团有限公司施工场平工作，施工场地地势较为平缓，部分

第四篇 土建工程

图 4-5-5 金阳车辆段及综合基地施工现场实际照片

为回填区,部分为开挖区,现场照片如图 4-5-5 所示。

贵阳市地处东经 106°07′~107°17′,北纬 26°11′~27°22′,位于贵州省东部云贵高原的东斜坡上,属全国西部高原向东部平原过渡的过渡地带。东、南与黔南布依族苗族自治州接壤,西靠安顺地区,北邻毕节地区和遵义市。海拔最高约 1762m,最低约 506m,金阳新区海拔为 1220~1300m。

气候为亚热带高原季风气候,温和湿润,雨量充沛,一般年均降雨量 1200mm 左右,阴雨天气多,相对湿度大,无霜期 270d 左右。近年来受全球变暖影响,雨量减少,大雨集中在每年六七月份。据 1960—1983 年统计资料,年降雨量最大值为 1435.2mm(1967 年),最小为 718.6mm(1981 年),最大日降雨量最大为 113.5mm(1970 年),最小为 40.4mm(1975 年)。年平均温度 15.3℃,最热月(7 月)平均温度 24℃,最冷月(1 月)平均温度 4.6℃,历史上最低温度为 -9.5℃,极端高温 39.5℃。

冬季主导风向北偏东,夏季主导风向南偏东,晴天多南风,雨天多北风,年均风速 2.2m/s,瞬时最大风速 20m/s。年平均气压 8935mPa。冬季气压较高,夏季气压较低。主要灾害有倒春寒、秋雨低温、冰雹、暴雨、大风和酸雨,历史上凝冻也是灾害之一。

中辐射最少的季节,最冷时段往往出现在隆冬 1 月,并常伴有凝冻发生。

2)施工布置情况

(1)总体部署原则

①严格遵守合同要求的总工期和阶段性工期目标,并且充分考虑后续专业设备安装、各系统调试以及涉及深化设计的分项工程范围等内容施工不确定性,后期预留充足机动时间。

②本工程为群体工程,需分析确定我方的重点工程和制约工期的控制性工程,科学合理部署施工力量和资源,把握住重点工程和控制性工程的进度,以实现本工程总体目标。

③考虑气候条件:季节性施工影响的主体结构施工及装修作业,合理安排计划和组织各项资源;雨期及冬期期间,预先做好充分的技术、物质准备,努力降低恶劣天气对施工的不利影响,确保实现总体工期目标和质量目标。

④从全局出发,兼顾各方、统筹协调、合理组织。充分考虑与相邻标段工程的相互影响及衔接,特别是我方范围内的施工进程状况对我方施工的影响,在业主方支持和指导下,我方将积极主动地与友邻施工单位建立密切、互信、和谐关系,创造互助共赢的局面。

⑤在统一组织下进行各专业图样会审,提前绘制机电系统管网等专项深化设计图,对各专项工程及系统管网、设备统筹考虑,做好各专业的协调,确保工程顺利进行。

⑥机电安装工程管道与部件均采用提前预制和工厂化加工,现场安装的方式。

⑦进度和质量,施工中各系统采取分段安装—试验—复验的方式。

(2)总体施工区段划分

①施工分区。

根据本工程设计的特点,为实现质量、安全、工期目标,施工管理区根据建设现场的实际情况分布,具体情况详见各阶段平面布置图,施工区划分如图4-5-6所示。

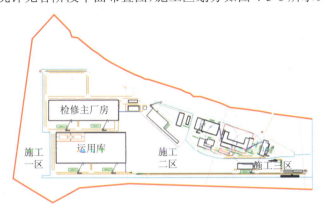

图4-5-6　金阳车辆段及综合基地施工分区图

②施工任务划分。

根据本工程各栋号的分布情况和结构类型的不同,本着有利于施工管理、有利于施工流程的原则,将整个施工现场划分三个施工区域。

各区分别组织栋号之间的大流水施工。施工区域划分见表4-5-3。

施工区域划分表　　　　表4-5-3

施工区域		一区 (面积:54222m²)	二区 (面积:15998m²)	三区 (面积:43000m²)
区内单体工程	钢筋混凝土框架结构	—	食堂浴室及公寓、危险品储存间、牵引降压混合变电所、蓄电池间、压缩空气站	综合楼(含综合楼维修中心)、培训中心、供电维修中心、公安用房工程、门卫二、洗车机棚及控制室/镟轮库、污水处理场、试车间、轮对检测设备间
	钢筋混凝土框架结构、排架结构	运用库、检修主厂房、门卫一	材料棚、调机工程车库/吹扫库、物资总库	—

③施工现场平面布置。

根据本工程施工现场划分情况,现场布置2个大型钢筋加工区,主要位于综合楼附近及运用库,其余栋号钢筋半成品利用项目的水平运输工具(随车起重运输车)进行转运,如图4-5-7所示。

由于项目场地较大(图4-5-8),现场临时道路的组织及好坏将直接影响项目总体进度,对施工降效有很大影响,项目结合现场实际情况并与设计、业主沟通后,把原规划永久道路按

图4-5-7　现场随车起重运输车

临时道路提前实施,确保项目水平运输的畅通及现场文明施工的整体安排,并结合绿化设计方案提前栽种绿植,改善了项目的施工环境,给项目带来了很多的赞誉并有较好的经济效益。

图 4-5-8　现场施工

(3) 施工机械选择

本工程单体较多且建筑形式多样,最高单体为综合楼地下 1 层地上 10 层,其余除食堂及公寓为 5 层、培训中心 4 层、检修主厂房局部办公楼 3 层、物资总库局部办公楼 3 层,其余都为 1 层结构单体。本工程施工前期对机械的选择与布置做了详细的考究,为最大限度地整合资源,不造成现场机械窝工停滞且能有效保证现场施工作业,基础工程及主体施工阶段最终确定只在综合楼布设两台塔式起重机(图 4-5-9),其余单体垂直起重运输机械采用汽车式起重机,并确定了起重机械的布置位置及其数量。二次结构及装饰装修施工阶段综合楼、食堂及公寓采取安装两台人货两用施工电梯进行二次结构及装饰装修阶段的垂直运输,培训中心采取安装一台施工升降机进行二次结构及装饰装修阶段的垂直运输,其余栋号垂直运输采用汽车式起重机的方式进行。

(4) 临水临电布置

本工程施工场地较大,如何设计最短的临电临水供给系统,主要是研究线路走向问题,最终确定最短距离,以减少材料费用和电能和水源的损耗,尽可能地利用拟建室外总体永久性给水排水管道和供电线路,减少临时水电网的建设。

施工用的给水管布置时应力求管网总长度最短,管径、水泵型号、水流量须视工程规模大小并通过计算确定,将临时消防用水系统与施工用水系统分开设置,分别设计消防水泵及施工用水泵,消火栓箱的布置视作用半径大小进行确定。施工用水系统应采取双控的措施,避免施工用水跑、冒、滴、漏。本工程的目标是文明工地、园林化,在现场施工道路与道路绿化带中间布设一条中水管,用于绿化带花草树木的自动喷洒及避免道路扬尘。项目还专门配备了洒水车辆(图 4-5-10),以备现场临时停水后的应急处理及个别较小单体的施工用水供给。

第5章 车辆段与综合维修基地

图 4-5-9 现场1号塔式起重机

图 4-5-10 现场自备洒水车

临时供电根据施工平面布置及机械配置计划计算出在施工期间的用电总数,合理提出用电需求。本工程临电布置回路较多,确定最短的布置路径是临电布置的重点。避雷网的建立,塔式起重机、施工人货两用电梯、施工升降机、外架电源线路、在建工程等都要装设避雷装置,避雷装置的冲击接地电阻值不得大于 30Ω。

5.2 小河停车场设计

5.2.1 概况

小河停车场设置于贵阳轨道交通1号线南端,位于场坝村站以南、金戈路以北,王武监狱与贵州燃气小河储配站之间的地块。小河停车场场址用地范围内主要以旱地、林地为主,局部为水田,如图 4-5-11 所示。

图 4-5-11 小河停车场场址示意图

小河停车场主要负责:
(1)为1号线配属停车场列车的停放和列检、一般故障处理、清扫洗刷及定期消毒等日常维护保养和乘务作业。

（2）承担1号线远期运营增加车辆的双周检、三月检任务。

（3）负责夜间工程车停放任务。

（4）设置综合维修工区，承担本线部分区段巡检任务。

5.2.2 主要设计指标

小河停车场征地面积27hm²（含补充征地），围墙内占地面积8.48hm²，建筑面积23641m²。其主要经济技术指标见表4-5-4。

小河停车场经济技术指标表　　　　　　表4-5-4

序号	工程名称		工程数量		
			初期	近期	远期
1	编组辆数		6	6	6
2	配属车辆（全线）	运用车数（列/辆）	27/162	41/246	53/318
		备用及检修车数（列/辆）	7/42	10/60	10/60
		合计（列/辆）	34/204	51/306	63/378
3	设计规模	大修/架修（列位）		0	0
		定修（列位）		0	0
		临修（列位）		0	1
		三月检（列位）		0	2
		双周检（列位）			
		停车（列位）		14	28
4	站场土石方 填/挖（m³）		111600/1445055		
5	征地面积（hm²）	停车场	17.2		
		出入段线用地	4.2		
		周边支挡、排水沟	5.6		
		合计	27		
6	新建房屋总建筑面积（m²）		23641		
7	拆迁房屋总建筑面积（m²）		27		
8	容积率		0.09		
9	绿化率		12%（围墙）		

5.2.3 总平面布置

小河停车场设2条出入场线（在长坝村站站后接轨），其总平面布置采用尽头式并列布置,房屋布置按功能分区,运用库采用尽头式布置于停车场南端。

运用库设置于停车场南端,由停车列检棚、预留双周三月检库及预留临修库等组成。停车列检棚为14股道3跨厂房,尾部预留延伸条件。西南侧预留双周三月检和临修库。在双周三月检库尾部预留运转综合楼。

停车场咽喉区西侧设置厂前区,设有停车场综合楼(含停车场的办公房屋与综合维修工区、食堂浴室、公寓、运转房屋)、污水处理厂、牵引降压混合变电所、给水所等房屋。

在咽喉区西侧设置工程车存放线和材料堆场,用于工程车停放、材料装卸、堆放作业。

由于停车场用地南北方向较短,不具备设置贯通式洗车的条件,本次设置咽喉区八字线通过式布置洗车线,洗车线平行布置于出入段线西侧,同时,在洗车机棚前段也设置交叉渡线与出入段线连通,保证列车回库后,可从运用库直接进入洗车机棚进行洗车作业,避免了洗车时迂回作业,洗车作业更加顺畅。

停车场内设有环行运输道路和消防道路,出入口设两处。主、次出入口设在停车场南侧,与金戈路相连。

5.2.4 主要运用、检修设施

小河停车场围绕地铁车辆的运用进行设计,运用库为尽端式车库,近期只设停车列检棚,库长132m,宽54m。

1)停车列检棚

停车列检棚设置停车线5条、列检线5条(尾部预留延伸条件并在东侧另预停车列检线4条),停车能力10列,库长132m,宽54m,2跨设计,按1线1列位布置,每股道可停放6辆编组列车1列。列检线设置普通检查坑,停车线设置为整体道床。

2)运转综合楼

运转综合楼设置于综合楼内,设文控中心(DCC)、乘务员候乘及派班等房屋。

3)洗车机棚及控制室

洗车机棚及控制室承担列车外皮洗涮作业。洗车机棚长60m、宽9m;控制室长24m、宽4.5m,其中一层为泵间,二层为控制室。洗车机棚及控制室配备洗车机1套。

5.2.5 站场

1)出入场线

出入场线在场坝村站站后接轨,该接轨站为岛式车站,预留正线延伸条件。

2)车场线

车场线最小曲线半径150m,轨面高程1099.838m,车场线设计为平坡。

场内土石方可用作路基填料的按移挖做填处理,路基基床分为表层及底层,表层厚度为0.5m,底层厚度为1.5m,总厚度2.0m。基床表层材料采用0.5mA组填料,底层1.5mA、B组填料。路堤基床以下采用A、B、C填料,基底地层承载力需达到0.15MPa,对于承载力不满足要求的,进行挖除换填或者CFG桩处理。基床选用填料及压实度按《铁路路基设计规范》(TB 10001—2013)第6.2、6.3条Ⅱ级铁路标准执行。

3) 站场道路及排水

场内道路:停车场道路主干道设计为7.0m宽沥青混凝土路面,次要道路设计为4.0m宽沥青混凝土路面。场内道路呈环状,满足消防要求。设计荷载采用公路-Ⅱ级。

通场道路:停车场设主、次出入口道路各1条,由于原设计次出入口衔接规划道路不再实施,主次出入口均连接金戈路,主通道道路全长267m,次通道道路全长173m。道路路面宽度按7.0m设计,道路地基路槽底面土回弹模量值不得小于20MPa。

场内排水:停车场排水分雨水和污水,雨污分流。站场咽喉区、股道区雨水汇集排放,主要通过纵向排水槽汇流往横向排水槽,汇入路基边沟,沿主出入口道路边沟流入金戈路雨水系统。

5.2.6 路基

小河停车场无软基处理,站场路基工点主要为支挡结构,包括重力式路堑挡土墙、路肩侧向约束桩、路堑桩间挡土墙及路堑桩板墙。

5.2.7 建筑结构

小河停车场用地位于金戈路北侧,贵惠大道以西,围墙用地面积8.92hm^2,共计7个建筑单体(含2个门卫),总建筑面积23979m^2,其中地上建筑面积23641m^2,地下建筑面积338.00m^2。

1) 房屋建筑标准

(1) 抗震设防烈度

抗震设防烈度为6度,地震分组为第一组,设计基本地震加速度为:0.05g。

(2) 火灾危险性类别

厂房生产火灾危险性类别、库房储存物品火灾危险性类别:
①停车列检棚:单层戊类厂房。
②综合楼:二类高层民用建筑(公共建筑)。
③牵引降压混合变电所:单层丙1类厂房。
④洗车机棚及控制室污水处理站:戊类厂房。

(3) 建筑耐火等级及其他建筑级别

建筑耐火等级:综合楼耐火极限为一级,其余为二级。

(4)结构使用年限

车辆基地房屋建筑设计使用年限为 50 年。

2）小河停车场建筑结构形式（表 4-5-5）

小河停车场建筑结构形式见表 4-5-5。

小河停车场建筑结构形式表　　　　表 4-5-5

序号	名称	结构形式	屋面形式	基础形式
1	门卫	砌体结构	钢筋混凝土屋面	条形基础
2	综合楼	框架结构	钢筋混凝土屋面	独立基础
3	停车列检棚	钢架结构	金属屋面、钢筋混凝土屋面	独立基础/桩基础
4	牵引混合变电所	框架结构	钢筋混凝土屋面	桩基础
5	给水所	框架结构	钢筋混凝土屋面	桩基础
6	洗车机棚及污水处理站	框架结构	钢筋混凝土屋面	独立基础

5.2.8　通风空调

通风空调系统设计在满足运营要求的前提下力求简洁及节能。按远期 2040 年运营条件进行设计。按国家现行防火设计规范设置防排烟系统。停车场内厨房的油烟排放时达到排放标准。

停车场的高大厂房区，尽量利用屋顶、侧墙开窗进行自然通风。在局部自然通风条件较差、人员多、作业量大的地点设机械通风。

工艺设备房实行全天候空调模式，空调有备用、除湿功能，室内设温、湿度计，并设置移动式除湿机，相对湿度控制在 40%～60%。

工艺设备用房和办公管理用房的通风空调系统分开设置。

综合楼空调使用面积比较大，采用集中多联机空调系统；对空调规模较小，分散不集中的空调房间采用分体式空调。

5.2.9　给水排水及消防

小河停车场给水及消防包括生产、生活和消防给水系统及气体灭火系统；排水系统包括生产污废水、生活污水和雨水三个系统；另有生产污废水处理系统和中水回用系统。

停车场室外采用环状供水管网。该管网沿段内道路敷设，由两路市政管网直接供水。管道沿途接地上式消火栓，共用给水栓和各车间及附属建筑物的生产、生活用水管。

由于市政管网压力在 0.25MPa 左右，可以满足生产工艺和生活用水的压力要求，因此车间及附属建筑物的生产、生活用水从段内给水环网上直接开口接入。

车间及附属建筑物的生产、生活给水管道按枝状布置。

综合楼 5 层公共浴室设有热水系统,每人每日的热水量为 100L/人,热水系统采燃气热水器系统分别供水,选用 7 台 60L 的容积是电热水器,燃气热水器设置在 5 层热水器机房。

运营管理综合楼内属于运营管理办公部分的公共卫生间及套房内卫生间内供应热水,热水供应采用储热式电热水器,在各用水点设一台储热式电热水器。

停车场按同一时间发生一次火灾考虑。设计的水消防系统包括:室内、室外消火栓系统、自动喷淋灭火系统。

室外消防给水采用低压式,消防用水流量按 30L/s 设计,火灾延续时间 2h。消火栓沿道路设置,间距不超过 120m,其出口水压不小于 0.1MPa,直接从室外环网接管。段内有消防要求的建筑物均处于保护范围内。

综合楼室内消火栓用水流量为 15L/s,火灾延续时间 2h。

综合楼设自动喷水灭火系统,综合楼按中危险 II 级设计,消防水池与消火栓系统合用,供水设备设在消防泵房内。

给水所地下室设消防水池,供停车场内所有单体使用,水池的有效容积为 432m^3,包含室内消火栓系统和自动喷水灭火系统用水。就近设置消防泵房,泵房内设置一套消火栓系统泵组和一套自动喷水灭火系统泵组消防。初期的 10min 消防流量由设在综合楼屋顶上的消防水箱供给,水箱有效容积 18m^3,并设置增压稳压设备。从综合楼地下室消防水泵出水管接两条供水管至各单体的消防环状管网。

停车列检棚火灾危险等级为丁、戊类,按《建筑设计防火规范》(GB 50016—2014)仅设置室内消火栓,消防流量 10L/s,火灾延续时间为 2h。从环状消防给水管网接管。

场内排水采用分流制。

场内粪便污水及卫生间冲洗水等生活污水应经化粪池处理后,就近排入城市污水系统。

场内地下结构渗漏水、消防废水就近排入城市雨水系统。

场内建筑雨水就近排入城市雨水系统。

场内含油生产污水和洗车废水设置污水处理装置进行处理后,达到当地和国家现行的排放标准后排放。

5.2.10 动力照明工程

本工程停车场设置一座降压变电所。降压变电所与牵引所合建为牵引降压混合变电所,负责停车场的动力、照明设备供电。

混合所及跟随所 0.4kV 母线均采用单母线分段的方式,正常运行时,母线分段断路器断开,两台配电变压器同时供电;当任一路进线电源失电,该路 0.4kV 进线断路器跳闸,同时自动切除三级负荷,母线分段断路器自动投入,由另一台变压器向两段母线所带的一、二级负荷供电；当该路电源恢复供电时，母线分段断路器自动跳闸，进线断路器合闸恢复两台变压器同时供电、两段母线分段运行。

5.2.11 施工情况

小河停车场整体工期较为充裕，分近期、远期工程，总平面布置紧凑，各单体功能分区明确，相对独立，如图 4-5-12 所示。停车场围墙内占地面积 8.4hm²，主要建筑有门卫、综合楼、停车列检棚、牵引降压混合变电所、洗车机棚及污水处理站、给水所。小河停车场 7 个单体建筑，总建筑面积 23994.89m²，绿化面积 8447m²，合同工期 24 个月。

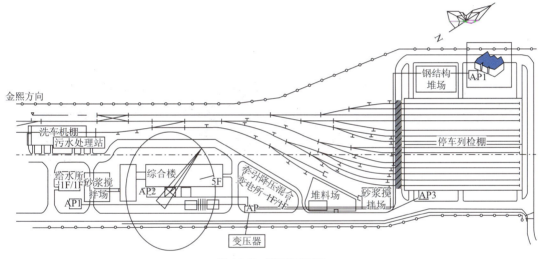

图 4-5-12　施工总平面图

2015 年 10 月 1 日上午，由中铁四局集团建筑工程有限公司承建的贵阳轨道交通 1 号线小河停车场工程正式开工。

2015 年 10 月 16 日上午，贵阳轨道交通 1 号线小河停车场工程进行了基础首件验收。

2015 年 11 月 4 日上午，贵阳轨道交通 1 号线小河停车场工程进行了钻孔桩首件验收。

2016 年 4 月 26 日上午，贵阳轨道交通 1 号线小河停车场工程进行了地基与基础分部验收。

2016 年 8 月 9 日上午，贵阳轨道交通 1 号线小河停车场工程进行了主体分部验收。

2016 年 8 月 26 日上午，贵阳轨道交通 1 号线小河停车场工程进行了综合楼 A～E 轴 / 1～4 轴装饰样板间首件验收。

2017 年 7 月 26 日上午，贵阳轨道交通 1 号线小河停车场工程进行了装饰、风水电、建筑节能、屋面分部验收。

2017 年 9 月 29 日上午，贵阳轨道交通 1 号线小河停车场工程进行了 7 个子单位工程验收（图 4-5-13）。

a)　　　　　　　　　　　　　　　　　　b)

c)　　　　　　　　　　　　　　　　　　d)

图 4-5-13　验收现场照

5.3　车辆基地设计、施工经验及教训

车辆基地设计是一项即必须、重要又十分复杂的庞大工程,涉及外部接口多(如:城市规划、地形地貌情况、工程地质情况、检修工程情况、运营模式情况、地铁车型不同等情况)。在设计过程中,设计人员需不断结合变化的输入条件进行设计调整、优化,造成设计周期拉长并对工程投资和建成后的运营效率都有直接影响;结合贵阳山地城市特点,车辆基地设计中的土方、路基处理是关键的设计项点。金阳车辆段厂前区、生产区"错台"设计,高填方生产区路基采用碾压夯实替代设置股道桩基的尝试,对山地车辆基地设计有着实际意义,不仅可减少工程投资、又能缩短建设工期。

具体而言,车辆基地设计中应注意以下问题:

(1)设计过程应进一步加强与设计专业间、与施工单位间、与业主间以及与市政部门间的沟通交流,避免消息不对称造成的无效工作。

(2)重视先进设计理念的引入,作为市政项目的车辆基地不能局限于实现车辆检修维护功能即可的条条框框里,更应以人为本,从提升办公环境,塑造城市形象等角度出发,打造地标性城市公共建筑。

(3)注重内部专业间的沟通,参照贵阳模式明确设计分界、互相配合,杜绝专业间的设计不一致现象。

(4)车辆基地作为轨道交通建设工程中的关键项点,应做好方案汇报工作,满足运营等单位的功能要求。

(5)为业主提供结合贵阳特点的设计建议,做好科学工期筹划。

(6)加强细节管理,因地制宜地开展设计工作,如路基收坡减少占地、边坡绿化与市政景观的和谐匹配、库房防雨处理、市政接驳设计等。

(7)加强设计配合、巡查,将设计意图准确的落实到施工中。

第6章 轨道工程

6.1 轨道工程设计

轨道设计应满足轨道交通1号线工程本身运营和管理的要求,轨道结构应保证列车安全、平稳、快速地运行及乘客安全舒适,应具有足够的强度、刚度、稳定性及高平顺性,减少维修工作量。

6.1.1 轨道结构

1)轨距

轨道标准轨距1435mm,当曲线半径150m≤R<200m时,轨距应加宽至1440mm,100m≤R<150m时,轨距应加宽至1445mm。

2)轨底坡

除道岔和道岔间不足50m地段不设轨底坡外,其余均设1:40轨底坡。

3)超高设置

隧道及U形槽地段一般采用内轨降低超高值一半,外轨抬高超高值一半设置超高。高架及地面线一般采取外轨抬高全超高值设置超高。曲线同时位于隧道和高架的情况,隧道限界满足要求的条件下,可采用全超高设置,否则采用半超高设置。

4)钢轨

正线、辅助线、联络线、试车线及出入段(场)线采用U75V 60kg/m钢轨。车场线采用U71Mn 50kg/m钢轨,培训线与试车线标准相同。不同类型钢轨之间采用异型轨连接。道岔区钢轨采用与区间类型及材质相同的淬火轨。辙叉与车轮接触的全部表面应进行预硬化,经预硬化的辙叉实物表面硬度应为250~320HBW。

5)扣件

正线、辅助线、试车线及出入段(场)线普通整体道床地段、梯形轨道地段、减振垫浮置板道床地段和钢弹簧浮置板道床地段铺设DZⅢ-2型扣件,区间中等减振地段铺设双层非线性减振扣件。道岔区普通地段与钢弹簧道岔地段采用与道岔配套的DZⅢ-2型扣件,道岔区间中等减振地段采用配套减振器扣件。

车场线整体道床地段采用CZI型扣件,有砟轨道地段采用弹条I型扣件,道岔区采用与道岔配套的弹条I型扣件。

6)轨枕

正线、辅助线、试车线及出入段(场)线整体道床地段均铺设钢筋混凝土短轨枕,一般按

1600对/km进行铺设。正线曲线半径$R \leq 400$m或坡度$i \geq 20‰$的地段按1680对/km铺设,贵阳北站—延安路站（YZDK12+772.6～YZDK22+794.474）连续长大坡道地段,扣件间距按1760对/km铺设。

车场线库内柱式检查坑地段扣件间距按800对/km铺设,其余按1440对/km铺设。

试车线、出入段（场）线及车场线库外有砟轨道地段均采用新Ⅱ型混凝土轨枕,车场线按1440根/km铺设,其余按1680根/km铺设,曲线半径$R \leq 400$m或坡度$i \geq 20‰$的地段按1760根/km铺设。

轨枕间距一般原则上不宜超过650mm。

6.1.2 道岔

正线及辅助线铺设60kg/m钢轨9号曲线尖轨单开道岔50组,4.6m交渡1组、5.0m交渡两组。道岔区中等减振与特殊减振地段采用短轨枕岔枕,其余采用聚氨酯树脂合成岔枕。

试车线采用部颁标准60kg/m钢轨9号曲线尖轨单开道岔（CZ577）,培训线与试车线标准相同。车场线采用50kg/m钢轨7号曲线尖轨道岔,混凝土长岔枕。

弧形拉杆对销轴进行了加强,增大了拉杆与接头铁之间接触面积,即由原单独由销轴来承受的力改为销轴和圆弧贴合面共同承受。销轴的承受力大大减小,销轴与销孔之间的磨损减少,从而避免了接头铁与方拉杆之间的配合松动现象,最终使基本轨与尖轨之间的尺寸偏差得到控制,保证列车的行车安全。为减少尖轨反弹、振动等作用力,确定道岔供货时应明确指明采用弧形拉杆。

6.1.3 防杂散电流措施

根据杂散电流专业要求,火车站站—新村站区间（YDK26+143.2～YDK30+230.4）的道床收集网截面不得小于4000mm^2,设计采用纵向ϕ16钢筋;其余地段道床搜集网截面不得小于3000mm^2,设计均采用纵向ϕ14钢筋。

6.1.4 轨道减振降噪措施

根据地铁1号线环境影响评估,轨道减振降噪划分为两个等级,中等及高等级减振措施;从《地铁设计规范》（GB 50157—2013）以及经济性的角度出发,将高等级减振措施细分为高等减振和特殊减振两档。高等减振采用梯形轨道和减振垫浮置板道床,特殊减振采用钢弹簧浮置板道床。

在振动VL_{Zmax}值超标低于8dB地段采用一般减振措施（如弹性减振扣件）,高于8dB地段和线路直接下穿地段考虑高等级减振措施（高等减振和特殊减振）。

在小半径曲线靠近居民房屋地段安装静音钢轨以从源头上降低轮轨噪声。

6.1.5 无缝线路

正线、辅助线及出入段（场）线整体道床，直线和曲线半径≥200m 地段，铺设区间无缝线路。出入段（场）线及试车线有砟道床，直线和曲线半径≥350m 地段铺设区间无缝线路。

6.1.6 车挡及标志

下麦西停车线、雅关停车线以及试车线两端安装液压缓冲滑动式挡车器。除雅关停车线车挡加装平式挡车器外，其余各处不设平式挡车器，允许最大冲撞速度 25km/h。下麦西停车线、试车线两端预留安装长度 20m，雅关停车线预留安装长度 21m。会展中心停车线东侧安装液压缓冲滑动摩擦式车挡，预留安装距离 10m，设计冲撞速度 15km/h。

正线及辅助线除安装液压缓冲滑动式挡车器之外地段安装普通滑动摩擦式挡车器。预留安装长度 L 为 15m，允许最大冲撞速度 15km/h。

固定式框架车挡适用于铺设 50kg/m 钢轨的车场线库外线和 60kg/m 的培训线。车挡安装处为 1435mm 标准轨距，运行 B_2 型车，允许最大冲撞速度 5km/h，预留安装长度 L 为 3m。

月牙式挡车器适用于铺设 50kg/m 钢轨的库内线。车挡安装处为 1435mm 标准轨距，运行 B_2 型车，允许最大冲撞速度 3km/h，预留安装长度 L 为 1m。

6.2 设计主要亮点

6.2.1 长大连续坡道轨道设计

贵阳轨道交通 1 号线的连续长大坡道长度长、落差高，在国内绝无仅有。结合城市轨道交通轨道系统的特点，对长大坡道上轨道系统的适应性进行了系统的分析。分析指出，弹性支承块式轨道结构在长大坡道的凹曲线处可能发生轨枕空吊，不建议采用；其他包括钢弹簧浮置板道床、梯形轨道、减振扣件道床等对长大坡道的适应性均较好。这个结论可以给后续类似项目长大连续坡道范围的轨道结构选型提供了参考。

在温度力和列车制动荷载的作用下，钢轨沿线路纵向可能发生爬行，为加强线路纵向防爬阻力，提高线路稳定性，研究后确定增加扣件间距至 1760 对 /km。

在长大坡道小半径与竖曲线叠加地段，轨道受力状态复杂，线路几何行位不易管理，为了降低脱轨带来的安全隐患,在上述地段增设护轮轨。

考虑长大连续坡道范围的列车制动效率,为了不降低轮轨黏着系数,长大连续坡道范围的小半径均不设钢轨涂油器。

6.2.2　CPⅢ控制网

为了提高城市轨道交通的施工精度,采用高铁 CPⅢ网技术运用到城市轨道交通建设中。CPⅢ控制网测量使用全站仪自由设站,采用后方交会法进行施测,设站位置比较灵活,可以较好地平衡精度与建站成本的关系。同时,精度可靠性高,有利于发现站点异常变化,并可以较好地解决施工遮挡问题。

6.2.3　重视道床面作为主要的疏散通道

轨道设计采用的主要措施如下:
(1)加强轨道结构稳定与安全设计,避免轨距拉杆的采用。
(2)道床面应尽量平整、连续,避免道床面存在错台。
(3)疏散平台支墩不再采用埋设于道床中方案,与双侧道床排水沟不冲突。
(4)采用双侧道床排水沟,若存在中心排水沟应采用盖板封闭。
(5)尽量减少道床横沟,若不可避免应采用盖板封闭。

6.2.4　轨道防杂散电流及对地绝缘设计

轨道专业提出了确保钢轨对地电阻值的具体措施:
(1)保证扣件对地绝缘电阻值。
(2)锚固螺栓涂油,防止进水。
(3)道床钢筋焊接严格按照设计执行。
(4)针对钢轨涂油器、区间人防隔断门安装,提出了绝缘要求,避免起火燃烧。

6.2.5　车场线柱式检查坑轨道改进设计

常规设计的柱式检查坑扣件直埋式方案存在明显缺陷,存在施工难、运营无法维修等病害,长期困扰施工及运营。1号线轨道项目组经过反复深入研究与试验,提出增设带台阶孔下垫板方案,彻底消除了扣件直埋式方案缺陷。带台阶孔下垫板方案运用后,极大降低了施工难度,同时大大提升了工程质量,并能方便实现扣件维修与更换,如图4-6-1所示。

 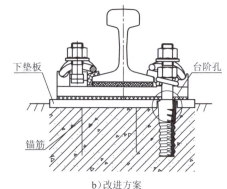

a) 原方案　　　　　　　　　　　　b) 改进方案

c) 带台阶孔下垫板

图 4-6-1　柱式检查坑轨道改进方案

6.3　轨道工程施工经验及教训

轨道施工分为两个标段,施工 1 标设计起讫里程为 YZD1K0+425～YZDK20+300,含金阳车辆段,施工 2 标设计起讫点里程为 YZDK20+300～YZDK33+836,含小河停车场。

根据轨道施工过程中发现的问题,结合贵阳轨道交通工程项目的施工特点,经过系统归纳分析,总结施工经验及教训如下。

6.3.1　铺轨基地

铺轨基地建设依据贵阳轨道交通 1 号线轨道工程施工承包合同、国家相关法律法规及贵阳城市安全文明施工规定,以"经济、安全、合理、文明,能综合利用、便于管理、注重环保、服务施工"为原则进行布置。基地分区应合理布置,轨排生产及存放区,钢筋加工及存放区,轨料存放区,混凝土下料区,库房,门卫,办公及生活区等区域,为顺利推进铺轨施工创造先期条件尤为重要。

施工中易出现的问题：

（1）与其他施工单位交叉作业多，干扰大，材料（特别是道岔）来回倒运容易遗失与损坏，成品保护困难，对轨道、道岔容易造成损伤。

（2）轨行区作业单位多，人员混杂，安全管理责任大。

（3）土建场地移交困难，节点工期难以保证。

（4）后期场地恢复困难，特别是工期紧张的时候，需要的机械设备和材料进不来，要发往其他站的材料出不去。

6.3.2 线路移交及测量

1）测量施工准备

（1）测量小组的设置，根据施工进度及线下单位移交情况，各基地配测量工作组设置如下：平面组4人、精调组3人。测量小组负责车站及区间工程施工全过程的线路铺轨前路基、桥梁、隧道的轴线高程检查，施工过程中线路中线放样测设，轨道铺设后的整道数据测量、轨道精调等工作。

（2）测量仪器配备：根据设计文件及工程特点配备适当的测量仪器。

2）测量施工方案实施

（1）轨道控制网（CPⅢ）的测设，前期线下工程验收交接可以利用沿线路布设的CPⅡ控制点，在轨道开始铺设前，由测量负责人与线下工程单位联系沟通确认线路控制点。

（2）本段轨道工程开始前，线下工程施工完毕并确认轨道铺设条件评估已完成后，应当由铺轨施工单位对其位置、线形等情况进行验收、交接。

（3）轨道工程开始前，由测量人员及时复测，确认断面尺寸是否符合设计及相关标准要求。

3）施工过程测量

（1）在铺设轨道前CPⅢ点放出线路中桩，用于控制轨道架设中线方向及高程。

（2）铺轨完成后，利用CPⅢ点对轨道进行精调。

4）施工中易出现的问题

（1）测量人员必须配足，铺轨工程线路长，不能将时间全部浪费在路上，工作效率低下。

（2）每个测量组配一个有经验、有能力、有水平的小组组长，减少因测量失误造成的返工。

（3）前期线下工程移交非常重要，断面尺寸整理保存完整，为后期超填方量提供基础数量。

6.3.3 安装走行轨

加密基标放样结束后，确定出线路中线，安装走行轨。走行轨支腿间距≤1.5m，走行轨接头两端应加密,保证走行轨有足够的稳定性。

施工教训及小结:走行轨安装应稳定不晃动,连接螺栓充分拧紧,必要时加设斜撑以保证横向稳定性,走行轨应平行顺直。

6.3.4 基底凿毛

为保证道床与基底可靠黏结,待加密基标放样结束后,在基标两侧1.4m范围内对基底进行凿毛,凿毛应梅花形布置,横纵间距≤100mm,凿毛深度5~10mm,凿毛后及时将基底清理干净,清理后的基底表面为明显的凹凸面,凿毛后基底面无积水现象。

施工教训及小结:有的线下单位在移交前对场地清理不够彻底,基底存在浮浆或者淤泥,在凿毛时要将浮浆凿除干净,避免道床与基底产生分层现象。凿毛后及时将垃圾清理装袋,以免影响道床混凝土与基底黏结强度。

6.3.5 植胀锚螺栓

为实现道床与下部结构紧密连接,避免行车时因道床与基底黏结不牢而产生相对位移,根据相关要求在基底植入YG2型M16×245胀锚螺栓。横向间距600mm,纵向间距625mm,植入深度110mm,植入后将螺母拧紧,并及时将钻孔产生的灰尘清理干净。

施工教训及小结:植胀锚螺栓前用线绳拉出线路中线,通过线路中线定出所植位置,控制好间距、方向和植入深度。

6.3.6 组装轨排

区间轨枕一般按1600对/km等间距布置,曲线半径$R \leqslant 400m$或坡度$i \geqslant 20‰$的地段按1680对/km铺设。贵阳北站—延安路站连续长大坡道地段(YDK12+772.6~YDK22+794.474),进一步加密扣件间距至1760对/km,以加大线路的防爬阻力。当双层非线性减振扣件与普通道床过渡时,减振扣件侧邻近15m长度范围轨枕间距按照1760对/km铺设。

在基地组装时严格按照技术人员所提供的配轨表组装,遇人防隔断门、防淹门、结构变形缝及等局部位置的轨枕间距可以根据实际情况适当调整,最大不能超过700mm。

组装完成后用轨距拉杆将轨排固定,按顺序将组装完成的轨排用轨道车运送至铺设现场。

施工教训及小结:技术人员需严格按照设计及相关要求计算出该段轨枕间距,将每个轨排编号,注意轨排方向。曲线段配轨时注意缩短量,计算好内外股轨枕间距,保证两股轨枕方正,与线路中线垂直。工人组装轨排时严格按照配轨表组装,技术人员随时盯控。组装时检查轨枕间距是否满足要求,调距扣板是否歪斜,轨距块是否为外9号、内10号或离缝,轨下垫板、板下垫板是否方正,地锚螺栓扣压力是否满足要求等,发现不合格的及时纠正。吊装轨排至轨道平板车前检查轨排顺序及方向是否正确。

6.3.7 架轨及粗调

轨道车将轨排运送至铺设现场后用2台铺轨门式起重机吊至相应位置,由架轨人员用轨排支撑架将其固定,支撑架应避免与走行轨接触,防止因门式起重机经过对轨排几何尺寸造成影响。根据测量提供的起道数据用直角道尺和万能道尺调整好高程及方向,粗调时应尽量控制好精度,减少精调工作量。

施工教训及小结:架轨应注意轨排接头连接牢固、顺直,接头错牙控制在1mm以内。支撑架丝杆下方用PVC管套住,避免丝杆与混凝土直接接触,方便后期支撑架拆除。支撑架与钢轨轨底应紧密贴合,保证轨底坡符合要求(1/35～1/45)。

调整高程时应注意超高设置方式,U形槽及地下段为半超高,即外股抬高$h/2$,内股降低$h/2$;高架和路基段为全超高,即外股抬高h设置。

轨排粗调完应对轨枕进行检查,检查是否出现斜枕或不方正的情况,及时纠正。

6.3.8 钢筋绑扎及焊接

胀锚螺栓植完后随即将制作好的钢筋运送至现场预铺,待轨排架设完成后进行绑扎,控制好保护层厚度(顶面及侧面40mm,底面35mm)。

钢筋焊接时注意伸缩缝的安装位置,隧道洞口往内50m范围内每10个轨枕间距设置一道真缝,50m范围外每12.5m设置一道伸缩假缝,每50m设置一道真缝,相邻两个伸缩缝之间的道床称为一个道床结构段,每个结构段内的结构钢筋搭接必须采用焊接。

在每个道床结构段内,每隔5m(或小于5m)选一根横向结构钢筋与交叉的所有纵向钢筋(上、下层均需)焊接。每个道床结构段两端靠近结构变形缝的第一排所有横向结构钢筋必须与交叉的所有纵向钢筋焊接,横向钢筋应焊接成封闭圈。每一道真缝两侧焊接4个连接端子,每个埋入式测防端子尾端$\phi16$圆钢应与该横向结构钢筋可靠焊接,用于电气连接及测量。杂散电流主收集网钢筋与车站、隧道主体结构钢筋不得有电气连接,人防门、防淹门穿门槛的道床钢筋应与门槛所有结构钢筋绝缘。在上、下行线路垂直轨道下方,分别选两根纵向结构钢筋和所有的横向钢筋焊接。

施工教训及小结:钢筋绑扎时为控制保护层厚度可用铁丝将钢筋笼挂在轨枕或支撑架上,但在浇筑完混凝土后必须将铁丝清理干净。

钢筋焊接应采用双面焊,当采用双面焊有困难时可采用单面焊,但必须满足焊接长度要求(双面焊≥6d,单面焊≥12d),且焊缝应饱满,高度≥0.7d。

排迷流端子顶面应高出道床面 0~5mm,因此在焊接时应严格控制好端子高度,宜将端子与轨枕可靠连接,在调轨时端子与轨枕相对位置不发生变化,有利于控制端子高度,焊接完成后应加强成品保护。

6.3.9 安装模板

钢筋焊接完成后随即进行模板安装,模板应具有足够的强度、刚度和稳定性,从多方面考虑,宜采用未变形的钢模板。模板安装前应对钢模板进行清理除锈和涂刷脱模剂,保证模板能顺利拆除。

利用加密基标弹出模板边线,将模板摆放到位,在模板底部用钢筋头固定,顶部用一定长度的拉钩与钢轨连接,保证模板竖向垂直,纵向顺直。模板间用 U 形卡或连接螺栓可靠连接,不产生错台,保证其有足够的稳定性。

施工教训及小结:由于基底凹凸不平,在模板安装完成后应用嵌缝胶将模板底部空隙填充,避免漏浆。

6.3.10 精调

模板安装完成后采用安伯格精调小车对轨道进行精调,精调时左右股各 1 人,根据小车提供的数据对轨道高程、方向和轨距进行调整,直至满足要求。第一遍调完后需再次对其复核和采集数据。

施工教训及小结:精调是浇筑混凝土前最后一道工序,因此在精调完成后务必保护好轨道几何尺寸不被破坏。精调小车相对人工拉玄线而言节约了很大一部分时间。

6.3.11 浇筑混凝土

当工地昼夜平均气温连续三天低于 5℃或者最低气温低于 -3℃,应采取冬期施工措施,混凝土入模温度不能低于 5℃。当工地昼夜施工气温高于 30℃,应采取夏季施工措施,混凝土入模时温度不能高于 30℃。

混凝土浇筑采用料斗自卸的方式浇筑,浇筑前用塑料袋将扣配件遮盖,避免混凝土污染扣配件。浇筑完成后应及时将钢轨清理干净。

道床混凝土应振捣密实,严禁振捣器触及钢轨支撑架和钢轨影响轨道精度。混凝土浇筑至轨枕中心面以下 30~35mm,道床范围内,混凝土表面设置 3% 的横向"人"字排水坡。

道床混凝土浇筑后应及时养护,其强度达到5MPa时方可拆除钢轨支撑架,其强度达到设计强度的70%时方可承重。

施工教训及小结:混凝土振捣应密实,振捣时间30s,遵循"快插慢拔"的原则,严禁漏振,避免出现蜂窝麻面现象。

6.3.12　拆模及养护

拆模时应遵循"先支后拆,后支先拆"的原则,严禁生拉硬拽,破坏道床棱角,发现蜂窝麻面及时修补,及时将模板清理干净以备后用。

模板拆除完成及时将垃圾清理装袋,用土工布将道床覆盖洒水养护,避免散热不均匀导致道床开裂。

6.3.13　钢轨焊接及锁定

正线以道岔为界,地下线道岔前后各设1对缓冲轨,将线路焊接为无缝线路,长轨工地焊的方式焊接,工地焊采用闪光焊。

根据贵阳地区最高轨温61.3℃,最低轨温-7.8℃,地下线隧道洞口200m以内设计锁定轨温为25℃,地下线距离隧道洞口200m范围内锁定轨温为30℃。施工锁定轨温为设计锁定轨温±5℃。同时,施工锁定轨温需满足《铁路轨道设计规范》(TB 10082—2017)第11.4.4条相关规定。

施工教训及小结:钢轨锁定时应做好记录,注意检查轨下垫板是否歪斜,轨距块是否正确,是否有扣配件缺失,如若有误应及时纠正,避免后期返工。

6.3.14　道岔铺设

本项目正线道岔采用树脂合成枕道岔,铺设工序与一般整体道床大同小异,但要特别注意其几何尺寸。现场依据道岔拼装图组装道岔,严格控制好轨距、框架尺寸、尖轨密贴、查照间隔、护背距离、轮缘槽宽度、尖轨方向,不得出现反超高、三角坑、尖轨不方正、尖轨与滑床板不密贴等现象。道岔精调完成后用轨距拉杆及支撑架固定牢固,加强保护,避免人为破坏,影响精度。

6.3.15　存在的问题及改进

1)CPⅢ控制点的埋设方案应统筹考虑延线构筑物遮挡的问题。

CPⅢ控制点埋设位置统筹考虑。本工程CPⅢ网在搭建过程中,由于后续其他专业仍有部分工程尚未实施,CP Ⅲ网搭建完成后,后续发现有土建构筑物遮挡或冲撞CP Ⅲ控制点的情况。在后续项目的CP Ⅲ建网过程中,应预先考虑可能因尚未完工工程的遮挡情况,并提前避让。

2)侧沟沟底高程控制不严

本工程设计的水沟在道岔范围需加深至-500mm的高程,以确保和转辙机拉杆槽可能发生的排水顺接。工程实际实施过程中,沟底高程控制不足,导致后期转辙机坑积水时,无法通过拉杆槽横沟排入转辙机坑对侧边沟。建议加强水沟沟底高程的控制,尤其是道岔区加深范围。实施时,可预先不封堵转辙机拉杆槽的横沟,浇筑边沟时沟底高程不超高拉杆槽横沟高程为控制点。

3)钢弹簧基底高程控制

钢弹簧基底施工浇筑时必须严格测量仰拱高程,避免因高度过高导致基底高程不足造成的钢筋外漏返工,基底浇筑前应严格对基地高程进行控制,并对高程点做出标记,避免基底过高,造成返工凿除。

4)纵向轨枕道床钢筋绑扎间距控制

纵向轨枕道床施工前应严格控制钢筋尺寸,避免因钢筋造成的纵向轨枕无法下落,同时混凝土浇筑时应当严格控制纵向水沟高程,避免因水沟高程不符合设计要求,造成后期水沟盖板尺寸难以控制。

5)车辆段施工接口

车辆段库内无砟轨道施工接口复杂,和设施设备接口众多,施工前需加强现场和相关专业的配合。

6.4 施工创新及优化

本项目施工的地铁道床类型较多,主要有车场线有砟道床、立壁式检查坑道床、一般性短枕道床、高架段承轨台道床、钢弹簧浮置板道床、减振垫浮置板道床、梯形道床等,基本涵盖了地铁轨道施工的道床种类,为了做到施工的"高标准,严要求",在原有的施工水平上,对轨道施工管理及施工工艺进行了创新和优化。具体如下:

1)接地端子固定架优化

接地端子固定架采用螺栓调解的方式对接地端子进行高程以及间距的控制(图4-6-2),防止因混凝土浇筑造成的钢筋上浮从而导致接地端子高程不一致、间距偏差。

2)模板间距控制架优化

模板间距控制架采用螺栓间距来固定尺寸,防止模板间距不均匀,存在错牙现象,以免造成道床边缘不顺直,如图4-6-3所示。

图 4-6-2 接地端子控制架

图 4-6-3 模板间距控制架

3）CPⅢ轨道精调

引用高铁测量方式以 CPⅢ 网控制测量形式,更能精确对轨道几何尺寸等数据进行精确测量控制,保证轨道行车的平稳性,如图 4-6-4 所示。

4）道床坡面控制

道床坡度控制架是为了对道床面坡度进行精确控制,采用坡面控制架的坡度斜面对道床面进行控制比对,保证道床坡度,防止人为误差造成道床低洼不平从而引起的道床坡度排水不畅积水等现象,如图 4-6-5 所示。

图 4-6-4 CPⅢ轨道精调

图 4-6-5 道床坡面控制

5）承轨台道床模板控制架

承轨台模板控制架是针对高架承轨台道床特别制作,因高架承轨台道床左右股钢轨下城轨台均为 0.8m 宽度,采用固定式模板控制架可以保证四面模板的顺直,以及模板间距的精确,从而保证钢筋保护层,如图 4-6-6 所示。

6）枕木间距控制架

轨枕间距控制架是为了保证枕间距而制作,枕间距的量测是一种烦琐的作业方式,再加上读尺、拉尺、画线,以及人为拼装误差,经常会导致枕木间距不均匀,采用轨枕间距固定架,可以消除此处存在误差,对轨枕间距起到固定作用,如图 4-6-7 所示。

图 4-6-6　承轨台道床模板控制架　　　　　　图 4-6-7　枕木间距控制架

第7章 人防工程

7.1 人防工程设计

7.1.1 设计原则

为提高城市整体防灾抗毁能力,贵阳轨道交通1号线工程人防设计应在不影响平时使用的条件下,充分利用轨道交通工程已有的有利条件,对关键部位、重要设施,参照人民防空战术技术要求的规定,采用防护功能平战转换技术措施,在规定转换时限内达到防护标准及要求。

7.1.2 设计范围

人防设防范围为贵阳轨道交通1号线工程全线所有地下车站、地下区间段及1号线地下附属工程。除下麦西站、将军山站、雅关站、蛮坡站和场坝村站为不设防车站外,其余18座车站均为设防车站。

7.1.3 设防标准

(1)地铁人防战时功能定位:在拟定的核武器、生化武器、常规武器袭击和袭击后的城市次生灾害作用下,保障工程内人员及设备的安全。地铁车站战时用于紧急人员掩蔽部、物质储备,地铁线路战时作为人员临时待蔽场所和疏散通道。

(2)设防标准:按在工程投资增加不多的情况下,使地铁纳入人民防空疏散体系及城市待疏散人员的紧急掩蔽(临时待蔽)场所为原则;工程属甲类人防工程,工程防核武器抗力级别6级,防常规武器抗力级别6级,防化等级丁级。

(3)设防车站战时车站作为紧急人员掩蔽部、物质储备库,掩蔽人数1000人,战时通风考虑清洁式通风、隔绝式防护两种通风方式。

7.1.4 设计标准

1)建筑设计

(1)防护单元划分:一个车站(含换乘站)加相邻区间隧道为一个防护单元。两个防护单元之间的两个区间隧道正线上各同步安装双向受力的区间防护密闭隔断门一道,为各防护单元之间的分界。对盾构隧道,防护密闭隔断门设在车站站端盾构工作井内端墙处并向站内开启;对明挖隧道及矿山法隧道,防护密闭隔断门宜设在区间隧道内、并靠近车站站端的直线段内,当本区段设置于非直线段时,门孔尺寸还须据所处位置的曲线半径、线路超高值进行相应的加宽加高。防护密闭隔断门设置区域需设置防淹门时,防护密闭隔断门可兼作防淹门。一端出入线口即出入段线宜设出入段线防护密闭隔断门和出入段线密闭隔断门各一道,同步建设。

高架站、地面站不作为人防单元考虑,1号线车站共划分人防防护单元18个。

(2)抗爆单元划分:一个防护单元为一个抗爆单元。

(3)战时人员出入口设置:设防车站应设置不少于2个直通地面的战时人员出入口。战时人员出入口设防护密闭门、密闭门各一道,两个出入口的朝向宜不同。战时人员出入口应位于混合结构房屋倒塌范围之外,或有相应的防倒塌措施。战时人员出入口总宽度按每100人不小于0.3m验算,并应符合平时使用宽度要求。车站除战时人员出入口以外的其余各平时人员出入口均平时预埋铁件,在平战转换时限内实行快速封堵。

(4)预留人防连通口:为使地铁干线与人防工事联网成片,根据地铁沿线已建人防工事的情况和未来城建发展的需要,除防护密闭隔断门作为防护单元间的连通口外,在地铁车站内根据人防部门的要求按需预留人防连通口(门洞净宽不宜小于1.5m,净高不宜小于2.5m),连通口宜对角布置,当地铁车站一侧远期规划无建筑物时,可布置在同一侧。连通口优先设于出入口通道部位,并尽量靠近车站沿线的人防工程,但必须在防护清洁区内(即在人防防护段以内)。无条件设在出入口通道部位时可设于车站站厅层。附近人防工程具备连通条件时,连通口及连通口内防护密闭门应施工到位,保障城市人员战时的安全疏散和转移,附近暂无人防工程时,人防连通口作预留处理,在结构内衬墙预留供暗梁暗柱,暗梁暗柱以确保人防连通口二期施工及不突出结构内衬墙的原则设置。地铁沿线物业与地铁车站连通进行地下空间开发时,应确保地铁人防功能不受影响。

(5)战时进风口:全线在所有设防车站考虑战时清洁式进风,分别利用其车站的平时环控机械新风井、新风道设置人防战时清洁式进风口、进风道。设防站的战时进风道应设置清洁式进风防护密闭门、进风机密闭门各一道。

(6)战时排风口:全线在所有设防车站考虑战时清洁式排风,分别利用其车站的平时环控机械排风井、排风道设置人防战时清洁式排风口、排风道。设防站的战时排风道应设置清洁式排风防护密闭门、排风机密闭门各一道。战时进风口和战时排风口宜分别布置在车站两端,并宜作斜对角布置。

(7)其余孔口的设防:

①车站除战时人员出入口以外的其余各平时人员出入口均采用一道防护密闭门封堵。

②车站除战时清洁式通风要求的战时进排风口以外的其余平时通风道,均在通道内预埋封堵框,在平战转换时限内实行封堵。孔口尺寸符合标准门系列的优先采用一道防护密闭门封堵。

③各种穿越出入口、风井口等部位进出人防范围的管线必须考虑平战转换防护密闭措施,不得以绕行洞口方式通过。

(8)各车站设战时使用的男、女干厕所各一个。干厕所宜设在战时排风口处,在平时预留位置,战前用轻质隔断隔开。干厕所内设置便桶,便桶数量按男干厕每50人设一个,女干厕每40人设一个(原有水冲厕所蹲位数可以扣除)。掩蔽人员中男女比例按1:1计算,干厕面积可按每个便桶$0.8m^2$计算。

(9)车站内部装修应符合防震抗震要求。镶嵌的构件应牢固可靠,顶板不应抹灰,为平时使用设置的吊顶应便于战时拆除。

(10)各种防护设备和封堵构件,应采用国家定型产品,优先选用标准型号。

(11)预埋或明露的铁构件应采用防腐、防锈措施。

2)结构设计

(1)按抗核武器6级、抗常规武器6级的人防荷载进行结构强度计算。结构各个部位抗力应协调,在人防荷载作用下,保证结构各部位(如出入口、主体结构)都能正常工作。

(2)结构计算按国家现行的有关规范、规定、标准执行,核武器按一次作用设计。在战时荷载作用下,只验算结构承载力,不验算结构变形、裂缝开展以及地基承载力与地基变形。在动荷载单独作用下及动荷载与静荷载同时作用下,材料强度应按规范要求考虑材料强度综合调整系数。

(3)在核爆动荷载作用下,动力分析采用等效静载法。

(4)位于防护密闭范围以外的土中通道、竖井结构,按承受土中压缩波产生的等效静载加静载计算,不考虑空气冲击波的内压作用。

(5)战时使用的进风竖井、人员出入口,临近砌体结构地面建筑时若距离小于0.5倍建筑物高度,需设防倒塌棚架。

(6)防常规武器的等效静荷载计算根据《轨道交通人民防空设计规范》(RFJ 02—2009)中防常规6级。

3)通风设计

(1)贵阳轨道交通1号线工程各设防站战时车站作为紧急人员掩蔽部、物质储备库,战时通风考虑清洁式通风、隔绝式防护两种通风方式。

(2)设防站清洁式通风新风风量为$7m^3/h.p$。

(3)隔绝式防护时间≥3h。

(4)人防通风系统主要设备选择及设备布置:

①各设防站的环控新风道和新风井,战时转换为人防进风道和风井,车站新风道并靠近新风井处,安装人防门式清洁式通风系统设备,不设置单独的人防进风机房。

②除清洁式通风道外,其余各通风道均为隔绝防护。

(5)人防清洁式通风采用平战结合方式设计,设置人防清洁式通风工况。人防清洁式通风工况是指:结合人防设在车站风道口部的门式清洁式通风系统(清洁式通风防护密闭门+

风机密闭门),利用平时使用的暖通空调风管和人防加压进排风机,实现战时清洁式进排风的一种平战结合通风工况。需各工点环控专业为人防通风设置人防加压进排风机。

(6)战时清洁通风工况操作程序：

①当平时正常通风工况停止,转入战时清洁式通风时,人工控制管道上的阀门,使其进入清洁式通风工况。

②关闭清洁式通风道内的人防防护门,开启密闭阀门防密门上的四个阀门和风机密闭门上的风机,呈通风状态。

③人工开启人防加压风机前的防火阀门,再就地启动人防加压风机即完成整个清洁式通风工况的操作。

4)给水排水设计

(1)所有进出轨道交通工程的给水管、排污管及消防水管在围护结构的内侧设置工作压力不小于 1.0MPa 的闸阀。穿过防护单元隔墙两侧的给水管设置工作压力不小于 1.0MPa 的闸阀。闸阀应设在便于操作处,并应用色漆明显标志。一直处满流状态的给水排水管应采用防爆波阀门。所有给水排水管穿过外围护结构墙或防护单元隔墙时,均应从墙体中预埋的防水套管(带翼环)中穿过。防护密闭阀门的阀芯应采用不锈钢或铜材质的闸阀。工程围护结构内侧距离阀门的近端面不宜大于 200mm,并应有明显标志。

(2)地铁车站给水管、排水管管材应符合下列要求：

①穿越工程围护结构或防护密闭墙的给水管路应采用热镀锌钢管、铜管或钢塑复合管。

②穿越工程围护结构或防护密闭墙的通气管应采用热镀锌钢管。

③穿越工程围护结构或防护密闭墙的排水管应采用钢管。

④结构底板中及以下敷设的管道应采用机制排水铸铁管或镀锌钢管。

(3)人防工程的战时人员出入口,受污染的通道和房间宜按 $5L/m^2$·次储存一次冲洗用水,工作压力不小于 0.1MPa。

(4)各设防站在平战转换期限内均应根据战时人员出入口数量设置相应数量的快速装配式水箱,水箱容积按人防口部洗消面积确定(但不得小于 $5m^3$/ 个),水箱靠近战时人员出入口设置。水源可从车站给水管或消防水管的人防预留口接出。

(5)各设防站饮用水可采用成品商业瓶装水作为人员饮用水水源,并按 1 台 /50 人配置饮用水机。人员饮用水标准为 3L/ 人·d,每个设防站人员饮用水的贮水量为 3d。

(6)工程战时人员出入口,应设口部洗消设施,直径为 DN100 的防爆波、防毒地漏和染毒废水集水坑。战时进排风道染毒通道地面污水排入战时风井底部洗消污水集水池。战后用移动式潜污泵将洗消污水排至市政污水管网。

(7)每个防护单元平时的厕所战前应将厕所污水集水池放空以备战时隔绝防护时使用。

5)电气设计

(1)战时负荷分级：各车站战时为紧急人员掩蔽部和待蔽部,战时应急照明和通信报警设备为一级负荷,战时正常照明、战时进风机等为二级负荷,其他战时负荷为三级负荷。

(2)战时电源供电方式:人防工程电源由两部分组成,平时电源(由车站变电所引来两路380V低压)和战时应急电源(EPS),人防电源设集中配电柜,战时应急电源EPS由车站蓄电池室应急电源提供,以放射形式向各负荷供电。平时,三级负荷由一路车站电源供电;二级负荷由两路车站电源供电,末端切换;一级负荷由两路车站电源和战时应急电源供电,平时电源和战时应急电源平战时应能在末端互相转换。当车站电源中断时,切除所有战时二级、三级负荷,由车站蓄电池室EPS保证对战时应急照明等一级负荷的供电,蓄电池连续供电时间应不小于3h。蓄电池组及配套设备为平战两用。

(3)战时应急电源:战时蓄电池组主要用来保证对战时一级负荷的供电,战时一级负荷主要是战时应急照明和通信报警设备。战时人员掩蔽部的通信报警设备按1.0kW考虑;战时应急照明主要考虑人员掩蔽区和人员出入通道的照明,采用节能灯作为应急照明,应急照明按$1.0W/m^2$,可满足应急照明最低照度要求,每个车站战时人员掩蔽区的面积按站台、站厅各$1000m^2$考虑,所需应急照明功率按2.0kW考虑;人员出入通道所需应急照明功率按0.3kW考虑;区间和非人员掩蔽区部分应急照明所需功率按连续3h供电进行折算,最大可控制在1.0kW以内,每个车站战时最大一级负荷不超过4.4kW。战时使用车站蓄电池组供电总容量为2×100Ah,可保证连续3h对4.4kW的负荷的供电,可满足战时一级负荷的供电要求。

(4)照明灯宜采用悬吊式。当平时采用吸顶灯时应考虑在临战前加设防掉落保护网。

(5)本工程所有过防护密闭墙的强弱电气明暗管线均应作防护密闭处理,平时可不密封(穿过外墙除外),但应在平战转换时限内完成密封。防护密闭处理从防护区引到非防护区的照明回路应在防护密闭门内设置短路保护措施,或单独设照明回路。

(6)从电缆井引入的高、低压电缆和通信电缆在穿越顶板和外墙进入人防内部时,不得以留孔方式引入,必须改为穿防护密闭钢管,一缆一管引入,且预留适量的备用管。

(7)由人防防护密闭门门框墙引出至防护密闭门外的照明线路,应在门框墙内安装熔断器保护。

7.2 人防工程施工

截止2017年6月23日,贵阳轨道交通1号线诚信路站、会展中心站、朱家湾站、大寨站、贵阳北站、云潭路站、行政中心站人防门子单位工程及人防结构、给水排水、电气、通风工程均已全部施工完毕。其余车站已完成部分人防门设备、人防结构及给水排水、电气、通风工程施工作,2018年7月施工完毕。

7.3 人防工程验收

2017年6月23日,由贵阳市轨道公司验交委员会组织施工、设计、设计总体、设计咨询、监理等相关单位组成验收工作小组,下设三个专业检查组(实测实量组、观感组、资料档案组),并邀请贵阳市人防质量监督站领导和专家参加对贵阳轨道交通1号线诚信路站、会展中心站、朱家湾站、大寨站、贵阳北站的验收工作。

7.4 人防工程设计与施工经验及教训

7.4.1 人防工程设计经验及教训

1)建筑专业

(1)出入口人防段尺寸。

①门洞上部装修空间的预留:900mm为宜。

②门槛高度:高出结构底板上表面200mm,门槛上表面与装修完成面齐平。

③侧门垛长度:不小于750mm,对于宽度大于7000的特殊设备,应放宽。

④藏门段长度:门洞宽度/2+1100mm。

⑤人防段装修应设置平坡,否则门扇可能无法开启。

以上土建尺寸均为人防设备安装最小尺寸。

⑥高程:出入口人防段为平坡,人防段两侧应为同一高程。个别工点原图样高程不一致,造成人防段两侧高程不同,给装修带来困难。

(2)风道人防段尺寸。

①门槛:突出装修完成面200mm;如小于200mm,则门扇无法关闭;若大于200mm,可能对人员通行影响较大。

②上挡墙:不小于500mm,若考虑设备管路的通过上挡墙高度应不小于800mm。

③左右侧门框墙:普通门不小于700mm,清洁式(单扇/双扇)不小于800mm,封堵板板300mm。

④不允许排水管下穿门槛。

(3)区间隔断门。

①区间隔断门处应注意人防门开启半径,开启范围内不得有障碍物。比如站台边楼梯、设备房间。

②区间隔断门处管线较多。虽然设计时管线均有定位,但由于门扇后装,施工单位不注意门扇影响范围不按图施工,造成门扇安装后,管线无法穿越。

(4) 设备选型。

所有人防防护设备,应选用国家人防办鉴定过的定型产品。当遇到特殊工程情况,选用定型产品难以满足设防要求时,可以由国家人防办认可的研究单位研制非标设备。

(5) 人防预埋吊环。

由于人防设备重量均较大,所有安装人防设备处均预埋人防吊环。虽然图样标注明确,交底一再强调,仍有施工单位遗漏。后期只能采用梁上开洞、顶板开洞等其他办法进行人防设备吊装。

(6) 执行《人民防空工程设计规范》(GB 50225—2005),而不是《人防防空地下室设计规范》(GB 50038—2005)。

2) 结构专业

由于设计配合时结构专业不注意人防门启闭范围、门扇压边往往造成如下问题:

顶板下反梁与人防门冲突,由于人防门门扇高出门洞 300mm,结构下反梁应高出门洞上表面至少 300mm,人防门方能启闭。

底板上反梁与人防门冲突,由于人防门两侧门垛为人防门门轴位置,底板上反梁或柱子如不注意人防门启闭范围,往往造成人防门不能开启 90°,不满足人防验收要求。

执行《人民防空工程设计规范》(GB 50225—2005),而不是《人防防空地下室设计规范》(GB 50038—2005)。

车站的平时人员出入口均兼作战时人员出入口,防护段范围外的出入口、风道须考虑人防荷载的作用。

每个车站至少设置一个安全出入口,宜设置在地面建筑倒塌范围以外,当条件限制不能设置在倒塌范围以外的,口部应有防倒塌堵塞措施。

3) 通风专业

每个防护单元均应设置独立的进、排风系统。

给水管材质:所有穿越人防门框墙的给水排水(消防)管应采用钢管,不得采用铸铁管,可采用焊接和法兰连接,不得采用卡箍连接。

每座车站战时通风人防加压风机由各工点环控专业负责设计,应平时安装到位。

4) 给水排水专业

所有穿越风道、出入口的给水排水管,均要求在第一道人防门(防护门或防护密闭门)内侧设置公称压力不小于 1.0MPa 的闸阀。

穿过防护单元之间的防护密闭隔墙时(区间隔断门处),应在防护密闭隔墙的两侧管道上分别设置公称压力不少于 1.0MPa 的闸阀。

有的消防给水管不穿过隔墙,而是穿站台层顶板,同样要求在站厅层底板上、下各设一道公称压力不少于 1.0MPa 的闸阀。

区间排水管穿越围护结构的预埋管,应采用同门框墙同样的要求,并在防护结构内侧靠近结构较近的地方设公称压力不少于 1.0MPa 的闸阀。

5）动力照明、通信信号等专业

规范规定：从防护区内引至非防护区的照明电源回路，当防护区内和非防护区灯具共用一个电源回路时，应在防护密闭门内侧设置短路保护装置，或对非防护区的灯具设置单独回路供电。

规范规定一根管只能穿一根电缆。鉴于地铁建设现代化进程发展较快，要满足一缆一管是很困难的，这里也体现了地铁兼顾人防、解决城市交通的特点。采用试验过的新型封堵材料，可满足防护密闭要求，即可以取消抗力片，也可以一管穿多根电缆。电缆要求裸线穿过，以确保密闭，不可带护管穿过。桥架离墙≥400mm，留给封堵操作空间（图 4-7-1）。护管至少留 100mm 距离，特殊要求者可加护管外套管。

6）装修专业

车站人员出入防护段装修平时应一次到位，战时能方便地启闭防护密闭门及密闭门。地面及顶棚装修在满足防护设备平时启闭检修要求的前提下，与非防

图 4-7-1　桥架保持与门框墙≥400mm 实物图

护段装修应协调一致。其余（风道及区间隧道）的防护段不考虑装修。

7.4.2　人防工程施工经验及教训

1）土建施工需注意事项

（1）侧门框墙和门框上的密闭隔墙要求一次浇筑，不容许留施工缝。

（2）注意模板的固定，要牢固，不得跑模。

（3）人防门安装调试后，浇筑混凝土模板不得以门框钢支撑做支点，以免门框变形。

（4）门框墙钢筋和预埋套管施工完毕后，须待人防监理部门隐检合格后方可合模。

（5）出入口的人防门室和风道防护段的地面未按设计高程施工到位。

（6）个别人防门门槛下混凝土有空洞、漏筋，强度不够。

（7）在个别工地上发现人防门的支托板和门框浸泡在积水中，导致人防门锈蚀严重。

（8）在个别工地上发现门框被泥土沙石覆盖，门扇上大面积被混凝土污染，发现个别施工单位在门扇上做加工平台。

（9）有的门框的支撑系统被破坏，导致门框变形，无法满足安装的精度。

（10）个别工地上人防门的锁盒盖等零部件丢失较多。

（11）防护段内材料、垃圾等较多，影响人防门的正常开启。

（12）防护段内尤其是出入口和风道，两道门之间作为储水池，导致门框、门扇锈蚀严重。

2）验收时土建检测项目

验收时，人防工程质量监督站将对人防工程进行检测，其项目主要有：

（1）混凝土标号。

（2）混凝土保护层厚度。

（3）钢筋间距。

（4）外观检查：蜂窝、麻面、遗留钢筋头、模板、地面坑洼不平。

（5）敲击检查、空鼓，门槛角钢下空穴、未浇实混凝土等。

3）易出现问题实例

（1）在人防段门框墙上擅自乱开孔，如图4-7-2、图4-7-3所示。

（2）电缆穿套管现象（图4-7-4），影响人防封堵。

图 4-7-2　在人防段门框墙上擅自乱开孔

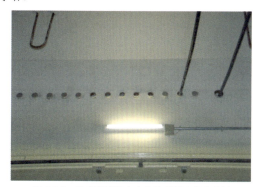

图 4-7-3　各穿墙管线应在人防预埋套管中穿过

图 4-7-4　电缆穿套管现象

（3）混凝土浇筑不密实（图4-7-5），出现蜂窝、麻面、漏筋现象。

（4）人防段门室内存放垃圾或堆放材料较多（图4-7-6），影响人防门扇启闭。

图 4-7-5　混凝土浇筑不密实

图 4-7-6　人防段门室内存放垃圾

（5）出入口、风道防护段内积水（图4-7-7、图4-7-8），门框门扇严重锈蚀。

第四篇 土建工程

图 4-7-7 人防段内积水

图 4-7-8 整改后照片

第8章 防水工程

8.1 防水原则

(1) 地铁工程的防水设计,应根据气候条件、工程地质和水文地质状况、结构特点、施工方法、使用要求等因素进行,以保证结构的安全、耐久性和使用要求。

(2) 地下结构的防水设计应遵循"以防为主,刚柔结合,多道设防,因地制宜,综合治理"的原则。根据勘察报告及初步设计文件,本线个别车站和部分矿山法区间可能存在水压力过大结构难以承受的情况,该部分区间采用限量排放的防水模式。对于半包防水(限量排放)模式,地下结构应遵循"以堵为主,限量排放,刚柔结合,多道防线,因地制宜,综合治理"的原则。

(3) 采用半包防水+限量排放模式的结构所处地质及地面环境必须满足以下要求:

①Ⅰ~Ⅱ级围岩段围岩裂隙、节理不发育,透水系数小,水量小。

②地下结构埋深较深,水压较大,由结构全部承受时构件厚度过大的。

③无地下水腐蚀性问题或地下水为轻微腐蚀性,排水不会引起地面及建(构)筑物沉降,不会引起地面植被破坏的;排入结构内的水不会引起结构腐蚀的。

④结构所在地层无断层破碎带,地下水不与地表水或其他区域地下水连通的,可通过对初期支护背后围岩注浆控制排水量,原则上要求双线单洞隧道不超过 $0.4m^3/m \cdot d$,单线单洞隧道不超过 $0.2m^3/m \cdot d$。

⑤需要排水的地段,采取渗排水层、排水管等排放措施,排除注浆后的地下渗水,同时加强检修维护保持其排水通畅。针对可能产生的隧道排水系统的堵塞,必须考虑排水系统的可维护性,避免由于排水系统堵塞而导致衬砌背后的水压力上升,对结构安全造成隐患。

8.2 防水标准

(1) 车站主体、人行通道及区间机电设备集中布置等位置的防水等级为一级,结构不允许渗水,结构表面无湿渍。

(2) 车站风道、联络通道及区间隧道防水等级为二级,顶部不允许滴漏,其他不允许漏水,结构表面可有少量湿渍。总湿渍面积不应大于总防水面积的 6/1000;任意 $100m^2$ 防水面积上的湿渍不超过 4 处,单个湿渍的最大面积不大于 $0.2m^2$。

8.3 车站防水施工及措施

1）防水混凝土

（1）混凝土浇灌宜采用跳槽施工法，以减少混凝土的收缩开裂。

（2）除特殊情况下不采用对拉螺杆，而采用斜撑或其他有利于结构防水的模板支撑体系。

（3）防水混凝土所用外加剂的掺量应准确，误差不得超过 ±1%，并严格按规范的规定进行搅拌、振捣。

（4）防水混凝土浇筑时的自由落距应控制在 2m 以内，以免造成混凝土发生离析现象；超过 2m 时，应通过串筒、溜管或振动溜管等设施下落，同时需采取有效的振捣措施，以保证混凝土的密实性。

（5）围护结构必须做到只有偶见湿渍或无湿渍，方可施作防水层及内衬。

（6）防水混凝土在完成养护并达到设计强度后，应及时施作防水层，并及时回填，防止混凝土长期日晒雨淋。

（7）严禁带水进行混凝土的浇灌，保证混凝土的质量。

（8）防水混凝土结构内部设置的各种钢筋或绑扎铁丝，不得接触模板，固定模板的螺栓必须穿过混凝土结构时应有止水措施。

（9）接地网安装完毕后，应彻底清除松动土体。接地网坑槽回填土应夯填密实做到基底平顺，无积水，经检查验收符合要求后才能做下道工序。

2）各型接缝

（1）施工缝

在施工缝外侧，在施工缝 600mm 宽度范围增设一道防水加强层，加强层应与所选用的防水层一致。

基面必须牢固，表面应相对平整、坚实、不得有蜂窝、起皮、起砂等现象，否则应予以清除。必要时可用防水水泥砂浆修补。

在浇筑下一阶段混凝土时，在施工缝处应进行凿毛处理（图 4-8-1、图 4-8-2），采用弱振，并注意振捣棒不得碰到止水构件，避免损害材料的密封性。

图 4-8-1 施工缝凿毛处理

图 4-8-2 柱子凿毛处理

(2)变形缝

变形缝止水带必须准确就位,中心气孔必须放置在变形缝中间。

变形缝止水带必须密封成环,对硫化橡胶止水带宜采用黏结;对非硫化橡胶止水带宜采用小型硫化机现场硫化(图4-8-3)。

缝间衬垫材料采用聚乙烯板。

在浇筑变形缝一侧的混凝土时,为防止另一侧的止水带受到破坏,模板的挡头板应做成箱型,同时止水带部位的混凝土应振捣密实,以保证变形缝部位的防水效果。

图4-8-3 止水带硫化热接

边墙及顶板内侧必须留30mm×80mm的凹槽,待结构施工完毕后,安装不锈钢接水槽。

在混凝土浇筑前应检查止水带有无破损,如破损应进行修补。

在顶板及分离式侧墙变形缝外侧,变形缝左右100mm宽度范围,防水涂料层与板间应设置牛皮纸隔离层,并在变形缝左右450mm宽度范围增设一道防水加强带,加强层为双面自粘防水卷材。底板及侧墙与围护结构密贴的主体结构外侧设置一道外贴式止水带。

止水带的接头部位不得留在转角部位,止水带在转角部位的转角半径不得小于20cm。

底板与顶板的止水带采用盆式安装方法,以利于振捣混凝土时产生的气体顺利排出,振捣时严禁振捣棒接触止水带。

注浆管露出结构表面3~5cm,并做好口部保护,待结构稳定且水位恢复后,如有渗漏,可通过注浆嘴进行注浆止水,注浆液可根据情况采用超细水泥或其他化学浆。注浆嘴间距2~4m。

(3)穿墙管

穿墙管需在浇筑混凝土前预埋。

穿墙管与墙角、凹凸部位的距离应不大于250mm。

根据结构变形或管道伸缩量来确定防水法,其构造有两类:

①结构变形或管道伸缩量较小时,穿墙管可采用主管直接埋入混凝土内的固定防水法。

②结构变形或管道伸缩量较大时,有更换要求时应采用套管式防水法,套管应加焊止水环。

金属止水环应与主管满焊密实,并做防腐处理。采用套管式穿墙防水构造时,翼环与套管应满焊密实,并在施工前将套管表面清理干净。

缓膨性止水环穿墙管,管位空隙宜小于50mm。胶圈应用黏结剂,满粘固定在管上。

穿墙管线较多时,宜相对集中,可采用穿墙盒方法。穿墙盒的封口钢板应与墙上的预埋角钢焊接。

(4)预埋件

预埋件端部或预留孔(槽)底部的混凝土厚度不得小于250mm,当厚度小于250mm时,必须局部加厚。

预留孔（槽）内的防水层，应与孔（槽）外的结构防水层保持连续。

预留通道接头：车站与预留通道、风道接缝的最大沉降变形缝差值不得大于10mm，车站与区间的变形差不得大于5mm。必要时结构应采取设置剪力棒的措施，保证沉降差控制在允许范围内。

预留通道、风道接头应根据工程的埋设深度选用防水措施。

预留通道与先施工部位的混凝土、中埋式止水带、与防水相关的预埋件等做好防护，确保端部表面混凝土和中埋式止水带清洁，埋件不锈蚀。

在接头混凝土施工前应将已浇混凝土端部表面凿毛。露出钢筋或预埋的钢筋接驳器，将待浇混凝土部件的钢筋与先浇混凝土部件的钢筋焊接或连接好，再浇筑。

中埋式止水带，遇水膨胀性，遇水缓膨胀性止水胶（止水条）、嵌缝材料等应符合规定。

中板的侧向水沟与中板一起浇筑，并在水沟内侧设置防水层，水沟中的施工缝要设置密封胶等防水措施。

3）辅助防水层

（1）对预铺防水卷材的基面要求

对辅助防水卷材基面应平整（其平整度用2m靠尺进行检查，直尺与基层的间隙不超过5mm，且只允许平缓变化），在敷设防水卷材前应进行基底处理，采用水泥砂浆抹面的方法，基面上下不得有尖锐毛刺部位，避免浇筑混凝土时刺破防水卷材。

基层面不得有铁管、钢管、铁丝等凸出物存在，否则应从根部割除，并在割除部位用水泥砂浆覆盖处理。分段敷设防水板前，在敷设防水板的基层面上不得有明水，否则应采取堵漏的方法将水堵住后才可进行下道工序的施工。

（2）防水层的敷设

防水层应敷设平整，用专用固定钉进行固定，避免浇筑混凝土时防水板发生脱落。

防水卷材边缘部分加工成易于相互搭接密合的搭接边，防水卷材和连接胶带自身用塑料纸隔开，塑料纸须在放置钢筋架和浇筑混凝土前撤走。

防水卷材在转角处，须用专用胶带连接密封。

防水板施作好后，在绑扎钢筋时，要设置临时性移动保护板，以免焊接钢筋时防水板受损。

（3）涂料防水层基面的处理要求

基层的气孔、凹凸不平、蜂窝、缝隙、起砂等，应修抹处理，基面须干净、无浮浆、无水珠、不渗水。

涂料施工前，基层阴阳角应做成的圆弧形，阴角直径宜大于50mm，阳角直径宜大于10mm。

（4）防水涂料

顶面应要求提浆压光抹面、平整、干净、干燥、经验收合格后才能涂抹防水涂料。

涂料施工前应先涂刷与涂料配套的潮湿层处理剂（或隔潮剂）或冷底子油一道。

本工程使用的优质柔性涂料采用无焦油单组分型，原材料中固化剂严禁采用沥青类材料作为添加剂。

以涂抹次数及用量控制，涂料平均厚度 2.5mm，涂刷三次到四次用量 3.8kg/m²。

防水涂料分幅间的搭接不小于 200mm。

在阴阳角部位，须增涂 2～4 遍防水涂料，或增设一层 2mm 厚的同质防水涂料层。

在顶板过变形缝、施工缝处，涂料施工按施工缝、变形缝说明中相关规定办理。

防水涂料施作完毕后应及时施作隔离层及保护层。

防水涂料应分层涂布，并在前层干燥后方可涂布后一层，其涂抹膜厚度应符合设计要求。每层涂料应顺向均匀涂布，且前、后层方向应垂直；边墙应由上向下顺序涂布，并采取防流淌措施。

（5）自粘防水卷材基面处理要求

对敷设防水层的基面应平整，其平整度允许偏差为 3mm，且每米范围内不多于一处；在敷设防水卷材前应进行基层处理，采用水泥砂浆抹面的方法，基面上不得有尖锐的毛刺部位，避免浇筑混凝土时刺破防水卷材。

基层表面应平整、结净、无疏松、空鼓、无裂缝。

基层表面不得有铁管、钢管、铁丝等凸出物存在，否则应从根部割除，并在割除部位用水泥砂浆覆盖处理。

（6）防水层的敷设

防水层应敷设平整，避免浇筑混凝土时防水层发生脱落。

防水卷材边缘部分加工成易于相互搭接密合的搭接边，防水卷材和连接胶带自身用塑料纸隔开，塑料纸须在放置钢筋架和浇筑混凝土前撤走。

防水卷材在转角处，须用专用胶带连接密封。

防水层施作好后，在绑扎钢筋时，要设置临时性移动保护板，以免焊接钢筋时防水板受损。

8.4 区间防水施工及措施

1）接缝处理措施及施工工艺

（1）接缝处理措施

①内衬砌施工缝设置中埋式止水带及防水加强层（图 4-8-4）。

②内衬砌变形缝采用带注浆系统的中埋式橡胶止水带，外贴式止水带，嵌缝材料、接水槽（图 4-8-5、图 4-8-6）。

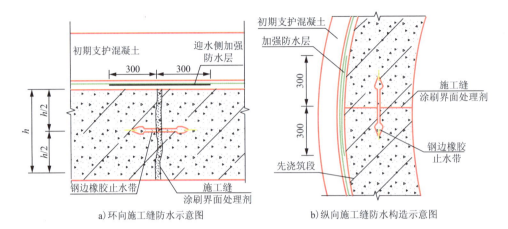

图 4-8-4 施工缝防水示意图

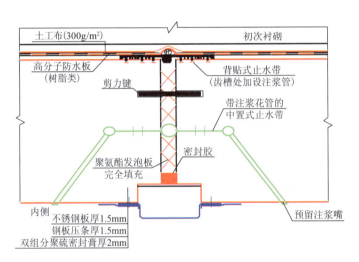

图 4-8-5 拱顶及边墙变形缝防水示意图

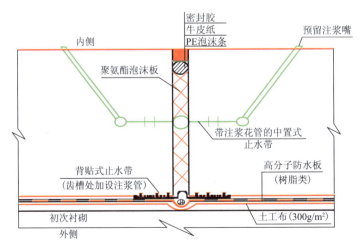

图 4-8-6 仰拱变形缝防水示意图

(2)施工工艺

①施工缝施工工艺。

水平施工缝不宜留在剪力与变矩或抑拱与侧墙交接处,应留在高处与仰拱相交点300mm的墙体,墙体有预留孔洞时,施工缝距孔洞边缘不应小于300mm。

环向施工缝浇筑混凝土前,应将其表面清理干净,再涂刷水泥基渗透结晶水涂料,并应及时浇筑混凝土。

水平施工缝浇筑混凝土前,应将表面浮浆和杂物清除,然后涂刷水泥渗透结晶涂料,再铺30~50mm厚的1:1水泥浆和杂物清除,并应及时浇筑混凝土。

②变形缝施工工艺。

止水带变形缝的施工,要保证止水带与混凝土的牢固结合,接触止水带处的混凝土不应出现粗骨料集中或漏振现象。

嵌缝密封膏与接缝两侧壁须黏结牢固、密封严密、无渗漏水现象。嵌缝质量应密实,表面不得有开裂、脱离、滑移、下垂以及空鼓、塌陷等缺陷存在。

2)防水层的施工

初期支护与二次衬砌混凝土间设置土工布缓冲层+高分子防水板,土工布采用400g/m²土工布,防水板采用树脂类;仰拱部分增加一层50mm水泥砂浆保护层。仰拱底、脚部,拱腰,拱顶共设8处注浆管。

(1)基层处理

铺设防水板的基面应无明水流,否则应进行初期支护背后的注浆或表面刚性封堵处理,待基面上无明水流后才能进行下道工序。

铺设防水板的基面应平整,铺设防水板前应对基面进行找平处理,处理方法可采用喷射混凝土或1:2.5水泥砂浆抹面的方法,一般宜采用水泥砂浆抹面的处理方法。处理后的基面应满足如下条件:$D/L \leqslant 1/6$,其中 D 为相临两凸面间凹进去的最大深度;L 为相临两凸面间的最短距离。

基面上不得有尖锐的毛刺部位,特别是喷射混凝土表面经常出现较大的尖锐石子等硬物,应凿除干净或用1:2.5的水泥砂浆覆盖处理,避免浇筑混凝土时刺破防水板。

基面上不得有铁管、钢筋、铁丝等凸出物存在,否则应根部割除,并在割除部位用水泥砂浆覆盖处理。

变形缝两侧各50cm范围内的基面应全部采用1:2.5防水水泥砂浆找平。

当仰拱初次衬砌表面水量较大时,为避免积水将铺设完成的防水板浮起,宜在仰拱初次衬砌表面设置临时排水沟。

(2)铺设缓冲层

铺设置防水板前应先铺设缓冲层,用水泥钉(或膨胀螺栓)、铁垫片和防水板相配套的塑料圆垫片将缓冲层固定在基面上,固定时钉头不得凸出垫片平面。固定点之间呈梅花形布设,侧墙上的固定间距为80~100cm;顶拱上的固定间距为50~80cm;仰拱上的防水板固定间距为 1~1.5m；仰拱与侧墙连接部位的固定应适当加密至 50cm 左右。所有塑料垫片均选择基层凹坑部位固定，避免固定防水板时局部过紧。

缓冲层采用搭接连接，搭接宽度 5cm，搭接缝可采用点粘接法进行焊接或用塑料片固定。缓冲层铺设时应与基面密贴，不得拉得过紧或出现大的皱褶，以免影响防水板的铺设。

(3) 铺设塑料防水板

铺设防水板时，防水板的铺设方向尽可能少地出现手工焊接为主，并不得出现十字焊缝，仰拱防水板、底板防水板宜采用沿隧道纵向铺设的方法。

防水板采用热风焊枪焊接在塑料圆垫片上，焊接应牢固可靠，避免浇筑和振捣混凝土时防水板脱落。焊接时严禁焊穿防水板。

防水板固定时应注意不得拉得过紧或出现大的鼓包，铺设好的防水板应与基面凹凸一致，保持自然、平整、伏贴。

防水板之间接缝采用双焊缝进行热熔焊接，搭接宽度 10cm。

防水板铺设完毕后应对其表面进行全面检查，发现破损部位及时进行补焊，补丁应剪成圆角，不得有三角形或四边形等尖角存在，补丁边缘距破损边缘的距离不得小于 7cm。补丁不应满焊，不得有翘边空鼓部位。对防水层进行验收合格后方可进行下道工序。

8.5 混凝土结构自防水防腐的要求

(1) 地下结构应尽可能应用高性能防水混凝土，强调混凝土的抗裂性能。防水混凝土抗渗等级应根据工程埋深确定，并不得小于 P8。

(2) 裂缝控制：迎水面不得大于 0.2mm，背水面不得大于 0.3mm，且不得有贯穿裂缝。

(3) 混凝土采用"双掺技术"，加入适量的优质粉煤灰及抗裂（密实型）外加剂（除后浇带、后补孔外不得使用膨胀类防水外加剂），具体掺量根据试验确定。

(4) 为提高混凝土的自密性、改善混凝土性能，必要时可在一定部位的构件中添加复合外加剂材料，如（钢、聚合物）纤维等。

(5) 选用低水化热水泥，胶凝材料的最小用量不应小于 320kg/m³，水胶比不得大于 0.50。处于侵蚀性地层时，水胶比不宜大于 0.45。

(6) 每立方米混凝土中各类材料的总碱含量（Na_2O 当量）不得大于 3kg。

(7) 按有关规定严格控制混凝土中 Cl^- 的含量，Cl^- 含量不应超过胶凝材料总量的 0.1%，不应超过混凝土含量的 0.06%。

(8) 有侵蚀性区段，混凝土抗蚀设计应满足《混凝土结构耐久性设计规范》（GB/T 50476—2017）的相关要求；其水泥品种应根据介质的性质及腐蚀级别进行选择。

(9) 选用 C_3A 和 C_3S 少的水泥，其中 C_3A 的含量不大于 8%。

（10）防水混凝土的水、砂、石应符合《地下工程防水技术规范》(GB 50108—2008)第4.1.10条、第4.1.11条的相关规定。

（11）混凝土的坍落度宜控制在120～160mm，入模温度不应超过30℃，同时以温差控制，混凝土的表面温度与大气温度的差值不得大于20℃。混凝土的表面温度与中心温度的差值不得大于25℃。

（12）防水混凝土的养护时间不得少于14d。

8.6 接缝防水措施

1）接缝设置原则

（1）施工缝

①车站横向施工缝位置及间距宜在柱跨的1/4～1/3范围内，约12m。明挖区间及矿山法区间环向施工缝间距宜小于15m。

②施工缝尽量避开地下水和裂隙水较多的区段，并宜与变形缝相结合。

③水平施工缝不宜留在剪力与弯矩最大处或板与侧墙的交接处，应留在高出板面300mm的墙体，墙体有预留孔洞时，施工缝距孔洞边缘不应小于300mm。

（2）变形缝

车站一般不设变形缝，仅在结构或地质条件变化较大的部位及车站与通道、风道、区间的接口处设置。但应尽可能避开公共区。区间变形缝设置应结合不同结构接口，区间与车站结口及地质条件变化较大的部位考虑设置，矿山法区间变形缝一般宜为间距60m，根据具体情况考虑设置变形缝。变形缝宽度为20mm。

2）材料及构造措施

（1）明挖及矿山法结构施工缝。

①垂直施工缝浇筑混凝土前，应将其表面清理干净，再涂刷混凝土界面处理剂或水泥基渗透结晶型防水涂料，并应及时浇筑混凝土。

②水平施工缝浇筑混凝土前，应将其表面浮浆和杂物清除、然后铺设净浆或涂刷混凝土界面处理剂、水泥基结晶型防水涂料等材料，再铺30～50mm厚的1:1水泥砂浆，并及时浇筑混凝土。

③施工缝中部可采用以下做法：车站及明挖区间设置中埋式钢边橡胶止水带，并设置一道可重复注浆管。矿山法区间设置中埋式钢边橡胶止水带。

④对于盖挖顺筑车站的刹肩施工缝，在衬砌中部设置两道水膨胀聚氨酯止水胶（挤出型胶状），并设置一道可重复注浆管；同时在杀肩施工缝以下1m范围侧墙采用微膨胀混凝土进行浇筑。

(2)变形缝。

①变形缝处除辅助外防水层外设置三道各自成环的止水线。

第一道止水线:变形缝中部设置带注浆管的橡胶止水带(中心带气孔型),形成一道封闭的防水线。

第二道止水线:明挖法顶板外侧加设一道聚硫密封胶,分离式围护结构的侧墙外侧加设一道聚硫密封胶,密贴式围护结构的侧墙和底板加设一道背贴式止水带。矿山法区间二次衬砌外侧加设一道背贴式止水带。

第三道止水线:变形缝处顶板(拱顶)及侧墙(边墙)内侧设置不锈钢接水槽,将少量渗水有组织地引入废水泵房,底板(仰拱)内侧嵌填聚硫密封胶。

②当变形缝位于人防设防段,还应根据人防要求预埋钢板。

(3)穿墙管。

穿墙管采用固定式防水法或套管式防水法,套管(或主管)均应设置止水环。

(4)后浇带。

后浇带应设置在受力和变形较小的部位,设置直缝或台阶缝,后浇带采用微膨胀防水混凝土,其缝间防水按施工缝处理。

(5)抗拔桩。

①抗拔桩桩头钢筋根部采用膨胀聚氨酯密封胶密封。

②桩头在浇筑结构纵梁(或底板)涂刷渗透性结晶防水涂料(用量:$\geqslant 1.5 \text{kg/m}^2$),并涂刷一道环氧浆。

③在拐角处预埋注浆管。

(6)在车站与区间隧道、车站与预留接口接头处,其辅助防水层应各自进行收口,并采用与其两边均相容的辅助材料进行过渡连接。

8.7　防水附加层辅助措施

1)明挖车站与明挖区间

(1)顶板:无种植要求时采用2.5mm厚的单组分聚氨酯防水涂料,并设置隔离层,隔离层可采用PE薄膜或油毡,采用100mm厚细石混凝土作保护层。

如顶部有种植要求,采用2.5mm厚的单组分聚氨酯防水涂料,并用PVC抗刺穿层代替隔离层,采用100mm厚细石混凝土作保护层。

(2)侧墙:放坡开挖或围护结构与地下结构有一定间隙的结构形式,侧墙采用自黏式防水卷材,采用24砖墙或50mm厚的高密度泡沫板作保护层。

复合式的地下结构形式,侧墙采用高分子类能倒置粘贴于主体结构的预铺式柔性防水材料,并做临时保护。

（3）底板：采用能倒置粘贴于主体结构的预铺式柔性防水材料，材料应同侧墙选用材料一致，采用 50mm 的细石混凝土并做保护层。

（4）附加防水层：采用同主体结构外防水层一致的防水材料。

2）矿山法区间

采用土工布缓冲层及 EVA 或 ECB 塑料防水板，并设置分区注浆系统。仰拱防水层上方设置 50mm 厚细石混凝土保护层。

8.8 排水措施

（1）变形缝内侧接水系统要有组织地与车站排水系统联通并排水通畅。

（2）基坑降水系统应在施工过程中运转正常，保证底板施工时地下水位降至垫层 500mm 以下。

（3）车站各层楼板的排水沟在土建施工时一次建成。

（4）采用限量排放模式的矿山法区间除设置半包 EVA 或 ECB 塑料防水板外，还需设置由环向排水板（半管）、纵向排水盲管、塑料防水板、横向泄水管、检查井、主排水（管）沟等组成的排水系统。

为保证排水系统的可维护性，纵、横向排水盲管及排水沟需符合高压冲洗的力学性能指标，不易堵塞。需备有大型高压水射流清洗设备及专用喷头，靠高速水流，切割击碎结垢物，并随高压水流排出管道，必要时采用特殊机械接头清除障碍物。

8.9 材料选型原则

（1）在地铁工程中使用的防水材料应通过国家指定的质检部门的检测和鉴定。其性能应符合国家标准、行业标准，且能满足本工程施工特点、气候条件、地质水文条件和变形要求。根据不同的结构形式和施工方法选用相适应的防水材料。

（2）所选用的材料应适应贵阳地区的气候条件和地铁结构的特点。

（3）所选用的材料还应有类似工程的成功业绩。

（4）所选用的的防水材料应有良好的防渗性能，对环境无污染，阻燃性、耐腐蚀、耐久性能好，并且易于操作。

（5）所有掺入混凝土的外加剂（添加剂）必须考虑其与混凝土的相容性，且通过国家检测机关证明对人体无害（包括放射性、毒性等）。

（6）注浆材料应对环境无污染，结石强度高，造价低。

8.10 防水施工经验总结及思考

结构渗、漏水为主要病害之一。其主要原因有四点:一是防水层破损;二是混凝土密实度差;三是施工缝、变形缝处理质量不好;四是不均匀沉降造成混凝土开裂。

1)隧道防水

防水卷材材质本身不能和喷射混凝土初次衬砌密贴,安设时的冲击、背面凸出物等易将防水板扎破,导致漏水;板与板间的接合部室薄弱环节,施工过程中采用的设备和材料不匹配也会导致黏性不足或材料损伤,使整个防水体系失败;如遇混凝土壁面有较大空洞和凹凸的部位,二次衬砌的挤压及围岩变形会使防水板拉伸,特别是结合部位易发生断裂破坏;衬砌结构混凝土厚度较薄,施工空间狭小,易导致振捣不充分,局部密实度不够,甚至形成空洞;施工缝、沉降缝为防水薄弱环节埋设止水带不居中、不连续及不均匀沉降导致的拉裂等均会导致其防水失效;初期支护背后注浆、二次衬砌背后注浆以及后续的局部堵水注浆使用的材料及工艺对防水、堵水效果影响大。

为保证隧道不渗不漏施工中必须做到:一是做好光面爆破及基础处理,强化喷射混凝土质量;二是狠抓防水层施工质量;三是严格保证衬砌混凝土捣固质量以及严格把住混凝土施工缝、沉降缝防水关;四是提高注浆止水工艺水平,严禁使用违规材料。

2)车站防水

车站结构混凝土施工空间较大,厚度较大,捣固施工操作容易,混凝土结构自防水问题主要需要解决混凝土浇筑供应的连续性问题,规划好浇筑时间段,避开交通高峰期,防止因混凝土停滞时间过长形成冷缝。车站防水难点在于主体结构和附属结构连接设置的沉降缝处,该处刚施工完时一般没有漏水现象,伴随着连接处的不均匀沉降,会慢慢出现渗漏水现场。一是要严格控制沉降缝施工质量,按照规范、设计施工;二是因为主体和附属结构基底持力层存在差异,附属结构持力层多位于土层,对软弱基础的加固处理很重要,须防止工后不均匀沉降导致沉降缝防水设施拉裂损坏。

第9章 土建工程技术创新与新技术应用

9.1 "水压爆破"施工技术及工艺

水压爆破与传统的隧道光面爆破方案基本相同,只是在装药结构和炮孔堵塞上进行了适当的调整。原理为"往炮眼中一定位置注入一定量的水,并用专用的'炮泥'回填堵塞炮眼",利用在水中传播的冲击波对水的不可压缩性,使爆炸能量经过水传递到围岩中几乎无损失,同时,水在爆炸气体膨胀作用下产生的"水楔"效应,有利于岩石破碎,炮眼中的水可以起到雾化降尘作用,大大降低粉尘对环境的污染。

1)水压爆破定义及原理

(1)装药结构

隧道掘进水压爆破在掏槽形式、炮眼布置、数量、深度、起爆顺序和时间间隔等方面与隧道常规爆破一模一样,所不同的是在炮眼装药量和装药结构方面有所不同。

隧道掘进水压爆破,首先往炮眼最底部装入水袋,随之装药卷,再装水袋,最后用炮泥回填堵塞,其装药结构如图4-9-1所示。

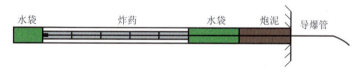

图4-9-1 水压爆破装药结构示意图

(2)技术原理

传统爆破方法存在爆破不能充分利用炸药能量,污染环境两大问题。

水压爆破由于炮眼中有水,在水中传播的冲击波对水不可压缩,爆炸能量无损失地经过水传递到炮眼围岩中,这种无能量损失的应力波十分有利于岩石破碎,此外还会产生"水楔"效应,更利于岩石破碎,水雾作用有利于降尘和吸附有害有毒气体。

要特别提出的是,炮眼底部水袋水击波反射作用加强应力波强度更有利于围岩破碎炮眼而不留炮根。

总而言之,由于炮眼中有水,并用炮泥回填堵塞,能充分利用炸药能量,而且又大大降低粉尘对环境的污染。

2)水压爆破工艺流程

水压爆破工艺流程与普通爆破基本相同(图4-9-2),不同之处在于要事先加工好爆破所需的炮泥及水袋,并在装药时按照设计的装药结构分次序装入水袋、炸药、水袋后,用炮泥堵塞。

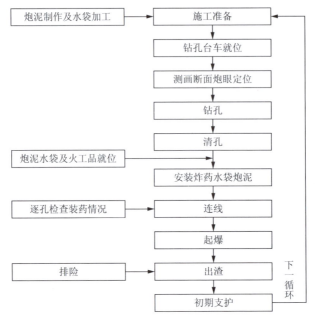

图 4-9-2 水压爆破施工工艺流程图

3）水压爆破设备

（1）炮泥机

炮泥机具有规格统一、质地均匀、软硬适中、表面光滑等特点（图 4-9-3），提高了炮眼封堵质量，减少明火产生。

（2）塑袋灌装封口机

水袋具有规格统一、质地均匀、自动灌水封口等特点，制作速度快，方便简单，如图 4-9-4 所示。

图 4-9-3 炮泥机

图 4-9-4 塑袋灌装封口机

4）炮泥加工工艺

（1）原材料

炮泥主要采用黏土、砂和水三种材料。黏土采用干净的普通黏土，含水率控制在 8% 以下。最大颗粒不超过 10mm，不得有草根等杂物，大颗粒要人工破碎。砂采用干净的细砂，最好使用河砂,含水率控制在 3% 以下。加工炮泥的前一天,应把已筛好的泥(土)、砂和水按重量配比人工拌和好,这样第二天制作成的炮泥比临时拌和的柔韧性更好。

(2)炮泥制作

开机前,在料斗中加入已预拌和的河砂料约 20kg,然后打开电源,在转动螺旋的推压下,泥料边向前输送边挤压密实,最后在卧式螺旋输送成形器端头源源不断地挤压出来;炮泥是由黏土、细砂、水三种成分组成,三种成分的重量比例为黏土:砂:水 =0.75:0.09:0.16,按照配合比例人工拌匀材料后,装入炮泥机的进料仓,启动电钮开始生产,生产出的炮泥按照 20～30cm 的长度截割。制作好的炮泥放置时间不要太长,最好在使用前 1～2h 制作好,不然会失水变硬,堵塞后影响降尘效果,如放置时间较长,可在加工好的炮泥外包裹塑料薄膜,或放置在阴凉处,用湿土工布完全覆盖保存。制好的炮泥以表面光滑、不断裂,用手略微捏一捏可以变形为宜(图 4-9-5)。

5)水袋加工工艺

(1)原材料准备

水袋的原材料即水和塑料袋。塑料袋为常用的聚乙烯塑料,水袋长 200mm,直径为 35mm,袋厚约为 0.8mm,水袋为厂制品直接购买使用。

(2)水袋制作

在开始灌注封口前,把主开关拨上,等机器运转两次,使计量泵内吸满水,将空气排出后,把主开关拨下,塑料袋由人工用双手拇指和食指夹住套在出水管口上,按启动开关,即完成自动灌注和封口,如图 4-9-6 所示。

图 4-9-5 成品炮泥

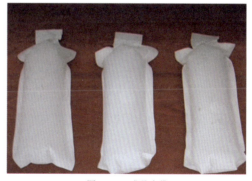

图 4-9-6 成品水袋

6)水压爆破施工

本工程隧道围岩主要以白云岩为主,围岩为Ⅵ级围岩,断面面积为 $39.71m^2$。

周边眼采用间隔装药方式,其余炮眼采用连续装药,掏槽眼采用复合楔形掏槽,掏槽眼深度 2.8m,掘进炮眼深度 2.5m,爆破采用 2 号岩乳化炸药、1～13 段非电毫秒雷管和塑料导爆管,导爆索采用与周边眼导爆管复合式网络联接,各部依次起爆。

每循环炮眼总数为 92 个,全断面总装药量为 98.3kg,单位岩石炸药消耗量为 $1.4kg/m^3$。抵抗线厚度 0.62m,利用非电雷管的固有延期作为起爆次序,用同段雷管作传爆雷管,将脚线连成束，再把传爆雷管脚线抓连上起爆雷管，光爆炮眼与内圈炮眼起爆时间间隔为 190ms。

Ⅳ级围岩常规/水压爆破参数表　　　　表 4-9-1

炮眼分类		炮眼个数	炮眼深度（cm）	炮眼角度（°）		单孔装药量（kg）	小计装药量（kg）
				水平	垂直		
掏槽眼	1组	4	140	67	90	0.9/0.9	3.6/3.6
	2组	6	280	80	90	2.1/1.8	12.6/10.8
辅助眼		34	250	90	90	1.5/1.3	51/44.2
底板眼		10	250	90	90	1.5/1.35	15/13.5
周边眼		20	250	90	95	0.4/0.3	8/6
		18	250	95	90	0.45/0.35	8.1/6.3

经过试验确定，水压爆破的装药结构与常规爆破相比，每循环进尺提高 0.2m，平均爆破利用率提高 8%。

7）装药和起爆

（1）装药作业

所有炮眼先在眼底装入水袋，再按爆破设计少装入一个药卷，剩余炮孔依次装入 3 个水袋和全部用炮泥堵塞。

（2）起爆作业

起爆网络采取孔内延期微差、孔外簇联的起爆方式，各引爆雷管之间采取并联的方式，以保证起爆网络的可靠性和准确性。联结时要注意：导爆索的连接方向和连接点的牢固性；导爆管不能打结和拉细；引爆雷管用黑胶布紧紧包扎在离一簇导爆管自由端 10cm 以上处，网络联好后，要有专人负责检查，确认无误后，方准起爆。

起爆顺序：从掏槽眼开始，一层一层向外进行，最后是周边眼、底板眼。起爆前应按要求做好各项安全防护措施。

总结：水压爆破比传统的隧道爆破方式爆破能量损失少，效果好，能更有效利用爆破材料，节约炸药，更经济高效。水压爆破能大量降低粉尘污染，粉尘是隧道施工环境差的最主要原因，且需通风除尘时间较长。爆破后隧道粉尘含有害物质，减少粉尘，更有利于作业人员身体健康。

由于贵阳轨道交通 1 号线区间工程中除 1.4km 路基工程及 3.1km 桥梁工程外其余全部为隧道工程，隧道工程中暗挖隧道占绝大部分。暗挖隧道主要采用矿山法施工，控制爆破开挖，因此水压爆破施工对提高爆破施工效率及环境意义较大。

9.2 "悬臂式掘进机"冷挖施工技术及工艺

1）施工准备

因掘进机使用 1140V 高压，一台掘进机需架设一台特变（其输出电压为 1140V），准备高压电 630kVA 相变及准备相应长度电缆(从箱变至掘进机工作处)、风、水管、配套挖掘机及运输车出渣,该准备工作为悬臂式掘进机施工的前提。

2)悬臂式掘进机截割方式

悬臂式掘进机就位后,开始从掌子面底部水平切削出一条槽,向前移动掘进机再一次就位,就位后截割头采取自下而上、左右循环切削。在切削的同时铲板部耙爪将切削下来的渣装入第一运输机,第一运输机转运至第二运输机,第二运输机直接装入出渣车运出洞外。从底部开挖到顶部完成后,进行二次修整以达到准确的设计断面。当局部遇有硬岩时(≥100MPa),可先掘周围软岩,使大块硬岩坠落,采用改炮方式另行处理,以降低掘进难度及截齿消耗量。

悬臂式掘进机的截割方式是从扫底开始截割,再按 S 形或 Z 形左右循环向上的截割路线逐级截割以上部分。

选用右旋截割头截割硬岩,先由右向左从扫底开始截割,再按从左至右、自下往上的方式或从右往左、自上而下逐步进行截割。如遇节理发育较好岩石,则应选择沿岩石节理方向逐步截割。

针对不同硬度的岩石可定制不同的截齿,科学合理的截齿螺旋线排布,确保机器有更好的掘削能力,并具有自洁功能,可根据实际工况条件为用户选择最佳截割头,提高施工效率。当局部遇有硬岩时,可以选用小直径截割头,截割力大,破岩能力强,以降低掘进难度及截齿消耗量。悬臂式掘进机截割方式如图 4-9-7、图 4-9-8 所示。

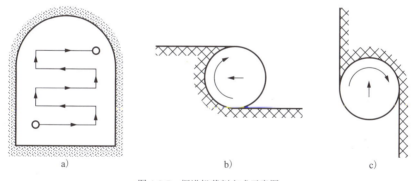

图 4-9-7 掘进机截割方式示意图

图 4-9-8 悬臂式掘进机截割头及截齿实物图

3）悬臂式掘进机出料运输方式

通过截割头旋转切削，由耙爪、第一运输机实现落渣的装运与转载，第一运输机转运至第二运输机，第二运输机直接装入出渣车运到料斗中，门式起重机吊运渣土至场内临时存渣区，出渣完毕。由于贵阳轨道交通隧道工程多为单线小断面隧道，为改善洞内施工环境，降低工人劳动强度，经研究决定拆除第二运输机，采用悬臂式挖掘机出渣替代第二运输机功用（图4-9-9、图4-9-10）。

图4-9-9　拆除第二运输机现场图

图4-9-10　拆除第二运输机后悬臂式掘进机

4）悬臂式掘进机施工方法

掘进施工时悬臂式掘进机先驶入隧道一头，利用截割部在隧道掌子面进行切削掘进，切削下来的渣土直接由"第一运输机"输送至悬臂式掘进机后方，再用挖掘机装入运渣车运至竖井后垂直提升至场内临时存渣区，掘进完成后利用悬臂式掘进机截割头将初期支护台车运至掌子面进行初期支护（钢拱架架设、喷射混凝土）施作，悬臂式掘进机则后退至不影响后续工序施工位置等待下一掘进工序。仰拱部分采用挖掘机开挖，整个隧道掘进过程实现全机械开挖，不仅对围岩扰动小，也避免对周围建筑的影响。施工方式如图4-9-11、图4-9-12所示。

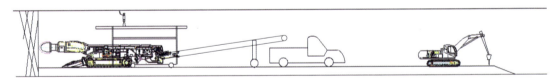

图4-9-11　悬臂式掘进机掘进施工示意图

图4-9-12　悬臂式掘进机掘进施工现场

悬臂式掘进机在隧道施工中对围岩扰动小，适应能力强，开挖质量高，洞室开挖断面圆顺度高，便于喷混凝土支护，缩短工期，安全有保障。

5）悬臂式掘进机施工优点及缺陷

（1）悬臂式掘进机施工优点

①安全性方面：采用悬臂式掘进机进行掘进施工，可以提高隧道机械化施工程度及

其配套施工技术并降低施工安全风险;悬臂式掘进机采用切削方式进行掘进,振动小,对围岩的扰动极小;掘进机开挖效率高,支护能够及早跟进,极大地缩短了开挖面的临空时间。

②保证质量方面:悬臂式掘进机施工对围岩的扰动小,提高了下穿高层建筑及车站的安全指数,提高了隧道的开挖质量,洞室开挖断面圆顺度高,便于喷混凝土支护,同时也提高了初期支护的质量。

③施工进度方面:悬臂式掘进机是一种部分断面掘进机,集切削、装渣、转运和自行于一身,可以做到切削、装运同步进行,具有连续掘进、地质适应性强等优点,是理想的冷挖掘进设备;悬臂式掘进机具有多功能性及机动性,当遇到意外情况,便于及时调整施工方案,而不影响施工进度;悬臂式掘进机施工进度由支护工序时间控制,由于开挖断面规范,钢架、网片拼装快捷,喷射混凝土可节省大量时间。

(2)悬臂式掘进机施工缺陷.

①由于悬臂式掘进机截割头较长,每次掘进施工掌子面需预留约0.8m的开挖面,以避免下次开挖损坏已施作的初期支护,导致掌子面位置临空面过大。

②由于本区间隧道为小断面隧道,悬臂式掘进机机身尺寸相对较大(长×宽×高:11.7m×3.6m×2m),无法正常通过二次衬砌台车,一旦开始施作二次衬砌,悬臂式掘进机将只能单线单方向掘进。

③由于悬臂式掘进机截割部受自身长度制约,不便于分台阶施工。

④悬臂式掘进机截割部虽带有自动喷淋设施,但仅能满足截割头降温使用功能,开挖过程中降尘效果不明显,因截割岩面产生的大量粉尘充斥在整个隧道内,现场作业环境较差。

6)解决悬臂式掘进机施工缺陷的处理方案及施工组织措施

(1)针对悬臂式掘进机施工临空面过大的处理方案及施工组织措施

针对悬臂式掘进机施工临空面过大问题,可采取"改进掘进机截割头长度""实施掘进机部分断面开挖"两种方案进行掘进施工。

改进悬臂式掘进机截割头长度:可通过更换体型较小的截割头以最大程度的缩短掌子面临空面在50cm左右。

实施掘进机部分断面开挖:采用悬臂式掘进机进行掘进工作时,只开挖隧道部分断面,即在保证不破坏已施作初期支护的情况下尽可能地采用截割头切削洞身,预留开挖面采风镐或挖掘机进行开挖修整。悬臂式掘进机部分断面开挖示意如图4-9-13所示。

(2)保证仰拱、仰拱填充及二次衬砌正常施工的处理方案及施工组织措施

进行仰拱及仰拱填充施工时,在已施作仰拱填充与未施作仰拱填充部分架设钢栈桥,出渣车、挖掘机等机械设备及工人利用钢栈桥通行,悬臂式掘进机在掌子面掘进施

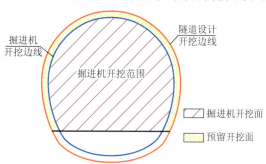

图4-9-13 掘进机部分断面开挖示意图

工。保证仰拱及仰拱填充正常施工组织示意如图 4-9-14 所示。

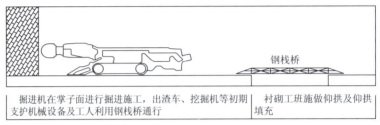

图 4-9-14　仰拱及仰拱填充正常施工组织示意图

根据本区间隧道地质情况实施二次衬砌跳护施工(即根据现场实际情况进行二次衬砌隔段施工)。

针对悬臂式掘进近无法正常通过二次衬砌台车的问题,可在洞内安排 2 台悬臂式掘进机进行掘进施工,在左、右线各设置一台悬臂式掘进机进行掘进,并以竖井横通道为起点向大里程方向施作二次衬砌;其中一台悬臂式掘进机则通过联络通道及横通道进行剩余 3 个隧洞的掘进施工。为此根据现场情况需增设临时横通道(约 200m 设置一处),保证悬臂式掘进机在左右线之间循环作业。具体施工组织如图 4-9-15 所示。

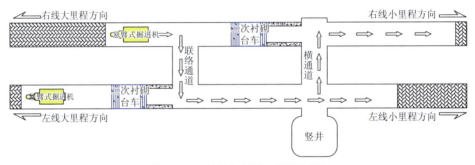

图 4-9-15　二次衬砌正常施工组织示意图

悬臂式掘进机开挖效率受岩石强度的影响很大,但适用地层范围较广。普通冷挖机械受岩石强度影响每循环开挖支护施工长达 30～48h。悬臂式掘进机开挖一般可适用于 20～80MPa 抗压强度的地层,且当地层破碎,岩石强度不高时,掘进速度较快。贵阳轨道交通 1 号线工程中悬臂式掘进机多适应于地质情况较好非爆破开挖地段,隧道掘进过程中需对掌子面进行超前地质预报工作,并实时监测初期支护变形情况,在围岩稳定地段可灵活选用台阶法与全断面法进行隧道掘进施工;当出现掌子面地质差、围岩不稳定、遇溶洞等情况时,应暂停掘进施工,进一步研究考虑,避免施工风险。

由于 1 号线部分隧道下穿建(构)筑物较多,部分隧道段周边条件不允许爆破开挖,需采用冷挖(非爆破开挖)施工。采用悬臂式掘进机进行隧道冷挖施工对围岩扰动小,对岩石强度适应能力强,开挖质量高,洞室开挖断面圆顺度高,便于喷混凝土支护,缩短工期,安全有保障。相比传统普通冷挖机械悬臂式掘进机开挖更适合贵阳地区,在 1 号线隧道工程施工中大量使用获得了良好的效果,并在 2 号线隧道施工中得到了推广。

穿越 中国隧道及地下工程建设项目技术总结丛书

GUIYANG CHENGSHI GUIDAO JIAOTONG
1 HAO XIAN JIANSHE ZONGJIE

贵阳城市轨道交通 1号线建设总结

(下册)

贵阳市城市轨道交通集团有限公司
中国中铁二院工程集团有限责任公司 主编

人民交通出版社股份有限公司
China Communications Press Co.,Ltd.

内 容 提 要

本书以贵阳市轨道交通1号线工程为背景,全面总结了1号线工程在规划、设计与施工、建设管理、运营筹划、资源开发等全过程中的具体做法与诸多科技创新成果,力求系统反映山地城市复杂地质和施工环境条件下,城市轨道交通建设的特点、难点与管理重点,建立一套完整有效、具有贵阳特色的轨道交通项目建设与运营筹备管理方法体系。

本书分七篇,第一篇介绍工程的总体概况,第二篇介绍建设单位的管理方法和模式,第三篇介绍监理单位对本工程的管理方法和要求,第四篇介绍土建工程的设计、施工和验收,第五篇介绍机电、装修及系统工程的设计、施工和验收,第六篇介绍运营管理体系建设过程及1号线初期运营效果,第七篇介绍物业资源的开发规划与实践经验。

本书可供城市轨道交通行业从事建设管理、勘察、设计、施工、监测、咨询、运营、资源开发的相关专业技术人员参考,也可作为高等院校、科研机构等专业人员的参考用书。

图书在版编目(CIP)数据

贵阳城市轨道交通1号线建设总结:上下册 / 贵阳市城市轨道交通集团有限公司,中国中铁二院工程集团有限责任公司主编. —北京:人民交通出版社股份有限公司,2019.9

ISBN 978-7-114-15679-3

Ⅰ.①贵… Ⅱ.①贵… ②中… Ⅲ.①城市铁路—轨道交通—铁路工程—贵阳 Ⅳ.①U239.5

中国版本图书馆CIP数据核字(2019)第138577号

书　　名:	贵阳城市轨道交通1号线建设总结(下册)
著 作 者:	贵阳市城市轨道交通集团有限公司 中国中铁二院工程集团有限责任公司
责任编辑:	谢海龙
责任校对:	孙国靖　扈　婕
责任印制:	张　凯
出版发行:	人民交通出版社股份有限公司
地　　址:	(100011)北京市朝阳区安定门外外馆斜街3号
网　　址:	http://www.ccpress.com.cn
销售电话:	(010)59757973
总 经 销:	人民交通出版社股份有限公司发行部
经　　销:	各地新华书店
印　　刷:	北京市密东印刷有限公司
开　　本:	787×1092　1/16
印　　张:	64.75
字　　数:	1385千
版　　次:	2019年10月　第1版
印　　次:	2019年10月　第1次印刷
书　　号:	ISBN 978-7-114-15679-3
定　　价:	300.00元(含上、下册)

(有印刷、装订质量问题的图书由本公司负责调换)

目录

上 册

第一篇 工程概况

第 1 章 概述 ·· 003
    1.1 工程范围及特点 ··· 003
    1.2 工程项目建设的意义及必要性 ·· 005
    1.3 工程筹划 ·· 007
    1.4 工程建设项目的立项审批 ·· 008

第 2 章 规划与设计 ··· 010
    2.1 建设线路的选择原则及方案确定 ·· 010
    2.2 线站位设置 ··· 012
    2.3 工可阶段方案研究 ·· 016
    2.4 总体设计 ·· 022
    2.5 初步设计 ·· 025
    2.6 行车与运营组织 ··· 029
    2.7 环境保护 ·· 035
    2.8 劳动安全与卫生 ··· 037
    2.9 节能 ·· 044

第二篇 建设管理

第 1 章 建设管理模式及组织架构 ··· 049
    1.1 城市轨道交通项目建设管理概述 ·· 049

  1.2 贵阳城市轨道交通项目建设管理模式 049
  1.3 建设单位组织架构 051

第 2 章 工程前期准备 055

  2.1 征地拆迁 055
  2.2 交通疏解 055
  2.3 管线迁改 059

第 3 章 合同及招标管理 062

  3.1 合同管理范围及目标 062
  3.2 合同管理方法与措施 062
  3.3 合同变更管理 063
  3.4 投资控制管理 064
  3.5 工程招标管理 065
  3.6 合同和招标管理经验与总结 068

第 4 章 计划管理 069

  4.1 计划管理体系 069
  4.2 计划管理办法 069
  4.3 计划的编制与审批 070
  4.4 计划的执行与控制 072
  4.5 计划信息反馈 074
  4.6 计划的调整 074
  4.7 计划考核及奖罚 074
  4.8 计划管理的经验和总结 075

第 5 章 质量安全及工程保险管理 076

  5.1 工程质量安全管理体系 076
  5.2 工程质量安全管理制度及措施 077
  5.3 工程质量安全管理经验和总结 083
  5.4 工程保险 084

第 6 章 设计管理 087

  6.1 设计管理体系及组织架构 087
  6.2 设计管理主要内容及方法 087

6.3 设计咨询管理主要内容及方法 ················· 088
6.4 设计管理效果及经验教训 ····················· 089

第 7 章 土建工程管理 ································· 092

7.1 土建工程管理组织机构 ······················· 092
7.2 土建工程现场管理的内容 ····················· 093
7.3 土建工程管理经验与总结 ····················· 097

第 8 章 机电工程管理 ································· 099

8.1 机电工程建设管理组织架构 ··················· 099
8.2 机电工程建设管理主要内容 ··················· 100
8.3 机电建设管理经验与总结 ····················· 108

第 9 章 科研和创新管理 ······························· 112

9.1 科研与创新的意义 ··························· 112
9.2 科研与创新的管理机构 ······················· 112
9.3 科研与创新的管理流程及方法 ················· 113
9.4 重大科研成果简介 ··························· 116
9.5 经验与总结 ································· 118

第 10 章 工程档案管理 ································ 119

10.1 工程档案管理概况 ·························· 119
10.2 工程档案参建单位各方职责 ·················· 120
10.3 工程档案管理方法及措施 ···················· 121
10.4 工程档案归档要求 ·························· 123
10.5 工程档案整理原则与要求 ···················· 124
10.6 工程档案验收与移交 ························ 127
10.7 工程档案工作的成效和经验 ·················· 129
10.8 工程档案工作存在的问题 ···················· 130

第 11 章 轨道交通工程验收管理 ························ 132

11.1 工程验收机构及职责 ························ 132
11.2 工程验收程序与组织关系 ···················· 133
11.3 政府专项验收 ······························ 136
11.4 验收管理经验和总结 ························ 138

第三篇　建设监理

第1章　土建监理 ... 141
1.1　监理范围及组织机构 ... 141
1.2　土建工程的特点及监理工作重难点 ... 144
1.3　监理工作内容 ... 145
1.4　主要监理工作程序 ... 146
1.5　监理工作方法和措施 ... 151
1.6　经验与总结 ... 154

第2章　轨道监理 ... 158
2.1　监理范围及组织机构 ... 158
2.2　轨道工程的特点及监理工作重难点 ... 159
2.3　监理工作方法和措施 ... 161

第3章　第三方监测 ... 173
3.1　监测范围及组织机构 ... 173
3.2　第三方监测的特点及监测工作重难点 ... 176
3.3　第三方监测工作办法和措施 ... 179
3.4　主要监测成果简介 ... 181
3.5　存在问题及工作建议 ... 194

第4章　车辆及机电设备监理 ... 196
4.1　监理范围及组织机构 ... 196
4.2　机电设备特点及监理工作重难点 ... 198
4.3　监理工作方法和措施 ... 206
4.4　设备制造阶段的监理工作 ... 225
4.5　设备安装调试及验收阶段的监理工作 ... 225
4.6　设备系统及装修监理经验与总结 ... 232

第5章　设计监理 ... 234
5.1　设计监理的人员构架、工作范围及职责 ... 234
5.2　各阶段设计监理(咨询)的工作特点及审查重点 ... 235
5.3　各阶段设计监理(咨询)的工作方法和措施 ... 236

5.4 设计监理(咨询)主要成果简介 ………………………………………………… 237

5.5 设计监理(咨询)经验总结与建议 ……………………………………………… 243

第四篇　土建工程

第 1 章　工程勘察与测量 …………………………………………………………… 247

1.1 工程勘察 ………………………………………………………………………… 247

1.2 工程测量 ………………………………………………………………………… 278

第 2 章　线路与限界 ………………………………………………………………… 287

2.1 线路设计 ………………………………………………………………………… 287

2.2 限界设计及检查 ………………………………………………………………… 306

第 3 章　车站工程 …………………………………………………………………… 316

3.1 车站建筑设计 …………………………………………………………………… 316

3.2 车站结构设计与施工 …………………………………………………………… 356

3.3 车站装修设计与施工 …………………………………………………………… 389

第 4 章　区间工程 …………………………………………………………………… 408

4.1 区间路基工程设计 ……………………………………………………………… 408

4.2 区间路基工程施工及验收 ……………………………………………………… 418

4.3 区间桥梁工程设计 ……………………………………………………………… 426

4.4 区间桥梁工程施工及验收(以窦官右线大桥和窦官四线岔桥为例) ………… 441

4.5 地下区间隧道工程设计 ………………………………………………………… 444

4.6 区间隧道工程施工及验收 ……………………………………………………… 483

第 5 章　车辆段与综合维修基地 …………………………………………………… 493

5.1 金阳车辆段与综合基地设计 …………………………………………………… 494

5.2 小河停车场设计 ………………………………………………………………… 507

5.3 车辆基地设计、施工经验及教训 ……………………………………………… 514

第 6 章　轨道工程 …………………………………………………………………… 516

6.1 轨道工程设计 …………………………………………………………………… 516

  6.2 设计主要亮点 ··· 518

  6.3 轨道工程施工经验及教训 ··· 520

  6.4 施工创新及优化 ··· 526

第 7 章 人防工程 ··· 529

  7.1 人防工程设计 ··· 529

  7.2 人防工程施工 ··· 533

  7.3 人防工程验收 ··· 534

  7.4 人防工程设计与施工经验及教训 ··· 534

第 8 章 防水工程 ··· 539

  8.1 防水原则 ··· 539

  8.2 防水标准 ··· 539

  8.3 车站防水施工及措施 ··· 540

  8.4 区间防水施工及措施 ··· 543

  8.5 混凝土结构自防水防腐的要求 ··· 546

  8.6 接缝防水措施 ··· 547

  8.7 防水附加层辅助措施 ··· 548

  8.8 排水措施 ··· 549

  8.9 材料选型原则 ··· 549

  8.10 防水施工经验总结及思考 ··· 550

第 9 章 土建工程技术创新与新技术应用 ··· 551

  9.1 "水压爆破"施工技术及工艺 ··· 551

  9.2 "悬臂式掘进机"冷挖施工技术及工艺 ··· 554

下　册

第五篇　车辆及机电设备

第 1 章 车辆 ··· 561

  1.1 概述 ··· 561

  1.2 贵阳地铁列车技术特点 ··· 561

	1.3	列车总体介绍	564
	1.4	主要部件和系统	568
	1.5	车辆调试及监造	574
	1.6	车辆设计制造经验	576

第 2 章　供电系统　577

	2.1	供电系统设计	577
	2.2	设备监造、安装、调试及验收	586
	2.3	体会与经验	596

第 3 章　信号系统　599

	3.1	信号系统设计	599
	3.2	系统设计总结	608
	3.3	工程实施总结	614
	3.4	主要工程体会和经验	619

第 4 章　通信系统　621

	4.1	通信系统设计	621
	4.2	专用通信	627
	4.3	公安通信	637
	4.4	民用通信	640
	4.5	设备安装及调试	641
	4.6	体会与经验	652

第 5 章　屏蔽门、安全门系统　655

	5.1	系统设计	655
	5.2	设备监造、安装、调试及验收	665
	5.3	体会与经验	671

第 6 章　自动扶梯、电梯　672

	6.1	自动扶梯、电梯设置原则	672
	6.2	主要设计原则	672
	6.3	设计规范、标准	674
	6.4	主要设计参数和技术要求	674
	6.5	运营模式	679

6.6 设备监造、安装、调试及验收 680
6.7 经验和教训 686

第7章 自动售检票系统 689

7.1 工程概况 689
7.2 主要实现功能 691
7.3 主要系统构成 691
7.4 工程实施与初设的技术差异 693
7.5 主要技术特点和创新 693
7.6 设备安装 695
7.7 系统调试 699
7.8 主要的体会和经验 704

第8章 通风及空调系统 706

8.1 通风和空调系统设计标准 706
8.2 通风和空调系统组成和功能 711

第9章 给排水及水消防系统 724

9.1 给排水及水消防系统设计 724
9.2 设备监造、安装、调试及验收 730
9.3 经验与体会 733

第10章 气体自动灭火系统 734

10.1 气体灭火设计 734
10.2 设备监造、安装、调试及验收 738
10.3 体会与经验 744

第11章 综合监控系统（含 FAS/BAS）...... 745

11.1 概况 745
11.2 主要实现功能 747
11.3 主要系统构成 750
11.4 工程实施与初步设计的差异 753
11.5 设备安装 754
11.6 系统调试 761
11.7 主要工程体会和经验 763

第 12 章　门禁及安防系统 ... 765

  12.1　概况 ... 765
  12.2　主要实现功能 ... 766
  12.3　主要系统构成 ... 766
  12.4　工程实施与初设的技术差异 ... 769
  12.5　主要技术特点及创新 ... 769
  12.6　设备安装 ... 769
  12.7　系统调试 ... 773
  12.8　主要的工程体会和经验 ... 773

第 13 章　控制中心（OCC）及车站综合控制室（SCR）设备 ... 776

  13.1　概况 ... 776
  13.2　控制中心中央控制室工艺布置 ... 777
  13.3　控制中心设备房工艺布置要求 ... 780

第 14 章　导向标志系统 ... 781

  14.1　导向标志系统设计 ... 781
  14.2　设备监造、安装、调试及验收 ... 785
  14.3　体会与经验 ... 790

第 15 章　车辆段工艺设备设计 ... 791

  15.1　概述 ... 791
  15.2　车辆检修制度、修程及内容 ... 792
  15.3　车辆运用和检修主要作业流程 ... 793
  15.4　主要工作量及设计规模 ... 794
  15.5　车辆段工艺设备设计 ... 796
  15.6　体会与经验 ... 799

第 16 章　声屏障系统 ... 800

  16.1　声屏障系统设计 ... 800
  16.2　设备监造、安装、调试及验收 ... 810
  16.3　体会与经验 ... 821

第 17 章　各主要设备系统重要接口关系 ... 822

  17.1　车辆 ... 822

17.2 信号 822
17.3 通信 825
17.4 供电 827
17.5 动力照明 833
17.6 接触网 835
17.7 电力监控 837
17.8 杂散电流腐蚀防护与接地 838

第18章 机电设备系统新技术应用 841

18.1 车辆 841
18.2 供电设备 843
18.3 弱电设备系统 851
18.4 常规机电设备系统 853
18.5 给排水系统 855
18.6 通风和空调系统 855

第六篇 运营管理

第1章 运营管理策划 861

1.1 运营管理模式研究 861
1.2 组织架构设计 863
1.3 运营岗位体系设计与定岗定编研究 867
1.4 运营人员招聘策略 870
1.5 本章小结 872

第2章 运营筹备策划与实施 873

2.1 运营筹备总体策划 873
2.2 运营筹备各项主要工作目标及监控关键点 874
2.3 运营筹备工作计划 885
2.4 工程介入 892
2.5 运营演练 895
2.6 本章小结 898

第 3 章　初期运营···899

　　3.1　车务管理···899
　　3.2　运务管理···900
　　3.3　站务管理···902
　　3.4　修务管理···903
　　3.5　票务管理···910
　　3.6　人力资源管理···912
　　3.7　物资管理···913
　　3.8　安全技术管理···916
　　3.9　综合管理···921
　　3.10　本章小结··922

第 4 章　运营效果及评价···923

　　4.1　运营筹备细致到位···923
　　4.2　形成了特色的运营文化··924
　　4.3　安全管理不断强化···925

第七篇　物业资源开发

第 1 章　管理及体系建设···929

　　1.1　组织架构···929
　　1.2　制度建设···934

第 2 章　土地资源开发···936

　　2.1　轨道交通 1 号线沿线地区综合开发规划····································936
　　2.2　土地一级开发···938
　　2.3　房地产开发···940
　　2.4　土地资源开发经验及总结··942

第 3 章　广告资源开发经营···944

　　3.1　广告媒体设施形态···944
　　3.2　广告资源的经营···945
　　3.3　广告资源经营的管理···945

  3.4 广告资源开发经营经验及总结 ·· 947

第 4 章 通信资源开发经营 ·· 949

  4.1 通信资源形态 ··· 949
  4.2 通信资源开发现状 ·· 949
  4.3 通信资源开发经营经验及总结 ·· 952

第 5 章 商业资源开发经营 ·· 953

  5.1 商业资源开发形态 ·· 953
  5.2 商业资源开发经营的特点 ·· 955
  5.3 经营模式 ·· 956
  5.4 日常管理 ·· 957
  5.5 商业资源开发经营经验及总结 ·· 959

第 6 章 其他附属及衍生资源 ·· 961

  6.1 物资设备管理 ··· 961
  6.2 物业管理 ·· 963

第 7 章 物业资源开发经验总结及思考 ··· 965

参考文献 ·· 967

大事记 ··· 971

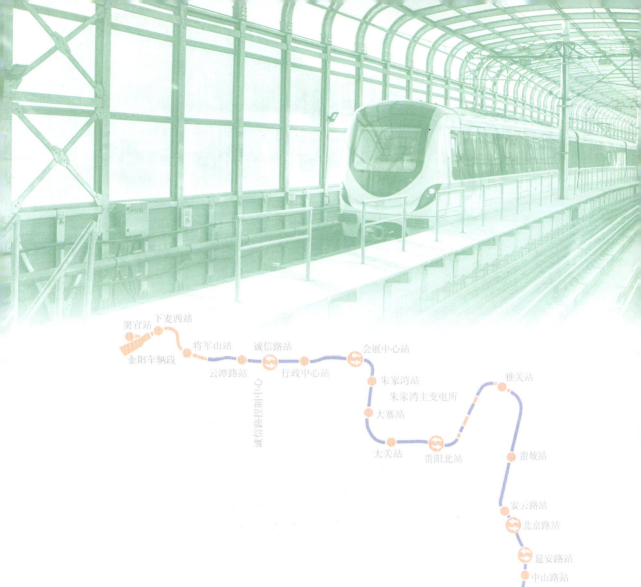

第五篇　车辆及机电设备

　　本篇分专业就其系统设计、设备监造、安装、调试及验收等内容进行总结，突出了各专业的亮点和创新点，同时介绍了设备系统国产化、各专业接口情况，最后对贵阳轨道交通1号线设备系统采用的新技术进行系统的介绍，如车辆的弓网监测系统、供电系统的列车再生制动能量逆变回馈和长大坡道接触网上下行并联、复合屏蔽门系统等，可供同行参考。

第1章 车　　辆

1.1　概　　述

贵阳轨道交通1号线车辆共34列,采用4动2拖(4M2T)的6辆编组B型地铁列车,最高运行速度80km/h,车体设计寿命不少于30年,且采用鼓形设计,材质使用铝合金材料,电气牵引系统为交流传动系统,空气制动系统采用轮盘制动方式,空调系统采用变频设计,节能环保。

车辆于2015年7月招标,同年10月份完成车辆合同签订,经过多轮设计联络会议讨论,于2016年5月完成所有车辆设计图纸冻结,同年4月开始首辆车车体生产,5月开始车辆全面装配,首列样车于2016年10月初下线,并于10月27日在金阳车辆段完成接车仪式,标志着地铁列车正式进驻贵阳。列车于2017年5月完成所有型式试验,并于同年6月28日开始空载试运行。

1.2　贵阳地铁列车技术特点

贵阳轨道交通1号线车辆设计制造中体现了贵州及贵阳的地域、民族、文化等特点,并将先进的弓网监测系统、优异制动性能的轮盘制动、先进的长大坡道控制方式、浮筑内装地板结构、与时俱进的车‐地4G通信等新技术融入车辆制造中。

1.2.1　车体轻量化

车体采用大型中空挤压铝型材组焊而成的薄壁筒形整体承载结构,通过有限元分析进行车体结构的优化设计,实现轻量化,轻量化的车体结构强度满足《铁路应用—铁路车辆车体的结构强度要求》(EN 12663—2000)中P‐Ⅲ的要求,Tc车车体质量不高于6.5t,Mp/M车车体质量不高于6.3t,在使用轮盘制动的情况下依然比轨道交通协会标准招标模板要求的206t轻6.5t。空车重量的减轻,能够减少能耗,在相同载客量的情况下,所消耗的能量降低,更加节能环保。

1.2.2　标准化和模块化设计

车体由标准化的大模块进行组焊,侧墙等位置采用国际先进的搅拌摩擦焊进行焊接,焊接完成后侧墙平面度可以保证在1mm/m以内,有利于车体组装及公差的控制。

1.2.3 高强度及优异的抗碰撞性能

设置车钩、防爬器和可更换的司机室吸能模块三级吸能装置(图 5-1-1),根据列车荷载及速度不同,发生碰撞变形区域也不同,使得列车在发生碰撞时具有更佳的维护性,同时确保了人身安全。

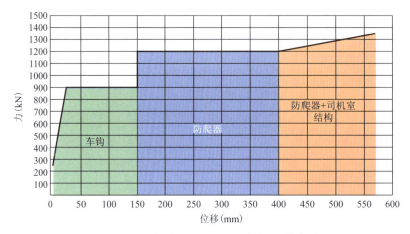

图 5-1-1 三级吸能结构:车钩—防爬器—司机室吸能模块(力-位移图)

车体结构强度和耐冲击:满足《铁路应用—铁路车辆车体的结构强度要求》(EN 12663—2000)要求。

车体碰撞性能满足《铁路应用—铁路车辆车身的防撞性要求》(EN 15227—2007)标准要求。

纵向压缩达 850kN,纵向拉伸达 640kN。

1.2.4 独立司机室

司机室为"客需型"结构,可以通过改变司机室长度适应不同用户的需求,可满足更大的司机室空间,并且司机室采用独立结构,通过紧固件与车体连接,具有吸能作用,便于更换。

1.2.5 边梁吊挂

传统吊挂座安装形式需在底架型材预留 C 形槽,槽的间距和数量受设备尺寸和重量的限制,此种安装方式会将设备的震动和噪声直接传递到客室内,降低了乘客的舒适度,同时也不利于车下线槽和管路的铺设,增加电磁兼容性方面风险,并且地板结构单位承载能力弱,易出现结构风险。通过分析各牵引、制动供应商设备的结构特点,浦镇公司 CIVAS 产品平台采用边梁吊挂形式的底架设备安装方式,统一了设备的安装接口,降低噪声向车内传播,便于设备的安装维护。

1.2.6 浮筑内装地板结构

本项目采用的浮筑内装地板结构(图5-1-2),主要由橡胶块、铝蜂窝、防寒材和地板布组成,通过合理的匹配连接实现了内装地板与车体地板的非金属接触连接,达到良好的减震效果,提高乘坐舒适度。

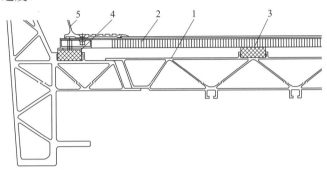

图 5-1-2 浮筑内装地板结构

1-铝蜂窝;2-地板布;3-橡胶块;4-防寒材;5-边缘挡板

1.2.7 先进的弓网监测系统

弓网系统通过不间断的机械、电气接触向列车供电,在满足一定的经济、技术条件下,供电可靠性、接触(受流)质量及弓网系统的运行寿命依赖于受电弓和接触网的设计、安装(施工)、运行维护方案及其大量参数的选取,因此弓网关系对轨道交通车辆来说至关重要,良好的弓网关系可以给用户在实际使用中节省大量的使用及维护成本。

全部列车均安装了先进的弓网监测系统,通过安装在车顶的高清摄像机拍摄的高清视频并自动分析处理,通过智能分析自动实时识别受电弓异常状态(羊角脱落、羊角变形等)、电火花拉弧时间及强度检测、接触网拉出值检测,并且能够对故障及异常位置进行精确定位,为检修人员提供帮助,能够通过在司机室设置的显示屏将故障及时通知驾驶人员,避免故障进一步扩大。

系统具有高亮频闪补光措施和强光抑制功能,满足全天24h观测需求,单颗灯芯亮度达到40000lm,且光输出瞬时内始终以大功率均匀输出、寿命是同功率常亮灯的10倍以上。

系统具备无线传输功能,能自动将故障信息以文字及图片方式发送至指定的终端,及时通知相关维护保养单位及人员。无线传输系统能够将每天的数据自动传到车辆段内的服务器上,通过自学习及历史数据的对比分析,可以分析弓网关系趋势,能够及早发现可能的故障点,做到预防性维护,对弓网数据异常点可有针对性地进行维护,改善弓网关系,延长易损易耗件的使用寿命,降低使用及维护成本,避免弓网事故。

1.2.8 优异制动性能的轮盘制动

由于贵阳地区特殊的地理环境,线路技术条件相对较差,坡道较长、较多,对制动系统的热容量要求较高。通过热容量计算,采用轮盘制动方式,列车能够在线路上以纯空气制动方式运行一个往返,完全能够满足线路坡道多、坡道长的要求。

1.2.9 先进的长大坡道控制方式

贵阳北站至雅关站站位为长大坡道,坡度为 28‰,中间无停站,坡道底部存在弯道限速并且贵阳地区在冬季存在冻雨现象,当出现冻雨时轨道条件可能比较差。因此,上述情况下列车在坡道上的安全运行至关重要。为保障列车的安全运行,本项目采用了先进的长大坡道控制方式,在保障列车安全的前提下,对轨道的黏着要求降低至约 0.043。

先进的控制方式能够自动控制列车在坡道上以一定的速度区间运行,无须司机控制牵引制动力的大小,避免了由于不同驾驶人员习惯及技能导致的差异,进而带来其他的安全问题。

先进的控制方式能够优先充分发挥电制动,既节约了电能又降低了闸瓦的磨耗,降低了对隧道通风及散热的要求,降低了项目的使用及维护成本。

1.2.10 与时俱进的车-地 4G 通信

车-地通信采用的是 4G 网络方式,实现了车-地故障数据、车载视频广告及列车广播语音的实时传输,同时能够为公安等其他系统提供数据通道,不再重复铺设其他通信网络。

1.3 列车总体介绍

贵阳轨道交通 1 号线地铁车辆共 34 列,为 4 动 2 拖 6 辆编组 B 地铁型车,最高运行速度 80km/h。采用 VVVF 交流传动系统,车体采用大型中空挤压铝型材组焊而成的薄壁筒形整体承载结构(图 5-1-3),通过有限元分析进行车体结构的优化设计,实现轻量化,轻量化的车体结构强度满足《铁路应用—铁路车辆车体的结构强度要求》(EN 12663—2000)中 P-Ⅲ 的要求,制动系统采用轮盘制动方式,具有独立的滑行控制功能。转向架采用 PW120E 系列,满足

图 5-1-3 车辆图

最高速度 120km/h 运营要求。

1）车辆形式

M 车：无司机室的动车；

Mp 车：无司机室带受电弓的动车；

Tc 车：有司机室的拖车。

2）车钩形式

=：全自动车钩；

+：半自动车钩；

-：半永久牵引杆。

车钩采用 330 型钩头，车钩中心线距轨面高度 660_0^{+10} mm。

3）列车编组方式：

6 辆/列为：=Tc-Mp-M+M-Mp-Tc=

4）车辆主要尺寸

车体基本长度：19000 mm（Tc 车适当加长）；

车辆顶面距轨顶面高度：≤3840 mm；

受电弓落弓时距轨顶面的高度：≤3840mm；

地板面处车体宽度：2800 mm；

车体最大宽度（鼓点处）：≤2900mm；

客室地板面距走行轨顶面高度（空载、空气簧充分充气、新轮）：1100 mm；

车辆两转向架中心距：12600 mm；

固定轴距：2300 mm；

列车两端车钩连接面间长度：119880mm；

车钩高度：660_0^{+10}；

客室内净高：≥2100 mm；

车轮直径：新轮时，840mm；半磨耗时，805mm；最大磨耗时，770mm；

轮对内侧距：1353mm±2 mm；

轨距：1435mm。

5）车辆载客能力

载客能力见表 5-1-1。

载客能力 表 5-1-1

类 型	单车（人）		列车（人）	备 注
	Tc 车	M/Mp 车	6 辆编组	
AW1	42	46	268	满座
AW2	230	250	1460	定员
AW3	327	352	2062	超员

注：AW2 按 6 人/m^2 计算；AW3 按 9 人/m^2 计算。

6）车辆自重

Tc 车：≤33t；

M/Mp 车：≤35t；

轴重：≤14t。

7）曲线及道岔通过能力

最小曲线半径：150m；

曲线最小长度：20m；

两曲线间夹直线最小长度：20m；

列车可以通过 7、9 号道岔。

8）主要技术指标

(1) 列车牵引性能

列车在干燥、清洁的平直轨道上，在额定荷载（AW_2）、额定网压以及车轮半磨耗状态下的牵引性能如下。

列车构造速度：90km/h；

列车最高运行速度：80km/h（能满足瞬时运行速度 85km/h 的安全要求）；

全线平均旅行速度：≥35km/h；

平均启动加速度（0～40km/h）：≥$1.0m/s^2$；

平均加速度（0～80km/h）：≥$0.6m/s^2$；

列车在车辆段运行速度：25km/h；

列车在车辆段内最大安全退行速度：10km/h；

列车联挂速度：≤5km/h；

洗车工况下列车走行速度：3～5km/h；

列车牵引计算黏着系数：0.16～0.18；

冲击极限：$0.75m/s^3$。

(2) 列车制动特性

列车制动由再生制动、电阻制动、空气摩擦制动和停放制动 4 种制动方式组成。常用制动采用电制动优先、电制动不足时由摩擦制动补足的微机控制的混合制动方式。紧急制动全部使用空气摩擦制动。停放制动采用弹簧储能制动压缩空气缓解、必要时可手动缓解的方式。除停放制动外，不论使用何种制动方式和何种荷载工况，均需符合下列各项指标要求。

常用制动平均减速度（80 km/h～0）：≥$1.0m/s^2$；

快速制动平均减速度（80 km/h～0）：≥$1.2m/s^2$；

紧急制动平均减速度（80 km/h～0）：≥$1.2m/s^2$；

电－空制动转换点：5～8km/h；

制动计算黏着系数：0.16；

制动时冲击极限：≤0.75m/s³；

常用制动负载工况：AW0～AW3。

停放制动：

空载列车安全、可靠地停放的最大坡道：40‰；

AW3荷载列车安全、可靠地停放的最大坡道：40‰。

紧急制动距离（初始制动速度80km/h，干燥平直线路）：在任何荷载条件下均≤205m；

全电制动最高速度（DC1500V，AW2，半磨耗）：80km/h。

（3）故障运行能力

列车在AW3状态下，当损失1/4牵引动力时，列车仍然可以在正线的38‰坡道上启动，并能以正常运行方式完成当天运行。

列车在AW3状态下，当损失1/2牵引动力时，列车仍然可以在正线的38‰坡道上启动，运行至邻近车站清客后返回车辆段。

（4）坡道救援能力

一列6辆编组的空车能将另一列停在35‰坡道上的6辆编组超员故障列车救援至最近的车站（上坡），待清客后返回车辆段（停车场）。

一列6辆编组的空车能将另一列停在38‰坡道上的6辆编组故障空车救援到车辆段（上坡）。

（5）噪声

①车内噪声水平。

a. 静止条件下辅助设备的噪声：

列车处于静止状态和自由声场内，所有辅助设备正常运行时，客室内部沿车辆中心线、距离地板面1.5m高处测量至少3个点，测得的噪声水平不超过68dB(A)。在空调回风口下方测得的噪声水平不超过72dB(A)。

b. 列车在地面线路道砟轨道上运行时的噪声：

列车以正常方式加速、惰行或制动时，客室内部沿车辆中心线、距离地板面1.5m高处测量至少3个点，测得的噪声水平不超过73dB(A)，在贯通道附近和空调回风口下方，距离任意墙面不少于0.3m处，测得的噪声水平不超过75dB(A)。司机室内噪声不大于77dB(A)。

列车以60×(1±5%)km/h的恒定速度运行时，测得的噪声水平不超过73dB(A)。恒速运行时间为60s。

②车外噪声水平。

a. 静止条件下辅助设备的噪声：

空载列车在静止状态和自由声场内，所有辅助设备同时运行时，沿水平方向距离走行轨线路中心线7.5m处，在列车任意一侧、列车长度范围内的任意点测得的噪声不超过69dB(A)。测试在ISO 3095规定的自由区域条件下，列车在露天地面区段进行。

b. 列车在地面线路道砟轨道上运行时的噪声：

列车以正常方式加速、惰行或减速运行时,沿水平方向距离线路中心线 7.5m 处测量,车辆发出的噪声不超过 80dB(A)。车外噪声的测试根据 ISO 3095 进行。

列车以 60(1±5%)km/h 的恒定速度运行时,沿水平方向距离线路中心线 7.5m 处测量,车辆发出的噪声不超过 80dB(A)。

(6)其他指标

列车运行平稳性指标不劣于 2.5。

车辆的脱轨系数小于 0.8。

车辆的轮重减载率不大于 0.6。

1.4 主要部件和系统

1)车体结构

Tc、Mp、M 三种车型的车体结构由底架、侧墙、端墙、车顶、司机室、防爬器等部件组成。底架、侧墙、端墙、车顶整体焊接在一起,组成车体焊接结构。Tc 车头部设置可进行更换的司机室与防爬器,通过螺栓与车体焊接结构进行连接,底架、侧墙、端墙、车顶以及司机室框架等大模块主结构均通过铝合金挤压型材焊接而成。

2)车钩

(1)功能特性

自动机械连接:通过 330 型机械车钩内部连杆机构相互耦合与自锁,实现车钩间自动连接。

手动机械连接:全自动车钩、半自动车钩连接机械钩头,半永久车钩通过连接卡环实现手动连接。

自动气路连接:通过带有自动闭塞功能的风管连接器,在机械连接完成的同时实现气路连通,在机械连接解除时实现气路连接自动断开并自动闭塞(半永久车钩不需自动闭塞)。

自动电气连接:两列车之间使用电气连接器连通电气系统。

手动电气连接:通过电气连接器或跨接线手动连通相邻车辆的电气系统。

司机室远程解钩:通过司机室设置的解钩按钮控制车辆一侧的电磁阀打开,车钩解钩汽缸活塞杆在气压作用下推动机械车钩联挂机构转动并解钩。

轨侧手动解钩:利用自动车钩上安装的解钩手柄推动机械车钩联挂机构转动并解钩。

气动/机械对中:位于车钩回转中心的对中机构活塞杆在气压/碟簧作用下,与同轴心的凸轮板产生相对转动进而形成与车钩转动方向相反的回复转矩,实现车钩对中。Tc 车全自动车钩配备的气动对中在车钩联挂完成后可以自动解除。

高度调整:通过设置于车钩下方的橡胶支承使车钩保持于水平位置,设置于橡胶支承两侧的调整螺栓可以调整车钩水平方向的高度。

过载保护：当车钩受到正前方意外碰撞时，过载保护装置将在预先设定的阈值荷载达到时产生破坏，使得车钩与车体分离，让防爬器等次级吸能装置继续吸收冲击动能，进而保护乘客客室免受损坏。

接地保护：设置于车钩上的接地电缆能够将车辆间接地连通。

碰撞吸能：使用胶泥缓冲器、压溃管、过载保护装置吸收车辆纵向冲击能量，控制冲击荷载。

（2）联挂要求

两列车之间的联挂能完全实现机械、电气和气路的自动联挂。在受控司机室内可以对 Tc 车全自动车钩进行解钩作业，也可在轨道边进行手动解钩操作。车钩解钩作业完成后，车钩机械头会自动恢复到联挂预备状态。

在救援情况下，救援车与被救援车司机能够对讲，救援车司机可缓解被救援车的停放制动，被救援车能够对救援车实施紧急制动。

能使两列车驾驶室中的司机实现通信联络，并能使救援列车的司机向被救援列车的乘客广播。

（3）强度及材料要求

车钩及钩尾座，包括缓冲器和车体连接件的强度满足以下的强度要求：

抗拉屈服荷载：不低于 850kN；

抗压屈服荷载：不低于 1250kN；

由此所产生的应力小于设计许用应力，车钩不产生永久变形；

选用的材料应符合机械强度及耐磨性能要求。

（4）碰撞吸能要求

当两列 AW0 列车以 5km/h 相对速度相互挂钩时，产生的冲击能量全部由车钩缓冲器吸收，压溃管不变形，车体结构不变形，不受损。

当两列 AW0 列车以 25km/h 速度相互碰撞时冲击能量除由缓冲器、压溃管和防爬器吸收外，在车辆端部设置的司机室碰撞变形能量吸收区参与碰撞能量吸收，车体主体结构不损坏。

一列 6 辆编组的空车应能将另一列停在 35‰坡道上的 6 辆编组超员故障列车救援至最近的车站（上坡），待清客后返回车辆段（停车场）。

一列 6 辆编组的空车应能将另一列停在 38‰（暂定）坡道上的 6 辆编组故障空车救援到车辆段（上坡）。

列车车钩应能承受列车在坡道救援时，因突然实施紧急制动，救援列车与被救援列车间所产生的作用力；所有车钩产生的作用力均在强度范围之内，不得断裂。

3）贯通道

贯通道由折棚、侧护板、顶板、护板支座、渡板、踏板等部分组成。

4）高压系统

高压受流及分配系统用来连接高压电源为列车供电,同时为高压主回路提供过压过流、短路保护。高压系统主要设备有受电弓、避雷器。

（1）受电弓

受电弓是轻轨地铁车辆从架空接触网线汲取电流的设备。其具有结构简单、性能安全可靠、维护简单、日常维护工作量小等特点,且在整个车辆速度范围内具有良好的空气动力学特性,包括在最大规定逆风时的空气动力学性能,从而保证了受电弓能在各种轨道状态下与架空接触导线都具有良好的接触状态和接触的稳定性。

（2）避雷器

避雷器连接在进线高架 1500V 高压电源和轨道接地回路之间,可保护瞬时过电压情况。放电器为非线性电阻器,可在电压升高时降低电阻,吸收过电压能量。

当主电路在正常工作电压下运行时,避雷器对地呈高阻态,可视为对地开路。如果出现危及设备绝缘的大气过电压或操作过电压时,避雷器阻值急剧减小,即将主电路对地短路,以瞬间释放过电压能量,从而有效限制过电压对设备绝缘的侵害。当过电压消失时,避雷器迅速恢复至高阻态,以保证系统正常工作。

5）受电弓监控系统

车载受电弓监测装置采用非接触性检测方式,可实时将前后受电弓的运行视频图像传输至司机室的监视终端,列车位置信息应能在弓网状态实时监控画面适当位置上加以显示,系统应具备自动化和智能化特点,操作简单,便于安装调试。

该设备适用于对贵阳地铁在线运行的受电弓进行动态跟踪,及时发现弓网故障隐患并报警,为预防性维护及弓网事故提供真实可靠的数据及图像资料。

6）牵引系统

牵引系统的作用是为列车的运行提供牵引力和电制动力。

牵引系统将 DC1500V 的高压电通过牵引逆变器逆变成三相交流电,输送给牵引电机,牵引电机与齿轮箱相连,通过齿轮箱将牵引力施加到列车轮轴上,为列车提供动力。

在电制动时,电动机做发电机运行,将动能转换为电能,通过牵引逆变器的将电制动产生的电能回馈到接触网上,当电网不能够将能量全部吸收时,利用制动电阻将电网不能够吸收的能量消耗掉,达到电制动的目的。

（1）高压电气箱

高压电气箱是地铁列车电气牵引系统主电路的前级构成部分,由三位置隔离开关（BQS）、高速断路器、车间电源插座（WXP）、熔断器、反向隔断整流管等器件组成。

（2）牵引逆变器

牵引逆变器作为整个交流传动系统的重要组成部分,它的基本功能是把从直流电源获得的直流电变换成频率和幅值都可调的三相交流电,并给牵引电机供电。每辆动车上配置一台牵引逆变器,内含一个 IBBM90G14 型 IGBT 变流器模块,为 4 台牵引电机提供三相 VVVF

电源。模块上散热器采用了热管散热技术,走行风冷却。

逆变器控制装置即传动控制单元(DCU),采用"异步电动机直接转矩控制""黏着控制"软件和"交流传动模块化设计"硬件,主要完成对 IGBT 逆变器即交流异步牵引电机的实时控制、黏着控制、制动斩波控制,同时具备完整的牵引变流系统故障保护功能、模块级的故障自诊断功能和一定程度的故障自复位功能以及部分车辆级控制功能。DCU 是组成列车通信网络的一部分,与多功能机车车辆总线 MVB 接口及通信。

逆变器的作用是通过 IGBT 的顺序导通关断,把直流电变换为电压频率可调的三相交流电。

牵引逆变器的三相逆变电路由 6 个带无功反馈的二极管的 IGBT 组成,电路工作时 6 个开关管顺序导通得到需要的电压波形。为了能够驱动逆变器,需要由 DCU 发出控制脉冲,通过安装在功率模块上的驱动电路使逆变器工作。

(3)制动电阻

制动电阻的基本功能如下:

①车辆在下坡或者其他需要减速的场合,车上的电动机停止从电网获取电能,电动机成为发电机,在发电的过程中电机会产生反力矩促使列车减速,产生的电能在电网不能吸收的情况下由制动电阻转变为热能耗散。

②车辆在运行的过程中有时会遇到直流电压上升的情况,为了防止直流电压上升超过允许范围,需要利用制动电阻的开通来降低相应的过电压。

制动电阻通过两根纵梁托挂在车辆底架的横梁上。制动电阻主要由电阻单元 A、铜母排、构架组件、风压继电器、斜流风机和排风罩等部分组成。

电阻单元安装在不锈钢制成的构架内。电阻单元上安装有滚轮,利用滚轮可以将电阻单元沿导轨推入构架。导轨与构架间通过绝缘子连接,保证了电阻单元和构架的绝缘。

风机安装在构架的前端,为电阻单元提供冷却空气,风机网罩阻止风机吸入异物。排风罩安装在构架的后端,为冷却电阻单元的空气提供出口。

制动电阻上安装有风压检测装置,可以保护制动电阻。当风机工作中出现失风现象时,风压检测装置向系统发出风机故障信号。

(4)牵引电机

YQ-190-25 异步牵引电动机(以下简称电机)为 4 极自通风三相鼠笼式异步电机。

电机由 VVVF 逆变器供电,按逆变器特性进行设计。

同型号电机的零部件具有互换性。

(5)接地装置

接地装置保证列车接地电路及车体接地良好,其通流能力与主回路参数相匹配,且不允许造成车辆轴承的电蚀。接地装置采用恒力弹簧压紧金属碳电刷的方式,保证电刷的接触压力在整个使用范围内保持不变。接地电刷磨耗量合理。接地装置的结构便于检修和拆装。

(6)司机控制器

TKS356F 司机控制器是用来操纵地铁车辆运行的主令控制器,是利用控制电路的低压电器间接控制主电路的电气设备。也适用于其他内燃机车、电力机车、动车组、城市轻轨等,用来控制机车(或动车等)的运用工况和行车速度。

司机控制器的面板上有控制手柄、换向手柄两种可操作机构。控制手柄:牵引区、0位、制动区、快速制动位;换向手柄:"向后""0""向前"三个挡位。

司机控制器的控制手柄"0"位、牵引最大位、制动最大位、快速制动位有定位;在这些挡位之间为无级调节;与控制手柄同步的电位器用来调节电压指令,从而达到调节机车牵引力和电阻制动的目的;换向手柄在每个挡位均定位,换向手柄稳定在相应的挡位中。控制手柄、换向手柄和机械锁之间相互机械联锁。

钥匙、控制手柄、换向手柄的联锁关系为:

①钥匙在 ON 位时,方可移动换向手柄;

②换向手柄在"0"位时,方可转动钥匙;

③换向手柄在"向前"或"向后"位时,方可移动控制手柄;

④控制手柄在"0"位时,方可移动换向手柄。

7)辅助供电系统

辅助供电系统是将 DC1500V 转换成 AC380V,主要为客室空调、司机室通风机、空气压缩机、制动电阻冷却通风机、方便插座等提供交流电源;辅助电源箱内部将 AC380V 转换成DC110V,主要给照明、硬线控制电路、列车网络系统、车载信号、通信设备及视频监控系统等提供直流电源。根据列车所有中低压负载的功能要求,进行不同级别供电。

完整的辅助供电系统构成主要包括如下设备:辅助电源箱(含蓄电池充电机)、扩展供电箱、蓄电池。

8)空气制动系统

空气制动系统采用的是 EP2002 型空气制动系统。该系统是以转向架为单位的"架控式"制动控制系统,内设监控终端,具有自诊断和故障记录功能,它能在司机控制器或 ATO 的控制下对列车进行阶段或一次性的制动与缓解。

在正常制动过程中,电制动和空气制动在列车级随时协调配合以满足制动指令的要求,并且优先采用电制动,电制动包括电阻制动和再生制动。如果电制动不能满足总制动力的需求,不足的制动力按整车平均分配的原则进行空气制动补充。

为保证列车运行安全而设有紧急制动,紧急制动通过常时带电的紧急制动环路来控制,当紧急制动环路断开导致紧急电磁阀失电时施加紧急制动,紧急制动采用纯空气摩擦制动。

列车具有停放制动功能,能够使超员的列车在静止状态下停在35‰的坡道上。停放制动是通过弹簧实现、通过空气充气排气实现缓解与施加的。

贵阳轨道交通1号线制动系统采用克诺尔公司的 EP2002 制动系统,控制方式为"架控"。其主要包括 EP2002 阀(制动控制单元)、电动空气压缩机组、基础制动装置、风缸模块、空气悬挂装置和气动辅助装置(如:截断塞门、测试接头等)等。

9)乘客信息系统

乘客信息系统为乘客提供语音广播、紧急报警、站点信息显示、多媒体信息播放,以及为乘务人员提供广播对讲和视频监控。该系统主要由三个子系统组成:①列车广播系统(PA),包括信息显示部分;②媒体播放系统(LCD);③视频监控系统(CCTV)。

整个系统采用分布式结构,模块化设计,每节车有一个系统控制器(以下简称控制器)。一个控制器的损坏不会导致其他控制器的失效,整个系统具有高可靠性、可维护性、冗余性的特点。

10)车门系统

(1)客室车门

客室车门采用电动塞拉门。所选择的车门系统是轨道交通系统成功运营验证的成熟产品。车门的电控电动装置采用微处理器控制的电动机驱动装置,具有自诊断功能和故障记录功能,具有与列车总线网络进行通信的功能,并可通过列车总线网络及硬线对车门进行控制。车门的控制采用硬线控制和网络冗余。

传动装置采用皮带传动方式,导向装置、驱动装置和锁闭装置集中为一个紧凑的功能单元,便于安装和维修。

(2)司机室侧门

司机室侧门采用手动折页门,每个司机室设有2套门,每侧1套门,关于车中对称分布。司机室侧门打开时,门板沿着铰链转轴向司机室内部转动,直至打开到位。

主要技术参数:①车体门框宽度:578mm;②车体上门框高度:距地板布面1878.5mm;③司机室侧门窗:固定窗。

11)空调系统

在客室和司机室均设置空调系统,以满足客室和司机室的通风和制冷要求。

每节车设两个车顶一体式客室空调单元机组。

司机室不单独设置空调机组,仅设置一通风单元,将靠近司机室一台客室空调机组处理后的风引入司机室,保证司机室的舒适性。

客室空调系统具有正常通风、紧急通风、预冷、正常制冷、预热和正常制热功能。

司机室空调系统具有正常通风、紧急通风和制热功能。

在DC1500V电源中断或其他情况导致空调机组交流电源中断的情况下,启动紧急逆变器进行紧急通风,此时客室空调机组新风阀全开,回风阀关闭,保证进入客室的为全新风。当空调设备正常供电恢复后,系统将自动切换到正常运行工况。

客室空调的预冷:如果系统开机即检测到有制冷需求,则执行预冷,将新风阀关闭,回风阀打开,空调工作在全回风的全冷状态。当温度降到目标温度以下或预冷持续30min后,结束预冷状态,将新风阀打开,转入正常制冷模式。

1.5 车辆调试及监造

1.5.1 车辆调试

贵阳轨道交通 1 号线地铁车辆调试包括静态调试与动态调试两部分。其中,静态调试包括上电前检查、低压供电、受电弓动作功能测试、辅助系统;照明系统、车门系统、空调系统、列车气密性保压试验;静置制动试验等各种系统、单元共计上千项测试、调试。动态调试主要为测试列车牵引、制动性能及各项参数指标是否符合标准。其中考虑到贵阳城市喀斯特地貌,实际路况复杂,贵阳轨道交通 1 号线车辆设置有长大坡功能,该功能适用于比较长、陡坡路段,当列车进入相对较长、陡的坡道时,考虑到列车牵引性能可能会不足,此时按下长大坡按钮,列车牵引系统会自动进入 AW3 模式(满载),增强了列车牵引性能。车辆调试见图 5-1-4。

图 5-1-4 车辆调试

1.5.2 监造部分

贵阳轨道交通 1 号线车辆监造工作主要包括车辆驻厂监造和车辆驻段监造两部分,车辆监造工作按照车辆监造服务合同严格执行。车辆监造见图 5-1-5。

a)

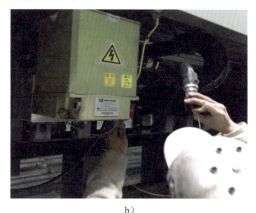
b)

图 5-1-5 车辆监造

1)车辆驻厂监造方面

车辆驻厂监造是车辆生产质量及进度管理的第三方,本着对工程负责的态度,以北京城市轨道交通咨询有限公司与贵阳业主、贵阳业主与中车浦镇车辆厂签订的合同及经业主批准的图纸和技术文件为依据,以相关各方认同的技术规格与要求、技术标准和供需双方的技术协议以及业主所发的标准为准绳,对车辆的生产过程实施全程的程序监控。

2)车辆驻段监造方面

车辆驻段监造作为协调、沟通、追踪、处理现场车辆问题的单位,对车辆到达业主现场运营过程实施全程监控,须做到以下几点:

(1)负责到段车辆质量及安全问题的检查追踪处理;

(2)负责沟通协调业主及车辆主机厂各下属供应商之间的工作联络;

(3)与车辆驻厂监造沟通到段车辆存在的质量及安全问题,最大程度地将问题杜绝在车辆出厂阶段;

(4)发现问题,第一时间向业主单位进行汇报沟通。

3)车辆驻厂监造的主要工作任务

(1)车辆生产前期的主要工作任务

①开工前对用于车辆生产的主要原材料、设备工装、测量仪器/仪表设备等进行检查;

②开工前要对南京中车浦镇车辆厂(以下简称"浦厂")参与车辆生产重要环节的人员资质做检查,特别针对焊接、专业检测等从业人员,要求必须提供相应的资质证书;

③开工前要协同贵阳业主及浦厂对车辆A类部件的供应商进行实地考察;

④针对车辆A类部件及部分B类部件的开箱进行检查。

(2)车辆试制过程中的主要工作任务

在车辆试制过程中,驻厂监造要全程检查跟踪车辆的试制过程,特别是在车体结构生产交验、涂装、内装、转向架生产交验、总装、例行试验及型式试验进行全程旁站。

(3)车辆批量生产过程中的主要工作任务

①严格执行巡检制度,随时掌握生产动态及生产质量;

②严格执行停止点检查制度;

③严格执行气路密闭试验旁站制度;

④严格执行三检合格转序制度;

⑤认真填写车辆监造日志、车辆监造周报、车辆监造月报,并按时发送给业主;

⑥认真做好项目文件管理,及时将相关文件整理归档,确保车辆文件的完整性和系统性;

⑦积极参与跟踪车辆重大质量问题的分析与整改;

⑧组织车辆主机厂相关人员召开监造例会、专题会及现场会;

⑨与驻段监造保持信息畅通,最大程度提高车辆生产质量。

4)车辆驻段监造的主要工作任务

(1)协助业主单位完成首列车接车;

(2)全程参与到段车辆的卸车联挂,包括车辆外观质量检查、装箱清单等随车物品附件清单的检查、车辆吊装过程中人员安全检查等；

（3）全程参与跟踪车辆开箱检查；

（4）全程参与跟踪车辆预验收工作；

（5）跟踪车辆试运行期间的运行情况,发生问题及时联络沟通相关单位；

（6）跟踪车辆运行期间（试运行、试运营、运营）的情况,发生问题及时联络沟通相关责任单位；

（7）根据业主单位要求,完成其他方面的工作。

1.6 车辆设计制造经验

贵阳轨道交通1号线车辆的采购项目经过贵阳城市轨道交通集团有限公司及各参加方的努力,执行得较为成功,施工过程比较顺利。

作为国内首例山地大坡道地铁项目,地铁车辆在制动、大坡道控制方面有着较多创新,可供后续同类项目借鉴。

第 2 章 供电系统

2.1 供电系统设计

2.1.1 概述

本线供电系统由主变电所、中压供电网络、牵引变电所、降压变电所、牵引网系统、动力照明系统（在常规设备中阐述）、电力监控系统、分项计量能耗管理系统、杂散电流腐蚀防护及接地系统和供电车间等组成。

全线设置朱家湾、火车站两座主所。根据线网规划及建设规划，两座主变电所均预留为 4 号线供电的条件，最大程度地节约城市土地资源、电力资源，实现资源共享。

图 5-2-1 所示为供电系统结构，全线共设置 13 座牵引降压混合变电所（含车辆段、停车场各 1 座）、15 座降压变电所、7 座跟随式降压变电所。为便于调度管理，全线设一套电力监控（SCADA）系统，电力监控系统整体功能由自动化集成系统实现。全线按综合接地概念进行设计，正线设置杂散电流监测系统。

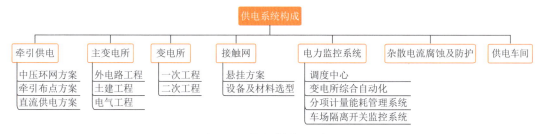

图 5-2-1 供电系统构成示意图

2.1.2 主变电所

1）主变电所选址

图 5-2-2 所示为火车站主变电所。通过与贵阳市规划局和国土局的多次协调，最后一致确定本工程新建的两座主变电所分别设置于朱家湾站和火车站站附近。

2）土建部分

主变电所所有电气设备均布置在户内，主体为三层。一层为电缆夹层，二层布置 35kV 成

图 5-2-2 火车站主变电所现场示意图

套开关柜双列布置高压配电室、110kV GIS 室、接地变压器室等,三层布置继电保护室、蓄电池室等,主变压器室与建筑主体相连,相邻主变压器之间用防火墙分隔,主变压器 110kV 及 35kV 侧均采用电缆进线。现场安装情况如图 5-2-3 及图 5-2-4 所示。

图 5-2-3　110kV GIS 室现场安装图　　　　图 5-2-4　SVG 现场安装图

3)电气主接线

主变电所 110kV 侧采用线路—变压器接线,35kV 侧采用两级母线方式,二级母线设母联断路器及备自投。

4)主变电所主要设备选择

(1)主变压器选用低损耗三相双卷有载调压变压器,电压等级为 110/35kV,接线组别为 Yn,d11,自冷型油浸变压器。

(2)110kV 开关设备采用全封闭的 GIS 组合电器。

(3)35kV 开关柜选用具有完善五防功能的气体绝缘中压开关柜,柜中配真空断路器。

(4)主变电所的 35kV 侧系统采用接地变压器经过小电阻接地,接地(站用)变压器选用干式变压器。

(5)本工程所用电屏选择智能型所用电源柜。

(6)本工程设一套 220V 直流系统,用于控制、保护、综合自动化系统设备以及事故照明等负荷供电,直流系统设两组免维护铅酸蓄电池,充电设备采用高频开关电源,全所事故停电按 2h 考虑。

5)主变电所运行方式

(1)正常运行方式:朱家湾和火车站主变电所的 35kV 二级母线分段断路器分闸,每座主变电所的两回 110kV 进线电源、两台主变压器、两段 35kV 一级母线和两段 35kV 二级母线分列运行。朱家湾主变电所承担下麦西站—贵阳北站站段(含车辆段)的全部负荷,火车站主变电所承担雅关站—场坝村站段(含停车场)的全部负荷。

(2)非正常运行方式:当主变电所的一个线路—变压器组解列时,35kV 二级母线分段断路器在具备合闸条件时自投,由另一个线路—变压器组承担该所正常供电范围内的牵引负荷和动力照明一、二级负荷。

2.1.3 牵引降压混合变电所和降压变电所

1) 中压环网供电方案

贵阳轨道交通1号线35kV供电网络采用分区环网接线方案,全线35kV供电网络分为8个供电分区,以每3~4座变电所组成一个供电分区,每个供电分区中的一座变电所直接从同一座主变电所的不同段35kV母线分别引入一回电源,其他变电所采用环接方式接入电源。

2) 主接线方式

(1) 变电所35kV侧采用单母线分段接线方式,设母线分段断路器。

(2) 每段35kV母线设一回进线,并根据供电系统要求在部分变电所的每段35kV母线设一回出线,向相邻的车站或车场变电所供电。35kV进、出线开关均采用断路器。

(3) 每段35kV母线设一组电压互感器,用于电压测量和继电保护。

(4) 每段35kV母线设一组避雷器,用于过电压保护。

(5) 每段35kV母线设一回至多回馈线,向同址的降压变电所配电变压器或跟随式变电所配电变压器供电。

(6) 整流器正极通过直流快速断路器与DC1500V正母线连接,负极通过手动隔离开关与DC1500V负母线连接。

(7) 牵引变电所DC1500V侧采用单母线接线方式,设2回进线。

3) 运行方式

(1) 正常运行方式:

① 35kV母线分段断路器分闸,两段母线分列运行,两套牵引整流机组并联运行。

② 正线牵引网越区隔离开关分闸,正线牵引网由相邻的牵引变电所双边供电。

③ 正线与车场(小河停车场和金阳车辆段)间接触网联络开关分闸,车场牵引变电所单独向其牵引网供电。

(2) 故障情况下运行方式:

① 当牵引变电所的一回35kV进线电源解列时,0.4kV母线分段断路器分闸,35kV母线分段断路器在满足合闸条件时自投,两套牵引整流机组并联运行、两台配电变压器并列运行,由另一回35kV进线电源承担其供电范围内的牵引负荷和动力照明一、二级负荷。

② 在运营初期,当一套牵引整流机组解列后,允许另一套牵引整流机组继续运行。在运营近、远期和系统规模高峰时段,当一套牵引整流机组解列时,另一套牵引整流机组同时退出运行,即该所牵引部分解列;在运营近、远期和系统规模其他运营时段,当一套牵引整流机组解列时,另一套牵引整流机组可不退出运行,继续向接触网供电。

③ 当正线牵引变电所解列时(除端头牵引变电所外),由正线相邻的牵引变电所通过解列牵引变电所的接触网越区隔离开关或DC1500V母线越区大双边供电;当端头牵引变电所解列时,由正线相邻的牵引变电所越区单边供电。

④当车场(小河停车场和金阳车辆段)牵引变电所解列时,闭合正线与车场接触网间的联络开关,由正线相邻的牵引变电所向车场牵引网越区供电。不考虑正线牵引变电所解列,由车场牵引变电所向正线牵引网越区供电。

2.1.4 接触网

1)主要技术方案

(1)本工程隧道区段、部分桥上区段,接触网采用架空Π形刚性悬挂方式(图 5-2-5)。正线地面、桥上部分区段采用单承力索、双接触线的全补偿简单链形悬挂。车辆段、停车场内其他线路接触网采用单承力索、单接触线的全补偿简单链形悬挂。

(2)柔性接触网系统的主要由支柱、腕臂、接触线、承力索、架空地线、连接电缆及各种附件等构成(图 5-2-6),刚性接触网主要由吊架、汇流排、接触线、架空地线及各种附件等构成。

图 5-2-5 刚性接触网安装图

图 5-2-6 柔性接触网安装图

(3)供电分段及电连接。

①在正线车站电动车组进站端和出入车场线等处设置电分段。

②在道岔区、线路平交道口等位置,根据限界及人身安全的要求设置接触网机械分段。

③非绝缘关节和道岔处的接触网设置电连接。简单链形悬挂的承力索、接触线和辅助馈线间每隔 60m 左右设置横向电连接,并尽可能靠近悬挂点。车辆段、停车场内同一供电分区各股道的接触网之间设置股道电连接。

(4)避雷措施。

贵阳地区属于多雷区,在采用接触网授流方式时,地面及高架线路上的列车或接触网可能遭受雷击,可能造成车辆及设备损坏,如牵引变电所附近的接触网遭到雷击,雷电波还会通过回流进入牵引变电所负极柜内,造成电气设备的损坏。

①接触网在隧道口设置避雷器。

②地面及高架区段牵引变电所 DC1500V 馈电电缆上网处设置避雷器。

③地面及高架区段,将架空地线抬高兼作避雷线,以完整地保护接触网的直接接闪情

况,同时接触网每隔 250m 左右设置避雷器,将雷电过电压限制在接触网可以承受的绝缘水平内。

2)主要设备材料选择

(1)接触线:刚性悬挂接触线选用截面面积 150mm² 的银铜合金接触线(CTAH150),柔性悬挂接触线选用截面面积 120mm² 的银铜合金接触线(CTAH120)。

(2)汇流排:选用 Π 形铝合金汇流排(HL2213-12)。

(3)刚性悬挂支持装置:选用弹性绝缘悬挂组件。

(4)承力索:选用导电性能及耐腐蚀性能好的 TYT 型硬铜绞线(JT150)。

(5)辅助馈线:选用导电性能及耐腐蚀性能好的 TYT 型硬铜绞线(JT150)。

(6)架空地线:选用导电性能及耐腐蚀性能好的 TYT 型硬铜绞线(JT120)。

(7)支柱:柔性悬挂接触网支柱选用锥形钢管杜,跨越多股道时选用锥形钢管柱硬横跨。支柱基础均选用混凝土整体基础。

(8)绝缘子:选用表面上釉的防污型高强度瓷绝缘子,弹性悬挂装置、中锚绝缘棒及绝缘横撑的绝缘部件采用复合材料。

(9)链形悬挂吊弦:选用截面面积 16mm² 的青铜绞线整体吊弦。

(10)柔性悬挂张力自动补偿下锚装置:选用带制动装置的棘轮补偿下锚装置,棘轮补偿下锚装置的传动比为 1∶3。

(11)分段绝缘器:柔性悬挂和刚性悬挂的分段绝缘器均保证受电弓在规定速度下双向平滑通过,并具有良好的消弧性能。

(12)隔离开关:正线接触网上网隔离开关及供电分区之间的接触网联络开关均采用户内型隔离开关柜,其余接触网隔离开关选用柱上或墙上安装的户外型隔离开关。

(13)避雷器:选用直流无间隙氧化锌避雷器。

(14)带电显示装置:由高亮度、长寿命、低功耗的 LED 数字显示灯,并配以重量轻、强度高、防腐防尘的铝合金机构组成。带电显示装置具有股道数显示和带电通断显示功能。

2.1.5　电力监控

1)系统构成

电力监控系统由控制中心的电力调度系统(主站)、变电所综合自动化系统(被控站)、供电车间供电复示系统、车场接触网隔离开关集中监控系统(被控站)以及通信通道构成。电力监控系统对全线供电设备运行进行调度管理、实时监控和数据采集,及时掌握和处理供电系统的各种事故、告警事件,保证供电的可靠性、安全性。

2)电力监控的主要配置

(1)电力调度系统(主站)

全线在控制中心设置一套电力调度终端及相关的调度配套设备。电力监控主站纳入自动化集成系统,主站设备和数据传输通道及控制中心内供电力监控信息显示的大屏幕投影屏均由自动化集成系统统筹配置。

(2)变电所综合自动化系统

变电所综合自动化系统由站级管理层监控设备、通信网络和间隔层保护测控单元等智能设备组成,完成对供电系统设备的控制、保护、监视及运行数据的测量。

安装在各开关柜内的各间隔层设备采用保护测控一体化装置,完成相应的继电保护和现场设备运行的监控功能。各保护测控一体化装置均支持网络通信,并具备自诊断、自恢复和故障报警功能。

变电所其他智能电子设备,如钢轨电位限制装置、杂散电流监测装置、直流屏管理单元等均应支持现场网络通信功能。

系统配置专用维护设备,包括便携式维护计算机及具有输入、输出、模拟量等功能的便携式模拟器等。

(3)供电复示系统

为提高供电系统设备的维护管理水平及工作效率,在综合基地供电车间设置一套供电复示系统,对全线供电系统设备的运行状况进行实时监视。

(4)车场接触网电动隔离开关集中监控系统

在车场内设置接触网电动隔离开关集中监控系统,用于对车场内的电动隔离开关及接触网的运行状态实施远程集中监控。

(5)数据传输通道

控制中心电力调度系统与各变电所综合自动化系统、供电复示系统间的数据传输通道由综合监控系统—配置,但应满足电力监控系统的冗余和实时性要求,可实现故障情况下主备用通道的自动/手动切换。

2.1.6 杂散电流腐蚀防护及接地

杂散电流腐蚀防护设计按照"以防为主,以排为辅,防排结合,加强监测"的原则进行。本工程的牵引供电系统是以走行轨为回流通路的直流供电系统,为减少钢轨泄漏的杂散电流对土建结构钢筋、设备金属外壳及其他地下金属管线的电化学腐蚀,确保1号线长期安全运行,杂散电流腐蚀防护应与相关的土建、轨道、给排水、环控、供电、信号、通信等专业配合,设计可靠的杂散电流腐蚀防护和监测方案,且应经济、合理,便于工程实施。

为保护整体道床内结构钢筋不受杂散电流腐蚀及减少杂散电流扩散,利用整体道床内结构钢筋的可靠电气连接,形成杂散电流收集网。

为保护高架桥梁和地下隧道内结构钢筋不受杂散电流腐蚀及减少杂散电流向地铁外部扩散,利用高架桥桥梁和隧道内结构钢筋的可靠电气连接,形成杂散电流监测网。高架桥的梁体和桥墩之间实现电气绝缘。

牵引变电所设置排流装置位置,初期不投入运行,将来轨道绝缘性能降低、杂散电流增大时,排流装置及时投入运行,使收集网中的杂散电流有畅通的电气回路。

设立完备的杂散电流监测系统。通过在每个车站及其两侧附近区间的道床、隧道沉降缝、高架桥和高架桥梁伸缩缝附近设参考电极、测防端子,测量结构钢筋与混凝土介质间的电位差。

每座车站设置一个高低压兼容、强弱电合一的综合接地网,地下车站分别设置强、弱电设备接地母排,地面及高架车站应增设防雷接地母排,各种接地母排通过各自的绝缘导线(两根以上)分别引接至综合接地网。需要接地的强、弱电电气设备通过接地线分别接至强、弱电接地母排,地面及高架车站的防雷接地引至防雷接地母排。根据贵阳地区土壤电阻率情况,接地网的接地电阻按不大于1Ω设计,同时应满足接触电压和跨步电压的要求。

2.1.7 供电车间

1)房屋配置

供电车间设置的主要房屋有:供电车间检修间、检修操作间、检修试验间、仪器仪表间、继电保护电器间、直流开关试验间、主任室、副主任室、技术室、运行室、检修室、调度室、资料室、会议室、值班室、变电巡检工区、接触网工区、电缆工区等。供电车间所需备品备件库与其他工种材料库合建,用于存放大型杆件、电缆和其他材料,供电车间的各类车辆车位与其他车间汽车库合建。

2)主要设备

供电车间应配置能满足进行小、中修检修能力所必要的常规检修、检测设备。供电车间的机加工工作由综合基地统一安排机电车间完成。主要设备配置如下:

(1)按进行小、中修检修能力配备所必要的常规检修、检测设备,主要有小型起重机、电焊机、仪表校验台等设备。

(2)为加强现场设备的检修、检测能力,配备微电脑交流电量测试仪、电缆故障检测仪、便携式波形存储记录仪等设备。

(3)由于本线变电所采用无人值班运行方式,因此,对运行设备潜伏性故障的监测尤为重要,除加强人员的定期巡视外,还应配备先进、可靠的设备进行监测,一旦发现问题及时处理,配备局部放电超声自动定位系统。

(4)为使供电设备在正常的运行状态下,能进行检测,配备以下在线检测设备:SF6气体泄漏测试仪、远距离红外测温仪、氧化锌避雷器特性测试仪等仪器。

(5)为使车间有关部门,能了解和掌握供电设备的运行状态,设备的完好状况,出现故障时能及时分析原因,作出科学、合理的判断并制订抢修方案,在车间调度室配备电力监控供电复示终端系统。

（6）为提高供电系统设备检修、检测水平及机动和抢修能力，配备供电抢修指挥车、变电电气（一、二次）试验车、变电巡检车及相关设备。

（7）为加强接触网设备的抢修能力及日常维修材料的运输工作，配备接触网抢修用 5t 载重汽车、5t 平板车（由车辆段统一考虑配置）及相关设备。

（8）为巡视人员配备交通工具及相关检测、维护设备，以便对管内供电设备巡视、检测及事故处理。

2.1.8 动力照明系统

1）系统构成和功能

动力照明系统构成主要包括：变电所配电系统、动力设备配电和控制系统、照明设备配电和控制系统、防雷及机电接地系统。

2）主要设计原则及运行方式

（1）动力照明系统设计范围：车站和相邻半个区间范围内各系统设备的配电，常规设备动力配电及控制、照明配电及控制、与其他相关专业的接口配合等。

（2）车站设置一个降压变电所，有牵引变电所的车站，合建为牵引降压混合变电所，变电所设置于负荷集中端（重负荷端）。对于区间风机房，则根据区间风机房负荷容量及距离车站的距离，设置跟随式变电所或区间配电室。

（3）用电负荷根据其用途和重要性，按一、二、三级划分。一级负荷采用双电源末端切换；二、三级负荷采用一路电源供电；三级负荷电源均引自低压柜三级负荷母线。

（4）低压母线至车站动力设备的配电级数一般不超过两级，特殊情况不宜超过三级。

（5）环控设备由车站环控电控室配电，高架站环控设备由变电所直接配电，地下区间的环控设备由区间配电室或区间跟随所直接配电。

（6）环控设备采用智能环控系统，由柜内智能元件、现场总线、通信管理机等设备组成，并与 BAS 系统控制器连接。

（7）在站厅、站台公共区、出入口通道插座应由单独回路供电，每一回路插座数量不超过 10 个，并具有漏电保护功能，漏电保护动作电流为 30mA。

（8）车站环控设备容量 < 55kW 的电机采用直接启动，设备容量 ≥55kW 的电机采用软启动方式（变频控制除外）。

（9）消防泵采用三级控制方式，即就地控制、车控室 IBP 盘控制和 FAS 远程控制。设备状态信号和事故信号在车控室显示。

（10）污水泵、废水泵、雨水泵采用液位自动控制、就地手动控制、BAS 远程控制。设备状态和水位信号在车控室显示。

（11）照明分为公共区照明、设备和管理用房照明、区间照明、站台板下安全照明、应急照明、导向标识照明、疏散标志照明和广告照明等。

(12)应急照明电源装置(EPS)保证应急照明负荷(备用照明和疏散照明)90min 的应急时间和人防用电要求。应急照明配电箱设于照明配电室内,为车站和区间隧道应急照明供电。

(13)广告照明配电箱设于照明配电室内,其电源由变电所三级负荷母线提供。

(14)站台板下安全照明配电箱设于站台照明配电室,采用 AC 220/24V 安全变压器供电,电源来自设备区照明总箱。

(15)区间应急照明由 EPS 专用回路供电。地下区间行车方向左侧隧道壁、高架区间声屏障或接触网杆处均设置三防 LED,作为区间照明。

(16)三相照明线路各相负荷尽量平衡分配,最大与最小相的负荷电流差不超过 30%。在正常供电状态下,车站照度的均匀系数不小于 0.7。

(17)在集散厅出口、车站出口及其他通向站外的出口处、气体保护房间均设置出口标志灯,安装高度距地 2.2~2.5m。

(18)在集散厅、站台、楼梯、通道及通道转弯处、出入口等处当看不见或看不清出口标志灯时,设置指向标志灯,其安装间距不大于 10m,底边距地面 0.5m 安装。

(19)公共区、设备区灯具及站台板下安全照明以高效节能的 LED(带补偿)为主。应急照明灯具应满足《消防应急照明和疏散指示系统》(GB 17945—2010)要求的应急 LED 灯,并应取得消防认可。风室风道及轨行区走廊的照明灯具选用防震、防尘、防潮和防溅水的灯具,外壳防护等级为 IP65。各种场所严禁采用触电防护的类别为 0 类的灯具。

(20)公共区照明、出入口照明、站台门照明及一类导向照明等在照明配电室集中控制,并由综合监控系统通过智能照明控制系统进行控制。公共区照明可根据实际需要定时开关一组、多组或不同区域的照明灯具;广告照明在照明配电室集中控制,并可由 BAS 实现远方控制。

(21)应急照明作为正常照明的一部分。设备及管理用房照明设就地开关控制,设置就地双控开关控制。事故情况下,所有设备及管理用房应急照明由 FAS 强制开启;公共区应急照明;车站公共区应急照明为常明灯,不设就地控制。

(22)区间应急照明采用双回路交替布置、设置节能控制,在列车运行时可关闭一半,在夜间维修或区间火灾情况下可自动点亮。公共区应急导向由 EPS 直接配电,为常明。

(23)地下区间设置智能疏散系统,确保地铁在应急状态下的人员快速疏散,保障乘客人身安全。智能疏散系统根据着火点的位置,改变疏散箭头指示的方向和实现疏散出口指示标志灯亮灯和灭灯等智能识别功能。智能疏散系统采用集中监控方式,通过信息技术、计算机技术和自动控制技术,对地铁区间疏散标志灯实时监视和控制,达到安全疏散智能化,疏散箭头指示标志灯、疏散出口指示标志灯等集中维护的目的。整个系统由主机、路由器、疏散标志灯组成。智能疏散系统的主机安装在车控室端站台层的照明配电室。在地下区间发生火灾时,区间疏散箭头指示标志灯指向安全疏散方向,非安全疏散方向疏散箭头指示标志灯反向。

2.2 设备监造、安装、调试及验收

2.2.1 监造形式、任务和工作方法

通常设备生产(制造)的阶段可分为设备设计阶段、设备生产阶段、设备工厂试验阶段;设备监造实施方案应从设备设计阶段开始,全面介入设备生产的全过程。

设备生产(制造)阶段是设备质量控制的重要环节。大量的实践证明,在设备制造过程中,如果能事先制定严密的设备监造计划并严格执行,并遵照国家标准或 IEC 标准规定,对设备生产的各个环节实行严格的控制和把关,这对设备质量的稳定是十分有效的。

承包人应严格监督设备制造和装配过程、监督和控制好生产工艺和产品性能,保证上述过程在被控制的条件下完成。承包人应制订严格的质量控制办法,对于不符合质量要求的设备,根据具体情况,采取警告、通知返工或停工、延迟付款、罚款、索赔等措施,来维护业主的利益。

2.2.2 监造流程

1)设备设计阶段

(1)制订设备质量计划,并在过程中具体落实。

(2)根据供货合同、设计联络会议纪要文件、业主与供货商之间的来往公函,审核设备前期设计、详细设计文件、图纸。

(3)协商、审查供变电系统设备之间或供变电系统设备与其他系统设备之间的接口技术问题。根据设备或系统间接口文件,审核设备的硬、软件设计图纸。

(4)监督检查工程设计单位和供货商产品设计的互提文件资料,及时跟踪设计文件资料的落实情况。

2)设备生产阶段

(1)审查供货商生产计划、生产周期是否满足总工期的要求。

(2)根据合同的规定,检查主要原材料的真实性及相关记录。

(3)检查供货商生产设备是否符合合同要求。

(4)定期组织供货商进行技术研究。

(5)检查供货商生产能力,保证本工程设备的顺利生产。

(6)建立质量通报制度:掌握生产过程中出现的质量问题,及时进行研究解决。

(7)随时抽查供货商设备质量记录。

3)设备工厂试验阶段

(1)审核工厂试验大纲。

(2)检查试验设备是否满足要求,计量等级是否达标,有无认证,是否符合国标要求。

(3)审核试验内容是否满足合同要求。

(4)审核试验记录是否齐全,是否有各方签字。

4)监造工作内容及措施

(1)成立设备监造组织机构

设备监造是确保设备、材料质量的重要手段,也是确保工程质量的重要环节。为此,结合贵阳轨道交通1号线的特点,各标段组建主要材料设备监造组织机构,具体组织机构见图5-2-7。

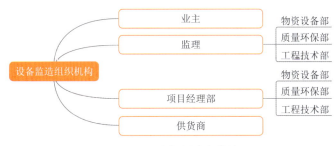

图 5-2-7　设备监造组织机构图

(2)明确监造各方职责

①业主职责。审批承包商监造计划和关于设备、材料出厂试验的试验规格书;确认和批准承包商所采用的不同于国内标准、规定的试验方法;根据需要对承包商及供货商的工作进行检查,参与设备的监造。

②监理职责。负责对设备监造过程的安全、质量及合同执行情况进行监督检查。

③设备材料供货商职责。在监造人员的监督下,实施设备产品的制造,为监造人员提供现场工作条件。

④承包商职责。负责编制设备监造计划,并报业主、监理批准;负责组织编制出厂试验、抽样试验和现场试验的试验规格书,并在试验开始3个月前报业主审核、批准;负责组织对产品的监造,确认监造的项目及其质量标准并在整个监造过程中,对业主代表和监理工程师的工作进行配合,为参加设备监造的人员提供必要的工作、食宿、交通等条件;因承包人原因造成工程质量达不到合同约定验收标准,监理人有权要求承包人返工直至符合合同要求为止,由此造成的费用增加或工期延误由承包人承担。

5)制订主要设备、材料监造计划

因各标段计划不尽相同,此处不再赘述。

6)监造的实施方案

(1)设备设计阶段的质量控制

①承包商质量主管审核设备供货商质量保证体系文件。

②审查输入文件资料。

③设计输入文件资料的修改。

④设备供货商设计文件评审。

⑤召开设备设计协调会议。

⑥确认设备图纸文件输出。

⑦检查各类接口的实施情况。

(2)设备原料采购阶段的质量控制

设备原材料的质量是影响产品质量的重要因素,承包商的相关管理人员将审查设备供货原材料采购控制程序,重点检查所采购的原材料是否符合合同规定的要求等,是否按程序的规定进行了过程控制。

(3)设备制造(生产)阶段的质量控制

①承包商质量主管在业主与供货商签订设备供货合同后,检查供货商的质量控制程序,该控制程序应清楚标明设备制造过程中的质量要求、控制环节、检验标准、检验方法、试验设备等。

②设备合同签订后2个月内,相关管理人员将编制设备制造过程的中间检查范围、方式、进度计划等并报业主审查后通知相关供货商。

③相关管理人员根据需中间检查设备的特点及供货商所提供的质量控制程序文件,确定该设备的质量监控点和监控内容、监控方式,编制产品质量见证表。监控点的监控方式为现场监控、文件监控和停工待检三种方式。

④当设备生产进度与工程进度计划不符,相关管理人员将与供货商讨论解决方案,以确保设备交货日期满足工程进度计划的要求。

⑤审查供货商的技术管理制度和质量保证体系。

⑥审查设备制造图。

⑦审定供货商编制的生产计划。

⑧检查加工设备及检验、测量仪器。

⑨重要零、部件加工过程及关键工序的质量控制。

⑩检查产品标识和可追溯性控制,供货商应按质量保证体系要求,建立"产品标识和可追溯性控制程度"。

⑪组织处理产品质量问题。

⑫召开定期的中间检查例会和不定期的专题会议,及时协调、讨论在中间检查中发生的各类问题,并编写会议纪要。

⑬检查产品型式试验报告。

⑭参加重要设备的产品出厂试验。

⑮检查产品的外观和包装。

⑯中间检查总结。

(4)设备的试验和测试

①基于测量任务和准确度要求的基础上,购买或选择要求满足精确度和精确度的检验、测量和试验设备。

②依据可知的精确度,挑选检验、测量和试验设备。

③供货商应保存检验、测量和试验设备的清单,以证明每一套设备的标识、精度和校准状态。

④检验、测量和试验设备可提供鉴定记录或适当的标记以标识其检定状态。

(5)检验记录和试验报告的确认

①通过检验和试验的物品及设备应加以状态标识,如标贴、标签或指定位置。

②通过单体检测的设备和系统应在检测报告中明确其状态。

③通过出厂检验的系统设备,应在出厂检验报告中明确其状态。

④任何一个系统设备在检验或测试中未通过的,应在标签、不符合报告或缺陷清单中,明确其状态。

(6)不合格产品的控制

不合格产品控制由质量主管负责,相关管理人员发现不合格品后,应及时进行标识、记录,并通知质量主管及有关各方。

质量主管对不合格产品要组织原因分析,提出处理意见,并检查其处理效果。

(7)出厂验收

①承包人对供货商的设备进行出厂验收,出厂检验应在有关工厂进行。并按不小于供货数量的10%进行出厂试验项目的抽检。

②检验开始前3个月,承包人需向业主提供检验规格书和设备质量保证书。设备的出厂检验,除承包人外,必要时业主到场参加。

③测试所涉及产品的全部电气和机械性能的内容和测试方法按合同的有关规定进行。

④若业主检验人员已到工厂,而检验无法按计划进行时,所有由此产生的业主的直接费用及成本由承包人承担。

⑤所有设备整机及其主要部件的测试,应按合同和业主批准的测试程序进行型式试验和出厂试验。试验时,如果业主人员不能按时到场,承包人应在得到业主或业主授权单位的许可后,方可进行试验。

⑥业主有权根据实际情况,合并安排工厂验收次数和内容。

⑦在实际工作中,如果某次工厂验收由于承包商原因造成工作安排失误或产品质量达不到要求,业主有权要求重新进行工厂验收。

2.2.3 设计联络

具体设计联络内容见表5-2-1。

第五篇　车辆及机电设备

典型设计联络计划表　　　　　　　　　　　　　表 5-2-1

序号	服务内容	次数	业主、监理、设计单位	供货商	时间(d)	地点
1	第一次设计联络	1	10	根据需要	3	现场
2	第二次设计联络	1	10	根据需要	5	制造商所在地
3	第三次设计联络	1	10	根据需要	5	现场

2.2.4　主变电所施工

1）施工工艺及工法

具体主变电所施工流程见图 5-2-8。

图 5-2-8　主变电所施工流程

2）重点工序工艺工法

（1）预埋件制作安装。

（2）盘、柜进场及安装。

（3）变压器进场及安装。

（4）所内、进出线高压电缆敷设。

（5）二次电缆敷设及配线。

（6）110kV 电缆中间头、终端头制作。

（7）差动保护光缆敷设。

（8）变电所设备试验及调试。

（9）110kV 电缆试验。

（10）差动保护试验。

2.2.5 变电所施工

1)施工工艺及工法

变电所施工流程见图 5-2-9。

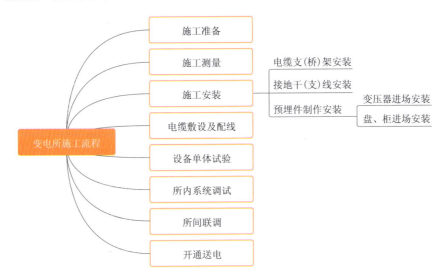

图 5-2-9 变电所施工流程

2)重点工序工艺工法

(1)预埋件制作安装。

(2)盘、柜进场及安装。

(3)变压器进场及安装。

(4)所内、环网高压电缆敷设。

(5)二次电缆敷设及配线。

(6)差动保护光缆敷设。

(7)35kV 电缆中间头、终端头制作。

(8)变电所设备试验及调试。

(9)35kV 电缆试验。

(10)差动保护试验。

(11)变电所受电启动。

3)其他工序工艺工法

(1)施工测量。

(2)电缆支架、桥架安装。

(3)接地干(支)线安装。

(4)DC1500V 直流电缆终端头制作。

（5）低压、控制电缆终端头制作。

2.2.6 电力监控施工

1）施工工艺及工法

具体电力监控施工流程见图 5-2-10。

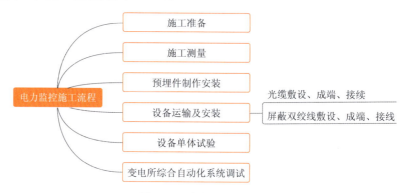

图 5-2-10　电力监控施工流程

2）重点工序工艺工法

（1）预埋件制作安装。

（2）设备单体试验。

（3）综合自动化系统调试。

3）其他工序工艺工法

（1）施工测量。

（2）光缆敷设、成端及连接。

（3）屏蔽双绞线敷设、成端及连接。

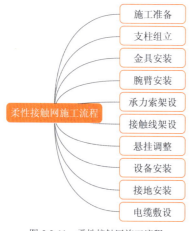

图 5-2-11　柔性接触网施工流程

2.2.7 柔性接触网施工

1）施工工艺及工法

具体柔性接触网施工流程见图 5-2-11。

2）重点工序工艺工法

（1）支柱组立；

（2）架空地线架设；

（3）承力索架设；

（4）接触线架设；

（5）接触悬挂调整。

2.2.8 刚性接触网施工工艺及工法

具体刚性接触网施工流程见图 5-2-12。
重点工序工艺工法：
（1）打孔及锚栓安装。
（2）悬挂安装。
（3）汇流排安装。
（4）接触线架设。
（5）电连接及接地。
（6）调整。

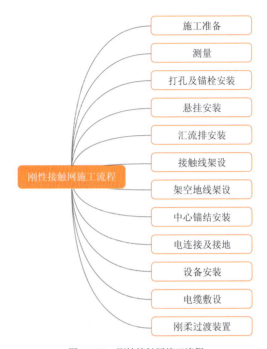

图 5-2-12　刚性接触网施工流程

2.2.9 杂散电流腐蚀防护施工

1）施工工艺及工法

具体杂散电流腐蚀防护施工流程见图 5-2-13。

2）重点工序工艺工法

（1）设备安装。
（2）参比电极安装。
（3）电缆敷设。
（4）电缆与钢轨连接。

图 5-2-13　杂散电流腐蚀防护施工流程

2.2.10 预验收

1）进行预验收的条件

（1）工程范围内的各系统在工程现场安装完毕，且进行了安装检查。
（2）工程各系统在施工过程中完成了检验批、分项、分部的质量验收。
（3）各系统的设备安装完成了单机测试和系统调试。
（4）对单机测试和系统调试过程中发现的问题已完成整改。
（5）已经按照合同规定及相关标准要求完成了预验收资料的编制。

2）进行预验收的依据

（1）合同及合同澄清文件。

（2）设计文件及设计变更通知书。

（3）设备技术说明书。

（4）国家现行施工及验收规范,技术文件施工组织设计册中的施工及验收技术标准。

（5）主管部门或业主审批、修改、调整的文件。

3）预验收的组织机构（以供电1标段为例）

具体预验收组织机构见图5-2-14。

4）预验收的管理

具体预验收管理流程见图5-2-15。

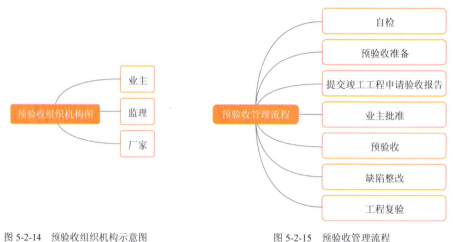

图 5-2-14　预验收组织机构示意图　　　　图 5-2-15　预验收管理流程

2.2.11 竣工验收

1）工程竣工验收合格标准

（1）工程所含分部工程的质量均验收合格。

（2）质量控制资料完整。

（3）工程所含分部工程有关安全和功能的检测资料完整。

（4）主要功能项目的抽查结果符合相关专业质量验收规范的规定。

（5）观感质量验收符合要求。

2）竣工验收流程

具体竣工验收流程见图5-2-16。

3）竣工文件提交

各系统消缺工作结束,经监理复验确认合格,完成预验收。

第2章 供电系统

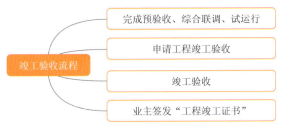

图 5-2-16　竣工验收流程

竣工验收文件的组成：

（1）竣工图、竣工资料。

（2）设计变更汇编。

（3）设备供货商随机文件资料。

（4）承包人供应设备的备品备件清单。

（5）安装记录。

（6）隐蔽工程记录。

（7）设备缺陷处理记录。

（8）已完成工程量清单。

（9）系统联调的测试记录。

（10）系统联合调试分析报告。

（11）系统综合联调资料。

（12）故障考核记录。

（13）其他必需的文件资料。

2.2.12　质量评估

在参加验收时由设计单位给出工程质量评估报告，并明确以下内容：

（1）通过现场全面检查，确认工程质量是否满足设计文件要求，体现了设计意图，是否认可施工单位的自评意见。

（2）本工程依法进行设计、执行有关部门的批文及根据勘察成果文件进行设计的情况。

（3）本工程是否按强制性标准和强制性条文进行工程设计。

（4）施工过程中，设计单位签发的设计文件（包括设计变更通知单和技术核定单等）是否符合规范，强制性标准要求。

（5）工程实物质量与设计文件是否相符。

（6）施工过程中，是否发现结构性的质量缺陷和不能满足规范要求的质量缺陷，并提出设计处理方案，施工单位是否按设计处理方案处理。

（7）工程是否已完成工程设计文件要求的各项内容，符合工程建设强制性标准要求。

2.3 体会与经验

2.3.1 设计体会与经验

（1）岔区环网电缆过轨困难，后期为满足电缆敷设要求，在道床上开槽，施工现场发现下雨时积水严重，电缆基本浸泡在水中（图 5-2-17），后经排水处理该问题得以解决。以后类似情况应充分考虑过轨方案及防水措施。

（2）雅关站高架区段岔区过轨，该站为高架站，岔区采用整体道床，无承轨台槽，电缆难以过轨（图 5-2-18）。现场反复踏勘后，通过采取将结构缝（宽 10cm、深 10cm）凿深 5cm 的方式，电缆采用之字形摆放，勉强过轨。以后类似岔区应在道床上提前预留电缆槽。

图 5-2-17　下麦西站过轨区段电缆敷设图　　　　图 5-2-18　雅关站过轨区段电缆敷设图

（3）如图 5-2-19 所示，蛮坡站环网电缆上电缆夹层的原方案走扶梯下部通道，因扶梯通道的空间难以满足运营检修的需求，后将环网电缆的原方案调整为走通风竖井（通风专业废弃部分）的方案。以后应提前预留供电电缆竖井。

（4）将军山站综合接地网施工单位漏做，所幸该站为高架站，站前还有空旷的广场，因此在车站周围补做了一圈接地网。为避免该类情况发生，以后本专业设计人员应及时提醒土建设计及机电业主告知土建施工及土建业主不要漏掉接地网，并做好接地网验收工作。

（5）因供电系统施工图往往先于各车站动力照明施工图出图，尽管前期双方已有对接，但现场施工时仍出现多个变电所配电变压器和 0.4kV 开关柜室拼接位置对不上的情况，解决办法基本上是在低压柜厂或变压器厂调整母排连接方式，造成了一定返工。以后供电系统专业和动力照明专业应加强沟通、对接。

（6）如图 5-2-20 所示，小河停车场出入段线现场钢轨绝缘节位置距接触网分段绝缘器位置较远，存在供电安全的隐患。经与轨道专业沟通，采取将出入段线两处钢轨绝缘节移动至接触网分段绝缘器位置附近方式解决。以后应注意出入段（场）线接触网电分段位置与钢轨绝缘节位置保持一致。

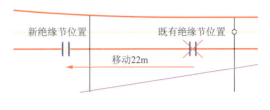

图 5-2-19　蛮坡站环网电缆敷设图　　　　图 5-2-20　小河停车场接触网平面布置图

（7）接触网的电动隔离开关、上下部定位绳以及渡线的承力索接触线与全封闭式声屏障发生位置冲突。经现场踏勘，与声屏障设计沟通后，采取将冲突位置处的声屏障拆除方式解决。以后应加强与相关专业的沟通对接，避免出现冲突情况。高架区段接触网现场照片见图 5-2-21。

a)
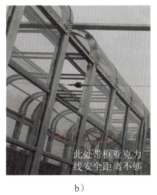
b)

c)

图 5-2-21　高架区段接触网现场照片

（8）贵阳市以山地、丘陵为主，轨道交通 1 号线作为该城市建设的第一条轨道交通线路，土建工程较为复杂，地面段、地下段及高架站交替，个别地段还需穿越峡谷，施工工法更是多种多样，同一个区间常出现明挖、暗挖等多种工法混用；个别地段还有连续长大坡道。供电系统设计作为整个地铁工程设计的重要环节，其功能不仅满足整个地铁工程的特点，还应贴近城市特点，满足用户的需求。

2.3.2　施工体会及施工经验

（1）车站站台板下电缆支架安装

按照设计高度进行站台板下支架安装时，部分支架下端与水沟沿冲突无法安装到位，导致锚栓返工,造成材料浪费。定位测量时需复核站台板下安装距离,对不满足安装距离的,根据具体情况可采取抬高安装高度或预制特殊支架的措施来达到安装要求。

(2)曲线处电缆支架与疏散平台冲突

曲线外侧出现环网支架锚栓与疏散平台锚栓位置冲突。首先环网与疏散平台两个专业应统一安装基准点,如确有冲突,根据现场情况可调整环网支架安装间距避让疏散平台支腿安装位置。

(3)电缆中间接头位置预留问题

电缆中间接头预留在车站站台处,不满足设计要求,造成返工及材料浪费。在环网电缆测量时需考虑中间接头的位置,将中间接头布置在人防门附近,并避开站台范围及伸缩缝等位置。

(4)部分高压电缆中间接头制作后弯曲变形

部分区段高压电缆中间接头在制作完成后出现弯曲现象,个别弯曲严重,造成返工及材料浪费。制作电缆中间接头时须严格按照说明书要求的数量绕包铠装带;制作完成后将中间接头放置于电缆支架托臂上,并及时进行固定防止弯曲变形。

(5)孔洞问题

预留孔洞漏开、位置错误,出现推诿扯皮、返工,严重影响施工进度。加强变电专业与土建专业的资料对接,确保双方施工资料准确一致,土建单位在浇筑施工前需及时与变电专业核实相关孔洞预留情况,避免造成返工,延误工期。

(6)积水问题

变电所电缆夹层长期积水,严重影响施工进度及后期电缆带电运行安全。加强电缆夹层防、排水处理,并做好引排措施。

(7)接地端子预留问题

部分变电所夹层内漏埋强弱电接地端子。加强前期专业间施工资料对接,避免强弱电接地端子漏埋,后期引接,造成工作量增加,影响施工进度。

(8)设备房移交

设备房在设备受电前必须完成移交,且房间内须完成一切施工,否则设备带电运行期间继续施工安全隐患巨大,并易造成设备损坏,更换、返修影响工期节点。

(9)其他

机电装修专业及人防专业应根据土建工程进度,及时进场施工,为后续专业施工提供作业条件,相关接口部分严重制约变电、接触网等系统专业施工,直接影响总体工期进度。

第3章 信号系统

3.1 信号系统设计

3.1.1 信号系统概述

信号系统是线路运营生产的指挥控制系统。通过信号系统,可以实现调度、车辆以及站务工作的集中生产调度,使运营人员在生产调度方面,实现地铁运营生产的安全和高效要求。

本工程正线线路长度35.11km,设车站25座,1座控制中心,1座车辆段(含1条试车线),1座停车场,34列车。

信号系统由正线列车自动控制(ATC)系统和车辆段/停车场联锁及微机监测系统组成,采用北京交控科技有限公司系统集成服务和施工总承包方式。正线ATC系统采用交控科技LCF-500基于通信的移动闭塞系统,计算机联锁子系统采用北京交大微联科技有限公司的EI32-JD型二乘二取二冗余型计算机联锁系统。

正线共设9座设备集中站,其中,5座一级设备集中站,4座二级设备集中站,信号系统实现全线全程全网列车运营控制,系统主要由ATP子系统、ATO子系统、DCS子系统、ATS子系统、CI子系统、MSS子系统组成。系统设备主要设置在控制中心、车站、轨旁、车载、车辆段、停车场、试车线、维修中心、培训中心等。

2017年12月28日贵阳轨道交通1号线首通段观山湖段开通试运营,开通当日列车均以CBTC-AM模式在线路运营,预计2018年年底1号线全线开通试运营。

3.1.2 信号系统主要技术特点

(1)采用先进的控制技术、计算机技术、冗余技术、网络技术和通信技术,符合轨道交通技术发展方向。

(2)采用基于通信的移动闭塞ATC系统,满足远期行车间隔和旅行速度目标的运营需求。满足B型车6辆编组折返站的折返能力、列车出/入车辆段和停车场能力与全线行车间隔相适应并留有必要的余量。

(3)信号系统设备具有高安全性、可靠性和可用性。凡涉及行车安全的设备必须符合故障-安全原则,应采用成熟、经过运用实践并证实安全可靠的设备,具有联锁、ATP子系统等安全系统的计算机设备应采用三取二或二乘二取二或经独立第三方安全认证机构认证的冗余安全结构;主要行车设备的计算机系统应采用热备冗余配置。

(4)车载 ATO 采用平滑协调的控制技术,并拥有预加速、减速功能,实现列车节能运行和提高旅客乘坐舒适度。

(5)模块化的软件结构设计,产品灵活性高,便于将来系统的扩展,系统中所有关键子系统都采用多重冗余的容错设计,故障产生时,支持快速恢复。

(6)1 号线为响应中国城市轨道交通协会技术装备委员会牵头下共同编制了 CBTC 互联互通技术标准,促进中国城市轨道交通建设,实现并满足城市轨道交通互联互通的需求,达到经济适用、资源共享、技术先进及可持续发展的目的。

3.1.3 信号系统主要性能

(1)正线最小列车运行间隔不大于 120s,满足 6 辆编组,正线最小列车追踪间隔不大于 90s,下麦西站折返间隔不大于 110s、场坝村站折返间隔不大于 110s。列车出入段/场线的追踪间隔应与正线行车间隔相适应,出入段/场线与车辆段综合基地/停车场的接口设计应不影响列车追踪能力。

(2)基于线路最高土建限速 85km/h 的条件下,正线列车运行的信号最高 ATO 命令速度不得低于 75km/h,全线平均旅行速度不低于 34km/h。

(3)ATO 模式在站台停车精度控制在 ±500mm 范围内的正确率为 99.9998%,停车精度控制在 ±300mm 范围内的正确率为 99.995%。

3.1.4 主要系统构成

信号系统的核心是列车自动控制(ATC)系统,ATC 系统主要由列车自动防护(ATP)子系统、列车自动运行(ATO)子系统、列车自动监控(ATS)子系统和联锁子系统(CBI)组成,见图 5-3-1。

(1)ATP 子系统

ATP 子系统是保证列车运行安全、提高运输效率的控制设备,提供列车运行间隔控制及超速防护,满足故障－安全的原则。ATP 子系统确保与安全相关的所有功能,包括列车运行、乘客和员工的安全。ATP 子系统包括车载 ATP 子系统和地面 ATP 子系统,ATP 子系统的硬件和软件均按标准化功能模块进行设计。

基于通信的 CBTC 系统的车载 ATP 子系统车头、车尾各一套,头尾两端通过通信线缆相连,用以实现头尾两端设备之间的通信以及车－地无线通信的双路冗余。车载 ATP 子系统采用"3 取 2"的安全冗余技术,确保了车载子系统的安全性、可靠性及可用性。地面 ATP 子系统包括安装在一级设备集中车站室内的地面 ATP 部分和安装在室外轨旁的地面 ATP 两部分。

第3章 信号系统

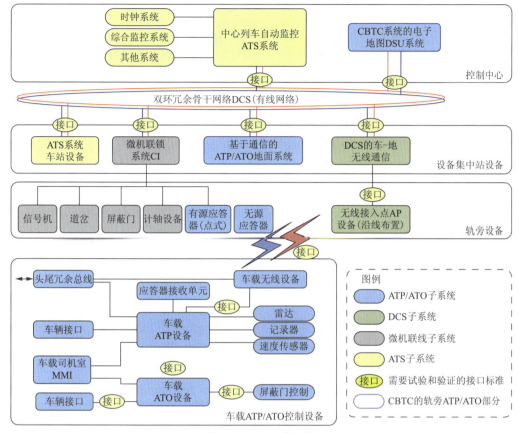

图 5-3-1 CBTC 系统结构

（2）ATO 子系统

ATO 子系统由轨旁 ATO 设备和车载 ATO 设备组成，在为贵阳轨道交通 1 号线提供的 LCF-500 型 ATO/ATP 为核心的 CBTC 系统解决方案中，由于采用一体化设计思路，能够使轨旁 ATO 设备与轨旁 ATP 设备共用。在设备共用的基础上，针对 ATO 的精确停车的要求对应答器设备进行相应的系统设计，如设置站内精确停车应答器以满足 ATO 更高的列车定位与精确停车要求。共用的地面 ATP 设备包括：节点控制器（ZC）、DSU、应答器及次级轨道占用检测设备。整个 ATO 子系统由车载 ATO 设备、与 ATP 子系统共用的车载应答器接收天线、轨旁 ZC、DSU 及轨旁电子单元（LEU）组成。

（3）ATS 子系统

ATS 子系统是分布式的监控系统，分别在控制中心（图 5-3-2）、设备集中站、非设备集中站、车辆段/停车场、培训中心设置了相应的 ATS 设备，包括：中央 ATS 设备、车站 ATS 设备、车辆段/停车场 ATS 设备、培训中心 ATS 设备等。对关

图 5-3-2 控制中心信号显示大屏幕

键设备（如 ATS 服务器、车站分机）除了提高设备的硬件配置外，均采用热备冗余的方法来保证系统的可靠性。

ATS 设备通过网络设备连接到 ATS 骨干网中；ATS 的所有网络连接均采用双网冗余连接方式，以提高系统的可靠性和可用性。

（4）CBI 子系统

在设备集中站，联锁操作工作站与 ATS 车站工作站合设，构成现地控制工作站（由 ATS 子系统提供）。联锁子系统由上位机、联锁机、驱采机以及驱采电路和接口配线、联锁维护工作站（以下简称维护工作站）等构成。

非设备集中站将信号机、紧急停车按钮、计轴、站台门、防淹门、轨道占用/空闲检测设备、IBP 盘等设备通过电缆引入设备集中站，其状态信息经设置在设备集中站的驱采机送入联锁机，经过联锁运算对其进行驱动控制。

3.1.5 主要系统功能

1）正线信号系统

正线信号系统的主要功能是保证列车安全、快速、有序、不间断地运行，提高运输效率，降低运营成本，提高服务水平。

结合轨道交通 1 号线的运营需求和主要设计原则，正线信号系统配置的主要功能见图 5-3-3。

图 5-3-3　正线信号系统主要功能框图

(1) 联锁设备（CBI）功能

联锁设备是实现道岔、信号机、列车占用检查设备间正确联锁关系及进路控制的安全设备，是确保行车安全的基础设备，须符合故障-安全原则。

主要功能除必须满足《计算机联锁技术条件》(TB/T 3027—2002) 及《继电式电气集中联锁技术条件》(TB/T 1774—1986) 外还应包括以下主要内容：

①按正确的联锁关系、时刻表及列车位置自动设定、建立、解锁列车进路，有一定的自动排列进路的功能。

②对列车进路、敌对进路、延续进路、侧翼道岔、超限区段等进行防护。

③能在现地工作站上对其控制范围内的道岔实行单独操纵、单独锁闭及对列车开放引导信号；对道岔、信号机、轨道区段等信号控制元素实施封锁；还能进行轨道和道岔区段的临时限速等操作，并给出状态表示。

④能向 ATP 提供信号状态、列车进路设置情况、保护区段的建立、轨道区段的临时限速及区间运行方向等条件，并根据系统控制需要可靠地接收 ATP 的安全信息。

⑤车站联锁设备与 ATS 系统结合，实现车站和中央两级控制，实现自动和人工控制两种模式办理进路，人工控制分为中央人工和车站人工控制两级。

⑥联锁系统应具备完善的自诊断功能，能对联锁设备本身、电源、轨道区段、信号机和转辙机等实施监督，并具有与远程诊断系统接口的功能。

⑦正线联锁子系统与车辆段/停车场联锁系统的接口应确保列车出入段/场作业的安全和能力。

⑧对于1号线与2号线连接的联络线，两线联锁系统间应具有联锁逻辑照查接口功能。

⑨实现与站台门/安全门、防淹门等的特殊接口功能，完成必要的逻辑判断以对其接口对象进行正确控制和监督。

⑩站台非常情况下紧急停车按钮功能。

在每个车站的车控室、站台上设紧急停车按钮。当联锁系统采集到紧急停车按钮按下信息后，通过 ATP 系统向控制区域内的相关列车发送紧急停车命令，并切断相关地面信号机的信号开放电路。紧急停车操作须经人工确认后才能恢复。

(2) 列车自动保护（ATP）功能

列车自动保护（ATP）系统的主要功能是监督及控制列车在安全状态下运行，ATP 系统应具备以下主要功能：

①列车间隔控制和超速防护。

能连续地对列车位置进行检测，并根据列车位置、线路条件、限速信息、列车进路等信息确定列车运行的移动授权和最大安全速度。提供列车速度保护，在列车超速时实施常用制动或紧急制动。保证前行与后续追踪列车之间的安全间隔，满足正向行车时的设计追踪间隔和折返间隔要求，根据贵阳观山湖区和城区的地域特点及贵阳凝冻天气特点，信号系统采用降低防护速度和可保证紧急制动率，最大限度实现了雨雪模式下轮轨黏着系数不足的

ATP 防护功能。

由于老湾塘站为侧式站型,站台中央设置广告牌,为防止人员掉落的安全隐患,信号系统通过系统层面实现了双侧 ESB 同时管理整个站台区域的功能,更加保证了行车的安全。

②车门、站台门/安全门监控。

只有列车停稳在站台区,并满足停车精度要求的情况下,ATP 系统才允许发送开车门命令,并通过轨旁 ATC 设备向站台门/安全门系统发送开门命令;车门、站台门/安全门关闭后,才允许启动列车。开门方向应符合站台的位置和运行方向。

③支持不同驾驶模式下列车控制。

车载 ATP 设备应在下列驾驶模式中对列车实施监控:

a. 有人 ATO 自动驾驶模式(含折返线列车有人/无人自动驾驶折返模式)。

b. ATP 监督下的人工驾驶模式(含折返线列车 ATP 监督下的人工驾驶折返模式)。

c. ATP 固定限速下的人工驾驶模式。

正常运营列车在正线、折返线按正常运行方向进行追踪运行及折返作业时,均以自动驾驶(ATO)模式为常用模式,当 ATO 设备故障或运营需要时,采用 ATP 监督下的人工驾驶模式。有人 ATO 自动驾驶模式和 ATP 监督下的人工驾驶模式均为正常的运营模式,而 ATP 固定限速下的人工驾驶模式和非限制人工驾驶模式(车载信号设备不起作用)为非正常的运营模式(车辆段/停车场除外)。

④列车定位、测速、非正常移动(溜车)、零速检测。

能安全精确地确定装备列车的位置、速度和运行方向,能自动补偿或纠正由于车轮空转、打滑等引起的测速测距误差;当监视到列车的非正常移动(溜车)时立即采取紧急制动。

⑤车载 ATP 设备和车辆控制设备的接口应保证安全和对列车实施连续有效的控制,车载 ATP 设备应具有以下主要功能:

a. 超速防护及报警。

b. 关键设备故障时实施紧急制动。

c. 列车非正常移动的检测并实施紧急制动。

d. 监督车门、屏蔽门/安全门的关闭且锁闭。

e. 向车载 ATO 传送有关信息。

f. 系统的自诊断、故障报警、记录。

g. 列车的驾驶模式、实际速度、推荐速度、目标速度、目标距离等信息的记录和显示。

⑥轨道末端防护。

轨道末端防护与超速防护功能相结合,以防止列车撞击轨道末端车挡。

⑦车载 ATP 子系统设备日检功能。

(3)列车自动运行(ATO)功能

ATO 子系统是自动控制列车运行的设备。在 ATP 的保护下,根据 ATS 的指令实现列车的自动驾驶,确保达到设计间隔及旅行速度。

①自动调整列车运行状态,包括启动、加速、惰行、巡航及制动控制,牵引及制动控制满足乘客的舒适度要求。

②能对车门、屏蔽门/安全门进行控制,实现自动开启/关闭车门、屏蔽门/安全门功能。

③车站精确停车。利用车站站台区域的地面精确定位设备和车载测速定位设备实现满足站台停车精度要求的列车精确停车功能。

④列车区间运行时分的控制。ATO 可根据 ATS 的指令分级或无级调整列车在区间走行时间。

⑤实现节能运行。在 ATO 模式下,系统实现将土建节能坡、车辆特性、各种运行工况及转换、乘客舒适度、车辆磨耗等因素,与列车运行调整相结合,对应各种区间走行时间的分别采用相应的 ATO 节能运行速度曲线,达到节能及自动调整列车运行的目的。

⑥将列车的有关信息传送至 ATS 系统,以便于 ATS 系统能对在线列车进行监控。

⑦与 ATS 和 ATP 结合,实现列车自动驾驶、有人或无人驾驶自动折返作业。

⑧实现与车载乘客信息系统的接口功能。

⑨车载 ATO 子系统设备日检功能。

⑩实现雨雪模式下,一定外部条件范围内的 ATO 自动驾驶功能。

(4)列车自动监控(ATS)功能

ATS 子系统完成运行图/时刻表的编制、管理,在 ATP/ATO 子系统的支持下实现对全线列车运行的自动监控和列车运行的自动调整,其主要功能有:

①完成正线控制区域内的列车识别号的生成、跟踪等。

列车识别号由车组号、服务号、序列号、目的地号、乘务组号、运行方向符号及线号等组成。

ATS 子系统能自动完成正线控制区域内的列车识别号跟踪。当列车从车辆段/停车场出发占用转换轨时,开始跟踪,至终到站或返回车辆段离开转换轨跟踪结束。ATS 子系统需实现在车辆段、停车场内对列车车组号的跟踪功能。

②列车运行图编制及管理。

运行图的编制应根据线路的参数和行车组织要求,由运行图编制人员输入基本数据,包括各区间运行时间、停站时间、运行间隔、线路数据、折返间隔、客流量等信息,由计算机辅助自动编制基本列车时刻表和运行图。运行图编制过程中应能自动进行冲突检查,并给出明确提示。

基本运行图编制完成后,按不同种类(包括平日、节假日、特殊情况等)存入数据库内,以备调度员按需调用,储存在计算机内的基本运行图一般不少于 256 种。

每天运行前由调度员从运行图库调出一个基本运行图,经调度员确认或修改后,即成为当日列车的实施运行图。

③列车运行调整。

在列车运行发生偏差时自动发出偏差报警,并根据列车实际的偏离情况,实现列车运行的自动调整或自动生成调整计划供调度员参考。

a. 自动调整手段：自动调整列车区间走行时间；自动控制列车出发时刻，调整列车停站时分。

　　b. 调度员人工调整手段：对有关列车实施"扣车/终止扣车"或"跳停"；改变列车在区间的走行时间；对计划运行图进行在线修改，包括对单个或所有列车"时间平移"、增加或取消列车、改变列车的始发点及始发时间、调整列车的出/入段时间等。

　　④根据计划运行图及列车位置，自动生成、输出进路控制命令，设置列车进路。进路控制方式平时由中央 ATS 计算机按指定运行图及列车位置自动生成控制命令，传送到联锁设备，由联锁设备控制列车进路和信号机，需要时可由控制中心及车站调度员人工控制进路和轨旁元素。

　　⑤列车运行及信号设备的监视和报警。

　　通过控制中心大屏幕及 ATS 工作站人机界面，能对车辆段/停车场线路、正线线路、道岔转辙设备、信号机、列车识别号、在线列车位置及运行状态、命令执行情况及系统设备状态等进行监视；当列车运行或信号设备发生异常时，系统自动将有关信息在行调工作站上给出报警及故障源提示。报警信息一般分为 A、B、C 三类：

　　a. A 类为直接对列车运行及设备产生危害的情况。

　　b. B 类为将对列车运行产生影响的情况。

　　c. C 类为一般报警情况。

　　⑥ATS 系统通过综合监控系统为乘客信息系统提供服务于旅客的有关信息，如下次列车到达时间、目的地、列车跳停等。ATS 系统为无线通信系统提供列车识别号等信息。ATS 系统为综合监控系统提供在线列车运行及信号主要线路设备状态等信息。

　　⑦中央 ATS 系统设备通过传输网，与车辆段/停车场的 ATS 工作站连接，向车辆段/停车场管理及行车人员提供信息，车辆段/停车场调度员根据当天采用的列车计划运行图编制车辆运营计划和行车计划，并传送到中央 ATS 系统。

　　⑧ATS 系统应利用车辆段/停车场 ATS 工作站对车辆段/停车场值班员进行出库列车自动预先通知，在规定时间尚无列车进入车辆段/停车场转换轨时应自动进行提示及报警。

　　⑨ATS 子系统与车辆段/停车场联锁系统共同实现车辆段/停车场内车组号的跟踪、显示功能。

　　⑩自动进行运行统计，包括列车报告、车站报告、车次号报告以及各种运行指标等；具有自行制表、运行资料库访问、显示和打印功能。

　　⑪模拟显示及培训功能。ATS 系统应具有在线及离线工作状态的模拟培训设施。在离线工作状态时可作为培训列车调度员及维修人员之用，在在线工作状态时可作为试验及调试 ATS 系统的设备。

　　⑫临时限速功能。ATS 系统具备了临时限速功能，在线路工况异常情况下，通过 ATS 设置临时限速功能，可以降低列车行驶速度，从而可以提高系统安全性。贵阳为多雨城市，此功能可以进一步帮助调度在恶劣条件下的安全行车工作。

⑬雨雪模式设置功能。ATS 系统具备雨雪模式设置功能,实现调度上统一指挥的功能,确保系统在保证安全的基础上,提高调度指挥意图以提高效率。

(5)试车线信号设备功能

试车线设备完成列车投入运营前车载设备性能测试,通过试车线控制工作站及操作盘,能对车载信号系统进行不同速度等级的 ATP 功能、ATO 自动驾驶、ATO 精确停车、自动折返、车门监控、屏蔽门/安全门模拟监控、车-地通信及驾驶模式间转换等功能进行测试。其主要功能为:

①各种速度等级下的 ATP 功能。

② ATO 自动驾驶。

③牵引和制动性能试验。

④精确停车。

⑤站前自动折返和站后有人及无人自动折返。

⑥车门及屏蔽门/安全门的监控模拟。

⑦车-地通信。

⑧驾驶模式间转换等。

(6)维护监测设备功能

信号系统应具有完善的故障自诊断功能,对全线的中央设备、车站设备、轨旁设备、车载设备以及车-地通信设备进行实时监督和故障报警,能准确报警到可更换单元(插拔件)等,便于及时更换,并能经通信传输通道在维修中心实施远程故障报警和故障诊断。

在不影响被监测设备正常工作的前提下,信号维护监测设备实现对所有信号系统设备的故障诊断、本地和远程监测及报警,向维护人员提供信息,帮助其了解设备状态以做出适当的决定并采取措施,其主要功能为:

①实现基础信号设备如信号机、道岔、列车占用/空闲检测设备等的监测报警功能。

②实现正线 ATC 系统设备的监测报警信息的处理功能。

③实现所有信号设备状态信息的收集、存储、统计、显示、打印功能。

④在控制中心和维修中心值班(调度)所在地,可利用维护监测终端监督、监测全线的所有信号设备的工作状态等。

(7)培训设备功能

培训系统设备的工作状况应最大限度接近 ATC 系统实际工作状况,提供对行车管理人员和设备维护人员的培训,使行车管理人员能掌握 ATC 系统的操作和管理,维护人员能掌握 ATC 设备的工作原理、设备性能、故障识别和处理等。

2)车辆段/停车场信号系统

车辆段/停车场信号设备主要负责车辆段/停车场内列车作业的安全,满足《计算机联锁技术条件》(TB/T 3027—2002)和《信号微机监测系统技术条件》(TB/B 2496—2000)的要求,其主要功能为:

(1)满足车辆段/停车场内的列车出入段/场的列车作业和场内的调车作业要求,实现列车进路和调车进路的办理。

(2)实现信号机、道岔、计轴区段间的联锁功能。

(3)与正线 ATS 系统接口,实现车辆段/停车场内列车作业的监督。

(4)与正线联锁设备(包括出入段线和试车线)接口,实现列车出入车辆段/场作业和试车作业的安全控制。

(5)与正线联锁设备(包括出入场线)接口,实现列车出入车辆段/停车场作业。

(6)实现车辆段/停车场与洗车线接口功能要求。

(7)实现车辆段/停车场基础信号设备的微机监测功能。

3.2 系统设计总结

3.2.1 各设计阶段系统设计总结

1)总体设计阶段

(1)主要工作内容

总体设计主要工作内容是在可研报告的基础上,对各有关厂家和已建工程进行调研并对各种技术及其应用、发展进行综合分析,在总体设计单位的全线技术标准、功能要求、设计原则等设计文件指导下,根据 1 号线工程特点,结合系统技术发展及其他城市轨道交通的应用和运营的经验,完成系统总体方案设计。

(2)工作重点及关键点分析

①深化主要方案比选。根据行车专业对系统能力的要求,以及对信号系统各厂家的技术调研,在工可的基础上,并结合 1 号线的实际情况,对主要方案的比选进一步深化。

②确定主要方案。通过对国内、外系统的技术发展水平和方向的调研,总结各系统制式的技术差异,结合本工程特点、实际运营的需求和习惯及信号系统的技术标准,最终确定本线路的主要技术方案。

2)初步设计阶段

(1)主要工作内容

初步设计文件内容包括设计说明书、设计图纸、主要工程数量、主要设备材料数量和工程概算。同时还要根据本工程的进度要求,结合其他地铁的设计经验,确定与各相关专业的工程接口,配合土建工程的招标工作。

(2)工作重点及关键点分析

①系统功能定位分析。

充分与建设单位和运营部门进行沟通,深刻理解建设要求和运营用户需求,按照"安全、实用、经济、高效"的总目标,根据本工程的运营和管理特点,通过对其他运营地铁的调研,结合所掌握的国内外地铁系统的功能需求,确定本项目系统的必备功能和可选功能,作为系统设置的主要依据。

②系统制式及组网方案的研究。

在系统设计前,首先进行国内系统设备生产厂家的技术水平、生产制造能力的调研,了解国际系统技术的发展水平和方向,掌握系统各种制式技术水平,并对各种技术及其应用、发展进行综合分析,结合本工程特点,根据所确定的系统必备功能,以满足本工程的运营能力来研究系统制式和组网方案,完成各种方案的系统功能、性价、安全性、可靠性、可用性的技术经济比较,最后经专家及相关的技术人员进行集中审查,推荐出最佳方案。

③设备选型。

根据前阶段的产品调研,从集成度高、模块化结构、设备维护方便、易于备品备件等方面考虑,选择适合轨道交通环境条件、与系统能可靠结合的设备。

④接口设计。

地铁安全有序运行是由众多专业和系统紧密联系、联合运行来实现和保证。要充分了解推荐系统方案的详细内部、外部接口要求,认真分析各子系统内部设备之间、各子系统之间和本系统与其他相关系统之间的接口,应达到专业之间紧密结合、协调一致、专业间接口界面清楚准确,做好与土建接口,保证房屋大小布局合理、线路预留(存车线、安全线、道岔距站台端部距离、配线等)合理、管线畅通,保证初步设计质量。

3)招标设计及设计联络阶段

(1)主要工作内容

设备招标是在初步设计的基础上,与运营和建设部门的业主人员进行充分交流,并与各有关厂家进行技术交流,针对初步设计方案,进一步了解用户需求、潜在供货商的最新产品技术发展和动向以及存在问题,并在此基础上编制系统的用户需求书。发标后,在合同谈判过程中,应特别注意投标商提供的设备、材料数量符合要求,系统设备的构成是否配套、完整、成系列化,系统设备的功能、技术指标能否满足招标文件要求,系统设备的性价比是否最优,系统设备的使用及维护性是否最优,以及系统内、外接口是否完整落实等。

最后,根据合同、运营管理、施工设计、工程实施的需要开展设计联络会,审查供货商提供的技术规格书、安装文件,提出审查意见,明确施工设计的外围条件。

(2)工作重点及关键点分析

①确定招标范围。

为保证工程顺利进展及达到预期质量要求,在编制用户需求书前需根据业主的招标计划,确定招标范围、细化接口界面,做到供货界面清晰。

②用户需求书及技术规格书编制。

设备或材料招标工作应与运营和建设单位的业主人员进行充分交流,并充分吸取已建地铁工程的经验和存在问题,结合本项目的运营特点和要求,工作重点从运营开通要求、工期计划、维护要求、各种运营故障模式下的特殊运营要求、与后建线路的联运要求、与其他系统确定的接口和界面、设备数量、技术参数、运营指标、环境要求等方面提出用户需求书,报建设单位审查批准,在此基础上编制招标文件。

③合同谈判及合同书的编制。

协助业主和招标中心完成招标工作,主要提供技术支持,进行合同技术部分谈判,协助商务完成商务合同。合同技术谈判及合同书的编制工作重点是供货范围、运营指标、系统及设备功能、设备技术参数、接口及接口界面、供货计划等方面应在合同中清楚描述和定义。应特别注意投标商提供的设备、材料数量表(包括设备数量、配备材料、备品备件、专用工具等)应符合招标数量要求,系统设备的构成是否配套、完整,成系列化,系统设备的功能、技术指标能否满足招标文件要求,系统设备的性价比是否最优,系统设备的使用及维护性是否最优,以及系统内、外接口是否完整并落实等。

④设计联络。

信号系统的设计联络应根据合同、运营管理、施工设计、工程实施的需要开展,审查供货厂家提供的技术规格书、供货设备细目、安装设计文件,提出审查意见,落实施工设计的外围条件。

4)施工图设计阶段

施工图设计阶段以签署的设计联络会议文件为基础,完成施工图设计工作为重点,控制施工图文件的完整性、准确性,在保证安全、可靠的前提下以方便运营为基础,同时考虑方便施工、安装。

(1)施工图设计

施工图设计时,首先需要明确施工图设计的外围条件,如:确定段/场信号平面布置图、确定正线信号平面布置图、确定相关接口界面和接口方案、确定信号设备配置方案、确定缆线规格和备用方式等。设计负责人在要求设计者开展设计前,应明确设计原则和标准,形成标准模板,保证施工设计等准确性和统一性。

(2)工作重点及关键点分析

在土建施工图阶段配合中,系统提资应做到不遗漏,保证系统管线畅通、满足设备安装条件;做好施工现场勘察,保证施工图设计文件质量;做好施工交底,向施工单位清楚、明确设计思想和设计要求,保证施工质量。

(3)施工准备

在本阶段正确的编写好主要工程数量表、主要设备材料数量表施工安装技术说明书,要做到开项合理、不遗漏,开项与施工图设计等过程数量表、设备材料表相对应,为施工交底提供准确的依据。

5）施工及调试配合阶段

施工配合的主要工作是向施工单位进行技术交底，向施工人员解释设计意图、就施工现场发生的一些突发事件及与其他工种的冲突问题及时提出处理意见或解决方案、保证施工质量及保证施工进度，在系统设备施工过程中到现场配合施工，解决施工单位提出的问题，对设计图纸中的错误应及时提醒其注意并要求澄清或修正，参与单项系统的开通调试、系统的联调等工作。

在施工配合中现场检查配合情况主要如下：

(1) 现场检查车站建筑工程的预留孔洞，根据与建筑设计配合确定的设计孔洞与施工现场核对，及时解决与设计不符的施工问题。

(2) 检查区间与车站接驳点的综合管线径路，保证区间电缆进入车站设备房的电缆径路畅通。

(3) 检查区间人防门的预埋管线，并根据信号施工设计的电缆数量核实预埋管数量，保证到达设计要求。检查区间人防门的位置，满足轨旁设备和信号显示要求。

(4) 检查道岔预留转辙机机坑和结构加宽情况，保证到达信号转辙机安装要求，以及满足限界要求。

(5) 检查段/场综合管线和预留孔洞，满足通信、信号系统室外电缆的引入和段/场联锁工程电缆敷设。

(6) 检查段/场出入段线地面与地下线路接驳点的综合管线。

(7) 检查轨道预留过轨贯通干线管、洞，避免通信、信号施工开槽影响轨道道床结构。

(8) 检查设备房的装修，与通风专业、中低压供电专业、照明专业、接地专业等做好相互协调和确认设计文件，做到保证信号设备的安装条件、照明条件、通风条件和接地条件符合设计要求。

(9) 检查信号轨旁设备的安装条件，对轨旁信号设备安装首先与供货商督导工程师、施工监理、施工单位、运营人员共同进行详细勘测和定测，按照施工设计文件准确地确定轨旁设备的安装位置，再根据定测结果，结合现场情况，从有利于施工、维护、设备工作环境好等方面考虑调整设备位置。

(10) 在调试配合中，审查供货商的系统调试方案，协助供货商分析现场调试中遇到的问题，参加现场调试例会。

3.2.2 主要技术特点

1）分段开通方案

贵阳轨道交通1号线于2017年12月底开通观山湖段（下麦西站—贵阳北站）试运营，2018年开通全线（窦官站—场坝村站）。从运营组织、客流走向等方面来看，需要1号线后通段工程建成实现首通段、后通段工程贯通运行。

贵阳轨道交通 1 号线信号系统采用的是功能完备、技术先进的基于无线通信的移动闭塞列车自动控制（ATC）系统。首期工程的信号系统采用整体系统一体化原则进行设计。后续工程在设备集中站划分、各集中站和非集中站设备配置,以及车载设备配置等配置方案上,采用与首期工程一致的原则,以利于整个线路的运营管理和使用,方便车载和地面设备的维修、维护。后通段 1 工程与首期工程分段开通,在集中站管辖范围的设置上,首期工程线路和后续工程线路分别由独立的设备集中站管辖,以保证后续工程的施工和调试工作不对首期工程线路的正常运营造成影响。后续工程的过渡改造衔接下的贯通实验中需要对 DCS 系统调试、后续工程与衔接站联锁调试、ATS 子系统功能试验、与 ZC、CI、VOBC 子系统的联调等。

对于新的城市轨道公司,是第一次贯通调试工作,根据信号系统苛求安全、逻辑复杂、接口繁多的情况下,认真组织运营、设计以及施工工作,以保稳定运营为首,推进贯通调试工作,最终按照计划实现贯通,贯通调试期间,未发生因贯通调试工作以及系统倒机工作造成对首通段运营的影响。

2）线路延伸需考虑预留

在下麦西站延伸了一个窦官站和一个区间,作为 1 号线的西延线,在窦官站、场坝村站将来需要继续延伸,信号系统在设计和设备选型方面需按预留延伸条件考虑,并安装将来线路延伸时对既有线运营影响最小的原则实施。主要预留条件如下：

（1）土建预留条件

①窦官站、场坝村站信号设备室预留线路延伸增加机柜的空间。

②窦官站、场坝村站后正线线路本次实施长度除满足一列列车存车条件和列车进站保护距离外,还应满足将来线路延伸时土建施工不对既有线的运营造成干扰,因此站后正线线路的车档后必须留出足够土建施工的安全距离。

③控制中心中央信号设备室、调度大厅应预留线路延伸后新增信号系统设备的安装空间。

（2）系统预留条件

由于延伸方案尚未确定,信号系统主要预留线路延伸的接口条件如下：

①窦官站、场坝村站后线路的轨旁设备布置,预留线路延伸后的条件。

②窦官站、场坝村站的 ATS、联锁及 ATP 机柜预留线路延伸时增加轨旁设备控制所需要的板卡插槽。

③中央 ATS 系统以及中央级线路数据库服务器考虑足够的控制容量和处理能力,将来线路延伸时仅修改系统软件,避免将来线路延伸时更换主机,节省工程投资。

④控制中心调度大厅大屏幕显示系统大屏幕的安装空间,除满足安装本工程的大屏幕外,还应预留线路延伸时增加大屏幕的安装空间。

⑤在窦官站、场坝村站的 ATS、联锁、ATP/ATO 以及维修网络等总线预留延伸线路总线的接入接口条件。

3.2.3 与主要相关专业接口配合

(1) 与限界、结构、轨道等专业配合

根据道岔中心提供的各种类型道岔安装图,将转辙机安装需要的空间大小和排水等需求提交给限界、结构、轨道专业,预留出道岔转辙机的安装空间。

将线路、轨道和限界提供的线路、道岔侧向限速、线路最高限速和站台限速等资料提交信号承包商进行牵引计算,然后根据信号承包商计算出各个区间和车站的牵引结果,查找牵引计算结果中限制运营能力、影响旅客舒适度的区段,提交轨道专业,讨论能否调整其中受限制的线路曲线外轨超高,以提高运营能力的旅客的舒适度。

(2) 综合管线配合(高架、地面、地下区间和车站)

通过电缆桥架将车站内信号设备室、车站控制室与站内室外信号机、计轴、转辙机、紧急停车按钮、侧线开关等轨旁设备连接起来,并用过轨钢管(高架和地面区段)和隧道壁钢管(地下区段)将区间设备电缆引入,将线缆路径及敷设等要求提交给综合管线专业,以供管线预留、施工和维修使用。

(3) 与轨道专业配合

根据信号系统设计的需求,将计轴和信标的安装里程提交给轨道专业,防止计轴磁头与护轮轨、涂油器、异型轨、钢轨接头等冲突,并为安装在浮置板道床的信标预留槽道。

(4) 与供电专业配合

①根据信号专业的信号设备布置,结合强电电缆的走向,尽量将信号设备和线缆与强电专业设备安装在不同侧。

②在区间,信号的电缆支架设置在线路行车方向右侧,强电的电缆支架设置线路行车方向左侧。

将信号需要的两路独立 AC380/220V 三相五线制电源,容量 30kV·A,一级负荷(信号设备需求)和转辙机需要的三相五线制 AC380/220V 电源等需求提交给中低压配电专业。

(5) 车辆段配合

车辆段配合主要包括以下内容:

①根据信号平面布置图,将需要在钢轨上安装计轴器的位置、信号机安装基础坑及位置、转辙机安装位置、预埋管线和预留孔洞等资料提交段场综合管线专业,以避免各专业设备间的差、错、漏、碰。

②根据信号设备需要的电缆路径,提供线缆主干桥架和电缆槽路径给综合管线和建筑专业。

(6) 与行车专业配合

根据行车专业提供的资料,需核算线路折返站的折返能力是否满足运营指标,车站配线是否合理,是否符合实际运营习惯。

3.3 工程实施总结

从整个 1 号线信号系统建设过程过程中,结合贵阳市绿色文明城市的特点。对文明施工、高质量施工提出了更高的要求。故特此在本项目中的信号系统专业实施具体把控点如下:

3.3.1 施工接口管理及协调

在施工过程中,存在接口专业众多的特点,协调工作量巨大,此项工作也将消耗较大人力资源,本项目在实施中,参加现场属地监理例会,并定期跟进现场各接口专业进度情况,包括接口专业施工界面进度,预留预埋问题梳理,施工及调试配合等,接口专业包含:土建、装修、低压配电、通信、轨道、通风、多联机、站台门、防淹门及人防门,内容主要涉及:

(1)土建及装修专业

涉及设备室砌筑及其预留预埋(包括孔洞及预埋钢管等),影响设备进场进度,且属地管理单位还涉及施工临水临电及安全文明施工的各种管理办法考核。需提前核实装修图纸及其综合管线排布图,核实各设备设施的孔位预留问题等。贵阳为多雨、潮湿区域,对设备房地面和墙面的潮湿程度,对设备安装及成品保护为设备房移交后的重点关注点,出现潮湿情况,组织施工单位安装抽湿机时刻关注潮湿情况,如出现漏水和积水情况,需协调相关专业第一时间处理,以避免出现影响设备性能的情况。

低压配电专业涉及配电箱位置及容量,需要提前核实图纸。

(2)通信专业

涉及正线电缆支架及车辆段综合管沟,影响放缆作业进度,视我方节点计划及人力情况,需协调安装进度;且正线调试时,通信是否便捷,直接影响调试效率,因此根据调试计划安排,及时协调通信专业尽早提供 800MHz 专用无线通信,并借用手台,可极大提高作业效率。

(3)综合监控专业

涉及 IBP 盘到货安装时间、IBP 盘上按钮及其配线问题整改、IBP 盘后配线施工配合等,前期需确认各站 IBP 盘面信号布置。

(4)轨道专业

涉及区间预留预埋,设备位置定测及其安装,需提前核实轨行区预留预埋图纸道岔移交、计轴打孔等施工接口;尤其注意与轨道专业交底,在计轴及应答器安装位置定标后,对接该处护轮轨的安装要求,以免影响设备安装后使用性能,需前期以工联单的形式告知。

(5)通风及多联机专业

涉及设备室内布置,通风口及多联机不能正对机柜,需提前核实设备室内平面布置图。

(6)站台门

由信号专业负责站台门电源的供应,故需要提前对站台门机房进行路径检查,确保线路路径通畅,保证电缆放置到位。

(7)动力照明专业

设备房内,各排机柜之间,应设置照明灯具,需提前核实图纸。

(8)人防门及防淹门

门框孔洞的条件,极其影响电缆敷设进度,电缆敷设不连续,受人防门门框孔洞条件影响。

3.3.2 现场安全文明施工管理

(1)开展安全文明施工交底及培训。

(2)强调人身及设备安全、规范操作及成品防护,现场施工,全休作业人员身佩戴胸卡,头戴安全帽,并穿着荧光衣,体现施工队伍的统一性、严肃性和协调性,遵守相关规章制度。

(3)规范现场临水、临电等设施的规范使用。

(4)营造文明施工环境,做好宣传标语工作,提倡和鼓励员工积极向上,遵章守纪,塑造文明施工企业形象。

(5)施工现场只能堆放必需的材料,并堆放整齐,标志清楚。施工结束后及时清扫、整理,将剩余材料、器材等撤离现场,并将废料及垃圾运至指定地点。

图 5-3-4 为信号施工单位规范施工现场,保证现场规范施工,营造安全文明施工环境。

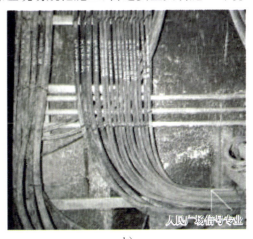

a)　　　　　　　　　　　　　b)

图 5-3-4　信号系统规范施工现场

3.3.3 成品保护

信号施工完成后,在设备室、轨旁均涉及其他专业的实施,信号系统为影响行车专业,故成品保护是进入调试期的重要措施,保护措施包括遮挡、包扎、封闭及挂牌警告等(图 5-3-5)。

a）2018.6.25 信号雅观灯丝报警仪线缆整理　　　　b）2018.6.25 信号望城坡道岔补加套管

图 5-3-5　信号系统成品保护

1）设备房内设备

进场后，对设备室采取除湿措施，配置大功率风扇及除湿机等。

常用吸尘器、毛巾等对设备表面和内部进行卫生扫除，保持设备干燥、清洁。

在设备上部进行电缆敷设时或电缆头制作时，严禁踩或站在设备上部。当人员高度不足时，必须依靠梯子等辅助设施，严防梯子上端挤压设备。

由于施工过程中排风不畅，在地下站中潮湿空气可能会出现凝露现象，购置一定数量的排风设备，保证设备房设备工作在适宜环境下。

现场施工，经常出现交叉施工的情况，应加强现场施工配合及防护，如设备机柜的防尘罩等，须为防火材料。

2）线路设备

安装完成后，采取加锁、覆盖等措施对设备进行密封，防止他人误动或意外损坏设备并保持设备的清洁。

设警告牌，提醒相关专业施工过程中注意防护该设备。

电缆：用冲击钻钻出的粉尘落在电缆表面时，及时清扫电缆上的粉尘，保持电缆表面的清洁；电缆引入孔及时封堵，在设备房门口设置防鼠板，以防鼠害、虫害对电缆设备造成损害。

3.3.4　现场施工检查

现场施工检查主要包括如下内容：

（1）安全防护用品佩戴方面：安全帽、反光衣、安全鞋、红闪灯等必备措施，并在轨行区施工作业区域，设置专人进行安全防护。

（2）安全设施使用：灭火器的配备（数量是否满足要求、合格证是否在有效期、压强是否足够、配件是否完好以及是否有定期检查记录）。

（3）临电使用是否规范，施工临电的三级配电箱应执行一机、一闸、一漏、一箱的临电使用原则。

（4）是否有设备室吸烟及不文明行为。

(5)现场施工材料堆码是否整齐、建筑渣土清理是否及时。

(6)设备成品防护措施是否到位。

(7)交叉施工的人身及设备安全防护是否满足要求。

(8)设备房门是否能关好,门上是否留有联系方式,以便交叉施工配合。

(9)现场进度是否满足计划要求,人力是否匹配项目计划所需。

(10)各作业面有无与外专业接口协调内容。

(11)轨行区施工作业令等请点手续是否齐备,有无超时超范围施工,尤其在既有线施工应严格执行请点登记制度,并在施工作业完成后,及时销点,即:作业前,需向运营主管部门申报作业计划,在计划审批之后,应严格按照所批准的作业令执行,严禁超时超范围施工,并在施工完毕后,确认人走料清,并确保既有线设备正常运行。

(12)轨行区施工设备材料有无侵限,成品保护是否到位。

(13)外专业接口部分的进度计划是否满足系统计划要求。

(14)设备安装及配线是否符合设计及规范要求,各工序组织是否合理。

(15)现场施工检查问题应记入问题库管理,内容包括:问题发现日期、问题发生部位、问题描述、责任单位、整改建议措施、整改完成情况、整改日期及整改前后照片。

信号系统施工检查如图 5-3-6 所示。

图 5-3-6 信号系统施工检查

3.3.5 勘测定标

勘测定标是线路设备从图纸到实际现场布置的关键工作,定标的合理性、准确性,对后期的设备安装及动车调试具有重要作用。

要求轨行区贯通具备通行条件、线路基标交付(站台门中心点确定)。

室内设计、施工单位,室内设计负责接收现场勘测情况反馈,对并现场勘测情况进行技术指导;施工单位,配合完成现场勘测,并做好设备勘测标记,以便后续设备安装。

完成现场勘测后输出现场定标数据,供室内设计修改相应数据及图纸。

3.3.6 设备安装及单体调试

现场安装及单体调试是现场测试调试的基础工作(图 5-3-7),设备安装的质量是系统稳定运行的关键,单体调试是系统调试的基础。

设备安装前提条件:轨行区、设备房完成基建并移交,长轨贯通(轨道锁定),完成了现

图 5-3-7 信号系统设备安装及调试

场设备勘测定标。

单体调试的前提条件:完成相应子系统设备安装(集中区),设备室供电(临时或正式)。

施工单位人员配合完成设备安装及线缆校线工作,各子系统设计人员提供单体调试相应软件报文及相应的辅助工具,并指导现场完成单体调试工作。

出具各子系统相应的单体调试报告。

3.3.7 联锁开通及首列车静动调

联锁开通授权,是动车调试的基础条件,要满足联锁开通的条件需要完成联锁模拟试验、联锁室内外一致性测试、联锁与各子系统的接口测试等基础工作;同时为了保证联锁授权开通以后能够立即进行动车调试,在该阶段需要完成首列车的动静调工作。

需要联锁模拟盘具备条件,各子系统单体调试完成,首列车完成信号设备安装且车辆完成调试,各子系统已完成室内一致性测试。

需要首列车及司机、各子系统设计人员配合现场一致性测试,进行技术指导,及时解决现场发现问题。

最终完成测试以后输出联锁测试报告、联锁和各子系统的一致性测试报告、首列车静动调报告。

3.3.8 动车调试

动车调试是对信号系统整个功能实现的验证,是现场调试最复杂、最主要的工作。在动车调试阶段主要需要完成动车打点测试、DCS 无线动调、单车功能调试、多车调试等。

需要正线完成移交、并完成冷滑热滑,接触网能够正式供电,屏蔽门完成单体调试,800MHz 专用无线通信具备条件,获得动车授权。

各单位介入并配合提供车辆及司机、行调、站务等相关配合人员,测试经理及研发人员指导现场测试工作,并及时解决相关问题;各接口单位配合解决调试中发现的相关接口问题。

完成调试后输出现场确认测试报告及相应的接口测试报告。

3.3.9 空载试运行

空载试运行是对系统运行稳定性的整体测试,是载客运营前的最后检验。在该阶段需

第3章 信号系统

要完成系统响应时间测试,跑图测试,小间隔测试,ATO 停车精度测试,全专业综合联调,专家评审等工作,见图 5-3-8。

需要完成基本的系统功能测试,获得空载试运行授权。

需要提供多列车,业主需要按正式运营需求组织进行跑图测试。

最终形成 144h 报告,开通试运营授权。

图 5-3-8 信号系统空载试运行

3.4 主要工程体会和经验

3.4.1 典型案例

1 号线信号设备转辙机在施工配合中出现过如下问题:

(1) 地下区间道岔转辙机基坑内积水(图 5-3-9),主要有两点原因:①转辙机基坑和排水沟连接不合理,排水沟底面高度高于转辙机基坑,导致坑内积水;②转辙机基坑的底部防水措施不够,基坑渗水。

经验:加强前期与轨道专业的配合,排水沟底面要低于转辙机基坑;通过堵塞转辙机基坑和水沟的交接处,并对转辙机基坑的底部做好防水措施,以解决渗水问题。

图 5-3-9 地下区间道岔转辙机基坑内积水图

(2) 转辙机的预留空间与土建结构发生冲突,从而影响转辙机的安装。如雅关站转辙机与声屏障基础发生冲突,雅蛮区间转辙机与土建结构发生冲突(图 5-3-10)。

a)

b)

图 5-3-10 雅兰站—蛮坡站区间转辙机与土建结构冲突及雅关站转辙机与声屏障基础发生冲突图

经验：通过在初步设计、施工图、施工配合阶段加强与土建专业的配合，及时提转辙机预留空间要求的资料，确保转辙机的安装空间。

3.4.2 主要体会和经验

信号系统设计是按照设计目标把施工过程和使用过程中所存在的或可能发生的问题，事先做好通盘的设想，拟定好解决这些问题的办法、方案，用图纸和文件表达出来；再通过后期和业主、监理单位、施工单位等的施工过程配合。在此过程中的体会和经验如下。

（1）信号系统与运营紧密相连，在设计过程中，应该深刻理解运营方式和运营需求，加强与运营人员的交流，使得所设计对信号系统能更好地为运营服务，减轻运营劳动强度和提高运营服务水平。

（2）对设计流程和各设计阶段工作重点要谙熟于心，根据工程特点梳理成册，形成严谨的工作态度。设计成败在于细节，养成严谨的工作态度、具备强烈的责任心是干好设计工作的前提。

（3）加强会签管理。地铁设计周期长、方案变化频繁、会签图纸量大、接手人多，需要对会签工作进行记录管理，制作并记录需要信号专业会签对每册图纸的图纸名称、会签内容、能否会签、会签时间、不能会签理由等信息，对这些信息进行相互共享，以便于后续人员对之前的会签信息进行掌握。

（4）重视施工配合。施工过程是设计图纸的实现过程。在施工配合中才能发现设计是否合理，才能对后续对设计进行指导和改进，设计负责人要完整经历其设计项目施工配合工作。

（5）工程开通后应及时进行设计全面总结，回头仔细体味系统的功能、构成方案；满足运营的要求；系统安全性、可靠性实现；各阶段设计工作重点的体会；经验教训总结等，将对下个工程设计和自身设计水平提高大有裨益。

第4章 通信系统

4.1 通信系统设计

4.1.1 通信系统概述

通信系统是地铁正常运转的神经系统,它是地铁运营调度、企业管理、服务乘客、治安反恐、应急指挥网络平台,能够为地铁工作人员提供内部和外部联络用的通信手段;为地铁运营调度指挥行车、下达调度命令、列车运营、电力监控、日常维修、防灾救灾、票务管理等提供指挥专用通信工具。

贵阳轨道交通1号线通信系统是一个包含了专用通信、公安通信、民用通信的综合通信系统,系统的组网满足运营管理模式及功能的要求。本线通信系统容量按全线设计,考虑本期工程施工界面,并预留延伸段的接入容量和其他规划线的接入条件。

专用通信系统设计包括:传输系统、无线通信系统、公务电话系统、专用电话系统、视频监视系统、广播系统(地面)、乘客信息系统、时钟系统、弱电综合电源系统、计算机网络系统、综合网管系统、通信管线安装、通信光电缆线路等工程设计。民用通信系统主要包括:民用传输系统、民用网络交换系统、民用通信电源系统和民用通信线路等工程设计。公安通信系统设计包括:公安传输(含光缆线路)、公安无线通信、公安视频监视、公安计算机网络、公安内部专用电话、公安通信电源等子系统设计。

4.1.2 系统构成及运行方式

1)专用通信系统

专用通信系统是为轨道交通指挥列车运行、组织运输生产服务的,为确保轨道交通的正常安全运营,通信系统必须具备迅速、准确、可靠地传送轨道交通运营、管理所需的语音、数据和图像等信息的能力。本工程专用通信系统由传输、无线通信、公务电话、专用电话、视频监视、广播、时钟、乘客信息系统、集中告警系统、计算机网络系统、通信电源及接地等子系统组成。

(1)传输系统

传输系统的骨架是一个以光纤为基础的通信网,其基本功能是为通信各子系统及相关专业提供相应传输通道,传输系统的功能必须能传输轨道交通系统各类语音、数据及图像信息,并满足轨道交通其他各子系统的要求。

根据传输系统的使用性质及要求,本工程传输系统在控制中心、车辆段、停车场及各车站节点设置光纤数字传输设备,即控制中心和车辆段传输节点分别设置 1 套 OSN 7500 Ⅱ,各车站和停车场传输节点分别配置 1 套 OSN 580,各个节点设备分别使用上、下行区间光缆中的光纤相连构成具有自愈环结构的二纤双向保护环网传输系统,同时在控制中心设置传输网络管理终端设备,负责对本工程的传输网络进行集中管理。本系统按照 1 号线全线统一规划,分段和分期开通实施的方案进行工程建设。

(2)无线通信系统

1 号线无线通信系统采用 TETRA 数字集群通信系统,是由多基站的集群系统形成一个有线、无线相结合的网络,每个基站覆盖区的划分是根据地铁运行特点进行划分,正常运行时各基站由设置在中心的中心控制器控制,当基站在与中心控制器通信中断时,它以单站集群方式支持单站系统的正常运行。车辆段及停车场范围各独立设置为一个基站覆盖区。

本系统主要由中心交换控制设备、调度服务器、调度台、录音设备、接口设备、维护终端、基站、车站台、车载台、手持台、光纤直放站、漏泄同轴电缆和天馈系统等组成,控制中心与各车站、车辆段和停车场之间的语音和数据信道由传输网络提供。

该系统主要为运营控制指挥中心的行车调度员、环控调度员、总(维)调度员等,对列车司机、运营人员、维护人员和现场工作人员等无线用户分别提供无线通信服务;为车站/停车场/车辆段的值班员对站/场/段内的无线用户提供无线通信服务;为各无线用户之间提供必要的无线通信服务;为列车传递各种状态信息;同时,在紧急情况下做防灾调度无线通信使用。

(3)公务电话系统

公务电话系统,主要用于本线运营管理部门、维修单位之间的一般公务联络,如实现电话交换、非话业务交换,实现新业务功能等,并能与贵阳市公用电话网联网,实现贵阳轨道交通用户之间及与公网用户之间的通信。

本工程公务电话系统采用软交换设备组网,在控制中心设置软交换中心设备(SS),作为贵阳轨道交通线网公务电话系统交换中心,能够满贵阳轨道交通 1 号线、2 号线及延伸线用户中继交换,并与市内公用电话网互联互通;在车辆段设置本线软交换中心设备(SS),在控制中心、本线车辆段、停车场和各车站设置接入设备,用于本地公务电话系统用户的接入。

(4)专用电话系统

专用电话系统是控制中心调度员、车站(车辆段/停车场)值班员指挥列车运行和下达调度命令的重要通信工具,是为列车运营、电力供应、日常维修、防灾救护、票务管理提供指挥手段的专用通信系统。

本工程专用电话系统包括调度电话、站(车辆段/停车场)内电话、站间电话及轨旁电话。主要包括行车调度、电力调度、环控调度以及总调度(兼维修调度)等,这些调度与其下属分机,分别构成各自调度电话子系统。站(车辆段/停车场)内电话、站间电话及轨旁电话是供车站、车辆段/停车场值班员与站/段/场内重要部门有关人员进行公务联系的点对点的直通电话。

（5）视频监视系统

视频监视系统包括正线视频监视（含主所的视频监视的接入）和车载视频监视。

正线监视系统可为中心一级行车管理人员［行车调度员、环控调度员、总（维修）调度员等］和车站一级行车管理人员（车站值班员等）对相应的管辖区域进行监视，同时可为司机提供对相应站台进行监视。

车载监视系统主要用于控制中心运营管理人员、轨道交通公安有关人员对车厢内的旅客活动情况进行实时监视，该系统由车辆配套供应，并与通信PIS系统接口。

（6）广播系统

广播系统由运营线广播、段/场广播两个独立系统组成。运营线广播分为车站广播（含中心）系统和列车广播系统。列车广播系统由车辆提供，与专用无线通信系统接口。

广播系统可为中心调度员、车站（段/场）值班员提供对相应区域进行广播，主要用于轨道交通运营时对乘客进行公告信息广播，发生灾害时兼做救灾广播，以及运营维护广播之用。

（7）时钟系统

地铁时钟系统为地铁工作人员和乘客提供统一的标准时间，并为其他各有关系统提供统一的标准时间信号，使各系统的定时设备与本系统同步，从而实现地铁全线统一的时间标准；同时为本本线和控制中心运维管理提供标准时间信息。

本线时钟系统按中心一级母钟和车站二级母钟两级方式组网。在控制中心，本系统设置中心一级母钟和GPS/北斗卫星信号的接收装置，同时设置本线时钟系统网管终端；在车站、车辆段及停车场，设置本系统二级母钟和相应子钟。

（8）乘客信息系统

乘客信息系统（PIS）是一个综合计算机网络技术和电子媒体技术的综合服务性系统，是一个多媒体资讯发布、播控与管理的平台。在地铁正常运营时，PIS系统通过车站和车载显示终端向乘客发布乘车须知、列车到发时间、换乘指引、运营安全等实时动态的多媒体资讯与时事新闻、电视节目等信息。当地铁出现火灾、阻塞及恐怖袭击等非正常情况下，PIS系统提供动态紧急疏散提示，乘客通过正确的服务信息引导，能够安全、便捷地乘坐轨道交通。

本线PIS系统从功能控制上分为二层结构：第一层是PIS编播中心系统设备，第二层是车站/车辆段/停车场系统设备，以及列车系统设备。控制中心预留贵阳轨道交通2号线及其他地铁线接入的条件。

乘客信息系统的中央信源设备具有信息播出功能、播出控制功能、信息的采编和发送功能；车站/车载信息显示设备具有接收并播放来自中央和本站信源设备的各类信息节目、自动播出功能、信息自动下载功能；利用无线局域网向列车传送车载信息并接收车载视频监控信息的功能。

(9) 通信电源及接地系统

1号线工程通信电源系统采用综合UPS电源系统方案,即通信系统设置UPS电源系统,为控制中心、车站、车辆段及停车场的通信、综合监控、AFC及门禁系统的设备供电,系统由控制中心、各车站、车辆段和停车场的UPS交流不间断电源设备、交流配电屏、免维护胶体蓄电池及电源监控系统设备组成。

接地采用综合接地方式。综合接地体及室内地线盘由低压配电专业设计,接地电阻应≤1Ω。

(10) 通信集中告警系统

本线通信综合网管系统就是利用计算机网络技术和计算机本身的高速数据处理能力,设置集中告警终端设备和相应软件程序,将通信各子系统(传输、公务电话、专用电话、无线、视频监视等子系统)的维护管理终端故障告警信息集中收集管理,并报告显示给值班员,以便维护管理人员快速、准确地排除通信系统的各种故障,为地铁运行建立畅通的通信网络,传输可靠的生产和服务信息。

系统能对传输、公务电话、专用电话、无线、视频监视、广播、乘客信息、时钟、电源等系统设备经选择的故障和状态信息进行实时监测。

(11) 计算机网络系统

本线计算机网络系统是一个利用计算机硬件技术、计算机软件技术及通信网络技术,为轨道公司企业信息化管理的综合自动化管理系统服务,通过相应的应用软件系统实现各种信息管理,以及提供办公自动化、邮件等多种功能,达到提供一个高质量、高效率的现代化办公手段的信息管理系统。

2) 公安通信系统

公安通信系统是一个以轨道交通公安分局(临时设置于车辆段派出所内)为主体,派出所、警务站为补充的三级管理体系,能够实现全局资源共享,为公安部门开展日常工作,及时发现与处置突发事件,合理调动警力资源,保障轨道交通治安安全提供充分的技术手段。该通信网是一个包括语音、数据和图像的综合通信网,能够24h全天候不间断地运行,并能与贵阳市公安局(简称市局)方便地联通。

公安通信系统由公安传输(含光缆线路)、公安无线通信、公安视频监视、公安计算机网络、公安内部专用电话、公安通信电源及接地系统等组成。

(1) 公安传输系统

本系统采用烽火MSTP设备组网,在地铁分局、派出所和车站设Fons Weaver780传输设备。本工程的传输系统由28套传输设备组成2个相切环网。首通段10个车站与地铁临时分局组成1个10G环网一,待后通段开通后再将雅关站、蛮坡站、窦官站接入环网一,其他站点组成环网二。

公安传输系统将作为公安通信系统中的基础网络平台,基于光纤连接的宽带综合业务数字传输网络,能够迅速、准确、可靠地为公安无线系统、公安视频监控、公安计算机网络、公安视频会议系统等传送各类信息,构成传送语言、文字、数据和图像等各种信息的综合业务传输网。

(2)公安无线通信系统

本系统是贵阳市公安局地面公安无线通信系统在轨道交通地下区域的延伸,又是一个相对独立的无线集群通信网,它必须能与贵阳市公安局地面公安无线通信系统实现有线无缝互联互通,保证无线通信网络各项功能的实现,满足全局警力统一指挥调度的工作要求。在日常管理、特殊环境和反恐应急情况下,应能满足轨道交通公安地下与地面、地下与地下警务人员之间不间断的通信联络,能实现市局指挥中心和轨道交通公安分局对现场的指挥调度通信。

系统主要由车站同频同播集群基站和固定电台、手持台、天馈系统、光纤直放站以及便携式移动无线自组网基站等设备构成,并对市局既有汇接交换平台(含联网模块、网管及调度台)进行扩容。地下车站站厅层采用天线进行场强覆盖,地下岛式车站的站台和区间隧道采用漏泄同轴电缆进行场强覆盖,与轨道交通 PIS 车－地无线通信系统、消防无线通信系统共用天馈系统。

(3)公安视频监控系统

公安视频监控系统是贵阳市公安局地铁分局维护轨道交通 1 号线正常运营管理秩序的重要设备,是为各级公安人员实时监视、提高地铁治安水平,保证地铁列车安全正点运送旅客的有效工具。由于本线专用通信视频监视系统已在各车站设置车站视频监视系统,它为运营中心的相关调度员、各车站值班员等提供车站客流、列车出入站及旅客上下车等实时监视的视觉信息。为了实现资源共享,公安监视系统将利用专用通信车站监视系统设置的前端设备(摄像机),与公安监视系统在车站设置的前端摄像机一起作为公安监视系统车站视频信号源。

本系统由地铁公安分局临时中心系统、派出所级远程监视系统和车站本地监视系统设备组成。

本系统基于车站数字视频监控网络,主体设备(包括专用通信视频摄像机)均以网络接口方式接入视频监控网络交换机,以 IP 数据包交换的形式实现各监控点系统设备间的数据通信和传输,即车站警务值班员直接本地监控,地铁公安分局中心(临时公安分局)、派出所值班员通过 IP 远程监控。

(4)公安计算机网络系统

本系统是一个以地铁公安指挥中心为主体,派出所、警务站为补充的三级管理体系,能够实现全局资源共享,为公安机关开展日常工作和及时发现、快速处置突发事件,为领导科学决策及公安部门合理调动警力提供充分的技术手段。

系统构成为 1 号线各车站和派出所计算机网络用户分别设置 1 套计算机网络系统的网络交换机,通过本线公安传输网提供的 100Mb/s 以太网通道,接入地铁分局中心(临时分局)设置的核心以太网交换机,再进入贵阳轨道交通公安计算机线网系统,实现1号线与其他新线的公安计算机网络联网,同时可通过分局中心核心以太网交换机接入贵阳市公安计算机系统,实现贵阳市公安计算机网络信息资源共享。

(5)公安专用电话系统

公安专用(内线)电话即有线调度电话,是整个公安专用电话子系统的一部分,是地铁公安基层机构与地铁公安各级管理部门之间,以及与市局公安之间公务联络的一种专用工具。

系统利用公安计算机网络系统,建设可管理、可控制、安全的 VoIP 系统,实现有线调度电话功能。即在公安分局设置1套程控交换设备、1套IP电话网守及中继网关,在每个派出所分别设一个36口用户语音网关,为用户提供音频电话接口。

(6)公安通信电源及接地系统

为了保证公安通信设备在主电源故障的情况下,仍能在一定时间范围内向公安通信各子系统提供稳定、可靠的、不间断的电源供应,公安通信系统设置专用后备电源设备,使公安通信系统设备可以继续工作一段时间,等待主电源恢复正常。

本系统由地铁公安分局中心、各车站、派出所的380/220V交流不间断电源设备(UPS)组成。UPS电源设备主要包括交流输入配电单元、整流单元、逆变单元、交流输出配电单元、免维护蓄电池组等设备。

接地:由动力照明专业在各车站及地铁分局中心通信设备室设置综合接地系统,接地电阻≤1Ω,并在公安通信机房设置相应的地线排。

3)民用通信系统

根据相关要求,地铁民用通信系统只需建设民用传输系统、民用网络交换系统、民用通信电源及接地系统、民用通信线路(含车站地区通信线路);同时预留传送车站无线 WiFi 网络覆盖、自动贩卖机及多媒体终、上盖物业有线电话和互联网宽带、商铺有线电话和互联网宽带的传输业务,以及银行业务的传输基础条件。民用传输系统和民用网络交换系统在金阳 OCC 民用通信机房设置系统网管。

(1)民用传输系统

贵阳轨道交通1号线民用传输系统,根据市轨道公司发出的《贵阳民用通信传输系统承载业务需求说明函》,设计预留传输民用通信中语音、数据及图像信息,和传输民用通信中通信电源系统的相关信息。

本系统在民用管理中心和各车站节点设置中兴通信 ZXMP S385 全系列 MSTP-10G 光纤数字传输设备,利用上、下行区间隧道两侧敷设的光纤,蛮坡站民用通信设备室为切点组成两个 MSTP-10Gb/s 自愈环保护网环结构的传输系统。同时在民用管理中心设置传输网络管理终端设备,负责对本工程的传输网络进行集中管理。

(2)民用网络交换系统

在物业较多的车站和控制中心设置地区网络交换设备,并在控制中心设置系统网管,网络交换系统采用适配的以太网交换机、网管服务器及附属配线设备。利用民用通信传输系统提供的全线贯通的 10Mb/s、100Mb/s、1000Mb/s 以太网通道,为本线各车站网点提供各相关的数据引入和传输服务。

(3)民用通信电源及接地

1号线民用通信电源主要为民用通信管理中心和各车站的民用通信设备提供高质量、高可靠的电源供应,保证在主电源故障(中断或发生超限波动)的情况下,通信设备在规定的时间内仍能正常工作,等待主电源恢复正常。本工程所设 UPS 仅为本工程民用传输系统、民用网络交换系统供电。

电源:市轨道公司的民用通信设备包括传输系统及附属设备、网络交换系统设备、民用通信各子系统的网管设备等,这些设备采用民用通信系统 UPS 电源设备供电。

接地:由动力照明专业在地下车站及控制中心设置综合接地系统,接地电阻≤1Ω,并在民用通信机房设置相应的地线排。

(4)民用通信线路

民用通信系统在上、下行隧道各敷设 1 条 96 芯单模光缆,外护层采用阻燃、低烟、无卤、防鼠咬、防白蚁、防腐蚀的聚乙烯材料。

在车站物业开发层、物业区及银行等民用通信地点,敷设民用通信光(电)缆及附属设施。

4.2 专用通信

4.2.1 传输系统

(1)传输系统是通信系统中最重要的骨干系统,应能迅速、准确、可靠地传送地铁运营管理所需要的各种信息。该系统采用技术先进、安全可靠、经济实用、便于维护的光纤数字传输设备组网,构成具有承载语音、数据及图像的多业务传输平台,并具有自愈环保护功能。

(2)本工程传输系统为下列各系统提供可靠的、冗余的、可重构的、灵活的信息传输及交换信道,传输下列各类系统的语音、数据及图像信息。

①公务电话系统。

②专用电话系统。

③无线通信系统。

④视频监视系统。

⑤广播系统。

⑥时钟系统。

⑦UPS 电源系统。

⑧自动售检票系统（AFC）。

⑨信号系统。

⑩门禁系统。

⑪屏蔽门系统（PSD）。

⑫其他运营管理信息。

(3) MSTP 传输系统多业务传送功能：

①支持以太网透传功能。

②支持以太网二层交换功能。

③支持以太环网及保护功能。

④支持以太网安全功能。

⑤支持多方向汇聚功能。

⑥支持内嵌 RPR 功能和/或内嵌 MPLS 功能。

⑦MPLS-TP 技术业务的承载要求。

MPLS-TP 设备应满足 ITU-T G.8112-2006MPLS 协议体系。

设备需支持 MPLS-TP 环网保护协议，符合 ITU-T G8132 标准。

4.2.2 无线通信系统

1）总体说明

(1) 贵阳轨道交通 1 号线无线通信系统采用 800MHz TETRA 数字集群通信系统组网。

(2) 系统构成应能满足 1 号线行车调度、环控（防灾）调度、维修调度、站务、车辆段、停车场值班等无线各子系统通话的相互独立性，使其在各自的通话组内的通信操作互不妨碍，同时，又可以进行车－地传输列车状态信息和列车广播，并实现设备和频率资源的共享、无线信道话务负荷平均分配，服务质量高、接续时间短、信令系统先进，可灵活地多级分组，具有自动监视、报警及故障弱化等功能。

(3) 系统应适应地铁使用环境，具有电气化防护、抗干扰、防雷击的能力和措施。

(4) 系统应采用符合无线数字调度通信发展方向的新技术，具有强大的扩展功能，扩展时要求不影响既有设备的使用、增加的设备较少、软件基本不变，能满足延伸线的要求，并以构成地铁统一的无线专用通信网。

2）系统服务对象

本系统包含以下无线通信子系统：

(1) 行车调度无线通信子系统。

(2) 车辆段无线通信子系统。

（3）停车场无线通信子系统。

（4）维修调度无线通信子系统。

（5）环控调度无线通信子系统。

（6）其他备用调度无线通信子系统。

地铁无线系统的用户应包括但不限于：控制中心行车调度员1、控制中心行车调度员2、沿线各站的车站值班员和外勤工作人员以及运行线路上的列车司机；控制中心环控调度员、外勤环控人员；控制中心维修调度员、外勤维修人员；车辆段、停车场信号楼值班员、车辆段、停车场控制中心值班员、运用库运转室值班员、列检值班员、车辆段、停车场内列车司机、列检及车辆段外勤工作人员；值班主任等。

3）系统功能

（1）通话功能

在地铁无线通信系统中有多种不同种类的用户，根据不同种类用户的性质、功能，可组成相互独立的通话组。无线用户应具有以下通话功能：

①调度台与车载台之间的通话，包括控制中心调度台与运行在正线线路上的列车司机（车载台）之间的通话，以及车辆段、停车场调度台与在车辆段、停车场范围内的列车和调车（车载台）之间的通话。

②调度台与车站台和手持台之间的通话，包括控制中心调度台与沿线车站值班员（车站台和手持台）之间的通话，以及车辆段、停车场调度台与在车辆段范围内的手持台之间的通话。

③车载台与车载台之间的通话。

④调度台与无线用户（车载台、车站电台、手持台）之间的通话，采用移动交换机自动转接的方式。

⑤无线用户（车载台、车站电台、手持台）之间的通话，采用移动交换机自动转接的方式。

⑥无线用户（车载台、车站电台、手持台）与有线用户（PABX用户）的连接采用人工转接（由调度员转接）和自动转接两种方式。

⑦行车调度员与列车司机之间的通信应是最高级别的，具有强插和强拆功能，要求通信连续，应尽可能避免产生任何中断，要求具有高可靠性。

（2）编组功能

系统可根据地铁不同的部门和不同的业务编成多个通话组，将相互之间需要通话的用户编成不同的通话小组，每个用户可同时编入多个通话组，通话组可按大组、中组、小组等形式编制。需要组成的小组如下：

①行车调度通话组。

②车辆段通话组。

③停车场通话组。

④维修通话组。

⑤环控通话组。

⑥其他备用通话组。

⑦车载台自动(人工)转组。

此外,本系统还具备有呼叫功能、数据传输功能、存储功能、录音功能、越区切换功能、系统网络管理功能、故障弱化功能、直通模式(DMO)以及其他应用功能。

4.2.3 公务电话系统

1)系统说明

(1)系统组网方案

本工程公务电话系统按两级结构进行组网,中心交换节点作为贵阳轨道交通线网公务电话系统交换中心;车辆段设置分线汇接交换局,负责完成本线所有站、段/场公务电话的汇接;接入节点设置在控制中心、车辆段、停车场和本线各车站。

(2)系统构成及容量

在控制中心设置一套软交换中心设备(SS),设备容量按不低于30000个用户考虑,满足贵阳轨道交通线网公务电话用户接入;配置一套中继网关(TG),用于与市话网和专用无线通信系统的互联互通;同时设置一套网管设备,对本线及后续线路设置的公务电话系统设备进行集中维护管理;设置一套计费系统,实现对整个线网公务电话用户的集中计费管理。

在车辆段设置一套本线软交换中心设备(SS),其性能与规格与控制中心SS相同,设置一套接入网关(AG),用于车辆段范围的公务通信,容量按2000个用户配置;同时在车辆段运转综合楼设置一套接入网关(AG),容量按500个用户配置。

在本线停车场设置一套车站接入网关(AG),容量按不少于500个用户配置。

在本线各车站设置一套车站接入网关(AG),容量按不少于100个用户配置。

(3)中继方式

包括网内中继相连、市话中继及无线中继续等。

(4)铃流和信号音

符合国家标准《电话自动交换网铃流和信号音》(GB 3380—1982)的有关规定。

(5)编号计划

①贵阳轨道交通1号线公务电话系统内部采用五位统一编号,市话呼叫采用8位统一编号,对电话编号的修改应能由维护人员通过人机命令实现。

②1号线编号计划应符合贵阳市城市快速轨道交通线网公务电话系统编号规划,具体编号规划由市轨道公司最终确定。

③新业务项目编号和特种业务号码编号应符合《自动用户交换机进网要求》(YD/T 344—1990)的相关规定。

其他还有 IP 地址分配、话务模型及服务等级、网同步、过压保护与抗干扰等设置要求。

2）系统功能

（1）电话交换功能

①本系统通过设置在控制中心的软交换中心设备（SS）和中继网关（TG）完成网内用户之间的呼叫和出入局呼叫，部分自动电话（通过软件设定）能与贵阳市市内、国内及国际自动电话用户进行相互呼叫，并具有话费立即通知性能。

②能将"119（火警）""110（匪警）""120（救护）"特种业务呼叫自动转接至市话局的"119""110"和"120"上。

③所有内部用户均具备来电显示功能，兼容 FSK、DTMF 制式。

（2）新业务功能

新业务功能见表 5-4-1。

新业务功能 表 5-4-1

序号	电话新业务名称	百分比(%)	序号	电话新业务名称	百分比(%)
1	热线服务	5	8	闹钟服务	5
2	呼叫限制	40	9	缺席用户服务	5
3	三方通话	5	10	缩位拨号	10
4	恶意呼叫追查	1	11	呼叫等待	5
5	转移呼叫	10	12	无应答转移	10
6	遇忙回叫	1	13	遇忙记存呼叫	1
7	免打扰	1	14	会议电话	1

（3）非话业务

除支持传统的电话业务外，还可提供传真、话音邮箱、可视电话等非话业务，并能保证这类业务的接续不被其他呼叫插入或中断。

（4）计费功能

系统能够对具有市话、国内及国际长途使用权限用户的通话进行计费，应有定期、立即和脱机计费功能；应能按会话时长计费、按流量计费或组合计费。投标人应对计费方式进行描述。

此外还具备释放控制方式、话务台、维护管理、统一通信等功能。

4.2.4 专用电话系统

1）设置标准

本工程专用电话系统由控制中心专用电话主系统和车站/场/段专用电话分系统组成，各分系统通过专用传输系统以提供的 2Mb/s 通道接入主系统。同时，相邻车站专用电话分系统通过站间电缆采用模拟中继方式相连,为站间电话提供实回线备用通道。

在控制中心设 1 套专用电话主系统,车站/场/段设置 1 套分系统以 2M 链路组成小环后接入到主系统。每 4~5 个车站首尾相连,通过 2Mb/s 接口与控制中心构成数字链路,本工程共设置 6 个数字链路。

2)系统功能

(1)调度电话功能。包括通话功能、选叫功能、会议功能等。

(2)站内、站间及轨旁电话功能。

(3)录放音功能。

(4)维护管理功能。

(5)保护及抗干扰功能。

4.2.5 视频监视系统

1)设置标准

专用视频监视系统是地铁运营、管理现代化的配套设备,是供运营、管理人员实时监视车站客流、列车出入站及旅客上下车情况,以加强运行组织管理,提高效率,确保安全、正点运送旅客的重要手段。一旦车站发生灾情时,视频监视系统可作为防灾调度员指挥抢险的指挥工具。

本系统采用全数字化方案,全高清模式,在各车站、控制中心设置高清数字摄像机,视频图像的采集、传送、存储、显示等全过程符合 HDTV 标准,达到 1920×1080 分辨率,编码格式采用国际标准的 H.264。

本系统与地铁公安视频监视系统共用车站运营前端摄像机。由公安通信系统标段设置防火墙设备,将本系统和警用视频监控网络隔离。对于可进行 PTZ 操作的一体化球机,本系统设置不同的优先级,满足轨道交通运营和公安部门的监控要求,优先级可扩展,不同优先级能在控制中心通过软件调整,调整方式灵活快捷。

2)系统功能

(1)车站视频监视系统

车站视频监控系统主要完成对本车站管辖范围内的视频信号的收集、存储和控制,为本地车站值班员和本地票务监视(站长室)提供车站监视图像。

车控室的车站值班员利用综合监控控制台(通过视频监视系统与综合监控系统联网)实现对本车站的视频监视功能。

车站视频监视功能主要包括以下部分:

①车站综合监控系统控制台视频监控功能。

②车站综合监控系统控制台视频监控故障时的后备功能。

③视频监视系统与综合监控系统、公安视频监视系统的接口功能。
④图像汉字叠加功能。
⑤录像存储功能。
⑥回放及检索功能。
⑦司机监视功能。
⑧票务管理监视功能。
⑨测试功能。
（2）控制中心视频监视系统

中心视频监视系统是在车站、列车（车载）及主变电所提供数字视频信号流的基础上，通过传输系统提供的视频通道和控制中心级视频设备来实现的，并通过视频监视系统与综合监控系统联网，在控制中心行调、环调、电力调度台和总调度台上，用综合监控控制台实现对全线各车站的视频监视功能。

在控制中心，根据票务管理和档案管理的需求，在主要出入口、各层廊道和相关房间设置摄像机，同时在相关设置监视器。

控制中心视频监视功能主要包括以下部分：
①中心综合监控系统控制台视频监控功能。
②中心综合监控系统控制台视频监控故障时的后备功能。
③视频监视系统与综合监控系统、公安视频监视系统的接口功能。
④录像存储功能。
⑤回放及检索功能。
⑥转存下载功能。
⑦优先级设定。
⑧视频管理功能。
⑨系统网管功能。

此外，本系统还具有系统扩展功能和系统软件优化功能。

4.2.6 广播系统

1）系统说明

本地铁有线广播系统由正线（车站和中心）广播、车辆段广播及停车场广播三个相互独立的子系统组成。

2）系统功能

（1）正线广播子系统

正线广播子系统按中心级广播和车站级广播两级方式设置，以满足各级管理人员对所划分的广播区进行广播。由于本工程设有综合监控系统,有线广播系统车站级和中心级的操作控制台功能均由综合监控系统的车站和中心控制台来实现。

(2)车辆段/停车场运用库广播子系统

车辆段/停车场运用库广播子系统为一套独立的区域广播系统,供车辆段/停车场运转值班员对运用库播音区进行定向语音广播、现场工作人员通过设于库内四周墙上的插播控制盒插入询问应答播音,运转值班员的广播操作台具备对其播音区的监听功能。

4.2.7 时钟系统

在车站、车辆段及停车场设置的二级母钟,与控制中心一级母钟的连接,采用 IEEE 1588v2(PTP)协议,通过本线传输系统提供的 1 个 10Mb/s 以太网总线数据通道实现。本系统具有以下功能:

(1)同步校对。

(2)时间显示和日期显示。

(3)提供标准时间信号。

(4)系统网管。

(5)系统扩容。

4.2.8 乘客信息系统

1)系统说明

贵阳轨道交通 1 号线 PIS 系统的功能定位是主播运营、安防反恐信息,适当插播地铁公益广告、天气预报、新闻、交通信息,实现列车视频监控,在紧急情况下运营紧急救灾信息优先使用。

本系统具有监视列车上乘车情况的功能,通过摄像机采集运营中各列车箱室内乘车情况的视频信息,并记录在司机室内的视频服务器(或视频存储设备)上,同时能实时上传到控制中心,其上传信息可作为管理部门安全决策支持信息。本系统还兼有对司机监视的功能,通过设置在司机室的摄像机对司机行车进行监视。

PIS 系统车-地无线传输采用基于 TD-LTE 无线移动通信技术组网,实现全线车-地间 PIS 信息实时、无缝的传输。系统构成由隧道区间的漏缆(与专用通信合用 1 根、与公安和消防无线合用 1 根)、合路设备,车站、车辆段、停车场的 LTE 基站 BBU 设备,车站、车辆段、停车场以及线路区间的射频单元 RRU 和天线,控制中心的核心网、无线接口服务器及 LTE 网管终端,以及设置在列车上的 LTE 车载设备(含天线)等组成。

2）系统功能

(1) 编播中心子系统功能

①接收、存储、处理和发布地铁外部信息。

②接收、存储、处理和发布地铁内部公共信息。

③信息编辑处理功能。

④播放模板的定义和审核功能。

⑤播放列表的制订功能。

⑥播放列表的审核和管理功能。

⑦媒体素材的管理功能。

⑧运营信息的管理功能。

⑨播放内容的审核功能。

⑩紧急信息发布功能。

⑪车载视频监视传送功能。

⑫系统管理功能。

(2) 车站子系统功能

①接收和下发功能。

②具备播放控制功能。

③在播画面监看回传。

④LCD 显示屏的显示要求。

⑤信息发布的形式与内容。

⑥紧急信息发布。

⑦降级播放功能。

⑧电源控制功能。

⑨系统管理。

(3) 车辆段/停车场子系统功能

①接收和传送功能。

②系统管理。

(4) 车载子系统功能

①车载显示功能。

②车载视频监视功能。

③司机视频监视功能。

④系统网管功能。

(5) 网络子系统功能

①有线传输网络子系统。

②车-地移动宽带传输网络子系统。

4.2.9 综合 UPS 电源系统

1号线工程 UPS 电源系统主要为控制中心、车站、车辆段及停车场的通信、综合监控、AFC 及门禁系统的设备提供高质量、高可靠的电源供应,保证在主电源故障(中断或发生超限波动)的情况下,这四个系统的设备在规定的时间内仍能正常工作,等待主电源恢复正常。

UPS 电源系统应具有以下功能(包括但不限于):

(1)不间断供电功能。

UPS 电源能对以下系统的设备进行不间断地供电:①通信系统;②包括通信各子系统多路;③综合监控系统;④ AFC 系统;⑤门禁系统。

(2)保护功能。

(3)电池管理功能。

(4)后备供电功能。

市电故障后,UPS 电源设备能持续工作一段时间(电池组的后备供电时间),由免维护电池为各系统负载供电,各系统后备供电时间按需要设置。

(5)遥测、遥信性能。

(6)配电功能。

(7)集中监控管理功能。

4.2.10 集中告警系统

集中告警终端系统能将通信各子系统的维护管理终端及被管理的设备联成一体,共享系统故障管理信息数据。集中告警终端从各子系统接收网管信息,经过统计分类,实现不同等级故障的分级显示,同时将重要告警信息在集中告警终端上声光报警显示。系统具有以下功能:基本功能、信息采集功能、统计分类功能、信息保存功能、告警信息处理、图形化显示功能、声音报警功能、系统安全管理功能、系统接口功能、系统业务管理功能。

4.2.11 计算机网络系统

本系统主要为轨道交通1号线计算机网络系统的基本架构设置,包括控制中心网络中心硬件设备(如相关服务器、网管服务器、系统存储设备及交换机等),车辆段1号线网络中心硬件设备(如 PC 服务器、系统存储设备及交换机等),车站、车辆段及停车场的网络布线(电缆、光缆、信息插座、配线架等)与交换接入设备,系统集成化应用软件及配套服务器设备不在本次设计范围内。

本系统是1号线计算机网络系统平台,上连贵阳轨道交通网络中心,实现贵阳轨道交通各线网计算机系统资源共享,下连本线各网络用户,为 1 号线各车站、车辆段及停车场信息网络用户提供信息网络接入点。因此本工程要实施的内容有:控制中心信息网络中心建设工程(控制中心信息网络设备室)、1 号线信息网络中心建设工程(车辆段信息网络设备室)、控制中心及 1 号线网络布线工程,并进行计算机网络系统的调试。

本系统按照核心层和分布接入层进行架构,即在控制中心网络设备机房设置线网核心层节点设备(包括 1 套基于图形化界面的网络管理平台设备)和分布接入层节点设备;在车辆段网络机房设置本线核心层节点设备和分布接入层节点设备;在各车站、车辆段(除网络机房大楼外)及停车场各建筑大楼及楼层设置分布接入层节点设备。

4.3 公 安 通 信

4.3.1 公安传输系统

1)系统说明

根据贵阳轨道交通 1 号线公安通信系统管理的需求,传输系统将作为公安通信系统中的基础网络平台,基于光纤连接的宽带综合业务数字传输网络,能迅速、准确、可靠地为公安无线系统、公安视频监控、公安计算机网络、公安视频会议系统等传送各类信息,构成传送语言、文字、数据和图像等各种信息的综合业务传输网。

2)系统功能

(1)本线公安通信传输系统应能传输下列各类系统的语音、数据和图像信息:

①公安无线通信。

②公安视频监控。

③公安计算机网络。

④公安通信电源及相关系统网管。

⑤其他可能引入的各种数据信息。

(2)传输设备能提供下列业务接口:

①局域网接口(符合 IEEE 802.3 标准的 10Mb/s、100Mb/s、1000Mb/s 以太网接口)。

②自动中继 E1 接口。

(3)在本线传输网的各节点设备上,提供以下类型的信道:

①点对点直通式。

②一点对多点式。

③总线式。

(4)系统保护:

①本线传输网络的光纤环路应具有双环路功能。

②当主、备用光纤环路的线路在某一点同时出现故障时,两端的网络设备会自动形成一条链状的网络。

(5)系统具有集中维护管理功能。

(6)系统具有扩展性,并能平滑升级。

4.3.2 公安无线系统

1)公安无线通信系统的基本要求

(1)贵阳市公安局地面公安无线通信系统目前采用数模同频同播制式(同时兼容 PDT 和 MPT1327 标准)工作。

本线公安无线通信系统要求系统设备满足按需远程网管切换模拟常规同播、数字常规同播、模拟集群同播、数字集群同播以及数模混合共享系统等五种工作模式。

(2)本系统应满足《数字集群(PDT)通信系统 总体技术规范》(GA/T 1056—2013)、《数字集群(PDT)通信系统 空中接口呼叫控制层技术规范》(GA/T 1058—2013)、《数字集群(PDT)通信系统 安全技术规范》(GA/T 1059—2013)等相关规范。

(3)要求本线各车站同频同播基站采用有线 E1 方式接入贵阳市局既有的 ALK100 数字汇接交换平台,同时统一纳入市局既有的网管调度终端,实现统一指挥调度,本工程不另设网管调度终端。

(4)要求本系统的各同频同播基站能够实现与市局现有 350M 同频同播系统的有线无缝互联互通。

(5)本系统配置 3 套便携式移动无线自组网基站,用于地下任意某一个基站有些链路故障或基站故障情况下作为地上和地下应急通信保障。

(6)本线公安无线系统与 PIS 车-地无线系统、消防无线系统利用合路器共用漏泄电缆,实现在车站和隧道内的共用覆盖。

2)系统功能

(1)服务对象

本线公安无线通信系统的用户包括车站警务室的固定台、在轨道交通车站和沿线范围内值勤民警的手持台等。其中,在地面工作的轨道交通公安民警的手持台和派出所的固定台,将通过市公安无线通信网络与轨道交通内固定台和手持台进行通信。

(2)编组功能

①轨道交通公安无线通信系统的每一个用户都应相应分配不同的身份识别码(ID 号),身份识别码应和其派出所和所处的车站相对应。

②轨道交通公安无线通信系统应为每个用户台分配组识别号(组 ID 号)。每个用户根据使用要求,应可编写多个组 ID 号。

③在轨道交通公安无线通信系统中有多种不同种类的用户,不同种类用户可以组成相

互独立的通话组进行组呼。例如,应能将地下值勤民警手持台分成一个组,地下警务室固定台分成一个组,地面派出所管辖范围手持台分成一个组,等等。根据情况需要应能动态重组新的小组。每个终端所具有的组号设置数应大于或等于8个。

4.3.3 公安视频监控系统

1)系统说明

(1)贵阳轨道交通1号线专用通信视频监视系统已在各车站设置车站视频监视系统。为了实现资源共享,公安视频系统、车站专用通信视频监控系统已设置的前端设备(摄像机),结合公安视频系统补充设置的前端设备,作为公安视频监控系统的前端视频信号源。

(2)本系统基于车站数字视频监控网络,主体设备(包括专用通信视频摄像机)均以网络接口方式接入视频监控网络交换机,以IP数据包交换的形式实现各监控点系统设备间的数据通信和传输,即车站警务值班员直接进行本地监控,地铁公安分局中心(临时公安分局)、派出所值班员通过IP进行远程监控。

(3)车载图像信号从金阳OCC的PIS设备房获取,通过本系统设置的光端机传送到地铁分局中心,在视频系统的显示器或大屏幕上显示。

2)系统功能

(1)系统的基本功能

①1号线公安视频监控子系统从使用上可满足警务站级、派出所级和1号线地铁公安分局中心级的三级监视需求,同时满足警务站级上行传送所有视频图像信号(经过数字编码后)和数据信号进入1号线地铁分局中心视频交换机,实现联网监视控制的要求。

②警务站级、派出所级和1号线地铁公安分局中心级的监视是相对独立。

③1号线公安视频监控系统在金阳派出所设置地铁公安分局临时中心,同时设置本线监视系统设备的网管终端,通过1号线公安传输网络系统上传警务站、派出所和地铁公安分局中心设备的告警信息。

(2)警务站监控系统

①监控功能;②字符叠加功能;③系统联网功能;④录像存储功能;⑤回放及检索功能。

(3)派出所监控系统

①监控功能;②系统联网功能。

(4)公安分局(临时分局)监控系统

①监控功能;②系统联网功能;③录像存储功能;④存储图像的回放及检索功能;⑤优先级的设定(根据需要设置);⑥视频管理功能;⑦视频分析功能;⑧网络管理功能。

(5)其他功能

①系统扩展功能;②系统软件优化。

4.4 民用通信

4.4.1 民用传输系统

1)系统说明

本工程传输系统制式采用基于 MSTP-10G 的多业务传输平台。在全线各车站和管理中心设置一套光传输系统,构成传送语言、文字、数据和图像等各种信息的综合业务传输网,光传输系统容量为 10Gb/s。

2)系统功能

(1)信息传输

①各车站的无线 WiFi;②各大物业车站的互联网宽带;③各车站的多媒体终端系统;④各车站的银行视频信息;⑤各车站的银行业务数据;⑥各车站的自动贩卖机管理及控制信息;⑦各车站的商铺互联网;⑧传输及 UPS 电源系统网管信息;⑨其他民用通信信息。

(2)业务接口

局域网接口(符合 IEEE 802.3 标准的 10Mb/s、100Mb/s、1000Mb/s 以太网接口)。

(3)信道类型

①点对点直通式;②总线式。

(4)系统保护

①系统冗余;②传输通道保护;③网络安全;④设备安全;⑤人员安全。

(5)网络管理

①故障管理;②性能管理;③配置管理;④安全管理。

4.4.2 民用网络交换系统

本系统的设计范围为 1 号线民用网络交换系统的基本架构系统,包括控制中心网络中心设备(包括相关服务器、网管服务器、网络交换机等)、车站的网络布线(电缆、光缆、信息插座、配线架等)与交换接入设备,系统引入应用及配套服务器设备不在本次设计范围内。

本系统是 1 号线民用通信网络引入系统平台,通过贵阳轨道交通金阳控制中心引入点,为 1 号线各车站物业及银行等用户端提供轨道交通外网的信息网络接入。因此主要实施的内容是:1 号线各车站的网络布线工程、车站和控制中心的网络交换设备安装接入工程,并进行网络交换系统的调试。

4.5 设备安装及调试

4.5.1 施工方案

1）施工流程

贵阳轨道交通 1 号线通信系统施工流程如图 5-4-1 所示。

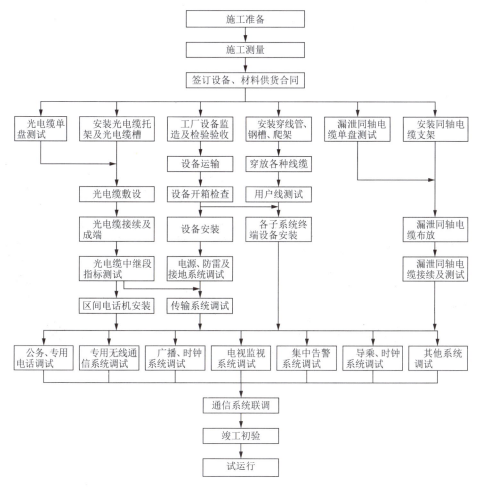

图 5-4-1 通信系统施工流程图

2）径路复测、光电缆单盘检测

（1）径路复测

工程开工前,会同设计、监理人员进行光（电）缆线路复测,做好现场标记和记录台账。

管道径路测量：按照设计文件及施工范围内规划的高程,对通信管道及人（手）孔的位置进行测量,并按施工需要设置桩点。施工现场设置临时水准点,并标定管道及人(手)孔施工直测的水准桩点。

引入口定位及引入长度测量:确认由区间引上站厅机房的引入口位置,用皮尺准确测量出区间引入孔引至机房机架位置的准确长度,并作好记录。

托架安装位置规划:与现场设计人员按规定计划好托架安装位置,并做好标记。

(2)光缆单盘测试

测试单盘光纤的衰减和长度:用光时域反射仪(OTDR)对光缆内全部光纤进行测试。测试长度时,根据工厂提供的等效折射率应用1310nm波长进行测试;测试光纤衰减时,应用1310nm和1550nm两个波长进行测试。同时填写光缆单盘测试记录,测试完毕,将光缆端头用密封头密封严实,见图5-4-2。

(3)电缆单盘测试

开盘检验电缆端面,确定A、B端别;用万用表对号检查所有芯线有无断线、混线等障碍;用直流电桥测芯线环线电阻(图5-4-3);用绝缘电阻测试器测量每一根芯线及金属护套之间的绝缘电阻和线间绝缘性能,同时填写电缆单盘测试记录;测试完毕,将电缆端头用热可缩封头密封。

图 5-4-2　光缆单盘测试现场

图 5-4-3　电缆单盘测试图

(4)光缆配盘

将单盘测试合格的光缆进行配盘。

根据径路复测台账的缆沟长度,结合设计规定的各处余留长度,进行光缆配盘。光缆配盘时重点考虑光缆的几何、光学特性,按单模光纤模场直径差别最小配盘。填写光缆配盘表,以此作为敷设光缆的施工资料。

(5)电缆配盘

将单盘测试电特性指标合格的电缆进行配盘。

电缆配盘时重点考虑电缆长度和电气特性的配盘要求,避免将接头安排在不适宜的位置。

配盘时,填写电缆配盘表,作为敷设电缆的施工资料。

3）托架、桥架、管卡安装

（1）托架安装

托架安装工序流程如图 5-4-4 所示。

图 5-4-4　托架安装工艺流程图

安装完成后要求电缆支架安装位置正确，相邻支架间距误差不大于 5mm，支架接地正确、牢固、全线贯通，接地扁钢搭接长度不小于 100mm（2 倍扁钢宽度）。

（2）金属线槽安装

金属线槽安装工序流程如图 5-4-5 所示。

图 5-4-5　金属线槽安装工艺流程图

安装完成后要求钢槽规格必须符合设计要求，钢槽固定可靠、横平竖直，盖板无翘角，接口严密，端头密封，槽内无杂物，支、吊架固定牢固、平整或垂直，同一条直线上支、吊架位置偏差不大于 5mm，钢槽水平或垂直敷设直线部分的平直度和垂直度允许偏差不大于 5mm。

（3）金属钢管

金属钢管安装工序流程如图 5-4-6 所示。

安装完成后要求配管的品种、规格、质量、连接方法、适用场所必须符合设计要求和施工规范的规定。钢管严禁熔焊连接，管子敷设连接紧密，管口光滑，护口齐全；明配管及其支架平直牢固，排列整齐，管子弯曲处无明显皱褶，油漆防腐完整。盒（箱）设置正确，固定可靠，管子进入盒（箱）处顺直。钢管用锁紧螺母（纳子）固定的管口，管子露出锁紧螺母的螺纹为 2～4 扣，明配管路穿过变形缝处有补偿装置，补偿装置能活动自如。接地线截面选用及敷设正确，连接紧密牢固，支架、吊架固定方法正确，固定牢固、平整或垂直，在同一条直线上支、吊架位置偏差不大于 5mm。金属钢管安装见图 5-4-7。

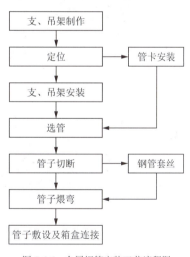

图 5-4-6　金属钢管安装工艺流程图

4）光、电缆敷设施工

光、电缆机械敷设施工流程如图 5-4-8 所示。

敷设过程要求敷设时，牵拉速度要均匀，避免打"背扣"及浪涌现象，张力一般不超过允许张力的 80%，最大不超过所允许张力；当进行"∞"字抬放时，应注意地面交通等因素的限制，光缆敷设时，不应破坏 PE 或 PVC 护层；在穿越钢管防护时，必须在钢管口加上特制的塑料喇叭形护瓦；在敷设时光缆弯曲半径不小于光缆半径的 20 倍，敷设完后不小于光缆半径的 15 倍，见图 5-4-9。

图 5-4-7　金属钢管安装

放线准备 → 缆线展放敷设 → 缆线整理

图 5-4-8　光、电缆机械敷设施工流程图

图 5-4-9　光、电缆敷设图

5）传输系统施工

传输系统施工流程如图 5-4-10 所示。

注意事项：

（1）光缆接续人员必须具备铁道部指定单位颁发的上岗证。操作人员必须熟悉所使用仪器、仪表的性能及操作方法。施工中应严格遵守各项安全规则。

（2）仪器、仪表应设专人负责，搬运时要特别小心要放入专用保护箱中，要避免强烈冲击和振动。

（3）设备安装时不得带电插拔设备部件，做好防静电措施。

（4）通信机房环境符合安装要求。

第4章 通信系统

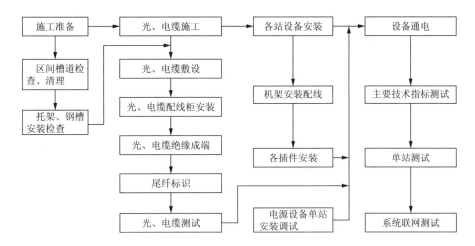

图 5-4-10　传输系统施工流程图

6）公务电话系统施工

公务电话系统施工流程如图 5-4-11 所示。

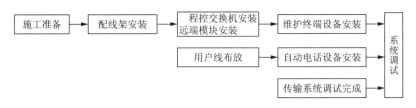

图 5-4-11　公务电话系统施工流程图

7）专用电话系统施工

专用电话系统施工流程如图 5-4-12 所示。

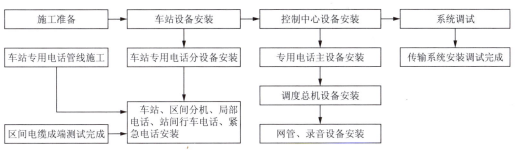

图 5-4-12　专用电话系统施工流程图

8）无线通信系统施工

无线通信系统施工流程如图 5-4-13 所示。

9）电视监视系统施工

电视监视系统施工流程如图 5-4-14 所示。

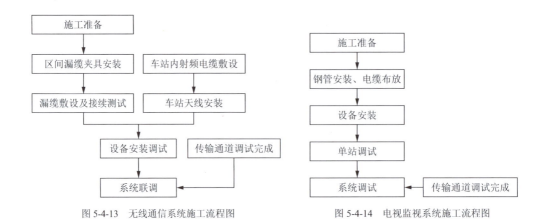

图 5-4-13 无线通信系统施工流程图　　图 5-4-14 电视监视系统施工流程图

10）广播系统施工

广播系统施工流程如图 5-4-15 所示。照明灯、扬声器安装示意如图 5-4-16 所示。

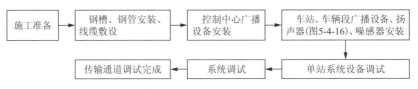

图 5-4-15 广播系统施工流程图

图 5-4-16 照明灯、扬声器安装示意图

11）时钟系统施工

时钟系统施工流程如图 5-4-17 所示。

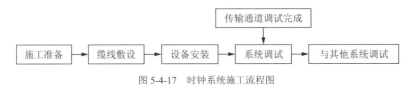

图 5-4-17 时钟系统施工流程图

12）乘客信息系统施工

乘客信息系统施工流程如图 5-4-18 所示。

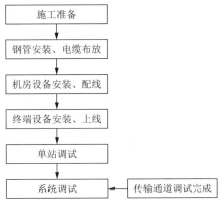

图 5-4-18　乘客信息系统施工流程图

13）电源、防雷及接地系统施工

电源、防雷及接地系统施工流程如图 5-4-19 所示。

图 5-4-19　电源、防雷及接地系统施工流程

14）集中告警系统施工

集中告警系统施工流程同电源、防雷及接地系统施工流程。

4.5.2　调试方案

1）传输系统调试

（1）单站测试

①电接口参数测试：接口协议规程、信令方式、输出口信号波形、输出数字信号比特率、阻抗特性、输出信号最大峰–峰抖动，输入口比特率及容差、阻抗及反射衰耗、容许抖动容限。

②光接口参数测试：发送机的平均发送光功率、消光比、光谱特性，接收机灵敏度、动态范围、反射系数。

③光通道测试：S-R 点间最大衰减。

④系统传输性能测试：误码、输入/输出抖动。

⑤音频通路测试：电平、净衰减、衰减/频率失真、增益随输入电平变化测试、空闲信道噪声、串音。

（2）联网测试

①误码性能指标测试。

②全程最大允许输出抖动指标测试。

③网管功能测试。

2）公务电话系统调试

系统调试在传输系统调试完成的基础上进行。设备安装完毕后，首先要厂商对数据进行必要的配置；然后开始进行单站基本业务测试、信令测试、ISDN 业务测试、特服业务测试、语音邮箱测试、计费功能测试、话务统计功能测试、告警功能测试、系统可靠性测试，等等。

3）专用电话系统调试

（1）各种设备通电正常，设备间连线完成，传输系统安装调试完成后，方可进行设备调试。

（2）系统功能调试。

调度总机与车站分机、值班台之间呼叫、通话功能调试。系统主备转换、CPU 主备转换及录音等功能调试。

站间电话，站内集中，紧急电话等功能调试。

系统网管功能调试，包括一般性管理、故障管理、配置管理、安全管理等功能调试。

（3）系统性能指标测试。

4）无线通信系统调试

（1）设备安装调试

①机房内基站设备安装必须符合《城市轨道交通通信工程质量验收规范》(GB 50382—2006)中通用设备安装的要求及设计文件进行。各类射频电缆接入机柜前必须测试并满足要求。

②将各方向射频电缆分别接入到机柜中。

③连接设备电源、地线。检查电源电压正常、地线接地电阻符合规定值后才能开机。

④开机后检查设备各内部模块是否工作正常，开始车站的参数设置、软件设置等工作。

⑤将控制电缆连接至传输设备。

（2）系统调试

①安装控制中心的扩容设备、维护终端。

②对维护终端进行软件预置、参数设置，同时连接传输通道，接入录音设备。

③采用模拟车载台方式进行各种呼叫功能的测试，检测列车调度员与司机及车站值班员的通话功能，首先检测调度台的呼叫连接功能，强拆、强插、区域呼叫选择功能，启动列车广播功能。检测车载台选呼、紧急呼叫等功能检测。

④对网络管理设备的自动检测、故障定位、故障报警等功能进行检测。

系统性能指标的测试内容包括：工作频段、双工间隔、频道间隔、通话地点及时间概率、话音质量、呼叫建立时间、场强覆盖范围等指标测试。

5）电视监视系统调试

（1）单机调试

①矩阵调试。

设备加电前，根据图纸和安装说明书，对应检查单元电路安装情况，打开电路盖板检查内部连线情况，使用万用表进行对号、绝缘电阻测试，确认电源线正常安装。

设备加电后，检查各单元电路状态指示灯是否正常，逐项测试各级电源电压，保证正常供电。

从视频输入口送入混合视频测试信号，通过计算机选择输出到视频输出各端口，连接视频信号测试仪进行电气指标测试。电气指标应与合同要求和厂家说明书相符，个别输出端口电平偏大或偏小时可适当调节相应输出端口内置电平调节旋钮，来实现1Vp-p零增益的要求。

②摄像机调试。

车站摄像机有定焦摄像机和云台摄像机两种，站台两边各设2台定焦摄像机进行对端监视。

a. 定焦摄像机调试。

调焦距：打开摄像机外罩，在摄像机后取下视频同轴线，就近接上监视器观察图像质量。把镜头对准远端60m左右的某一物体调节镜头焦距的前焦和后焦旋钮，使远端物体清晰，旋紧紧固螺丝。

摄像机初始设置：根据配置的镜头类型不同进行设置，手动光圈镜头设置电子快门，自动光圈镜头设置1/50s固定快门，一般数字摄像机通过调节参数使图像最优化。

b. 云台摄像机调试。

参考云台摄像机说明书设置技术参数。

地铁内由于人造冷光效应会对图像颜色还原有所影响，根据图像情况微调三色电平值来调整色谱电平，使图像还原自然。

③视频电缆均衡器调试。

视频电缆均衡器调试接线如图5-4-20所示。

用示波器选测试行17行测试20T输出电平大小，调节均衡器上微调电位器使输出电平为1Vp-p值。

图5-4-20 视频电缆均衡器调试接线图

用示波器选测试行18行测试频带均衡性，通过调节均衡器上低、中、高频段电位器补偿频带线形，使各段信号电平均衡平坦，尖峰畸角小。

（2）系统调试

当各单元电路安装调试基本结束后，就可以进行系统调试。

①功能调试。

在值班室和副值班室通过按控制键盘各功能键选择图像，验证是否得到所需要的图像。通过键盘摇杆，选择可变焦图像的远近，清晰和模糊，预置状态等。若不能实现，根据现象反映情况,检查控制线接线,机柜内 16 画面处理器,软件设置状态,查明故障原因,逐一排除故障。

②电气性能调试。

根据图 5-4-21 接线连接,用信号发生器从摄像机电缆处发送一个专用测试信号(混合信号),通过控制键盘选择,使信号从 16 画面处理器某一端口输出,用视频测试仪进行测试。

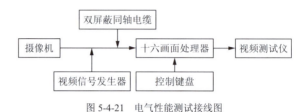

图 5-4-21　电气性能测试接线图

主要测试内容如下:

微分相位、微分增益、亮色延迟、亮色增益、信噪比、频率特性、同步信号幅度、色同步信号幅度、白条电平幅度、2T-K 因素、亮度非线性。

根据指标反映情况,重点检查线缆成端质量,线缆保护管接地等,排除干扰,达到优良图像效果。

③图像质量主观评价。

参照《彩色电视图像质量主观评价办法》(GB/T 7401—1987)的办法进行评价,分析图像干扰性质,逐一检查排除。

6)广播系统调试

(1)单机调试

设备加电前必须先检测电压是否符合 220×(1±10%)V 的要求,地线可靠接至地线箱。仔细检查设备内插件、连接线是否可靠,送电时密切注意设备开机自检状态,如发现异常情况立即关闭设备。

设备开机正常后,经一段时间自检及预热可开始软件输入、参数设定等工作。然后对以下功能进行检测:广播优先级、平行广播、便携机接入、各控制播音盒播音状态、噪声检测调节、语音合成播音、机柜内部模块功能等单站功能。单站系统指标测试:按照《声频放大器测量方法》(GB/T 9001—1988)中有关内容进行系统设备的音频通道指标测试,按照《调音台基本特性测量方法》(GB/T 9003—1988)中相关内容进行各类控制盒、话筒的音频通道测试,按照《厅堂扩音系统声学特性指标》(GYJ 25—1986)中相关内容对扬声器网技术指标测试。

(2)系统调试

逐站进行控制通道、音频通道与传输系统设备连接,检查控制通道、音频通道连接状况,全部车站都接入后逐站进行各项联网功能的检测,包括优先级别、调度员控制播音作业、系统网络管理终端、维护终端、自动录音及机柜内各种模块的功能的检验测试。联调时的故障辨别应以子系统的接口为界面划分故障范围,保证子系统间不能相互影响。

系统软件须随时更新并保证有 2 份备份,确保最新版本并保留旧版本,以便恢复时使用。

与信号系统(ATS)联网调试:包括值班员自动、人工干预、紧急播音作业等功能检测。

与时钟系统联网调试:包括控制中心、车站时钟信号校准功能检测,与广告等导向系统联网调试包括对该设备进行集中远端维护、预置信息、下载信息、控制、同步等功能检测。

车站值班员使用控制盒对本站该系统设备信息编辑、预置、调用显示等功能的进行检测。

7)时钟系统调试

(1)单机调试

①精度。使用日差测试仪分别测试母钟有 GPS 校时的精度和母钟的自身计时精度。

②接口输出信号。使用便携仿真终端同母钟输出接口相连,检验母钟向其他系统提供的标准时钟信号格式及误码率。

③自动倒换功能。在以下情况下:停止主 GPS 工作、停止主母钟,观察备用母钟是否接替主母钟工作。

④故障告警功能。将母钟某一线路板或功能模块设置人为故障,观察监控终端微机显示屏上的故障指示,并伴有声光报警。

⑤停电补偿功能。将正常工作母钟的交流供电切断,在规定的停电时间范围内母钟正常不间断工作。

(2)系统调试

①控制中心维护管理终端实时反映设备运行状态,系统自诊断,对全线设备工作状态、故障状态显示、记录,对系统设备的控制等各项功能检测。

②系统网络的管理配置功能检验。

③安全管理权限功能检验。

④各站子钟通过二级母钟跟踪控制中心的一级母钟信号后各项性能指标的测试。

⑤控制中心母钟输出信号到各子系统后,各子系统的时钟调整功能调试。

8)乘客信息系统调试

(1)单站调试

在设备安装完成后,对供电电压进行复测,确认线缆接续无误后,为设备加电,并安装相应的软件。遵照招标文件及合同要求,进行功能和性能调试。

(2)系统调试

①控制中心维护管理终端实时反映设备运行状态,系统自诊断,对全线设备工作状态、故障状态显示、记录,对系统设备的控制等各项功能检测。

②系统网络的管理配置功能检验。

③安全管理权限功能检验。

④其他功能。

9)电源、防雷及接地系统调试

(1)各项功能调试

配电柜手动或自动切换功能检验,输出短路保护检验,系统断电后不间断电源供电功能的检测,盘面报警,并对各主要设备的性能指标进行测试。

(2)系统网管功能调试

通过传输系统通道实现车站与OCC的信息传递,OCC网管统一监视车站各种设备的运行信息,系统设备故障时在有关值班室内有声、光报警显示,并检测信息的存储记录功能。

10)集中告警系统调试

(1)故障集中告警系统设备安装调试

故障集中告警系统安装包括各车站的数据采集器及系统监视软件,控制中心集中告警操作终端、数据采集器、数据交换机、网络服务器及其他软、硬件辅助设施等工作。

(2)设备安装调试

①设备安装严格按照《城市轨道交通通信工程质量验收规范》(GB 50382—2006)中通用设备要求及设计文件要求,机架垂直度、水平度满足要求。

②检查各种引入设备的线缆是否敷设完成、连接头是否可靠连接,进行线路的指标测试。

③电源接入设备,进行设备通电前检查。

④软件写入、参数设置等工作。

4.6 体会与经验

4.6.1 车站通信机房设置

1)专用通信机房

在车站建筑需求上,专用通信设备室和专用通信电源室(或弱电综合电源室)应在同层、同侧、相邻并不隔道,同时在两室间设置1扇小单门。专用通信设备室面积宜40m^2左右(换乘站宜45m^2左右),专用通信电源室面积宜22~25m^2,弱电综合电源室面积宜40m^2左右(换乘站宜45m^2左右)。

2)公安通信机房

在车站建筑需求上,公安通信设备室和警务值班室应相邻在一起(不隔道),同时在两室间设置1扇小单门。公安通信设备室面积宜25m^2左右(换乘站宜35m^2左右),公安值班室室面积宜22~25m^2。

3)民用通信机房

在车站建筑需求上,民用通信设备室宜靠近专用通信机房,民用通信设备室面积宜50m^2左右(换乘站宜70m^2左右)。

4.6.2 区间隧道通信电缆支架设置

在连接云城区间至控制中心的电缆廊道里,对招标的区间弱电缆支架规格进行调整,采用 10 托臂的短臂(臂长 200mm)电缆支架(招标规格为 5 托臂支架,臂长 300mm),除了承载本线弱电各系统光电缆外,还预留承载其他地铁线的弱电光电缆。

4.6.3 专用通信传输系统设计

在专用传输系统以太网 10Mb/s/100Mb/s 的通道设计上,最后预留 6~12 个,便于在本线工程建设的后期,满足部分机电系统补提(之前未提或是工程情况发生变化后)数据网络传输通道的需求,如电力监控、信号等系统。

4.6.4 专用通信计算机网络系统设计

鉴于地铁运营管理部门的信息网络接入用户有不断增长趋势,在初步设计阶段尤其是用户需求书招标设计阶段,首先应落实控制中心、车辆段及停车场的网络接入用户数量(车站网络接入用户数量可按固定用户数量计算),然后预留网络用户总量的 10%~15%,同时考虑增加相应的各类网络交换机数量,做到更好地满足地铁运营部门对网络化管理工作的需求。

4.6.5 公安通信专用电话系统设计

在原用户需求书设计编写中,针对公安分局中心程控交换机的话务处理能力,要求满足近期 2Mb/s 数字中继配置数量 2000 线,用户容量 2000 线,远期数字中继和用户数量扩容 8000 线的需求。设备配置为:在公安分局设置 1 套程控交换设备(2000L/2000DT)、1 套 IP 电话网守及中继网关,在每个警务站、派出所分别设一个 2 口和 36 口用户语音网关,为用户提供音频电话接口。

在招标实施时,分局中心程控交换机升级为软交换中心设备(SS)和中继网关(TG)实现公安专用电话系统功能。设备配置为:Aeonix Server 软交换设备,2 套;SIParator 21 网守设备,1 套;KTGW-96S 公安分局语音网关,20 套,KTGW-48S 派出所语音网关,3 套;HX404E 警务站语音网关,24 套。

由于 1 号线建设实施时地铁公安分局中心尚未建立,只能在金阳派出所建立地铁公安分局临时中心,故设计根据实际建设情况和地铁公安的实际需求,将招标设备的配置做调整,具体为:Aeonix Server 软交换设备,2 套;SIParator 21 网守,1 套;KTGW-96S 公安分局语音网关,20 套(金阳临时中心安装 2 套,其余预留在其他地安装);KTGW-48S 派出所语音网关3套(安装2套,备用1套);HX404E警务站语音网关,24套(删除,不安装)。

这样配置设计后,不因设备的变换(软交换中心设备替代程控交换机)而改变公安专用电话系统的用户网络结构。

4.6.6 通信施工配合体会和经验

1)区间隧道通信预留管道、漏缆固定装置

本工程有多处高架及路基区间,2012—2015年之间通信系统根据工程建设需求在土建初步设计和施工图设计阶段分别提出了预留预埋需求,并以提资为基础对土建专业图纸进行了会签确认。待通信施工单位进场后对现场土建条件进行排查时发现通信要求预留的弱电电缆槽、漏缆护墩在某些高架段或路基段并未实施,通信系统设计和施工单位多次对现场进行踏勘、整理相关资料,因当时部分土建施工单位已经撤场,待发现问题时已是轨道和机电施工单位接管了,问题成了"老大难",迟迟未能解决,虽然最终由后续单位完成相关土建预埋,但此过程我们耗费了很多时间和人力,这是本工程的教训。今后的设计中但凡遇到有高架区间的地铁工程配合时一定要格外留意,从提资到会签图纸必须做到严谨无误,特别要提醒土建设计把弱电预埋的工程量计列在相关图纸中,并提醒他们重视这些问题,必要时应该在土建施工交底时专门强调。

2)区间隧道通信设备及光电缆安装

在隧道区间安装的设备及敷设的缆线,必须遵循不能侵入限界的基本原则,也要格外重视在意外情况下设备或缆线脱落时其垂直投影尽量远离车体。本工程专用无线通信漏缆安装高度的配合中就遇到了这种情况:早期地铁工程中轨面3m以上的高度通信专业只安装1根漏缆,因安装条件宽松,具体高度在3.2~3.8m之间均可。贵阳轨道交通1号线PIS系统采用MIMO技术,必须使用两根漏缆,且2根漏缆之间必须达到一定的间距要求MIMO技术才能发挥作用。设计联络会后确定的隧道区间通信2根漏缆的安装高度分别为4.3m和3.3m。

后设计人员获悉国内地铁发生过漏缆坠落的事故:其漏缆安装在隧道最顶端,漏缆卡具开口方向与漏缆重力方向一致,加之卡具质量较差及施工质量把关不严格,最终导致了该事故的发生。因此1号线漏缆安装在4.3m的高度上,漏缆卡具开口方向很接近垂直方向,且漏缆垂直投影在车顶范围内,只要有卡具质量不完全达标又未能在质检过程中发现的情况,就会加大安全风险。

问题发生后,一是通过各方各级人员集中商议相关解决方案,认真梳理各种方案存在的风险,并针对各方提出的相关工程案例展开细致的调研工作,为专题协调会做了充足的准备工作,直至各方达成一致意见,确定安装方案;二是及时安排设计人员常驻现场,确保现场施工配合顺利开展,把相关影响降至最低,及时配合解决问题。

第 5 章 屏蔽门、安全门系统

5.1 系统设计

5.1.1 概述

贵阳轨道交通 1 号线工程全线共 25 个站。其中,地下站 20 座、地面站 2 座、高架站 3 座。地下站站台采用全封闭式屏蔽门系统,高架站、地面站站台采用半高安全门系统,详见表 5-5-1。

车站型式及屏蔽门/安全门设置表　　　　　表 5-5-1

序号	站名	车站类型	站台形式	门体型式	门体数量(列)
1	窦官站	高架站	侧式	安全门	2
2	下麦西站	地面站	岛式	安全门	2
3	将军山站	高架站	侧式	安全门	2
4	云潭路站	地下站(负一层)	侧式	屏蔽门	2
5	诚信路站	地下站	侧式	屏蔽门	2
6	行政中心站	地下站(负一层)	侧式	屏蔽门	2
7	会展中心站	地下站(负一层)	侧式	屏蔽门	2
8	朱家湾站	地下站	岛式	屏蔽门	2
9	大寨站	地下站	岛式	屏蔽门	2
10	大关站	地下站	岛式	屏蔽门	2
11	贵阳北站	地下站	岛式	屏蔽门	2
12	雅关站	高架站	岛式	安全门	2
13	蛮坡站	地下站	岛式	屏蔽门	2
14	安云路站	地下站	岛式	屏蔽门	2
15	北京路站	地下站	岛式	屏蔽门	2
16	延安路站	地下站	岛式	屏蔽门	2
17	中山路站	地下站	岛式	屏蔽门	2
18	人民广场站	地下站	岛式	屏蔽门	2
19	火车站站	地下站	岛式	屏蔽门	2
20	沙冲路站	地下站	岛式	屏蔽门	2
21	望城坡站	地下站	岛式	屏蔽门	2
22	新村站	地下站	岛式	屏蔽门	2
23	长江路站	地下站	岛式	屏蔽门	2
24	清水江路站	地下站(负一层)	岛式	屏蔽门	2
25	场坝村站	地面站	岛式	安全门	2

屏蔽门/安全门系统安装在车站站台边缘,将站台公共区与轨行区安全隔开,避免乘客跌落轨道;屏蔽门系统的设置还减少站台区与轨行区之间气流的交换,降低了环控系统的运营能耗,并能减少噪声及活塞风对站台候车乘客的影响,改善乘客候车环境。

5.1.2 屏蔽门/安全门设计

1)基本技术条件

(1)自然环境条件

贵阳是低纬度高海拔的高原地区,海拔高度为1100m左右,属于亚热带湿润温和型气候。

(2)工作环境条件

屏蔽门轨道侧温度:0~45℃;相对湿度≤100%。

屏蔽门站台侧温度:0~35℃;相对湿度≤80%。

屏蔽门/安全门控制室温度:0~35℃(短期0~45℃),相对湿度≤80%。

(3)运行能力

每周7天,每天连续运行20h,每1.5min(90s)开关门一次。

(4)负载条件

①风荷载:

站台侧,+1000N/m²。

轨道侧,-1000N/m²。

疲劳应力为±1000N/m²(每年40万次)。

②人群荷载:

乘客挤压力为1000N/m(距站台装饰面1200mm高,结构无永久变形)。

乘客冲击力为1500N(作用在1125mm高处,作用面积100mm×100mm、作用时间0.2s时,结构无永久变形)。

地震水平:抗震设防烈度为6度,基本地震加速度0.05g。

振动水平:BS4675第一级水平。

2)主要设计原则

屏蔽门/安全门沿站台边缘、以有效站台中心线为基准向两边对称布置,位于列车在车站的正常停车范围内,屏蔽门上部与站台屏蔽门顶梁连接,两端与站台设备房边墙连接,将站台公共区与隧道轨行区隔开。

列车驾驶室门位于屏蔽门端门外,在列车停车精度范围内,列车驾驶室门能全开不受到任何阻碍;滑动门与列车门一一对应,在列车停车精度范围内,保证列车门全开,不影响乘客的正常上下车;列车故障导致进站停车后、乘客门无法对准滑动门时,应急门能为乘客提供安全疏散通道的入口。

屏蔽门/安全门在站台边缘的设置和外形不得侵入列车行驶动态包络线,屏蔽门/安全门安装须在满足限界要求条件下,尽量靠近轨行区。

屏蔽门/安全门门体最大变形量不大于12mm。

屏蔽门/安全门产品设计上考虑了安装、调节、拆卸简单方便,维修少。屏蔽门/安全门结构设计能够承受活塞风压、人群荷载的冲击和挤压,且满足贵阳地区抗震设防要求。

屏蔽门顶箱前面板兼作车站导向指示牌,导向内容、布置、颜色由车站建筑导向系统设计,顶箱与车站其他建筑的结合要采用绝缘、密封安装,并与站台边缘照明光带和建筑装修协调一致。

屏蔽门采用底部支撑结合顶部悬挂安装方式、安全门采用底部支撑安装方式。

屏蔽门/安全门设置明显的安全标志和使用标志,方便乘客识别。屏蔽门/安全门具有很高的安全性和可靠性,有良好的绝缘和接地装置,保证乘客安全。

屏蔽门不设特殊的防火要求,不作为车站防火分隔设施,但所采用的绝缘材料、密封材料和电线电缆等均低烟、阻燃,且不含有放射性成分。

屏蔽门/安全门系统设备采用性能结构简单、维修方便、质量稳定、运行可靠的产品,系统的软硬件设计充分考虑可靠性、可维修性和可扩展性,遵循模块化和冗余设计的原则。

屏蔽门/安全门控制系统采用标准、通用、开放、工业的通信协议。

屏蔽门/安全门控制系统符合"故障安全"的原则。除了响应有效的"开门"命令外,任何部件的故障都不会导致开门。当解锁后,任何部件的故障都不会影响手动操作打开任何一扇门。

紧急情况下,值班员可通过车站控制室内IBP盘对屏蔽门/安全门滑动门进行开/闭控制。

控制系统具有对屏蔽门运行、故障及操作情况进行监测、记录和打印的功能。配备对系统进行编程,对屏蔽门进行调试的监控软件。

3)主要设计参数

屏蔽门/安全门总长度:约115200mm。

屏蔽门总高度:3000mm。

安全门总高度:1550mm。

滑动门高度:屏蔽门滑动门高度为2000mm;安全门滑动门高度为1500mm。

应急门高度:屏蔽门应急门高度为2000mm;安全门应急门高度为1500mm。

端门活动门高度:屏蔽门端门活动门高度为2000mm;安全门端门活动门高度为1500mm。

每侧站台滑动门:24道(每道两扇)。

每侧站台应急门(EED):6道(屏蔽门每道两扇,安全门每道一扇)。

4)接口设计

(1)与土建专业的接口

本系统与土建的接口界面在车站站台的屏蔽门顶梁和结构底板上。

(2)与装修导向专业的接口

屏蔽门顶箱的前盖板兼作车站导向标识牌。

(3) 与动力与照明系统的接口

屏蔽门/安全门要求动力与照明系统通过自动电源切换箱,提供两路三相四线(带PE线)380/220V电源,负荷等级为一级。

动力照明专业为屏蔽门/安全门控制室提供连接车站弱电接地网的接地端子箱,接地电阻≤1.0Ω,接地端子箱由低压配电专业提供箱。

(4) 与信号系统接口

屏蔽门/安全门系统每侧站台提供一组与信号系统连接的输入/输出接口。

信号系统向屏蔽门/安全门系统发送的开、关门信息必须是安全信号、且连续不断;屏蔽门系统向信号系统反馈的全部门关闭且锁紧状态是连续的安全信号。接口接点的双方都使用无源节点双断回路进行设计。

(5) 与综合监控系统接口

屏蔽门/安全门与综合监控系统总线接口位于屏蔽门/安全门控制室内,硬线接口位于车控室综合监控接线端子排。

5.1.3 系统构成

屏蔽门/安全门系统由机械和电气两部分构成,机械部分包括门体结构和门机系统,电气部分主要包括电源系统和监控系统等。

1) 门体结构

门体是车站站台公共区与列车轨行区的隔离屏障,屏蔽门门体结构主要由支撑钢架结构、底部支承结构(包括门槛、位置调节装置等)、上部及下部预埋件、滑动门(ASD)、固定门(FIX)、应急门(EED)、端门、气密件等部件组成。

图5-5-1 承重结构

(1) 承重结构(图5-5-1)

①组成:主要由上部固定件、下部固定件、高度调节装置、横梁、立柱等组成。

②功能。上部固定件、下部固定件、高度调节装置、立柱、框架、横梁材料满足地下车站工作环境下30年寿命要求。

作为整个屏蔽门的支撑骨架,承受门体的全部重量和外力即能满足负载条件的要求。

③材料材质。受力构件的材料性能不得低于Q235A的优质碳素钢,表面经热浸锌处理。

(2) 门体组合

①组成:由滑动门、应急门、固定门、端门等组成。

②材料:门体玻璃采用单层钢化玻璃并经热浸均质处理,门体玻璃周边设置彩釉边。所有门玻璃均满足设计负荷要求,在最大的负荷条件下,单层钢化玻璃不破碎或产生永久变形。

门框采用304L的发纹不锈钢,框架材料与承重结构中受力构件的外包材料以及其他表面材料相一致。

气密材料:气密材料分为动密封及静密封件。静密封件的设置减小了门扇、固定门、顶箱的安装间隙;动密封件的设置减小所有类型门的运动件与固定件之间的间隙。

③功能。门体组合结构上无造成人身伤害的隐患;门体部件的设计考虑互换性,减少安装时间和简化维修备件的种类。门体玻璃边缘须设有装饰性颜色边框,边框设有彩釉边,用以遮挡门框结构,门体玻璃有防撞标识。具体如下:

a. 滑动门。滑动门为中分双开式门,开启时供乘客上下列车,在非正常运行模式和紧急运行模式下,兼作乘客的疏散通道。

b. 应急门。正常运营状态,应急门保证关闭并锁紧,作为公共区与隧道区间的屏障;当列车进站无法对准滑动门以及出现紧急情况时可作为应急疏散通道。

c. 端门(图5-5-2)。端门主要用于车站工作人员在站台和轨道之间的进出,兼顾紧急情况下疏散要求。

d. 固定门。固定门设置在滑动门与滑动门之间、滑动门与端门之间,是车站与区间隧道隔离和密封的屏障。

④其他要求:门体部件设计考虑了互换性,以减少安装时间和简化维修备件种类。

图5-5-2 端门

门体结构设计满足设计负荷要求,结构简单、安装维修方便,结构上无造成人身伤害的隐患。结构胶、密封胶、垫圈、绝缘等非金属材料不含有放射性成分,无腐蚀、无异味,为低烟阻燃材料,并提供相关环保证明。

手动解锁钥匙孔的设置位置采取防止无关人员损坏的措施。

手动开锁机构正常情况下不用,当驱动系统或者控制系统出现故障,或在紧急状态下,可以利用手动开锁机构进行手动操作。

(3)门槛

①组成。门槛由滑动门门槛、固定门门槛、应急门门槛、端门门槛。

②材料。受力构件的材料性能不得低于Q235-A优质钢材材料性能,外露部件及外包材料综合性能不得低于304L发纹不锈钢材料性能。

③功能。滑动门门槛、应急门门槛作为乘客通过的踏面,能够承受乘客荷载225 kg(按75kg/人,共3人计),且不能有任何方向的位移和变形,固定门门槛采用了同样的结构形式,并承受相同大小的荷载要求。

滑动门门槛导槽为滑动门的底部导向装置。

端门门槛:作为管理人员或乘客通过的踏面,能够承受荷载225kg(按75kg/人,共3人计),且不能有任何方向的位移和变形。

（4）顶箱

顶箱作为固定门支柱的上支点，承受滑动门、门机传动系统、DCU 等重要部件的重量，对其内置部件起密封保护作用。

在站台侧的顶箱前盖板兼作车站列车运行方向和站名等内容的导向指示牌。

（5）门体制作及安装

滑动门、固定门、应急门、端门的门扇及其配件均满足设计强度及刚度要求，并且不发生永久变形。

门机在结构上的固定根据站台装修完成面的坡度，其固定方式在以后使用过程中不引起门机的变形。

所有联结螺栓和定位螺钉有可靠的防松设计。

直线站每侧站台固定门和应急门，整齐调整安装在一个垂直平面内。固定门扇与门楣和地槛之间间隙小和均匀且密封。

滑动门扇关闭后，两滑动门扇中缝无明显的缝隙，间隙处有密封毛刷或其他形式的密封装置。滑动门扇和固定门扇、滑动门扇和应急门扇之间的间隙，在门扇未受横向负载条件下，上下均匀一致，滑动门关闭状态下这条间隙有可靠的装置自动密封，防止站台侧与轨道侧的空气串流。

轨道侧顶箱安装不允许侵入限界，影响列车运行安全；顶箱面板间的间隙小，平直均匀。

门体的部件设计考虑互换性，尽量标准化，以减少安装时间，简化维修和备件种类。

（6）安全门的门体

安全门门体由固定门、滑动门、固定侧盒、门槛、端门等组成。安全门有障碍物检测装置。安全门端门采取 L 形或一字形。

2）门机系统

门机是屏蔽门/安全门系统滑动门的驱动机构，主要由电机、传动装置、导轨与滑块总成、锁紧及解锁装置、行程开关和位置检测装置等组成。

屏蔽门门机系统可以在站台侧进行方便维修。

（1）驱动电机

电机负载标准根据两个开/关周期间隔 120s 计算。

驱动装置和其他运动设备的安装有减振措施。

直流无刷电机或性能不低于直流无刷电机的电机。

（2）传动装置

驱动系统运行平稳、易于更换，无窜动等现象，能够保证两扇滑动门同步、稳定运行，滑动门的开/闭曲线可调。

驱动装置和其他运动设备在顶箱内采用减震安装方式，拆卸方便，便于维修。

传动装置采用皮带传动。

采用同步齿形带传动，保证两扇门运动同步、稳定。

所采用的重载圆形齿皮带,能调节皮带张紧力和消除皮带打滑的可能,且为耐磨、阻燃、低烟、无毒材料。

所有皮带夹紧装置和皮带轮,与齿形带的齿形相匹配。滑动门门体与皮带间采用刚性连接,在整个运行过程中,不会发生因皮带折弯等引起的不正常工作状态。

传动装置有皮带张紧力的调节功能,可以消除皮带打滑的隐患。

(3)滑动门锁紧及解锁装置

锁紧及解锁装置工作可靠,自动开门时,解锁装置自动动作;手动开门时,轨道侧开门把手和站台侧的钥匙孔与解锁装置联动,将门扇锁紧力解除,使门扇能够向两侧滑动。

(4)安全门的门机及驱动系统

安全门驱动装置的电机、减速装置安装在固定侧盒内。每套安全门单元至少包括两套驱动装置、一套 DCU、两套固定侧盒、两套门锁装置等。

安全门驱动系统采用皮带传动。

安全门门机及驱动系统固定侧盒内的电机、传动装置等部件方便维修。

3)电源系统

屏蔽门/安全门电源系统包括:驱动电源、控制电源。

(1)基本要求

屏蔽门/安全门系统供电电源为一级负荷。电源设备使用寿命不得小于 10 年。

屏蔽门/安全门系统电源实现驱动供电、控制供电两个功能。

每侧屏蔽门/安全门电源将驱动用电源和控制用电源分开。驱动电源为滑动门之驱动提供电源;控制电源为屏蔽门/安全门的控制系统提供电源。电源的输出回路数设置合理,保证对应一节车厢的其中一个滑动门回路电源故障时,其余 3 个滑动门能够正常工作。

电源系统主要部件能实现模块化在线式热插拔及在线维修功能,实现完善的 $N+1$ 冗余备份功能,主机设备单点故障不能引起整台设备的故障,主机设备个别部件的故障不能引起整台设备的故障。

电源系统的设计提供了高可靠性、节能方案。必须采用成熟、可靠的高品质部件,满足安全可靠、运营成本低、便于服务、易于管理等特点。

电源系统的充电、浮充电装置及各发热元器件,在额定负载下长期运行时,其各部位的温升满足相应规范和规定的要求。

电源系统内设置监控模块,对驱动电源内重要的状态、故障信息进行数据采集、显示、报警处理、历史数据管理,并能对馈电柜各回路等可能影响正常供电的因素进行监控。

(2)驱动电源

驱动电源主要由三相隔离变压器、充电模块、监控模块、绝缘监测模块、蓄电池及馈线回路等构成,以完成充电、馈电及两路电源停电后供电的功能。

驱动电源设备的电源输入采用隔离变压器输入方式。

驱动电源设有过压、过流保护装置，且能够通过辅助无源触点提供电源故障报警信号。每组母线的正极都须由断路器保护，断路器的报警状态由辅助的无电压触点提供。

充电模块能实现带电插拔，实现完善的 $N+1$ 冗余备份。且具有稳压和限流功能，保证对蓄电池组的均充和浮充控制。

（3）控制电源

控制电源主要由 UPS、单相隔离变压器、监控模块、绝缘监测模块、蓄电池及馈电单元等构成，以完成电源停电后蓄电池投入供电的功能。控制电源容量能满足屏蔽门系统的运营要求。

控制电源为每侧站台设置多组输出端，分别为 PSC（含监控主机）、PSL、控制面板指示灯供电。控制电源提供电力给 PSC，由 PSC 采用多回路控制命令，分别为屏蔽门发出控制命令。

控制电源具有在线热插拔和在线维修、$N+1$ 冗余备份及自动静态旁路和维修旁路功能。

（4）蓄电池

屏蔽门/安全门系统所有蓄电池采用胶体蓄电池作为后备电源。

蓄电池的放电曲线满足：屏蔽门按正常行车组织运行，滑动门开闭时间要求；异常情况下，其容量能保证断电后控制系统能持续工作 30min，并满足断电后 30min 内本车站所有滑动门可开/关门操作至少 3 次的要求。

4）监控系统

屏蔽门/安全门监控系统主要由中央接口盘（PSC）、就地控制盘（PSL）、门控单元（DCU）、现场总线、接口设备及软件等组成。其基本要求如下：

监控系统中的 PEDC（含接口部件）、DCU 等关键部件属技术领先、运营灵活的成熟成套产品。

标准车站的每侧屏蔽门/安全门控制子系统由一套独立的 PEDC、一套就地控制单元 PSL（设置在出站端）、控制回路及 DCU 等组成。能确保任一侧屏蔽门/安全门的故障不影响另一侧屏蔽门/安全门的正常运行；某一道门的故障不影响同侧其他门的正常运行。

每侧站台的屏蔽门/安全门控制子系统分别与上下行信号系统配合，分别控制相应侧的屏蔽门/安全门；控制方式满足贵阳轨道交通 1 号线工程行车组织的要求。

监视及控制系统采取 RAMS 设计技术，软、硬件的设计充分考虑了可靠性、可维护性、可用性、安全性和可扩展性。

每个 DCU 可通过总线网络将单个门单元相关状态、报警等信息传递到 PSC。可通过 PSC 对整个监视系统进行参数修改、软件写入以及每个门单元的故障、状态查询。每个车站所有屏蔽门/安全门单元的状态及报警可以查询。

屏蔽门/安全门系统需将每个车站中所有门单元中的相关信息以及屏蔽门/安全门监控系统运行状态信息进行集成（在集成后的信息中能够识别到具体的门单元），传送至综合监控系统，综合监控系统则要接收屏蔽门/安全门系统运行的状态及故障信息，两侧站台屏蔽门/安全门运行状态同一信息要求能够同屏显示。出现紧急状况时,综合监控系统 IBP 发出开/关门命令到屏蔽门/安全门 PSC,控制滑动门开/关。

5.1.4 系统功能及性能指标

屏蔽门/安全门控制系统采用现场总线技术,按照分散化、网络化、智能化发展要求,把 DCU 组作为网络节点挂接在总线上,作为网络节点的各设备,连接为网络集成式的全分布控制系统,实现 PSC 与被控的各 DCU 之间的通信。现场总线的传输速度、准确性满足地铁运营对屏蔽门的工作要求,能通过网络上的监控主机/DCU 等设备实现对屏蔽门/安全门的基本控制、参数修改、报警、显示、监控等功能,具备现场总线系统的开放性、互用性、结构的高度分散性及现场环境的适应性。如图 5-5-3 所示。

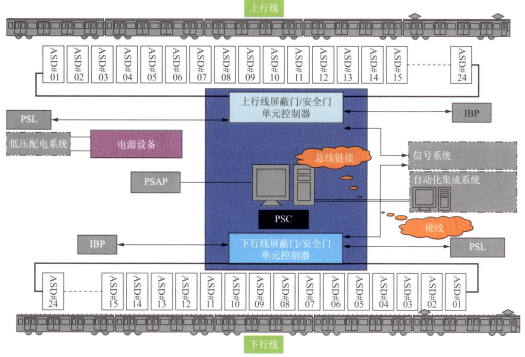

图 5-5-3 网络构成示意图

1)控制功能

屏蔽门/安全门控制系统具有系统级控制(信号系统自动控制、IBP 紧急控制)、站台级控制(PSL 控制、单扇门就地控制)、手动级控制(手动解锁操作),共三级五种控制方式。其中,以手动级控制优先级最高,系统级最低。

(1)系统级控制

系统级控制是在正常运行模式下由信号系统直接对屏蔽门/安全门进行控制的方式。在系统级控制方式下,列车到站并停在允许的误差范围内时,列车信号系统发出开/关门命令,控制命令经信号系统发送至屏蔽门/安全门 PSC,PSC 通过 DCU 对滑动门开/关进行实时控制,实现屏蔽门的/安全门系统级控制操作。在滑动门打开过程中,滑动门顶箱上的门状态指示灯(声光报警装置)做相应的声光告警动作。

(2)站台级控制

当系统级控制方式不能打开或关闭滑动门时,如列车处于人工驾驶状态、信号系统发生故障、屏蔽门自控系统故障等情况,站台工作人员可通过 PSL 对滑动门进行开门、关门操作,实现屏蔽门的站台级控制。

当个别滑动门由于故障而无法发出"滑动门关闭且锁紧"信号时,站台工作人员,在人为保障安全的条件下,即在确认没有乘客或物体夹在滑动门中间后,站台工作人员通过专用的钥匙操作位于 PSL 上的"互锁解除"开关,向信号系统发送允许列车离开站台指令,允许列车离站,此时门状态指示灯(声光告警装置)停止声光报警。

(3)紧急级控制

在发生火灾或紧急情况下,可进行紧急级操作。紧急级控制是由车控室的站务人员,经授权后在 IBP 上对屏蔽门/安全门进行紧急开/关门的控制。

乘客疏散:在车控室 IBP 盘上可打开/关闭单侧所有滑动门,以便疏散乘客。

(4)单扇门就地操作

在维修测试情况下,单扇门就地操作是由维护维保人员通过 LCB 对单道屏蔽门/安全门进行操作。LCB 设置 3 挡操作模式,包括自动挡、隔离挡及就地操作挡。在就地操作模式下,该道门脱离安全回路,以便维保人员单独为该道门进行测试及维护。

(5)手动解锁操作

手动解锁操作是由站台人员或乘客对屏蔽门/安全门进行的操作。当控制系统电源故障或个别屏蔽门/安全门操作机构发生故障时,站台工作人员在站台侧用钥匙或乘客在轨道侧用开门把手打开屏蔽门/安全门。此时,PSC 上的所有滑动门/应急门关闭且锁紧状态指示灯熄灭。

2)监视功能

每侧站台屏蔽门/安全门单元中所有设备的状态信息均通过现场总线及硬线传送到 PSC,屏蔽门/安全门系统维护人员可从 PSC 上监控主机的 LCD 显示器查询屏蔽门当前状态及报警信息。

3)安全措施

(1)防夹挡板

屏蔽门防夹挡板是安装在屏蔽门滑动门内侧,主要用于防止乘客被夹在车辆与屏蔽门之间的空隙中。它由刚性支持挡板、橡胶弹性挡板复合而成,用自攻螺丝安装在屏蔽门滑动门的内侧门框上。

每扇滑动门门框上设置一条防夹挡板,防夹挡板面向乘客面有黄色警示带。

(2)防踏空胶条

防踏空胶条安装于每道滑动门靠轨侧,安装固定在滑动门门槛上,避免乘客在上下车时、从屏蔽门门槛与列车-地槛间的缝隙踏空导致伤害。

防踏空胶条能承受滑动门门槛同等的荷载要求。

防踏空胶条的具体安装高程及凸出站台边缘的距离,满足限界要求,每条防踏空胶条的长度不小于2100mm。

(3)绝缘及接地

①工作接地

本系统控制设备的外壳及电缆屏蔽层和金属管线的安全接地,采用电源系统PE线接地。屏蔽门/安全门设备房里的PSC和其他所有设备都将与车站的综合接地系统连接。系统的工作接地由车站综合接地装置提供,不独立设置。其总接地电阻不大于0.5Ω。

②等电位连接

为保证乘客安全门,屏蔽门/安全门门体与预埋件所有金属部件保持等电位连接。同时,由于屏蔽门/安全门与站台结构绝缘,因此屏蔽门及站台土建结构之间可能存在接触电压。屏蔽门/安全门构架与运行轨道对地连接,采用一点与钢轨直接连接的接地方式,即与钢轨保持等电位,以减少屏蔽门/安全门和列车间的危险接触电压。为了避免接触直流牵引系统产生的意外电流,屏蔽门/安全门构架与站台地隔离。

③绝缘

屏蔽门/安全门结构与站台相隔离,以防牵引电源电流泄漏到站台地面。为了更容易检验屏蔽门系统绝缘的故障,屏蔽门/安全门门体以一节车厢长度为单位,使每辆列车门所对应的该节屏蔽门/安全门进行分段绝缘,方便进行隔离/连接。

在站台公共区距离屏蔽门/安全门1.5m范围内设置绝缘层,绝缘电阻大于0.5MΩ。绝缘材料具有优质的绝缘性能,具备高防滑性和高安全性的特点,且是难燃烧、无卤产品,满足B1级防火性能要求。

5.2 设备监造、安装、调试及验收

5.2.1 设备监造

1)监造内容

(1)生产准备阶段

召开设计联络会,确定产品规格、型号、技术指标、安装接口等。

对供货商质保体系、管理体系、安保体系、应急预案进行审查。

对供货商的供货商生产资质、试验和检查人员资质,特种焊接人员资质及上岗证进行

审查。

对货商所采用的工艺文件的完整性和有效性进行审查。

对供货商所采用的工装设备、试验方法进行审查。

对供货商的生产计划和采购计划进行审查。

对供货商外包的资质进行审查。

对供货商检验所采用的加工设备的能力进行审查。

对供货商检测仪器、仪表、试验设备能力和校准进行检查。

对供货商检测、试验大纲进行审查。

（2）制造阶段

对供货商采购的主要原材料和关键外购件的质量进行检查,复核外观质量。

对于不符合有关规定和标准的原材料和关键外购件,有权拒绝进入生产流程。

对供货商的主要零部件加工、组装的关键工序巡视检查。

对供货商的总装全过程进行监督,对关键工序进行现场见证。

对供货商的程序、过程、文件编制及原始记录进行检查。

对供货商的生产进度计划进行跟踪检查,检查和督促进度计划的实施,核批修正计划。

对供货商的阶段性生产计划及实施措施完成情况进行抽查。

对检验和试验原始记录和（或）放行记录进行见证。

对不合格零部件控制、验证不合格处置结果和纠正措施进行检查。

（3）出厂检测试验

对担任型式试验单位的资质和人员进行审查。

对样机/首台设备型式试验进行见证。

对型式试验全过程进行跟踪监督。

对型式试验结果进行确认。

（4）设备装卸、存储、包装及发运阶段

对设备储运方案,包括审查设备包装、仓储、防腐保养、吊装、运输方式、发运顺序,审查超限设备的运输方案。

对大型部件如机架运输安全方案进行审查。

对运输计划进行审查,对大型机架的运输安排,包括运输前的准备、运输时间、人员组织进行检查。

对设备包装盒发运前状态进行检查,包括设备包装、防潮、防震措施,玻璃防污染措施,设备中心吊装点、收发货标记。

对设备储存条件进行检查,包括检查待检设备,检验合格入库设备,检查不合格设备存储条件和标示,检查设备等待发货时存储条件和标示,检查设备抵运安装现场后存放条件和标示,定期检查设备防腐保养情况。

对合同规定的备品备件、技术文件及随机附件进行检查。

（5）现场安装、调试阶段

组织屏蔽门/安全门运至施工现场的开箱检查与确认内容：检查设备外观、数量、规格、合格证、技术资料（包括出厂检验/或试验报告）、备品备件是否齐全。

审查屏蔽门/安全门现场安装、调试方案，所采取的安全防护措施。审查安装人员资质。

检查屏蔽门/安全门安装接口位置和尺寸，协调安装场地和顺序。

2）监造措施

（1）准备阶段

组织设计联络会，主要包括以下内容：

①买卖双方互提基础资料。

②确认系统和设备功能和技术参数。

③卖方介绍工厂及设备生产加工工艺等情况，买方介绍设备应用的现场情况等。

④图纸审查及确认。

⑤技术讨论、接口澄清。

⑥考察工装设备、工艺流程、试验检验设备等。

⑦确定最终设备设计文件。

⑧确定工厂和现场试验内容。

⑨讨论供货、培训等事宜。

（2）制造阶段

制造阶段，主要包括以下内容：

①抽查供货商采购的主要原材料和关键外购件的质量，见证合格证、检测试验报告。

②巡视检查供货商的主要零部件加工、组装的关键工序。

③现场见证供货商的总装全过程，抽查装配质量。

④抽查供货商的程序、过程、文件编制及原始记录。

⑤跟踪检查供货商的生产进度计划，检查和督促进度计划的实施，核批修正计划。

⑥抽查供货商的阶段性生产计划及实施措施完成情况。

⑦参加分包商提供的主要部件的开箱检查与确认内容，检查部件外观质量，确定数量、规格、合格证、技术资料（包括出厂检验/或试验报告）。

⑧见证检验和试验原始记录和（或）放行记录。

⑨检查不合格零部件控制、验证不合格处置结果和纠正措施。

⑩参与设计变更。

（3）安装阶段

安装阶段，主要包括以下内容：

①审查屏蔽门/安全门安装所依据的技术标准、工艺标准及验收规范。

②审查供货商制定的屏蔽门/安全门设备安装技术方案和安装措施，包括重点部位、关

键工序的安装工艺措施,审查其技术可行性、安全可靠性、经济合理性,并提出审查意见。

③审查屏蔽门/安全门安装的工艺技术规范与合同的要求、有关标准的符合性。

④组装安装单位检查屏蔽门/安全门设备基础是否满足安装要求。

⑤审查屏蔽门/安全门设备安装用机具是否满足安装要求,并保持完好。

⑥检查检测仪器能力范围及校准状态。

⑦检查保证安全生产采取的方法和落实的设施。

⑧向供货商进行监理交底。

⑨督促主要设备、配件的开箱检查和验收。

⑩检查重要过程、关键零部件安装质量。

⑪审核供货商报送的主要设备、零部件开箱记录单。

⑫审核供货商报送的主要原材料、主要设备报审表及质量证明文件和复验报告,如有疑问,可要求供货商进行质量复查。

⑬随时注意检查安装中的不安全因素,发现问题及时督促供货商及有关各方解决。

⑭对安装过程进行监督,按照确定的监造方式对重要部位、重要工序、重要时刻和隐蔽工程进行见证和确认。

⑮协调安装、土建、监理、业主等各单位,对交叉作业的现场,及时督促供货商解决影响安装质量的问题。

⑯检查屏蔽门/安全门安装接口位置和尺寸,协调安装场地和顺序。

⑰参与地方行政主管部门的检查和验收。

⑱审核付款申请报告,核对工程完工清单并确认。

⑲督促屏蔽门/安全门供货商进行设备现场培训、质保期服务。

(4)调试阶段

调试阶段,主要包括以下内容:

①审查供货商提交的屏蔽门/安全门设备调试技术方案和措施(包括屏蔽门/安全门调试所依据的技术标准及验收规范、关键件、关键工序的调试工艺措施),审查其技术可行性、安全可靠性,并提出审查意见。

②审查屏蔽门/安全门设备调试工作的安全措施和安全防范应急措施,审查屏蔽门/安全门设备调试的工艺规范。

③审查供货商报送的主要材料及其质量证明资料。

④向供货商进行调试监理交底。

⑤审核设备调试用机具、设备的装置的有效性和适用性。

⑥督促参与各方做好设备系统调试的准备工作,并跟踪督促检查安装调试单位进行设备调试,已确定设备局部和整体的运行技术参数和性能是否到达用户需求。

⑦对关键零部件、单机和成套设备的调试过程进行见证。

⑧跟踪督促调试过程,检查设备调试中的过程性结果,对调试过程进行检查,对重要部

位、重要工序进行见证。

⑨协调设备调试涉及的工作。

⑩审核设备调试记录。

⑪随时注意检查调试中的不安全因素,发现问题及时督促供货商和有关单位解决。

⑫参与设备工程项目的完工验收,并提出监理单位验收意见。

⑬督促供货商进行现场操作培训。

⑭督促供货商进行设备质保期的服务。

3)监造的流程

监造工作流程如图 5-5-4 所示。

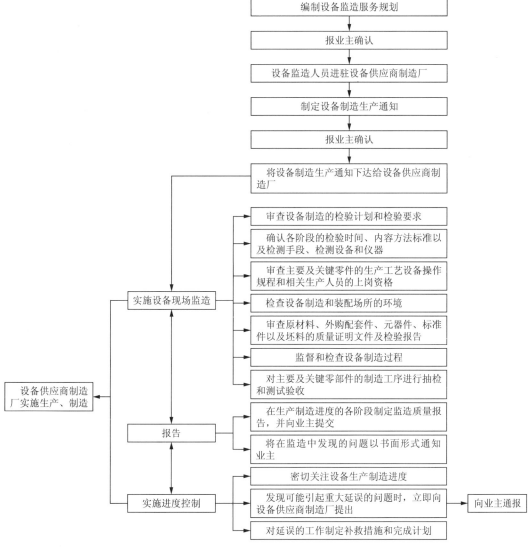

图 5-5-4　监造工作流程图

5.2.2 设备安装、调试及验收

1）设备安装工作流程（图 5-5-5）。

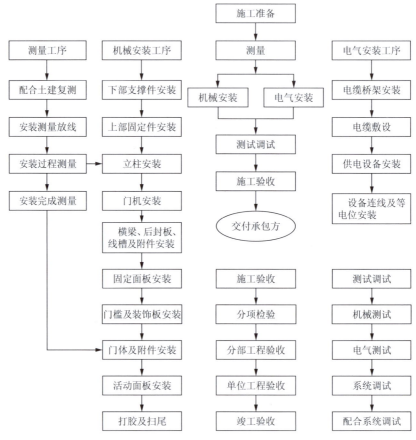

图 5-5-5 设备安装工作流程图

2）设备调试

（1）单机调试（表 5-5-2）

单机调试表　　　　　　　　表 5-5-2

工　序	测试调试内容
通电测试前检测	与图纸的符合性检查
	安全检查
	电缆的检查
	电源的检测
LCB 测试	LCB 的开关门功能测试
障碍物测试	滑动门防夹功能测试
安全回路检测	整侧 EED/滑动门关闭且锁定功能检测
PSL 功能测试	PSL 开关门功能及指示灯测试、互锁解除操作测试

（2）调试流程图

单机调试工作流程如图 5-5-6 所示。

（3）调试步骤

①与车站供电系统的接口调试；

②单元系统调试（机械、电气）；

③整站系统调试；

④与综合监控系统接口调试；

⑤与车辆信号系统的接口调试。

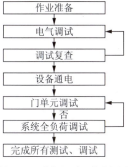

图 5-5-6　单机调试工作流程图

5.3　体会与经验

屏蔽门/安全门所有设备均采用经验成熟、性能先进、结构简单、维修方便、质量稳定、运行可靠、外观美观/大方的产品，整个系统设备完全国产化。硬件设备遵循模块化和冗余设计、方便检修维护和运营管理，软件充分考虑运营安全可靠及可扩展性要求，并具备故障诊断和在线修改调整功能。

在屏蔽门监造过程中，从设计源头把关设备参数、数量，落实设备与装修、供电、轨道等接口，加强集中监造管理，落实结构、玻璃、柜体等关键材料设备监造，以及供应商的动态管理。

屏蔽门/安全门系非标产品，在生产过程中，首先应做好材料控制，材料采购力求总包货比三家，择优选用，把好原材料的入场质量关；降低材料在运输、装卸过程中的损伤，保证材料完好无损地送到施工人员手中。在安装施工过程中，对已完工序采取保护措施，对重要工序进行保护，避免后续其他工序和环境对设备造成破坏。

第 6 章 自动扶梯、电梯

6.1 自动扶梯、电梯设置原则

6.1.1 自动扶梯

（1）自动扶梯台数按远期超高峰小时设计客流量确定，每台自动扶梯汇集的客流量尽量相等。

（2）地下站内通常设 2 台上行扶梯和 1 台下行自动扶梯，高架站通常设 2 台上行自动扶梯。

（3）在可能的情况下出入口均设置上行扶梯，每个地下站在 1～2 个出入口主要出入口设置上下行自动扶梯。

6.1.2 电梯

车站电梯为无机房电梯，车站设计体现无障碍设计原则，每一站台至站厅设置垂直电梯，并尽可能布置于付费区。每个车站应至少有一个出入口设置垂直电梯。垂直电梯的设置位置应方便轮椅车残疾人进、出站，并尽量配置在客流大的出入口，电梯与市政道路间用无障碍通道顺接。

车辆段及停车场内电梯根据功能需要设置，包括货梯和客梯，均采用有机房电梯。

6.2 主要设计原则

6.2.1 自动扶梯

（1）自动扶梯选用公共交通重载型扶梯，其特点是安全、可靠、耐用。

（2）扶梯类型：在车站内选用室内型扶梯；出入口选用室外型扶梯，出入口宜加盖顶棚，但自动扶梯宜按照露天工作条件设计。

（3）荷载条件为：在任何 3h 间隔内，持续重载时间不少于 1h，其荷载应达到 100% 的制动荷载（120kg/梯级），其余 2h 的荷载为 60% 的制动荷载。

（4）为确保乘客安全，要求自动扶梯上、下端部水平梯级数量为上端 4 块、下端 4 块。

（5）自动扶梯进口及出口处应有至扶手端部 2.5m 的疏散区域。

(6)对应扶梯上下支撑点及中间支撑位置,在其上方结构板上应设有扶梯吊钩,方便设备的吊装。

(7)自动扶梯穿过楼板处,沿洞口设置高度不小于1200mm的通透栏杆或透明栏板,洞口边缘或柱子边缘与扶梯扶手带中心线的水平距离小于500mm时必须设三角警示牌,以保证乘客安全。

(8)自动扶梯的梯级踏板上空垂直净空高度不应小于2300mm。

(9)出入口扶梯桁架下水平段端部应加装油水分离器。

(10)扶梯下部机坑内不得积水,优先考虑自流排水,无自流排水条件时,自动扶梯机坑外设集水井,机坑和集水井分开,中间用排水管相连(应设置3~4根),集水井警戒水位高程应低于机坑底面高程100mm以上。集水井内设排水装置,水泵能自动运行,集水井超警戒水位时,车控室有声响信号。出入口扶梯桁架下水平段端部应加装油水分离器,雨水经油水分离器后才流入集水井。

(11)在地下车站,站台至站厅的扶梯桁架下三角形空间宜设计成封闭式房间,扶梯三角房内设照明及排气扇。扶梯变频器、电阻器和动力配电箱可放在三角房内。

(12)车站站台设置的自动扶梯数量和人行楼梯宽度的通过能力,应根据该站远期超高峰小时客流量确定,并满足乘客紧急疏散能力。

(13)车站出入口的提升高度超过6m时,应设上行自动扶梯;超过10m时,上、下行均设自动扶梯。站厅与站台间应设上行自动扶梯,提升高度超过6m或该车站为重要车站时,上、下行均应设自动扶梯。

(14)火灾情况下,对于地下车站,停止下行自动扶梯,上行的自动扶梯可继续向上运转。如疏散通道能力不够,则扶梯在停止后,由工作人员在自动扶梯上、下端用钥匙按需要运行方向重新启动,以疏散乘客。

(15)扶梯布置应避开结构变形缝。

(16)自动扶梯设有可靠电源,参与紧急疏散用的自动扶梯按一级负荷设计,其他自动扶梯则按二级负荷设计。

(17)车控室监视扶梯运行情况:上行、下行、停止状态、就地紧急停止状态、故障报警、出入口集水坑高液位报警和出入口踏板防盗。

6.2.2 电梯

(1)站台至站厅电梯配置在付费区,出入口电梯配置在非付费区,采用无人值班的方式,乘客能自行操纵电梯升降,以减少车站服务人员。

(2)电梯底坑按不渗水设计施工,站内电梯底坑内设排水管,出入口电梯底坑外设集水井,机坑和集水井分开,中间用排水管相连,集水井警戒水位高程应低于机坑底面高程100mm以上。

（3）透明电梯轿厢和井道应采用透明材料制造。

（4）电梯厅门面向集散厅布置，站台层的电梯厅门不应开向轨行区。轿厢内按钮、厅门召唤应有盲文。轿厢壁应有残疾人专用扶栏，轿厢、厅门召唤箱和车控室之间有对讲机。

6.3　设计规范、标准

（1）《地铁设计规范》（GB 50157—2013）；
（2）《自动扶梯和自动控制人行道制造与安装安全规范》（GB 16899—2011）；
（3）《电梯技术条件》（GB 10058—1997）；
（4）《电梯试验方法》（GB 10059—1997）；
（5）《电梯安装验收规范》（GB 10060—2011）；
（6）《电梯制造与安装安全规范》（GB 7588—2003）。

6.4　主要设计参数和技术要求

6.4.1　主要设计参数

1）自动扶梯主要设计参数

额定速度 V=0.65m/s，维修和节能速度 0.1～0.15m/s；

梯级宽度 1000mm；

倾斜角度 30°；

最大输送能力 8190 人/h；

上、下端部水平梯级数量：上端 4 块、下端 4 块。

上、下导轨转弯半径见表 5-6-1。

上、下导轨转弯半径　　　　表 5-6-1

提升高度	≤10m	＞10m
上导轨半径	≥2600mm	≥3600mm
下导轨半径	≥2000mm	≥2000mm

2）电梯的种类及技术参数

（1）车站无机房电梯

电梯种类：客梯或透明客梯。

额定载质量：1000kg。

提升速度：1m/s。

井道与机房尺寸：井道净尺寸 2800mm×2400mm（宽×深）（透明井道）；井道净尺寸 2400mm×2200mm（宽×深）（不透明井道）。

轿厢内尺寸：宽×深×高为 1600mm×1400mm×2300mm。

厅门及轿门：中分两扇密封自动门。

开门尺寸（宽×高）：1000mm×2100mm。

操作方式：集选控制，可实行有/无司机操作。

控制方式：微机控制，有故障自动诊断系统。

驱动方式：永磁同步交流无齿轮曳引机驱动，采用 VVVF 变频、变压、调速。

当电梯相邻两层门地坎间的距离大于 11m 时，其间应设置井道安全门，以确保相邻地坎间的距离不大于 11m；井道安全门高度不得小于 1.8m，宽度不得小于 0.35m。

（2）车辆段及停车场电梯

额定载质量：乘客电梯 1000kg；客货两用梯 1600kg。

提升速度：1m/s。

井道净尺寸（宽×深）：对额定载质量 1000kg 乘客电梯，2400mm×2200mm；对额定载质量 1600kg 客货两用梯，2850mm×2500mm。

轿厢内尺寸（宽×深）：对额定载质量 1000kg 乘客电梯，1600mm×1400mm（宽×深），高度不小于 2300mm；对额定载质量 1600kg 客货两用梯，高度不小于 2300mm，有效面积应符合《电梯制造与安装安全规范》(GB 7588—2003)的要求，最大有效面积应≤3.56m^2。

层门及轿门：中分双扇密封自动门。

客梯：开门尺寸（宽×高）为 1000mm×2100mm。

客货两用电梯：开门尺寸（宽×高）为 1200mm×2100mm。

控制方式：单台集选控制。

电气控制类型：微机控制，有故障自动诊断系统。

速度控制：变频调速。

6.4.2 技术要求

1）工作环境

(1)环境特点：亚热带地区；

(2)环境温度：在 25℃时相对湿度小于 95%；

(3)环境温度：0～40℃；

(4)扶梯、电梯周围无爆炸物存在。

2）自动扶梯

(1)扶梯类型。

①室内梯：车站内；

②室外梯：出入口，能直接承受日晒雨淋。

(2) 电力供应：三相五线，(380±27)V，50Hz。

(3) 中间支承数量（表 5-6-2）。

中间支承数量　　　　表 5-6-2

提升高度	中间支承设置
$H \leqslant 5.5\text{m}$	不设中间支承
$5.5\text{m} < H \leqslant 12\text{m}$	设一组中间支承
$12\text{m} < H \leqslant 15\text{m}$	设两组中间支承
$15\text{m} < H \leqslant 22\text{m}$	设三组中间支承

(4) 工作制度：每天 20h，全年 365 天。

(5) 整机技术性能。

①在额定电压和额定频率下，空载速度和额定速度之间的最大允许偏差 ±5%。

②扶手带与梯级速度允差：0～+2%。

③空载时，梯级地板上方 1m 处噪声≤65dB(A)。

④空载和有载向下运行自动扶梯的制停距离 0.3～1.3m。

⑤整机寿命：40 年；大修周期：20 年。

⑥自动扶梯具有节能运行模式。

(6) 安全装置包括：①供电系统断相、错相保护装置；②电机过载或短路保护；③工作制动器、附加制动器；④超速保护装置；⑤意外逆转保护；⑥梯级链过度伸长或破断保护装置；⑦扶手带断裂保护装置；⑧扶手带速度监控装置；⑨扶手带入口保护；⑩梳齿板安全开关；⑪梯级塌陷保护；⑫梯级（卡入外物或梯级板下弯）运行安全装置；⑬裙板安全保护（卡入外物）；⑭驱动链破断/驱动链过度伸长保护装置；⑮急停开关；⑯接地故障保护。

(7) 主要部件要求（包括电气）。

①驱动主机（减速机、电机、工作制动器）应运行平稳，传动效率高，低噪声，维修工作量小，使用寿命高。

②节能速度：

a. 节能速度由变频器实现，扶梯上无乘客时，扶梯能自动转入节能速度，慢速运行，减少机器磨损。这种运行模式可根据需要方便地切除或联上。

b. 判断有无乘客的传感器设置在扶梯上、下水平段地板内或更合适的位置，以简化扶梯入口处的配置，其作用范围应可调，一般在离梳齿板 1.5m 左右起作用。

③对在出入口工作的扶梯，应有防水措施，如主机上方加不锈钢盖板。

④减速机：效率高、噪声小、传动平稳的齿轮传动。减速机的结构参数与所选用的电机功率相匹配。

⑤电机。

a. 型式：封闭式鼠笼型感应电动机，自带风扇冷却式，滑差不大于 5%。

b. 绝缘等级 F,外壳保护等级不小于 IP54,室外梯不小于 IP55(电机的端子保护等级不小于 IP65)。

c. 功率因数 $\cos\varphi$、效率 η、转速 n、堵转电流/额定电流、堵转转矩/额定转矩、最大转速/额定转速等主要电机参数应满足国际电工委员会(IEC)对封闭式鼠笼型感应电动机的标准要求。

⑥工作制动器。

a. 应全面符合《自动扶梯和自动控制人行道制造与安装安全规范》(GB 16899—2011)中 5.4.2.1 条要求。

b. 应有制动器松闸监测装置,制动器未完全打开时,扶梯不能起动。

⑦驱动链。

a. 在主机与主驱动轴之间可采用链条或齿轮传动,当采用链条传动时,至少用双排链,安全系数≥8。

b. 室外梯驱动链应有防水设计,如设计加链罩。

⑧主驱动轴。

a. 主驱动轴应有足够强度和刚度,各种链轮在轴上的固定应可靠。如采用焊接应作探伤检查。

b. 各链轮均采用优质钢材制造,链轮工作寿命应在 20 年以上。

⑨梯级链张紧装置。梯级链张紧装置采用链轮张紧结构。

⑩扶手带驱动装置。

a. 扶手带在最不利环境条件下能正常工作,不打滑。

b. 结构合理,扶手带弯曲半径不应太小,应调整维修方便,扶手带驱动链安全系数不应小于 5。

c. 扶手带上下端回转部分设回转轮。

⑪桁架。

a. 挠度:不应超过支承水平距离的 1/1500。

b. 表面处理:整体热镀锌,包括焊在上面的机器底座和桁架底板及导轨支承件,镀层厚度 80μm,具有 40 年以上防锈寿命。对方型钢材,应保证型钢内部也能镀上锌层。

c. 桁架上下水平段的底部封以 5~6mm 厚的钢板,在下水平段底部开有排水孔。在倾斜段的底部焊钢板密封。露天梯排水孔应设油水分离器。

d. 桁架设计应考虑外包板的安装。在安装外包板时,不允许在安装现场在桁架上加焊任何构件。

⑫室外梯上下地板应装设专用锁,能可靠防止非工作人员进入机房。

⑬梯级链与梯级链滚轮。

a. 当乘客荷载取 5000N/m²,梯级链的安全系数不能小于 8。销轴比压不能大于 25N/mm²。链条的链片应用优质钢制造。

b. 梯级链滚轮应外置。

⑭导轨与支架。

a. 导轨的刚性要好,表面光滑,上、下导轨的曲率半径应满足要求。

b. 导轨工作面可采用镀锌或防锈油,但应保证扶梯停运 6 个月以上时,扶梯表面无锈迹;非工作面可采取热喷锌、富锌漆或其他许可的防锈措施。

c. 扶梯上端应设卸载导轨,提升高度大于 10m 时,上部返回处也应设卸载导轨,卸载导轨宜采用非金属材料,且便于调节。

d. 导轨支架应有足够的强度和刚度,表面热镀锌。

⑮扶手带与扶手带导轨系统。

a. 扶手带破断力不小于 25000N,表面硬度应合理,黑色。滑动层(内衬)应采用合成纤维。

b. 室外扶梯的扶手带,在雨天直接淋雨应能正常工作,并能抗阳光暴晒。

c. 扶手带应阻燃。

d. 扶手带应有去静电装置。

e. 扶手带导轮应采用耐腐蚀材料制造(如挤压铝型材等),工作表面覆以低摩擦材料,对室外梯应采用不锈钢制作。

f. 在上、下端转弯处应有导轮,在上曲线段应有滚柱。

⑯室外梯应有特别的防水、防尘设计,保证扶梯在全露天条件下能全天候安全可靠工作。

⑰自动润滑系统:自动润滑系统采用双油路。

⑱控制系统、控制柜及电气开关。

a. 采用微机控制。

b. 控制柜全部电气元件应符合《自动扶梯和自动控制人行道制造与安装安全规范》(GB 16899—2011)要求。

c. 能向 BAS 发出信号。

d. 控制柜内留有与车站控制室应急停止开关的接口。

e. 控制柜柜体外壳保护等级:室外梯不小于 IP55;室内梯不小于 IP43。

f. 控制柜应散热良好,以保证微机系统及变频器正常工作。电子器件的平均无故障工作时间不小于 5 万 h。

g. 安全开关、钥匙开关、停止按钮、插座等电气件的外壳保护等级应满足室内梯、室外梯相应的环境条件,室内梯不小于 IP43,室外梯不小于 IP65。

3)电梯

(1)供电要求

三相五线,(380±27)V,50Hz。

(2)工作制度

每天工作 20h,全年 365 天连续工作,每小时平均起动次数不小于 120 次。

(3）整机技术性能

①额定载重范围内轿厢的上下行速度与额定速度的偏差不应大于±5%。

②平层精确度±5mm。

③运行中轿厢内噪声≤55dB（A）。

开关门过程噪声≤65dB（A）。

井道噪声≤75dB（A）。

(4）安全装置种类

电梯除具备《电梯制造与安装安全规范》（GB 7588—2003）规定的安全装置外，还应有如下安全保护功能：

①应急电源：当电梯在运行中发生电源被切断或中途停电故障时，应自动启动应急照明，应急照明照度不低于5lx，应急时间不低于30min。

②超载保护和满载直驶：轿厢超载时电梯不能起动，并在轿厢操纵箱上以声光信号警示；当轿厢以满载运行时，不应答层门信号。

③五方通话：可实现轿厢内、轿顶、底坑、顶层控制柜和车站控制室五方通话。

④警铃：分别设置轿厢内警铃和井道内警铃。

(5）主要部件的要求（包括电气）

①轿厢。

a. 电梯的轿厢设计四壁应美观。轿厢内为残疾人设置扶手栏杆，栏杆用扁形不锈钢制作，沿厢壁三面设置。

b. 在轿门一侧及轿厢一侧各设1个操纵箱，操纵箱上设有警铃按钮和对讲机以及其他各种按钮，均应适应残疾人使用（包括轮椅和盲人，盲文应符合有关规定）。

②井道。

a. 无机房电梯的井道分为透明井道、不透明井道等两种类型。

b. 透明安全玻璃井道由无机房电梯供货厂家负责供货安装，钢筋混凝土井道由土建专业完成。

③轿门、厅门。

透明型电梯的轿门和厅门采用门体透明材料，门框不锈钢制造。

有机房电梯门体、门框采用不锈钢制造。

6.5 运营模式

扶梯由专人管理，管理人员在确认扶梯上无人时才能启动或关停。上、下行扶梯上部均安装监视视频。

室外梯，当关停扶梯时，应检查扶梯上下地板的锁闭机构是否已锁闭。

火灾情况下,对于地下车站,停止下行的站内自动扶梯,上行的站内自动扶梯可继续向上运转。

火灾情况下,电梯接收到 FAS 的火灾指令后,自动运行到基站(地下车站付费区电梯的基站在站厅层,出入口的基站在地面层)。电梯开门放人后停止运行。

6.6　设备监造、安装、调试及验收

贵阳轨道交通 1 号线全线共计 77 台垂直电梯、222 台自动扶梯。

6.6.1　监造形式、任务和工作方法

设备监造方式分为停工待检(H 点)、现场见证(W 点)、文件见证(R 点)三种。停工待检项目必须有监造服务商参加,现场检验并签证后,才能转入下道工序。现场见证项目应有监造服务商人员在场。文字见证项目由监造服务商人员查阅制造厂的检验、试验记录。

设备监造的主要任务是按合同确定的设备质量监造要求,在制造过程中监督检查合同产品是否符合 ISO 9000(质量保证体系)系列标准及各专业技术标准的要求。

根据设备监造的管理经验,把样机试验和设备接口试验中可能出现的问题解决在设备投入正式生产之前,应在设计联络过程中解决为宜。

在设备的第一次设计联络会议中,确定样机试验和接口试验的项目。在第一次设计联络会之后,由相关供货商根据合同和监造服务商制定的文件要求以及设计联络会议确定的内容,向委托方、监造服务商和设计单位提交详细的样机试验和接口试验项目、试验内容、试验标准、试验设备、计划安排等,经监造服务商和设计单位审核,报委托方批准后,予以安排实施。样机试验和接口试验(不包括设备联调)应在最后一次设计联络会议之前结束。

样机试验和接口试验依据事先拟定的方案,根据不同设备的试验要求,采用文件见证(R 点)或现场见证(W 点)方式。

需要现场见证的试验项目,应在设备监造人员和设计单位共同的现场监控下进行,对试验结果进行认真评估,将试验结果书面报告委托方。对样机试验和接口试验的不合格项,由监造服务商组织供货商和设计单位进行分析,查找原因,逐项进行解决。

设备监造从样机试制和试验开始,直到设备出厂试验结束。

设备生产监造的地点一般在设备制造厂的生产现场,试验过程监督地点在一般在设备制造厂的试验现场,与其他设备的接口样机试验监督地点在主试验设备供货商的试验室,需要委托第三方试验的监督地点在第三方试验场地。

6.6.2 监造的依据和流程

1) 监造的依据

(1)《贵阳轨道交通 1 号线车站设备监造服务合同》。

(2)《贵阳轨道交通 1 号线车站设备监造工程项目监造服务规划》。

(3)《贵阳轨道交通 1 号线工程车站设备监造服务总则》。

(4) 业主与供货商签订的设备采购合同。

(5) 业主用户需求书。

(6) 经业主批准的设计文件和设计联络会议确定的有关内容。

(7) 国家、行业等相关规范、标准。

2) 监造的流程

监造流程如图 5-6-1 所示。

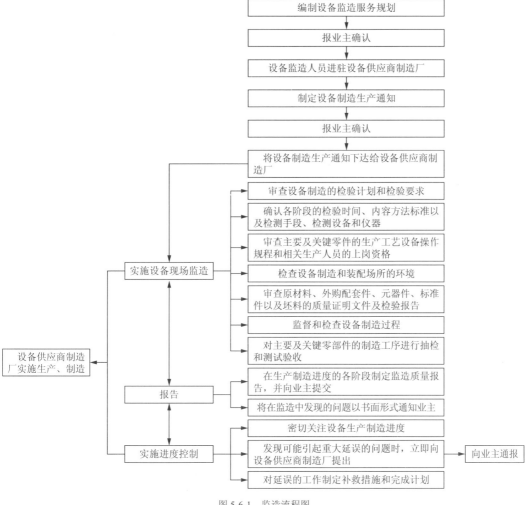

图 5-6-1 监造流程图

6.6.3 监造工作内容及措施

1）监造工作内容

（1）原材料及外购件

进厂原材料/设备及外购件必须有产品的质量合格证、检查或试验报告，并达到相关标准和要求。

（2）主要部件

①自动扶梯。

桁架钢结构件、驱动主机、电机、驱动装置制动器（工作制动器）、主驱动轴、紧急制动器（附加制动器）、梯级链张紧装置（张紧车）、导轨系统、梯级链、梯级、梯级轮、扶手带、扶手带驱动和导向装置、梳齿和梳齿板、控制柜、安全装置、电机安全保护装置、漏电保护装置、控制电路等符合用户及设计要求，重要部件及结构通过形式试验/首件检验，并取得试验、检验报告。

②电梯。

导轨和附件、曳引机、制动器、滚轮或滑动导向装置、曳引绳轮、曳引绳、电梯门锁、安全钳、限速器、缓冲器、安全开关和装置、超载装置、极限开关、钢丝绳松弛安全装置、层站门套、辅助开关柜、紧急警报按钮、随行电缆、井道照明、底坑开关和设施、通话机系统、闭路电视摄像机系统、控制柜、火灾报警信号响应操作、玻璃电梯井道、层站显示器、对重及对重屏挡、井道安全门等符合用户及设计要求，重要部件及结构通过型式试验/首件检验，并取得试验、检验报告。

2）监造措施

（1）准备阶段的监造措施

①组织召开设计联络会，设计联络安排，见表5-6-3。

②审查供货商质保体系、管理体系、安保措施。

③审查供货商生产资质、试验和检查人员资质，特种焊接人员资质及上岗证。

④审查货商所采用的工艺文件的完整性和有效性进行。

⑤审查供货商所采用的工装设备、试验方法。

⑥审查供货商外包的资质。

⑦审查供货商检验所采用的加工设备的能力。

⑧审查供货商检测仪器、仪表、试验设备。

⑨审查供货商检测、试验大纲。

（2）制造阶段的监造措施

①抽查供货商采购的主要原材料和关键外购件的质量，见证合格证、检测试验报告。

②巡视检查供货商的主要零部件加工、组装的关键工序。

③现场见证供货商的总装全过程，抽查装配质量。

④抽查供货商的程序、过程、文件编制及原始记录。

⑤跟踪检查供货商的生产进度计划，检查和督促进度计划的实施，核批修正计划。

⑥抽查供货商的阶段性生产计划及实施措施完成情况。

⑦参加分包商提供的主要部件的开箱检查与确认内容,检查部件外观质量,确定数量、规格、合格证、技术资料(包括出厂检验/或试验报告)。

⑧见证检验和试验原始记录和(或)放行记录。

⑨检查不合格零部件控制、验证不合格处置结果和纠正措施。

⑩参与设计变更。

⑪参与质量事故的处理。

⑫发出停工和复工指令。

⑬现场见证特殊加工过程(重要部件的焊接、探伤)。

设计联络安排　　　　　　　　　　　表 5-6-3

第一次设计联络	
会议地点	贵阳
会议目的	买卖双方互提基础资料;确认系统和设备功能和技术参数;卖方介绍工厂及设备生产加工工艺等情况,买方介绍设备应用的现场情况等
会议内容	1. 买方的工作 提供工程概况、机电系统的构成、设备运行方式和系统运行参数等资料; 提供项目管理要求、图纸文件管理程序等。 2. 卖方的工作 提供设备功能、技术方案和主要技术参数; 讨论确定技术方案、讨论澄清接口问题
第二次设计联络	
会议地点	工厂
会议目的	图纸审查及确认;技术讨论、接口澄清;解决第一次设计联络遗留问题;考察工装设备、工艺流程、试验检验设备等
会议内容	1. 买方的工作 确认最终图纸技术文件; 审核试验大纲。 2. 卖方的工作 提供技术文件; 讨论确定接口文件。 3. 双方讨论设备监造、出厂试验、工厂验收及培训等事宜
第三次设计联络	
会议地点	工厂
会议目的	确定最终设备设计文件;确定工厂和现场试验内容;讨论供货、培训等事宜
会议内容	澄清第二次设计联络的遗留问题; 确认所有图纸文件; 讨论设备试验、出厂试验、供货及培训等事宜

(3)设备储运阶段的监造措施

①审查设备储运方案,包括审查设备包装、仓储、防腐保养、吊装、运输方式、发运顺序,审查超限设备的运输方案。

②审查大型部件如机架运输安全方案。

③审查运输计划,检查大型机架的运输安排,包括运输前的准备、运输时间、人员组织。

④检查设备包装盒发运前状态,包括设备包装、防潮、防震,玻璃防污染措施、设备中心吊装点、收发货标记。

⑤检查设备储存条件,包括检查待检设备、检验合格入库设备、检查不合格设备存储条件和标示,检查设备等待发货时存储条件和标示,检查设备抵运安装现场后存放条件和标示,定期检查设备防腐保养情况。

⑥检查合同规定的备品备件,技术文件及随机附件。

(4)设备安装阶段的监造措施

①审查电梯/自动扶梯安装所依据的技术标准、工艺标准及验收规范。

②审查供货商制定的电梯/自动扶梯设备安装技术方案和安装措施,包括重点部位、关键工序的安装工艺措施,审查其技术可行性、安全可靠性、经济合理性,并提出审查意见。

③审查电梯/自动扶梯安装的工艺技术规范与合同的要求、有关标准的符合性。

④组装安装单位检查电梯/自动扶梯设备基础是否满足安装要求。

⑤审查电梯/自动扶梯设备安装用机具是否满足安装要求,并保持完好。

⑥检查检测仪器能力范围及校准状态。

⑦检查保证安全生产采取的方法和落实的设施。

⑧向供货商进行监理交底。

⑨督促主要设备、配件的开箱检查和验收。

⑩检查重要过程、关键零部件安装质量。

⑪审核供货商报送的主要设备、零部件开箱记录单。

⑫审核供货商报送的主要原材料、主要设备报审表及质量证明文件和复验报告,如有疑问,可要求供货商进行质量复查。

⑬随时注意检查安装中的不安全因素,发现问题及时督促供货商及有关各方解决。

⑭对安装过程进行监督,按照确定的监造方式对重要部位、重要工序、重要时刻和隐蔽工程进行见证和确认。

⑮协调安装、土建、监理、业主等各单位,对交叉作业的现场,及时督促供货商解决影响安装质量的问题。

⑯检查电梯/自动扶梯安装接口位置和尺寸,协调安装场地和顺序。

⑰参与地方行政主管部门的检查和验收。

⑱审核付款申请报告,核对工程完工清单并确认。

⑲督促电梯/自动扶梯供货商进行设备现场培训、质保期服务。

(5)调试试验阶段的监造措施

①审查供货商提交的电梯/自动扶梯设备调试技术方案和措施(包括电梯/自动扶梯调试所依据的技术标准及验收规范、关键件、关键工序的调试工艺措施),审查其技术可行性、安全可靠性,并提出审查意见。

②审查电梯/自动扶梯设备调试工作的安全措施和安全防范应急措施,审查电梯/自动扶梯设备调试的工艺规范。

③审查供货商报送的主要材料及其质量证明资料。
④向供货商进行调试监理交底。
⑤审核设备调试用机具、设备的装置的有效性和适用性。
⑥督促参与各方做好设备系统调试的准备工作,并跟踪督促检查安装调试单位进行设备调试,已确定设备局部和整体的运行技术参数和性能是否到达用户需求。
⑦对关键零部件、单机和成套设备的调试过程进行见证。
⑧跟踪督促调试过程,检查设备调试中的过程性结果,对调试过程进行检查,对重要部位、重要工序进行见证。
⑨协调设备调试涉及的工作。
⑩审核设备调试记录。
⑪随时注意检查调试中的不安全因素,发现问题及时督促供货商和有关各方解决。
⑫参与设备工程项目的完工验收,并提出监理验收意见。
⑬督促供货商进行现场操作培训。
⑭督促供货商进行设备质保期的服务。

(6)进度控制措施
①检查制造厂家排产计划。
②电梯/自动扶梯开始制造后,制造厂家必须在每月开始的三天内,向买方提供上月详细进度报告和下月计划。
③对生产进度计划进行跟踪检查,及时进行进度分析,提出进度计划调整的建议,发现有导致工期延误的关键工序,提请厂家采取措施弥补,如工厂措施不力、难以保证工期需要,则要及时报告业主。
④实时了解掌握土建施工进展、安装条件情况,根据现场安装条件确认产品到货时间。
⑤参与审查设备工程项目的概算和预算。
⑥审查资金使用计划。
⑦审核已完工工作量。
⑧签发付款证书。
⑨审核完工结算。
⑩协助业主处理变更中有关费用事项。
⑪协助业主处理费用索赔事项。

3)发货前检查
设备储运和进货验收是一个非常关键的环节,它不仅涉及设备的数量、型号完好性是否符合订单要求,也涉及及时、合理地索赔等商务问题。
(1)监造人员审查设备的储运方案,包括审查设备包装、仓储、防腐保养、吊装、运输方式、运输定位设计、发运顺序等,审查超限设备的运输方案,审查大型设备解体运输方案等。
(2)审查运输计划,检查大型关键设备的运输安排,包括运输前的准备工作、运输时间、人员组织安排等。

(3) 检查设备装箱和发运前状态,包括设备包装、防潮、防震、防污染措施、设备重心吊装点、收发货标记、随机资料和附件及包装等。

(4) 检查设备的储存条件、包括检查待检设备、检验合格入库设备、检验不合格设备等存放条件和标识;检查设备等待发货时存放条件和标识;检查设备运抵安装现场后存放条件和标识;定期检查设备防腐保养情况。

(5) 采取适当方式检查设备运输的环境条件、运输工具、特殊技术措施、装卸情况、安全措施等。

(6) 开箱检货时首先检查外表,初步了解设备的完整程度,清点零部件及备品是否齐全,型号是否符合,并应与箱号相对应。

(7) 对所有的设备、零部件、备品设备,对其中重要的经常使用的手册、说明书应建议厂方尽快组织翻译;开箱时必须使用专用的起钉器及撬杠,禁止乱拆乱毁,以免损伤设备。同时要保持清洁,以免设备遭受污染。

(8) 开箱前后应对外包装、内部设备进行拍照,尤其是对有损坏的部位,除拍照外还应做好详细记录;开箱时各相关方代表应同时在现场,并对最后的开箱结果进行签认。

4) 货物的运输

(1) 督促设备单位提交发货工作联系单,提前 48h 通知办理设备移交。

(2) 审查设备储运方案,包括审查设备包装、仓储、防腐保养、吊装、运输方式、发运顺序,审查超限设备的运输方案。

(3) 审查大型部件如机架运输安全方案。

(4) 审查运输计划,检查大型机架的运输安排,包括运输前的准备、运输时间、人员组织。

(5) 检查设备包装盒发运前状态,包括设备包装、防潮、防震、玻璃防污染措施、设备中心吊装点、收发货标记。

(6) 检查设备储存条件,包括检查待检设备、检验合格入库设备、检查不合格设备存储条件和标示,检查设备等待发货时存储条件和标示,检查设备抵运安装现场后存放条件和标示,定期检查设备防腐保养情况。

(7) 检查合同规定的备品备件,技术文件及随机附件。

6.7 经验和教训

6.7.1 设计与施工中存在问题

1) 扶梯和土建的接口处理

三角机房的设置

站内电梯通常都设置有三角机房,三角机房内部可以放置扶梯配电箱以及扶梯控制柜

设计前期中应明确三角机房的配置要求,对其他专业提供:

(1)对土建专业:三角机房的墙体定位应考虑装修厚度,确保装修完成面与扶梯外包板平齐,不应外凸;门应采用外开门。

(2)对系统专业:三角机房需设置排气扇、火灾报警装置,设置一个供检修用的电源插座,其他无关的管线不应穿越三角机房。

(3)对施工的要求:三角房的砌筑应在扶梯安装就位后完成,且墙体不应与扶梯桁架下部密贴,以确保扶梯正常范围内的变形。

扶梯吊钩及预埋件的设置

虽然不同扶梯厂的设备尺寸不一致,本工程根据各大扶梯品牌的设备情况采取包容性设计,对扶梯顶部吊钩及设备上下支撑点的预埋钢板设置进行了统一要求。在本工程的施工中,由于扶梯吊钩经常施工遗漏(图5-6-2)、预埋钢板高程未与施工图纸一致(图5-6-3),导致扶梯安装就位不便,因此,应在施工前的技术交底中对施工单位着重强调扶梯吊钩及预埋件施工的注意事项,以方便扶梯安装。

图5-6-2　遗漏后补的扶梯吊钩

图5-6-3　表面凹凸不平的扶梯支撑钢板

2)换乘站预留节点部分电梯的处理

贵阳轨道交通1号线24座车站中共有5座换乘站,其中节点换乘站北京路站的换乘节点土建一次实施到位,而其他设施后期再施工,使得设置在换乘节点处的电梯仅能开通两层,从土建和设备的设计上来说均不存在问题,但是由于近期没有设置到节点下部的通道,给电梯的验收带来麻烦,因此应预留进入地下三层节点处的通路。

3)超过11m电梯的中间疏散口设置问题

根据规范要求,当电梯层门之间距离超过11m,应增设井道安全门。贵阳轨道交通1号线部分车站埋深比较深,其中诚信路站、中山路站、人民广场站、沙冲路站、望城坡站出入口电梯提升高度均超过11m左右,均设置井道安全门。考虑到乘坐无障碍电梯的一般都是老弱病残孕人士,在紧急情况下,如果救援人员采用背负救援,垂直攀登钢爬梯的方式难度很大,所以1号线的电梯井道安全门外均设置了土建井道楼梯向上出地面或向下到达站厅,便于安全快捷地救援电梯内被困人员。

6.7.2 经验总结

1）设计联络是确保质量的关键

贵阳轨道交通1号线电扶梯系统的设计联络会议是组织得比较好的一个项目，整个设计阶段共召开过6次设计联络会，在会议中主要确定了电扶梯的有关设计参数，对合同中的具体条款进行了讨论，并组织的样梯的试验及验收，为设备的安全性提供切实的保障。

2）玻璃井道的设计与施工

由于1号线透明电梯井道不是电梯厂家施工，而是钢结构承包商负责，由于电梯设备对电梯井道有特殊要求，由设计单位和施工单位分别建设，接口处理较为困难，同时电梯井道作为整个装修标段较小的一部分，施工单位对该工程的重视程度不够，对井道的质量以及与电梯的协调性有一定的影响，因此，在今后的工程中，应该将电梯井道和电梯作为一体进行设计及施工，由于电梯厂家都有长期合作的钢结构及玻璃制造公司，更容易控制电梯安装的进度和质量。

3）室外土建电梯井道

根据深圳、广州地铁出入口玻璃井道电梯在炎热的季节容易出现停机的情况，虽然贵阳夏季比较凉爽，但是在太阳直射的室外地面仍然会达到40℃以上，因此考虑到为保证无障碍电梯在夏季的正常运行，车站站外电梯一般情况下均采用钢筋混凝土井道。

第 7 章 自动售检票系统

7.1 工程概况

贵阳轨道交通 1 号线工程配备自动售检票系统，系统涵盖 1 座控制中心、1 座车辆段、25 座车站的自动售检票系统。清分中心系统（ACC）与 1 号线工程同期建设，设于 1 号线控制中心；ACC 异地容灾系统设在 1 号线车辆段综合楼。系统采用目前世界上最先进的非接触式 IC 卡技术和计算机管理技术，能够向乘客提供从售票、充值到检票、验票的全自动化服务，并为地铁运营管理提供票务信息、设备状态信息的自动监测、采集、存储、分析、查询等功能。

7.1.1 自动售检票系统主要技术特点

（1）贵阳轨道交通 AFC 系统采用五层架构，ACC 系统与 1 号线线路 AFC 系统同期建设。ACC 系统作为贵阳轨道交通线网 AFC 系统最上层管理中心，它在整个 AFC 系统网络中扮演着非常重要的角色，承担线网票务管理中心、清分清算中心、车票管理中心、技术标准及规则制定中心，同时也承担整个系统数据统计分析及发布功能。

（2）系统满足国家关于信息系统安全等级保护的相关规定，ACC 系统的信息安全等级按三级设计，1 号线 AFC 系统的信息安全等级按二级设计。

（3）单程票采用薄卡型，储值票采用 CPU 卡，均采用非接触式 IC 卡技术，兼容 ISO 14443 TYPE A、TYPE B 标准，不仅与贵阳市后续线路票卡兼容，而且预留贵阳市城市一卡通的接入条件。

（4）AFC 系统现场终端设备的设置方案与建筑、装修、车站安检设备等紧密结合，在满足功能的条件下，设备外形、颜色都与建筑融为一体，达到整体美观、协调，使站厅显得更加简单整洁、宽敞明亮；终端设备布置与客流流线相适应，极大提高了进出站旅客的舒适感、方便性和快捷程度。

（5）支持移动支付方式（银行卡、手机、互联网），减少现金使用，提高运行效率，降低工程造价，减低运营工作量。

（6）采用触摸屏终端设备，界面美观，操作方便。

（7）结合 ACC 系统及 1 号线 AFC 系统的工程实施经验，完成《贵阳市轨道交通线网 AFC 技术标准》的编制，统一贵阳轨道交通 AFC 系统内、外部接口标准，统一全线网票制，方便乘客和促进贵阳市轨道交通 AFC 系统建设事业的发展。

7.1.2 自动售检票系统主要技术特性

(1)ACC 系统硬件能力满足轨道交通 4 条线路,260 座车站的接入及清分要求,满足每日 300 万人次进站客流的清分要求。

系统软件能力满足轨道交通远期规划 9 条线路,每日进站客流 600 万人次,500 座车站数的需求。

(2)线路 AFC 系统正常的监控能力、数据处理能力应满足远期贵阳轨道交通 1 号线全线各自正常运营控制要求,并考虑系统(包括通信接口)预留 40% 的余量。

在离线状态下,车站计算机系统、车站终端设备必须具备对关键运营数据和设备运行数据保留不少于 30 天存储能力。

(3)车站客流完成检票出站的时间≤120s。

(4)运营结束报表处理时间≤1h。

7.1.3 工程执行重点阶段简介

贵阳轨道交通 1 号线工程分为首通段和后通段两期建设。其中,首通段于 2017 年 6 月 28 日开通试运行,全线计划于 2018 年开通试运营。

贵阳轨道交通 1 号线工程 AFC 系统及 ACC 系统于 2012 年完成初步设计,2015 年 9 月完成用户需求书和招标文件,经过设计联络,2016 年 12 月完成首通段工程施工图设计,2017 年 6 月完成后通段工程施工图设计。

初步设计阶段:主要完成系统功能的选择、系统构成方案、技术方案说明和比选、设备选型、系统国产化原则、运营模式的选择、与其他专业的接口划分方案以及投资概算。

用户需求书和招标阶段:在初步设计的基础上,结合业主对系统功能的需求和运营模式的选择,完成用户需求书编制工作。在用户需求书编制过程中,提出满足运营的功能、系统的构成、工程实施范围和项目管理等要求,技术澄清及合同谈判等。

设计联络阶段:本项工程的设计联络共分三次,第一次设计联络会确定了售检票设备尺寸及安装要求,确认了系统设备的性能指标、定制设备(如手持验票机)的开发计划、接口实施计划表等,并提出了下次设计联络需解决的问题(如运营小车方案、设备外观、颜色等)。第二次设计联络会审议了中央计算机性能提升方案、运营小车设计方案、手持验票机方案、AFC 设备样机测试大纲、触摸屏选型方案、清分方案、设备人机界面方案等。第三次设计联络会对系统设备最终设计方案、交货及安装调试计划、国产及进口部件清单、样机测试计划、内外部接口等进行了审议。

施工图设计阶段:主要完成设备及管线平面布置图、系统设备安装图、系统网络接线图、系统供电接线图等。

配合施工阶段:对施工单位进行详细技术交底,在施工过程中,解决施工中遇到的技术、调试和安装协调问题。

7.2 主要实现功能

7.2.1 售检票服务功能

正常情况下,对乘客的售票、充值、检票、验票等服务均采用自动方式,乘客自助操作自动售票机、自动检票机等,不需要运营人员人工干预。只有在乘客求助、设备故障、更换钱箱、票箱以及紧急疏散等特殊情况下,才需要运营人员的参与。所有售检票设备都具有联机和独立工作、存储功能、通信功能、自我诊断和恢复功能。系统具有紧急疏散功能,在火灾等需要紧急疏散的情况下,检票通道作为紧急疏散通道使用,系统可以自动打开检票通道,保证疏散通道畅通。

7.2.2 运营及监控管理功能

系统采用计算机网络对售检票设备进行控制和管理,计算机系统能够对票务、客流信息和设备状态信息进行采集、存储、统计、传输和打印,运营人员也可以通过计算机系统向售检票设备发送指令和参数,从而满足运营需要。系统具有设备监控、客流监控、黑名单管理、财务管理、维护管理、网络管理、日志管理、报表管理等完善的运营管理功能。控制中心 AFC 系统主要功能有票务管理、密钥管理、运营管理、通信管理、清算管理、设备管理、设备监控、决策支持、维护管理。车站 AFC 系统主要功能包括本站的票务管理、运营管理、通信管理、设备监控、维护管理。

7.2.3 培训及模拟测试功能

自动售检票系统中配备了培训系统和模拟测试系统。其中,AFC 培训系统用于对系统管理人员、操作人员和维修人员进行业务培训。培训系统主要包括培训服务器、工作站、打印机、车站计算机系统和车站售检票终端设备等。

AFC 模拟测试系统用于对 AFC 系统对接、软件更新、重要系统参数的修改、新增设备的模拟测试和维修设备的模拟测试。模拟测试系统可与清分中心模拟系统测试服务器连接,构成完整的模拟试验环境。

7.3 主要系统构成

AFC 系统主要由 ACC 系统、线路中央计算机系统、车站计算机系统、自动售检票终端设备、车票、培训系统、维修系统、模拟测试系统等组成。ACC 系统及线路中央计算机系统设在 1、2 号线共用控制中心,培训系统、维修系统、模拟测试系统设在车辆段,每座车站设计算机,售检票设备通过网络接入计算机系统。

7.3.1 ACC 系统

ACC 系统完成贵阳轨道交通线网内各线路之间一票换乘、统一清分、统一发行车票和管理、联网收费、统一 AFC 系统运营参数管理,完成轨道交通与贵阳市城市一卡通之间的清算与对账,预留与银联、移动支付以及未来的其他系统的清算条件。

ACC 系统硬件采用高性能 IBM 小型机服务器,并采用双机集群方式进行冗余,设备软、硬件及系统容量能满足 9 条线路 600 万人次客流容量规模的设计要求。

7.3.2 线路中央计算机系统

线路中央计算机系统作为 1 号线自动售检票系统的核心,采用高性能 IBM 小型机服务器,并采用双机集群方式进行冗余,以确保系统可靠性。中央计算机配备磁盘阵列和磁带库,磁盘阵列能够存储 2 年的历史数据,超过两年的数据存入磁带库。中央计算机系统具备与轨道交通清分中心以及其他外部系统的接口。

7.3.3 车站计算机系统

每个车站设 1 套车站计算机系统,包括车站计算机、管理工作站、票务工作站、紧急按钮、网络设备、UPS 电源设备(由弱电综合 UPS 提供)和打印机等。

7.3.4 系统网络

系统网络分为中央网络和车站网络,网络软件选用通用、先进、符合多种网络协议、开放、可扩展的产品。

7.3.5 售检票终端设备

系统为车站配备了自动售票机、自动检票机、半自动售票机、便携式验票机等设备,用于完成自动售检票服务。系统在控制中心还配备了编码分拣机、个性化票卡印刷设备等,为轨道交通提供制票服务。

7.4 工程实施与初设的技术差异

7.4.1 清分中心系统方案

(1) 初设阶段:1 号线 AFC 系统线路中心设置临时清分系统方案,实现与贵阳市城市一卡通系统及 2 号线 AFC 系统的清分功能;远期待清分中心系统建成后进行过渡倒接,构筑完整的 AFC 系统五层架构。

(2) 实施阶段:清分中心系统与 1 号线 AFC 系统同期实施,同期开通,减少了系统过渡倒接工程量,节约了投资,降低了工程实施难度。

7.4.2 线路中央计算机系统

在初步设计基础上,根据客流变化,对线路中央计算机系统的配置及容量进行了优化,以提高系统的可靠性和可用性。比如客流处理能力提升为 600 万人次 /d,磁盘阵列容量由存储 1 年的数据调整为存储 2 年的数据。

7.4.3 终端设备数量

(1) 初步设计阶段:按照客流数据及终端设备配置原则计算得出,较为理论化。

(2) 实施阶段:根据建设实际情况,对部分车站终端设备数量进行了调整,例如考虑到贵阳北站与铁路火车站换乘,增设了部分终端设备,减轻了 AFC 系统压力,提升了乘客便携性。

7.4.4 移动支付功能

(1) 初设阶段:未考虑移动支付功能,现金购票造成运营盘点工作量大、现金流处理的运营人力成本高;乘客站厅购票,因售票机处理速度有限,会造成站点客流拥堵,造成排队问题,增加运营安全隐患。

(2) 实施阶段:结合移动支付技术的发展及国内外相关应用案例的经验,支持移动支付功能,可减小现金流通,提高通行率,有效解决零钱和排队问题,提高了系统效率,减轻了运营压力和成本。

7.5 主要技术特点和创新

贵阳轨道交通 1 号线自动售检票系统采用了多项达到国际、国内先进水平的新技术、新

第五篇　车辆及机电设备

图 5-7-1　云购票机实物图

设备和设计理念。

（1）随着电子支付技术的发展，手机支付技术已经进入实用阶段。虽然目前轨道交通已经能够使用地铁储值票和城市一卡通，但随着人们钱包中卡片越来越多，过多的卡片显然不方便使用。而随着移动电话的普及，移动电话的增值服务正越来越多地进入人们的生活，特别是年轻人更是成为移动新业务的时尚追随者。贵阳轨道交通 1 号线 AFC 系统设计时预留了手机支付的相关接口（图 5-7-1），这样不仅可以减少自动售票机的业务压力，也为乘客带来了实实在在的方便。

（2）车站交换机选用工业以太网交换机，环形网络架构，技术上具有明显的优势，简化了系统布置的要求，并提高了系统扩展的方便性。同时，环形组网方式可以根据不同需要选择不同的配置，支持带电热插拔，方便在线维护，大大降低了成本，见图 5-7-2。

图 5-7-2　环形网络架构图

（3）自动检票机选用剪式门，剪式门检票机可使乘客无障碍通行，速度较快，方便灵活，便于携带大量行李和推婴儿车、轮椅的乘客通过，服务质量较高。同时，剪式门检票机更能体现以人为本的服务理念，代表了检票机的发展方向，进一步提升了贵阳旅游城市形象，见图 5-7-3。

（4）使用新型线槽、分线盒制作安装工艺，提高了线槽防水能力。

轨道交通自动售检票系统线槽由于安装在站厅地面混凝土装修层内，技术要求防水能够做到 IPX7，但已经实施的很多线路地铁站的 AFC 地面线槽内经常渗漏滴水、浸水，轻则造成强、弱电干扰，重则造成漏电现象，严重影响人员乘客安全。长期以来地铁的地面线槽防水问题一直未能解决，传统地铁工程 AFC 线槽之间、分向盒与线槽之间、线槽与出线口之间采用车站安装现场焊接工艺，由于车站施工现场条件恶劣，焊接角度受限，线槽的下侧面往往无法牢靠焊接,而贵阳轨道交通 1 号线工程自动售检票系统线槽、分向盒在生产工厂成品化焊接生产,以保障焊接质量,车站施工现场采用可靠的防水连接器进行连接,取消施工现场焊接工作。由于各器件之间采用防水连接器互联,无须焊接,因此线槽、分向盒成品生成时可选用钢板镀锌保护,相比不锈钢而言,成本可减少 50%～60%,同时由于采用工厂成品化生产,分线盒、出线口连接螺栓尺寸标准,互换性强,有利于后期新增设备的维护安装。线槽现场焊接示意如图 5-7-4 所示。

图 5-7-3　自动售检票示意图

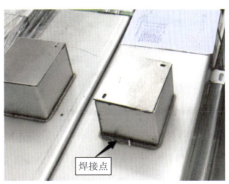

图 5-7-4　线槽现场焊接示意图

(5)系统设备新技术。

系统设备上应用了当前主流的技术。自动售票机采用了大屏幕声波触摸屏,可以分级显示整个轨道交通线网和站点,点击相应区域可以放大显示。自动检票机采用了完全自主研发的通行算法,可以降低逃票和票卡丢失率。售票机前盖和检票机前盖均为可翻盖设计,方便了运营维护。应用硬币图像识别技术,提高了对高仿真假币的识别能力。检票机语音提示功能能够更好地为乘客提供指引服务。ARM 平台的读写器、ARM 通用控制板、钱箱/票箱电子 ID(RF 电子标签)、整机功率自动控制等技术都大大提升了设备的性能。

(6)全面的安全设计。

除了在系统层面上采用加密、认证等手段保证系统数据安全,还从很多细节上考虑了对设备、乘客和运营人员的安全保护问题。从设备内折边防划伤设计、机身外边缘防碰伤设计到嵌入式售票机房的安装设计、票箱/钱箱运输小车防盗链和告警装置设备设计、防撞墙板设计、设备等电位连接防触电设计等,对系统安全进行了全面的规划。

7.6　设备安装

7.6.1　专用设备安装

专用设备安装主要包括自动售票机、进站闸机、出站闸机、双向闸机、宽通道双向闸机等,具体的安装流程见表 5-7-1。

专用设备安装流程 表 5-7-1

序 号	工序名称	配 置
1	安装准备	施工图、设备安装图、开箱检查
2	弹线开孔	墨盒、直尺、圈尺、锚栓等
3	线缆端接	水晶头、螺丝刀、万用表、接地电阻测试仪等
4	安装自检	万用表、圈尺、螺丝刀等
5	通电	万用表等
6	单机测试	显示器、键盘、笔记本电脑等
7	完工保护	塑料保护膜、厚纸箱、标识牌等

1）安装前的准备工作

（1）清理设备安装现场。

（2）检验设备安装的地面局部水平度是否≤1‰。

（3）按照施工图纸，将设备编号贴在对应的设备安装的位置上。

（4）将设备编号贴在设备的外包装上。

（5）设备开箱检查。

2）弹线开孔

（1）根据设计图纸，读出设备群轴线定位尺寸，用墨盒在地面弹出定位线。定位线示意，见图 5-7-5。

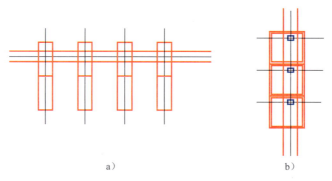

图 5-7-5 定位线示意图

（2）利用相应设备的安装模板，根据定位轴线，核对前后方向，在安装位置用记号笔标出相应的安装孔位，确保设备安装的位置与设计要求完全一致，安装孔位一致。如图 5-7-6 所示。

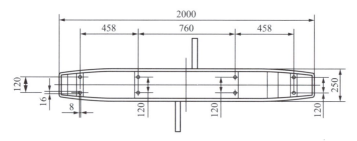

图 5-7-6 闸机安装模板底座图（尺寸单位：mm）

(3)在标出的位置上,用冲击钻钻出大小和深度符合设计要求的孔洞,钻孔后清除地板灰尘,敲入不锈钢锚栓,如图 5-7-7 所示。

图 5-7-7　锚栓安装图

3)线缆端接

(1)按设计图纸要求通信线缆进行端接,按《插座/插头配线规范》(T 568B)对水晶头进行压制,见图 5-7-8。

图 5-7-8　水晶接头制作图

(2)按设计要求对电源电缆和控制线缆进行端接。其中,火线:棕色;零线:蓝色;保护地线:黄绿相间。

4)安装自检

(1)设备外观是否完好;

(2)安装位置与设备型号是否符合设计要求;

(3)线缆端接是否牢固、禁止裸线外露、线缆颜色符合设计要求;

(4)出线口是否封堵、设备与地板接触处是否打密封胶;

(5)设备接地保护是否满足规范要求。

5)通电

(1)设备内插件、连接线是否可靠;

(2)设备加电前先检测输入电压是否符合 $220×(1±10\%)$V 的要求;

(3)送电时密切注意设备开机自检状态,如发现异常情况立即关闭设备。

6)单机测试

(1)参数配置;

(2)设备自检是否正常;

图 5-7-9 成品保护

（3）运行设备测试程序；
（4）填写记录。

7）完工保护

（1）设备表面整洁，无划痕及其他破损，安装完成后用防护材料盖好，做好遮灰挡潮；
（2）并做好警示标志，以免其他施工时踩踏造成破坏。

成本保护如图 5-7-9 所示。

7.6.2 通用设备安装

通用设备安装包括服务器、工作站、打印机、路由器、交换机的安装。

1）施工准备

（1）熟悉施工图，现场勘察、测量车站、线路中心等各设备安装位置尺寸，防静电地板高度；
（2）掌握设备室内装修工程进度和环境，通风、照明、用电是否具备设备安装条件，设备室门窗是否齐全；
（3）清点设备开箱随机资料，清点设备数量确保施工顺利进行。

2）网络设备的安装

为保证网络安装的质量，网络设备的安装应遵循如下步骤：
（1）首先阅读设备手册和设备安装说明书。
（2）设备开箱要按装箱单进行清点，对设备外观进行检查，认真详细地做好记录；设备就位。
（3）安装工作应从服务器开始，按说明书要求逐一接好电缆。
（4）逐台设备分别进行加电，做好自检。
（5）逐台设备分别联到服务器上，进行联机检查，出现问题应逐一解决。有故障的设备留在最后解决。
（6）安装系统软件，进行主系统的联调工作。
（7）安装各工作站软件，各工作站可正常上网工作。
（8）逐个解决遗留的所有问题。
（9）用户按操作规程可任意上机检查，熟悉网络系统的各种功能。
（10）试运行开始。

3）设备材料运输

AFC 系统包括自动售检票设备、网络设备等。网络设备因体积小、重量相对较轻，其运输相关简单，本方案不作讨论。

其中，站厅自动售检票设备具有如下特点：①重件多；②大件多；③安装位置分散；④电子设备。这些设备具有下列运输特性：①捆扎；②起吊、装卸；③运输平稳性。

7.7 系统调试

7.7.1 单系统调试

AFC 系统工作原理是终端设备:自动售票机(TVM)、闸门(GATE)、票房售票机(BOM)、互联网购票机(iTVM)等做完交易后产生的数据上传至 SC 服务器,SC 服务器通过解析将数据体现在 SCWS 软件监控界面,然后 SC 服务器将交易、业务数据、日志等上传至 LC。因此,单系统调试内容包括安装在地铁各站和线路中心测试、维修环境,所包括的设备有TVM、GATE、BOM、iTVM、SC(服务器、三层交换机、工作站)等。

1)调试流程

(1)调试现场终端设备(SLE)(包括 TVM、GATE、BOM、iTVM 等设备)各车站技术支持人员检查测试环境,确保设备可正常工作,若售票、刷卡过程中出现故障,测试人员记录故障,设备故障记录表,技术人员及时处理故障,保障测试顺利进行。

(2)调试 SC 工作站,如果检查过程中发现问题,填写设备故障记录表,并及时处理问题,按照测试方案的要求,由现场负责人控制操作步骤,按步骤完成每个站的验证操作。

(3)查询终端设备交易、业务数据是否上传至 SC 服务器,各站核对交易数据、报表。

(4)通过 SCWS 操控终端设备,发送命令。

(5)查询 SC 层面交易数据、日志等是否上传至 LC。

2)调试组织机构

测试人员安排见表 5-7-2。

测试人员安排表 表 5-7-2

序号	职 责	所属单位	数量	人数合计	备 注
1	测试组织者	中国软件与技术服务股份有限公司	1	8	每站8人
2	现场测试负责人	贵阳市城市轨道交通有限公司	2	2	每个站2人
3	技术支持	中国软件与技术服务股份有限公司	1	1	每站1人
4	售票	贵阳市城市轨道交通有限公司	2	2	每站2人
5	故障记录	贵阳市城市轨道交通有限公司	1	1	每站1人
6	走票	中国软件与技术服务股份有限公司			由现场负责人组织参测人员走票

(1)调试负责人:负责现场调试工作,协调调试人员的工作分配,以及进度安排;准备测试用备用金、票卡、标签纸、信封、笔、标识牌等;配发、回收和监督测试用备用金、票卡;收集、整理故障单。

(2)技术负责人:测试环境检查、确认、走票测试;负责人对测试数据统计汇总;在调试负责人的领导下,具体负责调试的技术环节及测试数据的审核、把关,且在调试现场起技术督导作用。

(3)安全、质量负责人:在调试负责人的领导下,具体负责调试现场人员与设备的安全和质量,负责制定有关的安全、质量措施,督导现场安全与质量问题的处理。

(4)测试人员:在调试负责人或技术负责人的领导下,配合调试人员进行调试

(5)运营人员:测试负责人配合测试组织者对测试票卡、备用金的配发、回收、故障收集;售卡/充值人员负责 AFC 系统终端设备钱票箱领用、售票、充值、补票和走票测试;售卡/充值人员负责 AFC 系统终端设备结算、钱票箱归还等;故障记录人员负责测试过程中设备故障记录。

3)调试及测试内容

(1)TVM 测试用例(表 5-7-3)

TVM 测试用例　　　　表 5-7-3

用例编号	测试项	测试步骤	预期结果
TVM-001	一键开机	设备执行开机,各部件检测正常	启动成功,设备处于正常服务
TVM-002	硬币购票	使用硬币购买 3 元车票 1 张	购票成功,出单程票 1 张
TVM-003	纸币购票	使用纸币购买 3 元车票 1 张	购票成功,出单程票 1 张
TVM-004	纸币硬币混合购票(不找零)	使用 5 元纸币和 4 元硬币,购买 3 元车票 3 张	购票成功,出单程票 3 张
TVM-005	混合找零	使用 10 元纸币购买 3 元车票一张	购票成功,找零 1 张 5 元,1 枚硬币
TVM-006	纸币找零	使用 10 纸币购买 5 元车票 1 张	购票成功,找零 1 张 5 元纸币
TVM-007	硬币找零	使用 10 元纸币购买 3 元车票 2 张	购票成功,找零 4 枚硬币
TVM-008	少找零	买 1 张 3 元单程票,投入 5 元纸币,人为造成硬币故障	硬币找零失败,设备暂停服务,并打印出故障交易小条
TVM-009	少出票	投入 1 张 10 元纸币,购买 5 张 2 元单程票,在出票过程中人为阻止出票	设备暂停服务,并打印出小单,显示少出票的张数
TVM-010	循环找零	另外选一台设备只安装单程票,购买 5 张 4 元单程票,投入 4 张 5 元纸币	单程票卖出 4 张,并将 4 张 5 元单程票压入纸币循环股,设备状态显示屏上显示只纸币找零
		投入 1 张 10 元纸币,购买 1 张 5 元单程票	购票成功,找零成功
TVM-011	购票超时取消-未投币	购票,不投币等待超时	跳转到"取消界面",提示:操作超时,然后返回到"主界面",40s 后自动退回到主界面
TVM-012	购票超时取消-已投币	购票,投币不足,等待超时	跳转到"取消界面",提示:操作超时,取消交易,退还所投钱币,然后返回到"主界面",40s 后自动退回到主界面
TVM-013	假币购票	选择 4 元 1 张单程票购票,投入假的纸币和硬币	纸币和硬币退还出,购票失败
TVM-014	TVM 结算	在运营服务执行钱票箱卸下清空结算	根据提示信息进行相关钱票箱卸下清空操作,并打印结算单据
TVM-015	核对结算单		TVM 结算单据跟实际操作一致
TVM-016	清空硬币	进入运营服务界面,点击清空硬币	循环找零 Hopper 中的所有硬币全部清空到回收箱中 循环找零 Hopper 清空数量:实际清空数量 回收箱清空数量:循环找零 Hopper 实际清空的数量 循环找零 Hopper 初始数量:清 0 回收箱初始数量:实际清空数量
TVM-017	服务控制-暂停服务	在维修界面设置"暂停服务";关闭维修门	乘客界面显示"暂停服务"

续上表

用例编号	测试项	测试步骤	预期结果
TVM-018	服务控制-正常服务	在维修界面设置"正常服务";关闭维修门	乘客界面显示"正常服务"
TVM-019	服务控制-只收硬币	在维修界面,设置"无找零";关闭维修门	乘客界面显示"只收硬币"
		购票投入纸币	纸币舌挡不打开,不接受纸币
TVM-020	服务控制-只收纸币	在维修界面,设置"只收纸币";关闭维修门	乘客界面显示"只收纸币"
		购票投入硬币	硬币舌挡不打开,不接受硬币
TVM-021	服务控制-无找零	在维修界面设置"无找零"模式;关闭维修门	乘客界面显示"无找零"
		购票投入超额(大于应付金额)纸币	原币退还,提示购票取消
TVM-022	双语切换	在中文界面,点击英文	正确切换到英文界面
TVM-023	软件重启		重启成功
TVM-024	关机		TVM关机(关闭电源)

(2) GATE 测试用例(表 5-7-4)

GATE 测试用例　　　　表 5-7-4

用例编号	测试项	测试步骤	预期结果
GATE-001	一键开机	设备执行开机,各部件检测正常	启动成功,设备处于正常服务
GATE-002	单程票检票	单程票进站	正常进站
GATE-003		单程票出站	正常出站,票卡回收
GATE-004	定值纪念票检票	刷定值纪念票进站	正常进站
GATE-005		刷定值纪念票出站	正常出站,扣费成功
GATE-006	员工票检票	刷员工票进站	正常进站
GATE-007		刷员工票出站	正常出站
GATE-008	储值票	刷储值票进站	正常进站
GATE-009		刷储值票出站	正常出站
GATE-010	计次票检票	刷计次票进站	正常进站
GATE-011		刷计次票出站	正常出站,扣次成功
GATE-012	一卡通检票	刷一卡通普通卡进站	正常进站
GATE-013		刷一卡通普通卡出站	正常出站,旅程费用9折
GATE-014	异常票卡测试	非本站票进站	进站失败,提示非本站车票
GATE-015		超时票卡出站	出站失败,提示票卡超时
GATE-016		过期票进站	进站失败,提示票卡已过期
GATE-017		余额不足出站	出站失败,提示余额不足
GATE-018		未出站票进站	进站失败,提示票卡异常
GATE-019		未进站票出站	出站失败,提示票卡异常
GATE-020	警示灯显示	刷普通票:单程票、出站票、定值纪念票	警示灯显示绿色
GATE-021		刷员工票	警示灯显示黄色
GATE-022	操作员登录	1. 打开维修门; 2. 输入操作员、密码	登录成功,界面显示维修功能菜单
GATE-023	软件重启		闸机执行软件重启
GATE-024	关机		闸机关闭电源

（3）BOM 测试用例（表 5-7-5）

BOM 测 试 用 例　　　　　　　　　　　　　　　　表 5-7-5

用例编号	测 试 项	测 试 步 骤	预 期 结 果
BOM-001	设备开机	设备执行开机,各部件检测正常	启动成功,进入操作员登录界面
BOM-002	操作员登录	输入操作员、密码	登录成功,进入操作员售票界面
BOM-003	发售单程票	BOM 发售单程票 3 元 1 张	发售成功,客显（顾客显示器）购票信息正确
BOM-003	发售单程票	打印售票凭证	打印成功,信息正确
BOM-004	发售储值票	BOM 发售储值票 1 张	发售成功,客显购票信息正确
BOM-004	发售储值票	打印售票凭证	打印成功,信息正确
BOM-005	储值票充值	BOM 储值票充值 100 元	充值成功,客显充值信息正确
BOM-005	储值票充值	打印充值凭证	打印成功,信息正确
BOM-006	无入站更新处理－单程票	出站时,对未进站的单程票进行补票	票卡更新成功,打印单据信息正确
BOM-008	未出更新处理－储值票	进站时,对上次未出站的储值票进行更新	票卡更新成功,打印单据信息正确
BOM-009	区内超时更新－单程票	对已进站的单程票执行超时更新	票卡更新成功,打印单据信息正确
BOM-010	区内超时更新－储值票	对已进站的市民卡执行超时更新	票卡更新成功,打印单据信息正确
BOM-011	票卡余额不足更新－储值票	对出站时余额不足储值票进行区内更新,现金补交差额	免费更新超程标志位,可持原票出站
BOM-012	即时退卡－单程票	对单程票执行退卡	退卡成功,打印单据信息正确
BOM-013	即时退卡－储值票	对储值票执行退卡	退卡成功,打印单据信息正确
BOM-014	票卡查询	对单程票进行票卡查询	正确显示该卡基本信息,提示信息
BOM-014	票卡查询	对储值进行票卡查询	正确显示该卡基本信息,提示信息
BOM-015	行政处理－付费区行政处理	选择任一处理项,如乘客无票乘车,发售 10 元票价出站票	出站票发售成功,打印单据信息正确
BOM-016	行政处理－非付费区行政处理	选择任一处理项,如 TVM 卡币,退还 4 元金额	退还金额,行政处理成功
BOM-017	操作员登出	在辅助界面,执行操作员登出	生成班次结算数据,数据信息正确

（4）iTVM 测试用例（表 5-7-6）

iTVM 测 试 用 例　　　　　　　　　　　　　　　　表 5-7-6

用例编号	测 试 项	测 试 步 骤	预 期 结 果
iTVM-001	设备开机	设备执行开机,各部件检测正常	启动成功,处于操作员登录界面
iTVM-002	单程票信息查询	将单程票放置刷卡区,点击"查询"按钮	可以查询单程票信息
iTVM-003	储值票信息查询	将储值票放置刷卡区,点击"查询"按钮	可以查询储值票信息
iTVM-004	操作员登录功能	输入操作员、密码	登录成功,进入管理界面
iTVM-005	关机		设备电源关闭

（5）SC 测试用例（表 5-7-7）

SC 测试用例　　　　　　　　　　　　表 5-7-7

用例编号	项目	测试项	测试步骤	预期结果
SC001	设备管理	设备监视	在设备监控界面，选择某台设备查看设备的服务状态、网络连接状态、登录状态	监视界面显示的信息与设备实际状态一致
SC002	设备管理	设备控制	在设备监控界面，选择某台或某组设备，下发控制命令，如暂停服务	控制下发成功，所选设备暂停服务
SC003	设备管理	客流监控	1. 在 TVM 执行购票，并记录交易数；2. 在 BOM 执行售票，并记录交易数；3. 在 GATE 执行进出站刷卡，并记录交易数量	SCWS 界面，显示不同客流管理类型，客流数据正确
SC004	设备管理	交易查询	1. 在 TVM 执行购票，并记录交易数；2. 在 BOM 执行售票，并记录交易数；3. 在 GATE 执行进出站刷卡，并记录交易数量	SCWS 收益查询界面，可查询到对应的交易
SC005	数据管理	软件、参数下发	在 SCWS 中执行软件、参数同步	设备执行下载操作，软件、参数下载成功
SC006	数据管理	车站参数版本查询	在 SCWS 执行车站参数版本查看	显示本站参数版本信息
SC007	数据管理	设备参数版本查询	在 SCWS 执行设备版本查看	1. 显示设备使用参数版本信息；2. 当车站参数与设备参数不一致时，界面红色标注不一致参数
SC008	数据管理	运营模式控制	在运营模式控制界面下发：紧急模式	1. 车站模式为紧急模式；2. GATE 扇门打开，界面为紧急模式请立即出站，非付费区的指示灯为红色"X"付费区侧指示灯未绿色箭头；3. TVM 界面显示暂停服务；4. BOM 乘客界面显示暂停服务
SC009	收益查询	班次查询	BOM 登出后，生成结算数据，在 SCWS 选择班次信息，执行结算	结算状态变为"已结算"
SC010	收益查询	TVM 结算查询	在 SCWS 选择条件查询 TVM 结算信息	界面返回符合条件的 TVM 结算信息
SC011	收益查询	钱箱操作查询	在 SCWS 选择条件查询 TVM 钱箱操作信息	界面返回符合条件的 TVM 钱箱操作记录
SC012	收益查询	票箱操作查询	在 SCWS 选择条件查询票箱操作信息	界面返回符合条件的票箱操作记录
SC013	收益查询	报表查看	选择报表	可以选择打印报表

7.7.2　系统综合联调

通过综合联调测试，验证通过闸机（AGM）在拍 IBP 盘或火灾联动时紧急释放功能，所有闸机（AGM）在车控室 IBP 盘拍下或火灾联动时，扇门自动打开；取消释放后，可以恢复所有设备的正常运行。确保贵阳轨道交通 1 号线后通段车站所有闸机（AGM）在遇到特殊情况下能够实现扇门紧急释放，扇门紧急打开功能。综合联调测试用例见表 5-7-8。

综合联调测试用例表　　　　　　表 5-7-8

主控项目	序号	检验方法	检验结果
当在车控室拍下 AFC 的 IBP 盘时,扇门进入打开状态	1	拍下 IBP 盘,闸机是否进入紧急,扇门打开	
	2	取消 IBP 盘后,闸机是否恢复正常模式,扇门关闭	
火灾联动闸机进入紧急	1	火灾报警后闸机是否进入紧急扇门打开	
	2	火灾报警取消后闸机扇门关闭恢复正常	

7.7.3　调试结论

通过对贵阳轨道交通 1 号线全线各个站闸机 IBP 盘和火灾联动测试,验证了自动售检票系统终端闸机(AGM)在遇到 IBP 盘释放和火灾联动下闸机(AGM)可以满足紧急释放功能,扇门正常打开,满足相关要求,具备开通试运行条件。

7.8　主要的体会和经验

AFC 系统设计是按照设计目标把施工过程和使用过程中所存在的或可能发生的问题,事先做好通盘的设想,拟定好解决这些问题的办法、方案,用图纸和文件表达出来。再通过后期和业主、监理单位、施工单位等的施工过程配合,在 1 号线整个设计过程中的体会和经验如下。

7.8.1　与主要相关专业接口配合

1)与土建专业的配合

根据轨道交通土建与自动售检票专业界面分工,土建专业需完成:
(1)提供设备房及设备安装位置和空间。
(2)提供设备房外的电缆槽,包括接线盒、出线口及盖板。
(3)提供接地端子箱。
(4)管、槽穿越楼层、墙壁后的防火封堵。

施工配合过程中的问题主要集中在预埋线槽和售票机房的接口上。1 号线中由于线槽的定位、防水等措施不够严格,造成了一定的返工。售票机房设计时采用混凝土框架设计,未考虑结构柱对设备安装位置的影响,导致部分售票机房设备安装位置需进行调整。如 1 号线自动售票机采用后维修的方式,在布置自动售票机时除了考虑售票机背后预留不小于 0.8m 的检修空间外,还需要在售票机侧面预留不小于 0.3m 的空间,便于机器后维修门的开关。闸机采用上面侧翻盖的形式检修,因此闸机和边门的交接出需要预留 6cm 的侧翻盖空间。因此,在今后的设计中,应更加明确对预埋线槽和设备安装空间的要求,避免冲突。

售票机房的成本保护如图 5-7-10 所示。

2)与动力照明专业的配合

根据 AFC 系统与动力照明专业界面分工,动力照明专业需为自动售检票系统提供车站 AFC 系统终端设备现场配电箱。

在现场合中发现,由于前期 AFC 系统供电要求不明确,导致现场配电箱位置调整,造成了部分配电箱的重新安装。在今后的设计中,应更加明确接口规格要求,避免接口冲突。

图 5-7-10　售票机房的成品保护

3)票卡清洗机等特殊设备的技术配合

票卡清洗机等特殊设备除了常规的供电要求和网络要求外,还有诸如供水/排水要求,由于相关技术要求提资较晚,导致了现场一定的返工。在今后设计中,应主动与设备供货商配合,尽早明确设备的相关技术要求,提高设计质量。

7.8.2　客流预测与售检票设备数量

贵阳轨道交通 1 号线是贵阳市第一条城市轨道交通线,客流预测报告需提供更详细的内容,目前客流预测报告提供了各车站各时段的进出站人数,但未提供使用单程票、储值票的乘客比例,很容易导致售检票设备数量的计算出现误差。在设计过程中,由于没有准确的预测数据,单程票比例在 30%～60% 之间多次调整,难以稳定,严重影响了设备数量的计算,对售票机房布置、系统投资等都造成了很大的影响。为避免出现类似问题,后续线路应对客流预测专业提出更详细的要求,细化客流构成数据,为售检票系统提供数据支持。

第8章 通风及空调系统

8.1 通风和空调系统设计标准

全线于会展中心站—朱家湾站、贵阳北站—雅关站、雅关站—蛮坡站、蛮坡站—安云路站、火车站站—沙冲路站、沙冲路站—望城坡站设置区间风机房。

8.1.1 风速设计标准（表5-8-1）

风速设计标准　　　　表5-8-1

参　　数	数　　值
区间隧道非运营时间冷却隧道通风风速	≥2.0m/s
区间隧道事故风速	2.0～11.0m/s
钢制风管 最大排烟风速	≤20m/s
钢制风管 主风管风速	≤8m/s
钢制风管 分支风管风速	5～6m/s
混凝土风道最大排烟风速	≤15m/s
一般混凝土风道风速	≤6m/s
车站隧道混凝土风道排风风速	≤8 m/s
自然引风道风速	≤1～3m/s
风亭百叶迎面风速(百叶有效面积取70%)	3～4m/s
自然引风百叶迎面风速(百叶有效面积取70%)	≤1.3 m/s
消声器片间最大风速	≤12m/s
活塞风道内消声器片间风速	≤8m/s
方形风道的宽高比例	≤4：1
公共区风口	2.5～4.0m/s（根据吊顶高度计算）
其他风口	2.0～3.0m/s
排烟风口	≤10m/s

8.1.2 人员散热量和散湿量

(1)地下站站厅（设计干球温度27℃）

显热量：51W；

潜热量：130W；

散湿量：194g/h。

(2) 地下站站台（设计干球温度 27℃）

显热量：51W；

潜热量：130W；

散湿量：194g/h。

(3) 结构壁面散湿量

车站侧墙、顶板、底板，按 2g/(m²·h) 计算。

区间隧道壁面，按 2g/(m²·h) 计算。

8.1.3 通风空调计算人员数量

根据乘客在车站停留时间和车站客流情况，通过停留时间与小时高峰客流的关系，计算得出站厅、站台的通风空调计算人员数量。

地下车站公共区通风空调计算人员数量如下。

(1) 非换乘车站

乘客在车站平均停留时间如下：上车客流车站平均停留时间为按行车间隔加 2min，其中站厅停留 2min，站台停留一个行车间隔；下车客流平均车站停留时间为 3min，站厅、站台各停留 1.5min，客流按车站远期客流计算。

(2) 换乘站

站厅乘客：上车客流站厅停留 2min、下车客流站厅停留 1.5min。

站台乘客：上车客流站台停留一个行车间隔、换乘上车客流站台停留一个行车间隔；下车客流站台停留时间 1.5min。

换乘厅乘客：换乘乘客流停留 1.5min，且需要根据换乘客流按乘客走行速度复核计算逗留人员数量。

(3) 车站管理、设备用房

按室内实际人数计算，但计算总人数不得少于 2 人，见表 5-8-2。

车站管理、设备用房使用人数 表 5-8-2

序号	房间名称	使用人数	序号	房间名称	使用人数
1	站务室	3	6	车站控制室	5
2	乘务员休息室	5	7	保洁间	4
3	更衣室	3	8	AFC 维修室	3
4	公安值班室	4	9	其他	2
5	会议交接班室	16	10		

8.1.4 噪声设计标准

(1) 轨道交通系统内通过地面风亭传至地面敏感点的噪声（含列车噪声）应符合《声环境质量标准》(GB 3096—2008) 要求（表 5-8-3），否则应采取消声措施。

环境噪声限值 [dB（A）]　　　　　　　　　　表 5-8-3

类　　别	昼　　间	夜　　间
0	50	40
1	55	45
2	60	50
3	65	55
4a	70	55

敏感点包括：医院、学校、机关、科研单位、住宅等需要保持安静的建筑物。

风亭、冷却塔与周围敏感建筑之间的距离应不小于：1 类区，35m；2 类区，25m；3 类区，15m；4a 类区，15m。当工程条件不能满足上述规定时，活塞风道需设置消声器，但具体噪声控制指标应以环评报告为准。

（2）不同地点噪声设计标准（表 5-8-4）。

噪声设计标准　　　　　　　　　　表 5-8-4

地　　点	噪声设计标准值 [dB（A）]
车站内站厅、站台	≤70
通风及空调机房	≤90
非通风空调设备用房	≤60
管理用房	≤60
高大厂房	应符合《工业企业设计卫生标准》（GBZ 1—2002）要求

8.1.5　设备发热量

（1）变配电设备发热量

根据供电专业设备招标结果，相关变配电设备发热量见表 5-8-5。

变配电设备发热量　　　　　　　　　　表 5-8-5

序　号	设　备　名　称	设备代号	发　热　量
1	整流变压器	Tr	25kW/台
2	配电变压器（带外壳）	Tp	16kW/台
3	35kV GIS 开关柜	H	0.5kW/面
4	DC1500V 开关柜	D	1.2kW/面
5	整流器	RT	5kW/面
6	负极柜	N	2.3kW/面
7	控制屏、交流屏、直流馈线屏	AC	0.3kW/面
8	直流充电屏	DC	0.3kW/面
9	蓄电池屏	BP	0.3kW/面
10	排流柜	DR	0.3kW/面
11	钢轨电位限制装置	OV	0.6kW/面
12	再生制动变流器柜	INR	25kW/面
13	再生制动变压器	TF	30kW/面
14	再生制动低压柜、隔离开关柜	LV/GK	0.5kW/面

车辆段跟随所配电变压器按 20kW 考虑。

（2）信号设备发热量

根据信号设备招标结果，相关信号设备发热量见表 5-8-6。

信号设备发热量　　　　　　　　表 5-8-6

序号	车站名称	车站性质	信号用电量（kV·A）	设备室散热量（kW）	电池室散热量（kW）	备注
1	下麦西站	设备集中站	45	16	11	
2	诚信路站	设备集中站	35	12	7	线控中心:2kW
3	会展中心站	设备集中站	35	13	8	
4	贵阳北站站	设备集中站	35	13	8	
5	雅关站	设备集中站	35	13	8	
6	北京路站	设备集中站	35	13	8	
7	人民广场站	设备集中站	35	13	8	
8	望城坡站	设备集中站	35	13	8	
9	场坝村站	设备集中站	40	15	9	
10	蛮坡站	非设备集中站		8		
11	将军山站	非设备集中站		8		
12	云潭路站	非设备集中站		8		
13	行政中心站	非设备集中站		8		
14	朱家湾站	非设备集中站		8		
15	大寨站	非设备集中站		8		
16	大关站	非设备集中站		8		
17	安云路站	非设备集中站		8		
18	雅安路站	非设备集中站		8		
19	中山路站	非设备集中站		8		
20	火车站站	非设备集中站		8		
21	沙冲路站	非设备集中站		8		
22	新村站	非设备集中站		8		
23	长江路站	非设备集中站		8		
24	清水江路站	非设备集中站		8		
25	车辆段	联锁	50	16	11	微机室:5kW
26	培训中心			30	12	6	
27	试车线			20	12		
28	维修中心			10	3	5	
29	停车场	联锁	40	12	6	微机室:5kW
30	控制中心		40	12	6	演示室:3kW 网管室:5kW
31	车辆段列检库			10	5		

（3）通信设备发热量

根据通信设备招标结果，相关设备发热量见表 5-8-7。

通信设备发热量　　　　　　　　　　　　　　　　表 5-8-7

地　点	设备发热量
专用通信设备室	21kW（全线各车站）
弱电综合电源室	8 kW（全线各车站）
民用通信设备室	35 kW（火车站站）
	32 kW（其余车站）
公安通信设备室	13 kW（诚信路站、延安路站、北京路站）；10 kW（其余车站）
综合监控设备室	26kW（全线各车站）
车站控制室	10kW（全线各车站）

（4）电、扶梯设备发热量

①扶梯：

提升高度小于或等于 5.5m，3.7kW/台。

提升高度 5.5m＜H≤12m，4.8kW/台。

提升高度 12m＜H≤15m，6.0kW/台。

提升高度 15m＜H≤19m，7.4kW/台。

②电梯：电机及变频器散热量为 5kW/台。

（5）公共区导向及照明设备发热量

①照明设备（公共区及设备区）：20W/m^2。

②广告牌（站厅公共区）：30 台，320W/台。

③导向牌、指示牌（站厅站台）：30 块，60W/块。

（6）其他设备发热量（表 5-8-8）

其他设备发热量　　　　　　　　　　　　　　　　表 5-8-8

名　称	发　热　量
进/出闸机	550W/台
自动售票机	1200W/台
验票机	130W/台
票房售票机	230W/台
进出闸机	550W/台
ATM 柜员机	400W/台
银行	10kW/间
票务管理室	1.5kW
蓄电池室	7kW
0.4kV 开关柜	1kW/面

8.2 通风和空调系统组成和功能

通风空调系统组成如图 5-8-1 所示。

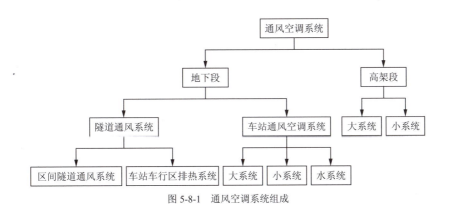

图 5-8-1　通风空调系统组成

8.2.1　地下段通风空调系统

地下段通风空调系统对地铁内部环境起到调节作用,保证区间、公共区、设备区正常运营,在事故时保证乘客安全疏散及消防扑救的需要。

地下段通风空调系统包括隧道通风系统和车站通风空调系统。

8.2.2　隧道通风系统(含防排烟系统)

(1)系统功能:列车正常运营时有效排除隧道内的余热余湿,确保隧道内温度最热月日最高平均温度不大于 40℃;列车阻塞时能向阻塞区间提供一定的通风量,控制隧道温度满足列车空调器正常运行及补充列车内乘客所需的新风量;列车火灾时能及时排除烟气和控制烟气流向,保证乘客安全疏散及消防扑救的需要。

(2)系统组成:隧道通风系统包括区间隧道通风系统和车站车行区排热系统。

①区间隧道通风系统由隧道通风机(TVF)、射流风机(JET)、推力风机(IMF)、活塞风阀、活塞风道及其他配套的组合式风阀组成。

②车站车行区排热系统由车站隧道排热风机(U/O)、排热风阀、车站隧道的轨顶排风道(OTE)、站台下排风道(UPE)、排风道及配套的风阀组成。

典型站隧道通风系统设双活塞系统,车站两端设双活塞风道。

对于可能出现两列车同时在同一区间追踪运行和列车在区间火灾时便于有效组织排烟及人员疏散,在超长区间设置中间风机房。全线设中间风机房的区间有雅蛮区间、沙望区间设。

8.2.3　车站通风空调系统

地下车站通风空调系统包括车站公共区通风空调和防排烟系统（大系统），车站管理及设备用房的通风空调和防排烟系统（小系统）和车站空调水系统。

（1）车站公共区通风空调和防排烟系统，简称大系统。

①系统功能：根据地铁运营环境要求，在地下车站站厅、站台的公共区设置通风空调和防排烟系统，正常运行时为乘客提供过渡性舒适环境，事故状态时迅速组织排烟。

②车站车行区排热系统由车站隧道排热风机（U/O）、排热风阀、车站隧道的轨顶排风道（OTE）、站系统组成：地下车站大系统由组合空调柜、回排风机、排烟风机、送排风管道、调节阀、防火阀等组成。

（2）车站管理及设备用房的通风空调和防排烟系统，简称小系统。

①系统功能：根据地铁设备管理用房的工艺要求和运营管理要求，设置通风空调和防排烟系统，正常运营时为运营管理人员提供舒适的工作环境和为设备正常工作提供必需的运行环境，事故状态时迅速组织排除烟气。

②系统组成：地下车站小系统由柜式空调柜、风机盘管、送风机、回排风机、排烟风机、送排风管道、调节阀、防火阀等组成。

（3）车站空调水系统

①系统功能：车站空调水系统为末端冷源提供冷水，3号线地下车站均采用分站供冷，车站独立设置冷源，全线采用一次泵末端变流量系统。

②系统组成：车站空调水系统由冷水机组、空调水泵、冷却塔、水系统管道、阀门组成。

8.2.4　地面及高架段通风空调系统

高架段通风空调系统包括车站公共区通风空调（大系统），车站管理及设备用房的通风空调和防排烟系统（小系统）。

（1）地面及高架车站公共区通风空调和防排烟系统，简称大系统。

地面及高架车站公共区及站台采用自然通风和自然排烟。

（2）地面及高架车站管理及设备用房通风空调和防排烟系统，简称小系统。

①系统功能：根据地铁设备管理用房的工艺要求和运营管理要求，设置通风空调和防排烟系统，正常运营时为运营管理人员提供舒适的工作环境和为设备正常工作提供必需的运行环境，事故状态时迅速组织排除烟气。

②系统组成：地面及高架车站小系统由变频多联空调、送排风机、风阀等组成。

8.2.5 通风和空调系统

1) 隧道通风系统

(1) 区间隧道通风系统

①区间隧道通风系统所服务范围为除车站停车隧道以外的其他隧道部分。

②区间隧道通风系统的配置应能满足列车正常运行、阻塞运行、火灾事故运行的温度、风速、烟气流向和空气压力变化的要求。

③隧道通风系统设备和相应风道宜布置在车站两端,车站每端2座(一个车站共4座)活塞风井,每个活塞风井的有效断面不小于20m^2,风阀有效流通面积按照0.8的系数考虑。区间隧道风机房内由2台TVF和组合式电动风阀构成活塞/机械通风系统,在线路中心线正上方或侧面设置活塞风孔。活塞风道布置应顺畅,其土建式风道弯头角度尽量放缓且不宜多于3个。活塞风道长度(从风道与轨道交界处开始至地面风亭百叶窗范围内的风道中心线长度)不宜超过40m。

④活塞风道上的组合风阀阀体应垂直气流方向布置(与气流夹角90°),风阀的有效面积应符合系统设计的要求。当风道内有其他管线或设备时必须保证系统设计所要求的有效通风面积。

(2) 站内隧道排风系统

①站内隧道排风系统所服务范围为车站范围内屏蔽门外侧的停车隧道。

②车站轨道排风机分别设置于车站两端,每端1台,其负压端设消声器,正压端与车站其他排风系统共用排风道,排风道内设置对外的结构片式消声器。

③站台下排风道与轨顶排风道风量之比为4:6。排风口的位置正对列车散热部位;排风系统设计时考虑各排风口风量的均匀性及风阀可调性。

④每条站内隧道通风量应根据计算合理确定,同时为适应初、近、远期不同的排风量,设备采用变频运行。

⑤列车在车站着火时,本系统应兼作为排烟系统。

(3) 复合屏蔽门

地下车站屏蔽门采用复合屏蔽门,利用屏蔽门上方吊顶以上部分的梁上开孔并安装电动风阀组,在非空调季节该风阀组根据室外温度分组打开,利用列车运行时活塞效应自然通风。站台公共区火灾时打开该风阀组,利用轨道排风机及车站两端隧道风机协助大系统对站台排烟。区间隧道火灾时关闭该阀组。

(4) 隧道通风系统设备布置及选型要求

①隧道通风系统风机(隧道风机、射流风机、推力风机、车站轨道排风机等)的数量、风量、全压、正反转(单向或双向送风)等根据系统计算结果合理配置。

②隧道通风系统风机除射流风机采用配套消声装置外,其他风机前、后均设消声器对站内、站外进行消声处理。

③风机前后设变径管(天圆地方接头)及安全网,变径管的长度一般不应小于1倍风机叶轮直径,并设置500mm×500mm的检修人孔。

④区间隧道通风系统的风机及其流经的辅助设备(风阀、消声器)的耐温要求按250℃·1h和150℃·1h两种考虑,前者用于隧道通风系统参与站台层公共区火灾辅助排烟的情况,后者则用于其他隧道内设备的耐温要求。

⑤风机、消声器、风阀、空调机组等设备及相应构件的布置留有足够运输、安装、检修的空间。隧道风机和车站轨道排风机的两侧留有≥600mm的无障碍空间,以便维修。

⑥区间射流风机采用侧向安装方式,远离接触网,并注意安装高度不影响人员疏散,同时需要在设备上方设置安装检修吊钩。

2)地下车站通风空调系统

(1)车站大系统

①大系统所服务范围为车站站厅、站台和出入口通道等供搭乘地铁乘客使用的公共区域,以及位于公共区内的零星商铺、银行、客服中心。

②当车站出入口通道长度超过60m时应设置通风(设计标准为干球温度30℃、相对湿度不控制)、机械排烟。

③由车站主体到与车站同期开通的最近一个出入口之间作为地铁通道,其余部分作为市政过街通道。与地铁车站相连的市政过街通道按照《城市人行天桥与人行地道技术规范》(CJJ 69—1995)执行。

④车站大系统空调设备集中布置在站厅层或设备层两端。每端设1台组合式空调机组,1台回/排风机,1台排烟风机,组合式空调机组和回/排风机变频控制。排烟管路负压端可与回/排风管路合用但应保证烟气不流经消声器,正压端必须单独接至排风道。回风阀后串联一个防烟防火阀,火灾时快速关断回风管,防止窜烟。

回/排风机负压端应设阻性消声器,正压端与其他排风系统合并后,在排风道内设置结构片式消声器。

组合式空调机组主要由进风段、过滤净化消毒段、中间段、表冷挡水段、中间段、风机段、中间段、消声段和送风段组成。

空调送风管路不得设置土建风室,且正压管段不得采用静压箱;回风混合室可采用土建风室。

⑤车站大系统的小新风空调、全新风空调和通风三种运行工况转换应采用温度和焓值控制。

⑥车站大系统气流组织方式宜采用上送上回或侧送上回方式,站厅、站台应按均匀送风设计,排风口应满足排烟距离的要求。站台回/排风口应靠屏蔽门侧,送风口应沿站台纵向均匀布置且应避免直接吹向屏蔽门;站厅的送风口应在乘客经常活动区域适当增加,如购票区、乘客进出车站的行走线路区域等,且应避免正对设备上方开风口。回排风口在天花通透的情况下宜设于高位且尽量采用侧向或顶部布置,必须保证回/排风口位于蓄烟仓内以保

证排烟效率,同时应核算排烟时风口风速符合规范的要求;车站公共区送、回/排风口布置时必须与装修密切协调以确定风口形式和布置方位。

⑦大系统送、回风管在穿越公共区与设备区防火隔墙处应设防火阀,各分支管设手动风阀调节风量,用作模式转换的风阀应采用电动风阀。

设置全空气系统的车站大系统的设备应布置在车站端头靠近进、排风道以及公共区附近的机房内,其空调机组、风机等设备布置时应预留满足设备安装、维修和检修的空间,同时应考虑足够的运输通道。

⑧车站空调机组的空气过滤净化消毒装置应便于拆装和清洗,其压差信号纳入车站设备监控系统监视。

⑨用于车站大系统的排烟风机及其流经的辅助设备(风阀、消声器等)要求耐高温,必须保证在250℃时能连续有效工作1h。轴流式风机前后必须设变径管(天圆地方接头,不能以软接头代替)且长度不应小于1倍风机叶轮直径。

⑩屏蔽门上方电动通风阀的通流面积要满足系统设计单位的要求,风阀布置与站台公共区装修密切协调,并保证气流顺畅,布置美观。

(2)车站小系统、区间牵引所、区间跟随所

①所服务范围为车站的设备、管理用房区域。

②系统设计应满足各功能系统的运营、工艺和运行时间的要求,其设计标准应符合"车站主要管理、设备用房设计标准表"中的要求。

③穿楼板的风管、水管应设围堰。管线不得在电气设备房内穿楼板。送、排风口也应避开电气设备投影轮廓线,送风管朝向设备方向侧不宜做侧送风口,以免吹水滴至设备。

④设备用房的空调采用全空气一次回风系统,应具备小新风空调、全新风空调和通风三种运行工况。

⑤采用气体灭火系统保护的房间,通风空调系统设计应满足气体灭火系统工艺要求,服务于这些房间的送、回/排风管上应设防烟防火阀和手动风量调节阀。严禁同一防烟防火阀受两个及以上的保护区同时控制。

⑥车站设备用房的通风量必须经计算后确定。设备用房宜采用通风方式排除余热,当发热量很大,采用机械通风系统技术经济性不合理时,可设冷风系统。

设备管理用房通风空调系统气流组织一般采用上送上回方式,但对于发热量较大的设备房宜采用下送上回方式。

⑦对相对湿度无要求的房间的新风补充方式可采用房间内设送风系统,新风通过房间负压和设于靠走廊墙上的百叶风口从走廊引入,走廊的新风补充经新风空调机组过滤并处理至室内状态等焓点后集中送入。

新风必须来源于新风道,排风必须排至排风道,排风系统可兼作排烟系统,进风系统可兼作排烟补风系统,但应考虑补风量与排烟量的匹配。

⑧空调机组、风机、阀门等的布置应满足安装、维修和检修的空间,同时应考虑足够的运

输通道。

⑨各系统的排烟风机及其流经的辅助设备(风阀、消声器等)必须保证在250℃时能连续有效工作1h。风机前后必须加设变径管(天圆地方接头,不能以软接头代替)且变径管的长度不应小于1倍风机叶轮直径。

⑩冗余系统。

车控室、综合监控设备室、专用通信设备室(含电源室)、信号设备室(信号含电池室)、弱电综合电源室设多联空调机作为冗余空调系统。车控室室内机为一台,其余各房间室内机数量如设备负荷大于8kW,为两台,小于等于8kW为一台。多联式空调机组的室外机设置在排风井内。

(3) 车站空调水系统

①每个车站靠近负荷中心侧设置一个冷水机房,为车站大、小系统提供冷源。一般情况下,每个标准车站设置2台冷水机组、2台冷水泵、2台冷却水泵。

②水系统采用一次泵变流量系统,冷水按变流量设计,供、回水温差采用5℃(7～12℃)水泵出水侧止回阀应采用静音式止回阀。另外,为保证低负载工况下冷水机组正常运行,冷却水泵也采用变频水泵。

③制冷设备采用双机头螺杆式冷水机组,并满足冷水侧、冷却水侧变流量变化的要求,流量变化范围暂按50%～100%考虑。并应满足在15%～100%负荷范围内的无级调节,且在部分负荷下仍有较高的COP值。

冷却塔应设置于通风良好的地面或风亭上,尽量避免靠近车站进风亭设置,以防止热污染。各塔的存水盘应连通,连通管管径应按一台塔的出水管管径大两号设计。每台塔进、出水管均应成对设置电动蝶阀。尽量避免设置下沉式冷却塔。冷却塔用地范围应设防盗护栏。

④末端水系统宜按设备运行时间分开设置。

⑤冷水机房内宜设置分水器、集水器,在分水器和集水器间设压差旁通装置;在冷却水管上应设旁通水处理器,冷水管上设电子水处理仪,且水处理装置应靠近保护设备布置。

⑥空调机组末端回水管上设比例积分式电动二通阀,该阀应经流通能力计算确定其口径,使其工作特性满足负荷调节要求。

⑦在水系统的最低点应设放水阀、最高点设自动放气阀,所有阀门及仪表均应布置在便于观察和操作的位置。冷水机组设冷媒排放管,且应引至排风亭出口百叶处。

⑧截水沟并引至排水点。组合式空调机组的基础高度应满足冷凝水管的水封安装要求。

⑨冷水机房、大系统环控机房应设冲洗水池,且水池位置应远离配电箱。

⑩水系统采用独立集中控制系统,由该系统控制冷水机,冷冻水泵(变频)、冷却水泵(变频)、冷却塔、空调机(柜)电动二通阀及压差旁通阀。该系统控制器与BAS系统设通信接口。

3）地面及高架站通风系统

（1）公共区

通风设计：站厅、站台层公共区利用建筑可开启外窗，进行自然通风。

防排烟设计：站厅、站台层公共区利用建筑可开启外窗进行火灾时排烟，可开启外窗，其有效面积应符合《建筑设计防火规范》（GB 50016—2006）要求。

（2）车站设备管理用房通风空调系统（小系统）

①小系统所服务范围为车站的设备、管理用房区域。

②地面及高架站小系统设计应满足各功能系统的运营、工艺和运行时间的要求。

③车站设备用房的散热负荷及通风量必须通过计算后确定。设备用房宜采用通风方式排除余热。

④根据设备管理用房的布置情况和使用功能，需空调的房间采用变频多联式空调机组、分体式空调等形式。

⑤用于该系统的排烟风机及其流经的辅助设备（消声器等）要求耐高温，必须保证在280℃时能连续有效工作 0.5h。风机前后必须加设变径管（天圆地方接头，不能以软接头代替）且变径管的长度不应小于 1 倍风机叶轮直径。

⑥车站控制室、综合监控设备室、通信设备及电源室、信号设备室等 4 个房间单独划为同一个空调系统，共设置两套多联式空调机组，每套机组各负担 60% 的空调负荷。两套系统全开运行，互为备用，保证其中一套系统故障情况时，可维持该类重要房间 60% 的空调负荷。

8.2.6 系统运行方式

1）隧道通风系统运行方式

（1）正常运行

①运营时间通风。轨道排风系统夏季运行时，开启车站轨道排风机并实施变频控制，由车站轨行区温度控制轨排风机运行频率，区间隧道风机停止运行。区间隧道内利用列车活塞风效应排除余热余湿。

其余季节隧道通风与车站公共区由于屏蔽门纵梁上方风阀分组开启，区间和公共区连通，利用列车的活塞效应，实行自然通风。风阀开启数量由室外温度变化执行模式控制。

②非运营时间通风情况。早晚运营前后、半月检或区间作业时，可开启 TVF 进行纵向式的机械通风。

（2）阻塞运行

当列车因故障或其他原因停在区间隧道内，停车时间超过 2min 时（可调整），启动相应的阻塞模式，由列车后方的 TVF 送风，列车前方的 TVF 排风，顺列车行进方向通风。送风量按区间隧道断面风速不小于 2m/s，并按控制列车顶部最不利点的隧道温度低于 45℃ 校核确定，但风速不大于 11m/s，保证阻塞列车的空调冷凝器正常工作及车内乘客的新风量要求。阻塞状况下 TVF 应高速运行。

（3）火灾事故运行

当列车发生火灾时，应尽可能驶向前方车站，启动站内隧道排烟模式：打开屏蔽门、让人员迅速撤向站台，经站厅向地面疏散。

当列车失去动力或无法驶向前方车站而被迫停在区间隧道内时，按预定区间隧道火灾模式排烟及送风，通风、排烟方向应保证多数乘客迎新风方向疏散。火灾状况下 TVF 应高速运行。

2）车站公共区通风空调系统（简称大系统）运行方式

（1）正常运行

组合式空调机组和回排风机在保证公共区空调送风量换气次数不低于 5 次/h 的前提下，根据公共区温度、湿度和 CO_2 浓度进行变频控制。各种运行工况如下：

小新风空调工况下，CO_2 浓度独立控制小新风阀开度。室内实测焓值为负偏差（低于控制目标值）时，先降风机频率，至频率下限后保持该频率，调小二通阀开度。正偏差时逆序，即先调大二通阀开度，至全开后再升风机频率。屏蔽门顶梁风阀组关闭。

全新风空调工况下，CO_2 浓度实测值为负偏差（低于控制目标值）时，先降低组合式空气处理机组风机频率，至频率下限保持该频率，调小二通阀开度。正偏差时逆序，即先调节大二通阀开度，至全开后再提高风机频率，屏蔽门顶梁风阀组关闭。

通风工况一：新风阀全开，CO_2 浓度实测值控制组合式空气处理机组风机频率，屏蔽门顶梁风阀组关闭，该工况考虑室外温度过低，暂定低于 0℃。

通风工况二：空气处理机送风关闭，屏蔽门顶梁风阀组全开（每侧 28 个），该工况考虑过渡季节室外温度在 15～19℃ 范围。

通风工况三：空气处理机送风关闭，屏蔽门顶梁风阀组开启 3/4，该工况考虑过渡季节室外温度在 10～15℃ 范围。即开启 $z1$、$z2$、$z4$、$z6$、$z7$、$z8$、$y1$、$y2$、$y4$、$y6$、$y7$、$y8$ 组风阀。

通风工况四：空气处理机送风关闭，屏蔽门顶梁风阀组 1/2 风阀开启，该工况考虑室外温度在 5～10℃ 范围。即开启 $z2$、$z3$、$z6$、$z7$、$y2$、$y3$、$y6$、$y7$ 组风阀。

通风工况五：空气处理机送风关闭，屏蔽门顶梁风阀组 1/4 风阀开启，该工况考虑室外温度在 0～5℃ 范围。即开启 $z1$、$z7$、$y1$、$y7$ 组风阀。

（2）火灾事故运行

标准车站公共区发生火灾时，立即停止无关的车站小系统以及空调水系统，转换到车站大系统火灾模式运行。

当站台层发生火灾时，对整个站台层公共区排烟，为了确保站厅到站台楼梯口处具有不小于 1.5m/s 的向下气流，打开屏蔽门上方的所有风阀，启动隧道风机辅助排烟，站内人员迎着新风方向从站台经站厅疏散至地面。

当站厅层发生火灾时，对整个站厅层公共区排烟，由出入口自然补风，车站内人员从车站出入口向地面疏散。

若某一车站火灾时,相邻区间及到达该站的列车应越行至下一站,更远端区间的列车驶离事故车站方向的可继续行驶,驶向事故车站方向的由控制中心通过信号系统下达扣车命令,在安全车站内扣车不允许发出。

对换成车站,根据规范及考虑设备容量,采取满足规范要求的排烟模式,例如诚信路站,站厅由于面积大,排烟时采取分区排烟模式。

3) 车站设备管理用房通风空调系统(简称小系统)运行方式

(1) 正常运行

小系统空调机组和回排风机均采用定流量运行。各种运行工况如下:

① 小新风空调工况($i_{室外} > i_{室内}$)。

当站外空气焓值大于空调小系统回风焓值时,空调系统采用小新风加一次回风运行。其余通风小系统按正常工况运行。

② 全新风空调工况($i_{送风} \leqslant i_{室外} \leqslant i_{室内}$)。

当站外空气焓值小于或等于空调小系统(含冷风降温系统)回风焓值且大于该空调小系统送风焓值时,采用全新风空调运行,空调机组处理室外新风后送至空调区域,回/排风机按全排风模式运行。其余通风小系统按正常工况运行。

③ 通风工况($i_{室外} < i_{送风}$)。

当站外空气焓值小于空调小系统送风焓值时,停止冷水机组运行,外界空气不经冷却处理直接送至空调区域,回/排风机按全排风模式运行。其余通风小系统按正常工况运行。

(2) 火灾事故运行

当车站设备管理用房发生火灾时,车站大系统、水系统及站内隧道通风系统停止运行,关闭屏蔽门上方的所有风阀;火灾发生一端除需启动的防排烟系统外,其余无关系统全部停止运行;车站另一端小系统维持原运行状态。为火灾位置服务的防排烟系统按照设定的火灾模式运行,排除烟气或隔断火源和烟气,该端(火灾所在端)设有加压送风的防烟楼梯间应立即进行加压送风;设备层着火时,所有设有加压送风的防烟楼梯间均启动加压送风。

8.2.7 系统设备监控

1) 地下车站通风与空调系统控制

其由就地控制、车站控制室控制和中央控制室控制三级组成。

(1) 就地控制

在环控电控室内的各种设备设置电源控制开关,作为就地控制装置。为确保安全,就地控制具有优先权。就地操作(安装、调试、检查、维修等)时,车站控制室和控制中心接收其操作信号,对其控制失效,就地控制在结束操作后,恢复其正常功能。

(2) 车站控制

车站设备监控系统设于车站控制室内,并在通风、空调范围内设置温、湿度探测器,控制室内设置监控系统显示操作台和值班点。根据收集与反馈的信息，自动确定通风与空调系统运行模式，同时向控制中心传送车站的各种信息及通风与空调系统控制状况，并执行控制中心的各项指令。

(3) 中央控制

中央控制中心设有轨道交通的中央监控系统，其与车站控制系统组成计算机网络，对全线各车站通风与空调系统的主要设备进行监控，使其协调、统一运行。

大系统通风与空调系统设备按就地控制、车站控制、中央控制三级控制设计。小系统通风与空调系统设备按就地控制、车站控制两级控制设计，中央控制室可对其进行监视。

2) 高架车站通风空调系统

高架车站的通风空调设备为两级控制，车站控制室集中控制及现场就地控制。并且车控室应能监控信号设备室、车站控制室、通信设备室、综合监控设备室的环境温度。

8.2.8 设计接口

1) 与动力照明专业的接口

(1) 负荷分类

①一级负荷设备。通风空调系统一级负荷设备为与火灾和事故通风有关的设备，包括：隧道通风系统的隧道风机、车站轨道排风机、推力风机、射流风机、风阀；屏蔽门上方的通风风阀；车站大系统的排烟风机及其联动风阀、分区控制风阀；车站小系统的排烟风机及其联动风阀、补风机及其联动风阀、防烟楼梯间加压送风机及其联动风阀、与排烟系统有关的分区控制风阀；所有大、小系统防火阀、防烟防火阀，以及其他所有与排烟、补风有关的风机、空调机组及其联动的风阀。

②二级负荷设备。通风空调系统的二级负荷为除一级负荷外的其他风机、空调机组、与火灾和事故通风无关的电动风阀等。

③三级负荷设备。通风空调系统的三类负荷为除一、二级负荷外的其他通风空调系统设备，包括：冷水机组、冷水泵、冷却水泵、冷却塔、水处理设备、电动蝶阀、压差旁通阀、电动二通阀等。

(2) 设备启动方式

配置了变频控制器的设备采用变频启动。其他设备当电机的功率 $N \geqslant 75kW$ 时采用软启动方式；当 $N < 75kW$ 时采用直接启动方式。

(3) 接口界面

在通风空调设备的接线端子。

2) 通风空调系统与综合监控专业接口

(1) 中央级监控（控制中心 OCC）

①对隧道通风系统的所有隧道风机、车站轨道排风机、射流风机、推力风机以及电动风

阀（包括屏蔽门上方的风阀）进行监控。

②对设置在隧道内的温、湿度监测点进行监视。

③对各地下车站通风空调大系统的空调机组、空调新风机、回/排风机、排烟风机、电动风阀进行监视。在执行隧道通风系统火灾模式时可实现以上设备、小系统通风空调设备及其联动风阀的同时关闭。

（2）车站级监控

①对本站所管辖范围内的隧道通风系统的所有隧道风机、车站轨道排风机、射流风机、推力风机以及电动风阀。

②对设置在车站内的温、湿度监测点进行监视。

③对本站通风空调大、小系统的空调机组、空调新风机、回/排风机、排烟风机、电动风阀、冷水机组、冷水泵、冷却水泵、冷却塔、电动蝶阀、压差旁通阀、电动二通阀等进行监控。

④对车站通风空调大、小系统上的防火阀进行监视（由 FAS 实行）；对车站通风空调小系统上的防烟防火阀进行监控（监视由 FAS 实行，控制由气体灭火系统执行）。

⑤对水系统的压差传感器、流量开关等进行监视。

（3）空调水系统与给排水系统的接口

①由空调水系统提供补水量与接管点，与给排水系统的分界在接管点前的第一个阀门（阀门由给排水系统提供）。

②由空调水系统提供各末端设备凝结水、污水排放点，冷水机房各设备的污水排放点，环控机房的清洗池的给水和排水点。分界点由空调水系统与给排水系统根据各排放点在车站的实际位置点确定。

③在系统最低点或者冷水机房内，设置快速补水管。补水管的设置位置应与给排水专业充分沟通，同时应注意设计连接管路的防水倒流装置。

8.2.9 设计特色及经验

1）冷却塔的选型及布置

目前地铁空调系统大都采用水冷螺杆制冷机为空调系统提供冷源，冷却塔是水冷系统的必然选择，贵阳轨道交通 1 号线在冷却塔的选择和布置上力求做到与林城及生态城市的环境相协调，尽量将冷却塔布置在绿化带内，并用围栏（百叶）围闭，既避免周围树木生长延伸到冷却塔范围影响设备运行及水质，又有利于冷水设备的维修与防护。同时充分考虑冷却塔布置与周边物业的协调，也为了保护冷却水管不受以后市政施工影响，尽量将水管设在专用地沟（加盖板）内，设计时做特殊考虑的车站如下。

（1）朱家湾站、大寨站

1 号线项目启动时有的沿线车站周边物业还没有形成，当地铁施工实施时周边物业已经完成，由于周边物业红线与地铁红线有重合，致使地铁车站冷却塔在施工时已经不可能按照原设计布置,朱家湾站冷却塔布置就是属于这种情况,经过地铁业主与周边物业业主、210国道业主反复协调,最终达成一致,解决了冷却塔的布置问题。

大寨站冷却塔设计中总图布置位置,拆迁中没有完成,致使冷却塔不能布置,经与210国道业主及相关方面协调,最终解决了布置问题。

(2)人民广场站

人民广场站布置在南明河边上,根据规划旁边还有一个音乐厅,在总图上没有冷却塔的布置位置,设计中结合组合风亭,在组合风亭顶上布置冷却塔。并考虑了冷却塔的维修等维护空间。

(3)蛮坡站、会展中心站

蛮坡站由于地形复杂,实施时变化比较大,加之周边缺少规划,设计时考虑的位置影响了车站景观(原来冷却塔位于站前广场,影响了车站景观),实施中根据现场情况进行了调整,现实中的布置与周边环境比较协调。

会展中心站由于地铁冷却塔实施时周边中天广场及物业设计正在设计,经与物业规划设计方反复协调,认真核对现场高程,在周边物业动工之前完成冷却塔基础及设备的安装,很好地解决了冷却塔与周边物业、广场及绿化的协调统一。

(4)清水江路站

清水江路站由于总部布置及周边物业开发的原因,在地面没有冷却塔的布置空间,经过与建筑专业协调及咨询相关冷却塔生产企业,选择将冷却塔布置在地下空间,采用鼓风式冷却塔,解决了地面无法布置冷却塔的困难。

(5)北京路站

北京路站是1号线与3号线换乘站,由于建设时序上的原因,当初没有考虑冷源共用问题,在1号线实施过程中,3号线已提上建设日程,为了节约建设用地,减少冷却塔布置对周边环境的影响,实施中将1、3号线冷源系统共用。将两站冷却塔共用布置。

(6)贵阳北站

贵阳北站在高铁贵阳北站设计之初,经与高铁设计单位协调预留了冷却塔设计位置及管道路径,但由于高铁施工时原来冷却塔位置周边增加了建构筑物,致使无法按照原来位置进行施工,地铁施工中根据现场情况,做了相应调整,妥善解决了冷却塔的布置问题。

2)地面站通风与排烟

设计之初本站地面站厅采用自然通风设计,在装修设计阶段,在车站出入口增加了独特进站厅设计造型,由于进站大厅采用全玻璃通透型半球形设计,在阳光照射下,球形部分由于阳光直射,导致球形内部温度过高,为此在球形顶部区域采取开电动天窗进行自然通风的方式,进站厅火灾时自然排烟实施自然排烟。电动天窗下雨时自动关闭,火灾时自动打开。

3)特殊区段隧道通风

(1)山岭隧道自然通风及排烟

贵阳轨道交通1号线由于金阳新区与老城区有200m左右的高差,本段高差位于贵阳北站经雅关站到蛮坡站区段,在线路设计上采用了展线设计,从贵阳北站到雅关站区间出现桥隧相连,出现三段山岭隧道和四段桥梁,其中三段隧道分别是小关 2 号隧道(280m)、小关 3 号隧道(501m)、小关 4 号隧道(867m)。

对小关 2 号隧道,在隧道中部设联络通道,采用自然通风及自然排烟,小关 3 号隧道,在隧道内每隔 140m 左右设联络通道,自然通风及自然排烟,小关 4 号隧道,全场 867m,在本段隧道线路覆土较低位置左右线分别设置 20m² 的中间风亭,将隧道分成 331m 和 536m 两端隧道,在 331m 隧道中部位置设左右线联络通道,在 536m 隧道每隔约 180m 设左右线联络通道。

(2)安全线机械排烟

雅关站(高架站)到蛮坡站站间距 2.825km,隧道长度 2.6km,根据行车计算区间存在两列车追踪运行,需要设中间机房,如果按照区间中部设中间机房,隧道上方山体覆土 150m 以上,工程上不经济,根据现场情况在距离隧道口 400m(距离车站 620)处覆土深度 30m 左右,适合设置中间隧道机房,中间机房往蛮坡方向的隧道内设轨顶风道并延伸 400m,在轨顶风道末端设风口,中间隧道机房与蛮坡站的隧道风机组成本区间隧道风系统,对本段隧道内的通风、火灾工况实施通风或排烟模式操作。

由于从贵阳北站到雅关站区间线路实施展线设计,列车运行在单向坡线路上,出于对列车向下坡方向运行安全考虑,在雅关—蛮坡站的隧道入口处设置安全停车线,当由于列车事故停在安全线需要排烟时,由本段中间机房的隧道风机及停车线上方的轨顶排风道对停车线进行排烟,便于乘客安全疏散。

(3)配线及停车线排烟处理

全线配线及停车线的排烟根据各车站的布置与隧道风机的相对关系采用了不同的气流组织形式:

①由于贵阳北站西端隧道风机房(小里程端)附近设停车线和配线,结构覆土较深,为了减少覆土厚度,设计时考虑了结构夹层,利用隧道风机设喷嘴,便于对正线送风;在停车线设轨顶排风道,利用隧道风机对停车线设轨顶排风道进行排烟。解决该段大空间局部排烟问题。

②诚信路站设 1、2 号线联络线并在 1 号线设单渡线,在正线部分设射流风机,辅助正线排烟。

③会展中心站小里程端设停车线及配线,由于覆土比较浅,在本段左右线隧道断面分别设射流风机,每组 3 台。

④北京路站大里程端设配线,在左右线轨道之间设推力风机,并单向设喷嘴,向隧道送风。满足排烟气流组织要求。

⑤人民广场站大里程端设停车线,该段隧道暗挖,在停车线及配线处设立风机。

⑥望城坡站大里程端设停车线及配线,利用大里程端隧道风机,在停车线设轨顶排风,正线设喷嘴,满足各种排烟工况要求。

第9章 给排水及水消防系统

9.1 给排水及水消防系统设计

9.1.1 概述

1）系统构成

贵阳轨道交通1号线给排水及水消防系统包括生产生活给水系统、消防给水系统（消火栓给水系统、自动喷水灭火系统）、排水系统（污水系统、雨水系统和废水系统）和灭火器的配置。

2）系统运行方式

（1）生产生活给水系统：直接与市政给水管道连接。

（2）消防给水系统：设置消防水池和加压设施，加压设施采用就地、远程及自动控制方式。

（3）排水系统：采用重力流及压力流两种排水方式。

9.1.2 给排水系统及水消防系统设计

1）主要技术性能指标

（1）给水系统

①工作人员生活用水量按 50 L/(班·人)计算，时变化系数2.5。乘客生活用水量按公共卫生间设置卫生器具的数量和相应的器具小时耗水量以及每天使用小时数计算确定。使用小时数按运营时间确定。

②冲洗用水量按 $2L/(m^2·次)$ 计算。

③生产设备用水量按所选设备、生产工艺的要求确定。

④以其中一个站为例，车站用水量计算见表5-9-1。

车站用水量计算　　　　表5-9-1

序号	用水项目名称	用水标准	计算单元	小时变化系数	使用时间(h)	用水量(m³) 日用水量	用水量(m³) 最大时用水量
1	工作人员用水量	50L/(班·人)	50人	2.5	18	2.5	0.35
2	乘客用水量			1	18	13.5	0.75
3	车站冲洗用水量	2L/(m²·次)	2500m²	1.0	1	5.0	5.0
4	冷却水补水量	冷却循环水量2%	310×2%.h	1.0	24	148.8	6.2
5	未预见水量	按上述水量之和的15%				25.47（m³/d）	
合计						195.27（m³/d）	

（2）水消防系统

①地下车站的消火栓用水量按 20 L/s 计算。

②地下人行通道消火栓用水量按 10 L/s 计算。

③消防按同一时间发生一次火灾计算,火灾延续时间消火栓为 2h。

④高架车站按《消防给水及消火栓系统技术规范》(GB 50974—2014)执行。

⑤以其中一个站为例,地下车站消防用水量计算详见表 5-9-2。

地下车站消防用水量计算　　　　　　　　　　表 5-9-2

序号	消防系统名称	消防用水量标准(L/s)	火灾延续时间(h)	一次灭火用水量(m^3)	备注
1	室内消火栓	20	2	144	消防水池供水
2	室外消火栓	20	2	144	市政供水
3	合计	40		288	

（3）排水系统

①工作人员生活排水量按 50 L/班·人计算,小时变化系数为 2.5。

②冲洗水排水量为 2 L/(m^2·次)。

③结构渗漏水量为 1 L/(m^2·天)。

④地下站雨水排水量按设计暴雨重现期 50 年、集流时间 5min 计算。

⑤生产设备排水量按所选设备,生产工艺的情况确定。

⑥消防废水量与消防用水量相同。

⑦以其中一个站为例,车站排水量计算详见表 5-9-3。

车站排水量汇总　　　　　　　　　　表 5-9-3

序号	排水项目名称	排水量标准	计算单元	排水量(m^3) 日排水量	排水量(m^3) 最大时排水量
1	工作人员污水量	取生活用水量的95%	2.5 m^3/d	2.38	0.71
2	乘客污水量	取乘客用水量的95%	13.5 m^3/d	12.8	1.00
3	车站冲洗废水量	与冲洗用水量相同	5 m^3/d	5	5
4	结构渗漏水量	1L/(m^2·d)	20000m^2	20	0.83
5	消防废水	20L/s	2h	144	72
	合计(不含消防废水)			40.18m^3/d	

2）主要设计原则

（1）给排水及消防系统设计应符合适用、经济、安全、卫生等基本要求,并利用城市市政现有设施。

（2）地铁给水及水消防系统水源采用城市自来水。

（3）地铁排水系统的各类污、废水及雨水分类集中,就近排放。排水系统应做到顺直通畅,便于清疏,维修工作量小。

（4）地铁给水系统必须满足生产、生活及消防用水对水量、水压和水质的要求。

（5）车站水消防系统采用两路进水,生产、生活用水采用一路进水。采用生产、生活用水和消防用水分开的给水系统。车站内生产、生活给水系统为枝状管网,消防给水管网环状布置。

（6）地铁消防系统按规范要求，设计能力按全线同一时间内发生一次火灾计算。

（7）车站应有完善可靠的消火栓给水系统，对重要电气设备用房采用气体灭火系统。

（8）车站卫生间生活污水经化粪池处理后排入城市污水系统；结构渗漏水、车站冲洗水、消防废水通过重力流排水方式分别汇集至废水池内，经潜污泵提升排至室外压力井泄压后，排入城市雨水系统；出入口设置横截沟将雨水汇集至出入口集水池内，经潜污泵提升至室外压力井泄压后排入城市雨水系统。

（9）所有给排水及水消防管道不应穿过变电所、通信信号机房、弱电设备房、控制室等电气设备用房。

（10）地铁给排水管道和设备应采取防止杂散电流腐蚀的措施。

3）系统设计

（1）给水及消防系统流程图，如图 5-9-1 所示。

图 5-9-1　给水及消防系统流程图

（2）生产、生活给水系统。

①车站、区间以及沿线附属建筑的各项用水水源采用城市自来水。1 号线附近市政管线完善，给水就近接城市自来水水源。

②车站生产、生活给水系统主要供车站范围内的冲洗用水、空调系统补水和卫生间、盥洗间及茶水间生活用水。

③生活用水的水质，应符合国家标准《生活饮用水卫生标准》(GB 5749—2006) 的规定。

④生活用水设备和卫生器具的水压，应符合国家标准《建筑给水排水设计规范》(GB 50015—2003) 的规定；生产用水的水压按工艺要求确定。

⑤车站采用生产、生活用水和消防用水分开的给水系统。车站内生产、生活给水系统为枝状管网，由城市自来水管引入一根给水管和车站内生产、生活给水管连接。

⑥地下车站进水管宜从车站进风井引入。

⑦在车站站厅、站台层两端适当位置各设一个冲洗水栓。

⑧生产用水按工艺要求确定。

4）水消防系统

（1）消防水源

地铁的消防给水水源采用城市自来水。

（2）地下车站和地下区间

①从车站附近的城市给水管网上接入一条 DN150 引入管进入车站消防水池，从消防泵

房扬水管接出 2 路给水管至车站消防环网,见图 5-9-2。

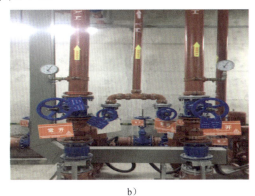

a)　　　　　　　　　　　　　　　　　　b)

图 5-9-2　车站消防泵房照片

②车站消防给水管网采用水平成环竖向成环的环状消防供水管网。

③地下区间每条隧道分别从地下车站消防给水环状管网上引入一根 DN150 消火栓给水干管,地铁车站和区间消防管网相连,使整个地铁形成一个完整的环状消防给水管网。在进入区间的消防管道前串联安装手动、电动蝶阀,手动、电动蝶阀安装在车站人员容易操作的地方,见图 5-9-3。

a)　　　　　　　　　　　　b)　　　　　　　　　　　　c)

图 5-9-3　区间消防管道及消火栓口图

④车站出入口或风亭的口部等处明显位置设消防水泵接合器,并在 15～40m 范围内设置供水量相当的室外消火栓。

(3)高架车站与高架区间

①高架车站设置消防水池及消防加压、稳压装置。

②1 号线高架段分别是下麦西站—窦官站、清水江站—场坝村站,两个高架区间为全封闭,设置有区间消火栓系统。

③高架区间消火栓系统每 50m 设置 1 个消火栓口。

④两个高架区间的消防水源分别取自下麦西站及清水江站,见图 5-9-4。

图 5-9-4　高架区间消防管道及消火栓口照片

(4)室内消火栓的布置

①室内消火栓栓口径均为 DN65,水枪喷嘴直径为 19mm,每根水龙带长度为 25m,栓口距地面或楼板高度为 1.1m。

②车站采用单口单阀消火栓,站台层如无设置条件,采用两个单口单阀消火栓。消火栓与灭火器共箱设置,箱内配备水龙带、多功能水枪、自救式消防软管卷盘、手提灭火器和防毒面具。设两个单口单阀消火栓时,箱内可配一根 25m 的水龙带。

③消火栓的布置按保证有两只水枪的充实水柱同时到达室内任何部位,水枪充实水柱不应小于 10m(地面建筑、由计算确定,但不小于规范值)。消火栓的间距,由计算确定,但单口单阀消火栓不超过 30m,两个单口单阀消火栓不超过 50m。地下区间隧道(单洞)内消火栓的间距不超过 50m,人行通道内消火栓间距不超过 30m,见图 5-9-5。

a)

b)

图 5-9-5　车站消火栓安装照片

④地下区间及折返线设置单口单阀消火栓口,不设消火栓箱,不配水龙带,在相邻车站两端设置消防器材箱,内设消防水龙带及多功能水枪,供区间消防时使用。

⑤消防环状给水管网采用阀门分成若干独立段,当某段损坏时,停止使用的消火栓在一层中不超过 5 个。

(5)自动喷水灭火系统

在金阳车辆段及小河停车场设置了湿式自动喷水灭火系统,因特殊消防要求,在贵阳北站站厅层设置了自动喷水灭火系统,见图 5-9-6。

a)

b)

图 5-9-6　自动喷水系统泵房图

5）灭火器系统

（1）地铁沿线各车站及各类建筑物均设置手提灭火器，配置场所的危险等级按《建筑灭火器配置设计规范》（GB 50140—2005）确定。地下车站按严重危险级设计，高架及地面站按中危险级设计。

（2）手提灭火器选用扑救A、B、C类火灾和带电火灾的灭火器。

（3）灭火器放置在消火栓箱下部，需另外增设灭火器的地方设置灭火器箱。

6）排水系统

（1）排水原则

①地铁的粪便污水及卫生间冲洗水等生活污水经化粪池处理后，就近排入城市污水系统。

②地铁的结构渗漏水、生产及消防废水、露天出入口、敞开式风亭、高架车站、高架区间就近排入城市雨水系统。

（2）地下站和地下区间排水系统

①区间隧道废水泵房。

主要排除区间隧道的结构渗漏水及消防废水，设在线路实际坡度的最低点。在本线设计起点及地下区间的线路实际坡度的最低点均设置区间隧道主废水泵站，区间废水泵房的扬水管沿区间隧道将扬水管接至相邻车站，通过相邻车站排风道接出地面，排入市政雨水管网。区间废水泵房设两台排水泵，平时一用一备，当排除消防废水时，两台泵同时工作。

1号线共设置有6个区间废水泵房，具体设置情况详见表5-9-4。

1号线区间废水泵房分布表 表5-9-4

序号	设置区间废水泵房名称	潜污泵参数	潜污泵数量（台）	扬水管从何车站出地面
1	大关站—贵阳北站	$Q=30m^3/h$，$H=33m$	2	贵阳北站
2	延安路站—中山路站	$Q=30 m^3/h$，$H=33m$	2	中山路站
3	人民广场站—火车站站	$Q=30 m^3/h$，$H=35m$	2	人民广场站
4	火车站站—沙冲路站	$Q=30 m^3/h$，$H=35m$	2	火车站站
5	新村站—长江路站	$Q=30 m^3/h$，$H=30m$	2	新村站
6	长江路站—清水江站	$Q=30 m^3/h$，$H=30m$	2	长江路站

②车站废水泵房。

主要排除车站范围内的结构渗漏水、冲洗和消防废水，车站排水泵房设在车站线路坡度的下坡方向的一端。

车站废水泵房设两台排水泵，平时一用一备，当排除消防废水时，两台泵同时工作。

③污水泵房。

主要排除卫生间的粪便污水及卫生间冲洗水，污水泵房不应布置在电气设备房上方，设在卫生间附近或下方。

车站污水泵房采用一体化污水提升装置，见图5-9-7。

图 5-9-7　车站一体化污水提升装置

④局部排水泵房。

设在车站地面至站厅层的自动扶梯基坑附近,地下车站站台板下、碎石道床区段及电梯井等不能自流排水而又有可能集水的局部低洼处。

不设自动扶梯的地下车站出入口和风亭的废水、结构渗漏水设排水沟自流至站厅层横截沟。

⑤地下车站露天出入口、敞开式风亭雨水泵房。

设在地下车站露天出入口、敞开式风亭底部,用于排除雨水。

⑥排水泵房集水池的有效容积。

各类排水泵房的集水池有效容积不小于最大一台排水泵 15～20min 的出水量。

⑦其他排水设施。

在地下车站站厅层边墙角下,每隔 40m 设一个 DN75～DN100 的地漏,排水立管接入线路排水沟。在地面进入站厅的人行通道和站厅层相接部位,设横截沟,并在沟内设排水立管,接入站台层线路排水沟。

车站卫生间污水和各类用房的盥洗间、污水池、洗脸盆的污水,通过管道排入污水泵房的密闭提升装置。

排水泵房的压力排水管至室外地面时,设压力井和检查井。

（3）高架车站、高架区间排水系统

高架车站污、雨水系统采用重力流的形式排入沿线城市污、雨水管网。

高架区间的雨水泄水管沿桥墩敷设,就近排入沿线城市雨水系统或绿化带。

7）给排水设备控制方式

（1）消防水泵:就地控制、车站控制室集中手动控制、FAS 系统自动控制。消火栓箱内设消防水泵启动按钮控制,设稳压装置时由管道压力自动控制。

（2）车站主废水泵房、区间主废水泵房、露天出入口及敞开风亭排水泵房:就地液位自动控制、就地手动控制、BAS 系统自动控制。应将起、停泵液位信号及高、低水位报警信号接入 BAS 系统。

9.2　设备监造、安装、调试及验收

9.2.1　设备监造内容

给排水及消防设备包括:消防泵组、潜水排污泵、一体化污水提升装置。

对这些设备在制造、组装、试验过程中进行监理。

1）工厂监造

(1)原材料、外购件的检验、抽检,抽检包括但不限于以下内容：

①电机及电缆；

②泵壳、泵轴、轴承、轴封；

③自动耦合装置；

④密闭集水箱；

⑤液位计。

(2)生产工器具及试验设备检验（R 点）。

(3)制造过程的检验（W 点），制造过程的检验包括但不限于以下内容：

①电机及电缆；

②泵壳、泵轴、轴承、轴封；

③密闭集水箱；

④液位计；

⑤就地控制箱（柜）。

2）出厂验收

出厂验收包括重要部件检查、试验台检查及试验报告检查。

重要部件检查主要包括：叶轮、电机、轴承、轴、机械密封、电缆、泵壳、控制柜及柜内元器件、密闭集水箱等。

厂家试验台是经国家质量监督中心评定合格,且提供了评定证书。

厂家完成设备的自检试验及自检试验报告。厂家提供的自检试验报告与业主现场测试结果基本一致。

9.2.2　设备安装

1）安装前准备

(1)给排水设备、管材及配件等,须有出厂证明书及产品合格证。进入现场后,安装使用前做检查、验证工作,必须符合国家有关规范、部颁标准及消防监督部门的规定和要求。

(2)按照施工安装进度计划核对进场后的材料数量。检验其规格、型号、尺寸、质量是否符合设计图纸要求。

(3)检查设备的安装基础的尺寸、位置和高程是否符合设计要求。

(4)各种预埋件是否齐全。

2）设备安装

(1)消防泵组安装

用水平仪和线坠在对水泵进出口法兰和底座加工面上进行测量与调整,对水泵进行精安装,整体安装的水泵,立式泵体垂直度不应大于 0.1/1000。

水泵与电机采用联轴器连接时,用百分表、塞尺等在联轴器的轴向和径向进行测量和调整,联轴器轴向倾斜不应大于 0.8/1000,径向位移不应大于 0.1mm。

图 5-9-8　车站消防泵组安装示意图

调整水泵与电机同心度时,应松开联轴器上的螺栓、水泵与电机和底座连接的螺栓,采用不同厚度的薄钢板或薄铜皮来调整角位移和径向位移。微微撬起电机或水泵的某一角需调整,用薄钢板或薄铜皮垫在螺栓处。

车站消防泵组安装如图 5-9-8 所示。

（2）潜污泵安装

潜污泵采用固定式安装,自耦装置底座固定于水池底部,出口与出水管道相连,进水口与水泵耦合。安装时,水泵沿导管下滑,到达底座进水位置,通过泵自重自动耦合密封,见图 5-9-9。

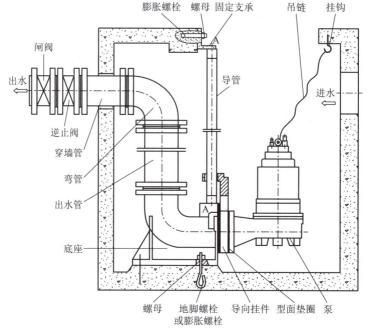

图 5-9-9　车站潜污泵安装示意图

9.2.3　调试及验收

1）本工程系统调试包括单机调试、联调

（1）单机调试

单机的安装调试在厂家的指导下完成调试工作,并完成相关的验收报告。若调试验收过程中出现达不到设计要求的问题,及时查找原因,快速解决。

调试的内容包括：流量的测量、扬程的测量、电量的测量、转速的测量以及控制箱的测试等。

（2）联调

根据设计水位将集水井灌水；按顺序开启出水阀和水泵；依次启动水泵，检测运行状况。

2）验收

（1）验收目的

①检验厂家是否严格按合同要求设计；设备各项参数、指标是否达到合同及相关标准要求；

②检验厂家是否严格按照 ISO 9001 质量体系实施工厂内部管理，以保证产品质量。

（2）验收总则

以采购合同、相关国家标准以及设计联络会议纪要等文件为依据，对设备进行检验验收。验收分两部分内容进行：文件审查、设备现场测试。

9.3 经验与体会

（1）积极跟踪、配合解决现场出现的问题，对现场出现的问题及时解决，不影响施工进度。

（2）存在设计不够完善的地方，比如污水泵房局部集水坑水泵扬水管未接入密闭水箱、污水泵房爬梯设置不方便检修、车站盥洗间未预留给水接口及设置地漏、消火栓附近存在遮挡等。

（3）设计遗漏，比如贵阳北站，该站是与贵阳北站（铁路线）接驳，消防性能化设计要求站厅层增设自动喷水灭火系统而在施工图阶段遗漏，消防验收未通过。虽经补救重新设计、施工，但对工程造成了一定的影响。

（4）由于地铁设计涉及专业较多，专业之间的协调配合出现差、错、漏、碰的局部现象未能全面避免，如管路的调整，辅助材料的替换和增减等。这类变更对于设计人员而言，是应当尽量减少和力图避免的，也是今后设计工作尚待加强提高的问题。

（5）虽然在工作中依然存在着遗憾和不足，有待于进一步完善，但就宏观全过程而言，主要成绩是可以肯定的，也为未来的贵阳轨道交通建设积累了宝贵的经验。对于如何更好地完成一个涉及数十个专业的系统工程设计，这些经验都将发挥有效的作用。

第 10 章　气体自动灭火系统

10.1　气体灭火设计

10.1.1　概述

1）系统构成

贵阳轨道交通 1 号线气体灭火系统包括报警控制子系统和管网子系统两部分。

2）系统运行方式

系统具有火灾报警和自动灭火的功能。在正常运营时,由报警控制子系统监视防护区的状态,在火灾时能自动报警并按预先设定的控制方式启动管网子系统释放灭火剂,迅速扑灭防护区内的火灾。

10.1.2　气体自动灭火系统设计

1）灭火剂的选择

根据初步设计的比选,贵阳轨道交通 1 号线在施工图阶段选择 IG541 作为气体灭火系统的介质。

IG-541 气体灭火系统的气体灭火剂为 IG-541,其由氮气、氩气、二氧化碳以 52：40：8 的体积比例混合而成的一种灭火剂。它的三个组成成分均为不活泼气体,为大气基本成分,这三种气体是自然存在于大气中的惰性气体,使用它灭火时,只是将气体放回大自然中,不会对大气臭氧层产生任何破坏作用,在灭火过程中无任何分解物,所以可称为纯天然的洁净气体灭火剂,灭火剂安全、环保。

IG-541 气体灭火系统的灭火机理属于物理灭火方式,施放后靠把氧气浓度降低到不能支持燃烧来扑灭火灾。将 IG-541 气体灭火剂喷到保护区后,不会造成人员因窒息而死亡,不会形成浓雾或造成视野不清,不影响人员在火灾时分辨逃生方向。IG-541 气体灭火系统国内外地铁工程中都有成功实例,并都积累了一些设计、安装以及运营管理经验,技术成熟可靠。

2）设计参数

（1）设计浓度

最小设计灭火浓度为 37.5%,最大设计灭火浓度为 52.0%。但有人值班的防护区最大设计浓度为 42.8%。

（2）相关设计时限

系统喷射时间小于 60s，浸渍时间大于 10min。

（3）气瓶间最大保护距离

最大保护距离 150m。

（4）气体灭火系统的保护范围

1号线地下车站、地下区间风机房、控制中心、金阳车辆段、小河停车场及主变电所设置了气体灭火系统，高架站和地面站不设置气体灭火系统，具体设置情况详见表 5-10-1。

1号线车站气体灭火系统设置表　　　　表 5-10-1

序号	车站名称	车站性质	是否设置了气体灭火系统
1	下麦西站	高架站	否
2	将军山站	高架站	否
3	云潭路站	地下站	是
4	诚信路站	地下站	是
5	行政中心站	地下站	是
6	会展中心站	地下站	是
7	朱家湾站	地下站	是
8	大寨站	地下站	是
9	大关站	地下站	是
10	贵阳北站	地下站	是
11	雅关站	高架站	否
12	蛮坡站	地下站	是
13	安云路站	地下站	是
14	北京路站	地下站	是
15	延安路站	地下站	是
16	中山路站	地下站	是
17	人民广场站	地下站	是
18	火车站	地下站	是
19	沙冲路站	地下站	是
20	望城坡站	地下站	是
21	新村站	地下站	是
22	长江路站	地下站	是
23	清水江站	地下站	是
24	场坝村站	高架站	否
25	金阳车辆段	地面建筑	是
26	小河停车场	地面建筑	是
27	控制中心	地面建筑	是
28	主变电所	地面建筑	是

（5）具体的保护房间

①地下车站的通信设备室（含电源室）、信号设备室（含电源室）、环控电控室、屏蔽门控

制室、综合监控设备室、变电所控制室、1500V 直流开关柜室、整流变压器室、0.4kV 开关柜室、35kV 开关柜室。

②车辆段的通信设备室及电源室、信号设备室及电源室、信号微机室。

③控制中心的通信设备及电源室、信号设备室及电源室、综合监控设备室、中央信号设备室、AFC 中央机房。

④主变电所用变压器室、SVG 开关柜室、接地变阻室。

3）主要设计原则

（1）对重要电气设备用房采用气体灭火系统，采用 IG-541 气体灭火剂。系统设计遵循国家现行的消防法规，针对防护区的具体情况，做到安全可靠、技术先进、经济合理。

（2）气体灭火系统同时具有自动控制、手动控制和机械应急操作三种控制方式，并有故障报警功能。

（3）气体灭火系统采用组合分配系统，全淹没的灭火方式。

4）系统设计

（1）气体灭火系统流程如图 5-10-1 所示。

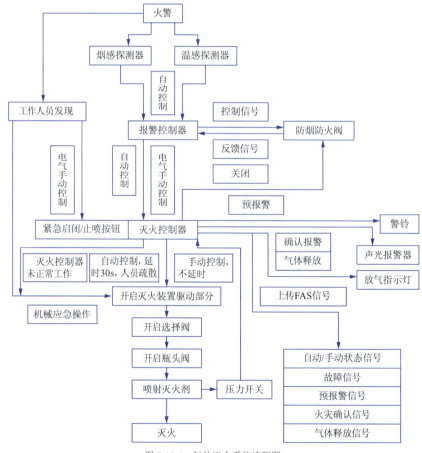

图 5-10-1　气体灭火系统流程图

（2）气体灭火系统按全淹没组合方式设计，如图 5-10-2、图 5-10-3 所示。

图 5-10-2　气体灭火系统气瓶安装图

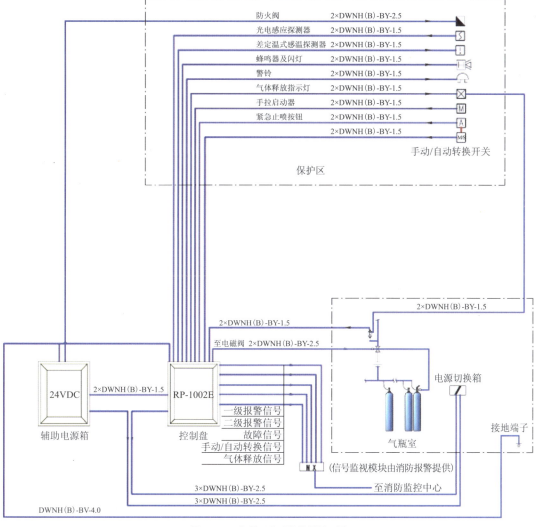

图 5-10-3　气体灭火系统控制原理图

(3) 气体灭火系统控制方式。

系统同时具有自动控制、手动控制和机械应急操作三种控制方式。操作程序如下：

①自动控制。

防护区内的单一探测回路探测到火灾信号后，控制盘启动设在该防护区域内的警铃，同时向 FAS 提供火灾预报警信号。同一防护区内的控制部分在收到防护区内两种不同类型探测器的火灾报警信号后，控制盘启动设在该防护区域内外的蜂鸣器及闪灯并且同时向 FAS 系统输出火灾确认信号，并进入延时状态（延时时间为 30s）。在延时过程中，控制模块上的继电器触点开关动作，由辅助电源箱提供 24VDC 电源，关闭防护区防火阀。如在延时阶段发现是系统误动作，工作人员可按下设在防护区域门外的紧急止喷按钮（必须持久按下，直至系统复位）暂时停止释放药剂。30s 延时结束时，控制盘输出有源信号至容器阀及选择阀上的电磁阀以释放气体。气体通过管道输送到防护区。此时，压力开关上的触点开关动作并将气体释放信号传至 FAS 系统和控制盘，并启动防护区外的释放指示灯。防护区域门内外的蜂鸣器及闪灯，在灭火期间将一直工作，警告所有人员不能进入防护区域，直至确认火灾已经扑灭。

②手动控制。

指控制盘处在手动工作模式下，在接到手拉启动器的指令后，控制盘不经延时实施联动控制并释放灭火剂。

③机械应急操作。

指自动控制和手动控制均不能启动容器阀或有必要时采用的一种应急操作。该功能的实现是通过在瓶头阀和选择阀上各加装一个机械启动器，用人为的拉力开启系统释放灭火气体。选择阀须先开启，瓶头阀后开启。

10.2 设备监造、安装、调试及验收

10.2.1 设备监造

1）工厂监造

（1）原材料、外购件的检验、抽检。抽检包括但不限于以下内容：

①钢瓶；

②启动钢瓶；

③气体（含启动气体）输送管道；

④集流管；

⑤高压释放软管；

⑥控制主机、就地控制盘、探测器及其他电气元件。

(2)生产工器具及试验设备检验（R 点）。

(3)制造过程的检验（W 点），制造过程的检验包括但不限于以下内容：

①钢瓶；

②启动钢瓶；

③泄压装置；

④逻辑控制；

⑤电气安全。

2）出厂检验

IG-541 混合气体系统及部件出厂前检验项目见表 5-10-2。

IG-541 混合气体系统及部件出厂前检验项目　　　表 5-10-2

部件名称	全检项目	抽检项目
系统	外观	启动运行要求
瓶组	工作压力、充装密度、充装压力、密封要求	温度循环泄漏要求、耐倾倒冲击要求、灭火剂和充压气体
容器	工作压力、强度试验、密封试验、标志	容积和直径
容器阀	标志、工作压力、强度试验、密封试验	温度循环泄漏试验、工作可靠性试验
喷嘴	标志、结构、尺寸	
驱动器	工作压力、密封试验	工作可靠性试验、驱动力测定、绝缘电阻测定
单向阀	标志、工作压力、强度试验、正向密封试验、反向密封试验	材料、工作可靠性试验、开启压力试验
选择阀	标志、工作压力、强度试验、密封试验	材料、工作可靠性试验、手动操作试验
集流管	工作压力、强度试验、密封试验	材料、自动排气阀要求
连接管	工作压力、强度试验、密封试验	材料
压力显示器	基本性能、标度盘要求	强度密封要求
控制盘	报警功能、控制功能	耐电压性能、绝缘要求
信号反馈装置	动作要求、强度要求、密封要求	耐电压性能、绝缘要求、触点接触电阻

10.2.2　安装

1）材料设备要求

（1）气体灭火设备、钢材及配件等，须有出厂证明书及产品合格证。进入现场后，安装使用前做检查、验证工作，必须符合国家有关规范、部颁标准及消防监督部门的规定和要求。

（2）按照施工安装进度计划核对进场后的材料数量。检验其规格、型号、尺寸、质量是否符合设计图纸要求。

(3)灭火剂储存容器的充装量不小于设计充装量,且不超过设计充装量的1.5%。

(4)检查灭火剂储存容器内的储存压力,灭火剂储存容器内的实际压力不低于要求温度下的储存压力,且不超过该储存压力的5%。

(5)气体灭火系统安装前对选择阀、液体单向阀、高压软管和阀驱动装置中的气体单向阀逐个进行水压强度试验和气压严密性试验。

(6)钢瓶至选择阀之间管道为集流管道,工作压力为1.5MPa,选用《输送流体用无缝钢管》(GB/T 8163—2008)规定的内外热浸镀锌无缝钢管及耐压等级相当的锻钢管件。

2)作业条件

(1)预留孔、洞、槽、眼,稳栽各种支、吊、卡架及预埋铁件等,及时配合土建工程进度预留、预埋。

(2)干管安装:位于各层(段)的顶层干管,在各层(段)结构封顶后安装;位于楼板下的干管,在结构进入上一层后进行;位于吊顶内的干管,最好在吊顶前安装完毕。

(3)立管安装:在抹好地面后进行,如需在抹地面前安装时,必须保证水平线和地表面高程准确。

(4)支管安装:必须在抹完墙面后进行安装。墙面不做抹灰时,支管在刮腻子后再进行安装。

(5)气体钢瓶、起动装置箱在室内墙面、墙裙做完后稳装固定。

(6)管道及设备支架装修前就位、稳装。

(7)其他设备器具在做完内装修,试压、试验后进行安装。

(8)防护区和灭火剂储存容器间设置条件与设计相符。

3)施工工艺

(1)安装工艺流程(图5-10-4)。

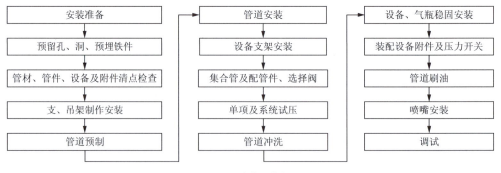

图5-10-4 安装工艺流程图

(2)安装准备。

①认真熟悉图纸,领会设计意图,确定施工方案。

②复核预留、预埋的位置、尺寸、高程。

③根据设计图纸画出管路分部的位置、管径、异变径、预留口的坐标、高程、坡向及支、吊架、卡件的位置草图,并将测量的尺寸做好记录;并注意并列交叉排列管道的最小间隔尺寸。

④按照草图,进行管道预制加工,加工后核对尺寸、编号,码放整齐。按照要求安装支、吊、卡、架。

⑤将预制管道及附件运至安装地点,按编号就位,清扫管膛。

⑥预留孔、洞及预埋铁件。

⑦设备材料的清点检查。

⑧支、吊架的制作,管道支、吊架按照设计图纸要求选用材料制作,其加工尺寸、型号、精度及焊接均符合设计要求。

⑨支、吊架的安装,管道支、吊架安装时,及时对支、吊架的固定和调整工作。

⑩当安装并列管道时,注意使管道间距排列标准化。

⑪灭火剂输送管道固定支吊架的最大距离按设计文件中的要求安装。

⑫预制加工,分为管道切断、管道切口的处理及管道内的检查、清扫、配管端的保护。

⑬将预制加工好的管段配好零件,编号放到适当位置调直,待安装。

(3)管道安装。

管道安装一般包括主干管、支干管、支立管、分支管、集合管、导向管安装。安装时,由主管道开始,其他分支可依次进行。安装后管道需防护与保养。

(4)设备支架安装。

①按照设计图纸要求,进行设备支架组装,组装时注意按照图纸顺序编号进行安装,安装后再矫正。

②储藏容器支架组装完,经复核符合设计图纸要求后,用4根膨胀螺栓固定在储藏容器室的地面上。

(5)按厂家技术要求配合储瓶安装、集流管安装、选择阀安装。

(6)管道单项及系统试压。

①依据本工程的现场实际情况,各站压力试验为气体介质。气压强度试验压力取值:IG-541 混合气体灭火系统取 10.5MPa。气压强度试验遵守下列规定:

②试验前,对系统内管道进行一次吹扫。吹扫工作一般用工艺装置内的气体压缩机进行。吹扫时在每个出口处放置白布或白纸板检查,不得有铁锈、铁屑、尘土、水分及其他脏物存在。吹扫合格后,及时把该处接合件拧紧。必须用加压介质进行预试验,预试验压力为 0.2MPa。

③试验时,准备 15MPa 压力表、200MPa 高压软管、连接至试压容器接口。表管逐步缓慢增加压力,当压力升至试验压力的 50% 时,如未发现异状或泄漏,继续按试验压力的 10% 逐级升压,每级稳压 3min,直至试验压力。保压检查管道各处无变形、无泄漏为合格。

(7)灭火剂输送管道经水压强度试验合格后进行气密性试验,经气压强度试验合格且在试验后未拆卸过的管道,可不进行气密性试验。

（8）设备稳固。按设计要求的编号、顺序进行储藏容器的稳固。安装时注意底盘不要发生弯曲下垂,安装容器框架拧紧地脚螺栓后,把储藏容器放入容器框架内,并用容器箍固定。

（9）管道及设备安装完毕后,按设计要求,进行管道及设备刷油;刷油时做到管道及设备表面干净,无锈、油污、灰尘等缺陷。

（10）喷嘴安装。安装时根据设计图纸要求,对号入座,不得任意调换、装错,以免影响安装质量。

10.2.3 调试及验收

1）调试阶段

本工程系统调试包括工点测试、单系统调试、系统大联调三个阶段。

（1）工点测试

以工点为单位进行连续 144h 系统测试,在每工点本系统设备不允许出现一次以上的误动作,若发生第一次误动作,该工点的 144h 连续测试失败（外部停电除外）,立即进行检修处理,处理完毕后重新进行系统的 144h 测试。

（2）单系统（独立防护区）调试

单系统的安装调试在安装指导的主持下完成单系统功能的调试工作,并完成相应的验收报告。若调试验收过程中出现达不到设计要求的问题,及时查找原因,快速解决。

（3）系统大联调

由业主主持,主动全面配合发包人顺利完成系统大联调。

2）调试准备

（1）技术准备

（2）系统运转前的检查

（3）气体灭火系统调试方案

①进行模拟喷气实验的目的是通过喷放试验,能发现系统安装及产品质量上存在的问题,并及时排除,以保证系统能可靠的正常工作。对备用灭火剂储存容器进行切换操作试验的目的是为了确保系统安装正确,切换使用的操作装置质量可靠。

②气体灭火系统的调试,对每个防护区进行模拟喷气试验和备用灭火剂储存容器切换操作试验。

③进行调试试验时,采取可靠的安全措施确保人员的安全和避免灭火剂的误喷射。

④模拟喷气试验采用原气进行试验,当原气试验有困难时采用氮气进行,氮气储存容器与被试验的防护区用的灭火剂储存容器的结构、型号、规格需相同,连接与控制方式一致,充装的氮气压力和灭火剂储存压力相等。氮气储存容器数不少于灭火剂储存容器数的20%,且不得小于1个。

⑤模拟喷气试验采用自动控制的操作方式。

⑥试验气体能喷入被试防护区内,且能从被试保护区的每个喷嘴喷出。
⑦有关控制阀门工作正常。
⑧有关声、光报警信号正确。
⑨储存容器间内的设备和被试保护区的灭火剂输送管道无明显晃动和机械性损坏。
⑩进行备用灭火剂储存容器切换操作试验时,可采用用手动控制的操作方式,试验采用的储存容器数量为1个。

3)消防验收
(1)消防验收准备工作程序
①完成收尾工程
做好收尾工程,通过竣工前的预验收,作彻底的清查,按设计图纸和合同要求,逐一对照,找出遗漏项目和修补工作。
②准备竣工验收资料
竣工验收资料和文件是工程项目竣工验收的重要依据,从施工开始就完整积累和保管,按档案馆规定准备好竣工文字资料并做好竣工图纸。
③竣工验收的预验收
通过预验收,及时发现遗留问题,事先予以返修,补修。
④竣工验收的依据
竣工验收依据主要有:设计文件、施工图纸和说明书、设计技术说明书、招标文件、投标文件和工程合同、图纸会审记录、工程隐蔽记录、工程联系函、监理会议纪要、设计修改签证和技术核定单等。
⑤竣工验收的标准
按照设计要求的施工项目内容、技术质量要求及验收规范的规定,各道工序全部保质保量施工完毕,各项工程项目全部安装结束,经过试车,全部符合安装技术的质量要求,并严格参照以下标准执行:《建筑设计防火规范》(GB 50016—2006)、《火灾自动报警系统设计规范》(GB 50116—1998)、《火灾自动报警系统施工及验收规范》(GB 50166—2007)、《气体灭火系统设计规范》(GB 50370—2005)、《气体灭火系统施工及验收规范》(GB 50263—2007)、《地铁设计规范》(GB 50157—2013)等标准执行。
⑥竣工验收的范围
全部完成按照批准的设计文件所规定的内容和业主规定的施工图纸的内容,完成工程合同中明确的内容及发包人要求的项目,具备功能和使用条件。
(2)消防工程验收需要的资料
验收准备阶段,及时协助发包人向将收集的各相关方消防报验手续进行汇总,并填写消防验收申请表,将表中有关土建、消防设备安装、装修等内容按要求填写清楚,并由相关专业的设计负责人、监理负责人和调试人员签署意见后汇总。建设单位负责与表中需要盖章的单位协调,按消防验收申请表的要求签字盖章,由施工单位负责将验收申请及消防验收所需提交的档案报送消防局。

消防验收必须提交的内容：

①消防设施设计防火审核意见书（复印件）。

②消防施工企业资质（复印件）。

③消防检测及电气安全检测报告。

④不合格部分的整改报告。

⑤消防验收申请表。

⑥消防产品检测报告。

⑦为确保消防验收能够顺利通过，建设单位、机电装修总包单位及各相关专业必须通力配合，这样才能使整个验收做到井然有序。

（3）消防验收后需进行的工作

消防验收后将及时向发包人提供工程竣工图纸及竣工资料，接受四方合验，积极协助向城建档案馆移交技术资料及竣工图纸，配合试运营工作。

10.3 体会与经验

（1）存在设计不够完善的地方，比如由于与建筑专业配合不够密切、气瓶间面积偏小，造成气瓶间设备布置略显紧张，对运营的使用维修产生不便。

（2）钢瓶间双电源切换箱体安装位置与钢瓶摆放位置冲突，钢瓶间位置比较集中、现场施工操作及维修空间有限，钢瓶间内所有箱体安装需根据钢瓶安装图纸及现场安装情况进行布局。

（3）钢瓶间内下排风孔安装位置不得侵占钢瓶间内主体位置，应根据钢瓶安装图纸并结合现场情况进行布局空间的合理优化。

（4）气体灭火系统保护区内泄压口根据《气体灭火系统设计规范》（GB 50370—2005）安装位置及安装高度要求，安装在保护区外墙上，位于防护区净高的2/3，泄压口在轨道交通内多安装在二次砌筑墙体上，装修单位砌筑时需根据气体灭火系统图纸要求，进行安装孔洞预留。

（5）气体灭火系统管网部分施工现场敷设时，因施工现场气体灭火保护房间多为核心设备用房，保护区内线槽、风管及管线密集，管网敷设使用的固定支架无法在顶板上固定且支架固定间距及高度基本大于1.2m，参照既有的施工图集无法满足轨道交通施工现场需求，现场支架制作及安装所选用的钢材规格型号在同等条件下多数高于施工图集要求，结合轨道交通气体灭火系统施工特点，设计专业需根据现场情况，重新计算并复核满足规范及承重要求的支架制作方式。

（6）钢瓶间内地面装修材质建议使用自流平水泥或水磨石，便于钢瓶间支架固定及膨胀螺栓固定安装，节约钢瓶间地面装修成本。

第 11 章 综合监控系统（含 FAS/BAS）

11.1 概 况

为实现各专业设备信息互通、资源共享,提升自动化水平,提高地铁运营的安全性、可靠性和响应性,最终达到安全、高效的目的,贵阳轨道交通 1 号线设置综合监控系统(ISCS)。ISCS 系统由中央级 ISCS 系统、车站级 ISCS 系统等组成。

贵阳轨道交通 1 号线工程的综合监控系统(ISCS 系统)建设除包括 ISCS 网络本身外,还包括火灾自动报警系统 FAS、环境与设备监控系统 BAS、门禁 ACS 及车辆段安防系统,系统的工程合同性质为联合体总包,负责并承包系统的供货、施工安装和设备调试。

11.1.1 工程概况

轨道交通 1 号线 ISCS、BAS、FAS 系统的设置要求如下。

1) ISCS 系统

(1)综合监控系统的设计应充分考虑系统的安全性与可靠性要求,主要设备考虑冗余措施。综合监控系统采用分层分布式体系结构,三级控制、两级管理运行方式,系统应能全天候运行。

(2)当出现异常情况,综合监控系统应能迅速转变运行模式,为防灾和事故处理提供方便。综合监控系统各子系统应相对独立。

(3)综合监控系统采用模块化开放式架构设计,预留一定的扩展能力。

(4)综合监控系统在换乘站预留一定的扩展条件,满足与邻线的数据交换和相关联动控制的要求。

(5)综合监控系统与各集成互联系统的接口应功能明确,接口界面清晰,以减少接口配合难度。

综合监控系统集成以下系统:
①环境与设备监控系统(BAS)。
②电力监控系统(SCADA)。
③火灾自动报警系统(FAS)。

综合监控系统互联如下系统:
①自动售检票系统(AFC)。
②信号系统(SIG)。
③站台门系统(PSD)。

④门禁系统（ACS）。

⑤时钟系统（CLK）。

⑥闭路电视监视系统（CCTV）。

⑦广播系统（PA）。

⑧乘客资讯系统（PIS）。

⑨综合 UPS 系统（UPS）。

（6）车辆段控制中心设置中央级系统，可实现全线统一管理。

2）FAS 系统

（1）火灾自动报警系统的设计按全线区间及车站同一时间发生一次灾害的情况考虑。

（2）FAS 监控管理范围包括全线所有车站、区间隧道及车辆段和停车场。

（3）火灾自动报警系统采用中心、车站两级管理模式，中心级管理功能由综合监控系统提供。

（4）车站按一级保护设计火灾自动报警系统，区间隧道按就近原则分别纳入相邻车站监控管理。

3）BAS 系统

（1）BAS 系统监控管理范围包括所有车站和区间隧道、车辆段及停车场。

（2）BAS 系统采用中心、车站两级管理模式，主要负责对本工程所有车站、区间内的一般机电设备（如：照明、通风、空调、给排水、自动扶梯、人防门等）进行集中监视和管理，在满足环境调控的同时达到节约能源的目的。中央级的功能由综合监控系统 ISCS 提供。

（3）BAS 除负责日常的机电设备运营管理外，还承担火灾时的防排烟控制任务。平时共用的风机和风阀均由 BAS 控制，执行正常和救灾两套运行模式。火灾时由 FAS 或 ISCS 下达指令，BAS 接受并优先执行，并在图形工作站上显示防排烟运行模式的执行状态。

（4）车站 BAS 的监控范围除了本车站以外还包括相邻区间隧道的一半（车辆段、停车场出入段线归毗邻的车站管辖）。区间隧道通风设备直接由中央级综合监控系统监控管理，必要时可以授权相应车站进行监管。

（5）系统在车站完成与综合监控系统的信息交互，系统传至综合监控系统的信息种类、数量、实时要求，应满足实际管理需要。

11.1.2　工程执行重点阶段简介

ISCS 系统（含 FAS、BAS）于 2012 年 12 月完成初步设计，2015 年 9 月完成用户需求书和招标文件，经过设计联络，2016 年 12 月完成首通段工程施工图设计。

初步设计阶段：主要完成系统功能的选择、系统构成方案、技术方案说明和比选、设备选型、系统国产化原则、运营模式的选择、与其他专业的接口划分方案以及投资概算。

用房需求书和招标阶段：在初步设计的基础上，结合业主对系统功能的需求和运营模式的选择,完成用户需求书编制工作。在用户需求书编制过程中,提出满足运营的功能、系统的构成、工程实施范围和项目管理等要求,参加技术澄清及合同谈判等。

设计联络阶段:本项工程的设计联络共分三次,第一次设计联络会确定了系统设备尺寸及安装要求,确认了系统设备的性能指标、定制设备的开发计划、接口实施计划表等,并提出了下次设计联络需解决的问题(如 IBP 盘方案、设备外观、颜色等);第二次设计联络会审议了中央计算机性能提升方案、IBP 盘设计方案、设备样机测试大纲、大屏幕选型方案、监控方案、设备人机界面方案等;第三次设计联络会对系统设备最终设计方案、交货及安装调试计划、国产及进口部件清单、样机测试计划、内外部接口等进行了审议。

施工图设计阶段:主要完成设备及管线平面布置图、系统设备安装图、系统网络接线图、系统供电接线图等。

配合施工阶段:首先对施工单位进行详细的技术交底,在施工过程中,解决施工单位遇到的技术问题、调试问题,并进行安装协调。

11.2　主要实现功能

11.2.1　综合监控系统

1)一般要求

贵阳轨道交通 1 号线工程综合监控系统功能定位于运行可靠、技术先进、经济适用。综合监控系统的功能旨在提高对机电设备的运营管理水平,提高管理效率。同时能为运营维护部门和公司管理决策提供相关信息支持。

2)ISCS 中央级功能

中央级综合监控系统设于控制中心内,由系统存储、处理从被控系统中读取的数据,实时反映现场状态变化信息,并在中央级数据库实时记录、更新、处理这些数据,生成报表。在各中央操作员工作站和大屏幕背投式显示屏(OPS)上可显示这些信息,中央操作员能够发布控制命令,形成相关的控制信息传送给与综合监控系统接口的各监控系统。

中央调度员工作站可根据不同的用户权限激活相应的人机对话界面(HMI),实现地铁全线中央级的全部监视、控制功能。中央级综合监控系统和各调度员工作站均配设相应的打印机,实现图形、事件、报表等的打印。

3)ISCS 车站级综合监控系统功能

ISCS 车站级综合监控系统设于地铁各车站,由系统存储、处理从被控系统中读取的数据,实时反映现场信息的状态变化,并在车站级数据库实时记录、更新、处理这些数据,生成报表。各车站控制室内值班员工作站可显示这些信息,并能够发布控制命令、形成相关的控制信息,传送给被集成互联的各监控系统。

车站值班操作员工作站可根据不同的用户权限激活相应的人机界面（HMI），实现地铁车站级各监控系统的全部监视、控制功能。ISCS 车站级综合监控系统配置各类打印机，用于图形、事件、报表等的打印记录。

11.2.2 火灾自动报警系统

1）中央级功能

1 号线 FAS 中央级功能由综合监控系统（ISCS）在控制中心提供，ISCS 提供的 FAS 中央级功能主要包括：

（1）负责全线防、救灾设施的管理。
（2）编制全线 FAS 系统的运行模式。
（3）监视全线 FAS 系统及相关设备的运行工况，接收车站报送的灾情信息，并记录存档，进行历史资料档案管理。
（4）各站接入中央级系统，实现对全线各站的监视和控制。
（5）对灾害点车站及相邻车站发出控制指令，对相应防、救灾设施按预定的运行模式进行启 / 停控制。

2）车站级功能

FAS 车站级（包括车辆段、停车场）系统包括报警部分、控制部分及通信设施。FAS 车站级功能如下：

（1）监视车站管辖范围内的火灾情况，自动采集火灾信息，显示报警部位，同时打印记录，并经 ISCS 报送中央控制中心。
（2）监视气体自动灭火系统的运行状态。
（3）显示火灾报警区域、火灾自动报警设备所在的位置和运行状态画面。
（4）显示区间消防干管蝶阀、消防泵、防火阀等消防设备状态。
（5）火灾发生时通过与车站级 BAS 的通信接口发出回指令，BAS 按指令将环控系统的正常运行模式转换为事故运行模式，并接收命令执行后的返回信号。
（6）灾害时切断相关区域的非消防电源，停止非消防设备运行。
（7）控制防火卷帘。
（8）灾害时，控制电梯停靠于疏散层。

由于本工程设计有综合监控系统，以下消防联动控制功能由综合监控系统实现：

火灾发生时切换服务广播为火灾应急广播，经闭路电视监视系统（纳入通信系统）的显示屏，监视站厅、站台、疏散通道等人员密集的救灾现场。

火灾发生时手动控制自动扶梯停运、电梯停靠出入口层或疏散层、打开自动检票机闸门、打开站台门，由 ISCS 系统的 IBP 综合后备盘实现。

11.2.3 环境与设备系统

1）BAS 中央级功能

（1）BAS 系统中央级功能由 ISCS 提供，可方便有效地监督全线各车站及区间隧道的环控设施（车站通风系统、车站空调系统、区间隧道通风系统）在设定标准范围内运行；监视和记录车站典型区域测试点的温度、湿度和室外温度、湿度等环境参数（给排水、自动扶梯、电梯、人防门、照明、导向标志设备等设备，由车站操作员在车站级 ISCS 工作站监控）。

（2）根据地铁运行环境及车站其他系统的监控要求，修改并确定全线隧道及车站通风空调系统的运行模式；向车站下达 BAS 控制的所有环境控制设备的运行模式和时间表控制程序。

（3）接收各车站报送的设备运行状态、故障报警信息，环境参数检测数据，机电设备运行计时。对接收的数据进行处理，并将历史资料存档，为设备维修和运营管理部门提供维修和设备主/备切换报告。

2）BAS 车站级功能

（1）车站操作员能在车站级 ISCS 工作站上监视或监控给排水、自动扶梯、电梯、人防门、照明、导向标志等设备状态。

（2）在正常情况下，区间隧道环控设施由 OCC 监控，车站只可监视，不可控制。在紧急情况下，通过相应授权，车站操作员可控制隧道环控救灾模式。

（3）对所有被控设备实现单独控制、联锁控制和各种模式自动和手动控制。

（4）将车站被控设备运行状态、报警信号及测试点数据及时送至车站 ISCS，并接收中央级的各种监控指令和运行模式指令。

（5）火灾时，当工作站出现故障，可以通过综合后备盘（IBP）（图 5-11-1）控制通风排烟设备按预设灾害模式运行。

3）BAS 现场级功能

（1）现场控制器通过 BAS 在车站的总线网络与车站主 PLC 通信，接收控制指令并对现场设备进行就地控制，满足设备的现场调试要求，同时将设备运行状态和参数传送到车站主 PLC。

图 5-11-1 综合后备盘（IBP）

（2）现场级控制箱中的 I/O 连接被控设备、传感器和执行器，实现状态信息的采集、监视和控制信号的输出。

（3）PID 调节控制功能、逻辑控制及模式控制功能在 PLC 实现。

11.3 主要系统构成

11.3.1 综合监控系统 ISCS

1) 系统结构原则

（1）软件构成

综合监控系统的软件从逻辑上分为三层：①数据接口层，专门用于数据采集和协议转换。②数据处理层，对收集数据进行判断和处理。③人机界面层，用在工作站上显示人机界面，完成各种监控和操作。

（2）硬件构成

综合监控系统从硬件设备配置上分为三层：中央级综合监控系统、车站级综合监控系统（包括轴心站和卫星站系统）、现场级控制设备（各子系统底层设备部分）。

2) 中央级 ISCS 系统

中央级 ISCS 系统的主要设备包括以下：

① 100/1000Mbps 以太网。双冗余的工业以太网组网为环形网络，网络通信协议采用 TCP/IP，以太网应符合 IEEE 802.3 及 IEEE 802.3u 的规定。双冗余以太网的工作模式为双网热备用。即在正常情况下使用一套网络工作，工作中的网络故障时自动切换到另一套网络。

② 实时服务器。采用冗余的高端实时服务器作为全线信息的中心，担任全线服务器的角色。它可将 1 号线各车站 ISCS 系统的必要信息汇集到实时数据库中，支持各调度员工作站的监管功能。

③ 历史服务器：用以减轻实时服务器的负担，提高系统的运行效率，处理系统的实时采集数据，并存储及管理系统的历史数据。

④ 前置数据处理机。设置两台冗余的前置数据处理机（或称通信前置机），负责 ISCS 系统在控制中心与其他系统的接口管理。两台前置数据处理机互为热备，并与其他常规设备各系统的物理接口提供冗余设置。

⑤ 维护工作站：设于车辆段内，在维护方面，主要实现对各子系监视和故障报警和有关数据。提供性能管理、配置管理和故障管理；同时负责全线计算机设备的组态、维护管理，提供系统维护的功能。

⑥ 网管工作站：设于车辆段内，配置成熟的网管软件，对全线网络进行管理，提供性能管理和故障管理

⑦ 调度员工作站：分别为行调工作站、电调工作站、环调工作站及总调工作站。行调、电调、环调均配置两套工作站，总调配置一套工作站，每台工作站均配有双显示器。

⑧ 操作员工作站：设于车辆段控制中心，主要实现对车辆段供电设备的监视。

⑨打印机。行调工作站、总调工作站各设置一台网络打印机;电调工作站、环调工作站共享一台网络打印机,即事件/报表打印机。正常情况下各调度员使用指定的打印机,故障情况下,打印机可互相调用。另设一台彩色激光打印机,进行屏幕或报表打印。维护及工程师工作站设置一台网络打印机。

⑩大屏幕显示。ISCS系统与闭路电视系统及信号系统共享大屏幕,整个大屏幕显示主要分为三个区域:ISCS系统显示区域、CCTV画面显示区域及行调显示区域。主要功能:显示全线供电设备状态图(电力主接线图)和列车运行状态;可动态显示各系统的重要信息和系统紧急信息;实时显示闭路电视监视系统的画面。占用27块70英寸的显示单元(3行×9列)。

⑪培训设备。培训设备设于车辆段培训中心的培训室,配置包括培训一台服务器、一台教师工作站、两台学员工作站、一台打印机、网络交换机等。

3) 车站级 ISCS 系统

(1) 车站级综合监控系统硬件配置

车站级综合监控系统硬件主要由以下几部分构成:

①车站服务器。采用两台冗余服务器,实现本站的数据处理和存储。冗余配置的服务器应具备双机热备的功能,热切换必须稳定、有效、快速,同时不影响系统的正常运行。

②车站交换机。车站配置两台以太网交换机,交换机提供车站级综合监控系统的冗余运行环境,应选用稳定可靠的产品。

③前置数据处理机。车站设置两台冗余的前置数据处理机(或称通信前置机),负责ISCS系统在车站与其他系统的接口管理。两台前置数据处理机互为热备,并与各系统提供冗余物理接口。

④综合后备盘(IBP)。设置于各车站控制室内。当车站发生紧急情况时,可启用IBP直接控制车站内重要环控和常规设备。

⑤操作员工作站。车站控制室均配置一套双显示器的工作站作为ISCS系统与操作员的接口界面。系统管理人员可在此工作站查询本站系统信息,对系统进行维护操作。

⑥打印机。控制室设置一台网络打印机,即事件/报表打印机。维护工作站设置一台系统打印机,供屏幕或档案打印。

(2) 车站级综合监控系统软件

①车站级ISCS系统应用软件。

②操作系统软件。

③接口管理软件。

④防毒杀毒软件。

⑤网络管理软件。

4) 综合监控系统网络设计

OCC与车站之间的信息交换通过由通信提供的专用单模光纤(从OCC至各站,每站4芯光纤),ISCS系统提供交换机等网络设备,通信信道冗余配置,通信类型为1000Mbps

图 5-11-2 1号线 OCC 调度大厅

（GE）以太网。

ISCS 系统为满足轨道交通运营"安全、可靠、经济、适用"目标，体现"以人为本"的思想，必须保证与各相关机电系统间信息及时、准确、可靠地传送。ISCS 系统面向的对象是 OCC 的电调、环调、行调、总调（值班主任）、维调和车站的值班站长、值班员。ISCS 系统应满足上述岗位的运营和维护功能要求。图 5-11-2 为 1 号线 OCC 调度大厅。

11.3.2 火灾自动报警系统（FAS）

1号线系统中央、车站级的管理功能均由综合监控系统实现。

车站级 FAS 系统主要由火灾自动报警主机、现场设备、现场总线以及消防专用电话等组成。车站的火灾自动报警系统通过标准的数据通信接口直接与车站综合监控系统连接，车站的火灾自动报警系统可向控制中心报送火灾信息，并接收控制中心发布的防救灾指令。

车站（包括车辆段、停车场）内共用的风机和风阀均由 BAS 直接控制，执行正常和救灾两套运行模式。火灾时由 FAS 下达指令，BAS 接受并优先执行，并返回设备动作信号。车站的火灾自动报警系统（FAS）与本站环境与设备监控系统（BAS）采用通用的数据通信接口，接口通信协议、接口硬件标准要求统一或兼容。

系统现场设施包括点形和线形火灾自动探测器、手动报警按钮、警铃、各种监控模块等。探测器及警报设备应采用环形接线方式。

11.3.3 环境与设备监控系统（BAS）

本工程 BAS 系统主要负责 1 号线全部车站以及车辆段和停车场相关机电设备的自动化监控管理。

（1）BAS 系统主要由冗余 PLC 控制器、现场设备（如 RI/O 模块）及总线网络等部分组成。系统中央、车站的管理功能均由综合监控系统实现。

（2）车站环境与设备监控系统（BAS）纳入车站综合监控系统（ISCS），车站控制室不单独设 BAS 工作站，相应功能由 ISCS 值班员工作站统一实现。

（3）在每个车站设一套冗余 BAS 冗余 PLC。可执行环控正常及紧急模式控制、自动 PID 控制、时间表控制、连锁控制以及手动控制。

（4）在每个车站设一套 IBP PLC，紧急情况下可不经过 BAS 冗余 PLC 对重要消防设备进行手动紧急模式控制。

（5）车辆段、停车场 BAS 系统的构成与车站基本相同，按设一套冗余 BAS 冗余 PLC 考虑。

11.4 工程实施与初步设计的差异

11.4.1 综合监控系统

1)集成的系统

初步设计:集成的系统包括 FAS/BAS/SCADA/ACS/PSD。

工程实施:集成的系统仅指 BAS/SCADA,其余原初步设计集成系统的相应功能以互联形式实现。

2)综合监控系统网络的构建

初步设计:由通信系统提供传输通道。

工程实施:为单独组建 ISCS 系统的商业以太网网络(未采用非国际标准的工业以太网),综合监控系统在车站和中央为 AFC 提供相关的数据通道,通信系统为其提供线控中心至中心站的备用通道。

3)车辆段 ISCS 的定位

初步设计:车辆段 ISCS 定位相当于车站 ISCS,ISCS 信息上传 ISCS 中央级。

工程实施:车辆段 ISCS 定位相对独立,ISCS 信息无需上传 ISCS 中央级。

4)系统供电

初步设计:系统采用独立设置 UPS 方式,实现不间断电源。

工程实施:系统采用与其他弱电系统合设 UPS,实现不间断电源。

5)OCC 大屏幕

初步设计:系统采用 67 英寸规格大屏幕。

工程实施:系统由于 67 英寸规格大屏幕停产,后改用 70 英寸规格大屏幕,价格不变,性能更优。

11.4.2 火灾自动报警系统(FAS)

1)地下区间火灾报警

初步设计:选用感温光纤报警系统对地下区间进行火警自动探测。

工程实施:保留地下区间手动报警,取消感温光纤报警系统对地下区间进行火灾自动探测报警。

2)系统供电

初步设计:系统采用独立设置 UPS 方式,实现不间断电源。

工程实施:系统采用与其他弱电系统合设 UPS,实现不间断电源。

11.4.3 环境与设备监控系统(BAS)

1)BAS 集成方式

初步设计:BAS 采用深度集成模式,BAS 车站级的维护工作由综合监控系统和移动工作站实现。

工程实施:BAS 仍为深度集成模式,但为每个车站级增加 BAS 子系统维修工作站,同时可作为自动化集成网络故障情况下的后备工作站。

2)BAS 设置范围

初步设计:高架站不设 BAS。

工程实施:全线统一设置 BAS。

3)系统供电

初步设计:系统采用独立设置 UPS 方式,实现不间断电源。

工程实施:系统采用与其他弱电系统合设 UPS,实现不间断电源。

11.5 设备安装

11.5.1 综合监控系统(ISCS)

综合监控系统施工程序如图 5-11-3 所示。

1)施工方法

(1)施工准备

①熟悉图纸。在开工前,核对施工设计图纸和相关文件,明确工程范围,熟悉相关技术规范和施工工艺,对作业人员进行技术培训。

②现场检查。开始施工前必须仔细审核设计图纸,核对工作站(台)、操作台、机柜及配线箱等的安装位置,各站场显示单元的安装位置。对机房进行调查,了解掌握管、槽位置,接地装置位置,检查室内装修、照明、电源状况是否满足施工要求,门窗安装是否齐全、完整严密。丈量机房尺寸是否满足施工图要求。

③设备材料选购。根据施工设计文件和相关技术规范,做好设备和材料的选购工作。

④配备齐全的机具仪表及专用工具。

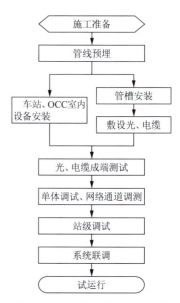

图 5-11-3 综合监控系统施工程序图

(2)设备材料开箱检验

设备到货后,会同有关单位进行开箱检查,并符合如下要求:

①搬运或开箱小心操作,不得损伤设备、备品和元部件,也不得将包装箱倒置,开箱后,认真做好设备外观检查和记录。

②设备程式、规格和数量符合设计要求或标书的规定,设备所附带的产品出厂文件、图纸、产品合格证、备品等,进行清点和集中妥善保管,并做好清点记录,文件图纸、合格证、备品等在完工交验时,移交运营接收单位。

③设备和附备件、机内元部件及布线等齐全完整,测量和指示表盘等无损伤,机件无弯曲变形,无元部件脱落,焊接良好,无活动和断头现象,机件无受潮、发霉及锈蚀变质现象,镀层和漆饰完整。如发现不符合上述情况时,做好检验记录,凡质量不合格的设备和器材,一律不得使用。

④在开箱检验中发现设备材料有缺件、损坏或不适用时,填写"质量信息反馈卡"送交供应商,并及时取得联系,商定处理办法。

(3)管、槽、架安装

①根据施工图纸确定缆线防护管、槽安装位置,并测量管、槽安装长度,确定出线盒、过线盒的数量。

②在安装的部位(吊顶、墙面或地面)画线定位,注意画线时适当避开障碍物(如暖气管路、电力及其他专业管线)。当无法避开时,与设计单位、监理单位、现场工程师取得联系,寻求解决办法。

③在画好的线条上打眼,打眼间隔按设计要求,孔眼平直,不得成喇叭状。

④用膨胀螺栓安装吊杆或托架、吊架,做到牢固,保证有足够的承载力。

⑤安装防护管、槽,做到平直、牢固,其负荷强度满足安装要求。水平转弯或上下起伏圆滑,管弯曲半径不得小于管子外径的6倍。电缆防护管、槽、引线盒、过线盒、出线盒保证管、盒内壁光滑无毛刺,避免损伤电缆,留下隐患。

⑥防护管敷设长度超过下列长度时加装接线盒:管子长度每超过45m,无弯曲时;管子长度每超过30m,有1个弯曲时;管子长度每超过20m,有2个弯曲时;管子长度每超过12m,有3个弯曲时。

⑦牵引铁线穿放到位。

⑧防护管安装完毕,采取封堵措施,防止老鼠及其他异物进入。

(4)大屏幕显示单元安装

①根据施工图纸和设备安装说明书的要求,将大屏幕显示单元安装到位。

②大屏幕显示单元安装要平衡,根据需要可以调整显示单元的倾斜度,以保证最佳图像效果。显示单元安装时轻拿轻放,安装完毕后必须做好临时性保护措施和醒目标志。

③初步安装完后,经通电试验后,观察图像质量。

(5)机房设备安装

①机房设备包括控制中心、车站、工作站(操作台)、蓄电池(UPS)交换机、打印机、配(接)线箱和机柜等。

②机柜的安装必须牢固,水平、垂直偏差度小于1‰。

③控制中心监控设备的安装主要为监控机架、服务器外部磁盘阵列、存储设备、服务器、交换机、工作站、打印机和管理终端设备的安装。机柜安装时增加机柜底座、清洁地面,制作机座及连接件、钻孔,除锈刷漆,安装固定,并使机柜竖直平稳,垂直偏差不得超过标准,监控室内的电缆敷设从机柜、显示器底部引入,将电缆顺着所盘方向捋直,按电缆的排列次序放入槽内。

④车站监控设备的安装主要为车站实时服务器、车站值班员工作站、打印机、通信服务器、交换机、操作台、接(配)线箱盒和机柜的安装。机柜安装时增加机柜底座、清洁地面,制作机座及连接件、钻孔,除锈刷漆,安装固定,并使机柜竖直平稳,垂直偏差不得超过标准,车站室内的电缆敷设从机柜底部引入,将电缆顺着所盘方向捋直,按电缆的排列次序放入槽内。

⑤网络管理、培训、软件测试设备安装主要为工作站、服务器、打印机、交换机、模拟器、UPS、软件测试平台和机柜的安装。机柜安装时增加机柜底座、清洁地面,制作机座及连接件、钻孔,除锈刷漆,安装固定,使机柜竖直平稳,其他设备根据图纸位置结合实际情况安装,配线从机柜底部引入、捋顺、扎把,根据实物配线图正确配线。

2)施工注意事项

(1)设备在搬运和安装时,应采取防震、防潮、防止机架变形和漆面受损等措施,必要时,将部分元件卸下。做到轻放平稳,以防损坏设备,并确保人身安全。

(2)室内设备安装时保持设备机房的清洁,安装设备前要进行清扫,除尘。

(3)机房须配备消防器材,无易燃、易爆等危险物品,室内禁止吸烟。

(4)送电前,要通知现场有关施工人员,非调试人员禁止乱动电源闸刀。

(5)机房地面平整、光洁、防静电活动地板的负重、防振措施、牢固度和防静电措施符合要求。

(6)缆线穿放前,确保所穿放通道畅通、清洁,确保钢管口、出线盒等无毛刺现象,保证线缆穿放时外层套不受损伤。

(7)设备配线必须留有一定的预留。

车站级和中心级的监视及控制是相互独立的,中心各调度操作员的操作和控制也是相互独立的。

11.5.2 环境与设备监控系统

环境与设备监控系统施工程序如图5-11-4所示。

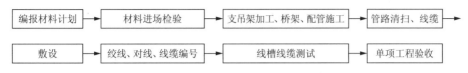

图 5-11-4　环境与设备监控系统施工程序图

施工技术要求如下：

(1) 公共区墙面式温湿度传感器的安装的技术要求

一般安装在站厅、站台层柱上，距地面 2.2m，不得安装在出入口和送风口附近，要求安装在回风口附近。安装位置在公共区的中部，位置基本对称，保证整体美观。温湿度传感器的信号线在高电磁干扰区域采用屏蔽线，与 220V AC 电源线之间至少保持 15cm 的距离。安装位置处要求清洁、防潮、无冷凝。

因站厅、站台层温湿度传感器都贴墙或贴柱安装，安装时应配合其他施工单位提供开孔尺寸图。待其他施工单位完成施工后再进行安装，安装后保证美观。

安装于公共区吊顶处传感器的导线需由钢管引下，并用角钢支架固定。传感器安装金属软管和连接头，软管长度不得超过 1m。电缆接入密封管 M16×1.5。

(2) 管道式温湿度传感器的安装的技术要求

温湿度传感器位置应远离出入口冷热源和风管开口处，风管的温湿度传感器应安装于所检测位置的敏感点。温度传感器与工艺管道垂直安装时，应距离风管 600mm 的位置左右，进线口方向向下。其轴线应与工艺管道轴线垂直相交，温度传感器安装在易受冲击的地方时，应采取防护措施。温湿度传感器的信号线在高电磁干扰区域采用屏蔽线，与 220V AC 电源线之间至少保持 15cm 的距离。在工艺管道拐弯处，宜逆着介质流向，温度传感器轴线应与工艺管道轴线相交。

风管壁上开孔，开孔尺寸为 $\phi17$，插入风管内的长度在风管的 1/3～1/2 的位置。

安装时用密闭胶垫(橡胶厚 2mm)、连接板(钢板厚 2mm)、自攻螺丝(M4×12)、锁紧螺母(M14)、传感器配套的风管法兰或固定卡具在风管上固定。具体方法按有关规范标准执行。

传感器的导线需由钢管引下，并用角钢支架固定。传感器安装金属软管和连接头，软管长度不得超过 1m。电缆接入密封管 M16×1.5，以便 BAS 承包商安装时接线。

(3) 二氧化碳传感器的安装的技术要求

一般安装在站厅、站台层柱上，二氧化碳传感器距地面 1.5m。二氧化碳传感器安装位置在公共区的中部，位置基本对称，保证整体美观。传感器的信号线在高电磁干扰区域采用屏蔽线，与 220V AC 电源线之间至少保持 15cm 的距离。安装位置处要求清洁、防潮、无冷凝。

因站厅、站台层温湿度传感器都贴墙或贴柱安装，安装时应配合其他施工单位提供开孔尺寸图。待其他施工单位完成施工后再进行安装，安装后保证美观。

装于公共区吊顶处传感器的导线需由钢管引下,并用角钢支架固定。传感器安装金属软管和连接头,软管长度不得超过 1m。电缆接入密封管 M16×1.5。

11.5.3 火灾自动报警系统

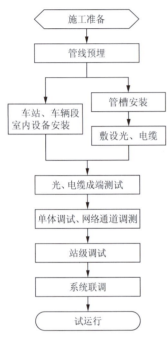

图 5-11-5 火灾自动报警系统施工程序

火灾自动报警系统施工程序如图 5-11-5 所示。

该系统具体施工方法如下。

(1) 管线预埋

①施工准备。

接到施工任务后,首先应对图纸进行会审,同时熟悉结构图、电气图、工艺管道布置图及其他专业的有关图纸,找到影响施工的设计问题,组织设计交底,解决设计施工方面存在的问题,确定施工方法和配备相应的劳动力、设备、材料、机具等。按照工程实际系统参数在计算机上进行分类汇总,这样不仅可以补漏补差,也便日后施工使用。按照消防工程质量总要求,编制施工及调试方案。根据现场施工环境进行有针对性的安全交底,安全交底应注意协调各系统的关联工作,确保联动试车的安全工作,以免造成设备、人员的损伤。另外还需要对节约和文明施工提出要求。

②管路工程。

施工中除了按照规范和标准执行外,还要区别系统形式(区域、集中和控制中心系统),综合各专业图纸,按照方便交叉施工并不容易被其他安装和装修破坏的原则,将管路尽可能布放在建筑物走道的梁边、屋顶等地方,配管前应根据设计、厂家提供的各种探测器、手动报警器、广播喇叭等设备的型号、规格,选定接线盒,使盒子与所安装的设备配套,细化施工(大样)图,然后在平台模板上按照细化的施工图用明亮的油漆画出管、盒的位置,拆模后就可以留下永久标记,便于以后的施工与防护。

工业项目明敷消防管,可以综合电气照明平面图,统一规划线路走向。在保证安全距离的情况下,照明与消防管平行或分层同时敷设(图 5-11-6、图 5-11-7),避免重复登高,节约人工、机械成本,提高工作效率。

对新建建筑物,均采用管线盒在建筑构件内预埋,《火灾自动报警系统设计规范》(GB 50116—2013)也明确规定要做好施工中的隐蔽工程及记录。但在实际施工过程中,常会遇到预埋的管子不通,必须进行疏通处理,造成材料和人工的浪费,同时增加了后期施工难度。因此,管线盒预埋时,须做好管、盒的固定:用铁丝将管线捆扎在底筋上,使之不易移位,盒外侧应套锁母,内侧应装护口,FAS 管路应用废纸填实,便于查找。对塑料管也应采取相应固定措施。管子用束接连接时,接头处应用胶带固定保护,防止管子内灌浆。工作时的防护,还要注意保护层的厚度,强化管道的吹扫和线缆绝缘测试,并根据设计使用线材,以保证线路绝缘值在 20MΩ 以上,保证信号的传输。

图 5-11-6 灾害报警系统管路平行敷设

图 5-11-7 消防配管暗敷及分层敷设

③线缆工程。

横向敷设的报警系传输线路如果采用穿管布线时,不同防火分区的线路不宜穿入同一根管内;采用总线制不受此限制。

火灾报警器的传输线路应选择不同颜色的绝缘导线,探测器的"+"线为红色,"-"线应为蓝色,其余线应根据不同用途采用其他颜色区分。但同一工程中相同用途的导线颜色应一致,接线端子应有标号。

导线或电缆在接线盒、伸缩缝、消防设备等处应留有足够的余量。

在管内或线槽内穿线应在建筑物抹灰及地面工程结束后进行。在穿线前应将管内或线槽内的积水及杂物清除干净,管口带上护口。

敷设于垂直管路中的导线,截面面积为 50mm² 以下时,长度每超过 30m 应在接线盒处进行固定。

机柜配线为工作重点,要求为:整齐、美观、安全、可靠和稳固。因火灾报警通信电缆大多使用 NH-BVR-2×1.0 双绞线,工业厂房及高层建筑控制点繁多,易混淆,线径小,保护层易损伤,所以导线进入机柜后要避开锐利的棱角、毛边等容易损坏绝缘处,也要避开电源等高温处,每根控制电缆应穿号码管及挂牌区分。控制电缆及电源电缆应保持足够的安全距离,电源接线应绞合布线,减少干扰。机柜配线如图 5-11-8 所示。

(2)设备安装

火灾报警系统中设备主要包括:区域火灾报警控制器,集中报警控制设备;消防中心控制设备;图像显示与打印操作设备;消防备用电源;火灾探测器(感烟、感温、燃气等);手动火灾报警按钮;声光显示报警器;各类模块(中继器);各种联动控制及信号反馈设备;消防通信设备(如

图 5-11-8 机柜配线图

消防电话);消防广播设备(各种扬声器)。

　　消防自动报警系统的设备安装包括设备安装和设备接线两部分。消防系统设备一旦启用,一般是火灾发生的紧要关头,如果操作不便,很可能贻误战机,浪费宝贵时间。另外,操作不便也会产生心理压力,造成紧张甚至出现错误,所以消防设施的安装必须保证操作方便,主要注意安装高度、操作空间。部分消防设施要求安置在明显位置,并有明显标志,且应设置消防专用通信装置,如固定电话、电话插孔等。在设备接线时要注意两个问题:一是电缆芯线和所配导线的端部应有明确标记。二是采用屏蔽电缆时,应将屏蔽网层捻成线状,避免屏蔽网接触不可靠。另外,如采用端子接线时,每个端子内压线不宜超过 2 根,否则螺丝压不紧,接触不可靠。

　　①感烟型和感温型探测器均分为防爆型,它们具有不同的使用场所,不同的安装方法,感烟型、感温型探测器可同时装设于同一回路内,并且防爆型探测器在与控制器或扩展器连接前,必须经过安全栅。探测器依据施工图位置安装时,有下列情况之一的要进行调整:

　　a. 感烟型探测器无法保证距屋顶小于 400mm 时,感温型无法靠近屋顶时;

　　b. 感烟型和感温型探测器在风道上方或者有其他遮挡物时;

　　c. 感烟型和感温型探测器距离进出口小于 1.5m 时。

　　火灾报警控制器(以下简称控制器)接收火灾探测器和火灾报警按钮的火灾信号及其他报警信号,发出声、光报警,指示火灾发生的部位,按照预先编制的逻辑,发出控制信号,联动各种灭火控制设备,迅速有效的扑灭火灾。为保证设备的功能必须做到精心施工,确保安装质量。火灾报警器一般应设置在消防中心、消防值班室、警卫室及其他规定有人值班的房间或场所。控制器的显示操作面板应避开阳光直射,房间内无高温、高湿、尘土、腐蚀性气体;不受振动、冲击等影响。

　　②集中报警控制室或消防控制中心设备安装应符合下列要求:

　　a. 落地安装时,其底宜高出地面 0.05～0.2m,一般用槽钢或打水台作为基础,如有活动地板时使用的槽钢基础应在水泥地面生根固定牢固。槽钢要先调直除锈,并刷防锈漆,安装时用水平尺、小线找好平直度,然后用螺栓固定牢固。

　　b. 控制柜按设计要求进行排列,根据柜的固定孔距在基础槽钢上钻孔,安装时从一端开始逐台就位,用螺丝固定,用小线找平找直后再将各螺栓紧固。

　　c. 控制设备前操作距离,单列布置时不应小于 1.5m,双列布置时不应小于 2m,在有人值班经常工作的一面,控制盘到墙的距离不应小于 3m,盘后维修距离不应小于 1m,控制盘排列长度大于 4m 时,控制盘两端应设置宽度不小于 1m 的通道。

　　d. 区域控制室安装落地控制盘时,参照上述有关要求安装施工。

　　③引入火灾报警控制器的电缆、导线接地等应符合下列要求:

　　a. 对引入的电缆或导线,首先应用对线器进行校线。按图纸要求编号,然后遥测相间、对地等绝缘电阻,不应小于 20MΩ,全部合格后按不同电压等级、用途、电流类别分别绑扎成束,引到端子板,按接线图进行压线,注意每个接线端子接线不应超过二根,盘圈应按顺时针方向,多股线应刷锡,导线应有适当余量,标志编号应正确且与图纸一致,字迹清晰,不易褪色,配线应整齐,避免交叉,固定牢固。

b. 导线引入线完成后,在进线管处应封堵,控制器主电源引入线应直接与消防电源连接,严禁使用接头连接,主电源应有明显标志。

c. 凡引入有交流供电的消防控制设备,外壳及基础应可靠接地,一般应压接在电源线的 PE 线上。

d. 消防控制室一般应根据设计要求设置专用接地装置作为工作接地(是指消防控制设备信号地域逻辑地)。当采用独立工作接地时电阻应小于 4Ω,当采用联合接地时,接地电阻应小于 1Ω,控制室引至接地体的接地干线应采用一根截面面积不小于 16mm^2 的绝缘铜线或独芯电缆,穿入保护管后,两端分别压接在控制设备工作接地板和室外接地体上。消防控制室的工作接地板引至各消防控制设备和火灾报警控制器的工作接地线应采用截面面积不小于 4mm^2 铜芯绝缘线,将其穿入保护管构成一个零电位的接地网络,以保证火灾报警设备的工作稳定可靠。接地装置施工过程中,应分不同阶段作电气接地装置隐检,接地电阻遥测,平面示意图等质量检查记录。

11.6 系统调试

综合监控系统(含环境与设备监控、火灾自动报警系统)安装就绪后,再对系统进行检验与复查。符合要求后进行系统调试,调试分为单体、单系统、全系统调试。

(1)系统设备开机检查

经过运输、安装等工作后,进行开机检查,检查是否在安装过程中造成了设备的损坏,也可以让机器在现场进行再次的"老化",提前发现问题,避免调试过程中的不稳定情况出现。

(2)单体调试

①消防广播及通信的线路及设备。开通消防对讲电话主机,逐层试通对讲电话。首先开通的目的主要是便于在调试过程中合理有效利用现有通信设备,提高调试速度。

②报警与联动线路检查、接入。

③探测器、手动报警按钮等外设测试。系统自检后没有故障和报警,就可以对所有报警点进行内码编写,再次自检代入各地址。调试人员根据此显示信号检查有关回路和设备(在安装过程的检查与复查阶段已经对所有设备复位),分析原因及时排除,属于设备自身硬故障的可以暂时"屏蔽",待厂方修理。确认所有地址正确测试出,即可对探测器进行试验检查,对按钮进行测试。

④逐一开启喷淋末端检验阀门,确认水流指示器编码模块工作正常。

⑤楼层显示器、声光报警器。根据楼层显示器的模式,检查显示器的工作状况。楼层显示器一般都有自检功能,以判断设备状态。

⑥火灾报警系统控制器的功能检查。对火灾报警系统控制器的以下功能进行检查和测试：系统自检、探测器屏蔽和故障报警功能；报警和二次报警功能；火警优先功能；显示、记忆功能；开关功能；电源自动切换、备用电源自动充电功能，以及电源的欠压和过压报警功能。

（3）单系统调试

①非消防电源切断及火灾应急照明和疏散指示动作试验。联动控制器对各层发出切断电源信号，观察并记录动作是否准确，信号是否正常。

②消防紧急广播测试。开通消防广播台，逐层试通消防广播，并将切换信号送至各层消防广播切换模块（中继器）或控制柜，检查其切换动作是否正确可靠；再在背景音乐下检测其切换动作。同时试验最大负荷性能。

③加压、排烟风机、送风阀、排烟阀单机动作测试。通过控制器逐个测试动作并观察信号。

④防火卷帘试运行。对所有防火卷帘逐一进行试验，先利用开关手动进行，然后让探头报警，观察帘板动作和信号显示（通道卷帘需要测试二步降）。

⑤消防电梯迫降。通过电梯的消防开关和联动控制器分别发出信号，观察消防电梯是否迫降至指定楼层及信号状况。

⑥消防给水设备测试。通过联动控制器分别让消防泵、喷淋泵及其他水泵（包含备用泵）起动和运转，观察各种信号是否都能正确返回消防中心。

⑦气体灭火装置试运行。对所有气体灭火装置逐一进行调试。首先按下手动报警按钮，观察警铃、蜂鸣器和闪灯是否均正常工作，延时是否准确，电动气阀是否动作，消防中心是否接到信号；再利用探测器测试。（注意事先要确认已关闭好气体，以免误喷）

（4）联动设备试验

①技术人员可以制作通用化的具有交直流电源和开闭检测回路的仿真联动驱动器的试验装置，原理框图见图5-11-9，对于存在联动的设备在安装前进行单体的输入输出和运转试验，这样可以模拟实际情况，比用万用表的措施简单、效果好。

图5-11-9 仿真联动驱动器的试验装置（原理框图）

②项目技术人员编制设备分布表，做到编号与设备安装点一一对应，做到不乱不错。对于驱动器与设备的复杂连接，画出详细接线图以指导施工。

③探测器回路在各短路隔离器出线处暂不接线，分层分区可以缩小故障检查范围。探测器的保护罩不要取下，以免落尘（已经安装设备的线路严格禁止再用兆欧表测量）。

④联动驱动器的输出不接线，反馈接入；楼层显示器等正常接线，但需要取下保险丝。

⑤从主机安装的各回路在调试时分别连接。

(5) 报警和联动全系统功能的调试

接通主电源,起动所有联动设备,确定检验数量,利用模拟信号和手动装置对整个系统的各种报警和联动控制功能进行调试。

① 探测器的联动功能测试。按地址编号对探测器模拟火警发生。有关人员注意观察被测试的探测器所在楼层及与其相邻层间动作和信号:警铃、消防广播、排烟阀、送风阀、新风机、防火卷帘的动作,消防电梯是否至指定层,消防给水设备动作,楼层显示盘声光报警状态并显示出被测试探测器的具体位置,消防中心的信号显示记录是否准确,微型打印机是否同步记录(根据系统实际确定联动规则,下同)。

② 手动报警按钮的联动功能测试。消防栓按钮的联动功能测试。其情形同上所述。

③ 自动喷淋系统功能调试。逐层打开喷淋放水阀,让该层水流指示器动作。

利用备用电源,重复以上各项功能的调试,同时测试备用电源容量。

11.7 主要工程体会和经验

11.7.1 综合监控系统

(1) 大力加强前期的调研工作,包括设计、运营、市场等的调研,提高招标文件的操作性、清晰度,减少工程变更。

(2) 加强与建设方公司相关部门的联系,尽力体现人性化服务,如在系统功能、设备选型、人机界面等方面要多咨询运营的意见。

11.7.2 火灾自动报警系统

(1) 由于 FAS 与 BAS、ISCS 间信息量大、关系密切,因此 FAS 与 BAS、ISCS 的设计宜由同一设计单位承担,提高专业间协调的品质与效率。

(2) 在工程各阶段,设计必须主动保持与消防相关部门的信息沟通,确保系统方案的稳定性。

(3) 由于在类似工程的各阶段系统设计都明显滞后土建设计,孔洞预留定位难度较大,建议全部采用弱电竖井方式集中解决弱电管线穿结构层问题。

11.7.3 环境与设备监控系统

(1) 孔洞预留、管线敷设国内都有现成的惯例和共识,以减少工程实施的各阶段中给设计、施工、建设相关各单位的运作难度。

（2）除 BAS 系统外弱电系统部分设备 FAS、ACS 等需在照明配电室安装，并需占用部分墙面，因此照明配电室内相关专业间的配合十分重要，通过本工程感觉照明配电室的面积应适当增加，从 10m² 左右增加到 15m² 左右较合适。

（3）由于越来越多的弱电设备选用在照明配电室内安装，因此在照明配电室应预留有弱电专用的接地端子排。

11.7.4　火灾自动报警系统弱电综合系统（UPS）

弱电各系统集中使用 UPS 不间断电源，在一般车站可行，在车辆段推行有一定局限性，由于车辆段占地较大、建筑分散，所以如何推行使用弱电集中 UPS 要视具体情况而定。

第 12 章 门禁及安防系统

12.1 概 况

12.1.1 工程概况

1 号线门禁及安防系统主要由门禁系统、车站安检设备、车辆段周界报警系统、车辆段视频监控系统组成。

为应对轨道交通车站突发安全事件,贵阳轨道交通 1 号线配置专用反恐、排爆设施,具体包括:通道式 X 光探测仪、防爆球、防爆毯、液体易燃物探测仪、固体易爆物探测仪、手持金属探测器等。

12.1.2 工程执行重点阶段简介

1 号线工程门禁及安防系统于 2012 年 12 月完成初步设计,2015 年 9 月完成用户需求书和招标文件,经过设计联络,2016 年 12 月完成施工图设计。

初步设计阶段:主要完成系统功能的选择、系统构成方案、技术方案说明和比选、设备选型、系统国产化原则、运营模式的选择、与其他专业的接口划分方案以及投资概算。

用房需求书和招标阶段:在初步设计的基础上,结合业主对系统功能的需求和运营模式的选择,完成用户需求书编制工作。在用户需求书编制过程中,提出满足运营的功能、系统的构成、工程实施范围和项目管理等要求,参加技术澄清及合同谈判等。

设计联络阶段:本项工程的设计联络共分三次,第一次设计联络会确定了门禁及安防设备尺寸及安装要求,确认了系统设备的性能指标、定制设备的开发计划、接口实施计划表等,并提出了下次设计联络需解决的问题(如设备外观、颜色等)。第二次设计联络会审议了中央计算机、门禁主控制器等设备性能提升方案、设备测试大纲、车站安检选型方案、授权方案、系统管理人机界面方案等。第三次设计联络会对系统设备最终设计方案、交货及安装调试计划、国产及进口部件清单、测试计划、内外部接口等进行了审议。

施工图设计阶段:主要完成设备及管线平面布置图、系统设备安装图、系统网络接线图、系统供电接线图等。

配合施工阶段:首先对施工单位进行详细的技术交底,在施工过程中,解决施工单位遇到的技术问题、调试问题和安装协调问题。

12.2 主要实现功能

门禁及安防系统的设计目标是保护重要设备区及管理区域安全,规范地铁员工管理。

门禁系统具有正常、离线、紧急疏散等多种运营模式。正常情况下,所有门禁终端设备的操作和状态信息均实时上传到门禁计算机,门禁计算机也可以向门禁终端设备发出指令、参数。离线状态是指门禁计算机与门禁终端设备之间,或者车站门禁计算机与中央门禁计算机网络中断时的运营状态,此时门禁终端设备可以根据保存在控制器中的数据离线运行。在火灾等紧急情况下,系统可以释放所有门禁点或指定门禁点的门锁,保证疏散安全。

入侵报警系统用于对车辆段围墙、车辆段出入段线、高架站进入地下站的出入段线进行监视,当检测到有人非法闯入时,能够以声、光信号或电子地图的方式显示入侵位置。车辆段发现非法入侵时将通知视频监控系统对入侵现场进行摄像和确认,系统能够区分小动物或天气原因引起的误报警,并可以根据不同防区的实际情况调整探测灵敏度、布防和撤防区域,以及布防和撤防时间等。

车辆段视频设备能接收入侵报警系统报警信号,并在报警信号的触发下直接将值班员监视器上的图像切换到发生异常情况的监视画面。

车站安全保护设备为地铁反恐怖爆炸防控机制的建设提供硬件装备保障。车站反恐、排爆设施配置有效、合理,满足贵阳轨道交通1号线使用环境要求。

系统采用图形化的管理界面,对设备故障、非法操作以及系统设定的情况能够给出声光报警信号,说明报警位置、时间和原因等并记录。

12.3 主要系统构成

1号线门禁及安防系统主要由门禁系统、车辆段安防系统、车站安检设备、车辆段周界报警系统、车辆段视频监控系统组成。

12.3.1 门禁系统

结合1号线轨道交通运营管理需求,1号线门禁系统应满足控制中心与车站两级管理,控制中心、车站和现场三级控制的要求。门禁系统由以下三层框架组成,门禁系统框架构成示意如图5-12-1所示。

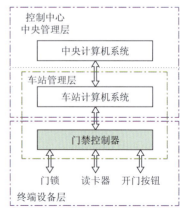

图5-12-1 门禁系统框架构成示意图

门禁系统由中央计算机系统、车站计算机系统、门禁主控制器、门禁终端设备（门禁就地控制器、读卡器、电控锁、门磁、紧急开门按钮及出门按钮）门禁卡及相应通信网络组成。

考虑到门禁作为一个单独系统，没有集成在综合监控系统中。本工程系统网络方案采用通信传输通道组网：利用通信传输网络，实现中央控制中心到车站、车辆段连接。通信专业在每个车站、车辆段提供独立的 10Mbps 以太环网接口，传输协议为 TCP/IP 协议，RJ45 网络接口。

各车站、车辆段门禁计算机系统通过以太网络交换机与通信主干网络连接，通信协议 TCP/IP，接口类型 RJ45。由于以太网电缆传输距离一般只有 100m，而 RS-485 总线传输距离可达 1200m，考虑到一般车站站厅、站台之间及车站两端之间的距离经常会超过 100m，门禁现场级设备与门禁主控制器之间采用 RS-485 总线组网方案，门禁主控制器与现场级设备之间采用冗余网络连接，在一个链路中断时，系统继续维持正常工作。

12.3.2 车辆段安防系统

车辆段安防系统采用安防集成平台，安防集成平台由安防集成平台服务器、安防集成平台服务器管理工具、安防集成平台客户端三大部分构成。安防集成平台实现车辆段安防各系统间联动命令和控制信息的统一发布和管理，平台应联动接入包括车辆段视频监控系统、车辆段入侵报警系统。

安防集成平台设备主要包括：安防服务器、安防交换机、管理工作站及软件等。

1）车辆段视频监控系统

车辆段视频监控系统，可实现对车辆段周界、重要建筑出入口及重要道路等区域的视频监控，实现在监控终端能够实时查看前端摄像机的视频图像，辅助周界区域实现联动控制；采用全数字化的视频监控系统结构，前端采用网络摄像机，通过网络接至监控终端，实现视频信息的管理。

2）车辆段入侵报警系统

（1）中心设备设置

在车辆段的安防设备室设置入侵报警子系统接入安防服务器，同时车辆段的前端报警信号产生后可通过网络设备能够直接传递至车辆段安防集成平台上以实现与 CCTV 系统的联动。另外需配置相应的报警控制主机、激光入侵探测器、声光报警装置、管理终端（含接入模块）、报警防雷保护器、光端机等设备，实现对入侵报警信号的接收和处理，以及与其他系统的联动功能。

（2）激光入侵探测器设置

激光入侵探测器沿车辆段围墙设置，激光入侵探测器安装在车辆段围墙上，相应的报警处理单元安装在围墙附近的设备箱内。防雷单元及电源模块同时装置在设备箱内。

12.3.3 车站安检设备

为应对地铁车站突发安全事件,贵阳轨道交通 1 号线配置地铁专用反恐、排爆设施,见图 5-12-2,具体配置见表 5-12-1。

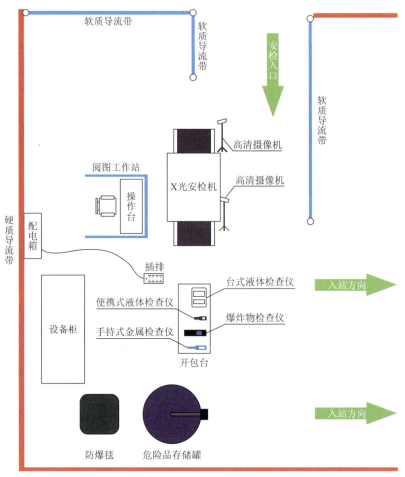

图 5-12-2　安检及辅助设备现场组合示意图

车站安检设备配置　　　　　　　　表 5-12-1

设　　备	数　　量
通道式 X 光探测仪	2 台/站(贵阳北站为 3 台)
防爆球(不小于 1.5kgTNT)	1 个/站厅
防爆毯	1 套/站
液体易燃物探测仪	2 套/站
固体易爆物探测仪	2 套/站
手持金属探测器	4 个/站

12.4　工程实施与初设的技术差异

原初步设计门禁电锁为磁力锁和电插销锁两种,考虑到机电一体化锁功能更强大,可靠性更高,实施时调整为:车站付费区与公共区员工通道门的门禁采用电插销锁,其他通道门的门禁采用磁力锁,设备及管理用房的门禁采用机电一体化锁。

12.5　主要技术特点及创新

(1)车辆段安防系统采用安防集成平台,安防集成平台由安防集成平台服务器、安防集成平台服务器管理工具、安防集成平台客户端三大部分构成。安防集成平台实现车辆段安防各系统间联动命令和控制信息的统一发布和管理,平台应联动接入包括车辆段视频监控系统、车辆段入侵报警系统,并可提供标准的协议组件实现与其他第三方系统进行联网。

(2)为提高系统网络的可靠性,门禁现场网络采用环形总线,总线中任何一点发生故障不影响控制器通信。

(3)门禁系统采用非接触式 IC 卡技术,门禁卡与地铁员工卡合用。

(4)由于车站规模大小不一,建筑形式变化较大,导致门禁系统布线比较复杂。门禁设计需要综合考虑门禁点的分布情况,尽量将相邻的门禁点归入同一组控制器,以简化布线。

(5)新一代安防管理平台起着重要的角色,可以将门禁、报警、监控、火灾报警、楼宇自动控制(楼控)、车辆管理等系统综合管理,集中处理数据和信令,并结合业务特色,自定义工作流。

12.6　设备安装

12.6.1　门禁系统

1)安装流程

门禁系统施工程序如图 5-12-3 所示。

2)施工方案

(1)施工准备

①熟悉图纸。组织有关施工技术人员详细阅读设计文件,核对设计图纸及说明是否符合设计及施工规范,检查系统施工图纸是否齐全完备、与总体设计图是否一致、工程数量与分部分项工程量清单是否一致。

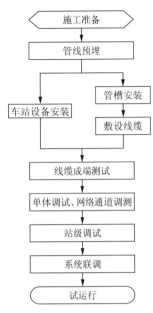

图 5-12-3　门禁系统施工程序图

②现场检查。控制中心、各车站门禁安装处,检查与设备安装有关的建筑物土建工程施工高程、尺寸、结构及工程质量是否符合设计要求。检查墙面、顶棚喷浆是否完毕、有无漏水,门窗玻璃安装完毕、门可上锁;检查室内地面工程结束否,试通暗配管道、核对预留孔、预埋件的技术条件与施工图纸是否一致。安装场地是否干净、道路是否畅通。

③设备进场检验。安装的设备和器材运至现场后,存放在室内。与业主在规定期限内共同严格进行开箱验收检查,并按清单登记;包装及密封良好。制造厂的技术文件齐全,型号规格符合设计要求,附件备件齐全。

④柜本体外观无损伤及变形,油漆完整无损。柜内电器元件齐全、无损伤等缺陷。

（2）门禁设备安装内容及工艺

根据门禁系统的特点可将整个系统的管线分为局部管线及系统管线,局部管线是指控制器与读卡器、电控锁、开门按钮之间的管线;系统管线是指各控制器之间的管线及电源线。局部管线敷设同系统管线敷设可根据装修、装饰的进度交叉或平行进行,但要注意电源线同信号线要分别穿管,且两管长距离平行布置时应相距 30cm 以上;穿线时一定要做好标记,线的接头一定要放在接线盒内,若忽视了这方面的工作,则会给以后的安装、调试工作带来很大的麻烦;

①感应头安装。

a. 感应头应尽量靠近所控制的门,在安装时应尽量防止灰尘进入感应头内。

b. 感应头的位置应远离强电磁场及金属物体,以免缩短有效的感应距离。

c. 墙洞内的布线应整齐、清晰,避免因电缆问题导致日后的维护困难。

②控制器安装。

控制器应尽量装在房屋内,以减少人为破坏的机会。控制器的安装位置应尽量靠近感应头（最远距离为 120m）;控制器的安装面板应用自攻螺丝紧固在墙（门框）上;在安装调试完毕控制器后应将其锁住保证设备的安全。

③门锁、锁扣安装工艺。

a. 电控锁的电源线、控制线必须在对门进行改造时预先埋入门或门框内并在门外留出足够的余量。电源线线径截面面积不得低于 1.5mm^2。

b. 在安装时必须保证电控锁与锁扣的精密配合,即锁舌在开 / 关门时能正常伸缩。

c. 电锁的安装工艺,除能顺畅锁门及美观外,阴锁与阳锁的配合应在关上门时没有明显的松动感,装电插锁或电夹锁的门在锁上后应与对应门或门轴平齐,装磁力锁的门在大力关门时电锁不应有明显的撞击（安装闭门器为佳）,主副磁力板间可有少许活动空间为佳。

12.6.2 安防系统

1）安装流程

安防系统施工程序如图 5-12-4 所示。

2）施工方案

（1）施工准备

熟悉施工图纸，明确系统构成、系统功能（视频监视及控制功能、字符叠加功能、录像功能、回放及检索功能、周界告警功能等功能），及实现方案。

准备好安装本系统设备所需材料的种类、规格及数量（包括各种信号线、视频线、电源线、控制线、光缆、保护钢管、摄像机固定支架等）。做好所用缆线的开盘检验、单盘测试工作。

准备好安装本系统设备所需的施工机具和仪器仪表。

对所有监控点的摄像机安装位置进行调查，包括缆线路由、通道条件等。

对所有探测点的入侵探测器安装位置进行调查，明确各种型号探测器的具体位置。

制定行之有效的安全措施，张贴于有关作业场所，做到人人皆知。

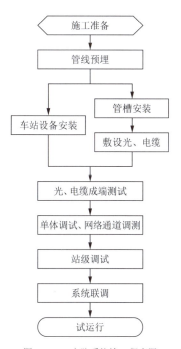

图 5-12-4　安防系统施工程序图

（2）设备开箱检验

设备到货后，会同有关单位进行开箱检查，并符合如下要求：

①搬运或开箱小心操作，不得损伤设备、备品和元部件，也不得将包装箱倒置，开箱后，认真做好设备外观检查和记录。

②设备程式、规格和数量符合设计要求或标书的规定，设备所附带的产品出厂文件、图纸、产品合格证、备品等，进行清点和集中妥善保管，并做好清点记录，文件图纸、合格证、备品等在完工交验时，移交运营接收单位。

③设备和附（备）件、机内元部件及布线等齐全完整，测量和指示表盘等无损伤，机件无弯曲变形，无元部件脱落，焊接良好，无活动和断头现象，机件无受潮、发霉及锈蚀变质现象，镀层和漆饰完整。如发现不符合上述情况时，做好检验记录，凡质量不合格的设备和器材，一律不得使用。

④在开箱检验中发现设备材料有缺件、损坏或不适用时，填写"质量信息反馈卡"送交供应商并及时取得联络，商定处理办法。

（3）管、槽、架安装

根据施工图纸确定线缆保护钢管、钢槽安装位置，并测量管、槽安装长度，确定接线盒、过路盒的数量。

在安装的部位画线定位,注意划线时有障碍物(如暖气管路、电力及其他专业管线)适当避开。当无法避开时,与设计人员、监理人员、现场工程师取得联系,寻求解决办法。

在画好的线条上打眼,打眼间隔按设计要求,孔眼平直,不得成喇叭状。

用膨胀螺栓安装吊杆或托架、吊架,做到牢固,保证有足够的承载力。

安装防护管、槽,做到平直、牢固,其负荷强度满足安装要求。水平转弯或上下起伏圆滑,管弯曲半径不得小于管子外径的 6 倍。缆线防护管、槽、引线盒、过线盒、出线盒保证管、盒内壁光滑无毛刺,避免损伤缆线,留下隐患。

防护管敷设长度超过 25m 时加装过线盒。

牵引铁线穿放到位。

防护管安装完毕,采取封堵措施,防止老鼠及其他异物进入。

(4)摄像机固定吊架、支架安装

按设计图纸位置,将摄像机、监视器支架或吊架安装于相应的建筑物上,并注意是否影响摄像机镜头视野范围或出现死角的情况。若出现这一情况,与设计人员、监理人员、业主工程师商定纠正措施。支架、吊架安装牢固,其负荷强度满足设备安装要求。

(5)摄像机缆线穿放

根据图纸要求,核对摄像机用视频线、控制线及电源线的型号规格,裁截穿放长度,穿放时首尾及有过线盒处用人工进行牵引和输送缆线,做到匀速拉动,避免用力过猛。

缆线穿放时,对防护管口有保护措施,缆线在管内不得有接头;用步话机进行通信联络。

缆线穿放完毕,对所有缆线进行直流测试并做好记录,做好缆线标识,标明缆线规格、型号、长度,设备起止点。

(6)摄像机、监视器安装

根据施工图纸和设备安装说明书的要求,将摄像机安装到位。

摄像机安装要平衡,根据需要镜头向下倾斜 5°~12°,以保证最佳图像效果。监视器安装时轻拿轻放,安装完后必须做好临时性保护措施和醒目标志(考虑到设备的安全因素,在站厅无人值班时或站台未验交时,摄像机适当推迟安装)。

初步安装完后,经通电试验后,观察监视区域的覆盖范围和图像质量。

(7)震动电缆穿放

缆线穿放时,用步话机进行通信联络。

缆线穿放完毕,对所有缆线进行测试并做好记录,做好缆线标识,标明缆线规格、型号、长度,设备起止点。

(8)机房设备安装

机房设备包括光端机、监视终端、存储设备、监视器、告警主机、控制键盘、控制主机和录像设备等。

机架的安装必须牢固,水平、垂直偏差度小于 1‰。

12.7 系统调试

系统调试程序如图 5-12-5 所示。

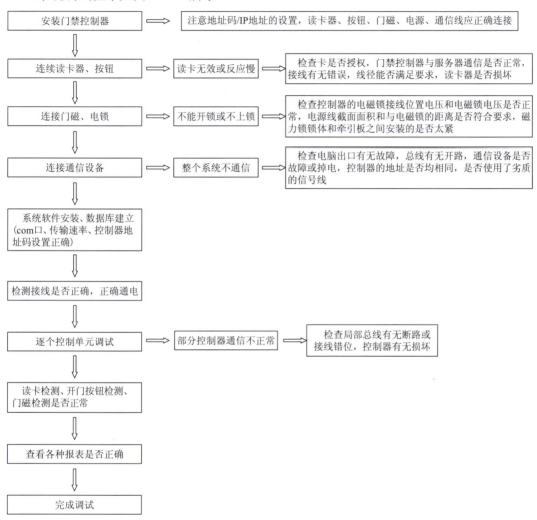

图 5-12-5 系统调试程序图

12.8 主要的工程体会和经验

门禁及安防系统设计是按照设计目标把施工过程和使用过程中所存在的或可能发生的问题,事先做好通盘的设想,拟定好解决这些问题的办法、方案,用图纸和文件表达出来,和业主、设计单位、监理单位、施工单位等进行施工过程配合,在此过程中的体会和经验如下。

12.8.1 与主要相关专业接口配合

与土建专业的配合：

根据贵阳轨道交通1号线首通段土建与门禁及安防系统合同界面分工,土建专业需完成：

(1)提供设备房及设备安装位置和空间。

(2)提供门禁现场预埋后的收口工作。

(3)提供主干电缆线槽及管道。

(4)提供门体及门框等处门禁点预埋条件。

(5)管、槽穿越楼层、墙壁后的防火封堵。

施工配合过程中的问题主要集中在门体及门框等处门禁点预埋条件及收口工作。由于土建施工图与门禁施工图工期存在差异,部分工点现场施工单位在设备生产和施工之前没有很好的对接,造成部分门体没有预留机电一体锁走线条件,或是现场建筑条件无法满足门禁管线预埋等。这些都导致了一定的返工。鉴于电锁、现场管线与门禁专业关系密切,后续工作时加强与机电装修设计的配合,同时对门禁施工单位和机电装修等施工单位做好交底工作。

12.8.2 门禁设置范围

门禁设置范围为重要的设备、管理用房以及重要的通道门,但具体落实到每扇门是否重要,各专业设计人员、业主等的观点并不完全一致,导致门禁施工图进行了多次调整,不仅影响出图质量也容易导致与其他专业的接口出现问题。在以后的工程中,设计单位与业主和土建单位加强沟通,定出详细的门禁设置范围,一旦确定后不能随意改变。

12.8.3 门禁管线敷设方式

门禁系统室内管线全部采用暗敷,很容易导致接口不协调。并且难以整改。在以后门禁线路出现故障时,暗敷的管线检查和修理也比较困难。而明敷管线如果合理布置,排列整齐,也很美观。下阶段应对门禁管线的敷设方式进一步研究,选择更符合工程实际的方案。

12.8.4 门禁控制器的选择问题

目前选用的门禁就地控制器为双门控制器,在门禁点较多的情况下,门禁控制器需要较大的安装空间,在墙面安装空间有限的情况下会导致安装困难。建议在以后的工程中可适当运用多门控制器,以减少控制器数量。

12.8.5 车站安检设备与相关系统接口的问题

车站安检设备与通信系统、动力照明专业和建筑装修专业等均存在接口。同时,安检设备的布置还应综合考虑车站建筑以及 AFC 系统终端设备布局等。由于安检设备系统招标及设计联络工作开展较晚,导致通信系统及动力照明专业预留的通信插座和电源插座距离实际的安检点位置较晚,出现部分交叉矛盾。在后续的工程中应加强与相关专业的配合,提高设计的精确性。

第 13 章　控制中心（OCC）及车站综合控制室（SCR）设备

13.1　概　　况

13.1.1　项目概述

根据贵阳城市轨道交通线网规划和建设规划，贵阳轨道交通 1、2 号线合建控制中心，由 1 号线工程负责完成控制中心大楼主体工程建设，包括从建筑规模的落实到各系统工艺布置和安排等。各系统用房按照"分线布置、部分整合"的原则进行设计，中央控制室按照 1、2 号线共用的要求考虑面积大小。

贵阳城市轨道交通控制中心是全线的管理枢纽，是对全线的列车运行、客运管理、电力供应、车站设备、防灾报警、票务管理等实现全面监控、管理、调度、指挥的场所。

根据规划要求，轨道交通 1 号线控制中心选址于贵阳市西北部金阳新区，位于金阳新区 1、2 号线的换乘站诚信路站附近，北临发展路、西临金哲路、东临诚信路。

13.1.2　主要设计原则

（1）贵阳轨道交通 1 号线与 2 号线的调度设备集中设置在一个中央控制室内，其调度指挥采用"集中管理，分散控制"的方式，即各线设置相应的系统设备和调度控制人员，发生事故时，由总调度集中指挥。

（2）控制中心应包括中央控制室和有关系统的技术设备用房，有关的技术设备用房应包括：行车指挥（信号系统）、综合监控、电力监控（SCADA 系统）、自动售检票（AFC 系统）和通信等中央系统所需的技术设备用房。

（3）1、2 号线实行集中统一管理，按控制中心的组织机构形式，设置为正常运转服务的辅助机电设备用房和为行车管理服务的必要行政办公及生活用房。2 号线接入时原则上不再增加管理用房和行政用房，仅增加定员。

（4）1 号线控制中心应将行车指挥（信号系统）、环控、供电等各系统的调度台集中于中央控制室，按行车调度指挥为主，统一指挥的原则进行布置。

（5）中央控制室按各系统调度台同室设置并按两级调度指挥模式布置。各调度台、大屏幕的工艺布置应符合人类工程学的诸要素。

（6）通过计算机网络技术、通信技术及控制技术、网络集成技术，构成综合监控系统，实现资源共享，信息互通，提高自动化水平，为正常运营时行车调度人员和灾害发生时救灾调度人员及时有效收集各种信息与综合协调处理这些信息，提高行车与救灾调度工作的效率，提供了有力的保证。

（7）本工程统一进行中央控制室大屏幕的规划布置（只设1号线大屏幕,预留2号线大屏幕安装位置）。2号线接入时应与相关设计单位协商,对中央控制室的既有大屏幕系统进行调整布置,满足2号线信息显示的需要。

13.2　控制中心中央控制室工艺布置

13.2.1　功能要求

城市轨道交通是一个快速、大量输送旅客的城市公共交通设施,现代化的城市轨道交通的控制中心是对城市轨道交通实行集中管理的所在地,其功能是对轨道交通全线的列车运行、电力供应、防灾报警、车站设备（含环境控制）和车票业务（自动售检票系统）等实行监控和调度指挥;在非常情况下,也是事件处理的指挥中心,所以控制中心必然是轨道交通全线的通信枢纽和信息交换处理中心。

1)行车调度

正常情况下,列车的运行处于控制中心中央自动监控状态。联锁系统根据自动列车监控系统的指令自动设置进路,列车在自动列车保护系统的安全保护下,按照自动列车监控系统的指令由自动列车驾驶系统自动驾驶列车,满足设计的行车、折返间隔及列车出入段线等作业要求并实现列车运行的自动调整。行车调度人员仅监督列车及设备的运行,当运行被打乱而不能自动处理或遇其他特殊情况时,可人工介入。

（1）自动监控模式

在每天开始运营前,根据需要调用相应的运行图,经检查确认,必要时进行局部修改后,作为当天的计划运行图自动控制列车运行。

自动监控模式下,控制中心计算机系统完成以下主要工作：

①根据联锁表、计划运营图及列车位置,自动生成进路控制命令,传送到车站联锁设备,设置列车进路。

②自动完成正线区段内列车标识号（服务号、目的地）的跟踪。当列车从车辆段出发占用转换轨时,登记进入系统并开始跟踪,列车返回车辆段后结束。

③系统具有列车计划与实际运行的比较功能和计算机辅助调度功能,即在列车发生运行偏差时,自动发出偏差报警并产生调整后的修改运行图,直接或经调度员确认并进行必要的修改后,作为下一时段的计划运行图自动控制调整列车,以达到要求的追踪及折返要求。

（2）调度员人工介入模式

调度员在控制中心可对全线的列车运行进行人工干预。

2）电力调度

电力调度实施对地铁各变电所、接触网设备进行实时控制监视和数据采集电力调度人员通过监控系统实时监视着供电系统设备的运行情况，及时掌握和处理供电系统的各种故障、警报事件，准确实施调度指挥、事故抢修和故障处理，保证供电的可靠性、安全性。

完成控制范围内的所有断路器、电动隔离开关的控制操作功能；完成控制范围内开关的倒闸作业功能；完成信息采集和处理功能；完成数据归档和统计报表功能。系统有自检和维护扩展功能。

3）环控/防灾调度

根据通风与空调系统提供的环控工艺要求，下达区间隧道通风系统设备的运行模式指令到车站级，由车站级对区间隧道通风系统设备进行控制。

监视全线各车站的通风与空调系统、给排水系统、自动扶梯、屏蔽门的运行状态。

接收各区间危险水位信号并进行紧急水位报警。

监视、记录各车站典型区域测试点的温度、湿度和 CO_2 浓度等环境参数。

记录各车站主要设备的运行状态，统计设备累计运行时间并将操作信息、报警信息进行历史记录，进行故障查询和分析，自动生成日、周、月报表。

控制区间隧道通风系统设备在灾害模式下的运行。

接收信号系统发来的列车在区间阻塞信息，控制区间隧道通风系统设备按预定模式运行。

4）维修调度（由总调兼任）

维修调度负责各系统设备故障信息的收集，组织抢险，制订设备计划性维修计划，组织指挥大型故障的抢修和抢险工作。

5）通信系统

通过为各调度台配置有线电话、无线电话、有线广播、无线广播设备等有效的通信工具，为控制中心各调度员提供了指挥行车调度、防灾救灾、维修等工作更为高效、可靠的管理手段。

6）综合监控系统

综合监控系统是一个大型的综合自动化监控系统，通过对地铁相关子系统的集成和互联，实现资源共享和信息互通，在一个相对统一的软硬平台上，集中体现原各分立系统的功能，实现系统联动和快速反应，为地铁的运营管理和维护提供方便。通过对不同子系统的集成，解决地铁各系统的自动化孤岛问题，建立一个统一的、面向运营指挥和维修管理服务的综合自动化信息平台。

中央级综合监控系统由系统存储、处理从被控系统中读取的数据，实时反映现场状态的变化，并在中央级数据库实时记录、更新、处理这些数据，并生成报表。在各中央操作员工作站和大屏幕背投式显示屏上可以显示这些信息，中央操作员能够发布控制命令，形成相关的控制信息传送给被集成或互联的子系统。

中央级综合监控系统为地铁全线的运营指挥和维护管理提供以下调度员工作站:行车调度员辅助工作站、电力调度员工作站、环控调度员工作站、总调度员(值班主任)工作站。

这些调度员工作站可根据不同的用户权限激活相应的人机对话界面,实现地铁全线中央级的各子系统的相关监视、控制功能。中央级综合监控系统为调度员工作站配设各类打印机,用于图形、事件、报表等的打印记录。

7)自动售检票系统

自动售检票系统可以实现地铁车票的自动和半自动售票、自动检票、计费、收费、统计、结算全过程的自动化管理。

13.2.2 工艺布置

(1)为便于集中统一指挥和各系统间的相互协调,中央控制室按两级调度管理模式,三层布置的格局考虑,分别为显示层、操作层和指挥层(图5-13-1)。显示层的各大屏幕的显示方式采用综合显示的方式;操作层集中设置了列车运行、电力监控、环控防灾调度台;指挥层设置了总调度台。

(2)中央控制室的三层布置原则是:行调、环调、电调等操作层调度员能清晰观察显示屏的图文信息,总调指挥层调度员能清晰观察图形状态显示,所以应合理确定操作层的观察视线距离。

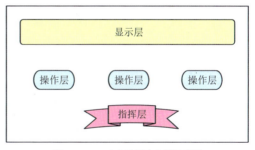

图 5-13-1　中央控制室布置示意图

(3)为了使指挥层和操作层的调度员能够清晰观察显示屏的显示图文,指挥层、操作层和显示层之间的距离、高度关系应根据人体尺寸和人眼分辨率进行计算分析。操作员观察大屏幕的左右水平视角不应超过120°,操作员视线与水平线(操作员与大屏幕之间的水平线)之间的夹角不应超过45°。

中央控制室内主要设备有:

(1)各线大屏幕综合显示屏。

(2)各线行车、电力监控、环控防灾控制台。

(3)各系统监视和控制设备。

(4)通信装置等。

(5)为使2号线接入中央控制室时进行的改造对于既有1号线的运营管理的影响最小,中央控制室内的大屏幕设备布置,原则上一次性考虑2条线的设备布置。

(6)行车、电力监控、环控防灾调度台和总调度台上所需的控制、监视和记录打印等设备,根据各调度作业的需要,由各线相关的系统提供。

13.2.3 配置要求

（1）大屏幕显示器

中央控制室的大屏幕系统，是调度人员了解全线运营状况和设备状况，指挥调度的重要设备，也是综合监控系统的重要组成部分。

根据运营管理组织需求设置行调、电调和环调，以及总调度。根据运营要求采用现有的控制管理模式和组织形式，对1、2号线分线调度控制。根据人体工程学布置的要求，1号线大屏幕系统推荐采用24块67英寸的DLP显示单元拼接（8列×3行）。

（2）行车调度台

在行车调度台上需配置行车调度电话、无线调度台、广播话筒、公务电话、综合监控系统工作站、信号系统工作站等设备。

（3）环控调度台

在环控调度台上需配置环控调度电话、无线调度台、广播话筒、公务电话、综合监控系统工作站等设备。

（4）电力调度台

在电力调度台上需配置电力调度电话、公务电话、综合监控系统工作站等设备。

（5）总调度台（兼维修调度台）

在总调度台上需配置总调度电话、公务电话、无线调度台、综合监控工作站等设备。

13.3 控制中心设备房工艺布置要求

控制中心工艺用房按照"分专业布置、部分整合"原则进行设计。根据各系统对生产用房面积的要求，考虑到综合监控系统、信号系统、通信系统均有终端设备放置于中央控制室，因此这些系统设备机房应临近中央控制室；为便于各系统管线的敷设，各系统设备用房的布置，应靠近弱电电缆通道；为便于维护管理以及消防集中保护，同一系统的用房应尽量集中设置；同时还应设置一些特殊的用房，比如消防控制（值班）室，这类房间要求靠近大楼出口，且房间本身有出口直接至外界。因此控制中心工艺用房总体布局如下：

（1）地下层设置电缆通道及电缆引入室。

（2）一层设置门厅、展览室、1号线与2号线AFC系统设备用房及线路票库，其他辅助工艺用房和供电设备用房。

（3）二层设置AFC清分中心用房以及轨道交通票库。

（4）三层设置1号线与2号线信号系统与综合监控系统设备用房以及辅助工艺用房。

（5）四层设置1号线和2号线的通信设备、其他机电设备用房以及辅助工艺用房。

（6）五层设置中央控制室及配套房间。

第 14 章 导向标志系统

14.1 导向标志系统设计

14.1.1 导向设计概念

导向是以直观、明确、快捷的视觉信息,对人流、物流进行引导。轨道交通标志系统设计就是针对轨道交通交通系统设计的标志设计,建立一套合理的视觉导向系统,并且提供统一的视觉形象和视觉符号,方便乘客出行。

轨道交通标志是轨道交通运营管理系统中的重要组成部分、是轨道交通为乘客服务的窗口,它代表着轨道交通企业的形象。贵阳轨道交通 1 号线作为贵阳市的第一条轨道交通线,规划市内 9 条轨道交通线,轨道交通导向标志显得尤为重要,当乘客进入轨道交通站时,看不到周围环境的参照物,如果乘客不熟悉站内环境,面对众多通道,乘客很难分清方向和选择正确的路线。此时乘客只能通过标志的引导乘车和出站。因此轨道交通标志设计是否合理,是否能够满足轨道交通运营和乘客的需求,直接关系到轨道交通运输秩序和乘客安全,关系到乘客的乘降速度和疏导效率。由此,轨道交通站内交通标志导向系统的设计安装不能轻视。

实现导向标志的系统性、功能性需统一设计风格,简洁明了、经济耐用,为地下轨道交通今后的建设、市民的乘坐和使用带来便利。

14.1.2 导向设计原则及方案

(1)功能第一,宁简勿繁

导向标志的设置与车站装修相互统一,在其中起相当重要的用,因为车站内、外按功能和运营需要设置足够的、明显而引人注目的导向、指示牌,以引导乘客在站内、外有序流动。

导向标志应以实用为出发点,注重使用者的便利性,信息内容简洁明了,利于客运组织。把最全面、最清晰、最易懂的车站信息提供给各类层次的乘客,最大限度地减少乘客在标志前的无效停留时间。标志的信息量要求少而精、简洁而明确、重点突出,使行人在短时间内获得最有价值的信息,快速判断自己的行进路线。

(2)以人为本,服务大众

车站的服务设施体现以人为本的宗旨,为乘客创造一个舒适的乘车环境,在车站的出入口设置具有整条线统一的标志性和识别性的形式,并结合城市道路人行道设置。另外,出入口还与车站外城市道路的导向系统有良好的有机衔接。在车站的天桥、站厅层设置路引,引导客流在车站外、内有序流动导向标志系统的使用人群不仅包括正常行为人群,贵阳地下轨道交通导向标志设计本着以人为本的理念,从乘客的角度出发,同时充分考虑到社会弱势群体的需要,充分体现贵阳地下轨道交通导向标志人性化设计。

使用者不仅包括本地居民,还包括国内外游客。因此,标志导向系统必须人性化的将相关信息提供给各类乘客。系统性设计原则地下轨道交通网络在标志的形式、内容、位置上,采用统一的、系统的标志系统设置。突出人性化,凸显贵阳人文地域特色。在客流线路上的主要地点,提供有效、易于理解的导向指示牌,使车站内公共区的客流能安全及高效流动。车站中心点周围300m范围内地面室外设置有地下轨道交通导向指引布置,给市民及外来游客等人群提供了方便,便于寻找车站进口位置。

导向系统必须配合车站的运营模式,在正常情况下和紧急疏散情况下,发挥不同的功能。

(3)标准规范,全网统一

符合中国相关标准法规、国际专业标准等相关法规和原则,制定标准约束各线。

为统一贵阳城市轨道交通客运服务标志导向系统的标准,便于乘客在正常、紧急状态下使用轨道交通运输工具,服务于乘客正常的进、出站的视觉引导,同时提高轨道交通运营管理的效率和服务水平,指导各条线的建设,达到乘客对地下轨道交通功能的最大使用效率,制定标准。

运营服务标志的设置应符合统一、规范、简明、连贯的原则,便于乘客通行。

导向系统反映贵阳轨道交通1号线公司的形象。提供统一、简易、清楚、内容充分的导向系统,以显示市轨道公司优质管理的形象。

在贵阳轨道交通1号线所有的车站内系统化地设置标准化的导向系统。

导向系统的设置是首要的,优先于商业广告及商铺的招牌等。

装置完成后的导向牌能系统化地进行保养及使车站人员能安全有效地进行车站运作。

(4)节能环保,安全健康

标志载体应选用安全环保,易于循环利用的材料制作。产品的结构、材料和照明,达到了节能环保,可维护、可更换、可调整、可增减的要求。导向标志的所选用材料采用环保材料,满足耐久、防火(不燃)、防潮、防腐、无毒、无异味、防滑、防静电吸尘、放射性符合国际标准,易清洁卫生,便于施工维护等要求,并具有足够强度和硬度,同时牢固、耐久、便于维修。

14.1.3 贵阳轨道交通标志的特点

首先,将导向标志的功能性及1号线装修简约明快的风格(图5-14-1),运用在导向设计中。

牌体底色运用了深灰色,与版面内容对比明显,导向内容可以凸显出来。并且不会与任何线路色相冲突,与城市的大气、厚重、悠久历史文化相吻合,且又顺应国际发展潮流。

贵阳轨道交通导向标志从站台出站厅后,设置了醒目的出站信息牌(图5-14-2),给乘客指明了距最近轨道交通车站口的方向。

第 14 章 导向标志系统

图 5-14-1 1 号线导向标志图

图 5-14-2 1 号线车站站台出站厅导向标志图

在每个出入口均有树立的轨道交通车站标志立柱,立柱采用简单矩形柱的造型,侧面体现线路色(图 5-14-3)。整体稳重大气,便于乘客识别。

进入车站后在站厅对于售票、问讯、票价、进站、乘车方向、地下轨道交通线路图等均明确而清晰(图 5-14-4),站台上设有 PIS 屏和 LED 屏,以显示列车到站时间等。

到达站厅后每个楼梯口均设有出口指示牌及各个出口周边道路及标志性建筑信息;每个出口处还配有车站街道图及公交换乘信息。每名乘客在使用过程中只要留意头顶前方悬挂的导向标志牌就能顺利完成出行,见图 5-14-5。

图 5-14-3 1 号线车站出入口立柱导向标志图

图 5-14-4 1 号线车站客服中心导向标志图

图 5-14-5 1 号线车站站厅出入口及其周边导向标志图

贵阳轨道交通 1 号线对于主要的乘客引导标志,采用了中英文两种文字,对每一个人(包括外国乘客)传递同样的资讯,方便外国乘客合理的选择乘车路线消防疏散导向设置车站的墙、柱面、地面及出入口楼梯均按国家消防规范要求,设置了系统、完善的疏散指示灯(图 5-14-6),满足紧急情况下乘客疏散要求。

在站厅,设置悬挂式导向标志(图 5-14-7),引导乘客进出站;设置线路牌、系统的线路图和线路走向图,告之乘客所乘线路、方向以及所经过的车站和数量,在自动售票机上的显示。在站台,设置"地下轨道交通线路标志牌",标示贵阳轨道交通线路图、车站周边地图、出入口指示标志等(图 5-14-8)。在站台牌上标示不同方向列车运行的下一站名称。

图 5-14-6　1 号线车站内紧急疏散指示灯　　　　　图 5-14-7　1 号线车站内吊挂导向标志图

在站台门上方标注线路走向、站名、行车方向、线路等信息(图 5-14-8);设置站台上方导向标志,在线路导向图上,用箭头标出列车行驶的方向,利用语音播报列车到达车站站名。

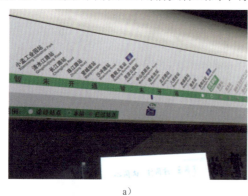 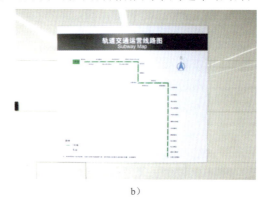

a)　　　　　　　　　　　　　　　　　　b)

图 5-14-8　1 号线车站内线路导向标志图

车站导向系统发挥功能性作用的同时,必然成为城市景观中亮丽的点缀。不断加强对交通标志导向系统设计规范,努力将导向系统改善得更加便捷、更加人性化。

目前,城市地下轨道交通逐渐在各个城市普及,越来越多的人以地下轨道交通作为日常交通工具。我国是世界上残疾人以及老年人人口最多的国家,但是在社会生活中对于他们关注的却不够。现在我国的地下轨道交通车站中的无障碍设计,主要关注的是盲道、坡道以及残疾人电梯等硬件设施的建设,而对于导向系统来说则主要考虑的还是正常人,而没有照顾那些生理有残疾而不能以一般人的方式获得信息的人,地下轨道交通空间是大量人流快速流动的空间,需要准确、便捷的导向系统来引导,这样就给他们的出行及参与社会生活的过程中,造成各种困难。为了弥补这一缺憾,使地下轨道交通空间中的导向系统更加人性化、更加细致全面,更多的残疾人能方便出行,参与社会生活,导向系统中除了加强视觉信息的传达设计,还利用人的各种感官获得信息的能力,来引导有障碍人士。

原则一:平等的使用方式、不区分特定使用族群与对象,提供一致而平等的使用方式。

原则二:简单易懂的操作设计,不论使用者的经验、知识、语言能力,集中力因素,皆可容易操作。

原则三:迅速了解必要的咨询。与使用者的使用状况、视觉、听觉等感觉能力无关,必要的资讯可以迅速而有效地传达。

原则四:规划合理的尺寸与空间。提供无关体格、姿势、移动能力,都可轻松接近、操作的空间。

14.2 设备监造、安装、调试及验收

14.2.1 设备采购

车站设备采购,包括广告灯箱、导向标志、照明灯具。

14.2.2 监造形式、任务和工作方法

设备监造方式分为停工待检(H点)、现场见证(W点)、文件见证(R点)三种。停工待检项目必须有监造服务商参加,现场检验并签证后,才能转入下道工序。现场见证项目应有监造服务商人员在场。文字见证项目由监造服务商人员查阅制造厂的检验、试验记录。

设备监造的主要任务是按合同确定的设备质量监造要求,在制造过程中监督检查合同产品是否符合 ISO 9000(质量保证体系)系列标准及各专业技术标准的要求。

根据设备监造的管理经验,样机试验和接口试验应在设计联络过程中解决为宜,把样机试验和设备接口试验中可能出现的问题解决在设备投入正式生产之前。

在设备的第一次设计联络会议中,确定样机试验和接口试验的项目。在第一次设计联络会之后,由相关供货商根据合同和监造服务商制定的文件要求以及设计联络会议确定的内容,向委托方、监造服务商和设计单位提交详细的样机试验和接口试验项目、试验内容、试验标准、试验设备、计划安排等,经监造服务商和设计单位审核,报委托方批准后,予以安排实施。样机试验和接口试验(不包括设备联调)应在最后一次设计联络会议之前结束。

样机试验和接口试验依据事先拟定的方案,根据不同设备的试验要求,采用文件见证(R点)或现场见证(W点)方式。

需要现场见证的试验项目,应在设备监造人员和设计单位共同的现场监控下进行,对试验结果进行认真评估,将试验结果书面报告委托方。对样机试验和接口试验的不合格项,由

监造服务商组织供货商和设计单位进行分析,查找原因,逐项进行解决。

设备监造从样机试制和试验开始,直到设备出厂试验结束。

设备生产监造的地点一般在设备制造厂的生产现场,试验过程监督地点在一般在设备制造厂的试验现场,与其他设备的接口样机试验监督地点在主试验设备供货商的试验室,需要委托第三方试验的监督地点在第三方试验场地。

14.2.3 监造流程

导向系统监造流程见图 5-14-9。

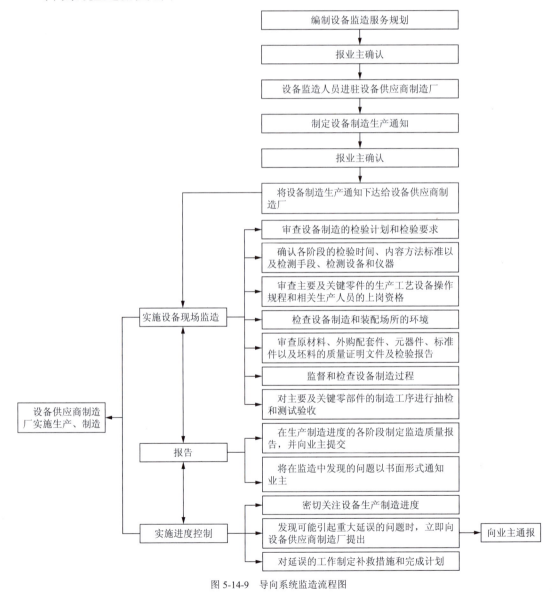

图 5-14-9 导向系统监造流程图

14.2.4 监造工作内容及措施

1)监造工作内容

(1)对制造厂质保体系程序文件执行情况的核查,有关设备的制造从原材料入厂、合格证、材料复检、制造过程的工序检验执行情况进行检查。

(2)不合格品的控制及处理程序、处理措施审批执行情况、复检情况。

(3)生产设备、仪器、量器具检验、保管使用情况。

(4)制造厂产品生产过程记录、质量记录、试验记录情况。

(5)外购件供货厂家资质情况及制造厂对外购件产品质量的检验情况。

(6)对于常驻制造厂监造项目或重要设备、关键部位的监造,监理人员必须跟班旁站监造,并将每日工作记录,检查记录填入"设备监造驻厂日志"中,将工厂检测记录写入"设备监造测试工作记录"中。

(7)设备部套(部件)在制造厂进行组装、封闭前,监理人员必须实行旁站、进行隐蔽工程检查、照相和录像。

(8)对重大质量问题的处理方案,制造厂应报项目方案,在取得买方同意后方可实施。

对制造过程中发现的质量问题,监理人员应填写"监造质量问题通知单",制造厂接收人应在收到后签署意见,处理复检合格后填写"质量问题处理反馈单",须经监理人员签字认可,监理人员在设备监造中如发现较大缺陷或质量问题,应及时以"设备监造质量问题通知单"的书面形式通知制造厂,同时上报买方设备监造办公室,监理人员在设备监造中如发现较大缺陷或质量问题,应及时以"设备监造质量问题通知单"的书面形式通知制造厂,同时上报买方设备监造办公室,并对质量问题和处理情况做详细记录。

(9)对设备监造见证点进行监造检验见证后,由监理人员填写"设备监造鉴定书",双方代表签字生效。

(10)监理人员必须每天深入现场,严格按照监造大纲规定的监造检查项目、内容、程序和制度进行巡检、监检和抽检,做好监造日志,并尽可能将量化的报表格式报买方监造办公室。

(11)做好设备装箱、出厂前的检查工作,并做好记录。

(12)买方根据设备制造进度和项目的重要程度,采取不定期、不同频度的检查、抽查,一方面通过核实监造报表的真实性、准确性,对监理人员进行考核;另一方面要通过实践及时纠正和规范监造工作程序。

2)监造措施

(1)对制造厂的技术资料进行预审,资料至少应包括:设计资料、工艺规程和细则、工艺流程、生产技术准备状况、关键工艺保证措施、重点部套试验大纲、检验标准、分包商的能力和资质状况。

(2)对制造厂提供的重点制造设备、场地、试验站、装配场所的环境及重要工序操作人员的资格进行查验。

（3）设备制造监理的见证方式：文件见证、现场见证、停工待检见证和日常巡检。文件见证：监理人员对制造厂提供的监理产品所用原材料、主要铸锻毛坯件、外购元器件及制造过程中的检验、试验等资料进行核对，并签署书面意见。

（4）现场见证：监理人员和制造厂人员共同对所监理设备的制造、试验、检验等过程进行现场监督检查，并对其结果签署书面意见。

（5）停工待检见证：该检验、试验项目或该道加工工序必须有监理人员和用户代表（委托人的代表）参加并签署书面意见，不签署意见，制造厂不得转入下道工序。

（6）日常巡检：监理人员在生产车间了解加工人员执行工艺规程情况、工序质量状况、各种程序文件的贯彻情况、零部件的加工及组装试验状况、不合格品的处置以及油漆、标志、包装和产品发运情况。

14.2.5　发货前检查

设备储运和进货验收是一个非常关键的环节，它不仅涉及设备的数量、型号完好性是否符合订单要求，也涉及及时、合理地索赔等商务问题。

（1）监造人员审查设备的储运方案，包括审查设备包装、仓储、防腐保养、吊装、运输方式、运输定位设计、发运顺序等，审查超限设备的运输方案，审查大型设备解体运输方案等。

（2）审查运输计划，检查大型关键设备的运输安排，包括运输前的准备工作、运输时间、人员组织安排等。

（3）检查设备装箱和发运前状态，包括设备包装、防潮、防震、防污染措施、设备重心吊装点、收发货标记、随机资料和附件及包装等。

（4）检查设备的储存条件、包括检查待检设备、检验合格入库设备、检验不合格设备等存放条件和标志；检查设备等待发货时存放条件和标志；检查设备运抵安装现场后存放条件和标志；定期检查设备防腐保养情况。

（5）采取适当方式检查设备运输的环境条件、运输工具、特殊技术措施、装卸情况、安全措施等。

（6）开箱检货时首先检查外表，初步了解设备的完整程度，清点零部件及备品是否齐全，型号是否符合，并应与箱号相对应。

（7）对所有的设备、零部件、备品设备，对其中重要的经常使用的外文手册、说明书应建议厂方尽快组织翻译；开箱时必须使用专用的起钉器及撬杠，禁止乱拆乱毁，以免损伤设备。同时要保持清洁，以免设备遭受污染。

（8）开箱前后应对外包装、内部设备进行拍照，尤其是对有损坏的部位，除拍照外还应做好详细记录；开箱时各相关方代表应同时在现场，并对最后的开箱结果进行签认。

14.2.6 货物的运输

（1）督促设备单位提交发货工作联系单，提前 48h 通知办理设备移交。

（2）审查设备储运方案，包括审查设备包装、仓储、防腐保养、吊装、运输方式、发运顺序，审查超限设备的运输方案。

（3）审查大型部件如机架运输安全方案。

（4）审查运输计划，检查大型机架的运输安排，包括运输前的准备、运输时间、人员组织。

（5）检查设备包装盒发运前状态，包括设备包装、防潮、防震，玻璃防污染措施、设备中心吊装点、收发货标记。

（6）检查设备储存条件，包括检查待检设备、检验合格入库设备、检查不合格设备存储条件和标示，检查设备等待发货时存储条件和标示，检查设备抵运安装现场后存放条件和标示，定期检查设备防腐保养情况。

（7）检查合同规定的备品备件，技术文件及随机附件。

14.2.7 安装调试

安装设备与土建、动力照明、装修、综合监控等接口。调试依据设计的设备参数进行调试，确保质量满足功能使用要求，见图 5-14-10。

图 5-14-10　导向系统设备安装与调试图

14.2.8 验收

竣工验收合格文件如图 5-14-11 所示。

图 5-14-11　竣工验收合格文件

14.3　体会与经验

　　导向标志系统在人的使用过程中起着举足轻重的作用,其设计更应以"人性化"为根本设计原则和目标,真正地做到为"全民设计"。现代城市高速发展和扩张,汽车成为人们的主要交通工具,致使城市道路在无节制的蔓延,交通堵塞混乱,降低了人们的出行效率。轨道交通作为新型快捷的运载方式,给人们提供了一个更方便高效的选择。但是由于其新颖性,人们在使用过程中出现了不同程度的迷惑和错误。为了建设更人性化的轨道交通,连接使用人群从城市外部空间到轨道交通列车之间的导向系统的通用设计显得尤其重要。

　　贵阳轨道交通1号线车站导向设计为后续其他线路奠定了基调。总结1号线车站导向设计的经验,将会对后续线路的设计工作产生积极而深远的影响。导向设计会结合运营经验,进一步做到以人为本,标准化设计、功能化布置,导向信息精确、清晰、明了。

第 15 章　车辆段工艺设备设计

15.1　概　　述

根据《地铁设计规范》(GB 50157—2013),车辆基地按在线路两端设置 1 段 1 场的布局,减小早晚收发车时列车走行距离,有利于统一全线的服务时间。具体而言,本次设计在线路北端设金阳车辆段,在线路南端设小河停车场。贵阳轨道交通 1 号线车辆段、停车场布局见图 5-15-1。

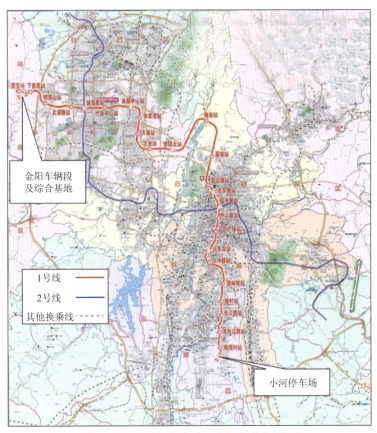

图 5-15-1　贵阳轨道交通 1 号线车辆段、停车场布局

本着为提高修车效率以及检修功能尽量集中设置的原则,金阳车辆基地集中设置检修设施,小河停车场不宜再设置检修设施。全线车辆的双周/三月检检修工作量较多,若集中设置增加了列车调度的复杂性,从有利于行车组织、避免后期施工对运营造成干扰等方面考虑,本次设计金阳车辆段与综合基地承担近期所有车辆双周/三月检任务,远期增加车辆的双周/三月检任务由小河停车场承担。

15.2 车辆检修制度、修程及内容

15.2.1 车辆检修制度及修程

1）检修制度

城市轨道交通车辆是机械、电器、电子、计算机等技术高度集成的产品,包含大量复杂部件及设备,制定经济合理、切实可行的车辆检修制度,对确保车辆安全运行、降低运营成本和延长车辆寿命都具有十分重要的意义。

车辆检修制度的制定,一般应根据车辆的技术条件、线路条件、地区环境和运营条件,以及运用、检修人员的素质等多方面因素确定,并在实际运用中不断调整和完善。

车辆检修制度一般分为预防性计划检修制度和矫治性检修制度两种。由于城市轨道交通对车辆的安全性和可靠性要求非常高,因此目前国内外仍普遍采用按车辆运行周期进行计划检修的预防性计划检修制度。

根据贵阳市轨道交通1线车辆的总体技术特征,并考虑到我国地铁车辆的运用检修水平,本线车辆检修宜采用日常维修和定期检修相结合,以部件互换修为主的预防性计划检修制度。同时,在采用预防性计划检修制度的前提下,积极推广和采用新的检测技术和设备,对部分有条件的系统和部件向状态修发展。

2）检修修程

根据《地铁设计规范》(GB 50157—2013)确定的车辆检修指标,1号线车辆检修指标见表5-15-1。

1号线车辆检修指标 表5-15-1

类别	检修修程	日常维修和定期检修周期指标		检修时间(d)
		时间间隔	走行里程(万km)	
定期检修	大修	10年	120	35
	架修	5年	60	20
	定修	1.25年	15	7
日常维修	三月检	3月	3	2
	双周检	15天	0.5	0.5
	列检	每天或两天	—	—

以上各修程工作班制均按1班制考虑,工作日指标按国家法定工作日250日/年计算。

15.2.2 车辆检修修程内容

车辆检修修程示意见图5-15-2。

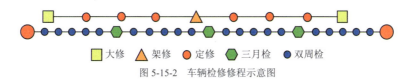

图 5-15-2　车辆检修修程示意图

（1）大修：对车辆包括车体在内进行全面的分解、检查及整修，结合技术改造对部分系统进行全面的更换，对车辆各系统进行全面检测、调试及试验。

（2）架修：对车辆的重要部件，特别是走行部进行分解，全面检查、修理，更换部分部件；对车辆各系统进行全面检测、调试及试验。

（3）定修：主要进行车辆的各系统状态检查、检测，各部件全面检查、清洁、润滑以及部分部件的修理及列车的调试。

（4）三月检：主要进行车辆的重点部件及系统状态检查，部件清洁、润滑，更换磨耗件。

（5）双周检：主要对易损件和磨耗件进行检查，部分部件清洁、润滑。

（6）列检：主要对与列车行车安全相关的部分进行日常性技术检查。

15.3　车辆运用和检修主要作业流程

15.3.1　车辆检修作业方式

车辆检修作业方式有现车修和换件修两种方式。

现车修是将待修车上的零部件，经过修理消除其缺陷后，仍安装在原车上。这种作业方式，除报废零件需要更换外，其他零部件均等待修理后，装回原车。其优点是可减少备用零部件的数量，缺点是常因等待零件而延长停修时间。

换件修是指将待修车上分解下来的零部件，经修理后可以装到其他车上的修理方法。其优点是最大限度地缩短停修时间，提高修车效率；缺点是不仅要求有足够的备用零部件，而且还要求有一定数量的互换件。

从提高修车效率出发，车辆检修宜采用以互换修为主、部分零部件现车修为辅的检修作业方式。

15.3.2　车辆运用检修主要作业流程

（1）列车运用整备工艺，见图 5-15-3。

图 5-15-3　列车运用整备工艺

(2)列车检修工艺,见图5-15-4。

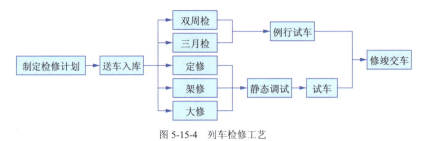

图 5-15-4　列车检修工艺

15.4　主要工作量及设计规模

15.4.1　车辆检修任务量

(1)1号线配属车辆数量见表5-15-2。

1号线配属车辆数量　　　　　　　　　　表 5-15-2

项　目	设 计 年 度		
	初期	近期	远期
运用车(列/辆)	27/162	41/246	53/318
备用车(列/辆)	3/18	4/24	3/18
检修车(列/辆)	4/24	6/30	7/42
配属车(列/辆)	34/204	51/306	63/378

(2)1号线车辆检修任务量见表5-15-3。

1号线车辆检修任务量　　　　　　　　　　表 5-15-3

项　目	设 计 年 度		
	初期	近期	远期
全年列车行车公里(10^4 列 km)	421.88	569.05	711.31
大修(列/年)		4.74	5.93
架修(列/年)		4.74	5.93
定修(列/年)	21.09	28.45	35.57
三月检(列/年)	112.50	151.75	189.68
双周检(列/年)	703.14	948.42	1185.52

15.4.2　1号线车辆段及停车场设计规模分析

(1)1号线车辆段及停车场总设计规模见表5-15-4。

第15章 车辆段工艺设备设计

1号线车辆段及停车场总设计规模　　　　表 5-15-4

项　目	近　期		远　期	
	计算规模（列位）	设计规模（列位）	计算规模（列位）	设计规模（列位）
大修	0.62	2	0.78	5
架修	0.37			
定修	0.82	1	1.02	1
三月检	1.45	4	1.81	6
双周检	2.27			
临修		1		2
停车	50	44	59（67）	68

注：1. 括号内数字为按系统规模计算的停车能力；停车考虑2、3、4号线送修车辆停放列位。
　　2. 表中大、架修计算规模为1～4号线的总规模。

（2）1号线金阳车辆段大、架修能力的确定。

1号线金阳车辆段承担1～4号线车辆的大、架修任务。结合金阳车辆段总平面及检修主厂房布置形式，按"总体设计，分期实施"的原则，确定金阳车辆段大、架修设计规模近、远期分别为2列位、5列位。

（3）1号线车辆段、停车场设计规模的分配。

金阳车辆段停车规模近期按30列位考虑，远期为40列位考虑；小河停车场停车规模按近期为14列位、远期为28列位考虑。

1号线金阳车辆段、小河停车场设计规模见表5-15-5。

1号线金阳车辆段、小河停车场设计规模　　　　表 5-15-5

项　目	金阳车辆段设计规模（列位）		小河停车场设计规模（列位）	
	近　期	远　期	近　期	远　期
大修/架修	2	5	—	—
定修	1	1	—	—
三月检	4	4		2
双周检				
临修	1	1	—	1
停车	30	40	14	28

金阳车辆段及综合基地、小河停车场航拍图分别见图5-15-5、图5-15-6。

图 5-15-5　金阳车辆段及综合基地航拍图

图 5-15-6　小河停车场航拍图

15.5 车辆段工艺设备设计

15.5.1 固定式架车机

(1) 架落车工艺布置及设备选择

检修主厂房内的大/架修库长 156m、宽 18m，设大/架修线 2 条，设置 6 辆编组固定式架车机 1 组，可满足 1 列车 6 辆编组采用 1 单元（3 辆车为 1 单元）或 2 单元入库架车检修的方式。车辆被架起后，转向架通过架车机尾部的转向架转盘推至转向架车间进行检修，再将工艺转向架放在车体下，推至大/架修库尾部进行车体检修。

图 5-15-7 固定式架车机设备图

固定式架车机设备（图 5-15-7）能将独立或任意车辆数的车辆升降，能将完整、已连接好的列车升降。无论转向架安装与否，固定式架车机设备能将独立车辆、电力动车组（EMU）或转向架升降至与地面至最高的高度之间。当固定式架车机设备进行操作时，只有控制操作台才能在地面上进行操作。设备组升降及相关设备的范围区域内视为检修区所在工作间地面的一部分，其轨道桥轨顶高度应与室内工艺轨道及地面高程一致。

(2) 架落车设备的主要技术参数

升降要求：固定式架车机设备将独立车辆、EMU 或转向架升降至适当高度，进行下列操作：检查及维修车辆底架设备；检查及维修转向架；更换车辆下的转向架或轮对；安装及拆卸 EMU 的转向架。

固定式架车机设备能确保车辆在转向架升降时或由车体承载支撑时，轮对、转向架能在车辆下通行。固定式架车机设备的最高升起高度为地面上 2m。

性能要求：固定式架车机设备的服务寿命预设为 30 年；固定式架车机设备每年平均操作时间为 1500h。

架落车设备的主要技术参数见表 5-15-6。

架落车设备的主要技术参数　　　　　　　表 5-15-6

内　容	数　据
每辆车举升组	≥40 t
每部转向架举升	≥20 t
每个支撑座	≥10 t
每对进轨	≥10 t
升举及支撑高度	轨面至轨面以上 2 m（待定）

续上表

内　容		数　据
升降速度	一般速度	0.4 m/min
	高速	1 m/min
同步允许限值（起升组内）	转向架举升	≤±5 mm
	支撑座	≤±5 mm
同步允许限值（起升组之间）	转向架举升	≤±5 mm
	列车车轮停止准确度	≤±40 mm

运行轨道的对准要求见表 5-15-7。

运行轨道的对准要求　　　　　表 5-15-7

内　容	标　准
轨道尺寸误差	+2/−1 mm
轨道水平及垂直对准	3 mm/3m
两条平行轨道的高度误差	±5 mm
固定式架车机设备轨道及架修库内轨道的水平及垂直对准误差	±0.5 mm

15.5.2　洗车设备

（1）洗车工艺布置及设备选择

洗车机（图 5-15-8）设置于出段线外侧，采用"八字形"洗车模式。洗车频率按每列车 3～7 天洗刷 1 次考虑。洗车机由车辆段调度室进行日常远程控制。

列车自动清洗机主要用于清洗地铁列车外表面的灰尘、油污及其他污渍。通过水、清洗剂和清洗刷的作用，自动清洗列车的两侧、车头和车尾，包括车门和窗玻璃。列车自动清洗机由机

图 5-15-8　洗车机设备图

械系统、电控系统、水供给系统、水循环系统、气动系统、洗涤剂供给系统等组成。采用列车自行牵引，以 3～5km/h 速度通过库内洗刷的形式，在带电的情况下，自动对列车两侧（包括车门和窗玻璃）、车头、车尾及车顶进行洗刷和冲洗工作，清洗后车体外表面无灰尘、泥土和其他附着物，清洗后的污水经过处理后循环使用。

列车自动清洗机设有 1 套控制台。

（2）洗车设备的主要技术参数

整机的使用寿命要求：30 年。

设备组成：预湿、预冷机构、前后端面刷洗机构、顶部刷洗机构、侧面初刷洗机构、侧面次

刷洗、精刷洗工位、初冲洗工位、终冲洗工位、喷淋工位、洗涤剂及供水装置、水循环及水处理系统、信号系统、挡水设施及控制台等。

性能技术要求：清水清洗和清洗剂清洗前均对车辆先行预湿喷淋。清洗水可回收循环使用及用于清洗剂清洗；清洗列车端部的旋转刷为左右两部分体结构，不能妨碍列车带电牵引前进；列车自动清洗机的各个毛刷与洗刷架装置间距大于100mm，不会发生碰撞；在设备关闭的情况下，各刷洗工位回到车辆安全限界以外，列车可以安全通过，不会造成清洗设备损坏；采用的清洗剂能适应车辆的不锈钢和铝合金表面的要求。洗涤剂和化学药品的使用符合国家环保条例，不会对环境造成不良影响，不对车辆、对轨道有任何损伤或潜在损伤；在列车自动清洗机的两端设置信号柱，与就地控制室内控制系统连接，以显示设备的操作状况。该设备只能单向操作，当洗车工作时，信号灯将显示红色，禁止其他车辆进入影响清洗作业。防止相反方向的列车通过洗车库。

15.5.3 不落轮镟床

(1) 不落轮镟床工艺布置及设备选择

镟轮库长60m、宽12m、设镟轮线1条。镟轮线不设接触网，在库内镟轮线上设不落轮镟床1台、公铁两用车1台，用于车辆镟轮作业。

图5-15-9　不落轮镟床设备图

不落轮镟床（图5-15-9）能对踏面受损、轮缘变形的车轮进行镟削操作，并配备公铁两用车进行牵引作业。不落轮镟床采用单头车床设计，能同时对1个轮对的2个车轮镟削外廓，并按双头车床的基础进行预留设计，能同时对1个转向架的4个车轮镟削外廓。不落轮镟床能为不同类型的车辆轮对镟削外廓，如地铁列车（包括动车和拖车）、工程车辆（轨道车和平板车）、内燃机车等。在镟轮库基础坑上方27m长的范围内设置2t悬挂式起重机1台，方便吊运样板轮。

(2) 不落轮镟床的主要技术参数

性能要求：数控不落轮镟床设备的服务寿命预设为30年；车床和金属屑片收集及处理系统每年平均对2000个轮对镟削外廓。

生产能力要求：数控不落轮镟床以8h轮班操作（包括将轮对放置在车床上所需的时间），最少能完成8个轮对镟削外廓，每个轮对都应该为全轮廓镟削；每次进刀最大切削深度不大于2mm，每个轮对平均镟削外廓所需时间不超过45min，不包括将轮对放置在车床适当位置所需的时间。

准确度要求：车削操作的操作容限不受车轮初步条件影响，在不落轮镟床操作中，必须满足表 5-15-8 要求。

不落轮镟床的主要技术参数 表 5-15-8

说　明	要　求
镟削外廓后同一车轴中两个车轮直径差距	≤0.2mm
镟削外廓后同一转向架四个车轮中最大直径和最小直径的差值	≤0.3mm
偏转（车轮最大及最小直径差距的一半）	≤0.2mm
共心集中度	≤0.1mm
径向跳动	≤0.1mm
端面跳动	≤0.3mm
轮缘高度允差（踏面至轮缘顶）	≤0.2mm
轮缘宽度允差	≤0.2mm
镟削外廓后的轮表面粗糙程度	8～12μm
镟削外廓后轮与标准车轮直径差距	≤0.1mm
进刀量数值显示装置精度	≤0.01mm

运行轨道的对准要求见表 5-15-9。

运行轨道的对准要求 表 5-15-9

说　明	要　求
轨距差异	+2 mm / -1 mm
水平及垂直对准	3 mm / 3 m
运行轨道间之高度差异	±5 mm
进轨与运行轨道水平及垂直对准差异	±0.5 mm
由设备提供垂直方向可调节范围	20mm

15.5.4　其他重要设备

车辆段内除固定式架车机、洗车机和不落轮镟床三大设备以外，根据运用和检修的需要，还设置了大量的通用和专用检修设备，如移动台、立体仓储装置、内燃机车、轨道车、各类起重机、叉车及搬运车、充电机、钢轨打磨车等。

15.6　体会与经验

工艺设计是车辆基地的核心内容，工艺流程决定着厂房的规模和功能组合，工艺设备的最终参数决定着相关检修厂房的风水电需求和最终布置形式。

1号线由于工艺设备招标时间较晚，设备设计联络时房建工程基本完成，部分设备位置、参数的调整导致了房建工程的新增任务或返工，故在未来项目建设中，建议将设备招标提前至房建工程施工图之前，将稳定的设备需求纳入房建施工图设计，减少反复工作。

第 16 章　声屏障系统

16.1　声屏障系统设计

16.1.1　工程概况

1 号线按照《关于贵阳轨道交通 1 号线工程(调整)环境影响报告书的批复》(〔2013〕30号)、本线环评报告书和初步设计批复,在石头村、仁和场、五道班、老湾塘、杨梅山、雅关、毛寨村等 7 处敏感点设置声屏障措施,在高架双线桥梁区间疏散平台安装吸声板。

16.1.2　声屏障结构设计

声屏障结构设计包括直立式、单悬臂式和全封闭式三种形式,主要含如下方案:

1)直立式非金属声屏障(方案Ⅰ)

此路基声屏障为插板式结构,基础采用 6m 间距、ϕ900mm 人工挖孔桩和联系地梁结构,上部采用 3m 间距 H 型钢插板结构,板材采用 120mm 厚非金属吸声板,高为路肩以上约 2.95m。上部结构采用预埋螺栓底板方式与基础连接,见图 5-16-1。

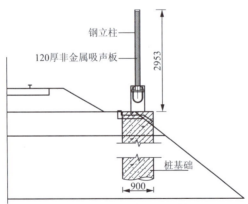

图 5-16-1　方案Ⅰ结构示意图(尺寸单位:mm)

2)双线桥全封闭声屏障(方案Ⅱ和方案Ⅲ)

此桥梁声屏障直立段为插板式结构,顶弧段为外敷式结构,基础预埋螺栓底板方式与桥梁梁体连接,桥面宽度约为 10.8m(方案Ⅱ接触网立柱在两侧)和 10m(方案Ⅲ接触网立柱在中间),上部采用 2.0m 间距 H 型钢结构,板材采用 80mm 厚金属吸声板和 20mm 厚(直立段)、12mm 厚(顶弧段)亚克力透光板,高为桥梁连接板以上约 8.3m(方案Ⅱ)和 7.4m(方案Ⅲ)。见图 5-16-2、图 5-16-3。

第 16 章 声屏障系统

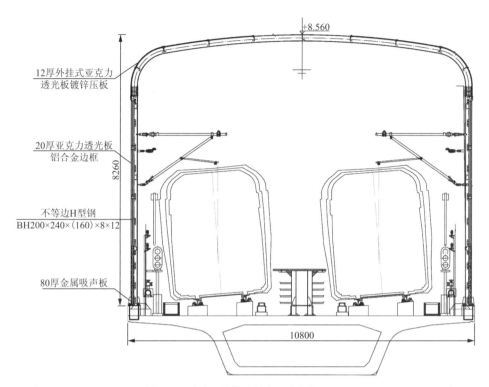

图 5-16-2 方案 II 结构示意图（尺寸单位：mm）

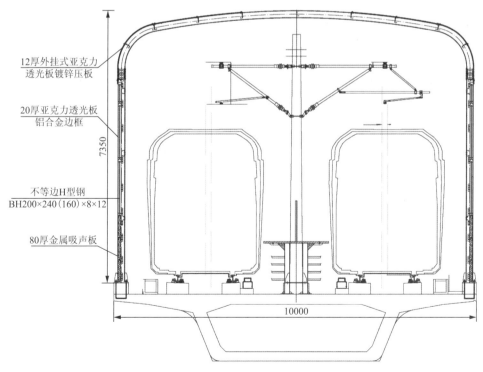

图 5-16-3 方案 III 结构示意图（尺寸单位：mm）

3）单线桥全封闭声屏障（方案Ⅳ）

此桥梁声屏障直立段为插板式结构，顶弧段为外敷式结构，基础预埋螺栓底板方式与桥梁梁体连接，桥面宽度约为 6.0m，上部采用 2.0m 间距 H 型钢结构，板材采用 80mm 厚金属吸声板和 20mm 厚（直立段）、12mm 厚（顶弧段）亚克力透光板，高为桥梁连接板以上约 7.4m，见图 5-16-4。

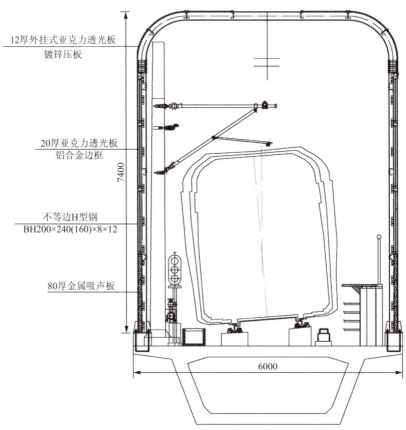

图 5-16-4 方案Ⅳ结构示意图（尺寸单位：mm）

4）四线桥全封闭声屏障（方案Ⅴ）

此桥梁声屏障直立段为插板式结构，顶弧段为外敷式结构，基础预埋螺栓底板方式与桥梁梁体连接，桥面宽度约为 19.6m，上部采用 2.0m 间距 H 型钢结构，板材采用 80mm 厚金属吸声板和 20mm 厚（直立段）、12mm 厚（顶弧段）亚克力透光板，高为桥梁连接板以上约 8.1m，采用两个单线声屏障半封闭形式，见图 5-16-5。

5）四线桥单悬臂声屏障（方案Ⅵ）

此桥梁声屏障直立段为插板式结构，顶弧段为外敷式结构，基础预埋螺栓底板方式与桥梁梁体连接，桥面宽度约为 19.6m，上部采用 2.0m 间距 H 型钢结构，板材采用 80mm 厚金属吸声板和 20mm 厚（直立段）、12mm 厚（顶弧段）亚克力透光板，高为桥梁连接板以上约 8.1m，见图 5-16-6。

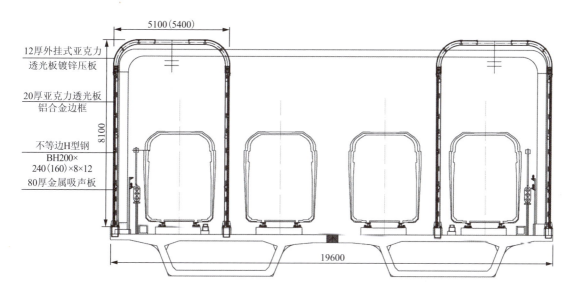

图 5-16-5 方案Ⅴ结构示意图(尺寸单位:mm)

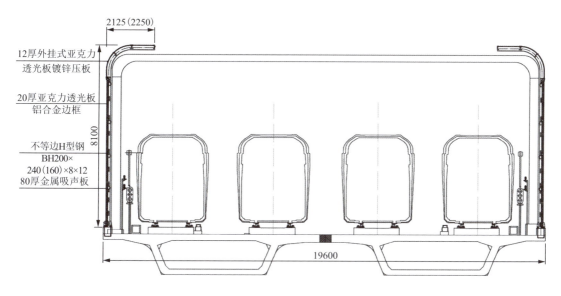

图 5-16-6 方案Ⅵ结构示意图(尺寸单位:mm)

6)路基全封闭声屏障(方案Ⅶ和方案Ⅷ)

此路基声屏障直立段为插板式结构,顶弧段为外敷式结构,基础采用 6m 间距、ϕ1000mm 人工挖孔桩和连系地梁结构,上部采用 2m 间距 H 型钢结构,板材采用 80mm 厚金属吸声板和 20mm 厚(直立段)、12mm 厚(顶弧段)亚克力透光板,高为路肩以上约 7.5m(方案Ⅶ接触网立柱在两侧)和 8.46m(方案Ⅷ接触网立柱在中间),上部结构采用预埋螺栓底板方式与基础连接,见图 5-16-7、图 5-16-8。

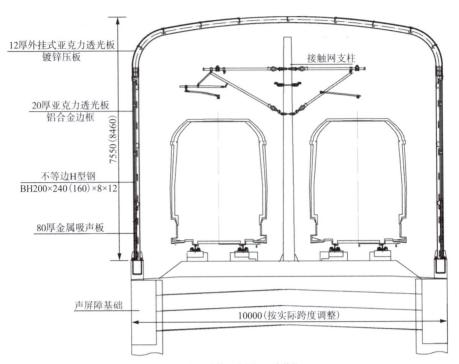

图 5-16-7 方案Ⅶ结构示意图（尺寸单位：mm）

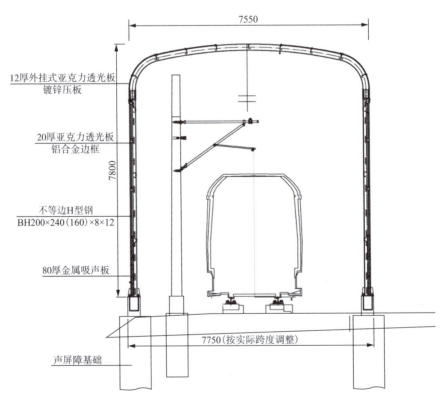

图 5-16-8 方案Ⅷ结构示意图（尺寸单位：mm）

7) 路基单悬臂式声屏障(方案Ⅸ)

此路基声屏障直立段为插板式结构,顶弧段为外敷式结构,基础采用3m间距、ϕ1000mm 人工挖孔桩和连系地梁结构,上部采用1.5m间距H型钢结构,板材采用80mm厚金属吸声板和20mm厚(直立段)、12mm厚(顶弧段)亚克力透光板,高为路肩以上约7.7m。上部结构采用预埋螺栓底板方式与基础连接,见图5-16-9。

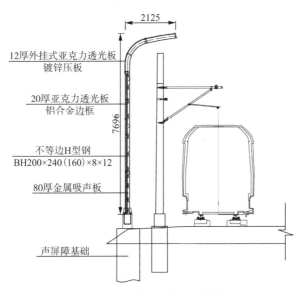

图5-16-9 方案Ⅸ结构示意图(尺寸单位:mm)

8) 直立式金属声屏障(方案Ⅹ)

此路基声屏障为插板式结构,基础采用在路基挡墙上埋设连接钢筋和设置地梁方式安装地脚螺栓和钢板方式连接,上部采用2m间距H型钢插板结构,板材采用80mm厚金属吸声板,高为路肩以上约3.02m,见图5-16-10。

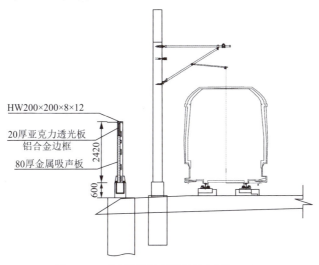

图5-16-10 方案Ⅹ结构示意图(尺寸单位:mm)

9）双线桥梁疏散平台吸声板

利用疏散平台结构安装 120mm 厚非金属吸声板，分别在双侧设置，采用对穿螺栓和钢板方式安装，整体高度 1.32m，标准间距 1.6m，见图 5-16-11。

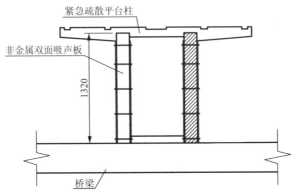

图 5-16-11 疏散平台吸声板安装结构示意图（尺寸单位：mm）

16.1.3 声屏障材料设计

（1）H 型钢采用 Q345-B 级，钢构件表面进行热浸镀锌防腐，涂层厚度不低于 86μm，外露钢构件表面应喷涂与声屏障相协调的颜色。

（2）相关连接普通螺栓为 5.6 级带开口销，支撑连接为 8.8S 高强度螺栓、钢结构拼接节点的连接采用高强度螺栓 10.9S 级，螺栓性能均满足相关规范要求，保证在桥梁正常振动时不松动，不影响声屏障结构稳定及轨道交通运营安全。

（3）声学材料包含非金属吸声板、金属吸声板、透光板、橡胶垫等，相关性能参数如表 5-16-1～表 5-16-4 所示。

非金属吸声板性能参数表　　表 5-16-1

序号	技术指标名称	性能参数
1	吸声板规格	1. 双面吸声，用于双线桥梁中间疏散平台，以施工图尺寸为准； 2. 单面吸声，用于直立式路基声屏障，以施工图尺寸为准
2	降噪系数	≥ 0.7
3	隔声量	> 30dB
4	面密度	≤ 120kg/m²
5	抗风压性能	符合《铁路声屏障声学构件技术要求及测试方法》（TB/T 3122—2010）
6	抗冲击性能	符合《铁路声屏障声学构件技术要求及测试方法》（TB/T 3122—2010）
7	防火性能	符合《铁路声屏障声学构件技术要求及测试方法》（TB/T 3122—2010）
8	外观	符合《铁路声屏障声学构件技术要求及测试方法》（TB/T 3122—2010）
9	结构组成材料要求	吸声材料为非金属类
10	使用寿命	不小于 25 年

金属吸声板性能参数表

表 5-16-2

序号	技术指标名称	性能参数
1	吸声板规格	单面吸声,用于全封闭声屏障,以施工图尺寸为准
2	降噪系数	≥ 0.7
3	隔声量	≥ 30dB
4	面密度	≤ 60kg/m²
5	抗风压性能	符合《铁路声屏障声学构件技术要求及测试方法》(TB/T 3122—2010)
6	抗冲击性能	符合《铁路声屏障声学构件技术要求及测试方法》(TB/T 3122—2010)
7	防火性能	符合《铁路声屏障声学构件技术要求及测试方法》(TB/T 3122—2010)
8	防腐蚀性能	符合《铁路声屏障声学构件技术要求及测试方法》(TB/T 3122—2010)
9	结构组成材料要求	金属吸声板面板和背板均采用≥1.5mm 厚铝合金板,材质不低于 3A21,面板开孔要求:孔径ϕ≤2.5mm,穿孔率≤25%,吸声板内部骨架由卖方根据材料参数设计。吸声材料采用 80kg/m 岩棉,厚度≥60mm,整体外包 0.15mm 厚无碱憎水玻璃布。金属吸声板面板和背板均采用无铬钝化处理,并进行静电粉末喷涂,面板进行单面喷涂,背板进行单面喷涂,涂层厚度为 70±15μm,颜色为 RAL7045
10	外观	符合《铁路声屏障声学构件技术要求及测试方法》(TB/T 3122—2010)
11	使用寿命	不小于 25 年

透光板性能参数表

表 5-16-3

序号	技术指标名称	性能参数
1	透光板规格	全封闭声屏障直立部位:板厚为 20mm,采用铝合金型材制作边框,具体尺寸以施工图为准; 全封闭声屏障顶弧部位:板厚为 12mm,采用铝合金型材作为辅材安装,具体尺寸以施工图为准
2	体密度	≤ 1200kg/m³
3	隔声量	板厚为 20mm,≥ 30dB 板厚为 12mm,≥ 26dB
4	抗风压性能	符合《铁路声屏障声学构件技术要求及测试方法》(TB/T 3122—2010)
5	抗冲击	符合《铁路声屏障声学构件技术要求及测试方法》(TB/T 3122—2010)
6	防火性能	符合《铁路声屏障声学构件技术要求及测试方法》(TB/T 3122—2010)
7	外观	符合《铁路声屏障声学构件技术要求及测试方法》(TB/T 3122—2010)
8	透光率	≥ 93%
9	断裂伸长率	≥ 4%
10	拉伸强度	≥ 70 MPa
11	弯曲强度	≥ 98 MPa
12	弹性模量	≥ 3100 MPa
13	线性热膨胀系数	≤ 0.07 mm/(m·℃)
14	软化温度	≥ 110℃
15	材料要求	采用改性亚克力材质
16	使用寿命	不小于 25 年

橡胶垫性能参数表　　　　表 5-16-4

序号	技术指标名称		性能参数
1	型号厚度尺寸		以施工图为准
2	硬度		55±5 度
3	拉伸强度		≥14kPa
4	拉断伸长率		≥300%
5	脆性温度		≤-60℃
6	恒定压缩永久变形（室温×24h）		≤20%
7	耐臭氧老化 2mg/L，20% 伸长，40℃×96h		无龟裂
8	热空气老化	拉伸强度降低率	<15%
		拉断伸长率降低率	<30%
		硬度变化 IRHD	0~10 度
9	耐水性增重率（室温×13h）		<4%
10	耐油污性膨胀率（1 号机油，室温×70h）		<45%
11	撕裂强度		≥30kN/m
12	材料要求		应采用三元乙丙或氯丁橡胶

16.1.4　主要施工技术要求

（1）采用的各类声屏障材料应满足本线招标文件和施工图要求。

（2）施工前应复核土建预埋基础，确认满足设计要求后方可施工。

（3）材料加工应结合现场实际制作，按实根据施工图要求调整相关构件尺寸。

（4）声屏障结构安装前应调查其他线路附属构件，确认无冲突，互不影响后方可大面积施工。

（5）钢结构采用螺栓连接的纵向檩条，应连接坚固，确保线路运行时螺栓不松动，结构稳定。

（6）声屏障板材安装时应按设计要求采用可靠措施固定，并检查材料完整度，严禁使用有生产缺陷的产品。

（7）声屏障板材锚入 H 型钢有效深度不少于 40mm，并采用可靠措施防止板材纵向较大变形。

（8）连接螺栓安装后外露丝口不少于 3 扣。

（9）钢结构连接、声屏障板材安装使用的螺栓应采用可靠有效的防松动脱落措施。

（10）其他要求详见声屏障施工图。

（11）施工过程中出现与设计不符或影响安装的其他因素时应及时联系建设、监理、设计等单位处理。

(12)声屏障施工完成后应及时验收监测,发现问题及时上报处理。

(13)声屏障工程验收可按照《钢结构工程施工质量验收规范》(GB 50205—2001),参照《铁路声屏障工程施工质量验收标准》(TB 10428—2012)执行。

16.1.5 创新设计

1)不等边 H 型钢设计

全封闭声屏障直立段采用BH200×240(160)×8×12不等边 H 型钢,钢柱外翼缘宽240mm,内翼缘宽160mm,采用此不等边 H 型钢,可使竖直段吸声板材料采用斜推入方式安装,增加施工安装便利性,同时也方便后期维修更换材料,如图 5-16-12 所示。

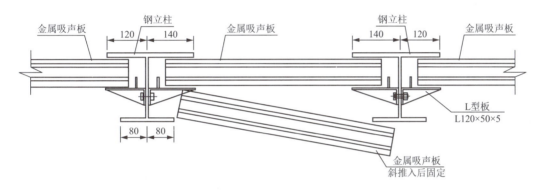

图 5-16-12 金属吸声板安装图(尺寸单位:mm)

2)防脱落螺栓设计

采用开口销螺栓,其原理为螺母拧紧后,把开口销插入螺母槽与螺栓尾部孔内,并将开口销尾部扳开,防止螺母与螺栓的相对转动。此方式可防止由于螺栓松动造成螺母脱落,影响钢结构连接构件安全,如图 5-16-13 所示。

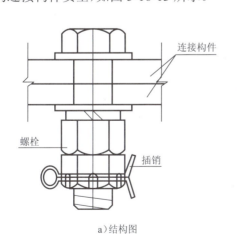

a)结构图   b)实物图

图 5-16-13 开口销螺栓

16.2 设备监造、安装、调试及验收

16.2.1 土建施工

1）施工工艺流程

场地整平开挖到设计桩顶高程→放线、定桩位→挖第一节桩孔土方→安放第一节护壁钢筋及模板→灌注第一节护壁混凝土→在护壁上二次投测高程及桩位十字轴线→设置垂直运输架、安装电动辘轳、吊土桶、潜水泵、鼓风机、照明设施等→第二节桩身挖土→清理桩孔四壁、校核桩孔垂直度和直径→安放第二节护壁钢筋及模板→灌注第二节护壁混凝土→重复第二节挖土、灌注混凝土护壁工序,循环作业直至设计深度→清理虚土、排除孔底积水→吊放钢筋笼就位→浇灌桩身混凝土。

2）测量放线

在每根挖孔桩开挖前,应由测量人员放出桩位中心点,并根据桩位中心及挖孔桩直径定位出挖孔范围。报请监理工程师检查、复核,复核合格后方可开始开挖施工,见图5-16-14。桩长为6m,桩径为1.0m。由于桩最小间距是6m,大于2倍桩直径,可不需要跳桩开挖。

图5-16-14 人工挖孔桩桩径、桩深测量及孔位测量定位

3）开挖土方

采用铁锹向下开挖,每孔配备3人,一人在孔内挖土,一人在孔口负责出土和传递工具,一人在孔外运土。同时架设简易门式机架,安置电动辘轳,与配合出渣桶出渣,见图5-16-15。

a)

b)

图5-16-15 孔位开挖

（1）在遇到淤泥质土层等软弱土层时,用木方、木板模板等支挡,并要缩短这一段的开挖深度,并及时浇筑混凝土护壁,支挡的木方板要沿周边打入底部不少于0.2m深,上部嵌入上

段已浇好的混凝土护壁后面，可斜向放置，双排布置互相反向交叉，能达到很好的支挡效果。

（2）挖掘流沙时，采用钢筋混凝土护壁，每模高度不超过500mm，挖掘时，先在井底四周靠近护壁打入$\phi 16@80$的钢筋，每根钢筋长度1.2m，然后随挖随在打入钢筋外侧塞草包，以防漏砂，塌方等现象发生。

（3）当地下水较大，流沙现象严重时，采用下钢护筒护壁的办法施工，钢护筒壁厚度一般5～6mm，筒高1～2m左右，直径略小于混凝土护壁内径，利用混凝土支护作支点，用小型油压千斤顶将钢护筒逐渐压入土中，阻挡流沙，钢护筒可一个接一个下沉，压一段开挖一段桩孔直至穿过流沙层0.5～1.0m，再转入正常挖土和用混凝土支护，浇筑混凝土时该段钢护筒不吊出。

（4）当地下水特大，流沙严重时，应同设计、勘察部门及建设单位研究处理。

每次开挖完毕后要封闭洞口。

4）混凝土护壁

（1）安装护壁钢筋和护壁模板

先安放钢筋，竖向钢筋端部弯成发夹式的钩并打入至挖土面内一定深度，以便与下节钢筋相连。护壁模板由四块标准模板组成，上小下大。拼装时，最后两块模板的接缝处放一木条以便拆模。模板安装后检查其直径符合设计要求，并保证其正交直径的误差不大于50mm，其中心位置可通过孔口设置的轴线标记处安放的十字架、在十字架交叉悬吊锤球的方法来确定。

（2）灌注护壁混凝土

当天挖完当天灌注护壁混凝土。现场搅拌混凝土，按照调整后的施工配合比进行混凝土的人工搅拌，灌注混凝土时，在孔内抽干水的情况下进行并使用早强剂。用手锤敲击模板和棍棒插捣混凝土。

（3）挖至设计高程，基底验收

挖至设计高程时，应清理好基底残渣、积水，报请监理工程师进行隐蔽工程验收，验收合格后，方可进行下道工序施工。

（4）钢筋笼制作、安装

钢筋笼所用钢材要有产品合格证和现场抽检复查资料，并满足有关规范要求。钢筋制作在加工场进行采用双面搭接焊接，焊接长度不小于$5d$，并符合图纸尺寸及规范要求，笼体完整牢固。为使钢筋笼有足够的刚度以保证在运输和吊放过程中不产生变形，每隔1.5m设置一道加强箍。在箍筋上设定位筋，以保证钢筋笼的保护层厚度。钢筋笼下放采用起吊安装，配备专用的起吊工具卡起吊，避免钢筋笼起吊变形过大。不得将变形的钢筋笼安放入孔内。下放时注意防止碰撞孔壁，如放入困难须查明原因，不得强行插入。安装到位后及时固定，防止脱落，并采取有效措施，防止钢筋笼在混凝土灌注过程中上浮。钢筋笼安放后的顶面和底面高程须符合设计要求。

5）混凝土采用商品混凝土，通过施工便道由汽车泵泵送混凝土灌注

（1）桩身混凝土振捣，由井下操作人员用插入式振动器分层捣密实混凝土，前层厚度不

超过50cm,插入形式为垂直式。插点间距约40~50cm,并且做到"快插慢拔"。

(2) 每个桩的桩身混凝土一次连续浇捣完毕,不留设施工缝。混凝土灌注完毕后,进行下一根桩施工。

6) 混凝土浇筑要求

(1) 井圈护壁顶面标记桩号、高程、放钢筋笼之前,应复核护壁壁面高程,保证钢筋笼和浇混凝土的高程控制准确(图5-16-16),按规定进行护壁厚度、内孔径、垂直度的检测工作,至少每进尺三级护壁进行一次检测工作。

a)　　　　　　　　　　　　　　b)

图 5-16-16　混凝土浇筑与钢筋笼定位

(2) 浇筑每段护壁混凝土前要校对每段桩的轴线,浇筑混凝土时振动四周要均匀,以免模板受压偏移。施工检验随进度抽查,发现不合时及时纠正处理。

(3) 上下段护壁间要预留纵向钢筋加以连接,使之成为整体,并确保个段间的连接处不漏水。

(4) 桩孔开挖后应尽快灌注护壁混凝土,且必须当天一次性灌注完毕。不得在桩孔水淹模板的情况下灌注护壁混凝土。

(5) 混凝土要求密实、早强、坍落度较大,宜使用速凝剂,并采用小颗粒集料,混凝土入模后不得使用插入式震动器,以免破坏模外土体的稳定性,可用敲击模板或用竹竿、木棒反复振捣。

(6) 护壁模板的拆除,应根据气温情况而定,一般可在24h后进行。

(7) 每根桩终孔前,应先检查,将孔底松散石块、泥砂清理干净,并把孔底整理水平,然后会同监理单位、设计单位共同验收,进行孔底钎探检测,并办理好签证手续,然后才能终孔,浇混凝土前应重新清理孔底,做到孔底无虚土、松渣。

(8) 基础施工前,应先查明拟建场地内的地下管线,采取相应措施后方可施工,施工时注意避开线路路基上的各类沟、槽、管、线,防止挖断、损坏管、线。严格控制预埋板定位,应符合施工偏差规范。

声屏障基础预埋件定位与地梁线形控制如图5-16-17所示。

桩基础施工完毕后宜先进行工程桩的桩身成型完整性检测(图5-16-18),本工程采用低应变测量均为Ⅰ类桩。

图 5-16-17　声屏障基础预埋件定位与地梁线形控制　　图 5-16-18　桩身成型低应变完整性检测

7）施工注意事项

（1）施工时应注意及时对桩清底、封底，做好护坡、降水等安全措施。

（2）成孔达到设计深度后，孔口应予以保护，及时验收，并做好记录。

（3）应一次施工到桩底高程，并对桩底清底，及时灌注混凝土；施工桩基础时，不得破坏路基本体。

（4）桩孔成形后，通知相关单位派人赴现场对持力层进行验证，验证无误后清除桩底浮渣，立即灌注混凝土。

（5）钢筋笼制作及安装：纵向钢筋接头采用对焊，接头按规范要求错开。钢筋笼外侧需设混凝土垫块或采用其他措施确保钢筋保护层的厚度。起吊钢筋笼应对准孔位，竖直地慢慢放入孔内至设计高程。

（6）浇筑混凝土前，应清除孔内虚土并迅速封底，浇筑桩混凝土时，应采用串筒下料，并随浇随振动，每次浇筑高度不得大于 1.5m。

16.2.2　设备监造

1）设备监造范围

声屏障采购项目监造范围为贵阳轨道交通 1 号线以上范围的设备供货、安装督导、调试验收、质保服务、服务（设计、设计联络、设计审查、样机验收、出厂验收、培训）等全过程。

2）监造形式

贵阳轨道交通 1 号线声屏障采购项目采用驻厂和现场监造相结合的监造形式；声屏障的监造方法为文件见证、现场见证、停工待检、巡视检查、抽查等。

3）监造措施

（1）组织召开设计联络会

第一次设计联络会议目的是买卖双方互提基础资料，确认系统和设备功能和技术参数；卖方介绍工厂及设备生产加工工艺等情况，买房介绍设备应用的现场情况等。

第二次设计联络会议目的是图纸审查及确认，技术讨论、接口澄清；解决第一次设计联络遗留问题;考察工装设备、工艺流程、试验检验设备等。

第三次设计联络会议目的是确定最终设计文件,确定工厂和现场试验内容,讨论供货、培训等事宜。

(2)审查承包商相关资质

①审查供货商质保体系、管理体系、安保措施。

②审查供货商生产资质、试验和检查人员资质,特种焊接人员资质及上岗证。

③审查供货商所采用的工装设备、试验方法。

④审查供货商外包的资质。

⑤审查供货商检验所采用的加工设备能力。

⑥审查供货商检测仪器、仪表、试验设备。

⑦审查供货商检测、试验大纲。

4)制造阶段的监造措施

(1)抽查供货商采购的主要原材料和关键外购件的质量,见证合格证,检测试验报告。

(2)巡视检查供货商的主要零部件加工、组装的关键工序。

(3)现场见证供货商的总装全过程,抽查装配质量。

(4)抽查供货商的程序、过程、文件编制及原始记录。

(5)跟踪检查供货商的生产进度计划,检查和督促进度计划的实施,核批修正计划。

(6)抽查供货商的阶段性生产计划及实施措施完成情况。

(7)见证检验和试验原始记录。

(8)检查不合格零部件控制、验证不合格处置结果和纠正措施。

(9)参与设计变更。

(10)参与质量事故的处理。

(11)发出停工和复工指令。

(12)现场见证特殊加工过程(重要部件的焊接、探伤)。

5)设备储运阶段的监造措施

(1)审查设备储运方案,包括审查设备包装、仓储、防腐保养、吊装、运输方式、发运顺序,审查钢结构设备的运输方案。

(2)审查钢立柱半成品、弧形钢梁半成品运输安全方案。

(3)审查运输计划,检查钢结构的运输安排,包括运输前的准备、运输时间、人员组织。

(4)检查设备包装盒发运前状态,包括设备包装、防潮、防震。

(5)检查合同规定的备品备件、技术文件及随机附件。

6)进度控制措施

(1)审查制造厂家排产计划。

(2)设备开始制造后,制造厂家必须每月月末前,向买方提供上月详细进度报告和下月计划。

(3)对生产进度计划进行跟踪检查,及时进行进度分析,提出进度计划调整的建议,发现有导致工期延误的关键工序,提请厂家采取措施弥补,如因工厂措施不力难以保证工期需要,则要及时报告业主。

（4）实时了解掌握施工进展、安装条件等情况,根据现场安装条件确认产品到货时间。

（5）参与审查设备工程项目的概算和预算。

（6）审查资金使用计划。

（7）审核已完工工作量。

（8）签发付款证书。

（9）审核完工结算。

（10）协助业主处理变更中有关费用事项。

（11）协助业主处理费用索赔事项。

7）声屏障加工制造要求

（1）加工零、部件材料和材质应符合设计文件要求。

（2）外购件/设备符合设计要求。

（3）构件焊缝质量符合设计文件要求。

（4）零部件的生产制造应有完善的工艺措施及检测体系。

（5）投入的设备、工艺工装应确保声屏障的制造要求。

（6）操作人员应持证上岗,特殊工种,如焊工、油漆工等必须经过专门培训,取得特种作业证。

（7）检验量具、设备必须经过国家质检部门的年检。

（8）应有完善的质量保证体系及安全保证体系。

16.2.3　声屏障上部结构安装

1）施工总体方案

针对本项目沿高架线路分段分布的特点,以本工程各站点划分各作业区间,声屏障现场安装采取分段多点、流水同步作业并沿轨道线路长度方向逐步推进的施工方案,以尽可能增大施工作业面,来解决屏障作业工程量大,关键节点工期异常紧张的矛盾。

在施工作业前,仔细划分好各施工区段内的声屏障施工段落,本工程划分为多个施工区段（石头村至杨梅山、雅关、毛寨村等）,多个施工区段独立进行施工,每个施工区段根据铺轨进度情况灵活划分多个施工段落,做到"交付一段、开工一段、完工一段",同时在每段完工后做到"工完、料清、场地清"。

对于全封闭声屏障的钢结构吊装,根据声屏障钢梁跨度或现场实施条件,采用先直立段吊装,然后拱架高空拼接方案；对于金属屏、亚克力板等各类屏体组件,则由地面吊车成批吊到高架轨道运输车上后,结合轨道运输车和轨道操作平台完成现场屏体的插装和铺装。

为确保现场有足够的屏障构件供应,不因材料供货原因影响现场施工作业进度,根据设计图内屏障各组件技术要求,将屏障主要加工件拆分为钢结构（包含 H 型钢柱、钢梁、檩条、纵向支撑、支撑系统等)、金属吸声板、非金属吸声板、亚克力板、压条等,并进行专业化加工制作或采购,同时派出驻厂代表根据现场进度作业需要对加工件的制作计划、质量检验、出厂包装及数量进行全方位的监控,确保及时按质供货。

2）声屏障安装方案

(1)安装前的准备工作

①根据施工方案,进一步编制详细的施工作业指导书。

②组织学习技术文件、有关工程质量标准及施工安全技术操作规程。

③校准测量仪器及量具等。

图5-16-19 对施工班组长进行安装前技术交底

④指派现场技术人员配合土建单位预埋螺栓和埋件。构件吊装前对土建纵横轴线、高程、预埋件水平度等进行检查、复测、验收,并用红油漆标出明显、准确的标志。

⑤做好安装前技术交底,见图5-16-19。

⑥对设计或业主要求预拼装的构件在出厂前进行预拼装,并做好预拼装记录。

⑦在现场进行合理的临时用电线路搭设。

(2)现场构件及屏体板验收和堆放

①制作方面根据吊装顺序提供的进场计划,配套供应构件,且将构件及屏体板运输到指定地点按要求堆放(图5-16-20),相关技术资料要随构件送达。

a) b)

图5-16-20 材料进场

②根据货运清单检查构件,核对构件数量、规格和编号,若发现有误及时回执清单,以便构件更换或补齐。

③检查构件的几何尺寸、节点、孔位、坡口、摩擦面,涂装等是否符合设计要求和规范规定,高程等是否正确明显的标记。检查构件有无损伤、外观缺陷、变形。

④按吊装划分区域,将构件进行分类堆放,并堆放于便于吊装的位置。

⑤构件堆放应用垫木垫好,垫木的位置应正确,重叠堆放的构件上下垫木要对齐,以免构件变形。

⑥成叠薄板放置时应抬高架空,使下部空气流通;薄板存放在库棚中时一端应抬高,以防止积水;板材应加以覆盖,严禁表面裸露在大气中;禁止在材料上行走。

⑦梁堆放重叠层数不宜超过3层,其他构件不宜超过4层。

⑧吸音材料存放在整洁、干燥、通风良好的地方,用彩条布覆盖,避免被雨水、露水打湿。

(3)钢结构的安装方案

①根据现场实际情况,拟定的施工方案为,在全封闭式的声屏障区域的钢结构安装时,使用一台25t的汽车式起重机在前面进行钢结构的地面拼装,再在使用一台25t的汽车式起重机进行钢柱、钢梁的吊装,每个钢构安装组均形成流水作业,为后续的声屏障系统和屋面系统的安装赢得时间。

②在全封闭段吊装完成第一根钢柱和第一榀钢梁时吊车松钩前拉设缆风绳,保证钢架的稳定性,在完成两榀钢梁的吊装后柱间支撑、水平支撑及时安装,以保证该区域钢梁系统的稳固,按照钢梁的吊装顺序和速度,次构件也同时进行安装。安装屋面钢梁之前,先应对柱顶的预埋螺栓进行轴线复核,复核无误后按照图纸要求的高程安装调节螺母,钢柱吊装就位后及时加装垫片和螺母,并将垫铁及时垫在钢柱的下端。钢柱安装时三人稳住柱脚,柱立好后从三个方向拉设缆风绳,互为120°(缆风绳采用地锚固定,地锚做法:用4个1.5m的钢管交叉放置和ϕ16钢丝绳绑扎埋地1.5m,见图5-16-21,从一端开始吊装,安装好两支钢柱后,开始安装柱间支撑等垂直支撑,校正垂直度待安装钢梁,其他钢柱按以上方法安装。缆风绳不得随意拆除,必须保证形成稳定的空间结构方可拆除。

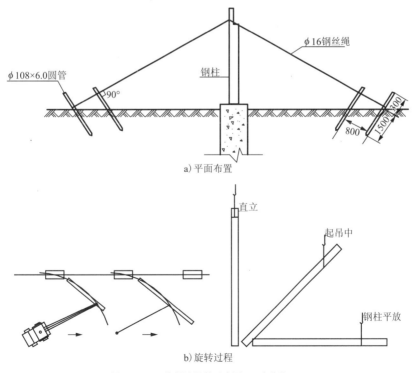

图5-16-21 旋转法吊装示意图(尺寸单位:mm)

③吊装前在相应位置拴上缆绳,以便于平衡和就位。绑扎点用软材料垫置,以防钢构件受损。起吊时先将屋架吊离地面50cm左右,然后徐徐升钩,将屋架吊至柱顶面以上,地面缆绳配合,以使落钩就位,落钩时应缓慢进行,接触柱顶时即制动,对准预留螺栓孔,钢梁找正就位后用45号钢插销固定,固定稳妥后方可脱钩。同时进行垂直度校正和固定。

钢架安装如图5-16-22所示。

a) b)

图 5-16-22 钢架安装

(4)钢架的校正

①钢框架校正流程。

钢框架校正流程如图5-16-23所示。

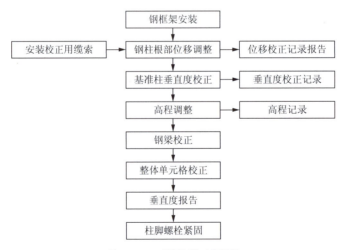

图 5-16-23 钢框架校正流程图

②钢框架校正方法。

(a)钢柱垂直度校正。

钢柱校正用经纬仪校正,以 x 轴和 y 轴方向观察垂直度,垂直度控制在1/1000不大于10m。施工时最好是用两台经纬仪安置在纵横轴线上,两台经纬仪分别安置在纵横轴线一侧,偏离中线一般不得大于3m,先对准柱底垂直翼缘板或中线,再渐渐仰视到柱顶,如中线偏离视线,表示柱子不垂直,可指挥人员调节拉绳,用扳手微调底板下的螺母,直到符合要求为止,然后拧上底板面上的螺母,钢柱临时固定完成。钢柱底部用垫铁垫实。注意在吊装屋架时或安装竖向构件时,还须对钢柱进行复核校正。

(b)钢梁的校正。

一般采用挂线检查及采用手拉葫芦拉钢丝绳缆索辅助进行检正,待大梁完全校正并安装完所有水平拉条(ST)梁及檩条后方可松开缆索。对钢梁屋脊线也必须控制,使屋架与柱两端中心线等值偏差,这样各跨钢屋架均在同一中心线上。

(5)主体吊装注意事项

①在吊装过程中,不得利用已安装就位的构件起吊其他重物。

②不得在主要受力部位焊其他物件。

③当天安装的钢构件应形成空间稳定体系。

④吊装前对就位的吊车支腿受力部位进行严格检查,保持地面受力状况基本一致,高程统一。

⑤吊装现场指挥员与吊车司机在吊装前应进行沟通,统一旗语、哨声,同时设立专用手语;确保在统一指挥下步调一致。

⑥本项目采用钢丝绳捆绑起吊,由于构件为 H 型钢边角易造成钢丝绳损坏,在构件与钢丝绳结合处用 $\phi 48$ 钢管对剖设置护角,防止钢丝绳损坏和滑移。

(6)声屏障屏体安装

全封闭声屏障可分为直立段屏体和上部围护结构部分。直立段屏体由金属复合吸声屏体和透光板组成,上部围护结构部分由亚克力板组成。

①金属复合吸声屏体安装。

声屏障标准跨距为 2m,安装方式采用直插式,插入时使金属复合吸声屏体板穿孔面板一侧朝向轨道,插入后使背板靠在 H 型钢翼缘内侧,调整金属复合吸声屏体板两端与立柱腹板间距一致,上下屏之间采用三元乙丙橡胶垫封闭,防止金属复合吸声屏体板在立柱间隙内发生位置窜动,保证金属复合吸声屏体板与立柱翼缘的搭接量,金属复合吸声屏体板定位完毕后在金属复合吸声屏体板内侧用三元乙丙橡胶橡胶垫填充,起到隔声密封作用。金属复合吸声屏体板与 H 型钢翼缘之间垫三元乙丙橡胶条。屏体板与立柱翼缘搭接量不小于40mm,见图 5-16-24。

a)　　　　　　　　　　b)

图 5-16-24　金属屏体板安装

②金属吸声屏板安装质量控制要点。

a. 吸声板的安装要一块一块安装,从右到左依次进行,要注意保持均匀的间距,确保整个饰面分格的协调美观。

b. 固定件要固定牢靠,施工时要确保质量,并做好防锈处理,所有固定件进行热浸镀锌处理。

c. 为确保整个立面的平整度与垂直度,应在整个立面上下左右挂线拉线安装吸声板,每安装完一块板要仔细检查并调整它的垂直度与间距,在满足要求后才能安装下一块吸声板。

d. 施工过程中,必须保证吸声板的角度一致,间隙均匀,横平竖直。

e. 金属复合吸声屏板安装质量标准:纵横分隔线顺直,协调一致,界限分明,排列合理,棱角整齐,无变色,拼缝均匀横平顺直,嵌缝密实,墙面平整洁净,色泽一致。角度正确,垂直度控制在 5mm 以内,相邻吸声板高度偏差为 ±5mm,整体高度偏差为 ±10mm。

③亚克力板安装。

全封闭式声屏障标准跨距为 2m,安装方式同金属复合吸声屏板安装,亚克力板与金属复合吸声屏体板之间垫三元乙丙橡胶条,起到密封及缓冲作用。亚克力板与立柱翼缘搭接量大于 40mm,见图 5-16-25。

④亚克力板带铝合金框安装质量控制要点。

a. 亚克力板带铝合金框的安装要一块一块安装,从右到左依次进行,要注意保持均匀的间距,确保整个饰面分格的协调美观。

b. 固定件要固定牢靠,施工时要确保质量,并做好防锈处理,所有固定件进行热浸镀锌处理。

c. 为确保整个立面的平整度与垂直度,应在整个立面上下左右挂线拉线安装吸声板后安装亚克力板带铝合金框,安完亚克力板带铝合金框要仔细检查并调整它的垂直度与间距,在满足要求后才能安装下一块吸声板。

d. 施工过程中,必须保证透明隔声板与吸声板的角度一致,间隙均匀,横平竖直。

构件及屏体板安装完成效果如图 5-16-26 所示。

图 5-16-25　亚克力板安装

图 5-16-26　构件及屏体板安装完成效果

16.3 体会与经验

16.3.1 体会

1)设计体会
(1)设计应满足环评批复,同时满足政府批文,如可研批复、初设批复等。
(2)设计前期应核对土建结构条件,并与相关专业会审,满足限界要求,同时设计相关专业接口。
(3)对声屏障结构进行计算时,应重点考虑风荷载,包括列车活塞风。
(4)应配合其他专业设计施工,包括消防水管设计,强弱电电缆设置等。
(5)在声屏障结构造型和外观上应考虑与城市景观融合,力争成为城市的亮点。

2)配合施工体会
(1)应随时关注施工进度,即时处理施工中的技术问题。
(2)对于土建预留基础应进行详细核对,确保符合设计要求后方可施工。
(3)施工过程中应与相关专业配合,确保互不影响,如接触网、过轨转折机等。

3)施工验收体会
(1)在各级部门组织的工程验收中,应认真核实施工实物,确保与施工图一致。
(2)对于影响声屏障功能和结构安全的质量问题应严格要求施工单位整改。
(3)及时关注车辆试运行后声屏障结构情况,防止出现结构安全问题。

16.3.2 经验

(1)施工前应要求相关专业进行图纸会审,提前对易出现问题的隐患进行预判。
(2)特别注意接触网、供电、道岔转折机等构件与声屏障的关系。
(3)对于施工过程中破坏的钢结构防腐层应及时处理。
(4)应核对土建预埋螺栓位置和外露螺栓长度,并注意保护成品,防止腐蚀。
(5)桩基础施工放线原则上以涵洞中心为控制点,无涵洞时从声屏障分布长度中间为控制点。
(6)桩顶浇筑前应按规范预留桩、梁连接钢筋,伸入梁内钢筋弯钩长度除注明者外均$\geqslant 12d$(d表示钢筋直径),附加钢筋网片只在整榀框架的端部边桩上设置,连续地梁中间桩不设置。桩顶预留钢筋必须按规范锚固到梁内,边跨桩顶和中跨桩附加钢筋做法相同,应绑扎成形后与梁整体浇筑成形。

第17章 各主要设备系统重要接口关系

17.1 车　　辆

车辆与供电接口：对车辆的可使用性有直接影响，需要明确全线变电站数量，牵引变压器、整流器数量，变电站交流输入电压，牵引变压器类型，整流机组类型、额定容量，整流器额定直流输出电压等参数。

车辆与接触网接口：对车辆的可使用性有直接的影响，需要明确接触网机械特性（数量、架空线截面面积、使用材料、硬度、高度等）、电气特性（电压、电压类型、低网压概率、最大电流及持续时间等）参数。

车辆与工艺设备接口：对车辆的检修作业有直接影响，需要明确车辆外轮廓线、转向架轮对信息、车轮踏面轮廓曲线信息、车钩形式、轨道接口等。

17.2 信　　号

（1）设计输入见表5-17-1。

设计输入表　　　　　　　　　　　　　表5-17-1

接口名称	接口要求	执行专业	接口处理
线路	1. 全线线路平纵面图； 2. 车站分布表和线路曲线表； 3. 有岔车站的平面布置图及作业性质； 4. 线路竖曲线的土建结构限速值； 5. 线路平直地段的土建结构限速值	线路	提供资料
轨道	1. 正线和停车场道岔采用的型号、规格尺寸，正侧向限速、牵引点要求，道岔平面布置图； 2. 线路平面曲线轨道外轨超高量及结构限速表； 3. 全线轨道梁平面布置图； 4. 轨道梁结构图（包括平、剖、断、侧面图）； 5. 道床层内预埋信号过轨管线资料	轨道	提供资料、会签
建筑	1. 车站、车辆段/停车场和控制中心的建筑平、断面图； 2. 车辆段/停车场、车站和控制中心的电缆管廊及预留孔洞位置资料； 3. 车站范围预留转辙机等轨旁信号设备安装空间资料	建筑	提供资料、会签
结构	区间结构层内预埋信号过轨管线资料	结构	图纸会签
隧道	1. 地下上、下行隧道间的通道位置资料； 2. 区间预留转辙机等信号设备安装空间资料； 3. 为信号设备提供电缆管线设施	隧道	提供资料、会签

续上表

接口名称	接口要求	执行专业	接口处理
人防	1. 全线人防门的设置里程表; 2. 穿越人防门区域的管线、孔洞预埋预留资料	人防	提供资料、会签
工程投资	概算编制依据、采用标准及编制办法	工程投资	提供资料
行车运营	1. 客流量及系统输送能力分析; 2. 车站配线及说明; 3. 列车运行管理模式（包括列车驾驶方式、列车的调度指挥、驾驶员的管理等）; 4. 正常及非正常情况下的行车组织和列车交路; 5. 线路的列车最高运行限速值，通过站台限速及其他临时限速要求; 6. 列车区间运行时间和车站停站时间表，列车运行间隔时分分析计算; 7. 行车牵引计算资料; 8. 进路设置要求	行车运营	提供资料、协商
车辆	1. 车辆的配车数量; 2. 车辆的主要技术参数及编组资料; 3. 车辆有关牵引和制动的各种特性参数; 4. 与信号系统间输入/输出接口、安装接口	车辆	提供资料
限界	全线各种建筑限界图	限界	提供资料
车辆段/停车场	1. 包括出/入段线、洗车线和试车线等在内的停车场作业及检修流程和作业方式; 2. 车辆段/停车场总平面布置图; 3. 车辆段/停车场室外管线综合布置资料; 4. 车辆段/停车场牵引供电范围	车辆段/停车场	提供资料
控制中心	1. 控制中心的规模和功能定位; 2. 控制中心中控室的设备工艺要求; 3. 控制中心建筑平面布置图及中控室布置图	控制中心	提供资料
牵引供电	正线和停车场的相关牵引供电资料及牵引供电状况显示均、回流线的设置位置	牵引供电	提供资料
动力照明	提供接地系统原理图、布置图及接地电阻值	动力照明	提供资料
通信	1. 提供用于通信无线系统信息需求; 2. PIDS 显示的内容要求	通信	提供资料
综合监控 （含 FAS/BAS）	1. 综合监控各个系统的方式和接口界面的划分; 2. 综合监控系统与信号系统交换的接口信息内容和方式; 3. 与信号系统的接口位置和接口要求	综合监控	提供资料
通风空调	信号设备房屋内通风空调设备的布置情况	通风空调	图纸会签
防淹门 屏蔽门/安全门	1. 全线防淹门的设置里程表; 2. 全线各车站、区间的屏蔽门、防淹门及安全门的控制要求及与信号专业的接口原则; 3. 穿越防淹门、安全门区域的管线预埋资料	防淹门	提供资料、会签
消防	全线设备房屋内采取的消防接口设置情况	消防	提供资料

(2)设计输出见表 5-17-2。

设计输出表   表 5-17-2

接口名称	接口要求	执行专业	接口处理
线路	1. 对车站配线图的意见； 2. 对折返线、存车线等线路设置长度的意见	信号	提供资料、协商
轨道	信号设备在道床层需预埋管件和轨旁设备需预留安装空间的要求	信号	提供资料
建筑	1. 信号生产房屋的设置要求； 2. 信号设备对环境条件的要求； 3. 信号电缆管线的布置及沟槽管洞要求； 4. 预埋件及预留孔尺寸图； 5. 车站范围内转辙机等轨旁信号设备安装空间的预留要求	信号	提供资料、会签
结构	在区间结构层内预埋信号过轨管线的要求	信号	提供资料
隧道	1. 地下区间转辙机安装空间的预留要求； 2. 地下区间其他轨旁信号设备的安装要求	信号	提供资料
人防	穿越人防门区域预埋信号管线的要求	信号	提供资料
工程投资	概算及编制说明	信号	提供资料
行车运营	1. 进路设置等信号相关控制和表示的反映延迟时间参数等行车运营评价所需资料； 2. 信号机的设置； 3. 信号制式、维护管理机构及生产定员的设置	信号	提供资料、协商
车辆	1. 车辆系统与信号系统各种详细的接口技术条件、接口方式、接口协议和接口功能的实现； 2. 车门、司机门监控及对列车广播的控制要求； 3. 车辆与信号车载设备的静态和动态试验	信号	设计协调
限界	1. 全线道岔转辙机的安装位置表； 2. 转辙机等轨旁信号设备安装空间的预留要求； 3. 全线信号机布置及安装图	信号	提供资料
车辆段/停车场	1. 信号对车辆段/停车场作业方式的意见； 2. 信号维护管理机构及生产定员的设置； 3. 车辆段/停车场信号平面图及室外电缆径路图； 4. 预埋管线和预留沟槽的要求	信号	提供资料、会签
控制中心	工艺布置要求，管线资料及信号控制模式	信号	提供资料
动力照明	1. 设备的接地要求； 2. 信号设备的用电要求； 3. 信号设备房屋的照明要求； 4. 信号房屋的插座设置要求	信号	提供资料
杂散电流	提供车辆段/停车场信号轨道双线图	信号	提供资料、配合
通信	1. 所需通信通道和通道接口类型及数量要求； 2. 信号系统与主时钟同步信息的接口要求	信号	提供资料
综合监控	按综合监控系统的要求提出信号系统的接口内容、接口位置、接口原则和接口界面的划分	信号	提供资料、协商
通风空调	1. 信号设备对环境条件的要求； 2. 设备房屋设置通风空调设备的要求	信号	提供资料
防淹门 屏蔽门/安全门	1. 根据屏蔽门/安全门、防淹门系统的要求，提出屏蔽门/安全门、防淹门的控制及与信号专业的接口原则； 2. 穿越防淹门、安全门区域管线的预埋要求	信号	提供资料
消防	提供有关信号房屋的面积、设备布置等资料	信号	提供资料

17.3 通　　信

（1）设计输入见表 5-17-3。

设计输入表　　　　　　　　　表 5-17-3

接口名称	接口要求	执行专业	接口处理
线路	全线线路平、纵断面图，车站分布表	线路	提供资料
桥涵	全线高架桥平面图、总布置图，预留弱电电缆沟槽及通信设备安装位置及基础	高架桥	管线预埋、提供资料、会签
路基	路基段平面图、总布置图，预留弱电电缆沟槽及通信设备安装位置及基础	路基	管线预埋、提供资料、会签
车站建筑（含装修）	1. 车站、控制中心、车辆段、停车场房屋平、立、剖面图、总平面图及装修图； 2. 车站、控制中心综合管线布置图	建筑	管线预埋、提供资料、会签
人防	提供车站平面和剖面	人防	提供资料、会签
工程投资	提供概算编制办法	工程投资	提供资料
行车运营	配线图、全线行政区划、调度区划	行车运营	提供资料
车辆	1. 合理布置车载通信设备（天线、电台、显示及监视设备、电缆），防撞击、防振动； 2. 车辆配车数	车辆	设备布置及接口、提供资料、确认
限界	各种建筑限界图	限界	提供资料、会签
车辆段/停车场	1. 总平面布置图； 2. 工艺专业通信要求； 3. 综合管线图	车辆段	通信管道设计
控制中心	1. 房屋平、立、剖面图及装修图； 2. 综合管线布置图； 3. 工艺要求	控制中心	设备布置
主变电所	1. 主变电所数量及位置； 2. 主变电所房屋、设备布置图； 3. 主变电所轨道交通电话的设置要求	主变电所	提供资料
牵引变电	1. 牵引变电所位置、平面布置等资料； 2. 供电车间通信要求及平面布置等资料； 3. 牵引变电所轨道交通电话的设置要求	牵引变电	提供资料
降压变电	1. 降压变电所位置确定； 2. 降压变电所轨道交通电话的设置要求	降压变电	提供资料
接触网	接触网设置	接触网	提供资料
电力监控	轨道交通电话、录音设备时钟、传输通道配置要求	电力监控	提供资料
信号	1. 传输通道及接口类型要求； 2. 对中央时钟提出接口类型要求； 3. 电话配置要求	信号	提供资料、确认
自动售检票	1. 传输通道及接口类型要求； 2. 对中央时钟提出接口类型要求； 3. 电话配置要求	自动售检票	提供资料、确认
综合监控（含 FAS/BAS）	1. 传输通道及接口类型要求； 2. 对中央时钟提出接口类型要求	综合监控	提供资料、确认
门禁	1. 传输通道及接口类型要求； 2. 对中央时钟提出接口类型要求	门禁	提供资料、确认

续上表

接口名称	接口要求	执行专业	接口处理
给排水	确定单设检修所及工区的给排水	给排水	提供资料
消防	确定通信设备用房设置灭火装置	消防	提供资料、会签

（2）设计输出见表 5-17-4。

设计输出表　　　　表 5-17-4

接口名称	接口要求	执行专业	接口处理
轨道	提供弱电电缆槽道、过轨埋管的尺寸及预留要求	通信	提供资料
桥涵	桥上弱电电缆沟槽及支架的设置要求、通信设备安装空间及基础要求	通信	提供资料、会签
路基	提供弱电电缆槽道的尺寸及预留要求、通信设备安装空间及基础要求	通信	提供资料、会签
车站建筑（含装修）	提供车站、控制中心、车辆段、停车场通信设备用房和相关土建的要求	通信	提供资料、会签
结构	提供设备荷载要求	通信	提供资料
人防	提供通信管线穿越人防区域的资料	通信	提供资料
工程投资	概(预)算及编制说明	通信	提供资料
行车运营	管理模式、机构设置及定员	通信	提供资料
车辆	1. 车辆无线通信设备安装要求； 2. 列车广播的功能及技术要求； 3. 车载显示及监视设备安装要求（若通信提供）	通信	提供资料、确认
限界	1. 区间和车站弱电电缆支架形式； 2. LCX 电缆数量及安装位置； 3. 区间电话机尺寸及安装方式； 4. 区间直放站及无线网络设备的安装要求	通信	提供资料、会签
车辆段/停车场	通信电缆管道径路示意图	通信	提供资料、会签
控制中心	对控制中心设备的布置提出要求	通信	提供资料、会签
主变电所	通信设备的布置图及要求	通信	提供资料、会签
动力照明	提供用电、设备接地、照明、插座要求	通信	提供资料、会签
接触网	LCX 电缆挂设位置	通信	提供资料
信号	1. 初步确定所需通信信道数量及接口类型（由信号专业提供配线电缆引至通信专业配线架）； 2. 初步确定中央时钟接口类型（由信号专业提供配线电缆引至通信专业配线架）； 3. 对列车出入车辆段时无线通信所需 ATS 信息提出要求	通信	提供资料、确认
自动售检票	1. 初步确定所需通信信道数量及接口类型（由 AFC 专业提供配线电缆引至通信专业配线架）； 2. 初步确定中央时钟接口类型（由 AFC 专业提供配线电缆引至通信专业配线架）	通信	提供资料
综合监控	1. 车控室、控制中心大厅的通信设备布置要求； 2. 视频监控图像对大屏幕显示单元的占用要求； 3. 设备用房防灾报警设备配置要求	通信	提供资料
门禁	通信用房的门禁设置需求	通信	提供资料
通风空调	1. 通信设备用房合适的温、湿度要求； 2. 通信设备发热量和机房设备布置要求	通信	提供资料
给排水	确定单设通信站和检修所及工区给排水	通信	提供资料
消防	提出设备用房的消防要求	通信	提供资料

17.4 供　电

1）主变电所

（1）设计输入见表 5-17-5。

设计输入表　　　　　　　　　　表 5-17-5

接口名称	接口要求	执行专业	接口处理
城市规划	1. 城市总体规划要求； 2. 城市功能定位与性质； 3. 城市布局结构； 4. 功能组团结构	城市规划	提供资料
工程测量	1. 主变电所地形图及拆迁工程量等相关资料； 2. 主变电所与地铁车站(场)及线路的相互关系图、电缆径路地区地形图； 3. 提供 50 年一遇和 100 年一遇洪水位； 4. 提供当地气象资料	工程测量	提供资料
工程地质	1. 主变电所场坪的地质资料，包括土石方分类、土壤承载力、土壤电阻率； 2. 地震烈度资料	工程地质	提供资料
建筑(含装修)	1. 主变电所总平面图(场坪位置、设备运输通道、电缆敷设通道)； 2. 提供主变电所房屋的平面、剖面图； 3. 建筑门、窗标准尺寸图	建筑(含装修)	提供资料
结构	主变电所结构布置图	结构	提供资料
工程投资	概算编制办法	工程投资	提供资料
牵引供电	1. 供电系统图、35kV 侧中性点接地形式； 2. 供电系统运行方式，主变压器台数、容量； 3. 110kV 电源回路数； 4. 35kV 环网馈线回路数、每回电缆截面、根数及型号； 5. 35kV 开关柜设备选型要求； 6. 35kV 继电保护配置要求	牵引供电	提供资料
电力监控	1. 与地铁控制中心间的数据传输通道设置要求； 2. 与地铁控制中心间的数据传输规约； 3. 与地铁控制中心及地方电调的调度电话设置要求	电力监控	提供资料
通信	1. 主变电所通信端子箱等通信设备的布置图及要求； 2. 通信系统远程控制接口要求及规约	通信	提供资料
通风空调	主变电所各设备房内的风管平面、剖面图	通风空调	提供资料
FAS	1. 提供地铁 FAS 系统的接口要求； 2. FAS 设备的布置图及布置要求	FAS	提供资料
门禁	提供门禁设备的布置位置和要求	门禁	提供资料
消防	按照确定的消防系统设计方案，对主变电所内的设备用房设置消防系统，对消防专业的设备用房进行布置	消防	提供资料
综合交通	1. 区域组团规划； 2. 区域道路现状、规划	综合交通	提供资料
外部电源	1. 地铁主变电所 110kV 电源路径设计； 2. 110kV 供电系统接线形式及运行方式要求； 3. 110kV 系统最大、最小运行方式下短路阻抗或短路容量； 4. 110kV 系统最大、最小运行方式下正序、负序、零序阻抗； 5. 110kV 系统谐波阻抗； 6. 主变电所 110kV 电源接地形式； 7. 主变电所 110kV 电源进线选型和长度	外部电源	提供资料

(2) 设计输出见表 5-17-6。

设计输出表　　　　　　　　　　　表 5-17-6

接口名称	接口要求	执行专业	接口处理
工程测量	工点测量要求	主变电所	为确定工程规模及系统设计需要
建筑（含装修）	1. 提供主变电所总占地面积和建筑面积； 2. 提供主变电所各设备用房的土建要求； 3. 提供主变电所所内电缆的敷设形式、尺寸、位置及工艺要求； 4. 提供主变电所室外设备运输通道要求； 5. 提供主变电所设备基础安装布置图及要求； 6. 提供主变电所地面、屋顶、墙的装修要求	主变电所	确定主变电所的规模和相关装修设计
结构	1. 主变电所主要设备重量； 2. 防雷设计技术要求	主变电所	确定结构、梁、板、柱的设计要求
工程投资	1. 提供概算编制说明； 2. 提供个别概算； 3. 提供主要工程数量； 4. 提供设备表、劳材表	主变电所	计算总投资
工程筹划	主变电所设计、施工周期	主变电所	提供资料
环境评价	1. 提供主变电所设计的噪声标准； 2. 提供辐射环境监理站进行的电磁辐射监测报告； 3. 提供油浸主变压器事故排油措施； 4. 提供生活污水的处理措施	主变电所	提供资料
行车运营	提供管理模式、机构设置及定员	主变电所	供汇总控制规模
牵引供电	1. 主变电所主接线图； 2. 主变压器接线组别及技术参数； 3. 主变电所内 35kV 电力电缆敷设路径示意图； 4. 主变电所至下级变电所继电保护整定配合要求； 5. 主变电所总平面图、设备布置图； 6. 主变电所设备名称、型号、规格及数量	主变电所	提供资料
动力照明	1. 主变电所平面布置图； 2. 主变电所所需的低压交流电源的回路数量、容量及电源要求	主变电所	提供资料
电力监控	1. 主变电所主接线图、运行方式； 2. 电源投切要求； 3. 监控单元设备与各开关柜电气接口要求； 4. 电力监控对象、内容及数量； 5. 主变电所综合自动化系统远程通信接口参数	主变电所	提供资料
通信	1. 主变电所的数量、位置； 2. 主变电所房屋、设备平面布置图； 3. 电话配置要求（位置、数量、功能等）； 4. 视频监控系统接口参数及监控规约	主变电所	提供资料
FAS	1. 主变电所的数量、位置； 2. 主变电所房屋、设备平面布置图	主变电所	提供资料
门禁	1. 主变电所的数量、位置； 2. 主变电所房屋、设备平面布置图； 3. 门禁配置要求（位置、数量）	主变电所	提供资料
通风空调	1. 主变电所主要设备发热量及环境温度要求； 2. 主变电所房屋、设备平面布置图； 3. 主变电所设备对其他专业管线位置的要求	主变电所	提供资料

续上表

接口名称	接口要求	执行专业	接口处理
给排水	1. 主变电所数量、位置; 2. 主变电所平面布置图; 3. 主变电所对给排水专业的要求	主变电所	提供资料
消防	1. 主变电所消防等级、主要设备形式; 2. 主变电所房屋、设备平面布置图	主变电所	提供资料

2)牵引供电

(1)设计输入见表 5-17-7。

设计输入表 表 5-17-7

接口名称	接口要求	执行专业	接口处理
工程地质	1. 牵引变电所所在位置土壤电阻率及工程地质说明; 2. 提供当地的气象资料	工程地质	提供资料
线路	1. 线路平、纵断面图; 2. 车站分布表、车辆段(停车场)位置	线路	提供资料
轨道	钢轨类型及电气参数	轨道	提供资料
建筑	1. 各车站的平面图以及纵、横剖面图(含设备吊装孔、设备运输及检修通道、电缆井等资料); 2. 各车站综合管线图	建筑	提供资料
结构	1. 各车站基础及地下维护结构的平、立、剖面图及配筋图等资料; 2. 各车站地面建筑的防雷设计资料; 3. 提供变电所电缆敷设通道防水处理措施	结构	提供资料
隧道	提供区间隧道平、纵、横断面图	区间隧道	提供资料
桥涵	提供区间高架桥梁平、纵、横断面图	桥涵	提供资料
人防	车站、区间人防门设计资料	人防	提供资料
工程投资	投资概算编制办法	工程投资	提供资料
行车运营	1. 列车交路图; 2. 初、近、远期列车运行计划及编组; 3. 列车停站时分、追踪间隔时分及走行时分; 4. 行车最大速度、旅行速度; 5. 牵引计算结果; 6. 列车运行图	行车运营	提供资料
车辆	1. 车辆类型、编组形式、车辆及辅助设备功率; 2. 初、近、远期列车启动电流; 3. 列车(电机)牵引力特性曲线; 4. 列车(电机)供电特性曲线; 5. 列车阻力特性曲线; 6. 列车制动特性曲线; 7. 列车(电机)再生电流特性曲线; 8. 列车输入功率曲线; 9. 列车(电机)效率曲线; 10. 列车功率因数曲线; 11. 列车自重、定员总重及超员总重	车辆	提供资料
限界	全线各种限界图	限界	提供资料

续上表

接口名称	接口要求	执行专业	接口处理
车辆段	1. 车辆段(停车场)平面布置图; 2. 车辆段(停车场)综合管线图	车辆段	提供资料
主变电所	1. 主变电所主接线图; 2. 主变电所内 35kV 电缆敷设路径示意图; 3. 主变压器技术参数; 4. 主变电所至下级变电所继电保护整定配合要求; 5. 主变电所总平面布置图、设备平面布置图; 6. 主变电所设备名称、型号规格及数量等资料	主变电所	提供资料
降压变电	1. 降压变电所设置位置及容量,降压变电所在各种工况下的运行方式; 2. 配电变压器技术参数; 3. 各级用电负荷划分及运行规律; 4. 改善功率因数的措施; 5. 动力照明需用功率和年用电量; 6. 设备名称、型号规格及数量等资料	降压变电	提供资料
接触网	1. 接触网悬挂类型、线材型号及相关技术参数; 2. 接触网上网电动隔离开关安装位置及接口要求; 3. 设备名称、型号规格及数量等资料	接触网	提供资料
电力监控	1. 牵引变电所控制信号屏及监控单元设备尺寸、重量、安装要求; 2. 电力监控系统对配电电源要求、接地要求; 3. 监控单元设备对各开关柜电气接口要求; 4. 设备名称、型号、规格及数量	电力监控	提供资料
杂散电流	1. 对牵引变电所内设备的安装要求; 2. 对环网电缆敷设的要求; 3. 对综合接地装置的要求; 4. 对电源的要求; 5. 安装在牵引变电所内的设备名称、型号规格及数量等资料	杂散电流	提供资料
通风空调	牵引变电所各设备房内风管平面、剖面图	通风空调	提供资料
消防	牵引变电所内消防设备配置图	消防	提供资料

(2)设计输出见表 5-17-8。

设计输出表　　　　　　　　　　表 5-17-8

接口名称	接口要求	执行专业	接口处理
桥涵	高架桥上电力电缆敷设位置及要求	牵引供电	提供资料
建筑	1. 牵引变电所布点、房屋面积要求、设备平面布置图及开孔要求、房屋净空要求; 2. 牵引变电所开门、开窗、电缆井要求; 3. 电缆布置方式及位置; 4. 供电车间房屋面积要求、开孔要求、房屋净空、开门、开窗等要求	牵引供电	提供资料
结构	1. 牵引变电所主要设备重量; 2. 牵引变电所设备运输通道要求; 3. 牵引变电所设备预埋件资料	牵引供电	提供资料
隧道	区间隧道电力电缆过轨要求	牵引供电	提供资料
人防	预埋管线要求	牵引供电	提供资料

续上表

接口名称	接口要求	执行专业	接口处理
工程投资	1. 提供概算编制说明； 2. 提供个别概算； 3. 提供主要工程数量； 4. 提供设备表、劳材表	牵引供电	提供资料
工程策划	牵引供电系统设计、施工周期	牵引供电	提供资料
行车运营	管理模式、机构设置及定员	牵引供电	提供资料
限界	区间和车站牵引供电电缆敷设路径、数量及电缆支架形式	牵引供电	提供资料
车辆段	1. 牵引变电所总平面图； 2. 牵引变电所与各库内 DC1500V 配电柜电缆引入端电缆联系图； 3. 车场内电缆敷设通道要求； 4. 牵引变电所设备运输通道要求； 5. 供电车间工艺要求	牵引供电	提供资料
主变电所	1. 主变电所主变压器 35kV 侧中性点接地形式； 2. 供电系统图； 3. 供电系统运行方式，主变压器台数、容量； 4. 35kV 环网馈线数量、馈线电缆根数、截面及型号； 5. 35kV 开关柜设备选型要求； 6. 35kV 开关柜继电保护配置要求	牵引供电	提供资料
降压变电	1. 供电系统方案，牵引变电所布点位置及数量； 2. 35kV 开关柜设备选型要求、35kV 电力电缆选型及数量要求； 3. 35kV 进 / 出线保护配置要求； 4. 功率因数的要求	牵引供电	提供资料
动力照明	1. 牵引变电所房屋、设备平面布置图、电缆通道布置图及照明要求； 2. 牵引变电所交直流屏 0.4kV 电源要求； 3. 供电车间 0.4kV 电源及接地要求	牵引供电	提供资料
接触网	1. 牵引变电所布点位置及数量； 2. 接触网系统的载流量； 3. 各牵引变电所直流馈线回数、截面及根数	牵引供电	提供资料
电力监控	1. 牵引供电系统方案； 2. 牵引变电所主接线及各种工况下的运行方式； 3. 牵引变电所内控制、保护、联动 / 联锁要求； 4. 电源投切要求； 5. 电力监控对象、内容及数量	牵引供电	提供资料
杂散电流	1. 牵引供电系统方案； 2. 牵引变电所 DC1500V 馈线电流	牵引供电	提供资料
通信	1. 牵引变电所电话配置要求（位置、数量、功能等）； 2. 牵引变电所位置、平面布置等资料	牵引供电	提供资料
信号	正线和车场相关牵引供电资料	牵引供电	提供资料
FAS	牵引变电所设备平面布置图	牵引供电	提供资料
通风空调	1. 牵引变电所主要设备发热量及环境要求； 2. 牵引变电所房屋、设备平面布置图； 3. 供电车间的通风空调设置要求	牵引供电	提供资料
给排水	1. 牵引变电所布点及给排水要求； 2. 牵引变电所房屋、设备平面布置图； 3. 供电车间给排水要求及平面布置等资料	牵引供电	进行防、排水设计
消防	牵引变电所消防等级、主要设备形式	牵引供电	提供资料

3）降压变电

（1）设计输入见表5-17-9。

设计输入表　　　　　　　　　　　　　　　　　　　表5-17-9

接口名称	接口要求	执行专业	接口处理
建筑	提供车站、车辆段(停车场)的平、剖面图	建筑（含装修）	会签并供本专业系统设计用
工程投资	提供概算编制办法	工程投资	提供资料
车辆段（停车场）	提供车辆段(停车场)总平面图	车辆段（停车场）	提供资料
牵引供电	1. 供电系统方案，牵引变电所的布点位置及数量； 2. 35kV 开关柜设备选型要求、35kV 电力电缆选型及数量要求； 3. 35kV 进/出线保护配置要求； 4. 功率因数要求	牵引供电	提供资料
动力照明	1. 动力照明负荷的容量、需要系数、功率因素等计算参数，以及配电变压器容量计算结果； 2. 动力照明系统配电系统图； 3. 动力照明低压开关柜的平面布置	动力照明	提供资料
电力监控	1. 降压所控制信号屏及监控单元设备尺寸、重量、安装要求； 2. 电力监控系统对配电电源、接地要求； 3. 监控单元设备对开关柜接口要求； 4. 设备名称、型号、规格及数量	电力监控	提供资料
杂散电流	1. 对变电所设备的安装要求； 2. 对变电所综合接地系统的要求； 3. 对电源的要求； 4. 安装在降压变电所内的设备名称、型号规格及数量等资料	杂散电流	提供资料
通风空调	降压变电所各设备房内风管平面、剖面图		
消防	降压变电所内消防设备配置图	消防	提供资料

（2）设计输出见表5-17-10。

设计输出表　　　　　　　　　　　　　　　　　　　表5-17-10

接口名称	接口要求	执行专业	接口处理
建筑	1. 降压变电所布点、房屋面积要求、设备平面布置图及开孔要求、房屋净空要求； 2. 降压变电所开门、开窗、电缆井要求； 3. 电缆布置方式及位置	降压变电	提供资料
结构	1. 降压变电所主要设备重量； 2. 降压变电所设备运输通道要求； 3. 降压变电所设备预埋件资料	降压变电	提供资料和设计协调
工程投资	1. 提供概算编制说明； 2. 提供个别概算； 3. 提供主要工程数量； 4. 提供设备表、劳材表	降压变电	提供资料
工程筹划	降压变电所设计、施工周期	降压变电	提供资料
行车运营	管理模式、机构设置及定员	降压变电	提供资料

续上表

接口名称	接口要求	执行专业	接口处理
牵引供电	1. 降压变电所设置位置、各种工况下的运行方式； 2. 配电变压器技术参数； 3. 各级负荷划分及运行规模； 4. 改善功率因数的措施； 5. 动力照明需用功率、年用电量； 6. 设备名称、型号规格及数量等资料	降压变电	提供资料
动力照明	1. 降压变电所房屋、设备平面布置图、电缆通道布置图及照明要求； 2. 降压变电所交直流屏 0.4kV 电源要求	降压变电	提供资料
电力监控	1. 提供降压变电所布点； 2. 降压变电所主接线及运行方式； 3. 降压变电所控制、保护、联动要求； 4. 电源投切要求； 5. 电力监控对象、内容及数量	降压变电	提供资料
通信	1. 降压变电所位置、平面图； 2. 降压变电所电话设置要求	降压变电	提供资料
通风空调	1. 降压变电所主要设备发热量及环境要求； 2. 降压变电所设备平面布置图	降压变电	提供资料
消防	降压变电所消防等级、主要设备形式	降压变电	提供资料

17.5 动力照明

（1）设计输入见表 5-17-11。

设计输入表　　　　　　　　　　　表 5-17-11

接口名称	接口要求	执行专业	接口处理
线路	1. 线线路平面、纵断面图； 2. 车站分布表	线路	提供资料
建筑	提供车站电气设备用房位置及尺寸	建筑	会签并供本专业系统设计用
区间隧道	提供区间风机房配电室位置及平面图	区间隧道	提供资料
人防	提供人防等级、掩蔽区面积、掩蔽人数	人防	提供通用图或其他资料
工程投资	提供概算编制办法	工程投资	提供资料
限界	提供地面线建筑、隧道建筑限界图	限界	提供资料
车辆段	1. 总平面布置图； 2. 工艺用房设备用电要求（用量、等级）	车辆段	提供资料
控制中心	中央控制室用电配电及接地要求	控制中心	提供资料
主变电所	1. 主变电所平面布置图； 2. 主变电所所需的低压交流回路数量、容量及电源要求	主变电所	提供资料
牵引供电	1. 牵引变电所房屋、设备平面布置图、电缆通道布置图及照明要求； 2. 牵引变电所交直流屏 0.4kV 电源要求； 3. 供电车间电力要求（含用电量、电源引入点）	牵引供电	提供资料

续上表

接口名称	接口要求	执行专业	接口处理
降压变电	1. 降压变电所房屋、设备平面布置图、电缆通道布置图及照明要求； 2. 降压变电所交直流屏 0.4kV 电源要求	降压变电	提供资料
电力监控	电力监控设备交流电源要求	电力监控	提供资料
通信	提供对供电及接地要求	通信	提供资料
信号	提供对供电及接地要求	信号	提供资料
AFC	提供对供电及接地要求	AFC	提供资料
FAS	提供对供电、控制及接地要求	FAS	提供资料
BAS	提供对供电、控制及接地要求	BAS	提供资料
综合监控	提供对供电及接地要求	综合监控	提供资料
门禁	车站、车辆段（停车场）、主变电所用电要求，门禁设备接地要求	门禁	提供资料、协商、会签等
通风空调	1. 提供对供电及控制要求； 2. 提供设备的平面布置图	通风空调	提供资料
屏蔽门/安全门	提供对供电及控制要求	屏蔽门/安全门	提供资料
电扶梯	提供对供电及控制要求	电扶梯	提供资料
给排水	提供对供电及控制要求	给排水	提供资料
消防	提供对供电及控制要求	消防	提供资料

（2）设计输出见表 5-17-12。

设计输出表 表 5-17-12

接口名称	接口要求	执行专业	接口处理
建筑（含装修）	电气用房的面积和布置要求、配合车站建筑布置	动力照明	控制车站的规模
区间隧道	1. 区间风机房配电室的设置要求； 2. 区间跟随所的设置要求	动力照明	提供资料和设计协调
人防	提供供电人防埋管要求	动力照明	提供资料和设计协调
工程投资	提供个别概算表、劳材表等	动力照明	提供资料
行车运营	1. 管理模式、机构设置及定员； 2. 运营要求评价相关资料	动力照明	提供资料
限界	1. 区间低压供电电缆数量及电缆支架形式； 2. 区间电源箱尺寸； 3. 区间工作照明及应急照明灯安装图	动力照明	提供资料
车辆段（工艺）	室外电缆敷设路径及通道要求	动力照明	提供资料和设计协调
主变电所	低压动力照明负荷资料	动力照明	提供资料和设计协调
降压变电	1. 低压负荷资料； 2. 计算配电变压器容量； 3. 平面位置协调	动力照明	提供资料和设计协调
电力监控	电力监控内容及数量	动力照明	提供资料
信号	接地原理图及接地电阻值	动力照明	提供资料
FAS	提供监控设备数量、监控要求、控制模式、位置及接口界面、接口形式	动力照明	提供资料

续上表

接口名称	接口要求	执行专业	接口处理
BAS	1. 提供监控设备数量、监控要求、控制模式、位置及接口界面、接口形式； 2. 提供 0.4kV 开关设备房间平面布置图	动力照明	提供资料
门禁	车站、车辆段(停车场)、主变电所用电要求、门禁设备接地要求	动力照明	提供资料、协商、会签

17.6 接 触 网

(1)设计输入见表 5-17-13。

设计输入表　　　　　　　　　　表 5-17-13

接口名称	接口要求	执行专业	接口处理
工程地质	1. 全线工程地质说明； 2. 地震烈度	工程地质	提供资料及数据，确定接触网支柱及基础类型
线路	1. 线路平、纵断面图； 2. 车站分布表、车辆段(停车场)位置； 3. 曲线表、辅助线起始里程等； 4. 地下、地面、高架桥分界里程	线路	确定线路条件
桥涵	1. 桥梁表； 2. 高架桥区间桥梁桥址平面图、总布置图； 3. 特殊结构墩台构造图	桥涵	供设计参考
路基	挡土墙表	路基	供系统设计
建筑(含装修)	1. 提供全线车站站台层平、断面图； 2. 车场各车库平、剖、立面图	建筑(含装修)	供系统设计
结构	1. 全线车站站台层结构图； 2. 地下车站线路上方风管结构图	结构	供系统设计
区间隧道	1. 隧道的平面图、横、纵断面图； 2. 隧道结构图	隧道	供系统设计
人防	人防门设置位置及运行方式	人防	供系统设计
工程投资	概算编制办法	工程投资	供概算编制
行车运营	1. 列车旅行速度及最高运行速度； 2. 全线配线图	行车运营	供系统设计
车辆	1. 受电弓的外形尺寸及工作宽度； 2. 受电弓的工作范围； 3. 受电弓静态抬升力的范围； 4. 车辆的动态包络线	车辆	供系统设计
限界	全线各种限界图	限界	供系统设计
车辆段(停车场)	1. 车场平、断面图； 2. 车场电化股道表； 3. 接触网供电分段要求	车辆段(停车场)	确定工程规模及系统设计
牵引供电	1. 牵引供电系统方案； 2. 接触网系统的载流量； 3. 牵引变电所直流馈线回数、截面及根数	牵引供电	确定工程规模及系统设计

续上表

接口名称	接口要求	执行专业	接口处理
杂散电流	接触网安装要求	杂散电流	确定接触网安装形式及接地方式
通信	LCX 电缆挂设位置	通信	提供资料
通风空调	1. 通风管设置位置及相关要求； 2. 区间轴流风机和射流风机布置图	通风空调	提供资料确定电缆上部过轨位置
屏蔽门/安全门	屏蔽门/安全门设置位置及运行方式	屏蔽门/安全门	供系统设计
站场	1. 车辆段(停车场)平、断面图； 2. 道岔表； 3. 道路及排水布置图	站场	供本专业设计

（2）设计输出部分见表 5-17-14。

设 计 输 出 表　　　　　　　　表 5-17-14

接口名称	接口要求	执行专业	接口处理
线路	接触网悬挂类型及主要安装数据	接触网	确定跨线建筑物的高度
轨道	接触网穿管资料图	接触网	提供资料、会签
桥涵	桥上接触网预留支柱位置及要求	接触网	提供资料
路基	接触网立柱基础尺寸及位置	接触网	提供资料供路基设计
建筑	1. 车站内接触网的净空要求及架线方式； 2. 车场内各车库接触网的净空要求及架线方式； 3. 接触网隔离开关的安装位置及要求； 4. 电缆通道的路径和相关要求	接触网	控制车站的规模和接触网开关加宽部分的范围
结构	接触网对车站结构的受力要求	接触网	核对车站结构的受力
区间隧道	1. 接触网对隧道断面的要求； 2. 接触网隔离开关的安装位置及要求	接触网	提供资料供区间隧道设计
人防	1. 人防门处接触网设置方案； 2. 人防门处接触网预埋件资料	接触网	提供资料供人防专业设计
工程投资	1. 提供个别概算； 2. 供概算编制说明； 3. 提供主要工程数量； 4. 提供主要设备、劳材表	接触网	计算总投资
行车运营	提供接触网系统管理模式及人员配置	接触网	供汇总控制规模
车辆	1. 接触网抬升力要求； 2. 接触线高度及拉出值要求	接触网	接触网对车辆要求
限界	1. 接触网安装空间要求； 2. 隔离开关安装空间要求	接触网	计算限界尺寸
牵引供电	1. 接触网悬挂类型、线材型号及相关技术参数； 2. 接触网上网电动隔离开关安装位置及接口要求； 3. 设备名称、型号规格及数量等资料	接触网	供电系统设计用
电力监控	接触网电动隔离开关位置、数量	接触网	提供资料供系统设计
杂散电流	正线与车场接触网供电分段示意图	接触网	提供资料供系统设计

第 17 章 各主要设备系统重要接口关系

续上表

接口名称	接口要求	执行专业	接口处理
通信	接触网设置情况	接触网	LCX 挂设
通风空调	提供接触网通过位置及高程	接触网	确定区间风道的高程
屏蔽门/安全门	提供接触网同屏蔽门/安全门相对位置	接触网	确定屏蔽门/安全门在有效站台的位置
站场	1. 接触网支柱位置及基础布置图； 2. 电缆通道经路及要求	接触网	供站场设计

17.7 电力监控

（1）设计输入见表 5-17-15。

设计输入表　　　　　　　　　表 5-17-15

接口名称	接口要求	执行专业	接口处理
建筑	车站平、剖面图	建筑	供本专业系统设计用
工程投资	概算编制办法	工程投资	供概算编制
行车运营	配线图	行车	提供资料
主变电所	1. 主变电所主接线图、运行方式； 2. 电源投切要求； 3. 监控单元设备与各开关柜电气接口要求； 4. 电力监控对象、内容及数量	主变电所	提供资料及数据供系统设计
牵引供电	1. 牵引供电系统方案； 2. 牵引变电所主接线及各种工况下的运行方式； 3. 牵引变电所内控制、保护、联动/联锁要求； 4. 电源投切要求； 5. 电力监控对象、内容及数量	牵引供电	提供资料供系统设计
降压变电	1. 降压变电所布点； 2. 降压变电所主接线图、运行方式； 3. 降压变电所内控制、保护、联动/联锁要求； 4. 电源投切要求； 5. 电力监控对象、内容及数量	降压变电	确定工程规模及供系统设计
动力照明	电力监控对象、内容及数量	动力照明	确定工程规模及供系统设计
接触网	接触网电动隔离开关位置、数量	接触网	提供资料供系统设计
杂散电流	数据转接器在变电所内的安装位置及接口要求	杂散电流	提供资料供系统设计
通信	1. 明确时钟接口类型（电力监控提供配线电缆引至通信专业配线架）； 2. 明确通信通道数量及接口类型； 3. 提供控制中心工艺布置图； 4. 提供接口位置及接口要求	通信	系统设计、传输网设计及通信设备的投资计算
综合监控	1. 明确通信通道数量及接口类型； 2. 提供接口位置及接口要求	综合监控	双方配合进行系统设计

(2)设计输出见表 5-17-16。

设计输出表　　　　　　　　　　表 5-17-16

接口名称	接口要求	执行专业	接口处理
建筑 （含装修）	1. 车站电力监控设备平面布置图； 2. 土建要求、预留孔洞	电力监控	按要求设置电力监控所需要的房间
工程投资	1. 提供个别概算； 2. 提供概算编制说明； 3. 提供主要工程数量； 4. 提供主要设备、劳材表	电力监控	计算总投资
行车运营	提供电力监控系统管理模式及人员配置	电力监控	供汇总控制规模
主变电所	通信通道接口要求	电力监控	提供资料供系统设计
牵引供电	1. 牵引变电所控制信号屏及监控单元设备尺寸、重量、安装要求； 2. 变电所综合自动化系统对配电电源要求、接地要求； 3. 监控单元设备对各开关柜电气接口要求； 4. 设备名称、型号、规格及数量	电力监控	提供资料供系统设计
降压变电	1. 降压变电所控制信号屏及监控单元设备尺寸、重量、安装要求； 2. 变电所综合自动化系统对配电电源要求、接地要求； 3. 监控单元设备对各开关柜接口要求	电力监控	提供系统设计资料
动力照明	电力监控设备交流电源（AC220V/380V）要求（容量、回路数等）	电力监控	提供系统设计资料
通信	1. 时钟接口类型要求； 2. 各变电所及控制中心电话、录音设备配置要求； 3. 电力监控系统通信通道数量及接口类型； 4. 明确物理接口位置； 5. 控制中心大屏或显示屏要求	电力监控	系统设计、传输网设计及通信设备的投资计算
FAS	FAS 接口类型及位置	电力监控	提供资料供系统设计
综合监控	1. 电力监控系统通信通道接口类型； 2. 明确功能接口分界和物理接口位置	电力监控	提供资料供系统设计

17.8　杂散电流腐蚀防护与接地

（1）设计输入见表 5-17-17。

设计输入表　　　　　　　　　　表 5-17-17

接口名称	接口要求	执行专业	接口处理
工程地质	全线土壤电阻率	工程地质	提供资料
线路	1. 线路平、纵断面图； 2. 车站分布表	线路	提供资料
轨道	各类轨道横断面图	轨道	提供资料
桥涵	1. 桥涵平面图； 2. 总布置图	桥涵	提出资料

续上表

接口名称	接口要求	执行专业	接口处理
隧道	1. 区间隧道施工工法； 2. 隧道平面图、横断面图	隧道	提供资料
工程投资	概算编制办法	工程投资	提供资料
行车运营	配线图	行车运营	提供资料
车辆段(停车场)	车场平面图及相关设计要求	车辆段(停车场)	提供资料
牵引供电	牵引供电系统方案及相关计算结果	牵引供电	提供资料
接触网	正线与车场接触网供电分段示意图	接触网	提供资料
信号	1. 提供正线信号轨道双线图； 2. 提供车场信号轨道双线图； 3. 室外信号设备平面布置图	信号	提供资料

（2）设计输出见表 5-17-18。

设计输出表　　　　　　　表 5-17-18

接口名称	接口要求	执行专业	接口处理
轨道	1. 正线钢轨绝缘安装要求； 2. 正线钢轨(含道岔)连接要求； 3. 正线道床结构钢筋焊接要求； 4. 正线道床杂散电流收集网测防端子设置位置及制作要求	杂散电流	提供资料
桥涵	1. 桥涵结构钢筋焊接要求； 2. 桥涵结构杂散电流收集网测防端子设置位置及制作要求； 3. 桥梁绝缘安装要求	杂散电流	提供资料
结构	1. 车站结构钢筋焊接要求； 2. 车站结构杂散电流收集网测防端子设置位置及制作要求； 3. 车站结构防水及绝缘性能要求	杂散电流	提供资料
隧道	1. 隧道结构钢筋焊接要求； 2. 隧道结构杂散电流收集网测防端子设置位置及制作要求； 3. 隧道结构防水及绝缘性能要求	杂散电流	提供资料
工程投资	1. 提供个别概算； 2. 供概算编制说明； 3. 提供主要工程数量； 4. 提供主要设备、劳材表	杂散电流	提供资料
工程筹划	杂散电流腐蚀防护系统设计、施工周期	杂散电流	提供资料
主变电所	1. 接地系统对电缆敷设的要求； 2. 接地系统对主变电所综合接地装置的要求	杂散电流	提供资料
牵引供电	1. 对牵引变电所内设备的安装要求； 2. 对环网电缆敷设的要求； 3. 对牵引变电所综合接地装置的要求； 4. 对电源的要求； 5. 安装在牵引变电所内的设备名称、型号规格及数量等资料	杂散电流	提供资料
降压变电	1. 对降压变电所内设备的安装要求； 2. 对降压变电所综合接地装置的要求； 3. 对电源的要求； 4. 安装在降压变电所内的设备名称、型号规格及数量等资料	杂散电流	提供资料

续上表

接口名称	接口要求	执行专业	接口处理
动力照明	设备安装要求、电源要求	杂散电流	提供资料
接触网	接触网安装要求	杂散电流	提供资料
电力监控	提供数据转接器安装位置及接口要求	杂散电流	提供资料
通信	通信设备安装要求	杂散电流	提供资料
信号	1. 信号设备安装要求； 2. 均、回流电缆的设置位置	杂散电流	提供资料
通风空调	通风空调设备安装要求	杂散电流	提供资料
屏蔽门/安全门	屏蔽门/安全门安装要求	杂散电流	提供资料
给排水	电化股道附近给排水管道敷设要求	杂散电流	提供资料

第18章 机电设备系统新技术应用

18.1 车　　辆

18.1.1 先进的弓网监测系统

弓网系统通过不间断的机械、电气接触向列车供电,在满足一定的经济、技术条件下,供电可靠性、接触(受流)质量及弓网系统的运行寿命依赖于受电弓和接触网的设计、安装(施工)、运行维护方案及其大量参数的选取,因此弓网关系对轨道交通车辆来说至关重要,良好的弓网关系可以给用户在实际使用中节省大量的使用及维护成本。

本项目全部列车均安装了先进的弓网监测系统(图5-18-1)。

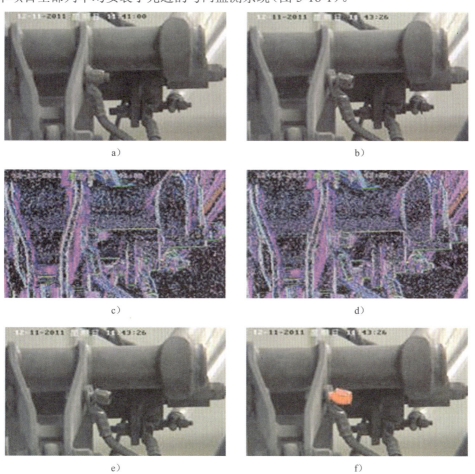

图 5-18-1　检测图像

通过安装在车顶的高清摄像机拍摄的高清视频并自动分析处理,通过智能分析自动实时识别受电弓异常状态("羊角"脱落、"羊角"变形等)、电火花拉弧时间及强度检测、接触网拉出值检测,并且能够对故障及异常位置进行精确定位,为检修人员提供帮助,能够通过在司机室设置的显示屏将故障及时通知驾驶人员,避免故障进一步扩大。

弓网监测系统具有高亮频闪补光措施和强光抑制功能,满足全天24h观测需求,单颗灯芯亮度达到40000lx,且光输出瞬时内始终以大功率均匀输出、寿命是同功率常亮灯的10倍以上。

弓网监测系统具备无线传输功能,能自动将故障信息以文字及图片方式发送至指定的终端,及时通知相关维护保养单位及人员。无线传输系统能够将每天的数据自动传到车辆段内的服务器上,通过自学习及历史数据的对比分析,可以分析弓网关系趋势,能够及早发现可能的故障点,做到预防性维护,对弓网数据异常点可有针对性进行维护,改善弓网关系,延长易损易耗件的使用寿命,降低使用及维护成本,避免弓网事故。

18.1.2 优异的制动性能

由于贵阳地区特殊的地理环境,线路情况相对较为恶劣,坡道较长、较多,对制动系统的热容量要求较高。本项目配置的基础制动装置为轮盘制动,一般来说,该种基础制动方式仅在运行速度100km/h 以上的城市轨道交通车辆上使用。通过热容量计算,采用轮盘制动方式,列车能够在线路上以纯空气制动方式运行一个往返,完全能够满足线路坡道多、坡道长的要求。

18.1.3 先进的长大坡道控制方式

由于贵阳地区特殊的地理环境,项目存在长约3.8km 的连续下坡,中间无停站,坡道底部存在弯道限速并且贵阳地区在冬季存在冻雨现象,当出现冻雨时轨道条件可能比较差。因此,上述情况下列车在坡道上的安全运行至关重要。为保障列车的安全运行,本项目设计了先进的长大坡道控制方式,在保障列车安全的前提先对轨道的黏着要求降低至约0.043。

控制方式能够自动控制列车在坡道上以一定的速度区间,无需司机控制牵引制动力的大小,避免了由于不同驾驶人员习惯及技能导致的差异,进而带来其他的安全问题。

控制方式能够优先充分发挥电制动,既节约了电能,又降低了闸瓦的磨耗、对隧道通风及散热的要求,降低了项目的使用及维护成本。

18.2 供电设备

18.2.1 列车再生制动能量逆变回馈

1）应用背景

贵阳轨道交通线路出现了长大坡道区间，对于下坡线路，由于列车在绝大部分时间内都不牵引取流，其再生制动能量不能有效地被其他列车吸收利用，导致列车发热和闸瓦磨耗严重、污染沿线环境，电能白白消耗。

早期国内以重庆轨道交通 3 号线为代表，采用"逆变+电阻"的方案将再生制动能量回馈到 0.4kV 低压侧，供动力照明负荷利用。

目前再生制动能量吸收装置在郑州地铁 1 号线、北京地铁 10 号线二期、北京地铁 14 号线西段、北京地铁 15 号线西段、长沙地铁 2 号线有示范性或科研应用，北京地铁 14 号线中、东段、北京地铁 16 号线均已完成全线工程招标。以上线路都是将再生制动能量逆变回馈到供电系统中压侧，这也是再生制动能量吸收方案的发展趋势。国外超级电容储能装置在科隆地铁、宾夕法尼亚州地铁中有应用，飞轮储能装置在纽约 Far Rockaway 线、英国伦敦地铁、法国里昂地铁中有应用。

2）创新点

经技术经济综合比选，本工程在贵阳北站、雅关站、蛮坡站及延安路站牵引变电所设置再生制动能量回馈装置将列车再生制动能量回馈至 35kV 交流侧。经过理论分析及仿真计算，全线其他牵引变电所也应设置再生制动能量回馈装置，但为节约初期建设成本，且在确定方案时（2013 年）国内尚无回馈至 35kV 侧方案的运营数据，因此其余牵引变电所暂作土建预留，待后续条件成熟时增设。该方案为国内山地城市轨道交通中首次将 DC1500V 逆变回馈至 35kV 中压交流网络的工程实例。

3）牵引计算

贵阳轨道交通 1 号线牵引供电仿真结果见图 5-18-2。

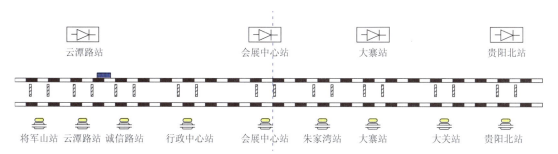

图 5-18-2

图 5-18-2 贵阳轨道交通 1 号线牵引供电仿真结果

从图 5-18-2 及表 5-18-1 得出的仿真计算结果来看，1 号线各牵引变电所处反馈的列车再生制动电能较为平均，但由于 1 号线线路存在长大坡道，当列车运行在长大坡道区段，尤其是下坡方向时，列车再生制动电能反馈较多，因此拟在贵阳北站、雅关站、蛮坡站、延安路站设置再生制动能量吸收装置。

第18章 机电设备系统新技术应用

本工程正线牵引变电所再生制动能量吸收功率(kW)　　　表 5-18-1

牵引变电所	下麦西站	云潭路站	会展中心站	大寨站
单所最大平均制动功率	1018	1423	1147	996
单所最大制动功率	2184	2619	2004	1786
牵引变电所	贵阳北站	雅关站	蛮坡站	延安路站
单所最大平均制动功率	1830	1968	1962	2163
单所最大制动功率	3925	4620	3411	3600
牵引变电所	火车站站	新村站	场坝村站	
单所最大平均制动功率	1142	1384	1006	
单所最大制动功率	2150	2245	2051	

4）运营数据

如图 5-18-3 及图 5-18-4 中所示的贵阳北站变电所在投入再生制动能量回馈装置后，日均节电 2200kW·h，经济效益可观。

图 5-18-3　1 号线贵阳北站中压能馈装置现场运行照片

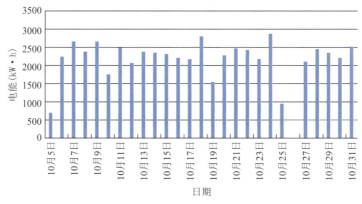

图 5-18-4　贵阳北站单日回馈电度统计图

5）对贵阳市后续轨道交通线路再生能馈方案的建议

贵阳轨道交通 1 号线贵阳北站设备运行期间状态良好，贵阳北站设备 2017 年 7 月 10

日到 2017 年 8 月 6 日期间,有效数据为 20 天,综合统计共回馈电量 28495kW·h,平均单日回馈电量 1424.75 kW·h;10 月 5 日到 10 月 31 日期间,设备正常运行,综合统计共回馈电量 57470 kW·h,平均单日回馈电量 2210.38 kW·h。贵阳北站设备 2018 年 11 月 28 日上午 10:00 到晚上 20:00 回馈电量为 895 kW·h,2018 年 12 月 4 日 9:30 到 19:00 回馈电量为 840 kW·h,可以看出,日均回馈电量非常可观,节能效果明显,因此在本工程牵引变电所内设置逆变回馈型再生制动能量吸收装置的方案是合理可行的。

经初步估算,该装置的相关投资在工程运行 5~8 年后可收回成本,而逆变回馈型装置的使用寿命一般为 25 年以上,在收回成本后的寿命周期内将给本工程带来可观的经济效益。

此外,如未设置逆变回馈型再生制动装置,由于地铁列车启动、制动频繁,导致直流牵引电网网压波动频繁、用电设备长期工作在电压不稳定的恶劣条件下,设备磨耗增大,严重时甚至会损坏设备,从而使地铁的运营成本增大。逆变回馈型再生制动装置的使用除能合理利用列车再生能量外,还具有稳定直流牵引电网电压的作用,确保地铁列车工作在较理想的直流牵引电网网压下,对确保车辆出力、延长车辆使用寿命、降低地铁的运营成本是有意义的。

综上所述,考虑到贵阳市为山地城市的特点,贵阳市轨道交通中出现长大连续坡道的情况较多,列车产生的不能被相邻车辆吸收的再生制动能量较为可观,研究建议贵阳市后续轨道交通线路均应考虑在相应牵引变电所内设置回馈至 35kV 侧的逆变回馈型再生制动能量吸收装置,并根据各自线路、行车、车辆的特点研究确定该装置的设置位置、数量和容量大小。

18.2.2 长大坡道接触网上、下行并联

1)应用背景

长大坡道区间对于上坡线路,由于列车持续取流,且牵引网电流大、电能消耗大,导致牵引网的电压降大;对于下坡线路,由于列车在绝大部分时间内都不牵引取流,列车再生制动能量不能有效地被其他列车吸收利用,不仅导致列车发热和闸瓦磨耗严重、污染沿线环境,而且导致牵引网载流能力和列车再生制动能量均未得到充分利用。

目前,无论城市轨道交通工程牵引供电系统采用何种牵引供电制式,除了在每座牵引变电所处通过牵引变电所内的直流母线将上、下行牵引网并联外,在正线线路的各直流供电分区内上、下行牵引网均为独立运行。

2)创新点

城市轨道交通工程正线线路的各直流供电分区内上、下行并联直流牵引网结构的设计方案及运行情况,目前为一个全新的研究领域。

国外城市轨道交通工程直流牵引网结构的发展与国内情况类似,未实现供电分区内上、

下行牵引网的并联运行。

本项目采用在长大坡道供电分区内将上、下行直流牵引网并联供电技术。同时配以多边联跳保护装置,以保证供电的可靠性。该方案为国内首创。

3)主要技术方案

如图 5-18-5 所示,考虑运营倒闸操作的便利性,并联开关采用电动隔离开关。将上、下行牵引网并联后,原有的直流双边联跳变成了多边联跳关系,即牵引网上、下行并联处左右牵引网任一行发生故障,都应联跳其他三个供电臂,本工程设置了专门的多边联跳保护装置实现上述功能。

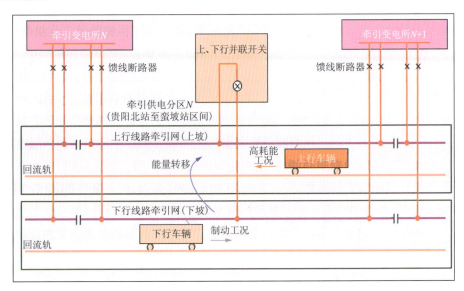

图 5-18-5　牵引网上、下行并联示意图

根据行车调度规则,贵阳北站—蛮坡站区间内的上行或下行接触网出现故障时,该区段内的上、行均不再考虑正常行车,根据设置的折返线组织小交路临时折返运行。因此,可以将牵引网上、下行并联后可能使故障范围扩大而对运营带来的影响忽略。图 5-18-6 及图 5-18-7 为上下行牵引网并联电动隔离开关现场安装照片。

图 5-18-6　上、下行牵引网并联电动隔离开关及其操作机构安装

图 5-18-7　上、下行牵引网并联电动隔离开关远程监控装置安装

在上、下行线路牵引网并联供电处设置一套直流多边联跳保护接口箱，其接线原理见图 5-18-8。

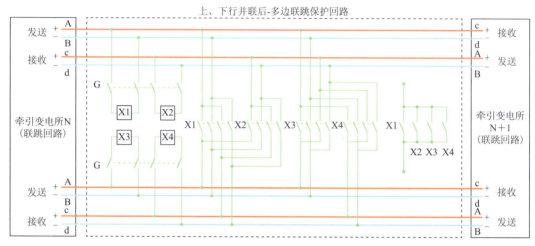

图 5-18-8　并联供电处直流多边联跳保护原理图

注：G 为上、下牵引网的并联开关；X1～X4 为中间继电器

4）直流多边联跳保护功能分析

对应上、下行线路牵引网并联方案，配套的多边联跳保护设置方案应能完成以下功能：

（1）上、下行线路牵引网直流断路器能同时联跳

上、下行线路牵引网并联后，在该供电分区内如发生牵引网故障，能同时将上、下行线路牵引网供电的直流断路器全部断开。

（2）配套的直流多边联跳保护装置能不带电运行

为保证配套的直流多边联跳保护的可靠运行，该多边联跳保护装置相关二次回路运行无需外部电源供电，直接通过上、下行线路原有的联跳回路取电，避免由于相关的电源回路故障，导致该多边联跳保护功能的失效。

（3）不影响原有上行或下行线路牵引网各自的双边联跳保护功能

无论该上、下行线路牵引网并联开关是否投入，该直流多边联跳保护的相关二次回路元器件设备是否故障，上、下行线路直流馈线断路器原有的双边联跳保护功能均不受影响。

（4）多边联跳保护功能的自动投入与退出

能根据该上、下行并联开关的投入与退出，自动实现该供电分区上、下行线路牵引网多边联跳保护功能的投入与退出。上、下行并联开关退出时，自动恢复为常规的上行或下行线路牵引网独立的双边联跳保护功能。

（5）与两端牵引变电所的运行方式无关

无论是正常运行还是两端某一座牵引变电所故障解列大双边运行时，该直流多边联跳保护装置各项功能均可不受影响。其多边联跳保护功能的投入与退出，仅与上、下行并联开关是否投入有关。

图 5-18-8 所示的上、下行线路牵引网并联处直流多边联跳保护方案,可以完全实现上述功能需求。

18.2.3 特殊区段接触网悬挂方案

如图 5-18-9 及图 5-18-10 所示,地面及高架区段一般采用架空柔性悬挂,特殊区段(贵阳北站—雅关站)采用架空"Π"形刚性悬挂。因贵阳北站—雅关站在数座大山中穿越,高架与穿山隧道来回交错,其高架区段较短,不利于布置柔性接触网锚段关节,因此高架段采用刚性悬挂贯通,接触网立柱设于线路中间。

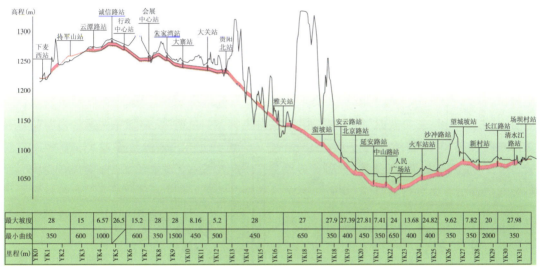

图 5-18-9 特殊区段线路纵断面示意图

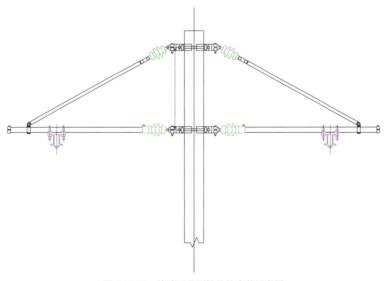

图 5-18-10 特殊区段刚性悬挂安装示意图

18.2.4 接地网

为满足弱电系统的接地要求,综合接地网接地电阻要求不大于1Ω。贵阳地处山区,地质多为中风化灰岩、白云岩等,平均土壤电阻率达到320Ω·m,例如窦官站甚至高达1404Ω·m。照此推算若不采用其他措施,该车站接地电阻高达9.1Ω,远不能满足接地电阻的要求。因此,对于土壤电阻率小于500Ω·m的车站,采用换土并填充降阻剂;对于土壤电阻率大于500Ω·m的车站,采用降助剂并采用离子接地极,水平接地体采用T2紫铜排,如图5-18-11所示,垂直接地体采用纯铜棒和离子接地极交错布置。采用降阻剂和离子接地极后,窦官站接地电阻理论计算值为0.7Ω。

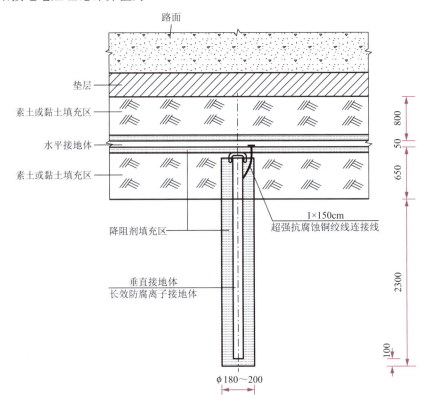

图 5-18-11 垂直接地体安装示意图(尺寸单位:mm)

18.2.5 受电弓弹性支持固定方案

本线路中考虑到由于车辆受电弓高速运行时,可能出现震动,采用弹性支持固定方式能增加支持装置的弹性,有效缓解车辆受电弓运行中由于震动产生的冲击,可以降低受电弓离线率,减少由于离线拉弧产生的电气磨耗。该方案不仅能缓解受电弓的冲击,还有利于防止刚性悬挂各部件的松动,减少维护工作量。

18.2.6 电力监控的创新

在车辆段/停车场各设置一套接触网电动隔离开关监控系统,对车辆段/停车场范围内的接触网电动隔离开关等设备进行远程监视和控制。系统由一套监控主站设备、多套分布于隔离开关现场附近的现场监控子站设备以及连接二者的通信网络组成。在供电车间设置供电复示系统,用于监视全线供电系统设备运行状况,下载系统运行数据。

18.2.7 供电车间的创新

供电车间内采用了可以拆卸组装的梯车,以往城市轨道交通项目的梯车均固定焊死,本线路考虑到固定的梯车占用空间较大,故更换设置了可以组装的梯车,便于运营检修维护。

18.3 弱电设备系统

18.3.1 通信

本工程弱电所有系统设备共用一套 UPS,由通信系统设置,既提高了供电的可靠性,又节约了能源,也有利于环保。

18.3.2 信号

贵阳市地处云贵高原,地势起伏较大,车辆段出入段线、停车场的出入场线均设有20‰的坡道,这在列车进出场/段时为信号系统对列车的控制增加了难度,在信号系统设计时必须考虑坡度对列车精确控制的影响,在列车出段/场的转换轨区域,不能满足用于实现信号系统自动轮径补偿功能需要平直线路的要求,因此信号系统必须考虑通过人工输入轮径补偿方式或者在正线适当位置设置自动轮径补偿校核区域。

贵阳北站—雅关站、雅关站—蛮坡站、蛮坡站—安云路站为长大下坡区间。根据贵阳1号线线路资料,贵阳北站至雅关站下行区间为持续长大下坡道区间,区间全长约3.96km,全部位于坡度11.9‰~28‰范围的下坡道上。

长大坡道对列车的安全运行影响较大,信号设计时将充分考虑到保护区段长度合理设置、信号显示距离不足时增加复式信号机、通过系统进行提前超速报警、实时查询坡度信息、AM模式下"0"速时通过及时输出、保持制动等因素,避免列车在长大坡道上后溜。

长大坡道的信号系统设计方案,应充分考虑到贵阳的天气和区间桥隧结合的地域特点,故增加雨雪模式功能。

当调度员判断由于雨、雪天气可能导致列车空转、打滑时,通过自动列车监控系统(ATS)下达雨雪模式,以保证列车在露天段长大坡道的安全行驶。雨雪模式通过设置 ATS-数据存储单元(DSU)- 节点控制器(ZC)的通道,ZC 周期将雨雪模式与行车许可(MA)信息一起发送至车载控制器(VOBC),最终通过列车自动保护系统(ATP)实现长大下坡的雨雪模式功能。

18.3.3 综合监控

随着技术的不断发展,FAS 的组网方式也有了突破。根据 1 号线建设工程的特点,FAS 系统在车站与综合监控系统接口,借助其传输通道组网,接入全线自动化集成中央级系统,取消设置独立的 FAS 中央级,传统提供的 FAS 中央级功能由 ISCS 中央级系统实现。此种方式充分体现了"报警、监控和消防联动控制"的防灾救灾一体化设计思想。通过建立一个全线综合监控系统平台,实现集成系统间的有机结合,达到信息共享、功能集成的目的。

18.3.4 自动售检票

(1)设计中提出 ACC 系统与 1 号线 AFC 系统同期建设方案,为将来实现贵阳市轨道交通网络化 AFC 系统的运营,满足"一票通"及"一卡通"的使用要求打下基础。不仅保证各线路 AFC 系统中的 IC 卡票应用及管理、运营模式及收费管理、清算系统及网络通信传输按照统一设计和统一管理的原则实施,同时还可通过清分中心对各线路 AFC 系统下发指令及控制参数,以完成各线路的协同运营。

(2)选择 CPU 卡作为地铁储值票,CPU 卡在安全机制、操作要求、存储空间容量、扩展能力等方面均优于传统的逻辑加密卡。

逻辑加密卡是将带有硬件逻辑电路的 EEPROM 芯片封装在卡片上,外部读写设备必须通过硬件逻辑电路的判断后才能访问到 EEPROM 中的数据单元。因此,逻辑加密卡虽然具备一定的数据安全性保护,但它的安全级别依然很低,具备一定的手段仍然是可以攻破的。

与逻辑加密卡相比,CPU 卡是在将 EEPROM 芯片封装在卡片上的同时,将微处理器芯片(CPU)也封装在卡中,外部读写设备只能通过 CPU 与 IC 卡内的 EEPROM 进行数据交换,在任何情况下都不能再访问到 EEPROM 中的任何一个单元。由于在 CPU 卡中封装了微处理芯片,这样 EEPROM 的数据接口在任何情况下都不会与 IC 卡的对外数据线相连接。这样就实现了对智能卡 EEPROM 中数据的安全保护,因此具备非常高的安全性。

如图 5-18-12 所示,智能 CPU 卡还具有以下优点:

①先进性。CPU 卡代表当前 IC 卡应用的最高安全等级,正成为 IC 卡应用中的主流产品。

②规范性。支持符合 ISO7816-3 标准的 $T=0$、$T=1$ 通信协议,符合《中国金融集成电路

（IC）卡规范》（JR/T 0025），支持电子钱包、电子存折功能。

③兼容性。由于有中国人民银行的统一规范及严格检测，CPU 卡具有很好的兼容性。

④可扩展性。卡片支持多种容量选择，如 2K、4K、8K、16K、32K 字节的 EEPROM 空间。CPU 卡从卡结构到卡容量可以很容易扩展到多应用，实现真正意义上的一卡多用。

(3) 自动售票机采用了大屏幕声波触摸屏，

图 5-18-12　贵阳轨道交通 1 号线车票实物图

可以分级显示整个轨道交通线网和站点，点击相应区域可以放大显示。自动检票机采用了完全自主研发的通行算法，可以降低逃票和票卡丢失率。售票机前盖和检票机前盖均为可翻盖设计，方便了运营维护。应用硬币图像识别技术，提高了对高仿真假币的识别能力。检票机语音提示功能能够更好地为乘客提供指引服务。ARM 平台的读写器、ARM 通用控制板、钱箱/票箱电子 ID（RF 电子标签）、整机功率自动控制等技术都大大提升了设备的性能。

18.3.5　门禁及安防系统

(1) 门禁线网授权系统设置于控制中心线网授权办公室，能够对线网内所有地铁线路的员工进行统一发卡和权限管理，具有最高的管理权限。

(2) 车辆段安防系统采用安防集成平台，安防集成平台由安防集成平台服务器、安防集成平台服务器管理工具、安防集成平台客户端三大部分构成。安防集成平台实现车辆段安防各系统间联动命令和控制信息的统一发布和管理，平台应联动接入包括车辆段视频监控系统、车辆段入侵报警系统，并可提供标准的协议组件实现与其他第三方系统进行联网。

18.4　常规机电设备系统

18.4.1　有源滤波装置的设置

本工程站内的电子装置会产生以 11、13 次为主的谐波。谐波会与电容构成谐振风险，影响供电安全和可靠性，还会造成对其他用电设备的干扰和附加发热。故本工程采用有源滤波装置。

本工程于低压柜处集中设置有源滤波补偿装置为封闭式户内成套设备，如图 5-18-13 所示，其功能为动态抑制谐波，能对大小和频率都变化的谐波进行抑制。

图 5-18-13　贵阳轨道交通 1 号线车站有源滤波装置现场运行照片

18.4.2　智能疏散系统

本工程在地下区间设置智能疏散系统,确保地铁在应急状态下的人员快速疏散,保障乘客人身安全。智能疏散系统根据着火点的位置,改变疏散箭头指示的方向和实现疏散出口指示标志灯亮灯和灭灯等智能识别功能。智能疏散系统采用集中监控方式,通过信息技术、计算机技术和自动控制技术,对地铁区间疏散标志灯实时监视和控制,达到安全疏散智能化,疏散箭头指示标志灯、疏散出口指示标志灯等集中维护的目的。整个系统由主机、路由器、疏散标志灯组成。智能疏散系统的主机安装在车控室端站台层的照明配电室。在地下区间发生火灾时,区间疏散箭头指示标志灯指向安全疏散方向,非安全疏散方向疏散箭头指示标志灯反向。轨道交通 1 号线智能疏散系统主机如图 5-18-14 所示,区间智能疏散标志灯如图 5-18-15 所示。

图 5-18-14　轨道交通 1 号线智能疏散系统主机(左)现场运行照片

图 5-18-15　轨道交通 1 号线区间智能疏散标志灯现场运行照片

18.4.3　智能照明系统

地下车站与地面车站相比,缺少自然采光,光照主要依赖人工照明。为营造舒适的地下空间光照环境,为乘客和工作人员提供舒适的乘车、工作环境,车站照明设计起着重要的作用。地面车站由于能采用自然采光,照明能耗低于地下车站。对地下车站而言,地下车站照明的能耗中 85% 属于公共区照明,因此照明控制方式是照明节能的关键。

智能照明控制系统以车站为单位独立设置,每个车站设置一套智能照明控制系统,主要负责控制车站范围内(含公共区、出入口通道、导向照明及地面照明)照明灯具的控制。

照明系统需采用现场总线结构,控制设备为模块化安装,直接安装在相应照明配电箱中,系统硬件包括开关控制器、DALI 调光控制网关、1~10V 调光模块、触摸屏控制器、IP 场景控制器(含定时控制功能)、网关、光线传感器、场景控制面板等。

公共区照明、出入口照明、站台门照明及一类导向照明等在照明配电室集中控制,并由综合监控系统通过智能照明控制系统进行控制,与综合监控系统的接口在智能照明控制系统的通信口处。公共区照明可根据实际需要定时开关一组、多组或不同区域的照明灯具。可根据各种现场情况改变相应照明模式,达到节能的目的。轨道交通 1 号线智能照明模块的照明总箱如图 5-18-16 所示。

图 5-18-16　轨道交通 1 号线智能照明模块的照明总箱现场运行照片

18.5　给排水系统

车站污水系统采用一体化污水提升装置替代传统的排污系统,该系统无臭气溢出、占地面积小、清洁、环保,体现了"以人为本"的理念。

18.6　通风和空调系统

1) 系统介绍

根据贵阳地区的气候特点,贵阳地铁公共区夏季约 3 个月需要空调系统,其余时间为通风季节,为了兼顾公共区空调和充分利用自然通风条件,轨道交通 1 号线全线地下车站站台层屏蔽门纵梁上方安装风阀组,在空调季节关闭风阀组,公共区运行空调系统(大系统),保证公共区的过渡舒适条件,其余季节关闭公共区空调系统,打开屏蔽门上方纵梁上的风阀组,根据室外温度不同,分组打开风阀组数量,利用列车运行过程中的活塞效应,将室外空气和站内及隧道空气进行交换,达到自然通风目的。这个系统形式称作复合屏蔽门系统。

2) 系统设置及系统控制

(1) 系统设置

将轨顶风道靠近公共区侧的侧墙沿车站横向(垂直线路方向)外移1000mm,在屏蔽门的安装纵梁上开孔并安装风阀组,每侧纵梁上安装电动风阀28个,每个尺寸3000×700(mm),风阀采用嵌入式安装,每侧风阀组总有效通流面积39.2m²。为了便于风阀的控制、故障判断及维修,同时为了保证气流均匀,对每侧28个风阀进行编号并分组,分组编号如下:

左线。z1,MDZ-101~MDZ-104;z2,MDZ-105~MDZ-107;z3,MDZ-108~MDZ-111;z4,MDZ-112~MDZ-114;z5,MDZ-214~MDZ-212;z6,MDZ-211~MDZ-208;z7,MDZ-207~MDZ-205;z8,MDZ-204~MDZ-201。分组数量分别为4、3、4、3、3、4、3、4。

右线。y1,MDY-101~MDY-104;y2,MDY-105~MDY-107;y3,MDY-108~MDY-111;y4,MDY-112~MDY-114;y5,MDY-214~MDY-212;y6,MDY-211~MDY-208;y7,MDY-207~MDY-205;y8,MDY-204~MDY-201。分组数量分别为4、3、4、3、3、4、3、4。

(2) 系统控制

系统控制分空调季节控制和通风季节控制。由BAS系统根据室外温度自动控制。

通风工况的控制由BAS系统自动控制,根据室外温度变化,分以下几种通风工况:

通风工况一:新风阀全开,CO_2浓度实测值控制组合式空气处理机组风机频率,屏蔽门顶梁风阀组关闭,该工况考虑室外温度过低,暂定低于0℃。

通风工况二:空气处理机送风关闭,屏蔽门顶梁风阀组全部开启(每侧28个),该工况考虑过渡季节室外温度在15~19℃范围。

通风工况三:空气处理机送风关闭,屏蔽门顶梁风阀组开启3/4,该工况考虑过渡季节室外温度在10~15℃范围,即开启z1、z2、z4、z6、z7、z8、y1、y2、y4、y6、y7、y8组风阀。

通风工况四:空气处理机送风关闭,屏蔽门顶梁风阀组1/2风阀开启,该工况考虑室外温度在5~10℃范围,即开启z2、z3、z6、z7、y2、y3、y6、y7组风阀。

通风工况五:空气处理机送风关闭,屏蔽门顶梁风阀组1/4风阀开启,该工况考虑室外温度在0~5℃范围,即开启z1、z7、y1、y7组风阀。

(3) 经济效益

贵阳地区室外温度在0℃以下温度很少,所以非空调季节基本都采用自然通风模式,此时公共区空调及通风系统(大系统)关闭,大系统回风机关闭,对标准车站而言,公共区通风空调系统设备配置及功率见表5-18-2。

公共区通风空调系统设备配置及功率　　　表5-18-2

设备名称	设备数量(台)	设备功率(kW)	总功率(kW)
组合式空调机	2	37	74
回风机	2	22	44

根据相关资料统计,贵阳地区公共区通风时间约 250 天,列车运行时间从上午 6:00 到夜间 23:00 共计 17h,每个地下站大系统节约运行电能 501500kW·h/年,全线 20 个地下站节约 1003 万 kW·h/年,以 0.7 元/kW·h 计算,每年节约 702.1 万元,经济效益相当可观。

(4)屏蔽门上方纵梁上电动风阀组的设计

如图 5-18-17 所示,该种风阀组的设计用于全线复合屏蔽门系统在全国是第一次,嵌入式安装方式一方面节省空间,另一方面对孔洞的施工精度要求高,可是土建施工中的误差难以避免。为了解决该矛盾,系统专业在设计过程中经过反复比选,认真研究,深入厂家考察,经反复试验,确定了最终的设计方案:风阀的安装法兰和风阀的法兰配对提供,并在出厂前将两个法兰完成连接,结合现场孔洞预埋中预埋角钢,经现场复测,工厂一次完成预制,很好地弥补了土建的施工误差,现场安装时只需将安装法兰与预留孔洞的角钢完成焊接即可,方便快捷。以上设计方案取得较好的施工效果。

(5)风阀组维修走廊及维修

如图 5-18-18 所示,为了便于风阀的故障判断与维修,对站台每侧的风阀组进行分组,每组内风阀完成成组连接,当一组内风阀有一个故障,该组风阀会有报警信号,维修人员就可以知道故障风阀组的位置,并到现场具体位置检查故障风阀。

图 5-18-17 复合屏蔽门系统风阀组现场照片

图 5-18-18 站台层(复合屏蔽门系统风阀组位于吊顶内)装修后效果

在每侧风阀组靠近公共区内侧上方设置检修通道,并在适当位置设置供检修人员上下的空间,维修通道上维修人员可以方便通过,便于维修人员维修。

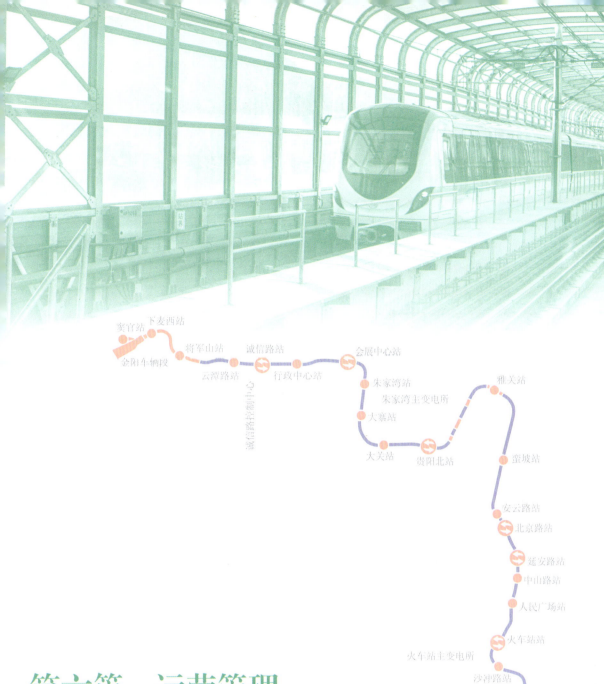

第六篇　运营管理

只有运营，才是地铁建设的最终目的，而地铁运营的目标在于：对外，是为市民提供安全、准点、舒适、便捷的运输出行服务，缓解城市交通拥堵，提高市民生活质量，带动城市经济发展；对内，通过各种管理手段增加客流，提高运营收入，优化内部流程，控制成本支出，降低运营成本。运营目标的实现必须以结构合理、运行有序的地铁运营管理体系为基础，本篇重点阐述贵阳轨道交通运营管理体系建设过程及1号线初期运营效果。

第 1 章　运营管理策划

贵阳市城市轨道交通有限公司（简称市轨道公司）自成立之初就意识到运营筹备工作的重要性，公司单独设置运营筹备部统筹开展运营筹备各项工作。对于每个新兴地铁企业来说，筹备经验缺乏、运营管理人员不足的问题是必须面对并解决的。公司从铁路企业及其他城市地铁公司挖掘了一批运营管理及技术骨干，充实到运营筹备部，结合外出调研与引入专项咨询，扎实推进筹备相关工作。

2013 年，伴随贵阳轨道交通 1 号线全面开工建设，公司运营筹备部启动了运营管理模式、组织架构设计、岗位体系设计、人员招聘策略等专项研究。

1.1　运营管理模式研究

1.1.1　我国城市轨道交通运营管理模式

城市轨道交通的运营管理，是复杂的管理系统工程。同行企业根据自身城市规模、发展速度、轨道交通线网历程、投资建设主体等不同特点，其轨道交通的管理体制也各有不同。

目前国内城市轨道交通运营模式可以分为自主运营、委托运营、特许运营、租赁运营和合作运营五种。

(1) 自主运营：投资、建设、运营、经营为一体的地铁管理模式。运营单位通常是政府的职能部门或国有企业，由政府和企业共同承担运营亏损带来的风险，同时享有运营盈利带来的效益，如上海地铁、广州地铁、南京地铁、武汉地铁等。

(2) 委托运营：投资、建设、运营、经营分开的地铁管理模式。委托专门的运营单位负责轨道交通运输的日常组织、管理及设备设施的维修维护等具体事务，所有运营支出进行"实报实销"，由委托方承担运营亏损带来的风险，同时享有运营盈利带来的效益，运营单位按照协议从委托方获取劳务费。如北京市基础设施投资有限公司将北京地铁 1、2 号线的运营资产委托给北京地铁运营分公司运营管理。

(3) 特许运营：投资单位参与轨道交通投资，获取特许经营权，在特许经营期限内由投资者经营管理，经营所得作为投资回报归投资者所有。特许经营期满，投资者将其经营权归还给物权所有者。如北京地铁 4 号线由京港地铁有限公司获得为期 30 年的特许经营权，深圳地铁 4 号线由港铁轨道交通（深圳）有限公司运营获得为期 30 年的特许经营权。

(4) 租赁运营：以租赁方式将已建成的一条或几条线路的运营权有偿租给私营单位经营管理，运营单位无资产所有权，只有使用管理权，承担专业化的运营职能，采取商业化的运营模式,获取支付租赁费后的运营收益,如新加坡地铁。

(5)合作运营。将已建成的一条或几条线路的运营权与其他地铁公司合作经营管理,合作方无资产所有权,只有使用管理权,承担专业化的运营职能;主体方具有资产所有权,不干涉具体运营,只负责监督、规范合作方的运营,双方风险和效益共担。

1.1.2 贵阳轨道运营模式的确定

通过比较上述运营模式的优缺点,结合贵阳市近期已开工建设1号线、2号线的实际情况,筹备期初步确定了采取聘请专业咨询公司协助建立管理体系的操作方式,贵阳市城市轨道交通有限公司作为贵阳市轨道交通项目的投融资和建设管理主体,负责贵阳市轨道交通项目的融资、建设、经营、管理,采用投资、建设、运营、经营四位一体的地铁自主管理模式。

通过公开招标择优选定具有丰富管理经验和管理人才队伍的轨道交通咨询公司,由专业咨询公司协助运营初期的管理,全面参与贵阳轨道交通1号线、2号线运营筹备管理,保障各部门正常运作的同时,培养贵阳市城市轨道交通有限公司运营管理人才队伍和能力。主要的职责有:合作研究编制"三权"(调度指挥权、设备设施使用权、属地管理权)接管方案、综合联调与演练方案、试运行和开通初期运营组织方案;有计划地组织开展"三权"接管、综合联调与演练、试运行工作,认真发现问题,及时跟踪整改;组织新线开通初期运营管理;配合开展开通前全面评估工作和项目国家竣工验收,合作完成初期运营管理总结报告。

从快速培育公司自主运营能力出发,2015年贵阳市城市轨道交通有限公司运营分公司(简称贵阳轨道交通运营分公司或运营分公司,其余分公司名称类同)成立后对专业咨询公司协助运营管理的方式进行了调整,采取咨询机构常驻贵阳+广州地铁运营技术支持相结合的模式,运营业务由运营分公司自主开展,咨询公司和广州地铁提供全过程指导和技术支持。

1.1.3 运营主要业务运作模式研究

1)遵循的主要原则

对于运营业务中的客运、维修、物资等核心业务,其运作模式选择主要参照以下原则:

(1)涉及运营生产安全、关键技术能力培育的,原则上以自修为主。

(2)对于涉及运营核心技术且自身暂不具备相应维修能力或条件的,在可控范围内,考虑暂时实施委外维修。

(3)对于通用性较强、技术含量低、操作简单重复、有利于降低维修成本等,且市场较为成熟稳定的,在可控范围内,考虑实施委外维修。

(4)对于专业性较强,但不具规模的,在可控范围内,考虑实施委外维修。

(5)对于涉及国家政策性或有关专业资质要求的,严格按照有关要求执行。

2）运营模式

根据以上原则，参考北京、上海、广州地铁的经验，贵阳市城市轨道交通有限公司运营业务的运作模式初步确定如下：

（1）客运、维修、物资等核心业务运作模式

客运（包括站务、乘务、票务）、物资业务：采取自主管理模式，着重培养专业技术力量；后期业务成熟后考虑逐步分析，选取合适的委外模式。

维修（包括供电、机电）业务：因国家政策规定，部分子专业（如电梯、门梯等）必须委外，拟采取自主管理为主、委外管理为辅的管理模式。

维修［包括工程建设（简称工建）、车辆设备、通信信号（简称通号）、AFC］业务：各专业在质保期内，寻求设备供应商的支持，并在其帮助下培养内部队伍，在运营初期采取自主管理模式，搭建自身专业基础力量；后期业务成熟后考虑逐步分析，选取合适的委外模式。

（2）后勤业务运作模式

后勤（包括保洁、安保、食堂）业务，主要考虑以委外的方式进行。各业务委外模式有以下优势：

①保洁业务工作委外，可节省开支，减少相应的管理人员，也不存在后续持续经营拓展的困难。

②安保业务委托专业保安公司，轨道公司不用增加编制及免除相关的招聘和管理工作，并且地铁车站也属于公共场所，轨道公司不存在执法权问题，只有委托专业保安公司才能更好地进行执法。

③食堂业务委托餐饮公司，轨道公司也不用增加编制及免除相关的招聘和管理工作。

1.2 组织架构设计

1.2.1 贵阳市城市轨道交通有限公司运营分公司工作任务

贵阳市城市轨道交通有限公司运营分公司主要任务包括：

（1）完成轨道公司批准的运营年度总目标和各项技术经济指标。

（2）坚持"安全第一"，抓好安全生产工作，完成年度安全生产指标。

（3）提供优质的乘客服务。

（4）认真维护、维修各种运营设施、设备，确保运营设施、设备的正确使用，并维持良好的工作状态。

（5）积极推进市场营销工作，有效吸引客流，增加票务收入。

（6）抓好成本控制工作，优化资源的利用。

（7）依据轨道公司人力资源管理相关政策，在轨道公司人力资源部的指导下，进行运营

分公司人力资源的规划、招聘、调配、培训培养、薪酬、绩效、奖惩等管理工作。

(8)按照轨道公司在财务管理相关政策,在批准的运营分公司的财务预算范围内,综合平衡资金,增加收入,控制成本。

(9)在出现紧急意外情况下,负责及时、有效处理。

(10)配合轨道公司做好新线规划建设工作。

1.2.2　运营组织架构设计的目标

高效的运作机构,承担贵阳市城市轨道交通有限公司运营业务的具体职责,完成政府所要求的安全稳定、社会效益和经济效益,乘客所要求的准点快捷、安全便利、舒适、价格合理,和贵阳市城市轨道交通有限公司所要求的服务质量、运营安全、运营效率、应急反应、经济效益等方面的管理和日常运作任务。总体来说,贵阳市城市轨道交通有限公司运营组织的目标主要有:

(1)确保设备运行正常、稳定,保证行车、设备安全。

(2)提供优质服务,确保乘客满意。

(3)实现社会价值,维护企业形象,舆论评价正面。

(4)保证管理与业务运作效率,具有快速的应急响应能力。

(5)具备日常性事务的自主处理能力。

(6)逐步培育自主经营能力,实现可持续发展。

1.2.3　运营组织架构设计

运营分公司在近期的组织架构,主要满足运营业务的筹备、新线运营前期培育和新线正式开通运营后的组织需求。

(1)组织架构命名原则。为了对职能业务和生产业务进行更好区分,职能部门一级为"部",二级为"室";生产部门一级为"部",二级为"科"。部门负责人为"经理",二级室(科)负责人为"主任"。

(2)组织架构的设置覆盖运营所有业务,在承担所有业务所赋予职责的基础上,部、科室、车间的设置不是一成不变的,可根据企业的实际情况进行调整和整合。

(3)近期1、2号线正式开通初期运营,人员规模将达到4000余人,在设计组织架构时,充分考虑到人员的规模和所承担的职责和任务。

按照部门层级设置简易、细化程度的不同,运营分公司初期运营组织架构考虑按如下方案进行设置(图6-1-1)。

设置7个职能部门和5个生产部门。职能部门包括综合管理部、党群工作部、人力资源部、财务管理部、企业管理部、技术安全部、物资设备部;生产部门包括运务部、站务部、票务部、车务部和修务部,其中,运务部负责协调站务部、票务部、车务部和修务部的生产运作。

第1章 运营管理策划

该设置方案具有一定容量,能为以后新线开通储备人才,职能部门按专业适当划分,专业能力纵深发展,生产部门较为集中,较有利于资源共享。

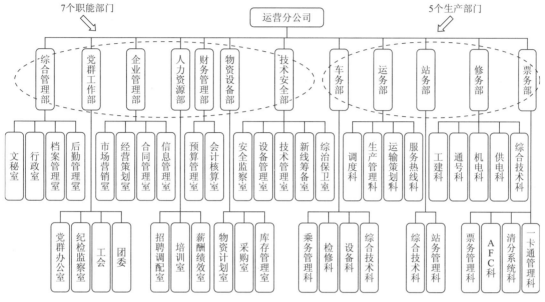

图 6-1-1　运营分公司初期组织构架图

随着运营筹备工作的逐步推进,通过各业务模块工作的开展,2015 年 8 月 27 日运营分公司成立时,对组织架构进行了微调,综合管理部、党群工作部合并设置,分公司下设 11 个部门(6 个职能部和 5 个生产部门)、41 个科室,见图 6-1-2。

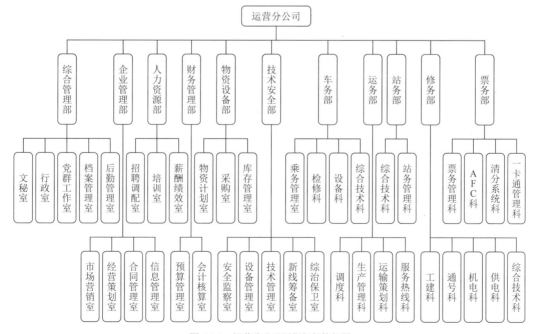

图 6-1-2　运营分公司近期组织构架图

部门设置上,充分突出贵阳地铁企业特点,乘务与车辆检修专业划归车务部统一管理,有利于乘务运作与车辆检修的日常沟通交流,促进人车融合,修务部统一管理供电、线路、通信、信号、机电各专业,实现维修管理一体化,有效减少工作接口,便于组织检修作业集中开展。

1.2.4　运营分公司各部门工作职责

(1)综合管理部是运营分公司的综合事务管理部门,具体负责运营分公司文秘、公关事务、行政、档案资料、后勤服务等综合管理职能,为运营分公司提供综合性公关文秘、办公行政、档案资料和运营分公司督办事务,并负责运营分公司医疗、车队和饭堂等后勤服务的管理工作。

(2)企业管理部是运营分公司经济决策、参谋部门,也是运营分公司的市场开拓和保障部门。主要职责是负责运营分公司经营目标的牵头制定、组织实施和考评、经济信息反馈和检查协调,保障运营分公司经营方针和经营管理目标的实现;组织进行市场营销管理和服务管理;负责运营分公司的组织管理、业务流程管理和企业文化建设,维护运营分公司协调健康发展;负责运营分公司合同的文本编制、谈判、招标、签署、支付的管理。

(3)人力资源部的职责是在运营分公司的领导和贵阳市城市轨道交通有限公司人力资源部的指导下,具体负责运营分公司人力资源的招聘、调配、培训、薪酬、绩效、劳动关系、员工服务等综合管理工作;建立和完善运营分公司人力资源资本管理体系,合理配置人力资源,优化人力资源结构,提高员工的综合素质,以适应贵阳地铁运营事业的发展,逐步增强企业的竞争力。

(4)财务管理部包括成本预算、会计核算和收入等财务管理职能,其主要职责是执行国家有关财经法律、法规、方针、政策和制度,保障运营分公司公司合法经营,监督运营分公司经济业务的合法、合规性;为正确计量和确认运营分公司发生的经济业务,确保运营分公司经营资金的正常运作,负责运营分公司收入、成本、资产、资金等方面的财务管理,监督运营分公司经济业务的合法、合规性,参与运营分公司的资产管理、预算管理等工作。

(5)物资设备部是运营分公司的物资管理部门,负责物流全过程的管理。具体负责物资的采购、仓储、供应、回收、变卖、报废工作,有效降低运营成本。

(6)技术安全部是运营分公司重大技术决策和科研、技术改造、安全管理以及新线筹备管理、生产归口管理部门。负责运营分公司的技术管理、国产化科研技术改造管理、MAXIMO系统和定额管理、质量管理、计量化验、资料管理、新线策划筹备等工作;并负责安全生产,职业安全和票务稽查管理,维护运营分公司票务收益安全,确保运营分公司安全、健康的生产环境。

(7)车务部负责乘务管理和地铁客车、工程机车及其相关设备设施的维修维护管理,保证列车运营的可靠性,提高列车的完好率,负责新线车辆采购,完善车辆技术和用户需求,做好车辆质量的监造,确保运营供车。

(8)运务部是运营分公司的生产运作管理、运输策划管理和运营中央调度管理的牵头组织部门,负责协调各生产部门的日常生产运作。

(9)站务部负责地铁运营的客运组织、站务管理和操作授权内车站设备,配合各专业检修工对车站设备进行维修维护等工作,主要任务是实施地铁日常客运服务,及时、妥善处理地铁运营中所发生的各类紧急情况。

(10)修务部负责变电、接触网、线路、房建、信号、通信、电气、环控、电扶梯、给排水消防、SCADA、BAS、FAS 等系统的维修管理。

(11)票务部负责地铁运营的一卡通业务管理、票务管理、清分系统管理和 AFC 设备的维修维护管理等工作。

1.3　运营岗位体系设计与定岗定编研究

在确定了组织架构和运营主要业务运作模式后,公司人力部门开展了运营岗位体系设计与定岗定编方案研究。

1.3.1　运营岗位体系设计

岗位体系设计是一种战略性人力资源管理工具,主要是指将组织中的岗位予以分类(横向)和分层(纵向)。其中,岗位分类主要指区分职类(岗位类别),细分职系(岗位序列)和职种(岗位类);岗位分层主要是指划分岗位层级(也称为岗位等级或职级)。

根据贵阳市城市轨道交通有限公司的组织架构体系,参照其他城市轨道交通企业岗位类别的划分体系,确定运营分公司岗位类别和序列划分,见表 6-1-1。

岗位类别和序列划分　　　　表 6-1-1

岗位类别	岗位序列	定　义
管理类	管理序列岗位	制订并组织实施经营计划及具体工作计划,对公司/各级组织发展目标和人员管理负责的岗位
	技术管理序列岗位	根据公司业务发展需要,运用相关专业技术、标准、规范、技术管理知识,提供技术管理等技术支持的岗位
	职能专业序列岗位	根据公司战略及业务发展策略,提供与之匹配的职能专业服务与建议,促进业务部门更好地实施业务策略,以支撑公司战略目标的实现的岗位
生产类	生产运作序列岗位	根据日常运营要求和规范,运用相关专业技能,直接为地铁生产、运营提供日常维护和客户服务,以实现地铁正常运营和客户满意的岗位
	生产支持序列岗位	根据公司业务要求和日常需要,提供相应安全护卫、餐饮、车辆、仓储等支持类服务,以满足正常生产和业务运作需要的岗位

各序列岗位包含的岗位主要如下:

(1)管理序列岗位

各级组织正副领导岗位。

（2）技术管理序列岗位

土建技术（如桥隧、线路、房建等）、系统技术（如通信、信号、AFC、车辆、BAS、FAS等）、机电及电气设备技术（如主控、供电、主变电、通风空调、低压配电、给水与排水、扶梯、屏蔽门、机电等）、车辆技术、运输技术（如客流组织、行车调度、票务组织等）、信息技术（如办公自动化、信息系统建设、未来对外承接信息业务等）、质量安全生产（如质量、运输安全、行车安全、设备安全、生产管理等）、站长、票务管理、票务分析、票务稽查、收益核对、客运服务、营销服务等岗位。

（3）职能专业序列岗位

①财务审计类：依据国家财税政策与公司经营目标，制订财会资金管理制度和办法，编制经营和财务计划，实施财务管理、资金管理、税务管理；建立并完善公司内部风险控制制度体系，开展业务稽核，进行风险监测分析，为经营管理提供决策和运营支持，有效防范公司运营风险（含审计、会计核算、统计、财务预算及分析、资金资产管理、投融资管理等岗位）。

②人力资源类：根据公司战略，制订并实施企业文化、人力资源管理策略、政策和流程，对公司人力资源进行规划、选拔、配置、开发和激励，以提高人员能力和效率，支撑公司战略的落地（含企业文化、人力资源战略与规划、招聘调配、薪酬绩效、员工能力发展、员工服务等岗位）。

③战略企管类：根据公司发展方向和目标，制订企业战略发展计划、经营计划、企业管理相关制度、流程，执行商务法务相关事务，支撑公司业务发展和管理提升（含战略及品牌管理、投资及投资企业管理、法律事务、合同预决算、全面风险管理、经营计划及管理、前期结案结算等岗位）。

④党群纪检类：依据党建和公司管理需要，通过党、工、团、纪检监察等工作，为公司各项任务的顺利开展提供有力保障（含组织、宣传、团委、工会、纪检监察等岗位）。

⑤行政服务类：依据组织管理需要，通过行政事务及日常办公事务管理、公关等支持性工作，为公司各项任务的顺利开展提供综合保障［含行政文秘、会务接待、公共关系及信访、热线服务、档案管理、保卫管理、车辆管理、护卫管理、餐饮管理、医务管理、综合治理（简称综治）内保等岗位］。

⑥计划采购类：根据公司业务需求，制订并执行采购计划，为公司建设、运营、经营提供物资保障（含采购策略及计划管理、库存及物料管理、固定资产及配件管理等岗位）。

（4）生产运作序列岗位

①设备维护类：根据公司相关操作规范和要求，对地铁运营相关设备、设施和车辆实施维护和检修，以确保车辆和设备的安全运行（含各专业设备检修工、生产调度、工班长、作业令办理员等岗位）。

②乘务类：根据公司运营要求，保障地铁车辆安全运行，以向乘客提供安全、快捷的乘车服务（含客车与工程车司机及队长、车厂调度与组长、乘务值班员、派班员等岗位）。

③站务类：根据公司日常运营规范和要求，向车站现场的客户提供服务，组织客流，以确

第 1 章 运营管理策划

保地铁安全运营（含站务员、值班员、值班站长等岗位）。

④票务类：根据公司日常运营规范和要求，向车站现场提供票务服务的岗位（含收益核对员、车票管理员、车票编码员、无效票分析员、员工票办理员等岗位）。

按责任大小、工作难易、所需知识技能高低等将岗位序列分为若干岗位层级，并明确职业发展通道。管理类、生产类岗位层级划分分别如表 6-1-2 和表 6-1-3 所示。

管理类岗位层级划分 表 6-1-2

管理序列岗位		技术序列岗位		职能专业序列岗位	
层级序号	职级名称	层级序号	职级名称	层级序号	职级名称
G8	总公司正职				
G7	总公司副职				
G6	分公司正职	J8		Z8	
G5	分公司副职	J7	总工程师	Z7	总经济师 / 总会计师
G4	部门正职	J6	副总工程师	Z6	副总经济师 / 副总会计师
G3	部门副职	J5	资深技术主管	Z5	资深业务主管
G2	科室正职	J4	高级技术主管	Z4	高级业务主管
G1	科室副职	J3	技术主管	Z3	业务主管
		J2	技术主办	Z2	业务主办
		J1	技术助理	Z1	业务助理

生产类岗位层级划分 表 6-1-3

层级序号	生产运作序列岗位				生产支持序列岗位	
	设备维护类	站务类	乘务类	票务类	后勤保障类	仓储类
S6	首席技师		首席列车司机			
S5	高级技师		电客车特级司机			
S4	技师		工程车特级司机			
S3	高级工	值班站长	高级司机（电客车、工程车）/ 车厂调度			
S2	中级工 / 生产调度 / 作业令办理员	值班员	中级司机（电客车、工程车）/ 派班员	车票管理员 / 员工票办理员		
S1	初级工 / 计量工 / 检定工 / 化验工	站务员	初级司机（电客车、工程车）/ 乘务值班员	车票编码员 / 无效票分析员	文员 / 汽车司机	材料工 / 仓管员 / 叉车司机

1.3.2 定岗定编

1）定员标准核定

参照国内外地铁同行人力资源配置，运营总体人员根据运营管理的成熟程度、设备的先进程度等因素，在运营培育初期一般在 70～90 人 /km 波动。

(1)香港地铁 1998 年每公里运营人员数约为 80 人；

(2)广州地铁 1 号线每公里运营人员数约为 89 人，管理技术人员约占总人数的 20.3%；

(3)长沙地铁 1 号线开通运营业务的总人数按照 70 人/km 配置，其中管理人员占总人数的 20%；

(4)南宁地铁 1 号线一期工程共 32.12km，按照 75 人/km 的配置标准，人员需求总量为 2409 人，其中管理人员占总人数的 18%。

地铁开通运营初期，由于设备不稳定、人员磨合等相关需求，定员标准通常比处于稳定期的地铁要高。早期开通的香港地铁、广州地铁定员标准达 80 人/km 或以上；随着地铁运营业务发展的日渐成熟、科技水平的提高，新进筹备开通的地铁，定员标准一般为 71～80 人/km（不含后勤人员），因此，贵阳轨道交通 1 号线运营定员确定为 77 人/km。

2）技术管理岗位编制设置

职能部门技术管理序列岗位定位为根据各线路运营情况，制订及细化技术标准和维修规程，监管安全质量，故其岗位设置以技术主管牵头，主要配置技术主办。

生产部门技术管理序列岗位定位为根据分管专业情况，将技术标准进一步转化为维修规程和生产计划，评估现场标准实施情况，故其岗位设置以技术主管牵头，主要配置技术主办与技术助理。

根据职能部门与业务部门的分工特点，在人员配置量上更偏重于业务部门。同时，结合上述岗位职级构成分析，职能部门职级定位稍高于业务部门。

3）生产运作岗位编制设置

(1)设备维护类。设备维护工：根据现场需要分巡检、值班、保养、故障修等工作，主要通过时间定额定员，即计算生产作业总工时，对比人均可提供工时，计算定员数；各类生产调度：工作方式为 24h 轮班，每班 12h，主要排班方式为四班两运转（即"白—夜—休—休"）。因此，至少每个岗位至少需配 4 个编制，考虑到休假、培训、会议等，标准配置为 5 个/线；其他岗位：作业令办理员为原则上每线一人，计量化验为 3 个岗位，即计量工、化验工、检定工。

(2)站务类：主要采取看管定额定员的方法。其中：值班站长 1 个岗位，值班员 2 个岗位，站务员一般 3 个岗位（票务、厅巡、站台），具体计算方式与上述设备维护类相同。

(3)乘务类：主要采取时间定额定员方法，具体计算方式与上述设备维护类相同。

(4)票务类：主要采取业务分工定员，根据票务分工，设置车票管理员、车票编码员、无效票分析员、员工票办理员等岗位，标准配置为 10 人/条线。

1.4　运营人员招聘策略

为了保障顺利开通运营，人是第一关键要素。因此，在引进和招聘的同时，需要大力开展人才培养，通过多种方式方法培训培养一批能够担当、掌握专业知识和技能的人才，方可满足企业顺利开通运营的需要。

在对内外部环境的分析判断的基础上,根据市轨道公司的战略要求、自身特点以及优劣势,确定市轨道公司的招聘策略、方式方法以及实施计划。

1.4.1 本地化策略

为了提高招聘的效率和稳定员工队伍,公司坚持本地化招聘的策略。在校园招聘中,主要招聘贵阳市的本地人或贵州的省内人。同时,在全国开展社会招聘时,重点考虑招聘贵州籍贯的人员。如因生源数量限制,需要招聘其他省份生源的学生,优先选择偏远山区或距省会城市较远地区生源的学生,以此提高员工队伍的稳定性。

1.4.2 按照岗位性质,通用岗位"社会化",核心岗位"校园化"

(1)通用岗位是指职能专业序列岗位、非轨道交通专业的技术管理序列岗位、站务类岗位、文员等生产支持序列岗位。

通用岗位通过社会招聘较容易获得,可借助招聘机构引进,重点是提高招聘精细度,选取高质高效的人才识别手段。

(2)核心岗位是指轨道交通专业的技术岗位序列,维修维护类岗位、调度、乘务岗位。

核心岗位少部分从其他城市轨道交通企业引进,大部分立足校园招聘和自主培养,可与本地及周边地区大中专院校联系启动校园招聘,并研究摸索订单培养、定向培养等合作方式。

1.4.3 按照岗位层级,中高层岗位"社会化",基层岗位"校园化"

(1)中高层岗位包括管理序列,业务经理及以上,值班站长及以上的站务类、二级及以上的维修维护岗位、调度、乘务岗位。

公司成立初期,采用多种渠道尽可能通过社会招聘从同行企业引进中高层岗位人才,运营成熟期再立足自主培养。

(2)基层岗位是指业务主办及以下,值班员及以下的站务类、三级及以下的维修维护岗位。

基层岗位规模大,立足校园招聘和订单培养,不仅可减少人工成本,还可以较快地引进人才。

1.4.4 采取招聘前置策略

为了满足运营顺利开通并成功运行,必须配备足够数量的人员,并且人员的技能水平能够满足其需要。因此,对于管理人员、骨干技术人员、关键职能技术人员,以及相对紧俏的关键运营岗位一线人员,如信号员、通号员、列车司机等,都需要提前进行招聘。

考虑到招聘难度和培养时间,一线生产运作技能人员的采用与大中专院校开展联合办学、委托培养、订单班培养等方式,提前预订招聘人员。这也可以保证本地生源数量,以及所引进的大中专院校学生在毕业后就具有就可直接上岗的能力。因此,结合公司实际情况,对于专业性强、招聘竞争较为激烈的专业,选定大中专院校,与其签订定向培养协议(协议主要内容涉及招生要求、培养要求和验收要求),开展"定向式"人才培养,或者提前进行订单式人才培养。

这种招聘前置策略从学校招生环节开始介入或提前介入,保证本地生源数量,提前锁定这部分生源,提高了竞争优势,缩短技能型人才毕业后的"培养期",并可节约人工成本。

1.5 本章小结

贵阳轨道交通公司运营管理的策划过程,吸取了广州等城市地铁运营管理成熟经验,在借鉴"广州模式"的基础上,贵阳轨道人也认真探索并形成贵阳轨道交通公司运营管理自身特色,比如用管修一体化的车辆运作管理模式,运营基层岗位订单培养与线网规划同期筹划、与工程建设同步实施的人员筹备方式,等等。运营组织架构和岗位体系的确定,有利于轨道交通人才的引进和人员招聘策略的实施,为运营筹备工作顺利开展打下基础。

第 2 章　运营筹备策划与实施

要保证新线顺利投入运营,原则上必须具备两个基本条件:一是要有设计合理、施工完善、性能良好的轨道交通设备设施,为运营奠定坚实的物质基础;二是要有一个人、财、物、技术等资源齐备的管理集体,为新线顺利开通和持续安全、优质运营服务提供组织技术保障,而运营筹备是保证开通前人、财、物、技术等齐备的过程。

2.1　运营筹备总体策划

2.1.1　运营筹备工作目标

贵阳轨道交通 1 号线运营筹备目标就是要保证 1 号线线路由建设顺利转入运营,并实现安全载客运营。1 号线运营筹备目标以国家竣工验收为终点,初期运营开通日期为关键里程碑,工程建设总工期策划为基准,遵循运营筹备的总体原则,以科学的态度进行规划,客观、合理、可行。目标策划最终形成保障 1 号线初期运营顺利实现、指导运营单位进行运营组织筹备工作的纲领性文件。

2.1.2　运营筹备策划的工作思路

(1)充分分析贵阳轨道交通运营筹备期运作管理环境,如当时当地的经济、政策环境、建设和运营两方的接口关系、运营筹备组织形式及资源条件等。在此基础上借鉴国内外同行成功经验,确立策划贵阳市轨道交通分段开通初期运营的运营筹备的总体指导思想和工作原则。

(2)以新的科学管理理念——项目全寿命周期成本管理理论,集成、分解运营筹备总目标,将运营筹备工作自运营阶段延伸至建设阶段,以分段开通初期运营目标为龙头,遵循工作链次序,纵向分解专项工作任务。

(3)以分段开通日期为关键里程碑,工程建设总工期策划为基准,根据专项工作的轻重缓急,划分出工作的先后顺序、工作时间段和监控关键点。

(4)根据贵阳轨道交通组织结构形式,按照项目管理制方法,以专项工作为模块,明确各筹备工作的管理部门。

贵阳轨道交通 1 号线运营筹备策划的工作思路如图 6-2-1 所示。

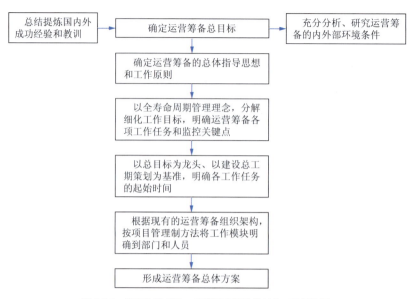

图 6-2-1　贵阳轨道交通 1 号线运营筹备策划的工作思路图

2.1.3　筹备工作基本路线

运营筹备工作应与工程建设同步进行,确保工程按期开通。在筹备的全过程中,筹备工作体现为一轴、双重心。

轴线是人员筹备工作:围绕筹备目标,结合贵阳轨道交通 1 号线工程建设进展,运营筹备工作以员工培训为关键工作贯穿整个筹备工作过程,历时最长。

第一个工作重心应伴随工程设计的全面开展而开始,主要完成组织架构筹备、维保模式筹备、人员筹备计划等项工作内容。运营部门在"三权"接管前要介入工程建设工作、筹备运营管理资源和管理体系。

第二个工作重心应在全线土建施工结束开始,主要围绕后续的联调演练试运行开展工作。

针对 1 号线运营筹备工作的具体内容包括:人、财、物准备,工程介入,规章文本编制,维修组织,行车、客运、乘务、票务组织,安全保卫,验收接管,综合联调演练,共 8 项的总体策划。

2.2　运营筹备各项主要工作目标及监控关键点

2.2.1　人力资源筹备总体策划

1)工作目标

(1)根据组织架构设置方案,完成 1 号线首通段(即金阳车辆段至贵阳北站段)初期运营及全线初期运营的人力资源需求分析、供给分析,编制相应的 1 号线人力资源规划。

(2)按期完成 1 号线人力资源的内、外部招聘与调配,以及定岗定编人员的按时到位。

(3)按培训标准完成对 1 号线人员的培训及考核评估,科学、合理地进行 1 号线人力资源开发,确保 1 号线金阳车辆段至贵阳北站段开通试运行所需人力需求。

2)监控关注点

根据建设工期计划,首通段于 2017 年 4 月开始进行设备系统联调,2017 年 11 月底之前进行建设单位将"三权"移交运营组织管理;后通段(即贵阳北站至小河停车场段)2018 年 3 月开始进行设备系统联调,2018 年 8 月底之前进行建设单位将"三权"移交运营组织管理。由于首通段、全线开通初期运营间隔 10 个月,考虑到贵阳轨道交通分段开通时间间隔短、城市轨道交通运营人才培训周期长、人才招聘及人才流动存在明显季节差异等因素,为稳妥起见,可将大部分岗位人员招聘调配到位的时间节点尽量向首通段招聘调配时间节点靠拢,即在 2017 年 8 月 31 日前招聘调配到位(订单班或无轨道交通行业专业工作经验社招人员则根据其培养周期确定调配到位,且最终到位时间不超过 8 月 31 日),在联调演练前完成所有培训并取得相应安全证与上岗证。

3)主要措施

(1)根据市轨道公司明确的组织架构与定岗定编方案,结合各部门 1 号线筹备的人员需求,通过专题研究的方式编制"运营筹备招聘与培训计划",并适时按照工程进度和开通时间及时调整计划。

(2)通过不同渠道进行人员招聘,招聘应届毕业的大、中专学校学生,相关单位的专业技术熟练工,以及有一定经验的技术、管理人员等。筹备各阶段可采取新老搭配的原则,以满足不同筹备阶段的人员到位需求。

(3)人员培训采用"请进来、走出去"的方式,同时新员工必须进行入职教育、安全教育、专业知识培训和上岗证相关培训。

2.2.2 资金筹备总体策划

1)工作目标

根据组织架构设置方案与人力资源规划安排,结合各生产部门运营筹备需求,编制合理可行的资金预算计划,并按计划逐步落实资金到位,满足 1 号线 2017—2018 年分段开通初期运营的筹备各项资金需求。

2)监控关注点

运营筹备期费用包括试运转联合运转费(设备调试费、维修整改费、运营间接费、原料费、辅助材料费、其他直接费用等 6 个分项)、新线人员储备费(工资、福利、奖金、加班费、社保、公积金、工会费、补充医疗费等 8 个分项)、工器具及生产家具购置费(工器具采购费、生产家具购置费、客服用品购置费等 3 个分项)、培训费(资料费、内部培训费、委外培训费、特殊岗位取证费等4个分项)、办公及生活家具购置费等五大类费用。上述相关资金需根据本地及周边地区相同或相近的价格标准开展预算工作,根据国内城市轨道交通筹建经验,上述五大类费用比例约为24.75%、60%、5%、10%、0.25%。资金预算过程中主要采取以下保障措施:

(1)为保证物资采购能有足够的周期,资金预算必须在物资采购前一年制定并下发执行。

(2)资金预算的编制必须加强与总公司、建设、运营各部门沟通,充分了解资金需求以及落实渠道。

(3)在筹备启动期应按专业完成《固定资产采购资金预算》《工器具采购资金预算》《办公及生活家具采购资金预算》《国内材料、低耗、劳保用品采购资金预算》《车站服务设施采购资金预算》的编制,并通过技术、经济方面的审核,交建设公司审核,运营分公司进入物资采购阶段。

(4)及时完成筹备线路的试运转联合运转费(主要是围绕1号线分两段线路开通的运营筹备所产生的生产成本、管理费用、经营费用等)的预算编制。

3)主要措施

(1)及早了解运营各部门办公与生产需求,合理编制各类物资采购资金预算及初期运营联合调试费预算。

(2)充分与总公司、建设进行沟通,落实各项资金渠道。

(3)建立健全预算管理模式、管理机制,编制预算管理文本。

(4)建立预算执行信息反馈机制,健全内部约束机制。

2.2.3 物资筹备总体策划

1)工作目标

根据各部门1号线分段开通初期运营的物资筹备需求,结合资金计划与经费到位情况,按计划进行物资采购,确保设备调试演练、试运行期、初期运营期内1号线开通的物资保障。

2)监控关注点

根据建设工期策划,首通段、全线于2017年、2018年分别开始进行设备系统联调,因此,首通段金阳车辆段、控制中心、下麦西至贵阳北站上下行正线及车站、主变电所(至少一座)必须于2017年11月底前完成由建设单位将"三权"移交运营分公司管理;所有相关办公所需物资需在2017年9月30日之前到货发放;生产、服务与营销所需物资与固定资产必须在2017年11月31日之前到货并发放到位。

后通段的车站、线路、停车场及主变电所于2018年8月底前完成由建设单位将"三权"移交运营分公司管理,为保障设备调试、运营演练、试运行及日常办公、设备检修、运营培训等业务的正常开展,物资必须在2018年3月10日系统联调之前到货发放;生产、服务与营销所需物资与固定资产必须在 2018 年 8 月 31 日之前到货并发放到位。

3）主要措施

（1）与各部门加强沟通，及早了解需求，及早下达采购计划。

（2）结合人力资源规划与定岗定编计划、维修模式与运营组织方案，做好协调跟进，适时调整采购计划。

（3）对庞大的物料计划制定申报与领用标准以及规范相应流程，对工器具配备依照相关标准进行采购与配置。

（4）持续跟进采购计划，做好物资到货的入库与发放工作。

2.2.4 规章文本编制总体策划

1）工作目标

试运行前，基本形成比较完善的运营管理标准文本体系，确保轨道交通开通后，各部门、各专业、各工种能以此为工具指导运营服务。

2）监控关注点

（1）"三权"接管前完成试行稿的颁布。

（2）通过综合联调及试运行，让运营人员充分了解设备系统技术功能情况及技术参数，优化运作流程、安全控制等环节，对试行稿完成修订，以便适合初期运营的需要。

3）主要措施

（1）有针对性地开展一些重要的、关键的技术专题研究，并将研究成果应用于技术文本的编制。

（2）提早介入工程建设，及时掌握各系统设备的性能、结构、特性，为技术文本编制做好准备工作。

（3）落实各文本编制责任人，加强文本编制计划跟进。

（4）各编制小组加强沟通，必要时组织专题讨论审核会。

（5）通过 3 个月的试运行实践，检查文本的合理性、可操作性等，对相关文本进行不断修订完善。

2.2.5 行车、客运、乘务、票务组织筹备总体策划

1）工作目标

在金阳车辆段、控制中心、各站"三权"接管前，完成行车、客运、乘务、票务组织相关的准备工作，在首通段及后通段试运行期间，收集各种数据，总结并完善初期运营运作方式及运输组织管理模式，确保轨道交通开通后，各部门、各专业、各工种能以较高的水平开展运营服务工作。

2）监控关注点

（1）行车组织方面

①确保工程车运输、接触网冷热滑的安全。

②根据运用车辆数，以及相关运行数据确定列车交路和时刻表。

③编制贵阳轨道交通1号线行车组织规则和运输组织方案。

（2）客运组织方面

①要切实抓好站内站外服务设备设施的安装及发挥其功能作用。

②根据客流组织预测与分析，做好客运组织方案的编制工作。

③提前设计并定制站务与乘务人员制服，以良好的形象迎接运营开通。

（3）乘务组织方面

抓好规章制度的建立，合理设置乘务各岗位的轮值制度，确保司乘安全保障工作。

（4）票务组织方面

①确定车票的运作模式，抓好车票的制票、配送等工作。

②提前着手准备，配合总公司与政府相关部门进行票价听证、确定票务政策等工作。

③确定票卡、备用金、票款的安全风险管理工作。

④确定售检票设备及其软件的维修保养和维护管理工作。

3）主要措施

（1）在首通段线路筹备期间，根据工程进度、人员招聘难易程度、专业人员培训周期等确定和调整各类人员到岗时间，人员调配到位时间节点确定原则为"根据工程进度确定到位时间，高层级到位时间早于低层级，联调演练阶段总体到位80%以上"，根据以往人员调配经验，运营分公司分管领导在运营分公司成立后一年内到位70%，部门负责人（中层）在设备安装阶段到位50%、综合联调阶段到位80%，基层管理人员（车间主任、职能主管）在设备安装单体调试阶段到位60%、试运行阶段到位90%以上，技术骨干（技术主管、主办、专工、技师、队长、班组长）在设备安装阶段到位60%、综合联调阶段到位80%、试运行阶段到位95%以上，普通生产岗位根据订单班培训计划、社招人员委外培训以及内部培训取证等培训实际情况尽早安排到位，确保各专业人员尽早熟悉设备性能、维保和使用。

在后通段线路筹备期间，职能部门技术及管理人员应当100%到位，生产部门各层级人员可参考首通段筹备期的经验进行配员，1号线全线开通的人员总数可在定岗定编的基础上根据实际工作需求适当调整。

（2）做好1号线分段开通的行车、票务、客运、乘务组织相关的基础准备工作，需特别重视各岗位人员的培训工作。

（3）加强行车、票务、客运、乘务组织业务相关的各部门之间的信息沟通和协调，及时发现和协调解决问题。

（4）积极参与设备安装调试，掌握现场第一手资料，认真进行行车、票务、客运、乘务组织业务相关的各种规章制度的编写、讨论和审核工作。

(5) 做好列车试运行数据的测量,以及有关数据的收集和编制列车运行图工作,重视行车组织方案、客运组织方案,以及行车、乘务与票务相关文本的编制工作。

(6) 根据运营开通标准要求,编制运营安全调试中的相关演练方案,并组织相关演练工作。

(7) 结合运营安全演练的开展,做好各行车、客运、乘务与票务岗位人员的现场培训,同时完善相关方案文本。

2.2.6 维修组织筹备总体策划

1) 工作目标

在"三权"接管前,完成各维修组织相关的移交准备工作,2017 年 7 月金阳车辆段至贵阳北站段试运行前,基本形成比较完善的维修管理模式,确保轨道交通开通后,各部门、各专业、各工种能以此策划指导运营筹备及运营服务工作。

2) 监控关注点

(1) 做好维修组织架构、维修组织方式的确定。

(2) 拟定维修责任制及工作内容、维修区段的划分,做好维修组织方案的编制工作。

(3) 配合相关施工单位做好现场设备设施的单调与系统调试工作。

(4) 根据设备功能状态,结合运营开通的开通标准与要求,编制运营安全调试方案,并组织好各项调试工作。

(5) 做好维修保养工作,为初期运营及开通提供良好的设备条件。

(6) 由于 1 号线开通设备新且处于磨合期,系统运营可能不稳定,在运营接管初期,将车辆、线路、接触网、供变电以及车站机电系统设备专业的参建和施工单位的部分人员留下作为临时管理人员,配合运营分公司对设备进行维修保养以及故障处理。

3) 主要措施

(1) 根据工程进度、人员招聘难易程度、专业人员培训周期等确定和调整各类人员到岗时间。人员调配到位时间节点确定原则为"根据工程进度确定到位时间,高层级到位时间早于低层级,1 号线金阳车辆段至贵阳北站段联调演练阶段总体到位 80% 以上"。

根据以往人员调配经验,运营分公司分管领导在运营分公司成立后通常一年内到位 70%;部门负责人(中层)在设备安装阶段到位 50%、综合联调阶段到位 80%;基层管理人员(车间主任、职能主管)在 1 号线金阳车辆段至贵阳北站段设备安装单体调试阶段到位 60%、试运行阶段到位 90% 以上,1 号线金阳车辆段至贵阳北站段开通初期运营时基层管理人员(车间主任、职能主管)应该全部到位;技术骨干(技术主管、主办、专工、技师、队长、班组长)在 1 号线金阳车辆段至贵阳北站段设备安装阶段到位 60%、综合联调阶段到位 80%、试运行阶段到位 95% 以上,后续贵阳北站至场坝村停车场段根据 1 号线人员总编制确定余下技术骨干,即设备安装阶段到位比例按照余量的 60%、综合联调阶段到位比例按照余量的

80%、试运行阶段到位比例按照余量的 95% 以上；普通生产岗位根据订单班培训计划、社招人员委外培训以及内部培训取证等培训实际情况尽早安排到位，确保各专业人员尽早熟悉设备性能、维保和使用。

（2）各部门领导要高度重视，认真策划，精心编制各专业设备维修组织方案。

（3）定期检查开通筹备工作计划的落实情况，加强与相关业务部门的沟通和协调，发现问题及时解决，确保各项工作能够按时完成。

（4）重视组织人员参与建设期的设备安装和单系统调试工作，全面进行设备设施相关技术资料的收集和整理。

（5）积极配合建设期的联调工作，并力求主要技术人员和维修人员在此期间全面熟悉设备性能。

（6）在不载客试运行阶段，全面进行各系统设备的综合联调以及设备设施的检查，特别注重设备功能性检测，并对存在问题及时进行整改和调整。

2.2.7　安全、保卫综合治理筹备总体策划

1）工作目标

按时建立健全的安全、保卫综合治理网络，落实各层级安全、保卫综合治理责任制，为 1 号线金阳车辆段至贵阳北站段试运行及后续 1 号线全线试运行的顺利实现提供安全、保卫保障。

2）监控关注点

（1）建立健全的安全、保卫综合治理网络，落实各级安全、保卫综合治理责任人。

（2）制定各类安全、保卫制度，使安全与保卫检查、整改等工作规范化。

（3）加强安全检查，发现问题及时整改。

（4）牵头做好演练工作，确保各项应急演练顺利进行。

（5）根据当地公安机关的设置，运营分公司配合总公司提前与公安部门进行沟通，并确定轨道交通公共安全保护方案，共同担负维护轨道交通、特别是车站出入口综合治理保卫职责，同时征得消防部门的支持，全面落实轨道交通车站消防设施的完整性和有效性。

3）主要措施

（1）落实安全生产、消防责任制，利用安全检查、保卫综合治理检查、安全教育、事故演练、安全活动等手段落实安全、保卫及综合治理工作。

（2）制定突发事件应急处理程序并组织演练。

（3）组织开展员工安全宣传、教育、培训工作。

（4）在 2017 年 7 月首通段及 2018 年 6 月全线试运行前，重点做好人员培训、劳保用品配置等检查，在开通初期运营前，重点检查设备运行状态、消防设备完好情况，以及查找生产与客运服务中存在的安全隐患，并及时组织整改。

(5)搞好保安员日常教育、训练、执勤等管理工作,确保1号线安全顺利开通。

2.2.8 验收接管筹备总体策划

1)工作目标

在验收标准已经齐备的前提下,使验收接管工作做到有计划、有组织、有秩序地开展,最终高效、有序地完成对1号线项目的线路调度指挥权、设备操作维护权、属地管理权(简称"三权")的接管。

2)监控关注点

(1)安全培训。所有下现场的人员均需进行安全培训并经考试合格,并穿戴齐劳动防护用品。

(2)掌握工程进度。随时了解工程的进展情况,提前介入,为验收接管做好准备。

(3)掌握验收接管要点。

①根据设备清单,对验收接管的机电设备实体逐项核对,并建立台账。

②根据设备清单,核对备品备件品种、数量并建立台账。

③接收核对各系统工程设备的竣工图纸、技术资料,并逐步立卷、归档、上架。

④根据设备清单,核对专用设备、工器具、仪器仪表品种、数量,并建立台账。

⑤对于危及运营安全开通的问题,有完善的上报通道,待问题整改完成并检查确实不存在安全隐患后,才能开通运营。

⑥车辆段接管:因车辆段接管涉及的专业、部门、人员较多,接管前需组织协调好相关部门做好充分的准备。

⑦后勤保障:验收接管阶段运营将组织大量的人员进入施工现场,需提前做好人员运输和餐饮的准备工作。

3)主要措施

(1)制订《1号线验收接管管理控制程序》和《1号线验收接管实施细则》,指导、规范参与验收和接管工作。

(2)成立验收组。验收组由各专业技术人员组成,分为专业验收组和业务验收组。专业验收组负责所辖范围专业设备设施的实体实物验收、功能检查与检测并验收。业务验收组负责所辖业务范围内从用户或管理的角度对相关设备设施能否满足用户需求进行功能检查与检测并验收。验收组设组长、副组长、组员。制定各自的职责,分工明确,各司其职。所有的验收接管工作均以验收组为单位进行。

(3)编写接管方案。共五个方案,包括车辆段"三权"接管方案、OCC"三权"接管方案、下麦西站至贵阳北站正线"三权"接管方案、1号线后通段场坝村停车场"三权"方案、贵阳北站至场坝村站正线"三权"接管方案。接管方案内容包含:

①目的:形成统一领导、统一指挥、统一行动、分级管理,有计划、有组织、有秩序地开展

验收接管工作。

②组织和职责：成立领导小组和工作组并制定职责和具体分工。

③接管原则：

a. 统一领导。

b. 交方、接方对工程三权对应交接。

c. 账物相符。

d. 设备设施的现状功能及状态在移交文件中描述清楚。

④接管要求：

a. 明确交接内容和三权接管部门。

b. 接管前对交接的设备设施和接管范围进行安全检查。

c. 明确指挥权、管理权、使用权交接的时间、地点、人员。

d. 明确维修、保卫、站务人员驻点（车辆段、OCC、站）时间、人数。

e. 颁布运营行使三权工作令。

⑤接管工作计划表：包括共有工作项目、实施日期、接方责任部门（人）、交方责任部门（人）、配合部门等五大内容。

（4）组织学习接管方案。接管前20天下达接管方案，相关部门组织有关人员学习接管方案，做好方案实施前的准备。

（5）根据验收和接管的情况，对未验收接管事项制定督促整改方案，确保全线初期运营条件具备。

2.2.9　调试、演练筹备总体策划

1）工作目标

（1）按时完成各调试演练方案的编审工作，保质保量完成各项调试演练内容，确保安全顺利开通初期运营。

（2）通过运营安全调试、演练，验证线路、信号、车辆、通信、供电、屏蔽门和旅客信息等关键系统设备之间的接口功能是否满足设计的要求，检验各系统设备在轨道交通正常运营和事故应急情况下的协调性和中央调度功能。

（3）通过运营安全调试、演练，对各系统的技术参数进行调整与修改，使其满足运营的实际需要。

（4）通过演练提高行车调度、电力调度、司机、站务和维修人员在非正常情况下的组织、协调、应急应变能力。

2）监控关注点

（1）信息

调试、演练筹备主要涉及建设单位和运营单位。

建设单位：它包括各系统的单体和联调进度计划；安全调试期间列车上线数量和各系统功能状况。

运营单位：安全调试、演练所需人员、工器具及操作文本和后勤保障等资源准备情况。

（2）方案

重点关注方案编审完成时间及方案内容是否有效、可行。

通常方案内容包括：目的、前提条件、组织与职责、时间安排、内容及步骤、故障处理程序、总结及评估。

（3）计划

原则上整个联调、演练安排在"三权"接管后、开通前实施。

由于参与单位、部门、人员多，工作面广，时间、空间集中，因而具体的实施计划是必需关注的要点，要求计划做到统筹规划、合理安排，同时动态管理。具体计划通常是以线路和车站两大调试区域为主线，根据项目之间的相关性采用多项目、同一时间平行作业，时间上一般采取先调试，后演练的原则。

（4）整改

运营安全调试、调演练既是轨道交通工程建设的一次系统归整，同时也是对运营的人、机、料、法、规章、文本等筹备工作的一次提前检阅，其目的是为了提早发现问题、分析问题并及时协调解决问题，确保1号线顺利开通和开通后实现安全、优质、高效初期运营。因此各项调试、演练结束后，要求进行总结、分析、评估，加强问题的整改跟踪工作。

3）主要措施

（1）建立临时领导、协调管理组织机构（如工程介入及联调办公室、运营演练及试运行办公室等），集中领导、统筹安排、精心组织，确保工作有序、可控。

（2）实施项目责任制管理，以各调试、演练项目为责任单位，将工作落实到团队、落实到人。

（3）提早介入工程建设中，及时掌握各系统设备的性能、结构、特性，为方案编制做好技术准备工作。

（4）具体执行过程中，加强与建设单位及运营内部相关接口专业部门之间的信息沟通和协调，及时完善方案和调整实施计划，并始终以动态管理办法跟进整个调试演练工作。

（5）按照"事前准备、事中控制、事后总结"和"全员、全过程、全方位"的管理原则做好方案交底、学习和实操培训。

2.2.10　初期运营评审工作总体策划

（1）各个单项系统的调试和验收：城市轨道交通运营部门应尽早介入并参与。

（2）系统联调：在各分项系统完成系统调试并确保各项技术指标合格的基础上，应进行系统联调。系统联调应由建设、运营、施工、监理、设计及设备供应等相关单位参加，并提供联合调试报告。

（3）不载客试运行：根据《城市轨道交通初期运营基本条件》（GB/T 30013—2013）要求，联调完成后应进行不载客试运行。试运行宜不少于 3 个月，特别是最后一个月，应按照列车运行图进行，并提供试运行报告。试运行应对轨道、供电、接触网、信号、通信、车辆、屏蔽门及调度指挥等系统进行综合模拟运行，各相关系统的安全性、可靠性和可用性指标应达到运营线路的标准。试运行还应对客运服务设施和通风空调、FAS、BAS 及 AFC 等系统进行综合动态模拟。当联合调试季节符合冷源运行条件时，空调系统应带负荷综合效能运行。相关设施应做到配合协调、联动迅速，功能达到设计、规范要求。

（4）运营单位要做好以下各项准备，并与建设单位完成各系统的交接。

①运营方面要完成组织机构和人员方面的准备。

组织机构：运营单位设调度、客运、设备设施维护等部门，设备设施维护应包含通信、信号、供电、工务、车辆等专业。人员配备和培训，轨道交通的调度、客运、维护等部门人员应按规定编制配齐。列车司机、调度员、重要机电设备操作人员应持证上岗。运营单位对专业岗位的人员进行岗位培训。

②行车组织和客运组织的准备。

行车组织，包括编制车辆配属方案和编制列车运行计划。编制车辆配属方案，按设计配属车辆标准并结合列车采购、列车车载信号调试情况等编制初期运营线所需的运用车、检修车、备用车方案。编制列车运行计划，根据初期运营线路设施设备、车辆的配属情况及初期客流预测高峰小时断面客流、初期运营里程、列车运行与折返时间等参数确定列车运行交路、编制列车运行计划、计算列车旅行速度和行车间隔。

客运组织：应根据列车运行计划、客流量、车站设施设备编制客运组织方案（包括组织机构、岗位设置、上岗人员、客流疏散方案、乘客换乘安全保障方案、导向导乘系统的管理方案等）。

③备品备件的准备。运营单位应根据设计文件结合初期运营需要，各专业必备的备品备件、特殊的专用工具、器具、仪器、仪表必须按时配备到位。

④技术资料的移交。应完成初期运营线所需的技术图纸资料的移交，技术资料应包括设备系统的技术规格说明书、操作手册、维修手册、维修软件和调试报告等。

⑤资产接管。由建设单位会同运营单位实施运营线路的实物资产接管。

⑥初期运营前应建立以下规章制度：

行车制度：行车制度应包括行车管理办法、停车场、车辆段、车站行车工作细则、调度工作规程、施工管理办法等。

客运服务制度：客运服务制度应包括运营服务质量检查管理办法、各类客运服务事件处理办法、票务管理办法、车站环境卫生管理办法等。

运行维修制度：运行维修制度应包括各专业系统设备的运行规程、维修规程和维修管理制度等。

操作办法:操作办法应包括各专业系统设备的操作手册、司机操作手册等。

⑦初期运营前编制以下应急预案:

各系统设备故障应急处理预案:包括调度系统、供电系统、信号系统、通信系统、工务系统、机电设备等各类设备故障应急处理预案。

行车组织应急预案:包括列车故障救援应急处置预案、列车挤岔、脱轨、冲突、颠覆事故处置预案等。

客运组织应急预案:大客流爆满事件处置预案、供电系统突发停电事故处置预案、火灾爆炸毒气事故(件)处置预案、轨道交通故障时乘客滞留事件处置预案等。

(5)进行以下各项预案的演练:

①电动道岔故障处理、手摇道岔办理进路、屏蔽门故障、列车故障救援、跳停、车次号设置等演练。

②供电系统突发停电事故演练。

③火灾、爆炸演练。

④光缆、电缆故障演练。

⑤长短交路的列车折返演练。

⑥突发客流演练(AFC)。

⑦列车折返能力测试、供电系统能力演练。

2.3　运营筹备工作计划

2015年9月,1号线(首通段)实现"洞通",工期节点由不确定性转为明确目标,建设工程由土建施工阶段逐步转入机电施工阶段。2016年8月,运营人员招聘工作完成第一阶段社会招聘,运营分公司下设部门中层管理人员基本到位,运营筹备工作进入倒排计划、重点推进阶段。2016年9月,根据各工期节点目标,运营分公司下发了《贵阳轨道交通1号线(首通段)运营筹备工作计划》。

2.3.1　工期目标

(1)土建工程:2015年9月,实现"洞通"。

(2)轨道工程:2016年8月,实现"轨通"。

(3)供电系统:2016年9月,实现"电通"。

(4)通信系统:2016年12月完成设备安装、单机调试和单系统调试,2017年3月实现"通信通"。

(5)信号系统:2016年11月完成设备安装、单系统调试,2017年3月实现CBTC功能。

（6）车辆系统：2016年10月首列车到货，2017年7月至少7列车具备上线运行条件，2017年12月11列车具备上线运行条件。

（7）2017年3月完成接触网热滑试验。

（8）2017年4月至8月开始设备综合联调。

（9）2017年6月28至9月27日进行"空载试运行"。

（10）2017年8月，启动初期运营基本条件评审工作。

（11）2017年年内首通段开通初期运营。

2.3.2　运营筹备工作任务分解

1号线运营筹备工作计划包含人员招聘及培训、资金筹备、物资筹备、后勤保障、文本编制、行车组织、客运组织、票务组织、营销服务、维修组织、安全管理、保卫综合治理、验收接管及遗留工程、综合联调演练、试运行、开通初期运营16个模块，共计163项具体工作计划，按照时间节点，明确牵头部门及配合部门，逐项推进实施。1号线运营筹备工作细化分解详见表6-2-1。

通过对运营筹备工作计划细化分解，明确了各部门筹备工作具体任务目标，形成了齐抓共管的合力，从而促进了运营筹备整体工作推进。至分段开通初期运营基本条件预评审时，人、财、物基本筹备到位，联调演练全部完成，试运行有序开展，获得评审专家的充分肯定。

1号线运营筹备工作细化分解表　　表6-2-1

序号	工作项目		分项序号	工作内容	责任部门	配合部门
1	（一）人员招聘调配、培训	人员招聘调配	1	编制开通后定岗定编方案	人力资源部	各生产部门
2			2	采取滚动方式招聘，管理、生产人员分批次到位	人力资源部	各部门
3		人员培训	3	新招员工开展上岗前的安全培训	人力资源部	各生产部门
4			4	施工现场跟踪培训	人力资源部	各生产部门
5			5	新线各专业、生产设备操作、检修技能培训	人力资源部	各生产部门
6			6	新线接管、施工、演练、验收、开通安全风险教育	人力资源部	各生产部门
7			7	行车系列各层级新线人员上岗及技能等级资格培训及考试	人力资源部	各生产部门
8			8	新线文本规章学习	人力资源部	各生产部门
9	（二）资金筹备	预算编制及下达	1	年度全面预算编制	财务部	相关部门
10			2	年度全面预算审核	财务部	相关部门
11			3	年度全面预算下达	财务部	相关部门
12			4	年度全面预算分月分解预算编制	财务部	相关部门
13			5	预算执行情况反馈、分析	财务部	相关部门
14		备用金增配	6	组织、落实车站备用金核定及配送	财务部	各部门

第2章 运营筹备策划与实施

续上表

序号	工作项目	分项序号	工作内容	责任部门	配合部门
15	(三)物资管理	1	采取滚动预算方式提前收集物资需求,提前做好相关寻源工作	物资设备部	各部门
16		2	根据运营财务部要求启动预算编制时间,对已收集的新线物资需求作一次滚动预算调整	物资设备部	各部门
17		3	2017年度新线物资消耗预算上报	物资设备部	各部门
18		4	根据财务部正式下达预算时间,下达新线物资采购计划	物资设备部	各部门
19		5	根据财务部正式下达预算时间,综合管理部审核后下达办公家具及办公低耗预算给物资设备部,物资设备部核实清楚后下达新线生产物资采购计划	物资设备部	各部门
20		6	接管所需各类物资(含办公家具、劳保用品)采购并发放到位	物资设备部	各部门
21		7	跟进新线材料、油料、低耗、工器具、劳保、固定资产、办公家具到位情况,并根据实际情况对紧急需求物资进行紧急采购,确保开通前各类物资全部到位	物资设备部	各部门
22		8	配合物资到货验收、库存保管和发放工作	物资设备部	各部门
23	(四)后勤保障	1	落实汽车采购计划并组织到货	综合管理部	各部门
24		2	编制分配车辆段用房计划、分配用房(并按分公司钥匙接管实施细则的要求在接管时完成办公用房钥匙的接管)	综合管理部	各部门
25		3	安装并开通车辆段电信外线电话	综合管理部	
26		4	安装并开通车辆段公务电话、调度电话	修务部	
27		5	安装并开通车辆段办公网络(或电信ADSL网络)	综合管理部	
28		6	安装并开通车辆段无线通信	综合管理部	
29		7	接收食堂和公寓	综合管理部	
30		8	为进驻员工提供用餐和住房	综合管理部	
31		9	食堂通过消防、煤气、环保检查	综合管理部	
32		10	车辆段(含OCC)保洁到位	综合管理部	
33		11	各车站外线电话报装、安装、开通	综合管理部	修务部
34		12	安装并开通车站公务电话、调度电话	综合管理部	修务部
35		13	安装并开通车站办公网络	综合管理部	修务部
36		14	各车站施工图纸收集	技术安全部	综合管理部
37		15	跟进各车站新线保洁及人员到位(含除四害、消毒)	综合管理部	
38		16	车站员工交通组织方案的发布及实施	综合管理部	
39		17	各车站房产清理登记	综合管理部	
40		18	各车站办公用房分配	综合管理部	各生产部门
41		19	跟进各车站房间标牌(含疏散指示牌)、直饮水机的安装及冰箱、微波炉的到位	站务部	综合管理部
42		20	各车站周边用餐场所调查及信息发布	站务部	
43		21	做好各车站急救药箱配备工作	站务部	物资管理部
44		22	落实安排验收、接管、联调演练的交通用车	综合管理部	各部门
45		23	各车站保洁到位	综合管理部	站务部

续上表

序号	工作项目	分项序号	工作内容	责任部门	配合部门
46	(五)专题研究	1	轨道交通管理条例研究	企业管理部	各部门
47		2	轨道交通公交接驳方案研究	技术安全部	各部门
48		3	轨道交通票务政策研究	票务部	各部门
49		4	行车组织与调度模式研究	运务部	各部门
50		5	票务运作模式研究	票务部	各部门
51		6	运营维修管理模式研究	修务部 票务部	各部门
52	(五)文本编制	7	行车组织技术、管理文本编写并发布(含行车组织临时管理办法、行车组织规则)	运务部	各部门
53		8	客运组织技术、车站管理文本修订并发布	站务部	各部门
54		9	票务组织技术、管理文本修订并发布	票务部	各部门
55		10	车辆及附属设备操作手册、维修保养规程、应急处理指南、应急处理预案等文本修订并发布	车务部	各部门
56		11	AFC设备操作手册、维修规程、应急处理指南、应急处理预案等文本修订并发布	票务部	各部门
57		12	通信、信号、供电、机电、自动化、工程建设岗位标准、维修规程、应急处理指南、应急处理预案等文本修订并发布	修务部	各部门
58		13	安全管理等职能管理文本修订并发布	技术安全部	各部门
59		14	保卫综合治理、后勤等职能管理文本修订并发布	综合管理部	各部门
60	(六)行车组织	1	配合开展冷、热滑相关工作	修务部	
61		2	编制新线开通运输组织原则	运务部	
62		3	编制开通初期运营组织方案	运务部	
63		4	编制试运行时刻表	运务部	
64		5	编制初期运营时刻表	运务部	
65		6	编制开通日运营组织方案	运务部	
66	(七)客运组织	1	编制、审核全线各站的客运组织方案	站务部	
67		2	编制、审核、录制新线车站/列车广播词	企业管理部	站务部
68		3	编制公交应急接驳预案	技术安全部	
69		4	完成"一站一预案"编制和检查工作	站务部	
70		5	提前明确车站出入口的开放情况	站务部	
71		6	跟踪客运物资到位情况,检查厂家、车站贴纸张贴情况,发现问题及时整改	站务部	
72		7	审核导向灯箱、无障碍设施设计稿、出口资讯内容,定位现场安装位置等	站务部	
73		8	接管后导向、无障碍设施现场安装核查及确认	站务部	
74		9	设计、制作车站、列车服务用品、乘客宣传指引手册	企业管理部	站务部
75	(八)票务组织	1	跟进新线网票价方案,获取最新票价表并下发实施	票务部	
76		2	修订、完善票务规章制度	票务部	站务部
77		3	票务政策对外宣传,票价指示牌制作、印制宣传小册子等	企业管理部	票务部、站务部
78		4	确定票务主要业务模式和接口运作流程	票务部	各部门

续上表

序号	工作项目	分项序号	工作内容	责任部门	配合部门
79	(八)票务组织	5	开通前车站票务运作设备、备品配置及准备工作的检查	票务部	站务部
80		6	申报新员工AFC权限,申请AFC密码,做好AFC票务钥匙的交接工作,并将相应的票务钥匙下发各站	票务部	站务部
81		7	组织研究确定车站备用金需求,根据开通需要申报备用金,跟进备用金的到位情况	财务部	票务部
82		8	跟进车票采购、到货、制作及配送	票务部	物资设备部
83		9	制定点钞室、票务服务中心布置方案,并按方案落实车站布置	票务部	各部门
84		10	跟进监控仪、防盗门的安装是否符合要求,检查点钞室、票务服务中心电源配置情况,检查票务服务中心BOM设备安装位置是否合理,发现问题及时反馈,跟进整改	票务部	站务部
85	(九)营销服务	1	结合新线开通等年度主题,开展运营分公司品牌策划并实施	企业管理部	运务部、站务部
86		2	编制车站总体宣传策划方案	企业管理部	综合管理部、站务部
87		3	开通信息发布和对外宣传	企业管理部	综合管理部
88		4	进行新线开通沿线车站推广活动	企业管理部	综合管理部、站务部
89		5	实施车站总体宣传策划方案	企业管理部	综合管理部、站务部
90		6	新线开通车站布置	企业管理部	综合管理部、站务部
91	(十)维修组织	1	车辆维修组织架构	车务部	
92	车辆维修组织	2	车辆维修组织方式确定和责任划分	车务部	
93		3	跟进电客车接车、调试以及验收工作	车务部	
94		4	做好已交付电客车及车辆段设备的日常维护工作,确保新线开通用车正常	车务部	
95		5	查线核图	车务部	
96	通号维修组织	6	通号维修组织架构、通号维修组织方式确定和责任划分	修务部	
97		7	开展通号类设备设施的单调和系统间联调	修务部	
98		8	组织进行通号类设备设施的维修保养工作	修务部	
99		9	通号专业查线核图	修务部	
100	AFC维修组织	10	AFC维修组织架构、AFC维修组织方式确定和责任划分	票务部	
101		11	组织进行AFC设备设施的维修保养工作及开通前的检查工作	票务部	
102		12	AFC专业查线核图	票务部	
103		13	AFC维修人员设备操作ID与密码申请与测试	票务部	
104		14	检查AFC系统设备是否满足设计和运营安全需求,根据工程及功能存在问题清单与验收检查情况,核实汇总工程遗留问题,提出整改意见,并督促、跟进整改,达到开通要求	票务部	

续上表

序号	工作项目	分项序号	工作内容	责任部门	配合部门
105	（十）维修组织	15	行车维修组织架构、行车维修组织方式确定和责任划分	修务部	
106		16	开展行车相关专业及设备的安装、单调和系统间联调、验收等工作	修务部	
107		17	组织进行变电、接触网、桥隧、线路设备设施维修保养工作	修务部	
108		18	行车专业查线核图	修务部	
109		19	车站设备维修组织架构、车站设备维修组织方式确定和责任划分	修务部	
110		20	跟进机电、自动化系统单调和系统间联调	修务部	
111		21	组织进行车站类设备设施（房建、环控、给排水、门梯、自动化等）的维修保养及开通前检查工作	修务部	
112		22	根据特种设备交付情况，组织进行特种设备的维护保养工作	修务部	
113		23	车站设备专业查线核图	修务部	
114		24	检查门禁系统设备是否满足设计和运营安全需求，根据工程及功能存在问题清单与验收检查情况，核实汇总工程遗留问题，提出整改意见，并督促、跟进整改，达到开通要求	修务部	
115	（十一）安全管理	1	根据实际情况组织完善车站列车火灾、爆炸、毒气袭击应急预案及运营分公司安全规章制度	技术安全部	
116		2	根据实际情况组织完善运营分公司安全规章制度	技术安全部	
117		3	督促检查各中心、职能部做好下新线现场人员的安全培训及安全防护情况	技术安全部	
118		4	组织开展危险源识别和风险评价表编写及评价工作	技术安全部	各生产部门
119		5	组织对各系统进行安全检查、安全评估	技术安全部	各生产部门
120		6	检查管辖区域、设备安全标志的完善情况，做好安全隐患排查和治理工作	技术安全部	各生产部门
121		7	组织对安全工器具、备品备件配置情况进行检查	技术安全部	各生产部门
122		8	组织检查消防应急面具和空气呼吸器的配置情况	技术安全部	各生产部门
123		9	督促落实特种设备的检验、使用登记办理情况	技术安全部	各生产部门
124		10	配合做好消防验收工作、组织建立车站消防档案资料	技术安全部	各生产部门
125		11	对车站进行安全检查，督促做好隐患整改工作	技术安全部	站务部
126	（十二）保卫综合治理	1	做好保卫要害部位摸查工作，并制定和落实防范措施	综合管理部	站务部
127		2	建立健全各车站保卫综合治理管理网络、各级治安责任人	综合管理部	站务部
128		3	走访沿线各派出所、村委会，开展联防工作	综合管理部	
129		4	做好门禁系统的检查验收及人员授权数据的录入工作	综合管理部	
130		5	组织护卫做好保卫综合治理工作	综合管理部	

续上表

序号	工作项目	分项序号	工作内容	责任部门	配合部门
131	（十三）验收接管、遗留工程	1	编制发布验收组织架构	技术安全部	各生产部门
132		2	编制车辆段三权接管方案	技术安全部	车务部
133		3	编制主变电站三权接管方案	技术安全部	修务部
134		4	编制车站及区间三权接管方案	技术安全部	各生产部门
135		5	实施车辆段三权接管工作	技术安全部	各部门
136		6	实施主变电站三权接管工作	技术安全部	修务部
137		7	实施车站及区间三权接管工作	技术安全部	各部门
138		8	参与各分部工程验收、单位（子单位）工程验收及验前检查	技术安全部	各部门
139		9	接收、核对备品备件、工器具、仪器仪表等物资的品种、数量，并建立台账	物资设备部	各部门
140		10	配合消防局完成各站消防验收及检查	技术安全部	站务部、修务部
141		11	检查站务运作及客运服务类设备设施是否满足设计和运营安全需求，并跟进整改	技术安全部	综合管理部、站务部、修务部
142		12	检查各专业系统设备实施是否满足设计和运营安全需求，并跟进整改	技术安全部	修务部
143	（十四）综合联调演练	1	成立联调专项工作组织机构	技术安全部	各部门
144		2	编制、修订联调总体方案及各子方案报总公司审查并发文	技术安全部	各部门
145		3	参与建设单位组织的系统单体调试和系统间联合调试	技术安全部	各部门
146	综合联调	4	检查综合联调的人、财、物、文本、设备状态等条件是否具备	技术安全部	各部门
147		5	组织实施综合联调	技术安全部	各部门
148		6	综合联调评价总结及整改	技术安全部	各部门
149		7	AFC系统接入中央计算机系统LCC与清分系统（ICCS）的联调测试、功能测试	技术安全部	票务部
150		1	成立演练专项工作组织机构	技术安全部	各部门
151		2	编制、修订演练方案，审查并发文	技术安全部	各部门
152	演练	3	检查演练的人、财、物、文本、设备状态等条件是否具备	技术安全部	各部门
153		4	组织实施演练	技术安全部	各部门
154		5	演练评价总结	技术安全部	各部门
155	（十五）试运行	1	编制试运行组织方案并发布	技术安全部	各部门
156		2	按照方案开展试运行相关工作	技术安全部	各部门
157		3	编制试运行工作报告	技术安全部	各部门
158	（十六）开通初期运营	1	配合总公司开展初期运营基本条件评估	技术安全部	各部门
159		2	配合开展开通前各项专项验收及检查工作	技术安全部	各部门
160		3	配合各设备、系统开通前的普查与整治，优化研究及调整	技术安全部	各部门
161		4	根据开通组织方案，开展保障工作	技术安全部	各部门
162		5	开通前各项准备工作检查	技术安全部	各部门
163		6	开通初期运营情况总结	技术安全部	各部门

2.4 工程介入

2.4.1 工作目标

通过对轨道交通建设工程土建施工、设备安装和调试等现场的介入,使员工学习和了解新设备、新技术、新工艺,提高员工的实际操作技能。

通过现场介入发现土建施工、设备设施安装和调试过程中存在的问题,及时向建设部门业主代表及施工单位、设备厂家等反馈,跟进和落实存在问题的整改情况。

2.4.2 组织机构及职责

为扎实有效开展轨道交通建设工程现场介入管理工作,运营分公司成立领导小组、工作小组、专业小组,负责具体协调和实施。

1)组织机构

(1)领导小组

组长:运营分公司总经理。

副组长:运营分公司副总经理。

成员:运营分公司各部门经理。

(2)工作小组

组长:运营分公司副总经理。

副组长:运营分公司各部门经理。

成员:技术安全部、车务部、运务部、站务部、修务部、票务部各科室负责人。

工作小组下设办公室,办公室设在技术安全部新线筹备室,负责现场介入的统筹管理及协调工作。

(3)现场介入专业小组

运营分公司下设8个现场介入专业小组,并任命组长。各小组划分为:供电专业小组、工建专业小组、通号专业小组、机电专业小组、车辆专业小组、运务专业小组、站务专业小组、票务专业小组。

2)工作职责

领导小组负责1号线后通段工程现场介入管理工作的领导、组织和协调。

工作小组职责:

(1)根据1号线后通段工程剩余工程量进度节点计划,统筹运营介入计划,组织运营分公司专业小组介入设备安装、房建结构装修、设备系统调试等建设过程。

(2)收集、汇总运营分公司专业小组现场介入发现的工程建设问题,上报领导小组,并与总公司质安部、总工办、建设分公司、施工单位、设备厂家等对接,协调解决发现的问题。

现场介入专业小组职责:

(1)根据 1 号线后通段工程剩余工程量进度节点计划,制订本组运营介入计划,并根据现场情况适时进行调整。

(2)现场严格遵守相关安全管理规定,确保自身安全、他人安全,服从 1 号线后通段各业主代表及相关施工单位现场管理。

(3)跟踪、掌握并记录本专业设备的安装位置、管线布置及走向路径等实际情况。

(4)及时发现本专业设备设计、制造、施工质量、调试等方面存在的各种问题。

(5)及时对发现的各种问题进行分类、汇总、统计、跟踪,协调,确认问题的整改情况。

2.4.3 现场介入主要内容及流程

1)现场介入主要内容

(1)介入施工现场跟进施工进度和工程质量。

(2)介入土建工程、设备安装及装修工程、系统调试、工程验收等。

2)现场介入流程

(1)每月 20 日前,运营分公司相关部门应将本部门下月的新线介入计划提报工作办公室。

(2)工作办公室收集、汇总、审核各部门提报的现场介入计划,报运营分公司领导小组审批。

(3)工作办公室根据审批通过后的现场介入计划,与建设分公司的标段业主代表或负责人联系现场介入相关事宜。

(4)工作小组牵头或由各专业小组组长按照现场介入计划组织成员介入施工现场,并做好相关的工作。

(5)进入非轨行区区域审批程序:由工作小组或专业小组组长告知建设分公司,征得其同意后,办理相关审批手续后进入非轨行区施工现场。

(6)进入轨行区区域审批程序:按公司轨行区管理办法的相关规定办理。具体由工作小组或专业小组组长通过 1 号线后通段调度室办理相关审批手续后进入轨行区施工现场。

(7)现场介入结束后,现场介入专业小组组长及时办理相关出清手续。

(8)现场介入结束后,各小组必须按时填写本专业相关问题库,每周周五 12:00 前各小组应将本周问题库更新情况以及新增问题库提报工作办公室。

2.4.4 工程问题分类、反馈跟踪及对接

1)工程问题分类

现场介入人员在现场介入过程中,对所发现的问题按性质分为 A、B、C 三个类别,并提出运营处理意见和建议。A、B、C 类问题分类说明:

A类：影响行车及消防，对人员存在安全的问题及隐患。具体如下：

（1）影响行车安全的问题：影响列车的正常运行，导致行车晚点、中断、停运或发生重大行车事故的问题。

（2）影响消防安全的问题：影响消防设备、设施功能正常实现，导致火灾状态时相关的消防设备设施无法正常投入使用。

（3）影响人身安全的问题：威胁人身安全，可能造成人员伤亡的问题。

（4）建筑主体结构存在安全隐患。

（5）重大系统、设备功能缺陷。

B类：指不影响行车及安全，但是影响功能使用的问题及隐患。具体如下：

（1）设备功能未实现，不能达到设计功能。

（2）不良技术状态影响其他设备运行。

（3）不良技术状态长期持续将导致本设备运行质量严重恶化。

（4）不具备检修条件，无法实施日常检查与维修。

（5）设备设施不满足开通需求。

C类：指不影响行车及安全，但运营人员操作不便、维护带来不便及视觉美观的问题。具体如下：

（1）设备状态不良或功能不完善。

（2）对运营服务长期有影响或对运营使用有影响的问题，如给乘客出行、用户使用或维修维护造成不便等。

（3）在工艺美观性、实用性方面有所欠缺，在运营使用过程中易引乘客及居民起投诉的问题。

2）问题反馈跟踪

（1）现场介入人员在施工现场发现本专业存在的问题后，及时向建设分公司的业主代表或负责人反映，由业主代表或负责人要求施工单位立即进行整改。以一周为期限，施工单位未能及时整改的问题，现场介入人员应及时向专业小组组长反映。

（2）各专业小组长对一周内未能及时整改的问题，以问题库的形式上报工作小组，由工作小组协调建设分公司相关负责人，要求施工单位或设备厂家立即整改。

（3）各专业的问题库要求为每周上报，问题库分为问题总库的更新和单独的新增问题库两份表格上报；问题总库应包含所有发现的问题（其中，要求有本周已整改问题的更新销项及新增问题的累计），新增问题库只包含本周内发现的问题，不含以前遗留的问题；问题库管理实行编号制度，各专业小组对本专业问题库进行逐项编号，以本专业开头字母为代号（比如：车务小组第一条问题库为CW0001），每条问题必须只对应一个编号，问题销项以后，问题库及编号保留。

（4）工作小组协调未果的A类、B类、C类问题，每月定期通过运营建设对接会等形式解决。

3）运营建设对接会

为更好开展现场参建工作，运营单位和建设单位定期召开新线对接会，运营分公司工作小组原则上每月组织召开一次新线对接会（可根据具体情况调整时间），并邀请总公司质安部参加；对运营单位、建设单位双方存在争议的问题，由总公司质安部进行裁决。

2.4.5 工程介入取得的实效

至 1 号线初期运营前，运营工程介入共计发现问题 16052 条（A 类 978 条，B 类 4822 条，C 类 10252 条），影响运营安全的问题均整改完毕。

各专业通过参与工程建设、单体调试等工程介入工作，使运营人员熟悉了设备性能特点，掌握了各设备系统运行操作，协同建设分公司管理工程质量，消除了安全隐患，顺利通过初期运营前专家评审。

2.5 运营演练

运营演练是开通初期运营前的重点工作，其目的是检验并锻炼运营员工应急组织、抢险抢修、设备维护及操作、业务处理的技能。同时，对运营组织与管理中相应规章制度、应急预案、作业程序等进行验证，检验其合理性、准确性、规范性与科学性。

2.5.1 演练准备概况

公司统一编制、发布了《贵阳轨道交通 1 号线（首通段）运营演练总体方案》《贵阳轨道交通 1 号线（后通段）运营演练总体方案》运营演练总体工作于演练前 6 个月开始筹备，持续到初期运营前顺利结束。整个运营演练大约持续 5 个月，运营分公司严格按照运营演练总体方案实施计划的要求，从演练项目的设置、规章制度和应急预案匹配、演练方案编写、演练方案专家评审、资料整备、演练侧重点设置、场景模拟、演练培训、各部门各专业配合实施开展、演练评估和问题汇总和整改等，全面推进运营演练各项工作；运营分公司相关部门充分对接了演练计划，并开展了演练工作流程培训。演练实施期间，运营公司各部门会同广州中咨公司组织各演练项目的实施和动态调整，并对项目实施的整体情况进行评估。

2.5.2 演练项目设置

1 号线运营演练项目共设置 22 个项目，涵盖行车应急、供电设备故障应急、信号设备故障应急、车辆冲突和脱轨应急、灾害和公共安全和客运组织及票务应急等 6 大类演练内容。

（1）行车应急类演练项目共 8 项，分别是道岔故障应急演练、站台门故障演练、列车车门故障演练、列车在区间故障救援演练、电话闭塞法演练、小交路及反向运行演练、列车在区间挤岔演练、运营时间内人员非法进入轨行区及人车冲突应急演练。

（2）供电设备故障应急类演练项目共 2 项，分别是车站大面积停电演练、正线接触网大面积停电演练。

（3）信号设备故障应急类演练项目共 1 项，为信号系统故障时降级模式下的运营演练，包含正线信号、车载信号等各种降级模式下的演练。

（4）车辆冲突和脱轨应急类演练项目共 1 项，为列车冲突、脱轨、起复演练。

（5）灾害和公共安全类演练项目共 6 项，分别是站台 / 站厅 / 火灾爆炸演练、车站设备区火灾演练、列车在区间火灾 / 列车在站台火灾应急疏散演练、运营期间水淹道床应急演练、车站暴力 / 暴恐事件应急演练、突发公共卫生事件应急演练。

（6）客运组织及票务应急类演练项目共 3 项，分别是车站大客流演练、公交接驳演练、票务应急演练。

各演练项目的场景设置在轨道交通通用环境下充分考虑了贵阳本地特点和 1 号线首通段的线路场所特点，如设备性能、线路布置、车站布局、沿线环境等。如大客流演练的选址在国际生态会展中心站，充分考虑了车站的地域特性以及商贸区特性，极易产生突发性大客流引起车站客运能力瘫痪；水淹道床应急演练和小交路及反向运行演练的场景设置时，结合机电设备配置、信号设备配置和线路布置等特点，在该场景下可选择安全高效的小交路方案，行调可根据区间水淹、客流输运等情况采取大小交路运行，模拟情景可有效检验控制中心行调组织小交路运行时的业务技能。

2.5.3　演练方案培训

演练方案发布后，为使演练项目组各成员熟悉方案内容，演练组织团队对演练相关人员进行系统全面的培训，明确演练所面临的风险及需注意的事项。在演练准备会上对演练项目的前提条件、注意事项、重点步骤、演练组织等方面进行详细的专业讲解。培训的展开使各成员对演练方案有了全面的认识，增强演练人员的安全意识，为计划实施运营安全演练奠定良好的基础。

2.5.4　演练计划的安排

为确保 6 个大类、22 项运营演练按计划顺利地实施，演练组织团队对每个细化演练都召开运营演练启动会，要求所有参演单位参加，会议对演练中的重点工作进行强调、布置，对演练细化的关键环节进行协调，明确关键事项，确保演练顺利进行。为提高演练评价结果的适用性，提出"一个演练一个评估总结"的要求，按照"演练前准备会，演练后总结会"的"两会"形式，计划组织参演部门召开运营分公司演练总结会，由评估人员对演练情况进行总结，执行组长对演练的情况进行总体点评，并制定会后跟踪问题整改制度。

2.5.5 演练效果评估

22 项演练质量评估评估结果均达到合格,平均分达到 84.3 分,其中 13 项评估结果达到优秀,评估结果详见表 6-2-2、图 6-2-2。

1 号线运营演练评估结果汇总表　　　　表 6-2-2

编　号	项　　目	评估分数	评估结果
1	Y02 道岔故障应急演练(含人工排列进路及道岔故障处理)	72.4	合格
2	Y03 站台门故障演练	83	合格
3	Y04 列车车门故障演练	81.9	合格
4	Y05 列车在区间故障救援演练	75.6	合格
5	Y06 电话闭塞法演练	86.8	优秀
6	Y07 小交路及反向运行演练	75	合格
7	Y08 列车在区间挤岔演练	85.3	优秀
8	Y09 运营时间内人员非法进入轨行区及人车冲突应急演练	85.5	优秀
9	Y10 车站大面积停电演练	81	合格
10	Y11 正线接触网大面积停电演练	87	优秀
11	Y12.1 信号系统故障时降级模式下的运营演练(正线信号故障)	88	优秀
12	Y12.2 信号系统故障时降级模式下的运营演练(车载信号故障)	77.3	合格
13	Y13 列车冲突、脱轨、起复演练	95	优秀
14	Y14 站台/站厅/火灾爆炸演练	93	优秀
15	Y15 车站设备区火灾演练	87.9	优秀
16	Y16 列车在区间火灾/列车在站台火灾应急疏散演练	90.5	优秀
17	Y17 运营期间水淹道床应急演练	73.4	合格
18	Y18 暴力暴恐事件应急演练车站暴恐	84.4	合格
19	Y19 突发公共卫生事件应急演练	86.6	优秀
20	Y20 车站大客流演练(客流分级控制)	86.7	优秀
21	Y21 公交接驳演练	85.3	优秀
22	Y22 票务应急演练	94	优秀

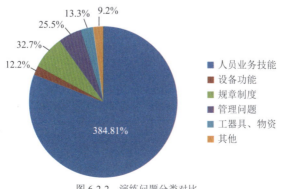

图 6-2-2　演练问题分类对比

通过完成上述22个演练，以正式运营的高标准来要求各岗位人员，在模拟设备故障的应急情况下组织开展各项演练评估工作，检验了行车、客运、票务、信号、车辆等各关键岗位的运作情况及相关设备设施的运行状态；全方位、多角度进行现场的跟踪评估，确保了演练的质量，从中充分锻炼了各岗位的协调性和人员应急处理能力等。整个演练过程运作顺畅，有效锻炼了演练人员的业务能力，提升了演练人员的业务技能及管理技巧，夯实安全管理理念、提升运营管理水平，为开通运营提前奠定了安全、牢固的运营基础。演练促进了调度、车务、车辆等部门之间的应急联动，检验了各部门、岗位应急处理能力和设备抢险能力，从中增强了各部门之间的沟通和磨合，参演人员能较好地执行相关规章所规定的职责，并达到演练评估标准。为达到高质量、高水平、高素质开通初期运营，运营分公司进一步强化了内部培训，大力组织开展分公司级、部门级、科室级和班组级等各级演练，全面提高员工的业务技能，增强运务、车务、站务、票务、修务等部门之间的信息沟通、完善应急响应机制。

演练过程中检验了相关规章、预案的合理性和操作性。相关规章、预案绝大部分已发布，包括行车事故管理、特殊情况下的票务应急处理、调度应急处理、供电应急处理、信号应急处理、车辆起覆应急处理、火灾应急处理、特殊气象应急处理等规章和预案。但在发布的规章中，部分作业程序处理、操作方面仍需进一步的优化与修订。针对各级演练问题，运营分公司对已发布的规章和预案梳理排查，对现行已发布的规章应进行进梳理，在实际运作中逐步修订、完善。

2.6 本章小结

运营筹备工作按模块细化分解至各责任部门，形成齐抓共管工作局面，极大地推动了运营筹备各项工作的落实。在筹备过程中，虽然引进了专业的咨询机构，但是我们从一开始就坚持了"以我为主"的指导思想，牵头开展联调演练、验交接管等系列工作，工作过程中加强与咨询机构专业人员的技术交流，充分做好安全预想和安全交底，确保各项工作的顺利推进，也较好地锻炼和培养了自身运营队伍。

在对外接口方面，公司提前着手票价方案及轨道交通地方性条例、乘客守则的专题研究，组织到北京、上海、广州、成都、昆明等地开展调研，广泛听取社会各方意见，保持与政府有关部门的密切沟通，按期提交听证会讨论，确保了票价方案的及时出台，《贵阳市轨道交通条例》《乘客守则》在1号线初期运营前颁布实施。

第3章 初期运营

运营分公司自成立以来,始终坚持"一切以乘客为中心"的工作主线,始终坚持"安全第一、质量至上、服务优良"的管理理念,以"信息化、标准化、规范化、半军事化"要求为管理导向,实行"严格管理+人文关怀"管理模式,不断提高运营管理水平,全力保障贵阳人民"安全、快捷、便民、绿色"出行需求。运营分公司下设车务、运务、站务、修务、票务5大生产部门和综合、企管、人力、财务、物资、技术安全6大职能部门,按照"专业管理、分工协作"原则,有序开展客运服务、设备维修、安全管理各项工作。

3.1 车务管理

车务部为运营分公司的乘务及车辆设备管理部门,主要承担电客车、工程车及车辆段设备的日常运用、维护、维修和突发事件的抢险、抢修工作,以确保地铁正常运营。

3.1.1 组织架构

车务部下设四个科室:综合技术科、检修科、乘务科、设备科。
(1)综合技术科
综合技术科主要负责车务部的技术管理、质量管理及安全管理工作的规划和实施,同时负责部门培训管理、物资管理、综合管理、党团建设等工作。
(2)检修科
检修科主要负责贵阳地铁车辆的日常管理、维护、车辆检修和车辆调度安排等工作,检修科设置技术组、定修班和轮值班。
(3)乘务科
乘务科主要负责贵阳地铁车辆的运营驾驶,主要工作有日常乘务管理、工程车司机管理和车厂DCC车场调度管理,DCC车场调度管理主要负责场内行车组织和施工维修作业的统筹管理,乘务科设置车场组、电客车队和工程车队。
(4)设备科
设备科主要负责工程车辆及车辆段内电客车维修工艺设备的管理,包括工程车车辆、不落轮镟床、洗车机、架车机及大架修库的等设备的维修保养和委外维修管理。设备科设置技术组、机床班、设备维修班、电工班及工程车维修班。

3.1.2 维修运作模式

（1）车辆维修模式

目前贵阳轨道交通1号线采用的是计划性修和故障修相结合的方式进行，计划性修是按照固定的时间段对车辆进行检修的维修方式，是检查车辆运用状态的主要方式；故障修是指车辆临时发生故障或其他情况需要临时处理的检修，是一种非计划性维修。计划性维修分为日检、月检、半年检、年检。

（2）工艺设备维修模式

工艺设备的维修模式主要是采用日常巡检、月检、半年检、年检，特种设备以委外维修为主，同时负责工程车辆的保养和维修。

3.1.3 乘务运作管理

为确保地铁行车安全和服务质量，乘务电客车队的排班模式主要采用四班三运转，工程车队则采用大四班运作。在乘务运作管理上，一方面狠抓人的管理，加强司机标准作业程序的实施检查，以保证作业质量；另一方面抓培训管理，通过强化员工的安全教育，提升乘务司机的安全意识，保障行车和人身安全。

3.2 运务管理

运务部为运营分公司运务管理部门，下设调度科、生产管理科、运输策划科和服务热线科。

3.2.1 行车组织

1号线（首通段）于2017年12月28日开通初期运营，1号线全线于2018年12月1日起开通初期运营。初期运营开始时执行工作日G（01001）、周末Z（01001）时刻表，下麦西站至小孟工业园站执行单一大交路运行，正常情况列车在基于通信的列车自动控制系统（CBTC）级别下运行，行车周期131min，下麦西站固定采用折Ⅱ道折返，小孟工业园站采用站后折返。全日正线行车时间6:30—23:00，工作日设置平峰（8分10秒）、高峰（6分30秒）、低峰（9分20秒）；周末设置平峰（7分10秒）、低峰（9分20秒）。工作日使用列车22列，其中上线开行20列，上线备用2列；周末使用列车使用列车20列，其中上线开行18列，上线备用2列。

两端站首尾班车发车时刻见表 6-3-1。

两端站首尾班车发车时刻　　　　　表 6-3-1

车　　站	首　班　车	尾　班　车
下麦西站	6:30	23:00
小孟工业园站	6:30	23:00

3.2.2　控制中心（OCC）运作

控制中心（OCC）设值班主任、行车调度、环控调度、电力调度、值班主任助理 5 个调度岗位，实行四班两运转班制，控制中心（OCC）岗位设置合理，各岗位分工明确，处置事件效率较高。控制中心（OCC）代表运营分公司总经理负责正线的行车指挥、施工组织及应急指挥工作，负责分公司生产中各类突发事件的应急抢险指挥和分公司内信息发布（通报）工作。

3.2.3　生产管理

运务部原则上每月的第一个周一组织分公司各部门开展分公司月度生产安全例会，总结分公司上月生产、安全工作情况，布置本月生产、安全工作计划，协调各部门在生产、安全工作中遇到的问题，分公司领导对下阶段生产、安全工作作出指示。

生产管理科负责建立部门标准化、规范化管理体系，各项综合事务设置部门、科室兼职管理人员进行归口管理，建立完善的后勤保障制度，确保安全生产工作持续稳步发展；负责统筹部门培训管理，通过送外培训、厂家培训、调研交流、内部培训等多种方式，有重点、有针对性地提升员工业务水平，立足从各专业岗位发掘并培养优秀培训师；负责按照公司统一要求强化部门 6S、定置化管理，营造整洁温馨的办公环境；负责定期和不定期组织部门相关人员检查班组标准化作业执行情况、劳动作业纪律，考核并提出整改意见。

3.2.4　运输策划

运输策划科负责组织开展列车运行图（运营时刻表）的编制发布、执行与总结工作；负责制定节假日及沿线大型活动期间运营组织方案；负责统计分析线路的客流数据，结合实际运能供给，分析当前运营时刻表下运能运量的匹配性，预测下一个运输节点的客流量，为运输方案编制提供数据支撑；负责编制既有线及新线的行车组织方案，统计检查方案执行中的各项运营指标，修改完善行车组织方案，提升运输工作效率；负责牵头完成部门规章制度编制、发布、修改等工作；负责运营过程中各类事件发生后部门内部的分析。

3.2.5　服务热线

代表分公司受理市民对地铁的投诉、建议、咨询、表扬等事务；负责热线事务的转办、跟踪及督办工作，跟进处理进展，妥善回复、回访乘客；负责对热线事务的运营数据进行分析，评估热线运行情况；负责每月定期搜集国内外轨道交通相关的各类重要新闻并在分公司发布以供学习借鉴，开阔眼界。

3.2.6　信息化管理

1号线首通段初期运营开始时，部门已启用部分信息化系统——办公自动化系统（OA）、客运组织管理系统、施工调度系统等，在办公和生产自动化方面，开通初期运营即启用各项信息化系统，起步要早于国内大多数地铁。各信息化系统借助先进计算机和网络信息技术，构建了一套科学的管理模式，实现了高效、安全、规范处理日常办公事务、客运组织管理和施工管理。

OA系统方面：大幅提高工作效率和服务质量，使各种文档实现电子化，促进信息共享，方便检索查阅。与纸质文件相比，OA系统处理收发文件及共享文件资源可以节省大量纸张，降低办公成本，更加环保。电子文件可同时向多人传阅，缩短了文件传阅的周期，避免了纸质文件丢失的可能性。

客运组织管理系统方面：集成了运营日况、客流汇总分析、设备故障统计及修复情况查询、能耗统计等模块，给数据的采集、汇总分析及故障的跟进处理带来很大的便利。

施工调度系统方面：在1号线（首通段）新线筹备初期就积极对接施工系统厂家开发施工系统，"三权"接管后及时将施工系统推进上线，大大减少了人工线下审批计划、签发施工进场凭证的工作量；此外，运务部生成管理科积极协调运营分公司各部门施工管理工作，用较短的时间将施工计划由周计划管理推进至月计划管理，减少了运营分公司各部门施工计划审批、管理工作量。

3.3　站务管理

站务部为运营分公司站务管理部门，下设站务管理科和综合技术科。

3.3.1　安全管理

运营分公司站务部始终坚持安全第一、预防为主、综合治理的工作方针，开展各项安全管理工作。

站务部作为对站务集中管理的部门,全面统筹部门及各车站的安全管理。站务部综合技术科代表部门安全领导小组负责实施安全管理[包括行车、施工、客运、设备、消防、防洪(风台)、防恐及综合治理安全管理],组织安全检查,督促各科室、车站按安全管理方针、目标和安全管理体系的要求执行。

站务部根据分公司年度安全工作计划,细化制订部门级安全工作计划,定期开展安全检查、安全演练及安全技术比武。通过安全检查,发现车站日常运作中存在的安全隐患并实施整改。通过安全演练及安全技术比武,检验、提高车站员工业务技能,不断夯实站务安全管理。

3.3.2 服务管理

贵阳轨道交通作为公共交通行业,经营的是交通运输,提供的商品是运输服务,服务是地铁企业的核心,是地铁建设和发展的根本价值所在。在企业文化中,诚信是基石,创新是灵魂,服务是核心,以人为本是主线。站务部充分认识服务的重要性,把我们向广大市民提出的"安全、快捷、准点、便利"的服务承诺落到实处。站务员工直接面对的是乘客,娴熟的服务技能是车站员工必备的专业素质,服务乘客就是车站员工最基本的工作职责。

3.3.3 人员管理

人员管理方面,各车站采用以班组为单位的运作模式,各车站设置车站负责人(站长),车站负责人通过与员工日常沟通,组织召开车站会议,对员工进行绩效考核等方式开展班组人员管理,结合部门相关工作要求,不断改进车站管理方式,提高管理要求。

站长,作为车站负责人,对本站安全、服务、票务、基础模块工作全面负责,在管理过程中,作为部门与车站之间的纽带,完成信息的上传下达,将部门的各种规定和通知细化到车站进行执行,并将执行情况和结果定期反馈到部门。

3.4 修务管理

修务部负责变电、接触网、线路、房建、信号、通信、电气、环控、电扶梯、给排水消防、SCADA、BAS、FAS等系统的维修管理。

3.4.1 组织架构

修务部是运营分公司组织架构下的生产性管理部门,下设综合技术科、供电科、机电科、通号科、工建科。综合技术科代表修务部按其责任职能职责行使相应业务管理,其他各科室按其责任管辖设备设施或生产业务进行供电、机电、通号、工建等设备或设施维修及管理、生产指挥调度及管理,其中供电科下设接触网、变电、PSCADA 专业;机电科下设自动化(FAS、BAS、ISCS、气体灭火、门禁)、环控(通风空调、给排水、低压配电)、门梯专业(扶梯、电梯、屏蔽门);通号科下设通信、信号专业;工建科下设线路、桥隧、房建专业。

3.4.2 科室、班组主要职责

1)综合技术科职责

综合技术科是代表修务部经理行使生产指令下达、信息处理、工作安排及综合业务归口机构,下设专业技术组、安全组、综合组、生产调度组;主要负责牵头组织部门以下方面的工作:安全管理策划和督查、生产组织管理规范和督查、党工团建设、人事绩效考评和晋升、文本的规范和编审、质量管理体系运作、QC 技术改造和专业技术分析总结、新线筹备、物资成本预算和控制、内外培训、外部协调配合、部门生产统筹等所辖业务全过程管理。

2)生产科室职责

修务部下设供电科、工建科、通号科、机电科,分别负责部门管辖范围内的供电、工建、通号、机电系统所辖专业设备设施的维修、维护和管理,确保设备设施安全、可靠、高效运行,负责所辖专业设备设施的运营组织,负责维修组织过程中的生产工作任务的管理与实施。各科室分别设置专业技术组、综合组,其职责分别如下:

(1)专业技术组:专业技术人员协助主任管理日常生产工作,主要负责技术管理归口、把关、策划工作,组织对所分管专业的维修规程及应急预案等文本进行编制和修订,组织完成所分管专业的检修计划修订、审核、上报、实施,对检修作业及故障处理情况进行处理跟踪、协调、监督、统计和考评,协助生产调度完成施工作业协调工作,并提出专业设备、设施物资预算申报的意见。

(2)综合组:综合组人员协助主任管理日常生产工作,承担安全生产、党工团、人事绩效考核、物资管理、班组标准化建设督查等主要工作,并协助综合技术科各职能专业完成相应工作的上报和实施。

3)班组职责

工班长是班组生产组织管理第一责任人,带领班组员工对各项生产任务、临时任务实施和执行;工班长带领班组员工按照维修规程、检修计划完成设备系统中所分管的设备检修任务,并填报检修表格,同时有权结合工班实际,对需工班完成的各项生产任务提出修改的建议,并最终执行指令。工班长协助专业技术人员完成与其他专业接口系统配合作业及协调工作;班组员工参与并协助工班长完成班组标准化建设和管理工作;班组须准备齐全各种突发情况下的应急所需的工器具、备品备件。

3.4.3 维保组织模式

结合现场设备实际状况,根据各专业维保组织模式编制各专业的维修规程、安全规则、作业指导书规章制度等,为设备维保提供强有力的制度保障。

1)供电科设备维修模式

(1)变电设备维修

变电专业负责 1 号线变电所设备的日常检修与维护。从维护性质上分为日巡检、小修、大修、专项修,相关内容应紧密贴近检修规程。

由变电专业技术人员根据目前检修人力资源合理分配全年的检修(小修)计划,并逐月录入施工管理相应文件,跟进、检查检修计划的完成情况;全线按照线路主所、牵引所、降压所检修工作量对工班进行合理的区域划分,确保局域内检修量基本持平,单位工班负责单位区域内的日巡检、小修、大修、专项修等一切检修事务,贯彻"坚持日常巡检、提高年度小修、深化计划大修、结合专项修"的指导思想。

由变电专业技术人员制定检修记录表格,规定好巡检人员所需检修内容;由变电检修班组人员按照规定要求进行变电所内设备巡视及检修,并填写记录,并由工班长不定期抽查。

大修以及专项修:根据设备的设计寿命、运行时的环境、检修规程等因素,综合评估维修周期及维修的必要性。

(2)接触网专业

接触网专业负责 1 号线接触网及上网隔离开关等相关设备的日常检修及维护。检修工作根据接触网运行检修规程关于接触网设备项目、周期与工作内容的规定,基本按日常维护、巡检、小修、大修分级,严格制订、落实维修计划,达到对接触网专业设备精检、细修的目的。

由接触网专业技术人员根据目前检修人力资源合理分配全年的检修计划,并逐月录入施工管理相应文件,并跟进、检查检修计划的完成情况,车辆段接触网维保工作由四个工班按照管段划分分别进行维修与保养,正线按照接触网长度、隔离开关检修工作量对工班进行合理的区域划分,确保局域内检修量基本持平,单位工班负责单位区域内的日常维护、巡检、小修、大修分级等一切检修事务,坚持"预防为主、修养并重"的方针,按照"周期检测、状态维修、寿命管理"的原则,对接触网进行维修与保养。

2)工建科设备维保模式

(1)线路专业

依据计划修的周期性和层级特点,线路专业维修分为大修、专项修、综合维修(小修)、定期检修、日常巡检、日常检测;桥隧专业维修分为日常巡检、养护维修、日常评估、专项评估及专项维修;房建专业维修分为日常养护维修、专项评估、故障修(小修)、专项检修、中修、大修。

线路专业维修采用以计划修为主导的维修体系,由线路专业技术人员根据目前检修人力资源情况,按月合理分配全年的检修计划,并跟进、检查检修计划的完成情况。车辆段、停车场单独成立线路工班进行线路设备维修与保养;正线参考轨道长度、道岔数量等因素对工班进行合理的区域划分,确保区域内检修量基本持平,各工班负责管辖区域内的日常巡检、定期检修、综合维修等工作。综合工班负责全线钢轨及焊缝接头探伤、工程车应用等工作,线路专业除日常巡检、定期检查、值班、钢轨及焊缝接头探伤以外,其他维修工作由委外单位完成。

(2)桥隧专业

桥隧专业采用日常巡检、养护维修、日常评估、专项评估及专项维修,由桥隧专业技术人员根据目前检修人力资源合理分配全年的检修计划,并逐月录入施工管理相应文件,并跟进、检查检修计划的完成情况,桥隧专业除日常巡检外,其他养护维修、专项评估及专项修均由委外单位完成。

(3)房建专业

房建专业维修采用以日常养护维修、故障修、专项检修为主导的维修体系,由房建专业技术人员根据目前检修人力资源合理分配全年的检修计划,并跟进、检查检修计划的完成情况和发现故障、隐患问题的整改闭环情况,房建专业的日常巡检、施工配合、应急值守、应急抢险等工作由委外单位协助完成;建筑设施翻新、局部改造、专项检修等由委外单位主导,房建专业协助完成。

委外维修实行项目化管理,管控重点为维修质量、委外单位服务成果及合同履行情况。更加注重通过要求、安排、指导、协调委外单位,使其加强自身委外维修质量管理。

3)机电科设备维保模式

(1)环控专业

环控专业由于大部分设备在保质期内,1号线刚开通后以日常检修、故障处理为原则,根据设备技术状态各种变化的不同程度,相应地进行综合整治、日常检修和临时故障处理,有效预防和整治设备病害,有计划补偿设备损耗,以取得较好的技术状态,同时实行工班区域管理制度。

①1号线(首通段)开通时,如果正线车站环控设备已经具备中央级控制功能时,环控设备由环调统一控制开启,不安排专人对车站进行值守,环控专业安排环控班组人员每天对设备进行巡视;如果部分车站环控设备不具备中央级控制功能,在此类车站安排人员驻站[1人/(站·班)]。

②金阳车辆段只安排车辆段工班人员在正班时间对车辆段环控设备进行巡视、维保及故障处理,夜班作业检修由工班长统一安排人员作业,如因设备故障抢修由环调及安排管辖区域工班人员赶往现场处理。

(2)门梯专业

①电梯专业采用全委外维修模式,选择符合国家强制规定资质的维修单位,实行项目化管理,管控重点是技术及全过程管理,对维修质量、委外单位服务成果及合同履行情况进行

管理。委外单位按照合同要求制定检修计划,并逐月录入施工管理相应文件,门梯工班主要核定检修工程量是否符合合同要求,并注重通过要求、安排、指导、协调委外单位,使其加强自身委外维修质量管理。

②站台门专业采用全委外维修模式,实行项目化管理,管控重点是技术及全过程管理,对维修质量、委外单位服务成果及合同履行情况进行管理。委外单位按照合同要求制定检修计划,并逐月录入施工管理相应文件,门梯工班主要核定检修工程量是否符合合同要求,并注重通过要求、安排、指导、协调委外单位,使其加强自身委外维修质量管理。

③金阳车辆段在正班时间由门梯工班安排委外单位对车辆段电梯设备进行巡视、维保及故障处理,休息时间及夜班如因设备故障抢修,由车场调度安排管辖区域工班人员及设备委外维保单位人员赶往现场处理。

(3)自动化专业

机电科自动化专业维修人员负责对 BAS、综合监控系统、FAS、门禁系统、气体灭火系统设备按检修规程进行规定的检修、故障处理、委外配合、整改配合。由机电科技术人员根据目前检修人力资源合理分配全年的定检计划,并逐月录入施工管理相应文件,并跟进、检查检修计划的完成情况,在 OCC 安排驻站人员值守,定时检查设备运行状态,及时处理综合监控故障。

BAS 及综合监控专业按自主维修的模式进行。FAS 及气体灭火专业委托有资质的单位维修,实行项目化管理,管控重点是对维修质量、委外单位服务成果及合同履行情况进行管理。

4)通号科设备维修模式

(1)按通号专业的维修规程执行,根据工作量大小,分为维修、中修和大修三类。其中,维修项目根据检修周期划分为日巡视、双日检、周检、双周检、月检、季检、半年检、年检等。另外,根据设备技术状态的变化规律和程度,由技术人员根据目前检修人力资源合理分配全年的检修计划,并逐月录入施工管理相应文件,并跟进、检查检修计划的完成情况,正线维护工程量因素对工班进行合理的区域划分,确保局域内检修量基本持平,单位工班进行所辖区域内相应的计划修,并根据设备运行状况安排进行故障修,对设备缺陷进行技术改造,对可优化设备或部件进行国产化技术改造,以确保通信、信号设备稳定、高效、可控。

(2)通信专业正线驻站及人员保障。

①通信专业在车辆段、OCC 安排值班点,定时检查设备运行状态,及时处理通信专业设备故障。值班时间:24 小时值班。

②为确保开通初期的技术支持,通信工班长、技术人员将深入一线进行值班和跟岗作业,并组织供货商对设备问题进行测试、整改,为通信设备维护和抢修提供技术支持。

(3)信号专业正线驻站及人员保障。

①信号专业在折返站(下麦西站、贵阳北站)、车辆段、运转楼及 OCC 均安排驻站人员值守,定时检查设备运行状态,及时处理信号故障。值守方式为 24 小时双人值班。

②为确保开通初期的技术支持,信号工班长、技术人员将深入一线进行值班和跟岗作业,并组织供货商对设备问题进行跟岗测试、联调整改,为信号设备维护和抢修提供技术支持。

3.4.4 维保工作实施方式

(1)预防性维保:计划预防性维保指的是可以通过自身的能力进行维保,按计划周期完成设施设备的维修保养。通过计划预防性维修保养,达到优化系统可靠性和可用性,可以最大限度地提高系统和构件寿命,并将系统维保成本降到最低,使系统保持在最高安全水平。设施设备的计划预防性维保计划不是静态计划。在检修实践中,应该不断总结积累经验,经常性地对计划中的维保作业内容进行复核和更新,对维保作业的周期进行适度调整和修改。

(2)故障修:故障修是在某个部件出现故障之后所采取的维保方式。适用于对行车、消防安全无直接联系、设备运行稳定且已考虑足够备份的系统或设备。故障修可以是彻底维修,也可以是临时性的维修,设备在临时维修之后仍然可以投入运营,并等待后续彻底维修。在维修程序结束之后,确认设备恢复可使用状态,投入正常运营。

(3)维保组织流程

施工组织:按照设备检修规程及设备运用质量,制定年度设备检修计划、月度设备检修计划。按照检修计划申报施工作业计划,作业计划按设备施工管理相关规定的要求组织施工过程及施工管理。

故障管理:接报故障信息后,按要求组织人员及时响应处理故障,及时汇报故障处理情况,并组织故障分析。

3.4.5 施工介入

1号线建设期间,修务部组织有技术力量的现场设备安装介入队伍,对现场设备安装情况,运行状态进行介入检查,提前掌握设备情况,为开通运营设备稳定运行打下基础。

(1)设备开箱阶段

所有系统机柜在开箱时由专业人员在现场进行监督,以防止供应商、施工单位人员在开箱时和开箱后的搬运过程造成机柜的外壳划伤和挤压变形,同时做好随箱安装资料及钥匙等的收集建档工作。

(2)设备安装阶段

工程初期创样板、工程中期查质量、工程末期抓整改。专业人员与施工单位共同协商,选定样板一中心、一站、一段,作为施工示范点。同时要要求施工单位做好成品保护、接管前维护保养(如道岔转辙设备应保持油润灵活、轨旁设备紧固件螺栓等应保持紧固油润)。及时把握工程进度,不同阶段采取不同的跟踪配合方式。

在与施工单位的沟通协调方面,一方面通过每周的施工例会向施工方进行施工交底工作,把相关的标准及需求及时明确地与施工方进行沟通和落实,尽量将问题解决在可控阶段。另一方面,应有针对性地派经验丰富的技术人员或生产骨干持续跟踪现场安装施工,及时发现安装施工的问题,并配合施工单位实施有效纠偏。

(3)系统调试阶段

与供货商联动机制,共同做好测试方案,同时利用此阶段的有利条件全面开展人员培训工作、查线核图工作。

3.4.6 初期运营保障、联合维保

(1)初期运营保障

为确保贵阳轨道交通1号线顺利开通初期运营,保证开通初期各系统设备稳定可靠运行,为运营提供可靠保障,各科室成立设备保障及应急抢修工作小组,自开通初期运营前开展为期20天的应急保障,组织科室、设备承包商及施工单位制定工作方案,从人员组织、物资及备品备件准备、突发故障应急等方面做好充分准备;合理安排应急值守点,2～3站为一个中心,保障人员携带应急物资和应急车辆在驻点试行24小时值守,确保发生异常紧急情况下能快速、准确、安全地处理,确保了开通运营初期设备保障工作有序开展,实现高水平开通目标;为确保各项保障工作顺利进行,与施工单位签订初期运营保障承诺书,严格按照合同约定履行质保工作和售后服务。

(2)联合维保

为监测"三权"接管后各专业设备在试运行期间设备状态运行情况,最大限度利用好"三权"接管后的时间、空间资源,为下阶段初期运营在设备运行上提供可靠保障,在充分发挥既有资源的基础上,调动相关供应货、参建单位的积极性,利用一切外部资源和力量;原则上在设备操作维护使用权移交后一个月内,结合设备检修,要求安全、有序、有效地组织供应货、参建单位开展设备联合维保工作任务,确保1号线首通段设备设施安全可靠,运行状态良好,最终实现高水平初期运营开通目标。本方案主要明确的总体工作内容及计划安排,是全面规约各单位在"三权"接管后轻重有序地开展运营准备工作的维保方案。维保内容包括设备的检查、全面清扫、重要单体设备维护、对施工遗留问题进行彻底处理等。

3.4.7 特点工作

(1)钢轨廓形预打磨

经调研国内外同行的钢轨维修模式和经验后得出,采用廓形打磨能有效改善轮轨接触关系,延缓钢轨波磨、侧磨等病害的发展,延长钢轨打磨周期,降低钢轨养护成本。结合1号线首通段小半径曲线较多的现状,综合研究提出1号线钢轨预打磨采用廓形打磨。这也是

国内城市轨道交通公司在开通试运行前首次采用钢轨廓形打磨的模式。

该项目钢轨廓形打磨工作已于试运行前全部完成,目前正处于数据采集阶段,该项目成果研究周期将持续 2 年左右,项目到期后将系统地出具成果报告。

目前轨道交通行业,如广州地铁,已经从传统的修理行打磨逐步转变为预防性廓形设计打磨,究其原因是经过 20 年的运行经验,传统的修理行打磨对于延长钢轨使用寿命、改善轮轨关系等方面的优势已经不在,反之合理的钢轨廓形对于以上方面均能起到积极作用,这也是今后轨道行业的趋势。

目前 1 号线钢轨、噪音、振动等情况均良好,列车运行平稳,廓形设计预打磨效果达到预期效果,预计本项目必将取得成功,届时将作为城市轨道交通行业新技术、新工艺运用成功的典范。

(2)变形监测

根据《城市轨道交通工程监测技术规范》(GB 50911—2013)规范要求对管辖范围内主体结构开展运营期结构变形监测工作,实时掌握城市轨道交通桥梁、隧道、车站、车辆段、停车场等主体结构变形情况,针对贵阳特有的地理环境及施工工法采取较为先进的监测方法及手段,为地铁运营增加一道安全屏障。根据监测结果,发现可能发生危险的先兆,判断城市轨道交通结构的安全性,以便提前采取必要的工程措施,防止工程破坏事故和环境事故的发生,保证城市轨道交通的安全运营。

目前,运营分公司修务部工建科已全面推动 1 号线变形监测工作,首通段监测点布设已基本完成,初始值数据采集在 2018 年 5 月底完成,针对重点位置采取自动化监测系统 24 小时无死角进行监测,有任何"风吹草动"报警系统会自动报警,便于运营人员及时掌握设备状态,及时开展问题处理,为列车安全运行保驾护航。

3.5 票务管理

票务部主要负责运营分公司的票务管理相关工作,牵头票务规章、政策以及技术标准的制定和修订,开展 AFC 和清分系统设备进行维修、维护管理,完成票务收益核对和车票管理等工作。

3.5.1 组织架构及职责

票务部下设 4 个科室,分别为:

(1)AFC 科:是负责地铁自动售检票系统维护、检修、调试、技术改造、应急处理,协调生产工作过程中出现的问题,从而确保自动售检票系统设备的正常运行、数据完整及收益安全的生产管理科室。

（2）票务管理科：制订运营分公司级票务运作相关规章制度，开展公司级车票管理及收益安全的过程监控，参与票务检查，规范现场票务工作，参与地铁票价与票务政策的制定，完成收益管理及财务清分结算。

（3）清分系统科：负责清分系统和储值卡系统的维护工作，开展AFC技术标准的审核修订，统筹管理AFC系统线网参数，制定与其他生产系统、信息化管理系统的接口，为运营分公司决策提供线网客流、票卡交易等信息。

（4）一卡通科：负责与第三方票卡发行机构的对接、协调。制定第三方票卡的需求计划，完成票卡的领用、配送、回收、归还等工作，同时还监控第三方票卡使用情况，记录存在的问题并协调解决。

3.5.2 票务运作管理

（1）AFC检修：AFC检修方式主要为日常巡检、故障性维修、计划性维修，采取"驻站＋巡站"维修模式，秉承运营分公司"精检、细修、安全、可靠"的原则，不断增强自动售检票设备的运营服务质量。

（2）收益核对：收益核对主要是根据票务管理系统数据与车站上交的各类报表，完成票务收入的核对及结算工作。收益核对工作有助于票务管理人员掌握和跟进与票务收益相关的车站票务运作、AFC设备运作情况，保证了票务收益安全，提高了票务运作效率。

（3）票卡管理：票卡管理主要是完成车票采购、验收、生产、配发、调拨和回收等工作，定期分析车票流失、库存及损耗等情况，及时进行补充，同时还负责对运营所需车票的库存进行管理，保障车票在票库和车站正常流通。

3.5.3 票制票价

（1）票制：贵阳地铁采用计程票制。

（2）票价：起步价2元，可乘坐4km；4～8km范围内（含8km），加价1元，票价为3元；8～12km范围内（含12km），加价1元，票价为4元；12～18km范围内（含18 km），加价1元，票价为5元；18～24km范围内（含24 km），加价1元，票价为6元；超过24km的，每递增8km加价1元。

3.5.4 交通一卡通建设

（1）密钥：贵阳地铁发行的储值卡采用交通部密钥。

（2）互联互通情况：截至2018年4月30日，贵阳地铁通过下发白名单方式实现了与365家入网机构的互联互通。

(3) 储值卡使用量：截至 2018 年 4 月 30 日，贵阳地铁发行的储值卡在本地的消费笔数达到了 27 万多笔，在异地的消费笔数达到了 27000 多笔。

3.5.5　手机支付

贵阳地铁 AFC 系统充分考虑了手机支付等支付方式，典型设备为云购票机。云购票机放置在车站非付费区，供乘客自助式使用，上线后乘客可通过手机二维码扫码支付进行购票。

3.6　人力资源管理

3.6.1　人员招聘

按照贵阳轨道交通 1 号线建设进度，为了确保 1 号线首通段高标准开通运营，切实做好 1 号线首通段人员配置及后续线路人员储备工作。结合 1 号线人员编制，由运营分公司人力资源部牵头，各部门积极配合，不断创新人才引进思路，拓展人才引进渠道，陆续开展社会招聘、校园招聘、订单校企合作等，以确保人力资源及时到位。具体人员招聘模式如下：

（1）社会招聘。自 2016 年以来，陆续通过公司官网、官微等渠道发布社会招聘公告，从广州、重庆等成熟的城市轨道同行、大铁路、工程局挖掘人才，旨在引进具体轨道交通建设、地铁运营工作经验的管理人才、技术骨干和一线技能人员。按照贵阳市高技能人才规定，享受高技能人才引进津贴。

（2）校园招聘。结合轨道交通 1 号线工期时间节点，为切实做好管理及专业技能型人员储备工作，2014 年以来，公司每年陆续到北京交通大学、西南交通大学、中南大学等国内知名的传统老牌铁路、城市轨道院校开展高校校园招聘工作，吸引有强烈到贵阳就业意愿的 985、211 本硕应届毕业生，为公司未来专业技术及技能型人员储备奠定了良好的基础。

（3）校企订单合作。针对城市轨道交通运营人才培养周期长、人才匮乏的现状，通过与国内具有铁路及城市轨道教育背景高职院校联系，同时考虑人员本地化、来源多元化及学校管理等特点，拓展合作院校，探索校企合作招生模式。公司采取自主招生和高招并举的方式，与贵阳职业技术学院、昆明铁道职业技术学院、武汉铁路技师学院等多家院校开展订单委培工作。具体模式如下：

①订单招生。每年高考结束，按照培养专业和方向，公司委托订单合作院校开展订单招生组班工作。从高考成绩达到省控大专分数线以上，身体条件符合专业要求，且无违法犯罪记录及法律规定的其他不能录用情形的贵州籍，同时兼顾云南、四川、重庆、湖南籍应届高中毕业生中面试挑选组建订单班。

②开展订单授课，增强企业归属感。公司会定期组织兼职讲师到订单合作院校进行专

业授课,并将企业文化、公司概况植入教学内容,且纳入毕业验收考核之中,更好地加强了校企融合,增强了订单学员的企业归属感。

3.6.2 薪酬激励机制

运营分公司通过调研外部劳动力市场及轨道交通同行业薪酬水平,考虑工作性质、部门组织架构、具体岗位设置与岗位特性差异,不同任职者的工作能力、绩效差异,建立了运营分公司"以岗定薪、易岗易薪"的管理、专业技术,生产运作、生产支持两大类岗位薪等、薪档分层次、分类的薪酬体系。同时打通专业技术人员晋升通道,为员工的发展提供更高、更广的平台。按照《运营分公司薪酬管理办法》,站长、站长助理、电调、行调、环调等关键岗位执行技术序列,按照技术序列享受待遇。

3.6.3 教育培训

为构建系统的培训体系,强化运营安全生产意识,提高各层管理、专业技术及一线员工的专业知识及业务技能,根据1号开通运营时间节点,并结合各岗位人员到位情况,充分考虑关键岗位培养周期,运营分公司采取"请进来、走出去"方式,分期、分批开展新员工入司培训、安全教育及专业知识培训、厂家培训、送外跟岗培训、挂职锻炼等,旨在打造一支高素质、高水平的运营团队。

(1)公司加强与国内先进地铁公司联系,每年按计划、分批将社招、校招人员及订单毕业生送往国内成熟的广州地铁、宁波地铁等进行跟岗学习。送外期间,送培人员将进行军训、专业跟岗培训等内容,培训中,送培人员及时总结、记录所学所得,并将成果实践到贵阳地铁运营。

(2)加强内训师队伍建设。运营分公司人力资源部编制"培训师管理办法",鼓励员工不断总结学习、工作的所学所得,鼓励兼职内训师,并给予一定的课酬津贴,不断充实内训师队伍。

3.7 物资管理

运营生产物资具有涉及面广、专业性强、技术含量高、种类及数量大等特点,分公司系统、全面的考虑了物资计划、采购、供应、仓储、财务核算之间的关系,引进其他城市地铁单位和成功企业在物资管理方面的有益经验,摸索地铁物资管理的新路子,实行科室、部门、分公司三级管理,计划、领用直接面对科室,全面实现库存二级管理、避免积压。自初期运营以来,机构设置不断优化、物资保障有力、积极有效减低运营成本。

3.7.1 计划管理

1）计划编制统筹化

物资设备部牵头组织各部门在年度生产计划基础上编制生产性物资年度预算,各科室在年度预算范围内提报物资需求计划,并经科室、部门、分管领导审批后交至物资设备部汇总形成年度采购计划。物资计划以年度需求计划为主,季度需求计划、零星需求计划和紧急需求计划为辅,预算范围外、配置标准外物资需求计划,一事一议,杜绝无计划采购。

2）物资提报标准化

物资计划提报是物资标准化管理的源头,物资设备部根据前期已购物资的种类、品牌、技术参数、价格等信息进行详细梳理,形成分公司生产性物资采购指导目录并下发至各个部门,从源头上避免各需求部门在计划提报时因物资名称不规范、物资描述不准确等造成的采购实施困难、采购物资与需求物资不符等问题,有效提高物资提报、采购效率,避免造成库存积压。

3）供应商管理透明化

地铁运营物资种类繁多、专业性强,需要不停地拓宽供应商范围,才能更好地做好物资后勤保障工作。分公司逐步建立物资供应商库,物资设备部牵头各部门定期对供应商从价格、质量、供货期、售后服务等方面进行评分,优胜劣汰,从而保证物资质量和服务质量。

3.7.2 采购管理

1）采购方式多样化

针对运营生产物资采购工作接口多、协调难度大,供应时间紧、时效性高,采购频率密、市场情况复杂等管理方面的难点,分公司物资采购采用公开招标、直接委托(单一来源采购)、比选、竞争性谈判、询价、网络平台采购、零星采购等多种采购方式。随着物资类型、采购经验的积累,后期逐步将劳保、安防、消防用品、专用备品备件、易损和定制类物资优先纳入年度采购合同范围。

2）采购流程规范化

物资设备部根据各部门需求计划,同时结合库存、市场摸底等实际情况,形成采购计划。并严格按照物资采购相关管理办法,遵循公开透明、公平竞争和诚实信用原则,经部门、分管领导、总经理审批或总经理办公会审议通过后实施。

3.7.3 仓储管理

1）仓库分区合理化

根据物资不同的仓储条件及空间要求,物资设备部对物资总库、二级库布局进行合理规划,物资总库包括自动化立体库、恒温恒湿库、大部件物资库、危险品库、材料棚、材料堆场、二级库区域管理至少应设置物资暂存区和废旧物资回收区。

自动化立体库主要存放低值易耗材料及小件备件;恒温恒湿库设置为四个库区,库内工具柜及货架均采用纵列式布置,主要存储电子元器件、模块、电路板、部分计量器具等特殊物资;大部件物资库放置重型以及双臂悬臂货架,主要存放大件、长件物资;危险品库为一栋独立库房,采取分库、分间与分架存放保管,使各类危险物品互不接触,互不影响,主要存放易燃、易爆、易腐蚀和有剧毒的危险品物资;材料棚主要存放车站不锈钢制品、工程建设物资;材料堆场为露天堆场,紧靠卸车线,主要存放钢轨、枕木等大件物资。

2)仓储作业精细化

分公司采用二级库管理模式,出入库作业实行"总进分出",物资从物资总库统一入库再移库到二级库,从二级库出库并使用才确认为消耗。将科室或工班仓库作为二级库,纳入仓储管理的整体环节中,避免了在一级库管理模式下的"账外物资"。同时仓库账目也遵循"总进分出"的原则,物资设备部牵头统计、汇总总库及二级库的物资数据,统一向财务部门出具物资出入库、库存数据等。二级库的库存纳入库存数据中,便于总体层面的管控,有利于精细化管理。

3)仓储作业自动化

总库设置自动化立体仓储货架,货箱、托盘近3500个,立体仓初步实现扫码入库;目前总库配备3t、5t桥式起重机和3t电动叉车。

3.7.4 信息化管理

面对种类繁多的物资,为了实现物资管控、追溯,数据分析统计、流程优化,工作精准、高效的目的,分公司结合国家发展大数据的趋势,积极推进物资采购管理系统建设工作,使物资采购从源头开始走向数据化、无纸化办公。

物资设备部建立物资编码库,实现一物一码,确保数据的唯一性、规范性、合理性,同时对编码库进行维护。物资采购管理系统的启用,各部门可以从系统查计划、查库存、查成本;实现从计划提报、领用出库到废旧物资回收,每一件物资有迹可循;将物资实体转化为数据流动,有效利用系统的统计、数据分析功能找到物资消耗规律、实时监控。

仓储作业采取线上和线下相结合的模式,线上进行信息传递,流程审批,线下进行实物交接,二者相辅相成,节约人力,减少误差,提升了服务生产一线的效率和质量。

3.7.5 制度化管理

目前物资管理规章制度建设涉及计划、采购、仓储、供应商管理和废旧物资回收等方面,物资管理的每个环节都建立了规范的作业流程,按制度、流程办事,问题责任主体更明确,事务处理更清晰。并定期结合工作实际,不断修订完善相关规章,使物资管理工作更好服务于生产。

物资管理工作还处于起步阶段,在各环节还需要不断改进、提高和创新,尤其是物资标准化目录制定、库存控制、成本分析、现场服务、专业知识提升等是进一步加强的重点。

3.8 安全技术管理

3.8.1 安全管理

1)安全文件

(1)初期运营开通以来,制定下发了《关于加强安全生产工作的通知》,提出了年度安全方针、目标及重点工作,拟定了安全工作目标分配表。

(2)做好上传下达及各项工作落实。根据"春运""两会"等重要时期国家、省、市、总公司等对安全生产工作相关要求,分别细化下发了《运营分公司关于认真做好凝冻低温天气防范与应对工作的紧急通知》等各类通知,对相关工作进行细化部署,督促落实,确保了公司安全生产形势稳定。

2)安全生产责任制

(1)为牢固树立以人为本,安全发展的理念,坚持"安全第一、预防为主、综合治理"的方针,贯彻落实企业安全生产主体责任"五落实五到位"规定,监督、指导分公司各部门的安全生产管理工作,分公司按照"一岗双责、党政同责"的要求及全员安全生产责任制的要求,组织修改完善分公司安全生产责任制,责任制涵盖了分公司党总支、分工会、党群工作室、分公司各部门、科室负责人等安全职责及安全生产职责,共计68条。

(2)为加强安全基础管理,深入贯彻执行"安全第一、预防为主、综合治理"的安全生产方针,全面贯彻安全生产责任制,切实做好公司安全生产工作,落实企业安全生产责任主体,杜绝各类事故的发生,确保公司的财产和员工的安全健康,依据"谁主管,谁负责"的原则,分公司组织修改、完善分公司安全生产、消防安全、保卫综合治理目标管理责任书,督促各部门按要求逐层签订2018安全生产、消防安全、保卫综合治理目标管理责任书。

3)安全检查

初期运营开通以来,为保障运营安全持续稳定,运营分公司持续开展安全检查,积极排查和消除各类隐患。积极组织日常检查,节假日及两会等重要时期开展安全大检查,发现问题,及时整改,跟踪闭环。初期运营开通以来,开展专项检查10余次,各级安全管理人员出动1416人次,检查站点1310次,音视频回放445次,共计发现各类问题588个,及时追踪问题整改,确保100%整改到位。

4)安全培训

初期运营开通以来,共组织开展8次分公司级安全教育培训,共完成846人次一级安全教育考试,合格率100%;同时完成特种作业人员操作证复审培训147人次、特种设备人员证取证培训18人次,建(构)筑物消防员证取证培训74人次。

5)应急演练

按照运营分公司演练计划,初期运营开通以来,完成异物侵限、线路积水、供电分区某处绝缘子击穿、电客车救援演练、电流型框架保护动作应急演练等分公司级应急演练共计17个,完成部门级、班组级演练200余次。

6)职业病防治工作

(1)为贯彻执行国家有关职业病防治的法律、法规、政策和标准,加强对职业病防治工作的管理,提高职业病防治的水平,切实保障各位职工在劳动过程中的健康与安全,根据《职业病防治法》第二十条第二项的规定,结合公司实际,制订《贵阳市城市轨道交通有限公司运营分公司职业病防治计划及实施方案》。

(2)根据《职业病防治法》(第48号主席令)、《用人单位职业健康监护监督管理办法》(国家安全生产监督管理总局令第49号)相关规定,运营分公司于2017年12月签订了贵阳市城市轨道交通有限公司运营分公司职工职业健康体检项目合同,目前已完成接触网检修工、车辆检修工、工程车司机、电客车司机岗前体检。

7)消防安全工作

(1)加强和完善消防制度建设,建立各项消防安全档案。

(2)组织开展"消防宣传月"活动,组织各部门观看消防安全事故案例视频,进行消防培训并考试,各部门对各自管辖区域内的日常消防安全管理、用火用电安全等工作落实情况进行排查;并在金阳车辆段与OCC大楼开展消防应急疏散演练,提升员工应急处置能力。

(3)开展市级轨道交通1号线列车火灾事故应急救援综合演练,分公司级站台、站厅、设备区、列车火灾演练。

(4)根据《消防法》,成立运营分公司义务消防队,义务消防队共计11分队,负责各自责任区域的消防安全工作以及初期火灾扑救。

(5)邀请贵阳市公安消防支队观山湖区大队与消防专家对公司员工进行消防知识培训。

(6)分公司消防安全责任人与各部门负责人签订消防安全责任人任命书,明确各部门消防安全责任人与职责。

8)危险源辨识、风险评价工作

组织各部门梳理风险管控清单(共计1211项风险点),开展安全生产风险评价工作,指导各部门对前期危险源识别情况进行再梳理、再完善。

9)综合治理保卫工作

(1)按照"逢包必检、逢液必查、逢疑必问"的原则,开展安检工作。初期运营开通以来,共计安检检包441980件次,检出违禁品121件,违禁品检出率0.03%。

(2)进一步完善作业标准。完成《运营分公司列车乘务管理员工作标准(试行)》,列车乘务管理人员按每班10人,三班两运转,共30人配置,每列运营列车配备1名列车乘务管理人员进行列车乘务管理工作,服务时间与运营时间同步。列车乘务管理人员岗位负有列车内秩序维护,协助司机做好车内管理工作,负责列车内检查巡检工作,严防设备、设施被盗、被破坏,预防各种案件的发生,当案件发生时及时报警并协助公安处理案情,及时制止乘客饮食、打闹、倚靠车门等行为,遇车门/屏蔽门夹人夹物等情况时及时通知司机,并上报,协助司机及车站处理等职责。

（3）积极推进警企共建工作。联合轨道分局窦官站派出所联合开展两次反恐防暴演练,共计72人参加演练,就反恐防暴装备的使用、现场处置流程、信息上报流程以及公安、站务、安检、安保、保洁等岗位的联动工作机制进行了详细梳理及讲解。

（4）加大重点时期安保、安检检查力度。"春运""两会"期间联合轨道分局对地铁车站开展市"两会"期间安检安保专项检查,主要从安检安保人员劳动纪律、形象着装、精神状态以及作业标准等方面进行重点检查,针对发现的问题现场责令整改。

（5）进一步加大安全生产、防恐防暴、信访维稳的宣传工作力度。在各车站出入口、车辆段各场所、OCC、主所等张贴横幅标语共计39幅,大力进行安全生产、防恐防暴、信访维稳的宣传工作。

3.8.2 技术管理

1）整章建制,做到有章可循

（1）整章建制体系的策划与搭建

管理规章、技术规程的编制是运营筹备的核心工作之一,也是开通初期运营的保障性工作。在运营筹备初期,在贵阳地铁运营分公司领导层的组织和带领下,各部门积极投身到整章建制体系的搭建工作中。

①编制贵阳轨道交通运营分公司规章制度汇编,总体规章划分为安全管理类、操作规程类、客运服务类、行车制度类、运行维护类、综合管理类六大模块。

②制订贵阳轨道交通运营分公司规章制度目录、规章制度编写计划,各部门按计划完成相关规章制度和技术规程的编写工作。

（2）规章制度的宣传贯彻

开通初期运营之前,贵阳轨道交通运营分公司积极开展了制度和规程的宣传贯彻工作,使运营员工全面掌握制度和技术规程,在开展实际生产作业时做到有章可循。

①各部门组织提前到岗的员工在理论上学习并掌握制度和技术规程,在实际生产中严格按标准进行操作。大批员工到岗后,以"老带新"的模式,由已掌握标准的老员工带领新进员工快速、高效地掌握分公司相关制度。

②将安全类、行车类、操作规程、维修规程等主要规章制度制定成册,将员工通用安全守则制定成上墙制度,便于员工随时随地学习规章制度和技术规程。

③运营员工通过自学、各专业主管工程师及相关部门互相授课等方式全面展开规章制度和技术规程的宣传贯彻培训工作。2018年4月,贵阳轨道交通运营分公司组织了"树形

象、讲规范、上标准岗"知识竞赛,更是掀起了全员学习规章制度、技术规程的热潮,在各部门员工的充分准备下,竞赛活动取得圆满成功。

(3) 持续开展规章制度和技术规程的修改、修订工作

2017年,运营分公司初步完成了整章建制体系规划与建设,截至2018年4月30日,运营分公司各项规章制度试行版发布合计293个。实践出真知,利用运营实际,对已编写的规章制度和技术规程进行了修改、修订。经过不懈的努力,运营分公司现有制度和规程质量大幅度提高,内容更适应生产需要及运作模式实际,操作性更强,从而进一步提升了贵阳地铁运营的运作水平。

现行运营管理的每一项业务、运营生产组织的每一道程序、设备操作维护的每一项工序,都严格按照制度和规程确定的程序和内容进行,实现了标准化、规范化运作。

2) 安全生产标准化建设

标准化是安全生产的强有力保障。

(1) 建设分包、责任落实制

为有效推行安全生产标准化,技术安全部编制并发布了《贵阳轨道交通运营分公司安全生产标准化建设工作方案》。对安全生产标准化建设内容逐一分解到各部门,要求各部门制定工作措施并落实。

(2) 考核以促进落实

制定安全生产标准化考核细则和考核标准,并成立内部审核员小组,运营分公司技术管理人员每周不少于两次的现场检查指标,同时技术安全部定期组织对生产现场进行全面的安全大检查。对检查中发现的问题予以考核,被考核部门针对问题制定整改措施,以此来促进安全生产标准化的落实。

(3) 及时修订以完善建设

不定期组织召开运营分公司安全生产标准化建设工作会,针对现场与标准相违背的地方进行讨论,制定合理的标准以适应实际生产,使得工作方案更具有指导性、可操作性。

3.8.3 专业技术管理

1) 方案及图纸审查

参与各专业的建设,从运营角度提出规划方案、涉及方案存在的问题是运营分公司参与工程建设的基本任务。运营分公司为做好工程介入工作,设立专门负责人,建立了由技术安全部归口管理、各部门各专业负责实施的管理模式。成立并参与工程管理网络,各部门设立联络员,负责定期组织审核续建工程设计方案、施工图等,并统一反馈审核意见,为续建工程建设做出了应有的贡献。

2) 开展技术比武活动,促进员工技术水平提高

为规范员工的劳动作业,推动运营分公司安全生产,调动各专业员工学习业务知识的积

极性,营造"比学赶超"的学习氛围,提高各专业员工标准化作业的能力,检验各专业员工应知应会技能以及岗位能力。运营分公司根据运营生产需要,在行车、客运、设备检修各生产环节中,围绕运营生产的关键技能,开展年度"安康杯"技术练兵比武活动。

理论比武预赛由各部门自行划定范围,重点围绕安全管理、行车组织、生产组织流程、设备维护、故障处理等密切相关的规章制度以及岗位应知应会,编制理论比武考核题库。由运营分公司领导层组成的工作组牵头各部门组织理论比武考试,对考试全过程进行监督,根据考核结果,对考试成绩进行排名。

实操比武围绕各生产岗位涉及的关键、必会操作技能开展。例如,修务部的道岔尖轨检修、转辙机维护、接触网检修,车务部的电客车驾驶、车辆走行部标准化检点,运务部的列车火灾应急处置,站务部的人工手摇道岔操作、电话闭塞作业等。

技术比武有效调动了员工技能学习的积极性,在运营分公司掀起了"学规章、拼技能"的热潮,搭建起员工快速成长的通道并全方位提高员工的岗位技能和业务技能的实际运用基础。

3.8.4　设备管理

贵阳轨道交通运营分公司设备管理,采取技术安全部设备管理室归口管理,各专业设备主管部门具体负责的模式,具体做法主要有:

(1)建立设备管理体系。根据"统一领导、分级管理"的原则,运营分公司设备管理实行分公司、部门和科室三级管理,运营分公司技术安全部归口负责分公司的生产设备管理工作,各部门应有相应的科室及专(兼)职设备管理员负责本部门的设备管理工作,各部门下属科室应设有专(兼)职设备管理员负责科室设备管理工作。

(2)健全设备管理规章制度。编制发布了《贵阳轨道交通运营分公司生产设备管理办法》《贵阳轨道交通运营分公司设备管理考评细则》等相关设备管理规章制度,对设备管理的日常工作开展进行了规定。

(3)建立了资产管理系统。为做好设备管理工作,实现设备管理工作的信息化,研发了资产管理系统,对设备台账、设备资产进行信息化管理,大大提高了设备管理水平。

(4)建立了设备维修管理系统。为做好设备维修管理工作,实现维修管理的现代化、信息化,运用维修管理系统对设备维修的计划、维修工单等进行统计分析,从而建立设备质量评价体系对设备质量进行评价,实现了设备质量的有效控制。

(5)强化特种设备管理。在众多设备中,特种设备结构复杂、操作程序烦琐、危险性高,这些特性要求对特种设备的管理必须要更加专业化,日常作业、维修必须严格按照相关规程进行,按规定建立设备技术档案,管理人员熟悉设备的结构、性能,特种设备的日常保养、检修、故障响应及应急处置等必须按照标准开展。

3.8.5 计量管理

目前,贵阳轨道交通运营分公司尚未具备自行开展计量器具检定校准的资质,计量器具检定校准主要采取委托第三方进行检定的方式进行,具体开展的工作有以下几点:

(1)建立计量工作管理体系。运营分公司计量工作管理采取"统一管理,逐级负责"的原则。技术安全部归口管理分公司计量工作相关业务,各生产部门设立计量化验管理网络架构,指定专人负责计量工作管理,落实责任。

(2)健全计量管理规章制度。先后编制发布了《贵阳轨道交通运营分公司计量管理规定》《贵阳轨道交通运营分公司计量监督管理规定》等规章制度,对计量工作管理程序进行了明确。编制了《贵阳轨道交通运营分公司工器具管理办法》,对计量器具的日常采购计划、保养、送检、维修、报废等进行了规定,规范计量器具的日常管理。

(3)严格按照国家法律法规、规章制度开展计量管理工作。对强制检定的计量器具,严格计量行政主管部门规定办理送检手续,严格按周期送检;非强制性计量器具,根据《计量法》规定,结合贵阳轨道交通运营分公司实际,联系第三方进行检定校准,严禁超期使用,对检定不合格的计量器具坚决不上线使用。

3.9 综合管理

综合部门承担上情下达、后勤保障工作职责,公文办理已实现信息化,公务用车严格管理、科学调度,食堂、保洁全部委外,强化监督。

3.9.1 规范办公办会办事程序,不断提高工作质量和效率

运营分公司已形成成熟的公文办理流程,并加强对OA系统公文的管理,提高工作质量和效率,有效降低和节约成本。一是严控办文,综合管理部严把办文程序关、格式关、文字关;二是规范办会,做到会前充分准备,会中精心组织,会后认真总结;三是提高办事效率,规范办事流程,确保及时、准确、有效地完成各项事务。

3.9.2 科学管理,扎实做好后勤保障工作

1)规范用车流程,合理使用车辆

贵阳轨道交通运营分公司配置13辆公车,综合管理部制定了《贵阳轨道交通运营分公司车辆和驾驶员管理办法(试行)》等相关办法,严格管控专兼职驾驶员及各部门用车,督促各部门按程序使用公车,严禁公车私用,并对路桥费用、维修保养费、油料费用、车辆保险及

车辆年审、保险索赔等其他费用进行管理、控制、审核、登记、监督。

节假日期间严格执行封车制度,并定期对专兼职驾驶员进行安全教育。

2)做好保洁、食堂相关服务,确保运营后勤保障

(1)为更好地保证运营分公司员工用餐质量,综合管理部派专人每日对车辆段食堂供应、卫生情况进行检查监督,对员工就餐次序进行维持,并组织食堂工作人员定期对食堂环境、设施设备、食品加工操作环节等方面逐一进行排查;为生产部门正线员工送餐配备了密封箱;配合总公司行办,安排专门车辆和专兼职驾驶员对正线员工进行送餐。

(2)保洁方面。严格要求物业公司按《贵阳轨道交通 1 号线物业服务合同》规定标准为运营提供服务,并制定考核标准对物业公司进行规范化管理。综合管理部每月定期组织召开"物业保洁对接会",收集各部门合理意见及建议,积极与物业进行沟通,更好地为运营服务。

3.10 本章小结

随着 1 号线初期运营工作的正常开展,贵阳轨道交通运营分公司犹如一台大联动机,调度、司机、车站人员保持列车正常运行、车站正常运转,各检修专业人员精检细修,为设备稳定运行保驾护航,各职能部门判断安全风险、建立健全规章标准体系,做好后台技术支持和后勤保障。在安全管理方面,按照交通运输部要求,于初期运营初期及时启动了安全标准化建设,以此为载体,培养定置化作业习惯,不断完善制度标准、理顺业务流程,建立健全"检查、整改、完善提高"监管机制,筑牢安全基础。在设备维修方面,充分利用试运行期间建立起来的联合维保机制,与设备供应商、施工单位形成良好的协作关系,实现质保期内供货商资源的充分利用,锻炼了运营专业队伍,为后续委外管理培养技术力量。

第 4 章　运营效果及评价

1 号线全线于 2018 年 12 月 1 日正式开始初期运营,结合沿线客流分布特点,分别执行工作日及周末列车运行图,上线运行 20 列车(周末 18 列),全日图定开行 246 列次(周末 260 列次),全日提供运能 31.098 万人次。

截至目前,1 号线初期运营安全平稳,运行图兑现率为 100%,累计 2～5min 晚点 7 次,无 5min 以上晚点,列车正点率为 99.97%,未发生列车清客、救援事件,车辆、信号、供电、站台门系统设备故障率均满足《城市轨道交通初期运营基本条件》(GB 30013—2013)要求。

4.1　运营筹备细致到位

1 号线运营筹备工作得到了公司领导的高度重视,起步早,计划性强,推进有序,确保了 1 号线分段高水平开通。

1)组织架构贴合运营实际,精简高效推进各项工作

在研究运营组织架构的时候,紧贴运营培育期工作实际,机构设置上避免大而全,实现扁平化管理,有效压缩管理层级,有利于提高工作效率。

在部门内部设置上,坚持精简高效原则,以用管修一体化管理为导向,将车辆驾驶与车辆检修纳入车务部统一管理,减少结合部,引入大维修管理概念,将供电、线路、通信、信号、机电专业统一设置在修务部,便于培育综合工班,培养一专多能,开启了运营成本控制的有益探索。

2)形式多样地开展人员培训

运营分公司成立之初,积极开展形式多样的培训,主要包括入司培训、送外培训、三级安全教育等。此外,还组织骨干人员参加厂家培训,对青年员工及生产岗人员进行军训。形式多样的培训,有效提高了员工队伍的业务知识、技能水平和综合素质,为 1 号线工程首通段开通初期运营提供必要的人力保障,见图 6-4-1～图 6-4-4。

图 6-4-1　分公司级安全培训

图 6-4-2　新员工军训

图 6-4-3　送外培训

图 6-4-4　厂家培训

培训工作已形成分公司级、部门级、科室级的三级管理模式，配有专（兼）职培训管理人员及兼职培训师，已正式颁发培训相关管理文本 14 个。

3）主动介入工程建设

运营分公司始终坚持"运营前置"理念，自成立之日时起便组织各专业人员主动介入工程建设。通过参与工程建设、单体调试等工程介入工作，运营人员尽早熟悉设备性能特点，掌握设备系统运行操作技能，协同建设分公司管理工程质量，及时发现问题并追踪问题整改销项，有效消除了安全隐患，为 1 号线高水平开通打下基础。

4）认真组织联调演练

为充分锻炼运营队伍，尽早提供实操培训平台，运营分公司努力克服联调经验缺乏的难题，坚持"以我为主"工作思路，由运营各专业牵头组织联调演练项目实施，咨询单位提供技术支持，在施工单位的保驾下亲自操作设备，培养操作及排障技能。跟随联调演练工作的推进，运营各专业队伍得到了充分的锻炼，积累了宝贵的经验，为试运行及初期运营应对突发情况的处置打下了基础。

4.2　形成了特色的运营文化

一个有理想、有抱负、有追求的组织，会让每个成员的心底燃起一团激情的火，从而迸发出最炽烈、最绚丽、最动人的光芒，照亮现在、照亮未来。贵阳轨道公司对企业文化建设十分重视，伴随 1 号线建设工作的全面推进，公司就启动了企业文化建设项目，明确了"生态地铁文化"经验哲学体系，培育"安全精准、温情服务"的运营服务理念。运营分公司牢牢抓住安全这一永恒的主题，提出了"安全第一、质量至上、服务优良"工作思路，以"幸福员工、服务乘客、造福市民"的管理理念，推进运营各项工作，打造"半军事化、标准化、规范化、信息化"的四化队伍。

4.3 安全管理不断强化

运营分公司坚持安全风险管理思路,自筹备期开始便着手梳理危险源,制定风险管控措施主动防范,以工程介入为切入口,深入贯彻"运营前置"理念,通过介入问题整改和销项,从源头控制安全风险。

初期运营开始后,以安全标准化建设为载体,稳步推进安全管理体系建设,建立健全标准化管理流程和立体应急处置体系,逐步培育、形成特色安全文化,让员工安全行为成为自觉。

持续开展岗位练兵、应急演练及安全警示教育,提高员工业务技能,增强安全防范意识。坚持安全案例教育每月一课,整理国内外重大安全事故案例及同行业安全事故案例,开展常态性安全警示教育。根据安全风险排查及季节性特点,制定分公司级、部门级年度演练计划,细化每月演练内容及每次演练分工,做到月月有演练,次次有点评,长期见成效。结合安全生产月主题,开展覆盖全工种技术比武,营造"比、学、赶、超"浓厚学习氛围,发现和选拔技术尖子,充实技术骨干队伍,形成奋发向上的良性循环,见图 6-4-5～图 6-4-8。

图 6-4-5　车辆起复演练

图 6-4-6　"安康杯"技术比武

图 6-4-7　安全生产月专项培训

图 6-4-8　交通条例知识抢答赛

坚持日常检查和故障分析相结合的安全监督检查机制,量化管理人员现场检查巡视标准,及时检查发现设备失修失管现象、员工习惯性违章行动,排查外部环境风险,运用人员教育考核、设备技术改造、协调外围整治等手段,消除事故隐患,控制安全风险。

截至目前,初期运营工作安全平稳、有序开展。

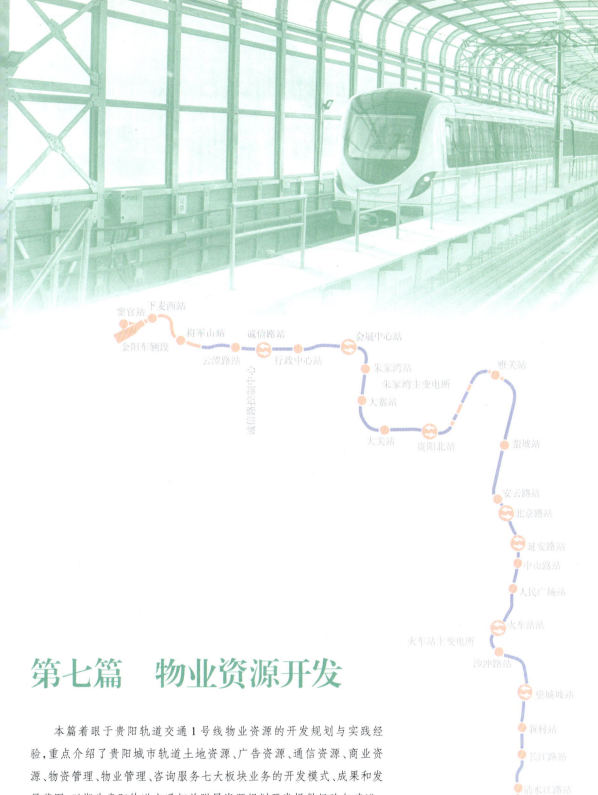

第七篇　物业资源开发

本篇着眼于贵阳轨道交通 1 号线物业资源的开发规划与实践经验，重点介绍了贵阳城市轨道土地资源、广告资源、通信资源、商业资源、物资管理、物业管理、咨询服务七大板块业务的开发模式、成果和发展蓝图，以期为贵阳轨道交通相关附属资源规划开发提供经验与建议。

第 1 章 管理及体系建设

贵阳轨道交通公司自 2009 年成立以来,就已充分认识到城市轨道附属资源潜在的巨大价值,秉承着"依托主业,赢在专业"的资源开发理念,从最初设立了资源开发部及三家全资子公司——地铁置业公司、物资公司、广告公司,围绕"轨道+物业"模式进行了系列房地产、物资设备及广告资源开发经营活动,取得了一定的运作经验,并在实践过程中发现问题、持续优化。

为更好开展物业资源规划、开发、经营及管理等工作,2017 年实现两大全新布局,一是将资源开发部更改为物业(资源)开发总部(简称总部),将之作为全公司物业、资源开发的统筹、规划和经营管理的专职机构;二是吸收合并下属孙公司地铁物业管理有限公司为下属子公司,拓展总公司业务边界范围。至此,贵阳轨道交通公司组织建设了较为完整的物业资源开发体系,物业(资源)开发总部及四个子公司与总公司的管理及体系在保持一致性的前提下相对独立,具有自己的制度建设和管理体系,如此,既能与主业相互沟通协调,又能实现专业化管理,提高物业资源开发的工作效率。

1.1 组织架构

1.1.1 物业(资源)开发总部

1)成立背景

根据总公司到深圳地铁、广州地铁考察、交流物业及资源开发的相关情况,并按照 2016 年研究贵阳轨道大物业事宜专题会的有关安排及 2017 年第 1 次董事会会议精神,2017 年 5 月设立物业(资源)开发总部(以下简称物业总部)。

物业总部具有相对独立的组织架构,且获得贵阳轨道交通公司授权,在一定范围内拥有自主决策权,一方面有利于提高总公司的管理效率,可使总公司决策管理层从日常烦琐的事务解放出来,将精力投入对轨道交通和企业全面发展更为重要的战略层面中;另一方面,在总公司体系下给予物业总部一定的自主决策权,有利于物业总部业务发展和工作效率的提高。

2)组织架构

物业总部现内设 11 个部门,其中履行对内管理职能的有综合部、财务部、合约法规部共 3 个部门;履行对外管理职能的有企划部、前期工作部共 2 个部门;履行经营管理职能的有地铁置业部、资产经营部、广告数据部、物资管理部、物业管理部、咨询服务部共 6 个部门。

现阶段物业(资源)开发总部组织架构见图 7-1-1。

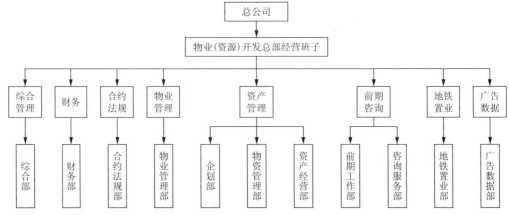

图 7-1-1　物业(资源)开发总部组织架构图

各部门具体分工如下：

(1)综合部根据职能做好物业总部的行政、人力资源、党群工作、监察审计、档案管理工作，防范廉洁风险，确保物业总部内部管理机制规范运行等。

(2)财务部做好物业总部资金计划，审查各业务板块和合约的财务环节实施情况及财务风险，做好资金筹集、供应和使用管理工作及企业项目投资的盈利分析等。

(3)合约法规部制定招标与非招标项目的计划并实施，制定合约的规范、标准，审查总部各板块业务开展和合约执行的法律风险，负责制定和实施与法律事务有关的事项等。

(4)企划部统筹汇总和制定物业总部的发展战略和阶段性经营计划并追踪各部门的执行情况，进行制度归口管理，研究行业发展动态，为物业总部提供战略资料和信息等。

(5)前期工作部依据物业总部发展战略和项目开发时序，负责政府关系协调和手续办理，协调物业总部各业务部门，全面介入新线规划、设计阶段前期工作，负责开拓轨道交通沿线的连通道业务等。

(6)地铁置业部主要负责轨道交通用地红线内，场站与区间地下、上盖及周边建筑结构上难以与主业分割，与轨道线路项目进行统一核算的房地产项目的规划、设计、建设、营销。

(7)资产经营部主要负责制订和实施物业资产的中、长期整体规划，年度经营计划及物业资产管理制度；物业资产的开发及经营策划；总公司持有或享有经营权的经营性资产的登记和管理。

(8)广告数据部主要负责制定和实施广告数据的中、长期整体规划，年度经营计划；广告传媒经营管理、地铁文化传播推广、民用通信建设管理、大数据采集管理和数据资产经营五个方面的工作等。

(9)物资管理部主要负责研究和制定物业总部经营性物资的整体规划，研究城市轨道交通发展各阶段的物资经营模式,协调总公司所辖机构和物资公司的关系,协助处置相关物资等。

(10)物业管理部主要负责建立和制定轨道交通体系及相关产业的物业管理服务的战略发展规划、服务标准体系、考核标准和目标。指导、监督物业公司发展和经营管理等。

(11)咨询服务部主要负责与城市轨道交通有关的设计、建设、运营等综合咨询服务,负责城市轨道交通管理、技术人才的培训工作等。

1.1.2 贵阳地铁置业有限公司

1)成立背景

贵阳地铁置业有限公司(简称贵阳地铁置业公司)于2009年9月1在贵阳市工商行政管理局登记注册,注册资本金1亿元,是贵阳轨道交通公司出资组建的全资子公司,具有房地产开发企业二级资质,公司主要经营范围为房地产开发、销售、出租、土地一级开发。公司原名为贵阳市腾祥城市轨道交通房地产开发有限公司,为突出地铁物业依托地铁主业发展的主场优势,做大做强地铁物业,产生收益反哺主业,于2016年8月正式更名为贵阳地铁置业有限公司(以下简称:地铁置业)。依托贵阳轨道交通发展,回馈贵阳轨道交通建设,承担未来"轨道+物业"开发模式的历史重任,地铁置业在成立之初,就依托轨道交通积极参与轨道站点周边土地的开发、整理、建设工作。

2)组织架构

贵阳地铁置业公司拥有一支专业、实干、战斗力强的员工团队。业务骨干多为拥有多年房地产开发工作实践经验的专业技术人员,具有中高级以上技术职称人数占职工总数的三分之一。公司现设十部(财务部、行政部、人力资源部、合同成本部、开发部、物资采购部、营销部、工程部、质安部、资产管理部)、一室(总工程师办公室)及一参股公司(贵阳地铁物业管理有限公司)。贵阳地铁置业公司组织架构见图7-1-2。

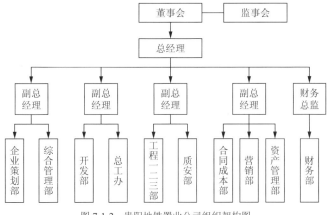

图7-1-2 贵阳地铁置业公司组织架构图

1.1.3　贵阳市盟信城市轨道交通物资设备有限公司

1）成立背景

贵阳市盟信城市轨道交通物资设备有限公司（以下简称物资公司）是贵阳市轨道公司全资注册成立的下属子公司之一，注册成立于 2009 年 8 月，是为贯彻贵阳市人民政府印发《城市轨道交通有限公司组建实施方案》（筑府发〔2009〕39 号）的文件精神及为国有资产保值、增值所发展的第三产业。物资公司自成立以来，在市委、市政府及总公司领导的指导和关怀下，一直按照搭建一个可持续性循环发展的优质融资平台、确保贵阳城市轨道交通建设工作的顺利推进、为贵阳轨道交通公司还贷提供必要的经济后援这一定位目标而不断努力。

物资公司的主要职能是建设物资设备购置计划，物资设备的定编、调配和维护工作，建设过程中的物资管理、市场价格数据库的建立工作，提供合格物资供方名录，建设过程中的机械设备管理，建立健全设备技术档案和质量运行体系，负责机械设备的大修计划、检查、分析和处理工作，保证建设的基本物资供应。

2）组织架构

物资公司现有行政部、财务部、合同部、质量安全部、物资服务部、物资经营部、资源拓展部 7 个职能部门。物资公司组织架构见图 7-1-3。

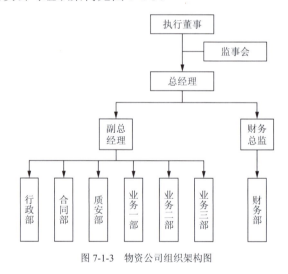

图 7-1-3　物资公司组织架构图

1.1.4　贵阳市信捷科技有限公司

1）成立背景

贵阳市信捷科技有限公司❶是为贯彻贵阳市人民政府印发的《城市轨道交通有限公司

---

❶ 原为贵阳市信捷城市轨道交通广告通信有限公司，以下简称：信捷科技。

组建实施方案》的通知(筑府发〔2009〕39号),于2009年8月18日,由贵阳轨道交通公司全资组建的子公司,负责贵阳城市轨道交通沿线及站点相关广告媒体的建设和运营;形成轨道交通自有媒体集规划、开发、管理合运行一体化的可持续性发展模式,为轨道交通的融资及运营,提供有效的经济后援。

2)组织架构

信捷科技组织架构见图7-1-4。

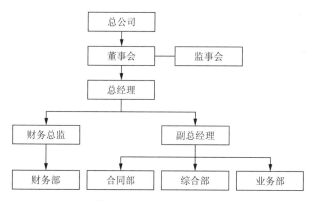

图7-1-4 广告公司组织架构图

1.1.5 贵阳地铁物业管理有限公司

1)成立背景

2011年8月30日,贵阳地铁物业管理有限公司❶经贵阳市工商行政管理局批准成立,同年11月由贵阳市住房和城乡建设局批获物管企业三级资质,是贵州省物业管理协会常务理事单位、贵阳市物业管理协会会员单位。

2017年6月3日,为了在贵阳市轨道交通公司统一体系下形成协同管理效应,快速形成联动反应,确保地铁正常运行,同时为了实现业主资产的保值增值和物业服务价值的最大化,为业主品牌做好支撑,物业公司完成增资扩股的工商变更手续,由原地铁置业全资子公司升级为贵阳市轨道公司控股子公司,并更名为贵阳地铁物业管理有限公司,注册资本1000万元。其中,贵阳市轨道公司出资700万元,占70%股权,地铁置业原注册资本金300万元全部转为增资后注册资本金,占30%股权。

2)组织架构

(1)物业公司现有人力资源部、综合部、财务部、品质督导部、前期部、合约法规部6个职能部门。

(2)物业管理项目有迈德国际物业服务中心、金阳车辆段物业服务中心、湖山郡营销中

---

❶ 原为贵阳地铁置业物业管理有限公司,以下简称:物业公司。

心 3 个。

物业公司组织架构见图 7-1-5。

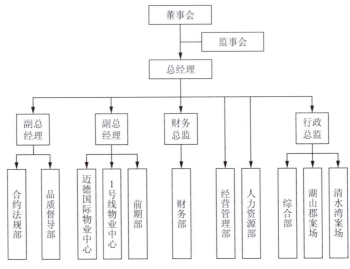

图 7-1-5 物业公司组织架构图

1.2 制度建设

在贵阳市轨道公司相关管理制度的体系下,物业总部及各子公司结合工作实际,制定了适用于自身业务开展需求的制度。

1)档案资料管理

为加强 1 号线物业、资源规划、开发及管理等资料的管理,根据《企业文件材料归档范围和档案保管期限规定》(国家档案局 10 号令)、《归档文件整理规定》(DA/T 22—2000)等有关规定,结合工作开展实际,档案资料的形成、积累、整理、归档以建设工程开始为起点,根据进程及时整理,归档,保证资料及时、准确、完整。

档案管理根据 1 号线物业、资源规划、开发及管理等资料的形成内容、保管期限分门别类登记保管,确保系统化、条理化和标准化,由物业总部及子公司自行建立档案管理细则,将需要归档的文件按类别和时间顺序排列、装订、编写页码、编制电子目录,由专职档案人员负责整理、立卷、分类、分保管期限、编制目录、装盒。

2)合同管理

为了加强各项目招标及合同管理,明确各相关部门在管理工作中的职责,提高管理水平,根据国家、省市、行业相关法律法规,遵照贵阳市轨道公司相关制度,结合物业、资源开发工作需要,制定合同管理、招标管理等制度,同时在遵照总公司合同管理工作流程的基础上,结合物业、资源工作的实际,制定符合物业总部及子公司自身的工作流程。

3）财务管理

财务制度是实现企业目标的财务保证和基础保障,建立完善的财务制度,可使财务工作规范化,能够指引财务管理工作的方向,保证企业正常核算经营成果,促进财务管理的有效性、规范性。总部及子公司参照贵阳市轨道公司财务制度,结合物业资源开发的业务性质,拟定了既与总公司统一,又适用于各自业务实际情况的财务制度。

4）业务制度

为了业务的顺利开展,总部制定了涉及资产租赁、物业移交、平面广告媒体发布及画面审批、轨道交通场站接口等多项业务制度,力求在日常经营、管理工作中做到有制可依、有规可守。

地铁置业根据业务工作实际,制定了涉及工程施工、质量安全、销售管理、营销策划管理及客户关系等方面的多项制度。

物资公司为完善企业管理制度,于2015年对公司各部门历年制定的管理制度共计53条进行首次汇编。并于2016年后依照集团下发的有关规定制度及实际经营、管理过程中不断总结的经验,多次对管理制度进行了增加、修编。不断完善制度建设,更好地指导公司各项工作,规范职工工作作风。

广告公司制定了部门经营业务管理办法、供应商评价管理办法、施工现场管理及验收制度、机房设备及电子办公设备管理办法等。

物业公司制定了包含安全管理作业文件、操作性文件在内的质量管理体系文件58项。另外,为贵阳轨道交通站、场、段管理制定了专门的指导书及作业标准,包括车站管理作业指导书、列车清洁作业指导书、隧道清洁作业指导书、夜间管理作业指导书、车站保洁作业标准5项,综合管理类制度76项,共139项。

第 2 章 土地资源开发

以 1 号线 TOD 规划对贵阳市城市宏观战略分析和对贵阳市整体发展的带动为出发点，结合对贵阳轨道交通 1 号线沿线地区用地潜力、相关规划及发展条件等分析，以产生良好社会效益及企业经济效益为目标，市轨道公司对 1 号线沿线土地进行了多维度开发，本章将详细介绍 1 号线沿线地区综合开发规划主要内容、土地一级开发情况及房地产开发项目，以展示 1 号线沿线土地开发的完整思路，并根据贵阳 1 号线土地资源开发实际遇到的问题提出意见和建议。

2.1 轨道交通 1 号线沿线地区综合开发规划

2.1.1 项目背景

为充分发挥轨道交通"TOD"效应，统筹好轨道交通沿线土地一、二级开发，广、通、商、视讯等综合开发，减少轨道交通升值效应外溢，避免轨道交通车站引起"局部土地开发利用强度—城市基础设施超负荷—引起梗阻"的负面效应，实施好"轨道+物业"模式下的"建设+运营+物业开发"三足鼎立的发展战略，通过综合物业开发产生收益反哺轨道交通建设与运营，促进轨道交通可持续发展。按照市政府工作安排，由市规划局负责技术把关，贵阳市轨道公司负责具体履行项目管理行为，开展了轨道交通沿线地区综合开发规划研究工作，工作方法如图 7-2-1 所示。

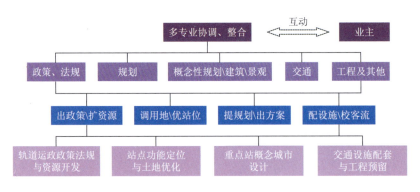

图 7-2-1 工作方法

技术路线如图 7-2-2 所示。

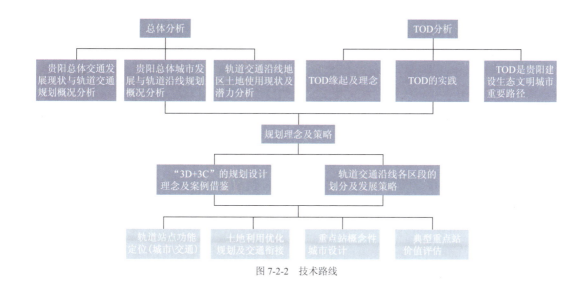

图 7-2-2　技术路线

2.1.2　综合开发规划主要内容

1号线综合开发规划主要内容包括三部分（图7-2-3）：

①轨道沿线地区土地利用规划与重点站城市设计；

②轨道沿线地区控制性详细规划；

③综合开发政策与技术保障研究。

1）土地利用规划与重点站概念设计

（1）潜力分析

通过对轨道交通1号线沿线车站800m半径、区间左右两侧500m，共约51km² 范围的土地利用现状与土地利用规划、城乡规划建设用

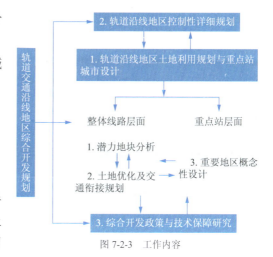

图 7-2-3　工作内容

地现状与规划、土地权属现状、在建拟建项目情况进行调查和土地发展潜力分析，合理确定了1号线沿线地区具有开发价值的一、二类用地共22.5km²（其中，一类用地16.2km²，二类用地6.3km²）。三类用地有5.1km²，因用地征收难度及投资极大，暂不计入。

（2）轨道站点地区功能定位

结合贵阳市空间结构特征与分类原则的要求，综合考虑特定空间结构下的区位、功能、交通、不开发强度、用地比例的分级等，规划提出贵阳轨道TOD分为四大类：枢纽型、城市型、社区型、特殊型。

轨道交通1号线共25座车站，其中枢纽型站点3个，市级城市型站点7个，片区级城市型站点5个，社区型站点9个，特殊型站点1个。

(3) 土地优化

土地利用优化方案以轨道交通1号线沿线两侧各500 m范围土地资源开发潜力分析为基础,在梳理轨道沿线地区在城市整体发展中的定位和发展目标的基础上,对各个站点进行深入的现状分析解读和相关规划深化研究。从TOD的角度对轨道沿线地区特别是重要站点周边地区的城市功能提出发展建议,提出针对性的优化策略和土地优化建议。

(4) 道路交通衔接规划

规划形成以轨道、公交为核心,以步行交通为主体的轨道沿线地区交通组织模式,逐步改造站点周边生活街巷,打造站点周边的步行网络,规划对外交通枢纽3处,市内主要客运交通枢纽3处,预留公交首末站10处,P+R停车场4处。

(5) 重点站城市设计

重点站概念性城市设计主要工作内容为重点站的用地功能细化、空间形态概念性规划设计、轨道站点交通衔接规划等内容。结合用地规划、潜力分析及未来贵阳建设需要,规划确定了1号线11个重点站(下麦西站、将军山站、大寨站、雅关站、安云路站、北京路站、延安路站、贵阳火车站、沙冲路站、清水江路站、场坝村站)、小河停车场及窦官车辆段。

2) 轨道沿线地区控制性详细规划

结合"多规合一",依据《贵阳市控制性详细规划管理办法》,按照控制性详细规则(以下简称"控规")总则编制深度要求,完成对轨道1号线沿线24个站及窦官车辆段的控规编制。控规通过对沿线用地情况梳理,划定沿线控制范围,定位站点功能,组织周边交通衔接、落实空间管制内容、指导城市设计,提出容量控制指标范围并预留弹性空间。控规为下一步具体地块细则编制提供规划依据和指标参考。

3) 综合开发政策及技术保障研究

结合国内城市轨道交通物业、地下空间、广告、民用通信、一卡通开发特点及相关开发政策环境,借鉴国内其他城市的开发模式,结合贵阳市综合开发环境及经济环境分析,提出适合贵阳轨道交通综合开发的开发模式建议。主要包含以下内容:

(1) 地铁沿线物业开发模式研究;
(2) 地铁地下空间、车站商业开发模式研究;
(3) 地铁广告开发模式研究;
(4) 地铁民用通信开发模式研究;
(5) 城市一卡通开发模式研究。

2.2 土地一级开发

1) 下麦西站地块

地块位于观山湖区金朱西路与规划金湖路交叉口东南侧,规划用地性质为商务金融及其他商服用地，规划总用地面积为26593m²，下麦西站地块示意见图7-2-4。资产已于2017年3月转让至贵阳地铁置业公司，土地作价出资工作已全部完成。

图 7-2-4　下麦西站地块示意图

2）窦官车辆段地块（A-01、A-03、A-04、A-05-02 地块）

地块位于观山湖区金湖路以西，北临金朱西路，西至规划路，南侧为轨道交通窦官车辆段。规划用地性质为商服、住宅兼容商业，此地块划分为 A-01、A-03、A-04、A-05-02 共 4 个地块，规划总用地面积为 221940m²，地块示意见图 7-2-5。资产已于 2018 年 4 月转让至地铁置业，土地作价出资工作已全部完成。

图 7-2-5　窦官车辆段地块示意图

3）窦官车辆段西侧地块（A-05-01 地块）

地块位于窦官车辆段西侧（图 7-2-6 中 A-05-01 地块），规划用地性质为住宅兼容商业，规划总用地面积为 104392m²。拟计划结合市场需求和邻近地块销售情况对该地块进行适时开发。

图 7-2-6　窦官车辆段西侧地块编号图

4）窦官车辆段车辆总装基地工业地块

地块位于窦官车辆段南侧（图 7-2-6 中蓝色区域地块），原规划用地性质为工业用地，规划总用地面积约 11 万 m²。目前正在开展集体土地报批和征收工作，拟计划结合市场需求和邻近地块销售情况对该地块进行适时开发。

5）清水江路站地块

清水江路站地块位于经开区清水江路与浦江路交叉路口，清水江路以南。规划浦江路延伸段穿项目用地而过，分为东西两个地块。规划用地性质为住宅兼容商业，规划总用地面积约 38911m²，清水江路站地块示意见图 7-2-7。目前正在进行土地一级开发成本审计，预计在 2020 年前完成项目建设任务。

图 7-2-7　清水江路站地块示意图

2.3　房地产开发

现阶段，已完成项目迈德国际一二期（23.3 万 m²）、湖山郡 Y+ 公寓（约 6.5 万 m²），总计约 30 万 m²，已开始建设湖山郡一期（约 8 万 m²）、清水湾一期（约 7.5 万 m²），总建面约 15.5 万 m²。

2.3.1　地铁上盖物业开发

1）下麦西 Y+ 公寓

下麦西 Y+ 公寓位于观山湖区金朱西路站，总体量约 6.5 万 m²，与轨道交通 1 号线工程下麦西站结合设置,零距离接驳地铁站,无障碍通达全城,项目效果图见图 7-2-8。

项目中有车站、商业、LOFT 公寓三种建筑形式,地铁置业利用地铁站大量乘客过站优势,注重地铁客流与商业用房的紧密结合,配置特色餐饮、品牌商店、中小型便利店、娱乐休闲设施和办公等多种业态,将下麦西站地铁上盖物业项目——Y+ 公寓打造成功能多样、空间舒适的小区域交通枢纽站。在提供便利交通、居住、办公需求的同时,极大地提高了物业的商业价值。

2)贵阳地铁清水湾·项目——首席"地铁上盖"综合体

贵阳地铁·清水湾项目位于小河经开区清水江路与浦江路交叉口,清水江路站地铁上盖综合体(贵阳首个轨道交通综合体),毗邻三江口森林公园,区位优势明显,项目效果图见图 7-2-9。

图 7-2-8 下麦西 Y+ 公寓实景图

图 7-2-9 贵阳地铁·清水湾项目效果图

项目涵盖精品酒店、高级 LOFT 公寓、购物中心、高层景观豪宅,吃喝玩乐、居住、投资、购物、出行一站式解决。项目外形设计极具线条感和人性化,将成为小河区域内的地标项目。

2.3.2 线路周边土地房地产项目规划开发

1)迈德国际项目——贵阳"轨道+物业"开篇力作

迈德国际项目由相关办证服务大厅、轨道控制中心、5A 甲级写字楼、精品酒店及相应的商业配套组成,机动车停车位达 2200 余辆,配置了德国蒂森电梯、远大新风中央空调、各种康体健身配套等设施,堪称贵阳最好的写字楼集群之一,项目效果图见图 7-2-10。

迈德国际面世以来,以优越的轨道交通资源和自身的高配置吸引了众多企事业入驻,目前入驻迈德国际的有贵阳市不动产登记中心、

图 7-2-10 迈德国际项目效果图

贵阳市房地产交易中心、贵阳市城市轨道交通有限公司、贵阳轨道交通运管中心、贵阳市公共交通（集团）有限公司、贵州省招标有限公司、贵阳住房投资集团有限公司、贵州轮胎进出口有限责任公司、中铁十二局贵阳分公司、中国国际工程咨询有限公司、广州中咨城轨工程咨询有限公司、贵州华城楼宇科技有限公司等知名企业。

2）湖山郡，贵阳"轨道生活样板"社区

贵阳地铁置业公司依托1号线窦官车辆段周边土地，策划启动"贵阳地铁·湖山郡"项目。湖山郡项目位于观山湖区窦官车辆段旁，总建设面积近80万 m^2，定位为观山湖地铁小镇，集低密度洋房、高层住宅、公寓、精品酒店、风情商业街为一体，致力打造成为贵阳首席轨道生活样板项目，项目效果图见图7-2-11。

a)

b)

图 7.2-11　湖山郡项目效果图

湖山郡项目坐拥1号线窦官站、下麦西站两个站点，轨道交通资源独一无二。同时项目毗邻百花湖，风景优美、空气清新、配套完善，将成为市民改善性需求的不二之选。同时项目充分依托了轨道交通带来的便捷交通优势，将过去偏远的地区变成离尘不离城的舒适生活居住之地，这将是地铁改变贵阳，轨道交通改变生活的典范作品。

2.3.3　轨道交通场站接口

轨道交通1号线车站与周边物业现阶段共开设接口的项目有5个，分别为会展中心站与中天会展城接口项目、北京路站与六广门体育文化综合体接口项目、北京路站与人民大会堂二期工程接口项目、中山路站与恒丰步行街接口项目、北京路站与银海元隆广场项目，目前已收到物业接口费1200万元，预计全线能收取物业接口费约4000万元。

2.4　土地资源开发经验及总结

（1）轨道主业与物业开发时序的问题及建议：

由于轨道规划建设在前，而物业配套开发由于市场、土地手续办理等原因相对滞后，两者在建设时序、交付时间上存在较大矛盾。一般轨道建设工期紧张,开通试运行、试运营的压力大。为不影响轨道建设的进度,建议在以后的物业开发中:一是尽可能在轨道线规划前期介入,确定物业开发方案;二是与轨道同步办理土地征收、作价出资等前期手续,为物业和轨道主业同步实施创造条件;三是如两者难以同步实施,则应在轨道及物业开发方案阶段密切配合,尽量做到主体结构脱开,减小相互影响。

(2)关于结合轨道建设,合理统筹轨道和物业开发项目市政给排水管网等市政管线接入和高压线、天然气长输管线等改迁的问题及建议:

目前公司物业开发项目均按轨道+物业模式进行开发,物业开发地块与轨道站点临近,在市政给排水管网等市政管线接入和高压线、天然气长输管线迁改等方面的需求一致。故建议轨道或物业开发项目中先实施者,可合理统筹安排,避免可能存在的相互的影响,以及重复迁改和二次接入,既经济又节省工期。

(3)土地使用权作价出资手续办理的问题及建议:

目前,物业开发项目的土地均为土地使用权作价出资获得,但是由于手续办理时间较长,影响项目的土地、规划以及建设。在后续的沿线土地物业开发项目的实施过程中,可在轨道线规划前期介入,尽量将土地作价出资手续前置,为后续项目开发争取更多的时间。

第 3 章 广告资源开发经营

广告媒体资源经营,主要指地铁站内和列车车厢内设置的固定形式和非固定形式的广告媒体,其开发具有实现资源经营收益、创造良好的社会效益、承担文化推广传播、实现企业可持续健康发展等多重使命。贵阳轨道交通 1 号线以平面广告媒体为主进行设计开发,主要媒体形式分为常规媒体和非常规媒体两类。

3.1 广告媒体设施形态

(1)常规媒体:是指业主许可于经营线路内设置的固定形式或规格的广告媒体,具体包括:广告灯箱、梯牌、梯楣、车内画框等。常规媒体案例展示见图 7-3-1。

图 7-3-1 常规媒体:品牌入口与梯牌

(2)非常规媒体:是指业主许可于经营线路内设置的非固定形式或非固定规格的广告媒体,具体为:墙贴、玻璃贴、立柱贴、屏蔽门贴、梯间贴、展台、展架、车内贴和车内拉环等。非常规媒体展示案例见图 7-3-2、图 7-3-3。此外,将商业价值较高的 6 个站点,即行政中心站、会展中心站、贵阳北站、延安路站、中山路站、人民广场站,预留可由经营单位自行承建的 13 处新媒体开发位置,预留位置尺寸为 5.1m×2.87m。

图 7-3-2 非常规媒体:品牌大厅与包柱

图 7-3-3 常规媒体 + 非常规媒体组合:墙贴

3.2 广告资源的经营

1）招商计划背景情况

1号线沿线途经区域用地开发成熟度较高,具有人流量大,广告价值较高的特点,通过对轨道交通1号线广告资源进行合理经营,形成相对稳定的广告资源经营收益后,能够减轻轨道交通运营的资金压力。

2）经营思路

为了广告资源定价决策有据可依,为有利于后期其他线路广告资源开发的统筹及规划,提升贵阳市轨道公司运营状况,同时为各个站点的广告位设置提供优化判断的依据,2017年6月贵阳轨道交通公司启动1号线广告价值评估工作。在评估报告编制完成后,贵阳市轨道公司邀请轨道交通行业内的相关专家进行评审,并将评审结果提交市国资委、市政府备案,作为1号线广告资源的参考底价,开展下一步工作。

1号线广告采取经营权承包的招商模式,该模式由贵阳市轨道公司作为轨道交通广告资源业主,按运营线路对平面广告资源进行整体打包,采取公开挂牌方式,将平面广告经营权作价转让给广告运营商,由广告运营商负责经营,并按照经营年限向业主方缴纳相应的广告经营权费。该模式具有管理成本低、收益稳定等优点。

3）经营现状

根据设计院出具的"贵阳轨道交通1号线工程"工作联系单为基准,1号线传统广告资源主要分布在25个车站,12封灯箱数量暂定1484个,梯楣灯箱69个,梯牌1795个,多媒体大屏幕13个。

通过对平面广告媒体资源经营权公开挂牌招商,获得约5亿元的成交价,广告资源的经营取得了首战告捷的成绩。

3.3 广告资源经营的管理

为实现城市轨道交通车站内广告媒体资源的统一管理及有序发布,创造安全、整洁、舒适的乘车环境,同时提升地铁广告媒体资源整体价值,根据国内城市轨道现有的经营经验,结合贵阳城市轨道自身的实际情况,在进行平面广告媒体招商工作的同时,开展管理制度系统的建立工作,主要包含以下几个方面:

1）地铁运营优先

因地铁的特殊性和公益性,广告经营活动必须保证地铁运营优先的原则。经营单位承诺并同意在理解和实施经营合同项下的任何条款时优先考虑经营线路的安全高效。贵阳市轨道公司保留因地铁建设及运营需要永久或临时(视需要而定)终止、调整或删减部分已移交经营单位经营的平面广告媒体资源的权利,经营单位应无条件服从并按贵阳市轨道公司书面指定的时间内提供相应的场地给贵阳市轨道公司使用。

经营单位认可并同意平面广告媒体资源的经营须配合经营线路的客运服务,避免与经营线路内的任何其他系统造成冲突、干扰、对乘客造成滋扰或其他消极影响。经营单位应就贵阳市轨道公司提出的对平面广告媒体资源经营、维护进行变更的合理要求做出积极回应,及时提出方案并解决。

贵阳市轨道公司有权根据实际情况为检查、维护和修复经营线路的任何部分或为保证经营线路的安全、高效及高水平运营进行任何行为或事情,包括中断经营线路的运营及关闭经营线路的任何车站。

经营单位设计及规划发布的非常规广告不应遮挡、移动、改变站名、应保留营运安全指示、向导指示,且经营单位在非常规广告施工前必须取得贵阳市轨道公司对该方案的审核,同时要符合1号线平面及多媒体广告发布细则、运营及维护标准的要求。

2)公益广告发布及贵阳轨道自身信息发布的保留

公益广告是指各级党政机关利用贵阳地铁广告媒体资源进行宣传,是不以获取经济利益为直接目的性的宣传,而是以服务社会公众切身利益、倡导良好社会风尚、宣讲国家方针政策为目的的社会宣传。通过自身宣传发布贵阳轨道宣传的信息。

经营单位须在经营期内保证不低于各类常规媒体总量的15%用于发布公益广告、贵阳轨道自身的信息。如果15%的媒体不能满足政府对于公益广告的要求时,以政府的规定或要求为准。经营单位负责公益广告有关的设计、制作和上下画,并承担相应的费用。

如政府部门对公益广告发布的站点、位置有具体要求,须按照政府的要求执行,经营单位须无条件接受。如该指定的位置已出售,经营单位须收回该位置发布公益广告,自行解决与广告客户的广告发布事宜。

根据轨道交通运营工作需要,经营单位须按照贵阳市轨道公司指定的主题开展主题车站及主题列车活动,主题活动范围为:每年2个车站及2辆列车,每站、每车活动周期不少于4周。经营单位需无偿提供该区域和列车的使用权,负责有关的设计、制作和上下画,并承担相应的费用。

3)广告内容管理

经营单位从事广告经营活动,应当遵守《广告法》等适用法律、行政法规、规章,遵循公平、诚实信用的原则。这些遵守行为包括:

①广告应当真实、合法,符合社会主义精神文明建设的要求;

②广告不得含有虚假的内容,不得欺骗和误导消费者;

③广告内容应当有利于人民的身心健康,促进商品和服务质量提高及保护消费者的合法权益,遵守社会公德和职业道德,维护国家的尊严和利益;在广告发布之前,经营单位应将广告样稿送达贵阳市轨道公司审批,贵阳市轨道公司有否决的最终权利。

4)安全制度

经营单位在广告资源经营过程中必须严格遵守法律法规、政府政策及贵阳市轨道公司规定的各项安全管理制度和规范。必须遵守城市轨道运营单位的各项安全管理制度和规范,广告的安装调试及维护等相关工作计划应提前报城市轨道运营单位审核批准后方可实施。建立和完善安全责任制度,建立安全生产保证体系,保障广告资源安全和稳定运行和服务,防止责任事故发生。所有广告设施及与之相关工作均不得对城市轨道运营安全服务和乘客造成影响。

经营单位要加强广告设施的安全巡检,消除安全隐患。广告设施故障影响城市轨道运营服务及美观的,必须在24小时内整改。对危及广告资源安全的案情应及时制止,并报告有关部门,同时应进行宣传、解释、劝阻和书面告知违反约定的单位或个人进行整改。对逾期不改的,经营单位向贵阳市轨道公司书面报告。如法律法规要求经营单位向有关政府部门报告的,经营单位须按法律法规的要求执行。

经营单位应为雇员、代表或第三人提供适当的安全培训,包括参加贵阳市轨道公司组织的经营线路安全培训课程,贵阳市轨道公司有权按该课程的培训成本向经营单位收取适当费用。

3.4 广告资源开发经营经验及总结

通过对1号线广告资源开发经营开展的经验和教训进行总结,提出了"四个同步":

1)策划同步

广告媒体的策划方案应与线路车站规划同步,提前规划媒体形式和数量,并落实项目建设资金。同时,不能只是简单追求广告业务的"独大",应当提前考虑线路广告、通信、商业、资讯等资源业务统筹策划、平衡发展,使资源业务整体利益最大化。

2)设计同步

广告媒体的设计在车站土建设计时开始考虑,在装修设计时明确。

在设计方面,一是应当严格遵守运营服务优先的原则。二是要根据站级不同进行差异化设计:综合分析客流量、乘客属性、商圈环境等因素,界定站点级别。站点级别不同,媒体设置的类型和数量不同,原则上站级越高的站点设置的媒体越高端,数量越多。三是根据乘客视觉习惯设置媒体,例如:灯箱距站台完成面的高度需要处于乘客视线中心点附近,灯箱间距约为2~2.5m,可避免间距过小导致不同画面相互干扰,又可避免间距过大导致同一画面连续发布的效果减弱。

3)建设同步

将广告媒体建设纳入车站装修工程,与车站装修同步进行,多方协作,共保质量。需要资源部门统筹协调,关注媒体设置、关注设备质量、关注安装质量;运营部门关注设备质量、关注安装质量;广告经营单位提供媒体设置建议、参与检查验收。

4）开通同步

在线路全线开通前,需要提前实现广告资源的检查验收、媒体销售、审批、上画、清洁、亮灯,保证广告媒体与轨道交通全线运营同步开通,避免出现广告窗口长时空档或是大量施工影响正常运营等情况出现,利于树立轨道交通广告资源的良好形象,也利于资源二次招租时的保值增值。

第 4 章 通信资源开发经营

通信资源作为城市轨道附属资源,其开发利用具有面向广大乘客提供优质的通信与信息服务、创造良好的社会效益、实现经济价值、促进城市轨道交通事业可持续发展等多重使命。依托建设、运营主业,积极提升通信服务质量、广拓业务渠道、创新模式创造价值是通信资源开发经营的根本目标。

4.1 通信资源形态

轨道交通 1 号通信资源主要包括:
(1)民用通信信号覆盖。
(2)民用通信传输。
(3)银行自助设备(ATM)。
(4)自助贩售设备(VEM)。
(5)移动互联网(WiFi)。
(6)网络媒体。

4.2 通信资源开发现状

4.2.1 民用通信信号覆盖

民用通信是地铁系统里的一大独立系统,承担着为乘客提供及时信息交换等服务的责任,随着地铁在公共交通中重要性的突显,市民对地铁的关注度不断上升,乘客对地铁内的通信要求越来越高,为乘客提供便捷高效的通信服务已经成为地铁增值服务中不可或缺的一部分。

贵阳轨道交通 1 号线民用通信覆盖系统提供在贵阳轨道交通 1 号线轨行区间、站厅、站台、联络通道、车辆段、停车场范围内地面及地下空间所涉及的承载电信运营商基础业务的民用移动通信覆盖服务。采取由贵阳市轨道公司与中国铁塔股份有限公司贵阳市分公司(以下简称:中国铁塔贵阳公司)合作共建的方式进行。

2014 年 12 月起,贵阳市轨道公司与中国铁塔贵阳公司就实现站厅站台、桥隧、站场工作区的民用通信信号覆盖,组织了多次专题会议,对传输系统、无线引入及覆盖系统、电源系统、集中告警系统、有线通信、机房配套设施及管线通道相关问题进行了研讨。

2016 年 10 月,签订"贵阳轨道交通 1 号线民用通信设备及地下空间租赁合同"。贵阳市轨道公司在贵阳轨道1号线范围内,向中国铁塔贵阳公司提供地下空间租赁及机房环境,包括:民用通信机房空间、轨行区间设备、轨行区间敷设线缆空间、室分设备空间、管线通道空间、空调环境使用、消防环境使用、机房照明使用、机房安防设备使用。轨道交通1号线民用通信空间占用及资源为有偿使用方式。

2017年8月4日,举办了贵阳市地铁民用通信网络开通仪式,标志着贵阳轨道交通1号线首通段民用通信网络覆盖项目全面建成。1号线首通段累计新建基站和室内分布24个,实现了移动、电信、联通三家运营商2G、3G、4G网络在地铁内的全覆盖,市民在乘坐地铁时既可通话又能顺畅上网。

4.2.2 民用通信传输

民用通信传输系统将地铁站场、物业连成了一个完整的、独立的通信体系。贵阳轨道交通1号线工程民用通信传输系统能迅速、准确、可靠地传送民用通信各系统所需的各类信息。该系统应采用技术先进、安全可靠、经济实用、便于维护的光纤数字传输设备组网,并具有自愈环保护功能。传输系统制式采用基于MSTP-10G的多业务传输平台。在全线各车站和管理中心设置一套光传输系统,构成传送语言、文字、数据和图像等各种信息的综合业务传输网。光传输系统容量为10Gb/s。

民用传输系统具备多种业务接入功能,为民用无线、民用电源监控等系统提供可靠的、冗余的、可重构的、灵活的信息传输及交换信道。系统具有集中维护管理功能,采用简明、直观的维护管理界面和系统安全机制,监视每个传输节点主要模块和用户接口模块的工作状态,可提供声光报警和打印告警数据。在控制中心配置网管设备,提供完善的网络管理功能。

民用网络交换系统在车站和控制中心民用通信机房分别设置本线车站、中心接入层节点设备,在车站物业层(或物业区)设置分布接入层节点设备,同时敷设相应的网络数据光电缆及安装网络插座。车站接入层节点设备主要是车站网络交换机,中心接入层节点设备主要是包括中心相关服务器、网管服务器、网络交换机,车站分布接入层节点设备主要是用户网络交换机和光电缆配线装置。车站物业层的网络插座60个,车站小物业区的网络插座12个,车站大物业区的网络插座24个。各车站的接入层节点设备通过民用通信传输系统提供的数条10Mb/s/100Mb/s/1000Mb/s总线形以太网传输通道,接入以控制中心引入点接入层设备,建立的本线民用网络交换系统。在有银行房间的车站敷设地区光缆,按照需求从车站民用通信机房到银行房间敷设2根8芯光缆。

4.2.3 银行自助设备(ATM)与自助贩售设备(VEM)

1)自助设备场地租金价值评估

为做好贵阳轨道交通1号线自助设备场地资源经营工作,贵阳市轨道公司委托北京中天华资产评估有限责任公司对 1 号线自助设备场地租金进行了资产评估。评估采用市场比较法得出为委估资产基准日租金,然后根据影响租金因素预测出未来年度租金,再根据租金进行折现得到租赁年限委估资产租金于评估基准日的价值,最后根据约定方式确定未来租金收取方案。评估基准日为 2017 年 7 月 31 日。评估程序包括:清查核实、实地查勘、市场调查和评定估算等评估程序。

2)银行自助设备(ATM)场地使用权招租

根据贵阳轨道交通 1 号线设计预留,车站银行自助设备场地设置 54 处。按照《贵阳轨道交通 1 号线车站银行自助设备场地招租方案》(项目编号:WYZYZB-2018-003),分两个标段进行招租,承租方负责在租赁范围内设置自有的银行自助设备,开展相关金融服务,租赁期设置为 5 年,共设置 54 台 ATM 银行自助设备。

通过公开招拍挂后中标价达到预估目标。

3)自助贩售设备(VEM)

1 号线共预留车站自助贩售设备场地 54 处,自助贩售设备经营范围拟包括:饮料、预包装食品、日用百货、纪念品礼品、自助拍照等。后续,拟结合《"轨交数据中心"建设规划》《贵阳轨道"互联网+交通"大数据产业发展方案》开展招商、合作。

4.2.4 移动互联网项目(WiFi)

发展智慧城市,是我国促进城市高度信息化、网络化的重大举措和综合性措施,也是转变城市发展方式、提升城市发展质量的客观要求。移动互联网作为智慧城市的重要组成部分和基础设施,应加速建设实现全覆盖以推动智慧城市的发展进程。目前上海、广州、深圳、中国香港、武汉、昆明、青岛均已建设、运营地铁移动互联网项目,贵阳作为创建国家级大数据产业发展集聚区的城市,在轨道交通方面也充分考虑了为乘客提供安全、便捷、快速的上网服务。

在避免干扰 CBTC 无线系统及地铁其他 ISM 频段设备的前提下,建设贵阳轨道移动互联网项目,可为乘客免费提供无线互联网接入和地铁运营信息服务,能满足乘客和轨道交通本身对有轨道交通移动数据应用的需求,还可以实现对乘客上网数据的采集分析,利用大数据拓展增值业务。

贵阳轨道移动互联网应用项目包括贵阳轨道交通 1 号线、2 号线一期车站站台、站厅和轨道交通客运车辆空间(含新增车辆)的移动互联网系统,以及合同期内贵阳市轨道公司负责组织建设、运营、经营的新增线路及延长线站台、站厅和轨道交通客运车辆空间的移动互联网系统。网络系统不但包括控制中心子系统、车站子系统、车载子系统、有线传输网络和车-地无线传输网络的系统,也包含实施范围内移动互联网系统的建设、维护和运营。

该项目于 2016 年 7 月 6 日进行公开招标,中标价为 3.6 万元/(站·年),合同期为 10 年,自合同生效之日起计算。中标人需承担系统的设计、设备及工程材料的供货、安装、接线、调试、联调、验收、开通、培训、售后服务工作。施工完成后可向乘客提供 WiFi 服务。

4.2.5　网络媒体

为加强与市民的互动沟通,普及轨道交通相关知识、宣导轨道交通相关政策、促进市民对轨道交通建设理解和认同,2009 年起成立了贵阳市轨道公司网站,并陆续针对贵阳市轨道公司网站进行了改版、注册,运营了官方微博(新浪微博)、微信公众号(订阅号),目前,关注网友逾 14 万人,达到了一定的宣传效果,为后期资源开发奠定了基础。

4.3　通信资源开发经营经验及总结

民用通信信号覆盖领域,未来拟沿用目前模式,与民用通信开发商进行持续地共建合作,共建以面向乘客提供通信服务为主要目标的通信系统。收益仍然通过收取资源占用费用的模式收取。

依托地铁线路的民用通信传输未来可通过招商、合作等模式,为地铁商户、上盖物业、周边物业提供语音、数据承载服务,后续可进行开发或合作开发的业务包含而不限于:各车站的多媒体终端系统;各车站的银行视频信息、业务数据;各车站商铺的固定电话、互联网业务;贵阳轨道交通公司自有物业、地铁沿线物业的互联网宽带业务等。

近年来,移动支付产业高速发展,大众支付习惯也趋向"无现金"化,地铁站内银行自助设备的经营价值也将遭遇前所未有的冲击。建议根据后续线路的招租情况,及时调整待建线路设计和资源招商方案,避免资源空置。

网络媒体可拟合图、文、声、像等多种宣传形式,制作、投放周期短,易于实施和推广。且具有传统媒体不具备的交互性,传播实效能够跟踪和衡量。未来,可作为地铁企业形象展示、文化推广、文创产品销售和广告发布的线上平台。

依托物联网、传感器技术,创新开展基于互联网的多元化地铁服务。将自助贩售设备(VEM)、移动互联网(WiFi)、站点视频监控、设备监控等数据源统一规划、整合,结合《"轨交数据中心"建设规划》《贵阳轨道"互联网+交通"大数据产业发展方案》,多维度采集轨道交通自身建设、运营系统的数据资源,结合多元化、动态的出行特征信息、客流分布与强度信息、居民消费能力与行为特征等信息,对上述各类数据信息进行整理、配对、清洗、提炼,通过大数据分析、应用、经营的方式,切实改进地铁运营服务质量、提升效率、减少能耗。远期实现对轨道交通产生数据资源的经营,形成由贵阳轨道交通公司拥有并控制,能够产生经济效益的数据资产,将通信资源作为数据资源的基础设施,统一到公司大数据产业发展战略上来,创新新应用、实现新发展。

第 5 章　商业资源开发经营

通过研究国内地铁地下商业空间、车站商业的开发经验,结合贵阳轨道交通的建设特点、贵阳本省商业开发经营现状,开展了 1 号线车站物业空间开发经营、车站零星商铺、沿线征收地块的开发研究,在 1 号线全线开通时能快速向市民提供便民的商业配套服务,并尽快实现相关资源的经营收益。

5.1　商业资源开发形态

5.1.1　车站物业空间租赁

(1)贵阳轨道交通 1 号线 5 个车站物业空间分别为:会展中心站、雅关站、北京路站、中山路站及火车站站,5 个车站物业空间建筑面积约 17210.78m^2(表 7-5-1)。

1 号线车站物业空间清单　　表 7-5-1

序　号	资源类型	站点名称	物业空间建筑面积(m^2)
1	贵阳轨道交通 1 号线车站物业空间	会展中心站	2323.88
2		雅关站	1712.00
3		北京路站	2120.26
4		中山路站	8499.67
5		火车站站	2554.97
6		合计	17210.78

(2)通过公开招租方式,将 1 号线 5 个车站物业空间整体出租给承租人,由承租人统一招商、装修、经营管理。

(3)车站物业空间按现状出租,现状为纯毛坯空间,承租人须自行负责物业空间的装修及后期商业运营所需的给排水、强弱电、通风空调、消防等设备设施的申请和承建,相关物业及设备设施由承租人负责日常运营及维护。承租人自行负责独立物业出入口的装修及后期的日常运营及维护。租赁期限结束后承租人对车站物业空间的装修、设施设备无偿归出租人所有。

(4)租赁用途:出租人将车站物业空间租给承租人,并授予承租人负责在租赁期限、租赁范围内的商业资源开发经营、命名及广告资源设置。根据每个站点的价值和特点,对经营业态进行整体策划和控制,突出各站点主题特色,要求全国性品牌连锁化商家入驻量不少于入驻商家总量的 50%,逐步形成年轻、时尚、便捷的地铁商圈。

同时鉴于轨道交通的特殊性,为保障日常的运营安全,车站物业空间业态要求为零售业、连锁便利服务、无明火餐饮等。

（5）5个站点的物业空间将在1号线全线通车试运营后逐步开业,在轨道交通方便市民出行的同时提供相应的便民服务。

5.1.2　车站零星商铺开发研究

（1）地铁车站设置适量的商铺,即可以延伸和完善车站的服务功能,使乘客享受到便利、配套的服务,又可以充分发挥地铁的城市交通功能作用,聚集客流、增加客流量。为此物业（资源）开发总部与总工办、运营分公司、建设分公司、设计单位等沟通协调后,1号线车站零星商铺拟规划设置站点共计6个,拟开发商铺数量17个、商铺总面积约435m^2。具体明细见表7-5-2。

1号线车站零星商铺规划设置清单　　　　　表7-5-2

站　　点	零星商铺区块数量	零星商铺占地面积(m^2)	拟开发商铺数量
下麦西站	2	68	2
云潭路站	2	49	2
诚信路站	4	76	4
贵阳北站	3	96	3
火车站站	3	69	3
清水江路站	2	77	3
合计		435	17

（2）根据各站点实地情况和综合功能定位,在保证轨道交通日常安全运营的前提下,可将1号线车站零星商铺业态设置为便利店、面包西饼店、熟食店、其他零售服务店4种。由于车站零星商铺位于车站站厅层,客观不确定因素较多,在1号线全线通车试运营后,将根据适时条件开展招商工作,通过引进知名连锁品牌商家入驻,在提供便民服务的同时打造贵阳轨道良好的商业品牌形象。

5.1.3　1号线沿线征拆资源利用研究

（1）梳理出1号线沿线征拆资源地点9个、征收红线面积125866m^2、拟用面积57746m^2、拟用地块及物业数量17个（表7-5-3）。

1号线沿线征拆资源清单　　　　　表7-5-3

序　号	地　　点	征收红线面积(m^2)	拟用面积(m^2)	拟用地块及物业数量
1	贵阳北站—雅关站区间（小关4号大桥）	8570	8570	1
2	雅关站	22757	9730	1

续上表

序号	地点	征收红线面积（m²）	拟用面积（m²）	拟用地块及物业数量
3	安云路站	22050	2568	2
4	延安路站—中山路站区间	4734	1155	2
5	火车站站—沙冲路区间	4471	2824	2
6	沙冲路站	9573	636	1
7	沙冲路站—望城坡站区间	11437	7447	2
8	新村站	20468	9046	3
9	场坝村站	21806	15770	3
	合计	125866	57746	17

综合1号线沿线征拆资源地理位置、市场价值及其他相关因素,拟采用不同方式开展经营活动,充分挖掘征拆物业商业价值,实现沿线征拆资源开发收益。

（2）征收地块开发停车场的可行性探索。

经前期开展对1号线沿线征拆资源市场调研工作,为解决市区停车难问题、逐步实现公共换乘"P+R"的出行模式,将1号线沿线征拆地块根据实际情况拟开发为"共建共享"智能停车场等便民服务。

5.2　商业资源开发经营的特点

5.2.1　交通优势

"客运量大、快速、准时"为轨道交通的特点,车站商业资源凭借轨道交通的特点,拥有巨大的客流优势,客流量的大小决定商业经营的发展和价值。

5.2.2　区位优势

轨道交通车站商业资源设置通常与车站站厅相连,如车站物业空间、车站零星商铺,方便乘客出行的同时能带来相关经济收益,在特定的业态条件下,车站商业资源相对于地上商业有着得天独厚的区位优势。

5.2.3　地面商业与车站商业密切相关

地面商业具有聚集人流的特点,轨道交通具有大客运量的优势,轨道交通车站商业与地面商业发展紧密联系,两者相互支持,轨道交通输送人流、地面商业业态丰富,方便乘客出行的同时,也带来巨大的商机。

5.2.4 车站商业资源的开发存在局限性

(1)车站商业资源的经营业态须满足轨道交通运营在通风、防火、排水以及紧急情况时的应急、疏散等方面的严格要求,经营的业态在一定程度上受到限制。

(2)作为新的商业类型,车站商业与到达人流关联性不大,并呈现出与地面传统商业不同的特点。以消费者特征为例:

①目标消费群体具有随机性,性别、年龄、收入水平等不再是判断标准。

②消费群体的聚集以车站商业资源自身具备的功能和目的为导向,而非传统意义上的指向性商业。

③基础、便捷、随机性为主要的客流消费需求。

(3)周边环境存在较大的变数,使租赁双方都存在较大的经营风险。在短期内,除老城区的周边环境比较稳定外,其他站点的周边环境都将发生很大变化,部分站点本身就处于新开发区,其周边商业的发展和自身对商业的需求都是不确定的,这些站点的商业开发极易受到外部环境变化的影响,因而对商业物业租金价格的估计及相关的决策要冒一定的风险。

(4)车站商业资源的经营受法规限制不能使用明火,同时规划方面的先天不足造成上下水困难、用电负荷不够,这些因素最终都会影响客流的停留。

5.3 经营模式

从租赁经营的类型分析,车站商业资源的经营模式可分为整体出租、分割出租及联营三种。

(1)整体出租是指单一承租人包租业主的整体物业。采用包租的承租人有两种:一种是零售服务商,主要用于自己开店,有时也把其中一小部分再分割出租;另一种是投资商或商业管理公司等,将物业全部租下来后经过策划、包装,规划主题商场或专业市场,再分割出租给小型零售商,赚取分租的利益。许多大型主题商场都属于这种类型,包租模式可以使业主的管理职能和成本减到最小,还可以降低经营风险,这种模式适合希望不参与管理并能获得稳定回报的业主。

(2)分割出租是指业主根据市场供需情况,将大型物业分割成独立空间或商铺,然后进行招商出租。分割出租一般采用固定租金制,有按出租面积计算的,也有按铺位计算的。这种模式的优点是管理不复杂、成本较低,缺点是租户的流动性大,商场整体的服务水平不高,消费者满意度低,最终可能导致物业的出租率、租金水平受到影响。业主采取分割出租的经营方式,与引入投资商包租相比,需要承担一定的经营风险,如可能出现招商情况不理想等,但经营得好,收益比包租方式要高。

(3)联营模式,实质上也是分割出租的一种,二者之间最大的差别是联营实行浮动而不是固定租金制,业主俗称保底加分成,具体是租赁双方商定,业主按照租户销售额的一定比例收取租金,但是月租金必须达到一个基本保底额,否则租户要另行补足。这种模式需要业主承担租户的部分经营风险,还要负责卖场管理及营业员的人事管理,具有租赁双方合作经营的成分,因此要求业主应有商业管理经验,这种模式的优点是租赁双方的利益关系紧密,租户比较稳定,商场管理比较到位,服务有保证,因而竞争力较强,经营业绩存在持续提高的空间。三种经营模式的对比见表 7-5-4。

整体出租、分割出租、联营模式的比较　　　表 7-5-4

经营模式	基本做法	优势	劣势
整体出租	将物业租给一家投资公司,收取固定租金	管理简单,回报稳定	租金价格偏低,不利于人才、经验的培养
分割出租	将物业分割成小铺位出租,收取固定租金	管理不复杂,经营收入回报较好	该模式只适合于中低档次商场,租户流动性较大
联营	业主有选择性招商,并参与卖场管理,收益按租户的营业额提成	风险共担,有利于招商,商场管理水平较高,业绩有持续保障,适合中高档商场	业主风险较大,要参与经营管理

基于对管理成本、运营风险等方面的考虑,1 号线车站物业空间采取整体出租的模式进行租赁运营,贵阳市轨道公司负责未来车站物业空间的监督管理工作;后续车站零星商铺开发、沿线征拆资源利用,将综合考虑资源形态、成本、优劣势各方因素,合理选择经营模式。

5.4 日常管理

5.4.1 日常管理存在的风险

(1)经营风险:由于地铁建设是一个长期的过程,因此商家在地铁内的经营何时能达到规模效应、实现收支平衡,难以预计,但可以肯定的是短期难以达到。因此可能造成地铁内的商家频繁开业及关闭,影响到车站商业的形象。

(2)空置风险:对于整体出租车站商业资源的开发方式,承租人须具备较强的商业经营管理能力,若经营管理不善,会出现入驻商户退租、空铺等情况,导致出现车站商业资源大规模空置,甚至影响轨道交通日常运营,使轨道公司经济收益及社会形象受到损失。

(3)违约风险:承租人或入驻商户都存在违约可能,如拖欠租金、水电费、物业管理费,擅自将相关合同约定的权益进行肢解、转让、转包、分包,这些行为都会降低车站商业资源的经营品质并损害轨道公司的利益及社会形象。

(4)运营风险:由于车站商业资源与车站站厅相连,车站商业资源的日常经营行为在一定程度上会影响到轨道交通运营安全,若经营管理不当,会影响轨道交通运营服务的功能。

5.4.2 日常管理措施

(1)地铁运营优先:承租人承诺并同意车站商业资源的经营须配合经营线路的客运服务,避免与经营线路内的任何其他系统造成冲突、干扰以及对乘客造成滋扰或其他消极影响。

(2)从开展招商前期工作时,制定完善的相关经营管理规范制度、起草条约完善的合同,明确合同签署双方的责任和义务。

(3)在开展招商工作时,选择实力雄厚、信誉良好、品牌知名度高的合作方,在保证经济收益的前提下,综合考虑承租人的履约能力,在前期阶段减少和避免违约风险。

(4)规范承租人对车站商业资源的装修,装修不得影响车站正常运营及车站原有装修效果;不得更改原有的通风、给排水管道以及原有的线槽和线缆管道路径;不得损坏原有结构及设备、设施,不得影响车站设备、设施的操作、运行和维护。

(5)在承租人开展经营活动前,要求承租人与出租人签署相关安全协议、联合运营协议,明确各自的管理界面及权责划分,规范承租人或入驻商户的日常经营活动。

(6)督促承租人制定和完善商铺管理规范、消防安全管理规范、治安及经营秩序规范、公共设施维护规范、员工管理等制度,根据制度做好相应检查记录。在确保轨道交通日常安全运营的前提下,提升车站商业资源的经营品质。

(7)规范承租人及入驻商户的日常经营行为,不得开展相关法律法规禁止的经营活动,做到安全经营、诚信经营。

(8)在不影响轨道交通安全运营的前提下,鼓励承租人开展车站物业空间的相关宣传、促销活动,吸引消费并营造良好的商业氛围。

(9)督促承租人建立突发事件的应急管理制度及预案,并配合参与消防、安全应急演练。

5.4.3 管理制度的汇编

为更好地对轨道交通商业资源的开发经营进行管理、提高工作效率、规范工作流程以及促进开发经营的长远发展,结合《贵阳市轨道交通条例》中对相关资源开发经营的要求,汇编了相关制度。

(1)编制《贵阳市城市轨道交通有限公司资产租赁管理办法(试行)》

为规范公司及司属各单位的资产租赁行为,提高国有资产的出租效率和运营效益,防止国有资产流失,确保国有资产保值增值,制定了《贵阳市城市轨道交通有限公司资产租赁管理办法(试行)》,于2018年4月19日颁布实施。

（2）编制《贵阳市城市轨道交通有限公司物业空间移交管理办法（试行）》

为规范轨道交通车站物业空间结构及设备设施的移交和接收管理工作，明确各部门、分（子）公司及相关单位的工作界面和责权，特制定了该办法，并于 2018 年 1 月 29 日颁布实施。

（3）编制《贵阳轨道交通车站商业资源管理办法（草案）》

为保障贵阳市轨道公司车站商业资源的安全运营，提升商业资源的运营质量，规范商业资源的管理，拟定该管理办法。

5.5 商业资源开发经营经验及总结

5.5.1 主业规划阶段

（1）综合考虑主业沿线站点的商业价值、人流及未来发展趋势等相关因素，在可行的前提下设置一定数量的车站物业空间和零星商铺，实现"轨道＋物业"的开发模式。

（2）总公司层面要树立统一规划、统一设计、统一建设的车站商业资源开发意识，在总公司总工办、建设分公司、运营分公司、物业（资源）开发总部等相关部门之间建立车站商业资源沟通协调机制。

（3）结合 1 号线车站物业空间在消防报审报验过程中的经验，在主业建设时同步完成车站物业空间的消防机电设备设计、施工和验收工作，以顺利开展后期经营工作。

（4）建议在主业设计规划阶段引进专业的商业策划团队对车站物业空间的经营业态进行规划，便于主业设计单位根据业态布局进行防火分区、风水电等的预留。

（5）为便于开展后续线路车站商业资源的经营工作，建议在设计规划阶段应充分考虑车站商业资源日常经营所需的强弱电设置、用电负荷、给排水、通风排烟、电梯、电扶梯、物业空间出入口装修等预留措施，相关预留措施需求见表 7-5-5，在可行的情况下由主业一并实施。若建设施工资金不能纳入主业，可由主业垫付，在招租方案与合同中明确上述相关预留措施的费用由承租人承担。

车站商业资源预留措施需求表　　　　表 7-5-5

类　别	车站物业空间	零星商铺
建筑	根据相关设计规范预留足够的疏散出入口，且疏散出入口的距离、宽度满足消防要求	装修按照车站管理用房标准实施
给排水及消防系统	考虑预留物业单独生产生活给水管道	预留生活给水管道
	预留隔油池位置	
	预留物业专用独立卫生间、污水泵房、化粪池	考虑与车站共用消防系统，并在零星商铺内设置烟感、温感系统
	考虑物业废水系统的排放	
	考虑预留物业单独消防系统设置	

续上表

类别	车站物业空间	零星商铺
暖通空调	预留冷却塔位置或空调机组的设置	按照相关规范设置排风排烟系统
	预留新风系统、排风系统位置	
	预留环控机房	
	考虑预留物业单独的排烟系统、空调系统	
动力照明	预留物业不低于350W/m²的用电负荷	预留不低于350W/m²的用电负荷
		每个商铺设置独立的配电箱
		每个商铺设置独立的电表

5.5.2 实施建设阶段

物业(资源)开发总部应与车站商业资源的建设、设计单位建立良好的沟通机制,保持紧密联系,不断优化商业资源设置。

5.5.3 经营阶段

(1)鉴于1号线车站物业空间的交付标准为纯毛坯状态,若后续线路采用整体出租的经营模式对车站商业资源进行开发经营,应在主业全线试运营前(至少一年)完成招租工作,以便承租人有充裕的时间进行装修、招商、消防、安监、生态等后续手续办理,同时承租人在开始进行概念设计、业态规划、装修设计时能尽早发现问题,物业(资源)开发总部有较充裕的时间协调相关单位针对问题予以解决和完善,力争车站商业资源能与主业全线试运营时同步开业。

(2)在招租方案制定时应综合各方因素,完善对潜在承租人的竞租资质要求,吸引有实力、有经验的潜在承租人参加竞租。

(3)若采用公司自营的经营模式,须提前组建并培养招商策划、经营管理、物业管理的专业团队。通过学习全国其他城市地铁先进的商业开发经验,提升经营团队的业务能力,为后续车站商业资源的开发经营做好充分准备。

(4)制定完善的管理制度对车站商业资源进行日常管理,在不影响主业安全运营的前提下,做好经营工作,提升经营质量。

第 6 章　其他附属及衍生资源

6.1　物资设备管理

根据国内其他城市轨道交通建设物资采购的相关经验,贵阳轨道主业以"甲控乙供"作为城市轨道交通建设大宗建材的采购管理方式,并且围绕依托主业、服务主业的主要经营方针,同时寻找可开展的中介业务,针对贵阳轨道交通 1 号线开展渣土咨询业务及瓷砖咨询业务,并开展了钢材、水泥、活动板房等直营业务及房屋租赁、汽车租赁、汽车服务业务。另外,在 1 号线建设过程中,经过探索以无底价形式公开挂牌竞价处置了延安中路人行天桥拆除后的相关物资,保证了国有资产的保值增值。

6.1.1　甲控乙供业务

以降低建设成本及物资供应顺畅,并为此开展了商品混凝土供应的调研、选择、谈判及询价,同时在主业土建施工招标文件中约定,"工程采用的商品混凝土、防水卷材、防水涂料及防水板作为甲控乙供材料,由专业公司按程序确定供货商并实施统一管理"。

物资公司受贵阳轨道交通 1 号线施工单位委托作为甲控乙供商品混凝土、防水材料(防水卷材、防水涂料及防水板)的专业管理公司,为其提供市场信息收集、市场调研,供应商的报名条件、资质要求等技术需求咨询服务,配合开展甲控乙供材料的招标工作,核对甲控乙供材料供货商及轨道公司计量计价、资金结算的资料,对甲控乙供材料进行供应保障并实施统一管理等服务,同时物资公司与 1 号线施工单位签订供货管理合同,施工单位按政府相关部门最终结算审定的甲控乙供材料结算金额的 2% 作为咨询服务及供应保障费用支付给物资公司。

6.1.2　中介业务

渣土咨询业务:2014 年在协调主业施工渣土消纳的时候发现贵阳市范围内合规的渣土消纳场几乎没有,经研究决定开展渣土消纳咨询服务业务。主要负责为渣土消纳场经营主体合规经营提供咨询服务。由于办理消纳场合规手续受政策及监管等因素影响较大,不确定性较高,与公司签订渣土咨询服务协议的主体在合同期限内确认将不会产生渣土消纳的经营行为,按照协议约定物资公司不收取咨询服务费,为能继续拓展渣土咨询业务,扩大公司经营效益,公司采取签订补充协议的方式,延长合同期限并收取协议履行期内开展咨询服务所付出人力、物力等费用。

瓷砖咨询业务：2017年起积极对接贵阳轨道交通1号线装修瓷砖供应企业，由于缺少供应城市轨道交通材料的经验，瓷砖供货企业鉴于物资公司在轨道交通工程甲控乙供材料供应保障的丰富经验，为确保供应过程顺利，瓷砖供货企业就1号线装修工程中的瓷砖供货项目委托物资公司进行供应保障协调、计量计价核对、设计数量核对服务。

6.1.3 直营业务

主要围绕主业建设施工单位、材料供应单位开展钢材、水泥、活动板房等直营业务。

6.1.4 房屋租赁、汽车租赁、汽车服务

（1）房屋租赁：2015年物资公司通过市场调研发现房屋租赁市场需求量较大，为拓宽业务种类，决定进行房屋租赁业务经营。物资公司向地铁置业租赁毛坯写字楼，精装修后经评估机构对租金进行估价后，向市场潜在客户进行租赁，现主要租赁客户有中铁二院工程集团有限责任公司、上海市城市建设设计研究总院（集团）有限公司、北京全路通信信号研究设计院有限公司、北京市市政工程设计研究院有限公司、广州中资城轨工程咨询有限公司、中国电建集团贵阳勘测设计研究院有限公司、贵阳市城乡"三变"改革办公室、北京城建设计发展集团股份有限公司、中设设计集团股份有限公司等。

（2）汽车租赁：为丰富物资公司业务种类，解决总公司员工上下班运力不足的问题，2015年初通过市场询价采购49座大客交通车1辆，包年租赁给总公司，按约定的上下班时间和路线行驶，租赁价格包含维修保养等费用，但不包含燃油费、路桥费及司机等费用，起租期为1年。

（3）汽车服务业务：为拓宽业务种类、对标市场，积极抢抓市场机会，2015年物资公司决定进行汽车服务业务经营。汽车服务业务属于物资公司实体化转型积极拓展的新业务，于2015年3月开展，但受业务覆盖范围不大、车辆进场台次不足、汽车服务专业经验不足和周边同业竞争较大等因素影响，现业务开展存在一定困难，物资公司正在采取积极措施，进一步提升汽车服务质量，力求提高产值、拓展业务、积累市场经验。

6.1.5 物资设备管理经验和总结

通过1号线相关物资设备管理业务的开展，积攒经验，未来将继续依托轨道交通主业的建设开展甲控乙供管理服务，积极向其他线路项目延伸，并在业务开展过程中力争轨道交通主要建材向规范化、集约化管理模式转变。

同时，利用轨道交通优势地位，努力整合材料、机电设备设施上下游企业资源，继续开展水泥、钢材、活动房等销售业务，并需要深度挖掘包括装饰装修材料、电缆、家具、灯具、机电

设备设施等贸易机会。

值得注意的是,随着轨道交通逐步进入运营阶段,应深度挖掘运营涉及的备品、备件、耗材等潜力业务,以此探索物资设备管理依托轨道交通运营的长期可持续发展的模式。

6.2 物业管理

"轨道+物业"的发展模式为地铁物业公司带来了新的机遇和挑战:一方面,按照总公司的战略定位,物业公司负责承接地铁站、场、段的物业管理服务;另一方面为地铁置业的物业项目做好物业服务。

6.2.1 贵阳轨道站、场、段物业管理服务

随着贵阳轨道交通 1 号线观山湖段试运行、试运营及后续全线运营的时序,物业公司为贵阳轨道小河停车场、金阳车辆段提供专业的物业管理服务,分担地铁运营公司工作压力,同时在轨道公司统一体系下形成协同管理效应,能快速形成联动反应,确保地铁正常运行;同时,开展了 25 个站点及 2 个主变电所的保洁服务。

6.2.2 其他物业管理服务

除了需要做好轨道站、场、段物业管理服务外,物业公司需要对市轨道公司下属子公司地铁置业开发的写字楼、住宅、公寓、城市综合体、商业等不同类型项目做好品牌支撑,实现轨道体系内两块业务的共同推进,从而提升物业公司的社会效益和综合效益,为贵阳轨道交通可持续发展奠定基础。

6.2.3 物业管理经验和总结

1)物业管理的前期介入至关重要且势在必行

结合物业公司管理层多年的管理经验,认为无论是针对地铁站、场、段还是地铁置业开发的新项目,从规划、设计阶段开始至交付验收前,物业管理就应发挥其专业作用。物业公司将站在客户(使用者)的角度就产品功能、使用等方面提出合理化意见或建议,如提醒建设方预先考虑物业管理用房、垃圾房、保洁取水点及高空作业安全挂钩的安装位置等,以提升用户体验感受和满意度为目的。

2)作业标准、制度流程是实现精细化作业的保障

贵阳轨道交通 1 号线地铁物业管理服务,作为贵阳市物业管理行业的新型业态,既有物

业管理的常规特点，又有其特殊性。如在车站保洁方面，针对洁净对象的特点和要求，根据空间和时间的不同，编制出符合贵阳地铁保洁作业指导书和工作质量检查方法，最终形成贵阳轨道交通1号线站、场、段的物业管理作业指导体系。同时，无论面对时间紧任务重的开荒还是各种接待任务时，均采取"事前"策划做预案，"事中"跟进抓落实，"事后"总结提不足的方式持续改进，锻炼队伍。

3）注重绩效梯队建设，确保公司可持续发展

依托贵阳市轨道公司"轨道+物业"的发展模式，物业公司的规模效应很快将显现。为确保物业公司的可持续发展，价值观的统一和梯队人才的培养自始至终要作为物业公司经营管理中的重要内容。通过切实履行梯队人员的定制式培养机制，分步骤、分方法地培养、挖掘各级人员的潜能，将传、帮、带落到实处，打造出一支具有较强凝聚力、拥有共同目标的团队。

第7章　物业资源开发经验总结及思考

不管是地产项目良好的业绩,还是平面广告媒体资源的招商溢价率,可以看到随着土地开发、广告、通信、商业、物资设备、物业服务、咨询服务等附属及衍生资源业务的有序开展,贵阳轨道交通1号线物业资源开发已初见成效,通过对问题的反思,工作的总结,为未来更多线路相关业务的开展提供宝贵的经验。

(1)前期规划阶段:提前考虑物业资源相关预留问题

正如前文所述,由于轨道主业规划建设在前,往往会导致物业配套在建设时序、交付时间上存在矛盾,也可能存在没有预留足够的物业管理使用需求、没有适配的车站商业资源日常经营所需措施等问题,而二次改造则因为难度大、造价高等原因而推进困难。

这些问题正体现了物业资源规划在轨道线前期介入的必要性。因此,应当在总公司层面树立同步规划、统一设计、协调建设的物业资源开发意识,在规划前期综合考虑物业资源业态、数量、措施等问题。同时,不能只是简单追求某一业务的"一枝独秀",要综合提前考虑线路广告、通信、商业、资讯等资源业务的统筹策划、平衡发展,以使资源业务整体利益最大化。

(2)建设阶段:考虑市场变化保持物业资源灵活调整

一般轨道建设工期紧张,物业资源开发应与轨道同步办理各种前期手续,为同步实施创造条件;同时,由于轨道建设时间较长,市场情况随时会发生变化,而物业资源开发和实施的良好效果与市场需求息息相关,规划、实施方案需要保持灵活性,适时根据实际情况保持调整,这就对建设、运营与资源开发的协调工作提出了高要求。

既要减小相互影响,又要保证相互协调,还要做到与时俱进,在总公司层面,需要在总工办、建设分公司、运营分公司、物业(资源)开发总部等相关部门之间建立资源沟通协调机制,保证线路整体工程的统一有序推进。

(3)运营阶段:明确多方责任,配合做好管理工作

轨道交通线路进入运营阶段后迎来更为复杂的情况,为保证资源承租方正常开展工作,避免干扰正常运营,一是需要明确资源部门、运营部门、承租方三方责任,避免工作交叉或出现真空,出现问题能够第一时间找到责任人;二是需要做好日常管理工作,提前拟定好相关管理制度,与承租方达成一定协议,保证日常监督机制工作到位。

(4)PPP项目物业资源开发经营的思考

纵观未来贵阳轨道交通建设规划,PPP项目物业资源开发经营与主业衔接的问题已逐步进入轨道交通建设事业的视野之中。

轨道交通附属资源的开发经营不仅仅只是经济效益的问题,同时也与社会效益无法分割,因此此类资源开发必须考虑到前期规划介入、中期建设协调、后期管理服务于运营等因素。为了使轨道交通工程项目物业资源开发经营与轨道交通建设、运营高度整合,使资源开发经营服务于轨道交通建设和运营,进一步提升轨道交通服务水平和服务质量,建议 PPP 项目物业资源开发经营应委托在当地有丰富经验的单位实施,并且该单位需要有良好协调能力以与主业的规划、建设、运营保持高度联系。

参考文献

[1] 深圳市地铁有限公司. 深圳地铁一期工程建设与管理实践[M]. 北京：人民交通出版社，2007.

[2] 北京城建设计研究总院有限责任公司，中国地铁工程咨询有限责任公司. 地铁设计规范：GB 50157—2013[S]. 北京：中国建筑工业出版社，2014.

[3] 北京城建设计研究总院有限责任公司. 城市轨道交通工程项目建设标准：建标 104—2008[S]. 北京：中国计划出版社，2008.

[4] 住房和城乡建设部地铁与轻轨研究中心. 城市轨道交通技术规范：GB 50490—2009[S]. 北京：中国建筑工业出版社，2009.

[5] 交通运输部科学研究院. 城市轨道交通试运营基本条件：GB/T 30013—2013[S]. 北京：中国标准出版社，2013.

[6] 交通运输部科学研究院. 城市轨道交通运营管理规范：GB/T 30012—2013[S]. 北京：中国标准出版社，2013.

[7] 中国建筑科学研究院. 混凝土结构设计规范（2015年版）：GB 50010—2010[S]. 北京：中国建筑工业出版社，2015.

[8] 公安部天津消防研究所. 建筑设计防火规范：GB 50016—2014[S]. 北京：中国计划出版社，2014.

[9] 中国建筑科学研究院. 建筑抗震设计规范（2016年版）：GB 50011—2010[S]. 北京：中国建筑工业出版社，2016.

[10] 北京市建筑设计研究院. 无障碍设计规范：GB 50763—2012[S]. 北京：中国建筑工业出版社，2012.

[11] 中国建筑设计研究院，中国建筑标准设计研究院. 民用建筑设计通则：GB 50352—2005[S]. 北京：中国建筑工业出版社，2005.

[12] 总参工程兵科研三所. 地下工程防水技术规范：GB 50108—2008[S]. 北京：中国计划出版社，2008.

[13] 北京钢铁设计研究总院. 钢结构设计规范：GB 50017—2003[S]. 北京：中国计划出版社，2003.

[14] 铁道第二勘察设计院. 铁路隧道设计规范：TB 10003—2005[S]. 北京：中国铁道出版社，2005.

[15] 中国建筑科学研究院. 建筑地基基础设计规范：GB 50007—2011[S]. 北京：中国建筑工业出版社，2012.

[16] 中铁第一勘察设计院集团有限公司. 铁路路基设计规范：TB 10001—2016[S]. 北京：中国铁道出版社，2017.

[17] 重庆市城乡建设委员会. 建筑边坡工程技术规范：GB 50330—2013[S]. 北京：中国建筑工业出版社，2013.

[18] 中国建筑科学研究院.建筑基坑支护技术规程:JGJ 120—2012[S].北京:中国建筑工业出版社,2012.

[19] 北京城建集团有限责任公司.地下铁道工程施工及验收规范:GB/T 50299—1999(2003年版)[S].北京:中国计划出版社,2003.

[20] 中国建筑科学研究院.混凝土结构工程施工质量验收规范:GB 50204—2015[S].北京:中国建筑工业出版社,2014.

[21] 山西建筑工程(集团)总公司,福建省闽南建筑工程(集团)总公司.地下防水工程质量验收规范:GB 50208—2011[S].北京:中国建筑工业出版社,2011.

[22] 上海市政工程设计研究总院.城市桥梁设计规范:CJJ 11—2011[S].北京:中国建筑工业出版社,2011.

[23] 铁道第三勘察设计院.铁路桥涵设计基本规范:TB 10002—2005[S].北京:中国铁道出版社,2005.

[24] 中铁工程设计咨询集团有限公司.铁路桥涵钢筋混凝土和预应力混凝土结构设计规范:TB 10002.3—2005[S].北京:中国铁道出版社,2005.

[25] 贵州省建筑设计研究院.贵州建筑地基基础设计规范:DB 22/45—2004[S].贵阳:[出版者不详],2004.

[26] 贵州省建筑设计研究院.贵州建筑岩土工程技术规范:DB 22/46—2004[S].贵阳:[出版者不详],2004.

[27] 清华大学.混凝土结构耐久性设计规范:GB/T 50476—2008[S].北京:中国建筑工业出版社,2008.

[28] 济南大学,莱西市建筑总公司,山东工程建设标准造价协会.建筑基坑工程监测技术规范:GB 50497—2009[S].北京:中国计划出版社,2009.

[29] 北京市地下铁道公司.城市轨道交通信号系统通用技术条件:GB/T 12758—2004[S].北京:中国标准出版社,2004.

[30] 北京全路通信信号研究设计院.铁路信号设计规范:TB 10007—2006[S].北京:中国铁道出版社,2006.

[31] 中国铁路通号信号总公司研究设计院.铁路信号站内联锁设计规范:TB 10071—2000[S].北京:中国铁道出版社,2001.

[32] 国家铁路局.铁路车站计算机联锁技术条件:TB/T 3027—2015[S].北京:中国铁道出版社,2016.

[33] 上海市安装工程集团有限公司.通风与空调工程施工质量验收规范:GB/T 50243—2016[S].北京:中国计划出版社,2016.

[34] 中国建筑科学研究院.民用建筑供暖通风与空气调节设计规范:GB 50736—2012[S].北京:中国建筑工业出版社,2012.

[35] 中国建筑科学研究院.公共建筑节能设计标准:GB 50189—2015[S].北京:中国建筑工业出版社,2015.

[36] 中国疾病预防控制中心职业卫生与中毒控制所.工业企业设计卫生标准:GBZ 1—2010[S].北京:人民卫生出版社,2010.

[37] 上海市政工程设计研究院.室外给水设计规范:GB 50013—2006[S].北京:中国计划出版社,2006.

[38] 上海市政工程设计研究总院(集团)有限公司.室外排水设计规范(2014年版):GB 50014—2006[S].北京:中国计划出版社,2014.

[39] 上海现代建筑设计(集团)有限公司.建筑给水排水设计规范(2009年版):GB 50015—2003[S].北京:中国计划出版社,2010.

[40] 公安部天津消防研究所.自动喷水灭火系统设计规范:GB 50084—2017[S].北京:中国计划出版社,2017.

[41] 公安部上海消防研究所.建筑灭火器配置设计规范:GB 50140—2005[S].北京:中国计划出版社,2005.

[42] 公安部天津消防研究所.气体灭火系统设计规范:GB 50370—2005[S].北京:中国计划出版社,2006.

[43] 中国联合工程公司.供配电系统设计规范:GB 50052—2009[S].北京:中国计划出版社,2010.

[44] 中机中电设计研究院有限公司.低压配电设计规范:GB 50054—2011[S].北京:中国计划出版社,2011.

[45] 中国建筑东北设计研究院.民用建筑电气设计规范:JGJ 16—2008[S].北京:中国建筑工业出版社,2008.

[46] 中国新时代国际工程公司.通用用电设备配电设计规范:GB 50055—2011[S].北京:中国计划出版社,2011.

[47] 中国建筑科学研究院.建筑照明设计标准:GB 50034—2013[S].北京:中国建筑工业出版社,2013.

[48] 北京市地铁运营有限公司.城市轨道交通照明:GB/T 16275—2008[S].北京:2008.

[49] 中国电力科学研究院.交流电气装置的接地设计规范:GB/T 50065—2011[S].北京:中国计划出版社,2011.

[50] 现代设计集团华东建筑设计研究院有限公司.交通建筑电气设计规范:JGJ 243—2011[S].北京:中国建筑工业出版社,2011.

[51] 中国建筑科学研究院建筑机械化研究分院.电梯制造与安装安全规范:GB 7588—2003[S].北京:2003.

[52] 广州市地下铁道总公司.城市轨道交通站台屏蔽门系统技术规范:CJJ 183—2012[S].北京:中国建筑工业出版社,2012.

[53] 上海地铁咨询监理科技有限公司.城市快速轨道交通自动售检票系统工程质量验收规范:GB 50381—2010[S].北京:中国计划出版社,2010.

[54] 中国电子工程设计院.电子信息系统机房设计规范:GB 50174—2008[S].北京:中国计划出版社,2008.

[55] 公安部沈阳消防研究所.火灾自动报警系统设计规范:GB 50116—2013[S].北京:中国计划出版社,2013.

[56] 公安部沈阳消防研究所.火灾自动报警系统施工及验收规范:GB 50166—2007[S].北京:中国计划出版社,2007.

[57] 上海三菱电梯有限公司.自动扶梯和自动人行道的制造与安装安全规范:GB 16899—2011[S].北京:中国标准出版社,2011.

[58] 国家电梯质量监督检验中心.电梯安装验收规范:GB/T 10060—2011[S].北京:中国标准出版社,2011.

大事记

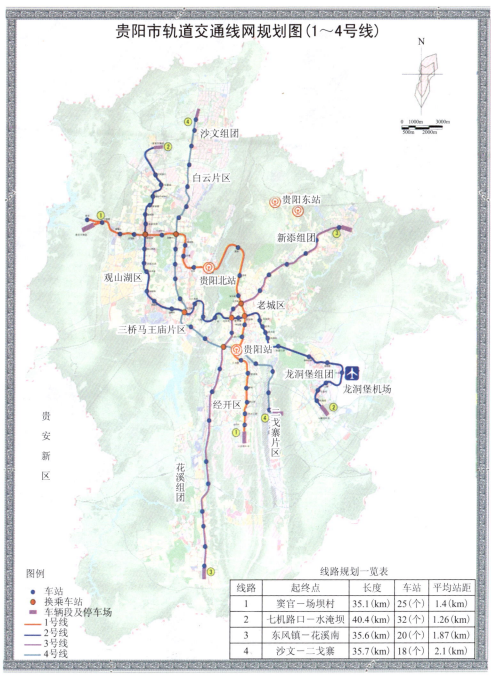

2008年3月，贵阳市政府批复了《贵阳市轨道交通线网规划》(筑府通〔2008〕10号)，规划由4条线(1号线、2号线、3号线和4号线)组成，总长度139.3km，总投资1268.79亿元。

  2009年4月13日,贵阳市城市轨道交通有限公司挂牌成立;5月11日,贵阳市城市轨道交通有限公司正式注册。

  2009年9月29日,贵阳轨道交通1号线试验段会展中心站开工建设,标志着贵阳市轨道交通建设拉开序幕。

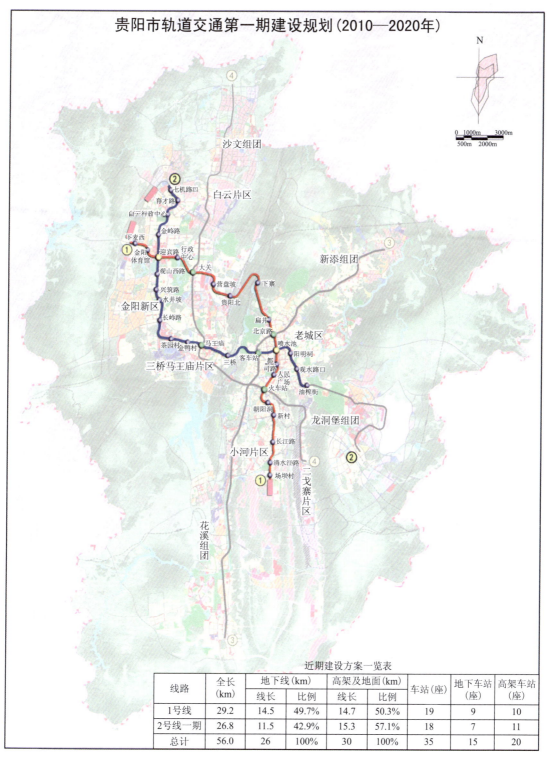

贵阳市轨道交通第一期建设规划（2010—2020年）

近期建设方案一览表

线路	全长(km)	地下线(km)		高架及地面(km)		车站(座)	地下车站(座)	高架车站(座)
		线长	比例	线长	比例			
1号线	29.2	14.5	49.7%	14.7	50.3%	19	9	10
2号线一期	26.8	11.5	42.9%	15.3	57.1%	18	7	11
总计	56.0	26	100%	30	100%	35	15	20

2010年9月3日，国家发改委批复了《贵阳市城市轨道交通近期建设规划（2010—2020年）》（发改基础〔2010〕2024号），批准在2020年以前建成1号线和2号线一期工程，总长度56km，总投资239.72亿元。

国家发展和改革委员会文件

发改基础〔2013〕779号

国家发展改革委关于贵阳市轨道交通 1 号线可行性研究报告的批复

贵州省发展改革委：

你委《关于上报贵阳城市轨道交通 1 号线工程可行性研究报告的请示》（黔发改交通〔2010〕2759 号）和《关于转报〈贵阳市轨道交通 1 号线工程可行性研究报告（调整）〉的请示》（黔发改交通〔2011〕1517 号）均悉。经研究，现批复如下：

一、为了缓解城市交通压力、完善城市综合交通系统、推进金阳新区建设、实现城市总体规划目标，根据《贵阳市城市轨道交通近期建设规划》，同意建设贵阳市轨道交通 1 号线。

二、该工程线路起自金阳新区的下麦西站，经林城路、210 国

2013 年 4 月 23 日，国家发改委批复《贵阳市轨道交通 1 号线工程可行性研究报告》（发改基础〔2013〕779 号）。

贵州省发展和改革委员会文件

黔发改建设[2013]2706号

关于贵阳市轨道交通1号线初步设计的批复

贵阳市发展改革委：

你委《关于转报审批贵阳市轨道交通1号线初步设计文件的请示》（筑发改报〔2013〕408号）及有关附件收悉。经我委托铁道部工程设计鉴定中心对该项目初步设计进行审查，根据审查意见，现批复如下：

一、建设规模和内容

贵阳市轨道交通1号线自下麦西站D1K0+280至场坝村站DK33+852，全长约34.3公里，其中地下线约29.0公里，高架及地面线约5.3公里；车站23座，其中地下站19座，地面站2座，高架站2座，另预留清水江路地下站。下麦西设金阳车辆段，场坝村设小河停车场，在诚信路站附近设控制中心1处，在朱家湾站及贵阳火车站附近各设主变电所1处。

二、线路

原则同意线路走向，起于金阳新区西侧的下麦西站，高架

2013年9月29日，贵州省发改委批复《贵阳市轨道交通1号线初步设计》（黔发改建设〔2013〕2706号）。

2013年10月28日,贵阳轨道交通1号线全线开工建设。

2015年2月14日,中共中央政治局常委、国务院总理李克强来到贵阳轨道交通1号线朱家湾站至大寨站区间施工现场,听取贵阳轨道交通规划建设情况汇报,并亲切慰问了一线建设者。

贵阳市人民政府令

第 31 号

《贵阳市城市轨道交通建设管理办法》已经 2015 年 4 月 13 日市人民政府常务会议通过,现予公布,自 2015 年 7 月 1 日起施行。

市　长　

2015 年 4 月 21 日

2015年4月13日,《贵阳市城市轨道交通建设管理办法》已经 2015 年 4 月 13 日市人民政府常务会议通过,予以公布,自 2015 年 7 月 1 日起施行。

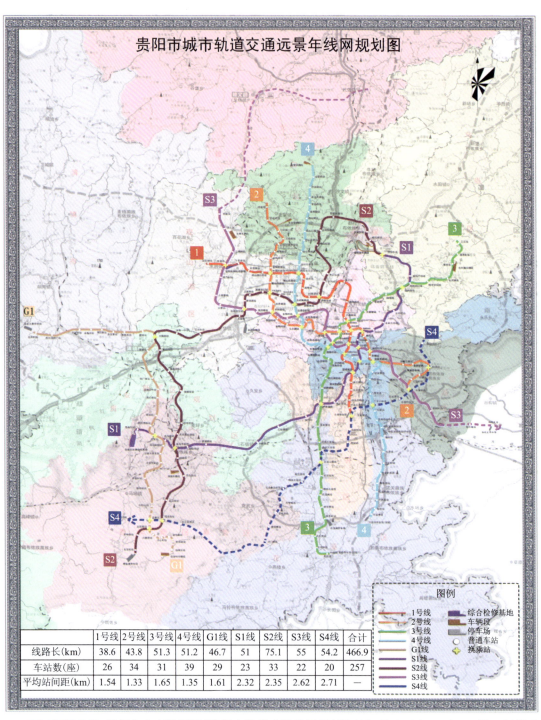

贵阳市城市轨道交通远景年线网规划图

	1号线	2号线	3号线	4号线	G1线	S1线	S2线	S3线	S4线	合计
线路长(km)	38.6	43.8	51.3	51.2	46.7	51	75.1	55	54.2	466.9
车站数(座)	26	34	31	39	29	23	33	22	20	257
平均站间距(km)	1.54	1.33	1.65	1.35	1.61	2.32	2.35	2.62	2.71	—

2015年8月,贵阳市政府批复了《贵阳市轨道交通线网规划修编》(筑府函〔2015〕140号),新增了4条S快线(S1线、S2线、S3线和S4线)及1条G1线,共9条线,总长度467km,总投资估算约2784.91亿元。

2015年8月27日,贵阳市城市轨道交通有限公司运营分公司注册成立。
2015年9月21日,贵阳轨道交通1号线观山湖段顺利实现"洞通"。

2015年9月29日,贵阳轨道交通1号线观山湖段大关站至大寨站区间的铺轨基地,一排长25米的轨排精准地铺设在隧道内,标志着轨道交通1号线轨道工程正式开铺。

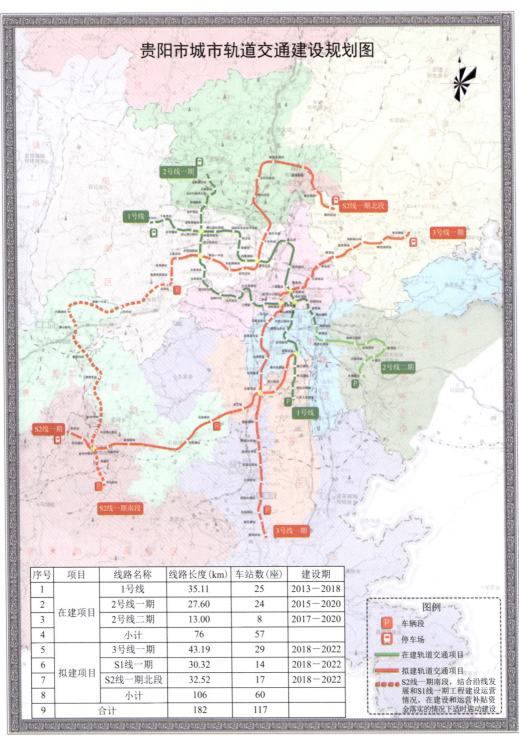

贵阳市城市轨道交通建设规划图

序号	项目	线路名称	线路长度(km)	车站数(座)	建设期
1	在建项目	1号线	35.11	25	2013—2018
2		2号线一期	27.60	24	2015—2020
3		2号线二期	13.00	8	2017—2020
4		小计	76	57	
5	拟建项目	3号线一期	43.19	29	2018—2022
6		S1线一期	30.32	14	2018—2022
7		S2线一期北段	32.52	17	2018—2022
8		小计	106	60	
9		合计	182	117	

2016年7月11日,国家发改委批复了《贵阳市轨道交通建设规划(2016—2022年)》(发改基础〔2016〕1494号),批准建设2号线二期、3号线一期、S1线一期和S2线一期北段共4个项目,总长度114.1km,总投资约728.11亿元。

2016年8月30日,随着贵阳轨道交通1号线下麦西站左线轨道最后一组轨排焊接成功,1号线观山湖段轨道铺设全部完成。至此,1号线观山湖段实现"轨通"。

2016年10月27日,贵阳轨道交通1号线首列电客车胜利抵达金阳车辆段,标志着1号线车辆段接车工作正式展开。

2016年10月27日,贵阳市城市轨道交通有限公司运营分公司挂牌成立。

2016年11月28日,贵州省委书记孙志刚来到贵阳轨道交通1号线金阳车辆段,视察贵阳轨道交通建设情况。

2016年12月13日,贵阳轨道交通1号线观山湖段实现"通信通"。

2016年12月15日,贵阳轨道交通1号线观山湖段实现"联锁通"。

2016年12月30日，贵阳轨道交通1号线观山湖段实现"电通"。

2017年4月9日，贵阳轨道交通1号线观山湖段启动综合联调工作。

2017年6月28日,贵阳轨道交通1号线观山湖段试运行启动仪式。

2017年6月28日,贵阳轨道交通1号线观山湖段开始空载试运行。

2017年11月2日，贵阳轨道交通1号线观山湖段完成"三权"移交工作。

2017年11月30日，贵阳市城市轨道交通有限公司建设分公司挂牌成立。

2017年12月14日，贵州省委常委、贵阳市委书记李再勇调研全市城市轨道交通建设和运营筹备情况，强调要坚持科学安排、统筹优化、精心施工、力避扰民，加快轨道交通建设，加速交通网络升级，促进区域联动发展，让全市老百姓尽快享受到轨道交通带来的便利。

2017年12月19日,贵阳轨道交通1号线观山湖段初期运营基本条件通过交通运输部科学研究院评审。

2017年12月28日,当日13:00,首批乘客凭票通过闸机进入1号线下麦西站,坐上了刚刚进站的一列电客车,标志着贵阳轨道交通1号线观山湖段正式开通初期运营。

2018年1月22日,上午10:30,在1号线喷水池站,伴随着焊轨机的轰鸣声,在四溅的火花中,最后两节钢轨牢固地融合在一起,标志着轨道交通1号线全线实现"轨通"。

2018年2月7日,贵阳轨道交通1号线后通段实现"通信通"。

2018年2月9日,贵阳轨道交通1号线后通段实现"电通"。

2018年3月20日,贵阳轨道交通1号线后通段实现"联锁通"。

2018年5月11日，贵阳市人大常委会召开新闻发布会，宣布《贵阳市城市轨道交通条例》将于2018年6月1日起正式施行，将为贵阳市的轨道交通建设和运行提供强有力的法制保障。

2018年6月1日，贵阳市委副书记、市长陈晏调研贵阳轨道交通1号线建设情况，要求有关单位强化项目建设管理、优化功能配套、做精工程品质，让高效便捷的轨道交通早日惠及广大市民群众。

2018年9月5日至9月8日,贵阳市交通委员会委托交通运输部科学研究院,在贵阳市组织召开了贵阳轨道交通1号线工程(后通段)初期运营前安全评估(初期运营基本条件)正式会议。

2018年10月1日,贵阳市交通委员会制定并发布《贵阳市城市轨道交通乘客守则》,于2018年10月1日起正式施行。《乘客守则》共四章二十条,主要对贵阳市城市轨道交通运营的票务规则、乘车规则等进行了规范。

2018年11月14日,贵州省委常委、贵阳市委书记赵德明率队调研全市综合交通建设情况,在轨道交通1号线调研中,听取贵阳轨道交通总体规划建设和运营情况后指出:要系统梳理初期运营以来存在的问题,注重细节、综合分析,确保轨道交通运营更加安全高效;要精心安排,加快调试进度,确保轨道交通1号线后通段如期运营,让全市老百姓尽快享受到轨道交通带来的便利。

2018年11月21日、28日,贵阳市委副书记、市长陈晏在第十四届人民政府第41次常务会议中同意市交委提请轨道交通1号线全线开通运营的时间确定为2018年12月1日。

2018年12月1日,上午10:30,随着贵州省委常委、贵阳市委书记赵德明在轨道交通1号线雅关站宣布:贵阳轨道交通1号线全线开通运营,标志着贵阳市迈入地铁时代。